河北企业年鉴

HEBEI ENTERPRISE YEARBOOK

2013

河北省企业联合会
河北省统计局
编

企业管理出版社
EMPH
ENTERPRISE MANAGEMENT PUBLISHING HOUSE

图书在版编目(CIP)数据

河北企业年鉴. 2013 / 河北省企业联合会, 河北省统计局编. –北京：企业管理出版社, 2014.9
ISBN 978 – 7 – 5164 – 0919 – 0
Ⅰ. ①河… Ⅱ. ①河… ②河… Ⅲ. ①企业经济–河北省–2013–年鉴 Ⅳ. ①F279.272.2–54

中国版本图书馆 CIP 数据核字(2014)第 182585 号

书　　名：河北企业年鉴(2013 卷)

编　　者：河北省企业联合会　河北省统计局
书名题字：刘建业
责任编辑：崔立凯
书　　号：ISBN 978-7-5164-0919-0
出　　版：企业管理出版社
地　　址：北京市海淀区紫竹院南路 17 号　邮编：100048
网　　址：http //www.emph.cn
电　　话：出版社 68701719　编辑部 68701184
电子邮箱：80147@sina.com　chinaqynj@163.com
设　　计：石家庄赛辉文化传播有限公司
印　　刷：石家庄文义印刷有限公司
规　　格：889 毫米×1192 毫米　16 开本　印张：41.75　字数：1100 千字
版　　次：2014 年 8 月第 1 版　2014 年 8 月第 1 次印刷
定　　价：450. 00 元

此书如有印刷质量问题，请与河北企业年鉴编辑部联系　电话：(0311)85655167

办好企业年鉴
展示河北风采

刘建业

二〇〇九年十月

《河北企业年鉴2013》编辑委员会

委　员：（按姓氏笔画排序）

马西波（河北前进钢铁集团有限公司董事长）

马　靖（石家庄宝德中小企业担保服务有限公司总经理）

王　超（河北宏润新型面料有限公司董事长）

王振山（石家庄华山房地产开发有限公司董事长）

王朝军（河北钢铁集团龙海钢铁有限公司董事长）

王和平（河北顺邦物流有限公司董事长）

王绍春（河北超亚精密冲制电子有限公司总经理）

王洪仁（河北钢铁集团矿业有限公司董事长）

古兴元（河北快运集团有限公司总经理）

宁忠志（河北红松风力发电有限公司董事长）

付存利（河北省国控矿业开发投资有限公司董事长）

冯喜京（河北钢铁集团宣工公司董事长）

田秀萍（唐山工业技术职业学院院长）

朱新生（秦皇岛天业通联重工股份有限公司董事长）

卢泽祥（唐山曹妃甸港口有限公司总经理）

刘东升（河北金华升阳集团董事长）

刘宪华（承德商厦有限公司董事长、总经理）

刘善江（河北晨阳工贸集团有限公司董事长）

邢录珍（河北港口集团有限公司董事长）

李令成（河北融投控股集团有限公司董事长、党委书记）

孙占国（衡水市杰旺工贸物资有限公司董事长）

李景萌（石家庄供水集团有限责任公司董事长、党委书记）

李建忠（冀中能源集团国际物流有限公司董事长）

李永毅（秦皇岛通联集团董事长）

李明朝（冀中能源井陉矿业集团有限公司董事长）

闫福顺（石家庄东华金龙化工有限公司董事长）

肖　雪（黄金佳投资集团有限公司董事长）

张　震(唐山国丰钢铁有限公司董事长)
张书奇(河北省南堡盐场场长)
张金秋(保定广顺再生资源开发利用有限公司董事长)
张月文(河北圣天管件集团有限公司总经理)
杨仁华(秦皇岛龙城投资集团有限公司董事长)
杨永君(河北省国和汽车投资有限公司董事长)
杨成文(河北钢铁集团舞阳钢铁有限责任公司董事长)
杨朝祥(际华三五零二职业装有限公司董事长)
杨建章(河北百尺杆餐饮有限公司董事长)
孟子义(亚龙线缆有限公司副总经理)
林福根(石家庄聚和港物流有限公司董事长)
范连柱(河北铸合集团有限公司董事长)
周国华(河北省统计局工业交通处处长)
董志宏(中国邮政储蓄银行河北省分行行长)
姚　伟(中国石油管道公司总经理)
信虎峰(河北凌云工业集团有限公司党委书记)
郭恩元(河北普阳钢铁有限公司董事长)
项光清(承德市瑞源商贸有限公司董事长)
胡喜祥(河北九鼎贸易有限公司董事长)
胡计辰(河北曲寨集团有限公司董事长)
赵森林(冀中能源邢台矿业集团有限责任公司董事长)
涂长玉(邢台依林山庄食品有限公司总裁)
袁世臻(邢台钢铁有限责任公司董事长、总经理)
班士杰(冀中能源邯郸矿业集团有限公司董事长)
梅爱斌(张家口商业银行董事长)
董吉英(河北省企业联合会副秘书长)
董会斌(石家庄双凤安装工程有限公司总经理)
董久赤(河北天泽重型机械有限公司董事长)

《河北企业年鉴 2013》编辑部

编辑说明

一、《河北企业年鉴2013》由河北省企业联合会和河北省统计局联合编纂。《河北企业年鉴2013》全面反映河北企业改革发展状况，充分宣传展示河北省企业发展成就和企业风采，是一部了解、反映、研究河北企业的大型资料性、工具性统计资料图书。本书以丰富翔实的统计数据与分析成果成为各界了解河北企业改革发展和河北经济发展的窗口。

二、《河北企业年鉴2013》全书共分为五篇。其中政策法规篇收集了国家近年来颁布的有关企业政策法规；规模以上工业篇和国有控股工业篇选登了2012年的统计资料；企业社会责任篇为企业如何编制社会责任报告作了详细的说明，并附了一篇典型案例；企业改革发展篇收录了河北省各主要行业企业共200多家。为方便读者正确使用资料，书中附有主要统计指标解释。

三、《河北企业年鉴2013》的出版，受到了社会各界特别是众多企业界有识之士的关心与支持，对本书的内容和编辑工作提出了许多宝贵意见，对此我们深表谢意。由于水平所限，书中难免有不足之处，敬请广大读者给予批评指正。

编　者

2014年5月

廊坊市国土土地开发建设投资有限公司

每个人的梦想都与国家民族兴衰紧密相连。中国梦犹如一个巨大的拼图，它的完成要靠每一个致力于实现梦想的个人和集体拼凑而成，地建投就是其中的一员。

2012年4月10日，美国JM集团在新兴产业示范区举行开工奠基仪式，兴建亚洲最大的环保大管材项目，图为海峡两岸关系协会会长陈云林（中）、国务院侨办原主任李海峰（右二）、河北省委副书记赵勇（左二）等领导挥锹奠基。

地建投公司董事长兼商业二期开发建设指挥部常务副指挥长鲍涌波（右二）、副指挥长邓克路（右三）、副指挥长娄玉新（右四）等人在2012年春节期间踏着积雪到商业二期现场调研和解决问题。

廊坊市国土土地开发建设投资有限公司（简称“地建投”）于2009年3月经市政府批准组建，2009年9月正式挂牌，注册资金4亿元。公司大专以上学历人员达到90%，硕士、博士占总员工数的16%。

地建投拥有9家子（分）公司及控（参）股公司，分别是一家上市公司：廊坊发展股份有限公司；一家房地产公司：廊坊市凯创房地产开发有限公司；四家园区运营公司：国开兴安投资有限公司、国开万庄新城开发建设投资有限公司、凯创九通投资有限公司、凯创嘉华投资有限公司。另外还分别拥有一家物业公司和两家参股公司。

公司成立四年来，累计完成投资逾100亿元，涉及拆迁改造面积近300万平方米，建设面积200万平方米，成为全市同行业中承担城市改造区域最大、回迁建设面积最多的企业。截至2013年6月，公司资产总额突破50亿大关，较成立时的4亿元增长了12倍；净资产总额11亿元，较成立时增长率达171%，国有资产增值率达到269%，国有资本积累率达到171%；2009年至今累计实现利税4.5亿元，成为廊坊市第一大国有企业。公司先后被授予河北省城市建设先进单位、廊坊市先进集体单位、市直文明单位等荣誉称号，并荣获全国企业文化建设优秀单位、中国区域发展十大管理创新示范企业、中国城市建设杰出贡献地产企业、中国旧城改造领域公众满意十大质量品牌、激励中国–优秀管理创新企业等奖项。

自2009年成立以来，地建投在助力廊坊新型城镇化建设、提升城市品质、加大保障房建设力度、改善居民居住环境、承担政府民生项目等方面都作出了突出贡献。地建投目前承担了河北廊坊新兴产业示范区、万庄生态新城、广阳现代服务业园区、广阳高新科技成果孵化园、光明片区改造、商业中心区改造、廉政教育基地、梦廊坊文化产业园、富士康公租房、新农村建设、阳光高第、廊坊发展大厦、帝景天城等十三大项目建设任务。

新兴产业示范区

商业中心二期回迁改造工程效果图

唐港铁路有限公司

董事长 薛继勇

总经理 赵培基

党委书记 梁金生

团结务实的公司领导班子

公司领导深入现场检查指导

公司领导深入现场检查指导

精检细修保畅通

扩能改造千人大会战

运用现代化的设备强化设备检修

优美洁净的站区

河北港口集团有限公司

河北港口集团与淮南矿业集团签署战略合作协议

煤炭交易商洽谈会

河北港口集团是集港口建设、开发，国有资产运营、管理以及投融资功能于一身的综合性企业集团。2012年完成港口吞吐量3.49亿吨，是当今世界最大的干散货港口运输企业。

河北港口集团现有职工17000人，总资产383亿元，拥有全资和控股、参股投资企业32家，业务涉及港口经营、港口物流、港机制造、港口建设、港口服务、港口地产、资源开发和资本运作等多个领域。其中港口经营业务主要布局在秦皇岛港、唐山曹妃甸港区、沧州黄骅港综合港区。

秦皇岛港是以能源运输为主的综合性国际贸易港口，为当今世界最大的煤炭输出港和干散货港。曹妃甸港区是中国重要的矿石中转港。黄骅港综合港区是冀中南地区最便捷、最经济的出海口，拥有广阔的发展空间，目前已开通集装箱运输航线。

河北港口集团积极履行社会责任，建设生态型、环境友好型企业。先后建成亚洲最大的秦皇岛港煤码头防风网工程、煤炭堆场与装卸机械单机洒水除尘系统等现代化环保设施，达到了国内清洁生产先进水平，实现了企业和谐发展、绿色发展、可持续发展。

河北港口集团坚持以科学发展为主题，以转变发展方式为主线，以实现国际化发展为方向，按照“以港为基、跨区经营、开放多元、转型升级”的思路，积极实施“走出去”和“引进来”的开放战略，着力打造资本和信息服务两个平台，大力发展港口经营、建设及配套服务，港口物流，其他水上运输辅助服务三大主业，努力构建港口经营、物流服务、地产开发、投资金融和综合服务五大板块，积极开展港口主业、港口物流、港口建设、港机制造、港口地产、港口服务、资源开发和资本运作八项业务，加快建设秦皇岛、唐山、沧州三大港口基地，最终形成以秦唐沧三大港区为载体、物流项目为辐射节点、集疏通道为纽带的港口物流网络，把企业打造成为集码头运营商、资源开发商、资本运营商和综合物流服务商于一体的大型综合性卓越集团公司。“十二五”末资产总额达到600亿元，年营业收入300亿元，年利润总额20亿元。

鸟瞰河北港口集团秦皇岛港东港区
现代化煤炭装卸码头

黄骅港集装箱作业

卸船机--曹妃甸

建设中的江苏靖江煤炭基地

产品结构调整

河北省企业联合会常务副会长兼秘书长：刘建业

一、产品结构调整

党的十一届三中全会之后，经济体制改革、生产方式转变、产业结构调整已成为我国经济发展的主线，特别是党的十七大、十八大之后，“转方式、调结构”已成为我国经济转型升级的重大战略，其目标、任务更加明确。企业是国民经济的细胞，“转方式、调结构”必须从企业做起，企业是“转方式、调结构”的基本载体。经济发展方式的转变，不仅包括经济增长要从粗放型向集约型转变，同时涉及环境保护、可持续发展、消费行为、文化、人与人的关系、经济体制、管理方式等各个方面。经济结构调整不仅包括宏观上社会总需求结构、所有制结构、分配结构、产业结构、区域经济结构的调整等，也包括微观上企业组织结构，产品结构的调整等。调结构，不仅要适应社会总需求的需要，而且要适应生产方式转变的需要。对企业来讲，调结构的核心是产品结构调整。产品结构调整包括两方面的含义，即淘汰与开发。淘汰现有产品结构中不适应市场需求的、不符合国家产业政策的、无市场竞争力的或长期亏损的产品；开发现有产品结构中没有的产品。但必须符合以下条件：一是符合国家产业政策和社会总需求；二是能够拥有目标产品生产资质，如《全国工业产品生产许可证》、《质量体系认证证书》、《职工健康安全体系认证证书》、《环境体系认证证书》。三是符合本企业发展战略。

二、产品组合策略

产品组合是企业的产品花色品种规格的配备。产品组合的结构包括广度、深度和关联度三个方面。广度是指产品大类的多少。深度是指产品大类中每种产品有多少花色、品种、规格。关联度是指一个企业的各个产品大类在最终使用、生产条件、分销渠道等方面的关联度。

增加产品组合的广度，可以扩大经营范围，包括跨行业经营，可以收到“东方不亮西方亮”的效果，扩大目标市场选择的范围，减少经营风险。增加产品组合的深度，可以更广泛的迎合同一消费群体的不同需求，增强市场细分竞争优势。增加产品组合的关联度，可以充分利用企业的资源，减少投入，降低成本。

产品组合可以实施三大策略：一是扩大产品组合，既拓展产品组合的广度，又加深产品组合的深度，还要改善产品组合的关联度。二是缩减产品组合，即取消那些获利很小或不获利的产品大类或产品项目。三是产品延伸，即实行产品的向上、向下和双向延伸。向上延伸是指在原来生产中、低档产品的基础上增加高档产品生产。向下延伸是指在原来生产高档产品的基础上增加中、低档产品生产。双向延伸是以原中档产品为基础，向上下两个方向延伸。

三、产品结构的主要模式

（一）单一产品型

主要标志是企业只拥有一个产品一个品种，或一个产品多品种；

（二）单支柱产品型

主要标志是企业拥有多产品、多品种，但其中一个产品的营业收入占企业总营业收入的95%以上；

（三）主导产品型

主要标志是企业拥有了多产品、多品种，其中一个产品的营业收入占总营业收入的70%以上，但不超过95%；

（四）相关联多元型

主要标志是企业的产品多元化，但都属于同行业产品链条中不同层次的产品或在生产、技术、营销等环节有协同、共用互补的产品，如家电产品生产企业开发了通信产品，但没有任何单项产品的营业收入达到总营业收入的70%；

（五）无关联多元型

四、产品生命周期及其变异

产品生命周期可分为产品社会生命周期和产品企业生命周期。产品的社会生命周期是指某产品从全球第一家企业开始生产，首先投放到市场，直至全球最后一家企业生产或最后一个用户。产品企业生命周期是某企业生产的某产品，从第一批投放市场算起到最后一批投放市场或最后一个购买者。一般情况下，产品生命周期都会经历投入期、成长期、成熟期、衰退期四个阶段。投入期可分为设计、研制、试产和试销期。从产品设计到试产，企业是净投入。投放市场试销的目的在于向市场推介产品，首先是赢得少量追求新奇的顾客，但不可能一下子赢得众多顾客，生产者为了扩大销路必须继续投入大量的促销费用，对产品进行广泛的宣传和推介。先期少量追求新奇的顾客通过对该产品的使用如果满意或比较满意，他们也会起到义务宣传或推介作用。生产者要重视这部分顾客的反映，特别要重视收集他们对该产品不满意或需改进的意见和建议，对正确的，应及早做出改进计划并及早实施改进。在产品试销期，虽有少量销售收入，但由于生产批量小，装备、工艺不成熟，岗位工人技术不熟练，生产定额、物耗定额不确定等因素，生产成品会明显高于计划成本甚至高于计划销售价格，产品试销会导致企业亏损。所以试销期企业仍是净投入。如果该产品属全球新产品，此阶段在全球无竞争者；如果该产品属本国新产品，此阶段在国内无竞争者；如果该产品属本区域新产品，此阶段在本区域内无竞争者。新产品试销成功后，便进入了成长期。其特点是：生产工艺基本定型，有形要素（包括场地、工房、人员、设备、资金、物资）占用和消耗定额基本明确，具备了大批量生产的条件，产品销量迅速增长，产品成本显著下降或逐渐达到计划成本目标，生

与新产品开发

产组织、销售组织、销售渠道、物资供应等环节已初步形成有效运转体系，市场份额快速增长，企业利润快速上升。处于成长期的产品，或在全球、或在本国、或在本区域内开始出现竞争趋势。进入成熟期的产品，整体市场需求已经饱和或已无增长趋势，社会销售量基本达到了最高点，供大于求的问题日渐突出，市场竞争十分激烈，社会生产成本基本达到最低点，价格不断下降，利润空间越来越小，除少数竞争实力强的名牌产品外，竞争实力差的企业会发生不可逆转的亏损，越来越多的亏损企业不得不转产或倒闭。进入衰退期的产品，由于新的可替代产品越来越多的进入市场，其销售量日益下降，供大于求的问题十分突出，价格竞争日益激烈，成本不降反而会上升，大量企业发生不可逆转的亏损，就连少数拥有名牌产品的企业，也难以为继，进而使该产品完全退出市场。

产品生命周期各阶段的主要特征可以简明地用下列图表表示：

产品生命周期各阶段特征

	投入期	成长期	成熟期	衰退期
销售量	低	增长快	最　大	下　降
生产量	小	扩张快	最　大	萎　缩
成　本	高	降　低	最　低	上　升
利　润	亏损	快速上升	最　高	快速下降 亏损严重
竞争者	少	快速增加	激　烈	大量淘汰

由于市场环境中众多因素的影响，常常会使某些产品的生命周期发生变异。常见的变异形态有以下四种：

（一）夭折型

指产品进入市场不久就因销售困难被迫退出市场。就某一企业来讲，产品之所以夭折，主要是由以下因素造成的：一是企业在新产品开发中，盲目追求"人无我有"信条，过高的评估了所研发产品即期需求和增长，导致新产品形成批量生产后便因市场需求过小或无需求而被迫停产；二是所研发的新产品，其社会生命周期已处于衰老阶段；三是所研发的新产品已进入激烈竞争的成熟期，作为新进入的企业，不能形成竞争优势，在成本、价格、质量、营销上都处于劣势，又不能在某一区域市场上立足，只好退出市场；四是国家新出台的法律、法规、政策严重限制了该产品生存；五是更先进、更受消费者欢迎的替代产品出现，使企业新开发的落后产品迅速丧失市场。

（二）发育缓慢型

产品开始投放市场尚属正常，但迟迟不能扩大销售量，形不成大批量生产，社会即期需求极有限且需求增长缓慢。就某一企业来讲，还有竞争力差的原因。

（三）未老先衰型

即产品在投入期、成长期均为正常，但尚未经过足够长的成熟期就过早地进入了衰退期。就某一企业来讲，导致未老先衰的主要原因，一是随着同行业市场竞争的加剧，企业因丧失了竞争优势而败下阵来；二是国家新出台的法律、法规、政策导致该产品市场萎缩；三是更先进的替代产品出现。

（四）延缓衰老型

指产品能够保持较长的成熟期，延缓产品进入衰老期。通过改善产品的形式层、期望层、延伸层和潜在层，可以延缓产品衰老。

作为一个企业，要努力实现新产品较快进入成长期；要努力延长新产品成熟期；要避免新产品出现夭折型、发育缓慢型、未老先衰型。

五、判断产品生命周期所处阶段的方法

常用的判断方法有三种：

（一）类比判定法

对企业的产品与市场上相同或类似产品的实际发展情况进行对比分析从而判断本企业产品生命周期所处的阶段。

（二）普及率判定法

根据目前消费群体（阶层）人口或家庭对该产品的平均普及率来进行判断。此方法主要适用于高档耐用消费品。根据经验数据，普及率小于5%时为投入期；普及率在5%–50%时为成长期；普及率达到50%以上后进入成熟期；普及率出现下跌后则进入衰退期。采用此方法需要掌握大量统计资料，并且要注意排除外部环境造成的的各种假象。

（三）销售增长率判定法

根据经验数据，该产品社会销售增长率低于10%时为投入期；超过10%后进入成长期；出现下降并低于10%时进入成熟期；出现负增长或下降到0%以下后则进入了衰退期。

要注意的是，不能以一个或几个特定企业某一产品的销售情况判断该产品社会生命周期。某一产品在某一企业销售情况的变化只能说明该企业的该产品市场竞争力的变化。

六、产品"五层次论"

美国的菲利普·科特勒提出了产品的"五层次论"，认为，市场营销学的产品应当是一个综合概念，由核心层、形式层、期望层、延伸层、潜在层所组成。

（一）核心层

是产品的实质层，是产品概念最基本的功能、效用层次，是满足消费者需要的核心内容，是消费者购买产品的目的所在。

（二）形式层

是产品的实体层，它能使产品的实质层得到具体的、更好的表现，主要包括产品的形状、款式、品牌、质量、包装、色调等。

（三）期望层

是消费者购买某一种产品时内心想得到价值和愿望。

（四）延伸层

即产品的附加层，主要是指消费者购买某一产品时得到的附加服务和利益，包括提供信贷、免费送货、安装、保修、保换和售后服务等。

（五）潜在层

是指消费者对某一现有产品并不完全满意，内心认为应该具有改善潜质的产品部分。

从以上五个方面满足消费者的需求欲望，就能使企业在竞争中立于不败之地。

在当代世界500强和世界知名品牌企业中，其主导产品属于自己在世界范围内首创的，可以说是“凤毛麟角”。他们成功的诀窍，是对别人首创的产品在五层次上不断创新，使广大消费者不断得到比同行业企业更大、更多的满足。这也是所有企业获得成功的诀窍。反过来看，在现代化产品中，首创者或发明者基本上都不是成功企业的经营者。第一架飞机是美国人莱特兄弟发明的，但莱特兄弟只是以修理自行车为生。世界公认的汽车发明者是德国人卡尔·佛里特立奇·本茨，他在1885年研制出世界上第一辆马车式三轮汽车，并于1886年1月29日获得了世界上第一项汽车发明专利，这一天被人们称为现代汽车诞生日，本茨也被后人誉为“汽车之父”。1887年，本茨将他的第一辆汽车卖给了法国人埃米尔·罗杰斯，这是世界上第一辆现代汽车的销售，同年，本茨成立了世界上第一家汽车制造公司，起名为奔驰汽车公司。1886年，德国人哥德利普·戴姆勒发明了人类历史上第一辆四轮汽车，1890年戴姆勒成立了自己的公司。而对于谁是汽车发明者，法国人持有不同的看法。法国人认为，早在德国人之前，法国的戴波梯维尔于1884年就发明了汽车并申请了专利，这也是事实，但遗憾的是，他以后并没有研究汽车，而是把发动机用到了工业生产中，他最终成为工业发动机制造商。

七、产品生命周期各阶段的营销策略

对企业来讲，在产品生命周期的投入期，应以独特的产品质量策略、服务策略、价格策略、分销渠道和方法策略，大力开拓市场并使该产品的生产能力满足市场开拓的需要，大力提升产品知名度。在产品的成长期，企业的营销目标应该是赢得市场最大份额。企业的产品策略应是根据市场需求，优化产品功能，增加产品品种、规格、特色。在市场定位上，应细分市场，密集分销，大力扩大市场覆盖面。在产品的成熟期，企业的营销目标应该是保持市场份额的稳定，提升已有消费者的忠诚度。在产品策略上，应大力改进产品五层次的功能和质量。在价格策略上，应采取抗衡或击败竞争者的价格。通过综合竞争优势，从竞争者手中夺取市场，增加市场绝对份额和相对份额，争取利润最大化。在分销策略上，应建立更密集的分销渠道，进一步提升服务功能和方式。在产品的衰退期，营销目标应是维持产销平衡，减少成品、半成品、专用原辅材料和备品备件库存，消减对该产品专用装备的开支，适时调整该产品生产线的富余人员。在产品策略上，实施淘汰无利润或亏损品种，适时开发新产品，优化产品结构。

八、新产品的含义

新产品是有等级的，大体分为四档，即世界级新产品、国家级新产品、区域级新产品、企业级新产品。在全世界范围内首先投放市场并赢得用户的称为世界级新产品；在某一国家首先投放市场并赢得用户的称为该国家级新产品；在某一国家某一区域内首先投放市场并赢得用户的称为该国家该区域级新产品；在某一企业第一次生产并投放市场赢得用户的称为该企业级新产品。如果从全球市场一体化来讲，只有世界级新产品才称得上真正意义上的新产品。

九、新产品开发策略

随着全球科学技术水平的飞速发展，人们生活总体水平的快速提升和个性消费的快速拓展，同行业竞争的快速加剧和复杂化，导致产品生命周期在快速缩短。据美国商业部统计资料，30种家用商品的市场生命周期，在1920年时为34年，到1940年时为32年，到1960年时为8年，到1970年时为5年。特别是计算机、电脑、手机等高科技产品，更新换代之快令人眼花缭乱、目不暇接。新产品开发频率迅速加快，难度越来越大，成本越来越高，边际利润越来越低。

上述情况，必然导致企业产品结构阶段性、周期性调整。所谓调整，就是适时淘汰进入衰退期的老产品，适时研制开发市场需求强度大的新产品。新产品开发策略可以分为九种类型：

（一）领先开发策略。这条策略是抢占先机，做到“人无我有”并乘势做强做大

所谓抢占先机，就是率先研制开发出市场前景好、潜力大、生命周期长、经济效益、社会效益高的产品并首先投放到市场。这类产品，可分为两种类型：一类是市场广阔且容量巨大、科技含量高、资金投入大的产品。这类产品适合进入成熟期或协作期的大型企业开发经营。另一类是区域市场狭窄、容量小、科技含量不高、资金投入不大，属于“拾遗补缺”的产品。此类产品，不在大型企业视野范围，适合处于创业期或成长期的中小微企业开发经营。抓住先机只是成功的开始，企业要生存，要发展，必须乘势而上，不断营造竞争优势。对于大型企业讲，在抢占先机的前提下，抓住卖方市场的黄金时期，不断优化经济规模，不断拉长、完善多档次、多品种、多规格产品链条、不断提升要素水平，造就成一流的员工、一流的装备、一流的技术、一流的技术、一流的管理、一流的品牌、一流的文化，择机向相关联或无关联的多元化产品结构发展，从而在激烈的市场竞争中实现企业持续、健康、快速、高效、做强、做大的发展目标。在世界500强排序中靠前的企业就属于此类企业。对于中小微企业在抢占先机的前提下，必须持续不断地把产品做精、做细、做特、做新。所谓做精，就是比竞争对手质量好、品牌响；所谓做细，就是在细分市场中形成多产品、多品种、多规格产品结构；所谓做特，就是做到人无我有，人有我优，物美价廉。所谓做新，就是做到人有我转，开发新产品，不断抢占先机。实践证明，只抢占先机而不能营造竞争优势的企业是短命的，不可能持续发展。这样的例子举不胜举。在改革开放初期，河北环宇电视机，可以说是抢占了先机，也有了一定的知名度，但好景不长，在电视机行业越来越激烈的竞争中败下阵来而消亡。河北还曾有过一个“白兰”牌洗衣机，也可以说是抢占了洗衣机行业的先机，但“花朵还没绽放”便夭折了。上述两个例子之所以好景不长，其根本原因是在抢占先机后没能营造出竞争优势，只能在卖方市场中存活，而不能在激烈的市场竞争中求生。

（二）模仿、赶超策略

指企业在对市场上出现的市场容量大、技术含量高、经济效益好、生命周期长的产品进行充分地分析、研究之后，采取仿制与改造相结合的途径，研制开发出在技术、性能、形态等方面有别于仿制产品的本企业新产品。实施这一策略，能把开发企业新产品的风险和投入降低到较小的程度并大大缩短开发时间。这一战略适用于进入成熟期或协作期的大型企业，并须具备以下三个条件：一是目标产品处于成长期或成熟期的早期阶段，虽然同行业竞争越来越激烈，但市场需求不但广阔而且仍有增长，经济效益处于较好水平；二是符合企业相关联或无关联多元化产品结构调整方向；三是企业现有生产要素或可争取的生产要素能够满足开发目标产品，形成较好经济规模的需要并能通过努力在规划期形成较强竞争能力。

（三）合作开发策略

指企业与科研机构、高等院校或相关企业协作进行新产品开发。这对中小企业来说特别重要。石家庄鑫农机械有限公司（无极县境内）与中国农业大学、河北农业大学、河北农科院合作，开发出了六个系列农机新产品，市场前景广阔，成为最具成长性中小企业。

（四）技术引进策略

指企业通过购买专利等形式引进国内外企业、科研机构、高等院校已经研发出的、成熟的新技术、新工艺和新材料进行“孵化”式新产品开发。

（五）借用驰名品牌“嫁接”策略

在无法与强者抗衡的情况下，我国汽车业三大巨头一汽、二汽和上汽都最先选择了与世界汽车巨头携手合资的路子，斥巨资

借用他们的驰名世界的品牌“嫁接”国内汽车新产品，实现“双赢”发展。

（六）大力实施“以产顶进”策略

我国每年进口产品花费的外汇是巨大的，其中高精尖机电产品和高端钢铁产品是重点进口产品。这充分说明，国内对这些产品需求量巨大，而国内没有生产企业或现有生产能力远远不能满足需求。企业应全面掌握我国进口产品的有关情况和信息，根据自身的能力，选准开发对象，通过“以产顶进”实现产品结构优化。这是产品结构调整大有可为的广阔天地。邯郸钢铁集团在实施“以产顶进”策略上取得了重大业绩，他们自主研制开发的超低碳冲深SPH卷板（轿车面板）品质和性能接近世界最好水平，填补了国内空白。到2012年8月，邯钢公司超低碳特高级汽车05板生产技术又取得了重大突破，碳含量稳定控制在0.002%以下，磷、硫含量分别稳定控制在0.013%、0.01%以下，综合命中率达到100%，标志着邯钢超低碳钢生产达到国内先进水平，成为国内少数具备该项钢种生产能力的企业。该钢种市场前景十分广阔，国内每年需大量进口。邯钢生产的超深冲汽车板DC07已向菲亚特等知名汽车制造商供货。

（七）大力改造提升传统产品策略

所谓传统产品，指的是生命周期长、市场广阔、与国计民生息息相关的产品，是我国三次产业结构中的“大家族”，是我国经济社会发展的根基。根据产品“五层次论”，用高新技术改造提升传统产品品质和性能，使其与时俱进地适应市场需求的不断变化，是不断提升我国经济社会现代化水平的需要，是企业做大做强的重要途径。以棉秸秆为主要原材料的人造刨花板传统生产工艺生产出来的产品，甲醛排放量严重超标，导致市场萎缩，生产企业纷纷关闭或倒闭，在这种“山重水复疑无路”的困境下，邯郸金赛博板业股份有限公司，在全国率先自主研发出“甲醛零排放”新技术，获得了两项国家技术发明专利，通过了日本和美国标准认证，使人造板产业获得了“柳暗花明又一村”的新生期，使金赛博获得了长足发展。

（八）背靠“大树”当“配角”策略

拥有驰名品牌的企业，对其高档装备产品或结构复杂的大型机电产品，常常采取非核心零部件外协加工的策略。所谓非核心零部件，就是不涉及技术专利和其他商业机密的零部件。非核心零部件的数量、重量、体积等占整机的比重比核心零部件更大。好比一个人，其体重可以达到一百、二百斤以上，但其“五脏六腑”的重量并不大。对非核心零部件的生产，会占用大量的人力、资金、装备、工房、库房。采用非核心零部件外协加工，有利于主机企业低成本、高效益、快速扩张。承接他们非核心零部件加工业务，是一个企业调整产品结构的一条途径，实现“双赢”的目标。西安飞机制造集团为“波音”飞机配套生产垂直尾翼，不仅找到了发展的新增长点，解决了生产任务不足的问题，而且借“波音”品牌之光，提升了知名度，学到了先进的管理经验。当然，配角的盈利水平远远低于主角企业。名列全球品牌榜首的苹果公司将配件加工分包给中国境内的企业，为70万人提供了就业岗位，其中深圳台资企业富士康是其最大的配件加工企业。每销售一部苹果手机，苹果公司就可以从中获得58.5%的利润，而富士康只剩下1.8%的利润。

走配件生产专业化之路也能做强做大，其发展可分为五个阶段：一是先尝试为某一拥有驰名品牌的主机厂搞一个或多个零部件配套生产，取得该主机厂的信赖或认证，打造出自己的知名配件品牌；二是借势打入该机型其他主机企业，从而实现由一家向多家主机厂供货的目标；三是围绕该机型搞系列化配件生产并进一步扩大市场；四是选择若干个其他驰名品牌的主机逐步实现非关联多元、系列化配件生产；五是逐步实现国际化进而实现全球化配件经营。

（九）围绕自主品牌搞系列化、多元化开发策略

所谓系列化开发，就是根据市场需求适时研发本企业自主品牌主导产品向上、向下或双向延伸的产品、品种和规格，适时淘汰那些过时的产品和品种，使适销对路的高档、中档、低档产品、品种规格的链条不断拉长。多元化开发就是利用自主品牌的影响力，和企业主要生产要素的优势，开发相关联产业或无关联产业的新产品，实现相关联产品结构向无关联产品结构的转变，为做大做强开拓更广阔的空间。山东海尔成名的当家产品是冰箱，通过系列化、多元化战略的实施，目前不仅拥有了品种、规格齐全的制冷家电类产品链，而且拥有了品种、规格齐全的通讯产品链。

要坚持企业级档、产品级档、市场级档相互匹配的原则。企业级档由企业生命周期不同阶段决定。大体可以做如下界定：处于创业期和成长期初期的企业属于低档企业；处于成长期中后期和成熟期初期的企业属于中档企业；处于成熟期中后期和协作期的企业属于高档企业。产品级档由产品的技术量的高低来决定。大体可以做如下界定：单位产品成本中物料价值占到80%以上的为低档产品；单位产品成本中物料价值占到50%–80%的产品为中档产品；单位产品成本中物料价值占到50%以下的为高档产品。市场级档可以做如下界定：适合低档产品销售的属于低档市场；适合中档产品销售的属于中档市场；适合高档产品销售的属于高档市场。以上划分标准，不是“一刀切”，而是各档次之间存在着一定的模糊空间。

从竞争的角度讲，企业在产品生产经营上要占据优势，必须做到企业级档、产品级档、市场级档相匹配。高档企业适合开发生产、经营高档产品，抢占高档市场；中档企业适合开发生产、经营中档产品，抢占中档市场；低档企业适合开发生产、经营低档产品，抢占低档市场。这个定位，当然也不是绝对的，所开发、生产、经营的产品在实际上可以存在轻度错位，但其主导产品的开发、生产、经营必须与企业级档、市场级档相匹配，不能错位，否则就必然丧失竞争优势。

企业为研制开发新产品会有可观的投入和较长的时间付出，一旦成功，必须在较短的时间内转变成生产力以创造它的价值、获取经济效益并收回研制开发的投入。企业新开发并投入批量生产和销售的产品在其产品结构中所处的地位归根结底有两种情况：一是即期和预期实现利润是企业利润总额的小头，不可能能为企业新的主导产品；二是即期实现利润虽然不大，但市场前景好而且广阔，扩张迅速，实现利润额连年有明显增长，在规划时间里可望成为企业新的主导产品。符合上述两种情况的新产品如果能按企业的规划有周期的产生，是企业持续、健康、快速发展的根本保证。有不少企业，开发新产品的周期较短、新产品数量也不少，但长期都不能形成批量生产和批量销售，只有投入却没有产出，导致新老产品“青黄不接”，这是企业衰败的主要原因。

值得注意的是，调整产品（业务）结构，应遵守坚持本业的原则。所谓本业，是指一个企业在其发展历程中，始终处于支柱地位或主导地位的产品（业务）。只要本业仍具备市场吸引力，就应面对激烈的市场竞争，认清优势和劣势，把握机会和威胁，与时俱进地提升和拓展优势，缩小和消除劣势，抓住市场机遇，规避各方面的威胁，把本业做强做大。这是世界500强企业一条基本的经验。唐僧师徒在取经路上，遭遇了81难，他们之所以能成功，就是因为他们有坚定不移的信念和目标，有战胜各种妖魔鬼怪的勇气、能力和争取外援的机缘。办企业，也要有唐僧师徒的精神。创新是企业发展的动力。但在产品（业务）结构调整上，如果一味追求新，而不能坚持做强做大，那就是“狗熊掰棒子”，结果只能是一事无成。

河北钢铁集

王义芳董事长到企业调研

团有限公司

邯钢冷轧生产线

承钢1780生产线

唐钢3200立方米高炉

唐钢大学生宿舍

唐钢镀锌生产线

唐钢水处理中心

开滦（集团）

国家安监总局局长杨栋梁到开滦视察

开滦集团正式加入国际社会保障协会仪式

开滦（集团）有限责任公司是河北省人民政府国资委监管的特大型煤炭企业，其前身为开滦矿务局，始建于1878年，已有135年的历史，创造了多个中国近代工业的第一，享有“中国煤炭工业源头”、“北方民族工业的摇篮”等盛誉。

开滦有着光荣的历史。毛泽东同志曾高度赞扬开滦工人阶级特别能战斗。周恩来总理两次表扬开滦为国家“出了力，救了急，立了功”。建国后到2012年底，开滦共生产优质原煤12.65亿吨，精煤3.17亿吨，上缴利税301.65亿元，为加快共和国工业化进程做出了重要贡献。

开滦集团地处环渤海经济区腹地，与京、津相毗邻。是一个集煤炭生产、洗选加工、煤化工、现代物流、装备制造、文化旅游等多产业并举的大型企业集团。已形成五大区域、七大战略基地，分布在河北唐山、河北张家口蔚州、内蒙古鄂尔多斯、新疆伊犁和准东、山西介休和海外加拿大地区。集团下辖43个分公司、61个子公司，拥有1个能源化工上市公司。到2012年期末，总资产657亿元，在册员工73699人，离退休人员84445人。

2008年以来，开滦集团秉承“开放融入、调整转型、科学发展、做大做强”的发展方针，深入贯彻落实科学发展观，调整发展战略，优化产业布局，走出了一条资源型企业成功转型的路子。2008年至2012年连续实现经济跨越式发展，原煤产量增长了186%，营业收入增长了983%，利税总额增长了447%。2012年，原煤产量完成8353万吨，同比增长18%；精煤产量完成2006万吨，同比增长18%；营业收入预计完成1741亿元以上，同比增长19.6%。非煤产业收入比重预计达到85%，同比提高7个百分点。2012年在中国500强企业排名上升到第75位，比去年前移了16位。中国煤炭企业排名第6位，比去年前移了2位。2012年成功进入世界500强，排名第490位。

“十二五”时期，开滦集团将以党的十八大、河北省第八次党代会精神为指导，围绕打造煤炭行业“航空母舰”目标，转变经济发展方式，推动企业科学转型，构建以能源化工产业、现代服务业为主业，以高端装备制造、电子信息及新材料、新能源为重点培育发展产业的“两主一新”产业发展新格局，到“十二五”末，实现原煤产量达到1亿吨，营业收入达到2500亿元以上，建设成为主业突出、结构合理、多元经营、科学发展的跨地区、跨行业、跨所有制、跨国的现代化大型企业集团，打造“中国鲁尔”。

百年开滦正焕发新的生机活力，百年开滦永续经营、基业长青！

有限责任公司

开滦集团总部大楼

京唐港开滦码头

范矿矿井水处理厂

开滦国家矿山公园

中润化工园区

河北四方通信

省委书记周本顺到公司调研

石家庄市委书记孙瑞斌、市长王亮携四大班子领导到公司视察

四方通信–上海交大战略合作签约仪式

河北四方通信设备有限公司（以下简称四方通信或公司）始建于1998年4月，地处石家庄国家经济技术开发区阿里山大街18号，是中国光纤网络系统集团有限公司（香港上市公司，以下简称中国光纤）的全资子公司。公司注册资本金5.28亿元人民币，总占地面积23万平方米。经过15年的艰苦创业和开拓创新，公司已发展成为省内首家以光纤活动连接器为主导产品的创新型光通信产品制造企业和省级高新技术企业，专注于光纤活动连接器及其相关光无源设备的研发、生产和全球销售。

公司能够为国内外通信运营商和专业通信传输机构提供100多种符合UPC、PC型要求的各种线径的软光缆光纤活动连接器和铠装光纤活动连接器。凭借产品的卓越品质和专业化的优质服务，四方通信已成为中国电信、中国移动、中国联通三大电信网络运营商、广电网络运营商以及国防通信、铁路通信等其它专业通信网络的主要供应商，产品被广泛应用于航天通信、高速公路、高速铁路专网、智能大厦系统以及矿山、油田通信等诸多领域。

设备有限公司

软光缆车间

光纤车间

研发中心

数据中心

测试中心

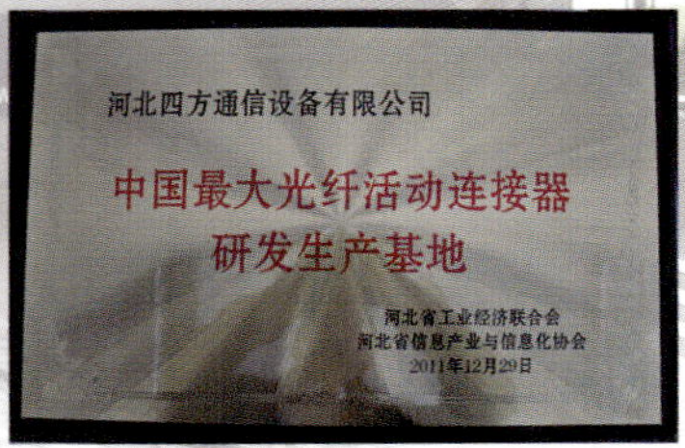

河北长安汽

河北长安汽车有限公司成立于2002年7月，位于定州市唐河循环经济产业园区，占地1300亩，员工4000人，注册资本4.65亿元，拥有集冲压、焊装、涂装、总装四大工艺为一体的生产线，具备国内同行业先进水平，是长安汽车三大微车制造基地之一，年产能达到30万辆。

河北长安自成立到2013年一季度，累计产销汽车150万辆，缴纳税金13亿元。公司主要产品有新长安之星、星光4500、长安星光、新长安之星单双排、长安星卡、星光小卡等微型商用车，并出口到美国、巴基斯坦、叙利亚等50多个国家和地区。是河北省汽车产销量最大的微车制造企业，市场占有率位居国内领先。

其中新长安之星微客集成了领先技术与精湛工艺，在造型设计、动力操控与安全舒适等方面，实现了全面的品质创新。

河北长安公司连续多年被评为河北省重质量、守信誉单位，省百强企业，省级著名商标企业，相继通过ISO9001:2000版质量体系认证、环境健康安全认证、3C强制认证，形成了规范、完善的质量管理体系，整车通过免检审核。并成功实施运用了制造、财务和销售ERP管理系统，2011年通过高新技术企业认证。

河北长安公司将以兵装集团“211战略”为统领，以长安汽车“愿景2020”规划为目标，精准把握微车行业趋势，推进“以经典产品为载体、创新营销为依托、精益制造为支撑”三大战略，持续提升产品核心竞争力和品牌形象。按照长安公司“三年收入超百亿、六年机车同发展、十年产销六十万”的“三步走”发展规划，到“十二五”末将建成一座面积10平方公里，拥有70万辆整车（包含10万台客车）、60万台发动机、200多家配套企业、4万多从业人员，销售收入过500亿、利税超50亿，集轿车、客车、微型车、改装车、新能源汽车和关键零部件于一身，融汽车生产、销售、物流、商贸、消费为一体的长安“汽车城”。

100万辆下线仪式

省领导参观产品

出口处港口发运

先进的生产线

中国勒泰商业地产集

河北省副省长张杰辉考察中国勒泰商业地产集团旗下项目勒泰中心

石家庄市委副书记、市长王亮一行参观中国勒泰商业地产集团旗下标杆项目勒泰中心

家乐福总裁参观中国勒泰商业地产集团旗下项目勒泰中心

石家庄勒泰中心都心型城市综合体位于河北省石家庄核心商圈，投资总额53亿元人民币，总体量超62万平方米，集酒店、住宅、购物、办公、会展、休闲及餐饮娱乐为一体，是石家庄市“20+X”重点工程、河北省2010年“第一批59个重点支持项目”之一，是中国勒泰商业地产集团在中国北部投建的重点标杆项目。

中国勒泰商业地产集团是集地产开发、物业运营和商业零售为一体的世界级大型商业地产开发及运营集团。集团旗下勒泰控股有限公司（00112.HK）在香港联交所主板上市，成为集团迈向国际资本市场的世界级商业地产领军品牌。同时，集团旗下勒泰商业投资集团和勒泰商业物业集团均在完成上市进程中，将构筑集团地产开发、商业投资和物业运营的“三足鼎立”格局。集团业务范围涵盖有零售、商业地产、农产品物流园区、文化旅游、高端酒店五大业态，资产规模达三百亿元。已成功开发石家庄勒泰中心、唐山远洋城MALL、西安大唐西市等城市综合体项目，和中国北部区域规模最大的大河国际农产品物流园区项目，及家乐福保龙仓超市零售业态。

目前，“勒泰控股”正在以中国华北、华东等地区为重点开发区域，在河北、北京、辽宁、天津、南京等地投资建设以“勒泰中心”、“勒泰广场”和“勒泰城”命名的30余个省际商业、文化、体育基础设施投资项目，在全国范围内迅速扩张。截至2018年底，集团将实现新增开业面积660万平米、新增商业自持面积200万平米。

团·石家庄勒泰中心

石家庄勒泰中心项目于2009年6月14日正式开工建设，2012年12月18日，勒泰中心40万平米体量商业裙楼盛世开业，15个国家的336个国内外知名商业、餐饮和休闲娱乐业态品牌入驻开业，引领着奥地利欧悦冰场、香港UME影城、一兆韦德健身、红太阳演艺、小南国、金钱豹、海底捞、特力和乐等57个国际知名品牌首度进驻石家庄，弥补了城市商业空白和品牌盲区。目前，勒泰中心体量超20万平米的4栋高层塔楼均已完工并陆续投入运营，与万豪酒店、1020家国内外知名企事业单位签约，勒泰中心将实现全面绽放。项目综合运营后，年销售额将突破35亿元人民币，可拉动石家庄市GDP整体增长逾1个百分点，解决城市就业3万人，增加税收逾1.7亿元。

中国勒泰商业地产集团商业投资总部兼商业物业总部
总裁 王广策

社会职务：

"石家庄市政协十一届委员"

"石家庄市桥西区政协第六、七届常务委员"

"石家庄市桥东区人大代表"

"河北省商业联合会副会长"

"石家庄市商业联合会副会长"

"石家庄市桥西区慈善协会副会长"

"河北经贸大学工商管理学院硕士研究生社会导师"

"河北师范大学商学院客座教授"

"石家庄市劳动模范"

工作期间主要经历：

任职保龙仓商业连锁经营有限公司CEO期间，积极推动及开展超市连锁经营，秉承"从零到一、从一到无限"的发展理念，实现8个地市、13家连锁店，实现年销售额26.3亿元，居中国连锁百强第73位，快速消费品连锁零售企业百强第41位，品牌价值28.17亿元。

出任唐山远洋城购物中心董事长期间，注重打造精英团队，强化联合营销战略，优化资源结构，制定三年战略规划，实现公司年销售额利润翻两番，铸就城市核心商圈，打造成为中国二、三线城市购物中心SHOPPING MALL业态的成功典范。

任石家庄勒泰中心总裁期间，成功解决拆迁难题，项目全面启动，成功打造62万平方米城市综合体项目——石家庄勒泰中心，同时全面负责项目招商运营，升级本土品牌，引领着奥地利欧悦冰场、香港UME影城、一兆韦德健身、红太阳演艺、小南国、金钱豹、海底捞、特力和乐等57个国际知名品牌首度进驻石家庄，弥补了城市商业空白和品牌盲区，得到省市领导高度重视。

中国勒泰商业地产集团是集地产开发、物业运营和商业零售为一体的世界级大型商业地产开发及运营集团，业务范围涵盖有零售、商业地产、农产品物流园区、文化旅游、高端酒店五大业态，资产规模达三百亿元。在中国勒泰商业地产集团17年工作期间，为集团做出不可替代的贡献。

冀中能源井陉

井矿集团董事长　李明朝

建局百年雕塑

冀中能源井陉矿业集团有限公司（简称井矿集团），前身是井陉矿务局，成立于1908年7月，原为煤炭部直管，1998年8月，下放河北省管理。2006年6月16日与河北金能集团联合重组。2008年5月16日，改制为井陉矿业集团有限公司，隶属金能集团。2008年8月5日，更名为冀中能源井陉矿业集团有限公司，为冀中能源集团子公司。

井矿集团是集煤炭开采、洗选加工、煤炭物流、煤焦化、电力、建筑、橡胶运输带制造等多个产业、多元发展的大型企业集团，也是河北省战略煤炭储备基地之一。

近年来，井矿集团坚持以科学发展观为统领，制定实施“三步走、翻两番、再造新井矿”发展战略，坚持开发新区和发展老区并重，构建煤炭生产、煤炭物流、煤焦化三大基地，加快发展步伐，百年老局焕发生机，企业发展势头强劲，一年一大步，一步一跨越，煤炭产量、营业收入三年翻两番，职工收入逐年大幅增长。“十一五”末，煤炭产量突破700万吨，营业收入80亿元以上，职工收入增长近3倍，实现再造新井矿目标。到“十二五”末，将实现煤炭产量1000万吨，营业收入100亿元以上，跨入千万吨级煤炭企业，建设成为繁荣、文明、和谐的大型企业集团，为河北经济发展做出贡献。

近年来，井矿集团先后荣获中国企业文化研究会“企业文化建设优秀单位奖”、“全国企业文化人才工作先进集体”、河北省国资委“先进基层党组织”、“河北省明星企业”、“河北省管理创新优胜企业”、冀中能源红旗党委等荣誉称号。凤山化工分公司荣获“河北省质量效益型企业”、“河北省高新技术企业”，“凤凰山”商标荣获“河北省著名商标”。

矿业集团有限公司

冀中能源井矿集团标志性建筑--皇冠塔风光

井矿集团煤炭物流基地

建设高产高效矿井

精品采煤工作面

河北省邮政公司

总经理　邓慧国

2012年是“十二五”规划的第二年，面对全球经济下行风险加剧，国内经济增长放缓的局面，河北省邮政公司党组以科学发展观为指导，认真学习贯彻党的十八大会议精神，按照集团公司的工作部署，在省委、省政府的关怀指导下，牢牢把握“稳定队伍、稳步发展”的工作思路，积极转变方式、调整结构、提升能力、强化基础，全省邮政实现了持续稳定、健康发展。2012年全省实现邮政总体业务收入较去年增长18.63%，邮务类业务实现收入增长12.12%，邮政储蓄银行实现收入增长30.91%，速递物流实现业务收入10.79%，其中邮务类函件专业业务收入增长12.63%，报刊发行业务收入增长12.19%，集邮专业业务收入增长33.02%，电子商务业务收入增长33.35%，分销业务收入增长10.95%，代理金融业务收入增长4.56 %，全员劳动生产率比上年提高12.11%。“稳中有升”的良好发展态势，提升了邮政企业员工信心，坚定了加快改革发展的决心，促进了邮政转型发展、加快发展的顺利进行。

规划引领加快发展　深化机制体制改革

加大管理创新力度　增强科学管理效能

加大基础设施投入　提升支撑服务能力

切实转变工作作风　打造健康和谐企业

2012年7月1日全国城乡居民养老保险全覆盖纪念邮票在西柏坡举行，省长张庆伟（右二）与中国邮政集团公司总经理李国华（右一）亲临现场

2012年5月24日河北省储汇业务技能竞赛在石家庄举行

2012年7月27日河北省邮政公司及直属单位向北京地区洪灾捐款

2012年8月17日河北省邮政公司举行省直乒乓球比赛

石家庄邮区中心局全自动信函分拣机正在作业

中国邮政储蓄

2012年，中国邮政储蓄银行河北省分行立足于“服务城乡、支持‘三农’、服务中小企业”，坚持科学发展、精细管理、合规运营，强化转型升级，狠抓风险防控，持续推进能力建设和基础管理，各项工作都取得了新的成绩，为促进全省经济社会发展及满足百姓金融需求做出了积极的贡献。全行总资产达到2265.88亿元，较上年末增长20.25%。其中，贷款余额达到297.39亿元，存款余额达到2216.2亿元。

2011年7月2日，时任中共中央政治局委员、国务院副总理王岐山到中国邮政储蓄银行石家庄市裕华东路支行视察指导工作

中国邮政储蓄银行行长吕家进到河北省分行调研指导工作

2012年10月25日，中国邮政储蓄银行河北省分行与保定市人民政府举行战略合作签字仪式

银行河北省分行

2012年12月中国邮政储蓄银行河北省分行机关举行学习贯彻党的十八大精神报告会

2012年10月30日，中国邮政储蓄银行河北省分行、河北省个私企业协会联合召开“邮储助企”活动推进会

2011中国邮政储蓄银行河北省分行百姓创富大赛

机关召开“改进作风 夯实基础 提高素质 争先创优”主题竞赛活动动员大会

2012年6月4日，中国邮政储蓄银行工会河北省分行委员会召开第一次代表大会

中国邮政储蓄银行河北省分行真情服务三农

中国邮政储蓄银行河北省分行信贷人员深入村镇，现场受理客户的贷款申请，方便了客户，赢得了客户信任

之创建和谐团队”主题教育活动

河北前进钢铁

前钢集团

河北前进钢铁集团有限公司（以下简称前钢集团）创建于1986年，坐落于历史文化名镇、钢木玻璃家具产业基地——河北省霸州市胜芳镇，现有员工4000余人。经过十余年经营，公司已发展成为集冶金科技、矿业开发、钢铁冶炼、钢材加工、产品研发、国际贸易为一体的民营联合企业，成为河北省重点钢铁企业之一，在冶金业享有较高的声誉。现为中国冶金商会副会长、中国认证认可协会常务理事、中国钢铁工业协会会员、河北省冶金行业协会副会长、河北省冶金学会副会长、河北省节能协会副会长、河北省环保产业协会副会长、河北省钢管协会常务副会长、廊坊市钢铁工业协会会长单位。

前钢集团热心社会公益事业，始终把回报社会、奉献社会作为使命和责任，多年来已累计为社会捐赠近3000万元。良好的企业形象，优质的产品质量，高度的社会责任感赢得了社会各界的好评。董事长马西波先生荣获全国劳动模范称号，以及国家人力资源和社会保障部、中国钢铁工业协会颁发的全国钢铁工业劳动模范证书。集团公司先后被授予全国五一劳动奖状、全国冶金行业先进集体、全国模范劳动关系和谐企业、中国优秀民营科技企业、2008年度“中华慈善奖”、“中华慈善突出贡献单位”、河北省“五一”劳动奖状、河北省文明单位等殊荣。

前钢集团把“关心、关爱”员工生活、为员工创造温馨生活环境做为管理工作的首要任务，先后投入巨资兴建员工宿舍、食堂、大型活动礼堂、党员活动室、工会活动室，以及篮球场、乒乓和羽毛球活动场，在职工生活区设立上网和台球活动实施。每年春节，集团公司工会组织开展迎新春联欢会，每个季度组织丰富多彩的文体娱乐活动。

同时，前钢集团还建立网站、自办了刊物《前进钢铁》报，刊登员工作品、安全生产法律法规知识等，极大丰富了员工业余文化生活，增强了凝聚力、团结力，促进了企业的和谐发展。

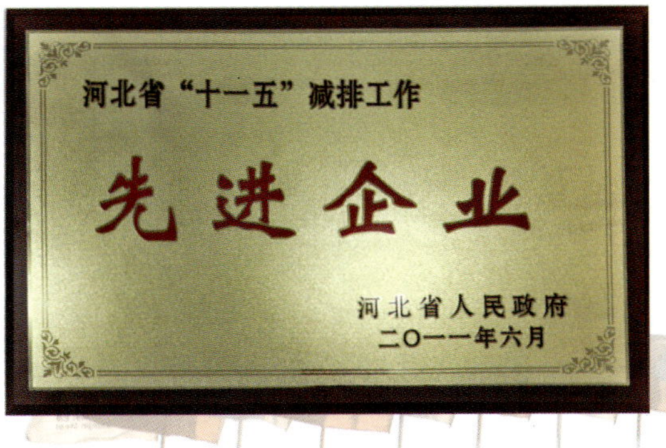

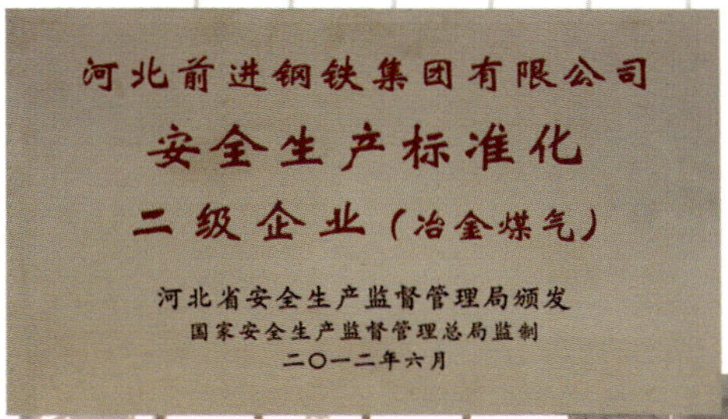

集团有限公司

生产调度服务综合办公楼

生产车间

供不应求的主导产品——带钢装车发货情景

员工生活区

生产区与节水利用蓄水池

维特根（中国）

维特根中国：一家质量为本、立足于服务筑养路、采矿与矿料加工业的设备制造商

维特根中国一声名遐迩的设备制造商，落户于河北省廊坊经济开发区，于2004年建厂投产。30多年来，它始终活跃在中国这一快速增长、日益重要的市场中并见证了其在中国大陆和香港的发展历程。维特根中国为用户提供维特根(Wirtgen)、福格勒(Wogele)、悍马(Hamm)和克林曼(Kleemann)的高品质设备，这四大德国品牌在各自的业务领域都是全球技术和市场的领导者。汇聚于维特根集团旗下的这四大德国品牌，为用户提供筑养路、采矿及有用矿料加工行业的所有创新型解决方案。

产品全面化：产品应用范围广泛

维特根中国根据中国用户和本土化市场需求，生产制造设备。在廊坊工厂的专用生产线上，生产、组装多种型号的维特根铣刨机、福格勒摊铺机和悍马压实设备（沥青施工和土方工程）。每款机型都可根据国内施工应用特点，进行一系列定制选配。在这些定制机型中，包括1m档铣创机W100H和W130H，多功能道路摊铺机超级1800-2L和超级1800-2HD，还有用于高等级公路级的沥青摊铺机超级1900-3L和超级2100-3L以及悍马HD128＆HD138双钢轮压路机和320单钢轮压路机都在国内组装生产，并广受青睐。上述国产化定制产品，与维特根、福格勒、恽马和克林曼的固有产品形成了一个广泛的产品范围，几乎可以满足中国广大客户在筑养路及采矿技术领域中所有应用需求。

大中华地区可靠的销售和服务网

维特根中国在廊坊成立了维特根（中国）机械有限公司，并在此建立了生产基地；在上海、广州、芜湖以及西安成立了主要销售和服务中心；并在北京、乌鲁木齐等地设立了办事处；在香港也有服务机构为周边客户提供服务。除此之外，客户还可以依靠我们遍布各省的三十多个代理商。我们的代理商及其销售和服务人员每年都会接受定期理论培训和现场实践培训。因此，购买了新设备的同时，广大客户还可获益于维特根中国提供的非常可靠的售后服务，包括原厂备件和易损件的提供、维修和保养服务及其它增值服务。

新工厂将大幅提高产能

为满足不断增长的市场需求，维特根中国增资扩建建设新工厂。维特根中国目前在建的新工厂和办公区域，离现办公地点不远。新工厂将于2015年年初投人使用。该扩建项目对维特根中国乃至跨国公司维特根集团来说都是一个重要的里程碑，因为该项目是德国维特根集团历史上最大的海外投资项目。新的生产基地将极大地扩大产能，并极大增加备件和易损件的存储容量，从而保证全国范围的新设备及相关备件的及时供应。新工厂还包含一个技术先进的培训中心，为维特根中国的贯工及客户提供相关培训。新的生产基地将为维特根中国的市场、客户以及员工提供新的机遇。

机械有限公司

维特根集团在中国强势登陆：位于河北廊坊的维特根中国生产基地

愿景成为现实：廊坊新工厂的设计和布局

2013年9月，来自德国和澳大利亚大使馆、德国机械制造协会、廊坊市政府、廊坊市开发区管委会的官方代表，与维特根中国公司的管理层共同庆祝新工厂的开工庆典

四大知名品牌：维特根(Wirtgen)、福格勒(Wogele)、悍马(Hamm)和克林曼(Kleemann)

维特根中国现有工厂的生产线：一系列专为中国市场定制的维特根（Wirtgen）、福格勒（Vogele）和悍马（Hamm）设备在廊坊设计和生产

在上海每两年举办一次的宝马展会上，维特根中国展出了针对筑养路、采矿及矿料加工行业的创新型解决方案。

冀中能源国际物流集团有限公司
JIZHONG ENERGY INTERNATIONAL LOGISTICS GROUP CO.,LTD.

物流通八方　国际铸辉煌

更多详情请登陆 www.jznygjwl.com.cn

冀中能源国际物流集团有限公司

公司简介

冀中能源国际物流集团有限公司是冀中能源集团下属的全资子公司，2011年1月份注册成立，注册资本8亿元，集团公司总部位于河北省邯郸市经济开发区，2013年资产总额达到123.89亿元，实现销售收入707.46亿元，利润6.07亿元。

集团下辖国际物流集团（香港）公司、上海冀中鑫宝能源进出口有限公司，邯郸分公司、河北冀中邯能销售有限公司、河北金宝钢丝绳有限公司等13个分子公司，是一家集第三方物流、物流金融、融资租赁、电子交易、国际贸易、商业保理等商业模式为一体的大型综合物流企业。

企业经营范围涵盖煤炭批发经营；货物仓储、金属材料、建筑材料、化工产品、橡胶制品、工矿产品及配件、机械电子设备、五金交电、焦炭、铁矿石、铁精粉、汽车及摩托车配件、金属制品、劳保用品、日杂用品、办公用品、润滑油的销售，设备租赁，货物进出口。

集团为国家AAAAA级物流企业、AAA级信用企业，先后荣获中国能源最佳物流企业、中国能源物流最佳企业、全国煤炭物资物流领军企业等多项国家级荣誉称号；是中国物流与采购联合会副会长单位、河北省现代物流协会副会长单位、河北省企业联合会常务理事单位。此外，还具备了物流工程硕士专业学位培养基地、物流职业教育实训基地、河北省军用物资应急采购供应商、现代物流培训基地、河北省设备租赁调剂中心、钢材交易中心等多项社会职能。综合实力位居中国物流百强第六位，河北物流50强第一位。

战略定位

以冀中能源集团物资“三集中一统一”管理、面向国内国外融资租赁和物流企业为主要内容的综合物流服务，打造以物流产业为主营，以物流金融为依托，向客户提供供应链一体化解决方案，具备国内外物流能力的专业化服务商，成为冀中能源“一体两翼、多元发展”的重要经济增长极和效益增长点，打造新的经济升级版。

地址：河北省邯郸市经济技术开发区
联纺东路588号
电话：0310—5801819　5801833
传真：0310—5801822
http://www.jznygjwl.com.cn
E-mail:jzgj@jznygjwl.com.cn

冀中能源国际物流集团有限公司
JIZHONG ENERGY INTERNATIONAL LOGISTICS GROUP CO.,LTD.

物流通八方 国际铸辉煌

更多详情请登陆 www.jznygjwl.com.cn

战略目标

“十二五”期间，公司按照“一个平台、两个三角、三个六”的战略发展布局，不断创新商业运营模式，形成较为完整的物流产业格局。到“十二五”末，物流营业收入将达到1000亿元以上、利润10亿元以上。国际物流集团将打造成为服务质量好、运作效率高、具有较强国际竞争力的大型现代综合物流强企。

战略布局：“一个平台、两个三角、三个六”

一个平台：以内蒙古西部煤炭交易中心和深圳前海大宗商品交易中心为支撑的电子商务平台。

两个三角：以上海进出口公司为基础的长三角物流聚集带和以香港公司为基础的珠三角物流聚集带。

六个业务板块：企业内部物流板块、煤炭物流板块、大宗商品物流板块、国际物流板块、港口物流板块、物流增值服务板块。

六个物流园区：冀中国际陆港（邯郸）保税物流园区、元氏煤炭物流园区、邯郸新铁物流园区、邯郸大宗商品物流园区、河北国际保税物流园区、河北恒聚源物流园区。

六个物流基地：石家庄陆港物流基地、黄骅海港物流基地、航空物流基地、冀中金宝矿用产品生产基地、华北棉花仓储物流基地、环保设备制造基地。

地址：河北省邯郸市经济技术开发区联纺东路588号
电话：0310—5801819 5801833
传真：0310—5801822
http://www.jznygjwl.com.cn
E-mall:jzgj@jznygjwl.com.cn

地址：河北省邯郸市经济技术开发区联纺东路588号
电话：0310—5801819 5801833
传真：0310—5801822
http://www.jznygjwl.com.cn
E-mall:jzgj@jznygjwl.com.cn

唐山建设集团

董事长、总经理 耿立功

集团公司总部

唐山建设集团有限责任公司是唐山市成立最早、规模最大，集房地产开发、建筑施工、机电设备和管道安装、机械化施工、大型设备吊装、钢结构制作安装、建材生产、装饰装潢于一体的大型建设集团企业。

集团公司前身始建于1949年2月，现有员工2850名，具有专业技术人员943名，其中有中级专业技术职称283名，有高级专业技术职称59名。公司注册资本金108173万元。集团具有房屋建筑工程施工总承包壹级；建筑装修装饰工程专业承包壹级；市政工程施工总承包贰级；机电安装工程承包贰级；混凝土预制构建专业贰级；预拌商品混凝土专业贰级；无损检测工程承包贰级；钢结构工程承包壹级；房地产开发贰级；BRT级压力容器制造电梯安装维修叁级；锅炉安装、机械施工贰级等多种资质；建筑幕墙工程专业承包壹级；起重设备安装工程专业承包贰级、消防设施工程专业承包壹级、防水工程专业承包贰级等多重资质。

集团公司的企业纲领是：立诚信之本，尽产业之责，创新奋进，追求超越，以建造精品工程和永远争取一流的服务奉献用户。

集团公司成立60多年来，为国家和唐山市的经济建设做出了重要贡献，被评为全国先进施工企业、全国建筑AAA信用企业。连续多年被评为“河北省先进施工企业”、省级“建筑业排头兵企业”、省级“AAA级和谐企业”、省建设系统“规模经营效益型十强企业”、“质量管理先进企业”、省级“守合同重信用单位”。被市委和市政府命名为“振兴唐山先进企业”和“支援四川抗震救灾先进集体”。

自供电局办公综合楼工程通过鲁班奖验收并被评为建设部优质工程以来，集团公司就一直以锲而不舍的精神为创建鲁班奖的目标而努力。2012年我公司承建的国丰维景国际花园酒店又被评为国家优质工程银质奖。直到2013年12月，唐建人终于圆了自己的梦想，捧回了鲁班金像，石家庄中银广场A座工程不仅为集团公司赢得了荣誉，同时也使集团公司成为在唐山市众多的建筑施工队伍中首个赢得承建单位获得“鲁班奖”奖项的建筑施工企业。

集团公司旗下的唐山预拌混凝土有限公司是唐山市规模最大的混凝土生产企业

有限责任公司

中银广场获得中国建设鲁班奖，是唐山市第一家获此殊荣的建筑企业

唐山抗震纪念碑（国优工程）已成为唐山市的标志建筑

南坝镇滨江路工程被誉为“唐山大道”，获四川省天府杯工程、省安济杯工程

公司荣誉

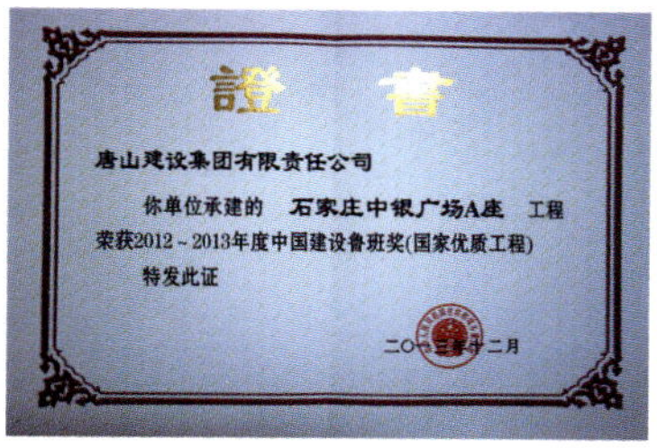

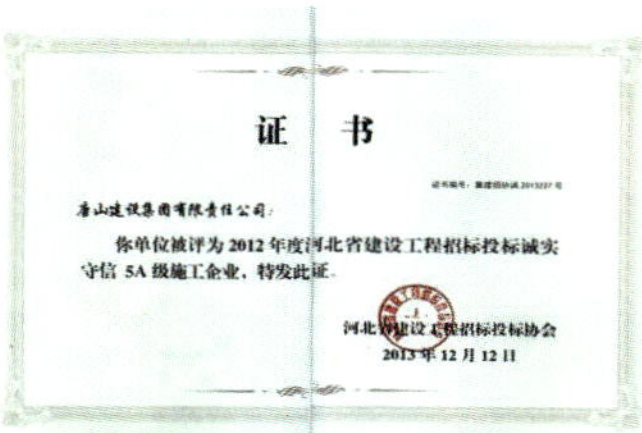

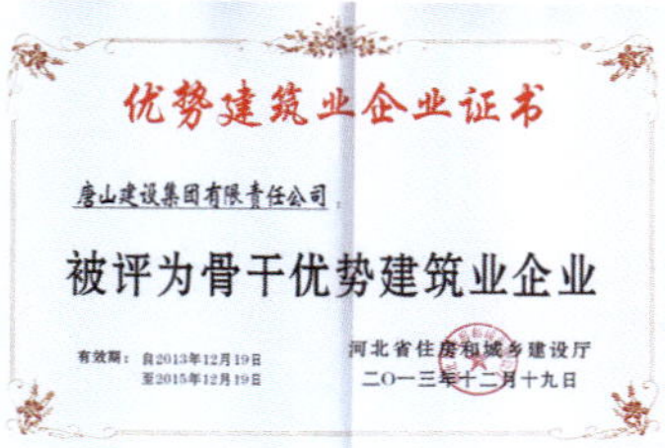

唐山国丰维景国际花园酒店获得国家优质工程银质奖

供电局办公综合楼获河北省工程质量最高奖-安济杯奖

6湾小区-唐山第一个滨水生态文化宜居社区

河北晨阳工贸

董事长 刘善江

河北晨阳工贸集团有限公司成立于1998年，是集水漆生产、家政保洁、建材贸易、工程施工等为一体的现代化集团公司。公司16年专注于水漆的研发、生产与推广，是国家财政支持的节能减排绿色产业示范单位，中国最大的全水漆生产企业，中国推行水性化涂装的发起者、探索者与实践者。

集团建有全国唯一水性涂料院士工作站、河北省企业技术中心及河北省水性涂料工程技术研究中心，并与中科院工程研究所合作建立了全国唯一一家水性涂装纳米材料实验室，是我国水漆行业标准牵头制定者，国家863项目承担者，已独立研发完成科技项目近百余项，申报发明专利30项。

集团现年产具有国际领先水平的百余种环保节能水漆12.5万吨。旗下产品被广泛应用到建筑、装饰、家具、家装、家电、汽车、船舶、交通、轻工、电力等多个行业。

目前，集团正积极规划实施博野、徐水千亩工业园建设，打造中国最大的水漆生产研发基地，创造中国水漆第一品牌，预计2015年底产能突破百万吨，解决就业人数达2万人。

水性漆是传统油漆升级换代产品，以水为稀释剂，无毒无味，不燃不爆。水漆取代油漆是一场革命，是人类生存需要、科学技术发展的必然趋势。

晨阳人正在用科技的魅力妆点着一个让民族值得骄傲的品牌——晨阳水漆。

晨阳水漆：创造

集 团 有 限 公 司

晨 阳 号

晨阳集团建有全国唯一一座水性涂料院士工作站，图为科研人员进行产品研发。

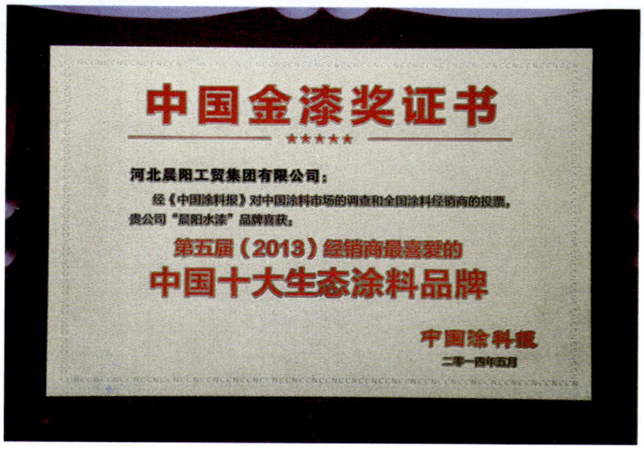

中 国 水 漆 第 一 品 牌

龙城集团有限公司

董事长　杨仁华

《龙城帝国》大型网络游戏项目合作开发签约仪式

龙城集团，组建于2009年，主力产业涉及旅游开发、房地产开发、投资基金管理、餐饮文化、投资担保、人力资源培训、软件及网络游戏开发等多个领域。

集团核心团队立足于举世闻名的海滨城市秦皇岛，投资开发战略放眼全国各地，是一个以旅游开发、房地产开发为核心产业，并不断追求多元化发展的大型企业集团。龙城集团下辖山海关龙城旅游有限公司、京海龙基金管理有限公司、飞龙房地产开发有限公司、龙城小额贷款有限公司、龙城餐饮文化有限公司。

集团秉承“缔造经典、追求卓越”的企业宗旨，力求以卓越的品牌为基础、以实力雄厚的经营管理团队为主导、以科学的战略部署和投资规划为依托，从而真正履行“服务社会、回报社会”的企业使命。

2012年11月23日山海关大悲院开光大典。中国佛教协会、河北省市、县佛教协会主要负责人，全国各大寺院的108位高僧，秦皇岛周边市县61座寺院的代表，全国各地的佛教信众，约3千人参加了大典开幕式。

腾飞的金龙

承德金龙冶金建材集团有限公司成立于2003年，员工1500名，企业净资产50亿元，年上缴税金3000万元。由投资4亿元、面积8万平方米的承德金龙建材家居广场和投资14亿元、面积17万平方米的承德金龙皇家广场等六家公司组成，是集黄金生产、地产开发、文化休闲、商业物流于一体的综合企业集团。是中国建材协会、黄金协会、家具协会会员单位，连续十年被评为承德市优秀企业，市级基层党建先进单位和青年创业示范基地。下面是新建的金龙皇家广场概况。

2013年8月29日
金龙皇家广场开业庆典表演

金龙集团董事长吕宝勤开业庆典致词

金龙集团副董事长吕建军给
中国商会张志刚会长做介绍

金龙集团公司办公楼

金龙皇家广场南门

金龙皇家广场夜景

金龙皇家购物广场

金龙皇家购物广场外景

皇家大剧院上演古装神话剧《宝莲灯》

皇家酒店宴会厅

康熙大街牌楼

多彩的文化

具有承德金龙企业文化特色的文艺演出活动多姿多彩，业余演出队活动频繁，成员由部门经理、楼层主管、水暖工、电工、洗碗工、保洁工、保安等人员组成。近年来自编自演了戏曲、小品、歌舞、曲艺等30几个优秀节目，每逢周未和节日，都要为员工演出，有时还参加市里重大文化活动。不但活跃了员工业余文化生活，展示了金龙人的企业理念和精神风貌，也成为民营企业文化一道亮丽的风景线。

金龙集团与省梆子剧院联合打造的民族历史剧《六世班禅》

董事长吕宝勤演唱京东大鼓《让座》

董事长吕宝勤与员工演出河北梆子《大登殿》

文化顾问于文龙演出《红灯记》

左一：金龙原创评歌演唱《美丽的承德》
左二：表演唱《快乐的金龙人》
右一：金龙员工演出队慰问老荣军演出《六大妈》
右二：金龙员工演出队慰问消防官兵演出《玛依拉》

上图：在金龙皇家大剧院演出满族宫廷舞蹈《扇穗》

左下：员工演出原创歌伴舞《美丽的布达拉》
右下：表演唱《咱是金龙靓姑娘队》

河北省国有资产控股运营有限公司

党委书记、董事长 邱建武

2012年，河北省国有资产控股运营有限公司在省国资委的正确领导下，积极应对复杂局面，勇于战胜各种困难挑战，全面、高质量地完成了全年任务指标。根据财务快报统计，截至2012年12月底，资产总额172.98亿元，同比增长39.41%；净资产111.75亿元，同比增长22%。全年实现营业收入144.65亿元，同比增长65.54%；实现利税3.75亿元，同比增长20.88%。

2012年，公司先后荣获了省政府“河北省就业先进企业”、省安委会“安全管理先进单位”、省财政厅“财务工作突出单位”，省国资委“创先争优先进基层党组织”、“财务工作先进单位”等荣誉称号。驻村工作组被评为了“省委加强基层建设年活动优秀驻村工作组”。

友爱医院增资扩股

铜兴矿业股权转让签字仪式

河北国控2012年工作会议

公司与普洱市政府签署矿产资源合作开发协议

邱建武董事长在卫星化工股份公司调研

公司董事长在公司联欢晚会上致辞

河北诚信有限责任公司

河北诚信有限责任公司是全国规模最大的氰化钠及其衍生物生产企业之一、石家庄市工业五十强企业、河北省百强企业、中国化工500强企业，石家庄市政府质量奖获奖企业、河北省政府质量奖获奖企业。

公司始建于1990年，1994年改制为有限责任公司，主要产品为氰化钠、黄血盐钠、三聚氯氰、苯乙腈、苯乙酸（钠、钾）、丙二酸酯系列产品、氰乙酸酯系列产品、EDTA螯合剂系列产品等五十六个品种，其中氰化钠、三聚氯氰、丙二酸二乙酯获“河北省名牌产品”称号，丙二酸二乙酯获“河北省优质产品”称号；三聚氯氰、酯类系列、螯合剂系列、苯乙酸系列产品产能和市场占有率均居世界同行前列。

公司已通过质量管理体系、环境管理体系、职业健康安全管理体系认证和KOSHER食品认证、国际氰化物协会（ICMI）认证。2011年，公司被认定为省级企业技术中心和国家高新技术企业。凭借优质的服务、良好的信誉和卓越的产品品质，公司与德国巴斯夫、德国拜耳、瑞士先正达、瑞士科莱恩、美国宝洁等多家世界知名企业保持了长期稳定的合作关系。

“十二五”期间公司将紧盯同行业的国际国内先进水准，以原有产品为基础，积极发展医药化工、农用化工、精细化工，并向其终端产品延伸开发，实现企业更好更快发展。同时加强安全生产和节能减排工作力度，保护环境，实施可持续发展战略，努力实现“百年诚信企业”的目标。

河北省国和汽车投资有限公司

董事长、党委书记 杨永君

省委常委、石家庄市委书记孙瑞彬到公司调研指导工作

新党员入党宣誓

“河北港口杯”省国资委系统企业之歌大赛

河北国和冀铁集团签约仪式

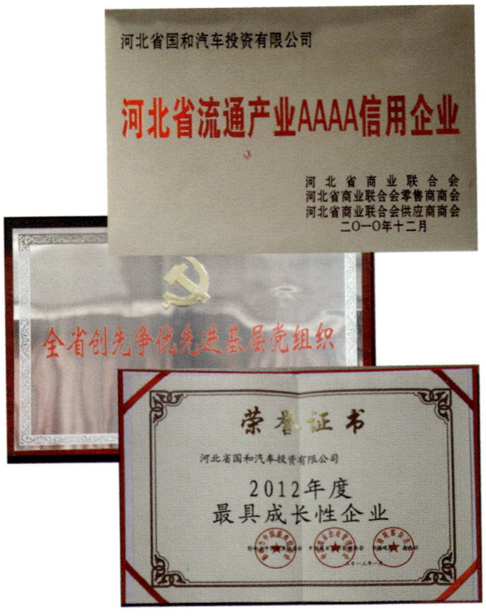

公司荣誉

HBIS 邯郸钢铁集团有限责任公司

河北钢铁集团邯郸钢铁集团有限责任公司（简称邯钢）位于国家历史文化名城—邯郸。邯钢于1958年建厂，历经50多年的艰苦创业，现有职工2.4万人，具备了年产1300万吨优质钢的综合生产能力，是国家重要的优质板材和优质型棒线材生产基地，河北钢铁集团的核心企业。

董事长、党委书记　彭兆丰

3200立方米炼铁高炉

260吨炼钢转炉

2250毫米热连轧生产线

上世纪九十年代，邯钢通过推行和深化“模拟市场核算、实行成本否决”经营机制，创造了闻名全国的“邯钢经验”，被誉为“全国工业战线上的一面红旗”。“十一五”以来，邯钢坚持科技引领、创新驱动，抢抓钢铁工业发展战略机遇，加快装备升级改造，大力调整产品结构，实施了新区精品板材基地建设和老区综合配套改造，整体工艺装备达到“国内领先、国际一流”水平，形成了涵盖中厚板、热卷板、型棒线材、深加工四个系列生产线的十二大类特色精品，产品结构实现了向深加工精品转变，综合竞争力跃上新台阶，实现了向“品质效益型、科技创新型、生态工业型”的转型升级。同“十五”末相比，2012年邯钢总资产、净资产、年销售收入、年人均产值分别增长247%、210%、231%、146%。

邯钢产品涵盖汽车、家电、建筑、造船、航天、机械、石化等国民经济各个领域，远销欧美等国家和地区。邯钢先后荣获国家创新型企业、全国质量奖、全国先进基层党组织、全国文明单位、全国绿化模范单位、全国“十一五”时期节能先进集体等荣誉称号。

展望新的征程，邯钢将以党的十八大精神为指导，贯彻落实国家钢铁产业发展政策，以创新发展、绿色转型为主线，加快转型升级，延伸产业链条，拓展钢厂的钢铁产品制造功能、能源转换功能、大宗废弃物消纳处理功能，全面构建内陆型钢铁工业循环经济示范区，为推动国民经济又好又快发展做出新的更大贡献。

2180毫米冷轧生产线

全封闭机械化原料场

环境优美的厂区中心花园

唐山国丰钢铁有限公司

唐山国丰钢铁有限公司成立于1993年，是由港中旅集团控股，集烧结、炼铁、炼钢、轧钢于一体的大型钢铁联合企业，现具备年产铁、钢、材各850万吨及200万吨冷轧生产能力，拥有员工13500人，是中国最大的SPHC热轧卷板生产商和供应商。2012年公司名列全国民营企业500强第52位、制造业500强第36位。

国丰公司秉承“规模适度、突出专精、适应市场、绿色和谐”的发展战略以及“精品立企、诚信兴业”的经营理念，通过了ISO9001—2008质量体系认证、ISO14001环境管理体系认证、GB/T23331-2009能源管理体系认证和GB/T28001-2011职业健康安全管理体系认证。主营产品热轧卷板、热轧带钢、热轧带肋钢筋、冷硬卷、退火板和镀锌板，规格齐全、质量可靠，SPHC、 SPHD、SPA-H钢种荣获中国冶金产品实物质量“金杯奖”。“国丰”牌商标已在亚洲、欧洲、南美洲、大洋洲等十多个国家和地区成功注册，被评为河北省著名商标，公司先后获得“中国最诚信企业”、“中国企业信誉AAA级单位”等荣誉称号。

国丰公司在自身发展的同时，积极回报社会，主动承担社会责任。近年来累计向贫困山区、革命老区、受灾地区捐款5000多万元，荣获“河北省慈善企业金质奖”、“中华慈善事业突出贡献奖”。

板坯连铸车间

炼钢转炉

公司办公大楼

热轧宽带钢

厂区绿化

热连轧板带生产线

河北钢铁集团矿业有限公司

基于精益成本的“三元”递进管理体系，荣获2012年中国管理科学奖

公司荣获2012年河北省“五一奖状”

整齐排列行驶的180T电动轮矿车彰显出司家营铁矿作为公司旗舰矿山的风采

河北钢铁集团公司精细化管理四个典型之一的司家营铁矿矿区绿草如茵、花香四溢

中国华电集团公司河北分公司

张庆伟省长调研华电

12月2日省委常委、市委书记孙瑞彬与华电河北分公司康金柱总经理在现场研究抢险方案

总经理康金柱调研风电

供热动员大会

风机吊装

华电石热现场检修

智能热网技改招标审查

河北演艺集团有限公司

总经理　袁桂岐

河北画报

河北演艺集团有限公司于2013年1月正式注册成立，是河北省内唯一一家集河北梆子、歌曲、舞蹈、杂技、话剧、综合性舞台艺术和影视传媒等于一体的国有独资文化企业集团。集团下辖河北省河北梆子剧院有限公司、河北省歌舞剧院有限公司、河北省杂技团有限公司、河北省话剧院有限公司、河北省心连心艺术团有限公司、河北省承德话剧团有限公司、河北画报社传媒有限公司、河北文化音像出版社有限公司、河北省新闻图片社有限公司、河北省艺术有限公司、河北省摄影发展有限公司等11家子公司。

河北演艺集团承载着深化文化体制改革、整合河北演艺文化资源、打造河北演艺文化旗舰的重要使命！

按照“做强演艺主业、延伸产业链条、坚持多元发展、增强综合实力”的中长期发展思路，河北演艺集团将利用3-5年的时间，集中整合旗下演艺、传媒资源，做优做强舞台演出，延伸演出经营及经纪业务、文艺艺术研究和开发，各类舞台及舞台设备租赁，国内广告制作与发布，率先在文化旅游、演艺教育、影视传媒、儿童消费等产业领域取得突破，综合提升河北演艺的竞争力，把集团建成集创作演出、策划营销、剧场管理、艺术教育、文化旅游为一体，在全国具有较强竞争力的大型国有演艺文化龙头企业。

河北省杂技团演艺有限公司
雏凤凌空--女子集体车技

河北省歌舞剧院有限公司-中国金鹰电视艺术节开幕式文艺晚会

河北省心连心艺术团有限公司
花月梦

▼ 河北梆子《大都名伶》剧照
主演许荷英、刘凤岭

▼ 河北文化音像出版社有限公司
《当家的女人》剧照

▼ 河北省承德话剧团有限公司
《雾蒙山》

▼ 河北省话剧团有限公司
《寻找李大钊》

石家庄工大化工设备有限公司

总经理　张继军

石家庄工大化工设备有限公司成立于1997年4月，厂址位于石家庄高邑县千秋路339号，注册资金10080万元，是一家拥有自主知识产权，以干燥、蒸发、结晶、过滤、气（汽）液分离技术为核心，化工单元工艺工程及设备为载体，为客户提供技术服务及成套装备的高科技企业。

截止到2012年底，公司资产总额3.67亿元，资产负债率61.6%。2012年完成销售收入2.13亿元，完成利税5909万元。

石家庄工大化工设备有限公司是中国化学工程设计技术中心站副主任单位，中国通用设备协会常务理事单位。目前拥有几十项完全自主知识产权的化学化工过程技术和装备的专利和专有技术，可以自主研制生产蒸发、干燥、精馏、过滤、结晶、固液分离等多种设备，并能实现功能的整合，生产产品的多样性和系统性处于全国领先地位。

张继军，男，1967年9月生，河北工业大学化学工程专业毕业，工学博士，正高级工程师，现任石家庄工大化工设备有限公司总经理。河北省“三三三人才工程”第三层次人才，石家庄市管拔尖人才，中国化工学会化学工程专业委员会蒸发专业学组副组长、干燥专业组成员，中国石油和化学工业联合会蒸发技术专业组组长、干燥技术委员会副主任委员，中国石油和化工勘察设计协会化学工程设计专业委员会委员，中国化工学会工程设计技术中心站技术委员会委员，中国通用机械干燥设备行业协会理事，河北省优秀民营企业家，全国石油和化工优秀科技工作者，石家庄铁道大学专业学位企业指导教师。主持国家级项目3项，省部级项目5项，市级科研课题10多项，获省部级奖项5项，市级科技特别奖2项，科技进步奖8项。现有专利25项，已在省级以上刊物发表了学术论文40余篇，并多次获得优秀论文奖。

氨法脱硫施工现场

技术中心实验室

技术中心一角

公司承办第十一届全国干燥会议

石家庄利鑫制药有限公司

董事长　冯海山

石家庄利鑫制药有限公司是在河北三九太行制药有限责任公司基础上改制的股份制制药企业，成立于2001年，注册资金1000万元，法定代表人冯海山，地址在鹿泉市黄壁庄镇，企业类型为有限责任公司，经营范围：化学原料药、制剂、医药中间体、化工原料、糖精钠、消毒液的生产、销售。目前公司拥有33897平方米土地使用权，14348平方米厂房及建筑物。拥有15个制剂药生产文号和3个原料药生产文号，年生产制剂药50亿片（粒），原料药2000吨。

公司设财务总监一名，主管生产及质量的副总各一名，下设七部一室及三个生产车间，主要是财务部、人力资源部、生产技术部、质量管理部、安全保卫部、物资管理部、销售部、办公室及氢氧化铝车间、固体制剂车间、西咪替丁车间，中层以上管理人员共10人，其中4人具有中高级技术职称。

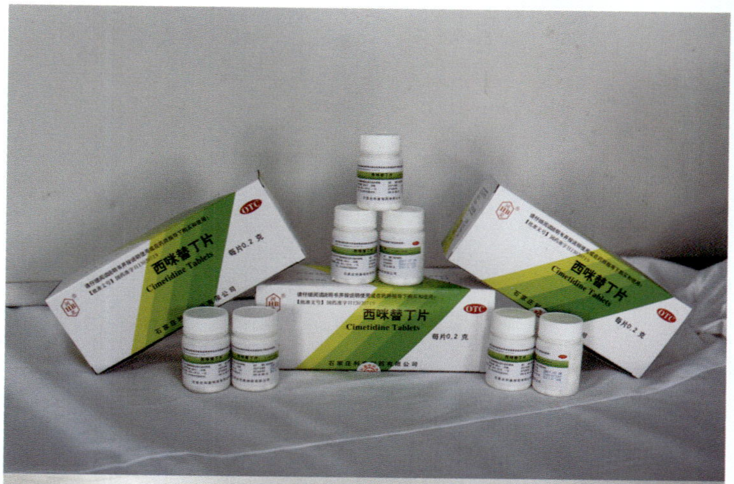

石家庄利鑫制药有限公司产品结构分为两大类，第一类是原料药，第二类是制剂药。本公司的原料药主要有氢氧化铝、三硅酸镁、西咪替丁。主要制剂药有西咪替丁片、西咪替丁胶囊、盐酸雷尼替丁胶囊、复方氢氧化铝片、维U颠茄铝胶囊等共15个国家批准的生产文号。

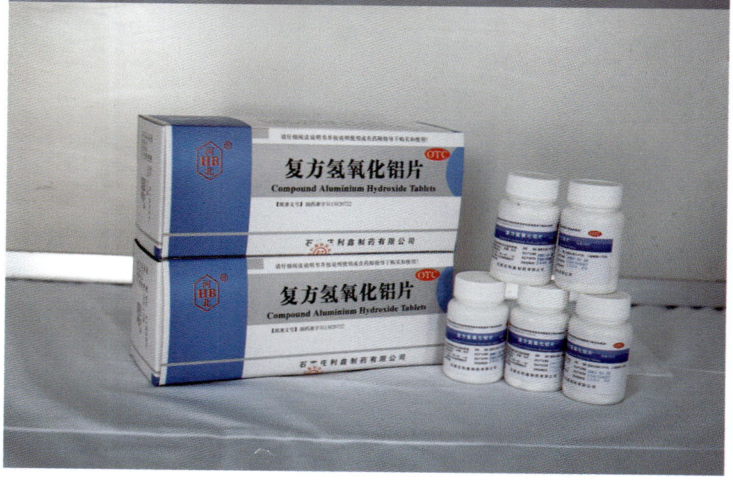

石家庄利鑫制药有限公司坚持“以人为本，诚实信用，质量第一，为社会提供优质药品，为客户提供满意服务”的企业理念，在社会各界的大力支持下，全公司员工团结奋进，共同努力，企业越做越强。

中国联合航空有限公司河北分公司

总经理　刘锡科

党委书记　仲继舟

公司领导班子

飞行员、乘务员新装

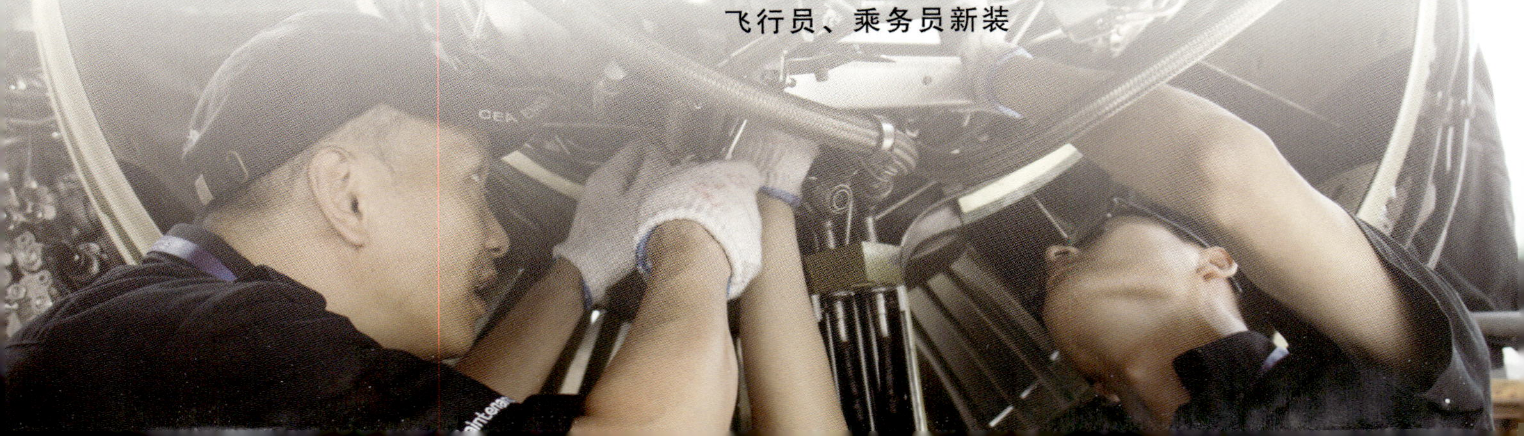

承德市瑞源商贸有限公司

承德市瑞源商贸有限公司温州小商品综合批发市场始建于2002年3月份，2004年6月16日开业，是承德及周边地区惟一的一座大型专业批发市场，被承德市委、市政府，双桥区委、区政府列为重点流通企业。该批发市场占地面积11988平方米，整体建筑结构地上4层（每层使用面积4300平方米），总体建筑面积近25000平方米，并设有3000平方米的停车场。市场内部有直升货运电梯一部，步行梯7部；有先进的程控系统，超前的消防报警装置，现代化的监视系统和中央空调设施。主要经营批发的商品有：服装鞋帽、皮具箱包、家电灯具、自行车、工艺礼品、化妆品、文化体育办公用品、小针织品、日用百货、儿童玩具、布艺窗帘、床上用品、烟机灶具、副食品等。

承德市瑞源商贸有限公司董事长
承德温州商会会长　项光清

市场现有驻场经营商户476户（摊位负一层198个、1层253个、2层267个、3层268个），安排就业人员平均1500人左右，平时日客流量近万人。

该市场投入3800万元建成，每天货物吞量近200万元；年营业额10个亿左右。

温州商会领导班子成员

在公司成立十周年会上发言

向光彩事业基金会捐款

资助贫困学子

在隆化县茅荆坝乡扶危济贫

河北百富勤智能工程有限公司

总经理　刘福明

公司成立于1997年，是一家按照现代企业制度组建的从事建筑智能化工程、消防工程、安防工程、环保净化工程、机电设备安装工程及建筑装饰装修工程的高科技企业。

公司地处河北省省会石家庄市，注册资金2110万元，自有写字楼建筑面积1000余平方米，现有员工100余人，中、高级职称技术人员50余人，国家注册建造师15人，中高级项目经理10人，高素质创新型专业技术人员为企业的发展提供了强大的动力。

公司下设：行政中心、市场策划中心、项目运营中心、智能自动化设计研究室。下辖：机电安装、环保净化、消防工程三个专业承包分公司。

自公司成立以来，我们以雄厚的技术实力、稳定的产品质量、完善的服务体系，已成功的将高性价比的行业解决方案广泛应用于公安、检察、法院、医院、文化、教育、电力等政府及企事业部门。

我公司作为智能化系统设备生产及系统解决方案集成服务商，针对不同客户的实际需求对每一件设备、每一个解决方案都进行了功能及使用上的有效整合，先后为河北省公检法系统信息化、医院数字化建设提供了一整套完整的解决方案，受到了客户的一致好评。

公司在稳步发展中始终坚持不懈地广泛吸纳国内外先进的管理理念和经营模式，成功导入并运行ISO9001质量管理体系，公司的生产及服务通过了ISO9001:2000认证。目前荣获：

★建筑智能化工程壹级资质
★安防工程壹级资质
★消防工程壹级资质
★机电设备安装壹级资质
★环保净化工程壹级资质
★建筑装饰装修工程贰级资质
★环境净化工程设计甲级资质
★建筑智能化专项工程设计甲级
★医疗器械经营许可证
★ISO9001:2000认证证书

等多项资质，先后被政府有关部门授予“守合同重信用单位”、“河北省建筑业诚信企业”等荣誉称号。

质量第一、客户至上是我们的服务目标，诚实守信、共同发展是我们的经营宗旨！

让我们携手合作，一起努力，共享发展！

河北省人民检察院工程

河北胸科医院工程

沧州市骋宇铁路有限责任公司

2012年，是公司实施的管理效益年。公司领导班子坚持以邓小平理论和“三个代表”重要思想为指导，深入贯彻科学发展观，紧紧把握稳增长的工作总基调，解放思想、创新机制、加大投入、加快发展，全年完成货运量1036万吨，较上年增长53.2%；完成货物周转量70123万吨公里，较上年增长43.7%；主营业务收入19717万元，较上年增长29.3%。运输生产连续四年实现跨越式稳定增长，企业管理水平和经济效益再上新台阶。

2012年，骋宇铁路公司在沧州市综合服务类50强企业排名中位列第36位，被中国地方铁路协会评为“全国地方铁路先进单位”，被河北省铁路管理局评为“省铁路系统先进单位”，被沧州市委市政府评为沧州市“文明单位”，被沧州渤海新区授予“特殊贡献奖”，公司党委被沧州市委评为“创先争优先进基层党组织”，被沧州市国资委评为“先进基层党组织”。

GPS调度指挥系统

市级文明单位奖牌

▲ 朔黄铁路反向运输启动仪式

▲ 中国地铁协会会长佟永钊到公司调研

职工岗位技能考核

全省铁路运输安全管理会议在沧召开

职工技能考核实作

河北洁神新能源科技有限公司

总规划图

河北洁神新能源科技有限公司位于河北省涉县井店循环经济园区，占地面积600亩，公司注册资金6000万元，法定代表人吴惠文，总经理李书华，公司现有员工280人。公司创建于2010年11月，主要从事研发、生产、销售锂离子动力和储能电池、正极材料、纯电动汽车和电动总成。目前生产的主要产品为氧化锂铁磷动力和储能电池，产品主要应用于电动汽车以及电动工具、电气通讯和储能电站等领域。

2011年6月，本公司拥有自主知识产权的氧化锂铁磷电池通过了国家级产品质量检验。2012年4月公司通过ISO／TS16949：2009国际质量体系认证，建立起质量工序与品质程序。目前，本公司氧化锂铁磷动力和储能电池项目已列入河北省《节能与新能源汽车产业发展规划》和2013年省100项重大项目计划。公司开发生产的氧化锂铁磷动力电池已成功应用到四川汽车工业股份有限公司野马牌纯电动乘用车和常州黄海纯电动城市客车，受到市场客户的青睐。

2012年10月18日，总投资131亿元、总规划面积4000亩的河北洁神新能源汽车产业园开工建设。该产业园中长期项目包括年产5000辆纯电动城市客车、年产12亿Ah动力及储能电池、年产2万吨氧化锂铁磷正极材料、年产5万辆电动乘用车和6万台套电动车动力总成等系列项目。其中年产2万吨氧化锂铁磷正极材料，为本公司与台湾长园科技实业股份有限公司合资共建。项目建成后，将成为国内具有较大影响力的新能源汽车产业集群。

电池

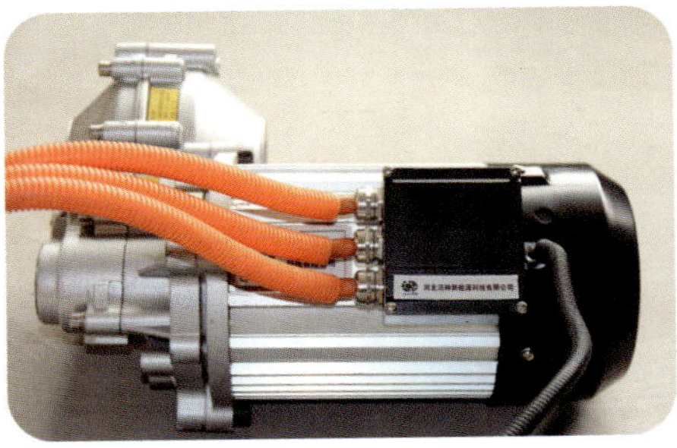
电机

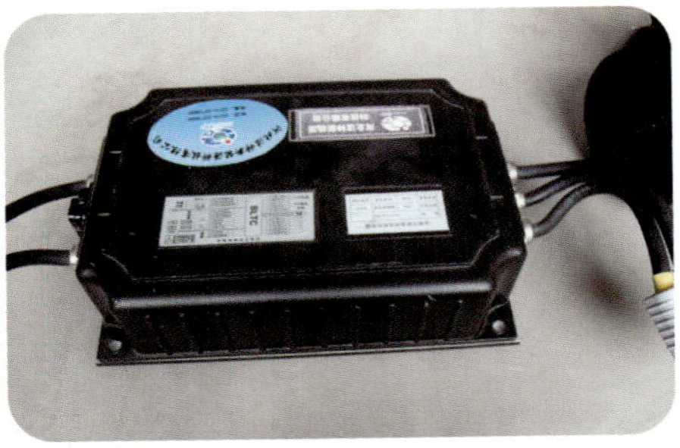
电控

纯电动汽车展厅

河北省金安股权投资基金股份有限公司

董事长　张英杰

赵宝平总经理张亚威副总经理出席大成煤田煤层气开发利用工作座谈会

深部煤炭燃烧气化技术项目签约仪式

河北金安股权投资基金股份有限公司，于2012年2月由八位股东发起成立，并于同年8月完成在市发改委备案。

公司具有规范而稳定的经营管理体系，它的八大股东发起人分属于资源矿产业、地产业、现代物流以及酒店业等行业的姣姣者，有较强的经济实力，它在创始之初便以支持中小科技企业发展为宗旨，以风险控制为前提、以市场为导向、以客户为中心、以效益为目标，追求可持续发展、力争发展成为“资本充足、运作安全、内控严密、服务优质、效益良好，有核心竞争力”的专业化股权基金公司。

本公司是河北唯一加入中国中小企业上市服务联盟的企业，目的在于帮助企业对资本市场和企业上市规程等知识的了解，强化企业上市相关政策和业务知识的培训，掌握企业上市前改制、重组与私募融资的核心内容，同时提高企业上市融资实务操作技能并结合企业实际情况选择最佳上市板块。在此当中通过与企业的对接选择成熟的目标企业实施股权进入。作为我公司选择的投资企业主要为：有明确上市意向，且没有重大上市障碍且经营管理相当成熟，并在未来保持稳定（近两年增长率保持在30%以上）而且未来成长空间较大、资产较轻、收益率较高、基本符合上市条件的企业和项目。帮助企业完成上市前的并购、重组，以扩大企业规模及容量。

一年来，我公司经筛选成功进入两家新能源项目。以重组的方式，收购内蒙古鑫宸林木质发电有限公司60%的股权，该项目是经国家发改委批准立项，国家林业局确立为我国第一个林木质发电示范项目，经内蒙古环保厅环评验收的第一个可持续利用的低排环保的清洁能源项目。以及控股中燦安泰新能源有限公司，该项目同开滦集团合作实现环京津圈内以地下深层煤田地下燃烧气化技术开发廊坊大城煤田项目，该项目已通过国家能源局组织的评审论证，进入实施阶段。

本公司连同上市联盟始终致力于推动我省高科技成果的商业化、产业化、国际化，积极扶持中小型企业进行技术创新，并开展有针对性的融资服务，成功搭建一个为中小企业进入资本市场的专业平台和桥梁，公司通过以资产重组，并购或培育辅导上市等资本运作手段，对快速成长及符合上市条件的高新技术企业、新能源企业、进行股权投资、实现风险资本的快速增值，从而实现效益的最大化。

奈曼旗鑫宸林木质发电有限公司厂房

奈曼旗鑫宸林木质发电有限公司大门

奈曼旗鑫宸林木质发电有限公司冷却塔

河北圣天管件集团有限公司

河北圣天管件集团有限公司，地处渤海经济开发区，位于“中国管件之都”孟村回族自治县，占地面积13.3万平方米，下设四个分公司，东临渤海西靠京沪铁路，交通、通讯十分便利。

公司是压力管道成套设备及其配件的专业生产厂家。可按国家、国外及行业标准生产碳钢、合金钢、不锈钢材质的各种规格的弯头、异径管、三通、管帽、法兰、大弯、成插等系列高、中、低压工业用管件。年产量15万吨。

公司依照“ISO9000”族标准建立的质量管理体系，已通过北京三星九千质量认证中心认证。化学、金相分析、物理实验、无损探伤的检测设备和手段完善，技术力量雄厚，其产品被评为“河北省名牌”。

多年来，公司为电力、石化、化工、制药、锅炉、供热、造船等行业提供了优质服务。先后被他们选为定点协作企业，产品还出口到美国、中东、东南亚等国家，深受用户好评。

公司还可按用户提供的特殊要求加工制造，确保产品质量、服务质量，让顾客更满意。

公司全体员工愿与你同行——真诚到永远！

河北曲寨集团有限公司

曲寨集团大楼图片

河北曲寨集团位于石家庄市西北15公里、鹿泉市北5公里处。西倚太行山，有着丰富的矿山资源；东邻京深、石张高速公路、京广铁路、石家庄国际机场；南靠石太高速；地方铁路从集团区域内穿过，并备有集团公司所属的地方铁路自备货站，地理位置优越，交通便利。

河北曲寨集团有限公司是1996年经河北省经贸委、省乡镇企业局批准，省工商局登记注册的企业集团。1997年经国家农业部批准为“全国乡镇企业集团”,是集工、农、商、贸、建筑、服务为一体的股份制企业。集团公司下辖“水泥公司”、“建材公司”、“铝电公司”、“纸业公司”、“东方公司”和“服务公司”六大联产公司，下属11家分公司，初步形成了以水泥、造纸、电解铝、热电联产、精密铸造等五业，兼及建筑业、饮食服务、商贸等行业的产业布局。集团现有员工6000多人，总资产达112亿元，2012年销售收入64.67亿元，利润4.78亿元,年产各标号水泥1000万吨、造纸15万吨、精密铸钢件3万吨、电解铝7万吨、发电9亿度。荣获农业部授予“全国乡镇示范区”、“全国乡镇企业大型企业”， 2012年入选“中国制造业500强企业”，河北省人民政府授予“河北省百强企业”等荣誉称号，连续多年被评为“河北省先进单位”。

曲寨集团坚持以“科学、和谐、高效、持续”为发展理念，坚定不移地把发展经济作为第一要务，将继续优化产业、产品结构，加大新上项目的投入，将集团做大做强。

曲寨水泥有限公司

曲寨铝业公司

曲寨热电厂

鹿泉市远大公司

鹿泉市东方工业公司

集团办公大楼

万合集团股份有限公司

万合集团股份有限公司是由邯郸交通运输集团有限公司整体更名而来。其前身最早为刘邓大军的辎重队，1945年抗日烽火中诞生的太行运输公司，是全国第一家人民运输企业，有红色运输第一家的美誉。2002年，企业实施改制，并着手开展企业文化建设工作以来，以企业文化建设引领企业转型升级，逐步驶入了健康发展的快车道。目前已成为集现代物流、道路客运、汽贸服务、房地产开发等四大业务板块为主体，多业并举的综合型服务企业。现有总资产28亿元，年营业额近40亿元。下辖3个子集团，42个分、子公司，在册员工11000余人，各类营运车辆9600余部。企业经济效益和综合实力在河北省道路运输业位居第一。万合集团先后被评为全国企业文化建设先进单位、河北省企业文化示范单位、全国服务质量万里行公众满意单位等多项荣誉称号，2011年万合集团进入全省服务业50强，全国服务业500强。2012年荣获全国企业管理创新成果一等奖。

客运服务

现代物流

房地产开发

汽贸服务

兴业银行股份有限公司石家庄分行

2012年，兴业银行石家庄分行积极贯彻总行政策和金融监管要求，积极推动经营模式转型，不断夯实业务发展基础，各项业务有序发展，质量效益稳步提升，取得较为显著的经营成果。

2013年5月22日兴业银行石家庄分行喜迁新址

石家庄分行柜员升旗仪式

石家庄分行营业部营业大厅

石家庄分行员工食堂

交通银行河北省分行

交通银行河北省分行河北沿海地区业务发展研讨会

尹兆君行长走访邯郸新兴铸管集团

交通银行河北省分行履行社会责任向东泽城村捐款

营业柜员规范服务细节

2012年，在省委、省政府和总行党委的正确领导下，在监管部门的监督支持下，在各级干部员工的顽强拼搏下，我行业务发展稳中有进，经营业绩平稳提升，取得较好的成绩。

截至2012年末，全行资产总额达到886亿元，增长8%；人民币各项存款余额818亿元，增长8%，其中：人民币储蓄存款余额253亿元，增长14%；人民币各项贷款余额597亿元，增长12%；实现中间业务净收入36604万元，增长5%；实现经营利润16.9亿元，增长4%；实现拨备后利润17.8亿元，增长10%。不良贷款余额和占比实现双降。

大堂经理热情服务客户

目 录

第一篇 政策法规

第二篇　规模以上工业企业

第三篇　国有控股工业企业

第四篇　企业社会责任

第五篇　企业改革发展

钢 铁

煤炭、矿业

电 力

烟 草

酒 业

石油、化工

制造业

信息产业、高新技术

燃气、供水

交通运输、物流

邮政、通信

银行

保险

投资、证券、事务所

建筑、建材、房地产

商业

制药

新能源

管理咨询

粮油、食品

农业产业化

拍 卖

综合企业

第一篇

政 策 法 规

国务院关于建立统一的企业职工基本养老保险制度的决定

(国发〔1997〕26号)

各省、自治区、直辖市人民政府,国务院各部委、各直属机构:

近年来,各地区和有关部门按照《国务院关于深化企业职工养老保险制度改革的通知》(国发〔1995〕6号)要求,制定了社会统筹与个人账户相结合的养老保险制度改革方案,建立了职工基本养老保险个人账户,促进了养老保险新机制的形成,保障了离退休人员的基本生活,企业职工养老保险制度改革取得了新的进展。但是,由于这项改革仍处在试点阶段,目前还存在基本养老保险制度不统一、企业负担重、统筹层次低、管理制度不健全等问题,必须按照党中央、国务院确定的目标和原则,进一步加快改革步伐,建立统一的企业职工基本养老保险制度,促进经济与社会健康发展。为此,国务院在总结近几年改革试点经验的基础上作出如下决定:

一、到本世纪末,要基本建立起适应社会主义市场经济体制要求,适用城镇各类企业职工和个体劳动者,资金来源多渠道、保障方式多层次、社会统筹与个人账户相结合、权利与义务相对应、管理服务社会化的养老保险体系。企业职工养老保险要贯彻社会互济与自我保障相结合、公平与效率相结合、行政管理与基金管理分开等原则,保障水平要与我国社会生产力发展水平及各方面的承受能力相适应。

二、各级人民政府要把社会保险事业纳入本地区国民经济与社会发展计划,贯彻基本养老保险只能保障退休人员基本生活的原则,把改革企业职工养老保险制度与建立多层次的社会保障体系紧密结合起来,确保离退休人员基本养老金和失业人员失业救济金的发放,积极推行城市居民最低生活保障制度。为使离退休人员的生活随着经济与社会发展不断得到改善,体现按劳分配原则和地区发展水平及企业经济效益的差异,各地区和有关部门要在国家政策指导下大力发展企业补充养老保险,同时发挥商业保险的补充作用。

三、企业缴纳基本养老保险费(以下简称企业缴费)的比例,一般不得超过企业工资总额的20%(包括划入个人账户的部分),具体比例由省、自治区、直辖市人民政府确定。少数省、自治区、直辖市因离退休人数较多、养老保险负担过重,确需超过企业工资总额20%的,应报劳动部、财政部审批。个人缴纳基本养老保险费(以下简称个人缴费)的比例,1997年不得低于本人缴费工资的4%,1998年起每两年提高1个百分点,最终达到本人缴费工资的8%。有条件的地区和工资增长较快的年份,个人缴费比例提高的速度应适当加快。

四、按本人缴费工资11%的数额为职工建立基本养老保险个人账户,个人缴费全部记入个人账户,其余部分从企业缴费中划入。随着个人缴费比例的提高,企业划入的部分要逐步降至3%。个人账户储存额,每年参考银行同期存款利率计算利息。个人账户储存额只用于职工养老,不得提前支取。职工调动时,个人账户全部随同转移。职工或退休人员死亡,个人账户中的个人缴费部分可以继承。

五、本决定实施后参加工作的职工,个人缴费年限累计满15年的,退休后按月发给基本养老金。基本养老金由基础养老金和个人账户养老金组成。退休时的基础养老金月标准为省、自治区、直辖市或地(市)上年度职工月平均工资的20%,个人账户养老金月标准为本人账户储存额除以120。个人缴费年限累计不满15年的,退休后不享受基础养老金待遇,其个人账户储存额一次支付给本人。

本决定实施前已经离退休的人员,仍按国家原来的规定发给养老金,同时执行养老金调整办法。各地区和有关部门要按照国家规定进一步完善基本养老金正常调整机制,认真抓好落实。

本决定实施前参加工作、实施后退休且个人缴费和视同缴费年限累计满15年的人员,按照新老办法平稳衔接、待遇水平基本平衡等原则,在发给基础养老金和个人账户养老金的基础上再确定过渡性养老金,过渡性养老金从养老保险基金中解决。具体办法,由劳动部会同有关部门制订并指导实施。

六、进一步扩大养老保险的覆盖范围,基本养老保险制度要逐步扩大到城镇所有企业及其职工。城镇个体劳动者也要逐步实行基本养老保险制度,其缴费比例和待遇水平由省、自治区、直辖市人民政府参照本决定精神确定。

七、抓紧制定企业职工养老保险基金管理条例，加强对养老保险基金的管理。基本养老保险基金实行收支两条线管理，要保证专款专用，全部用于职工养老保险,严禁挤占挪用和挥霍浪费。基金结余额，除预留相当于2个月的支付费用外，应全部购买国家债券和存入专户，严格禁止投入其他金融和经营性事业。要建立健全社会保险基金监督机构，财政、审计部门要依法加强监督，确保基金的安全。

八、为有利于提高基本养老保险基金的统筹层次和加强宏观调控，要逐步由县级统筹向省或省授权的地区统筹过渡。待全国基本实现省级统筹后，原经国务院批准由有关部门和单位组织统筹的企业，参加所在地区的社会统筹。

九、提高社会保险管理服务的社会化水平，尽快将目前由企业发放养老金改为社会化发放，积极创造条件将离退休人员的管理服务工作逐步由企业转向社会,减轻企业的社会事务负担。各级社会保险机构要进一步加强基础建设，改进和完善服务与管理工作，不断提高工作效率和服务质量,促进养老保险制度的改革。

十、实行企业化管理的事业单位，原则上按照企业养老保险制度执行。

建立统一的企业职工基本养老保险制度是深化社会保险制度改革的重要步骤,关系改革、发展和稳定的全局。各地区和有关部门要予以高度重视，切实加强领导,精心组织实施。劳动部要会同国家体改委等有关部门加强工作指导和监督检查，及时研究解决工作中遇到的问题，确保本决定的贯彻实施。

国有企业清产核资办法

第一章 总 则

第一条 为加强对企业的国有资产监督管理,规范企业清产核资工作,真实反映企业的资产及财务状况,完善企业基础管理,为科学评价和规范考核企业经营绩效及国有资产保值增值提供依据,根据《企业国有资产监督管理暂行条例》等法律、法规,制定本办法。

第二条 本办法所称清产核资,是指国有资产监督管理机构根据国家专项工作要求或者企业特定经济行为需要,按照规定的工作程序、方法和政策,组织企业进行账务清理、财产清查,并依法认定企业的各项资产损溢,从而真实反映企业的资产价值和重新核定企业国有资本金的活动。

第三条 国务院,省、自治区、直辖市人民政府,设区的市、自治州级人民政府履行出资人职责的企业及其子企业或分支机构的清产核资,适用本办法。

第四条 企业清产核资包括账务清理、资产清查、价值重估、损溢认定、资金核实和完善制度等内容。

第五条 企业清产核资清出的各项资产损失和资金挂账,依据国家清产核资有关法律、法规、规章和财务会计制度的规定处理。

第六条 各级国有资产监督管理机构是企业清产核资工作的监督管理部门。

第二章 清产核资的范围

第七条 各级国有资产监督管理机构对符合下列情形之一的,可以要求企业进行清产核资:

(一) 企业资产损失和资金挂账超过所有者权益,或者企业会计信息严重失真、账实严重不符的;

(二)企业受重大自然灾害或者其他重大、紧急情况等不可抗力因素影响,造成严重资产损失的;

(三)企业账务出现严重异常情况,或者国有资产出现重大流失的;

(四)其他应当进行清产核资的情形。

第八条 符合下列情形之一,需要进行清产核资的,由企业提出申请,报同级国有资产监督管理机构批准:

(一)企业分立、合并、重组、改制、撤销等经济行为涉及资产或产权结构重大变动情况的;

(二)企业会计政策发生重大更改,涉及资产核算方法发生重要变化情况的;

(三)国家有关法律法规规定企业特定经济行为必须开展清产核资工作的。

第三章 清产核资的内容

第九条 账务清理是指对企业的各种银行账户、会计核算科目、各类库存现金和有价证券等基本财务情况进行全面核对和清理,以及对企业的各项内部资金往来进行全面核对和清理,以保证企业账账相符,账证相符,促进企业账务的全面、准确和真实。

第十条 资产清查是指对企业的各项资产进行全面的清理、核对和查实。在资产清查中把实物盘点同核实账务结合起来,把清理资产同核查负债和所有者权益结合起来,重点做好各类应收及预付账款、各项对外投资、账外资产的清理,以及做好企业有关抵押、担保等事项的清理。

企业对清查出的各种资产盘盈和盘亏、报废及坏账等损失按照清产核资要求进行分类排队,提出相关处理意见。

第十一条 价值重估是对企业账面价值和实际价值背离较大的主要固定资产和流动资产按照国家规定方法、标准进行重新估价。

企业在以前清产核资中已经进行资产价值重估或者因特定经济行为需要已经进行资产评估的,可以不再进行价值重估。

第十二条 损溢认定是指国有资产监督管理机构依据国家清产核资政策和有关财务会计制度规定,对企业申报的各项资产损溢和资金挂账进行认证。

企业资产损失认定的具体办法另行制定。

第十三条 资金核实是指国有资产监督管理机构根据企业上报的资产盘盈和资产损失、资金挂账等清产核资工作结果,依据国家清产核资政策和有关财务会计制度规定,组织进行审核并批复准予账务处理,重新核定企业实际占用的国有资本金数额。

第十四条 企业占用的国有资本金数额经重新核定后,应当作为国有资产监督管理机构评价企业经营绩效及考核国有资产保值增值的基数。

第四章　清产核资的程序

第十五条　企业清产核资除国家另有规定外，应当按照下列程序进行：

(一)企业提出申请；

(二)国有资产监督管理机构批复同意立项；

(三)企业制定工作实施方案，并组织账务清理、资产清查等工作；

(四)聘请社会中介机构对清产核资结果进行专项财务审计和对有关损溢提出鉴证证明；

(五)企业上报清产核资工作结果报告及社会中介机构专项审计报告；

(六)国有资产监督管理机构对资产损溢进行认定，对资金核实结果进行批复；

(七)企业根据清产核资资金核实结果批复调账；

(八)企业办理相关产权变更登记和工商变更登记；

(九)企业完善各项规章制度。

第十六条　所出资企业由于国有产权转让、出售等发生控股权转移等产权重大变动需要开展清产核资的，由同级国有资产监督管理机构组织实施并负责委托社会中介机构。

第十七条　子企业由于国有产权转让、出售等发生控股权转移等重大产权变动的，可以由所出资企业自行组织开展清产核资工作。对有关资产损溢和资金挂账的处理，按规定程序申报批准。

第十八条　企业清产核资申请报告应当说明清产核资的原因、范围、组织和步骤及工作基准日。

对企业提出的清产核资申请，同级国有资产监督管理机构根据本办法和国家有关规定进行审核，经同意后批复企业开展清产核资工作。

第十九条　企业实施清产核资按下列步骤进行：

(一)指定内设的财务管理机构、资产管理机构或者多个部门组成的清产核资临时办事机构，统称为清产核资机构，负责具体组织清产核资工作；

(二)制定本企业的清产核资实施方案；

(三)聘请符合资质条件的社会中介机构；

(四)按照清产核资工作的内容和要求具体组织实施各项工作；

(五)向同级国有资产监督管理机构报送由企业法人代表签字、加盖公章的清产核资工作结果申报材料。

第二十条　企业清产核资实施方案以及所聘社会中介机构的名单和资质情况应当报同级国有资产监督管理机构备案。

第二十一条　企业清产核资工作结果申报材料主要包括下列内容：

(一)清产核资工作报告。主要反映本企业的清产核资工作基本情况，包括：企业清产核资的工作基准日、范围、内容、结果，以及基准日资产及财务状况；

(二)按规定表式和软件填报的清产核资报表及相关材料；

(三)需申报处理的资产损溢和资金挂账等情况，相关材料应当单独汇编成册，并附有关原始凭证资料和具有法律效力的证明材料；

(四)子企业是股份制企业的，还应当附送经该企业董事会或者股东会同意对清产核资损溢进行处理的书面证明材料；

(五)社会中介机构根据企业清产核资的结果，出具经注册会计师签字的清产核资专项财务审计报告并编制清产核资后的企业会计报表；

(六)其他需提供的备查材料。

第二十二条　国有资产监督管理机构收到企业报送的清产核资工作结果申报材料后，应当进行认真核实，在规定时限内出具清产核资资金核实的批复文件。

第二十三条　企业应当按照国有资产监督管理机构的清产核资批复文件，对企业进行账务处理，并将账务处理结果报国有资产监督管理机构备案。

第二十四条　企业在接到清产核资的批复30个工作日内，应当到同级国有资产监督管理机构办理相应的产权变更登记手续，涉及企业注册资本变动的，应当在规定的时间内到工商行政管理部门办理工商变更登记手续。

第五章　清产核资的组织

第二十五条　企业清产核资工作按照统一规范、分级管理的原则，由同级国有资产监督管理机构组织指导和监督检查。

第二十六条　各级国有资产监督管理机构负责本级人民政府批准或者交办的企业清产核资组织工作。

第二十七条　国务院国有资产监督管理委员会在企业清产核资中履行下列职责：

(一)制定全国企业清产核资规章、制度和办法；

(二)负责所出资企业清产核资工作的组织指导和监督检查；

(三)负责对所出资企业的各项资产损溢进行认定，并对企业占用的国有资本进行核实；

(四)指导地方国有资产监督管理机构开展企业清产核资工作。

第二十八条　地方国有资产监督管理机构在企业清产核资中履行下列监管职责：

（一）依据国家有关清产核资规章、制度、办法和规定的工作程序，负责本级人民政府所出资企业清产核资工作的组织指导和监督检查；

（二）负责对本级人民政府所出资企业的各项资产损溢进行认定，并对企业占用的国有资本进行核实；

（三）指导下一级国有资产监督管理机构开展企业清产核资工作；

（四）向上一级国有资产监督管理机构及时报告工作情况。

第二十九条　企业清产核资机构负责组织企业的清产核资工作，向同级国有资产监督管理机构报送相关资料，根据同级国有资产监督管理机构清产核资批复组织企业本部及子企业进行调账。

第三十条　企业投资设立的各类多元投资企业的清产核资工作，由实际控股或协议主管的上级企业负责组织，并将有关清产核资结果及时通知其他有关各方。

第六章　清产核资的要求

第三十一条　各级国有资产监督管理机构应当加强企业清产核资的组织领导，加强监督检查，对企业清产核资工作结果的审核和资产损失的认定，应当严格执行国家清产核资有关的法律、法规、规章和有关财务会计制度规定，严格把关，依法办事，严肃工作纪律。

第三十二条　各级国有资产监督管理机构应当对企业清产核资情况及相关社会中介机构清产核资审计情况进行监督，对社会中介机构所出具专项财务审计报告的程序和内容进行检查。

第三十三条　企业进行清产核资应当做到全面彻底、不重不漏、账实相符，通过核实“家底”，找出企业经营管理中存在的矛盾和问题，以便完善制度、加强管理、堵塞漏洞。

第三十四条　企业在清产核资工作中应当坚持实事求是的原则，如实反映存在问题，清查出来的问题应当及时申报，不得瞒报虚报。

企业清产核资申报处理的各项资产损失应当提供具有法律效力的证明材料。

第三十五条　企业在清产核资中应当认真清理各项长期积压的存货，以及各种未使用、剩余、闲置或因技术落后淘汰的固定资产、工程物资，并组织力量进行处置，积极变现或者收回残值。

第三十六条　企业在完成清产核资后，应当全面总结，认真分析在资产及财务日常管理中存在的问题，提出相应整改措施和实施计划，强化内部财务控制，建立相关的资产损失责任追究制度，以及进一步完善企业经济责任审计和企业负责人离任审计制度。

第三十七条　企业清产核资中产权归属不清或者有争议的资产，可以在清产核资工作结束后，依据国家有关法规，向同级国有资产监督管理机构另行申报产权界定。

第三十八条　企业对经批复同意核销的各项不良债权、不良投资及实物资产损失，应当加强管理，建立账销案存管理制度，组织力量或成立专门机构积极清理和追索，避免国有资产流失。

第三十九条　企业应当在清产核资中认真清理各项账外资产、负债，对经批准同意入账的各项盘盈资产及同意账务处理的有关负债，应当及时纳入企业日常资产及财务管理的范围。

第四十条　企业对清产核资中反映出的各项管理问题应当认真总结经验，分清工作责任，建立各项管理制度，并严格落实。应当建立健全不良资产管理机制，巩固清产核资成果。

第四十一条　除涉及国家安全的特殊企业以外，企业清产核资工作结果须委托符合资质条件的社会中介机构进行专项财务审计。

第四十二条　社会中介机构应当按照独立、客观、公正的原则，履行必要的审计程序，认真核实企业的各项清产核资材料，并按规定进行实物盘点和账务核对。对企业资产损溢按照国家清产核资政策和有关财务会计制度规定的损溢确定标准，在充分调查研究、论证的基础上进行职业推断和合规评判，提出经济鉴证意见，并出具鉴证证明。

第四十三条　进行清产核资的企业应当积极配合社会中介机构的工作，提供审计工作和经济鉴证所必要的资料和线索。企业和个人不得干预社会中介机构的正常执业行为。社会中介机构的审计工作和经济鉴证工作享有法律规定的权力，承担法律规定的义务。

第四十四条　企业及社会中介机构应当根据会计档案管理的要求，妥善保管有关清产核资各项工作的底稿，以备检查。

第七章　法律责任

第四十五条　企业在清产核资中违反本办法所规定程序的，由同级国有资产监督管理机构责令其限期改正；企业清产核资工作质量不符合规定要求的，由同级国有资产监督管理机构责令其重新开展清产核资。

第四十六条　企业在清产核资中有意瞒报情况，或者弄虚作假、提供虚假会计资料的，由同级国有资产监督管理机构责令改正，根据《中华人民共和国会计法》和《企业国有资产监督管理暂行条例》等有关法律、法规规定予以处罚；对企业负责人和直接责任人员依法给予行政和纪律处分。

第四十七条　企业负责人和有关工作人员在清产核资中，采取隐瞒不报、低价变卖、虚报损失等手段侵吞、转移国有资产的，由同级国有资产监督管理机构责令改正，并依法给予行政和纪律处分；构成犯罪的，依法追究刑事责任。

第四十八条　企业负责人对申报的清产核资工作结果真实性、完整性承担责任；社会中介机构对企业清产核资审计报告的准确性、可靠性承担责任。

第四十九条　社会中介机构及有关当事人在清产核资中与企业相互串通，弄虚作假、提供虚假鉴证材料的，由同级国有资产监督管理机构会同有关部门依法查处；构成犯罪的，依法追究刑事责任。

第五十条　国有资产监督管理机构工作人员在对企业清产核资工作结果进行审核过程中徇私舞弊，造成重大工作过失的，应当依法给予行政和纪律处分；构成犯罪的，依法追究刑事责任。

第八章　附　则

第五十一条　各省、自治区、直辖市和计划单列市的国有资产监督管理机构可依据本办法制定本地区的具体实施办法。

第五十二条　各中央部门管理的企业的清产核资工作参照本办法执行。

第五十三条　本办法实施前的有关企业清产核资工作的规章制度与本办法不一致的，依照本办法的规定执行。

第五十四条　本办法由国务院国有资产监督管理委员会负责解释。

第五十五条　本办法自发布之日起施行。

企业登记程序规定

第一章　总　则

第一条　为了规范企业登记行为，提高登记效率，根据《行政许可法》及有关法律、行政法规，制定本规定。

第二条　企业的设立登记、变更登记、注销登记及企业名称预先核准适用本规定。

第三条　企业登记机关依法对申请材料是否齐全、是否符合法定形式进行审查。根据法定条件和程序，需要对申请材料的实质内容进行核实的，依法进行核实。

第四条　企业登记机关应当设立企业登记场所，统一办理企业登记事宜。

有条件的企业登记机关应当建立企业登记网站，受理企业登记申请，方便申请人下载申请书格式文本、提交申请材料、查询企业登记办理情况和企业登记管理规定等。

第五条　企业登记机关工作人员在职责范围内，对企业登记申请进行审查，代表企业登记机关作出是否受理、登记的决定。

第二章　登记申请

第六条　申请企业登记，申请人或者其委托的代理人可以采取以下方式提交申请：

（一）直接到企业登记场所；

（二）邮寄、传真、电子数据交换、电子邮件等。

通过传真、电子数据交换、电子邮件等方式提交申请的，应当提供申请人或者其代理人的联络方式及通讯地址。对企业登记机关予以受理的申请，申请人应当自收到《受理通知书》之日起十五日内，提交与传真、电子数据交换、电子邮件内容一致并符合法定形式的申请材料原件。

第七条　申请人应当按照国家工商行政管理总局制定的申请书格式文本提交申请，并按照企业登记法律、行政法规和国家工商行政管理总局规章的规定提交有关材料。

涉及法律、行政法规和国务院发布的决定确定的企业登记前置许可项目的，申请人应当提交法定形式的许可证件或者批准文件。

第八条　申请人应当如实向企业登记机关提交有关材料和反映真实情况，并对其申请材料实质内容的真实性负责。

第三章　审查、受理和决定

第九条　登记机关收到登记申请后，应当对申请材料是否齐全、是否符合法定形式进行审查。

申请材料齐全是指国家工商行政管理总局依照企业登记法律、行政法规和规章公布的要求申请人提交的全部材料。

申请材料符合法定形式是指申请材料符合法定时限、记载事项符合法定要求、文书格式符合规范。

第十条　经对申请人提交的登记申请审查，企业登记机关应当根据下列情况分别作出是否受理的决定：

（一）申请材料齐全、符合法定形式的，应当决定予以受理。

（二）申请材料齐全并符合法定形式，但申请材料需要核实的，应当决定予以受理，同时书面告知申请人需要核实的事项，理由及时间。

（三）申请材料存在可以当场更正的错误的，应当允许有权更正人当场予以更正，由更正人在更正处签名或者盖章、注明更正日期；经确认申请材料齐全，符合法定形式的，应当决定予以受理。

（四）申请材料不齐全或者不符合法定形式的，应当当场或者在五日内一次告知申请人需要补正的全部内容。告知时，将申请材料退回申请人并决定不予受理。属于五日内告知的，应当收取材料并出具收到材料凭据。

（五）不属于企业登记范畴或者不属于本机关登记管辖范围的事项，应当即时决定不予受理，并告知申请人向有关行政机关申请。

通过邮寄、传真、电子数据交换、电子邮件等方式提交申请的，应当自收到申请之日起5日内作出是否受理的决定。

本规定所称有权更正人，是指申请人或者经申请人明确授权，可以对申请材料相关事项及文字内容加以更改的经办人员。

第十一条　企业登记机关认为需要对申请材料的实质内容进行核实的，应当派两名以上工作人员，对申请材料予以核实。经核实后，提交“申请材料核实情况报告书”，根据核实情况作出是否准予登记的决定。

第十二条　企业登记机关对决定受理的登记申请，应当分别情况在规定的期限内作出是否准予登记的决定：

(一)申请人或者其委托的代理人到企业登记场所提交申请予以受理的，应当当场作出准予登记的决定。

(二)通过邮寄的方式提交申请予以受理的，应当自受理之日起15日内作出准予登记的决定。

(三)通过传真、电子数据交换、电子邮件等方式提交申请的，申请人或者其委托的代理人到企业登记场所提交申请材料原件的，应当当场作出准予登记的决定；通过邮寄方式提交申请材料原件的，应当自收到申请材料原件之日起15日内作出准予登记的决定；申请人提交的申请材料原件与所受理的申请材料不一致的，应当作出不予登记的决定；将申请材料原件作为新申请的，应当根据第九条、第十条、第十一条、第十二条的规定办理。企业登记机关自发出《受理通知书》之日起60日内，未收到申请材料原件的，应当作出不予登记的决定。

需要对申请材料核实的，应当自受理之日起15日内作出是否准予登记的决定。

第十三条　依法应当先经下级企业登记机关审查后报上级登记机关决定的企业登记申请，下级企业登记机关应当自受理之日起15日内提出审查意见。

第十四条　地方人民政府规定由企业登记机关统一受理，并转告相关部门实行互联审批的，审批程序及期限按照地方人民政府规定执行。

第十五条　除本规定第十二条第(一)项作出准予登记决定的外，企业登记机关决定予以受理的，应当出具《受理通知书》；决定不予受理的，应当出具《不予受理通知书》，并注明不予受理的理由。

第十六条　企业登记机关作出准予企业名称预先核准的，应当出具《企业名称预先核准通知书》；作出准予企业设立登记的，应当出具《准予设立登记通知书》，告知申请人自决定之日起10日内，领取营业执照；作出准予企业变更登记的，应当出具《准予变更登记通知书》，告知申请人自决定之日起十日内，换发营业执照；作出准予企业注销登记的，应当出具《准予注销登记通知书》，收缴营业执照。

企业登记机关作出不予登记决定的，应当出具《登记驳回通知书》，注明不予登记的理由，并告知申请人享有依法申请行政复议或者提起行政诉讼的权利。

第四章　撤销和吊销的注销登记

第十七条　有下列情形之一的，企业登记机关或者其上级机关根据利害关系人的请求或者依据职权，可以撤销登记：

(一)滥用职权、玩忽职守作出准予登记决定的；

(二)超越法定职权作出准予登记决定的；

(三)对不具备申请资格或者不符合法定条件的申请人作出准予登记决定的；

(四)依法可以撤销作出准予登记决定的其他情形。

被许可人以欺骗、贿赂等不正当手段取得登记的，应当予以撤销。

依照前两款规定撤销登记，可能对公共利益造成重大损害的，不予撤销，应当责令改正或者予以纠正。

第十八条　企业被依法撤销设立登记或者吊销营业执照的，应当停止经营活动，依法组织清算。自清算结束之日起30日内，由清算组织依法申请注销登记。

第十九条　被依法撤销设立登记或者吊销营业执照的企业，其设立的非法人分支机构应当停止经营活动，依法办理注销登记；其投资设立的相关企业应当依法办理变更登记或者注销登记。

第五章　登记公示、公开

第二十条　企业登记机关应当在企业登记场所公示以下内容：

(一)登记事项；

(二)登记依据；

(三)登记条件；

(四)登记程序及期限；

(五)提交申请材料目录；

(六)登记收费标准及依据；

(七)申请书格式示范文本。

应申请人的要求，企业登记机关应当就前款公示内容，予以说明、解释。

第二十一条　企业登记机关应当建立企业登记簿，供社会查阅。

企业登记材料涉及国家秘密、商业秘密和个人隐私的，企业登记机关不得对外公开。

第六章　附　则

第二十二条　本规定所称企业包括各类企业及其分支机构。

第二十三条　企业集团、外国(地区)企业常驻代表机构、外国(地区)企业在中国境内从事生产经营活动的登记参照本规定。

第二十四条　本规定自2004年7月1日起施行。

企业国有资本保值增值结果确认暂行办法

(2004年8月25日国务院国有资产监督管理委员会令第9号，自2004年8月30日起施行)

第一章 总 则

第一条 为加强对企业国有资产的监督管理，真实反映企业国有资本运营状况，规范国有资本保值增值结果确认工作，维护国家所有者权益，根据《企业国有资产监督管理暂行条例》和国家有关财务会计规定，制定本办法。

第二条 国务院，各省、自治区、直辖市人民政府，设区的市、自治州级人民政府履行出资人职责的企业(以下简称企业)国有资本保值增值结果确认工作，适用本办法。

第三条 本办法所称企业国有资本，是指国家对企业各种形式的投资和投资所形成的权益，以及依法认定为国家所有的其他权益。对于国有独资企业，其国有资本是指该企业的所有者权益，以及依法认定为国家所有的其他权益；对于国有控股及参股企业，其国有资本是指该企业所有者权益中国家应当享有的份额。

第四条 本办法所称企业国有资本保值增值结果确认是指国有资产监督管理机构依据经审计的企业年度财务决算报告，在全面分析评判影响经营期内国有资本增减变动因素的基础上，对企业国有资本保值增值结果进行核实确认的工作。

第五条 国务院国有资产监督管理机构负责中央企业国有资本保值增值结果核实确认工作。

各地国有资产监督管理机构负责监管职责范围内的企业国有资本保值增值结果核实确认工作。

第六条 企业应当在如实编制年度财务决算报告的基础上，认真分析和核实经营期内国有资本增减变化的各项主客观因素，真实、客观地反映国有资本运营结果，促进实现国有资本保值增值经营目标，并为企业财务监管与绩效评价、企业负责人业绩考核、企业工效挂钩核定等出资人监管工作提供基础依据。

第二章 国有资本保值增值率的计算

第七条 企业国有资本保值增值结果主要通过国有资本保值增值率指标反映，并设置相应修正指标和参考指标，充分考虑各种客观增减因素，以全面、公正、客观地评判经营期内企业国有资本运营效益与安全状况。

第八条 本办法所称国有资本保值增值率是指企业经营期内扣除客观增减因素后的期末国有资本与期初国有资本的比率。其计算公式如下：

国有资本保值增值率=(扣除客观因素影响后的期末国有资本÷期初国有资本)×100%

国有资本保值增值率分为年度国有资本保值增值率和任期国有资本保值增值率。

第九条 企业国有资本保值增值修正指标为不良资产比率。其计算公式为：

不良资产比率=(期末不良资产÷期末资产总额)×100%

本办法所称不良资产是指企业尚未处理的资产净损失和潜亏(资金)挂账，以及按财务会计制度规定应提未提资产减值准备的各类有问题资产预计损失金额。

第十条 因经营期内不良资产额增加造成企业不良资产比率上升，应当在核算其国有资本保值增值率时进行扣减修正。

(一)暂未执行《企业会计制度》的企业，经营期内企业不良资产比率上升，其增加额在核算国有资本保值增值率时进行直接扣减。计算公式为：

修正后国有资本保值增值率=(扣除客观影响因素的期末国有资本-不良资产增加额)÷期初国有资本×100% 不良资产增加额=期末不良资产-期初不良资产

(二)已执行《企业会计制度》的企业，经营期内对有问题资产未按财务会计制度计提资产减值准备，应当在核算国有资本保值增值率时进行扣除修正。其计算公式为：

修正后国有资本保值增值率=(扣除客观影响因素的期末国有资本-有问题资产预计损失额)÷期初国有资本×100%

有问题资产预计损失额=各类有问题资产×相关资产减值准备计提比例

(三)国有控股企业修正国有

资本保值增值率，应当按股权份额进行核算。

第十一条　企业国有资本保值增值参考指标为净资产收益率、利润增长率、盈余现金保障倍数、资产负债率。

（一）净资产收益率：指企业经营期内净利润与平均净资产的比率。计算公式如下：

净资产收益率=（净利润÷平均净资产）×100%

其中：平均净资产=（期初所有者权益+期末所有者权益）÷2

（二）利润增长率：指企业经营期内利润增长额与上期利润总额的比率。计算公式如下：

利润增长率=（利润增长额÷上期利润总额）×100%

其中：利润增长额=本期利润总额-上期利润总额

（三）盈余现金保障倍数：指企业经营期内经营现金净流量与净利润的比率。计算公式如下：

盈余现金保障倍数=经营现金净流量/净利润

（四）资产负债率：指本经营期负债总额与资产总额的比率。计算公式如下：

资产负债率=（负债总额÷资产总额）×100%

第十二条　本办法所称客观增加因素主要包括下列内容：

（一）国家、国有单位直接或追加投资：是指代表国家投资的部门（机构）或企业、事业单位投资设立子企业、对子企业追加投入而增加国有资本；

（二）无偿划入：是指按国家有关规定将其他企业的国有资产全部或部分划入而增加国有资本；

（三）资产评估：是指因改制、上市等原因按国家规定进行资产评估而增加国有资本；

（四）清产核资：是指按规定进行清产核资后，经国有资产监督管理机构核准而增加国有资本；

（五）产权界定：是指按规定进行产权界定而增加国有资本；

（六）资本（股票）溢价：是指企业整体或以主要资产溢价发行股票或配股而增加国有资本；

（七）税收返还：是指按国家税收政策返还规定而增加国有资本；

（八）会计调整和减值准备转回：是指经营期间会计政策和会计估计发生重大变更、企业减值准备转回、企业会计差错调整等导致企业经营成果发生重大变动而增加国有资本；

（九）其他客观增加因素：是指除上述情形外，经国有资产监督管理机构按规定认定而增加企业国有资本的因素，如接受捐赠、债权转股权等。

第十三条　本办法所称客观减少因素主要包括下列内容：

（一）专项批准核销：是指按国家清产核资等有关政策，经国有资产监督管理机构批准核销而减少国有资本；

（二）无偿划出：是指按有关规定将本企业的国有资产全部或部分划入其他企业而减少国有资本；

（三）资产评估：是指因改制、上市等原因按规定进行资产评估而减少国有资本；

（四）产权界定：是指因产权界定而减少国有资本；

（五）消化以前年度潜亏和挂账：是指经核准经营期消化以前年度潜亏挂账而减少国有资本；

（六）自然灾害等不可抗拒因素：是指因自然灾害等不可抗拒因素而减少国有资本；

（七）企业按规定上缴红利：是指企业按照有关政策、制度规定分配给投资者红利而减少企业国有资本；

（八）资本（股票）折价：是指企业整体或以主要资产折价发行股票或配股而减少国有资本；

（九）其他客观减少因素：是指除上述情形外，经国有资产监督管理机构按规定认定而减少企业国有资本的因素。

第十四条　国有资本保值增值率计算以企业合并会计报表为依据。企业所有境内外全资子企业、控股子企业，以及各类独立核算分支机构、事业单位和基建项目等应当按规定全部纳入合并会计报表编制范围。

第十五条　企业应当按国家有关财务会计制度和企业财务决算管理规定，委托会计师事务所审计经营期内影响企业国有资本变化的客观增减因素，并由会计师事务所在审计报告中披露或出具必要鉴证证明。

第十六条　企业本期期初国有资本口径应当与上期期末口径衔接一致。企业对期初国有资本进行口径调整应当符合国家财务会计制度有关规定，并对调整情况作出必要说明。本期期初国有资本口径调整范围具体包括：

（一）对企业年度财务决算进行追溯调整；

（二）经营期内子企业划转口径调整；

（三）企业财务决算合并范围变化口径调整；

（四）其他影响企业期初国有资本的有关调整。

第十七条　根据企业国有资产监督管理工作需要，企业保值增值结果按照会计年度、企业负责人任期分别确认。企业负责人任期国有资本保值增值结果以任职期间年度企业财务决算数据为依据。

第三章　国有资本保值增值结果的确认

第十八条　企业应当在规定的时间内，将经营期国有资本保值增值情况和相关材料随年度财务决算报告一并报送国有资产监督管理机构。报送材料应当包括：

(一)《国有资本保值增值结果确认表》及其电子文档；

(二)企业国有资本保值增值情况分析说明，具体内容包括国有资本保值增值完成情况、客观增减因素、期初数据口径、与上期确认结果的对比分析、相关参考指标大幅波动或异常变动的分析说明以及其他需要报告的情况；

(三)客观增减因素证明材料。

第十九条　企业国有资本保值增值客观增减因素的证明材料除年度财务决算审计报告外，还应当包括：

(一)国家有关部门的文件；

(二)有关专项鉴证证明；

(三)企业的有关入账凭证；

(四)其他证明材料。

第二十条　企业上报国有资本保值增值材料应当符合下列要求：

(一)各项指标真实、客观，填报口径符合规定；

(二)电子文档符合统一要求；

(三)各项客观增减因素的材料真实、完整，并分类说明有关情况。

第二十一条　企业负责人、总会计师或主管会计工作的负责人应当对企业上报的国有资本保值增值材料的真实性、完整性负责。承办企业年度财务决算审计业务的会计师事务所及注册会计师应当对其审计的企业国有资本保值增值材料及出具的相关鉴证证明的真实性、合法性负责。

第二十二条　根据出资人财务监督工作需要，国有资产监督管理机构依照《中央企业财务决算报告管理办法》(国资委令第5号)及其他有关规定，对企业财务会计资料及保值增值材料进行核查，并对企业国有资本保值增值结果进行核实确认。

第二十三条　国有资本保值增值结果核实确认工作，应当根据核批后的企业年度财务决算报表数据，剔除影响国有资本变动的客观增减因素，并在对企业不良资产变动因素分析核实的基础上，认定企业国有资本保值增值的实际状况，即国有资本保值增值率。

第二十四条　企业国有资本保值增值结果分为以下3种情况：

(一)企业国有资本保值增值率大于100%，国有资本实现增值；

(二)企业国有资本保值增值率等于100%，国有资本为保值；

(三)企业国有资本保值增值率小于100%，国有资本为减值。

第二十五条　企业国有资本存在下列特殊情形的，不核算国有资本保值增值率，但应当根据经营期国有资本变动状况分别作出增值或减值的判定。

(一)经调整后企业国有资本期初为正值、期末为负值，国有资本保值增值完成情况判定为减值；

(二)经调整后企业国有资本期初为负值、期末为正值，国有资本保值增值完成情况判定为增值。

第二十六条　国有资产监督管理机构应当以经核实确认的企业国有资本保值增值实际完成指标与全国国有企业国有资本保值增值行业标准进行对比分析，按照“优秀、良好、中等、较低、较差”5个档次，评判企业在行业中所处的相应水平。

中央企业国有资产保值增值率未达到全国国有企业保值增值率平均水平的，无论其在行业中所处水平，不予评判“优秀”档次。

第二十七条　下列情形之一的企业国有资本保值增值水平确认为“较差”档次：

(一) 存在重大财务问题、年度财务决算严重失实的；

(二)年度财务决算报告被会计师事务所出具否定意见、无法表示意见审计报告的；

(三)持续资不抵债的。

持续资不抵债企业，在经营期间弥补国有资本亏损的，可确认其国有资本减亏率。

第二十八条　经营期内没有实现国有资本保值增值目标的企业，其负责人延期绩效年薪按《中央企业负责人经营业绩考核暂行办法》(国资委令第2号) 及其他有关规定扣减。实行工效挂钩的企业，经营期内没有实现国有资本保值增值的，不得提取新增效益工资。

第二十九条　企业在对外提供国有资本保值增值结果时，应当以经国有资产监督管理机构核实确认的结果为依据。

第三十条　国有资本保值增值指标行业标准由国务院国有资产监督管理机构根据每年全国国有资本总体运营态势，以全国国有企业年度财务决算信息为基础，按行业分类统一测算并公布。

第四章　罚　则

第三十一条　企业报送的年度财务决算报告及国有资本保值增值相关材料内容不完整、各项客观因素证据不充分或数据差错较大，造成企业国有资本保值增值确认结果不真实的，由国有资产监督管理机构责令其重新编报，并进行通报批评。

第三十二条　企业在国有资本保值增值结果确认工作中存在弄虚作假或者提供虚假材料，以及故意漏报、瞒报等情况的，由国有资产监督管理机构责令其改正；情节严重的，按照《企业国有资产监督管理暂行条例》等有关法律法规予以处罚，并追究有关人员责任。

第三十三条　会计师事务所及注册会计师在企业国有资本保

值增值有关材料的审计工作中参与作假，提供虚假证明，造成国有资本保值增值结果严重不实的，国有资产监督管理机构应当禁止所出资企业聘请其承担相关审计业务，并通报或会同有关部门依法进行查处。

第三十四条　国有资产监督管理机构相关工作人员在国有资本保值增值结果核实确认过程中徇私舞弊，造成重大工作过失或者泄露企业商业秘密的，依法给予纪律处分；涉嫌犯罪的，依法移交司法机关处理。

第五章　附　则

第三十五条　各省、自治区、直辖市国有资产监督管理机构可依照本办法，结合本地区实际，制定相应工作规范。

第三十六条　本办法实施前的有关企业国有资本保值增值结果确认工作的规章制度与本办法不一致的，依照本办法的规定执行。

第三十七条　本办法自2004年8月30日起施行。

企业国有资产监督管理暂行条例

第一章 总 则

第一条 为建立适应社会主义市场经济需要的国有资产监督管理体制，进一步搞好国有企业，推动国有经济布局和结构的战略性调整，发展和壮大国有经济，实现国有资产保值增值，制定本条例。

第二条 国有及国有控股企业、国有参股企业中的国有资产的监督管理，适用本条例。

金融机构中的国有资产的监督管理，不适用本条例。

第三条 本条例所称企业国有资产，是指国家对企业各种形式的投资和投资所形成的权益，以及依法认定为国家所有的其他权益。

第四条 企业国有资产属于国家所有。国家实行由国务院和地方人民政府分别代表国家履行出资人职责，享有所有者权益，权利、义务和责任相统一，管资产和管人、管事相结合的国有资产管理体制。

第五条 国务院代表国家对关系国民经济命脉和国家安全的大型国有及国有控股、国有参股企业，重要基础设施和重要自然资源等领域的国有及国有控股、国有参股企业，履行出资人职责。国务院履行出资人职责的企业，由国务院确定、公布。

省、自治区、直辖市人民政府和设区的市、自治州级人民政府分别代表国家对由国务院履行出资人职责以外的国有及国有控股、国有参股企业，履行出资人职责。其中，省、自治区、直辖市人民政府履行出资人职责的国有及国有控股、国有参股企业，由省、自治区、直辖市人民政府确定、公布，并报国务院国有资产监督管理机构备案；其他由设区的市、自治州级人民政府履行出资人职责的国有及国有控股、国有参股企业，由设区的市、自治州级人民政府确定、公布，并报省、自治区、直辖市人民政府国有资产监督管理机构备案。

国务院，省、自治区、直辖市人民政府，设区的市、自治州级人民政府履行出资人职责的企业，以下统称所出资企业。

第六条 国务院，省、自治区、直辖市人民政府，设区的市、自治州级人民政府，分别设立国有资产监督管理机构。国有资产监督管理机构根据授权，依法履行出资人职责，依法对企业国有资产进行监督管理。

企业国有资产较少的设区的市、自治州，经省、自治区、直辖市人民政府批准，可以不单独设立国有资产监督管理机构。

第七条 各级人民政府应当严格执行国有资产管理法律、法规，坚持政府的社会公共管理职能与国有资产出资人职能分开，坚持政企分开，实行所有权与经营权分离。

国有资产监督管理机构不行使政府的社会公共管理职能，政府其他机构、部门不履行企业国有资产出资人职责。

第八条 国有资产监督管理机构应当依照本条例和其他有关法律、行政法规的规定，建立健全内部监督制度，严格执行法律、行政法规。

第九条 发生战争、严重自然灾害或者其他重大、紧急情况时，国家可以依法统一调用、处置企业国有资产。

第十条 所出资企业及其投资设立的企业，享有有关法律、行政法规规定的企业经营自主权。

国有资产监督管理机构应当支持企业依法自主经营，除履行出资人职责以外，不得干预企业的生产经营活动。

第十一条 所出资企业应当努力提高经济效益，对其经营管理的企业国有资产承担保值增值责任。

所出资企业应当接受国有资产监督管理机构依法实施的监督管理，不得损害企业国有资产所有者和其他出资人的合法权益。

第二章 国有资产监督管理机构

第十二条 国务院国有资产监督管理机构是代表国务院履行出资人职责、负责监督管理企业国有资产的直属特设机构。

省、自治区、直辖市人民政府国有资产监督管理机构，设区的市、自治州级人民政府国有资产监督管理机构是代表本级政府履行出资人职责、负责监督管理企业国有资产的直属特设机构。

上级政府国有资产监督管理机构依法对下级政府的国有资产监督管理工作进行指导和监督。

第十三条 国有资产监督管理机构的主要职责是：

(一)依照《中华人民共和国公司法》等法律、法规，对所出资企业履行出资人职责，维护所有者权益；

(二)指导推进国有及国有控股企业的改革和重组；

(三)依照规定向所出资企业派出监事会；

(四)依照法定程序对所出资企业的企业负责人进行任免、考核，并根据考核结果对其进行奖惩；

(五)通过统计、稽核等方式对企业国有资产的保值增值情况进行监管；

(六)履行出资人的其他职责和承办本级政府交办的其他事项。

国务院国有资产监督管理机构除前款规定职责外，可以制定企业国有资产监督管理的规章、制度。

第十四条　国有资产监督管理机构的主要义务是：

(一)推进国有资产合理流动和优化配置，推动国有经济布局和结构的调整；

(二)保持和提高关系国民经济命脉和国家安全领域国有经济的控制力和竞争力，提高国有经济的整体素质；

(三)探索有效的企业国有资产经营体制和方式，加强企业国有资产监督管理工作，促进企业国有资产保值增值，防止企业国有资产流失；

(四)指导和促进国有及国有控股企业建立现代企业制度，完善法人治理结构，推进管理现代化；

(五)尊重、维护国有及国有控股企业经营自主权，依法维护企业合法权益，促进企业依法经营管理，增强企业竞争力；

(六)指导和协调解决国有及国有控股企业改革与发展中的困难和问题。

第十五条　国有资产监督管理机构应当向本级政府报告企业国有资产监督管理工作、国有资产保值增值状况和其他重大事项。

第三章　企业负责人管理

第十六条　国有资产监督管理机构应当建立健全适应现代企业制度要求的企业负责人的选用机制和激励约束机制。

第十七条　国有资产监督管理机构依照有关规定，任免或者建议任免所出资企业的企业负责人：

(一)任免国有独资企业的总经理、副总经理、总会计师及其他企业负责人；

(二)任免国有独资公司的董事长、副董事长、董事，并向其提出总经理、副总经理、总会计师等的任免建议；

(三)依照公司章程，提出向国有控股的公司派出的董事、监事人选，推荐国有控股的公司的董事长、副董事长和监事会主席人选，并向其提出总经理、副总经理、总会计师人选的建议；

(四)依照公司章程，提出向国有参股的公司派出的董事、监事人选。

国务院，省、自治区、直辖市人民政府，设区的市、自治州级人民政府，对所出资企业的企业负责人的任免另有规定的，按照有关规定执行。

第十八条　国有资产监督管理机构应当建立企业负责人经营业绩考核制度，与其任命的企业负责人签订业绩合同，根据业绩合同对企业负责人进行年度考核和任期考核。

第十九条　国有资产监督管理机构应当依照有关规定，确定所出资企业中的国有独资企业、国有独资公司的企业负责人的薪酬；依据考核结果，决定其向所出资企业派出的企业负责人的奖惩。

第四章　企业重大事项管理

第二十条　国有资产监督管理机构负责指导国有及国有控股企业建立现代企业制度，审核批准其所出资企业中的国有独资企业、国有独资公司的重组、股份制改造方案和所出资企业中的国有独资公司的章程。

第二十一条　国有资产监督管理机构依照法定程序决定其所出资企业中的国有独资企业、国有独资公司的分立、合并、破产、解散、增减资本、发行公司债券等重大事项。其中，重要的国有独资企业、国有独资公司分立、合并、破产、解散的，应当由国有资产监督管理机构审核后，报本级人民政府批准。

国有资产监督管理机构依照法定程序审核、决定国防科技工业领域其所出资企业中的国有独资企业、国有独资公司的有关重大事项时，按照国家有关法律、规定执行。

第二十二条　国有资产监督管理机构依照公司法的规定，派出股东代表、董事，参加国有控股的公司、国有参股的公司的股东会、董事会。

国有控股的公司、国有参股的公司的股东会、董事会决定公司的分立、合并、破产、解散、增减资本、发行公司债券、任免企业负责人等重大事项时，国有资产监督管理机构派出的股东代表、董事，应当按照国有资产监督管理机构的指示发表意见、行使表决权。

国有资产监督管理机构派出的股东代表、董事，应当将其履行职责的有关情况及时向国有资产监督管理机构报告。

第二十三条　国有资产监督管理机构决定其所出资企业的国

有股权转让。其中，转让全部国有股权或者转让部分国有股权致使国家不再拥有控股地位的，报本级人民政府批准。

第二十四条　所出资企业投资设立的重要子企业的重大事项，需由所出资企业报国有资产监督管理机构批准的，管理办法由国务院国有资产监督管理机构另行制定，报国务院批准。

第二十五条　国有资产监督管理机构依照国家有关规定组织协调所出资企业中的国有独资企业、国有独资公司的兼并破产工作，并配合有关部门做好企业下岗职工安置等工作。

第二十六条　国有资产监督管理机构依照国家有关规定拟订所出资企业收入分配制度改革的指导意见，调控所出资企业工资分配的总体水平。

第二十七条　国有资产监督管理机构可以对所出资企业中具备条件的国有独资企业、国有独资公司进行国有资产授权经营。

被授权的国有独资企业、国有独资公司对其全资、控股、参股企业中国家投资形成的国有资产依法进行经营、管理和监督。

第二十八条　被授权的国有独资企业、国有独资公司应当建立和完善规范的现代企业制度，并承担企业国有资产的保值增值责任。

第五章　企业国有资产管理

第二十九条　国有资产监督管理机构依照国家有关规定，负责企业国有资产的产权界定、产权登记、资产评估监管、清产核资、资产统计、综合评价等基础管理工作。

国有资产监督管理机构协调其所出资企业之间的企业国有资产产权纠纷。

第三十条　国有资产监督管理机构应当建立企业国有资产产权交易监督管理制度，加强企业国有资产产权交易的监督管理，促进企业国有资产的合理流动，防止企业国有资产流失。

第三十一条　国有资产监督管理机构对其所出资企业的企业国有资产收益依法履行出资人职责；对其所出资企业的重大投融资规划、发展战略和规划，依照国家发展规划和产业政策履行出资人职责。

第三十二条　所出资企业中的国有独资企业、国有独资公司的重大资产处置，需由国有资产监督管理机构批准的，依照有关规定执行。

第六章　企业国有资产监督

第三十三条　国务院国有资产监督管理机构代表国务院向其所出资企业中的国有独资企业、国有独资公司派出监事会。监事会的组成、职权、行为规范等，依照《国有企业监事会暂行条例》的规定执行。

地方人民政府国有资产监督管理机构代表本级人民政府向其所出资企业中的国有独资企业、国有独资公司派出监事会，参照《国有企业监事会暂行条例》的规定执行。

第三十四条　国有资产监督管理机构依法对所出资企业财务进行监督，建立和完善国有资产保值增值指标体系，维护国有资产出资人的权益。

第三十五条　国有及国有控股企业应当加强内部监督和风险控制，依照国家有关规定建立健全财务、审计、企业法律顾问和职工民主监督等制度。

第三十六条　所出资企业中的国有独资企业、国有独资公司应当按照规定定期向国有资产监督管理机构报告财务状况、生产经营状况和国有资产保值增值状况。

第七章　法律责任

第三十七条　国有资产监督管理机构不按规定任免或者建议任免所出资企业的企业负责人，或者违法干预所出资企业的生产经营活动，侵犯其合法权益，造成企业国有资产损失或者其他严重后果的，对直接负责的主管人员和其他直接责任人员依法给予行政处分；构成犯罪的，依法追究刑事责任。

第三十八条　所出资企业中的国有独资企业、国有独资公司未按照规定向国有资产监督管理机构报告财务状况、生产经营状况和国有资产保值增值状况的，予以警告；情节严重的，对直接负责的主管人员和其他直接责任人员依法给予纪律处分。

第三十九条　国有及国有控股企业的企业负责人滥用职权、玩忽职守，造成企业国有资产损失的，应负赔偿责任，并对其依法给予纪律处分；构成犯罪的，依法追究刑事责任。

第四十条　对企业国有资产损失负有责任受到撤职以上纪律处分的国有及国有控股企业的企业负责人，5 年内不得担任任何国有及国有控股企业的企业负责人；造成企业国有资产重大损失或者被判处刑罚的，终身不得担任任何国有及国有控股企业的企业负责人。

第八章　附　则

第四十一条　国有及国有控股企业、国有参股企业的组织形式、组织机构、权利和义务等，依照《中华人民共和国公司法》等法律、行政法规和本条例的规定执行。

第四十二条　国有及国有控股企业、国有参股企业中中国共产党基层组织建设、社会主义精神文明建设和党风廉政建设，依照《中国共产党章程》和有关规定执行。

国有及国有控股企业、国有参股企业中工会组织依照《中华人民共和国工会法》和《中国工会章程》的有关规定执行。

第四十三条　国务院国有资产监督管理机构，省、自治区、直辖市人民政府可以依据本条例制定实施办法。

第四十四条　本条例施行前制定的有关企业国有资产监督管理的行政法规与本条例不一致的，依照本条例的规定执行。

第四十五条　政企尚未分开的单位，应当按照国务院的规定，加快改革，实现政企分开。政企分开后的企业，由国有资产监督管理机构依法履行出资人职责，依法对企业国有资产进行监督管理。

第四十六条　本条例自公布之日起施行。

企业国有资产评估管理暂行办法

第一章 总 则

第一条 为规范企业国有资产评估行为，维护国有资产出资人合法权益，促进企业国有产权有序流转，防止国有资产流失，根据《中华人民共和国公司法》、《企业国有资产监督管理暂行条例》(国务院令第378号)和《国有资产评估管理办法》(国务院令第91号)等有关法律法规，制定本办法。

第二条 各级国有资产监督管理机构履行出资人职责的企业(以下统称所出资企业)及其各级子企业(以下统称企业)涉及的资产评估，适用本办法。

第三条 各级国有资产监督管理机构负责其所出资企业的国有资产评估监管工作。

国务院国有资产监督管理机构负责对全国企业国有资产评估监管工作进行指导和监督。

第四条 企业国有资产评估项目实行核准制和备案制。

经各级人民政府批准经济行为的事项涉及的资产评估项目，分别由其国有资产监督管理机构负责核准。

经国务院国有资产监督管理机构批准经济行为的事项涉及的资产评估项目，由国务院国有资产监督管理机构负责备案；经国务院国有资产监督管理机构所出资企业(以下简称中央企业)及其各级子企业批准经济行为的事项涉及的资产评估项目，由中央企业负责备案。

地方国有资产监督管理机构及其所出资企业的资产评估项目备案管理工作的职责分工，由地方国有资产监督管理机构根据各地实际情况自行规定。

第五条 各级国有资产监督管理机构及其所出资企业，应当建立企业国有资产评估管理工作制度，完善资产评估项目的档案管理，做好项目统计分析报告工作。

省级国有资产监督管理机构和中央企业应当于每年度终了30个工作日内将其资产评估项目情况的统计分析资料上报国务院国有资产监督管理机构。

第二章 资产评估

第六条 企业有下列行为之一的，应当对相关资产进行评估：

(一)整体或者部分改建为有限责任公司或者股份有限公司；

(二)以非货币资产对外投资；

(三)合并、分立、破产、解散；

(四)非上市公司国有股东股权比例变动；

(五)产权转让；

(六)资产转让、置换；

(七)整体资产或者部分资产租赁给非国有单位；

(八)以非货币资产偿还债务；

(九)资产涉讼；

(十)收购非国有单位的资产；

(十一)接受非国有单位以非货币资产出资；

(十二)接受非国有单位以非货币资产抵债；

(十三)法律、行政法规规定的其他需要进行资产评估的事项。

第七条 企业有下列行为之一的，可以不对相关国有资产进行评估：

(一)经各级人民政府或其国有资产监督管理机构批准，对企业整体或者部分资产实施无偿划转；

(二)国有独资企业与其下属独资企业(事业单位)之间或其下属独资企业(事业单位)之间的合并、资产(产权)置换和无偿划转。

第八条 企业发生第六条所列行为的，应当由其产权持有单位委托具有相应资质的资产评估机构进行评估。

第九条 企业产权持有单位委托的资产评估机构应当具备下列基本条件：

(一) 遵守国家有关法律、法规、规章以及企业国有资产评估的政策规定，严格履行法定职责，近3年内没有违法、违规记录；

(二)具有与评估对象相适应的资质条件；

(三)具有与评估对象相适应的专业人员和专业特长；

(四)与企业负责人无经济利益关系；

(五)未向同一经济行为提供审计业务服务。

第十条 企业应当向资产评估机构如实提供有关情况和资料，并对所提供情况和资料的真实性、合法性和完整性负责，不得隐匿或虚报资产。

第十一条 企业应当积极配合资产评估机构开展工作，不得以任何形式干预其正常执业行为。

第三章 核准与备案

第十二条 凡需经核准的资

产评估项目，企业在资产评估前应当向国有资产监督管理机构报告下列有关事项：

（一）相关经济行为批准情况；

（二）评估基准日的选择情况；

（三）资产评估范围的确定情况；

（四）选择资产评估机构的条件、范围、程序及拟选定机构的资质、专业特长情况；

（五）资产评估的时间进度安排情况。

第十三条　企业应当及时向国有资产监督管理机构报告资产评估项目的工作进展情况。国有资产监督管理机构认为必要时，可以对该项目进行跟踪指导和现场检查。

第十四条　资产评估项目的核准按照下列程序进行：

（一）企业收到资产评估机构出具的评估报告后应当逐级上报初审，经初审同意后，自评估基准日起 8 个月内向国有资产监督管理机构提出核准申请；

（二）国有资产监督管理机构收到核准申请后，对符合核准要求的，及时组织有关专家审核，在 20 个工作日内完成对评估报告的核准；对不符合核准要求的，予以退回。

第十五条　企业提出资产评估项目核准申请时，应当向国有资产监督管理机构报送下列文件材料：

（一）资产评估项目核准申请文件；

（二）资产评估项目核准申请表（附件 1）；

（三）与评估目的相对应的经济行为批准文件或有效材料；

（四）所涉及的资产重组方案或者改制方案、发起人协议等材料；

（五）资产评估机构提交的资产评估报告（包括评估报告书、评估说明、评估明细表及其电子文档）；

（六）与经济行为相对应的审计报告；

（七）资产评估各当事方的相关承诺函；

（八）其他有关材料。

第十六条　国有资产监督管理机构应当对下列事项进行审核：

（一）资产评估项目所涉及的经济行为是否获得批准；

（二）资产评估机构是否具备相应评估资质；

（三）评估人员是否具备相应执业资格；

（四）评估基准日的选择是否适当，评估结果的使用有效期是否明示；

（五）资产评估范围与经济行为批准文件确定的资产范围是否一致；

（六）评估依据是否适当；

（七）企业是否就所提供的资产权属证明文件、财务会计资料及生产经营管理资料的真实性、合法性和完整性做出承诺；

（八）评估过程是否符合相关评估准则的规定；

（九）参与审核的专家是否达成一致意见。

第十七条　资产评估项目的备案按照下列程序进行：

（一）企业收到资产评估机构出具的评估报告后，将备案材料逐级报送给国有资产监督管理机构或其所出资企业，自评估基准日起 9 个月内提出备案申请；

（二）国有资产监督管理机构或者所出资企业收到备案材料后，对材料齐全的，在 20 个工作日内办理备案手续，必要时可组织有关专家参与备案评审。

第十八条　资产评估项目备案需报送下列文件材料：

（一）国有资产评估项目备案表一式三份（附件 2）；

（二）资产评估报告（评估报告书、评估说明和评估明细表及其电子文档）；

（三）与资产评估项目相对应的经济行为批准文件；

（四）其他有关材料。

第十九条　国有资产监督管理机构及所出资企业根据下列情况确定是否对资产评估项目予以备案：

（一）资产评估所涉及的经济行为是否获得批准；

（二）资产评估机构是否具备相应评估资质，评估人员是否具备相应执业资格；

（三）评估基准日的选择是否适当，评估结果的使用有效期是否明示；

（四）资产评估范围与经济行为批准文件确定的资产范围是否一致；

（五）企业是否就所提供的资产权属证明文件、财务会计资料及生产经营管理资料的真实性、合法性和完整性作出承诺；

（六）评估程序是否符合相关评估准则的规定。

第二十条　国有资产监督管理机构下达的资产评估项目核准文件和经国有资产监督管理机构或所出资企业备案的资产评估项目备案表是企业办理产权登记、股权设置和产权转让等相关手续的必备文件。

第二十一条　经核准或备案的资产评估结果使用有效期为自评估基准日起 1 年。

第二十二条　企业进行与资产评估相应的经济行为时，应当以经核准或备案的资产评估结果为作价参考依据；当交易价格低于评估结果的 90%时，应当暂停交易，在获得原经济行为批准机构同意后方可继续交易。

第四章　监督检查

第二十三条　各级国有资产

监督管理机构应当加强对企业国有资产评估工作的监督检查,重点检查企业内部国有资产评估管理制度的建立、执行情况和评估管理人员配备情况,定期或者不定期地对资产评估项目进行抽查。

第二十四条　各级国有资产监督管理机构对企业资产评估项目进行抽查的内容包括:

(一)企业经济行为的合规性;

(二)评估的资产范围与有关经济行为所涉及的资产范围是否一致;

(三)企业提供的资产权属证明文件、财务会计资料及生产经营管理资料的真实性、合法性和完整性;

(四)资产评估机构的执业资质和评估人员的执业资格;

(五)资产账面价值与评估结果的差异;

(六)经济行为的实际成交价与评估结果的差异;

(七)评估工作底稿;

(八)评估依据的合理性;

(九)评估报告对重大事项及其对评估结果影响的披露程度,以及该披露与实际情况的差异;

(十)其他有关情况。

第二十五条　省级国有资产监督管理机构应当于每年度终了30个工作日内将检查、抽查及处理情况上报国务院国有资产监督管理机构。

第二十六条　国有资产监督管理机构应当将资产评估项目的抽查结果通报相关部门。

第五章　罚则

第二十七条　企业违反本办法,有下列情形之一的,由国有资产监督管理机构通报批评并责令改正,必要时可依法向人民法院提起诉讼,确认其相应的经济行为无效:

(一)应当进行资产评估而未进行评估;

(二)聘请不符合相应资质条件的资产评估机构从事国有资产评估活动;

(三)向资产评估机构提供虚假情况和资料,或者与资产评估机构串通作弊导致评估结果失实的;

(四)应当办理核准、备案而未办理。

第二十八条　企业在国有资产评估中发生违法违规行为或者不正当使用评估报告的,对负有直接责任的主管人员和其他直接责任人员,依法给予处分;涉嫌犯罪的,依法移送司法机关处理。

第二十九条　受托资产评估机构在资产评估过程中违规执业的,由国有资产监督管理机构将有关情况通报其行业主管部门,建议给予相应处罚;情节严重的,可要求企业不得再委托该中介机构及其当事人进行国有资产评估业务;涉嫌犯罪的,依法移送司法机关处理。

第三十条　有关资产评估机构对资产评估项目抽查工作不予配合的,国有资产监督管理机构可以要求企业不得再委托该资产评估机构及其当事人进行国有资产评估业务。

第三十一条　各级国有资产监督管理机构工作人员违反本规定,造成国有资产流失的,依法给予处分;涉嫌犯罪的,依法移送司法机关处理。

第六章　附　则

第三十二条　境外国有资产评估,遵照相关法规执行。

第三十三条　政企尚未分开单位所属企事业单位的国有资产评估工作,参照本办法执行。

第三十四条　省级国有资产监督管理机构可以根据本办法,制定本地区相关工作规范,并报国务院国有资产监督管理机构备案。

第三十五条　本办法自2005年9月1日起施行。

附件:(1)(2)(略)

企业国有资产统计报告办法

第一章　总　则

第一条　为加强企业国有资产监督管理，了解掌握企业国有资产营运等情况，建立全国国有资本金统计报告工作规范，依据《企业国有资产监督管理暂行条例》及国家有关财务会计制度，制定本办法。

第二条　国有及国有控股企业、国有参股企业的国有资产统计报告工作，适用本办法。

第三条　本办法所称国有资产统计报告，是指企业按照国家财务会计制度规定，根据统一的报告格式和填报要求，编制上报的反映企业年度会计期间资产质量、财务状况、经营成果等企业国有资产营运基本情况的文件。

第四条　各省、自治区、直辖市国有资产监督管理机构(以下简称省级国有资产监督管理机构)和各有关部门应当按照本办法的统一要求，认真组织实施本地区、本部门监管企业国有资产统计报告工作，并依据规定向国务院国有资产监督管理委员会(以下简称国务院国资委)报备。

第五条　凡占用国有资产的企业应当按照《企业国有资产监督管理暂行条例》和国家财务会计制度有关规定，在做好财务会计核算工作的基础上，根据国家统一的要求，认真编制国有资产统计报告，如实反映本企业占用的国有资产及其营运情况。

第二章　报告内容

第六条　国有资产年度统计报告由企业会计报表和国有资产营运分析报告两部分构成。

第七条　企业会计报表按照国家财务会计统一规定由资产负债表、利润及利润分配表、现金流量表、所有者权益变动表、资产减值准备计提情况表及相关附表构成。企业会计报表应当经过中介机构审计。

第八条　国有资产营运分析报告是对本地区、本部门或者本企业占用的国有资产及营运情况进行分析说明的文件，具体包括：

(一)国有资产总量与分布结构；

(二)企业资产质量、财务状况及经营成果分析；

(三)国有资产增减变动情况及其原因分析；

(四)国有资产保值增值结果及其影响因素分析；

(五)其他需说明的事项。

第三章　编制范围

第九条　应当编制国有资产统计报告的企业包括：由国务院，省、自治区、直辖市人民政府，设区的市、自治州级人民政府履行出资人职责的具有法人资格、独立核算、能够编制完整会计报表的境内外国有及国有控股企业。

第十条　国有参股企业的国有资产及投资收益依据合并会计报表的规定，纳入国有投资单位的国有资产统计范围，原则上不单独编制国有资产统计报告。但对于重要参股企业，应当根据国有资产监管需要单独编制国有资产统计报告。

重要参股企业的标准或者名单由相关国有资产监督管理机构确定。

第十一条　企业国有资产统计报告基本填报单位的级次为：大型企业(含大型企业集团)为第三级以上(含第三级)各级子企业，第三级以下子企业并入第三级进行填报；中小型企业为第二级以上(含第二级)各级子企业，第二级以下子企业并入第二级进行填报。

第十二条　企业应当组织做好总部及各级境内外子企业的国有资产统计报告编制工作，并编制集团或者总公司合并(汇总)的国有资产统计报告，以全面反映企业国有资产营运情况，并与所属境内外子企业的分户国有资产统计数据一同报送同级国有资产监督管理机构或者主管部门。

第四章　组织管理

第十三条　企业国有资产统计报告工作应当遵循统一规范、分级管理的原则，按照企业的财务关系或者产权关系分别组织实施。

第十四条　省级国有资产监督管理机构、各有关部门应当编制本地区、本部门所监管企业的汇总国有资产统计报告，并与所监管企业的分户国有资产统计数据一同报送国务院国资委。

第十五条　国务院国资委在国有资产统计报告工作中履行下列职责：

(一)制定全国企业国有资产统计报告规章、制度和工作规范；

(二)统一制定企业国有资产统计报告格式、编报要求和数据处理软件；

(三)负责所出资企业国有资产统计报告工作具体组织实施；

(四)负责收集、审核和汇总各地区、各有关部门国有资产统计报告，并向国务院报告全国企业国有资产营运情况；

(五)组织开展对企业国有资产统计报告质量监控工作，并组织开展企业国有资产统计报告编报质量的抽样核查。

第十六条　省级国有资产监督管理机构在企业国有资产统计报告工作中履行下列职责：

(一)依据统一的企业国有资产统计报告规章制度和工作规范，负责本地区监管企业国有资产统计报告工作的组织实施和监督检查；

(二)指导下一级国有资产监督管理机构开展企业国有资产统计报告工作；

(三)负责收集、审核、汇总本地区管理企业国有资产统计报告，并向同级人民政府报告本地区监管企业国有资产营运情况；

(四)负责向国务院国资委报送本地区监管企业国有资产统计报告；

(五)组织开展对本地区监管企业国有资产统计报告质量的核查工作。

第十七条　各有关部门在企业国有资产统计报告工作中履行下列职责：

(一) 依据统一的企业国有资产统计报告规章制度和工作规范，负责本部门监管企业国有资产统计报告工作的组织实施和监督检查；

(二)负责收集、审核、汇总本部门监管企业国有资产统计报告；

(三)负责向国务院国资委报送本部门监管企业国有资产统计报告；

(四)组织开展对本部门监管企业国有资产统计报告质量的核查工作。

第十八条　省级国有资产监督管理机构和各有关部门应当指定专门机构或者人员具体负责国有资产统计报告工作，并与国务院国资委建立相应工作联系。

第十九条　省级国有资产监督管理机构和各有关部门应当加强对企业国有资产统计报告相关数据资料的管理，做好归档整理、建档建库和保密管理等工作。

第五章　编报规范

第二十条　企业应当在全面清理核实资产、负债、收入、支出并做好财务核算的基础上，按照统一的报告格式、内容、指标口径和操作软件，认真编制并按时上报企业国有资产统计报告，做到账实相符、账证相符、账账相符、账表相符。

第二十一条　企业应当严格按照国家财务会计制度和统一的编制要求，编制企业国有资产统计报告，做到内容完整、数字真实，不得虚报、漏报、瞒报和拒报，并按照财务关系或产权关系采取自下而上方式层层审核和汇总。

第二十二条　企业应当在认真做好总部及各级子企业分户报表编制范围与编制质量的审核工作基础上，编制集团或总公司合并报表，并按照国家财务会计制度的统一规定，做好合并范围和抵销事项的审核工作，对于未纳入范围和未抵销或者未充分抵销的事项应当单独说明。

第二十三条　企业主要负责人对本企业编制的国有资产统计报告的真实性和完整性负责。

企业财务会计等人员应当按照统一规定认真编制国有资产统计报告，如实反映本企业有关财务会计和国有资产营运信息。

第二十四条　省级国有资产监督管理机构和各有关部门应当加强对本地区、本部门监管企业国有资产统计报告工作的组织领导，加强督促指导，对企业报送的国有资产统计报告各项内容进行规范性审核。审核内容主要包括：

(一)编制范围是否全面完整；

(二)编制方法是否符合国家统一的财务会计制度，是否符合企业国有资产统计报告的编制要求；

(三)填报内容是否全面、真实；

(四)报表中相关指标之间、表间相关数据之间、分户数据与汇总数据之间、报表数据与计算机录入数据之间是否衔接一致。

第二十五条　省级国有资产监督管理机构和各有关部门应当认真做好本地区、本部门监管企业国有资产统计报告的审核工作，确保国有资产统计报告各项数据资料的完整和真实。凡发现报表编制不符合规定，存在漏报、错报、虚报、瞒报以及相关数据不衔接等情况，应当要求有关企业立即纠正，并限期重报。

第二十六条　企业国有资产统计报告采取自下而上、逐户审核、层层汇总方式收集上报。企业应当将国有资产统计报告经企业负责人、总会计师或主管财务工作负责人和报告编制人员签字并盖章后，于规定时间内上报。

第二十七条　中央企业国有资产统计报告工作应当遵守财务决算报告工作的相关规定。

第六章　奖　惩

第二十八条　授意、指使、强令企业财务会计等人员编制和提供虚假国有资产统计报告的，除依照《中华人民共和国会计法》、《企业国有资产监督管理暂行条例》和《企业财务会计报告条例》等有关法律法规处理外，还应对企业负责人给予纪律处分；有犯罪嫌疑的，依法移送司法机关处理。

第二十九条　对于玩忽职守、编制虚假财务会计信息，严重影响国有资产统计报告质量的，除依照《中华人民共和国会计法》、《企业国有资产监督管理暂行条例》和《企业财务会计报告条例》等有关法律法规处理外，还应对有关责任人员给予纪律处分；有犯罪嫌疑的，依法移送司法机关处理。

第三十条　省级国有资产监督管理机构和各有关部门工作组织不力或者不当，给企业国有资产统计报告工作造成不良影响的，应当给予通报。

第三十一条　省级国有资产监督管理机构和各有关部门应当认真做好本地区、本部门监管企业国有资产统计报告的总结工作，对在企业国有资产统计报告工作中取得优秀成绩的单位和个人给予表彰。

第七章　附　则

第三十二条　省级国有资产监督管理机构和各有关部门可依据本办法，结合各自实际，制定相应的实施细则。

第三十三条　本办法自公布之日起施行。

全民所有制工业企业转换经营机制条例

第一章 总 则

第一条 为了推动全民所有制工业企业(以下简称企业)进入市场,增强企业活力,提高企业经济效益,根据《中华人民共和国全民所有制工业企业法》(以下简称《企业法》),制定本条例。

第二条 企业转换经营机制的目标是:使企业适应市场的要求,成为依法自主经营、自负盈亏、自我发展、自我约束的商品生产和经营单位,成为独立享有民事权利和承担民事义务的企业法人。

第三条 转换企业经营机制必须遵循下列原则:

(一)坚持党的基本路线;

(二)坚持政企职责分开,保障国家对企业财产的所有权,实现企业财产保值、增值,落实企业的经营权;

(三)坚持责、权、利相统一,正确处理国家和企业、企业和职工的关系,贯彻按劳分配的原则,把职工的劳动所得与劳动成果联系起来;

(四)发挥中国共产党的基层组织在企业中的政治核心作用,坚持和完善厂长(经理)负责制,全心全意依靠工人阶级;

(五)坚持深化企业改革与推进企业技术进步、强化企业管理相结合;

(六)坚持在建设社会主义物质文明的同时,建设社会主义精神文明,建设有理想、有道德、有文化、有纪律的职工队伍。

第四条 围绕转换企业经营机制,按照宏观要管好,微观要放开的要求,政府必须转变职能,改革管理企业的方式,培育和发展市场体系,建立和完善社会保障制度,协调配套地进行计划、投资、财政、税收、金融、价格、物资、商业、外贸、人事和劳动工资等方面的改革。

第五条 企业中的党组织和工会、共青团等组织以及全体职工都应为实现企业转换经营机制的目标和《企业法》规定的企业根本任务开展工作。社会各有关方面都应当为企业转换经营机制创造条件。

第二章 企业经营权

第六条 企业经营权是指企业对国家授予其经营管理的财产(以下简称企业财产)享有占有、使用和依法处分的权利。

第七条 企业按照国家规定的资产经营形式,依法行使经营权。企业资产经营形式是指规范国家与企业的责、权、利关系,企业经营管理国有资产的责任制形式。继续坚持和完善企业承包经营责任制。逐步试行税利分流,统一所得税率,免除企业税后负担,实行税后还贷。创造条件,试行股份制。

第八条 企业享有生产经营决策权 企业根据国家宏观计划指导和市场需要,自主作出生产经营决策,生产产品和为社会提供服务。企业可以自主决定在本行业内或者跨行业调整生产经营范围,凡符合国家产业政策导向的,政府有关部门应给予支持,工商行政管理部门应当办理变更登记手续。国家可以根据需要,有权向企业下达指令性计划;企业执行指令计划,有权要求在政府有关部门的组织下,与需方企业签订合同;也可以根据国家规定,要求与政府指定的单位签订国家订货合同,需方企业或者政府指定的单位不签订合同的,企业可以不安排生产。企业对缺乏应当由国家计划保证的能源、主要物资供应和运输条件的指令性计划,可以根据自身承受的能力和市场变化,要求调整。计划下达部门不予调整的,企业可以不执行。除国务院和省级政府计划部门直接下达的,或者授权有关部门下达的指令性计划以外,企业有权不执行任何部门下达的指令性计划。

第九条 企业享有产品、劳务定价权。企业生产的日用工业消费品,除国务院物价部门和省级政府物价部门管理价格的个别产品外,由企业自主定价。企业生产的生产资料,除国务院物价部门和省级政府物价部门颁布的价格分工管理目录所列的少数产品外,由企业自主定价。企业提供的加工、维修、技术协作等劳务,由企业自主定价。法律对产品、劳务定价另有规定的,从其规定。

第十条 企业享有产品销售权。企业可以在全国范围内自主销售本企业生产的指令性计划以外的产品,任何部门和地方政府不得对其采取封锁、限制和其他歧视性措施。企业根据指令性计划生产的产品,应当按照计划规定的范围销售。需方企业或者政府指定的单位不履行合同的，企业有权停止生产，并可以向政府或者政府有关部门申诉，要求协调解决，也可以依照有关合同法规规定，向人民法院起诉，追究需方企业或者政府指定的单位的违约责任；已经生产的产品，企业可以自行销售企业在完成指令性计划的产品生产任务后，超产部分可以自行销售。企业生产国家规定由特定单位收购的产品，有权要求与政府指定的收购单位签订合同。收购单位不按照合同收购的，企业可以向政府或政府有关部门申诉，要求协调解决，也可以依照有关合同法规规定，向人民法院起诉，追究收购单位的违约责任；已经按照合同生产的产品，收购单位不按照合同收购的，企业可以自行销售。法律另有规定或者国家明令禁止在市场上销售的产品除外。

第十一条　企业享有物资采购权。企业对指令性计划供应的物资，有权要求与生产企业或者其他供货方签订合同。企业对指令性计划以外所需的物资，可以自行选择供货单位、供货形式、供货品种和数量，自主签订订货合同，并可以自主进行物资调剂。企业有权拒绝执行任何部门和地方政府以任何方式为企业指定指令性计划以外的供货单位和供货渠道。

第十二条　企业享有进出口权。企业可以在全国范围内自行选择外贸代理企业从事进出口业务，并有权参与同外商的谈判。企业根据国家外汇管理的有关规定，自主使用留成外汇和进行外汇调剂。任何部门和单位不得平调和截留企业的留成外汇；不得截留企业有偿上交外汇后应当返还的人民币。企业根据国家规定，可以在境外承揽工程、进行技术合作或者提供其他劳务。企业根据国家规定，可以进口自用的设备和物资。具备条件的企业，经政府有关部门批准，依法享有进出口经营权，任何部门和单位不得截留。有进出口经营权的企业，在获得进出口配额、许可证等方面，享有与外贸企业同等的待遇。有进出口经营权的企业，有根据业务需要，确定本企业经营出入境的业务人员名额，报政府主管部门批准。政府有关部门对企业经常出入境人员的出入境，实行一次性审批、一年内多次有效的办法。有进出口经营权的企业，经国务院授权，可以自行审批出境人员或者邀请境外有关人员来华从事商务活动，报外事部门直接办理出入境手续。企业可以根据开展对外业务的实际需要，自主使用自有外汇安排业务人员出境。

第十三条　企业享有投资决策权。企业依照法律和国务院有关规定，有权以留用资金、实物、土地使用权、工业产权和非专利技术等向国内各地区、各行业的企业、事业单位投资，购买和持有其他企业的股份。经政府有关部门批准，企业可以向境外投资或者在境外开办企业。企业遵照国家产业政策和行业、地区发展规划，以留用资金和自行筹措的资金从事生产性建设，能够自行解决建设和生产条件的，由企业自主决定立项，报政府有关部门备案并接受监督。政府有关部门应当根据登记注册的会计师事务所或者审计事务所的验资证明，出具认可企业自行立项的文件。经土地管理、城市规划城市建设、环境保护等部门依法办理有关手续后，企业自主决定开工。企业从事生产性建设，不能自行解决建设和生产条件或者需政府投资的，报政府有关部门批准。企业从事生产性建设，需要银行贷款或者向社会发行债券的，按照国家有关规定，报政府有关部门会同银行审批或者由银行审批。需要使用境外贷款的，报政府有关部门审批。企业遵照国家产业政策，以留利安排生产性建设项目或者补充流动资金的，经企业申请，税务部门批准，可以退还企业再投资部分已缴纳所得税的40%税款。企业根据其经济效益和承受能力，可以增提新产品开发基金，报财政部门备案。按照国家统一制定的有关固定资产折旧的规定，企业有权选择具体的折旧办法，确定加速折旧的幅度。

第十四条　企业享有留用资金支配权。企业在保证实现企业财产保值、增值的前提下，有权自主确定税后留用利润中各项基金的比例和用途，报政府有关部门备案。企业可以将生产发展基金用于购置固定资产、进行技术改造、开发新产品或者补充流动资金，也可以将折旧费、大修理费和其他生产性资金合并用于技术改造或者生产性投资。企业有权拒绝任何部门和单位无偿调拨企业留用资金或者强令企业以折旧费、大修理费补交上交利润。国务院有特殊规定的，从其规定。

第十五条　企业享有资产处置权。企业根据生产经营的需要，对一般固定资产，可以自主决定出租、抵押或者有偿转让；对关键设备、成套设备或者重要建筑物可以出租，经政府主管部门批准也可以抵押、有偿转让。法律和行政法规另有规定的除外。企业处置生产性固定资产所得收入，必须全部用于设备更新和技术改造。企业处置固定资产，应当依照国家有关规定进行评估。

第十六条　企业享有联营、兼并权。企业有权按照下列方式与其他企业、事业单位联营：

（一）与其他企业、事业单位组成新的经济实体，独立承担民

事责任、具备法人条件的,经政府有关部门核准登记,取得法人资格;

（二）与其他企业、事业单位共同经营，联营各方按照出资比例或者协议的约定,承担民事责任;

（三）与其他企业、事业单位订立联营合同，确立各方的权利和义务。联营各方各自独立经营、各自承担民事责任。 企业按照自愿、有偿的原则,可以兼并其他企业,报政府主管部门备案。

第十七条　企业享有劳动用工权 企业按照面向社会、公开招收、全面考核、择优录用的原则，自主决定招工的时间、条件、方式、数量。企业的招工范围,法律和国务院已有规定的,从其规定。企业从所在城镇人口中招工,不受城镇内行政区划的限制。 企业录用退出现役的军人、少数民族人员、妇女和残疾人,法律和国务院已有规定的，从其规定。 企业定向或者委托学校培养的毕业生,由原企业负责安排就业。对其他大专院校和中专、技工学校毕业生,在同等条件下,应当优生招收。 刑满释放人员，同其他社会待业人员一样,经企业考核全格,可以录用。在服刑期间保留职工身份的刑满释放人员，原企业应当予以安置。企业有权决定用工形式。企业可以实行合同化管理或者全员劳动合同制。企业可以与职工签订有固定期限、无固定期限或者以完成特定生产工作任务为期限的劳动合同。企业和职工按照劳动合同规定，享有权利和承担义务。 企业有权在做好定员、定额的基础上，通过公开考评，择优上岗，实行合理劳动组合。对富余人员,企业可以采取发展第三产业、厂内转岗培训、提前退出岗位休养以其他方式安置;政府有关部门可以通过厂际交流、职业介绍机构调剂等方式,帮助转换工作单位。富余人员也可以自谋职业。企业有权依照法律、法规和企业规章,解除劳动合同、辞退、开除职工。对被解除劳动合同、辞退和开除的职工,待业保险机构依法提供待业保险金，劳动部门应当提供再就业的机会,对其中属于集体户口的人员，当地的公安、粮食部门应当准予办理户口和粮食供应关系迁移手续，城镇街道办事处应当予以接收。

第十八条　企业享有人事管理权。 企业按照德才兼备、任人唯贤的原则和责任与权利相统一的要求，自主行使人事管理权。企业对管理人员和技术人员可以实行聘用制、考核制。对被解聘或者未聘用的管理人员和技术人员,可以安排其他工作,包括到工人岗位上工作。企业可以从优秀工人中选拔聘用管理人员和技术人员。经政府有关部门批准,企业可以招聘境外技术人员、管理人员。 企业有权根据实际需要,设置在本企业内有效的专业技术职务。按照国家统一规定评定的具有专业技术职称的人员，其职务和待遇由企业自主决定。 企业中层行政管理人员，由厂长按照国家的规定任免(聘任、解聘)。副厂级行政管理人员，由厂长按照国家的规定提请政府主管部门任免(聘任、解聘),或者经政府主管部门授权，由厂长任免（聘任、解聘),报政府主管部门备案。法律另有规定的除外。

第十九条　企业享有工资、奖金分配权。 企业的工资总额依照政府规定的工资总额与经济效益挂钩办法确定，企业在相应提取的工资总额内,有权自主使用、自主分配工资和奖金。 企业有权根据职工的劳动技能、劳动强度、劳动责任、劳动条件和实际贡献，决定工资、奖金的分配档次。企业可以实行岗位技能工资制或者其他适合本企业特点的工资制度，选择适合本企业的具体分配形式。企业有权制定职工晋级增薪、降级减薪的办法，自主决定晋级增薪、降级减薪的条件和时间。除国务院另有规定外，企业有权拒绝任何部门和单位提出的,由企业对职工发放奖金和晋级增薪的要求。

第二十条　企业享有内部机构设置权。企业有权决定内部机构的设立、调整和撤销,决定企业的人员编制。企业有权拒绝任何部门和单位提出的设置对口机构、规定人员编制和级别待遇的要求。法律另有规定和国务院有特殊规定的,从其规定。

第二十一条　企业享有拒绝摊派权。 企业有权拒绝任何部门和单位向企业摊派人力、物力、财力。企业可以向审计部门或者其他政府有关部门控告、检举、揭发摊派行为，要求作出处理。 除法律和国务院另有规定外，企业有权抵制任何部门和单位对企业进行检查、评比、评优、达标、升级、鉴定、考试、考核。

第二十二条　企业经营权受法律保护,任何部门、单位和个人不得干预和侵犯。对于非法干预和侵犯企业经营权的行为，企业有权向政府和政府有关部门申诉、举报,或者依法向人民法院起诉。

第三章　企业自负盈亏的责任

第二十三条　企业以国家授予其经营管理的财产，承担民事责任。 企业对其法定代表人和其他工作人员，以法人名义从事的经营活动，承担民事责任。 厂长对企业盈亏有直接经营责任;职工按照企业内部经营责任制,对企业盈亏也负有相应责任。

第二十四条　企业必须建立分配约束机制和监督机制。企业必须坚持工资总额增长幅度低于本企业经济效益（依据实现利税计算）增长幅度、职工实际平均工资增长幅度低于本企业劳动生产率(依据净产值计算)增长幅度的原则。企业职工的工资、奖金、津贴、补贴以及其他工资性收入，应当纳入工资总额。取消工资总额以外的一切单项奖。企业必须根据经济效益的增减，决定职工收入的增减。企业职工工资总额基数的确定与调整，应当报政府有关部门审查核准。亏损企业发放的工资总额不得超过政府有关部门核定的工资总额。企业的工资调整方案和奖金分配方案，应当提请职工代表大会审查同意，厂长晋升工资应当报政府有关部门审批。企业工资、奖金的分配应当接受政府有关部门的监督，有条件的可以由登记注册并经政府有关部门特别认可的会计师事务所或者审计事务所审核。企业违反本条规定，政府主管部门应当及时予以制止和纠正。职工多得的不当收入，应当自发现之日起，限期逐步予以扣回。

第二十五条　企业应当每年从工资总额的新增部分中提取不少于1%的数额，作为企业工资储备基金，由企业自主使用。工资储备基金累计达到企业一年工资总额的，不再提取。

第二十六条　企业连续三年全面完成上交任务，并实现企业财产增值的，政府主管部门对厂长或者厂级领导给予相应奖励，奖金由决定奖励的部门拨付。亏损企业的新任厂长，在规定期限内，实现扭亏增盈目标的，政府主管部门应当给予厂长或者厂级领导相应的奖励，奖金由决定奖励的部门拨付。

第二十七条　实行承包经营责任制的企业，未完成上交利润任务的，应当以企业风险抵押金、工资储备基金、留利补交。实行租赁经责任制的企业，承租方在租赁期内达不到租赁经营合同规定的经营总目标或者欠交租金时，应当以企业的风险保证金、预支的生活费或者承租成员的年度收入抵补，不足部分，由承租方、保证人提供的担保财产抵补。

第二十八条　企业为实现政府规定的社会公益目标或者生产指令性计划产品，由于定价原因而形成的政策性亏损，物价部门应当有计划地调整或者放开产品价格，予以解决。不能调整或者放开产品价格的，经财政部门审查核准，给予相应的补贴或者其他方式补偿，采取上述措施后，企业仍然亏损的，作为经营性亏损处理。

第二十九条　企业由于经营管理不善造成经营性亏损的，厂长、其他厂级领导和职工应当根据责任大小，承担相应的责任。企业一年经营亏损的，应当适当核减企业工资总额，厂长、其他厂级领导和直接责任人员不得领取奖金。企业亏损严重的，还应根据责任大小，相应降低厂长、其他厂级领导和职工的工资。企业连续二年经营亏损的，亏损额继续增加的，应当核减企业的工资总额，除企业不得发放奖金外，根据责任大小，适当降低厂长、其他厂级领导人和职工的工资；对企业领导班子可以进行必要的调整；对厂级领导可以免职或者降级、降职。对本条例实施前企业长期积累的亏损，经清产核资后，依照国务院有关规定另行处理。

第三十条　企业必须严格执行国家财政、税收和国有资产管理的法律、法规，定期进行财产盘点和审计，做到帐实相符，如实反映企业经营成果，不得造成利润虚增或者虚盈实亏，确保企业财产的保值、增值。企业应当依照国家有关规定，建立资产负债和损益考核制度，编制年度财务会计报表，报政府有关部门审批。有条件的，经登记注册的会计师事务所或者审计事务所审查后，报政府有关部门审核。企业必须依照国家有关规定，准确核算成本，足额提取折旧费、大修理费和补充流动资金。以不提或者少提折旧费和大修理费，少计成本或者挂帐不摊等手段，造成利润虚增或者虚盈实亏的，有关部门应当责令企业用留用资金补足。企业的生产性折旧费、大修理费、新产品开发基金以及处置生产性固定资产所得收入，不得用于发放工资、奖金或者增加集体福利。

第四章　企业的变更和终止

第三十一条　企业可以通过转产、停产整顿、合并、分立、解散、破产等方式，进行产品结构和组织结构调整，实现资源合理配置和企业的优胜劣汰。

第三十二条 企业主导产品不符合国家产业政策，或者没有市场销路、造成严重积压的，应当实行转产。企业为获取更大的经济效益，根据市场预测和自身条件，可以主动实行转产。

第三十三条　企业经营性亏损严重的，可以自行申请停产整顿；政府主管部门也可以责令其停产整顿，停产整顿的期限一般不超过一年。停产整顿的企业，应当制定停产整顿方案，其主要内容包括：停产整顿的目标和规划；调整组织结构和产品结构的措施；改善生产经营状况的措施；调整机构和人员的措施；扭亏为盈的措施；还债的措施。企业自行停产整顿的，停产整顿方案经政府主管部门批准后，由企业自行组织实施。被责令停产整顿的企业，由政府主管部门确定的企业法定代表人组织制定停产整顿方案，经政府主管部门批准后实施。企业停产整顿期间，必须采取有效措施，保护企业财产。任何人不得盗窃、毁坏、哄抢、私分、隐匿、无偿转让企业财产。企业停产整顿期间，财政部门应当准许其暂停上交承包利润；银行应当准许其延期支付贷款利息；企业应当停止发放奖金。

第三十四条 政府可以决定或者批准企业的合并。政府决定或者批准的合并，在全民所有制企业的范围内，可以采取资产无偿划转方式进行。合并方案由政府主管部门或者企业提出。在政府主管部门主持下，合并各方经充分协商后，订立合并协议。原企业的债权债务，由合并后的企业承担。企业可以自主决定兼并其他企业。企业兼并是一种有偿的合并形式。企业被兼并须经政府主管部门批准。被兼并企业的债仅债务由兼并企业承担。兼并企业与债仅人经充分协商，可以订立分期偿还或者减免债务的协议；政府有关部门可以酌情定期核减兼并的上交利润指标；银行对被兼并企业原欠其的债务，可以酌情停减利息；被兼并企业转人第三产业的，经银行批准，自开业之日起，实行二年停息、三年减半收息。

第三十五条 经政府批准，企业可以分立。企业分立时，应当由分立各方签订分立协议，明确划分分立各方的财产和债权债务等。

第三十六条 企业经停产整顿仍然达不到扭亏目标，并且无法实行合并的，以及因其他原因应当终止的，在保证清偿债务的前提下，由政府主管部门提出，经省级政府或者国务院主管部门批准，可以依法予以解散企业解散，由政府主管部门指定成立的清算组进行清算。

第三十七条 企业所欠债务，应当以留用资金清偿。留用资金不足以偿还债务的，可以依法用抵押企业财产的方式，保证债务的履行。企业不能清偿到期债务，达到法定破产条件的，应当依法破产。政府认为企业不宜破产的，应当给予资助或者采取其他措施，帮助企业清偿债务。企业宣告破产后，其他企业可以与破产企业清算组订立接收破产企业的协议，按照协议承担法院裁定的债务，接受破产的企业财产，安排破产企业职工，并可以享受本条例第三十四条第二款规定的兼并企业的待遇。

第三十八条 企业的变更和终止，应当依照法律、法规的规定，经工商行政管理部门核准登记，并向国有资产管理部门办理产权变更或者注销登记。

第三十九条 政府决定解散的企业，职工由政府主管部门负责安置。企业破产的，依照法律、法规的有关规定，安置职工。企业合并的，职工由合并后的企业或者兼并企业安置。为安置富余职工兴办的，独立核算、从事第三产业的企业，自开业之日起，实行两年免征、三年减半征收所得税。

第五章 企业和政府的关系

第四十条 按照政企职责分开的原则，政府依法对企业进行协调、监督和管理，为企业提供服务。

第四十一条 企业财产属于全民所有，即国家所有，国务院代表国家行使企业财产的所有权。企业财产包括国家以各种形式对企业投资和投资收益形成的财产，以及其他依据法律和国有资产管理行政法规认定的属于全民所有、由企业经营管理的财产。

第四十二条 为确保企业财产所有仅，政府及其有关部门分别行使下列职责：

(一)考核企业财产保值、增值指标，对企业资产负债和损益情况进行审查和审计监督；

(二)根据国务院的有关规定，决定国家与企业之间财产收益的分配方式、比例或者定额；

(三)根据国务院的有关规定，决定、批准企业生产性建设项目，本条例第十三条规定由企业自主决定的投资项目除外；

(四)决定或者批准企业的资产经营形式和企业的设立、合并(不含兼并)、分立、终止、拍卖，批准企业提出的被兼并申请和破产申请；

(五)根据国务院的有关规定，审批企业财产的报损、冲减、核销及关键设备、成套设备、或者重要建筑物的抵押、有偿转让，组织清算和收缴被撤销、解散企业的财产；

(六)依照法定条件和程序，决定或者批准企业厂长的任免（聘任、解聘)和奖惩；

(七)拟订企业财产管理法规，并对执行情况进行监督、检查；

(八) 维护企业依法行使经营权，保障企业的生产经营活动不受干预，协助企业解决实际困难。

第四十三条 政府应当采取下列措施，加强宏观调控和行业管理，建立既有利于增强企业活力，又有利于经济有序运行的宏观调控体系：

(一)制定经济和社会发展战略、方针和产业政策，控制总量平衡，规划和调整产业布局；

(二)动用利率、税率、汇率等经济杠杆和价格政策，调控和引导企业行为；

(三)根据产业政策和规模经济要求，引导企业组织结构调整，实现资源合理配置；

(四)建立和完善适应商品经济发展的企业劳动人事工资制

度、财务制度、成本制度、会计制度、折旧制度、收益分配制度和税收征管制度，制定考核企业的经济指标系，逐步将企业职工的全部工资性收入纳入成本管理；

（五）推动技术进步，开展技术和业务培训，为企业决策和经营活动提供信息、咨询。

第四十四条　政府应当采取下列措施，培育和完善市场体系，发挥市场调节作用：

（一）打破地区、部门分割和封锁，建立和完善平等竞争、规则健全的全国统一市场；

（二）按照国民经济发展总体规划和布局，统筹规划、协调和建立生产资料市场、劳务市场、金融市场、技术市场、信息市场和企业产权转让市场等，促进市场体系的发育和完善；

（三）发布市场信息，加强市场管理，制止违法经营和不正当竞争。

第四十五条　政府应当采取下列措施建立和完善社会保障体系：

（一）建立和完善养老保险制度，实行基本养老保险、企业补充养老保险、职工个人储蓄养老保险相结合的制度；

（二）建立和完善职工的待业保险制度，使职工在待业期间能够得到一定数量和一定期限的待业保险金，保证其基本生活；

（三）建立和完善医疗保险、工伤保险和生育保险等保险制度。

第四十六条　府应当采取下列措施为企业提供社会服务：

（一）发展和完善与企业有关的公共设施和公益事业，减轻企业的社会负担；

（二）建立和发展会计事务所、审计事务所、职业介绍所、律师事务所、资产评估机构和信息、咨询服务机构等社会服务组织；

（三）完善劳动就业服务体系，培训待业人员，帮助其再就业；

（四）健全劳动争议仲裁制度，及时妥善处理劳动纠纷，维护企业和职工的合法权益；

（五）协调企业与其他单位的关系，保障企业的正常生产经营秩序。

第六章　法律责任

第四十七条　政府有关部门违反本条例，有下列行为之一的，上级机关应当责令其改正；情节严重的，由同级机关或者有关上级机关对主管人员和直接责任人员，给予行政处分；构成犯罪的，由司法机关依法追究刑事责任：

（一）超越、滥用管理权限下达指令性计划并强令企业执行的；

（二）干预企业投资决策权或者审批企业投资项目有重大失误的；

（三）以封锁、限制或者其他歧视性措施，侵犯企业物资采购权或者产品销售权的；

（四）干预、截留企业的产品、劳务定价权的；

（五）限制、截留企业进出口权，或者平调、挤占、挪用企业自主使用的留成外汇的；

（六）截留或者无偿调拨企业留用资金，或者干预企业资产处置权的；

（七）强令企业对职工进行奖励、晋级增薪、干预企业录用、辞退、开除职工或者解除劳动合同的；

（八）未依照法定程序和条件任免厂长、其他厂级领导或者干预厂长行使企业中层行政管理人员任免权的；

（九）强令企业设置对口机构、规定人员编制和级别待遇，以及违反法律和国务院规定，对企业进行检查、评比、评优、达标、升级、鉴定、考试、考核的；

（十）非法要求企业提供人力、物力、财力的，以及对拒绝摊派的企业进行打击报复的；

（十一）未依照法定程序和条件，阻止或者强迫企业进行组织结构调整的；

（十二）不依法履行对企业监督、检查职责，或者有其他非法干预企业经营权，侵犯企业合法权益的。

第四十八条　企业违反条例规定，有下列行为之一的，政府或者政府有关部门应当责令其改正；情节严重的，对厂长、其他厂级领导和直接责任人员，分别追究行政责任、给予经济处罚，并依照有关法律、法规，对企业给予相应的行政处罚；构成犯罪的，由司法机关依法追究刑事责任：

（一）未按照规定执行指令性计划，或者不履行经济合同，长期拖欠货款的；

（二）对国家直接定价的产品，擅自提价的；

（三）未按照规定履行建设项目审批手续，擅自立项和开工建设的；

（四）因决策失误，建设项目不能按期投产，或者投产后产品无销路，投资无效益，致使企业财产遭受损失的；

（五）不具备偿还能力，盲目贷款，致使企业财产遭受损失的；

（六）未经批准，擅自处置企业的关键设备、成套设备或者重要建筑物，造成企业财产损失的；

（七）滥用劳动用工权、人事管理权和工资、奖金分配权，侵犯职工合法权益的；

（八）违反财务制度，不提或者少提折旧费、大修理费，少计成本或者挂帐不摊，造成企业利润虚增或者虚盈实亏的；

（九）将生产性折旧费、大修理费、新产品开发基金或者处置生产性固定资产所得收人用于发放工资、奖金或者增加集体福利的；

（十）在企业变更、终止过程中，因管理不善，或者使用非法手段处置企业财产，造成损失的；

（十一）因经营管理不善，致使企业财产遭受损失或企业破产的；

（十二）其他违反本条例规定，滥用经营权的。第四十九条 阻碍厂长和各级管理人员依法行使职权的，或者扰乱企业秩序，致使生产、营业、工作不能正常进行的，由企业所在地公安机关给予治安管理处罚；情节严重，构成犯罪的，由司法机关依法追究刑事责任。

第七章 附 则

第五十条 本条例的原则适用于全民所有制交通运输、邮电、地质勘探、建筑安装、商业、外贸、物资、农林、水利、科技等企业。

第五十一条 本条例发布前的行政法规、地方性法规、规章和其他行政性文件的内容，与本条例相抵触的，以本条例为准。

第五十二条 本条例由国家经济体制改革委员会负责解释，国务院经济贸易办公室会同国务院有关部门组织实施。

第五十三条 国务院有关部门和省、自治区、直辖市人民政府可以根据本条例制定实施办法。

第五十四条 本条例自发布之日起施行。

中华人民共和国城镇集体所有制企业条例

第一章　总　则

第一条　为了保障城镇集体所有制经济的巩固和发展，明确城镇集体所有制企业的权利和义务，维护其合法权益，制定本条例。

第二条　本条例适用于城镇的各种行业、各种组织形式的集体所有制企业，但乡村农民集体举办的企业除外。

第三条　城镇集体所有制经济是我国社会主义公有制经济的一个基本组成部分，国家鼓励和扶持城镇集体所有制经济的发展。

第四条　城镇集体所有制企业(以下简称集体企业)是财产属于劳动群众集体所有、实行共同劳动、在分配方式上以按劳分配为主体的社会主义经济组织。

前款所称劳动群众集体所有，应当符合下列任一项的规定：

(一) 本集体企业的劳动群众集体所有；

(二) 集体企业的联合经济组织范围内的劳动群众集体所有；

(三) 投资主体为两个或者两个以上的集体企业，其中前(一)、(二) 项劳动群众集体所有的财产应当占主导地位。本项所称主导地位，是指劳动群众集体所有的财产占企业全部财产的比例，一般情况下应不低于51%，特殊情况经过原审批部门批准，可以适当降低。

第五条　集体企业应当遵循的原则是：自愿组合、自筹资金，独立核算、自负盈亏，自主经营、民主管理，集体积累、自主支配，按劳分配、入股分红。

集体企业应当发扬艰苦奋斗、勤俭建国的精神，走互相合作、共同富裕的道路。

第六条　集体企业依法取得法人资格，以其全部财产独立承担民事责任。

集体企业的财产及其合法权益受国家法律保护，不受侵犯。

第七条　集体企业的任务是：根据市场和社会需求，在国家计划指导下，发展商品生产，扩大商品经营，开展社会服务，创造财富，增加积累，不断提高经济效益的社会效益，繁荣社会主义经济。

第八条　集体企业的职工是企业的主人，依照法律、法规和集体企业章程行使管理企业的权力。集体企业职工的合法权益受法律保护。

第九条　集体企业依照法律规定实行民主管理。职工(代表)大会是集体企业的权力机构，由其选举和罢免企业管理人员，决定经营管理的重大问题。

集体企业实行厂长 (经理)负责制。

集体企业职工的民主管理权和厂长(经理)依法行使职权，均受法律保护。

第十条　中国共产党在集体企业的基层组织是集体企业的政治领导核心，领导企业的思想政治工作，保证监督党和国家的方针、政策在本企业的贯彻执行。

第十一条　集体企业的工会维护职工的合法权益，依法独立自主地开展工作，组织职工参加民主管理和民主监督。

第二章　集体企业的设立、变更和终止

第十二条　集体企业的设立必须具备下列条件：

(一)有企业名称、组织机构和企业章程；

(二)有固定的生产经营场所、必要的设施并符合规定的安全卫生条件；

(三)有符合国家规定并与其生产经营和服务规模相适应的资金数额和从业人员；

(四)有明确的经营范围；

(五)能够得立承担民事责任；

(六)法律、法规规定的其他条件。

第十三条　集体企业章程必须载明下列事项：

(一)企业名称和住所；

(二)经营范围和经营方式；

(三)注册资金；

(四)资金来源和投资方式；

(五)收入分配方式；

(六)组织机构及其职权和议事规则；

(七)职工加入和退出企业的条件和程序；

(八)职工的权利和义务；

(九)法定代表人的产生程序及其职权范围；

(十)企业终止的条件和程序；

(十一)章程的修订程序；

(十二)章程订立日期；

(十三)需要明确的其他事项。

第十四条　设立集体企业应经省、自治区、直辖市人民政府规定的审批部门批准，并依法经工商行政管理机关核准登记，领取

《企业法人营业执照》，取得法人资格后，方得开始生产经营活动。

设立集体企业的审批部门，法律、法规有专门规定的，从其规定。

集体企业应当在核准登记的经营范围内从事生产经营活动。

第十五条　集体企业的合并、分立、停业、迁移或者主要登记事项的变更，必须符合国家的有关规定，由企业提出申请，报经原审批部门批准，依法向原登记机关办理变更登记。

第十六条　集体企业的合并和分立，应当遵照自愿平等的原则，由有关各方依法签订协议，处理好债权债务、其他财产关系和遗留问题，妥善安置企业人员。

合并、分立前的集体企业的权利和义务，由合并、分立后的法人享有和承担。

第十七条　企业企业有下列原因之一的，应当予以终止：

(一)企业无法继续经营而申请解散，经原审批部门批准；

(二)依法被撤销；

(三)依法宣告破产；

(四)其他原因。

第十八条　集体企业终止，应当依照国家有关规定清算企业财产。企业财产按下列顺序清偿各种债务和费用：

(一)清算工作所需各项费用；

(二)所欠职工工资和劳动保险费用；

(三)所欠税款；

(四)所欠银行和信用合作社贷款以及其他债务。

不足清偿同一顺序的清偿要求的，按照比例分配。

第十九条　集体企业财产清算后的剩余财产，按照下列办法处理：

(一)有国家、本企业外的单位和个人以及本企业职工个人投资入股的，应当依照其投资入股金额占企业总资产的比例，从企业剩余财产中按相同的比例偿还；

(二)其余财产，由企业上级管理机构作为该企业职工待业和养老救济、就业安置和职业培训等费用，专款专用，不得挪作他用。

第二十条　集体企业终止，必须依《中华人民共和国企业法人登记管理条例》的规定办理注销登记并公告。

第三章　集体企业的权利和义务

第二十一条　集体企业在国家法律、法规的规定范围内享有下列权利：

(一)对其全部财产享有占有、使用、收益和处分的权利，拒绝任何形式的平调；

(二)自主安排生产、经营、服务活动；

(三)除国家规定由物价部门和有关主管部门控制价格的以外，企业有权自行确定产品价格、劳务价格；

(四)企业有权依照国家规定与外商谈判并签订合同，提取和使用分成的外汇收入；

(五)依照国家信贷政策和规定向有关专业银行申请贷款；

(六)依照国家规定确定适合本企业情况的经济责任制形式、工资形式和奖金、分红办法；

(七)享爱国家政策规定的各种优惠待遇；

(八)吸收职工和其他企业、事业单位、个人集资入股，与其他企业、事业单位联营，向其他企业、事业单位投资，持有其他企业的股份；

(九)按照国家规定决定本企业的机构设置、人员编制、劳动组织形式和用工办法，录用和辞退职工；

(十)奖惩职工。

第二十二条　集体企业应当承担下列义务：

(一)遵守国家法律、法规，接受国家计划指导；

(二)依法缴纳税金和交纳费用；

(三)依法履行合同；

(四)改善经营管理，推进技术进步，提高经济效益；

(五)保证产品质量和服务质量，对用户和消费者负责；

(六)贯彻安全生产制度，落实劳动保护和环境保护措施；

(七)做好企业内部的安全保卫工作；

(八)维护职工合法权益，尊重职工的民主管理权利，改善劳动条件，做好计划生育工作，提高职工物质文化生活水平；

(九)加强对职工的思想政治教育、法制教育、国防教育、科学文化教育和技术业务培训，提高职工队伍素质。

第二十三条　集体企业有权按照国家规定自愿组建、参加和退出集体企业的联合经济组织，并依照该联合经济组织的章程规定，享受权利，承担义务。

第四章　职工和职工(代表)大会

第二十四条　凡本人提出申请，承认并遵守集体企业章程，被企业招收，即可成为该集体企业的职工。

第二十五条　职工依照法律、法规的规定，在集体企业内享有下列权利：

(一)企业各级管理职务的选举权和被选举权；

(二)参加企业民主管理，监督企业各项活动和管理人员的工作；

(三)参加劳动并享受劳动报酬、劳动保护、劳动保险、医疗保健和休息、休假的权利；

(四)接受职业技术教育和培训，按照国家规定评定业务技术职称；

(五)辞职；

(六)享受退休养老待遇；

(七)其他权利。

第二十六条　职工应当履行下列义务：

(一)遵守国家的法律、法规和集体企业的规章制度、劳动纪律，以企业主人的态度从事劳动，做好本职工作；

(二)执行职工(代表)大会决议，完成任务；

(三)维护企业的集体利益；

(四)努力学习政治、文化和科技知识，不断提高自身素质；

(五)法律、法规和企业章程规定的其他义务。

第二十七条　集体企业必须建立、健全职工(代表)大会制度：

(一)100人以下的集体企业，建立职工大会制度；

(二)300人以上的集体企业建立职工代表大会制度；

(三)100人以上300人以下的集体企业，建立职工大会或者职工代表大会制度，由企业自定。

职工代表大会代表由职工选举产生。代表应当是思想进步、工作积极、联系群众、有参加民主管理能力的职工。

第二十八条　集体企业的职工(代表)大会在国家法律、法规的规定范围内行使下列职权：

(一)制定、修改集体企业章程；

(二)按照国家规定选举、罢免、聘用、解聘厂长(经理)、副厂长(副经理)；

(三)审议厂长(经理)提交的各项议案，决定企业经营管理的重大问题；

(四)审议并决定企业职工工资形式、工资调整方案、奖金和分红方案、职工住宅分配方案和其他有关职工生活福利的重大事项；

(五)审议并决定企业的职工奖惩办法和其他重要规章制度；

(六)法律、法规和企业章程规定的其他职权。

第二十九条　职工(代表)大会依照企业章程规定定期召开，但每年不得少于两次。

第三十条　集体企业的职工代表大会，可以设立常设机构，负责职工代表大会闭会期间的工作。

常设机构的人员组成、产生方式、职权范围及名称，由集体企业职工代表大会规定，报上级管理机构备案。

第五章　厂　长(经理)

第三十一条　集体企业实行厂长(经理)负责制。厂长(经理)对企业职工(代表)大会负责，是集体企业的法定代表人。

第三十二条　厂长(经理)由企业职工代表大会选举或者招聘产生。选举和招聘的具体办法，由省、自治区、直辖市人民政府规定。

由集体企业联合经济组织投资开办的集体企业，其厂长(经理)可以由该联合经济组织任免。

投资主体多元化的集体企业，其中国家投资达到一定比例的，其厂长(经理)可以由上级管理机构按照国家有关规定任免。

第三十三条　厂长(经理)应当具备下列条件：

(一)懂得有关法律、法规和方针、政策，坚持企业的社会主义经营方向；

(二)熟悉本行业业务，善于经营管理，有组织领导能力；

(三)热爱集体，廉洁奉公，联系群众，有民主作风；

(四)法律、法规规定的其他条件。

第三十四条　厂长(经理)在法律、法规的规定范围内行使下列职权：

(一)领导和组织企业日常生产经营和行政工作；

(二)主持编制并向职工(代表)大会提出企业的中长期发展规划、年度生产经营计划、固定资产投资方案；

(三)主持编制并向职工(代表)大会提出企业机构设置的方案，决定劳动组织的调整方案；

(四)按照国家规定任免或者聘任、解聘企业中层行政领导干部，但法律、法规另有规定的，从其规定；

(五)提出企业年度财务预算、决算方案和利润分配方案；

(六)提出企业的经济责任制方案、工资调整方案、劳动保护措施方案、奖惩办法和其他重要的规章制度；

(七)奖惩职工；

(八)遇到特殊情况时，提出召开职工(代表)大会的建议；

(九)企业章程规定的其他职权。

第三十五条　厂长(经理)有下列职责：

(一)贯彻执行党和国家的方针、政策，遵守国家的法律、法规，执行职工(代表)大会的决议；

(二)组织职工完成企业生产经营任务和各项经济技术指标，推进企业技术进步，提高经济效益，增强企业发展能力；

(三)严格遵守财经纪律，坚持民主理财，定期向职工公布财务帐目；

(四)保护企业的合法权益和职工在企业内的正当权利；

(五)办好职工生活福利和逐步开展职工养老、待业等保险；

(六)组织落实安全卫生措施，实现安全文明生产；

(七)定期向本企业职工(代表)大会报告工作，听取意见，并接受监督；

(八)法律、法规和企业章程规定的其他职责。

第六章　财产管理和收益分配

第三十六条　集体企业应当

按照本章规定进行清产核资，明确其财产所有权的归属。

第三十七条　集体企业的公共积累，归本企业劳动群众集体所有。

第三十八条　集体企业的联合经济组织的投资，归该联合经济组织范围内的劳动群众集体所有。

集体企业联合经济组织设立的互助合作其，应当主要用于该组织范围内发展生产和推进共同富裕。

第三十九条　在企业、事业单位、社会团体等扶持下设立的集体企业，其扶持资金可按下列办法之一处理：

(一)作为企业向扶持单位的借用款，按双方约定的方法和期限由企业归还扶持单位；

(二)作为扶持单位对企业的投资，按其投资占企业总资产的比例，参与企业的利润分配。

企业、事业单位、社会团体等的扶持资金的来源，必须符合国家财政主管部门的有关规定。

企业、事业单位、社会团体等与其扶持设立的集体企业，应当明确划清产权和财务关系。扶持单位不得干预集体企业的经营管理活动，集体企业也不得依赖扶持单位。

第四十条　职工股金，归职工个人所有。

第四十一条　集体企业外的单位和个人的投资，归投资者所有。

第四十二条　职工股金和集体企业吸收的各种投资，投资者可以依法转让或者继承。

第四十三条　集体企业必须保证财产的完整性，合理使用、有效经营企业的财产。

第四十四条　集体企业的收益分配，必须遵循兼顾国家、集体和个人三者利益的原则。

第四十五条　集体企业必须执行国家有关财务、会计制度，接受审计监督，加强企业内部的财务管理。

第四十六条　集体企业的税后利润，由企业依法自主支配。企业应当按照国家规定确定公积金、公益金、劳动分红和股金分红的比例。

第四十七条　集体企业职工的劳动报酬必须坚持按劳分配的原则。具体分配形式和办法由企业自行确定。

第四十八条　集体企业的股金分红要同企业盈亏相结合。企业盈利，按股分红；企业亏损，在未弥补亏损之前，不得分红。

第四十九条　集体企业必须依照国家规定提取职工养老、待业等保险基金。职工养老、待业等保险基金按国家规定在征收所得税前提取，专项储取，专款专用。

第七章　集体企业和政府的关系

第五十条　各级人民政府应当把发展城镇集体经济纳入各级政府的国民经济和社会发展计划，从各方面给予扶持和指导，保障城镇集体经济的健康发展。

第五十一条　国务院城镇集体经济的主管机构，负责全国城镇集体经济的宏观指导和管理，其主要职责是：拟订城镇集体经济的发展政策和法律法规，协调全国城镇集体经济发展中的重大问题，组织有关方面监督、检查集体企业政策、法规的执行情况。

第五十二条　市（含县级市，下同）以上人民政府应当根据城镇集体经济发展的需要，确定城镇集体企业的指导部门，加强对集体企业的政策指导，协调当地城镇集体经济发展中的问题，组织有关方面监督、检查集体企业政策、法规的执行情况。

第五十三条　政府有关行业管理部门，应当依照法律、法规的规定，在各自的职责范围内，负责本行业集体企业的行业指导和管理工作。

第五十四条　各级人民政府的其他有关部门，依法对集体企业进行监督和提供服务。

第五十五条　国家保护集体企业的合法权益。

任何政府部门及其他单位和个人不得改变集体企业的集体所有制性质和损害集体企业的财产所有权，不得向集体企业摊派人力、物力、财力，不得干预集体企业的生产经营和民主管理。

第八章　法律责任

第五十六条　集体企业有下列行为之一的，由工商行政管理机关依照国家有关法律、法规的规定给予行政处罚：

(一)未经审批和核准登记，以集体企业名义进行活动的；

(二)登记时弄虚作假或者不按规定申请变更登记的；

(三)违反核准登记事项或者超越核准登记的经营范围从事经营活动的；

(四)利用分立、合并、终止和清算等行为抽逃资金、隐匿和私分财产的；

(五)其他违法行为。

第五十七条　集体企业因生产、销售伪劣商品，给用户和消费者造成财产损失和人身伤害的，应当承担赔偿责任；构成犯罪的，对负有直接责任的集体企业领导人员和其他直接责任人员依法追究刑事责任。

第五十八条　任何单位或者个人违反本条例规定，向集体企业摊派或者侵吞、挪用集体企业财产的，必须赔偿。对负有直接责任的主管人员和其他直接责任人员，由有关主管机关根据情节轻重，给予行政处分；构成犯罪的，依法追究刑事责任。

第五十九条　集体企业领导人员滥用职权，侵犯职工合法权益，情节严重的，由上级管理机构按照干部管理权限给予行政处分；滥用职权，假公济私，对职工进行报复陷害的，依法追究刑事责任。

第六十条　集体企业的领导人员或者政府有关部门的工作人员，因工作过失给企业造成损失的，由企业的上级管理机构或者政府有关部门按照干部的管理权限给予行政处分。

集体企业的领导人员和政府有关部门的工作人员玩忽职守，致使集体企业财产、利益遭受重大损失，构成犯罪的，依法追究刑事责任。

第六十一条　集体企业违反本条例有关集体企业领导人员的产生、罢免条件和程序规定的，上级管理机构应当予以纠正，并追究直接责任人员的行政责任。

集体企业上级管理机构违反本条例有关集体企业领导人员产生、罢免条件和程序规定的，其上一级主管部门应当予以纠正；情节严重的，应当追究直接责任人员的行政责任。

第六十二条　阻碍集体企业领导人员依法执行职务的，由公安机关依据《中华人民共和国治安管理处罚条例》予以处罚；构成犯罪的，依法追究刑事责任。

第六十三条　扰乱集体企业的秩序，致使生产、营业、工作不能正常进行或者无法进行的，由公安机关依据《中华人民共和国治安管理处罚条例》予以处罚；构成犯罪的，依法追究刑事责任。

第九章　附　则

第六十四条　集体企业联合经济组织的组建和管理办法，另行制定。

第六十五条　集体所有制的各类公司的管理，按照国家有关公司的法律、法规执行。

第六十六条　城镇中的文教、卫生、科研等集体所有制事业单位参照本条例执行。

供销合作社的管理办法，另行制定。

第六十七条　劳动就业服务性集体企业应当遵循本条例规定的原则，具体管理办法按国务院发布的《劳动就业服务企业管理规定》执行。

集中安置残疾人员的福利性集体企业的管理办法，根据本条例的原则另行制定。

第六十八条　军队扶持开办的集体企业的管理办法，由中国人民解放军总后勤部根据本条例规定的原则另行制定。

第六十九条　各省、自治区、直辖市人民政府和国务院各行业主管部门，可以根据本条例并结合本地区、本行业的具体情况，制定本条例的实施细则。

第七十条　本条例自1992年1月1日起施行。

中华人民共和国对外贸易法

第一章　总　则

第一条　为了发展对外贸易,维护对外贸易秩序,促进社会主义市场经济的健康发展，制定本法。

第二条　本法所称对外贸易,是指货物进出口、技术进出口和国际服务贸易。

第三条　国务院对外经济贸易主管部门依照本法主管全国对外贸易工作。

第四条　国家实行统一的对外贸易制度,依法维护公平的、自由的对外贸易秩序。

国家鼓励发展对外贸易,发挥地方的积极性，保障对外贸易经营者的经营自主权。

第五条　中华人民共和国根据平等互利的原则，促进和发展同其他国家和地区的贸易关系。

第六条　中华人民共和国在对外贸易方面根据所缔结或者参加的国际条约、协定,给予其他缔约方、参加方或者根据互惠、对等原则给予对方最惠国待遇、国民待遇。

第七条　任何国家或者地区在贸易方面对中华人民共和国采取歧视性的禁止、限制或者其他类似措施的，中华人民共和国可以根据实际情况对该国家或者该地区采取相应的措施。

第二章　对外贸易经营者

第八条　本法所称对外贸易经营者，是指依照本法规定从事对外贸易经营活动的法人和其他组织。

第九条　从事货物进出口与技术进出口的对外贸易经营,必须具备下列条件，经国务院对外经济贸易主管部门许可：

(一)有自己的名称和组织机构；

(二)有明确的对外贸易经营范围；

(三)具有其经营的对外贸易业务所必需的场所、资金和专业人员；

(四)委托他人办理进出口业务达到规定的实绩或者具有必需的进出口货源；

(五)法律、行政法规规定的其他条件。

前款规定的实施办法由国务院规定。

外商投资企业依照有关外商投资企业的法律、行政法规的规定,进口企业自用的非生产物品,进口企业生产所需的设备、原材料和其他物资，出口其生产的产品,免予办理第一款规定的许可。

第十条　国际服务贸易企业和组织的设立及其经营活动,应当遵守本法和其他有关法律、行政法规的规定。

第十一条　对外贸易经营者依法自主经营、自负盈亏。

第十二条　对外贸易经营者从事对外贸易经营活动，应当信守合同,保证商品质量,完善售后服务。

第十三条　没有对外贸易经营许可的组织或者个人,可以在国内委托对外贸易经营者在其经营范围内代为办理其对外贸易业务。

接受委托的对外贸易经营者应当向委托方如实提供市场行情、商品价格、客户情况等有关的经营信息。委托方与被委托方应当签订委托合同，双方的权利义务由合同约定。

第十四条　对外贸易经营者应当按照国务院对外经济贸易主管部门的规定，向有关部门提交与其对外贸易经营活动有关的文件及资料。有关部门应当为提供者保守商业秘密。

第三章　货物进出口与技术进出口

第十五条　国家准许货物与技术的自由进出口。但是,法律、行政法规另有规定的除外。

第十六条　属于下列情形之一的货物、技术,国家可以限制进口或者出口：

(一)为维护国家安全或者社会公共利益，需要限制进口或者出口的；

(二)国内供应短缺或者为有效保护可能用竭的国内资源,需要限制出口的；

(三)输往国家或者地区的市场容量有限,需要限制出口的；

(四)为建立或者加快建立国内特定产业,需要限制进口的；

(五)对任何形式的农业、牧业、渔业产品有必要限制进口的；

(六)为保障国家国际金融地位和国际收支平衡，需要限制进口的；

(七)根据中华人民共和国所缔结或者参加的国际条约、协定的规定,需要限制进口或者出口的。

第十七条　属于下列情形之一的货物、技术,国家禁止进口或者出口:

(一)危害国家安全或者社会公共利益的;

(二)为保护人的生命或者健康,必须禁止进口或者出口的;

(三)破坏生态环境的;

(四)根据中华人民共和国所缔结或者参加的国际条约、协定的规定,需要禁止进口或者出口的。

第十八条　国务院对外经济贸易主管部门应当会同国务院有关部门,依照本法第十六条、第十七条的规定,制定、调整并公布限制或者禁止进出口的货物、技术目录。

国务院对外经济贸易主管部门或者由其会同国务院有关部门,经国务院批准,可以在本法第十六条、第十七条规定的范围内,临时决定限制或者禁止前款规定目录以外的特定货物、技术的进口或者出口。

第十九条　对限制进口或者出口的货物,实行配额或者许可证管理;对限制进口或者出口的技术,实行许可证管理。

实行配额或者许可证管理的货物、技术,必须依照国务院规定经国务院对外经济贸易主管部门或者由其会同国务院有关部门许可,方可进口或者出口。

第二十条　进出口货物配额,由国务院对外经济贸易主管部门或者国务院有关部门在各自的职责范围内,根据申请者的进出口实绩、能力等条件,按照效益、公正、公开和公平竞争的原则进行分配。

配额的分配方式和办法由国务院规定。

第二十一条　对文物、野生动植物及其产品等货物、物品,其他法律、行政法规有禁止进出口或者限制进出口规定的,依照有关法律、行政法规的规定办理。

第四章　国际服务贸易

第二十二条　国家促进国际服务贸易的逐步发展。

第二十三条　中华人民共和国在国际服务贸易方面根据所缔结或者参加的国际条约、协定中所作的承诺,给予其他缔约方、参加方市场准入和国民待遇。

第二十四条　国家基于下列原因之一,可以限制国际服务贸易:

(一)为维护国家安全或者社会公共利益;

(二)为保护生态环境;

(三)为建立或者加快建立国内特定的服务行业;

(四)为保障国家外汇收支平衡;

(五)法律、行政法规规定的其他限制。

第二十五条　属于下列情形之一的国际服务贸易,国家予以禁止:

(一)危害国家安全或者社会公共利益的;

(二)违反中华人民共和国承担的国际义务的;

(三)法律、行政法规规定禁止的。

第二十六条　国务院对外经济贸易主管部门和国务院有关部门,依照本法和其他有关法律、行政法规,对国际服务贸易进行管理。

第五章　对外贸易秩序

第二十七条　对外贸易经营者在对外贸易经营活动中,应当依法经营,公平竞争,不得有下列行为:

(一)伪造、变造或者买卖进出口原产地证明、进出口许可证;

(二)侵害中华人民共和国法律保护的知识产权;

(三)以不正当竞争手段排挤竞争对手;

(四)骗取国家的出口退税;

(五)违反法律、行政法规规定的其他行为。

第二十八条　对外贸易经营者在对外贸易经营活动中,应当依照国家有关规定结汇、用汇。

第二十九条　因进口产品数量增加,使国内相同产品或者与其直接竞争的产品的生产者受到严重损害或者严重损害的威胁时,国家可以采取必要的保障措施,消除或者减轻这种损害或者损害的威胁。

第三十条　产品以低于正常价值的方式进口,并由此对国内已建立的相关产业造成实质损害或者产生实质损害的威胁,或者对国内建立相关产业造成实质阻碍时,国家可以采取必要措施,消除或者减轻这种损害或者损害的威胁或者阻碍。

第三十一条　进口的产品直接或者间接地接受出口国给予的任何形式的补贴,并由此对国内已建立的相关产业造成实质损害或者产生实质损害的威胁,或者对国内建立相关产业造成实质阻碍时,国家可以采取必要措施,消除或者减轻这种损害或者损害的威胁或者阻碍。

第三十二条　发生第二十九条、第三十条、第三十一条规定的情况时,国务院规定的部门或者机构应当依照法律、行政法规的规定进行调查,作出处理。

第六章　对外贸易促进

第三十三条　国家根据对外贸易发展的需要,建立和完善为对外贸易服务的金融机构,设立对外贸易发展基金、风险基金。

第三十四条　国家采取进出口信贷、出口退税及其他对外贸易促进措施，发展对外贸易。

第三十五条　对外贸易经营者可以依法成立和参加进出口商会。

进出口商会应当遵守法律、行政法规，依照章程对其会员的对外贸易经营活动进行协调指导，提供咨询服务，向政府有关部门反映会员有关对外贸易促进方面的建议，并积极开展对外贸易促进活动。

第三十六条　中国国际贸易促进组织依照章程开展对外联系，举办展览，提供信息、咨询服务和其他对外贸易促进活动。

第三十七条　国家扶持和促进民族自治地方和经济不发达地区发展对外贸易。

第七章　法律责任

第三十八条　走私禁止进出口或者限制进出口的货物，构成犯罪的，依照惩治走私罪的补充规定追究刑事责任；不构成犯罪的，依照海关法的规定处罚。国务院对外经济贸易主管部门并可以撤销其对外贸易经营许可。

第三十九条　伪造、变造进出口原产地证明、进出口许可证，依照刑法第一百六十七条的规定追究刑事责任；买卖进出口原产地证明、进出口许可证或者买卖伪造、变造的进出口原产地证明、进出口许可证，比照刑法第一百六十七条的规定追究刑事责任。

单位犯前款罪的，判处罚金，并对单位直接负责的主管人员和其他直接责任人员依照或者比照刑法第一百六十七条的规定追究刑事责任。国务院对外经济贸易主管部门并可以撤销其对外贸易经营许可。

明知是伪造、变造的进出口许可证而用以进口或者出口货物，依照本法第三十八条的规定处罚。

第四十条　违反本法规定，进口或者出口禁止进出口或者限制进出口的技术，构成犯罪的，比照惩治走私罪的补充规定追究刑事责任。

第四十一条　国家对外贸易工作人员玩忽职守、徇私舞弊或者滥用职权，构成犯罪的，依法追究刑事责任；不构成犯罪的，给予行政处分。

国家对外贸易工作人员利用职务上的便利，索取他人财物，或者非法收受他人财物为他人谋取利益，构成犯罪的，依照惩治贪污罪贿赂罪的补充规定追究刑事责任；不构成犯罪的，给予行政处分。

第八章　附　则

第四十二条　国家对边境城镇与接壤国家边境城镇之间的贸易以及边民互市贸易，采取灵活措施，给予优惠和便利。具体办法由国务院规定。

第四十三条　中华人民共和国的单独关税区不适用本法。

第四十四条　本法自 1994 年 7 月 1 日起施行。

中华人民共和国反补贴条例

第一章 总 则

第一条 为了维护对外贸易秩序和公平竞争,根据《中华人民共和国对外贸易法》的有关规定,制定本条例。

第二条 进口产品存在补贴,并对已经建立的国内产业造成实质损害或者产生实质损害威胁,或者对建立国内产业造成实质阻碍的,依照本条例的规定进行调查,采取反补贴措施。

第二章 补贴与损害

第三条 补贴,是指出口国(地区)政府或者其任何公共机构提供的并为接受者带来利益的财政资助以及任何形式的收入或者价格支持。

出口国(地区)政府或者其任何公共机构,以下统称出口国(地区)政府。

本条第一款所称财政资助,包括:

(一)出口国(地区)政府以拨款、贷款、资本注入等形式直接提供资金,或者以贷款担保等形式潜在地直接转让资金或者债务;

(二)出口国(地区)政府放弃或者不收缴应收收入;

(三)出口国(地区)政府提供除一般基础设施以外的货物、服务,或者由出口国(地区)政府购买货物;

(四)出口国(地区)政府通过向筹资机构付款,或者委托、指令私营机构履行上述职能。

第四条 依照本条例进行调查、采取反补贴措施的补贴,必须具有专向性。

具有下列情形之一的补贴,具有专向性:

(一)由出口国(地区)政府明确确定的某些企业、产业获得的补贴;

(二)由出口国(地区)法律、法规明确规定的某些企业、产业获得的补贴;

(三)指定特定区域内的企业、产业获得的补贴;

(四)以出口实绩为条件获得的补贴,包括本条例所附出口补贴清单列举的各项补贴;

(五)以使用本国(地区)产品替代进口产品为条件获得的补贴。

在确定补贴专向性时,还应当考虑受补贴企业的数量和企业受补贴的数额、比例、时间以及给与补贴的方式等因素。

第五条 对补贴的调查和确定,由对外贸易经济合作部(以下简称外经贸部)负责。

第六条 进口产品的补贴金额,应当区别不同情况,按照下列方式计算:

(一)以无偿拨款形式提供补贴的,补贴金额以企业实际接受的金额计算;

(二)以贷款形式提供补贴的,补贴金额以接受贷款的企业在正常商业贷款条件下应支付的利息与该项贷款的利息差额计算;

(三)以贷款担保形式提供补贴的,补贴金额以在没有担保情况下企业应支付的利息与有担保情况下企业实际支付的利息之差计算;

(四)以注入资本形式提供补贴的,补贴金额以企业实际接受的资本金额计算;

(五)以提供货物或者服务形式提供补贴的,补贴金额以该项货物或者服务的正常市场价格与企业实际支付的价格之差计算;

(六)以购买货物形式提供补贴的,补贴金额以政府实际支付价格与该项货物正常市场价格之差计算;

(七)以放弃或者不收缴应收收入形式提供补贴的,补贴金额以依法应缴金额与企业实际缴纳金额之差计算。

对前款所列形式以外的其他补贴,按照公平、合理的方式确定补贴金额。

第七条 损害,是指补贴对已经建立的国内产业造成实质损害或者产生实质损害威胁,或者对建立国内产业造成实质阻碍。

对损害的调查和确定,由国家经济贸易委员会(以下简称国家经贸委)负责;其中,涉及农产品的反补贴国内产业损害调查,由国家经贸委会同农业部进行。

第八条 在确定补贴对国内产业造成的损害时,应当审查下列事项:

(一)补贴可能对贸易造成的影响;

(二)补贴进口产品的数量,包括补贴进口产品的绝对数量或者相对于国内同类产品生产或者消费的数量是否大量增加,或者补贴进口产品大量增加的可能性;

(三)补贴进口产品的价格,包括补贴进口产品的价格削减或者对国内同类产品的价格产生大幅度抑制、压低等影响；

（四）补贴进口产品对国内产业的相关经济因素和指标的影响；

（五）补贴进口产品出口国（地区）、原产国（地区）的生产能力、出口能力，被调查产品的库存情况；

（六）造成国内产业损害的其他因素。

对实质损害威胁的确定，应当依据事实，不得仅依据指控、推测或者极小的可能性。

在确定补贴对国内产业造成的损害时，应当依据肯定性证据，不得将造成损害的非补贴因素归因于补贴。

第九条　补贴进口产品来自两个以上国家（地区），并且同时满足下列条件的，可以就补贴进口产品对国内产业造成的影响进行累积评估：

（一）来自每一国家（地区）的补贴进口产品的补贴金额不属于微量补贴，并且其进口量不属于可忽略不计的；

（二）根据补贴进口产品之间的竞争条件以及补贴进口产品与国内同类产品之间的竞争条件，进行累积评估是适当的。

微量补贴，是指补贴金额不足产品价值1%的补贴；但是，来自发展中国家（地区）的补贴进口产品的微量补贴，是指补贴金额不足产品价值2%的补贴。

第十条　评估补贴进口产品的影响，应当对国内同类产品的生产进行单独确定。不能对国内同类产品的生产进行单独确定的，应当审查包括国内同类产品在内的最窄产品组或者范围的生产。

第十一条　国内产业，是指中华人民共和国国内同类产品的全部生产者，或者其总产量占国内同类产品全部总产量的主要部分的生产者；但是，国内生产者与出口经营者或者进口经营者有关联的，或者其本身为补贴产品或者同类产品的进口经营者的，应当除外。

在特殊情形下，国内一个区域市场中的生产者，在该市场中销售其全部或者几乎全部的同类产品，并且该市场中同类产品的需求主要不是由国内其他地方的生产者供给的，可以视为一个单独产业。

第十二条　同类产品，是指与补贴进口产品相同的产品；没有相同产品的，以与补贴进口产品的特性最相似的产品为同类产品。

第三章　反补贴调查

第十三条　国内产业或者代表国内产业的自然人、法人或者有关组织（以下统称申请人），可以依照本条例的规定向外经贸部提出反补贴调查的书面申请。

第十四条　申请书应当包括下列内容：

（一）申请人的名称、地址及有关情况；

（二）对申请调查的进口产品的完整说明，包括产品名称、所涉及的出口国（地区）或者原产国（地区）、已知的出口经营者或者生产者等；

（三）对国内同类产品生产的数量和价值的说明；

（四）申请调查进口产品的数量和价格对国内产业的影响；

（五）申请人认为需要说明的其他内容。

第十五条　申请书应当附具下列证据：

（一）申请调查的进口产品存在补贴；

（二）对国内产业的损害；

（三）补贴与损害之间存在因果关系。

第十六条　外经贸部应当自收到申请人提交的申请书及有关证据之日起60天内，对申请是否由国内产业或者代表国内产业提出、申请书内容及所附具的证据等进行审查，经商国家经贸委后，决定立案调查或者不立案调查。在特殊情形下，可以适当延长审查期限。

在决定立案调查前，应当就有关补贴事项向产品可能被调查的国家（地区）政府发出进行磋商的邀请。

第十七条　在表示支持申请或者反对申请的国内产业中，支持者的产量占支持者和反对者的总产量的50%以上的，应当认定申请是由国内产业或者代表国内产业提出，可以启动反补贴调查；但是，表示支持申请的国内生产者的产量不足国内同类产品总产量的25%的，不得启动反补贴调查。

第十八条　在特殊情形下，外经贸部没有收到反补贴调查的书面申请，但有充分证据认为存在补贴和损害以及二者之间有因果关系的，经商国家经贸委后，可以决定立案调查。

外经贸部和国家经贸委，以下统称调查机关。

第十九条　立案调查的决定，由外经贸部予以公告，并通知申请人、已知的出口经营者、进口经营者以及其他有利害关系的组织、个人（以下统称利害关系方）和出口国（地区）政府。

立案调查的决定一经公告，外经贸部应当将申请书文本提供给已知的出口经营者和出口国（地区）政府。

第二十条　调查机关可以采用问卷、抽样、听证会、现场核查等方式向利害关系方了解情况，进行调查。

调查机关应当为有关利害关系方、利害关系国（地区）政府提供陈述意见和论据的机会。

外经贸部认为必要时，可以派出工作人员赴有关国家(地区)进行调查;但是,有关国家(地区)提出异议的除外。

第二十一条　调查机关进行调查时,利害关系方、利害关系国(地区)政府应当如实反映情况，提供有关资料。利害关系方、利害关系国(地区)政府不如实反映情况、提供有关资料的,或者没有在合理时间内提供必要信息的,或者以其他方式严重妨碍调查的，调查机关可以根据可获得的事实作出裁定。

第二十二条　利害关系方、利害关系国(地区)政府认为其提供的资料泄露后将产生严重不利影响的，可以向调查机关申请对该资料按保密资料处理。

调查机关认为保密申请有正当理由的,应当对利害关系方、利害关系国(地区)政府提供的资料按保密资料处理，同时要求利害关系方、利害关系国(地区)政府提供一份非保密的该资料概要。

按保密资料处理的资料,未经提供资料的利害关系方、利害关系国(地区)政府同意,不得泄露。

第二十三条　调查机关应当允许申请人、利害关系方和利害关系国(地区)政府查阅本案有关资料;但是,属于按保密资料处理的除外。

第二十四条　在反补贴调查期间，应当给予产品被调查的国家(地区)政府继续进行磋商的合理机会。磋商不妨碍调查机关根据本条例的规定进行调查，并采取反补贴措施。

第二十五条　外经贸部、国家经贸委根据调查结果，分别就补贴、损害作出初裁决定,并就二者之间的因果关系是否成立作出初裁决定,由外经贸部予以公告。

第二十六条　初裁决定确定补贴、损害以及二者之间的因果关系成立的,外经贸部、国家经贸委应当对补贴及补贴金额、损害及损害程度继续进行调查，并根据调查结果分别作出终裁决定，由外经贸部予以公告。

在作出终裁决定前，应当由外经贸部将终裁决定所依据的基本事实通知所有已知的利害关系方、利害关系国(地区)政府。

第二十七条　反补贴调查，应当自立案调查决定公告之日起12个月内结束；特殊情况下可以延长,但延长期不得超过6个月。

第二十八条　有下列情形之一的,反补贴调查应当终止,并由外经贸部予以公告：

(一)申请人撤销申请的；

(二)没有足够证据证明存在补贴、损害或者二者之间有因果关系的；

(三)补贴金额为微量补贴的；

(四)补贴进口产品实际或者潜在的进口量或者损害属于可忽略不计的；

(五)通过与有关国家(地区)政府磋商达成协议，不需要继续进行反补贴调查的；

(六)外经贸部和国家经贸委共同认为不适宜继续进行反补贴调查的。

来自一个或者部分国家(地区)的被调查产品有前款第(二)、(三)、(四)、(五)项所列情形之一的，针对所涉产品的反补贴调查应当终止。

第四章　反补贴措施

第一节　临时措施

第二十九条　初裁决定确定补贴成立，并由此对国内产业造成损害的，可以采取临时反补贴措施。

临时反补贴措施采取以现金保证金或者保函作为担保的征收临时反补贴税的形式。

第三十条　采取临时反补贴措施,由外经贸部提出建议,国务院关税税则委员会根据外经贸部的建议作出决定，由外经贸部予以公告。海关自公告规定实施之日起执行。

第三十一条　临时反补贴措施实施的期限，自临时反补贴措施决定公告规定实施之日起,不超过4个月。

自反补贴立案调查决定公告之日起60天内,不得采取临时反补贴措施。

第二节　承　诺

第三十二条　在反补贴调查期间,出口国(地区)政府提出取消、限制补贴或者其他有关措施的承诺，或者出口经营者提出修改价格的承诺的，外经贸部应当予以充分考虑。

外经贸部可以向出口经营者或者出口国(地区)政府提出有关价格承诺的建议。

调查机关不得强迫出口经营者作出承诺。

第三十三条　出口经营者、出口国(地区)政府不作出承诺或者不接受有关价格承诺的建议的，不妨碍对反补贴案件的调查和确定。出口经营者继续补贴进口产品的，调查机关有权确定损害威胁更有可能出现。

第三十四条　外经贸部认为承诺能够接受的，经商国家经贸委后，可以决定中止或者终止反补贴调查，不采取临时反补贴措施或者征收反补贴税。中止或者终止反补贴调查的决定由外经贸部予以公告。

外经贸部不接受承诺的,应当向有关出口经营者说明理由。

调查机关对补贴以及由补贴造成的损害作出肯定的初裁决定前,不得寻求或者接受承诺。在出口经营者作出承诺的情况下,未经其本国（地区）政府同意的，调查机关不得寻求或者接受承诺。

第三十五条 依照本条例第三十四条第一款规定中止或者终止调查后，应出口国（地区）政府请求或者调查机关认为有必要，调查机关可以对补贴和损害继续进行调查。

根据调查结果，作出补贴或者损害的否定裁定的，承诺自动失效；作出补贴或者损害的肯定裁定的，承诺继续有效。

第三十六条 外经贸部可以要求承诺已被接受的出口经营者或者出口国（地区）政府定期提供履行其承诺的有关情况、资料，并予以核实。

第三十七条 对违反承诺的，外经贸部经商国家经贸委后，依照本条例的规定，可以立即决定恢复反补贴调查；根据可获得的最佳信息，可以决定采取临时反补贴措施，并可以对实施临时反补贴措施前90天内进口的产品追溯征收反补贴税，但违反承诺前进口的产品除外。

第三节 反补贴税

第三十八条 在为完成磋商的努力没有取得效果的情况下，终裁决定确定补贴成立，并由此对国内产业造成损害的，可以征收反补贴税。

第三十九条 征收反补贴税，由外经贸部提出建议，国务院关税税则委员会根据外经贸部的建议作出决定，由外经贸部予以公告。海关自公告规定实施之日起执行。

第四十条 反补贴税适用于终裁决定公告之日后进口的产品，但属于本条例第三十七条、第四十四条、第四十五条规定的情形除外。

第四十一条 反补贴税的纳税人为补贴进口产品的进口经营者。

第四十二条 反补贴税应当根据不同出口经营者的补贴金额，分别确定。对实际上未被调查的出口经营者的补贴进口产品，需要征收反补贴税的，应当迅速审查，按照合理的方式确定对其适用的反补贴税。

第四十三条 反补贴税税额不得超过终裁决定确定的补贴金额。

第四十四条 终裁决定确定存在实质损害，并在此前已经采取临时反补贴措施的，反补贴税可以对已经实施临时反补贴措施的期间追溯征收。

终裁决定确定存在实质损害威胁，在先前不采取临时反补贴措施将会导致后来作出实质损害裁定的情况下已经采取临时反补贴措施的，反补贴税可以对已经实施临时反补贴措施的期间追溯征收。

终裁决定确定的反补贴税，高于现金保证金或者保函所担保的金额的，差额部分不予收取；低于现金保证金或者保函所担保的金额的，差额部分应当予以退还。

第四十五条 下列三种情形并存的，必要时可以对实施临时反补贴措施之日前90天内进口的产品追溯征收反补贴税：

（一）补贴进口产品在较短的时间内大量增加；

（二）此种增加对国内产业造成难以补救的损害；

（三）此种产品得益于补贴。

第四十六条 终裁决定确定不征收反补贴税的，或者终裁决定未确定追溯征收反补贴税的，对实施临时反补贴措施期间已收取的现金保证金应当予以退还，保函应当予以解除。

第五章 反补贴税和承诺的期限与复审

第四十七条 反补贴税的征收期限和承诺的履行期限不超过5年；但是，经复审确定终止征收反补贴税有可能导致补贴和损害的继续或者再度发生的，反补贴税的征收期限可以适当延长。

第四十八条 反补贴税生效后，外经贸部经商国家经贸委，可以在有正当理由的情况下，决定对继续征收反补贴税的必要性进行复审；也可以在经过一段合理时间，应利害关系方的请求并对利害关系方提供的相应证据进行审查后，决定对继续征收反补贴税的必要性进行复审。

承诺生效后，外经贸部可以在有正当理由的情况下，决定对继续履行承诺的必要性进行复审；也可以在经过一段合理时间，应利害关系方的请求并对利害关系方提供的相应证据进行审查后，决定对继续履行承诺的必要性进行复审。

第四十九条 根据复审结果，由外经贸部依照本条例的规定提出保留、修改或者取消反补贴税的建议，国务院关税税则委员会根据外经贸部的建议作出决定，由外经贸部予以公告；或者由外经贸部依照本条例的规定，商国家经贸委后，作出保留、修改或者取消承诺的决定并予以公告。

第五十条 复审程序参照本条例关于反补贴调查的有关规定执行。

复审期限自决定复审开始之日起，不超过12个月。

第五十一条 在复审期间，复审程序不妨碍反补贴措施的实施。

第六章 附 则

第五十二条 对依照本条例第二十六条作出的终裁决定不服的，对依照本条例第四章作出的是否征收反补贴税的决定以及追溯征收的决定不服的，或者对依照本条例第五章作出的复审决定不服的，可以依法申请行政复议，也可以依法向人民法院提起诉讼。

第五十三条　依照本条例作出的公告，应当载明重要的情况、事实、理由、依据、结果和结论等内容。

第五十四条　外经贸部、国家经贸委可以采取适当措施，防止规避反补贴措施的行为。

第五十五条　任何国家（地区）对中华人民共和国的出口产品采取歧视性反补贴措施的，中华人民共和国可以根据实际情况对该国家(地区)采取相应的措施。

第五十六条　外经贸部负责与反补贴有关的对外磋商、通知和争端解决事宜。

第五十七条　外经贸部、国家经贸委可以根据本条例制定有关具体实施办法。

第五十八条　本条例自2002年1月1日起施行。1997年3月25日国务院发布的《中华人民共和国反倾销和反补贴条例》中关于反补贴的规定同时废止。

附：

出口补贴清单

1.出口国(地区)政府根据出口实绩对企业、产业提供的直接补贴。

2．与出口奖励有关的外汇留成或者类似做法。

3.出口国(地区)政府规定或者经出口国(地区)政府批准对出口货物提供的国内运输或者运费条件优于对国内货物提供的条件。

4.出口国(地区)政府直接或者间接地为生产出口产品提供产品或者服务的条件，优于其为生产国内产品提供的相关产品或者服务的条件,但特殊情形除外。

5．对企业已付或者应付的与出口产品特别有关的直接税或者社会福利费，实行全部或者部分的减免或者延迟缴纳。

6．在计算直接税征税基数时，直接与出口产品或者出口实绩相关的扣除优于国内产品的扣除。

7．对与出口产品的生产和流通有关的间接税的减免或者退还，超过对国内同类产品所征收的间接税。

8．对用于生产出口产品的货物或者服务所征收的先期累积间接税的减免、退还或者延迟缴纳，优于对用于生产国内同类产品的货物或者服务所征收的先期累积间接税的减免、退还或者延迟缴纳,但特殊情形除外。

9．对与生产出口产品有关的进口投入物减免或者退还进口费用，超过对此类投入物在进口时所收取的费用,但特殊情形除外。

10.出口国(地区)政府以不足以弥补长期营业成本和亏损的费率，提供的出口信贷担保或者保险，或者针对出口产品成本增加或者外汇风险提供保险或者担保。

11.出口国(地区)政府给予出口信贷的利率低于使用该项资金实际支付的利率，或者为出口商或者其他金融机构支付为获得贷款所产生的全部或者部分费用，使其在出口信贷方面获得优势,但特殊情形除外。

12．由公共账户支出的构成出口补贴的其他费用。

中华人民共和国反倾销条例

第一章　总　则

第一条　为了维护对外贸易秩序和公平竞争，根据《中华人民共和国对外贸易法》的有关规定，制定本条例。

第二条　进口产品以倾销方式进入中华人民共和国市场，并对已经建立的国内产业造成实质损害或者产生实质损害威胁，或者对建立国内产业造成实质阻碍的，依照本条例的规定进行调查，采取反倾销措施。

第二章　倾销与损害

第三条　倾销，是指在正常贸易过程中进口产品以低于其正常价值的出口价格进入中华人民共和国市场。

对倾销的调查和确定，由对外贸易经济合作部（以下简称外经贸部）负责。

第四条　进口产品的正常价值，应当区别不同情况，按照下列方法确定：

（一）进口产品的同类产品，在出口国（地区）国内市场的正常贸易过程中有可比价格的，以该可比价格为正常价值；

（二）进口产品的同类产品，在出口国（地区）国内市场的正常贸易过程中没有销售的，或者该同类产品的价格、数量不能据以进行公平比较的，以该同类产品出口到一个适当第三国（地区）的可比价格或者以该同类产品在原产国（地区）的生产成本加合理费用、利润，为正常价值。

进口产品不直接来自原产国（地区）的，按照前款第（一）项规定确定正常价值；但是，在产品仅通过出口国（地区）转运、产品在出口国（地区）无生产或者在出口国（地区）中不存在可比价格等情形下，可以以该同类产品在原产国（地区）的价格为正常价值。

第五条　进口产品的出口价格，应当区别不同情况，按照下列方法确定：

（一）进口产品有实际支付或者应当支付的价格的，以该价格为出口价格；

（二）进口产品没有出口价格或者其价格不可靠的，以根据该进口产品首次转售给独立购买人的价格推定的价格为出口价格；但是，该进口产品未转售给独立购买人或者未按进口时的状态转售的，可以以外经贸部根据合理基础推定的价格为出口价格。

第六条　进口产品的出口价格低于其正常价值的幅度，为倾销幅度。

对进口产品的出口价格和正常价值，应当考虑影响价格的各种可比性因素，按照公平、合理的方式进行比较。

倾销幅度的确定，应当将加权平均正常价值与全部可比出口交易的加权平均价格进行比较，或者将正常价值与出口价格在逐笔交易的基础上进行比较。

出口价格在不同的购买人、地区、时期之间存在很大差异，按照前款规定的方法难以比较的，可以将加权平均正常价值与单一出口交易的价格进行比较。

第七条　损害，是指倾销对已经建立的国内产业造成实质损害或者产生实质损害威胁，或者对建立国内产业造成实质阻碍。

对损害的调查和确定，由国家经济贸易委员会（以下简称国家经贸委）负责；其中，涉及农产品的反倾销国内产业损害调查，由国家经贸委会同农业部进行。

第八条　在确定倾销对国内产业造成的损害时，应当审查下列事项：

（一）倾销进口产品的数量，包括倾销进口产品的绝对数量或者相对于国内同类产品生产或者消费的数量是否大量增加，或者倾销进口产品大量增加的可能性；

（二）倾销进口产品的价格，包括倾销进口产品的价格削减或者对国内同类产品的价格产生大幅度抑制、压低等影响；

（三）倾销进口产品对国内产业的相关经济因素和指标的影响；

（四）倾销进口产品的出口国（地区）、原产国（地区）的生产能力、出口能力，被调查产品的库存情况；

（五）造成国内产业损害的其他因素。

对实质损害威胁的确定，应当依据事实，不得仅依据指控、推测或者极小的可能性。

在确定倾销对国内产业造成的损害时，应当依据肯定性证据，不得将造成损害的非倾销因素归因于倾销。

第九条　倾销进口产品来自两个以上国家（地区），并且同时满足下列条件的，可以就倾销进口产品对国内产业造成的影响进行累积评估：

（一）来自每一国家（地区）的倾销进口产品的倾销幅度不小于2%，并且其进口量不属于可忽略不计的；

（二）根据倾销进口产品之间以及倾销进口产品与国内同类产品之间的竞争条件，进行累积评估是适当的。

可忽略不计，是指来自一个国家（地区）的倾销进口产品的数量占同类产品总进口量的比例低于3%；但是，低于3%的若干国家（地区）的总进口量超过同类产品总进口量7%的除外。

第十条　评估倾销进口产品的影响，应当针对国内同类产品的生产进行单独确定；不能针对国内同类产品的生产进行单独确定的，应当审查包括国内同类产品在内的最窄产品组或者范围的生产。

第十一条　国内产业，是指中华人民共和国国内同类产品的全部生产者，或者其总产量占国内同类产品全部总产量的主要部分的生产者；但是，国内生产者与出口经营者或者进口经营者有关联的，或者其本身为倾销进口产品的进口经营者的，可以排除在国内产业之外。

在特殊情形下，国内一个区域市场中的生产者，在该市场中销售其全部或者几乎全部的同类产品，并且该市场中同类产品的需求主要不是由国内其他地方的生产者供给的，可以视为一个单独产业。

第十二条　同类产品，是指与倾销进口产品相同的产品；没有相同产品的，以与倾销进口产品的特性最相似的产品为同类产品。

第三章　反倾销调查

第十三条　国内产业或者代表国内产业的自然人、法人或者有关组织（以下统称申请人），可以依照本条例的规定向外经贸部提出反倾销调查的书面申请。

第十四条　申请书应当包括下列内容：

（一）申请人的名称、地址及有关情况；

（二）对申请调查的进口产品的完整说明，包括产品名称、所涉及的出口国（地区）或者原产国（地区）、已知的出口经营者或者生产者、产品在出口国（地区）或者原产国（地区）国内市场消费时的价格信息、出口价格信息等；

（三）对国内同类产品生产的数量和价值的说明；

（四）申请调查进口产品的数量和价格对国内产业的影响；

（五）申请人认为需要说明的其他内容。

第十五条　申请书应当附具下列证据：

（一）申请调查的进口产品存在倾销；

（二）对国内产业的损害；

（三）倾销与损害之间存在因果关系。

第十六条　外经贸部应当自收到申请人提交的申请书及有关证据之日起60天内，对申请是否由国内产业或者代表国内产业提出、申请书内容及所附具的证据等进行审查，经商国家经贸委后，决定立案调查或者不立案调查。

在决定立案调查前，应当通知有关出口国（地区）政府。

第十七条　在表示支持申请或者反对申请的国内产业中，支持者的产量占支持者和反对者的总产量的50%以上的，应当认定申请是由国内产业或者代表国内产业提出，可以启动反倾销调查；但是，表示支持申请的国内生产者的产量不足国内同类产品总产量的25%的，不得启动反倾销调查。

第十八条　在特殊情形下，外经贸部没有收到反倾销调查的书面申请，但有充分证据认为存在倾销和损害以及二者之间有因果关系的，经商国家经贸委后，可以决定立案调查。

外经贸部和国家经贸委，以下统称调查机关。

第十九条　立案调查的决定，由外经贸部予以公告，并通知申请人、已知的出口经营者和进口经营者、出口国（地区）政府以及其他有利害关系的组织、个人（以下统称利害关系方）。

立案调查的决定一经公告，外经贸部应当将申请书文本提供给已知的出口经营者和出口国（地区）政府。

第二十条　调查机关可以采用问卷、抽样、听证会、现场核查等方式向利害关系方了解情况，进行调查。

调查机关应当为有关利害关系方提供陈述意见和论据的机会。

外经贸部认为必要时，可以派出工作人员赴有关国家（地区）进行调查；但是，有关国家（地区）提出异议的除外。

第二十一条　调查机关进行调查时，利害关系方应当如实反映情况，提供有关资料。利害关系方不如实反映情况、提供有关资料的，或者没有在合理时间内提供必要信息的，或者以其他方式严重妨碍调查的，调查机关可以根据已经获得的事实和可获得的最佳信息作出裁定。

第二十二条　利害关系方认为其提供的资料泄露后将产生严重不利影响的，可以向调查机关申请对该资料按保密资料处理。

调查机关认为保密申请有正当理由的，应当对利害关系方提供的资料按保密资料处理，同时要求利害关系方提供一份非保密的该资料概要。

按保密资料处理的资料，未经提供资料的利害关系方同意，不得泄露。

第二十三条 调查机关应当允许申请人和利害关系方查阅本案有关资料；但是，属于按保密资料处理的除外。

第二十四条 外经贸部、国家经贸委根据调查结果，分别就倾销、损害作出初裁决定，并就二者之间的因果关系是否成立作出初裁决定，由外经贸部予以公告。

第二十五条 初裁决定确定倾销、损害以及二者之间的因果关系成立的，外经贸部、国家经贸委应当对倾销及倾销幅度、损害及损害程度继续进行调查，并根据调查结果分别作出终裁决定，由外经贸部予以公告。

在作出终裁决定前，应当由外经贸部将终裁决定所依据的基本事实通知所有已知的利害关系方。

第二十六条 反倾销调查，应当自立案调查决定公告之日起12个月内结束；特殊情况下可以延长，但延长期不得超过6个月。

第二十七条 有下列情形之一的，反倾销调查应当终止，并由外经贸部予以公告：

(一)申请人撤销申请的；

(二)没有足够证据证明存在倾销、损害或者二者之间有因果关系的；

(三)倾销幅度低于2%的；

(四)倾销进口产品实际或者潜在的进口量或者损害属于可忽略不计的；

(五)外经贸部和国家经贸委共同认为不适宜继续进行反倾销调查的。

来自一个或者部分国家（地区）的被调查产品有前款第(二)、(三)、(四)项所列情形之一的，针对所涉产品的反倾销调查应当终止。

第四章 反倾销措施

第一节 临时反倾销措施

第二十八条 初裁决定确定倾销成立，并由此对国内产业造成损害的，可以采取下列临时反倾销措施：

(一)征收临时反倾销税；

(二)要求提供现金保证金、保函或者其他形式的担保。

临时反倾销税税额或者提供的现金保证金、保函或者其他形式担保的金额，应当不超过初裁决定确定的倾销幅度。

第二十九条 征收临时反倾销税，由外经贸部提出建议，国务院关税税则委员会根据外经贸部的建议作出决定，由外经贸部予以公告。要求提供现金保证金、保函或者其他形式的担保，由外经贸部作出决定并予以公告。海关自公告规定实施之日起执行。

第三十条 临时反倾销措施实施的期限，自临时反倾销措施决定公告规定实施之日起，不超过4个月；在特殊情形下，可以延长至9个月。

自反倾销立案调查决定公告之日起60天内，不得采取临时反倾销措施。

第二节 价格承诺

第三十一条 倾销进口产品的出口经营者在反倾销调查期间，可以向外经贸部作出改变价格或者停止以倾销价格出口的价格承诺。

外经贸部可以向出口经营者提出价格承诺的建议。

调查机关不得强迫出口经营者作出价格承诺。

第三十二条 出口经营者不作出价格承诺或者不接受价格承诺的建议的，不妨碍对反倾销案件的调查和确定。出口经营者继续倾销进口产品的，调查机关有权确定损害威胁更有可能出现。

第三十三条 外经贸部认为出口经营者作出的价格承诺能够接受的，经商国家经贸委后，可以决定中止或者终止反倾销调查，不采取临时反倾销措施或者征收反倾销税。中止或者终止反倾销调查的决定由外经贸部予以公告。

外经贸部不接受价格承诺的，应当向有关出口经营者说明理由。

调查机关对倾销以及由倾销造成的损害作出肯定的初裁决定前，不得寻求或者接受价格承诺。

第三十四条 依照本条例第三十三条第一款规定中止或者终止反倾销调查后，应出口经营者请求或者调查机关认为有必要，调查机关可以对倾销和损害继续进行调查。

根据前款调查结果，作出倾销或者损害的否定裁定的，价格承诺自动失效；作出倾销或者损害的肯定裁定的，价格承诺继续有效。

第三十五条 外经贸部可以要求出口经营者定期提供履行其价格承诺的有关情况、资料，并予以核实。

第三十六条 出口经营者违反其价格承诺的，外经贸部经商国家经贸委后，依照本条例的规定，可以立即决定恢复反倾销调查；根据可获得的最佳信息，可以决定采取临时反倾销措施，并可以对实施临时反倾销措施前90天内进口的产品追溯征收反倾销税，但违反价格承诺前进口的产品除外。

第三节 反倾销税

第三十七条 终裁决定确定倾销成立，并由此对国内产业造成损害的，可以征收反倾销税。

第三十八条 征收反倾销

税,由外经贸部提出建议,国务院关税税则委员会根据外经贸部的建议作出决定,由外经贸部予以公告。海关自公告规定实施之日起执行。

第三十九条　反倾销税适用于终裁决定公告之日后进口的产品,但属于本条例第三十六条、第四十三条、第四十四条规定的情形除外。

第四十条　反倾销税的纳税人为倾销进口产品的进口经营者。

第四十一条　反倾销税应当根据不同出口经营者的倾销幅度,分别确定。对未包括在审查范围内的出口经营者的倾销进口产品,需要征收反倾销税的,应当按照合理的方式确定对其适用的反倾销税。

第四十二条　反倾销税税额不超过终裁决定确定的倾销幅度。

第四十三条　终裁决定确定存在实质损害,并在此前已经采取临时反倾销措施的,反倾销税可以对已经实施临时反倾销措施的期间追溯征收。

终裁决定确定存在实质损害威胁,在先前不采取临时反倾销措施将会导致后来作出实质损害裁定的情况下已经采取临时反倾销措施的,反倾销税可以对已经实施临时反倾销措施的期间追溯征收。

终裁决定确定的反倾销税,高于已付或者应付的临时反倾销税或者为担保目的而估计的金额的,差额部分不予收取;低于已付或者应付的临时反倾销税或者为担保目的而估计的金额的,差额部分应当根据具体情况予以退还或者重新计算税额。

第四十四条　下列两种情形并存的,可以对实施临时反倾销措施之日前90天内进口的产品追溯征收反倾销税,但立案调查前进口的产品除外:

(一)倾销进口产品有对国内产业造成损害的倾销历史,或者该产品的进口经营者知道或者应当知道出口经营者实施倾销并且倾销对国内产业将造成损害的;

(二)倾销进口产品在短期内大量进口,并且可能会严重破坏即将实施的反倾销税的补救效果的。

第四十五条　终裁决定确定不征收反倾销税的,或者终裁决定未确定追溯征收反倾销税的,已征收的临时反倾销税、已收取的现金保证金应当予以退还,保函或者其他形式的担保应当予以解除。

第四十六条　倾销进口产品的进口经营者有证据证明已经缴纳的反倾销税税额超过倾销幅度的,可以向外经贸部提出退税申请;外经贸部经审查、核实并提出建议,国务院关税税则委员会根据外经贸部的建议可以作出退税决定,由海关执行。

第四十七条　进口产品被征收反倾销税后,在调查期间未向中华人民共和国出口该产品的新出口经营者,能证明其与被征收反倾销税的出口经营者无关联的,可以向外经贸部申请单独确定其倾销幅度。外经贸部应当迅速进行审查并作出终裁决定。在审查期间,可以采取本条例第二十八条第一款第(二)项规定的措施,但不得对该产品征收反倾销税。

第五章　反倾销税和价格承诺的期限与复审

第四十八条　反倾销税的征收期限和价格承诺的履行期限不超过5年;但是,经复审确定终止征收反倾销税有可能导致倾销和损害的继续或者再度发生的,反倾销税的征收期限可以适当延长。

第四十九条　反倾销税生效后,外经贸部经商国家经贸委,可以在有正当理由的情况下,决定对继续征收反倾销税的必要性进行复审;也可以在经过一段合理时间,应利害关系方的请求并对利害关系方提供的相应证据进行审查后,决定对继续征收反倾销税的必要性进行复审。

价格承诺生效后,外经贸部可以在有正当理由的情况下,决定对继续履行价格承诺的必要性进行复审;也可以在经过一段合理时间,应利害关系方的请求并对利害关系方提供的相应证据进行审查后,决定对继续履行价格承诺的必要性进行复审。

第五十条　根据复审结果,由外经贸部依照本条例的规定提出保留、修改或者取消反倾销税的建议,国务院关税税则委员会根据外经贸部的建议作出决定,由外经贸部予以公告;或者由外经贸部依照本条例的规定,商国家经贸委后,作出保留、修改或者取消价格承诺的决定并予以公告。

第五十一条　复审程序参照本条例关于反倾销调查的有关规定执行。

复审期限自决定复审开始之日起,不超过12个月。

第五十二条　在复审期间,复审程序不妨碍反倾销措施的实施。

第六章　附　则

第五十三条　对依照本条例第二十五条作出的终裁决定不服的,对依照本条例第四章作出的是否征收反倾销税的决定以及追溯征收、退税、对新出口经营者征税的决定不服的,或者对依照本条例第五章作出的复审决定不服的,可以依法申请行政复议,也可以依法向人民法院提起诉讼。

第五十四条　依照本条例作

出的公告，应当载明重要的情况、事实、理由、依据、结果和结论等内容。

第五十五条　外经贸部、国家经贸委可以采取适当措施，防止规避反倾销措施的行为。

第五十六条　任何国家（地区）对中华人民共和国的出口产品采取歧视性反倾销措施的，中华人民共和国可以根据实际情况对该国家(地区)采取相应的措施。

第五十七条　外经贸部负责与反倾销有关的对外磋商、通知和争端解决事宜。

第五十八条　外经贸部、国家经贸委可以根据本条例制定有关具体实施办法。

第五十九条　本条例自2002年1月1日起施行。1997年3月25日国务院发布的《中华人民共和国反倾销和反补贴条例》中关于反倾销的规定同时废止。

中华人民共和国公司登记管理条例

第一章 总 则

第一条 为了确认公司的企业法人资格，规范公司登记行为，依据《中华人民共和国公司法》(以下简称《公司法》)，制定本条例。

第二条 有限责任公司和股份有限公司(以下统称公司)设立、变更、终止，应当依照本条例办理公司登记。

第三条 公司经公司登记机关依法核准登记，领取《企业法人营业执照》，方取得企业法人资格。

自本条例施行之日起设立公司，未经公司登记机关核准登记的，不得以公司名义从事经营活动。

第四条 工商行政管理机关是公司登记机关。

下级公司登记机关在上级公司登记机关的领导下开展公司登记工作。

公司登记机关依法履行职责，不受非法干预。

第五条 国家工商行政管理局主管全国的公司登记工作。

第二章 登记管辖

第六条 国家工商行政管理局负责下列公司的登记：

(一)国务院授权部门批准设立的股份有限公司；

(二)国务院授权投资的公司；

(三)国务院授权投资的机构或者部门单独投资或者共同投资设立的有限责任公司；

(四)外商投资的有限责任公司；

(五)依照法律的规定或者按照国务院的规定，应当由国家工商行政管理局登记的其他公司。

第七条 省、自治区、直辖市工商行政管理局负责本辖区内下列公司的登记：

(一)省、自治区、直辖市人民政府批准设立的股份有限公司；

(二)省、自治区、直辖市人民政府授权投资的公司；

(三)国务院授权投资的机构或者部门与其他出资人共同投资设立的有限责任公司；

(四)省、自治区、直辖市人民政府授权投资的机构或者部门单独或者共同投资设立的有限责任公司；

(五)国家工商行政管理局委托登记的公司。

第八条 市、县工商行政管理局负责本辖区内本条例第六条和第七条所列公司以外的其他公司的登记，具体登记管辖由省、自治区、直辖市工商行政管理局规定。

第三章 登记事项

第九条 公司的登记事项包括：名称、住所、法定代表人、注册资本、企业类型、经营范围、营业期限、有限责任公司股东或者股份有限公司发起人的姓名或者名称。

第十条 公司的登记事项应当符合法律、行政法规的规定。不符合法律、行政法规规定的，公司登记机关不予登记。

第十一条 公司名称应当符合国家有关规定。公司只能使用一个名称。经公司登记机关核准登记的公司名称受法律保护。

第十二条 公司的住所是公司主要办事机构所在地。经公司登记机关登记的公司的住所只能有一个。公司的住所应当在其公司登记机关辖区内。

第十三条 公司的注册资本应当以人民币表示，法律、行政法规另有规定的除外。

第四章 设立登记

第十四条 设立公司应当申请名称预先核准。

法律、行政法规规定设立公司必须报经审批或者公司经营范围中有法律、行政法规规定必须报经审批的项目，应当在报送审批前办理公司名称预先核准，并以公司登记机关核准的公司名称报送审批。

第十五条 设立有限责任公司，应当由全体股东指定的代表或者共同委托的代理人向公司登记机关申请名称预先核准；设立股份有限公司，应当由全体发起人指定的代表或者共同委托的代理人向公司登记机关申请名称预先核准。

申请名称预先核准，应当提交下列文件：

(一)有限责任公司的全体股东或者股份有限公司的全体发起人签署的公司名称预先核准申请书；

(二)股东或者发起人的法人资格证明或者自然人的身份证明；

(三)公司登记机关要求提交的其他文件。

公司登记机关应当自收到前款所列文件之日起 10 日内作出核准或者驳回的决定。公司登记机关决定核准的,应当发给《企业名称预先核准通知书》。

第十六条　预先核准的公司名称保留期为6个月。预先核准的公司名称在保留期内，不得用于从事经营活动,不得转让。

第十七条　设立有限责任公司，应当由全体股东指定的代表或者共同委托的代理人向公司登记机关申请设立登记。设立国有独资公司，应当由国家授权投资的机构或者国家授权的部门作为申请人,申请设立登记。法律、行政法规规定设立有限责任公司必须报经审批的，应当自批准之日起90日内向公司登记机关申请设立登记;逾期申请设立登记的,申请人应当报审批机关确认原批准文件的效力或者另行报批。

申请设立有限责任公司,应当向公司登记机关提交下列文件：

(一)公司董事长签署的设立登记申请书；

(二)全体股东指定代表或者共同委托代理人的证明；

(三)公司章程；

(四)具有法定资格的验资机构出具的验资证明；

(五)股东的法人资格证明或者自然人身份证明；

(六)载明公司董事、监事、经理的姓名、住所的文件以及有关委派、选举或者聘用的证明；

(七)公司法定代表人任职文件和身份证明；

(八)企业名称预先核准通知书；

(九)公司住所证明。

法律、行政法规规定设立有限责任公司必须报经审批的,还应当提交有关的批准文件。

第十八条　设立股份有限公司，董事会应当于创立大会结束后30日内向公司登记机关申请设立登记。

申请设立股份有限公司,应当向公司登记机关提交下列文件：

(一)公司董事长签署的设立登记申请书；

(二)国务院授权部门或者省、自治区、直辖市人民政府的批准文件，募集设立的股份有限公司还应当提交国务院证券管理部门的批准文件；

(三)创立大会的会议记录；

(四)公司章程；

(五)筹办公司的财务审计报告；

(六)具有法定资格的验资机构出具的验资证明；

(七)发起人的法人资格证明或者自然人身份证明；

(八)载明公司董事、监事、经理姓名、住所的文件以及有关委派、选举或者聘用的证明；

(九)公司法定代表人任职文件和身份证明；

(十)企业名称预先核准通知书；

(十一)公司住所证明。

第十九条　公司申请登记的经营范围中有法律、行政法规规定必须报经审批的项目的，应当在申请登记前报经国家有关部门审批，并向公司登记机关提交批准文件。

第二十条　公司章程有违反法律、行政法规的内容的,公司登记机关有权要求公司作相应修改。

第二十一条　公司住所证明是指能够证明公司对其住所享有使用权的文件。

第二十二条　经公司登记机关核准设立登记并发给《企业法人营业执照》,公司即告成立。公司凭公司登记机关核发的《企业法人营业执照》刻制印章、开立银行帐户,申请纳税登记。

第五章　变更登记

第二十三条　公司变更登记事项，应当向原公司登记机关申请变更登记。

未经核准变更登记，公司不得擅自改变登记事项。

第二十四条　公司申请变更登记，应当向公司登记机关提交下列文件：

(一)公司法定代表人签署的变更登记申请书；

(二)依照《公司法》作出的变更决议或者决定；

(三)公司登记机关要求提交的其他文件。

公司变更登记事项涉及修改公司章程的，应当提交修改后的公司章程或者公司章程修正案。

第二十五条　公司变更名称的，应当自变更决议或者决定作出之日起30日内申请变更登记。

第二十六条　公司变更住所的，应当在迁入新住所前申请变更登记,并提交新住所使用证明。

公司变更住所跨公司登记机关辖区的，应当在迁入新住所前向迁入地公司登记机关申请变更登记；迁入地公司登记机关受理的，由原公司登记机关将公司登记档案移送迁入地公司登记机关。

第二十七条　公司变更法定代表人的，应当自变更决议或者决定作出之日起30日内申请变更登记。

第二十八条　公司变更注册资本的，应当提交具有法定资格的验资机构出具的验资证明。

公司增加注册资本的，应当自股款缴足之日起30日内申请变更登记。股份有限公司增加注册资本的，应当提交国务院授权部门或者省、自治区、直辖市人民政府的批准文件；以募集方式增加注册资本的，还应当提交国务院证券管理部门的批准文件。

公司减少注册资本的，应当自减少注册资本决议或者决定作出之日起90日后申请变更登记，

并应当提交公司在报纸上登载公司减少注册资本公告至少3次的有关证明和公司债务清偿或者债务担保情况的说明

第二十九条　公司变更经营范围的，应当自变更决议或者决定作出之日起30日内申请变更登记；变更经营范围涉及法律、行政法规规定必须报经审批的项目的，应当自国家有关部门批准之日起30日内申请变更登记。

第三十条　公司变更类型的，应当按照拟变更的公司类型设立条件，在规定的期限内向公司登记机关申请变更登记，并提交有关文件。

第三十一条　有限责任公司变更股东的、应当自股东发生变动之日起30日内申请变更登记，并应当提交新股东的法人资格证明或者自然人的身份证明。

有限责任公司的股东或者股份有限公司的发起人改变姓名或者名称的，应当自改变姓名或者名称之日起30日内申请变更登记。

第三十二条　公司章程修改未涉及登记事项的，公司应当将修改后的公司章程或者公司章程修正案送原公司登记机关备案。

第三十三条　公司董事、监事、经理发生变动的，应当向原公司登记机关备案。

第三十四条　因合并、分立而存续的公司，其登记事项发生变化的，应当申请变更登记；因合并、分立而解散的公司应当申请注销登记；因合并、分立而新设立的公司，应当申请设立登记。

公司合并、分立的，应当自合并、分立决议或者决定作出之日起90日后申请登记，提交合并协议和合并、分立决议或者决定以及公司在报纸上登载公司合并、分立公告至少三次的证明和债务清偿或者债务担保情况的证明。股份有限公司合并、分立的，还应当提交国务院授权部门或者省、自治区、直辖市人民政府的批准文件。

第三十五条　变更登记事项涉及《企业法人营业执照》载明事项的，公司登记机关应当换发营业执照

第六章　注销登记

第三十六条　有下列情形之一的，公司清算组织应当自公司清算结束之日起30日内向原公司登记机关申请注销登记：

(一)公司被依法宣告破产；

(二)公司章程规定的营业期限届满或者公司章程规定的其他解散事由出现；

(三)股东会决议解散；

(四)公司因合并、分立解散；

(五)公司被依法责令关闭。

第三十七条　公司申请注销登记，应当提交下列文件；

(一)公司清算组织负责人签署的注销登记申请书；

(二)法院破产裁定、公司依照《公司法》作出的决议或者决定、行政机关责令关闭的文件；

(三)股东会或者有关机关确认的清算报告；

(四)《企业法人营业执照》；

(五)法律、行政法规规定应当提交的文件。

第三十八条　经公司登记机关核准注销登记，公司终止。

第七章　分公司的登记

第三十九条　分公司是指公司在其住所以外设立的从事经营活动的机构。分公司不具有企业法人资格

第四十条　公司设立分公司的，应当向分公司所在地的市、县公司登记机关申请登记；核准登记的，发给《营业执照》。

第四十一条　分公司的登记事项包括：名称、营业场所、负责人、经营范围。

分公司的名称应当符合国家有关规定。

分公司的经营范围不得超出公司的经营范围。

第四十二条　公司设立分公司的，应当自决定作出之日起30日内向公司登记机关申请登记；法律、行政法规规定必须报经有关部门审批的，应当自批准之日起30日内向公司登记机关申请登记。

设立分公司，应当向公司登记机关提交下列文件：

(一)公司法定代表人签署的设立分公司的登记申请书；

(二)公司章程以及由公司的公司登记机关加盖印章的《企业法人营业执照》复印件；

(三)营业场所使用证明；

(四)公司登记机关要求提交的其他文件。

第四十三条　分公司变更登记事项的，应当向公司登记机关申请变更登记。

申请变更登记，应当提交公司法定代表人签署的变更登记申请书。因公司名称变更而变更分公司名称的，应当提交公司的《企业法人营业执照》复印件。变更经营范围涉及法律、行政法规规定必须报经审批的项目的，应当提交有关部门的批准文件。变更营业场所的，应当提交新的营业场所使用证明。

公司登记机关核准变更登记的，换发《营业执照》。

第四十四条　公司撤销分公司的，应当自撤销决定作出之日起30日内向该分公司的公司登记机关申请注销登记。申请注销登记应当提交公司法定代表人签署的注销登记申请书和分公司的《营业执照》。公司登记机关核准

注销登记后，应当收缴分公司的《营业执照》。

第八章　登记程序

第四十五条　公司登记机关收到申请人提交的符合本条例规定的全部文件后，发给《公司登记受理通知书》。

公司登记机关自发出《公司登记受理通知书》之日起30日内，作出核准登记或者不予登记的决定。

公司登记机关核准登记的，应当自核准登记之日起15日内通知申请人，发给、换发或者收缴《企业法人营业执照》或者《营业执照》。

公司登记机关不予登记的，应当自作出决定之日起15日内通知申请人，发给《公司登记驳回通知书》

第四十六条　公司办理设立登记、变更登记，应当按照规定向公司登记机关缴纳登记费。

领取《企业法人营业执照》的，设立登记费按注册资本总额的千分之一缴纳；注册资本超过1000万元的，超过部分按千分之零点五缴纳；注册资本超过1亿元的，超过部分不再缴纳。

领取《营业执照》的，设立登记费为300元。

变更登记事项的，变更登记费为100元。

第四十七条　公司登记机关应当将核准登记的公司登记事项记载于公司登记簿上，供社会公众查阅、复制。查阅、复制公司登记事项，应当按照规定交纳查阅、复制费。

第四十八条　股份有限公司应当在其设立、变更、注销登记被核准后的30日内发布设立、变更、注销登记公告，并将发布的公告报送公司登记机关备案。公司发布的设立、变更、注销登记公告的内容应当与公司登记机关核准登记的内容一致；不一致的，公司登记机关有权要求公司更正。

吊销《企业法人营业执照》和《营业执照》的公告由公司登记机关发布。

第九章　年度检验

第四十九条　每年1月1日至4月30日，公司登记机关对公司进行年度检验。

第五十条　公司应当按照公司登记机关的要求，在规定的时间内接受年度检验，并提交年度检验报告书。年度资产负债表和损益表、《企业法人营业执照》副本。

设立分公司的公司在其提交的年度检验材料中，应当明确反映分公司的有关情况，并提交分公司《营业执照》和复印件。

第五十一条　公司登记机关应当根据公司提交的年度检验材料，对与公司登记事项有关的情况进行审查，以确认其继续经营的资格。

第五十二条　公司应当向公司登记机关缴纳年度检验费。年度检验费为50元。

第十章　证照和档案管理

第五十三条　《企业法人营业执照》、《营业执照》分为正本和副本，正本和副本具有同等法律效力。《企业法人营业执照》正本或者《营业执照》正本应当置于公司住所或者分公司营业场所的醒目位置。公司可以根据业务需要向公司登记机关申请核发营业执照若干副本。

第五十四条　任何单位和个人不得伪造、涂改、出租、出借、转让营业执照。

营业执照遗失或者毁坏的，公司应当在公司登记机关指定的报刊上声明作废，申请补领。

按照国家有关规定，公司向有关单位提交的营业执照复印件需要公司登记机关加盖印章的，公司登记机关可以在复印件上加盖印章。

第五十五条　公司登记机关对需要认定的营业执照，可以临时扣留，扣留期限不得超过10天。

第五十六条　借阅、抄录、携带、复制公司登记档案资料的，应当按照规定的权限和程序办理。

任何单位和个人不得修改、涂抹、标注、损毁公司登记档案资料。

第五十七条　营业执照正本、副本样式以及公司登记的有关重要文书格式或者表式，由国家工商行政管理局统一制定。

第十一章　法律责任

第五十八条　办理公司登记时虚报注册资本，取得公司登记的，由公司登记机关责令改正，处以虚报注册资本金额5%以上10%以下的罚款；情节严重的，撤销公司登记，吊销营业执照。构成犯罪的，依法追究刑事责任。

第五十九条　办理公司登记时提交虚假证明文件或者采取其他欺诈手段，取得公司登记的，由公司登记机关责令改正，处以1万元以上10万元以下的罚款；情节严重的，撤销公司登记，吊销营业执照。构成犯罪的，依法追究刑事责任。

第六十条　公司的发起人、股东未交付货币、实物或者未转移财产权，虚假出资的，由公司登记机关责令改正，处以虚假出资金额5%以上10%以下的罚款。构成犯罪的，依法追究刑事责任。

第六十一条　公司的发起人、股东在公司成立后，抽逃出资的，由公司登记机关责令改正，处以所抽逃出资金额5%以上10%以下的罚款。构成犯罪的,依法追究刑事责任。

第六十二条　公司成立后无正当理由超过6个月未开业的,或者开业后自行停业连续6个月以上的，由公司登记机关吊销营业执照。

第六十三条　公司变更登记事项未按照规定办理有关变更登记的，由公司登记机关责令限期办理;逾期未办理的,处以1万元以上10万元以下的罚款。

第六十四条　公司在合并、分立、减少注册资本或者进行清算时，不按照规定通告或者公告债权人的，由公司登记机关责令改正,处以1万元以上10万元以下的罚款。

第六十五条　清算组织不按照规定向公司登记机关报送清算报告，或者报送清算报告隐瞒重要事实或者有重大遗漏的，由公司登记机关责令改正。

第六十六条　公司破产、解散清算结束后，不申请办理注销登记的，由公司登记机关吊销营业执照。

第六十七条　股份有限公司设立、变更、注销登记后,不在规定期限内发布公告或者发布的公告内容与公司登记机关核准登记的内容不一致的，由公司登记机关责令改正;拒不改正的,处以1万元以上10万元以下罚款;情节严重的,吊销营业执照。

第六十八条　公司不按照规定接受年度检验的，由公司登记机关处以1万元以上10万元以下的罚款,并限期接受年度检验;逾期仍不接受年度检验的，吊销营业执照。年度检验中隐瞒真实情况、弄虚作假的,由公司登记机关处以1万元以上5万元以下的罚款,并限期改正;情节严重的,吊销营业执照。

第六十九条　伪造、涂改、出租、出借、转让营业执照的,由公司登记机关处以1万元以上10万元以下的罚款;情节严重的,吊销营业执照。构成犯罪的,依法追究刑事责任。

第七十条　未将营业执照置于住所或者营业场所醒目位置的,由公司登记机关责令改正;拒不改正的，处1000元以上5000元以下的罚款。

第七十一条　公司超出核准登记的经营范围从事经营活动的,由公司登记机关责令改正,并可处以1万元以上10万元以下的罚款;情节严重的,吊销营业执照。

第七十二条　未依法登记为有限责任公司或者股份有限公司，而冒用有限责任公司或者股份有限公司名义的，由公司登记机关责令改正或者予以取缔,并可处以1万元以上10万元以下的罚款。构成犯罪的,依法追究刑事责任。

第七十三条　公司登记机关对不符合规定条件的公司登记申请予以登记,情节严重的,对直接负责的主管人员和其他直接责任人员依法给予行政处分。上级公司登记机关强令下级公司登记机关对不符合规定条件的公司登记申请予以登记，或者对违法登记进行包庇的，对直接负责的主管人员和其他直接责任人员依法给予行政处分。构成犯罪的,依法追究刑事责任。

第十二章　附　则

第七十四条　外国公司在中华人民共和国境内设立的分支机构的登记，按照国务院的有关规定办理。

第七十五条　外商投资的有限责任公司的登记,适用本条例。有关外商投资企业的法律，行政法规对其登记另有规定的，适用其规定。

第七十六条　本条例自1994年7月1日起施行。

中华人民共和国公司法

（1993年12月29日第八届全国人民代表大会常务委员会第五次会议通过根据1999年12月25日第九届全国人民代表大会常务委员会第十三次会议《关于修改〈中华人民共和国公司法〉的决定》第一次修正　根据2004年8月28日第十届全国人民代表大会常务委员会第十一次会议《关于修改〈中华人民共和国公司法〉的决定》第二次修正　2005年10月27日第十届全国人民代表大会常务委员会第十八次会议修订）

第一章　总　则

第一条　为了规范公司的组织和行为，保护公司、股东和债权人的合法权益，维护社会经济秩序，促进社会主义市场经济的发展，制定本法。

第二条　本法所称公司是指依照本法在中国境内设立的有限责任公司和股份有限公司。

第三条　公司是企业法人，有独立的法人财产，享有法人财产权。公司以其全部财产对公司的债务承担责任。

有限责任公司的股东以其认缴的出资额为限对公司承担责任；股份有限公司的股东以其认购的股份为限对公司承担责任。

第四条　公司股东依法享有资产收益、参与重大决策和选择管理者等权利。

第五条　公司从事经营活动，必须遵守法律、行政法规，遵守社会公德、商业道德，诚实守信，接受政府和社会公众的监督，承担社会责任。

公司的合法权益受法律保护，不受侵犯。

第六条　设立公司，应当依法向公司登记机关申请设立登记。符合本法规定的设立条件的，由公司登记机关分别登记为有限责任公司或者股份有限公司；不符合本法规定的设立条件的，不得登记为有限责任公司或者股份有限公司。

法律、行政法规规定设立公司必须报经批准的，应当在公司登记前依法办理批准手续。

公众可以向公司登记机关申请查询公司登记事项，公司登记机关应当提供查询服务。

第七条　依法设立的公司，由公司登记机关发给公司营业执照。公司营业执照签发日期为公司成立日期。

公司营业执照应当载明公司的名称、住所、注册资本、实收资本、经营范围、法定代表人姓名等事项。

公司营业执照记载的事项发生变更的，公司应当依法办理变更登记，由公司登记机关换发营业执照。

第八条　依照本法设立的有限责任公司，必须在公司名称中标明有限责任公司或者有限公司字样。

依照本法设立的股份有限公司，必须在公司名称中标明股份有限公司或者股份公司字样。

第九条　有限责任公司变更为股份有限公司，应当符合本法规定的股份有限公司的条件。股份有限公司变更为有限责任公司，应当符合本法规定的有限责任公司的条件。

有限责任公司变更为股份有限公司的，或者股份有限公司变更为有限责任公司的，公司变更前的债权、债务由变更后的公司承继。

第十条　公司以其主要办事机构所在地为住所。

第十一条　设立公司必须依法制定公司章程。公司章程对公司、股东、董事、监事、高级管理人员具有约束力。

第十二条　公司的经营范围由公司章程规定，并依法登记。公司可以修改公司章程，改变经营范围，但是应当办理变更登记。

公司的经营范围中属于法律、行政法规规定须经批准的项目，应当依法经过批准。

第十三条　公司法定代表人依照公司章程的规定，由董事长、执行董事或者经理担任，并依法登记。公司法定代表人变更，应当办理变更登记。

第十四条　公司可以设立分公司。设立分公司，应当向公司登记机关申请登记，领取营业执照。分公司不具有法人资格，其民事责任由公司承担。

公司可以设立子公司，子公司具有法人资格，依法独立承担民事责任。

第十五条　公司可以向其他

企业投资；但是，除法律另有规定外，不得成为对所投资企业的债务承担连带责任的出资人。

第十六条　公司向其他企业投资或者为他人提供担保，依照公司章程的规定，由董事会或者股东会、股东大会决议；公司章程对投资或者担保的总额及单项投资或者担保的数额有限额规定的，不得超过规定的限额。

公司为公司股东或者实际控制人提供担保的，必须经股东会或者股东大会决议。

前款规定的股东或者受前款规定的实际控制人支配的股东，不得参加前款规定事项的表决。该项表决由出席会议的其他股东所持表决权的过半数通过。

第十七条　公司必须保护职工的合法权益，依法与职工签订劳动合同，参加社会保险，加强劳动保护，实现安全生产。

公司应当采用多种形式，加强公司职工的职业教育和岗位培训，提高职工素质。

第十八条　公司职工依照《中华人民共和国工会法》组织工会，开展工会活动，维护职工合法权益。公司应当为本公司工会提供必要的活动条件。公司工会代表职工就职工的劳动报酬、工作时间、福利、保险和劳动安全卫生等事项依法与公司签订集体合同。

公司依照宪法和有关法律的规定，通过职工代表大会或者其他形式，实行民主管理。

公司研究决定改制以及经营方面的重大问题、制定重要的规章制度时，应当听取公司工会的意见，并通过职工代表大会或者其他形式听取职工的意见和建议。

第十九条　在公司中，根据中国共产党章程的规定，设立中国共产党的组织，开展党的活动。公司应当为党组织的活动提供必要条件。

第二十条　公司股东应当遵守法律、行政法规和公司章程，依法行使股东权利，不得滥用股东权利损害公司或者其他股东的利益；不得滥用公司法人独立地位和股东有限责任损害公司债权人的利益。

公司股东滥用股东权利给公司或者其他股东造成损失的，应当依法承担赔偿责任。

公司股东滥用公司法人独立地位和股东有限责任，逃避债务，严重损害公司债权人利益的，应当对公司债务承担连带责任。

第二十一条　公司的控股股东、实际控制人、董事、监事、高级管理人员不得利用其关联关系损害公司利益。

违反前款规定，给公司造成损失的，应当承担赔偿责任。

第二十二条　公司股东会或者股东大会、董事会的决议内容违反法律、行政法规的无效。

股东会或者股东大会、董事会的会议召集程序、表决方式违反法律、行政法规或者公司章程，或者决议内容违反公司章程的，股东可以自决议作出之日起60日内，请求人民法院撤销。

股东依照前款规定提起诉讼的，人民法院可以应公司的请求，要求股东提供相应担保。

公司根据股东会或者股东大会、董事会决议已办理变更登记的，人民法院宣告该决议无效或者撤销该决议后，公司应当向公司登记机关申请撤销变更登记。

第二章　有限责任公司的设立和组织机构

第一节　设　立

第二十三条　设立有限责任公司，应当具备下列条件：

（一）股东符合法定人数；

（二）股东出资达到法定资本最低限额；

（三）股东共同制定公司章程；

（四）有公司名称，建立符合有限责任公司要求的组织机构；

（五）有公司住所。

第二十四条　有限责任公司由50个以下股东出资设立。

第二十五条　有限责任公司章程应当载明下列事项：

（一）公司名称和住所；

（二）公司经营范围；

（三）公司注册资本；

（四）股东的姓名或者名称；

（五）股东的出资方式、出资额和出资时间；

（六）公司的机构及其产生办法、职权、议事规则；

（七）公司法定代表人；

（八）股东会会议认为需要规定的其他事项。

股东应当在公司章程上签名、盖章。

第二十六条　有限责任公司的注册资本为在公司登记机关登记的全体股东认缴的出资额。公司全体股东的首次出资额不得低于注册资本的20%，也不得低于法定的注册资本最低限额，其余部分由股东自公司成立之日起2年内缴足；其中，投资公司可以在5年内缴足。

有限责任公司注册资本的最低限额为人民币3万元。法律、行政法规对有限责任公司注册资本的最低限额有较高规定的，从其规定。

第二十七条　股东可以用货币出资，也可以用实物、知识产权、土地使用权等可以用货币估价并可以依法转让的非货币财产作价出资；但是，法律、行政法规规定不得作为出资的财产除外。

对作为出资的非货币财产应当评估作价，核实财产，不得高估或者低估作价。法律、行政法规对评估作价有规定的，从其规定。

全体股东的货币出资金额不得低于有限责任公司注册资本的30%。

第二十八条　股东应当按期足额缴纳公司章程中规定的各自所认缴的出资额。股东以货币出资的，应当将货币出资足额存入有限责任公司在银行开设的账户；以非货币财产出资的，应当依法办理其财产权的转移手续。

股东不按照前款规定缴纳出资的，除应当向公司足额缴纳外，还应当向已按期足额缴纳出资的股东承担违约责任。

第二十九条　股东缴纳出资后，必须经依法设立的验资机构验资并出具证明。

第三十条　股东的首次出资经依法设立的验资机构验资后，由全体股东指定的代表或者共同委托的代理人向公司登记机关报送公司登记申请书、公司章程、验资证明等文件，申请设立登记。

第三十一条　有限责任公司成立后，发现作为设立公司出资的非货币财产的实际价额显著低于公司章程所定价额的，应当由交付该出资的股东补足其差额；公司设立时的其他股东承担连带责任。

第三十二条　有限责任公司成立后，应当向股东签发出资证明书。

出资证明书应当载明下列事项：

(一)公司名称；

(二)公司成立日期；

(三)公司注册资本；

(四)股东的姓名或者名称、缴纳的出资额和出资日期；

(五)出资证明书的编号和核发日期。

出资证明书由公司盖章。

第三十三条　有限责任公司应当置备股东名册，记载下列事项：

(一)股东的姓名或者名称及住所；

(二)股东的出资额；

(三)出资证明书编号。

记载于股东名册的股东，可以依股东名册主张行使股东权利。

公司应当将股东的姓名或者名称及其出资额向公司登记机关登记；登记事项发生变更的，应当办理变更登记。未经登记或者变更登记的，不得对抗第三人。

第三十四条　股东有权查阅、复制公司章程、股东会会议记录、董事会会议决议、监事会会议决议和财务会计报告。

股东可以要求查阅公司会计账簿。股东要求查阅公司会计账簿的，应当向公司提出书面请求，说明目的。公司有合理根据认为股东查阅会计账簿有不正当目的，可能损害公司合法利益的，可以拒绝提供查阅，并应当自股东提出书面请求之日起十五日内书面答复股东并说明理由。公司拒绝提供查阅的，股东可以请求人民法院要求公司提供查阅。

第三十五条　股东按照实缴的出资比例分取红利；公司新增资本时，股东有权优先按照实缴的出资比例认缴出资。但是，全体股东约定不按照出资比例分取红利或者不按照出资比例优先认缴出资的除外。

第三十六条　公司成立后，股东不得抽逃出资。

第二节　组织机构

第三十七条有限责任公司股东会由全体股东组成。股东会是公司的权力机构，依照本法行使职权。

第三十八条　股东会行使下列职权：

(一)决定公司的经营方针和投资计划；

(二)选举和更换非由职工代表担任的董事、监事，决定有关董事、监事的报酬事项；

(三)审议批准董事会的报告；

(四)审议批准监事会或者监事的报告；

(五)审议批准公司的年度财务预算方案、决算方案；

(六)审议批准公司的利润分配方案和弥补亏损方案；

(七)对公司增加或者减少注册资本作出决议；

(八)对发行公司债券作出决议；

(九)对公司合并、分立、解散、清算或者变更公司形式作出决议；

(十)修改公司章程；

(十一)公司章程规定的其他职权。

对前款所列事项股东以书面形式一致表示同意的，可以不召开股东会会议，直接作出决定，并由全体股东在决定文件上签名、盖章。

第三十九条　首次股东会会议由出资最多的股东召集和主持，依照本法规定行使职权。

第四十条　股东会会议分为定期会议和临时会议。

定期会议应当依照公司章程的规定按时召开。代表1/10以上表决权的股东，1/3以上的董事，监事会或者不设监事会的公司的监事提议召开临时会议的，应当召开临时会议。

第四十一条　有限责任公司设立董事会的，股东会会议由董事会召集，董事长主持；董事长不能履行职务或者不履行职务的，由副董事长主持；副董事长不能履行职务或者不履行职务的，由半数以上董事共同推举一名董事主持。

有限责任公司不设董事会的，股东会会议由执行董事召集和主持。

董事会或者执行董事不能履行或者不履行召集股东会会议职

责的，由监事会或者不设监事会的公司的监事召集和主持；监事会或者监事不召集和主持的，代表1/10以上表决权的股东可以自行召集和主持。

第四十二条　召开股东会会议，应当于会议召开15日前通知全体股东；但是，公司章程另有规定或者全体股东另有约定的除外。

股东会应当对所议事项的决定作成会议记录，出席会议的股东应当在会议记录上签名。

第四十三条　股东会会议由股东按照出资比例行使表决权；但是，公司章程另有规定的除外。

第四十四条　股东会的议事方式和表决程序，除本法有规定的外，由公司章程规定。

股东会会议作出修改公司章程、增加或者减少注册资本的决议，以及公司合并、分立、解散或者变更公司形式的决议，必须经代表2/3以上表决权的股东通过。

第四十五条　有限责任公司设董事会，其成员为3~13人；但是，本法第五十一条另有规定的除外。

两个以上的国有企业或者两个以上的其他国有投资主体投资设立的有限责任公司，其董事会成员中应当有公司职工代表；其他有限责任公司董事会成员中可以有公司职工代表。董事会中的职工代表由公司职工通过职工代表大会、职工大会或者其他形式民主选举产生。

董事会设董事长1人，可以设副董事长。董事长、副董事长的产生办法由公司章程规定。

第四十六条　董事任期由公司章程规定，但每届任期不得超过3年。董事任期届满，连选可以连任。

董事任期届满未及时改选，或者董事在任期内辞职导致董事会成员低于法定人数的，在改选出的董事就任前，原董事仍应当依照法律、行政法规和公司章程的规定，履行董事职务。

第四十七条　董事会对股东会负责，行使下列职权：

（一）召集股东会会议，并向股东会报告工作；

（二）执行股东会的决议；

（三）决定公司的经营计划和投资方案；

（四）制订公司的年度财务预算方案、决算方案；

（五）制订公司的利润分配方案和弥补亏损方案；

（六）制订公司增加或者减少注册资本以及发行公司债券的方案；

（七）制订公司合并、分立、解散或者变更公司形式的方案；

（八）决定公司内部管理机构的设置；

（九）决定聘任或者解聘公司经理及其报酬事项，并根据经理的提名决定聘任或者解聘公司副经理、财务负责人及其报酬事项；

（十）制定公司的基本管理制度；

（十一）公司章程规定的其他职权。

第四十八条　董事会会议由董事长召集和主持；董事长不能履行职务或者不履行职务的，由副董事长召集和主持；副董事长不能履行职务或者不履行职务的，由半数以上董事共同推举一名董事召集和主持。

第四十九条　董事会的议事方式和表决程序，除本法有规定的外，由公司章程规定。

董事会应当对所议事项的决定作成会议记录，出席会议的董事应当在会议记录上签名。

董事会决议的表决，实行一人一票。

第五十条　有限责任公司可以设经理，由董事会决定聘任或者解聘。经理对董事会负责，行使下列职权：

（一）主持公司的生产经营管理工作，组织实施董事会决议；

（二）组织实施公司年度经营计划和投资方案；

（三）拟订公司内部管理机构设置方案；

（四）拟订公司的基本管理制度；

（五）制定公司的具体规章；

（六）提请聘任或者解聘公司副经理、财务负责人；

（七）决定聘任或者解聘除应由董事会决定聘任或者解聘以外的负责管理人员；

（八）董事会授予的其他职权。

公司章程对经理职权另有规定的，从其规定。

经理列席董事会会议。

第五十一条　股东人数较少或者规模较小的有限责任公司，可以设1名执行董事，不设董事会。执行董事可以兼任公司经理。

执行董事的职权由公司章程规定。

第五十二条　有限责任公司设监事会，其成员不得少于3人。股东人数较少或者规模较小的有限责任公司，可以设1~2名监事，不设监事会。

监事会应当包括股东代表和适当比例的公司职工代表，其中职工代表的比例不得低于1/3，具体比例由公司章程规定。监事会中的职工代表由公司职工通过职工代表大会、职工大会或者其他形式民主选举产生。

监事会设主席一人，由全体监事过半数选举产生。监事会主席召集和主持监事会会议；监事会主席不能履行职务或者不履行职务的，由半数以上监事共同推举一名监事召集和主持监事会会议。

董事、高级管理人员不得兼任监事。

第五十三条　监事的任期每届为3年。监事任期届满，连选可以连任。

监事任期届满未及时改选，或者监事在任期内辞职导致监事会成员低于法定人数的，在改选出的监事就任前，原监事仍应当依照法律、行政法规和公司章程的规定，履行监事职务。

第五十四条　监事会、不设监事会的公司的监事行使下列职权：

（一）检查公司财务；

（二）对董事、高级管理人员执行公司职务的行为进行监督，对违反法律、行政法规、公司章程或者股东会决议的董事、高级管理人员提出罢免的建议；

（三）当董事、高级管理人员的行为损害公司的利益时，要求董事、高级管理人员予以纠正；

（四）提议召开临时股东会会议，在董事会不履行本法规定的召集和主持股东会会议职责时召集和主持股东会会议；

（五）向股东会会议提出提案；

（六）依照本法第一百五十二条的规定，对董事、高级管理人员提起诉讼；

（七）公司章程规定的其他职权。

第五十五条　监事可以列席董事会会议，并对董事会决议事项提出质询或者建议。

监事会、不设监事会的公司的监事发现公司经营情况异常，可以进行调查；必要时，可以聘请会计师事务所等协助其工作，费用由公司承担。

第五十六条　监事会每年度至少召开一次会议，监事可以提议召开临时监事会会议。

监事会的议事方式和表决程序，除本法有规定的外，由公司章程规定。

监事会决议应当经半数以上监事通过。

监事会应当对所议事项的决定作成会议记录，出席会议的监事应当在会议记录上签名。

第五十七条　监事会、不设监事会的公司的监事行使职权所必需的费用，由公司承担。

第三节　1人有限责任公司的特别规定

第五十八条　1人有限责任公司的设立和组织机构，适用本节规定；本节没有规定的，适用本章第一节、第二节的规定。

本法所称1人有限责任公司，是指只有1个自然人股东或者1个法人股东的有限责任公司。

第五十九条　1人有限责任公司的注册资本最低限额为人民币10万元。股东应当一次足额缴纳公司章程规定的出资额。

1个自然人只能投资设立一个1人有限责任公司。该1人有限责任公司不能投资设立新的1人有限责任公司。

第六十条　1人有限责任公司应当在公司登记中注明自然人独资或者法人独资，并在公司营业执照中载明。

第六十一条　1人有限责任公司章程由股东制定。

第六十二条　1人有限责任公司不设股东会。股东作出本法第三十八条第一款所列决定时，应当采用书面形式，并由股东签名后置备于公司。

第六十三条　1人有限责任公司应当在每一会计年度终了时编制财务会计报告，并经会计师事务所审计。

第六十四条　1人有限责任公司的股东不能证明公司财产独立于股东自己的财产的，应当对公司债务承担连带责任。

第四节　国有独资公司的特别规定

第六十五条　国有独资公司的设立和组织机构，适用本节规定；本节没有规定的，适用本章第一节、第二节的规定。

本法所称国有独资公司，是指国家单独出资、由国务院或者地方人民政府授权本级人民政府国有资产监督管理机构履行出资人职责的有限责任公司。

第六十六条　国有独资公司章程由国有资产监督管理机构制定，或者由董事会制订报国有资产监督管理机构批准。

第六十七条　国有独资公司不设股东会，由国有资产监督管理机构行使股东会职权。国有资产监督管理机构可以授权公司董事会行使股东会的部分职权，决定公司的重大事项，但公司的合并、分立、解散、增加或者减少注册资本和发行公司债券，必须由国有资产监督管理机构决定；其中，重要的国有独资公司合并、分立、解散、申请破产的，应当由国有资产监督管理机构审核后，报本级人民政府批准。

前款所称重要的国有独资公司，按照国务院的规定确定。

第六十八条　国有独资公司设董事会，依照本法第四十七条、第六十七条的规定行使职权。董事每届任期不得超过3年。董事会成员中应当有公司职工代表。

董事会成员由国有资产监督管理机构委派；但是，董事会成员中的职工代表由公司职工代表大会选举产生。

董事会设董事长1人，可以设副董事长。董事长、副董事长由国有资产监督管理机构从董事会成员中指定。

第六十九条　国有独资公司设经理，由董事会聘任或者解聘。经理依照本法第五十条规定行使职权。

经国有资产监督管理机构同意,董事会成员可以兼任经理。

第七十条　国有独资公司的董事长、副董事长、董事、高级管理人员,未经国有资产监督管理机构同意,不得在其他有限责任公司、股份有限公司或者其他经济组织兼职。

第七十一条　国有独资公司监事会成员不得少于5人,其中职工代表的比例不得低于1/3,具体比例由公司章程规定。

监事会成员由国有资产监督管理机构委派;但是,监事会成员中的职工代表由公司职工代表大会选举产生。监事会主席由国有资产监督管理机构从监事会成员中指定。

监事会行使本法第五十四条第(一)项至第(三)项规定的职权和国务院规定的其他职权。

第三章　有限责任公司的股权转让

第七十二条　有限责任公司的股东之间可以相互转让其全部或者部分股权。

股东向股东以外的人转让股权,应当经其他股东过半数同意。股东应就其股权转让事项书面通知其他股东征求同意,其他股东自接到书面通知之日起满30日未答复的,视为同意转让。其他股东半数以上不同意转让的,不同意的股东应当购买该转让的股权;不购买的,视为同意转让。

经股东同意转让的股权,在同等条件下,其他股东有优先购买权。两个以上股东主张行使优先购买权的,协商确定各自的购买比例;协商不成的,按照转让时各自的出资比例行使优先购买权。

公司章程对股权转让另有规定的,从其规定。

第七十三条　人民法院依照法律规定的强制执行程序转让股东的股权时,应当通知公司及全体股东,其他股东在同等条件下有优先购买权。其他股东自人民法院通知之日起满20日不行使优先购买权的,视为放弃优先购买权。

第七十四条　依照本法第七十二条、第七十三条转让股权后,公司应当注销原股东的出资证明书,向新股东签发出资证明书,并相应修改公司章程和股东名册中有关股东及其出资额的记载。对公司章程的该项修改不需再由股东会表决。

第七十五条　有下列情形之一的,对股东会该项决议投反对票的股东可以请求公司按照合理的价格收购其股权:

(一)公司连续5年不向股东分配利润,而公司该五年连续盈利,并且符合本法规定的分配利润条件的;

(二)公司合并、分立、转让主要财产的;

(三)公司章程规定的营业期限届满或者章程规定的其他解散事由出现,股东会会议通过决议修改章程使公司存续的。

自股东会会议决议通过之日起60日内,股东与公司不能达成股权收购协议的,股东可以自股东会会议决议通过之日起90日内向人民法院提起诉讼。

第七十六条　自然人股东死亡后,其合法继承人可以继承股东资格;但是,公司章程另有规定的除外。

第四章　股份有限公司的设立和组织机构

第一节　设立

第七十七条　设立股份有限公司,应当具备下列条件:

(一)发起人符合法定人数;

(二)发起人认购和募集的股本达到法定资本最低限额;

(三)股份发行、筹办事项符合法律规定;

(四)发起人制订公司章程,采用募集方式设立的经创立大会通过;

(五)有公司名称,建立符合股份有限公司要求的组织机构;

(六)有公司住所。

第七十八条　股份有限公司的设立,可以采取发起设立或者募集设立的方式。

发起设立,是指由发起人认购公司应发行的全部股份而设立公司。

募集设立,是指由发起人认购公司应发行股份的一部分,其余股份向社会公开募集或者向特定对象募集而设立公司。

第七十九条　设立股份有限公司,应当有2人以上200人以下为发起人,其中须有半数以上的发起人在中国境内有住所。

第八十条　股份有限公司发起人承担公司筹办事务。

发起人应当签订发起人协议,明确各自在公司设立过程中的权利和义务。

第八十一条　股份有限公司采取发起设立方式设立的,注册资本为在公司登记机关登记的全体发起人认购的股本总额。公司全体发起人的首次出资额不得低于注册资本的20%,其余部分由发起人自公司成立之日起2年内缴足;其中,投资公司可以在5年内缴足。在缴足前,不得向他人募集股份。

股份有限公司采取募集方式设立的,注册资本为在公司登记机关登记的实收股本总额。

股份有限公司注册资本的最低限额为人民币500万元。法律、行政法规对股份有限公司注册资本的最低限额有较高规定的，从其规定。

第八十二条　股份有限公司章程应当载明下列事项：

（一）公司名称和住所；

（二）公司经营范围；

（三）公司设立方式；

（四）公司股份总数、每股金额和注册资本；

（五）发起人的姓名或者名称、认购的股份数、出资方式和出资时间；

（六）董事会的组成、职权和议事规则；

（七）公司法定代表人；

（八）监事会的组成、职权和议事规则；

（九）公司利润分配办法；

（十）公司的解散事由与清算办法；

（十一）公司的通知和公告办法；

（十二）股东大会会议认为需要规定的其他事项。

第八十三条　发起人的出资方式，适用本法第二十七条的规定。

第八十四条　以发起设立方式设立股份有限公司的，发起人应当书面认足公司章程规定其认购的股份；一次缴纳的，应即缴纳全部出资；分期缴纳的，应即缴纳首期出资。以非货币财产出资的，应当依法办理其财产权的转移手续。

发起人不依照前款规定缴纳出资的，应当按照发起人协议承担违约责任。

发起人首次缴纳出资后，应当选举董事会和监事会，由董事会向公司登记机关报送公司章程、由依法设定的验资机构出具的验资证明以及法律、行政法规规定的其他文件，申请设立登记。

第八十五条　以募集设立方式设立股份有限公司的，发起人认购的股份不得少于公司股份总数的35%；但是，法律、行政法规另有规定的，从其规定。

第八十六条　发起人向社会公开募集股份，必须公告招股说明书，并制作认股书。认股书应当载明本法第八十七条所列事项，由认股人填写认购股数、金额、住所，并签名、盖章。认股人按照所认购股数缴纳股款。

第八十七条　招股说明书应当附有发起人制订的公司章程，并载明下列事项：

（一）发起人认购的股份数；

（二）每股的票面金额和发行价格；

（三）无记名股票的发行总数；

（四）募集资金的用途；

（五）认股人的权利、义务；

（六）本次募股的起止期限及逾期未募足时认股人可以撤回所认股份的说明。

第八十八条　发起人向社会公开募集股份，应当由依法设立的证券公司承销，签订承销协议。

第八十九条　发起人向社会公开募集股份，应当同银行签订代收股款协议。

代收股款的银行应当按照协议代收和保存股款，向缴纳股款的认股人出具收款单据，并负有向有关部门出具收款证明的义务。

第九十条　发行股份的股款缴足后，必须经依法设立的验资机构验资并出具证明。发起人应当自股款缴足之日起30日内主持召开公司创立大会。创立大会由发起人、认股人组成。

发行的股份超过招股说明书规定的截止期限尚未募足的，或者发行股份的股款缴足后，发起人在30日内未召开创立大会的，认股人可以按照所缴股款并加算银行同期存款利息，要求发起人返还。

第九十一条　发起人应当在创立大会召开15日前将会议日期通知各认股人或者予以公告。创立大会应有代表股份总数过半数的发起人、认股人出席，方可举行。

创立大会行使下列职权：

（一）审议发起人关于公司筹办情况的报告；

（二）通过公司章程；

（三）选举董事会成员；

（四）选举监事会成员；

（五）对公司的设立费用进行审核；

（六）对发起人用于抵作股款的财产的作价进行审核；

（七）发生不可抗力或者经营条件发生重大变化直接影响公司设立的，可以作出不设立公司的决议。

创立大会对前款所列事项作出决议，必须经出席会议的认股人所持表决权过半数通过。

第九十二条　发起人、认股人缴纳股款或者交付抵作股款的出资后，除未按期募足股份、发起人未按期召开创立大会或者创立大会决议不设立公司的情形外，不得抽回其股本。

第九十三条　董事会应于创立大会结束后30日内，向公司登记机关报送下列文件，申请设立登记：

（一）公司登记申请书；

（二）创立大会的会议记录；

（三）公司章程；

（四）验资证明；

（五）法定代表人、董事、监事的任职文件及其身份证明；

（六）发起人的法人资格证明或者自然人身份证明；

（七）公司住所证明。

以募集方式设立股份有限公司公开发行股票的，还应当向公司登记机关报送国务院证券监督管理机构的核准文件。

第九十四条　股份有限公司成立后，发起人未按照公司章程的规定缴足出资的，应当补缴；其他发起人承担连带责任。

股份有限公司成立后，发现作为设立公司出资的非货币财产的实际价额显著低于公司章程所定价额的，应当由交付该出资的发起人补足其差额；其他发起人承担连带责任。

第九十五条　股份有限公司的发起人应当承担下列责任：

(一)公司不能成立时，对设立行为所产生的债务和费用负连带责任；

(二)公司不能成立时，对认股人已缴纳的股款，负返还股款并加算银行同期存款利息的连带责任；

(三)在公司设立过程中，由于发起人的过失致使公司利益受到损害的，应当对公司承担赔偿责任。

第九十六条　有限责任公司变更为股份有限公司时，折合的实收股本总额不得高于公司净资产额。有限责任公司变更为股份有限公司，为增加资本公开发行股份时，应当依法办理。

第九十七条　股份有限公司应当将公司章程、股东名册、公司债券存根、股东大会会议记录、董事会会议记录、监事会会议记录、财务会计报告置备于本公司。

第九十八条　股东有权查阅公司章程、股东名册、公司债券存根、股东大会会议记录、董事会会议决议、监事会会议决议、财务会计报告，对公司的经营提出建议或者质询。

第二节　股东大会

第九十九条　股份有限公司股东大会由全体股东组成。股东大会是公司的权力机构，依照本法行使职权。

第一百条　本法第三十八条第一款关于有限责任公司股东会职权的规定，适用于股份有限公司股东大会。

第一百零一条　股东大会应当每年召开一次年会。有下列情形之一的，应当在两个月内召开临时股东大会：

(一)董事人数不足本法规定人数或者公司章程所定人数的2/3时；

(二)公司未弥补的亏损达实收股本总额1/3时；

(三)单独或者合计持有公司10%以上股份的股东请求时；

(四)董事会认为必要时；

(五)监事会提议召开时；

(六)公司章程规定的其他情形。

第一百零二条　股东大会会议由董事会召集，董事长主持；董事长不能履行职务或者不履行职务的，由副董事长主持；副董事长不能履行职务或者不履行职务的，由半数以上董事共同推举一名董事主持。

董事会不能履行或者不履行召集股东大会会议职责的，监事会应当及时召集和主持；监事会不召集和主持的，连续90日以上单独或者合计持有公司10%以上股份的股东可以自行召集和主持。

第一百零三条　召开股东大会会议，应当将会议召开的时间、地点和审议的事项于会议召开20日前通知各股东；临时股东大会应当于会议召开15日前通知各股东；发行无记名股票的，应当于会议召开30日前公告会议召开的时间、地点和审议事项。

单独或者合计持有公司3%以上股份的股东，可以在股东大会召开10日前提出临时提案并书面提交董事会；董事会应当在收到提案后2日内通知其他股东，并将该临时提案提交股东大会审议。临时提案的内容应当属于股东大会职权范围，并有明确议题和具体决议事项。

股东大会不得对前两款通知中未列明的事项作出决议。

无记名股票持有人出席股东大会会议的，应当于会议召开5日前至股东大会闭会时将股票交存于公司。

第一百零四条　股东出席股东大会会议，所持每一股份有一表决权。但是，公司持有的本公司股份没有表决权。

股东大会作出决议，必须经出席会议的股东所持表决权过半数通过。但是，股东大会作出修改公司章程、增加或者减少注册资本的决议，以及公司合并、分立、解散或者变更公司形式的决议，必须经出席会议的股东所持表决权的2/3以上通过。

第一百零五条　本法和公司章程规定公司转让、受让重大资产或者对外提供担保等事项必须经股东大会作出决议的，董事会应当及时召集股东大会会议，由股东大会就上述事项进行表决。

第一百零六条　股东大会选举董事、监事，可以依照公司章程的规定或者股东大会的决议，实行累积投票制。

本法所称累积投票制，是指股东大会选举董事或者监事时，每一股份拥有与应选董事或者监事人数相同的表决权，股东拥有的表决权可以集中使用。

第一百零七条　股东可以委托代理人出席股东大会会议，代理人应当向公司提交股东授权委托书，并在授权范围内行使表决权。

第一百零八条　股东大会应当对所议事项的决定作成会议记录，主持人、出席会议的董事应当在会议记录上签名。会议记录应当与出席股东的签名册及代理出席的委托书一并保存。

第三节　董事会、经理

第一百零九条　股份有限公司设董事会，其成员为5~9人。

董事会成员中可以有公司职工代表。董事会中的职工代表由公司职工通过职工代表大会、职工大会或者其他形式民主选举产生。

本法第四十六条　关于有限责任公司董事任期的规定，适用于股份有限公司董事。

本法第四十七条　关于有限责任公司董事会职权的规定，适用于股份有限公司董事会。

第一百一十条　董事会设董事长1人，可以设副董事长。董事长和副董事长由董事会以全体董事的过半数选举产生。

董事长召集和主持董事会会议，检查董事会决议的实施情况。副董事长协助董事长工作，董事长不能履行职务或者不履行职务的，由副董事长履行职务；副董事长不能履行职务或者不履行职务的，由半数以上董事共同推举1名董事履行职务。

第一百一十一条　董事会每年度至少召开两次会议，每次会议应当于会议召开10日前通知全体董事和监事。

代表1/10以上表决权的股东、1/3以上董事或者监事会，可以提议召开董事会临时会议。董事长应当自接到提议后10日内，召集和主持董事会会议。

董事会召开临时会议，可以另定召集董事会的通知方式和通知时限。

第一百一十二条　董事会会议应有过半数的董事出席方可举行。董事会作出决议，必须经全体董事的过半数通过。

董事会决议的表决，实行一人一票。

第一百一十三条　董事会会议，应由董事本人出席；董事因故不能出席，可以书面委托其他董事代为出席，委托书中应载明授权范围。

董事会应当对会议所议事项的决定作成会议记录，出席会议的董事应当在会议记录上签名。

董事应当对董事会的决议承担责任。董事会的决议违反法律、行政法规或者公司章程、股东大会决议，致使公司遭受严重损失的，参与决议的董事对公司负赔偿责任。但经证明在表决时曾表明异议并记载于会议记录的，该董事可以免除责任。

第一百一十四条　股份有限公司设经理，由董事会决定聘任或者解聘。

本法第五十条　关于有限责任公司经理职权的规定，适用于股份有限公司经理。

第一百一十五条　公司董事会可以决定由董事会成员兼任经理。

第一百一十六条　公司不得直接或者通过子公司向董事、监事、高级管理人员提供借款。

第一百一十七条　公司应当定期向股东披露董事、监事、高级管理人员从公司获得报酬的情况。

第四节　监事会

第一百一十八条　股份有限公司设监事会，其成员不得少于3人。

监事会应当包括股东代表和适当比例的公司职工代表，其中职工代表的比例不得低于1/3，具体比例由公司章程规定。监事会中的职工代表由公司职工通过职工代表大会、职工大会或者其他形式民主选举产生。

监事会设主席1人，可以设副主席。监事会主席和副主席由全体监事过半数选举产生。监事会主席召集和主持监事会会议；监事会主席不能履行职务或者不履行职务的，由监事会副主席召集和主持监事会会议；监事会副主席不能履行职务或者不履行职务的，由半数以上监事共同推举1名监事召集和主持监事会会议。

董事、高级管理人员不得兼任监事。

本法第五十三条　关于有限责任公司监事任期的规定，适用于股份有限公司监事。

第一百一十九条　本法第五十四条、第五十五条关于有限责任公司监事会职权的规定，适用于股份有限公司监事会。

监事会行使职权所必需的费用，由公司承担。

第一百二十条　监事会每6个月至少召开一次会议。监事可以提议召开临时监事会会议。

监事会的议事方式和表决程序，除本法有规定的外，由公司章程规定。

监事会决议应当经半数以上监事通过。

监事会应当对所议事项的决定作成会议记录，出席会议的监事应当在会议记录上签名。

第五节　上市公司组织机构的特别规定

第一百二十一条　本法所称上市公司，是指其股票在证券交易所上市的股份有限公司。

第一百二十二条　上市公司在1年内购买、出售重大资产或者担保金额超过公司资产总额30%的，应当由股东大会作出决议，并经出席会议的股东所持表决权的2/3以上通过。

第一百二十三条　上市公司设立独立董事，具体办法由国务院规定。

第一百二十四条　上市公司设董事会秘书，负责公司股东大会和董事会会议的筹备、文件保管以及公司股东资料的管理，办理信息披露事务等事宜。

第一百二十五条　上市公司董事与董事会会议决议事项所涉及的企业有关联关系的，不得对该项决议行使表决权，也不得代理其他董事行使表决权。该董事会会议由过半数的无关联关系董事出席即可举行，董事会会议所作决议须经无关联关系董事过半数通过。出席董事会的无关联关系董事人数不足3人的，应将该事项提交上市公司股东大会审议。

第五章　股份有限公司的股份发行和转让

第一节　股份发行

第一百二十六条　股份有限公司的资本划分为股份，每一股的金额相等。

公司的股份采取股票的形式。股票是公司签发的证明股东所持股份的凭证。

第一百二十七条　股份的发行，实行公平、公正的原则，同种类的每一股份应当具有同等权利。

同次发行的同种类股票，每股的发行条件和价格应当相同；任何单位或者个人所认购的股份，每股应当支付相同价额。

第一百二十八条　股票发行价格可以按票面金额，也可以超过票面金额，但不得低于票面金额。

第一百二十九条　股票采用纸面形式或者国务院证券监督管理机构规定的其他形式。

股票应当载明下列主要事项：

(一)公司名称；

(二)公司成立日期；

(三)股票种类、票面金额及代表的股份数；

(四)股票的编号。

股票由法定代表人签名，公司盖章。

发起人的股票，应当标明发起人股票字样。

第一百三十条　公司发行的股票，可以为记名股票，也可以为无记名股票。

公司向发起人、法人发行的股票，应当为记名股票，并应当记载该发起人、法人的名称或者姓名，不得另立户名或者以代表人姓名记名。

第一百三十一条　公司发行记名股票的，应当置备股东名册，记载下列事项：

(一)股东的姓名或者名称及住所；

(二)各股东所持股份数；

(三)各股东所持股票的编号；

(四)各股东取得股份的日期。

发行无记名股票的，公司应当记载其股票数量、编号及发行日期。

第一百三十二条　国务院可以对公司发行本法规定以外的其他种类的股份，另行作出规定。

第一百三十三条　股份有限公司成立后，即向股东正式交付股票。公司成立前不得向股东交付股票。

第一百三十四条　公司发行新股，股东大会应当对下列事项作出决议：

(一)新股种类及数额；

(二)新股发行价格；

(三)新股发行的起止日期；

(四)向原有股东发行新股的种类及数额。

第一百三十五条　公司经国务院证券监督管理机构核准公开发行新股时，必须公告新股招股说明书和财务会计报告，并制作认股书。

本法第八十八条、第八十九条的规定适用于公司公开发行新股。

第一百三十六条　公司发行新股，可以根据公司经营情况和财务状况，确定其作价方案。

第一百三十七条　公司发行新股募足股款后，必须向公司登记机关办理变更登记，并公告。

第二节　股份转让

第一百三十八条　股东持有的股份可以依法转让。

第一百三十九条　股东转让其股份，应当在依法设立的证券交易场所进行或者按照国务院规定的其他方式进行。

第一百四十条　记名股票，由股东以背书方式或者法律、行政法规规定的其他方式转让；转让后由公司将受让人的姓名或者名称及住所记载于股东名册。

股东大会召开前20日内或者公司决定分配股利的基准日前5日内，不得进行前款规定的股东名册的变更登记。但是，法律对上市公司股东名册变更登记另有规定的，从其规定。

第一百四十一条　无记名股票的转让，由股东将该股票交付给受让人后即发生转让的效力。

第一百四十二条　发起人持有的本公司股份，自公司成立之日起1年内不得转让。公司公开发行股份前已发行的股份，自公司股票在证券交易所上市交易之日起1年内不得转让。

公司董事、监事、高级管理人员应当向公司申报所持有的本公司的股份及其变动情况，在任职期间每年转让的股份不得超过其所持有本公司股份总数的25%；所持本公司股份自公司股票上市交易之日起1年内不得转让。上述人员离职后半年内，不得转让其所持有的本公司股份。公司章程可以对公司董事、监事、高级管理人员转让其所持有的本公司股份作出其他限制性规定。

第一百四十三条　公司不得收购本公司股份。但是，有下列情形之一的除外：

(一)减少公司注册资本；

(二)与持有本公司股份的其他公司合并；

(三)将股份奖励给本公司职工；

(四)股东因对股东大会作出的公司合并、分立决议持异议，要求公司收购其股份的。

公司因前款第(一)项至第(三)项的原因收购本公司股份的，应当经股东大会决议。公司依照前款规定收购本公司股份后，属于第(一)项情形的，应当自收购之日起十日内注销；属于第(二)项、第(四)项情形的，应当在六个月内转让或者注销。

公司依照第一款第(三)项规定收购的本公司股份，不得超过本公司已发行股份总额的百分之五；用于收购的资金应当从公司的税后利润中支出；所收购的股份应当在一年内转让给职工。

公司不得接受本公司的股票作为质押权的标的。

第一百四十四条　记名股票被盗、遗失或者灭失，股东可以依照《中华人民共和国民事诉讼法》规定的公示催告程序，请求人民法院宣告该股票失效。人民法院宣告该股票失效后，股东可以向公司申请补发股票。

第一百四十五条　上市公司的股票，依照有关法律、行政法规及证券交易所交易规则上市交易。

第一百四十六条　上市公司必须依照法律、行政法规的规定，公开其财务状况、经营情况及重大诉讼，在每会计年度内半年公布一次财务会计报告。

第六章　公司董事、监事、高级管理人员的资格和义务

第一百四十七条　有下列情形之一的，不得担任公司的董事、监事、高级管理人员：

(一)无民事行为能力或者限制民事行为能力；

(二)因贪污、贿赂、侵占财产、挪用财产或者破坏社会主义市场经济秩序，被判处刑罚，执行期满未逾五年，或者因犯罪被剥夺政治权利，执行期满未逾5年；

(三)担任破产清算的公司、企业的董事或者厂长、经理，对该公司、企业的破产负有个人责任的，自该公司、企业破产清算完结之日起未逾3年；

(四)担任因违法被吊销营业执照、责令关闭的公司、企业的法定代表人，并负有个人责任的，自该公司、企业被吊销营业执照之日起未逾3年；

(五)个人所负数额较大的债务到期未清偿。

公司违反前款规定选举、委派董事、监事或者聘任高级管理人员的，该选举、委派或者聘任无效。

董事、监事、高级管理人员在任职期间出现本条第一款所列情形的，公司应当解除其职务。

第一百四十八条董事、监事、高级管理人员应当遵守法律、行政法规和公司章程，对公司负有忠实义务和勤勉义务。

董事、监事、高级管理人员不得利用职权收受贿赂或者其他非法收入，不得侵占公司的财产。

第一百四十九条　董事、高级管理人员不得有下列行为：

(一)挪用公司资金；

(二)将公司资金以其个人名义或者以其他个人名义开立账户存储；

(三)违反公司章程的规定，未经股东会、股东大会或者董事会同意，将公司资金借贷给他人或者以公司财产为他人提供担保；

(四)违反公司章程的规定或者未经股东会、股东大会同意，与本公司订立合同或者进行交易；

(五)未经股东会或者股东大会同意，利用职务便利为自己或者他人谋取属于公司的商业机会，自营或者为他人经营与所任职公司同类的业务；

(六)接受他人与公司交易的佣金归为己有；

(七)擅自披露公司秘密；

(八)违反对公司忠实义务的其他行为。

董事、高级管理人员违反前款规定所得的收入应当归公司所有。

第一百五十条　董事、监事、高级管理人员执行公司职务时违反法律、行政法规或者公司章程的规定，给公司造成损失的，应当承担赔偿责任。

第一百五十一条　股东会或者股东大会要求董事、监事、高级管理人员列席会议的，董事、监事、高级管理人员应当列席并接受股东的质询。

董事、高级管理人员应当如实向监事会或者不设监事会的有限责任公司的监事提供有关情况和资料，不得妨碍监事会或者监事行使职权。

第一百五十二条　董事、高级管理人员有本法第一百五十条规定的情形的，有限责任公司的股东、股份有限公司连续180日以上单独或者合计持有公司1%以上股份的股东，可以书面请求监事会或者不设监事会的有限责任公司的监事向人民法院提起诉讼；监事有本法第一百五十条规定的情形的，前述股东可以书面请求董事会或者不设董事会的有限责任公司的执行董事向人民法院提起诉讼。

监事会、不设监事会的有限责任公司的监事，或者董事会、执行董事收到前款规定的股东书面请求后拒绝提起诉讼，或者自收到请求之日起30日内未提起诉讼，或者情况紧急、不立即提起诉讼将会使公司利益受到难以弥补的损害的，前款规定的股东有权为了公司的利益以自己的名义直接向人民法院提起诉讼。

他人侵犯公司合法权益，给公司造成损失的，本条第一款规

定的股东可以依照前两款的规定向人民法院提起诉讼。

第一百五十三条　董事、高级管理人员违反法律、行政法规或者公司章程的规定，损害股东利益的，股东可以向人民法院提起诉讼。

第七章　公司债券

第一百五十四条　本法所称公司债券，是指公司依照法定程序发行、约定在一定期限还本付息的有价证券。

公司发行公司债券应当符合《中华人民共和国证券法》规定的发行条件。

第一百五十五条　发行公司债券的申请经国务院授权的部门核准后，应当公告公司债券募集办法。

公司债券募集办法中应当载明下列主要事项：

(一)公司名称；

(二)债券募集资金的用途；

(三)债券总额和债券的票面金额；

(四)债券利率的确定方式；

(五)还本付息的期限和方式；

(六)债券担保情况；

(七)债券的发行价格、发行的起止日期；

(八)公司净资产额；

(九)已发行的尚未到期的公司债券总额；

(十)公司债券的承销机构。

第一百五十六条　公司以实物券方式发行公司债券的，必须在债券上载明公司名称、债券票面金额、利率、偿还期限等事项，并由法定代表人签名，公司盖章。

第一百五十七条　公司债券，可以为记名债券，也可以为无记名债券。

第一百五十八条　公司发行公司债券应当置备公司债券存根簿。

发行记名公司债券的，应当在公司债券存根簿上载明下列事项：

(一)债券持有人的姓名或者名称及住所；

(二)债券持有人取得债券的日期及债券的编号；

(三)债券总额，债券的票面金额、利率、还本付息的期限和方式；

(四)债券的发行日期。

发行无记名公司债券的，应当在公司债券存根簿上载明债券总额、利率、偿还期限和方式、发行日期及债券的编号。

第一百五十九条　记名公司债券的登记结算机构应当建立债券登记、存管、付息、兑付等相关制度。

第一百六十条　公司债券可以转让，转让价格由转让人与受让人约定。

公司债券在证券交易所上市交易的，按照证券交易所的交易规则转让。

第一百六十一条　记名公司债券，由债券持有人以背书方式或者法律、行政法规规定的其他方式转让；转让后由公司将受让人的姓名或者名称及住所记载于公司债券存根簿。

无记名公司债券的转让，由债券持有人将该债券交付给受让人后即发生转让的效力。

第一百六十二条　上市公司经股东大会决议可以发行可转换为股票的公司债券，并在公司债券募集办法中规定具体的转换办法。上市公司发行可转换为股票的公司债券，应当报国务院证券监督管理机构核准。

发行可转换为股票的公司债券，应当在债券上标明可转换公司债券字样，并在公司债券存根簿上载明可转换公司债券的数额。

第一百六十三条　发行可转换为股票的公司债券的，公司应当按照其转换办法向债券持有人换发股票，但债券持有人对转换股票或者不转换股票有选择权。

第八章　公司财务、会计

第一百六十四条　公司应当依照法律、行政法规和国务院财政部门的规定建立本公司的财务、会计制度。

第一百六十五条　公司应当在每一会计年度终了时编制财务会计报告，并依法经会计师事务所审计。

财务会计报告应当依照法律、行政法规和国务院财政部门的规定制作。

第一百六十六条　有限责任公司应当依照公司章程规定的期限将财务会计报告送交各股东。

股份有限公司的财务会计报告应当在召开股东大会年会的20日前置备于本公司，供股东查阅；公开发行股票的股份有限公司必须公告其财务会计报告。

第一百六十七条　公司分配当年税后利润时，应当提取利润的10%列入公司法定公积金。公司法定公积金累计额为公司注册资本的50%以上的，可以不再提取。

公司的法定公积金不足以弥补以前年度亏损的，在依照前款规定提取法定公积金之前，应当先用当年利润弥补亏损。

公司从税后利润中提取法定公积金后，经股东会或者股东大会决议，还可以从税后利润中提取任意公积金。

公司弥补亏损和提取公积金后所余税后利润，有限责任公司依照本法第三十五条的规定分配；股份有限公司按照股东持有的股份比例分配，但股份有限公司章程规定不按持股比例分配的除外。

股东会、股东大会或者董事

会违反前款规定，在公司弥补亏损和提取法定公积金之前向股东分配利润的，股东必须将违反规定分配的利润退还公司。

公司持有的本公司股份不得分配利润。

第一百六十八条　股份有限公司以超过股票票面金额的发行价格发行股份所得的溢价款以及国务院财政部门规定列入资本公积金的其他收入，应当列为公司资本公积金。

第一百六十九条　公司的公积金用于弥补公司的亏损、扩大公司生产经营或者转为增加公司资本。但是,资本公积金不得用于弥补公司的亏损。

法定公积金转为资本时,所留存的该项公积金不得少于转增前公司注册资本的25%。

第一百七十条　公司聘用、解聘承办公司审计业务的会计师事务所,依照公司章程的规定,由股东会、股东大会或者董事会决定。

公司股东会、股东大会或者董事会就解聘会计师事务所进行表决时，应当允许会计师事务所陈述意见。

第一百七十一条　公司应当向聘用的会计师事务所提供真实、完整的会计凭证、会计账簿、财务会计报告及其他会计资料，不得拒绝、隐匿、谎报。

第一百七十二条　公司除法定的会计账簿外，不得另立会计账簿。

对公司资产，不得以任何个人名义开立账户存储。

第九章　公司合并、分立、增资、减资

第一百七十三条　公司合并可以采取吸收合并或者新设合并。

一个公司吸收其他公司为吸收合并,被吸收的公司解散。两个以上公司合并设立一个新的公司为新设合并,合并各方解散。

第一百七十四条　公司合并，应当由合并各方签订合并协议，并编制资产负债表及财产清单。公司应当自作出合并决议之日起10日内通知债权人,并于30日内在报纸上公告。债权人自接到通知书之日起30日内,未接到通知书的自公告之日起45日内，可以要求公司清偿债务或者提供相应的担保。

第一百七十五条　公司合并时,合并各方的债权、债务,应当由合并后存续的公司或者新设的公司承继。

第一百七十六条　公司分立,其财产作相应的分割。

公司分立，应当编制资产负债表及财产清单。公司应当自作出分立决议之日起10日内通知债权人,并于30日内在报纸上公告。

第一百七十七条　公司分立前的债务由分立后的公司承担连带责任。但是,公司在分立前与债权人就债务清偿达成的书面协议另有约定的除外。

第一百七十八条　公司需要减少注册资本时，必须编制资产负债表及财产清单。

公司应当自作出减少注册资本决议之日起10日内通知债权人，并于30日内在报纸上公告。债权人自接到通知书之日起30日内，未接到通知书的自公告之日起45日内,有权要求公司清偿债务或者提供相应的担保。

公司减资后的注册资本不得低于法定的最低限额。

第一百七十九条　有限责任公司增加注册资本时，股东认缴新增资本的出资，依照本法设立有限责任公司缴纳出资的有关规定执行。

股份有限公司为增加注册资本发行新股时,股东认购新股,依照本法设立股份有限公司缴纳股款的有关规定执行。

第一百八十条　公司合并或者分立,登记事项发生变更的,应当依法向公司登记机关办理变更登记;公司解散的,应当依法办理公司注销登记;设立新公司的,应当依法办理公司设立登记。

公司增加或者减少注册资本，应当依法向公司登记机关办理变更登记。

第十章　公司解散和清算

第一百八十一条　公司因下列原因解散：

(一)公司章程规定的营业期限届满或者公司章程规定的其他解散事由出现；

(二)股东会或者股东大会决议解散；

(三)因公司合并或者分立需要解散；

(四)依法被吊销营业执照、责令关闭或者被撤销；

(五)人民法院依照本法第一百八十三条的规定予以解散。

第一百八十二条　公司有本法第一百八十一条第(一)项情形的,可以通过修改公司章程而存续。

依照前款规定修改公司章程，有限责任公司须经持有2/3以上表决权的股东通过，股份有限公司须经出席股东大会会议的股东所持表决权的2/3以上通过。

第一百八十三条　公司经营管理发生严重困难，继续存续会使股东利益受到重大损失，通过其他途径不能解决的，持有公司全部股东表决权10%以上的股东,可以请求人民法院解散公司。

第一百八十四条　公司因本法第一百八十一条第(一)项、第(二)项、第(四)项、第(五)项规定

而解散的，应当在解散事由出现之日起15日内成立清算组，开始清算。有限责任公司的清算组由股东组成，股份有限公司的清算组由董事或者股东大会确定的人员组成。逾期不成立清算组进行清算的，债权人可以申请人民法院指定有关人员组成清算组进行清算。人民法院应当受理该申请，并及时组织清算组进行清算。

第一百八十五条　清算组在清算期间行使下列职权：

（一）清理公司财产，分别编制资产负债表和财产清单；

（二）通知、公告债权人；

（三）处理与清算有关的公司未了结的业务；

（四）清缴所欠税款以及清算过程中产生的税款；

（五）清理债权、债务；

（六）处理公司清偿债务后的剩余财产；

（七）代表公司参与民事诉讼活动。

第一百八十六条　清算组应当自成立之日起10日内通知债权人，并于60日内在报纸上公告。债权人应当自接到通知书之日起30日内，未接到通知书的自公告之日起45日内，向清算组申报其债权。

债权人申报债权，应当说明债权的有关事项，并提供证明材料。清算组应当对债权进行登记。

在申报债权期间，清算组不得对债权人进行清偿。

第一百八十七条　清算组在清理公司财产、编制资产负债表和财产清单后，应当制定清算方案，并报股东会、股东大会或者人民法院确认。

公司财产在分别支付清算费用、职工的工资、社会保险费用和法定补偿金，缴纳所欠税款，清偿公司债务后的剩余财产，有限责任公司按照股东的出资比例分配，股份有限公司按照股东持有的股份比例分配。

清算期间，公司存续，但不得开展与清算无关的经营活动。公司财产在未依照前款规定清偿前，不得分配给股东。

第一百八十八条　清算组在清理公司财产、编制资产负债表和财产清单后，发现公司财产不足清偿债务的，应当依法向人民法院申请宣告破产。

公司经人民法院裁定宣告破产后，清算组应当将清算事务移交给人民法院。

第一百八十九条　公司清算结束后，清算组应当制作清算报告，报股东会、股东大会或者人民法院确认，并报送公司登记机关，申请注销公司登记，公告公司终止。

第一百九十条　清算组成员应当忠于职守，依法履行清算义务。

清算组成员不得利用职权收受贿赂或者其他非法收入，不得侵占公司财产。

清算组成员因故意或者重大过失给公司或者债权人造成损失的，应当承担赔偿责任。

第一百九十一条　公司被依法宣告破产的，依照有关企业破产的法律实施破产清算。

第十一章　外国公司的分支机构

第一百九十二条　本法所称外国公司是指依照外国法律在中国境外设立的公司。

第一百九十三条　外国公司在中国境内设立分支机构，必须向中国主管机关提出申请，并提交其公司章程、所属国的公司登记证书等有关文件，经批准后，向公司登记机关依法办理登记，领取营业执照。

外国公司分支机构的审批办法由国务院另行规定。

第一百九十四条　外国公司在中国境内设立分支机构，必须在中国境内指定负责该分支机构的代表人或者代理人，并向该分支机构拨付与其所从事的经营活动相适应的资金。

对外国公司分支机构的经营资金需要规定最低限额的，由国务院另行规定。

第一百九十五条　外国公司的分支机构应当在其名称中标明该外国公司的国籍及责任形式。

外国公司的分支机构应当在本机构中置备该外国公司章程。

第一百九十六条　外国公司在中国境内设立的分支机构不具有中国法人资格。

外国公司对其分支机构在中国境内进行经营活动承担民事责任。

第一百九十七条　经批准设立的外国公司分支机构，在中国境内从事业务活动，必须遵守中国的法律，不得损害中国的社会公共利益，其合法权益受中国法律保护。

第一百九十八条　外国公司撤销其在中国境内的分支机构时，必须依法清偿债务，依照本法有关公司清算程序的规定进行清算。未清偿债务之前，不得将其分支机构的财产移至中国境外。

第十二章　法律责任

第一百九十九条　违反本法规定，虚报注册资本、提交虚假材料或者采取其他欺诈手段隐瞒重要事实取得公司登记的，由公司登记机关责令改正，对虚报注册资本的公司，处以虚报注册资本金额5%以上15%以下的罚款；对提交虚假材料或者采取其他欺诈手段隐瞒重要事实的公司，处以5万元以上50万元以下的罚款；情节严重的，撤销公司登记或者吊销营业执照。

第二百条　公司的发起人、股东虚假出资，未交付或者未按期交付作为出资的货币或者非货币财产的，由公司登记机关责令改正，处以虚假出资金额5%以上15%以下的罚款。

第二百零一条　公司的发起人、股东在公司成立后，抽逃其出资的，由公司登记机关责令改正，处以所抽逃出资金额5%以上15%以下的罚款。

第二百零二条　公司违反本法规定，在法定的会计账簿以外另立会计账簿的，由县级以上人民政府财政部门责令改正，处以5万元以上50万元以下的罚款。

第二百零三条　公司在依法向有关主管部门提供的财务会计报告等材料上作虚假记载或者隐瞒重要事实的，由有关主管部门对直接负责的主管人员和其他直接责任人员处以3万元以上30万元以下的罚款。

第二百零四条　公司不依照本法规定提取法定公积金的，由县级以上人民政府财政部门责令如数补足应当提取的金额，可以对公司处以20万元以下的罚款。

第二百零五条　公司在合并、分立、减少注册资本或者进行清算时，不依照本法规定通知或者公告债权人的，由公司登记机关责令改正，对公司处以1万元以上10万元以下的罚款。

公司在进行清算时，隐匿财产，对资产负债表或者财产清单作虚假记载或者在未清偿债务前分配公司财产的，由公司登记机关责令改正，对公司处以隐匿财产或者未清偿债务前分配公司财产金额5%以上10%以下的罚款；对直接负责的主管人员和其他直接责任人员处以1万元以上10万元以下的罚款。

第二百零六条　公司在清算期间开展与清算无关的经营活动的，由公司登记机关予以警告，没收违法所得。

第二百零七条　清算组不依照本法规定向公司登记机关报送清算报告，或者报送清算报告隐瞒重要事实或者有重大遗漏的，由公司登记机关责令改正。

清算组成员利用职权徇私舞弊、谋取非法收入或者侵占公司财产的，由公司登记机关责令退还公司财产，没收违法所得，并可以处以违法所得1倍以上5倍以下的罚款。

第二百零八条　承担资产评估、验资或者验证的机构提供虚假材料的，由公司登记机关没收违法所得，处以违法所得1倍以上5倍以下的罚款，并可以由有关主管部门依法责令该机构停业、吊销直接责任人员的资格证书，吊销营业执照。

承担资产评估、验资或者验证的机构因过失提供有重大遗漏的报告的，由公司登记机关责令改正，情节较重的，处以所得收入1倍以上5倍以下的罚款，并可以由有关主管部门依法责令该机构停业、吊销直接责任人员的资格证书，吊销营业执照。

承担资产评估、验资或者验证的机构因其出具的评估结果、验资或者验证证明不实，给公司债权人造成损失的，除能够证明自己没有过错的外，在其评估或者证明不实的金额范围内承担赔偿责任。

第二百零九条　公司登记机关对不符合本法规定条件的登记申请予以登记，或者对符合本法规定条件的登记申请不予登记的，对直接负责的主管人员和其他直接责任人员，依法给予行政处分。

第二百一十条　公司登记机关的上级部门强令公司登记机关对不符合本法规定条件的登记申请予以登记，或者对符合本法规定条件的登记申请不予登记的，或者对违法登记进行包庇的，对直接负责的主管人员和其他直接责任人员依法给予行政处分。

第二百一十一条　未依法登记为有限责任公司或者股份有限公司，而冒用有限责任公司或者股份有限公司名义的，或者未依法登记为有限责任公司或者股份有限公司的分公司，而冒用有限责任公司或者股份有限公司的分公司名义的，由公司登记机关责令改正或者予以取缔，可以并处10万元以下的罚款。

第二百一十二条　公司成立后无正当理由超过6个月未开业的，或者开业后自行停业连续6个月以上的，可以由公司登记机关吊销营业执照。

公司登记事项发生变更时，未依照本法规定办理有关变更登记的，由公司登记机关责令限期登记；逾期不登记的，处以1万元以上10万元以下的罚款。

第二百一十三条　外国公司违反本法规定，擅自在中国境内设立分支机构的，由公司登记机关责令改正或者关闭，可以并处5万元以上20万元以下的罚款。

第二百一十四条　利用公司名义从事危害国家安全、社会公共利益的严重违法行为的，吊销营业执照。

第二百一十五条　公司违反本法规定，应当承担民事赔偿责任和缴纳罚款、罚金的，其财产不足以支付时，先承担民事赔偿责任。

第二百一十六条　违反本法规定，构成犯罪的，依法追究刑事责任。

第十三章　附　则

第二百一十七条　本法下列用语的含义：

（一）高级管理人员，是指公司的经理、副经理、财务负责人，上市公司董事会秘书和公司章程规定的其他人员。

（二）控股股东，是指其出资额占有限责任公司资本总额百分之五十以上或者其持有的股份占股份有限公司股本总额50%以上的股东；出资额或者持有股份的比例虽然不足50%，但依其出资额或者持有的股份所享有的表决权已足以对股东会、股东大会的决议产生重大影响的股东。

（三）实际控制人，是指虽不是公司的股东，但通过投资关系、协议或者其他安排，能够实际支配公司行为的人。

（四）关联关系，是指公司控股股东、实际控制人、董事、监事、高级管理人员与其直接或者间接控制的企业之间的关系，以及可能导致公司利益转移的其他关系。但是，国家控股的企业之间不仅因为同受国家控股而具有关联关系。

第二百一十八条　外商投资的有限责任公司和股份有限公司适用本法；有关外商投资的法律另有规定的，适用其规定。

第二百一十九条　本法自2006年1月1日起施行。

中华人民共和国环境保护法

(1989年12月26日中华人民共和国主席令　第22号发布)

第一章　总　则

第一条　为保护和改善生活环境与生态环境，防治污染和其他公害，保障人体健康，促进社会主义现　代业化建设的发展，制定本法。

第二条　本法所称环境，是指影响人类社会生存和发展的确各种天然的和经过人工改造的自然因素总体，包括大气、水、海洋、土地、矿藏、森林、草原、野生动物、自然古迹、人文遗迹、自然保护区、风景名胜区、城市和乡村等。

第三条　本法适用于中华人民共和国领域和中华人民共和国管辖的确其他海域。

第四条　国家制定的环境保护规划必须纳入国民经济和社会发展计划，国家采取有利于环境保护的经济、技术政策和措施。是环境保护工作同经济建设和社会发展相协调。

第五条　国家鼓励环境保护科学教育事业的发展，加强环境保护科学技术的研究和开发，提高保护科学技术水平，普及环境保护的科学知识。

第六条　一切单位和个人都有保护环境的义务，并有权对污染和破坏环境单位和蔼个人进行检举和控告。

第七条　国务院环境保护行政主管部门，对全国环境保护工作实施统一监督管理。

县级以上地方人民政府环境保护行政主管部门，对本辖区的环境保护工作实施统一管理。

国家海洋行政主管部门港务监督、渔政渔港监督、军队环境保护部门和各级公安、交通、铁道、民　航管理部门，依照有关法律的的规定对环境污染防治实施监督管理。

县级以上人民政府的土地、矿产、林业、水利行政主管部门，依照有关法律的规定对资源的保护实　施监督管理。

第八条　对保护和改善环境有显著成绩的单位和个人，有人民政府给予奖励。

第二章　环境监督管理

第九条　国务院环境保护行政主管部门制定国家环境质量标准。

省、自治区、直辖市人民政府对国家环境质量标准中未作规定的项目，可以制定地方环境标准，并报国务院环境保护行政主管部门备案。

第十条　国务院环境保护行政主管部门根据国家环境质量标准和国家经济、技术条件。制定国家污染物排放标准。

省、自治区、直辖市人民政府对国家污染物排放标准中未作规定的项目，可以制定地方污染物排放标准；对国家污染物排放标准中已作规定的项目，可以制定严于国家污染物排放标准。地方污染物排放标准须报国务院环境保护行政主管部门备案。

凡是向已有地方污染物排放标准的区域排放污染物的，应当执行地方污染物排放标准。

第十一条　国务院环境保护行政主管部门建立监测制度，制定监测规范，会同有关部门组织监测网络，加强对环境监测的管理。

国务院和省、自治区、直辖市人民政府的环境保护行政主管部门，应当定期发布环境公报。

第十二条　县级以上人民政府的环境保护行政主管部门，应当会同有关部门对管辖范围内的环境状况进行调查和评价，拟订环境保护计划，经计划部门综合平衡后，报同级人民政府批准实施。

第十三条　建设污染环境项目，必须遵守国家有关建设项目环境保护管理的确规定。

建设项目的环境影响报告书，必须对建设项目产生的污染和对环境的影响作出评价，规定防治措施，经项目主管部门预审并依照规定的程序报环境保护行政主管部门批准。环境影响报告书经批准后，计划部门方可批准建设项目设计书。

第十四条　县级以上人民政府环境保护行政主管部门或者其他依照法律规定行使环境监督管理权的部门，有权对管辖范围内的排污单位进行现场检查。被检查的单位应当如实反映情况，提供必要的确资料。检查机关应为被检查机关保守技术秘密和业务秘密。

第十五条　跨行政区的环境

污染和环境破坏的防治工作，由有关地方人民政府协商解决，或者由上级人民政府协调解决，作出决定。

第三章 保护和改善环境

第十六条 地方各级人民政府，应当对本辖区的环境质量负责，采取措施改善环境质量。

第十七条 各级人民政府对具有代表性的各种类型的自然生态系统区域，珍稀、濒危的野生动物自然分布区域，重要的水源涵养区域，具有重大科学文化价值的地质构造、著名的确溶洞和化石分布区、冰川、火山、温泉等自然遗迹，以及人文遗迹、古树名木，应当采取措施加以保护，严禁破坏。

第十八条 在国务院、国务院有关部门和省、自治区、直辖市人民政府规定的风景名胜区、自然保护区和其他需要特别保护的区域内，不得建设污染环境的工业生产设施；建设其他设施，其污染物排放不得超过规定的排放标准。已经建成的设施，其污染物排放超过规定排放标准的，限期治理。

第十九条 开发利用自然资源，必须采取措施保护生态环境。

第二十条 各级人民政府应当加强对农业环境的保护，防治土壤污染、土地沙化、盐渍化、贫瘠化、沼泽化、地面沉降和防治植被破坏、水土流失、水源枯竭、种源灭绝以及其他生态失调现象的发生和发展，推广植物病虫害的综合防治，合理利用化肥、农药及植物生长激素。

第二十一条 国务院和沿海地方人民政府应当加强对海洋环境的确保护。向海洋排放污染物、倾倒废弃物，进行海岸工程建设和海洋石油勘探开发，必须依照法律的规定，防止对海洋环境的污染损害。

第二十二条 制定城市规划，应当确定保护和改善环境的确目标和谪任务。

第二十三条 城乡建设应当结合当地自然环境的特点，保护植被、水域和自然景观，加强城市园林、绿地和风景名胜区的建设。

第四章 防治环境污染和其他公害

第二十四条 产生环境污染和其他公害的单位，必须把环境保护工作纳入计划，建立环境保护责任制度；采取有效措施，防治在生产建设或者其他活动中产生的废气、废水、废渣、粉尘、恶臭气体、放射性物质以及噪声振动、电磁波辐射等对环境的污染和危害。

第二十五条 新建工业企业、和现有工业企业的技术改造，应当采用资源利用率高、污染物排放量少的设备和工艺，采用经济合理的废弃物综合利用技术和污染物处理技术。

第二十六条 建设项目中防治污染的措施，必须与主体工程同时设计、同时施工、同时投产使用。防治污染的设施必须经原审批环境影响报告书的环境保护行政主管部门验收合格后，该建设项目方可投入生产或者使用。

防治污染的设施不得擅自拆除或者闲置，确有必要拆除或者闲置的，必须征得所在地的环境保护行政主管部门的同意。

第二十七条 排放污染物的企业事业单位，必须依照国务院环境保护行政主管部门的规定申报登记。

第二十八条 排放污染物超过国家或者地方规定的污染物排放标准的企业事业单位，依照国家规定缴纳超标准排污费，并负责治理。水污染防治法另有规定的，依照水污染防治发的规定执行。

征收的超标准排污费必须用语污染的防治，不得挪作他用，具体使用办法由国务院规定。

第二十九条 对造成环境严重污染的企业事业单位，限期治理。

中央或省、自治区、直辖市人民政府直接管辖的企业事业单位的限期治理，有省、自治区、直辖市人民政府决定。市、县或者市、县以下人民政府管辖的企业事业单位的限期治理，由市、县人民政府决定。被限期治理的企业事业单位必须如期完成治理任务。

第三十条 禁止引进不符合我国环境保护规定要求的技术和设备。

第三十一条 因发生事故或者其他突然性事件，造成或者可能造成污染事故的单位，必须立即采取措施处理，及时通报可能受到污染危害的单位和居民，并向当地环境保护行政主管部门和有关部门部门报告，接受调查处理。

可能发生重大污染事故的企业事业单位，应当采取措施，加强防范。

第三十二条 县级以上人民政府环境保护政主管部门，在环境受到严重污染威胁居民购买力生命财产安全时，必须立即向当地人民政府报告，有人民政府采取有效措施，解除或者减轻危害。

第三十三条 生产、储存、运输、销售、使用有毒化学物品和含有放射性物质的物品，必须遵守国家有关规定，防止污染环境。

第三十四条 任何单位不得将产生严重污染的生产设备转移给没有污染防治能力的单位使用。

第五章 法律责任

第三十五条 违反本法规定，有下列行为之一的，环境保护行政主管部门或者其他依照法律规定行使环境监督管理权的部门可以根据不同情节，给予警告或者处以罚款。

（一）拒绝环境保护行政主管部门或者其他依照法律规定行使环境监督管理权的部门现场检查或者在被检查时弄虚作假的。

（二）据报或者谎报国务院环境保护行政主管部门规定的有关污染物排放申报事项的。

（三）不按国家规定缴纳超标准排污费的。

（四）引进不符合我国环境保护规定要求的技术和设备的

（五）将产生严重污染的生产设备转移给没有污染防治能力的单位使用的。

第三十六条　建设项目的防止污染设施没有建成或者没有达到国家规定的要求，投入生产或者使用的，由批准该建设项目的环境影响报告书的环境保护行政主管部门责令停止生产或者使用，可以并处罚款。

第三十七条　未经环境保护行政主管部门同意，擅自拆除或者闲置防治污染的设施，污染物排放超过规定的排放标准的，由环境保护行政主管部门责令重新安装使用，并处罚款。

第三十八条　对违反本法规定，造成环境污染事故的企业事业单位，有环境保护行政主管部门或者其他依照法律规定行使环境监督管理权的部门根据所造成的危害后果处以罚款；情节严重的，对有关责任人员由其所在单位或者政府主观机关给予行政处分。

第三十九条　对经限期治理逾期未完成治理任务的企业事业单位，除依照国家规定加收超标准排污费外，可以根据所造成的危害后果处以罚款，或者责令停业、关闭。

前款规定的罚款由环境保护行政主管部门决定。责令停业、关闭，由作出限期治理决定的人民政府决定；责令中央直接管辖的企业事业单位停业、关闭，须报国务院批准。

第四十条　当事人对行政处罚不服的，可以在接到处罚通知之日起15日内，向作出处罚决定的机关的上一级机关申请复议；对复议决定不服的，可以在接到复议通知之日起15日内，向人民法院起诉。当事人也可以在接到处罚通知之日起15日内，直接向人民法院起诉。当事人逾期不申请复议、也不向人民法院起诉、又不履行处罚决定的，由作出处罚决定的机关申请人民法院强制执行。

第四十一条　造成环境污染危害的，有责任排除危害，并对直接受到损害的单位或者个人赔偿损失。

赔偿责任和赔偿金额的纠纷，可以根据当事人的请求，有环境保护行政主管部门或者其他依照法律规定行使环境监督管理权的部门处理，当事人对处理决定不服的，可以向人民法院起诉。当事人也可以直接向人民法院起诉。

完全由于不可抗拒的自然灾害，并经及时采取合理措施，仍然不能避免造成环境污染损害的，免于承担责任。

第四十二条　因环境污染损害赔偿提起诉讼的时效期间为3年，从当事人知道或者应当知道受到污染损害起时计算。

第四十三条　违反本法规定，造成重大环境污染事故，导致公私财产重大损失或者人身伤亡的严重后果的，对直接责任人员依法追究刑事责任。

第四十四条　违反本法规定，造成土地、森林、草原、水、矿产、渔业、野生动物、等资源的破坏的，依照有关法律的规定承担法律责任。

第四十五条　环境保护监督管理人员滥用职权、玩忽职守、徇私舞弊的、由其所在单位或者上级主管机关给予行政处分；构成犯罪的，依法追究刑事责任。

第六章　附　则

第四十六条　中华人民共和国缔结或者参加的与环境保护有关的国际公约，同中华人民共和国的法律有不同规定的，适用国际公约的规定，但中华人民共和国声明保留的条款除外。

第四十七条　本法自发布之日起施行。《中华人民共和国环境保护法(试行)》同时废止。

中华人民共和国环境噪声污染防治法

(1996年10月29日第八届全国人民代表大会常务委员会第二十二次会议通过
中华人民共和国主席令　第77号)

第一章　总　则

第一条　为防治环境噪声污染,保护和改善生活环境,保障人体健康,促进经济和社会发展,制定本法。

第二条　本法所称环境噪声,是指在工业生产、建筑施工、交通运输和社会生活中所产生的干扰周围生活环境的声音。

本法所称环境噪声污染,是指所产生的环境噪声超过国家规定的环境噪声排放标准,并干扰他人正常生活、工作和学习的现象。

第三条　本法适用于中华人民共和国领域内环境噪声污染的防治。

因从事本职生产、经营工作受到噪声危害的防治,不适用本法。

第四条　国务院和地方各级人民政府应当将环境噪声污染防治工作纳入环境保护规划，并采取有利于声环境保护的经济、技术政策和措施。

第五条　地方各级人民政府在制定城乡建设规划时，应当充分考虑建设项目和区域开发、改造所产生的噪声对周围生活环境的影响,统筹规划,合理安排功能区和建设布局，防止或者减轻环境噪声污染。

第六条　国务院环境保护行政主管部门对全国环境噪声污染防治实施统一监督管理。

县级以上地方人民政府环境保护行政主管部门对本行政区域内的环境噪声污染防治实施统一监督管理。

各级公安、交通、铁路、民航等主管部门和港务监督机构,根据各自的职责,对交通运输和社会生活噪声污染防治实施监督管理。

第七条　任何单位和个人都有保护声环境的义务，并有权对造成环境噪声污染的单位和个人进行检举和控告。

第八条　国家鼓励、支持环境噪声污染防治的科学研究、技术开发,推广先进的防治技术和普及防治环境噪声污染的科学知识。

第九条　对在环境噪声污染防治方面成绩显著的单位和个人,由人民政府给予奖励。

第二章　环境噪声污染防治的监督管理

第十条　国务院环境保护行政主管部门分别不同的功能区制定国家声环境质量标准。

县级以上地方人民政府根据国家声环境质量标准，划定本行政区域内各类声环境质量标准的适用区域,并进行管理。

第十一条　国务院环境保护行政主管部门根据国家声环境质量标准和国家经济、技术条件,制定国家环境噪声排放标准。

第十二条　城市规划部门在确定建设布局时，应当依据国家声环境质量标准和民用建筑隔声设计规范，合理划定建筑物与交通干线的防噪声距离，并提出相应的规划设计要求。

第十三条　新建、改建、扩建的建设项目，必须遵守国家有关建设项目环境保护管理的规定。

建设项目可能产生环境噪声污染的，建设单位必须提出环境影响报告书，规定环境噪声污染的防治措施,并按照国家规定的程序报环境保护行政主管部门批准。

环境影响报告书中，应当有该建设项目所在地单位和居民的意见。

第十四条　建设项目的环境噪声污染防治设施必须与主体工程同时设计、同时施工、同时投产使用。

建设项目在投入生产或者使用之前，其环境噪声污染防治设施必须经原审批环境影响报告书的环境保护行政主管部门验收；达不到国家规定要求的，该建设项目不得投入生产或者使用。

第十五条　产生环境噪声污染的企业事业单位，必须保持防治环境噪声污染的设施的正常使用；拆除或者闲置环境噪声污染防治设施的，必须事先报经所在地的县级以上地方人民政府环境保护行政主管部门批准。

第十六条　产生环境噪声污染的单位，应当采取措施进行治理，并按照国家规定缴纳超标准排污费。

征收的超标准排污费必须用于污染的防治,不得挪作他用。

第十七条　对于在噪声敏感建筑物集中区域内造成严重环境噪声污染的企业事业单位，限期治理。

被限期治理的单位必须按期完成治理任务。限期治理由县级以上人民政府按照国务院规定的权限决定。

对小型企业事业单位的限期治理，可以由县级以上人民政府在国务院规定的权限内授权其环境保护行政主管部门决定。

第十八条　国家对环境噪声污染严重的落后设备实行淘汰制度。

国务院经济综合主管部门应当会同国务院有关部门公布限期禁止生产、禁止销售、禁止进口的环境噪声污染严重的设备名录。

生产者、销售者或者进口者必须在国务院经济综合主管部门会同国务院有关部门规定的期限内分别停止生产、销售或者进口列入前款规定的名录中的设备。

第十九条　在城市范围内从事生产活动确需排放偶发性强烈噪声的，必须事先向当地公安机关提出申请，经批准后方可进行。当地公安机关应当向社会公告。

第二十条　国务院环境保护行政主管部门应当建立环境噪声监测制度，制定监测规范，并会同有关部门组织监测网络。

环境噪声监测机构应当按照国务院环境保护行政主管部门的规定报送环境噪声监测结果。

第二十一条　县级以上人民政府环境保护行政主管部门和其他环境噪声污染防治工作的监督管理部门、机构，有权依据各自的职责对管辖范围内排放环境噪声的单位进行现场检查。被检查的单位必须如实反映情况，并提供必要的资料。检查部门、机构应当为被检查的单位保守技术秘密和业务秘密。

检查人员进行现场检查，应当出示证件。

第三章　工业噪声污染防治

第二十二条　本法所称工业噪声，是指在工业生产活动中使用固定的设备时产生的干扰周围生活环境的声音。

第二十三条　在城市范围内向周围生活环境排放工业噪声的，应当符合国家规定的工业企业厂界环境噪声排放标准。

第二十四条　在工业生产中因使用固定的设备造成环境噪声污染的工业企业，必须按照国务院环境保护行政主管部门的规定，向所在地的县级以上地方人民政府环境保护行政主管部门申报拥有的造成环境噪声污染的设备的种类、数量以及在正常作业条件下所发出的噪声值和防治环境噪声污染的设施情况，并提供防治噪声污染的技术资料。

造成环境噪声污染的设备的种类、数量、噪声值和防治设施有重大改变的，必须及时申报，并采取应有的防治措施。

第二十五条　产生环境噪声污染的工业企业，应当采取有效措施，减轻噪声对周围生活环境的影响。

第二十六条　国务院有关主管部门对可能产生环境噪声污染的工业设备，应当根据声环境保护的要求和国家的经济、技术条件，逐步在依法制定的产品的国家标准、行业标准中规定噪声限值。

前款规定的工业设备运行时发出的噪声值，应当在有关技术文件中予以注明。

第四章　建筑施工噪声污染防治

第二十七条　本法所称建筑施工噪声，是指在建筑施工过程中产生的干扰周围生活环境的声音。

第二十八条　在城市市区范围内向周围生活环境排放建筑施工噪声的，应当符合国家规定的建筑施工场界环境噪声排放标准。

第二十九条　在城市市区范围内，建筑施工过程中使用机械设备，可能产生环境噪声污染的，施工单位必须在工程开工 15 日以前向工程所在地县级以上地方人民政府环境保护行政主管部门申报该工程的项目名称、施工场所和期限、可能产生的环境噪声值以及所采取的环境噪声污染防治措施的情况。

第三十条　在城市市区噪声敏感建筑物集中区域内，禁止夜间进行产生环境噪声污染的建筑施工作业，但抢修、抢险作业和因生产工艺上要求或者特殊需要必须连续作业的除外。

因特殊需要必须连续作业的，必须有县级以上人民政府或者其有关主管部门的证明。

前款规定的夜间作业，必须公告附近居民。

第五章　交通运输噪声污染防治

第三十一条　本法所称交通运输噪声，是指机动车辆、铁路机车、机动船舶、航空器等交通运输工具在运行时所产生的干扰周围生活环境的声音。

第三十二条　禁止制造、销售或者进口超过规定的噪声限值的汽车。

第三十三条　在城市市区范围内行驶的机动车辆的消声器和喇叭必须符合国家规定的要求。机动车辆必须加强维修和保养，保持技术性能良好，防治环境噪声污染。

第三十四条　机动车辆在城市市区范围内行驶，机动船舶在城市市区的内河航道航行，铁路机车驶经或者进入城市市区、疗养区时，必须按照规定使用声响装置。

警车、消防车、工程抢险车、救护车等机动车辆安装、使用警报器，必须符合国务院公安部门的规定；在执行非紧急任务时，禁止使用警报器。

第三十五条　城市人民政府公安机关可以根据本地城市市区区域声环境保护的需要，划定禁止机动车辆行驶和禁止其使用声响装置的路段和时间，并向社会公告。

第三十六条　建设经过已有的噪声敏感建筑物集中区域的高速公路和城市高架、轻轨道路，有可能造成环境噪声污染的，应当设置声屏障或者采取其他有效的控制环境噪声污染的措施。

第三十七条　在已有的城市交通干线的两侧建设噪声敏感建筑物的，建设单位应当按照国家规定间隔一定距离，并采取减轻、避免交通噪声影响的措施。

第三十八条　在车站、铁路编组站、港口、码头、航空港等地指挥作业时使用广播喇叭的，应当控制音量，减轻噪声对周围生活环境的影响。

第三十九条　穿越城市居民区、文教区的铁路，因铁路机车运行造成环境噪声污染的，当地城市人民政府应当组织铁路部门和其他有关部门，制定减轻环境噪声污染的规划。铁路部门和其他有关部门应当按照规划的要求，采取有效措施，减轻环境噪声污染。

第四十条　除起飞、降落或者依法规定的情形以外，民用航空器不得飞越城市市区上空。城市人民政府应当在航空器起飞、降落的净空周围划定限制建设噪声敏感建筑物的区域；在该区域内建设噪声敏感建筑物的，建设单位应当采取减轻、避免航空器运行时产生的噪声影响的措施。

民航部门应当采取有效措施，减轻环境噪声污染。

第六章　社会生活噪声污染防治

第四十一条　本法所称社会生活噪声，是指人为活动所产生的除工业噪声、建筑施工噪声和交通运输噪声之外的干扰周围生活环境的声音。

第四十二条　在城市市区噪声敏感建筑物集中区域内，因商业经营活动中使用固定设备造成环境噪声污染的商业企业，必须按照国务院环境保护行政主管部门的规定，向所在地的县级以上地方人民政府环境保护行政主管部门申报拥有的造成环境噪声污染的设备的状况和防治环境噪声污染的设施的情况。

第四十三条　新建营业性文化娱乐场所的边界噪声必须符合国家规定的环境噪声排放标准；不符合国家规定的环境噪声排放标准的，文化行政主管部门不得核发文化经营许可证，工商行政管理部门不得核发营业执照。

经营中的文化娱乐场所，其经营管理者必须采取有效措施，使其边界噪声不超过国家规定的环境噪声排放标准。

第四十四条　禁止在商业经营活动中使用高音广播喇叭或者采用其他发出高噪声的方法招揽顾客。

在商业经营活动中使用空调器、冷却塔等可能产生环境噪声污染的设备、设施的，其经营管理者应当采取措施，使其边界噪声不超过国家规定的环境噪声排放标准。

第四十五条　禁止任何单位、个人在城市市区噪声敏感建筑物集中区域内使用高音广播喇叭。

在城市市区街道、广场、公园等公共场所组织娱乐、集会等活动，使用音响器材可能产生干扰周围生活环境的过大音量的，必须遵守当地公安机关的规定。

第四十六条　使用家用电器、乐器或者进行其他家庭室内娱乐活动时，应当控制音量或者采取其他有效措施，避免对周围居民造成环境噪声污染。

第四十七条　在已竣工交付使用的住宅楼进行室内装修活动，应当限制作业时间，并采取其他有效措施，以减轻、避免对周围居民造成环境噪声污染。

第七章　法律责任

第四十八条　违反本法第十四条的规定，建设项目中需要配套建设的环境噪声污染防治设施没有建成或者没有达到国家规定的要求，擅自投入生产或者使用的，由批准该建设项目的环境影响报告书的环境保护行政主管部门责令停止生产或者使用，可以并处罚款。

第四十九条　违反本法规定，拒报或者谎报规定的环境噪声排放申报事项的，县级以上地方人民政府环境保护行政主管部门可以根据不同情节，给予警告或者处以罚款。

第五十条　违反本法第十五条的规定，未经环境保护行政主管部门批准，擅自拆除或者闲置环境噪声污染防治设施，致使环境噪声排放超过规定标准的，由县级以上地方人民政府环境保护行政主管部门责令改正，并处罚款。

第五十一条　违反本法第十六条的规定，不按照国家规定缴纳超标准排污费的，县级以上地方人民政府环境保护行政主管部门可以根据不同情节，给予警告或者处以罚款。

第五十二条　违反本法第十七条的规定，对经限期治理逾期未完成治理任务的企业事业单位，除依照国家规定加收超标准排污费外，可以根据所造成的危害后果处以罚款，或者责令停业、搬迁、关闭。

前款规定的罚款由环境保护行政主管部门决定。责令停业、搬迁、关闭由县级以上人民政府按照国务院规定的权限决定。

第五十三条　违反本法第十八条的规定，生产、销售、进口禁止生产、销售、进口的设备的，由县级以上人民政府经济综合主管部门责令改正；情节严重的，由县级以上人民政府经济综合主管部门提出意见，报请同级人民政府按照国务院规定的权限责令停业、关闭。

第五十四条　违反本法第十九条的规定，未经当地公安机关批准，进行产生偶发性强烈噪声活动的，由公安机关根据不同情节给予警告或者处以罚款。

第五十五条　排放环境噪声的单位违反本法第二十一条的规定，拒绝环境保护行政主管部门或者其他依照本法规定行使环境噪声监督管理权的部门、机构现场检查或者在被检查时弄虚作假的，环境保护行政主管部门或者其他依照本法规定行使环境噪声监督管理权的监督管理部门、机构可以根据不同情节，给予警告或者处以罚款。

第五十六条　建筑施工单位违反本法第三十条第一款的规定，在城市市区噪声敏感建筑物集中区域内，夜间进行禁止进行的产生环境噪声污染的建筑施工作业的，由工程所在地县级以上地方人民政府环境保护行政主管部门责令改正，可以并处罚款。

第五十七条　违反本法第三十四条的规定，机动车辆不按照规定使用声响装置的，由当地公安机关根据不同情节给予警告或者处以罚款。

机动船舶有前款违法行为的，由港务监督机构根据不同情节给予警告或者处以罚款。

铁路机车有第一款违法行为的，由铁路主管部门对有关责任人员给予行政处分。

第五十八条　违反本法规定，有下列行为之一的，由公安机关给予警告，可以并处罚款：

（一）在城市市区噪声敏感建筑物集中区域内使用高音广播喇叭；

（二）违反当地公安机关的规定，在城市市区街道、广场、公园等公共场所组织娱乐、集会等活动，使用音响器材，产生干扰周围生活环境的过大音量的；

（三）未按本法第四十六条和第四十七条规定采取措施，从家庭室内发出严重干扰周围居民生活的环境噪声的。

第五十九条　违反本法第四十三条第二款、第四十四条第二款的规定，造成环境噪声污染的，由县级以上地方人民政府环境保护行政主管部门责令改正，可以并处罚款。

第六十条　违反本法第四十四条第一款的规定，造成环境噪声污染的，由公安机关责令改正，可以并处罚款。

省级以上人民政府依法决定由县级以上地方人民政府环境保护行政主管部门行使前款规定的行政处罚权的，从其决定。

第六十一条　受到环境噪声污染危害的单位和个人，有权要求加害人排除危害；造成损失的，依法赔偿损失。

赔偿责任和赔偿金额的纠纷，可以根据当事人的请求，由环境保护行政主管部门或者其他环境噪声污染防治工作的监督管理部门、机构调解处理；调解不成的，当事人可以向人民法院起诉。当事人也可以直接向人民法院起诉。

第六十二条　环境噪声污染防治监督管理人员滥用职权、玩忽职守、徇私舞弊的，由其所在单位或者上级主管机关给予行政处分；构成犯罪的，依法追究刑事责任。

第八章　附　则

第六十三条　本法中下列用语的含义是：

（一）“噪声排放”是指噪声源向周围生活环境辐射噪声。

（二）“噪声敏感建筑物”是指医院、学校、机关、科研单位、住宅等需要保持安静的建筑物。

（三）“噪声敏感建筑物集中区域”是指医疗区、文教科研区和以机关或者居民住宅为主的区域。

（四）“夜间”是指晚 22:00 点至晨 6:00 点之间的期间。

（五）“机动车辆”是指汽车和摩托车。

第六十四条　本法自 1997 年 3 月 1 日起施行。1989 年 9 月 26 日国务院发布的《中华人民共和国环境噪声污染防治条例》同时废止。

中华人民共和国会计法

(1985年1月21日第六届全国人民代表大会常务委员会第九次会议通过　根据1993年12月29日第八届全国人民代表大会常务委员会第五次会议《关于修改〈中华人民共和国会计法〉的决定》修正　1999年10月31日第九届全国人民代表大会常务委员会第十二次会议修订)

第一章　总　则

第一条　为了规范会计行为，保证会计资料真实、完整,加强经济管理和财务管理，提高经济效益,维护社会主义市场经济秩序,制定本法。

第二条　国家机关、社会团体、公司、企业、事业单位和其他组织(以下统称单位)必须依照本法办理会计事务。

第三条　各单位必须依法设置会计账簿,并保证其真实、完整。

第四条　单位负责人对本单位的会计工作和会计资料的真实性、完整性负责。

第五条　会计机构、会计人员依照本法规定进行会计核算，实行会计监督。

任何单位或者个人不得以任何方式授意、指使、强令会计机构、会计人员伪造、变造会计凭证、会计账簿和其他会计资料,提供虚假财务会计报务。

任何单位或者个人不得对依法履行职责、抵制违反本法规定行为的会计人员实行打击报复。

第六条　对认真执行本法，忠于职守,坚持原则,做出显著成绩的会计人员，给予精神的或者物质的奖励。

第七条　国务院财政部门主管全国的会计工作。

县级以上地方各级人民政府财政部门管理本行政区域内的会计工作。

第八条　国客实行统一的会计制度。国家统一的会计制度由国务院财政部门根据本法制定并公布。

国务院有关部门可以依照本法和国家统一的会计制度制定对会计核算和会计监督有特殊要求的待业实施国家统一的会计制度的具体办法或者补充规定，报国务院财政部门审核批准。

中国人民解放军后勤部可以依照本法和国家统一的会计制度制定军队实施国家统一的会计制度的具体办法，报国务院财政部门备案。

第二章　会计核算

第九条　各单位必须根据实际发生的经济业务事项进行会计核算，填制会计凭证，登记会计账簿,编制财务会计报告。

任何单位不得以虚假的经济业务事项或者资料进行会计核算。

第十条　下列经济业务事项，应当力理会计手续,进行会计核算：

(一)款项和有价证券的收付；

(二)财物的收发、增减和使用；

(三)债权债务的发生和结算；

(四)资本、基金的增减；

(五)收入、支出、费用、成本的计算；

(六)财务成果的计算和处理；

(七)需要办理会计手续、进行会计核算的其他事项。

第十一条　会计年度自公历1月1日起至12月31日止。

第十二条　会计核算以人民币为记账本位币。

业务收支以人民币以外的货币为主的单位，可以选定其中一种货币作为记账本位币，但是编报的财务会计报告应当折算为人民币。

第十三条　会计凭证、会计账簿、财务会计报告和其他会计资料，必须符合国家统一的会计制度的规定。

使用电子计算机进行会计核算的，其软件及其生成的会计凭证、会计账簿、财务会计报告和其他会计资料，也必须符合国家统一的会计制度的规定。

任何单位和个人不得伪造、变造会计凭证、会计账簿及其他会计资料，不得提供虚假的财务会计报告。

第十四条　会计凭证包括原始凭证和记账凭证。

输本法第十条所列的经济业务事项，必须填制或者取得原始凭证并及时送交会计机构。

会计机构、会计人国必须按照国家统一的会计制度的规定对原始凭证进行审核,对不真实、不合法的原始凭证有权不予接受，并向单位负责人报告；对记载不准确、不完整的原始凭证予以退回，并要求按照国家统一的会计制度的规定更正、补充。

原始凭证记载的各项内容均不得涂改；原始凭证有错误的，应当由出具单位重开或者更正，更正处应当加盖出具单位印章。原始凭证金额有错误的，应当由出具单位重开，不得在原始凭证上更正。

记账凭证应当根据经过审核的原始凭证及有关资料编制。

第十五条　会计账簿登记，必须以经过审核的会计凭证为依据，并符合有关法律、行政法规和国家统一的会计制度的规定。会计账簿包括总账、明细账、日记账和其他辅助性账簿。

会计账簿应当按照连续编号的页码顺序登记。会计账簿记录发生错误或者隔页、缺号、跳行的，应当按照国家统一的会计制度规定的方法更正，并由会计人员和会计机构负责人（会计主管人员）在更正处盖章。

使用电子计算机进行会计核算的，其会计账簿的登记、更正，应当符合国家统一的会计制度的规定。

第十六条　各单位发生的各项经济业务事项应当在依法院设置的会计账簿上统一登记、核算，不得违反本法和国家统一的会计制度的规定私设会计账簿登记、核算。

第十七条　各单位应当定期将会计账簿记录与实物、款项及有关资料相互核对，保证会计账簿记录与实物及款项的实有数额相符、会计账簿记录与会计凭证的有关内容相符、会计账簿之间相对应的记录相符、会计账簿记录与会计报表的有关内容相符。

第十八条　各单位采用的会计处理方法，前后各期应当一致，不得随意变更上一层楼；确有必要变更的，应当按照国家统一的会计制度的规定变更，并将变更的原因、情况及影响在财务会计报告中说明。

第十九条　单位提供的担保、未决诉讼等或有事项，应当按照国家统一的会计制度的规定，在财务会计报告中予以说明。

第二十条　财务会计报告应当根据经过审核的会计账簿记录和有关资料编制、提供对象和提供期限的规定；其他法律、行政法规另有规定的，从其规定。

财务会计报告由会计报表、会计报表附注和财务情况说明书组成都市　。向不同的会计资料使用者提供的财务会计报告，其编制依据应当一致。有关法律、行政法规规定会计报表、会计报表附注和财务情况说明书须经注册会计师审计的，注册会计师及其所在的会计师事务所出具的审计报告应当随同财务会计报告一并提供。

第二十一条　财务会计报告应当由单位负责人和主管会计工作的负责人、会计机构负责人(会计主管人员)签名并盖章；设置总会计师的单位，还须由总会计师签名并盖章。

单位负责人应当保证财务会计报告真实、完整。

第二十二条　会计记录的文字应当使用中文。在民族自治地方，会计记录可以同时使用当地通用的一种民族文字。在中华人民共和国境内的外商投资企业、外国企业和其他外国组织的会计记录可以同时使用一种外国文字。

第二十三条　各单位对会计凭证、会计财簿、财务会计报告和其他会计资料应当建立档案，妥善保管。会计档案的保管期限和销毁办法，由国务院财政部门会同有关部门制定。

第三章　公司、企业会计核算的特别规定

第二十四条　公司、企业进行会计核算，除应当遵守本法第二单的规定外，还应当遵守本章规定。

第二十五条　公司、企业必须根据实际发生的经济业务事项，按照国家统一的会计制度的规定砍认、计量和记录资产、负债、所有者权益、收入、费用、成本和利润。

第二十六条　公司、企业进行会计核算不得有下列行为：

（一）随意改变资产、负债、氖者权益的确认标准或者计量方法，虚列、多列、不列或者少列资产、负债、所有者权益；

（二）虚列或者隐瞒收入，推迟或者提前确认收入；

（三）随意改变费用、成本的确认标准或者计量方法，虚列、多列、不列或者少列费用、成本。

（四）随意调整利润计算、分配方法，编造虚假利润或者隐瞒利润；

（五）违反国家统一的会计制度规定的其他行为。

第四章　会计监督

第二十七条　各单位应当建立、健全本单位内部会计监督制度。单位内部会计监督制度应当符合正列要求：

（一）记账人员与经济业务事项和会计事项的审批人员、经办人员、财物保管人员的职责权限应当明确，并相互分离、相互制约；

（二）重大对外投资、资产处置、资金高度和其他重要经济业务事项的决策和执行的相互监督、相互制约程序应当明确；

（三）财产清查的范围、期限和组织程序应当明确；

（四）对会计资料定期进行内部审计的办法和程序应当明确。

第二十八条　单位负责人应当保证会计机构、会计人员依法履行职责，不得授意、指使、强令会计机构、会计人员违法办理会计事项。

会计机构、会计人员对违反本法和国家统一的会计制度规定的会计事项，有权拒绝输或者按照职权予以纠正。

第二十九条　会计机构、会计人员发现会计账簿记录与实物、款项及有关资料不相符的，按照国家统一的会计制度的规定有权自行处理的，应当及时处理；无权处理的，应当立即向单位负责人报告，请求查明原因，作出处理。

第三十条　任何单位和个人对违反本法和国家统一的会计制度规定的行为，有权检举。收到检举的部门有权处理的，应当依法按照职责分工及时处理；夫权处理的，应当及时移送有权处理的部门处理，收到检举的部门、负责处理的部门应当为检举人保密，不得将检举人姓名和检举材料转给被检举单位和被检举个人。

第三十一条　有关法律、行政法规规定，须经注册会计师进行审计的单位，应当向受委托的会计师事务所如实提供会计凭证、会计账簿、财务会计报告和其他会计资料以及有关情况。

任何单位或者个人不得以任何方式要求或者示意注册会计师及其所有的会计师事务所出具不实或者不当的审计报告。

财政部门有权对会计师事务所出具审计报告的程序和内容进行监督。

第三十二条　财政部门对各单位的下列情况实施监督：

（一）是否依法设置会计账簿；

（二）会计凭证、会计账簿、财务会计报告和其他会计资料是否真实、完整；

（三）会计核算是否符合本法和国家统一的会计制度的规定；

（四）从事会计工作的人员是否具备从业资格。

在对前款第（二）项所列事项实施监督，发现重大违法嫌疑时，国务院财政部门及其派出机构可以向与被监督单位有经济业务往来的单位和被监督单位开立账户的金融机构查询有关情况，有关单位和金融机构应当给予支持。

第三十三条　财政、审计、税务、人民银行、证券监管、保险监督等部门应当依照有关法律、行政法规规定的职责，对有关单位的会计资料实施监督检查。

前款所列监督检查部门对有关单位的会计资料依法实施监督检查后，应当出具检查结论。有关监督检查部门已经作出的检查结论能够满足其他监督检查部门履行本部门职责需要的，其他监督检查部门应当加以利用，避免重复查账。

第三十四条　依法对有关单位的会计资料实施监督检查的部门及其工作人员对在监督检查中知悉的国家秘密和商业秘密负有保密义务。

第三十五条　各单位必须依照有关法律、行政法规的规定，接受有关监督检查部门依法实施的监督检查，如实提供会计凭证、会计账簿、财务会计报告和其他会计资料以及有关情况，不得拒绝、隐匿、谎报。

第五章　会计机构和会计人员

第三十六条　各单位应当根据会计业务的需要，设置会计机构，或者在有关机构中设置会计人员并指定会计主管人员；不具备设置条件的，应当委托经批准设立从事会计代理记账业务的中介机构代理记账。

国有的和国有资产占控股地位或者主导地位的大、中型企业必须设置总会计师。总会计师的任职资格、任免程序、职责权限由国务院规定。

第三十七条　会计机构内部应当建立稽核制度。

出纳人员不得兼任稽核、会计档案保管和收入、支出、费用、债权债务账目的登记工作。

第三十八条　从事会计工作的人员，必须取得会计从业资格证书。

担任单位会计机构负责人（会计主管人员）的，除取得会计从业资格证书外，还应当具备会计师以上专业技术职务资格或者从事会计工作3年以上经历。

会计人员从业资格管理办法由国务院财政部门规定。

第三十九条　会计人员应当遵守职业道德，提高业务素质。对会计人员的教育和培训工作应当加强。

第四十条　因有提供虚假财务会计报告，做假账，隐匿或者故意销毁会计凭证、会计账簿、财务会计报告，贪污、挪用公款，职务侵占等与会计职务有关的违法行为被依法追究刑事责任的人员，不得取得或者重新取得会计从业资格证书。

除前款规定的人员外，因违法违纪行为被吊销会计从业资格证书的人员，自被吊销会计从业资格证书之日起5年内，不得重新取得会计从业资格证书。

第四十一条　会计人员调动工作或者离职，必须与接管人员办清交接手续。

一般会计人员输交接手续，由会计机构负责人（会计和管人员）监交；会计机构负责人（会计主管人员）办理交接手续，由单位负责人监交，必要时主管单位可以派人会同监交。

第六章 法律责任

第四十二条 违反本法规定，有下列行为之一的，由县信以上人民政府财政部门责令限期改正，可以对单位并处0.3万元以上5万元以下的罚款；对其直接负责人的主管人员和其他直接责任人员，可以处0.2万元以上2万元以下的罚款；属于国家工作人员的，还应当由其所在单位或者有关单位依法给予行政处分：

(一)不依法设置会计账簿的；

(二)私设会计账簿的；

(三)未按照规定填制、取得原始凭证或者填制、取行的确良原始凭证不符合规定的；

(四)以未经审核的会计凭证为依据登记会计账簿或者登记会计账簿不符合规定的；

(五)随意变更会计处理方法的；

(六)向不同的会计资料使用者提供的财务会计报告编制依据不一致的；

(七)未按照规定使用会计记录文字或者记账本位币的；

(八)未按照规定保管会计资料，致使会计资料毁损、灭失的；

(九)未按照规定建立并实施单位内部会计监督制度或者拒绝依法实施的监督或者不如实提供有关会计资料及有关情况的；

(十)任用会计人员不符合本法规定的。

有前款所列行为之一，构成犯罪的，依法追究刑事责任。

会计人员有第一款所列行为之一，情节严重的，由县级以上人民政府财政部门吊销会计从业资格证书。

有关法律对第一款所列行为的处罚另有规定的，依照有关法律的规定办理。

第四十三条 伪造、变造会计凭证、会计账簿，编制虚假财务会计报告，构成犯罪的，依法追究刑事责任。

有前款行为，尚不构成犯罪的，由县级以上人民政府财政部门予以通报，可以对单位并处五千元以上十万元以下的罚款；对其直接负责的主管人员和其他直接责任人员，可以处0.3万元以上5万元以下的罚款；属于国家工作人员的，还应当由其所在单位或者有关单位依法给予撤职直至开除的行政处分；对其中的会计人员，并由县级以上人民政府部门吊销会计从业资格证书。

第四十四条 隐匿或者故意销毁依法应当保存的会计凭证、会计账簿、财务会计报告，构成犯罪的，依法追究刑事责任。

有前款行为，尚不构成犯罪的，由县级以上人民政府财政部门予以通报，可以对单位并处0.5万元以上10万元以下的罚款；对其直接负责的主管人员和其他直接责任人员，可以处0.3万元以上5万元以下的罚款；属于国家工作人员的，还应当由其所在单位或者有关单位依法给予撤职直至开除的行政处分；对其中的会计人员，并由县级以上人民政府部门吊销会计从业资格证书。

第四十五条 授意、指使、强令会计机构、会计人员及其他人员伪造、变造会计凭证、会计账簿，编制度假财务会计报告或者隐匿、故意销毁依法应当保存的会计凭证、会计账簿、财务会计报告，构成犯罪的，贪污追究刑事责任；尚不构成犯罪的，可以处0.5万元以上5万元以下的罚款；属于国家工作人员的，还应当由其所在单位或者有关单位依法给予绛级、撤职、开除的行政处分。

第四十六条 单位负责人对依法履行职责、抵制违反本法规定行为的会计人员以降级、撤职、调离工作岗位、解聘或者开除等方式实行打击报复，构成犯罪的，依法追究刑事责任；尚不构成犯罪的，由其所在单位或者有关单位依法给予行政处分。对受打击报复的会计人员，应当恢复其名誉和原有职务、级别。

第四十七条 财政部门及有关行政部门的工作人员在实施监督管理中滥用职权、玩忽职守、徇私舞弊或者泄露国家秘密、商业秘密，构成犯罪的，依法追究刑事责任；尚不构成犯罪的，依法给予行政处分。

第四十八条 违反本法第三十条规定，将检举人姓名和检举材料转给被检举单位和个人的，由所在单位或者有关单位依法给予行政处分。

第四十九条 违反本法规定，同时违反其他法律规定的，由有关部门在各自职权范围内依法进行处罚。

第七章 附 则

第五十条 本法下列用语的含义：

单位负责人，是指单位法定代表人或者法律、行政法规规定代表单位行使职权的主要负责人。

国家统一的会计制度，是指国务院财政部门根据本法制定的关于会计核算、会计监督、会计机构和会计人员以及会计工作管理的制度。

第五十一条 个体工商户会计管理的具体办法，由国务院财政部门根据本法的原则另行规定。

第五十二条 本法自2000年7月1日起施行。

中华人民共和国价格法

(1997年12月29日第八届全国人民代表大会常务委员会第二十九次会议通过)

第一章 总 则

第一条 为了规范价格行为,发挥价格合理配置资源的作用,稳定市场价格总水平,保护消费者和经营者的合法权益,促进社会主义市场经济健康发展,制定本法。

第二条 在中华人民共和国境内发生的价格行为,适用本法。

本法所称价格包括商品价格和服务价格。

商品价格是指各类有形产品和无形资产的价格。

服务价格是指各类有偿服务的收费。

第三条 国家实行并逐步完善宏观经济调控下主要由市场形成价格的机制。价格的制定应当符合价值规律,大多数商品和服务价格实行市场调节价,极少数商品和服务价格实行政府指导价或者政府定价。

市场调节价,是指由经营者自主制定,通过市场竞争形成的价格。

本法所称经营者是指从事生产、经营商品或者提供有偿服务的法人、其他组织和个人。

政府指导价,是指依照本法规定,由政府价格主管部门或者其他有关部门,按照定价权限和范围规定基准价及其浮动幅度,指导经营者制定的价格。

政府定价,是指依照本法规定,由政府价格主管部门或者其他有关部门,按照定价权限和范围制定的价格。

第四条 国家支持和促进公平、公开、合法的市场竞争,维护正常的价格秩序,对价格活动实行管理、监督和必要的调控。

第五条 国务院价格主管部门统一负责全国的价格工作。国务院其他有关部门在各自的职责范围内,负责有关的价格工作。

县级以上地方各级人民政府价格主管部门负责本行政区域内的价格工作。县级以上地方各级人民政府其他有关部门在各自的职责范围内,负责有关的价格工作。

第二章 经营者的价格行为

第六条 商品价格和服务价格,除依照本法第十八条规定适用政府指导价或者政府定价外,实行市场调节价,由经营者依照本法自主制定。

第七条 经营者定价,应当遵循公平、合法和诚实信用的原则。

第八条 经营者定价的基本依据是生产经营成本和市场供求状况。

第九条 经营者应当努力改进生产经营管理,降低生产经营成本,为消费者提供价格合理的商品和服务,并在市场竞争中获取合法利润。

第十条 经营者应当根据其经营条件建立、健全内部价格管理制度,准确记录与核定商品和服务的生产经营成本,不得弄虚作假。

第十一条 经营者进行价格活动,享有下列权利:

(一)自主制定属于市场调节的价格;

(二)在政府指导价规定的幅度内制定价格;

(三)制定属于政府指导价、政府定价产品范围内的新产品的试销价格,特定产品除外;

(四)检举、控告侵犯其依法自主定价权利的行为。

第十二条 经营者进行价格活动,应当遵守法律、法规,执行依法制定的政府指导价、政府定价和法定的价格干预措施、紧急措施。

第十三条 经营者销售、收购商品和提供服务,应当按照政府价格主管部门的规定明码标价,注明商品的品名、产地、规格、等级、计价单位、价格或者服务的项目、收费标准等有关情况。

经营者不得在标价之外加价出售商品,不得收取任何未予标明的费用。

第十四条 经营者不得有下列不正当价格行为:

(一)相互串通,操纵市场价格,损害其他经营者或者消费者的合法权益;

(二)在依法降价处理鲜活商品、季节性商品、积压商品等商品外,为了排挤竞争对手或者独占市场,以低于成本的价格倾销,扰乱正常的生产经营秩序,损害国家利益或者其他经营者的合法权益;

(三)捏造、散布涨价信息,哄

抬价格,推动商品价格过高上涨的;

(四)利用虚假的或者使人误解的价格手段,诱骗消费者或者其他经营者与其进行交易;

(五)提供相同商品或者服务,对具有同等交易条件的其他经营者实行价格歧视;

(六)采取抬高等级或者压低等级等手段收购、销售商品或者提供服务,变相提高或者压低价格;

(七)违反法律、法规的规定牟取暴利;

(八)法律、行政法规禁止的其他不正当价格行为。

第十五条　各类中介机构提供有偿服务收取费用,应当遵守本法的规定。法律另有规定的,按照有关规定执行。

第十六条　经营者销售进口商品、收购出口商品,应当遵守本章的有关规定,维护国内市场秩序。

第十七条　行业组织应当遵守价格法律、法规,加强价格自律,接受政府价格主管部门的工作指导。

第三章　政府的定价行为

第十八条　下列商品和服务价格,政府在必要时可以实行政府指导价或者政府定价:

(一)与国民经济发展和人民生活关系重大的极少数商品价格;

(二)资源稀缺的少数商品价格;

(三)自然垄断经营的商品价格;

(四)重要的公用事业价格;

(五)重要的公益性服务价格。

第十九条　政府指导价、政府定价的定价权限和具体适用范围,以中央的和地方的定价目录为依据。

中央定价目录由国务院价格主管部门制定、修订,报国务院批准后公布。

地方定价目录由省、自治区、直辖市人民政府价格主管部门按照中央定价目录规定的定价权限和具体适用范围制定,经本级人民政府审核同意,报国务院价格主管部门审定后公布。

省、自治区、直辖市人民政府以下各级地方人民政府不得制定定价目录。

第二十条　国务院价格主管部门和其他有关部门,按照中央定价目录规定的定价权限和具体适用范围制定政府指导价、政府定价;其中重要的商品和服务价格的政府指导价、政府定价,应当按照规定经国务院批准。

省、自治区、直辖市人民政府价格主管部门和其他有关部门,应当按照地方定价目录规定的定价权限和具体适用范围制定在本地区执行的政府指导价、政府定价。

市、县人民政府可以根据省、自治区、直辖市人民政府的授权,按照地方定价目录规定的定价权限和具体适用范围制定在本地区执行的政府指导价、政府定价。

第二十一条　制定政府指导价、政府定价,应当依据有关商品或者服务的社会平均成本和市场供求状况、国民经济与社会发展要求以及社会承受能力,实行合理的购销差价、批零差价、地区差价和季节差价。

第二十二条　政府价格主管部门和其他有关部门制定政府指导价、政府定价,应当开展价格、成本调查,听取消费者、经营者和有关方面的意见。

政府价格主管部门开展对政府指导价、政府定价的价格、成本调查时,有关单位应当如实反映情况,提供必需的账薄、文件以及其他资料。

第二十三条　制定关系群众切身利益的公用事业价格、公益性服务价格,自然垄断经营的商品价格等政府指导价、政府定价,应当建立听证会制度,由政府价格主管部门主持,征求消费者、经营者和有关方面的意见,论证其必要性、可行性。

第二十四条　政府指导价、政府定价制定后,由制定价格的部门向消费者、经营者公布。

第二十五条　政府指导价、政府定价的具体适用范围、价格水平,应当根据经济运行情况,按照规定的定价权限和程序适时调整。

消费者、经营者可以对政府指导价、政府定价提出调整建议。

第四章　价格总水平调控

第二十六条　稳定市场价格总水平是国家重要的宏观经济政策目标。国家根据国民经济发展的需要和社会承受能力,确定市场价格总水平调控目标,列入国民经济和社会发展计划,并综合运用货币、财政、投资、进出口等方面的政策和措施,予以实现。

第二十七条　政府可以建立重要商品储备制度,设立价格调节基金,调控价格,稳定市场。

第二十八条　为适应价格调控和管理的需要,政府价格主管部门应当建立价格监测制度,对重要商品、服务价格的变动进行监测。

第二十九条　政府在粮食等重要农产品的市场购买价格过低时,可以在收购中实行保护价格,并采取相应的经济措施保证其实现。

第三十条　当重要商品和服务价格显著上涨或者有可能显著上涨,国务院和省、自治区、直辖市人民政府可以对部分价格采取限定差价率或者利润率、规定限价、实行提价申报制度和调价备案制度等干预措施。

省、自治区、直辖市人民政府采取前款规定的干预措施,应当报国务院备案。

第三十一条　当市场价格总

水平出现剧烈波动等异常状态时，国务院可以在全国范围内或者部分区域内采取临时集中定价权限、部分或者全面冻结价格的紧急措施。

第三十二条　依照本法第三十条、第三十一条的规定实行干预措施、紧急措施的情形消除后，应当及时解除干预措施、紧急措施。

第五章　价格监督检查

第三十三条　县级以上各级人民政府价格主管部门，依法对价格活动进行监督检查，并依照本法的规定对价格违法行为实施行政处罚。

第三十四条　政府价格主管部门进行价格监督检查时，可以行使下列职权：

(一)询问当事人或者有关人员，并要求其提供证明材料和与价格违法行为有关的其他资料；

(二)查询、复制与价格违法行为有关的帐簿、单据、凭证、文件及其他资料，核对与价格违法行为有关的银行资料；

(三)检查与价格违法行为有关的财物，必要时可以责令当事人暂停相关营业；

(四)在证据可能灭失或者以后难以取得的情况下，可以依法先行登记保存，当事人或者有关人员不得转移、隐匿或者销毁。

第三十五条　经营者接受政府价格主管部门的监督检查时，应当如实提供价格监督检查所必需的帐薄、单据、凭证、文件以及其他资料。

第三十六条　政府部门价格工作人员不得将依法取得的资料或者了解的情况用于依法进行价格管理以外的任何其他目的，不得泄露当事人的商业秘密。

第三十七条　消费者组织、职工价格监督组织、居民委员会、村民委员会等组织以及消费者，有权对价格行为进行社会监督。政府价格主管部门应当充分发挥群众的价格监督作用。

新闻单位有权进行价格舆论监督。

第三十八条　政府价格主管部门应当建立对价格违法行为的举报制度。

任何单位和个人均有权对价格违法行为进行举报。政府价格主管部门应当对举报者给予鼓励，并负责为举报者保密。

第六章　法律责任

第三十九条　经营者不执行政府指导价、政府定价以及法定的价格干预措施、紧急措施的，责令改正，没收违法所得，可以并处违法所得5倍以下的罚款；没有违法所得的，可以处以罚款；情节严重的，责令停业整顿。

第四十条　经营者有本法第十四条所列行为之一的，责令改正，没收违法所得，可以并处违法所得五倍以下的罚款；没有违法所得的，予以警告，可以并处罚款；情节严重的，责令停业整顿，或者由工商行政管理机关吊销营业执照。有关法律对本法第十四条所列行为的处罚及处罚机关另有规定的，可以依照有关法律的规定执行。

有本法第十四条第(一)项、第(二)项所列行为，属于是全国性的，由国务院价格主管部门认定；属于是省及省以下区域性的，由省、自治区、直辖市人民政府价格主管部门认定。

第四十一条　经营者因价格违法行为致使消费者或者其他经营者多付价款的，应当退还多付部分；造成损害的，应当依法承担赔偿责任。

第四十二条　经营者违反明码标价规定的，责令改正，没收违法所得，可以并处0.5万元以下的罚款。

第四十三条　经营者被责令暂停相关营业而不停止的，或者转移、隐匿、销毁依法登记保存的财物的，处相关营业所得或者转移、隐匿、销毁的财物价值1倍以上3倍以下的罚款。

第四十四条　拒绝按照规定提供监督检查所需资料或者提供虚假资料的，责令改正，予以警告；逾期不改正的，可以处以罚款。

第四十五条　地方各级人民政府或者各级人民政府有关部门违反本法规定，超越定价权限和范围擅自制定、调整价格或者不执行法定的价格干预措施、紧急措施的，责令改正，并可以通报批评；对直接负责的主管人员和其他直接责任人员，依法给予行政处分。

第四十六条　价格工作人员泄露国家秘密、商业秘密以及滥用职权、徇私舞弊、玩忽职守、索贿受贿，构成犯罪的，依法追究刑事责任；

尚不构成犯罪的，依法给予处分。

第七章　附　则

第四十七条　国家行政机关的收费，应当依法进行，严格控制收费项目，限定收费范围、标准。收费的具体管理办法由国务院另行制定。

利率、汇率、保险费率、证券及期货价格，适用有关法律、行政法规的规定，不适用本办法。

第四十八条　本法自1998年5月1日起施行。

中华人民共和国就业促进法

(2007年8月30日第十届全国人民代表大会常务委员会第二十九次会议通过)

第一章 总 则

第一条 为了促进就业，促进经济发展与扩大就业相协调，促进社会和谐稳定，制定本法。

第二条 国家把扩大就业放在经济社会发展的突出位置，实施积极的就业政策，坚持劳动者自主择业、市场调节就业、政府促进就业的方针，多渠道扩大就业。

第三条 劳动者依法享有平等就业和自主择业的权利。

劳动者就业，不因民族、种族、性别、宗教信仰等不同而受歧视。

第四条 县级以上人民政府把扩大就业作为经济和社会发展的重要目标，纳入国民经济和社会发展规划，并制定促进就业的中长期规划和年度工作计划。

第五条 县级以上人民政府通过发展经济和调整产业结构、规范人力资源市场、完善就业服务、加强职业教育和培训、提供就业援助等措施，创造就业条件，扩大就业。

第六条 国务院建立全国促进就业工作协调机制，研究就业工作中的重大问题，协调推动全国的促进就业工作。国务院劳动行政部门具体负责全国的促进就业工作。

省、自治区、直辖市人民政府根据促进就业工作的需要，建立促进就业工作协调机制，协调解决本行政区域就业工作中的重大问题。

县级以上人民政府有关部门按照各自的职责分工，共同做好促进就业工作。

第七条 国家倡导劳动者树立正确的择业观念，提高就业能力和创业能力；鼓励劳动者自主创业、自谋职业。

各级人民政府和有关部门应当简化程序，提高效率，为劳动者自主创业、自谋职业提供便利。

第八条 用人单位依法享有自主用人的权利。

用人单位应当依照本法以及其他法律、法规的规定，保障劳动者的合法权益。

第九条 工会、共产主义青年团、妇女联合会、残疾人联合会以及其他社会组织，协助人民政府开展促进就业工作，依法维护劳动者的劳动权利。

第十条 各级人民政府和有关部门对在促进就业工作中作出显著成绩的单位和个人，给予表彰和奖励。

第二章 政策支持

第十一条 县级以上人民政府应当把扩大就业作为重要职责，统筹协调产业政策与就业政策。

第十二条 国家鼓励各类企业在法律、法规规定的范围内，通过兴办产业或者拓展经营，增加就业岗位。

国家鼓励发展劳动密集型产业、服务业，扶持中小企业，多渠道、多方式增加就业岗位。

国家鼓励、支持、引导非公有制经济发展，扩大就业，增加就业岗位。

第十三条 国家发展国内外贸易和国际经济合作，拓宽就业渠道。

第十四条 县级以上人民政府在安排政府投资和确定重大建设项目时，应当发挥投资和重大建设项目带动就业的作用，增加就业岗位。

第十五条 国家实行有利于促进就业的财政政策，加大资金投入，改善就业环境，扩大就业。

县级以上人民政府应当根据就业状况和就业工作目标，在财政预算中安排就业专项资金用于促进就业工作。

就业专项资金用于职业介绍、职业培训、公益性岗位、职业技能鉴定、特定就业政策和社会保险等的补贴，小额贷款担保基金和微利项目的小额担保贷款贴息，以及扶持公共就业服务等。就业专项资金的使用管理办法由国务院财政部门和劳动行政部门规定。

第十六条 国家建立健全失业保险制度，依法确保失业人员的基本生活，并促进其实现就业。

第十七条 国家鼓励企业增加就业岗位，扶持失业人员和残疾人就业，对下列企业、人员依法给予税收优惠：

(一)吸纳符合国家规定条件的失业人员达到规定要求的企业；

(二)失业人员创办的中小企业；

(三)安置残疾人员达到规定比例或者集中使用残疾人的企业；

（四）从事个体经营的符合国家规定条件的失业人员；

（五）从事个体经营的残疾人；

（六）国务院规定给予税收优惠的其他企业、人员。

第十八条　对本法第十七条第四项、第五项规定的人员，有关部门应当在经营场地等方面给予照顾，免除行政事业性收费。

第十九条　国家实行有利于促进就业的金融政策，增加中小企业的融资渠道；鼓励金融机构改进金融服务，加大对中小企业的信贷支持，并对自主创业人员在一定期限内给予小额信贷等扶持。

第二十条　国家实行城乡统筹的就业政策，建立健全城乡劳动者平等就业的制度，引导农业富余劳动力有序转移就业。

县级以上地方人民政府推进小城镇建设和加快县域经济发展，引导农业富余劳动力就地就近转移就业；在制定小城镇规划时，将本地区农业富余劳动力转移就业作为重要内容。

县级以上地方人民政府引导农业富余劳动力有序向城市异地转移就业；劳动力输出地和输入地人民政府应当互相配合，改善农村劳动者进城就业的环境和条件。

第二十一条　国家支持区域经济发展，鼓励区域协作，统筹协调不同地区就业的均衡增长。

国家支持民族地区发展经济，扩大就业。

第二十二条　各级人民政府统筹做好城镇新增劳动力就业、农业富余劳动力转移就业和失业人员就业工作。

第二十三条　各级人民政府采取措施，逐步完善和实施与非全日制用工等灵活就业相适应的劳动和社会保险政策，为灵活就业人员提供帮助和服务。

第二十四条　地方各级人民政府和有关部门应当加强对失业人员从事个体经营的指导，提供政策咨询、就业培训和开业指导等服务。

第三章　公平就业

第二十五条　各级人民政府创造公平就业的环境，消除就业歧视，制定政策并采取措施对就业困难人员给予扶持和援助。

第二十六条　用人单位招用人员、职业中介机构从事职业中介活动，应当向劳动者提供平等的就业机会和公平的就业条件，不得实施就业歧视。

第二十七条　国家保障妇女享有与男子平等的劳动权利。

用人单位招用人员，除国家规定的不适合妇女的工种或者岗位外，不得以性别为由拒绝录用妇女或者提高对妇女的录用标准。

用人单位录用女职工，不得在劳动合同中规定限制女职工结婚、生育的内容。

第二十八条　各民族劳动者享有平等的劳动权利。

用人单位招用人员，应当依法对少数民族劳动者给予适当照顾。

第二十九条　国家保障残疾人的劳动权利。

各级人民政府应当对残疾人就业统筹规划，为残疾人创造就业条件。

用人单位招用人员，不得歧视残疾人。

第三十条　用人单位招用人员，不得以是传染病病原携带者为由拒绝录用。但是，经医学鉴定传染病病原携带者在治愈前或者排除传染嫌疑前，不得从事法律、行政法规和国务院卫生行政部门规定禁止从事的易使传染病扩散的工作。

第三十一条　农村劳动者进城就业享有与城镇劳动者平等的劳动权利，不得对农村劳动者进城就业设置歧视性限制。

第四章　就业服务和管理

第三十二条　县级以上人民政府培育和完善统一开放、竞争有序的人力资源市场，为劳动者就业提供服务。

第三十三条　县级以上人民政府鼓励社会各方面依法开展就业服务活动，加强对公共就业服务和职业中介服务的指导和监督，逐步完善覆盖城乡的就业服务体系。

第三十四条　县级以上人民政府加强人力资源市场信息网络及相关设施建设，建立健全人力资源市场信息服务体系，完善市场信息发布制度。

第三十五条　县级以上人民政府建立健全公共就业服务体系，设立公共就业服务机构，为劳动者免费提供下列服务：

（一）就业政策法规咨询；

（二）职业供求信息、市场工资指导价位信息和职业培训信息发布；

（三）职业指导和职业介绍；

（四）对就业困难人员实施就业援助；

（五）办理就业登记、失业登记等事务；

（六）其他公共就业服务。

公共就业服务机构应当不断提高服务的质量和效率，不得从事经营性活动。

公共就业服务经费纳入同级财政预算。

第三十六条　县级以上地方人民政府对职业中介机构提供公益性就业服务的，按照规定给予补贴。

国家鼓励社会各界为公益性就业服务提供捐赠、资助。

第三十七条　地方各级人民政府和有关部门不得举办或者与

他人联合举办经营性的职业中介机构。

地方各级人民政府和有关部门、公共就业服务机构举办的招聘会,不得向劳动者收取费用。

第三十八条　县级以上人民政府和有关部门加强对职业中介机构的管理，鼓励其提高服务质量,发挥其在促进就业中的作用。

第三十九条　从事职业中介活动,应当遵循合法、诚实信用、公平、公开的原则。

用人单位通过职业中介机构招用人员，应当如实向职业中介机构提供岗位需求信息。禁止任何组织或者个人利用职业中介活动侵害劳动者的合法权益。

第四十条　设立职业中介机构应当具备下列条件：

(一)有明确的章程和管理制度；

(二)有开展业务必备的固定场所、办公设施和一定数额的开办资金；

(三)有一定数量具备相应职业资格的专职工作人员；

(四)法律、法规规定的其他条件。

设立职业中介机构，应当依法办理行政许可。经许可的职业中介机构，应当向工商行政部门办理登记。

未经依法许可和登记的机构,不得从事职业中介活动。

国家对外商投资职业中介机构和向劳动者提供境外就业服务的职业中介机构另有规定的,依照其规定。

第四十一条　职业中介机构不得有下列行为：

(一)提供虚假就业信息；

(二)为无合法证照的用人单位提供职业中介服务；

(三)伪造、涂改、转让职业中介许可证；

(四)扣押劳动者的居民身份证和其他证件，或者向劳动者收取押金；

(五)其他违反法律、法规规定的行为。

第四十二条　县级以上人民政府建立失业预警制度，对可能出现的较大规模的失业，实施预防、调节和控制。

第四十三条　国家建立劳动力调查统计制度和就业登记、失业登记制度，开展劳动力资源和就业、失业状况调查统计,并公布调查统计结果。

统计部门和劳动行政部门进行劳动力调查统计和就业、失业登记时，用人单位和个人应当如实提供调查统计和登记所需要的情况。

第五章　职业教育和培训

第四十四条　国家依法发展职业教育,鼓励开展职业培训,促进劳动者提高职业技能，增强就业能力和创业能力。

第四十五条　县级以上人民政府根据经济社会发展和市场需求,制定并实施职业能力开发计划。

第四十六条　县级以上人民政府加强统筹协调，鼓励和支持各类职业院校、职业技能培训机构和用人单位依法开展就业前培训、在职培训、再就业培训和创业培训；鼓励劳动者参加各种形式的培训。

第四十七条　县级以上地方人民政府和有关部门根据市场需求和产业发展方向,鼓励、指导企业加强职业教育和培训。

职业院校、职业技能培训机构与企业应当密切联系，实行产教结合,为经济建设服务,培养实用人才和熟练劳动者。

企业应当按照国家有关规定提取职工教育经费,对劳动者进行职业技能培训和继续教育培训。

第四十八条　国家采取措施建立健全劳动预备制度，县级以上地方人民政府对有就业要求的初高中毕业生实行一定期限的职业教育和培训，使其取得相应的职业资格或者掌握一定的职业技能。

第四十九条　地方各级人民政府鼓励和支持开展就业培训，帮助失业人员提高职业技能,增强其就业能力和创业能力。失业人员参加就业培训的，按照有关规定享受政府培训补贴。

第五十条　地方各级人民政府采取有效措施，组织和引导进城就业的农村劳动者参加技能培训，鼓励各类培训机构为进城就业的农村劳动者提供技能培训，增强其就业能力和创业能力。

第五十一条　国家对从事涉及公共安全、人身健康、生命财产安全等特殊工种的劳动者，实行职业资格证书制度，具体办法由国务院规定。

第六章　就业援助

第五十二条　各级人民政府建立健全就业援助制度，采取税费减免、贷款贴息、社会保险补贴、岗位补贴等办法,通过公益性岗位安置等途径，对就业困难人员实行优先扶持和重点帮助。

就业困难人员是指因身体状况、技能水平、家庭因素、失去土地等原因难以实现就业，以及连续失业一定时间仍未能实现就业的人员。就业困难人员的具体范围,由省、自治区、直辖市人民政府根据本行政区域的实际情况规定。

第五十三条　政府投资开发的公益性岗位，应当优先安排符合岗位要求的就业困难人员。被安排在公益性岗位工作的，按照国家规定给予岗位补贴。

第五十四条　地方各级人民

政府加强基层就业援助服务工作，对就业困难人员实施重点帮助，提供有针对性的就业服务和公益性岗位援助。

地方各级人民政府鼓励和支持社会各方面为就业困难人员提供技能培训、岗位信息等服务。

第五十五条　各级人民政府采取特别扶助措施，促进残疾人就业。

用人单位应当按照国家规定安排残疾人就业，具体办法由国务院规定。

第五十六条　县级以上地方人民政府采取多种就业形式，拓宽公益性岗位范围，开发就业岗位，确保城市有就业需求的家庭至少有1人实现就业。

法定劳动年龄内的家庭人员均处于失业状况的城市居民家庭，可以向住所地街道、社区公共就业服务机构申请就业援助。街道、社区公共就业服务机构经确认属实的，应当为该家庭中至少1人提供适当的就业岗位。

第五十七条　国家鼓励资源开采型城市和独立工矿区发展与市场需求相适应的产业，引导劳动者转移就业。

对因资源枯竭或者经济结构调整等原因造成就业困难人员集中的地区，上级人民政府应当给予必要的扶持和帮助。

第七章　监督检查

第五十八条　各级人民政府和有关部门应当建立促进就业的目标责任制度。县级以上人民政府按照促进就业目标责任制的要求，对所属的有关部门和下一级人民政府进行考核和监督。

第五十九条　审计机关、财政部门应当依法对就业专项资金的管理和使用情况进行监督检查。

第六十条　劳动行政部门应当对本法实施情况进行监督检查，建立举报制度，受理对违反本法行为的举报，并及时予以核实处理。

第八章　法律责任

第六十一条　违反本法规定，劳动行政等有关部门及其工作人员滥用职权、玩忽职守、徇私舞弊的，对直接负责的主管人员和其他直接责任人员依法给予处分。

第六十二条　违反本法规定，实施就业歧视的，劳动者可以向人民法院提起诉讼。

第六十三条　违反本法规定，地方各级人民政府和有关部门、公共就业服务机构举办经营性的职业中介机构，从事经营性职业中介活动，向劳动者收取费用的，由上级主管机关责令限期改正，将违法收取的费用退还劳动者，并对直接负责的主管人员和其他直接责任人员依法给予处分。

第六十四条　违反本法规定，未经许可和登记，擅自从事职业中介活动的，由劳动行政部门或者其他主管部门依法予以关闭；有违法所得的，没收违法所得，并处1万元以上5万元以下的罚款。

第六十五条　违反本法规定，职业中介机构提供虚假就业信息，为无合法证照的用人单位提供职业中介服务，伪造、涂改、转让职业中介许可证的，由劳动行政部门或者其他主管部门责令改正；有违法所得的，没收违法所得，并处1万元以上5万元以下的罚款；情节严重的，吊销职业中介许可证。

第六十六条　违反本法规定，职业中介机构扣押劳动者居民身份证等证件的，由劳动行政部门责令限期退还劳动者，并依照有关法律规定给予处罚。

违反本法规定，职业中介机构向劳动者收取押金的，由劳动行政部门责令限期退还劳动者，并以每人0.05万元以上0.2万元以下的标准处以罚款。

第六十七条　违反本法规定，企业未按照国家规定提取职工教育经费，或者挪用职工教育经费的，由劳动行政部门责令改正，并依法给予处罚。

第六十八条　违反本法规定，侵害劳动者合法权益，造成财产损失或者其他损害的，依法承担民事责任；构成犯罪的，依法追究刑事责任。

第九章　附　则

第六十九条　本法自2008年1月1日起施行。

中华人民共和国劳动合同法

（2007 年 6 月 29 日第十届全国人民代表大会常务委员会第二十八次会议通过）

第一章 总 则

第一条 为了完善劳动合同制度，明确劳动合同双方当事人的权利和义务，保护劳动者的合法权益，构建和发展和谐稳定的劳动关系，制定本法。

第二条 中华人民共和国境内的企业、个体经济组织、民办非企业单位等组织（以下称用人单位）与劳动者建立劳动关系，订立、履行、变更、解除或者终止劳动合同，适用本法。

国家机关、事业单位、社会团体和与其建立劳动关系的劳动者，订立、履行、变更、解除或者终止劳动合同，依照本法执行。

第三条 订立劳动合同，应当遵循合法、公平、平等自愿、协商一致、诚实信用的原则。

依法订立的劳动合同具有约束力，用人单位与劳动者应当履行劳动合同约定的义务。

第四条 用人单位应当依法建立和完善劳动规章制度，保障劳动者享有劳动权利、履行劳动义务。

用人单位在制定、修改或者决定有关劳动报酬、工作时间、休息休假、劳动安全卫生、保险福利、职工培训、劳动纪律以及劳动定额管理等直接涉及劳动者切身利益的规章制度或者重大事项时，应当经职工代表大会或者全体职工讨论，提出方案和意见，与工会或者职工代表平等协商确定。

在规章制度和重大事项决定实施过程中，工会或者职工认为不适当的，有权向用人单位提出，通过协商予以修改完善。

用人单位应当将直接涉及劳动者切身利益的规章制度和重大事项决定公示，或者告知劳动者。

第五条 县级以上人民政府劳动行政部门会同工会和企业方面代表，建立健全协调劳动关系三方机制，共同研究解决有关劳动关系的重大问题。

第六条 工会应当帮助、指导劳动者与用人单位依法订立和履行劳动合同，并与用人单位建立集体协商机制，维护劳动者的合法权益。

第二章 劳动合同的订立

第七条 用人单位自用工之日起即与劳动者建立劳动关系。用人单位应当建立职工名册备查。

第八条 用人单位招用劳动者时，应当如实告知劳动者工作内容、工作条件、工作地点、职业危害、安全生产状况、劳动报酬，以及劳动者要求了解的其他情况；用人单位有权了解劳动者与劳动合同直接相关的基本情况，劳动者应当如实说明。

第九条 用人单位招用劳动者，不得扣押劳动者的居民身份证和其他证件，不得要求劳动者提供担保或者以其他名义向劳动者收取财物。

第十条 建立劳动关系，应当订立书面劳动合同。

已建立劳动关系，未同时订立书面劳动合同的，应当自用工之日起 1 个月内订立书面劳动合同。

用人单位与劳动者在用工前订立劳动合同的，劳动关系自用工之日起建立。

第十一条 用人单位未在用工的同时订立书面劳动合同，与劳动者约定的劳动报酬不明确的，新招用的劳动者的劳动报酬按照集体合同规定的标准执行；没有集体合同或者集体合同未规定的，实行同工同酬。

第十二条 劳动合同分为固定期限劳动合同、无固定期限劳动合同和以完成一定工作任务为期限的劳动合同。

第十三条 固定期限劳动合同，是指用人单位与劳动者约定合同终止时间的劳动合同。

用人单位与劳动者协商一致，可以订立固定期限劳动合同。

第十四条 无固定期限劳动合同，是指用人单位与劳动者约定无确定终止时间的劳动合同。

用人单位与劳动者协商一致，可以订立无固定期限劳动合同。有下列情形之一，劳动者提出或者同意续订、订立劳动合同的，除劳动者提出订立固定期限劳动合同外，应当订立无固定期限劳动合同：

（一）劳动者在该用人单位连续工作满十年的；

（二）用人单位初次实行劳动合同制度或者国有企业改制重新订立劳动合同时，劳动者在该用人单位连续工作满十年且距法定退休年龄不足10年的；

（三）连续订立二次固定期限劳动合同，且劳动者没有本法第三十九条和第四十条第一项、第二项规定的情形，续订劳动合同的。

用人单位自用工之日起满1年不与劳动者订立书面劳动合同的，视为用人单位与劳动者已订立无固定期限劳动合同。

第十五条　以完成一定工作任务为期限的劳动合同，是指用人单位与劳动者约定以某项工作的完成为合同期限的劳动合同。

用人单位与劳动者协商一致，可以订立以完成一定工作任务为期限的劳动合同。

第十六条　劳动合同由用人单位与劳动者协商一致，并经用人单位与劳动者在劳动合同文本上签字或者盖章生效。

劳动合同文本由用人单位和劳动者各执一份。

第十七条　劳动合同应当具备以下条款：

（一）用人单位的名称、住所和法定代表人或者主要负责人；

（二）劳动者的姓名、住址和居民身份证或者其他有效身份证件号码；

（三）劳动合同期限；

（四）工作内容和工作地点；

（五）工作时间和休息休假；

（六）劳动报酬；

（七）社会保险；

（八）劳动保护、劳动条件和职业危害防护；

（九）法律、法规规定应当纳入劳动合同的其他事项。

劳动合同除前款规定的必备条款外，用人单位与劳动者可以约定试用期、培训、保守秘密、补充保险和福利待遇等其他事项。

第十八条　劳动合同对劳动报酬和劳动条件等标准约定不明确，引发争议的，用人单位与劳动者可以重新协商；协商不成的，适用集体合同规定；没有集体合同或者集体合同未规定劳动报酬的，实行同工同酬；没有集体合同或者集体合同未规定劳动条件等标准的，适用国家有关规定。

第十九条　劳动合同期限3个月以上不满1年的，试用期不得超过1个月；劳动合同期限1年以上不满3年的，试用期不得超过2个月；3年以上固定期限和无固定期限的劳动合同，试用期不得超过6个月。

同一用人单位与同一劳动者只能约定一次试用期。

以完成一定工作任务为期限的劳动合同或者劳动合同期限不满3个月的，不得约定试用期。

试用期包含在劳动合同期限内。劳动合同仅约定试用期的，试用期不成立，该期限为劳动合同期限。

第二十条　劳动者在试用期的工资不得低于本单位相同岗位最低档工资或者劳动合同约定工资的80%，并不得低于用人单位所在地的最低工资标准。

第二十一条　在试用期中，除劳动者有本法第三十九条和第四十条第一项、第二项规定的情形外，用人单位不得解除劳动合同。用人单位在试用期解除劳动合同的，应当向劳动者说明理由。

第二十二条　用人单位为劳动者提供专项培训费用，对其进行专业技术培训的，可以与该劳动者订立协议，约定服务期。

劳动者违反服务期约定的，应当按照约定向用人单位支付违约金。违约金的数额不得超过用人单位提供的培训费用。用人单位要求劳动者支付的违约金不得超过服务期尚未履行部分所应分摊的培训费用。

用人单位与劳动者约定服务期的，不影响按照正常的工资调整机制提高劳动者在服务期期间的劳动报酬。

第二十三条　用人单位与劳动者可以在劳动合同中约定保守用人单位的商业秘密和与知识产权相关的保密事项。

对负有保密义务的劳动者，用人单位可以在劳动合同或者保密协议中与劳动者约定竞业限制条款，并约定在解除或者终止劳动合同后，在竞业限制期限内按月给予劳动者经济补偿。劳动者违反竞业限制约定的，应当按照约定向用人单位支付违约金。

第二十四条　竞业限制的人员限于用人单位的高级管理人员、高级技术人员和其他负有保密义务的人员。竞业限制的范围、地域、期限由用人单位与劳动者约定，竞业限制的约定不得违反法律、法规的规定。

在解除或者终止劳动合同后，前款规定的人员到与本单位生产或者经营同类产品、从事同类业务的有竞争关系的其他用人单位，或者自己开业生产或者经营同类产品、从事同类业务的竞业限制期限，不得超过2年。

第二十五条　除本法第二十二条和第二十三条规定的情形外，用人单位不得与劳动者约定由劳动者承担违约金。

第二十六条　下列劳动合同无效或者部分无效：

（一）以欺诈、胁迫的手段或者乘人之危，使对方在违背真实意思的情况下订立或者变更劳动合同的；

（二）用人单位免除自己的法定责任、排除劳动者权利的；

（三）违反法律、行政法规强制性规定的。

对劳动合同的无效或者部分无效有争议的，由劳动争议仲裁机构或者人民法院确认。

第二十七条　劳动合同部分

无效,不影响其他部分效力的,其他部分仍然有效。

第二十八条　劳动合同被确认无效,劳动者已付出劳动的,用人单位应当向劳动者支付劳动报酬。劳动报酬的数额,参照本单位相同或者相近岗位劳动者的劳动报酬确定。

第三章　劳动合同的履行和变更

第二十九条　用人单位与劳动者应当按照劳动合同的约定,全面履行各自的义务。

第三十条　用人单位应当按照劳动合同约定和国家规定,向劳动者及时足额支付劳动报酬。

用人单位拖欠或者未足额支付劳动报酬的,劳动者可以依法向当地人民法院申请支付令,人民法院应当依法发出支付令。

第三十一条　用人单位应当严格执行劳动定额标准,不得强迫或者变相强迫劳动者加班。用人单位安排加班的,应当按照国家有关规定向劳动者支付加班费。

第三十二条　劳动者拒绝用人单位管理人员违章指挥、强令冒险作业的,不视为违反劳动合同。

劳动者对危害生命安全和身体健康的劳动条件,有权对用人单位提出批评、检举和控告。

第三十三条　用人单位变更名称、法定代表人、主要负责人或者投资人等事项,不影响劳动合同的履行。

第三十四条　用人单位发生合并或者分立等情况,原劳动合同继续有效,劳动合同由承继其权利和义务的用人单位继续履行。

第三十五条　用人单位与劳动者协商一致,可以变更劳动合同约定的内容。变更劳动合同,应当采用书面形式。

变更后的劳动合同文本由用人单位和劳动者各执一份。

第四章　劳动合同的解除和终止

第三十六条　用人单位与劳动者协商一致,可以解除劳动合同。

第三十七条　劳动者提前30日以书面形式通知用人单位,可以解除劳动合同。劳动者在试用期内提前3日通知用人单位,可以解除劳动合同。

第三十八条　用人单位有下列情形之一的,劳动者可以解除劳动合同:

(一)未按照劳动合同约定提供劳动保护或者劳动条件的;

(二)未及时足额支付劳动报酬的;

(三)未依法为劳动者缴纳社会保险费的;

(四)用人单位的规章制度违反法律、法规的规定,损害劳动者权益的;

(五)因本法第二十六条第一款规定的情形致使劳动合同无效的;

(六)法律、行政法规规定劳动者可以解除劳动合同的其他情形。

用人单位以暴力、威胁或者非法限制人身自由的手段强迫劳动者劳动的,或者用人单位违章指挥、强令冒险作业危及劳动者人身安全的,劳动者可以立即解除劳动合同,不需事先告知用人单位。

第三十九条　劳动者有下列情形之一的,用人单位可以解除劳动合同:

(一)在试用期间被证明不符合录用条件的;

(二)严重违反用人单位的规章制度的;

(三)严重失职,营私舞弊,给用人单位造成重大损害的;

(四)劳动者同时与其他用人单位建立劳动关系,对完成本单位的工作任务造成严重影响,或者经用人单位提出,拒不改正的;

(五)因本法第二十六条第一款第一项规定的情形致使劳动合同无效的;

(六)被依法追究刑事责任的。

第四十条　有下列情形之一的,用人单位提前30日以书面形式通知劳动者本人或者额外支付劳动者1个月工资后,可以解除劳动合同:

(一)劳动者患病或者非因工负伤,在规定的医疗期满后不能从事原工作,也不能从事由用人单位另行安排的工作的;

(二)劳动者不能胜任工作,经过培训或者调整工作岗位,仍不能胜任工作的;

(三)劳动合同订立时所依据的客观情况发生重大变化,致使劳动合同无法履行,经用人单位与劳动者协商,未能就变更劳动合同内容达成协议的。

第四十一条　有下列情形之一,需要裁减人员20人以上或者裁减不足20人但占企业职工总数10%以上的,用人单位提前30日向工会或者全体职工说明情况,听取工会或者职工的意见后,裁减人员方案经向劳动行政部门报告,可以裁减人员:

(一)依照企业破产法规定进行重整的;

(二)生产经营发生严重困难的;

(三)企业转产、重大技术革新或者经营方式调整,经变更劳动合同后,仍需裁减人员的;

(四)其他因劳动合同订立时所依据的客观经济情况发生重大变化,致使劳动合同无法履行的。

裁减人员时,应当优先留用下列人员:

(一)与本单位订立较长期限的固定期限劳动合同的;

(二)与本单位订立无固定期

限劳动合同的；

（三）家庭无其他就业人员，有需要扶养的老人或者未成年人的。

用人单位依照本条第一款规定裁减人员，在六个月内重新招用人员的，应当通知被裁减的人员，并在同等条件下优先招用被裁减的人员。

第四十二条　劳动者有下列情形之一的，用人单位不得依照本法第四十条、第四十一条的规定解除劳动合同：

（一）从事接触职业病危害作业的劳动者未进行离岗前职业健康检查，或者疑似职业病病人在诊断或者医学观察期间的；

（二）在本单位患职业病或者因工负伤并被确认丧失或者部分丧失劳动能力的；

（三）患病或者非因工负伤，在规定的医疗期内的；

（四）女职工在孕期、产期、哺乳期的；

（五）在本单位连续工作满15年，且距法定退休年龄不足5年的；

（六）法律、行政法规规定的其他情形。

第四十三条　用人单位单方解除劳动合同，应当事先将理由通知工会。用人单位违反法律、行政法规规定或者劳动合同约定的，工会有权要求用人单位纠正。用人单位应当研究工会的意见，并将处理结果书面通知工会。

第四十四条　有下列情形之一的，劳动合同终止：

（一）劳动合同期满的；

（二）劳动者开始依法享受基本养老保险待遇的；

（三）劳动者死亡，或者被人民法院宣告死亡或者宣告失踪的；

（四）用人单位被依法宣告破产的；

（五）用人单位被吊销营业执照、责令关闭、撤销或者用人单位决定提前解散的；

（六）法律、行政法规规定的其他情形。

第四十五条　劳动合同期满，有本法第四十二条规定情形之一的，劳动合同应当续延至相应的情形消失时终止。但是，本法第四十二条第二项规定丧失或者部分丧失劳动能力劳动者的劳动合同的终止，按照国家有关工伤保险的规定执行。

第四十六条　有下列情形之一的，用人单位应当向劳动者支付经济补偿：

（一）劳动者依照本法第三十八条规定解除劳动合同的；

（二）用人单位依照本法第三十六条规定向劳动者提出解除劳动合同并与劳动者协商一致解除劳动合同的；

（三）用人单位依照本法第四十条规定解除劳动合同的；

（四）用人单位依照本法第四十一条第一款规定解除劳动合同的；

（五）除用人单位维持或者提高劳动合同约定条件续订劳动合同，劳动者不同意续订的情形外，依照本法第四十四条第一项规定终止固定期限劳动合同的；

（六）依照本法第四十四条第四项、第五项规定终止劳动合同的；

（七）法律、行政法规规定的其他情形。

第四十七条　经济补偿按劳动者在本单位工作的年限，每满1年支付1个月工资的标准向劳动者支付。6个月以上不满1年的，按1年计算；不满6个月的，向劳动者支付0.5个月工资的经济补偿。

劳动者月工资高于用人单位所在直辖市、设区的市级人民政府公布的本地区上年度职工月平均工资3倍的，向其支付经济补偿的标准按职工月平均工资3倍的数额支付，向其支付经济补偿的年限最高不超过12年。

本条所称月工资是指劳动者在劳动合同解除或者终止前12个月的平均工资。

第四十八条　用人单位违反本法规定解除或者终止劳动合同，劳动者要求继续履行劳动合同的，用人单位应当继续履行；劳动者不要求继续履行劳动合同或者劳动合同已经不能继续履行的，用人单位应当依照本法第八十七条规定支付赔偿金。

第四十九条　国家采取措施，建立健全劳动者社会保险关系跨地区转移接续制度。

第五十条　用人单位应当在解除或者终止劳动合同时出具解除或者终止劳动合同的证明，并在15日内为劳动者办理档案和社会保险关系转移手续。

劳动者应当按照双方约定，办理工作交接。用人单位依照本法有关规定应当向劳动者支付经济补偿的，在办结工作交接时支付。

用人单位对已经解除或者终止的劳动合同的文本，至少保存2年备查。

第五章　特别规定

第一节　集体合同

第五十一条　企业职工一方与用人单位通过平等协商，可以就劳动报酬、工作时间、休息休假、劳动安全卫生、保险福利等事项订立集体合同。集体合同草案应当提交职工代表大会或者全体职工讨论通过。

集体合同由工会代表企业职工一方与用人单位订立；尚未建立工会的用人单位，由上级工会指导劳动者推举的代表与用人单位订立。

第五十二条　企业职工一方与用人单位可以订立劳动安全卫

生、女职工权益保护、工资调整机制等专项集体合同。

第五十三条　在县级以下区域内，建筑业、采矿业、餐饮服务业等行业可以由工会与企业方面代表订立行业性集体合同，或者订立区域性集体合同。

第五十四条　集体合同订立后，应当报送劳动行政部门；劳动行政部门自收到集体合同文本之日起15日内未提出异议的，集体合同即行生效。

依法订立的集体合同对用人单位和劳动者具有约束力。行业性、区域性集体合同对当地本行业、本区域的用人单位和劳动者具有约束力。

第五十五条　集体合同中劳动报酬和劳动条件等标准不得低于当地人民政府规定的最低标准；用人单位与劳动者订立的劳动合同中劳动报酬和劳动条件等标准不得低于集体合同规定的标准。

第五十六条　用人单位违反集体合同，侵犯职工劳动权益的，工会可以依法要求用人单位承担责任；因履行集体合同发生争议，经协商解决不成的，工会可以依法申请仲裁、提起诉讼。

第二节　劳务派遣

第五十七条　劳务派遣单位应当依照公司法的有关规定设立，注册资本不得少于50万元。

第五十八条　劳务派遣单位是本法所称用人单位，应当履行用人单位对劳动者的义务。劳务派遣单位与被派遣劳动者订立的劳动合同，除应当载明本法第十七条规定的事项外，还应当载明被派遣劳动者的用工单位以及派遣期限、工作岗位等情况。

劳务派遣单位应当与被派遣劳动者订立2年以上的固定期限劳动合同，按月支付劳动报酬；被派遣劳动者在无工作期间，劳务派遣单位应当按照所在地人民政府规定的最低工资标准，向其按月支付报酬。

第五十九条　劳务派遣单位派遣劳动者应当与接受以劳务派遣形式用工的单位（以下称用工单位）订立劳务派遣协议。劳务派遣协议应当约定派遣岗位和人员数量、派遣期限、劳动报酬和社会保险费的数额与支付方式以及违反协议的责任。

用工单位应当根据工作岗位的实际需要与劳务派遣单位确定派遣期限，不得将连续用工期限分割订立数个短期劳务派遣协议。

第六十条　劳务派遣单位应当将劳务派遣协议的内容告知被派遣劳动者。

劳务派遣单位不得克扣用工单位按照劳务派遣协议支付给被派遣劳动者的劳动报酬。

劳务派遣单位和用工单位不得向被派遣劳动者收取费用。

第六十一条　劳务派遣单位跨地区派遣劳动者的，被派遣劳动者享有的劳动报酬和劳动条件，按照用工单位所在地的标准执行。

第六十二条　用工单位应当履行下列义务：

（一）执行国家劳动标准，提供相应的劳动条件和劳动保护；

（二）告知被派遣劳动者的工作要求和劳动报酬；

（三）支付加班费、绩效奖金，提供与工作岗位相关的福利待遇；

（四）对在岗被派遣劳动者进行工作岗位所必需的培训；

（五）连续用工的，实行正常的工资调整机制。

用工单位不得将被派遣劳动者再派遣到其他用人单位。

第六十三条　被派遣劳动者享有与用工单位的劳动者同工同酬的权利。用工单位无同类岗位劳动者的，参照用工单位所在地相同或者相近岗位劳动者的劳动报酬确定。

第六十四条　被派遣劳动者有权在劳务派遣单位或者用工单位依法参加或者组织工会，维护自身的合法权益。

第六十五条　被派遣劳动者可以依照本法第三十六条、第三十八条的规定与劳务派遣单位解除劳动合同。

被派遣劳动者有本法第三十九条和第四十条第一项、第二项规定情形的，用工单位可以将劳动者退回劳务派遣单位，劳务派遣单位依照本法有关规定，可以与劳动者解除劳动合同。

第六十六条　劳务派遣一般在临时性、辅助性或者替代性的工作岗位上实施。

第六十七条　用人单位不得设立劳务派遣单位向本单位或者所属单位派遣劳动者。

第三节　非全日制用工

第六十八条　非全日制用工，是指以小时计酬为主，劳动者在同一用人单位一般平均每日工作时间不超过4小时，每周工作时间累计不超过24小时的用工形式。

第六十九条　非全日制用工双方当事人可以订立口头协议。

从事非全日制用工的劳动者可以与一个或者一个以上用人单位订立劳动合同；但是，后订立的劳动合同不得影响先订立的劳动合同的履行。

第七十条　非全日制用工双方当事人不得约定试用期。

第七十一条　非全日制用工双方当事人任何一方都可以随时通知对方终止用工。终止用工，用人单位不向劳动者支付经济补偿。

第七十二条　非全日制用工小时计酬标准不得低于用人单位所在地人民政府规定的最低小时工资标准。

非全日制用工劳动报酬结算

支付周期最长不得超过15日。

第六章　监督检查

第七十三条　国务院劳动行政部门负责全国劳动合同制度实施的监督管理。

县级以上地方人民政府劳动行政部门负责本行政区域内劳动合同制度实施的监督管理。

县级以上各级人民政府劳动行政部门在劳动合同制度实施的监督管理工作中，应当听取工会、企业方面代表以及有关行业主管部门的意见。

第七十四条　县级以上地方人民政府劳动行政部门依法对下列实施劳动合同制度的情况进行监督检查：

(一)用人单位制定直接涉及劳动者切身利益的规章制度及其执行的情况；

(二)用人单位与劳动者订立和解除劳动合同的情况；

(三)劳务派遣单位和用工单位遵守劳务派遣有关规定的情况；

(四)用人单位遵守国家关于劳动者工作时间和休息休假规定的情况；

(五)用人单位支付劳动合同约定的劳动报酬和执行最低工资标准的情况；

(六)用人单位参加各项社会保险和缴纳社会保险费的情况；

(七)法律、法规规定的其他劳动监察事项。

第七十五条　县级以上地方人民政府劳动行政部门实施监督检查时，有权查阅与劳动合同、集体合同有关的材料，有权对劳动场所进行实地检查，用人单位和劳动者都应当如实提供有关情况和材料。

劳动行政部门的工作人员进行监督检查，应当出示证件，依法行使职权，文明执法。

第七十六条　县级以上人民政府建设、卫生、安全生产监督管理等有关主管部门在各自职责范围内，对用人单位执行劳动合同制度的情况进行监督管理。

第七十七条　劳动者合法权益受到侵害的，有权要求有关部门依法处理，或者依法申请仲裁、提起诉讼。

第七十八条　工会依法维护劳动者的合法权益，对用人单位履行劳动合同、集体合同的情况进行监督。用人单位违反劳动法律、法规和劳动合同、集体合同的，工会有权提出意见或者要求纠正；劳动者申请仲裁、提起诉讼的，工会依法给予支持和帮助。

第七十九条　任何组织或者个人对违反本法的行为都有权举报，县级以上人民政府劳动行政部门应当及时核实、处理，并对举报有功人员给予奖励。

第七章　法律责任

第八十条　用人单位直接涉及劳动者切身利益的规章制度违反法律、法规规定的，由劳动行政部门责令改正，给予警告；给劳动者造成损害的，应当承担赔偿责任。

第八十一条　用人单位提供的劳动合同文本未载明本法规定的劳动合同必备条款或者用人单位未将劳动合同文本交付劳动者的，由劳动行政部门责令改正；给劳动者造成损害的，应当承担赔偿责任。

第八十二条　用人单位自用工之日起超过1个月不满1年未与劳动者订立书面劳动合同的，应当向劳动者每月支付2倍的工资。

用人单位违反本法规定不与劳动者订立无固定期限劳动合同的，自应当订立无固定期限劳动合同之日起向劳动者每月支付2倍的工资。

第八十三条　用人单位违反本法规定与劳动者约定试用期的，由劳动行政部门责令改正；违法约定的试用期已经履行的，由用人单位以劳动者试用期满月工资为标准，按已经履行的超过法定试用期的期间向劳动者支付赔偿金。

第八十四条　用人单位违反本法规定，扣押劳动者居民身份证等证件的，由劳动行政部门责令限期退还劳动者本人，并依照有关法律规定给予处罚。

用人单位违反本法规定，以担保或者其他名义向劳动者收取财物的，由劳动行政部门责令限期退还劳动者本人，并以每人0.05万元以上0.2万元以下的标准处以罚款；给劳动者造成损害的，应当承担赔偿责任。

劳动者依法解除或者终止劳动合同，用人单位扣押劳动者档案或者其他物品的，依照前款规定处罚。

第八十五条　用人单位有下列情形之一的，由劳动行政部门责令限期支付劳动报酬、加班费或者经济补偿；劳动报酬低于当地最低工资标准的，应当支付其差额部分；逾期不支付的，责令用人单位按应付金额50%以上100%以下的标准向劳动者加付赔偿金：

(一)未按照劳动合同的约定或者国家规定及时足额支付劳动者劳动报酬的；

(二)低于当地最低工资标准支付劳动者工资的；

(三)安排加班不支付加班费的；

(四)解除或者终止劳动合同，未依照本法规定向劳动者支付经济补偿的。

第八十六条　劳动合同依照

本法第二十六条规定被确认无效，给对方造成损害的，有过错的一方应当承担赔偿责任。

第八十七条　用人单位违反本法规定解除或者终止劳动合同的，应当依照本法第四十七条规定的经济补偿标准的二倍向劳动者支付赔偿金。

第八十八条　用人单位有下列情形之一的，依法给予行政处罚；构成犯罪的，依法追究刑事责任；给劳动者造成损害的，应当承担赔偿责任：

（一）以暴力、威胁或者非法限制人身自由的手段强迫劳动的；

（二）违章指挥或者强令冒险作业危及劳动者人身安全的；

（三）侮辱、体罚、殴打、非法搜查或者拘禁劳动者的；

（四）劳动条件恶劣、环境污染严重，给劳动者身心健康造成严重损害的。

第八十九条　用人单位违反本法规定未向劳动者出具解除或者终止劳动合同的书面证明，由劳动行政部门责令改正；给劳动者造成损害的，应当承担赔偿责任。

第九十条　劳动者违反本法规定解除劳动合同，或者违反劳动合同中约定的保密义务或者竞业限制，给用人单位造成损失的，应当承担赔偿责任。

第九十一条　用人单位招用与其他用人单位尚未解除或者终止劳动合同的劳动者，给其他用人单位造成损失的，应当承担连带赔偿责任。

第九十二条　劳务派遣单位违反本法规定的，由劳动行政部门和其他有关主管部门责令改正；情节严重的，以每人0.1万以上0.5万元以下的标准处以罚款，并由工商行政管理部门吊销营业执照；给被派遣劳动者造成损害的，劳务派遣单位与用工单位承担连带赔偿责任。

第九十三条　对不具备合法经营资格的用人单位的违法犯罪行为，依法追究法律责任；劳动者已经付出劳动的，该单位或者其出资人应当依照本法有关规定向劳动者支付劳动报酬、经济补偿、赔偿金；给劳动者造成损害的，应当承担赔偿责任。

第九十四条　个人承包经营违反本法规定招用劳动者，给劳动者造成损害的，发包的组织与个人承包经营者承担连带赔偿责任。

第九十五条　劳动行政部门和其他有关主管部门及其工作人员玩忽职守、不履行法定职责，或者违法行使职权，给劳动者或者用人单位造成损害的，应当承担赔偿责任；对直接负责的主管人员和其他直接责任人员，依法给予行政处分；构成犯罪的，依法追究刑事责任。

第八章　附　则

第九十六条　事业单位与实行聘用制的工作人员订立、履行、变更、解除或者终止劳动合同，法律、行政法规或者国务院另有规定的，依照其规定；未作规定的，依照本法有关规定执行。

第九十七条　本法施行前已依法订立且在本法施行之日存续的劳动合同，继续履行；本法第十四条第二款第三项规定连续订立固定期限劳动合同的次数，自本法施行后续订固定期限劳动合同时开始计算。

本法施行前已建立劳动关系，尚未订立书面劳动合同的，应当自本法施行之日起1个月内订立。

本法施行之日存续的劳动合同在本法施行后解除或者终止，依照本法第四十六条规定应当支付经济补偿的，经济补偿年限自本法施行之日起计算；本法施行前按照当时有关规定，用人单位应当向劳动者支付经济补偿的，按照当时有关规定执行。

第九十八条　本法自2008年1月1日起施行。

中华人民共和国拍卖法(修正)

(1996年7月5日第八届全国人民代表大会常务委员会第二十次会议通过　根据2004年8月28日第十届全国人民代表大会常务委员会第十一次会议《关于修改〈中华人民共和国拍卖法〉的决定》修正)

第一章　总　则

第一条　为了规范拍卖行为,维护拍卖秩序,保护拍卖活动各方当事人的合法权益，制定本法。

第二条　本法适用于中华人民共和国境内拍卖企业进行的拍卖活动。

第三条　拍卖是指以公开竞价的形式，将特定物品或者财产权利转让给最高应价者的买卖方式。

第四条　拍卖活动应当遵守有关法律、行政法规,遵循公开、公平、公正、诚实信用的原则。

第五条　国务院负责管理拍卖业的部门对全国拍卖业实施监督管理。

省、自治区、直辖市的人民政府和设区的市的人民政府负责管理拍卖业的部门对本行政区域内的拍卖业实施监督管理。

第二章　拍卖标的

第六条　拍卖标的应当是委托人所有或者依法可以处分的物品或者财产权利。

第七条　法律、行政法规禁止买卖的物品或者财产权利,不得作为拍卖标的。

第八条　依照法律或者按照国务院规定需经审批才能转让的物品或者财产权利,在拍卖前,应当依法办理审批手续。

委托拍卖的文物,在拍卖前,应当经拍卖人住所地的文物行政管理部门依法鉴定、许可。

第九条　国家行政机关依法没收的物品,充抵税款、罚款的物品和其他物品,按照国务院规定应当委托拍卖的，由财产所在地的省、自治区、直辖市的人民政府和设区的市的人民政府指定的拍卖人进行拍卖。拍卖由人民法院依法没收的物品，充抵罚金、罚款的物品以及无法返还的追回物品,适用前款规定。

第三章　拍卖当事人

第一节　拍卖人

第十条　拍卖人是指依照本法和《中华人民共和国公司法》设立的从事拍卖活动的企业法人。

第十一条　拍卖企业可以在设区的市设立。设立拍卖企业必须经所在地的省、自治区、直辖市人民政府负责管理拍卖业的部门审核许可，并向工商行政管理部门申请登记,领取营业执照。

第十二条　设立拍卖企业，应当具备下列条件：

(一)有100万元人民币以上的注册资本；

(二)有自己的名称、组织机构、住所和章程；

(三)有与从事拍卖业务相适应的拍卖师和其他工作人员；

(四)有符合本法和其他有关法律规定的拍卖业务规则；

(五)符合国务院有关拍卖业发展的规定；

(六)法律、行政法规规定的其他条件。

第十三条　拍卖企业经营文物拍卖的,应当有1000万元人民币以上的注册资本，有具有文物拍卖专业知识的人员。

第十四条　拍卖活动应当由拍卖师主持。

第十五条　拍卖师应当具备下列条件：

(一)具有高等院校专科以上学历和拍卖专业知识；

(二)在拍卖企业工作2年以上；

(三)品行良好。

被开除公职或者吊销拍卖师资格证书未满五年的，或者因故意犯罪受过刑事处罚的，不得担任拍卖师。

第十六条　拍卖师资格考核,由拍卖行业协会统一组织。经考核合格的，由拍卖行业协会发给拍卖师资格证书。

第十七条　拍卖行业协会是依法成立的社会团体法人，是拍卖业的自律性组织。拍卖行业协会依照本法并根据章程，对拍卖企业和拍卖师进行监督。

第十八条　拍卖人有权要求委托人说明拍卖标的的来源和瑕疵。

拍卖人应当向竞买人说明拍卖标的的瑕疵。

第十九条　拍卖人对委托人交付拍卖的物品负有保管义务。

第二十条　拍卖人接受委托后，未经委托人同意，不得委托其他拍卖人拍卖。

第二十一条　委托人、买受人要求对其身份保密的，拍卖人应当为其保密。

第二十二条　拍卖人及其工作人员不得以竞买人的身份参与自己组织的拍卖活动，并不得委托他人代为竞买。

第二十三条　拍卖人不得在自己组织的拍卖活动中拍卖自己的物品或者财产权利。

第二十四条　拍卖成交后，拍卖人应当按照约定向委托人交付拍卖标的的价款，并按照约定将拍卖标的移交给买受人。

第二节　委托人

第二十五条　委托人是指委托拍卖人拍卖物品或者财产权利的公民、法人或者其他组织。

第二十六条　委托人可以自行办理委托拍卖手续，也可以由其代理人代为办理委托拍卖手续。

第二十七条　委托人应当向拍卖人说明拍卖标的的来源和瑕疵。

第二十八条　委托人有权确定拍卖标的的保留价并要求拍卖人保密。

拍卖国有资产，依照法律或者按照国务院规定需要评估的，应当经依法设立的评估机构评估，并根据评估结果确定拍卖标的的保留价。

第二十九条　委托人在拍卖开始前可以撤回拍卖标的。委托人撤回拍卖标的的，应当向拍卖人支付约定的费用；未作约定的，应当向拍卖人支付为拍卖支出的合理费用。

第三十条　委托人不得参与竞买，也不得委托他人代为竞买。

第三十一条　按照约定由委托人移交拍卖标的的，拍卖成交后，委托人应当将拍卖标的移交给买受人。

第三节　竞买人

第三十二条　竞买人是指参加竞购拍卖标的的公民、法人或者其他组织。

第三十三条　法律、行政法规对拍卖标的的买卖条件有规定的，竞买人应当具备规定的条件。

第三十四条　竞买人可以自行参加竞买，也可以委托其代理人参加竞买。

第三十五条　竞买人有权了解拍卖标的的瑕疵，有权查验拍卖标的和查阅有关拍卖资料。

第三十六条　竞买人一经应价，不得撤回，当其他竞买人有更高应价时，其应价即丧失约束力。

第三十七条　竞买人之间、竞买人与拍卖人之间不得恶意串通，损害他人利益。

第四节　买受人

第三十八条　买受人是指以最高应价购得拍卖标的的竞买人。

第三十九条　买受人应当按照约定支付拍卖标的的价款，未按照约定支付价款的，应当承担违约责任，或者由拍卖人征得委托人的同意，将拍卖标的再行拍卖。拍卖标的再行拍卖的，原买受人应当支付第一次拍卖中本人及委托人应当支付的佣金。再行拍卖的价款低于原拍卖价款的，原买受人应当补足差额。

第四十条　买受人未能按照约定取得拍卖标的的，有权要求拍卖人或者委托人承担违约责任。买受人未按照约定受领拍卖标的的，应当支付由此产生的保管费用。

第四章　拍卖程序

第一节　拍卖委托

第四十一条　委托人委托拍卖物品或者财产权利，应当提供身份证明和拍卖人要求提供的拍卖标的的所有权证明或者依法可以处分拍卖标的的证明及其他资料。

第四十二条　拍卖人应当对委托人提供的有关文件、资料进行核实。拍卖人接受委托的，应当与委托人签订书面委托拍卖合同。

第四十三条　拍卖人认为需要对拍卖标的进行鉴定的，可以进行鉴定。

鉴定结论与委托拍卖合同载明的拍卖标的状况不相符的，拍卖人有权要求变更或者解除合同。

第四十四条　委托拍卖合同应当载明以下事项：

（一）委托人、拍卖人的姓名或者名称、住所；

（二）拍卖标的的名称、规格、数量、质量；

（三）委托人提出的保留价；

（四）拍卖的时间、地点；

（五）拍卖标的交付或者转移的时间、方式；

（六）佣金及其支付的方式、期限；

（七）价款的支付方式、期限；

（八）违约责任；

（九）双方约定的其他事项。

第二节　拍卖公告与展示

第四十五条　拍卖人应当于拍卖日 7 日前发布拍卖公告。

第四十六条　拍卖公告应当载明下列事项：

（一）拍卖的时间、地点；

（二）拍卖标的；

（三）拍卖标的展示时间、地点；

（四）参与竞买应当办理的手续；

（五）需要公告的其他事项。

第四十七条　拍卖公告应当通过报纸或者其他新闻媒介发布。

第四十八条　拍卖人应当在拍卖前展示拍卖标的，并提供查看拍卖标的的条件及有关资料。拍卖标的的展示时间不得少于两日。

第三节　拍卖的实施

第四十九条　拍卖师应当于拍卖前宣布拍卖规则和注意事项。

第五十条　拍卖标的无保留价的，拍卖师应当在拍卖前予以说明。

拍卖标的有保留价的，竞买人的最高应价未达到保留价时，该应价不发生效力，拍卖师应当停止拍卖标的的拍卖。

第五十一条　竞买人的最高应价经拍卖师落槌或者以其他公开表示买定的方式确认后，拍卖成交。

第五十二条　拍卖成交后，买受人和拍卖人应当签署成交确认书。

第五十三条　拍卖人进行拍卖时，应当制作拍卖笔录。拍卖笔录应当由拍卖师、记录人签名；拍卖成交的，还应当由买受人签名。

第五十四条　拍卖人应当妥善保管有关业务经营活动的完整账簿、拍卖笔录和其他有关资料。前款规定的账簿、拍卖笔录和其他有关资料的保管期限，自委托拍卖合同终止之日起计算，不得少于5年。

第五十五条　拍卖标的需要依法办理证照变更、产权过户手续的，委托人、买受人应当持拍卖人出具的成交证明和有关材料，向有关行政管理机关办理手续。

第四节　佣　金

第五十六条　委托人、买受人可以与拍卖人约定佣金的比例。

委托人、买受人与拍卖人对佣金比例未作约定，拍卖成交的，拍卖人可以向委托人、买受人各收取不超过拍卖成交价5%的佣金。收取佣金的比例按照同拍卖成交价成反比的原则确定。

拍卖未成交的，拍卖人可以向委托人收取约定的费用；未作约定的，可以向委托人收取为拍卖支出的合理费用。

第五十七条　拍卖本法第九条规定的物品成交的，拍卖人可以向买受人收取不超过拍卖成交价百分之五的佣金。收取佣金的比例按照同拍卖成交价成反比的原则确定。拍卖未成交的，适用本法第五十六条第三款的规定。

第五章　法律责任

第五十八条　委托人违反本法第六条的规定，委托拍卖其没有所有权或者依法不得处分的物品或者财产权利的，应当依法承担责任。拍卖人明知委托人对拍卖的物品或者财产权利没有所有权或者依法不得处分的，应当承担连带责任。

第五十九条　国家机关违反本法第九条的规定，将应当委托财产所在地的省、自治区、直辖市的人民政府或者设区的市的人民政府指定的拍卖人拍卖的物品擅自处理的，对负有直接责任的主管人员和其他直接责任人员依法给予行政处分，给国家造成损失的，还应当承担赔偿责任。

第六十条　违反本法第十一条的规定，未经许可登记设立拍卖企业的，由工商行政管理部门予以取缔，没收违法所得，并可以处违法所得1倍以上5倍以下的罚款。

第六十一条　拍卖人、委托人违反本法第十八条第二款、第二十七条的规定，未说明拍卖标的的瑕疵，给买受人造成损害的，买受人有权向拍卖人要求赔偿；属于委托人责任的，拍卖人有权向委托人追偿。拍卖人、委托人在拍卖前声明不能保证拍卖标的的真伪或者品质的，不承担瑕疵担保责任。因拍卖标的存在瑕疵未声明的，请求赔偿的诉讼时效期间为一年，自当事人知道或者应当知道权利受到损害之日起计算。

因拍卖标的存在缺陷造成人身、财产损害请求赔偿的诉讼时效期间，适用《中华人民共和国产品质量法》和其他法律的有关规定。

第六十二条　拍卖人及其工作人员违反本法第二十二条的规定，参与竞买或者委托他人代为竞买的，由工商行政管理部门对拍卖人给予警告，可以处拍卖佣金1倍以上5倍以下的罚款；情节严重的，吊销营业执照。

第六十三条　违反本法第二十三条的规定，拍卖人在自己组织的拍卖活动中拍卖自己的物品或者财产权利的，由工商行政管理部门没收拍卖所得。

第六十四条　违反本法第三十条的规定，委托人参与竞买或者委托他人代为竞买的，工商行政管理部门可以对委托人处拍卖成交价30%以下的罚款。

第六十五条　违反本法第三十七条的规定，竞买人之间、竞买人与拍卖人之间恶意串通，给他人造成损害的，拍卖无效，应当依法承担赔偿责任。由工商行政管理部门对参与恶意串通的竞买人处最高应价10%以上30%以下的罚款；对参与恶意串通的拍卖人处最高应价10%以上50%以下的罚款。

第六十六条　违反本法第四章第四节关于佣金比例的规定收取佣金的，拍卖人应当将超收部分返还委托人、买受人。物价管理部门可以对拍卖人处拍卖佣金1倍以上5倍以下的罚款。

第六章　附　则

第六十七条　外国人、外国企业和组织在中华人民共和国境内委托拍卖或者参加竞买的，适用本法。

第六十八条　本法施行前设立的拍卖企业，不具备本法规定的条件的，应当在规定的期限内达到本法规定的条件；逾期未达到本法规定的条件的，由工商行政管理部门注销登记，收缴营业执照。具体实施办法由国务院另行规定。

第六十九条　本法自1997年1月1日起施行。

中华人民共和国中国人民银行法

第一章　总　则

第一条　为了确立中国人民银行的地位，明确其职责，保证国家货币政策的正确制定和执行，建立和完善中央银行宏观调控体系，维护金融稳定，制定本法。

第二条　中国人民银行是中华人民共和国的中央银行。

中国人民银行在国务院领导下，制定和执行货币政策，防范和化解金融风险，维护金融稳定。

第三条　货币政策目标是保持货币币值的稳定，并以此促进经济增长。

第四条　中国人民银行履行下列职责：

（一）发布与履行其职责有关的命令和规章；

（二）依法制定和执行货币政策；

（三）发行人民币，管理人民币流通；

（四）监督管理银行间同业拆借市场和银行间债券市场；

（五）实施外汇管理，监督管理银行间外汇市场；

（六）监督管理黄金市场；

（七）持有、管理、经营国家外汇储备、黄金储备；

（八）经理国库；

（九）维护支付、清算系统的正常运行；

（十）指导、部署金融业反洗钱工作，负责反洗钱的资金监测；

（十一）负责金融业的统计、调查、分析和预测；

（十二）作为国家的中央银行，从事有关的国际金融活动；

（十三）国务院规定的其他职责。

中国人民银行为执行货币政策，可以依照本法第四章的有关规定从事金融业务活动。

第五条　中国人民银行就年度货币供应量、利率、汇率和国务院规定的其他重要事项作出的决定，报国务院批准后执行。

中国人民银行就前款规定以外的其他有关货币政策事项作出决定后，即予执行，并报国务院备案。

第六条　中国人民银行应当向全国人民代表大会常务委员会提出有关货币政策情况和金融业运行情况的工作报告。

第七条　中国人民银行在国务院领导下依法独立执行货币政策，履行职责，开展业务，不受地方政府、各级政府部门、社会团体和个人的干涉。

第八条　中国人民银行的全部资本由国家出资，属于国家所有。

第九条　国务院建立金融监督管理协调机制，具体办法由国务院规定。

第二章　组织机构

第十条　中国人民银行设行长1人，副行长若干人。

中国人民银行行长的人选，根据国务院总理的提名，由全国人民代表大会决定；全国人民代表大会闭会期间，由全国人民代表大会常务委员会决定，由中华人民共和国主席任免。中国人民银行副行长由国务院总理任免。

第十一条　中国人民银行实行行长负责制。行长领导中国人民银行的工作，副行长协助行长工作。

第十二条　中国人民银行设立货币政策委员会。货币政策委员会的职责、组成和工作程序，由国务院规定，报全国人民代表大会常务委员会备案。

中国人民银行货币政策委员会应当在国家宏观调控、货币政策制定和调整中，发挥重要作用。

第十三条　中国人民银行根据履行职责的需要设立分支机构，作为中国人民银行的派出机构。中国人民银行对分支机构实行统一领导和管理。

中国人民银行的分支机构根据中国人民银行的授权，维护本辖区的金融稳定，承办有关业务。

第十四条　中国人民银行的行长、副行长及其他工作人员应当恪尽职守，不得滥用职权、徇私舞弊，不得在任何金融机构、企业、基金会兼职。

第十五条　中国人民银行的行长、副行长及其他工作人员，应当依法保守国家秘密，并有责任为与履行其职责有关的金融机构及当事人保守秘密。

第三章　人民币

第十六条　中华人民共和国的法定货币是人民币。以人民币支付中华人民共和国境内的一切公共的和私人的债务，任何单位和个人不得拒收。

第十七条　人民币的单位为元，人民币辅币单位为角、分。

第十八条　人民币由中国人民银行统一印制、发行。

中国人民银行发行新版人民币,应当将发行时间、面额、图案、式样、规格予以公告。

第十九条　禁止伪造、变造人民币。禁止出售、购买伪造、变造的人民币。禁止运输、持有、使用伪造、变造的人民币。禁止故意毁损人民币。禁止在宣传品、出版物或者其他商品上非法使用人民币图样。

第二十条　任何单位和个人不得印制、发售代币票券,以代替人民币在市场上流通。

第二十一条　残缺、污损的人民币,按照中国人民银行的规定兑换,并由中国人民银行负责收回、销毁。

第二十二条　中国人民银行设立人民币发行库,在其分支机构设立分支库。分支库调拨人民币发行基金,应当按照上级库的调拨命令办理。任何单位和个人不得违反规定,动用发行基金。

第四章　业　务

第二十三条　中国人民银行为执行货币政策,可以运用下列货币政策工具:

(一)要求银行业金融机构按照规定的比例交存存款准备金;

(二)确定中央银行基准利率;

(三)为在中国人民银行开立账户的银行业金融机构办理再贴现;

(四)向商业银行提供贷款;

(五)在公开市场上买卖国债、其他政府债券和金融债券及外汇;

(六)国务院确定的其他货币政策工具。

中国人民银行为执行货币政策,运用前款所列货币政策工具时,可以规定具体的条件和程序。

第二十四条　中国人民银行依照法律、行政法规的规定经理国库。

第二十五条　中国人民银行可以代理国务院财政部门向各金融机构组织发行、兑付国债和其他政府债券。

第二十六条　中国人民银行可以根据需要,为银行业金融机构开立账户,但不得对银行业金融机构的账户透支。

第二十七条　中国人民银行应当组织或者协助组织银行业金融机构相互之间的清算系统,协调银行业金融机构相互之间的清算事项,提供清算服务。具体办法由中国人民银行制定。

中国人民银行会同国务院银行业监督管理机构制定支付结算规则。

第二十八条　中国人民银行根据执行货币政策的需要,可以决定对商业银行贷款的数额、期限、利率和方式,但贷款的期限不得超过一年。

第二十九条　中国人民银行不得对政府财政透支,不得直接认购、包销国债和其他政府债券。

第三十条　中国人民银行不得向地方政府、各级政府部门提供贷款,不得向非银行金融机构以及其他单位和个人提供贷款,但国务院决定中国人民银行可以向特定的非银行金融机构提供贷款的除外。

中国人民银行不得向任何单位和个人提供担保。

第五章　金融监督管理

第三十一条　中国人民银行依法监测金融市场的运行情况,对金融市场实施宏观调控,促进其协调发展。

第三十二条　中国人民银行有权对金融机构以及其他单位和个人的下列行为进行检查监督:

(一)执行有关存款准备金管理规定的行为;

(二)与中国人民银行特种贷款有关的行为;

(三)执行有关人民币管理规定的行为;

(四)执行有关银行间同业拆借市场、银行间债券市场管理规定的行为;

(五)执行有关外汇管理规定的行为;

(六)执行有关黄金管理规定的行为;

(七)代理中国人民银行经理国库的行为;

(八)执行有关清算管理规定的行为;

(九)执行有关反洗钱规定的行为。

前款所称中国人民银行特种贷款,是指国务院决定的由中国人民银行向金融机构发放的用于特定目的的贷款。

第三十三条　中国人民银行根据执行货币政策和维护金融稳定的需要,可以建议国务院银行业监督管理机构对银行业金融机构进行检查监督。国务院银行业监督管理机构应当自收到建议之日起30日内予以回复。

第三十四条　当银行业金融机构出现支付困难,可能引发金融风险时,为了维护金融稳定,中国人民银行经国务院批准,有权对银行业金融机构进行检查监督。

第三十五条　中国人民银行根据履行职责的需要,有权要求银行业金融机构报送必要的资产负债表、利润表以及其他财务会计、统计报表和资料。

中国人民银行应当和国务院银行业监督管理机构、国务院其他金融监督管理机构建立监督管理信息共享机制。

第三十六条　中国人民银行负责统一编制全国金融统计数

据、报表,并按照国家有关规定予以公布。

第三十七条　中国人民银行应当建立、健全本系统的稽核、检查制度,加强内部的监督管理。

第六章　财务会计

第三十八条　中国人民银行实行独立的财务预算管理制度。

中国人民银行的预算经国务院财政部门审核后,纳入中央预算,接受国务院财政部门的预算执行监督。

第三十九条　中国人民银行每一会计年度的收入减除该年度支出,并按照国务院财政部门核定的比例提取总准备金后的净利润,全部上缴中央财政。

中国人民银行的亏损由中央财政拨款弥补。

第四十条　中国人民银行的财务收支和会计事务,应当执行法律、行政法规和国家统一的财务、会计制度,接受国务院审计机关和财政部门依法分别进行的审计和监督。

第四十一条　中国人民银行应当于每一会计年度结束后的三个月内,编制资产负债表、损益表和相关的财务会计报表,并编制年度报告,按照国家有关规定予以公布。

中国人民银行的会计年度自公历1月1日起至12月31日止。

第七章　法律责任

第四十二条　伪造、变造人民币,出售伪造、变造的人民币,或者明知是伪造、变造的人民币而运输,构成犯罪的,依法追究刑事责任;尚不构成犯罪的,由公安机关处15日以下拘留、1万元以下罚款。

第四十三条　购买伪造、变造的人民币或者明知是伪造、变造的人民币而持有、使用,构成犯罪的,依法追究刑事责任;尚不构成犯罪的,由公安机关处15日以下拘留、1万元以下罚款。

第四十四条　在宣传品、出版物或者其他商品上非法使用人民币图样的,中国人民银行应当责令改正,并销毁非法使用的人民币图样,没收违法所得,并处5万元以下罚款。

第四十五条　印制、发售代币票券,以代替人民币在市场上流通的,中国人民银行应当责令停止违法行为,并处20万元以下罚款。

第四十六条　本法第三十二条所列行为违反有关规定,有关法律、行政法规有处罚规定的,依照其规定给予处罚;有关法律、行政法规未作处罚规定的,由中国人民银行区别不同情形给予警告,没收违法所得,违法所得50万元以上的,并处违法所得1倍以上5倍以下罚款;没有违法所得或者违法所得不足50万元的,处50万元以上200万元以下罚款;对负有直接责任的董事、高级管理人员和其他直接责任人员给予警告,处5万元以上50万元以下罚款;构成犯罪的,依法追究刑事责任。

第四十七条　当事人对行政处罚不服的,可以依照《中华人民共和国行政诉讼法》的规定提起行政诉讼。

第四十八条　中国人民银行有下列行为之一的,对负有直接责任的主管人员和其他直接责任人员,依法给予行政处分;构成犯罪的,依法追究刑事责任:

(一)违反本法第三十条第一款的规定提供贷款的;

(二)对单位和个人提供担保的;

(三)擅自动用发行基金的。

有前款所列行为之一,造成损失的,负有直接责任的主管人员和其他直接责任人员应当承担部分或者全部赔偿责任。

第四十九条　地方政府、各级政府部门、社会团体和个人强令中国人民银行及其工作人员违反本法第三十条的规定提供贷款或者担保的,对负有直接责任的主管人员和其他直接责任人员,依法给予行政处分;构成犯罪的,依法追究刑事责任;造成损失的,应当承担部分或者全部赔偿责任。

第五十条　中国人民银行的工作人员泄露国家秘密或者所知悉的商业秘密,构成犯罪的,依法追究刑事责任;尚不构成犯罪的,依法给予行政处分。

第五十一条　中国人民银行的工作人员贪污受贿、徇私舞弊、滥用职权、玩忽职守,构成犯罪的,依法追究刑事责任;尚不构成犯罪的,依法给予行政处分。

第八章　附　则

第五十二条　本法所称银行业金融机构,是指在中华人民共和国境内设立的商业银行、城市信用合作社、农村信用合作社等吸收公众存款的金融机构以及政策性银行。

在中华人民共和国境内设立的金融资产管理公司、信托投资公司、财务公司、金融租赁公司以及经国务院银行业监督管理机构批准设立的其他金融机构,适用本法对银行业金融机构的规定。

第五十三条　本法自公布之日起施行。

中华人民共和国企业法人登记管理条例

(1988年6月3日中华人民共和国国务院令 第1号发布)

第一章 总 则

第一条 为建立企业法人登记管理制度,确认企业法人资格,保障企业合法权益,取缔非法经营,维护社会经济秩序,根据《中华人民共和国民法通则》的有关规定,制定本条例。

第二条 具备法人条件的下列企业,应当依照本条例的规定办理企业法人登记:

(一)全民所有制企业;

(二)集体所有制企业;

(三)联营企业;

(四)在中华人民共和国境内设立的中外合资经营企业、中外合作经营企业和外资企业;

(五)私营企业;

(六)依法需要办理企业法人登记的其他企业。

第三条 申请企业法人登记,经企业法人登记主管机关审核,准予登记注册的,领取《企业法人营业执照》,取得法人资格,其合法权益受国家法律保护。

依法需要办理企业法人登记的,未经企业法人登记主管机关核准登记注册,不得从事经营活动。

第二章 登记主管机关

第四条 企业法人登记主管机关(以下简称登记主管机关)是国家工商行政管理局和地方各级工商行政管理局。各级登记主管机关在上级登记主管机关的领导下,依法履行职责,不受非法干预。

第五条 经国务院或者国务院授权部门批准的全国性公司、企业集团、经营进出口业务的公司,由国家工商行政管理局核准登记注册。中外合资经营企业、中外合作经营企业、外资企业由国家工商行政管理局或者国家工商行政管理局授权的地方工商行政管理局核准登记注册。

全国性公司的子(分)公司,经省、自治区、直辖市人民政府或其授权部门批准设立的企业、企业集团、经营进出口业务的公司,由省、自治区、直辖市工商行政管理局核准登记注册。

其他企业,由所在市、县(区)工商行政管理局核准登记注册。

第六条 各级登记主管机关,应当建立企业法人登记档案和登记统计制度,掌握企业法人登记有关的基础信息,为发展有计划的商品经济服务。

登记主管机关应当根据社会需要,有计划地开展向公众提供企业法人登记资料的服务。

第三章 登记条件和申请登记单位

第七条 申请企业法人登记的单位应当具备下列条件:

(一)名称、组织机构和章程;

(二)固定的经营场所和必要的设施;

(三)符合国家规定并与其生产经营和服务规模相适应的资金数额和从业人员;

(四)能够独立承担民事责任;

(五)符合国家法律、法规和政策规定的经营范围。

第八条 企业办理企业法人登记,由该企业的组建负责人申请。

独立承担民事责任的联营企业办理企业法人登记,由联营企业的组建负责人申请。

第四章 登记注册事项

第九条 企业法人登记注册的主要事项:企业法人名称、住所、经营场所、法定代表人、经济性质、经营范围、经营方式、注册资金、从业人数、经营期限、分支机构。

第十条 企业法人只准使用一个名称。企业法人申请登记注册的名称由登记主管机关核定,经核准登记注册后在规定的范围内享有专用权。

申请设立中外合资经营企业、中外合作经营企业和外资企业应当在合同、章程审批之前,向登记主管机关申请企业名称登记。

第十一条 登记主管机关核准登记注册的企业法人的法定代表人是代表企业行使职权的签字人。法定代表人的签字应当向登记主管机关备案。

第十二条 注册资金是国家授予企业法人经营管理的财产或者企业法人自有财产的数额体现。

企业法人办理开业登记,申请注册的资金数额与实有资金不一致的,按照国家专项规定办理。

第十三条 企业法人的经营范围应当与其资金、场地、设备、从业人员以及技术力量相适应;

按照国家有关规定，可以一业为主，兼营他业。

企业法人应当在核准登记注册的经营范围内从事经营活动。

第五章 开业登记

第十四条 企业法人办理开业登记，应当在主管部门或者审批机关批准后30日内，向登记主管机关提出申请；没有主管部门、审批机关的企业申请开业登记，由登记主管机关进行审查。登记主管机关应当在受理申请后30日内，做出核准登记或者不予核准登记的决定。

第十五条 申请企业法人开业登记，应当提交下列文件、证件：

(一)组建负责人签署的登记申请书；

(二)主管部门或者审批机关的批准文件；

(三)组织章程；

(四)资金信用证明、验资证明或者资金担保；

(五)企业主要负责人的身份证明；

(六)住所和经营场所使用证明；

(七)其他有关文件、证件。

第十六条 申请企业法人开业登记的单位，经登记主管机关核准登记注册，领取《企业法人营业执照》后，企业即告成立。企业法人凭据《企业法人营业执照》可以刻制公章、开立银行账户、签订合同，进行经营活动。

登记主管机关可以根据企业法人开展业务的需要，核发《企业法人营业执照》副本。

第六章 变更登记

第十七条 企业法人改变名称、住所、经营场所、法定代表人、经济性质、经营范围、经营方式、注册资金、经营期限，以及增设或者撤销分支机构，应当申请办理变更登记。

第十八条 企业法人申请变更登记，应当在主管部门或者审批机关批准后30日内，向登记主管机关申请办理变更登记。

第十九条 企业法人分立、合并、迁移，应当在主管部门或者审批机关批准后30日内，向登记主管机关申请办理变更登记、开业登记或者注销登记。

第七章 注销登记

第二十条 企业法人歇业、被撤销、宣告破产或者因其他原因终止营业，应当向登记主管机关办理注销登记。

第二十一条 企业法人办理注销登记，应当提交法定代表人签署的申请注销登记报告、主管部门或者审批机关的批准文件、清理债务完结的证明或者清算组织负责清理债权债务的文件。经登记主管机关核准后，收缴《企业法人营业执照》、《企业法人营业执照》副本，收缴公章，并将注销登记情况告知其开户银行。

第二十二条 企业法人领取《企业法人营业执照》后，满6个月尚未开展经营活动或者停止经营活动满1年的，视同歇业，登记主管机关应当收缴《企业法人营业执照》、《企业法人营业执照》副本，收缴公章，并将注销登记情况告知其开户银行。

第八章 公告、年检和证照管理

第二十三条 企业开业、变更名称、注销，由登记主管机关发布企业法人登记公告。未经登记主管机关批准，其他单位不得发布企业法人登记公告。

第二十四条 企业法人登记管理实行年度检验制度。企业法人应当按照登记主管机关规定的时间提交年检报告书、资金平衡表或者资产负债表。登记主管机关应当对企业法人登记的主要事项进行审查。

第二十五条 登记主管机关核发的《企业法人营业执照》是企业法人凭证，除登记主管机关依照法定程序可以扣缴或者吊销外，其他任何单位和个人不得收缴、扣押、毁坏。

企业法人遗失《企业法人营业执照》、《企业法人营业执照》副本，必须登报声明后，方可申请补领。

《企业法人营业执照》、《企业法人营业执照》副本，不得伪造、涂改、出租、出借、转让、出卖和擅自复印。

第二十六条 企业法人办理开业登记、变更登记、年度检验，应当按照规定缴纳登记费、年检费。开业登记费按注册资金总额的1‰缴纳；注册资金超过1000万元的，超过部分按0.5‰缴纳；注册资金超过1亿元的，超过部分不再缴纳。登记费最低额为50元。变更登记费、年检费的缴纳数额由国家工商行政管理局规定。

第九章 事业单位、科技性的社会团体从事经营活动的登记管理

第二十七条 事业单位、科技性的社会团体根据国家有关规定，设立具备法人条件的企业，由该企业申请登记，经登记主管机关核准，领取《企业法人营业执照》，方可从事经营活动。

第二十八条 根据国家有关规定，实行企业化经营，国家不再核拨经费的事业单位和从事经营活动的科技性的社会团体，具备企业法人登记条件的，由该单位申请登记，经登记主管机关核准，

领取《企业法人营业执照》,方可从事经营活动。

第十章 监督管理

第二十九条 登记主管机关对企业法人依法履行下列监督管理职责:

(一)监督企业法人按照规定办理开业、变更、注销登记;

(二)监督企业法人按照登记注册事项和章程、合同从事经营活动;

(三)监督企业法人和法定代表人遵守国家法律、法规和政策;

(四)制止和查处企业法人的违法经营活动,保护企业法人的合法权益。

第三十条 企业法人有下列情形之一的,登记主管机关可以根据情况分别给予警告、罚款、没收非法所得、停业整顿、扣缴、吊销《企业法人营业执照》的处罚:

(一)登记中隐瞒真实情况、弄虚作假或者未经核准登记注册擅自开业的;

(二)擅自改变主要登记事项或者超出核准登记的经营范围从事经营活动的;

(三)不按照规定办理注销登记或者不按照规定报送年检报告书,办理年检的;

(四)伪造、涂改、出租、出借、转让、出卖或者擅自复印《企业法人营业执照》、《企业法人营业执照》副本的;

(五)抽逃、转移资金,隐匿财产逃避债务的;

(六)从事非法经营活动的。

对企业法人按照上述规定进行处罚时,应当根据违法行为的情节,追究法定代表人的行政责任、经济责任;触犯刑律的,由司法机关依法追究刑事责任。

第三十一条 登记主管机关处理企业法人违法活动,必须查明事实,依法处理,并将处理决定书面通知当事人。

第三十二条 企业法人对登记主管机关的处罚不服时,可以在收到处罚通知后15日内向上一级登记主管机关申请复议。上级登记主管机关应当在收到复议申请之日起30日内作出复议决定。申请人对复议决定不服的,可以在收到复议通知之日起30日内向人民法院起诉。逾期不提出申诉又不缴纳罚没款的,登记主管机关可以按照规定程序通知其开户银行予以划拨。

第三十三条 企业法人被吊销《企业法人营业执照》,登记主管机关应当收缴其公章,并将注销登记情况告知其开户银行,其债权债务由主管部门或者清算组织负责清理。

第三十四条 主管部门、审批机关、登记主管机关的工作人员违反本条例规定,严重失职、滥用职权、营私舞弊、索贿受贿或者侵害企业法人合法权益的,应当根据情节给予行政处分和经济处罚;触犯刑律的,由司法机关依法追究刑事责任。

第十一章 附 则

第三十五条 企业法人设立不能独立承担民事责任的分支机构,由该企业法人申请登记,经登记主管机关核准,领取《营业执照》,在核准登记的经营范围内从事经营活动。

根据国家有关规定,由国家核拨经费的事业单位、科技性的社会团体从事经营活动或者设立不具备法人条件的企业,由该单位申请登记,经登记主管机关核准,领取《营业执照》,在核准登记的经营范围内从事经营活动。

具体登记管理参照本条例的规定执行。

第三十六条 经国务院有关部门或者各级计划部门批准的新建企业,其筹建期满一年的,应当按照专项规定办理筹建登记。

第三十七条 本条例施行前,具备法人条件的企业,已经登记主管机关核准登记注册的,不再另行办理企业法人登记。

第三十八条 本条例由国家工商行政管理局负责解释;施行细则由国家工商行政管理局制定。

第三十九条 本条例自1988年7月1日起施行。1980年7月26日国务院发布的《中外合资经营企业登记管理办法》,1982年8月9日国务院发布的《工商企业登记管理条例》,1985年8月14日国务院批准、1985年8月25日国家工商行政管理局发布的《公司登记管理暂行规定》同时废止。

中华人民共和国企业国有资产法

（2008年10月28日第十一届全国人民代表大会常务委员会第五次会议通过）

第一章 总 则

第一条 为了维护国家基本经济制度，巩固和发展国有经济，加强对国有资产的保护，发挥国有经济在国民经济中的主导作用，促进社会主义市场经济发展，制定本法。

第二条 本法所称企业国有资产（以下称国有资产），是指国家对企业各种形式的出资所形成的权益。

第三条 国有资产属于国家所有即全民所有。国务院代表国家行使国有资产所有权。

第四条 国务院和地方人民政府依照法律、行政法规的规定，分别代表国家对国家出资企业履行出资人职责，享有出资人权益。

国务院确定的关系国民经济命脉和国家安全的大型国家出资企业，重要基础设施和重要自然资源等领域的国家出资企业，由国务院代表国家履行出资人职责。其他的国家出资企业，由地方人民政府代表国家履行出资人职责。

第五条 本法所称国家出资企业，是指国家出资的国有独资企业、国有独资公司，以及国有资本控股公司、国有资本参股公司。

第六条 国务院和地方人民政府应当按照政企分开、社会公共管理职能与国有资产出资人职能分开、不干预企业依法自主经营的原则，依法履行出资人职责。

第七条 国家采取措施，推动国有资本向关系国民经济命脉和国家安全的重要行业和关键领域集中，优化国有经济布局和结构，推进国有企业的改革和发展，提高国有经济的整体素质，增强国有经济的控制力、影响力。

第八条 国家建立健全与社会主义市场经济发展要求相适应的国有资产管理与监督体制，建立健全国有资产保值增值考核和责任追究制度，落实国有资产保值增值责任。

第九条 国家建立健全国有资产基础管理制度。具体办法按照国务院的规定制定。

第十条 国有资产受法律保护，任何单位和个人不得侵害。

第二章 履行出资人职责的机构

第十一条 国务院国有资产监督管理机构和地方人民政府按照国务院的规定设立的国有资产监督管理机构，根据本级人民政府的授权，代表本级人民政府对国家出资企业履行出资人职责。

国务院和地方人民政府根据需要，可以授权其他部门、机构代表本级人民政府对国家出资企业履行出资人职责。

代表本级人民政府履行出资人职责的机构、部门，以下统称履行出资人职责的机构。

第十二条 履行出资人职责的机构代表本级人民政府对国家出资企业依法享有资产收益、参与重大决策和选择管理者等出资人权利。

履行出资人职责的机构依照法律、行政法规的规定，制定或者参与制定国家出资企业的章程。

履行出资人职责的机构对法律、行政法规和本级人民政府规定须经本级人民政府批准的履行出资人职责的重大事项，应当报请本级人民政府批准。

第十三条 履行出资人职责的机构委派的股东代表参加国有资本控股公司、国有资本参股公司召开的股东会会议、股东大会会议，应当按照委派机构的指示提出提案、发表意见、行使表决权，并将其履行职责的情况和结果及时报告委派机构。

第十四条 履行出资人职责的机构应当依照法律、行政法规以及企业章程履行出资人职责，保障出资人权益，防止国有资产损失。

履行出资人职责的机构应当维护企业作为市场主体依法享有的权利，除依法履行出资人职责外，不得干预企业经营活动。

第十五条 履行出资人职责的机构对本级人民政府负责，向本级人民政府报告履行出资人职责的情况，接受本级人民政府的监督和考核，对国有资产的保值增值负责。

履行出资人职责的机构应当按照国家有关规定，定期向本级人民政府报告有关国有资产总量、结构、变动、收益等汇总分析的情况。

第三章 国家出资企业

第十六条 国家出资企业对

其动产、不动产和其他财产依照法律、行政法规以及企业章程享有占有、使用、收益和处分的权利。

国家出资企业依法享有的经营自主权和其他合法权益受法律保护。

第十七条　国家出资企业从事经营活动，应当遵守法律、行政法规，加强经营管理，提高经济效益，接受人民政府及其有关部门、机构依法实施的管理和监督，接受社会公众的监督，承担社会责任，对出资人负责。

国家出资企业应当依法建立和完善法人治理结构，建立健全内部监督管理和风险控制制度。

第十八条　国家出资企业应当依照法律、行政法规和国务院财政部门的规定，建立健全财务、会计制度，设置会计账簿，进行会计核算，依照法律、行政法规以及企业章程的规定向出资人提供真实、完整的财务、会计信息。

国家出资企业应当依照法律、行政法规以及企业章程的规定，向出资人分配利润。

第十九条　国有独资公司、国有资本控股公司和国有资本参股公司依照《中华人民共和国公司法》的规定设立监事会。国有独资企业由履行出资人职责的机构按照国务院的规定委派监事组成监事会。

国家出资企业的监事会依照法律、行政法规以及企业章程的规定，对董事、高级管理人员执行职务的行为进行监督，对企业财务进行监督检查。

第二十条　国家出资企业依照法律规定，通过职工代表大会或者其他形式，实行民主管理。

第二十一条　国家出资企业对其所出资企业依法享有资产收益、参与重大决策和选择管理者等出资人权利。

国家出资企业对其所出资企业，应当依照法律、行政法规的规定，通过制定或者参与制定所出资企业的章程，建立权责明确、有效制衡的企业内部监督管理和风险控制制度，维护其出资人权益。

第四章　国家出资企业管理者的选择与考核

第二十二条　履行出资人职责的机构依照法律、行政法规以及企业章程的规定，任免或者建议任免国家出资企业的下列人员：

（一）任免国有独资企业的经理、副经理、财务负责人和其他高级管理人员；

（二）任免国有独资公司的董事长、副董事长、董事、监事会主席和监事；

（三）向国有资本控股公司、国有资本参股公司的股东会、股东大会提出董事、监事人选。

国家出资企业中应当由职工代表出任的董事、监事，依照有关法律、行政法规的规定由职工民主选举产生。

第二十三条　履行出资人职责的机构任命或者建议任命的董事、监事、高级管理人员，应当具备下列条件：

（一）有良好的品行；

（二）有符合职位要求的专业知识和工作能力；

（三）有能够正常履行职责的身体条件；

（四）法律、行政法规规定的其他条件。

董事、监事、高级管理人员在任职期间出现不符合前款规定情形或者出现《中华人民共和国公司法》规定的不得担任公司董事、监事、高级管理人员情形的，履行出资人职责的机构应当依法予以免职或者提出免职建议。

第二十四条　履行出资人职责的机构对拟任命或者建议任命的董事、监事、高级管理人员的人选，应当按照规定的条件和程序进行考察。考察合格的，按照规定的权限和程序任命或者建议任命。

第二十五条　未经履行出资人职责的机构同意，国有独资企业、国有独资公司的董事、高级管理人员不得在其他企业兼职。未经股东会、股东大会同意，国有资本控股公司、国有资本参股公司的董事、高级管理人员不得在经营同类业务的其他企业兼职。

未经履行出资人职责的机构同意，国有独资公司的董事长不得兼任经理。未经股东会、股东大会同意，国有资本控股公司的董事长不得兼任经理。

董事、高级管理人员不得兼任监事。

第二十六条　国家出资企业的董事、监事、高级管理人员，应当遵守法律、行政法规以及企业章程，对企业负有忠实义务和勤勉义务，不得利用职权收受贿赂或者取得其他非法收入和不当利益，不得侵占、挪用企业资产，不得超越职权或者违反程序决定企业重大事项，不得有其他侵害国有资产出资人权益的行为。

第二十七条　国家建立国家出资企业管理者经营业绩考核制度。履行出资人职责的机构应当对其任命的企业管理者进行年度和任期考核，并依据考核结果决定对企业管理者的奖惩。

履行出资人职责的机构应当按照国家有关规定，确定其任命的国家出资企业管理者的薪酬标准。

第二十八条　国有独资企业、国有独资公司和国有资本控股公司的主要负责人，应当接受依法进行的任期经济责任审计。

第二十九条　本法第二十二条第一款第一项、第二项规定的企业管理者，国务院和地方人民政府规定由本级人民政府任免的,依照其规定。履行出资人职责的机构依照本章规定对上述企业管理者进行考核、奖惩并确定其薪酬标准。

第五章　关系国有资产出资人权益的重大事项

第一节　一般规定

第三十条　国家出资企业合并、分立、改制、上市,增加或者减少注册资本,发行债券,进行重大投资,为他人提供大额担保,转让重大财产,进行大额捐赠,分配利润,以及解散、申请破产等重大事项,应当遵守法律、行政法规以及企业章程的规定，不得损害出资人和债权人的权益。

第三十一条　国有独资企业、国有独资公司合并、分立,增加或者减少注册资本,发行债券,分配利润,以及解散、申请破产,由履行出资人职责的机构决定。

第三十二条　国有独资企业、国有独资公司有本法第三十条所列事项的，除依照本法第三十一条和有关法律、行政法规以及企业章程的规定，由履行出资人职责的机构决定的以外，国有独资企业由企业负责人集体讨论决定,国有独资公司由董事会决定。

第三十三条　国有资本控股公司、国有资本参股公司有本法第三十条所列事项的,依照法律、行政法规以及公司章程的规定,由公司股东会、股东大会或者董事会决定。由股东会、股东大会决定的，履行出资人职责的机构委派的股东代表应当依照本法第十三条的规定行使权利。

第三十四条　重要的国有独资企业、国有独资公司、国有资本控股公司的合并、分立、解散、申请破产以及法律、行政法规和本级人民政府规定应当由履行出资人职责的机构报经本级人民政府批准的重大事项，履行出资人职责的机构在作出决定或者向其委派参加国有资本控股公司股东会会议、股东大会会议的股东代表作出指示前，应当报请本级人民政府批准。

本法所称的重要的国有独资企业、国有独资公司和国有资本控股公司,按照国务院的规定确定。

第三十五条　国家出资企业发行债券、投资等事项，有关法律、行政法规规定应当报经人民政府或者人民政府有关部门、机构批准、核准或者备案的,依照其规定。

第三十六条　国家出资企业投资应当符合国家产业政策,并按照国家规定进行可行性研究;与他人交易应当公平、有偿,取得合理对价。

第三十七条　国家出资企业的合并、分立、改制、解散、申请破产等重大事项，应当听取企业工会的意见，并通过职工代表大会或者其他形式听取职工的意见和建议。

第三十八条　国有独资企业、国有独资公司、国有资本控股公司对其所出资企业的重大事项参照本章规定履行出资人职责。具体办法由国务院规定。

第二节　企业改制

第三十九条　本法所称企业改制是指:

(一)国有独资企业改为国有独资公司;

(二)国有独资企业、国有独资公司改为国有资本控股公司或者非国有资本控股公司;

(三)国有资本控股公司改为非国有资本控股公司。

第四十条　企业改制应当依照法定程序，由履行出资人职责的机构决定或者由公司股东会、股东大会决定。

重要的国有独资企业、国有独资公司、国有资本控股公司的改制，履行出资人职责的机构在作出决定或者向其委派参加国有资本控股公司股东会会议、股东大会会议的股东代表作出指示前，应当将改制方案报请本级人民政府批准。

第四十一条　企业改制应当制定改制方案，载明改制后的企业组织形式、企业资产和债权债务处理方案、股权变动方案、改制的操作程序、资产评估和财务审计等中介机构的选聘等事项。

企业改制涉及重新安置企业职工的，还应当制定职工安置方案，并经职工代表大会或者职工大会审议通过。

第四十二条　企业改制应当按照规定进行清产核资、财务审计、资产评估,准确界定和核实资产,客观、公正地确定资产的价值。

企业改制涉及以企业的实物、知识产权、土地使用权等非货币财产折算为国有资本出资或者股份的，应当按照规定对折价财产进行评估，以评估确认价格作为确定国有资本出资额或者股份数额的依据。不得将财产低价折股或者有其他损害出资人权益的行为。

第三节　与关联方的交易

第四十三条　国家出资企业的关联方不得利用与国家出资企业之间的交易,谋取不当利益,损害国家出资企业利益。

本法所称关联方，是指本企业的董事、监事、高级管理人员及其近亲属，以及这些人员所有或者实际控制的企业。

第四十四条　国有独资企业、国有独资公司、国有资本控股公司不得无偿向关联方提供资金、商品、服务或者其他资产,不得以不公平的价格与关联方进行交易。

第四十五条　未经履行出资人职责的机构同意，国有独资企业、国有独资公司不得有下列行为：

（一）与关联方订立财产转让、借款的协议；

（二）为关联方提供担保；

（三）与关联方共同出资设立企业，或者向董事、监事、高级管理人员或者其近亲属所有或者实际控制的企业投资。

第四十六条　国有资本控股公司、国有资本参股公司与关联方的交易，依照《中华人民共和国公司法》和有关行政法规以及公司章程的规定，由公司股东会、股东大会或者董事会决定。由公司股东会、股东大会决定的，履行出资人职责的机构委派的股东代表，应当依照本法第十三条的规定行使权利。

公司董事会对公司与关联方的交易作出决议时，该交易涉及的董事不得行使表决权，也不得代理其他董事行使表决权。

第四节　资产评估

第四十七条　国有独资企业、国有独资公司和国有资本控股公司合并、分立、改制，转让重大财产，以非货币财产对外投资，清算或者有法律、行政法规以及企业章程规定应当进行资产评估的其他情形的，应当按照规定对有关资产进行评估。

第四十八条　国有独资企业、国有独资公司和国有资本控股公司应当委托依法设立的符合条件的资产评估机构进行资产评估；涉及应当报经履行出资人职责的机构决定的事项的，应当将委托资产评估机构的情况向履行出资人职责的机构报告。

第四十九条　国有独资企业、国有独资公司、国有资本控股公司及其董事、监事、高级管理人员应当向资产评估机构如实提供有关情况和资料，不得与资产评估机构串通评估作价。

第五十条　资产评估机构及其工作人员受托评估有关资产，应当遵守法律、行政法规以及评估执业准则，独立、客观、公正地对受托评估的资产进行评估。资产评估机构应当对其出具的评估报告负责。

第五节　国有资产转让

第五十一条　本法所称国有资产转让，是指依法将国家对企业的出资所形成的权益转移给其他单位或者个人的行为；按照国家规定无偿划转国有资产的除外。

第五十二条　国有资产转让应当有利于国有经济布局和结构的战略性调整，防止国有资产损失，不得损害交易各方的合法权益。

第五十三条　国有资产转让由履行出资人职责的机构决定。履行出资人职责的机构决定转让全部国有资产的，或者转让部分国有资产致使国家对该企业不再具有控股地位的，应当报请本级人民政府批准。

第五十四条　国有资产转让应当遵循等价有偿和公开、公平、公正的原则。

除按照国家规定可以直接协议转让的以外，国有资产转让应当在依法设立的产权交易场所公开进行。转让方应当如实披露有关信息，征集受让方；征集产生的受让方为两个以上的，转让应当采用公开竞价的交易方式。

转让上市交易的股份依照《中华人民共和国证券法》的规定进行。

第五十五条　国有资产转让应当以依法评估的、经履行出资人职责的机构认可或者由履行出资人职责的机构报经本级人民政府核准的价格为依据，合理确定最低转让价格。

第五十六条　法律、行政法规或者国务院国有资产监督管理机构规定可以向本企业的董事、监事、高级管理人员或者其近亲属，或者这些人员所有或者实际控制的企业转让的国有资产，在转让时，上述人员或者企业参与受让的，应当与其他受让参与者平等竞买；转让方应当按照国家有关规定，如实披露有关信息；相关的董事、监事和高级管理人员不得参与转让方案的制定和组织实施的各项工作。

第五十七条　国有资产向境外投资者转让的，应当遵守国家有关规定，不得危害国家安全和社会公共利益。

第六章　国有资本经营预算

第五十八条　国家建立健全国有资本经营预算制度，对取得的国有资本收入及其支出实行预算管理。

第五十九条　国家取得的下列国有资本收入，以及下列收入的支出，应当编制国有资本经营预算：

（一）从国家出资企业分得的利润；

（二）国有资产转让收入；

（三）从国家出资企业取得的清算收入；

（四）其他国有资本收入。

第六十条　国有资本经营预算按年度单独编制，纳入本级人民政府预算，报本级人民代表大会批准。

国有资本经营预算支出按照当年预算收入规模安排，不列赤字。

第六十一条　国务院和有关地方人民政府财政部门负责国有资本经营预算草案的编制工作，履行出资人职责的机构向财政部门提出由其履行出资人职责的国有资本经营预算建议草案。

第六十二条　国有资本经营预算管理的具体办法和实施步

骤，由国务院规定，报全国人民代表大会常务委员会备案。

第七章 国有资产监督

第六十三条 各级人民代表大会常务委员会通过听取和审议本级人民政府履行出资人职责的情况和国有资产监督管理情况的专项工作报告，组织对本法实施情况的执法检查等，依法行使监督职权。

第六十四条 国务院和地方人民政府应当对其授权履行出资人职责的机构履行职责的情况进行监督。

第六十五条 国务院和地方人民政府审计机关依照《中华人民共和国审计法》的规定，对国有资本经营预算的执行情况和属于审计监督对象的国家出资企业进行审计监督。

第六十六条 国务院和地方人民政府应当依法向社会公布国有资产状况和国有资产监督管理工作情况，接受社会公众的监督。

任何单位和个人有权对造成国有资产损失的行为进行检举和控告。

第六十七条 履行出资人职责的机构根据需要，可以委托会计师事务所对国有独资企业、国有独资公司的年度财务会计报告进行审计，或者通过国有资本控股公司的股东会、股东大会决议，由国有资本控股公司聘请会计师事务所对公司的年度财务会计报告进行审计，维护出资人权益。

第八章 法律责任

第六十八条 履行出资人职责的机构有下列行为之一的，对其直接负责的主管人员和其他直接责任人员依法给予处分：

(一)不按照法定的任职条件，任命或者建议任命国家出资企业管理者的；

(二)侵占、截留、挪用国家出资企业的资金或者应当上缴的国有资本收入的；

(三)违反法定的权限、程序，决定国家出资企业重大事项，造成国有资产损失的；

(四)有其他不依法履行出资人职责的行为，造成国有资产损失的。

第六十九条 履行出资人职责的机构的工作人员玩忽职守、滥用职权、徇私舞弊，尚不构成犯罪的，依法给予处分。

第七十条 履行出资人职责的机构委派的股东代表未按照委派机构的指示履行职责，造成国有资产损失的，依法承担赔偿责任；属于国家工作人员的，并依法给予处分。

第七十一条 国家出资企业的董事、监事、高级管理人员有下列行为之一，造成国有资产损失的，依法承担赔偿责任；属于国家工作人员的，并依法给予处分：

(一)利用职权收受贿赂或者取得其他非法收入和不当利益的；

(二)侵占、挪用企业资产的；

(三)在企业改制、财产转让等过程中，违反法律、行政法规和公平交易规则，将企业财产低价转让、低价折股的；

(四)违反本法规定与本企业进行交易的；

(五)不如实向资产评估机构、会计师事务所提供有关情况和资料，或者与资产评估机构、会计师事务所串通出具虚假资产评估报告、审计报告的；

(六)违反法律、行政法规和企业章程规定的决策程序，决定企业重大事项的；

(七)有其他违反法律、行政法规和企业章程执行职务行为的。

国家出资企业的董事、监事、高级管理人员因前款所列行为取得的收入，依法予以追缴或者归国家出资企业所有。

履行出资人职责的机构任命或者建议任命的董事、监事、高级管理人员有本条第一款所列行为之一，造成国有资产重大损失的，由履行出资人职责的机构依法予以免职或者提出免职建议。

第七十二条 在涉及关联方交易、国有资产转让等交易活动中，当事人恶意串通，损害国有资产权益的，该交易行为无效。

第七十三条 国有独资企业、国有独资公司、国有资本控股公司的董事、监事、高级管理人员违反本法规定，造成国有资产重大损失，被免职的，自免职之日起5年内不得担任国有独资企业、国有独资公司、国有资本控股公司的董事、监事、高级管理人员；造成国有资产特别重大损失，或者因贪污、贿赂、侵占财产、挪用财产或者破坏社会主义市场经济秩序被判处刑罚的，终身不得担任国有独资企业、国有独资公司、国有资本控股公司的董事、监事、高级管理人员。

第七十四条 接受委托对国家出资企业进行资产评估、财务审计的资产评估机构、会计师事务所违反法律、行政法规的规定和执业准则，出具虚假的资产评估报告或者审计报告的，依照有关法律、行政法规的规定追究法律责任。

第七十五条 违反本法规定，构成犯罪的，依法追究刑事责任。

第九章 附 则

第七十六条 金融企业国有资产的管理与监督，法律、行政法规另有规定的，依照其规定。

第七十七条 本法自2009年5月1日起施行。

中华人民共和国企业破产法(试行)

(中华人民共和国主席令　第45号)

第一章　总　则

第一条　为了适应社会主义有计划的商品经济发展和经济体制改革的需要，促进全民所有制企业自主经营，加强经济责任制和民主管理,改善经营状况,提高经济效益,保护债权人、债务人的合法权益,特制定本法。

第二条　本法适用于全民所有制企业。

第三条　企业因经营管理不善造成严重亏损，不能清偿到期债务的,依照本法规定宣告破产。

企业由债权人申请破产,有下列情形之一的,不予宣告破产：

(一)公用企业和与国计民生有重大关系的企业，政府有关部门给予资助或者采取其他措施帮助清偿债务的；

(二)取得担保,自破产申请之日起6个月内清偿债务的。

企业由债权人申请破产,上级主管部门申请整顿并且经企业与债权人会议达成和解协议的，中止破产程序。

第四条　国家通过各种途径妥善安排破产企业职工重新就业，并保障他们重新就业前的基本生活需要，具体办法由国务院另行规定。

第五条　破产案件由债务人所在地人民法院管辖。

第六条　破产案件的诉讼程序,本法没有规定的,适用民事诉讼程序的法律规定。

第二章　破产申请的提出和受理

第七条　债务人不能清偿到期债务，债权人可以申请宣告债务人破产。

债权人提出破产申请时,应当提供关于债权数额、有无财产担保以及债务人不能清偿到期债务的有关证据。

第八条　债务人经其上级主管部门同意后,可以申请宣告破产。

债务人提出破产申请时,应当说明企业亏损的情况，提交有关的会计报表、债务清册和债权清册。

第九条　人民法院受理破产案件后,应当在10日内通知债务人并且发布公告。人民法院在收到债务人提交的债务清册后10日内,应当通知已知的债权人。公告和通知中应当规定第一次债权人会议召开的日期。

债权人应当在收到通知后1个月内，未收到通知的债权人应当自公告之日起3个月内，向人民法院申报债权，说明债权的数额和有无财产担保，并且提交有关证明材料。逾期未申报债权的，视为自动放弃债权。

人民法院对有财产担保债权和无财产担保债权的申报，应当分别登记。

第十条　债权人提出破产申请的，债务人应当在收到人民法院通知后十五日内，向人民法院提交本法第八条第二款所列有关材料。

债务人为其他单位担任保证人的，应当在收到人民法院通知后5日内转告有关当事人。

第十一条　人民法院受理破产案件后，对债务人财产的其他民事执行程序必须中止。

第十二条　人民法院受理破产案件后，债务人对部分债权人的清偿无效，但是债务人正常生产经营所必需的除外。

第三章　债权人会议

第十三条　所有债权人均为债权人会议成员。债权人会议成员享有表决权，但是有财产担保的债权人未放弃优先受偿权利的除外。债务人的保证人,在代替债务人清偿债务后可以作为债权人,享有表决权。

债权人会议主席由人民法院从有表决权的债权人中指定。

债务人的法定代表人必须列席债权人会议,回答债权人的询问。

第十四条　第一次债权人会议由人民法院召集，应当在债权申报期限届满后15日内召开。以后的债权人会议在人民法院或者会议主席认为必要时召开，也可以在清算组或者占无财产担保债权总额的1/4以上的债权人要求时召开。

第十五条　债权人会议的职权是：

(一)审查有关债权的证明材料，确认债权有无财产担保及其数额；

(二)讨论通过和解协议草案；

(三)讨论通过破产财产的处理和分配方案。

第十六条　债权人会议的决议，由出席会议的有表决权的债权人的过半数通过，并且其所代表的债权额，必须占无财产担保债权总额的半数以上，但是通过和解协议草案的决议，必须占无财产担保债权总额的2/3以上。

债权人会议的决议，对于全体债权人均有约束力。

债权人认为债权人会议的决议违反法律规定的，可以在债权人会议作出决议后7日内提请人民法院裁定。

第四章　和解和整顿

第十七条　企业由债权人申请破产的，在人民法院受理案件后3个月内，被申请破产的企业的上级主管部门可以申请对该企业进行整顿，整顿的期限不超过2年。

第十八条　整顿申请提出后，企业应当向债权人会议提出和解协议草案。

和解协议应当规定企业清偿债务的期限。

第十九条　企业和债权人会议达成和解协议，经人民法院认可后，由人民法院发布公告，中止破产程序。和解协议自公告之日起具有法律效力。

第二十条　企业的整顿由其上级主管部门负责主持。

企业整顿方案应当经过企业职工代表大会讨论。企业整顿的情况应当向企业职工代表大会报告，并听取意见。

企业整顿的情况应当定期向债权人会议报告。

第二十一条　整顿期间，企业有下列情形之一的，经人民法院裁定，终结该企业的整顿，宣告其破产：

(一)不执行和解协议的；

(二)财务状况继续恶化，债权人会议申请终结整顿的；

(三)有本法第三十五条所列行为之一，严重损害债权人利益的。

第二十二条　经过整顿，企业能够按照和解协议清偿债务的，人民法院应当终结对该企业的破产程序并且予以公告。

整顿期满，企业不能按照和解协议清偿债务的，人民法院应当宣告该企业破产，并且按照本法第九条的规定重新登记债权。

第五章　破产宣告和破产清算

第二十三条　有下列情形之一的，由人民法院裁定，宣告企业破产：

(一)依照本法第三条的规定应当宣告破产的；

(二)依照本法第二十一条的规定终结整顿的；

(三)整顿期满，不能按照和解协议清偿债务的。

第二十四条　人民法院应当自宣告企业破产之日起15日内成立清算组，接管破产企业。清算组负责破产财产的保管、清理、估价、处理和分配。清算组可以依法进行必要的民事活动。

清算组成员由人民法院从企业上级主管部门、政府财政部门等有关部门和专业人员中指定。清算组可以聘任必要的工作人员。

清算组对人民法院负责并且报告工作。

第二十五条　任何单位和个人不得非法处理破产企业的财产、账册、文书、资料和印章等。

破产企业的债务人和财产持有人，只能向清算组清偿债务或者交付财产。

第二十六条　对破产企业未履行的合同，清算组可以决定解除或者继续履行。

清算组决定解除合同，另一方当事人因合同解除受到损害的，其损害赔偿额作为破产债权。

第二十七条　破产企业的法定代表人在向清算组办理移交手续前，负责保管本企业的财产、账册、文书、资料和印章等。

破产企业的法定代表人在破产程序终结以前，根据人民法院或者清算组的要求进行工作，不得擅离职守。

第二十八条　破产财产由下列财产构成：

(一)宣告破产时破产企业经营管理的全部财产；

(二)破产企业在破产宣告后至破产程序终结前所取得的财产；

(三)应当由破产企业行使的其他财产权利。

已作为担保物的财产不属于破产财产；担保物的价款超过其所担保的债务数额的，超过部分属于破产财产。

第二十九条　破产企业内属于他人的财产，由该财产的权利人通过清算组取回。

第三十条　破产宣告前成立的无财产担保的债权和放弃优先受偿权利的有财产担保的债权为破产债权。

债权人参加破产程序的费用不得作为破产债权。

第三十一条　破产宣告时未到期的债权，视为已到期债权，但是应当减去未到期的利息。

第三十二条　破产宣告前成立的有财产担保的债权，债权人享有就该担保物优先受偿的权利。

有财产担保的债权，其数额超过担保物的价款的，未受清偿的部分，作为破产债权，依照破产程序受偿。

第三十三条　债权人对破产企业负有债务的，可以在破产清算前抵销。

第三十四条　下列破产费用，应当从破产财产中优先拨付：

(一)破产财产的管理、变卖

和分配所需要的费用，包括聘任工作人员的费用；

(二)破产案件的诉讼费用；

(三)为债权人的共同利益而在破产程序中支付的其他费用。

破产财产不足以支付破产费用的，人民法院应当宣告破产程序终结。

第三十五条　人民法院受理破产案件前6个月至破产宣告之日的期间内，破产企业的下列行为无效：

(一)隐匿、私分或者无偿转让财产；

(二)非正常压价出售财产；

(三)对原来没有财产担保的债务提供财产担保；

(四)对未到期的债务提前清偿；

(五)放弃自己的债权。

破产企业有前款所列行为的，清算组有权向人民法院申请追回财产。追回的财产，并入破产财产。

第三十六条　破产财产中的成套设备，应当整体出售；不能整体出售的，可以分散出售。

第三十七条　清算组提出破产财产分配方案，经债权人会议讨论通过，报请人民法院裁定后执行。

破产财产优先拨付破产费用后，按照下列顺序清偿：

(一)破产企业所欠职工工资和劳动保险费用；

(二)破产企业所欠税款；

(三)破产债权。

破产财产不足清偿同一顺序的清偿要求的，按照比例分配。

第三十八条　破产财产分配完毕，由清算组提请人民法院终结破产程序。破产程序终结后，未得到清偿的债权不再清偿。

第三十九条　破产程序终结后，由清算组向破产企业原登记机关办理注销登记。

第四十条　破产企业有本法第三十五条所列行为之一，自破产程序终结之日起1年内被查出的，由人民法院追回财产，依照本法第三十七条的规定清偿。

第四十一条　破产企业有本法第三十五条所列行为之一的，对破产企业的法定代表人和直接责任人员给予行政处分；破产企业的法定代表人和直接责任人员的行为构成犯罪的，依法追究刑事责任。

第四十二条　企业被宣告破产后，由政府监察部门和审计部门负责查明企业破产的责任。

破产企业的法定代表人对企业破产负有主要责任的，给予行政处分。

破产企业的上级主管部门对企业破产负有主要责任的，对该上级主管部门的领导人，给予行政处分。

破产企业的法定代表人和破产企业的上级主管部门的领导人，因玩忽职守造成企业破产，致使国家财产遭受重大损失的，依照《中华人民共和国刑法》第一百八十七条的规定追究刑事责任。

第六章　附　则

第四十三条　本法自全民所有制工业企业法实施满3个月之日起试行，试行的具体部署和步骤由国务院规定。

中华人民共和国企业所得税法

(2007年3月16日第十届全国人民代表大会第五次会议通过)

第一章　总　则

第一条　在中华人民共和国境内，企业和其他取得收入的组织(以下统称企业)为企业所得税的纳税人，依照本法的规定缴纳企业所得税。

个人独资企业、合伙企业不适用本法。

第二条　企业分为居民企业和非居民企业。

本法所称居民企业，是指依法在中国境内成立，或者依照外国(地区)法律成立但实际管理机构在中国境内的企业。

本法所称非居民企业，是指依照外国(地区)法律成立且实际管理机构不在中国境内，但在中国境内设立机构、场所的，或者在中国境内未设立机构、场所，但有来源于中国境内所得的企业。

第三条　居民企业应当就其来源于中国境内、境外的所得缴纳企业所得税。

非居民企业在中国境内设立机构、场所的，应当就其所设机构、场所取得的来源于中国境内的所得，以及发生在中国境外但与其所设机构、场所有实际联系的所得，缴纳企业所得税。

非居民企业在中国境内未设立机构、场所的，或者虽设立机构、场所但取得的所得与其所设机构、场所没有实际联系的，应当就其来源于中国境内的所得缴纳企业所得税。

第四条　企业所得税的税率为25%。

非居民企业取得本法第三条第三款规定的所得，适用税率为20%。

第二章　应纳税所得额

第五条　企业每一纳税年度的收入总额，减除不征税收入、免税收入、各项扣除以及允许弥补的以前年度亏损后的余额，为应纳税所得额。

第六条　企业以货币形式和非货币形式从各种来源取得的收入，为收入总额。包括：

(一)销售货物收入；

(二)提供劳务收入；

(三)转让财产收入；

(四)股息、红利等权益性投资收益；

(五)利息收入；

(六)租金收入；

(七)特许权使用费收入；

(八)接受捐赠收入；

(九)其他收入。

第七条　收入总额中的下列收入为不征税收入：

(一)财政拨款；

(二)依法收取并纳入财政管理的行政事业性收费、政府性基金；

(三)国务院规定的其他不征税收入。

第八条　企业实际发生的与取得收入有关的、合理的支出，包括成本、费用、税金、损失和其他支出，准予在计算应纳税所得额时扣除。

第九条　企业发生的公益性捐赠支出，在年度利润总额12%以内的部分，准予在计算应纳税所得额时扣除。

第十条　在计算应纳税所得额时，下列支出不得扣除：

(一)向投资者支付的股息、红利等权益性投资收益款项；

(二)企业所得税税款；

(三)税收滞纳金；

(四)罚金、罚款和被没收财物的损失；

(五)本法第九条规定以外的捐赠支出；

(六)赞助支出；

(七)未经核定的准备金支出；

(八)与取得收入无关的其他支出。

第十一条　在计算应纳税所得额时，企业按照规定计算的固定资产折旧，准予扣除。

下列固定资产不得计算折旧扣除：

(一)房屋、建筑物以外未投入使用的固定资产；

(二)以经营租赁方式租入的固定资产；

(三)以融资租赁方式租出的固定资产；

(四)已足额提取折旧仍继续使用的固定资产；

(五)与经营活动无关的固定资产；

(六)单独估价作为固定资产入账的土地；

(七)其他不得计算折旧扣除的固定资产。

第十二条　在计算应纳税所得额时，企业按照规定计算的无形资产摊销费用，准予扣除。

下列无形资产不得计算摊销费用扣除：

（一）自行开发的支出已在计算应纳税所得额时扣除的无形资产；

（二）自创商誉；

（三）与经营活动无关的无形资产；

（四）其他不得计算摊销费用扣除的无形资产。

第十三条　在计算应纳税所得额时，企业发生的下列支出作为长期待摊费用，按照规定摊销的，准予扣除：

（一）已足额提取折旧的固定资产的改建支出；

（二）租入固定资产的改建支出；

（三）固定资产的大修理支出；

（四）其他应当作为长期待摊费用的支出。

第十四条　企业对外投资期间，投资资产的成本在计算应纳税所得额时不得扣除。

第十五条　企业使用或者销售存货，按照规定计算的存货成本，准予在计算应纳税所得额时扣除。

第十六条　企业转让资产，该项资产的净值，准予在计算应纳税所得额时扣除。

第十七条　企业在汇总计算缴纳企业所得税时，其境外营业机构的亏损不得抵减境内营业机构的盈利。

第十八条　企业纳税年度发生的亏损，准予向以后年度结转，用以后年度的所得弥补，但结转年限最长不得超过五年。

第十九条　非居民企业取得本法第三条第三款规定的所得，按照下列方法计算其应纳税所得额：

（一）股息、红利等权益性投资收益和利息、租金、特许权使用费所得，以收入全额为应纳税所得额；

（二）转让财产所得，以收入全额减除财产净值后的余额为应纳税所得额；

（三）其他所得，参照前两项规定的方法计算应纳税所得额。

第二十条　本章规定的收入、扣除的具体范围、标准和资产的税务处理的具体办法，由国务院财政、税务主管部门规定。

第二十一条　在计算应纳税所得额时，企业财务、会计处理办法与税收法律、行政法规的规定不一致的，应当依照税收法律、行政法规的规定计算。

第三章　应纳税额

第二十二条　企业的应纳税所得额乘以适用税率，减除依照本法关于税收优惠的规定减免和抵免的税额后的余额，为应纳税额。

第二十三条　企业取得的下列所得已在境外缴纳的所得税税额，可以从其当期应纳税额中抵免，抵免限额为该项所得依照本法规定计算的应纳税额；超过抵免限额的部分，可以在以后5个年度内，用每年度抵免限额抵免当年应抵税额后的余额进行抵补：

（一）居民企业来源于中国境外的应税所得；

（二）非居民企业在中国境内设立机构、场所，取得发生在中国境外但与该机构、场所有实际联系的应税所得。

第二十四条　居民企业从其直接或者间接控制的外国企业分得的来源于中国境外的股息、红利等权益性投资收益，外国企业在境外实际缴纳的所得税税额中属于该项所得负担的部分，可以作为该居民企业的可抵免境外所得税税额，在本法第二十三条规定的抵免限额内抵免。

第四章　税收优惠

第二十五条　国家对重点扶持和鼓励发展的产业和项目，给予企业所得税优惠。

第二十六条　企业的下列收入为免税收入：

（一）国债利息收入；

（二）符合条件的居民企业之间的股息、红利等权益性投资收益；

（三）在中国境内设立机构、场所的非居民企业从居民企业取得与该机构、场所有实际联系的股息、红利等权益性投资收益；

（四）符合条件的非营利组织的收入。

第二十七条　企业的下列所得，可以免征、减征企业所得税：

（一）从事农、林、牧、渔业项目的所得；

（二）从事国家重点扶持的公共基础设施项目投资经营的所得；

（三）从事符合条件的环境保护、节能节水项目的所得；

（四）符合条件的技术转让所得；

（五）本法第三条第三款规定的所得。

第二十八条　符合条件的小型微利企业，减按20%的税率征收企业所得税。

国家需要重点扶持的高新技术企业，减按15%的税率征收企业所得税。

第二十九条　民族自治地方的自治机关对本民族自治地方的企业应缴纳的企业所得税中属于地方分享的部分，可以决定减征或者免征。自治州、自治县决定减征或者免征的，须报省、自治区、直辖市人民政府批准。

第三十条　企业的下列支出，可以在计算应纳税所得额时加计扣除：

（一）开发新技术、新产品、新

工艺发生的研究开发费用；

（二）安置残疾人员及国家鼓励安置的其他就业人员所支付的工资。

第三十一条　创业投资企业从事国家需要重点扶持和鼓励的创业投资，可以按投资额的一定比例抵扣应纳税所得额。

第三十二条　企业的固定资产由于技术进步等原因，确需加速折旧的，可以缩短折旧年限或者采取加速折旧的方法。

第三十三条　企业综合利用资源，生产符合国家产业政策规定的产品所取得的收入，可以在计算应纳税所得额时减计收入。

第三十四条　企业购置用于环境保护、节能节水、安全生产等专用设备的投资额，可以按一定比例实行税额抵免。

第三十五条　本法规定的税收优惠的具体办法，由国务院规定。

第三十六条　根据国民经济和社会发展的需要，或者由于突发事件等原因对企业经营活动产生重大影响的，国务院可以制定企业所得税专项优惠政策，报全国人民代表大会常务委员会备案。

第五章　源泉扣缴

第三十七条　对非居民企业取得本法第三条第三款规定的所得应缴纳的所得税，实行源泉扣缴，以支付人为扣缴义务人。税款由扣缴义务人在每次支付或者到期应支付时，从支付或者到期应支付的款项中扣缴。

第三十八条　对非居民企业在中国境内取得工程作业和劳务所得应缴纳的所得税，税务机关可以指定工程价款或者劳务费的支付人为扣缴义务人。

第三十九条　依照本法第三十七条、第三十八条规定应当扣缴的所得税，扣缴义务人未依法扣缴或者无法履行扣缴义务的，由纳税人在所得发生地缴纳。纳税人未依法缴纳的，税务机关可以从该纳税人在中国境内其他收入项目的支付人应付的款项中，追缴该纳税人的应纳税款。

第四十条　扣缴义务人每次代扣的税款，应当自代扣之日起七日内缴入国库，并向所在地的税务机关报送扣缴企业所得税报告表。

第六章　特别纳税调整

第四十一条　企业与其关联方之间的业务往来，不符合独立交易原则而减少企业或者其关联方应纳税收入或者所得额的，税务机关有权按照合理方法调整。

企业与其关联方共同开发、受让无形资产，或者共同提供、接受劳务发生的成本，在计算应纳税所得额时应当按照独立交易原则进行分摊。

第四十二条　企业可以向税务机关提出与其关联方之间业务往来的定价原则和计算方法，税务机关与企业协商、确认后，达成预约定价安排。

第四十三条　企业向税务机关报送年度企业所得税纳税申报表时，应当就其与关联方之间的业务往来，附送年度关联业务往来报告表。

税务机关在进行关联业务调查时，企业及其关联方，以及与关联业务调查有关的其他企业，应当按照规定提供相关资料。

第四十四条　企业不提供与其关联方之间业务往来资料，或者提供虚假、不完整资料，未能真实反映其关联业务往来情况的，税务机关有权依法核定其应纳税所得额。

第四十五条　由居民企业，或者由居民企业和中国居民控制的设立在实际税负明显低于本法第四条第一款规定税率水平的国家（地区）的企业，并非由于合理的经营需要而对利润不作分配或者减少分配的，上述利润中应归属于该居民企业的部分，应当计入该居民企业的当期收入。

第四十六条　企业从其关联方接受的债权性投资与权益性投资的比例超过规定标准而发生的利息支出，不得在计算应纳税所得额时扣除。

第四十七条　企业实施其他不具有合理商业目的的安排而减少其应纳税收入或者所得额的，税务机关有权按照合理方法调整。

第四十八条　税务机关依照本章规定作出纳税调整，需要补征税款的，应当补征税款，并按照国务院规定加收利息。

第七章　征收管理

第四十九条　企业所得税的征收管理除本法规定外，依照《中华人民共和国税收征收管理法》的规定执行。

第五十条　除税收法律、行政法规另有规定外，居民企业以企业登记注册地为纳税地点；但登记注册地在境外的，以实际管理机构所在地为纳税地点。

居民企业在中国境内设立不具有法人资格的营业机构的，应当汇总计算并缴纳企业所得税。

第五十一条　非居民企业取得本法第三条第二款规定的所得，以机构、场所所在地为纳税地点。非居民企业在中国境内设立两个或者两个以上机构、场所的，经税务机关审核批准，可以选择由其主要机构、场所汇总缴纳企业所得税。

非居民企业取得本法第三条第三款规定的所得，以扣缴义务人所在地为纳税地点。

第五十二条　除国务院另有规定外，企业之间不得合并缴纳企业所得税。

第五十三条　企业所得税按纳税年度计算。纳税年度自公历1月1日起至12月31日止。

企业在一个纳税年度中间开业，或者终止经营活动，使该纳税年度的实际经营期不足12个月的，应当以其实际经营期为1个纳税年度。

企业依法清算时，应当以清算期间作为1个纳税年度。

第五十四条　企业所得税分月或者分季预缴。

企业应当自月份或者季度终了之日起15日内，向税务机关报送预缴企业所得税纳税申报表，预缴税款。

企业应当自年度终了之日起5个月内，向税务机关报送年度企业所得税纳税申报表，并汇算清缴，结清应缴应退税款。

企业在报送企业所得税纳税申报表时，应当按照规定附送财务会计报告和其他有关资料。

第五十五条　企业在年度中间终止经营活动的，应当自实际经营终止之日起60日内，向税务机关办理当期企业所得税汇算清缴。

企业应当在办理注销登记前，就其清算所得向税务机关申报并依法缴纳企业所得税。

第五十六条　依照本法缴纳的企业所得税，以人民币计算。所得以人民币以外的货币计算的，应当折合成人民币计算并缴纳税款。

第八章　附　则

第五十七条　本法公布前已经批准设立的企业，依照当时的税收法律、行政法规规定，享受低税率优惠的，按照国务院规定，可以在本法施行后5年内，逐步过渡到本法规定的税率；享受定期减免税优惠的，按照国务院规定，可以在本法施行后继续享受到期满为止，但因未获利而尚未享受优惠的，优惠期限从本法施行年度起计算。

法律设置的发展对外经济合作和技术交流的特定地区内，以及国务院已规定执行上述地区特殊政策的地区内新设立的国家需要重点扶持的高新技术企业，可以享受过渡性税收优惠，具体办法由国务院规定。

国家已确定的其他鼓励类企业，可以按照国务院规定享受减免税优惠。

第五十八条　中华人民共和国政府同外国政府订立的有关税收的协定与本法有不同规定的，依照协定的规定办理。

第五十九条　国务院根据本法制定实施条例。

第六十条　本法自2008年1月1日起施行。1991年4月9日第七届全国人民代表大会第四次会议通过的《中华人民共和国外商投资企业和外国企业所得税法》和1993年12月13日国务院发布的《中华人民共和国企业所得税暂行条例》同时废止。

企业职工生育保险试行办法

第一条　为了维护企业女职工的合法权益，保障她们在生育期间得到必要的经济补偿和医疗保健，均衡企业间生育保险费用的负担，根据有关法律、法规的规定，制定本办法。

第二条　本办法适用于城镇企业及其职工。

第三条　生育保险按属地原则组织。生育保险费用实行社会统筹。

第四条　生育保险根据“以支定收，收支基本平衡”的原则筹集资金，由企业按照其工资总额的一定比例向社会保险经办机构缴纳生育保险费，建立生育保险基金。生育保险费的提取比例由当地人民政府根据计划内生育人数和生育津贴、生育医疗费等项费用确定，并可根据费用支出情况适时调整，但最高不得超过工资总额的1%。企业缴纳的生育保险费作为期间费用处理，列入企业管理费用。

职工个人不缴纳生育保险费。

第五条　女职工生育按照法律、法规的规定享受产假。产假期间的生育津贴按照本企业上年度职工月平均工资计发，由生育保险基金支付。

第六条　女职工生育的检查费、接生费、手术费、住院费和药费由生育保险基金支付。超出规定的医疗服务费和药费（含自费药品和营养药品的药费）由职工个人负担。

女职工生育出院后，因生育引起疾病的医疗费，由生育保险基金支付；其它疾病的医疗费，按照医疗保险待遇的规定办理。女职工产假期满后，因病需要休息治疗的，按照有关病假待遇和医疗保险待遇规定办理。

第七条　女职工生育或流产后，由本人或所在企业持当地计划生育部门签发的计划生育证明，婴儿出生、死亡或流产证明，到当地社会保险经办机构办理手续，领取生育津贴和报销生育医疗费。

第八条　生育保险基金由劳动部门所属的社会保险经办机构负责收缴、支付和管理。

生育保险基金应存入社会保险经办机构在银行开设的生育保险基金专户。银行应按照城乡居民个人储蓄同期存款利率计息，所得利息转入生育保险基金。

第九条　社会保险经办机构可从生育保险基金中提取管理费，用于本机构经办生育保险工作所需的人员经费、办公费及其它业务经费。管理费标准，各地根据社会保险经办机构人员设置情况，由劳动部门提出，经财政部门核定后，报当地人民政府批准。管理费提取比例最高不得超过生育保险基金的2%。

生育保险基金及管理费不征税、费。

第十条　生育保险基金的筹集和使用，实行财务预、决算制度，由社会保险经办机构作出年度报告，并接受同级财政、审计监督。

第十一条　市(县)社会保险监督机构定期监督生育保险基金管理工作。

第十二条　企业必须按期缴纳生育保险费。对逾期不缴纳的，按日加收2‰的滞纳金。滞纳金转入生育保险基金。滞纳金计入营业外支出，纳税时进行调整。

第十三条　企业虚报、冒领生育津贴或生育医疗费的，社会保险经办机构应追回全部虚报、冒领金额，并由劳动行政部门给予处罚。

企业欠付或拒付职工生育津贴、生育医疗费的，由劳动行政部门责令企业限期支付；对职工造成损害的，企业应承担赔偿责任。

第十四条　劳动行政部门或社会保险经办机构的工作人员滥用职权、玩忽职守、徇私舞弊，贪污、挪用生育保险基金，构成犯罪的，依法追究刑事责任；不构成犯罪的，给予行政处分。

第十五条　省、自治区、直辖市人民政府劳动行政部门可以按照本办法的规定，结合本地区实际情况制定实施办法。

第十六条　本办法自1995年1月1日起试行。

中华人民共和国清洁生产促进法

(2002年6月29日第九届全国人民代表大会常务委员会第二十八次会议通过)

第一章　总　则

第一条　为了促进清洁生产，提高资源利用效率，减少和避免污染物的产生，保护和改善环境，保障人体健康，促进经济与社会可持续发展，制定本法。

第二条　本法所称清洁生产，是指不断采取改进设计、使用清洁的能源和原料、采用先进的工艺技术与设备、改善管理、综合利用等措施，从源头削减污染，提高资源利用效率，减少或者避免生产、服务和产品使用过程中污染物的产生和排放，以减轻或者消除对人类健康和环境的危害。

第三条　在中华人民共和国领域内，从事生产和服务活动的单位以及从事相关管理活动的部门依照本法规定，组织、实施清洁生产。

第四条　国家鼓励和促进清洁生产。国务院和县级以上地方人民政府，应当将清洁生产纳入国民经济和社会发展计划以及环境保护、资源利用、产业发展、区域开发等规划。

第五条　国务院经济贸易行政主管部门负责组织、协调全国的清洁生产促进工作。国务院环境保护、计划、科学技术、农业、建设、水利和质量技术监督等行政主管部门，按照各自的职责，负责有关的清洁生产促进工作。

县级以上地方人民政府负责领导本行政区域内的清洁生产促进工作。县级以上地方人民政府经济贸易行政主管部门负责组织、协调本行政区域内的清洁生产促进工作。县级以上地方人民政府环境保护、计划、科学技术、农业、建设、水利和质量技术监督等行政主管部门，按照各自的职责，负责有关的清洁生产促进工作。

第六条　国家鼓励开展有关清洁生产的科学研究、技术开发和国际合作，组织宣传、普及清洁生产知识，推广清洁生产技术。

国家鼓励社会团体和公众参与清洁生产的宣传、教育、推广、实施及监督。

第二章　清洁生产的推行

第七条　国务院应当制定有利于实施清洁生产的财政税收政策。

国务院及其有关行政主管部门和省、自治区、直辖市人民政府，应当制定有利于实施清洁生产的产业政策、技术开发和推广政策。

第八条　县级以上人民政府经济贸易行政主管部门，应当会同环境保护、计划、科学技术、农业、建设、水利等有关行政主管部门制定清洁生产的推行规划。

第九条　县级以上地方人民政府应当合理规划本行政区域的经济布局，调整产业结构，发展循环经济，促进企业在资源和废物综合利用等领域进行合作，实现资源的高效利用和循环使用。

第十条　国务院和省、自治区、直辖市人民政府的经济贸易、环境保护、计划、科学技术、农业等有关行政主管部门，应当组织和支持建立清洁生产信息系统和技术咨询服务体系，向社会提供有关清洁生产方法和技术、可再生利用的废物供求以及清洁生产政策等方面的信息和服务。

第十一条　国务院经济贸易行政主管部门会同国务院有关行政主管部门定期发布清洁生产技术、工艺、设备和产品导向目录。

国务院和省、自治区、直辖市人民政府的经济贸易行政主管部门和环境保护、农业、建设等有关行政主管部门组织编制有关行业或者地区的清洁生产指南和技术手册，指导实施清洁生产。

第十二条　国家对浪费资源和严重污染环境的落后生产技术、工艺、设备和产品实行限期淘汰制度。国务院经济贸易行政主管部门会同国务院有关行政主管部门制定并发布限期淘汰的生产技术、工艺、设备以及产品的名录。

第十三条　国务院有关行政主管部门可以根据需要批准设立节能、节水、废物再生利用等环境与资源保护方面的产品标志，并按照国家规定制定相应标准。

第十四条　县级以上人民政府科学技术行政主管部门和其他有关行政主管部门，应当指导和支持清洁生产技术和有利于环境与资源保护的产品的研究、开发以及清洁生产技术的示范和推广工作。

第十五条　国务院教育行政主管部门，应当将清洁生产技术和管理课程纳入有关高等教育、职业教育和技术培训体系。

县级以上人民政府有关行政主管部门组织开展清洁生产的宣传和培训，提高国家工作人员、企业经营管理者和公众的清洁生产意识，培养清洁生产管理和技术人员。

新闻出版、广播影视、文化等单位和有关社会团体，应当发挥各自优势做好清洁生产宣传工作。

第十六条　各级人民政府应当优先采购节能、节水、废物再生利用等有利于环境与资源保护的产品。

各级人民政府应当通过宣传、教育等措施，鼓励公众购买和使用节能、节水、废物再生利用等有利于环境与资源保护的产品。

第十七条　省、自治区、直辖市人民政府环境保护行政主管部门，应当加强对清洁生产实施的监督；可以按照促进清洁生产的需要，根据企业污染物的排放情况，在当地主要媒体上定期公布污染物超标排放或者污染物排放总量超过规定限额的污染严重企业的名单，为公众监督企业实施清洁生产提供依据。

第三章　清洁生产的实施

第十八条　新建、改建和扩建项目应当进行环境影响评价，对原料使用、资源消耗、资源综合利用以及污染物产生与处置等进行分析论证，优先采用资源利用率高以及污染物产生量少的清洁生产技术、工艺和设备。

第十九条　企业在进行技术改造过程中，应当采取以下清洁生产措施：

（一）采用无毒、无害或者低毒、低害的原料，替代毒性大、危害严重的原料；

（二）采用资源利用率高、污染物产生量少的工艺和设备，替代资源利用率低、污染物产生量多的工艺和设备；

（三）对生产过程中产生的废物、废水和余热等进行综合利用或者循环使用；

（四）采用能够达到国家或者地方规定的污染物排放标准和污染物排放总量控制指标的污染防治技术。

第二十条　产品和包装物的设计，应当考虑其在生命周期中对人类健康和环境的影响，优先选择无毒、无害、易于降解或者便于回收利用的方案。

企业应当对产品进行合理包装，减少包装材料的过度使用和包装性废物的产生。

第二十一条　生产大型机电设备、机动运输工具以及国务院经济贸易行政主管部门指定的其他产品的企业，应当按照国务院标准化行政主管部门或者其授权机构制定的技术规范，在产品的主体构件上注明材料成分的标准牌号。

第二十二条　农业生产者应当科学地使用化肥、农药、农用薄膜和饲料添加剂，改进种植和养殖技术，实现农产品的优质、无害和农业生产废物的资源化，防止农业环境污染。

禁止将有毒、有害废物用作肥料或者用于造田。

第二十三条　餐饮、娱乐、宾馆等服务性企业，应当采用节能、节水和其他有利于环境保护的技术和设备，减少使用或者不使用浪费资源、污染环境的消费品。

第二十四条　建筑工程应当采用节能、节水等有利于环境与资源保护的建筑设计方案、建筑和装修材料、建筑构配件及设备。

建筑和装修材料必须符合国家标准。禁止生产、销售和使用有毒、有害物质超过国家标准的建筑和装修材料。

第二十五条　矿产资源的勘查、开采，应当采用有利于合理利用资源、保护环境和防止污染的勘查、开采方法和工艺技术，提高资源利用水平。

第二十六条　企业应当在经济技术可行的条件下对生产和服务过程中产生的废物、余热等自行回收利用或者转让给有条件的其他企业和个人利用。

第二十七条　生产、销售被列入强制回收目录的产品和包装物的企业，必须在产品报废和包装物使用后对该产品和包装物进行回收。强制回收的产品和包装物的目录和具体回收办法，由国务院经济贸易行政主管部门制定。

国家对列入强制回收目录的产品和包装物，实行有利于回收利用的经济措施；县级以上地方人民政府经济贸易行政主管部门应当定期检查强制回收产品和包装物的实施情况，并及时向社会公布检查结果。具体办法由国务院经济贸易行政主管部门制定。

第二十八条　企业应当对生产和服务过程中的资源消耗以及废物的产生情况进行监测，并根据需要对生产和服务实施清洁生产审核。

污染物排放超过国家和地方规定的排放标准或者超过经有关地方人民政府核定的污染物排放总量控制指标的企业，应当实施清洁生产审核。

使用有毒、有害原料进行生产或者在生产中排放有毒、有害物质的企业，应当定期实施清洁生产审核，并将审核结果报告所在地的县级以上地方人民政府环境保护行政主管部门和经济贸易行政主管部门。

清洁生产审核办法，由国务院经济贸易行政主管部门会同国务院环境保护行政主管部门制定。

第二十九条　企业在污染物

排放达到国家和地方规定的排放标准的基础上，可以自愿与有管辖权的经济贸易行政主管部门和环境保护行政主管部门签订进一步节约资源、削减污染物排放量的协议。该经济贸易行政主管部门和环境保护行政主管部门应当在当地主要媒体上公布该企业的名称以及节约资源、防治污染的成果。

第三十条　企业可以根据自愿原则，按照国家有关环境管理体系认证的规定，向国家认证认可监督管理部门授权的认证机构提出认证申请，通过环境管理体系认证，提高清洁生产水平。

第三十一条　根据本法第十七条规定，列入污染严重企业名单的企业，应当按照国务院环境保护行政主管部门的规定公布主要污染物的排放情况，接受公众监督。

第四章　鼓励措施

第三十二条　国家建立清洁生产表彰奖励制度。对在清洁生产工作中做出显著成绩的单位和个人，由人民政府给予表彰和奖励。

第三十三条　对从事清洁生产研究、示范和培训，实施国家清洁生产重点技术改造项目和本法第二十九条规定的自愿削减污染物排放协议中载明的技术改造项目，列入国务院和县级以上地方人民政府同级财政安排的有关技术进步专项资金的扶持范围。

第三十四条　在依照国家规定设立的中小企业发展基金中，应当根据需要安排适当数额用于支持中小企业实施清洁生产。

第三十五条　对利用废物生产产品的和从废物中回收原料的，税务机关按照国家有关规定，减征或者免征增值税。

第三十六条　企业用于清洁生产审核和培训的费用，可以列入企业经营成本。

第五章　法律责任

第三十七条　违反本法第二十一条规定，未标注产品材料的成分或者不如实标注的，由县级以上地方人民政府质量技术监督行政主管部门责令限期改正；拒不改正的，处以 5 万元以下的罚款。

第三十八条　违反本法第二十四条第二款规定，生产、销售有毒、有害物质超过国家标准的建筑和装修材料的，依照产品质量法和有关民事、刑事法律的规定，追究行政、民事、刑事法律责任。

第三十九条　违反本法第二十七条第一款规定，不履行产品或者包装物回收义务的，由县级以上地方人民政府经济贸易行政主管部门责令限期改正；拒不改正的，处以 10 万元以下的罚款。

第四十条　违反本法第二十八条第三款规定，不实施清洁生产审核或者虽经审核但不如实报告审核结果的，由县级以上地方人民政府环境保护行政主管部门责令限期改正；拒不改正的，处以 10 万元以下的罚款。

第四十一条　违反本法第三十一条规定，不公布或者未按规定要求公布污染物排放情况的，由县级以上地方人民政府环境保护行政主管部门公布，可以并处 10 万元以下的罚款。

第六章　附　则

第四十二条　本法自 2003 年 1 月 1 日起施行。

中华人民共和国私营企业暂行条例

(1988 年 6 月 25 日中华人民共和国国务院令　第 4 号公布)

第一章　总　则

第一条　为鼓励、引导私营企业健康发展，保障私营企业的合法权益，加强监督管理，繁荣社会主义有计划商品经济，制定本条例。

第二条　本条例所称私营企业是指企业资产属于私人所有、雇工八人以上的营利性的经济组织。

第三条　私营经济是社会主义公有制经济的补充。国家保护私营企业的合法权益。

私营企业必须在国家法律、法规和政策规定的范围内从事经营活动。

第四条　私营企业职工依法组织工会。职工的合法权益受国家法律保护。

第五条　私营企业可以成立私营企业协会。

第二章　私营企业的种类

第六条　私营企业分为以下三种：

(一)独资企业；

(二)合伙企业；

(三)有限责任公司。

第七条　独资企业是指 1 人投资经营的企业。

独资企业投资者对企业债务负无限责任。

第八条　合伙企业是指 2 人以上按照协议投资、共同经营、共负盈亏的企业。

合伙企业应当有书面协议。

合伙人对企业债务负连带无限责任。

第九条　有限责任公司是指投资者以其出资额对公司负责，公司以其全部资产对公司债务承担责任的企业。

有限责任公司应当符合下列规定：

(一)公司名称标明有限责任公司或者有限公司的字样；

(二)有符合本条例规定的公司章程；

(三)投资者为 2 人以上 30 人以下；

(四)注册资金取得合法的验资证明；

(五)投资者转让出资应当取得其他投资者的同意，投资者为 3 人以上的，需要取得半数以上的投资者的同意；

(六)不得减少注册资金；

(七)不得向社会发行股票。

有限责任公司投资者超过 30 人的，应当向工商行政管理机关作专项申报，经同意后始得办理登记。

第十条　有限责任公司依法取得法人资格。

第三章　私营企业的开办和关闭

第十一条　下列人员可以申请开办私营企业：

(一)农村村民；

(二)城镇待业人员；

(三)个体工商户经营者；

(四)辞职、退职人员；

(五)国家法律、法规和政策允许的离休、退休人员和其他人员。

第十二条　私营企业可以在国家法律、法规和政策规定的范围内，从事工业、建筑业、交通运输业、商业、饮食业、服务业、修理业和科技咨询等行业的生产经营。

私营企业不得从事军工、金融业的生产经营，不得生产经营国家禁止经营的产品。

第十三条　申请开办私营企业应当具备下列条件：

(一)与生产经营和服务规模相适应的资金和从业人员；

(二)固定的经营场所和必要的设施；

(三)符合国家法律、法规和政策规定的经营范围。

第十四条　有限责任公司章程应当包括下列事项：

(一)公司名称和住所；

(二)开办公司的宗旨和经营范围；

(三)注册资金和各个投资者的出资数额；

(四)投资者的姓名、住所及投资者的权利、义务；

(五)公司的组织机构；

(六)公司的解散条件；

(七)投资者转让出资的条件；

(八)利润分配和亏损分担的办法；

(九)公司章程的修改程序；

(十)需要订明的其他事项。

第十五条 申请开办私营企业，必须持有关证件向企业所在地工商行政管理机关办理登记，经核准发给营业执照后，始得营业。

第十六条　私营企业分立、

合并、转让、迁移以及改变经营范围等，应当向工商行政管理机关办理变更登记或者重新登记。

第十七条　私营企业歇业，应当在距歇业30日前向工商行政管理机关提出申请，经核准后办理注销登记。

私营企业歇业，应当进行财产清算，偿还债务。

第十八条　私营企业破产，应当进行破产清算，偿还债务，具体办法另行制定。

第十九条　具备法人条件的私营企业办理开业登记、变更登记和注销登记，依照《中华人民共和国企业法人登记管理条例》的规定执行。

第四章　私营企业的权利和义务

第二十条　私营企业投资者对其财产依法享有所有权，其财产可以依法继承。

第二十一条　私营企业在生产经营活动中享有下列权利：

（一）核准登记的名称在规定的范围内享有专用权；

（二）在核准登记的范围内自主经营；

（三）决定企业的机构设置，招用或者辞退职工；

（四）决定企业的工资制度和利润分配形式；

（五）按照国家价格管理规定，制定企业的商品价格和收费标准；

（六）订立合同；

（七）申请专利、注册商标。

第二十二条 私营企业按照国家法律、法规的规定，可以同外国公司、企业和其他经济组织或者个人举办中外合资经营企业、中外合作经营企业，可以承揽来料加工、来样加工、来件装配，从事补偿贸易。

第二十三条　私营企业在生产经营活动中应当履行下列义务：

（一）遵守国家法律、法规和政策；

（二）依法纳税；

（三）服从国家有关机关的监督管理。

第二十四条　私营企业应当在银行或者其他金融机构按照国家有关规定开立账户。符合规定条件的，可以申请贷款。

第二十五条　除国家法律、法规规定者外，任何单位不得以任何方式要求私营企业提供财力、物力、人力。对于向私营企业的摊派，私营企业有权拒绝提供，工商行政管理机关有权予以制止。

第二十六条　私营企业的《企业法人营业执照》或者《营业执照》，除工商行政管理机关依照法定程序可以扣缴或者吊销外，不被扣缴或者吊销。

第五章　私营企业的劳动管理

第二十七条　私营企业招用职工必须按照平等自愿、协商一致的原则以书面形式签订劳动合同，确定双方的权利、义务。

私营企业劳动合同应当向当地劳动行政管理机关备案。

第二十八条　劳动合同应当包括下列内容：

（一）对职工劳动的质量和数量要求；

（二）合同期限；

（三）劳动条件；

（四）劳动报酬、保险和福利待遇；

（五）劳动纪律；

（六）违反劳动合同应当承担的责任；

（七）双方议定的其他事项。

第二十九条　私营企业发生的劳动争议，参照《国营企业劳动争议处理暂行规定》处理。

第三十条　私营企业必须执行国家有关劳动保护的规定，建立必要的规章制度，提供劳动安全、卫生设施，保障职工的安全和健康。

私营企业对从事关系到人身健康、生命安全的行业或者工种的职工，必须按照国家规定向保险公司投保。

私营企业有条件的应当为职工办理社会保险。

第三十一条　私营企业实行8小时工作制。

第三十二条　私营企业不得招用未满16周岁的童工。

第三十三条　私营企业工会有权代表职工与企业签订集体合同，依法保护职工的合法权益，支持企业的生产经营活动。

第六章　私营企业的财务和税收

第三十四条　私营企业必须在领取《企业法人营业执照》或者《营业执照》之日起30日内，向当地税务机关申报办理税务登记。

第三十五条　私营企业必须按照国家财务会计法规和税务机关的规定，健全财务会计制度，配备财会人员，建立会计账簿，编送财务报表，严格履行纳税义务，接受税务机关的监督检查。

第三十六条　私营企业厂长（经理或董事长）的工资，可以在本企业职工平均工资10倍以内确定。

第三十七条　私营企业所得税，按照《中华人民共和国私营企业所得税暂行条例》和有关规定执行。

第三十八条　私营企业税后利润留作生产发展基金的部分不得低于50%。由于特殊原因，提取比例低于50%的，须经税务机关批准。

私营企业的生产发展基金可以用于本企业扩大再生产、向其他企业投资、偿还贷款或者弥补本企业的亏损。用于其他用途，须经税务机关批准。

第三十九条　私营企业投资者的工资收入和税后利润分配所得应当依法缴纳个人收入调节税。

第七章　监督与处罚

第四十条　工商行政管理机关应当加强对私营企业的行政管理和监督，保护合法经营，查处违法经营活动。

各有关行业主管部门应当按照国家规定，对私营企业的生产经营活动进行业务指导、帮助和管理。

第四十一条　私营企业有下列行为之一的，由工商行政管理机关根据情节，分别给予警告、罚款、没收非法所得、责令停业整顿、吊销《营业执照》的处罚：

（一）登记中隐瞒真实情况、弄虚作假或者未经核准登记注册擅自开业的；

（二）超出核准登记的经营范围从事经营活动或者不按规定办理变更登记、重新登记，注销登记的；

（三）伪造、涂改、出租、转让、出卖或者擅自复印《营业执照》的；

（四）从事非法经营活动的。

取得法人资格的私营企业违反登记管理规定，按照《中华人民共和国企业法人登记管理条例》的规定处罚。

第四十二条　私营企业有下列行为之一的，由劳动行政管理机关根据情节，分别给予警告、罚款的处罚：

（一）不按国家关于劳动保护的规定从事生产经营的；

（二）招用童工的；

（三）侵犯职工合法权益的。

第四十三条　私营企业违反本条例第三十八条规定的行为，由税务机关根据情节，分别给予警告、罚款的处罚。

第四十四条　私营企业对管理机关按照本条例第四十一条、第四十二条的规定作出的处罚决定不服时，应当在收到通知之日起 15 日内向作出处罚决定机关的上一级机关申请复议。上一级机关应当在收到申请之日起 30 日内作出复议决定。申请人对复议决定不服的，可以在收到通知之日起 30 日内向人民法院起诉。

逾期未申请复议或者未向人民法院起诉的，处罚决定生效。

第四十五条　私营企业违反国家有关税收、资源、工商行政、价格、金融、计量、质量、卫生、环境保护等法律、法规的行为，由有关机关依法予以处罚。

第四十六条　管理机关的工作人员违反本条例规定，滥用职权、徇私舞弊、收受贿赂或者侵害私营企业合法权益的，有关主管机关应当根据情节给予行政处分、经济处罚；触犯刑律的，依法追究刑事责任。

第八章　附　则

第四十七条　本条例由国家工商行政管理局负责解释；施行办法由国家工商行政管理局会同有关部门制定。

第四十八条　本条例自 1988 年 7 月 1 日起施行。

中华人民共和国外资企业法

（1986 年 4 月 12 日第六届全国人民代表大会第四次会议通过　根据 2000 年 10 月 31 日第九届全国人民代表大会常务委员会第十八次会议《关于修改〈中华人民共和国外资企业法〉的决定》修正）

第一条　为了扩大对外经济合作和技术交流，促进中国国民经济的发展，中华人民共和国允许外国的企业和其他经济组织或者个人（以下简称外国投资者）在中国境内举办外资企业，保护外资企业的合法权益。

第二条　本法所称的外资企业是指依照中国有关法律在中国境内设立的全部资本由外国投资者投资的企业，不包括外国的企业和其他经济组织在中国境内的分支机构。

第三条　设立外资企业，必须有利于中国国民经济的发展。国家鼓励举办产品出口或者技术先进的外资企业。

国家禁止或者限制设立外资企业的行业由国务院规定。

第四条　外国投资者在中国境内的投资、获得的利润和其他合法权益，受中国法律保护。

外资企业必须遵守中国的法律、法规，不得损害中国的社会公共利益。

第五条　国家对外资企业不实行国有化和征收；在特殊情况下，根据社会公共利益的需要，对外资企业可以依照法律程序实行征收，并给予相应的补偿。

第六条　设立外资企业的申请，由国务院对外经济贸易主管部门或者国务院授权的机关审查批准。审查批准机关应当在接到申请之日起 90 天内决定批准或者不批准。

第七条　设立外资企业的申请经批准后，外国投资者应当在接到批准证书之日起 30 天内向工商行政管理机关申请登记，领取营业执照。外资企业的营业执照签发日期，为该企业成立日期。

第八条　外资企业符合中国法律关于法人条件的规定的，依法取得中国法人资格。

第九条　外资企业应当在审查批准机关核准的期限内在中国境内投资；逾期不投资的，工商行政管理机关有权吊销营业执照。

工商行政管理机关对外资企业的投资情况进行检查和监督。

第十条　外资企业分立、合并或者其他重要事项变更，应当报审查批准机关批准，并向工商行政管理机关办理变更登记手续。

第十一条　外资企业依照经批准的章程进行经营管理活动，不受干涉。

第十二条　外资企业雇用中国职工应当依法签定合同，并在合同中订明雇用、解雇、报酬、福利、劳动保护、劳动保险等事项。

第十三条　外资企业的职工依法建立工会组织，开展工会活动，维护职工的合法权益。

外资企业应当为本企业工会提供必要的活动条件。

第十四条　外资企业必须在中国境内设置会计账簿，进行独立核算，按照规定报送会计报表，并接受财政税务机关的监督。

外资企业拒绝在中国境内设置会计账簿的，财政税务机关可以处以罚款，工商行政管理机关可以责令停止营业或者吊销营业执照。

第十五条　外资企业在批准的经营范围内所需的原材料、燃料等物资，按照公平、合理的原则，可以在国内市场或者在国际市场购买。

第十六条　外资企业的各项保险应当向中国境内的保险公司投保。

第十七条　外资企业依照国家有关税收的规定纳税并可以享受减税、免税的优惠待遇。

外资企业将缴纳所得税后的利润在中国境内再投资的，可以依照国家规定申请退还再投资部分已缴纳的部分所得税税款。

第十八条　外资企业的外汇事宜，依照国家外汇管理规定办理。

外资企业应当在中国银行或者国家外汇管理机关指定的银行开户。

第十九条　外国投资者从外资企业获得的合法利润、其他合法收入和清算后的资金，可以汇往国外。

外资企业的外籍职工的工资收入和其他正当收入，依法缴纳个人所得税后，可以汇往国外。

第二十条　外资企业的经营期限由外国投资者申报，由审查批准机关批准。期满需要延长的，应当在期满180天以前向审查批准机关提出申请。审查批准机关应当在接到申请之日起30天内决定批准或者不批准。

第二十一条　外资企业终止，应当及时公告，按照法定程序进行清算。

在清算完结前，除为了执行清算外，外国投资者对企业财产不得处理。

第二十二条　外资企业终止，应当向工商行政管理机关办理注销登记手续，缴销营业执照。

第二十三条　国务院对外经济贸易主管部门根据本法制定实施细则，报国务院批准后施行。

第二十四条　本法自公布之日起施行。

中华人民共和国外资企业法实施细则

(1990年10月28日国务院批准 1990年12月12日对外经济贸易部发布 根据2001年4月12日《国务院关于修改〈中华人民共和国外资企业法实施细则〉的决定》修订)

第一章 总 则

第一条 根据《中华人民共和国外资企业法》的规定,制定本实施细则。

第二条 外资企业受中国法律的管辖和保护。

外资企业在中国境内从事经营活动,必须遵守中国的法律、法规,不得损害中国的社会公共利益。

第三条 设立外资企业,必须有利于中国国民经济的发展,能够取得显著的经济效益。国家鼓励外资企业采用先进技术和设备,从事新产品开发,实现产品升级换代,节约能源和原材料,并鼓励举办产品出口的外资企业。

第四条 禁止或者限制设立外资企业的行业,按照国家指导外商投资方向的规定及外商投资产业指导目录执行。

第五条 申请设立外资企业,有下列情况之一的,不予批准:

(一)有损中国主权或者社会公共利益的;

(二)危及中国国家安全的;

(三)违反中国法律、法规的;

(四)不符合中国国民经济发展要求的;

(五)可能造成环境污染的。

第六条 外资企业在批准的经营范围内,自主经营管理,不受干涉。

第二章 设立程序

第七条 设立外资企业的申请,由中华人民共和国对外贸易经济合作部(以下简称对外贸易经济合作部)审查批准后,发给批准证书。

设立外资企业的申请属于下列情形的,国务院授权省、自治区、直辖市和计划单列市、经济特区人民政府审查批准后,发给批准证书:

(一)投资总额在国务院规定的投资审批权限以内的;

(二)不需要国家调拨原材料,不影响能源、交通运输、外贸出口配额等全国综合平衡的。

省、自治区、直辖市和计划单列市、经济特区人民政府在国务院授权范围内批准设立外资企业,应当在批准后15天内报对外贸易经济合作部备案(对外贸易经济合作部和省、自治区、直辖市和计划单列市、经济特区人民政府,以下统称审批机关)。

第八条 申请设立的外资企业,其产品涉及出口许可证、出口配额、进口许可证或者属于国家限制进口的,应当依照有关管理权限事先征得对外经济贸易主管部门的同意。

第九条 外国投资者在提出设立外资企业的申请前,应当就下列事项向拟设立外资企业所在地的县级或者县级以上地方人民政府提交报告。报告内容包括:设立外资企业的宗旨;经营范围、规模;生产产品;使用的技术设备;用地面积及要求;需要用水、电、煤、煤气或者其他能源的条件及数量;对公共设施的要求等。

县级或者县级以上地方人民政府应当在收到外国投资者提交的报告之日起30天内以书面形式答复外国投资者。

第十条 外国投资者设立外资企业,应当通过拟设立外资企业所在地的县级或者县级以上地方人民政府向审批机关提出申请,并报送下列文件:

(一)设立外资企业申请书;

(二)可行性研究报告;

(三)外资企业章程;

(四)外资企业法定代表人(或者董事会人选)名单;

(五)外国投资者的法律证明文件和资信证明文件;

(六)拟设立外资企业所在地的县级或者县级以上地方人民政府的书面答复;

(七)需要进口的物资清单;

(八)其他需要报送的文件。

前款(一)、(三)项文件必须用中文书写;(二)、(四)、(五)项文件可以用外文书写,但应当附中文译文。

两个或者两个以上外国投资者共同申请设立外资企业,应当将其签订的合同副本报送审批机关备案。

第十一条　审批机关应当在收到申请设立外资企业的全部文件之日起90天内决定批准或者不批准。审批机关如果发现上述文件不齐备或者有不当之处，可以要求限期补报或者修改。

第十二条　设立外资企业的申请经审批机关批准后，外国投资者应当在收到批准证书之日起30天内向工商行政管理机关申请登记，领取营业执照。外资企业的营业执照签发日期，为该企业成立日期。

外国投资者在收到批准证书之日起满30天未向工商行政管理机关申请登记的，外资企业批准证书自动失效。

外资企业应当在企业成立之日起30天内向税务机关办理税务登记。

第十三条　外国投资者可以委托中国的外商投资企业服务机构或者其他经济组织代为办理本实施细则第八条、第九条第一款和第十条规定事宜，但须签订委托合同。

第十四条　设立外资企业的申请书应当包括下列内容：

(一)外国投资者的姓名或者名称、住所、注册地和法定代表人的姓名、国籍、职务；

(二)拟设立外资企业的名称、住所；

(三)经营范围、产品品种和生产规模；

(四)拟设立外资企业的投资总额、注册资本、资金来源、出资方式和期限；

(五)拟设立外资企业的组织形式和机构、法定代表人；

(六)采用的主要生产设备及其新旧程度、生产技术、工艺水平及其来源；

(七)产品的销售方向、地区和销售渠道、方式；

(八)外汇资金的收支安排；

(九)有关机构设置和人员编制，职工的招用、培训、工资、福利、保险、劳动保护等事项的安排；

(十)可能造成环境污染的程度和解决措施；

(十一)场地选择和用地面积；

(十二)基本建设和生产经营所需资金、能源、原材料及其解决办法；

(十三)项目实施的进度计划；

(十四)拟设立外资企业的经营期限。

第十五条　外资企业的章程应当包括下列内容：

(一)名称及住所；

(二)宗旨、经营范围；

(三)投资总额、注册资本、出资期限；

(四)组织形式；

(五)内部组织机构及其职权和议事规则，法定代表人以及总经理、总工程师、总会计师等人员的职责、权限；

(六)财务、会计及审计的原则和制度；

(七)劳动管理；

(八)经营期限、终止及清算；

(九)章程的修改程序。

第十六条　外资企业的章程经审批机关批准后生效，修改时同。

第十七条　外资企业的分立、合并或者由于其他原因导致资本发生重大变动，须经审批机关批准，并应当聘请中国的注册会计师验证和出具验资报告；经审批机关批准后，向工商行政管理机关办理变更登记手续。

第三章　组织形式与注册资本

第十八条　外资企业的组织形式为有限责任公司。经批准也可以为其他责任形式。

外资企业为有限责任公司的，外国投资者对企业的责任以其认缴的出资额为限。

外资企业为其他责任形式的，外国投资者对企业的责任适用中国法律、法规的规定。

第十九条　外资企业的投资总额，是指开办外资企业所需资金总额，即按其生产规模需要投入的基本建设资金和生产流动资金的总和。

第二十条　外资企业的注册资本，是指为设立外资企业在工商行政管理机关登记的资本总额，即外国投资者认缴的全部出资额。

外资企业的注册资本要与其经营规模相适应，注册资本与投资总额的比例应当符合中国有关规定。

第二十一条　外资企业在经营期内不得减少其注册资本。但是，因投资总额和生产经营规模等发生变化，确需减少的，须经审批机关批准。

第二十二条　外资企业注册资本的增加、转让，须经审批机关批准，并向工商行政管理机关办理变更登记手续。

第二十三条　外资企业将其财产或者权益对外抵押、转让，须经审批机关批准并向工商行政管理机关备案。

第二十四条　外资企业的法定代表人是依照其章程规定，代表外资企业行使职权的负责人。

法定代表人无法履行其职权时，应当以书面形式委托代理人，代其行使职权。

第四章　出资方式与期限

第二十五条　外国投资者可以用可自由兑换的外币出资，也可以用机器设备、工业产权、专有技术等作价出资。

经审批机关批准，外国投资

者也可以用其从中国境内举办的其他外商投资企业获得的人民币利润出资。

第二十六条　外国投资者以机器设备作价出资的，该机器设备应当是外资企业生产所必需的设备。

该机器设备的作价不得高于同类机器设备当时的国际市场正常价格。

对作价出资的机器设备，应当列出详细的作价出资清单，包括名称、种类、数量、作价等，作为设立外资企业申请书的附件一并报送审批机关。

第二十七条　外国投资者以工业产权、专有技术作价出资的，该工业产权、专有技术应当为外国投资者所有。

该工业产权、专有技术的作价应当与国际上通常的作价原则相一致，其作价金额不得超过外资企业注册资本的20%。

对作价出资的工业产权、专有技术，应当备有详细资料，包括所有权证书的复制件，有效状况及其技术性能、实用价值，作价的计算根据和标准等，作为设立外资企业申请书的附件一并报送审批机关。

第二十八条　作价出资的机器设备运抵中国口岸时，外资企业应当报请中国的商检机构进行检验，由该商检机构出具检验报告。

作价出资的机器设备的品种、质量和数量与外国投资者报送审批机关的作价出资清单列出的机器设备的品种、质量和数量不符的，审批机关有权要求外国投资者限期改正。

第二十九条　作价出资的工业产权、专有技术实施后，审批机关有权进行检查。该工业产权、专有技术与外国投资者原提供的资料不符的，审批机关有权要求外国投资者限期改正。

第三十条　外国投资者缴付出资的期限应当在设立外资企业申请书和外资企业章程中载明。外国投资者可以分期缴付出资，但最后一期出资应当在营业执照签发之日起3年内缴清。其中第一期出资不得少于外国投资者认缴出资额的15%，并应当在外资企业营业执照签发之日起90天内缴清。

外国投资者未能在前款规定的期限内缴付第一期出资的，外资企业批准证书即自动失效。外资企业应当向工商行政管理机关办理注销登记手续，缴销营业执照；不办理注销登记手续和缴销营业执照的，由工商行政管理机关吊销其营业执照，并予以公告。

第三十一条　第一期出资后的其他各期的出资，外国投资者应当如期缴付。无正当理由逾期30天不出资的，依照本实施细则第三十条第二款的规定处理。

外国投资者有正当理由要求延期出资的，应当经审批机关同意，并报工商行政管理机关备案。

第三十二条 外国投资者缴付每期出资后，外资企业应当聘请中国的注册会计师验证，并出具验资报告，报审批机关和工商行政管理机关备案。

第五章　用地及其费用

第三十三条　外资企业的用地，由外资企业所在地的县级或者县级以上地方人民政府根据本地区的情况审核后，予以安排。

第三十四条　外资企业应当在营业执照签发之日起30天内，持批准证书和营业执照到外资企业所在地县级或者县级以上地方人民政府的土地管理部门办理土地使用手续，领取土地证书。

第三十五条　土地证书为外资企业使用土地的法律凭证。外资企业在经营期限内未经批准，其土地使用权不得转让。

第三十六条　外资企业在领取土地证书时，应当向其所在地土地管理部门缴纳土地使用费。

第三十七条　外资企业使用经过开发的土地，应当缴付土地开发费。

前款所指土地开发费包括征地拆迁安置费用和为外资企业配套的基础设施建设费用。土地开发费可由土地开发单位一次性计收或者分年计收。

第三十八条　外资企业使用未经开发的土地，可以自行开发或者委托中国有关单位开发。基础设施的建设，应当由外资企业所在地县级或者县级以上地方人民政府统一安排。

第三十九条　外资企业的土地使用费和土地开发费的计收标准，依照中国有关规定办理。

第四十条　外资企业的土地使用年限，与经批准的该外资企业的经营期限相同。

第四十一条　外资企业除依照本章规定取得土地使用权外，还可以依照中国其他法规的规定取得土地使用权。

第六章　购买与销售

第四十二条　外资企业有权自行决定购买本企业自用的机器设备、原材料、燃料、零部件、配套件、元器件、运输工具和办公用品等(以下统称“物资”)。

外资企业在中国购买物资，在同等条件下，享受与中国企业同等的待遇。

第四十三条　外资企业可以在中国市场销售其产品。国家鼓励外资企业出口其生产的产品。

第四十四条　外资企业有权自行出口本企业生产的产品，也可以委托中国的外贸公司代销或者委托中国境外的公司代销。

外资企业可以自行在中国销售本企业生产的产品，也可以委托商业机构代销其产品。

第四十五条　外国投资者作为出资的机器设备，依照中国规定需要领取进口许可证的，外资企业凭批准的该企业进口设备和物资清单直接或者委托代理机构向发证机关申领进口许可证。

外资企业在批准的经营范围内，进口本企业自用并为生产所需的物资，依照中国规定需要领取进口许可证的，应当编制年度进口计划，每半年向发证机关申领一次。

外资企业出口产品，依照中国规定需要领取出口许可证的，应当编制年度出口计划，每半年向发证机关申领一次。

第四十六条　外资企业进口的物资以及技术劳务的价格不得高于当时的国际市场同类物资以及技术劳务的正常价格。外资企业的出口产品价格，由外资企业参照当时的国际市场价格自行确定，但不得低于合理的出口价格。用高价进口、低价出口等方式逃避税收的，税务机关有权根据税法规定，追究其法律责任。

第四十七条　外资企业应当依照《中华人民共和国统计法》及中国利用外资统计制度的规定，提供统计资料，报送统计报表。

第七章　税　务

第四十八条　外资企业应当依照中国法律、法规的规定，缴纳税款。

第四十九条　外资企业的职工应当依照中国法律、法规的规定，缴纳个人所得税。

第五十条　外资企业进口下列物资，依照中国税法的有关规定减税、免税：

(一)外国投资者作为出资的机器设备、零部件、建设用建筑材料以及安装、加固机器所需材料；

(二)外资企业以投资总额内的资金进口本企业生产所需的自用机器设备、零部件、生产用交通运输工具以及生产管理设备；

(三)外资企业为生产出口产品而进口的原材料、辅料、元器件、零部件和包装物料。

前款所述的进口物资，经批准在中国境内转卖或者转用于生产在中国境内销售的产品，应当依照中国税法纳税或者补税。

第五十一条　外资企业生产的出口产品，除中国限制出口的以外，依照中国税法的有关规定减税、免税或者退税。

第八章　外汇管理

第五十二条　外资企业的外汇事宜，应当依照中国有关外汇管理的法规办理。

第五十三条　外资企业凭工商行政管理机关发给的营业执照，在中国境内可以经营外汇业务的银行开立账户，由开户银行监督收付。

外资企业的外汇收入，应当存入其开户银行的外汇账户；外汇支出，应当从其外汇账户中支付。

第五十四条　外资企业因生产和经营需要在中国境外的银行开立外汇账户，须经中国外汇管理机关批准，并依照中国外汇管理机关的规定定期报告外汇收付情况和提供银行对账单。

第五十五条　外资企业中的外籍职工和港澳台职工的工资和其他正当的外汇收益，依照中国税法纳税后，可以自由汇出。

第九章　财务会计

第五十六条　外资企业应当依照中国法律、法规和财政机关的规定，建立财务会计制度并报其所在地财政、税务机关备案。

第五十七条　外资企业的会计年度自公历年的1月1日起至12月31日止。

第五十八条　外资企业依照中国税法规定缴纳所得税后的利润，应当提取储备基金和职工奖励及福利基金。储备基金的提取比例不得低于税后利润的10%，当累计提取金额达到注册资本的50%时，可以不再提取。职工奖励及福利基金的提取比例由外资企业自行确定。

外资企业以往会计年度的亏损未弥补前，不得分配利润；以往会计年度未分配的利润，可与本会计年度可供分配的利润一并分配。

第五十九条　外资企业的自制会计凭证、会计账簿和会计报表，应当用中文书写；用外文书写的，应当加注中文。

第六十条　外资企业应当独立核算。

外资企业的年度会计报表和清算会计报表，应当依照中国财政、税务机关的规定编制。以外币编报会计报表的，应当同时编报外币折合为人民币的会计报表。

外资企业的年度会计报表和清算会计报表，应当聘请中国的注册会计师进行验证并出具报告。

第二款和第三款规定的外资企业的年度会计报表和清算会计报表，连同中国的注册会计师出具的报告，应当在规定的时间内报送财政、税务机关，并报审批机关和工商行政管理机关备案。

第六十一条　外国投资者可以聘请中国或者外国的会计人员查阅外资企业账簿，费用由外国投资者承担。

第六十二条　外资企业应当向财政、税务机关报送年度资产负债表和损益表，并报审批机关和工商行政管理机关备案。

第六十三条　外资企业应当在企业所在地设置会计账簿，并接受财政、税务机关的监督。

违反前款规定的，财政、税务机关可以处以罚款，工商行政管理机关可以责令停止营业或者吊销营业执照。

第十章　职　工

第六十四条　外资企业在中国境内雇用职工，企业和职工双方应当依照中国的法律、法规签订劳动合同。合同中应当订明雇用、辞退、报酬、福利、劳动保护、劳动保险等事项。

外资企业不得雇用童工。

第六十五条　外资企业应当负责职工的业务、技术培训，建立考核制度，使职工在生产、管理技能方面能够适应企业的生产与发展需要。

第十一章　工　会

第六十六条　外资企业的职工有权依照《中华人民共和国工会法》的规定，建立基层工会组织，开展工会活动。

第六十七条　外资企业工会是职工利益的代表，有权代表职工同本企业签订劳动合同，并监督劳动合同的执行。

第六十八条　外资企业工会的基本任务是：依照中国法律、法规的规定维护职工的合法权益，协助企业合理安排和使用职工福利、奖励基金；组织职工学习政治、科学技术和业务知识，开展文艺、体育活动；教育职工遵守劳动纪律，努力完成企业的各项经济任务。

外资企业研究决定有关职工奖惩、工资制度、生活福利、劳动保护和保险问题时，工会代表有权列席会议。外资企业应当听取工会的意见，取得工会的合作。

第六十九条　外资企业应当积极支持本企业工会的工作，依照《中华人民共和国工会法》的规定，为工会组织提供必要的房屋和设备，用于办公、会议、举办职工集体福利、文化、体育事业。外资企业每月按照企业职工实发工资总额的2%拨交工会经费，由本企业工会依照中华全国总工会制定的有关工会经费管理办法使用。

第十二章　期限、终止与清算

第七十条　外资企业的经营期限，根据不同行业和企业的具体情况，由外国投资者在设立外资企业的申请书中拟订，经审批机关批准。

第七十一条　外资企业的经营期限，从其营业执照签发之日起计算。

外资企业经营期满需要延长经营期限的，应当在距经营期满180天前向审批机关报送延长经营期限的申请书。审批机关应当在收到申请书之日起30天内决定批准或者不批准。

外资企业经批准延长经营期限的，应当自收到批准延长期限文件之日起30天内，向工商行政管理机关办理变更登记手续。

第七十二条　外资企业有下列情形之一的，应予终止：

(一)经营期限届满；

(二)经营不善，严重亏损，外国投资者决定解散；

(三)因自然灾害、战争等不可抗力而遭受严重损失，无法继续经营；

(四)破产；

(五)违反中国法律、法规，危害社会公共利益被依法撤销；

(六)外资企业章程规定的其他解散事由已经出现。

外资企业如存在前款第(二)、(三)、(四)项所列情形，应当自行提交终止申请书，报审批机关核准。审批机关作出核准的日期为企业的终止日期。

第七十三条　外资企业依照本实施细则第七十二条第(一)、(二)、(三)、(六)项的规定终止的，应当在终止之日起15天内对外公告并通知债权人，并在终止公告发出之日起15天内，提出清算程序、原则和清算委员会人选，报审批机关审核后进行清算。

第七十四条　清算委员会应当由外资企业的法定代表人、债权人代表以及有关主管机关的代表组成，并聘请中国的注册会计师、律师等参加。

清算费用从外资企业现存财产中优先支付。

第七十五条　清算委员会行使下列职权：

(一)召集债权人会议；

(二)接管并清理企业财产，编制资产负债表和财产目录；

(三)提出财产作价和计算依据；

(四)制定清算方案；

(五)收回债权和清偿债务；

(六)追回股东应缴而未缴的款项；

(七)分配剩余财产；

(八)代表外资企业起诉和应诉。

第七十六条　外资企业在清算结束之前，外国投资者不得将该企业的资金汇出或者携出中国境外，不得自行处理企业的财产。

外资企业清算结束，其资产净额和剩余财产超过注册资本的部分视同利润，应当依照中国税法缴纳所得税。

第七十七条　外资企业清算结束，应当向工商行政管理机关办理注销登记手续，缴销营业执照。

第七十八条　外资企业清算处理财产时，在同等条件下，中国的企业或者其他经济组织有优先购买权。

第七十九条　外资企业依照本实施细则第七十二条第(四)项的规定终止的，参照中国有关法律、法规进行清算。

外资企业依照本实施细则第七十二条第（五）项的规定终止的，依照中国有关规定进行清算。

第十三章　附　则

第八十条　外资企业的各项保险，应当向中国境内的保险公司投保。

第八十一条　外资企业与其他公司、企业或者经济组织以及个人签订合同，适用《中华人民共和国合同法》。

第八十二条　香港、澳门、台湾地区的公司、企业和其他经济组织或者个人以及在国外居住的中国公民在大陆设立全部资本为其所有的企业，参照本实施细则办理。

第八十三条　外资企业中的外籍职工和港澳台职工可带进合理自用的交通工具和生活物品，并依照中国规定办理进口手续。

第八十四条　本实施细则自公布之日起施行。

中华人民共和国物权法

(2007年3月16日第十届全国人民代表大会第五次会议通过)

第一编　总　则

第一章　基本原则

第一条　为了维护国家基本经济制度，维护社会主义市场经济秩序，明确物的归属，发挥物的效用，保护权利人的物权，根据宪法，制定本法。

第二条　因物的归属和利用而产生的民事关系，适用本法。

本法所称物，包括不动产和动产。法律规定权利作为物权客体的，依照其规定。

本法所称物权，是指权利人依法对特定的物享有直接支配和排他的权利，包括所有权、用益物权和担保物权。

第三条　国家在社会主义初级阶段，坚持公有制为主体、多种所有制经济共同发展的基本经济制度。

国家巩固和发展公有制经济，鼓励、支持和引导非公有制经济的发展。

国家实行社会主义市场经济，保障一切市场主体的平等法律地位和发展权利。

第四条　国家、集体、私人的物权和其他权利人的物权受法律保护，任何单位和个人不得侵犯。

第五条　物权的种类和内容，由法律规定。

第六条　不动产物权的设立、变更、转让和消灭，应当依照法律规定登记。动产物权的设立和转让，应当依照法律规定交付。

第七条　物权的取得和行使，应当遵守法律，尊重社会公德，不得损害公共利益和他人合法权益。

第八条　其他相关法律对物权另有特别规定的，依照其规定。

第二章　物权的设立、变更、转让和消灭

第一节　不动产登记

第九条　不动产物权的设立、变更、转让和消灭，经依法登记，发生效力；未经登记，不发生效力，但法律另有规定的除外。

依法属于国家所有的自然资源，所有权可以不登记。

第十条　不动产登记，由不动产所在地的登记机构办理。

国家对不动产实行统一登记制度。统一登记的范围、登记机构和登记办法，由法律、行政法规规定。

第十一条　当事人申请登记，应当根据不同登记事项提供权属证明和不动产界址、面积等必要材料。

第十二条　登记机构应当履行下列职责：

(一)查验申请人提供的权属证明和其他必要材料；

(二)就有关登记事项询问申请人；

(三)如实、及时登记有关事项；

(四)法律、行政法规规定的其他职责。

申请登记的不动产的有关情况需要进一步证明的，登记机构可以要求申请人补充材料，必要时可以实地查看。

第十三条　登记机构不得有下列行为：

(一)要求对不动产进行评估；

(二)以年检等名义进行重复登记；

(三)超出登记职责范围的其他行为。

第十四条　不动产物权的设立、变更、转让和消灭，依照法律规定应当登记的，自记载于不动产登记簿时发生效力。

第十五条　当事人之间订立有关设立、变更、转让和消灭不动产物权的合同，除法律另有规定或者合同另有约定外，自合同成立时生效；未办理物权登记的，不影响合同效力。

第十六条　不动产登记簿是物权归属和内容的根据。不动产登记簿由登记机构管理。

第十七条　不动产权属证书是权利人享有该不动产物权的证明。不动产权属证书记载的事项，应当与不动产登记簿一致；记载不一致的，除有证据证明不动产登记簿确有错误外，以不动产登记簿为准。

第十八条　权利人、利害关系人可以申请查询、复制登记资料，登记机构应当提供。

第十九条　权利人、利害关系人认为不动产登记簿记载的事项错误的，可以申请更正登记。不动产登记簿记载的权利人书面同意更正或者有证据证明登记确有错误的，登记机构应当予以更正。

不动产登记簿记载的权利人

不同意更正的，利害关系人可以申请异议登记。登记机构予以异议登记的，申请人在异议登记之日起15日内不起诉，异议登记失效。异议登记不当，造成权利人损害的，权利人可以向申请人请求损害赔偿。

第二十条　当事人签订买卖房屋或者其他不动产物权的协议，为保障将来实现物权，按照约定可以向登记机构申请预告登记。预告登记后，未经预告登记的权利人同意，处分该不动产的，不发生物权效力。

预告登记后，债权消灭或者自能够进行不动产登记之日起3个月内未申请登记的，预告登记失效。

第二十一条　当事人提供虚假材料申请登记，给他人造成损害的，应当承担赔偿责任。

因登记错误，给他人造成损害的，登记机构应当承担赔偿责任。登记机构赔偿后，可以向造成登记错误的人追偿。

第二十二条　不动产登记费按件收取，不得按照不动产的面积、体积或者价款的比例收取。具体收费标准由国务院有关部门会同价格主管部门规定。

第二节　动产交付

第二十三条　动产物权的设立和转让，自交付时发生效力，但法律另有规定的除外。

第二十四条　船舶、航空器和机动车等物权的设立、变更、转让和消灭，未经登记，不得对抗善意第三人。

第二十五条　动产物权设立和转让前，权利人已经依法占有该动产的，物权自法律行为生效时发生效力。

第二十六条　动产物权设立和转让前，第三人依法占有该动产的，负有交付义务的人可以通过转让请求第三人返还原物的权利代替交付。

第二十七条　动产物权转让时，双方又约定由出让人继续占有该动产的，物权自该约定生效时发生效力。

第三节　其他规定

第二十八条　因人民法院、仲裁委员会的法律文书或者人民政府的征收决定等，导致物权设立、变更、转让或者消灭的，自法律文书或者人民政府的征收决定等生效时发生效力。

第二十九条　因继承或者受遗赠取得物权的，自继承或者受遗赠开始时发生效力。

第三十条　因合法建造、拆除房屋等事实行为设立或者消灭物权的，自事实行为成就时发生效力。

第三十一条　依照本法第二十八条至第三十条规定享有不动产物权的，处分该物权时，依照法律规定需要办理登记的，未经登记，不发生物权效力。

第三章　物权的保护

第三十二条　物权受到侵害的，权利人可以通过和解、调解、仲裁、诉讼等途径解决。

第三十三条　因物权的归属、内容发生争议的，利害关系人可以请求确认权利。

第三十四条　无权占有不动产或者动产的，权利人可以请求返还原物。

第三十五条　妨害物权或者可能妨害物权的，权利人可以请求排除妨害或者消除危险。

第三十六条　造成不动产或者动产毁损的，权利人可以请求修理、重作、更换或者恢复原状。

第三十七条　侵害物权，造成权利人损害的，权利人可以请求损害赔偿，也可以请求承担其他民事责任。

第三十八条　本章规定的物权保护方式，可以单独适用，也可以根据权利被侵害的情形合并适用。

侵害物权，除承担民事责任外，违反行政管理规定的，依法承担行政责任；构成犯罪的，依法追究刑事责任。

第二编　所有权

第四章　一般规定

第三十九条　所有权人对自己的不动产或者动产，依法享有占有、使用、收益和处分的权利。

第四十条　所有权人有权在自己的不动产或者动产上设立用益物权和担保物权。用益物权人、担保物权人行使权利，不得损害所有权人的权益。

第四十一条　法律规定专属于国家所有的不动产和动产，任何单位和个人不能取得所有权。

第四十二条　为了公共利益的需要，依照法律规定的权限和程序可以征收集体所有的土地和单位、个人的房屋及其他不动产。

征收集体所有的土地，应当依法足额支付土地补偿费、安置补助费、地上附着物和青苗的补偿费等费用，安排被征地农民的社会保障费用，保障被征地农民的生活，维护被征地农民的合法权益。

征收单位、个人的房屋及其他不动产，应当依法给予拆迁补偿，维护被征收人的合法权益；征收个人住宅的，还应当保障被征收人的居住条件。

任何单位和个人不得贪污、挪用、私分、截留、拖欠征收补偿费等费用。

第四十三条　国家对耕地实行特殊保护，严格限制农用地转为建设用地，控制建设用地总量。不得违反法律规定的权限和程序征收集体所有的土地。

第四十四条　因抢险、救灾等紧急需要，依照法律规定的权限和程序可以征用单位、个人的不动产或者动产。被征用的不动产或者动产使用后，应当返还被征用人。单位、个人的不动产或者动产被征用或者征用后毁损、灭失的，应当给予补偿。

第五章　国家所有权和集体所有权、私人所有权

第四十五条　法律规定属于国家所有的财产，属于国家所有即全民所有。

国有财产由国务院代表国家行使所有权；法律另有规定的，依照其规定。

第四十六条　矿藏、水流、海域属于国家所有。

第四十七条　城市的土地，属于国家所有。法律规定属于国家所有的农村和城市郊区的土地，属于国家所有。

第四十八条　森林、山岭、草原、荒地、滩涂等自然资源，属于国家所有，但法律规定属于集体所有的除外。

第四十九条　法律规定属于国家所有的野生动植物资源，属于国家所有。

第五十条　无线电频谱资源属于国家所有。

第五十一条　法律规定属于国家所有的文物，属于国家所有。

第五十二条　国防资产属于国家所有。

铁路、公路、电力设施、电信设施和油气管道等基础设施，依照法律规定为国家所有的，属于国家所有。

第五十三条　国家机关对其直接支配的不动产和动产，享有占有、使用以及依照法律和国务院的有关规定处分的权利。

第五十四条　国家举办的事业单位对其直接支配的不动产和动产，享有占有、使用以及依照法律和国务院的有关规定收益、处分的权利。

第五十五条　国家出资的企业，由国务院、地方人民政府依照法律、行政法规规定分别代表国家履行出资人职责，享有出资人权益。

第五十六条　国家所有的财产受法律保护，禁止任何单位和个人侵占、哄抢、私分、截留、破坏。

第五十七条　履行国有财产管理、监督职责的机构及其工作人员，应当依法加强对国有财产的管理、监督，促进国有财产保值增值，防止国有财产损失；滥用职权，玩忽职守，造成国有财产损失的，应当依法承担法律责任。

违反国有财产管理规定，在企业改制、合并分立、关联交易等过程中，低价转让、合谋私分、擅自担保或者以其他方式造成国有财产损失的，应当依法承担法律责任。

第五十八条　集体所有的不动产和动产包括：

(一)法律规定属于集体所有的土地和森林、山岭、草原、荒地、滩涂；

(二)集体所有的建筑物、生产设施、农田水利设施；

(三)集体所有的教育、科学、文化、卫生、体育等设施；

(四)集体所有的其他不动产和动产。

第五十九条　农民集体所有的不动产和动产，属于本集体成员集体所有。

下列事项应当依照法定程序经本集体成员决定：

(一)土地承包方案以及将土地发包给本集体以外的单位或者个人承包；

(二)个别土地承包经营权人之间承包地的调整；

(三)土地补偿费等费用的使用、分配办法；

(四)集体出资的企业的所有权变动等事项；

(五)法律规定的其他事项。

第六十条　对于集体所有的土地和森林、山岭、草原、荒地、滩涂等，依照下列规定行使所有权：

(一)属于村农民集体所有的，由村集体经济组织或者村民委员会代表集体行使所有权；

(二)分别属于村内两个以上农民集体所有的，由村内各该集体经济组织或者村民小组代表集体行使所有权；

(三)属于乡镇农民集体所有的，由乡镇集体经济组织代表集体行使所有权。

第六十一条　城镇集体所有的不动产和动产，依照法律、行政法规的规定由本集体享有占有、使用、收益和处分的权利。

第六十二条　集体经济组织或者村民委员会、村民小组应当依照法律、行政法规以及章程、村规民约向本集体成员公布集体财产的状况。

第六十三条　集体所有的财产受法律保护，禁止任何单位和个人侵占、哄抢、私分、破坏。

集体经济组织、村民委员会或者其负责人作出的决定侵害集体成员合法权益的，受侵害的集体成员可以请求人民法院予以撤销。

第六十四条　私人对其合法的收入、房屋、生活用品、生产工具、原材料等不动产和动产享有所有权。

第六十五条　私人合法的储蓄、投资及其收益受法律保护。

国家依照法律规定保护私人的继承权及其他合法权益。

第六十六条　私人的合法财产受法律保护，禁止任何单位和个人侵占、哄抢、破坏。

第六十七条　国家、集体和私人依法可以出资设立有限责任公司、股份有限公司或者其他企业。国家、集体和私人所有的不动产或者动产，投到企业的，由出资人按照约定或者出资比例享有资产收益、重大决策以及选择经营管理者等权利并履行义务。

第六十八条　企业法人对其不动产和动产依照法律、行政法规以及章程享有占有、使用、收益和处分的权利。

企业法人以外的法人，对其不动产和动产的权利，适用有关法律、行政法规以及章程的规定。

第六十九条　社会团体依法所有的不动产和动产，受法律保护。

第六章　业主的建筑物区分所有权

第七十条　业主对建筑物内的住宅、经营性用房等专有部分享有所有权，对专有部分以外的共有部分享有共有和共同管理的权利。

第七十一条　业主对其建筑物专有部分享有占有、使用、收益和处分的权利。业主行使权利不得危及建筑物的安全，不得损害其他业主的合法权益。

第七十二条　业主对建筑物专有部分以外的共有部分，享有权利，承担义务；不得以放弃权利不履行义务。

业主转让建筑物内的住宅、经营性用房，其对共有部分享有的共有和共同管理的权利一并转让。

第七十三条　建筑区划内的道路，属于业主共有，但属于城镇公共道路的除外。建筑区划内的绿地，属于业主共有，但属于城镇公共绿地或者明示属于个人的除外。建筑区划内的其他公共场所、公用设施和物业服务用房，属于业主共有。

第七十四条　建筑区划内，规划用于停放汽车的车位、车库应当首先满足业主的需要。

建筑区划内，规划用于停放汽车的车位、车库的归属，由当事人通过出售、附赠或者出租等方式约定。

占用业主共有的道路或者其他场地用于停放汽车的车位，属于业主共有。

第七十五条　业主可以设立业主大会，选举业主委员会。

地方人民政府有关部门应当对设立业主大会和选举业主委员会给予指导和协助。

第七十六条　下列事项由业主共同决定：

（一）制定和修改业主大会议事规则；

（二）制定和修改建筑物及其附属设施的管理规约；

（三）选举业主委员会或者更换业主委员会成员；

（四）选聘和解聘物业服务企业或者其他管理人；

（五）筹集和使用建筑物及其附属设施的维修资金；

（六）改建、重建建筑物及其附属设施；

（七）有关共有和共同管理权利的其他重大事项。

决定前款第五项和第六项规定的事项，应当经专有部分占建筑物总面积 2/3 以上的业主且占总人数 2/3 以上的业主同意。决定前款其他事项，应当经专有部分占建筑物总面积过半数的业主且占总人数过半数的业主同意。

第七十七条　业主不得违反法律、法规以及管理规约，将住宅改变为经营性用房。业主将住宅改变为经营性用房的，除遵守法律、法规以及管理规约外，应当经有利害关系的业主同意。

第七十八条　业主大会或者业主委员会的决定，对业主具有约束力。

业主大会或者业主委员会作出的决定侵害业主合法权益的，受侵害的业主可以请求人民法院予以撤销。

第七十九条　建筑物及其附属设施的维修资金，属于业主共有。经业主共同决定，可以用于电梯、水箱等共有部分的维修。维修资金的筹集、使用情况应当公布。

第八十条　建筑物及其附属设施的费用分摊、收益分配等事项，有约定的，按照约定；没有约定或者约定不明确的，按照业主专有部分占建筑物总面积的比例确定。

第八十一条　业主可以自行管理建筑物及其附属设施，也可以委托物业服务企业或者其他管理人管理。

对建设单位聘请的物业服务企业或者其他管理人，业主有权依法更换。

第八十二条　物业服务企业或者其他管理人根据业主的委托管理建筑区划内的建筑物及其附属设施，并接受业主的监督。

第八十三条　业主应当遵守法律、法规以及管理规约。

业主大会和业主委员会，对任意弃置垃圾、排放污染物或者噪声、违反规定饲养动物、违章搭建、侵占通道、拒付物业费等损害他人合法权益的行为，有权依照法律、法规以及管理规约，要求行为人停止侵害、消除危险、排除妨害、赔偿损失。业主对侵害自己合法权益的行为，可以依法向人民法院提起诉讼。

第七章　相邻关系

第八十四条　不动产的相邻权利人应当按照有利生产、方便生活、团结互助、公平合理的原则，正确处理相邻关系。

第八十五条　法律、法规对处理相邻关系有规定的，依照其规定；法律、法规没有规定的，可以按照当地习惯。

第八十六条　不动产权利人应当为相邻权利人用水、排水提供必要的便利。

对自然流水的利用，应当在不动产的相邻权利人之间合理分配。对自然流水的排放，应当尊重自然流向。

第八十七条　不动产权利人对相邻权利人因通行等必须利用其土地的，应当提供必要的便利。

第八十八条　不动产权利人因建造、修缮建筑物以及铺设电线、电缆、水管、暖气和燃气管线等必须利用相邻土地、建筑物的，该土地、建筑物的权利人应当提供必要的便利。

第八十九条　建造建筑物，不得违反国家有关工程建设标准，妨碍相邻建筑物的通风、采光和日照。

第九十条　不动产权利人不得违反国家规定弃置固体废物，排放大气污染物、水污染物、噪声、光、电磁波辐射等有害物质。

第九十一条　不动产权利人挖掘土地、建造建筑物、铺设管线以及安装设备等，不得危及相邻不动产的安全。

第九十二条　不动产权利人因用水、排水、通行、铺设管线等利用相邻不动产的，应当尽量避免对相邻的不动产权利人造成损害；造成损害的，应当给予赔偿。

第八章　共　有

第九十三条　不动产或者动产可以由两个以上单位、个人共有。共有包括按份共有和共同共有。

第九十四条　按份共有人对共有的不动产或者动产按照其份额享有所有权。

第九十五条　共同共有人对共有的不动产或者动产共同享有所有权。

第九十六条　共有人按照约定管理共有的不动产或者动产；没有约定或者约定不明确的，各共有人都有管理的权利和义务。

第九十七条　处分共有的不动产或者动产以及对共有的不动产或者动产作重大修缮的，应当经占份额 2/3 以上的按份共有人或者全体共同共有人同意，但共有人之间另有约定的除外。

第九十八条　对共有物的管理费用以及其他负担，有约定的，按照约定；没有约定或者约定不明确的，按份共有人按照其份额负担，共同共有人共同负担。

第九十九条　共有人约定不得分割共有的不动产或者动产，以维持共有关系的，应当按照约定，但共有人有重大理由需要分割的，可以请求分割；没有约定或者约定不明确的，按份共有人可以随时请求分割，共同共有人在共有的基础丧失或者有重大理由需要分割时可以请求分割。因分割对其他共有人造成损害的，应当给予赔偿。

第一百条　共有人可以协商确定分割方式。达不成协议，共有的不动产或者动产可以分割并且不会因分割减损价值的，应当对实物予以分割；难以分割或者因分割会减损价值的，应当对折价或者拍卖、变卖取得的价款予以分割。

共有人分割所得的不动产或者动产有瑕疵的，其他共有人应当分担损失。

第一百零一条　按份共有人可以转让其享有的共有的不动产或者动产份额。其他共有人在同等条件下享有优先购买的权利。

第一百零二条　因共有的不动产或者动产产生的债权债务，在对外关系上，共有人享有连带债权、承担连带债务，但法律另有规定或者第三人知道共有人不具有连带债权债务关系的除外；在共有人内部关系上，除共有人另有约定外，按份共有人按照份额享有债权、承担债务，共同共有人共同享有债权、承担债务。偿还债务超过自己应当承担份额的按份共有人，有权向其他共有人追偿。

第一百零三条　共有人对共有的不动产或者动产没有约定为按份共有或者共同共有，或者约定不明确的，除共有人具有家庭关系等外，视为按份共有。

第一百零四条　按份共有人对共有的不动产或者动产享有的份额，没有约定或者约定不明确的，按照出资额确定；不能确定出资额的，视为等额享有。

第一百零五条　两个以上单位、个人共同享有用益物权、担保物权的，参照本章规定。

第九章　所有权取得的特别规定

第一百零六条　无处分权人将不动产或者动产转让给受让人的，所有权人有权追回；除法律另有规定外，符合下列情形的，受让人取得该不动产或者动产的所有权：

（一）受让人受让该不动产或者动产时是善意的；

（二）以合理的价格转让；

（三）转让的不动产或者动产依照法律规定应当登记的已经登记，不需要登记的已经交付给受让人。

受让人依照前款规定取得不动产或者动产的所有权的，原所有权人有权向无处分权人请求赔偿损失。

当事人善意取得其他物权的，参照前两款规定。

第一百零七条　所有权人或者其他权利人有权追回遗失物。

该遗失物通过转让被他人占有的，权利人有权向无处分权人请求损害赔偿，或者自知道或者应当知道受让人之日起2年内向受让人请求返还原物，但受让人通过拍卖或者向具有经营资格的经营者购得该遗失物的，权利人请求返还原物时应当支付受让人所付的费用。权利人向受让人支付所付费用后，有权向无处分权人追偿。

第一百零八条　善意受让人取得动产后，该动产上的原有权利消灭，但善意受让人在受让时知道或者应当知道该权利的除外。

第一百零九条　拾得遗失物，应当返还权利人。拾得人应当及时通知权利人领取，或者送交公安等有关部门。

第一百一十条　有关部门收到遗失物，知道权利人的，应当及时通知其领取；不知道的，应当及时发布招领公告。

第一百一十一条　拾得人在遗失物送交有关部门前，有关部门在遗失物被领取前，应当妥善保管遗失物。因故意或者重大过失致使遗失物毁损、灭失的，应当承担民事责任。

第一百一十二条　权利人领取遗失物时，应当向拾得人或者有关部门支付保管遗失物等支出的必要费用。

权利人悬赏寻找遗失物的，领取遗失物时应当按照承诺履行义务。

拾得人侵占遗失物的，无权请求保管遗失物等支出的费用，也无权请求权利人按照承诺履行义务。

第一百一十三条　遗失物自发布招领公告之日起6个月内无人认领的，归国家所有。

第一百一十四条　拾得漂流物、发现埋藏物或者隐藏物的，参照拾得遗失物的有关规定。文物保护法等法律另有规定的，依照其规定。

第一百一十五条　主物转让的，从物随主物转让，但当事人另有约定的除外。

第一百一十六条　天然孳息，由所有权人取得；既有所有权人又有用益物权人的，由用益物权人取得。当事人另有约定的，按照约定。

法定孳息，当事人有约定的，按照约定取得；没有约定或者约定不明确的，按照交易习惯取得。

第三编　用益物权

第十章　一般规定

第一百一十七条　用益物权人对他人所有的不动产或者动产，依法享有占有、使用和收益的权利。

第一百一十八条　国家所有或者国家所有由集体使用以及法律规定属于集体所有的自然资源，单位、个人依法可以占有、使用和收益。

第一百一十九条　国家实行自然资源有偿使用制度，但法律另有规定的除外。

第一百二十条　用益物权人行使权利，应当遵守法律有关保护和合理开发利用资源的规定。所有权人不得干涉用益物权人行使权利。

第一百二十一条　因不动产或者动产被征收、征用致使用益物权消灭或者影响用益物权行使的，用益物权人有权依照本法第四十二条、第四十四条的规定获得相应补偿。

第一百二十二条　依法取得的海域使用权受法律保护。

第一百二十三条　依法取得的探矿权、采矿权、取水权和使用水域、滩涂从事养殖、捕捞的权利受法律保护。

第十一章　土地承包经营权

第一百二十四条　农村集体经济组织实行家庭承包经营为基础、统分结合的双层经营体制。

农民集体所有和国家所有由农民集体使用的耕地、林地、草地以及其他用于农业的土地，依法实行土地承包经营制度。

第一百二十五条　土地承包经营权人依法对其承包经营的耕地、林地、草地等享有占有、使用和收益的权利，有权从事种植业、林业、畜牧业等农业生产。

第一百二十六条　耕地的承包期为30年。草地的承包期为30~50年。林地的承包期为30~70年；特殊林木的林地承包期，经国务院林业行政主管部门批准可以延长。

前款规定的承包期届满，由土地承包经营权人按照国家有关规定继续承包。

第一百二十七条　土地承包经营权自土地承包经营权合同生效时设立。

县级以上地方人民政府应当向土地承包经营权人发放土地承包经营权证、林权证、草原使用权证，并登记造册，确认土地承包经营权。

第一百二十八条　土地承包经营权人依照农村土地承包法的规定，有权将土地承包经营权采取转包、互换、转让等方式流转。流转的期限不得超过承包期的剩余期限。未经依法批准，不得将承包地用于非农建设。

第一百二十九条　土地承包经营权人将土地承包经营权互换、转让，当事人要求登记的，应当向县级以上地方人民政府申请土地承包经营权变更登记；未经登记，不得对抗善意第三人。

第一百三十条　承包期内发包人不得调整承包地。

因自然灾害严重毁损承包地等特殊情形，需要适当调整承包的耕地和草地的，应当依照农村土地承包法等法律规定办理。

第一百三十一条　承包期内发包人不得收回承包地。农村土地承包法等法律另有规定的，依照其规定。

第一百三十二条　承包地被征收的，土地承包经营权人有权依照本法第四十二条第二款的规定获得相应补偿。

第一百三十三条　通过招标、拍卖、公开协商等方式承包荒地等农村土地，依照农村土地承包法等法律和国务院的有关规定，其土地承包经营权可以转让、入股、抵押或者以其他方式流转。

第一百三十四条　国家所有的农用地实行承包经营的，参照本法的有关规定。

第十二章　建设用地使用权

第一百三十五条　建设用地使用权人依法对国家所有的土地享有占有、使用和收益的权利，有权利用该土地建造建筑物、构筑物及其附属设施。

第一百三十六条　建设用地使用权可以在土地的地表、地上或者地下分别设立。新设立的建设用地使用权，不得损害已设立的用益物权。

第一百三十七条　设立建设用地使用权，可以采取出让或者划拨等方式。

工业、商业、旅游、娱乐和商品住宅等经营性用地以及同一土地有两个以上意向用地者的，应当采取招标、拍卖等公开竞价的方式出让。

严格限制以划拨方式设立建设用地使用权。采取划拨方式的，应当遵守法律、行政法规关于土地用途的规定。

第一百三十八条　采取招标、拍卖、协议等出让方式设立建设用地使用权的，当事人应当采取书面形式订立建设用地使用权出让合同。

建设用地使用权出让合同一般包括下列条款：

(一)当事人的名称和住所；

(二)土地界址、面积等；

(三)建筑物、构筑物及其附属设施占用的空间；

(四)土地用途；

(五)使用期限；

(六)出让金等费用及其支付方式；

(七)解决争议的方法。

第一百三十九条　设立建设用地使用权的，应当向登记机构申请建设用地使用权登记。建设用地使用权自登记时设立。登记机构应当向建设用地使用权人发放建设用地使用权证书。

第一百四十条　建设用地使用权人应当合理利用土地，不得改变土地用途；需要改变土地用途的，应当依法经有关行政主管部门批准。

第一百四十一条　建设用地使用权人应当依照法律规定以及合同约定支付出让金等费用。

第一百四十二条　建设用地使用权人建造的建筑物、构筑物及其附属设施的所有权属于建设用地使用权人，但有相反证据证明的除外。

第一百四十三条　建设用地使用权人有权将建设用地使用权转让、互换、出资、赠与或者抵押，但法律另有规定的除外。

第一百四十四条　建设用地使用权转让、互换、出资、赠与或者抵押的，当事人应当采取书面形式订立相应的合同。使用期限由当事人约定，但不得超过建设用地使用权的剩余期限。

第一百四十五条　建设用地使用权转让、互换、出资或者赠与的，应当向登记机构申请变更登记。

第一百四十六条　建设用地使用权转让、互换、出资或者赠与的，附着于该土地上的建筑物、构筑物及其附属设施一并处分。

第一百四十七条　建筑物、构筑物及其附属设施转让、互换、出资或者赠与的，该建筑物、构筑物及其附属设施占用范围内的建设用地使用权一并处分。

第一百四十八条　建设用地使用权期间届满前，因公共利益需要提前收回该土地的，应当依照本法第四十二条的规定对该土地上的房屋及其他不动产给予补偿，并退还相应的出让金。

第一百四十九条　住宅建设用地使用权期间届满的，自动续期。

非住宅建设用地使用权期间届满后的续期，依照法律规定办理。该土地上的房屋及其他不动产的归属，有约定的，按照约定；没有约定或者约定不明确的，依照法律、行政法规的规定办理。

第一百五十条　建设用地使用权消灭的，出让人应当及时办理注销登记。登记机构应当收回建设用地使用权证书。

第一百五十一条　集体所有的土地作为建设用地的，应当依照土地管理法等法律规定办理。

第十三章　宅基地使用权

第一百五十二条　宅基地使用权人依法对集体所有的土地享有占有和使用的权利，有权依法利用该土地建造住宅及其附属设施。

第一百五十三条　宅基地使用权的取得、行使和转让，适用土地管理法等法律和国家有关规定。

第一百五十四条　宅基地因自然灾害等原因灭失的，宅基地使用权消灭。对失去宅基地的村民,应当重新分配宅基地。

第一百五十五条　已经登记的宅基地使用权转让或者消灭的,应当及时办理变更登记或者注销登记。

第十四章　地役权

第一百五十六条　地役权人有权按照合同约定,利用他人的不动产,以提高自己的不动产的效益。

前款所称他人的不动产为供役地,自己的不动产为需役地。

第一百五十七条　设立地役权,当事人应当采取书面形式订立地役权合同。

地役权合同一般包括下列条款:

(一)当事人的姓名或者名称和住所;

(二)供役地和需役地的位置;

(三)利用目的和方法;

(四)利用期限;

(五)费用及其支付方式;

(六)解决争议的方法。

第一百五十八条　地役权自地役权合同生效时设立。当事人要求登记的,可以向登记机构申请地役权登记;未经登记,不得对抗善意第三人。

第一百五十九条　供役地权利人应当按照合同约定,允许地役权人利用其土地,不得妨害地役权人行使权利。

第一百六十条　地役权人应当按照合同约定的利用目的和方法利用供役地,尽量减少对供役地权利人物权的限制。

第一百六十一条　地役权的期限由当事人约定,但不得超过土地承包经营权、建设用地使用权等用益物权的剩余期限。

第一百六十二条　土地所有权人享有地役权或者负担地役权的,设立土地承包经营权、宅基地使用权时,该土地承包经营权人、宅基地使用权人继续享有或者负担已设立的地役权。

第一百六十三条　土地上已设立土地承包经营权、建设用地使用权、宅基地使用权等权利的,未经用益物权人同意,土地所有权人不得设立地役权。

第一百六十四条　地役权不得单独转让。土地承包经营权、建设用地使用权等转让的,地役权一并转让,但合同另有约定的除外。

第一百六十五条　地役权不得单独抵押。土地承包经营权、建设用地使用权等抵押的,在实现抵押权时,地役权一并转让。

第一百六十六条　需役地以及需役地上的土地承包经营权、建设用地使用权部分转让时,转让部分涉及地役权的,受让人同时享有地役权。

第一百六十七条　供役地以及供役地上的土地承包经营权、建设用地使用权部分转让时,转让部分涉及地役权的,地役权对受让人具有约束力。

第一百六十八条　地役权人有下列情形之一的,供役地权利人有权解除地役权合同,地役权消灭:

(一)违反法律规定或者合同约定,滥用地役权;

(二)有偿利用供役地,约定的付款期间届满后在合理期限内经两次催告未支付费用。

第一百六十九条　已经登记的地役权变更、转让或者消灭的,应当及时办理变更登记或者注销登记。

第四编　担保物权

第十五章　一般规定

第一百七十条　担保物权人在债务人不履行到期债务或者发生当事人约定的实现担保物权的情形,依法享有就担保财产优先受偿的权利,但法律另有规定的除外。

第一百七十一条　债权人在借贷、买卖等民事活动中,为保障实现其债权,需要担保的,可以依照本法和其他法律的规定设立担保物权。

第三人为债务人向债权人提供担保的,可以要求债务人提供反担保。反担保适用本法和其他法律的规定。

第一百七十二条　设立担保物权,应当依照本法和其他法律的规定订立担保合同。担保合同是主债权债务合同的从合同。主债权债务合同无效,担保合同无效,但法律另有规定的除外。

担保合同被确认无效后,债务人、担保人、债权人有过错的,应当根据其过错各自承担相应的民事责任。

第一百七十三条　担保物权的担保范围包括主债权及其利息、违约金、损害赔偿金、保管担保财产和实现担保物权的费用。当事人另有约定的,按照约定。

第一百七十四条　担保期间,担保财产毁损、灭失或者被征收等,担保物权人可以就获得的保险金、赔偿金或者补偿金等优先受偿。被担保债权的履行期未届满的,也可以提存该保险金、赔偿金或者补偿金等。

第一百七十五条　第三人提供担保,未经其书面同意,债权人允许债务人转移全部或者部分债务的,担保人不再承担相应的担保责任。

第一百七十六条　被担保的债权既有物的担保又有人的担保的,债务人不履行到期债务或者发生当事人约定的实现担保物权的情形,债权人应当按照约定实现债权;没有约定或者约定不明确，债务人自己提供物的担保的，债权人应当先就该物的担保实现债权；第三人提供物的担保的，债权人可以就物的担保实现债权，也可以要求保证人承担保证责任。提供担保的第三人承担担保责任后，有权向债务人追偿。

第一百七十七条　有下列情形之一的，担保物权消灭：

（一）主债权消灭；

（二）担保物权实现；

（三）债权人放弃担保物权；

（四）法律规定担保物权消灭的其他情形。

第一百七十八条　担保法与本法的规定不一致的，适用本法。

第十六章　抵押权

第一节　一般抵押权

第一百七十九条　为担保债务的履行，债务人或者第三人不转移财产的占有，将该财产抵押给债权人的，债务人不履行到期债务或者发生当事人约定的实现抵押权的情形，债权人有权就该财产优先受偿。

前款规定的债务人或者第三人为抵押人，债权人为抵押权人，提供担保的财产为抵押财产。

第一百八十条　债务人或者第三人有权处分的下列财产可以抵押：

（一）建筑物和其他土地附着物；

（二）建设用地使用权；

（三）以招标、拍卖、公开协商等方式取得的荒地等土地承包经营权；

（四）生产设备、原材料、半成品、产品；

（五）正在建造的建筑物、船舶、航空器；

（六）交通运输工具；

（七）法律、行政法规未禁止抵押的其他财产。

抵押人可以将前款所列财产一并抵押。

第一百八十一条　经当事人书面协议，企业、个体工商户、农业生产经营者可以将现有的以及将有的生产设备、原材料、半成品、产品抵押，债务人不履行到期债务或者发生当事人约定的实现抵押权的情形，债权人有权就实现抵押权时的动产优先受偿。

第一百八十二条　以建筑物抵押的，该建筑物占用范围内的建设用地使用权一并抵押。以建设用地使用权抵押的，该土地上的建筑物一并抵押。

抵押人未依照前款规定一并抵押的，未抵押的财产视为一并抵押。

第一百八十三条　乡镇、村企业的建设用地使用权不得单独抵押。以乡镇、村企业的厂房等建筑物抵押的，其占用范围内的建设用地使用权一并抵押。

第一百八十四条　下列财产不得抵押：

（一）土地所有权；

（二）耕地、宅基地、自留地、自留山等集体所有的土地使用权，但法律规定可以抵押的除外；

（三）学校、幼儿园、医院等以公益为目的的事业单位、社会团体的教育设施、医疗卫生设施和其他社会公益设施；

（四）所有权、使用权不明或者有争议的财产；

（五）依法被查封、扣押、监管的财产；

（六）法律、行政法规规定不得抵押的其他财产。

第一百八十五条　设立抵押权，当事人应当采取书面形式订立抵押合同。

抵押合同一般包括下列条款：

（一）被担保债权的种类和数额；

（二）债务人履行债务的期限；

（三）抵押财产的名称、数量、质量、状况、所在地、所有权归属或者使用权归属；

（四）担保的范围。

第一百八十六条　抵押权人在债务履行期届满前，不得与抵押人约定债务人不履行到期债务时抵押财产归债权人所有。

第一百八十七条　以本法第一百八十条第一款第一项至第三项规定的财产或者第五项规定的正在建造的建筑物抵押的，应当办理抵押登记。抵押权自登记时设立。

第一百八十八条　以本法第一百八十条第一款第四项、第六项规定的财产或者第五项规定的正在建造的船舶、航空器抵押的，抵押权自抵押合同生效时设立；未经登记，不得对抗善意第三人。

第一百八十九条　企业、个体工商户、农业生产经营者以本法第一百八十一条规定的动产抵押的，应当向抵押人住所地的工商行政管理部门办理登记。抵押权自抵押合同生效时设立；未经登记，不得对抗善意第三人。

依照本法第一百八十一条规定抵押的，不得对抗正常经营活动中已支付合理价款并取得抵押财产的买受人。

第一百九十条　订立抵押合同前抵押财产已出租的，原租赁关系不受该抵押权的影响。抵押权设立后抵押财产出租的，该租赁关系不得对抗已登记的抵押权。

第一百九十一条　抵押期间，抵押人经抵押权人同意转让抵押财产的，应当将转让所得的价款向抵押权人提前清偿债务或者提存。转让的价款超过债权数额的部分归抵押人所有，不足部分由债务人清偿。

抵押期间，抵押人未经抵押权人同意，不得转让抵押财产，但受让人代为清偿债务消灭抵押权的除外。

第一百九十二条　抵押权不得与债权分离而单独转让或者作为其他债权的担保。债权转让的，担保该债权的抵押权一并转让，但法律另有规定或者当事人另有约定的除外。

第一百九十三条　抵押人的行为足以使抵押财产价值减少的，抵押权人有权要求抵押人停止其行为。抵押财产价值减少的，抵押权人有权要求恢复抵押财产的价值，或者提供与减少的价值相应的担保。抵押人不恢复抵押财产的价值也不提供担保的，抵押权人有权要求债务人提前清偿债务。

第一百九十四条　抵押权人可以放弃抵押权或者抵押权的顺位。抵押权人与抵押人可以协议变更抵押权顺位以及被担保的债权数额等内容，但抵押权的变更，未经其他抵押权人书面同意，不得对其他抵押权人产生不利影响。

债务人以自己的财产设定抵押，抵押权人放弃该抵押权、抵押权顺位或者变更抵押权的，其他担保人在抵押权人丧失优先受偿权益的范围内免除担保责任，但其他担保人承诺仍然提供担保的除外。

第一百九十五条　债务人不履行到期债务或者发生当事人约定的实现抵押权的情形，抵押权人可以与抵押人协议以抵押财产折价或者以拍卖、变卖该抵押财产所得的价款优先受偿。协议损害其他债权人利益的，其他债权人可以在知道或者应当知道撤销事由之日起一年内请求人民法院撤销该协议。

抵押权人与抵押人未就抵押权实现方式达成协议的，抵押权人可以请求人民法院拍卖、变卖抵押财产。

抵押财产折价或者变卖的，应当参照市场价格。

第一百九十六条　依照本法第一百八十一条规定设定抵押的，抵押财产自下列情形之一发生时确定：

（一）债务履行期届满，债权未实现；

（二）抵押人被宣告破产或者被撤销；

（三）当事人约定的实现抵押权的情形；

（四）严重影响债权实现的其他情形。

第一百九十七条　债务人不履行到期债务或者发生当事人约定的实现抵押权的情形，致使抵押财产被人民法院依法扣押的，自扣押之日起抵押权人有权收取该抵押财产的天然孳息或者法定孳息，但抵押权人未通知应当清偿法定孳息的义务人的除外。

前款规定的孳息应当先充抵收取孳息的费用。

第一百九十八条　抵押财产折价或者拍卖、变卖后，其价款超过债权数额的部分归抵押人所有，不足部分由债务人清偿。

第一百九十九条　同一财产向两个以上债权人抵押的，拍卖、变卖抵押财产所得的价款依照下列规定清偿：

（一）抵押权已登记的，按照登记的先后顺序清偿；顺序相同的，按照债权比例清偿；

（二）抵押权已登记的先于未登记的受偿；

（三）抵押权未登记的，按照债权比例清偿。

第二百条　建设用地使用权抵押后，该土地上新增的建筑物不属于抵押财产。该建设用地使用权实现抵押权时，应当将该土地上新增的建筑物与建设用地使用权一并处分，但新增建筑物所得的价款，抵押权人无权优先受偿。

第二百零一条　依照本法第一百八十条第一款第三项规定的土地承包经营权抵押的，或者依照本法第一百八十三条规定以乡镇、村企业的厂房等建筑物占用范围内的建设用地使用权一并抵押的，实现抵押权后，未经法定程序，不得改变土地所有权的性质和土地用途。

第二百零二条　抵押权人应当在主债权诉讼时效期间行使抵押权；未行使的，人民法院不予保护。

第二节　最高额抵押权

第二百零三条　为担保债务的履行，债务人或者第三人对一定期间内将要连续发生的债权提供担保财产的，债务人不履行到期债务或者发生当事人约定的实现抵押权的情形，抵押权人有权在最高债权额限度内就该担保财产优先受偿。

最高额抵押权设立前已经存在的债权，经当事人同意，可以转入最高额抵押担保的债权范围。

第二百零四条　最高额抵押担保的债权确定前，部分债权转让的，最高额抵押权不得转让，但当事人另有约定的除外。

第二百零五条　最高额抵押担保的债权确定前，抵押权人与抵押人可以通过协议变更债权确定的期间、债权范围以及最高债权额，但变更的内容不得对其他抵押权人产生不利影响。

第二百零六条　有下列情形之一的，抵押权人的债权确定：

（一）约定的债权确定期间届满；

（二）没有约定债权确定期间或者约定不明确，抵押权人或者抵押人自最高额抵押权设立之日起满二年后请求确定债权；

（三）新的债权不可能发生；

（四）抵押财产被查封、扣押；

（五）债务人、抵押人被宣告破产或者被撤销；

（六）法律规定债权确定的其

他情形。

第二百零七条　最高额抵押权除适用本节规定外，适用本章第一节一般抵押权的规定。

第十七章　质　权

第一节　动产质权

第二百零八条　为担保债务的履行，债务人或者第三人将其动产出质给债权人占有的，债务人不履行到期债务或者发生当事人约定的实现质权的情形，债权人有权就该动产优先受偿。

前款规定的债务人或者第三人为出质人，债权人为质权人，交付的动产为质押财产。

第二百零九条　法律、行政法规禁止转让的动产不得出质。

第二百一十条　设立质权，当事人应当采取书面形式订立质权合同。

质权合同一般包括下列条款：

(一)被担保债权的种类和数额；

(二)债务人履行债务的期限；

(三)质押财产的名称、数量、质量、状况；

(四)担保的范围；

(五)质押财产交付的时间。

第二百一十一条　质权人在债务履行期届满前，不得与出质人约定债务人不履行到期债务时质押财产归债权人所有。

第二百一十二条　质权自出质人交付质押财产时设立。

第二百一十三条　质权人有权收取质押财产的孳息，但合同另有约定的除外。

前款规定的孳息应当先充抵收取孳息的费用。

第二百一十四条　质权人在质权存续期间，未经出质人同意，擅自使用、处分质押财产，给出质人造成损害的，应当承担赔偿责任。

第二百一十五条　质权人负有妥善保管质押财产的义务；因保管不善致使质押财产毁损、灭失的，应当承担赔偿责任。

质权人的行为可能使质押财产毁损、灭失的，出质人可以要求质权人将质押财产提存，或者要求提前清偿债务并返还质押财产。

第二百一十六条　因不能归责于质权人的事由可能使质押财产毁损或者价值明显减少，足以危害质权人权利的，质权人有权要求出质人提供相应的担保；出质人不提供的，质权人可以拍卖、变卖质押财产，并与出质人通过协议将拍卖、变卖所得的价款提前清偿债务或者提存。

第二百一十七条　质权人在质权存续期间，未经出质人同意转质，造成质押财产毁损、灭失的，应当向出质人承担赔偿责任。

第二百一十八条　质权人可以放弃质权。债务人以自己的财产出质，质权人放弃该质权的，其他担保人在质权人丧失优先受偿权益的范围内免除担保责任，但其他担保人承诺仍然提供担保的除外。

第二百一十九条　债务人履行债务或者出质人提前清偿所担保的债权的，质权人应当返还质押财产。

债务人不履行到期债务或者发生当事人约定的实现质权的情形，质权人可以与出质人协议以质押财产折价，也可以就拍卖、变卖质押财产所得的价款优先受偿。

质押财产折价或者变卖的，应当参照市场价格。

第二百二十条　出质人可以请求质权人在债务履行期届满后及时行使质权；质权人不行使的，出质人可以请求人民法院拍卖、变卖质押财产。

出质人请求质权人及时行使质权，因质权人怠于行使权利造成损害的，由质权人承担赔偿责任。

第二百二十一条　质押财产折价或者拍卖、变卖后，其价款超过债权数额的部分归出质人所有，不足部分由债务人清偿。

第二百二十二条　出质人与质权人可以协议设立最高额质权。

最高额质权除适用本节有关规定外，参照本法第十六章第二节最高额抵押权的规定。

第二节　权利质权

第二百二十三条　债务人或者第三人有权处分的下列权利可以出质：

(一)汇票、支票、本票；

(二)债券、存款单；

(三)仓单、提单；

(四)可以转让的基金份额、股权；

(五)可以转让的注册商标专用权、专利权、著作权等知识产权中的财产权；

(六)应收账款；

(七)法律、行政法规规定可以出质的其他财产权利。

第二百二十四条　以汇票、支票、本票、债券、存款单、仓单、提单出质的，当事人应当订立书面合同。质权自权利凭证交付质权人时设立；没有权利凭证的，质权自有关部门办理出质登记时设立。

第二百二十五条　汇票、支票、本票、债券、存款单、仓单、提单的兑现日期或者提货日期先于主债权到期的，质权人可以兑现或者提货，并与出质人协议将兑现的价款或者提取的货物提前清偿债务或者提存。

第二百二十六条　以基金份额、股权出质的，当事人应当订立书面合同。以基金份额、证券登记结算机构登记的股权出质的，质权自证券登记结算机构办理出质登记时设立；以其他股权出质的，质权自工商行政管理部门办理出质登记时设立。

基金份额、股权出质后，不得转让，但经出质人与质权人协商同意的除外。出质人转让基金份额、股权所得的价款，应当向质权人提前清偿债务或者提存。

第二百二十七条　以注册商标专用权、专利权、著作权等知识产权中的财产权出质的，当事人应当订立书面合同。质权自有关主管部门办理出质登记时设立。

知识产权中的财产权出质后，出质人不得转让或者许可他人使用，但经出质人与质权人协商同意的除外。出质人转让或者许可他人使用出质的知识产权中的财产权所得的价款，应当向质权人提前清偿债务或者提存。

第二百二十八条　以应收账款出质的，当事人应当订立书面合同。质权自信贷征信机构办理出质登记时设立。

应收账款出质后，不得转让，但经出质人与质权人协商同意的除外。出质人转让应收账款所得的价款，应当向质权人提前清偿债务或者提存。

第二百二十九条　权利质权除适用本节规定外，适用本章第一节动产质权的规定。

第十八章　留置权

第二百三十条　债务人不履行到期债务，债权人可以留置已经合法占有的债务人的动产，并有权就该动产优先受偿。

前款规定的债权人为留置权人，占有的动产为留置财产。

第二百三十一条　债权人留置的动产，应当与债权属于同一法律关系，但企业之间留置的除外。

第二百三十二条　法律规定或者当事人约定不得留置的动产，不得留置。

第二百三十三条　留置财产为可分物的，留置财产的价值应当相当于债务的金额。

第二百三十四条　留置权人负有妥善保管留置财产的义务；因保管不善致使留置财产毁损、灭失的，应当承担赔偿责任。

第二百三十五条　留置权人有权收取留置财产的孳息。

前款规定的孳息应当先充抵收取孳息的费用。

第二百三十六条　留置权人与债务人应当约定留置财产后的债务履行期间；没有约定或者约定不明确的，留置权人应当给债务人两个月以上履行债务的期间，但鲜活易腐等不易保管的动产除外。债务人逾期未履行的，留置权人可以与债务人协议以留置财产折价，也可以就拍卖、变卖留置财产所得的价款优先受偿。

留置财产折价或者变卖的，应当参照市场价格。

第二百三十七条　债务人可以请求留置权人在债务履行期届满后行使留置权；留置权人不行使的，债务人可以请求人民法院拍卖、变卖留置财产。

第二百三十八条　留置财产折价或者拍卖、变卖后，其价款超过债权数额的部分归债务人所有，不足部分由债务人清偿。

第二百三十九条　同一动产上已设立抵押权或者质权，该动产又被留置的，留置权人优先受偿。

第二百四十条　留置权人对留置财产丧失占有或者留置权人接受债务人另行提供担保的，留置权消灭。

第五编　占　有

第十九章　占　有

第二百四十一条　基于合同关系等产生的占有，有关不动产或者动产的使用、收益、违约责任等，按照合同约定；合同没有约定或者约定不明确的，依照有关法律规定。

第二百四十二条　占有人因使用占有的不动产或者动产，致使该不动产或者动产受到损害的，恶意占有人应当承担赔偿责任。

第二百四十三条　不动产或者动产被占有人占有的，权利人可以请求返还原物及其孳息，但应当支付善意占有人因维护该不动产或者动产支出的必要费用。

第二百四十四条　占有的不动产或者动产毁损、灭失，该不动产或者动产的权利人请求赔偿的，占有人应当将因毁损、灭失取得的保险金、赔偿金或者补偿金等返还给权利人；权利人的损害未得到足够弥补的，恶意占有人还应当赔偿损失。

第二百四十五条　占有的不动产或者动产被侵占的，占有人有权请求返还原物；对妨害占有的行为，占有人有权请求排除妨害或者消除危险；因侵占或者妨害造成损害的，占有人有权请求损害赔偿。

占有人返还原物的请求权，自侵占发生之日起一年内未行使的，该请求权消灭。

附　则

第二百四十六条　法律、行政法规对不动产统一登记的范围、登记机构和登记办法作出规定前，地方性法规可以依照本法有关规定作出规定。

第二百四十七条　本法自2007年10月1日起施行。

中华人民共和国职业病防治法

第一章　总　则

第一条　为了预防、控制和消除职业病危害，防治职业病，保护劳动者健康及其相关权益，促进经济发展，根据宪法，制定本法。

第二条　本法适用于中华人民共和国领域内的职业病防治活动。

本法所称职业病，是指企业、事业单位和个体经济组织（以下统称用人单位）的劳动者在职业活动中，因接触粉尘、放射性物质和其他有毒、有害物质等因素而引起的疾病。

职业病的分类和目录由国务院卫生行政部门会同国务院劳动保障行政部门规定、调整并公布。

第三条　职业病防治工作坚持预防为主、防治结合的方针，实行分类管理、综合治理。

第四条　劳动者依法享有职业卫生保护的权利。

用人单位应当为劳动者创造符合国家职业卫生标准和卫生要求的工作环境和条件，并采取措施保障劳动者获得职业卫生保护。

第五条　用人单位应当建立、健全职业病防治责任制，加强对职业病防治的管理，提高职业病防治水平，对本单位产生的职业病危害承担责任。

第六条　用人单位必须依法参加工伤社会保险。

国务院和县级以上地方人民政府劳动保障行政部门应当加强对工伤社会保险的监督管理，确保劳动者依法享受工伤社会保险待遇。

第七条　国家鼓励研制、开发、推广、应用有利于职业病防治和保护劳动者健康的新技术、新工艺、新材料，加强对职业病的机理和发生规律的基础研究，提高职业病防治科学技术水平；积极采用有效的职业病防治技术、工艺、材料；限制使用或者淘汰职业病危害严重的技术、工艺、材料。

第八条　国家实行职业卫生监督制度。

国务院卫生行政部门统一负责全国职业病防治的监督管理工作。国务院有关部门在各自的职责范围内负责职业病防治的有关监督管理工作。

县级以上地方人民政府卫生行政部门负责本行政区域内职业病防治的监督管理工作。县级以上地方人民政府有关部门在各自的职责范围内负责职业病防治的有关监督管理工作。

第九条　国务院和县级以上地方人民政府应当制定职业病防治规划，将其纳入国民经济和社会发展计划，并组织实施。

乡、民族乡、镇的人民政府应当认真执行本法，支持卫生行政部门依法履行职责。

第十条　县级以上人民政府卫生行政部门和其他有关部门应当加强对职业病防治的宣传教育，普及职业病防治的知识，增强用人单位的职业病防治观念，提高劳动者的自我健康保护意识。

第十一条　有关防治职业病的国家职业卫生标准，由国务院卫生行政部门制定并公布。

第十二条　任何单位和个人有权对违反本法的行为进行检举和控告。

对防治职业病成绩显著的单位和个人，给予奖励。

第二章　前期预防

第十三条　产生职业病危害的用人单位的设立除应当符合法律、行政法规规定的设立条件外，其工作场所还应当符合下列职业卫生要求：

（一）职业病危害因素的强度或者浓度符合国家职业卫生标准；

（二）有与职业病危害防护相适应的设施；

（三）生产布局合理，符合有害与无害作业分开的原则；

（四）有配套的更衣间、洗浴间、孕妇休息间等卫生设施；

（五）设备、工具、用具等设施符合保护劳动者生理、心理健康的要求；

（六）法律、行政法规和国务院卫生行政部门关于保护劳动者健康的其他要求。

第十四条　在卫生行政部门中建立职业病危害项目的申报制度。

用人单位设有依法公布的职业病目录所列职业病的危害项目的，应当及时、如实向卫生行政部门申报，接受监督。

职业病危害项目申报的具体办法由国务院卫生行政部门制定。

第十五条　新建、扩建、改建建设项目和技术改造、技术引进项目（以下统称建设项目）可能产生职业病危害的，建设单位在可行性论证阶段应当向卫生行政部门提交职业病危害预评价报告。

卫生行政部门应当自收到职业病危害预评价报告之日起30日内，作出审核决定并书面通知建设单位。未提交预评价报告或者预评价报告未经卫生行政部门审核同意的，有关部门不得批准该建设项目。

职业病危害预评价报告应当对建设项目可能产生的职业病危害因素及其对工作场所和劳动者健康的影响作出评价，确定危害类别和职业病防护措施。

建设项目职业病危害分类目录和分类管理办法由国务院卫生行政部门制定。

第十六条　建设项目的职业病防护设施所需费用应当纳入建设项目工程预算，并与主体工程同时设计，同时施工，同时投入生产和使用。

职业病危害严重的建设项目的防护设施设计，应当经卫生行政部门进行卫生审查，符合国家职业卫生标准和卫生要求的，方可施工。

建设项目在竣工验收前，建设单位应当进行职业病危害控制效果评价。建设项目竣工验收时，其职业病防护设施经卫生行政部门验收合格后，方可投入正式生产和使用。

第十七条　职业病危害预评价、职业病危害控制效果评价由依法设立的取得省级以上人民政府卫生行政部门资质认证的职业卫生技术服务机构进行。职业卫生技术服务机构所作评价应当客观、真实。

第十八条　国家对从事放射、高毒等作业实行特殊管理。具体管理办法由国务院制定。

第三章　劳动过程中的防护与管理

第十九条　用人单位应当采取下列职业病防治管理措施：

（一）设置或者指定职业卫生管理机构或者组织，配备专职或者兼职的职业卫生专业人员，负责本单位的职业病防治工作；

（二）制定职业病防治计划和实施方案；

（三）建立、健全职业卫生管理制度和操作规程；

（四）建立、健全职业卫生档案和劳动者健康监护档案；

（五）建立、健全工作场所职业病危害因素监测及评价制度；

（六）建立、健全职业病危害事故应急救援预案。

第二十条　用人单位必须采用有效的职业病防护设施，并为劳动者提供个人使用的职业病防护用品。

用人单位为劳动者个人提供的职业病防护用品必须符合防治职业病的要求；不符合要求的，不得使用。

第二十一条　用人单位应当优先采用有利于防治职业病和保护劳动者健康的新技术、新工艺、新材料，逐步替代职业病危害严重的技术、工艺、材料。

第二十二条　产生职业病危害的用人单位，应当在醒目位置设置公告栏，公布有关职业病防治的规章制度、操作规程、职业病危害事故应急救援措施和工作场所职业病危害因素检测结果。

对产生严重职业病危害的作业岗位，应当在其醒目位置，设置警示标识和中文警示说明。警示说明应当载明产生职业病危害的种类、后果、预防以及应急救治措施等内容。

第二十三条　对可能发生急性职业损伤的有毒、有害工作场所，用人单位应当设置报警装置，配置现场急救用品、冲洗设备、应急撤离通道和必要的泄险区。

对放射工作场所和放射性同位素的运输、贮存，用人单位必须配置防护设备和报警装置，保证接触放射线的工作人员佩戴个人剂量计。

对职业病防护设备、应急救援设施和个人使用的职业病防护用品，用人单位应当进行经常性的维护、检修，定期检测其性能和效果，确保其处于正常状态，不得擅自拆除或者停止使用。

第二十四条　用人单位应当实施由专人负责的职业病危害因素日常监测，并确保监测系统处于正常运行状态。

用人单位应当按照国务院卫生行政部门的规定，定期对工作场所进行职业病危害因素检测、评价。检测、评价结果存入用人单位职业卫生档案，定期向所在地卫生行政部门报告并向劳动者公布。

职业病危害因素检测、评价由依法设立的取得省级以上人民政府卫生行政部门资质认证的职业卫生技术服务机构进行。职业卫生技术服务机构所作检测、评价应当客观、真实。

发现工作场所职业病危害因素不符合国家职业卫生标准和卫生要求时，用人单位应当立即采取相应治理措施，仍然达不到国家职业卫生标准和卫生要求的，必须停止存在职业病危害因素的作业；职业病危害因素经治理后，符合国家职业卫生标准和卫生要求的，方可重新作业。

第二十五条　向用人单位提供可能产生职业病危害的设备的，应当提供中文说明书，并在设备的醒目位置设置警示标识和中文警示说明。警示说明应当载明设备性能、可能产生的职业病危害、安全操作和维护注意事项、职业病防护以及应急救治措施等内容。

第二十六条　向用人单位提供可能产生职业病危害的化学品、放射性同位素和含有放射性物质的材料的，应当提供中文说明书。说明书应当载明产品特性、主要成份、存在的有害因素、可能产生的危害后果、安全使用注意事项、职业病防护以及应急救治措施等内容。产品包装应当有醒目的警示标识和中文警示说明。贮存上述材料的场所应当在规定的部位设置危险物品标识或者放射性警示标识。

国内首次使用或者首次进口与职业病危害有关的化学材料，使用单位或者进口单位按照国家规定经国务院有关部门批准后，应当向国务院卫生行政部门报送该化学材料的毒性鉴定以及经有关部门登记注册或者批准进口的文件等资料。

进口放射性同位素、射线装置和含有放射性物质的物品的，按照国家有关规定办理。

第二十七条　任何单位和个人不得生产、经营、进口和使用国家明令禁止使用的可能产生职业病危害的设备或者材料。

第二十八条　任何单位和个人不得将产生职业病危害的作业转移给不具备职业病防护条件的单位和个人。不具备职业病防护条件的单位和个人不得接受产生职业病危害的作业。

第二十九条　用人单位对采用的技术、工艺、材料，应当知悉其产生的职业病危害，对有职业病危害的技术、工艺、材料隐瞒其危害而采用的，对所造成的职业病危害后果承担责任。

第三十条　用人单位与劳动者订立劳动合同(含聘用合同，下同)时，应当将工作过程中可能产生的职业病危害及其后果、职业病防护措施和待遇等如实告知劳动者，并在劳动合同中写明，不得隐瞒或者欺骗。

劳动者在已订立劳动合同期间因工作岗位或者工作内容变更，从事与所订立劳动合同中未告知的存在职业病危害的作业时，用人单位应当依照前款规定，向劳动者履行如实告知的义务，并协商变更原劳动合同相关条款。

用人单位违反前两款规定的，劳动者有权拒绝从事存在职业病危害的作业，用人单位不得因此解除或者终止与劳动者所订立的劳动合同。

第三十一条　用人单位的负责人应当接受职业卫生培训，遵守职业病防治法律、法规，依法组织本单位的职业病防治工作。

用人单位应当对劳动者进行上岗前的职业卫生培训和在岗期间的定期职业卫生培训，普及职业卫生知识，督促劳动者遵守职业病防治法律、法规、规章和操作规程，指导劳动者正确使用职业病防护设备和个人使用的职业病防护用品。

劳动者应当学习和掌握相关的职业卫生知识，遵守职业病防治法律、法规、规章和操作规程，正确使用、维护职业病防护设备和个人使用的职业病防护用品，发现职业病危害事故隐患应当及时报告。

劳动者不履行前款规定义务的，用人单位应当对其进行教育。

第三十二条　对从事接触职业病危害的作业的劳动者，用人单位应当按照国务院卫生行政部门的规定组织上岗前、在岗期间和离岗时的职业健康检查，并将检查结果如实告知劳动者。职业健康检查费用由用人单位承担。

用人单位不得安排未经上岗前职业健康检查的劳动者从事接触职业病危害的作业；不得安排有职业禁忌的劳动者从事其所禁忌的作业；对在职业健康检查中发现有与所从事的职业相关的健康损害的劳动者，应当调离原工作岗位，并妥善安置；对未进行离岗前职业健康检查的劳动者不得解除或者终止与其订立的劳动合同。

职业健康检查应当由省级以上人民政府卫生行政部门批准的医疗卫生机构承担。

第三十三条　用人单位应当为劳动者建立职业健康监护档案，并按照规定的期限妥善保存。

职业健康监护档案应当包括劳动者的职业史、职业病危害接触史、职业健康检查结果和职业病诊疗等有关个人健康资料。

劳动者离开用人单位时，有权索取本人职业健康监护档案复印件，用人单位应当如实、无偿提供，并在所提供的复印件上签章。

第三十四条　发生或者可能发生急性职业病危害事故时，用人单位应当立即采取应急救援和控制措施，并及时报告所在地卫生行政部门和有关部门。卫生行政部门接到报告后，应当及时会同有关部门组织调查处理；必要时，可以采取临时控制措施。

对遭受或者可能遭受急性职业病危害的劳动者，用人单位应当及时组织救治、进行健康检查和医学观察，所需费用由用人单位承担。

第三十五条　用人单位不得安排未成年工从事接触职业病危害的作业；不得安排孕期、哺乳期的女职工从事对本人和胎儿、婴儿有危害的作业。

第三十六条　劳动者享有下列职业卫生保护权利：

(一)获得职业卫生教育、培训；

(二)获得职业健康检查、职业病诊疗、康复等职业病防治服务；

(三)了解工作场所产生或者可能产生的职业病危害因素、危害后果和应当采取的职业病防护措施；

(四)要求用人单位提供符合防治职业病要求的职业病防护设

施和个人使用的职业病防护用品，改善工作条件；

(五)对违反职业病防治法律、法规以及危及生命健康的行为提出批评、检举和控告；

(六)拒绝违章指挥和强令进行没有职业病防护措施的作业；

(七)参与用人单位职业卫生工作的民主管理，对职业病防治工作提出意见和建议。

用人单位应当保障劳动者行使前款所列权利。因劳动者依法行使正当权利而降低其工资、福利等待遇或者解除、终止与其订立的劳动合同的，其行为无效。

第三十七条　工会组织应当督促并协助用人单位开展职业卫生宣传教育和培训，对用人单位的职业病防治工作提出意见和建议，与用人单位就劳动者反映的有关职业病防治的问题进行协调并督促解决。

工会组织对用人单位违反职业病防治法律、法规，侵犯劳动者合法权益的行为，有权要求纠正；产生严重职业病危害时，有权要求采取防护措施，或者向政府有关部门建议采取强制性措施；发生职业病危害事故时，有权参与事故调查处理；发现危及劳动者生命健康的情形时，有权向用人单位建议组织劳动者撤离危险现场，用人单位应当立即作出处理。

第三十八条　用人单位按照职业病防治要求，用于预防和治理职业病危害、工作场所卫生检测、健康监护和职业卫生培训等费用，按照国家有关规定，在生产成本中据实列支。

第四章　职业病诊断与职业病病人保障

第三十九条　职业病诊断应当由省级以上人民政府卫生行政部门批准的医疗卫生机构承担。

第四十条　劳动者可以在用人单位所在地或者本人居住地依法承担职业病诊断的医疗卫生机构进行职业病诊断。

第四十一条　职业病诊断标准和职业病诊断、鉴定办法由国务院卫生行政部门制定。职业病伤残等级的鉴定办法由国务院劳动保障行政部门会同国务院卫生行政部门制定。

第四十二条　职业病诊断，应当综合分析下列因素：

(一)病人的职业史；

(二)职业病危害接触史和现场危害调查与评价；

(三)临床表现以及辅助检查结果等。

没有证据否定职业病危害因素与病人临床表现之间的必然联系的，在排除其他致病因素后，应当诊断为职业病。

承担职业病诊断的医疗卫生机构在进行职业病诊断时，应当组织三名以上取得职业病诊断资格的执业医师集体诊断。

职业病诊断证明书应当由参与诊断的医师共同签署，并经承担职业病诊断的医疗卫生机构审核盖章。

第四十三条　用人单位和医疗卫生机构发现职业病病人或者疑似职业病病人时，应当及时向所在地卫生行政部门报告。确诊为职业病的，用人单位还应当向所在地劳动保障行政部门报告。

卫生行政部门和劳动保障行政部门接到报告后，应当依法作出处理。

第四十四条　县级以上地方人民政府卫生行政部门负责本行政区域内的职业病统计报告的管理工作，并按照规定上报。

第四十五条　当事人对职业病诊断有异议的，可以向作出诊断的医疗卫生机构所在地地方人民政府卫生行政部门申请鉴定。

职业病诊断争议由设区的市级以上地方人民政府卫生行政部门根据当事人的申请，组织职业病诊断鉴定委员会进行鉴定。

当事人对设区的市级职业病诊断鉴定委员会的鉴定结论不服的，可以向省、自治区、直辖市人民政府卫生行政部门申请再鉴定。

第四十六条　职业病诊断鉴定委员会由相关专业的专家组成。

省、自治区、直辖市人民政府卫生行政部门应当设立相关的专家库，需要对职业病争议作出诊断鉴定时，由当事人或者当事人委托有关卫生行政部门从专家库中以随机抽取的方式确定参加诊断鉴定委员会的专家。

职业病诊断鉴定委员会应当按照国务院卫生行政部门颁布的职业病诊断标准和职业病诊断、鉴定办法进行职业病诊断鉴定，向当事人出具职业病诊断鉴定书。职业病诊断鉴定费用由用人单位承担。

第四十七条　职业病诊断鉴定委员会组成人员应当遵守职业道德，客观、公正地进行诊断鉴定，并承担相应的责任。职业病诊断鉴定委员会组成人员不得私下接触当事人，不得收受当事人的财物或者其他好处，与当事人有利害关系的，应当回避。

人民法院受理有关案件需要进行职业病鉴定时，应当从省、自治区、直辖市人民政府卫生行政部门依法设立的相关的专家库中选取参加鉴定的专家。

第四十八条　职业病诊断、鉴定需要用人单位提供有关职业卫生和健康监护等资料时，用人单位应当如实提供，劳动者和有关机构也应当提供与职业病诊断、鉴定有关的资料。

第四十九条　医疗卫生机构发现疑似职业病病人时，应当告知劳动者本人并及时通知用人单位。

用人单位应当及时安排对疑似职业病病人进行诊断；在疑似职业病病人诊断或者医学观察期间，不得解除或者终止与其订立的劳动合同。

疑似职业病病人在诊断、医学观察期间的费用，由用人单位承担。

第五十条　职业病病人依法享受国家规定的职业病待遇。

用人单位应当按照国家有关规定，安排职业病病人进行治疗、康复和定期检查。

用人单位对不适宜继续从事原工作的职业病病人，应当调离原岗位，并妥善安置。

用人单位对从事接触职业病危害的作业的劳动者，应当给予适当岗位津贴。

第五十一条　职业病病人的诊疗、康复费用，伤残以及丧失劳动能力的职业病病人的社会保障，按照国家有关工伤社会保险的规定执行。

第五十二条　职业病病人除依法享有工伤社会保险外，依照有关民事法律，尚有获得赔偿的权利的，有权向用人单位提出赔偿要求。

第五十三条　劳动者被诊断患有职业病，但用人单位没有依法参加工伤社会保险的，其医疗和生活保障由最后的用人单位承担；最后的用人单位有证据证明该职业病是先前用人单位的职业病危害造成的，由先前的用人单位承担。

第五十四条　职业病病人变动工作单位，其依法享有的待遇不变。

用人单位发生分立、合并、解散、破产等情形的，应当对从事接触职业病危害的作业的劳动者进行健康检查，并按照国家有关规定妥善安置职业病病人。

第五章　监督检查

第五十五条　县级以上人民政府卫生行政部门依照职业病防治法律、法规、国家职业卫生标准和卫生要求，依据职责划分，对职业病防治工作及职业病危害检测、评价活动进行监督检查。

第五十六条　卫生行政部门履行监督检查职责时，有权采取下列措施：

(一)进入被检查单位和职业病危害现场，了解情况，调查取证；

(二)查阅或者复制与违反职业病防治法律、法规的行为有关的资料和采集样品；

(三)责令违反职业病防治法律、法规的单位和个人停止违法行为。

第五十七条　发生职业病危害事故或者有证据证明危害状态可能导致职业病危害事故发生时，卫生行政部门可以采取下列临时控制措施：

(一)责令暂停导致职业病危害事故的作业；

(二)封存造成职业病危害事故或者可能导致职业病危害事故发生的材料和设备；

(三)组织控制职业病危害事故现场。

在职业病危害事故或者危害状态得到有效控制后，卫生行政部门应当及时解除控制措施。

第五十八条　职业卫生监督执法人员依法执行职务时，应当出示监督执法证件。

职业卫生监督执法人员应当忠于职守，秉公执法，严格遵守执法规范；涉及用人单位的秘密的，应当为其保密。

第五十九条　职业卫生监督执法人员依法执行职务时，被检查单位应当接受检查并予以支持配合，不得拒绝和阻碍。

第六十条　卫生行政部门及其职业卫生监督执法人员履行职责时，不得有下列行为：

(一)对不符合法定条件的，发给建设项目有关证明文件、资质证明文件或者予以批准；

(二)对已经取得有关证明文件的，不履行监督检查职责；

(三)发现用人单位存在职业病危害的，可能造成职业病危害事故，不及时依法采取控制措施；

(四)其他违反本法的行为。

第六十一条　职业卫生监督执法人员应当依法经过资格认定。

卫生行政部门应当加强队伍建设，提高职业卫生监督执法人员的政治、业务素质，依照本法和其他有关法律、法规的规定，建立、健全内部监督制度，对其工作人员执行法律、法规和遵守纪律的情况，进行监督检查。

第六章　法律责任

第六十二条　建设单位违反本法规定，有下列行为之一的，由卫生行政部门给予警告，责令限期改正；逾期不改正的，处十万元以上五十万元以下的罚款；情节严重的，责令停止产生职业病危害的作业，或者提请有关人民政府按照国务院规定的权限责令停建、关闭：

(一)未按照规定进行职业病危害预评价或者未提交职业病危害预评价报告，或者职业病危害预评价报告未经卫生行政部门审核同意，擅自开工的；

(二)建设项目的职业病防护设施未按照规定与主体工程同时投入生产和使用的；

(三)职业病危害严重的建设项目，其职业病防护设施设计不符合国家职业卫生标准和卫生要求施工的；

(四)未按照规定对职业病防

护设施进行职业病危害控制效果评价、未经卫生行政部门验收或者验收不合格，擅自投入使用的。

第六十三条　违反本法规定，有下列行为之一的，由卫生行政部门给予警告，责令限期改正；逾期不改正的，处2万元以下的罚款：

（一）工作场所职业病危害因素检测、评价结果没有存档、上报、公布的；

（二）未采取本法第十九条规定的职业病防治管理措施的；

（三）未按照规定公布有关职业病防治的规章制度、操作规程、职业病危害事故应急救援措施的；

（四）未按照规定组织劳动者进行职业卫生培训，或者未对劳动者个人职业病防护采取指导、督促措施的；

（五）国内首次使用或者首次进口与职业病危害有关的化学材料，未按照规定报送毒性鉴定资料以及经有关部门登记注册或者批准进口的文件的。

第六十四条　用人单位违反本法规定，有下列行为之一的，由卫生行政部门责令限期改正，给予警告，可以并处2万元以上5万元以下的罚款：

（一）未按照规定及时、如实向卫生行政部门申报产生职业病危害的项目的；

（二）未实施由专人负责的职业病危害因素日常监测，或者监测系统不能正常监测的；

（三）订立或者变更劳动合同时，未告知劳动者职业病危害真实情况的；

（四）未按照规定组织职业健康检查、建立职业健康监护档案或者未将检查结果如实告知劳动者的。

第六十五条　用人单位违反本法规定，有下列行为之一的，由卫生行政部门给予警告，责令限期改正，逾期不改正的，处5万元以上20万元以下的罚款；情节严重的，责令停止产生职业病危害的作业，或者提请有关人民政府按照国务院规定的权限责令关闭：

（一）工作场所职业病危害因素的强度或者浓度超过国家职业卫生标准的；

（二）未提供职业病防护设施和个人使用的职业病防护用品，或者提供的职业病防护设施和个人使用的职业病防护用品不符合国家职业卫生标准和卫生要求的；

（三）对职业病防护设备、应急救援设施和个人使用的职业病防护用品未按照规定进行维护、检修、检测，或者不能保持正常运行、使用状态的；

（四）未按照规定对工作场所职业病危害因素进行检测、评价的；

（五）工作场所职业病危害因素经治理仍然达不到国家职业卫生标准和卫生要求时，未停止存在职业病危害因素的作业的；

（六）未按照规定安排职业病病人、疑似职业病病人进行诊治的；

（七）发生或者可能发生急性职业病危害事故时，未立即采取应急救援和控制措施或者未按照规定及时报告的；

（八）未按照规定在产生严重职业病危害的作业岗位醒目位置设置警示标识和中文警示说明的；

（九）拒绝卫生行政部门监督检查的。

第六十六条　向用人单位提供可能产生职业病危害的设备、材料，未按照规定提供中文说明书或者设置警示标识和中文警示说明的，由卫生行政部门责令限期改正，给予警告，并处5万元以上20万元以下的罚款。

第六十七条　用人单位和医疗卫生机构未按照规定报告职业病、疑似职业病的，由卫生行政部门责令限期改正，给予警告，可以并处1万元以下的罚款；弄虚作假的，并处2万元以上5万元以下的罚款；对直接负责的主管人员和其他直接责任人员，可以依法给予降级或者撤职的处分。

第六十八条　违反本法规定，有下列情形之一的，由卫生行政部门责令限期治理，并处5万元以上30万元以下的罚款；情节严重的，责令停止产生职业病危害的作业，或者提请有关人民政府按照国务院规定的权限责令关闭：

（一）隐瞒技术、工艺、材料所产生的职业病危害而采用的；

（二）隐瞒本单位职业卫生真实情况的；

（三）可能发生急性职业损伤的有毒、有害工作场所、放射工作场所或者放射性同位素的运输、贮存不符合本法第二十三条规定的；

（四）使用国家明令禁止使用的可能产生职业病危害的设备或者材料的；

（五）将产生职业病危害的作业转移给没有职业病防护条件的单位和个人，或者没有职业病防护条件的单位和个人接受产生职业病危害的作业的；

（六）擅自拆除、停止使用职业病防护设备或者应急救援设施的；

（七）安排未经职业健康检查的劳动者、有职业禁忌的劳动者、未成年工或者孕期、哺乳期女职工从事接触职业病危害的作业或者禁忌作业的；

（八）违章指挥和强令劳动者进行没有职业病防护措施的作业的。

第六十九条　生产、经营或者进口国家明令禁止使用的可能产生职业病危害的设备或者材料的，依照有关法律、行政法规的规定给予处罚。

第七十条　用人单位违反本法规定，已经对劳动者生命健康造成严重损害的，由卫生行政部门责令停止产生职业病危害的作业，或者提请有关人民政府按照国务院规定的权限责令关闭，并处10万元以上30万元以下的罚款。

第七十一条 用人单位违反本法规定，造成重大职业病危害事故或者其他严重后果，构成犯罪的，对直接负责的主管人员和其他直接责任人员，依法追究刑事责任。

第七十二条 未取得职业卫生技术服务资质认证擅自从事职业卫生技术服务的，或者医疗卫生机构未经批准擅自从事职业健康检查、职业病诊断的，由卫生行政部门责令立即停止违法行为，没收违法所得；违法所得0.5万元以上的，并处违法所得2倍以上10倍以下的罚款；没有违法所得或者违法所得不足0.5万元的，并处0.5万元以上5万元以下的罚款；情节严重的，对直接负责的主管人员和其他直接责任人员，依法给予降级、撤职或者开除的处分。

第七十三条 从事职业卫生技术服务的机构和承担职业健康检查、职业病诊断的医疗卫生机构违反本法规定，有下列行为之一的，由卫生行政部门责令立即停止违法行为，给予警告，没收违法所得；违法所得0.5万元以上的，并处违法所得2倍以上5倍以下的罚款；没有违法所得或者违法所得不足0.5万元的，并处0.5万元以上2万元以下的罚款；情节严重的，由原认证或者批准机关取消其相应的资格；对直接负责的主管人员和其他直接责任人员，依法给予降级、撤职或者开除的处分；构成犯罪的，依法追究刑事责任：

(一)超出资质认证或者批准范围从事职业卫生技术服务或者职业健康检查、职业病诊断的；

(二)不按照本法规定履行法定职责的；

(三)出具虚假证明文件的。

第七十四条 职业病诊断鉴定委员会组成人员收受职业病诊断争议当事人的财物或者其他好处的，给予警告，没收收受的财物，可以并处0.3万元以上5万元以下的罚款，取消其担任职业病诊断鉴定委员会组成人员的资格，并从省、自治区、直辖市人民政府卫生行政部门设立的专家库中予以除名。

第七十五条 卫生行政部门不按照规定报告职业病和职业病危害事故的，由上一级卫生行政部门责令改正，通报批评，给予警告；虚报、瞒报的，对单位负责人、直接负责的主管人员和其他直接责任人员依法给予降级、撤职或者开除的行政处分。

第七十六条 卫生行政部门及其职业卫生监督执法人员有本法第六十条所列行为之一，导致职业病危害事故发生，构成犯罪的，依法追究刑事责任；尚不构成犯罪的，对单位负责人、直接负责的主管人员和其他直接责任人员依法给予降级、撤职或者开除的行政处分。

第七章 附 则

第七十七条 本法下列用语的含义：

职业病危害，是指对从事职业活动的劳动者可能导致职业病的各种危害。职业病危害因素包括：职业活动中存在的各种有害的化学、物理、生物因素以及在作业过程中产生的其他职业有害因素。

职业禁忌，是指劳动者从事特定职业或者接触特定职业病危害因素时，比一般职业人群更易于遭受职业病危害和罹患职业病或者可能导致原有自身疾病病情加重，或者在从事作业过程中诱发可能导致对他人生命健康构成危险的疾病的个人特殊生理或者病理状态。

第七十八条 本法第二条规定的用人单位以外的单位，产生职业病危害的，其职业病防治活动可以参照本法执行。

中国人民解放军参照执行本法的办法，由国务院、中央军事委员会制定。

第七十九条 本法自2002年5月1日起施行。

中华人民共和国中外合资经营企业法

（1979 年 7 月 1 日第五届全国人民代表大会第二次会议通过，根据 1990 年 4 月 4 日第七届全国人民代表大会第三次会议《关于修改〈中华人民共和国中外合资经营企业法〉的决定》修正，根据 2001 年 3 月 15 日第九届全国人民代表大会第四次会议《关于修改〈中华人民共和国中外合资经营企业法〉的决定》第二次修正）

第一条　中华人民共和国为了扩大国际经济合作和技术交流，允许外国公司 企业和其它经济组织或个人（以下简称外国合营者），按照平等互利的原则，经中国政府批准，在中华人民共和国境内，同中国的公司 企业或其它经济组织（以下简称中国合营者）共同举办合营企业。

第二条　中国政府依法保护外国合营者按照经中国政府批准的协议、合同、章程在合营企业的投资、应分得的利润和其他合法权益。

合营企业的一切活动应遵守中华人民共和国法律、法规的规定。

国家对合营企业不实行国有化和征收；在特殊情况下，根据社会公共利益的需要，对合营企业可以依照法律程序实行征收，并给予相应的补偿。

第三条　合营各方签订的合营协议 合同 章程，应报国家对外经济贸易主管部门（以下称审查批准机关）审查批准。审查批准机关应在 3 个月内决定批准或不批准。合营企业经批准后，向国家工商行政管理主管部门登记，领取营业执照，开始营业。

第四条　合营企业的形式为有限责任公司。

在合营企业的注册资本中，外国合营者的投资比例一般不低于 25%。

合营各方按注册资本比例分享利润和分担风险及亏损。

合营者的注册资本如果转让必须经合营各方同意。

第五条　合营企业各方可以现金、实物、工业产权等进行投资。

外国合营者作为投资的技术和设备，必须确实是适合我国需要的先进技术和设备。如果有意以落后的技术和设备进行欺骗，造成损失的，应赔偿损失。

中国合营者的投资可包括为合营企业经营期间提供的场地使用权。如果场地使用权未作为中国合营者投资的一部分，合营企业应向中国政府缴纳使用费。

上述各项投资应在合营企业的合同和章程中加以规定，其价格（场地除外）由合营各方评议商定。

第六条　合营企业设董事会，其人数组成由合营各方协商，在合同 章程中确定，并由合营各方委派和撤换。董事长和副董事长由合营各方协商确定或由董事会选举产生。中外合营者的一方担任董事长的，由他方担任副董事长。董事会根据平等互利的原则，决定合营企业的重大问题。

董事会的职权是按合营企业章程规定，讨论决定合营企业的一切重大问题：企业发展规划、生产经营活动方案、收支预算、利润分配、劳动工资计划、停业，以及总经理、副总经理、总工程师、总会计师、审计师的任命或聘请及其职权和待遇等。

正副总经理（或正副厂长）由合营各方分别担任。

合营企业职工的录用、辞退、报酬、福利、劳动保护、劳动保险等事项，应当依法通过订立合同加以规定。

第七条　合营企业的职工依法建立工会组织，开展工会活动，维护职工的合法权益。

合营企业应当为本企业工会提供必要的活动条件。

第八条　合营企业获得的毛利润，按中华人民共和国税法规定缴纳合营企业所得税后，扣除合营企业章程规定的储备基金、职工奖励及福利基金、企业发展基金，净利润根据合营各方注册资本的比例进行分配。

合营企业依照国家有关税收的法律和行政法规的规定，可以享受减税 免税的优惠待遇。

外国合营者将分得的净利润用于在中国境内再投资时，可申请退还已缴纳的部分所得税。

第九条 合营企业应凭营业执照在国家外汇管理机关允许经营外汇业务的银行或其他金融机构开立外汇账户。

合营企业的有关外汇事宜，应遵照中华人民共和国外汇管理条例办理。

合营企业在其经营活动中，可直接向外国银行筹措资金。

合营企业的各项保险应向中国境内的保险公司投保。

第十条　合营企业在批准的经营范围内所需的原材料 燃料等物资，按照公平、合理的原则，可以在国内市场或者在国际市场购买。鼓励合营企业向中国境外销售产品。出口产品可由合营企业直接或与其有关的委托机构向国外市场出售，也可通过中国的外贸机构出售。合营企业产品也可在中国市场销售。

合营企业需要时可在中国境外设立分支机构。

第十一条　外国合营者在履行法律和协议、合同规定的义务后分得的净利润，在合营企业期满或者中止时所分得的资金以及其它资金，可按合营企业合同规定的货币，按外汇管理条例汇往国外。

鼓励外国合营者将可汇出的外汇存入中国银行。

第十二条　合营企业的外籍职工的工资收入和其他正当收入，按中华人民共和国税法缴纳个人所得税后，可按外汇管理条例汇往国外。

第十三条　合营企业的合营期限，按不同行业、不同情况，作不同的约定。有的行业的合营企业，应当约定合营期限；有的行业的合营企业，可以约定合营期限，也可以不约定合营期限。约定合营期限的合营企业，合营各方同意延长合营期限的，应在距合营期满6个月前向审查批准机关提出申请。审查批准机关应自接到申请之日起1个月内决定批准或不批准。

第十四条　合营企业如发生严重亏损、一方不履行合同和章程规定的义务、不可抗力等，经合营各方协商同意，报请审查批准机关批准，并向国家工商行政管理主管部门登记，可终止合同。如果因违反合同而造成损失的，应由违反合同的一方承担经济责任。

第十五条　合营各方发生纠纷，董事会不能协商解决时，由中国仲裁机构进行调解或仲裁，也可由合营各方协议在其他仲裁机构仲裁。合营各方没有在合同中订有仲裁条款的或者事后没有达成书面仲裁协议的，可以向人民法院起诉。

第十六条　本法自公布之日起生效。

中华人民共和国中外合资经营企业法实施条例

(1983 年 9 月 20 日　中华人民共和国国务院发布　2011 年 1 月 8 日国务院第四次修订)

第一章　总　则

第一条　为了便于《中华人民共和国中外合资经营企业法》(以下简称《中外合资经营企业法》)的顺利实施,特制定本条例。

第二条　依照《中外合资经营企业法》批准在中国境内设立的中外合资经营企业(以下简称合营企业)是中国的法人,受中国法律的管辖和保护。

第三条　在中国境内设立的合营企业,应能促进中国经济的发展和科学技术水平的提高,有利于社会主义现代化建设。允许设立合营企业的主要行业是:

(一)能源开发,建筑材料工业,化学工业,冶金工业;

(二)机械制造工业,仪器仪表工业,海上石油开采设备的制造业;

(三)电子工业,计算机工业,通讯设备的制造业;

(四)轻工业,纺织工业,食品工业,医药和医疗器械工业,包装工业;

(五)农业,牧业,养殖业;

(六)旅游和服务业。

第四条　申请设立的合营企业应注重经济效益,符合下列一项或数项要求:

(一)采用先进技术设备和科学管理方法,能增加产品品种,提高产品质量和产量,节约能源和材料;

(二)有利于企业技术改造,能做到投资少、见效快、收益大;

(三)能扩大产品出口,增加外汇收入;

(四)能培训技术人员和经营管理人员。

第五条　申请设立合营企业有下列情况之一的,不予批准:

(一)有损中国主权的;

(二)违反中国法律的;

(三)不符合中国国民经济发展要求的;

(四)造成环境污染的;

(五)签订的协议、合同、章程显属不公平,损害合营一方权益的。

第六条　除另有规定外,中国合营者的政府主管部门就是合营企业的主管部门(以下简称企业主管部门)。如合营企业有两个或两个以上的中国合营者并隶属于不同的部门或地区时,应由有关部门和地区协商确定一个企业主管部门。企业主管部门对合营企业负指导、帮助和监督的责任。

第七条　在中国法律、法规和合营企业协议、合同、章程规定的范围内,合营企业有权自主地进行经营管理。各有关部门应给予支持和帮助。

第二章　设立与登记

第八条　在中国境内设立合营企业,必须经中华人民共和国对外经济贸易部(以下简称对外经济贸易部)审查批准。批准后,由对外经济贸易部发给批准证书。凡具备下列条件的,对外经济贸易部得委托有关的省、自治区、直辖市人民政府或国务院有关部、局(以下简称受托机构)审批:

(一)投资总额在国务院规定的金额内,中国合营者的资金来源已落实的;

(二)不需要国家增拨原材料,不影响燃料、动力、交通运输、外贸出口配额等的全国平衡的。受托机构批准设立合营企业后,应报对外经济贸易部备案,并由对外经济贸易部发给批准证书。(对外经济贸易部和受托机构,以下统称为审批机构。)

第九条　设立合营企业按下列程序办理:

(一)由中国合营者向企业主管部门呈报拟与外国合营者设立合营企业的项目建议书和初步可行性研究报告。该建议书与初步可行性研究报告,经企业主管部门审查同意并转报审批机构批准后,合营各方才能进行以可行性研究为中心的各项工作。在此基础上商签合营企业协议、合同、章程。

(二)申请设立合营企业,由中国合营者负责向审批机构报送下列正式文件:

(1)设立合营企业的申请书;

(2)合营各方共同编制可行性研究报告;

(3)由合营各方授权代表签署的合营企业协议、合同和章程;

(4)由合营各方委派的合营企业董事长、副董事长、董事人选名单;

(5)中国合营者的企业主管部门和合营企业所在地的省、自治区、直辖市人民政府对设立该合营企业签署的意见。上列各项文件必须用中文书写,其中(2)、(3)、(4)项文件可同时用合营各方商定的一种外文书写。两种文字书写的文件具有同等效力。

第十条　审批机构自接到本条例第九条第(二)项规定的全部文件之日起,3个月内决定批准或不批准。审批机构如发现前述文件有不当之处,应要求限期修改,否则不予批准。

第十一条　申请者应在收到批准证书后一个月内,按《中华人民共和国中外合资经营企业登记管理办法》的规定,凭批准证书向合营企业所在地的省、自治区、直辖市工商行政管理局(以下简称登记管理机构)办理登记手续。合营企业的营业执照签发日期,即为该合营企业的成立日期。

第十二条　外国投资者有意在中国设立合营企业,但无中国方面具体合作对象,可提出合营项目的初步方案,委托中国国际信托投资公司或有关省、自治区、直辖市的信托投资机构和有关政府部门、民间组织介绍合作对象。

第十三条　本章所述的合营企业协议,是指合营各方对设立合营企业的某些要点和原则达成一致意见而订立的文件。合营企业合同,是指合营各方为设立合营企业就相互权利、义务关系达成一致意见而订立的文件。合营企业章程,是按照合营企业合同规定的原则,经合营各方一致同意,规定合营企业的宗旨、组织原则和经营管理方法等事项的文件。合营企业协议与合营企业合同有抵触时,以合营企业合同为准。经合营各方同意,也可以不订立合营企业协议而只订立合营企业合同、章程。

第十四条　合营企业合同应包括下列主要内容:

(一)合营各方的名称、注册国家、法定地址和法定代表的姓名、职务、国籍;

(二)合营企业名称、法定地址、宗旨、经营范围和规模;

(三)合营企业的投资总额,注册资本,合营各方的出资额、出资比例、出资方式、出资的缴付期限以及出资额欠缴、转让的规定;

(四)合营各方利润分配和亏损分担的比例;

(五)合营企业董事会的组成、董事名额的分配以及总经理、副总经理及其他高级管理人员的职责、权限和聘用办法;

(六)采用的主要生产设备、生产技术及其来源;

(七)原材料购买和产品销售方式,产品在中国境内和境外销售的比例;

(八)外汇资金收支的安排;

(九)财务、会计、审计的处理原则;

(十)有关劳动管理、工资、福利、劳动保险等事项的规定;

(十一)合营企业期限、解散及清算程序;

(十二)违反合同的责任;

(十三)解决合营各方之间争议的方式和程序;

(十四)合同文本采用的文字和合同生效的条件。合营企业合同的附件,与合营企业合同具有同等效力。

第十五条　合营企业合同的订立、效力、解释、执行及其争议的解决,均应适用中国的法律。

第十六条　合营企业章程应包括下列主要内容:

(一)合营企业名称及法定地址;

(二)合营企业的宗旨、经营范围和合营期限;

(三)合营各方的名称、注册国家、法定地址、法定代表的姓名、职务、国籍;

(四)合营企业的投资总额,注册资本,合营各方的出资额、出资比例、出资额转让的规定,利润分配和亏损分担的比例;

(五)董事会的组成、职权和议事规则,董事的任期,董事长、副董事长的职责;

(六)管理机构的设置,办事规则,总经理、副总经理及其他高级管理人员的职责和任免方法;

(七)财务、会计、审计制度的原则;

(八)解散和清算;

(九)章程修改的程序。

第十七条　合营企业协议、合同和章程经审批机构批准后生效,其修改时同。

第十八条　审批机构和登记管理机构对合营企业合同、章程的执行负有监督检查的责任。

第三章　组织形式与注册资本

第十九条　合营企业为有限责任公司。合营各方对合营企业的责任以各自认缴的出资额为限。

第二十条　合营企业的投资总额(含企业借款),是指按照合营企业合同、章程规定的生产规模需要投入的基本建设资金和生产流动资金的总和。

第二十一条　合营企业的注册资本,是指为设立合营企业在登记管理机构登记的资本总额,应为合营各方认缴的出资额之和。合营企业的注册资本一般应以人民币表示,也可以用合营各方约定的外币表示。

第二十二条　合营企业在合营期内不得减少其注册资本。

第二十三条　合营一方如向第三者转让其全部或部分出资额,须经合营他方同意,并经审批机构批准。合营一方转让其全部或部分出资额时,合营他方有优先购买权。合营一方向第三者转让出资额的条件,不得比向合营他方转让的条件优惠。违反上述规定的,其转让无效。

第二十四条　合营企业注册资本的增加、转让或以其他方式处置，应由董事会会议通过，并报原审批机构批准，向原登记管理机构办理变更登记手续。

第四章 出资方式

第二十五条 合营者可以用货币出资，也可以用建筑物、厂房、机器设备或其他物料、工业产权、专有技术、场地使用权等作价出资。以建筑物、厂房、机器设备或其他物料、工业产权、专有技术作为出资的，其作价由合营各方按照公平合理的原则协商确定，或聘请合营各方同意的第三者评定。

第二十六条 外国合营者出资的外币，按缴款当日中华人民共和国国家外汇管理局(以下简称国家外汇管理局)公布的外汇牌价折算成人民币或套算成约定的外币。中国合营者出资的人民币现金，如需折合外币，按缴款当日国家外汇管理局公布的外汇牌价折算。

第二十七条 作为外国合营者出资的机器设备或其他物料，必须符合下列各项条件：

(一)为合营企业生产所必不可少的；

(二)中国不能生产，或虽能生产，但价格过高或在技术性能和供应时间上不能保证需要的；

(三)作价不得高于同类机器设备或其他物料当时国际市场价格。

第二十八条 作为外国合营者出资的工业产权或专有技术，必须符合下列条件之一：

(一)能生产中国急需的新产品或出口适销产品的；

(二)能显著改进现有产品的性能、质量，提高生产效率的；

(三) 能显著节约原材料、燃料、动力的。

第二十九条 外国合营者以工业产权或专有技术作为出资，应提交该工业产权或专有技术的有关资料，包括专利证书或商标注册证书的复制件、有效状况及其技术特性、实用价值、作价的计算根据、与中国合营者签订的作价协议等有关文件，作为合营合同的附件。

第三十条 外国合营者作为出资的机器设备或其他物料、工业产权或专有技术，应经中国合营者的企业主管部门审查同意，报审批机构批准。

第三十一条 合营各方应按合同规定的期限缴清各自的出资额。逾期未缴或未缴清的，应按合同规定支付迟延利息或赔偿损失。

第三十二条 合营各方缴付出资额后，应由中国注册的会计师验证，出具验资报告后，由合营企业据以发给出资证明书。出资证明书载明下列事项：合营企业名称；合营企业成立的年、月、日；合营者名称(或姓名) 及其出资额、出资的年、月、日；发给出资证明书的年、月、日。

第五章 董事会与经营管理机构

第三十三条 董事会是合营企业的最高权力机构，决定合营企业的一切重大问题。

第三十四条 董事会成员不得少于 3 人。董事名额的分配由合营各方参照出资比例协商确定。董事由合营各方委派。董事长由中国合营者委派，副董事长由外国合营者委派。(根据 1990 年 4 月 4 日第七届全国人大第三次会议《关于修订〈中华人民共和国中外合资经营企业法〉的决定》，合营企业董事长由合营各方协商确定或由董事会选举产生。中外合营者的一方担任董事长的，由他方担任副董事长。——编者注)董事的任期为 4 年，经合营各方继续委派可以连任。

第三十五条 董事会会议每年至少召开一次，由董事长负责召集并主持。董事长不能召集时，由董事长委托副董事长或其他董事负责召集并主持董事会会议。经 1/3 以上董事提议，可由董事长召开董事会临时会议。董事会会议应有 2/3 以上董事出席方能举行。董事不能出席，可出具委托书委托他人代表其出席和表决。董事会会议一般应在合营企业法定地址所在地举行。

第三十六条 下列事项由出席董事会会议的董事一致通过方可作出决议：

(一)合营企业章程的修改；

(二)合营企业的中止、解散；

(三)合营企业注册资本的增加、转让；

(四)合营企业与其他经济组织的合并。其他事项，可以根据合营企业章程载明的议事规则作出决议。

第三十七条 董事长是合营企业的法定代表。董事长不能履行职责时，应授权副董事长或其他董事代表合营企业。

第三十八条 合营企业设经营管理机构，负责企业的日常经营管理工作。经营管理机构设总经理一人，副总经理若干人。副总经理协助总经理工作。

第三十九条 总经理执行董事会会议的各项决议，组织领导合营企业的日常经营管理工作。在董事会授权范围内，总经理对外代表合营企业，对内任免下属人员，行使董事会授予的其他职权。

第四十条 总经理、副总经理由合营企业董事会聘请，可以由中国公民担任，也可由外国公民担任。经董事会聘请，董事长、副董事长、董事可以兼任合营企业的总经理、副总经理或其他高级管理职务。总经理处理重要问题时，应同副总经理协商。总经理或副总经理不得兼任其他经济组织的总经理或副总经理，不得参与其他经济组织对本企业的商业竞争。

第四十一条　总经理、副总经理及其他高级管理人员有营私舞弊或严重失职行为的，经董事会决议可以随时解聘。

第四十二条　合营企业需要在中国境外和港澳地区设立分支机构(含销售机构)时，应报对外经济贸易部批准。

第六章　引进技术

第四十三条　本章所说的引进技术，是指合营企业通过技术转让的方式，从第三者或合营者获得所需要的技术。

第四十四条　合营企业引进的技术应是适用的、先进的，使其产品在国内具有显著的社会经济效益或在国际市场上具有竞争能力。

第四十五条　在订立技术转让协议时，必须维护合营企业独立进行经营管理的权利，并参照本条例第二十九条的规定，要求技术输出方提供有关的资料。

第四十六条　合营企业订立的技术转让协议，应经企业主管部门审查同意，并报审批机构批准。技术转让协议必须符合以下规定：

(一)技术使用费应公平合理。一般应采取提成方式支付。采取提成方式支付技术使用费时，提成率不得高于国际上通常的水平。提成率应按由该技术所生产产品的净销售额或双方协议的其他合理方式计算。

(二)除双方另有协议外，技术输出方不得限制技术输入方出口其产品的地区、数量和价格。

(三)技术转让协议的期限一般不超过10年。

(四)技术转让协议期满后，技术输入方有权继续使用该项技术。

(五)订立技术转让协议双方，相互交换改进技术的条件应对等。

(六)技术输入方有权按自己认为合适的来源购买需要的机器设备、零部件和原材料。

(七)不得含有为中国的法律、法规所禁止的不合理的限制性条款。

第七章　场地使用权及其费用

第四十七条　合营企业使用场地，必须贯彻执行节约用地的原则。所需场地，应由合营企业向所在地的市(县)级土地主管部门提出申请，经审查批准后，通过签订合同取得场地使用权。合同应订明场地面积、地点、用途、合同期限、场地使用权的费用(以下简称场地使用费)、双方的权利与义务、违反合同的罚则等。

第四十八条　合营企业所需场地的使用权，如已为中国合营者拥有，则中国合营者可将其作为对合营企业的出资，其作价金额与取得同类场地使用权所应缴纳的使用费相同。

第四十九条　场地使用费标准应根据该场地的用途、地理环境条件、征地拆迁安置费用和合营企业对基础设施的要求等因素，由所在地的省、自治区、直辖市人民政府规定，并向对外经济贸易部和国家土地主管部门备案。

第五十条　从事农业、畜牧业的合营企业，经所在地的省、自治区、直辖市人民政府同意，可按合营企业营业收入的百分比向所在地的土地主管部门缴纳场地使用费。在经济不发达地区从事开发性的项目，场地使用费经所在地人民政府同意，可以给予特别优惠。

第五十一条　场地使用费在开始用地的五年内不调整。以后随着经济的发展、供需情况的变化和地理环境条件的变化需要调整时，调整的间隔期应不少于3年。场地使用费作为中国合营者投资的，在该合同期限内不得调整。

第五十二条　合营企业按本条例第四十七条取得的场地使用权，其场地使用费应按合同规定的用地时间从开始时起按年缴纳，第一日历年用地时间超过半年的按半年计算；不足半年的免缴。在合同期内，场地使用费如有调整，应自调整的年度起按新的费用标准缴纳。

第五十三条　合营企业对于准予使用的场地，只有使用权，没有所有权，其使用权不得转让。

第八章　计划、购买与销售

第五十四条　合营企业的基本建设计划(包括施工力量、各种建筑材料、水、电、气等)，应根据批准的可行性研究报告编制，并纳入企业主管部门的基本建设计划，企业主管部门应优先予以安排和保证实施。

第五十五条　合营企业的基本建设资金，由合营企业的开户银行统一管理。

第五十六条　合营企业按照合营合同规定的经营范围和生产规模所制订的生产经营计划，由董事会批准执行，报企业主管部门备案。企业主管部门和各级计划管理部门，不对合营企业下达指令性生产经营计划。

第五十七条　合营企业所需的机器设备、原材料、燃料、配套件、运输工具和办公用品等(以下简称物资)，有权自行决定在中国购买或向国外购买，但在同等条件下，应尽先在中国购买。

第五十八条　合营企业在中国购买的物资，其供应渠道如下：

(一)属于计划分配的物资，纳入企业主管部门供应计划，由物资、商业部门或生产企业按合同保证供应；

(二)属于物资、商业部门经营的物资，向有关的物资经营单位购买；

(三)属于市场自由流通的物资，向生产企业或其经销、代销机构购买；

(四)属于外贸公司经营的出口物资，向有关的外贸公司购买。

第五十九条 合营企业需要在中国购置的办公、生活用品，按需要量购买，不受限制。

第六十条 中国政府鼓励合营企业向国际市场销售其产品。

第六十一条 合营企业生产的产品，属于中国急需的或中国需要进口的，可以在中国国内市场销售为主。

第六十二条 合营企业有权自行出口其产品，也可以委托外国合营者的销售机构或中国的外贸公司代销或经销。

第六十三条 合营企业在合营合同规定的经营范围内，进口本企业生产所需的机器设备、零配件、原材料、燃料，凡属国家规定需要领取进口许可证的，每年编制一次计划，每半年申领一次。外国合营者作为出资的机器设备或其他物料，可凭审批机构的批准文件直接办理进口许可证进口。超出合营合同规定范围进口的物资，凡国家规定需要领取进口许可证的，应另行申领。合营企业生产的产品，可自主经营出口，凡属国家规定需要领取出口许可证的，合营企业按本企业的年度出口计划，每半年申领一次。

第六十四条 合营企业在中国销售产品，按下列办法办理：

(一)属于计划分配的物资，通过企业主管部门列入物资管理部门的分配计划，按计划销售给指定的用户。

(二)属于物资、商业部门经营的物资，由物资、商业部门向合营企业订购。

(三)上述两类物资的计划收购外的部分，以及不属于上述两类的物资，合营企业有权自行销售或委托有关单位代销。

(四)合营企业出口的产品，如属中国的外贸公司所要进口的物资，合营企业可向中国的外贸公司销售，收取外汇。

第六十五条 合营企业在国内购买物资和所需服务，其价格按下列规定执行：

(一)用于直接生产出口产品的金、银、铂、石油、煤炭、木材 6 种原料，按照国家外汇管理局或外贸部门提供的国际市场价格计价，以外币或人民币支付。

(二)购买中国的外贸公司经营的出口商品或进口商品，由供需双方参照国际市场价格协商定价，以外币支付。

(三)购买用于生产在中国国内销售产品所需的燃料用煤、车辆用油和除本条(一)、(二)项所列外的其他物资的价格，以及为合营企业提供水、电、气、热、货物运输、劳务、工程设计、咨询服务、广告等收取的费用，应与国营企业同等待遇，以人民币支付。

第六十六条 合营企业在中国国内销售的产品，除经物价管理部门批准可以参照国际市场价格定价的以外，应执行国家规定价格，实行按质论价，收取人民币。合营企业制订的产品销售价格，应报企业主管部门和物价管理部门备案。合营企业的出口产品价格，由合营企业自行制定，报企业主管部门和物价管理部门备案。

第六十七条 合营企业与中国其他经济组织之间的经济往来，按照有关的法律规定和双方订立的合同承担经济责任，解决合同争议。

第六十八条 合营企业必须按照有关规定，填报生产、供应、销售的统计表，报企业主管部门、统计部门和其他有关部门备案。

第九章 税 务

第六十九条 合营企业应按照中华人民共和国有关法律的规定，缴纳各种税款。

第七十条 合营企业的职工应根据《中华人民共和国个人所得税法》缴纳个人所得税。

第七十一条 合营企业进口下列物资免征关税和工商统一税：

(一)按照合同规定作为外国合营者出资的机器设备、零部件和其他物料(其他物料系指合营企业建厂(场)以及安装、加固机器所需材料，下同)；

(二)合营企业以投资总额内的资金进口的机器设备、零部件和其他物料。

(三)经审批机构批准，合营企业以增加资本所进口的国内不能保证生产供应的机器设备、零部件和其他物料；

(四)合营企业为生产出口产品，从国外进口的原材料、辅料、元器件、零部件和包装物料。

上述免税进口物资，经批准在中国国内转卖或转用于在中国国内销售的产品，应照章纳税或补税。

第七十二条 合营企业生产的出口产品，除国家限制出口的以外，经中华人民共和国财政部批准，可免征工商统一税。合营企业生产的内销产品，在开办初期纳税有困难的，可以申请在一定期限内减征或免征工商统一税。

第十章 外汇管理

第七十三条 合营企业的一

切外汇事宜,按《中华人民共和国外汇管理暂行条例》和有关管理办法的规定办理。

第七十四条　合营企业凭中华人民共和国国家工商行政管理局发给的营业执照，在中国银行或指定的其他银行开立外币存款账户和人民币存款账户，由开户银行监督收付。合营企业的一切外汇收入，都必须存入其开户银行的外汇存款账户；一切外汇支出,从其外汇存款账户中支付。存款利率按中国银行公布的利率执行。

第七十五条　合营企业的外汇收支一般应保持平衡。根据批准的合营企业的可行性研究报告、合同,产品以内销为主而外汇不能平衡的,由有关省、自治区、直辖市人民政府或国务院主管部门在留成外汇中调剂解决，不能解决的，由对外经济贸易部会同中华人民共和国国家计划委员会审批后纳入计划解决。

第七十六条　合营企业在国外或港澳地区的银行开立外汇存款账户，应经国家外汇管理局或其分局批准，并向国家外汇管理局或其分局报告收付情况和提供银行对账单。

第七十七条　合营企业在国外或港澳地区设立的分支机构，凡当地有中国银行的，应在中国银行开立账户。其年度资产负债表和年度利润表，应通过合营企业报送国家外汇管理局或其分局。

第七十八条　合营企业根据经营业务的需要,可以按《中国银行办理中外合资经营企业贷款暂行办法》向中国银行申请外汇贷款和人民币贷款。对合营企业的贷款利率按中国银行公布的利率执行。合营企业也可以从国外或港澳地区的银行借入外汇资金，但必须向国家外汇管理局或其分局备案。

第七十九条　合营企业的外籍职工和港澳职工的工资和其他正当收益,依法纳税后,减去在中国境内使用的花费，其剩余部分可以向中国银行申请全部汇出。

第十一章　财务与会计

第八十条　合营企业的财务与会计制度，应根据中国有关法律和财务会计制度的规定，结合合营企业的情况加以制定，并报当地财政部门、税务机关备案。

第八十一条　合营企业设总会计师，协助总经理负责主持企业的财务会计工作。必要时,可设副总会计师。

第八十二条　合营企业设审计师（小的企业可不设)，负责审查、稽核合营企业的财务收支和会计账目,向董事会、总经理提出报告。

第八十三条　合营企业会计年度采用日历年制,自公历每年1月1日起至12月31日止为1个会计年度。

第八十四条　合营企业会计采用国际通用的权责发生制和借贷记账法记账。一切自制凭证、账簿、报表必须用中文书写,也可以同时用合营各方商定的一种外文书写。

第八十五条　合营企业原则上采用人民币为记账本位币,经合营各方商定，也可以采用某一种外国货币为本位币。

第八十六条　合营企业的账目,除按记账本位币记录外,对于现金、银行存款、其他货币款项以及债权债务、收益和费用等,如与记账本位币不一致时，还应按实际收付的货币记账。以外国货币记账的合营企业，除编制外币的会计报表外，还应另编折合为人民币的会计报表。因汇率的差异而发生的汇兑损益，应以实现数为准,作为本年损益列账。记账汇率变动，有关外币各账户的账面余额,于年终结账时,应当按照中国有关法律和财务会计制度的规定进行会计处理。

第八十七条　合营企业按照《中华人民共和国中外合资经营企业所得税法》缴纳所得税后的利润分配原则如下：

(一)提取储备基金、职工奖励及福利基金、企业发展基金,提取比例由董事会确定。

(二)储备基金除用于垫补合营企业亏损外，经审批机构批准也可以用于本企业增加资本,扩大生产。

(三)按本条(一)项规定提取三项基金后的可分配利润，如董事会确定分配，应按照合营各方出资比例进行分配。

第八十八条　以前年度的亏损未弥补前不得分配利润。以前年度未分配的利润，可并入本年度利润分配。

第八十九条　合营企业应向合营各方、当地税务机关、企业主管部门和同级财政部门报送季度和年度会计报表。年度会计报表应抄报原审批机构。

第九十条　合营企业的下列文件、证件、报表,应经中国注册的会计师验证和出具证明，方为有效：

(一)合营各方的出资证明书(以物料、场地使用权、工业产权、专有技术作为出资的，应包括合营各方签字同意的财产估价清单及其协议文件)；

(二)合营企业的年度会计报表；

(三)合营企业清算的会计报表。

第十二章　职　工

第九十一条　合营企业职工的招收、招聘、辞退、辞职、工资、福利、劳动保险、劳动保护、劳动纪律等事宜,按照《中华人民共和国中外合资经营企业劳动管理规定》办理。

第九十二条　合营企业应加强对职工的业务、技术培训,建立严格的考核制度,使他们在生产、管理技能方面能够适应现代化企业的要求。

第九十三条　合营企业的工资、奖励制度必须符合按劳分配、多劳多得的原则。

第九十四条　正副总经理、正副总工程师、正副总会计师、审计师等高级管理人员的工资待遇,由董事会决定。

第十三章　工　会

第九十五条　合营企业职工有权按照《中华人民共和国工会法》(以下简称《中国工会法》)和《中国工会章程》的规定,建立基层工会组织,开展工会活动。

第九十六条　合营企业工会是职工利益的代表,有权代表职工同合营企业签订劳动合同,并监督合同的执行。

第九十七条　合营企业工会的基本任务是:依法维护职工的民主权利和物质利益;协助合营企业安排和合理使用福利、奖励基金;组织职工学习政治、科学、技术和业务知识,开展文艺、体育活动;教育职工遵守劳动纪律,努力完成企业的各项经济任务。

第九十八条　合营企业董事会会议讨论合营企业的发展规划、生产经营活动等重大事项时,工会的代表有权列席会议,反映职工的意见和要求。在董事会会议研究决定有关职工奖惩、工资制度、生活福利、劳动保护和保险问题时,工会的代表有权列席会议,董事会应听取工会的意见,取得工会的合作。

第九十九条　合营企业应积极支持本企业工会的工作。合营企业应按照《中国工会法》的规定为工会组织提供必要的房屋和设备,用于办公、会议、举办职工集体福利、文化、体育事业。合营企业每月按企业职工实际工资总额的2%拨交工会经费,由本企业工会按照中华全国总工会制定的有关工会经费管理办法使用。

第十四章　期限、解散与清算

第一百条　合营企业的合营期限,根据不同行业和项目的具体情况,由合营各方协商决定。一般项目的合营期限原则上为10~30年。投资大、建设周期长、资金利润率低的项目,由外国合营者提供先进技术或关键技术生产尖端产品的项目,或在国际上有竞争能力的产品的项目,其合营期限可以延长到50年。经国务院特别批准的可在50年以上。(1986年1月15日修订并发布施行)

第一百零一条　合营企业的合营期限,由合营各方在合营企业协议、合同、章程中作出规定。合营期限从合营企业营业执照签发之日起算。合营各方如同意延长合营期限,应在合营期满前6个月,向审批机构报送由合营各方授权代表签署的延长合营期限的申请书。审批机构应在接到申请书之日起1个月内予以批复。合营企业经批准延长合营期限后,应按照《中华人民共和国中外合资经营企业登记管理办法》的规定,办理变更登记手续。

第一百零二条　合营企业在下列情况下解散:

(一)合营期限届满;

(二)企业发生严重亏损,无力继续经营;

(三)合营一方不履行合营企业协议、合同、章程规定的义务,致使企业无法继续经营;

(四)因自然灾害、战争等不可抗力遭受严重损失,无法继续经营;

(五)合营企业未达到其经营目的,同时又无发展前途;

(六)合营企业合同、章程所规定的其他解散原因已经出现。本条(二)、(三)、(四)、(五)、(六)项情况发生,应由董事会提出解散申请书,报审批机关批准。

在本条(三)项情况下,不履行合营企业协议、合同、章程规定的义务一方,应对合营企业由此造成的损失负赔偿责任。

第一百零三条　合营企业宣告解散时,董事会应提出清算的程序、原则和清算委员会人选,报企业主管部门审核并监督清算。

第一百零四条　清算委员会的成员一般应在合营企业的董事中选任。董事不能担任或不适合担任清算委员会成员时,合营企业可聘请在中国注册的会计师、律师担任。审批机构认为必要时,可以派人进行监督。清算费用和清算委员会成员的酬劳应从合营企业现存财产中优先支付。

第一百零五条　清算委员会的任务是对合营企业的财产、债权、债务进行全面清查,编制资产负债表和财产目录,提出财产作价和计算依据,制定清算方案,提请董事会会议通过后执行。清算期间,清算委员会代表该合营企业起诉和应诉。

第一百零六条　合营企业以其全部资产对其债务承担责任。合营企业清偿债务后的剩余财产按照合营各方的出资比例进行分配,但合营企业协议、合同、章程另有规定的除外。合营企业解散时,其资产净额或剩余财产超过注册资本的增值部分视同利润,应依法缴纳所得税。外国合营者分得的资产净额或剩余财产超过其出资额的部分,在汇往国外时,应依法缴纳所得税。

第一百零七条　合营企业的清算工作结束后，由清算委员会提出清算结束报告，提请董事会会议通过后，报告原审批机构，并向原登记管理机构办理注销登记手续，缴销营业执照。

第一百零八条　合营企业解散后，各项账册及文件应由原中国合营者保存。

第十五章　争议的解决

第一百零九条　合营各方如在解释或履行合营企业协议、合同、章程时发生争议，应尽量通过友好协商或调解解决。如经过协商或调解无效，则提请仲裁或司法解决。

第一百一十条　合营各方根据有关仲裁的书面协议，提请仲裁。可以在中国国际贸易促进委员会对外经济贸易仲裁委员会仲裁，按该会的仲裁程序规则进行。如当事各方同意，也可以在被诉一方所在国或第三国的仲裁机构仲裁，按该机构的仲裁程序规则进行。

第一百一十一条　如合营各方之间没有仲裁的书面协议，发生争议的任何一方都可以依法向中国人民法院起诉。

第一百一十二条　在解决争议期间，除争议事项外，合营各方应继续履行合营企业协议、合同、章程所规定的其他各项条款。

第十六章　附　则

第一百一十三条　合营企业的外籍职工和港澳职工(包括其家属)，需要经常入、出中国国境的，中国主管签证机关可简化手续，予以方便。

第一百一十四条　合营企业的中国职工，因工作需要出国考察、洽谈业务、学习或接受培训，由企业主管部门负责申请并办理出国手续。

第一百一十五条　合营企业的外籍职工和港澳职工，可带进必需的交通工具和办公用品，按规定缴纳关税和工商统一税。

第一百一十六条　在经济特区设立的合营企业，如全国人民代表大会、全国人民代表大会常务委员会或国务院通过的法律、法规另有规定的，从其规定。

第一百一十七条　本条例的解释权授予对外经济贸易部。

第一百一十八条　本条例自公布之日起实施。

中华人民共和国中外合作经营企业法

(1988年4月13日第七届全国人民代表大会第一次会议通过)

第一条　为了扩大对外经济合作和技术交流，促进外国的企业和其他经济组织或者个人（以下简称外国合作者）按照平等互利的原则，同中华人民共和国的企业或者其他经济组织（以下简称中国合作者）在中国境内共同举办中外合作经营企业（以下简称合作企业），特制定本法。

第二条　中外合作者举办合作企业，应当依照本法的规定，在合作企业合同中约定投资或者合作条件、收益或者产品的分配、风险和亏损的分担、经营管理的方式和合作企业终止时财产的归属等事项。

合作企业符合中国法律关于法人条件的规定的，依法取得中国法人资格。

第三条　国家依法保护合作企业和中外合作者的合法权益。

合作企业必须遵守中国的法律、法规，不得损害中国的社会公共利益。

国家有关机关依法对合作企业实行监督。

第四条　国家鼓励举办产品出口的或者技术先进的生产型合作企业。

第五条　申请设立合作企业，应当将中外合作者签订的协议、合同、章程等文件报国务院对外经济贸易主管部门或者国务院授权的部门和地方政府（以下简称审查批准机关）审查批准。审查批准机关应当自接到申请之日起45天内决定批准或者不批准。

第六条　设立合作企业的申请经批准后，应当自接到批准证书之日起30天内向工商行政管理机关申请登记，领取营业执照。合作企业的营业执照签发日期，为该企业的成立日期。

合作企业应当自成立之日起30天内向税务机关办理税务登记。

第七条　中外合作者在合作期限内协商同意对合作企业合同作重大变更的，应当报审查批准机关批准；变更内容涉及法定工商登记项目、税务登记项目的，应当向工商行政管理机关、税务机关办理变更登记手续。

第八条　中外合作者的投资或者提供的合作条件可以是现金、实物、土地使用权、工业产权、非专利技术和其他财产权利。

第九条　中外合作者应当依照法律、法规的规定和合作企业合同的约定，如期履行缴足投资、提供合作条件的义务。逾期不履行的，由工商行政管理机关限期履行；限期届满仍未履行的，由审查批准机关和工商行政管理机关依照国家有关规定处理。

中外合作者的投资或者提供的合作条件，由中国注册会计师或者有关机构验证并出具证明。

第十条　中外合作者的一方转让其在合作企业合同中的全部或者部分权利、义务的，必须经他方同意，并报审查批准机关批准。

第十一条　合作企业依照经批准的合作企业合同、章程进行经营管理活动。合作企业的经营管理自主权不受干涉。

第十二条　合作企业应当设立董事会或者联合管理机构，依照合作企业合同或者章程的规定，决定合作企业的重大问题。中外合作者的一方担任董事会的董事长、联合管理机构的主任的，由他方担任副董事长、副主任。董事会或者联合管理机构可以决定任命或者聘请总经理负责合作企业的日常经营管理工作。总经理对董事会或者联合管理机构负责。

合作企业成立后改为委托中外合作者以外的他人经营管理的，必须经董事会或者联合管理机构一致同意，报审查批准机关批准，并向工商行政管理机关办理变更登记手续。

第十三条　合作企业职工的录用、辞退、报酬、福利、劳动保护、劳动保险等事项，应当依法通过订立合同加以规定。

第十四条　合作企业的职工依法建立工会组织，开展工会活动，维护职工的合法权益。合作企业应当为本企业工会提供必要的活动条件。

第十五条　合作企业必须在中国境内设置会计帐簿，依照规定报送会计报表，并接受财政税务机关的监督。

合作企业违反前款规定，不在中国境内设置会计账簿的，财政税务机关可以处以罚款，工商行政管理机关可以责令停止营业或者吊销其营业执照。

第十六条　合作企业应当凭营业执照在国家外汇管理机关允许经营外汇业务的银行或者其他金融机构开立外汇账户。

合作企业的外汇事宜，依照国家有关外汇管理的规定办理。

第十七条　合作企业可以向中国境内的金融机构借款，也可以在中国境外借款。中外合作者用作投资或者合作条件的借款及其担保,由各方自行解决。

第十八条　合作企业的各项保险应当向中国境内的保险机构投保。

第十九条　合作企业可以在经批准的经营范围内，进口本企业需要的物资，出口本企业生产的产品。合作企业在经批准的经营范围内所需的原材料、燃料等物资,可以在国内市场购买,也可以在国际市场购买。

第二十条　合作企业应当自行解决外汇收支平衡。合作企业不能自行解决外汇收支平衡的，可以依照国家规定申请有关机关给予协助。

第二十一条　合作企业依照国家有关税收的规定缴纳税款并可以享受减税、免税的优惠待遇。

第二十二条　中外合作者依照合作企业合同的约定，分配收益或者产品,承担风险和亏损。

中外合作者在合作企业合同中约定合作期满时合作企业的全部固定资产归中国合作者所有的，可以在合作企业合同中约定外国合作者在合作期限内先行回收投资的办法。

合作企业合同约定外国合作者在缴纳所得税前回收投资的，必须向财政税务机关提出申请，由财政税务机关依照国家有关税收的规定审查批准。

依照前款规定外国合作者在合作期限内先行回收投资的,中外合作者应当依照有关法律的规定和合作企业合同的约定对合作企业的债务承担责任。

第二十三条　外国合作者在履行法律规定和合作企业合同约定的义务后分得的利润、其他合法收入和合作企业终止时分得的资金,可以依法汇往国外。

合作企业的外籍职工的工资收入和其他合法收入，依法缴纳个人所得税后,可以汇往国外。

第二十四条　合作企业期满或者提前终止时，应当依照法定程序对资产和债权、债务进行清算。中外合作者应当依照合作企业合同的约定确定合作企业财产的归属。

中华人民共和国中外合作经营企业法实施细则

(1995年9月4日对外贸易经济合作部 第6号发布)

第一章 总 则

第一条 根据《中华人民共和国中外合作经营企业法》,制定本实施细则。

第二条 在中国境内举办中外合作经营企业(以下简称合作企业),应当符合国家的发展政策和产业政策,遵守国家关于指导外商投资方向的规定。

第三条 合作企业在批准的合作企业协议、合同、章程范围内,依法自主地开展业务、进行经营管理活动,不受任何组织或者个人的干涉。

第四条 合作企业包括依法取得中国法人资格的合作企业和不具有法人资格的合作企业。

不具有法人资格的合作企业,本实施细则第九章有特别规定的,从其规定。

第五条 合作企业的主管部门为中国合作者的主管部门。合作企业有二个以上中国合作者的,由审查批准机关会同有关部门协商确定一个主管部门。但是,法律、行政法规另有规定的除外。

合作企业的主管部门对合作企业的有关事宜依法进行协调、提供协助。

第二章 合作企业的设立

第六条 设立合作企业由对外贸易经济合作部或者国务院授权的部门和地方人民政府审查批准。

设立合作企业属于下列情形的,由国务院授权的部门或者地方人民政府审查批准:

(一)投资总额在国务院规定由国务院授权的部门或者地方人民政府审批的投资限额以内的;

(二)自筹资金,并且不需要国家平衡建设、生产条件的;

(三)产品出口不需要领取国家有关主管部门发放的出口配额、许可证,或者虽需要领取,但在报送项目建议书前已征得国家有关主管部门同意的;

(四)有法律、行政法规规定由国务院授权的部门或者地方人民政府审查批准的其他情形的。

第七条 设立合作企业,应当由中国合作者向审查批准机关报送下列文件:

(一)设立合作企业的项目建议书,并附送主管部门审查同意的文件;

(二)合作各方共同编制的可行性研究报告,并附送主管部门审查同意的文件;

(三)由合作各方的法定代表人或其授权的代表签署的合作企业协议、合同、章程;

(四)合作各方的营业执照或者注册登记证明、资信证明及法定代表人的有效证明文件,外国合作者是自然人的,应当提供有关其身份、履历和资信情况的有效证明文件;

(五)合作各方协商确定的合作企业董事长、副董事长、董事或者联合管理委员会主任、副主任、委员的人选名单;

(六)审查批准机关要求报送的其他文件。

前款所列文件,除第四项中所列外国合作者提供的文件外,必须报送中文本,第二项、第三项和第五项所列文件可以同时报送合作各方商定的一种外文本。

审查批准机关应当自收到规定的全部文件之日起45天内决定批准或者不批准;审查批准机关认为报送的文件不全或者有不当之处的,有权要求合作各方在指定期间内补全或者修正。

第八条 对外贸易经济合作部和国务院授权的部门批准设立的合作企业,由对外贸易经济合作部颁发批准证书。

国务院授权的地方人民政府批准设立的合作企业,由有关地方人民政府颁发批准证书,并自批准之日起30天内将有关批准文件报送对外贸易经济合作部备案。

批准设立的合作企业应当依法向工商行政管理机关申请登记,领取营业执照。

第九条 申请设立合作企业,有下列情形之一的,不予批准:

(一)损害国家主权或者社会公共利益的;

(二)危害国家安全的;

(三)对环境造成污染损害的;

(四)有违反法律、行政法规或者国家产业政策的其他情形的。

第十条 本实施细则所称合作企业协议,是指合作各方对设立合作企业的原则和主要事项达成一致意见后形成的书面文件。

本实施细则所称合作企业合同,是指合作各方为设立合作企业就相互之间的权利、义务关系达成一致意见后形成的书面文件。

本实施细则所称合作企业章程，是指按照合作企业合同的约定，经合作各方一致同意，约定合作企业的组织原则、经营管理方法等事项的书面文件。

合作企业协议、章程的内容与合作企业合同不一致的，以合作企业合同为准。

合作各方可以不订立合作企业协议。

第十一条　合作企业协议、合同、章程自审查批准机关颁发批准证书之日起生效。在合作期限内，合作企业协议、合同、章程有重大变更的，须经审查批准机关批准。

第十二条　合作企业合同应当载明下列事项：

（一）合作各方的名称、注册地、住所及法定代表人的姓名、职务、国籍(外国合作者是自然人的，其姓名、国籍和住所)；

（二）合作企业的名称、住所、经营范围；

（三）合作企业的投资总额，注册资本，合作各方投资或者提供合作条件的方式、期限；

（四）合作各方投资或者提供的合作条件的转让；

（五）合作各方收益或者产品的分配，风险或者亏损的分担；

（六）合作企业董事会或者联合管理委员会的组成以及董事或者联合管理委员会委员名额的分配，总经理及其他高级管理人员的职责和聘任、解聘办法；

（七）采用的主要生产设备、生产技术及其来源；

（八）产品在中国境内销售和境外销售的安排；

（九）合作企业外汇收支的安排；

（十）合作企业的期限、解散和清算；

（十一）合作各方其他义务以及违反合同的责任；

（十二）财务、会计、审计的处理原则；

（十三）合作各方之间争议的处理；

（十四）合作企业合同的修改程序。

第十三条　合作企业章程应当载明下列事项：

（一）合作企业名称及住所；

（二）合作企业的经营范围和合作期限；

（三）合作各方的名称、注册地、住所及法定代表人的姓名、职务和国籍（外国合作者是自然人的，其姓名、国籍和住所）；

（四）合作企业的投资总额，注册资本，合作各方投资或者提供合作条件的方式、期限；

（五）合作各方收益或者产品的分配，风险或者亏损的分担；

（六）合作企业董事会或者联合管理委员会的组成、职权和议事规则，董事会董事或者联合管理委员会委员的任期，董事长、副董事长或者联合管理委员会主任、副主任的职责；

（七）经营管理机构的设置、职权、办事规则，总经理及其他高级管理人员的职责和聘任、解聘办法；

（八）有关职工招聘、培训、劳动合同、工资、社会保险、福利、职业安全卫生等劳动管理事项；

（九）合作企业财务、会计和审计制度；

（十）合作企业解散和清算办法；

（十一）合作企业章程的修改程序。

第三章　组织形式与注册资本

第十四条　合作企业依法取得中国法人资格的，为有限责任公司。除合作企业合同另有约定外，合作各方以其投资或者提供的合作条件为限对合作企业承担责任。

合作企业以其全部资产对合作企业的债务承担责任。

第十五条　合作企业的投资总额，是指按照合作企业合同、章程规定的生产经营规模，需要投入的资金总和。

第十六条　合作企业的注册资本，是指为设立合作企业，在工商行政管理机关登记的合作各方认缴的出资额之和。注册资本以人民币表示，也可以用合作各方约定的一种可自由兑换的外币表示。

合作企业注册资本在合作期限内不得减少。但是，因投资总额和生产经营规模等变化，确需减少的，须经审查批准机关批准。

第四章　投资、合作条件

第十七条　合作各方应当依照有关法律、行政法规的规定和合作企业合同的约定，向合作企业投资或者提供合作条件。

第十八条　合作各方向合作企业的投资或者提供的合作条件可以是货币，也可以是实物或者工业产权、专有技术、土地使用权等财产权利。

中国合作者的投资或者提供的合作条件，属于国有资产的，应当依照有关法律、行政法规的规定进行资产评估。

在依法取得中国法人资格的合作企业中，外国合作者的投资一般不低于合作企业注册资本的25%。在不具有法人资格的合作企业中，对合作各方向合作企业投资或者提供合作条件的具体要求，由对外贸易经济合作部规定。

第十九条　合作各方应当以其自有的财产或者财产权利作为投资或者合作条件，对该投资或者合作条件不得设置抵押权或者其他形式的担保。

第二十条　合作各方应当根据合作企业的生产经营需要，依照有关法律、行政法规的规定，在合作企业合同中约定合作各方向合作企业投资或者提供合作条件的期限。

合作各方没有按照合作企业合同约定缴纳投资或者提供合作条件的，工商行政管理机关应当限期履行；限期届满仍未履行的，审查批准机关应当撤销合作企业的批准证书，工商行政管理机关应当吊销合作企业的营业执照，并予以公告。

第二十一条　未按照合作企业合同约定缴纳投资或者提供合作条件的一方，应当向已按照合作企业合同约定缴纳投资或者提供合作条件的他方承担违约责任。

第二十二条　合作各方缴纳投资或者提供合作条件后，应当由中国注册会计师验证并出具验资报告，由合作企业据以发给合作各方出资证明书。出资证明书应当载明下列事项：

(一)合作企业名称；

(二)合作企业成立日期；

(三)合作各方名称或者姓名；

(四)合作各方投资或者提供合作条件的内容；

(五)合作各方投资或者提供合作条件的日期；

(六)出资证明书的编号和核发日期。

出资证明书应当抄送审查批准机关及工商行政管理机关。

第二十三条　合作各方之间相互转让或者合作一方向合作他方以外的他人转让属于其在合作企业合同中全部或者部分权利的，须经合作他方书面同意，并报审查批准机关批准。

审查批准机关应当自收到有关转让文件之日起 30 天内决定批准或者不批准。

第五章　组织机构

第二十四条　合作企业设董事会或者联合管理委员会。董事会或者联合管理委员会是合作企业的权力机构，按照合作企业章程的规定，决定合作企业的重大问题。

第二十五条　董事会或者联合管理委员会成员不得少于 3 人，其名额的分配由中外合作者参照其投资或者提供的合作条件协商确定。

第二十六条　董事会董事或者联合管理委员会委员由合作各方自行委派或者撤换。董事会董事长、副董事长或者联合管理委员会主任、副主任的产生办法由合作企业章程规定；中外合作者的一方担任董事长、主任的，副董事长、副主任由他方担任。

第二十七条　董事或者委员的任期由合作企业章程规定；但是，每届任期不得超过 3 年。董事或者委员任期届满，委派方继续委派的，可以连任。

第二十八条　董事会会议或者联合管理委员会会议每年至少召开 1 次，由董事长或者主任召集并主持。董事长或者主任因特殊原因不能履行职务时，由董事长或者主任指定副董事长、副主任或者其他董事、委员召集并主持。1/3 以上董事或者委员可以提议召开董事会会议或者联合管理委员会会议。

董事会会议或者联合管理委员会会议应当有 2/3 以上董事或者委员出席方能举行，不能出席董事会会议或者联合管理委员会会议的董事或者委员应当书面委托他人代表其出席和表决。董事会会议或者联合管理委员会会议作出决议，须经全体董事或者委员的过半数通过。董事或者委员无正当理由不参加又不委托他人代表其参加董事会会议或者联合管理委员会会议的，视为出席董事会会议或者联合管理委员会会议并在表决中弃权。

召开董事会会议或者联合管理委员会会议，应当在会议召开的 10 天前通知全体董事或者委员。董事会或者联合管理委员会也可以用通讯的方式作出决议。

第二十九条　下列事项由出席董事会会议或者联合管理委员会会议的董事或者委员一致通过，方可作出决议：

(一)合作企业章程的修改；

(二)合作企业注册资本的增加或者减少；

(三)合作企业的解散；

(四)合作企业的资产抵押；

(五)合作企业合并、分立和变更组织形式；

(六)合作各方约定由董事会会议或者联合管理委员会会议一致通过方可作出决议的其他事项。

第三十条　董事会或者联合管理委员会的议事方式和表决程序，除本实施细则规定的外，由合作企业章程规定。

第三十一条　董事长或者主任是合作企业的法定代表人。董事长或者主任因特殊原因不能履行职务时，应当授权副董事长、副主任或者其他董事、委员对外代表合作企业。

第三十二条　合作企业设总经理 1 人，负责合作企业的日常经营管理工作，对董事会或者联合管理委员会负责。

合作企业的总经理由董事会或者联合管理委员会聘任、解聘。

第三十三条　总经理及其他高级管理人员可以由中国公民担任，也可以由外国公民担任。

经董事会或者联合管理委员会聘任，董事或者委员可以兼任合作企业的总经理或者其他高级管理职务。

第三十四条　总经理及其他高级管理人员不胜任工作任务的，或者有营私舞弊或者严重失职行为的，经董事会或者联合管理委员会决议，可以解聘；给合作企业造成损失的，应当依法承担责任。

第三十五条　合作企业成立后委托合作各方以外的他人经营管理的，必须经董事会或者联合管理委员会一致同意，并应当与被委托人签订委托经营管理合同。

合作企业应当将董事会或者联合管理委员会的决议、签订的委托经营管理合同，连同被委托人的资信证明等文件，一并报送审查批准机关批准。审查批准机关应当自收到有关文件之日起30天内决定批准或者不批准。

第六章　购买物资和销售产品

第三十六条　合作企业按照经批准的经营范围和生产经营规模，自行制定生产经营计划。

政府部门不得强令合作企业执行政府部门确定的生产经营计划。

第三十七条　合作企业可以自行决定在中国境内或者境外购买本企业自用的机器设备、原材料、燃料、零部件、配套件、元器件、运输工具和办公用品等(以下简称“物资”)。

第三十八条　国家鼓励合作企业向国际市场销售其产品。合作企业可以自行向国际市场销售其产品，也可以委托国外的销售机构或者中国的外贸公司代销或者经销其产品。

合作企业销售产品的价格，由合作企业依法自行确定。

第三十九条　外国合作者作为投资进口的机器设备、零部件和其他物料以及合作企业用投资总额内的资金进口生产、经营所需的机器设备、零部件和其他物料，免征进口关税和进口环节的流转税。上述免税进口物资经批准在中国境内转卖或者转用于国内销售的，应当依法纳税或者补税。

第四十条　合作企业不得以明显低于合理的国际市场同类产品的价格出口产品，不得以高于国际市场同类产品的价格进口物资。

第四十一条　合作企业销售产品，应当按照经批准的合作企业合同的约定销售。

第四十二条　合作企业进口或者出口属于进出口许可证、配额管理的商品，应当按照国家有关规定办理申领手续。

第七章　分配收益与回收投资

第四十三条　中外合作者可以采用分配利润、分配产品或者合作各方共同商定的其他方式分配收益。

采用分配产品或者其他方式分配收益的，应当按照税法的有关规定，计算应纳税额。

第四十四条　中外合作者在合作企业合同中约定合作期限届满时，合作企业的全部固定资产无偿归中国合作者所有的，外国合作者在合作期限内可以申请按照下列方式先行回收其投资：

(一)在按照投资或者提供合作条件进行分配的基础上，在合作企业合同中约定扩大外国合作者的收益分配比例；

(二)经财政税务机关按照国家有关税收的规定审查批准，外国合作者在合作企业缴纳所得税前回收投资；

(三)经财政税务机关和审查批准机关批准的其他回收投资方式。

外国合作者依照前款规定在合作期限内先行回收投资的，中外合作者应当依照有关法律的规定和合作企业合同的约定，对合作企业的债务承担责任。

第四十五条　外国合作者依照本实施细则第四十四条第二项和第三项的规定提出先行回收投资的申请，应当具体说明先行回收投资的总额、期限和方式，经财政税务机关审查同意后，报审查批准机关审批。

合作企业的亏损未弥补前，外国合作者不得先行回收投资。

第四十六条　合作企业应当按照国家有关规定聘请中国注册会计师进行查帐验证。合作各方可以共同或者单方自行委托中国注册会计师查账，所需费用由委托查账方负担。

第八章　期限和解散

第四十七条　合作企业的期限由中外合作者协商确定，并在合作企业合同中订明。

合作企业期限届满，合作各方协商同意要求延长合作期限的，应当在期限届满的180天前向审查批准机关提出申请，说明原合作企业合同执行情况，延长合作期限的原因，同时报送合作各方就延长的期限内各方的权利、义务等事项所达成的协议。审查批准机关应当自接到申请之日起30天内，决定批准或者不批准。

经批准延长合作期限的，合作企业凭批准文件向工商行政管理机关办理变更登记手续，延长的期限从期限届满后的第一天起计算。

合作企业合同约定外国合作者先行回收投资，并且投资已经回收完毕的，合作企业期限届满不再延长；但是，外国合作者增加投资的，经合作各方协商同意，可以依照本条第二款的规定向审查批准机关申请延长合作期限。

第四十八条　合作企业因下列情形之一出现时解散：

(一)合作期限届满；

(二)合作企业发生严重亏损，或者因不可抗力遭受严重损失，无力继续经营；

(三)中外合作者一方或者数方不履行合作企业合同、章程规定的义务，致使合作企业无法继续经营；

(四)合作企业合同、章程中规定的其他解散原因已经出现；

(五)合作企业违反法律、行政法规，被依法责令关闭。

前款第二项、第四项所列情形发生，应当由合作企业的董事会或者联合管理委员会做出决定，报审查批准机关批准。在前款第三项所列情形下，不履行合作企业合同、章程规定的义务的中外合作者一方或者数方，应当对履行合同的他方因此遭受的损失承担赔偿责任；履行合同的一方或者数方有权向审查批准机关提出申请，解散合作企业。

第四十九条　合作企业的清算事宜依照国家有关法律、行政法规及合作企业合同、章程的规定办理。

第九章　关于不具有法人资格的合作企业的特别规定

第五十条　不具有法人资格的合作企业及其合作各方，依照中国民事法律的有关规定，承担民事责任。

第五十一条　不具有法人资格的合作企业应当向工商行政管理机关登记合作各方的投资或者提供的合作条件。

第五十二条　不具有法人资格的合作企业的合作各方的投资或者提供的合作条件，为合作各方分别所有。经合作各方约定，也可以共有，或者部分分别所有、部分共有。合作企业经营积累的财产，归合作各方共有。

不具有法人资格的合作企业合作各方的投资或者提供的合作条件由合作企业统一管理和使用。未经合作他方同意，任何一方不得擅自处理。

第五十三条　不具有法人资格的合作企业设立联合管理机构。联合管理机构由合作各方委派的代表组成，代表合作各方共同管理合作企业。

联合管理机构决定合作企业的一切重大问题。

第五十四条　不具有法人资格的合作企业应当在合作企业所在地设置统一的会计账簿；合作各方还应当设置各自的会计账簿。

第十章　附　则

第五十五条　合作企业合同的订立、效力、解释、履行及其争议的解决，适用中国法律。

第五十六条　本实施细则未规定的事项，包括合作企业的财务、会计、审计、外汇、税务、劳动管理、工会等，适用有关法律、行政法规的规定。

第五十七条　香港、澳门、台湾地区的公司、企业和其他经济组织或者个人以及在国外居住的中国公民举办合作企业，参照本实施细则办理。

第五十八条　本实施细则自发布之日起施行。

中华人民共和国仲裁法

（1994年8月31日第八届全国人民代表大会常务委员会第九次会议通过）

第一章　总　则

第一条　为保证公正、及时地仲裁经济纠纷，保护当事人的合法权益，保障社会主义市场经济健康发展，制定本法。

第二条　平等主体的公民、法人和其他组织之间发生的合同纠纷和其他财产权益纠纷，可以仲裁。

第三条　下列纠纷不能仲裁：

（一）婚姻、收养、监护、扶养、继承纠纷；

（二）依法应当由行政机关处理的行政争议。

第四条　当事人采用仲裁方式解决纠纷，应当双方自愿，达成仲裁协议。没有仲裁协议，一方申请仲裁的，仲裁委员会不予受理。

第五条　当事人达成仲裁协议，一方向人民法院起诉的，人民法院不予受理，但仲裁协议无效的除外。

第六条　仲裁委员会应当由当事人协议选定。

仲裁不实行级别管辖和地域管辖。

第七条　仲裁应当根据事实，符合法律规定，公平合理地解决纠纷。

第八条　仲裁依法独立进行，不受行政机关、社会团体和个人的干涉。

第九条　仲裁实行一裁终局的制度。裁决作出后，当事人就同一纠纷再申请仲裁或者向人民法院起诉的，仲裁委员会或者人民法院不予受理。

裁决被人民法院依法裁定撤销或者不予执行的，当事人就该纠纷可以根据双方重新达成的仲裁协议申请仲裁，也可以向人民法院起诉。

第二章　仲裁委员会和仲裁协会

第十条　仲裁委员会可以在直辖市和省、自治区人民政府所在地的市设立，也可以根据需要在其他设区的市设立，不按行政区划层层设立。

仲裁委员会由前款规定的市的人民政府组织有关部门和商会统一组建。

设立仲裁委员会，应当经省、自治区、直辖市的司法行政部门登记。

第十一条　仲裁委员会应当具备下列条件：

（一）有自己的名称、住所和章程；

（二）有必要的财产；

（三）有该委员会的组成人员；

（四）有聘任的仲裁员。

仲裁委员会的章程应当依照本法制定。

第十二条　仲裁委员会由主任1人、副主任2至4人和委员7至11人组成。

仲裁委员会的主任、副主任和委员由法律、经济贸易专家和有实际工作经验的人员担任。仲裁委员会的组成人员中，法律、经济贸易专家不得少于2/3。

第十三条　仲裁委员会应当从公道正派的人员中聘任仲裁员。

仲裁员应当符合下列条件之一：

（一）从事仲裁工作满8年的；

（二）从事律师工作满8年的；

（三）曾任审判员满8年的；

（四）从事法律研究、教学工作并具有高级职称的；

（五）具有法律知识、从事经济贸易等专业工作并具有高级职称或者具有同等专业水平的。

仲裁委员会按照不同专业设仲裁员名册。

第十四条　仲裁委员会独立于行政机关，与行政机关没有隶属关系。仲裁委员会之间也没有隶属关系。

第十五条　中国仲裁协会是社会团体法人。仲裁委员会是中国仲裁协会的会员。中国仲裁协会的章程由全国会员大会制定。

中国仲裁协会是仲裁委员会的自律性组织，根据章程对仲裁委员会及其组成人员、仲裁员的违纪行为进行监督。

中国仲裁协会依照本法和民事诉讼法的有关规定制定仲裁规则。

第三章　仲裁协议

第十六条　仲裁协议包括合同中订立的仲裁条款和以其他书面方式在纠纷发生前或者纠纷发生后达成的请求仲裁的协议。

仲裁协议应当具有下列内容：

（一）请求仲裁的意思表示；

（二）仲裁事项；

（三）选定的仲裁委员会。

第十七条　有下列情形之一的，仲裁协议无效：

（一）约定的仲裁事项超出法律规定的仲裁范围的；

（二）无民事行为能力人或者限制民事行为能力人订立的仲裁协议；

（三）一方采取胁迫手段，迫使对方订立仲裁协议的。

第十八条　仲裁协议对仲裁事项或者仲裁委员会没有约定或者约定不明确的，当事人可以补充协议；达不成补充协议的，仲裁协议无效。

第十九条　仲裁协议独立存在，合同的变更、解除、终止或者无效，不影响仲裁协议的效力。

仲裁庭有权确认合同的效力。

第二十条　当事人对仲裁协议的效力有异议的，可以请求仲裁委员会作出决定或者请求人民法院作出裁定。一方请求仲裁委员会作出决定，另一一方请求人民法院作出裁定的，由人民法院裁定。

当事人对仲裁协议的效力有异议，应当在仲裁庭首次开庭前提出。

第四章　仲裁程序

第一节　申请和受理

第二十一条　当事人申请仲裁应当符合下列条件：

（一）有仲裁协议；

（二）有具体的仲裁请求和事实、理由；

（三）属于仲裁委员会的受理范围。

第二十二条　当事人申请仲裁，应当向仲裁委员会递交仲裁协议、仲裁申请书及副本。

第二十三条　仲裁申请书应当载明下列事项：

（一）当事人的姓名、性别、年龄、职业、工作单位和住所，法人或者其他组织的名称、住所和法定代表人或者主要负责人的姓名、职务；

（二）仲裁请求和所根据的事实、理由；

（三）证据和证据来源、证人姓名和住所。

第二十四条　仲裁委员会收到仲裁申请书之日起5日内，认为符合受理条件的，应当受理，并通知当事人；认为不符合受理条件的，应当书面通知当事人不予受理，并说明理由。

第二十五条　仲裁委员会受理仲裁申请后，应当在仲裁规则规定的期限内将仲裁规则和仲裁员名册送达申请人，并将仲裁申请书副本和仲裁规则、仲裁员名册送达被申请人。

被申请人收到仲裁申请书副本后，应当在仲裁规则规定的期限内向仲裁委员会提交答辩书。仲裁委员会收到答辩书后，应当在仲裁规则规定的期限内将答辩书副本送达申请人。被申请人未提交答辩书的，不影响仲裁程序的进行。

第二十六条　当事人达成仲裁协议，一方向人民法院起诉未声明有仲裁协议，人民法院受理后，另一方在首次开庭前提交仲裁协议的，人民法院应当驳回起诉，但仲裁协议无效的除外；另一方在首次开庭前未对人民法院受理该案提出异议的，视为放弃仲裁协议，人民法院应当继续审理。

第二十七条　申请人可以放弃或者变更仲裁请求。被申请人可以承认或者反驳仲裁请求，有权提出反请求。

第二十八条　一方当事人因另一方当事人的行为或者其他原因，可能使裁决不能执行或者难以执行的，可以申请财产保全。

当事人申请财产保全的，仲裁委员会应当将当事人的申请依照民事诉讼法的有关规定提交人民法院。

申请有错误的，申请人应当赔偿被申请人因财产保全所遭受的损失。

第二十九条　当事人、法定代理人可以委托律师和其他代理人进行仲裁活动。委托律师和其他代理人进行仲裁活动的，应当向仲裁委员会提交授权委托书。

第二节　仲裁庭的组成

第三十条　仲裁庭可以由三名仲裁员或者1名仲裁员组成。

由3名仲裁员组成的，设首席仲裁员。

第三十一条　当事人约定由3名仲裁员组成仲裁庭的，应当各自选定或者各自委托仲裁委员会主任指定1名仲裁员，第3名仲裁员由当事人共同选定或者共同委托仲裁委员会主任指定。第3名仲裁员是首席仲裁员。

当事人约定由1名仲裁员成立仲裁庭的，应当由当事人共同选定或者共同委托仲裁委员会主任指定仲裁员。

第三十二条　当事人没有在仲裁规则规定的期限内约定仲裁庭的组成方式或者选定仲裁员的，由仲裁委员会主任指定。

第三十三条　仲裁庭组成后，仲裁委员会应当将仲裁庭的组成情况书面通知当事人。

第三十四条　仲裁员有下列情形之一的，必须回避，当事人也有权提出回避申请：

（一）是本案当事人或者当事人、代理人的近亲属；

（二）与本案有利害关系；

（三）与本案当事人、代理人有其他关系，可能影响公正仲裁的；

（四）私自会见当事人、代理人，或者接受当事人、代理人的请客送礼的。

第三十五条　当事人提出回避申请，应当说明理由，在首次开庭前提出。回避事由在首次开庭后知道的，可以在最后一次开庭终结前提出。

第三十六条　仲裁员是否回避，由仲裁委员会主任决定；仲裁委员会主任担任仲裁员时，由仲裁委员会集体决定。

第三十七条　仲裁员因回避或者其他原因不能履行职责的，应当依照本法规定重新选定或者指定仲裁员。

因回避而重新选定或者指定仲裁员后，当事人可以请求已进行的仲裁程序重新进行，是否准许，由仲裁庭决定；仲裁庭也可以自行决定已进行的仲裁程序是否重新进行。

第三十八条　仲裁员有本法第三十四条第四项规定的情形，情节严重的，或者有本法第五十八条第六项规定的情形的，应当依法承担法律责任，仲裁委员会应当将其除名。

第三节　开庭和裁决

第三十九条　仲裁应当开庭进行。当事人协议不开庭的，仲裁庭可以根据仲裁申请书、答辩书以及其他材料作出裁决。

第四十条　仲裁不公开进行。当事人协议公开的，可以公开进行，但涉及国家秘密的除外。

第四十一条　仲裁委员会应当在仲裁规则规定的期限内将开庭日期通知双方当事人。当事人有正当理由的，可以在仲裁规则规定的期限内请求延期开庭。是否延期，由仲裁庭决定。

第四十二条　申请人经书面通知，无正当理由不到庭或者未经仲裁庭许可中途退庭的，可以视为撤回仲裁申请。

被申请人经书面通知，无正当理由不到庭或者未经仲裁庭许可中途退庭的，可以缺席裁决。

第四十三条　当事人应当对自己的主张提供证据。

仲裁庭认为有必要收集的证据，可以自行收集。

第四十四条　仲裁庭对专门性问题认为需要鉴定的，可以交由当事人约定的鉴定部门鉴定，也可以由仲裁庭指定的鉴定部门鉴定。

根据当事人的请求或者仲裁庭的要求，鉴定部门应当派鉴定人参加开庭。当事人经仲裁庭许可，可以向鉴定人提问。

第四十五条　证据应当在开庭时出示，当事人可以质证。

第四十六条　在证据可能灭失或者以后难以取得的情况下，当事人可以申请证据保全。当事人申请证据保全的，仲裁委员会应当将当事人的申请提交证据所在地的基层人民法院。

第四十七条　当事人在仲裁过程中有权进行辩论。辩论终结时，首席仲裁员或者独任仲裁员应当征询当事人的最后意见。

第四十八条　仲裁庭应当将开庭情况记入笔录。当事人和其他仲裁参与人认为对自己陈述的记录有遗漏或者差错的，有权申请补正。如果不予补正，应当记录该申请。

笔录由仲裁员、记录人员、当事人和其他仲裁参与人签名或者盖章。

第四十九条　当事人申请仲裁后，可以自行和解。达成和解协议的，可以请求仲裁庭根据和解协议作出裁决书，也可以撤回仲裁申请。

第五十条　当事人达成和解协议，撤回仲裁申请后反悔的，可以根据仲裁协议申请仲裁。

第五十一条　仲裁庭在作出裁决前，可以先行调解。当事人自愿调解的，仲裁庭应当调解。调解不成的，应当及时作出裁决。

调解达成协议的，仲裁庭应当制作调解书或者根据协议的结果制作裁决书。调解书与裁决书具有同等法律效力。

第五十二条　调解书应当写明仲裁请求和当事人协议的结果。调解书由仲裁员签名，加盖仲裁委员会印章，送达双方当事人。

调解书经双方当事人签收后，即发生法律效力。

在调解书签收前当事人反悔的，仲裁庭应当及时作出裁决。

第五十三条　裁决应当按照多数仲裁员的意见作出，少数仲裁员的不同意见可以记入笔录。仲裁庭不能形成多数意见时，裁决应当按照首席仲裁员的意见作出。

第五十四条　裁决书应当写明仲裁请求、争议事实、裁决理由、裁决结果、仲裁费用的负担和裁决日期。当事人协议不愿写明争议事实和裁决理由的，可以不写。裁决书由仲裁员签名，加盖仲裁委员会印章。对裁决持不同意见的仲裁员，可以签名，也可以不签名。

第五十五条　仲裁庭仲裁纠纷时，其中一部分事实已经清楚，可以就该部分先行裁决。

第五十六条　对裁决书中的文字、计算错误或者仲裁庭已经裁决但在裁决书中遗漏的事项，仲裁庭应当补正；当事人自收到裁决书之日起30日内，可以请求仲裁庭补正。

第五十七条　裁决书自作出之日起发生法律效力。

第五章　申请撤销裁决

第五十八条　事人提出证据证明裁决有下列情形之一的，可以向仲裁委员会所在地的中级人民法院申请撤销裁决：

（一）没有仲裁协议的；

（二）裁决的事项不属于仲裁协议的范围或者仲裁委员会无权仲裁的；

（三）仲裁庭的组成或者仲裁的程序违反法定程序的；

（四）裁决所根据的证据是伪造的；

（五）对方当事人隐瞒了足以影响公正裁决的证据的；

（六）仲裁员在仲裁该案时有索贿受贿，徇私舞弊，枉法裁决行为的。

人民法院经组成合议庭审查核实裁决有前款规定情形之一的，应当裁定撤销。

人民法院认定该裁决违背社会公共利益的，应当裁定撤销。

第五十九　条当事人申请撤销裁决的，应当自收到裁决书之日起6个月内提出。

第六十条　人民法院应当在受理撤销裁决申请之日起2个月内作出撤销裁决或者驳回申请的裁定。

第六十一条　人民法院受理撤销裁决的申请后，认为可以由仲裁庭重新仲裁的，通知仲裁庭在一定期限内重新仲裁，并裁定中止撤销程序。仲裁庭拒绝重新仲裁的，人民法院应当裁定恢复撤销程序。

第六章　执　行

第六十二条　当事人应当履行裁决。一方当事人不履行的，另一方当事人可以依照民事诉讼法的有关规定向人民法院申请执行。受申请的人民法院应当执行。

第六十三条　被申请人提出证据证明裁决有民事诉讼法第二百一十七条第二款规定的情形之一的，经人民法院组成合议庭审查核实，裁定不予执行。

第六十四条　一方当事人申请执行裁决，另一方当事人申请撤销裁决的，人民法院应当裁定中止执行。

人民法院裁定撤销裁决的，应当裁定终结执行。撤销裁决的申请被裁定驳回的，人民法院应当裁定恢复执行。

第七章　涉外仲裁的特别规定

第六十五条　涉外经济贸易、运输和海事中发生的纠纷的仲裁，适用本章规定。本章没有规定的，适用本法其他有关规定。

第六十六条　涉外仲裁委员会可以由中国国际商会组织设立。

涉外仲裁委员会由主任一人、副主任若干人和委员若干人组成。

涉外仲裁委员会的主任、副主任和委员可以由中国国际商会聘任。

第六十七条　涉外仲裁委员会可以从具有法律、经济贸易、科学技术等专门知识的外籍人士中聘任仲裁员。

第六十八条　涉外仲裁的当事人申请证据保全的，涉外仲裁委员会应当将当事人的申请提交证据所在地的中级人民法院。

第六十九条　涉外仲裁的仲裁庭可以将开庭情况记入笔录，或者作出笔录要点，笔录要点可以由当事人和其他仲裁参与人签字或者盖章。

第七十条　当事人提出证据证明涉外仲裁裁决有民事诉讼法第二百六十条第一款规定的情形之一的，经人民法院组成合议庭审查核实，裁定撤销。

第七十一条　被申请人提出证据证明涉外仲裁裁决有民事诉讼法第二百六十条第一款规定的情形之一的，经人民法院组成合议庭审查核实，裁定不予执行。

第七十二条　涉外仲裁委员会作出的发生法律效力的仲裁裁决，当事人请求执行的，如果被执行人或者其财产不在中华人民共和国领域内，应当由当事人直接向有管辖权的外国法院申请承认和执行。

第七十三条　涉外仲裁规则可以由中国国际商会依照本法和民事诉讼法的有关规定制定。

第八章　附　则

第七十四条　法律对仲裁时效有规定的，适用该规定。法律对仲裁时效没有规定的，适用诉讼时效的规定。

第七十五条　中国仲裁协会制定仲裁规则前，仲裁委员会依照本法和民事诉讼法的有关规定可以制定仲裁暂行规则。

第七十六条　当事人应当按照规定交纳仲裁费用。

收取仲裁费用的办法，应当报物价管理部门核准。

第七十七条　劳动争议和农业集体经济组织内部的农业承包合同纠纷的仲裁，另行规定。

第七十八条　本法施行前制定的有关仲裁的规定与本法的规定相抵触的，以本法为准。

第七十九条　本法施行前在直辖市、省、自治区人民政府所在地的市和其他设区的市设立的仲裁机构，应当依照本法的有关规定重新组建；未重新组建的，自本法施行之日起届满1年时终止。

本法施行前设立的不符合本法规定的其他仲裁机构，自本法施行之日起终止。

第八十条　本法自1995年9月1日起施行。

附：民事诉讼法有关条款

第二百一十七条　被申请人提出证据证明仲裁裁决有下列情形之一的，经人民法院组成合议庭审查核实，裁定不予执行：

（一）当事人在合同中没有订有仲裁条款或者事后没有达成书面仲裁协议的；

（二）裁决的事项不属于仲裁协议的范围或者仲裁机构无权仲

裁的；

（三）仲裁庭的组成或者仲裁的程序违反法定程序的；

（四）认定事实的主要证据不足的；

（五）适用法律确有错误的；

（六）仲裁员在仲裁该案时有贪污受贿，徇私舞弊，在法裁决行为的。

第二百六十条 对中华人民共和国涉外仲裁机构作出的裁决，被申请人提出证据证明仲裁裁决有下列情形之一的，经人民法院组成合议庭审查核实，裁定不予执行：

（一）当事人在合同中没有订有仲裁条款或者事后没有达成书面仲裁协议的；

（二）被申请人没有得到指定仲裁员或者进行仲裁程序的通知，或者由于其他不属于被申请人负责的原因未能陈述意见的；

（三）仲裁庭的组成或者仲裁的程序与仲裁规则不符的；

（四）裁决的事项不属于仲裁协议的范围或者仲裁机构无权仲裁的。

中外合资经营企业合营各方出资的若干规定

(1987年12月30日国务院批准,1988年1月1日对外经济贸易部、国家工商行政管理局发布)

第一条　为保护中外合资经营企业(以下简称合营企业)合营各方的合法权益，维护社会经济秩序,根据《中华人民共和国中外合资经营企业法》及其他有关法规,制定本规定。

第二条　合营各方按照合营合同的规定向合营企业认缴的出资，必须是合营者自己所有的现金、自己所有并且未设立任何担保物权的实物、工业产权、专有技术等。

凡是以实物、工业产权、专有技术作价出资的,出资者应当出具拥有所有权和处置权的有效证明。

第三条　合营企业任何一方不得用以合营企业名义取得的贷款、租赁的设备或者其他财产以及合营者以外的他人财产作为自己的出资，也不得以合营企业的财产和权益或者合营他方的财产和权益为其出资担保。

第四条　合营各方应当在合营合同中订明出资期限，并且应当按照合营合同规定的期限缴清各自的出资。合营企业依照有关规定发给的出资证明书应当报送原审批机关和工商行政管理机关备案。合营合同中规定一次缴清出资的，合营各方应当从营业执照签发之日起6个月内缴清。

合营合同中规定分期缴付出资的,合营各方第一期出资,不得低于各自认缴出资额的15%,并且应当在营业执照签发之日起3个月内缴清。

第五条　合营各方未能在第四条规定的期限内缴付出资的，视同合营企业自动解散，合营企业批准证书自动失效。合营企业应当向工商行政管理机关办理注销登记手续,缴销营业执照;不办理注销登记手续和缴销营业执照的，由工商行政管理机关吊销其营业执照,并予以公告。

第六条　合营各方缴付第一期出资后，超过合营合同规定的其他任何一期出资期限3个月，仍未出资或者出资不足时，工商行政管理机关应当会同原审批机关发出通知，要求合营各方在1个月内缴清出资。

未按照前款规定的通知期限缴清出资的，原审批机关有权撤销对该合营企业的批准证书。批准证书撤销后，合营企业应当向工商行政管理机关办理注销登记手续,缴销营业执照,并清理债权债务；不办理注销登记手续和缴销营业执照的，工商行政管理机关有权吊销其营业执照，并予以公告。

第七条　合营一方未按照合营合同的规定如期缴付或者缴清其出资的,即构成违约。守约方应当催告违约方在1个月内缴付或者缴清出资。逾期仍未缴付或者缴清的，视同违约方放弃在合营合同中的一切权利，自动退出合营企业。守约方应当在逾期后1个月内，向原审批机关申请批准解散合营企业或者申请批准另找合营者承担违约方在合营合同中的权利和义务。守约方可以依法要求违约方赔偿因未缴付或者缴清出资造成的经济损失。

前款违约方已经按照合营合同规定缴付部分出资的，由合营企业对该出资进行清理。

守约方未按照第一款规定向原审批机关申请批准解散合营企业或者申请批准另找合营者的，审批机关有权撤销对该合营企业的批准证书。批准证书撤销后,合营企业应当向工商行政管理机关办理注销登记手续，缴销营业执照；不办理注销登记手续和缴销营业执照的，工商行政管理机关有权吊销其营业执照,并予以公告。

第八条　本规定施行之日前已领取营业执照的合营企业,如合营各方或者任何一方未按照合营合同规定的出资期限缴付其出资的,应当在本规定施行之日起2个月内缴清按照合同规定应当缴付的出资。

在前款规定的期限内仍未缴清其出资的，可按照本规定第五条至第七条的规定办理。

第九条　在本规定施行之日前已领取营业执照的合营企业，如果合营各方未在合营合同中订明各自出资期限，并且未缴清出资的，合营各方应当在本规定施行之日起2个月内，按照本规定签订关于合营各方缴付出资期限的合营合同补充协议，报原审批机关审批,获准后,向工商行政管理机关备案。

前款合营各方在2个月内未签订缴付出资期限补充协议,又未缴清出资，致使合营企业自营业执照签发之日起无法筹建或者无法开业满6个月的，原审批机关有权撤销对该合营企业的批准证书。批准证书撤销后，合营企业应当向工商行政管理机关办理注销登记手续，缴销营业执照；不办理注销登记手续和缴销营业执照的，工商行政管理机关有权吊销其营业执照，并予以公告。

第十条　中外合作经营企业合作各方的出资参照本规定执行。

第十一条　本规定自1988年3月1日起施行。

中央企业财务决算报告管理办法

(2004年2月12日　国资委令第5号发布)

第一章　总　则

第一条　为加强国务院国有资产监督管理委员会(以下简称国资委)所出资企业(以下简称企业)的财务监督，规范企业年度财务决算报告编制工作，全面了解和掌握企业资产质量、经营效益状况，依据《企业国有资产监督管理暂行条例》和国家有关财务会计制度规定，制定本办法。

第二条　企业编制上报年度财务决算报告应当遵守本办法。

第三条　本办法所称年度财务决算报告，是指企业按照国家财务会计制度规定，根据统一的编制口径、报表格式和编报要求，依据有关会计账簿记录和相关财务会计资料，编制上报的反映企业年末结账日资产及财务状况和年度经营成果、现金流量、国有资本保值增值等基本经营情况的文件。

企业财务决算报告由年度财务决算报表、年度报表附注和年度财务情况说明书，以及国资委规定上报的其他相关生产经营及管理资料构成。

第四条　除涉及国家安全的特殊企业外，企业年度财务决算报表和报表附注应当按照国家有关规定，由符合资质条件的会计师事务所及注册会计师进行审计。

会计师事务所出具的审计报告是企业年度财务决算报告的必备附件，应当与企业年度财务决算报告一并上报。

第五条　国资委依法对企业年度财务决算报告的编制工作、审计质量等进行监督，并组织对企业财务决算报告的真实性、完整性进行核查。

第二章　财务决算报告的编制

第六条　企业及各级子企业在每个会计年度终了，应当严格按照国家财务会计制度及相关会计准则规定，在全面财产清查、债权债务确认、资产质量核实的基础上，认真组织编制年度财务决算报告，以全面、完整、真实、准确反映企业年度财务状况和经营成果。

本办法所称各级子企业包括企业所有境内外全资子企业、控股子企业，以及各类独立核算的分支机构、事业单位和基建项目。

第七条　企业及各级子企业编制年度财务决算报告应当遵循会计全面性、完整性原则，并符合下列规定：

(一)企业财务决算报告应当以经营年度内发生的全部经济业务事项及会计账簿为基础进行编制，全面、完整反映企业各项经济业务的收入、成本(费用)以及现金流入(出)等状况，不得漏报。

(二)企业不得存有未反映在财务决算报告中的财务、会计事项，不得有账外资产或设立账外账，不得以任何理由设立“小金库”。

(三)企业应当按规定将各级子企业全部纳入年度财务决算编制范围，以全面反映企业的财务状况。

(四)企业所属经营性事业单位应当按照规定要求执行统一的企业会计制度；暂未执行企业会计制度的所属事业单位，应当将相关财务决算内容一并纳入企业财务决算范围，以完整反映企业的经营成果。

(五)企业所属基建项目应当按照规定要求与企业财务并账；暂未并账的，应当将基建项目的相关财务决算内容一并纳入企业财务决算范围，以完整反映企业的资产状况。

第八条　企业及各级子企业编制年度财务决算报告应当遵循会计真实性、准确性原则，并符合下列规定：

(一)企业财务决算报告应当以经过核对无误的相关会计账簿进行编制，做到账实相符、账证相符、账账相符、账表相符。

(二)企业编制财务决算报告应当根据真实的交易事项、会计记录等资料，按照规定的会计核算原则及具体会计处理方法，对各项会计要素进行合理确认和计量。

(三)企业应当严格遵守会计核算规定，不得应提不提、应摊不摊或者多提多摊成本(费用)，造成企业经营成果不实，影响企业财务决算报告的真实性。

(四)企业不得采取利用会计政策、会计估计变更，以及减值准备计提、转回等方式，人为掩饰企业真实经营状况；不得计提秘密减值准备，影响企业财务决算报告的真实性。

(五)企业应当客观地反映实际发生的资产损失，以保证财务决算报告的真实、可靠。

第九条　企业及各级子企业应当遵循会计稳健性原则，按有关资产减值准备计提的标准和方法，合理预计各项资产可能发生的损失，定期对计提的各项资产减值准备逐项进行认定、计算。

第十条　企业及各级子企业编制财务决算报告应当遵循会计可比性原则，编制基础、编制原则、编制依据和编制方法及各项财务指标口径应当保持前、后各期一致，各年度期间财务决算数据保持衔接，如实反映年度间企业财务状况、经营成果的变动情况。

第十一条　除国家另有规定外，企业及各级子企业所执行的会计制度应当按照国家财务会计制度的有关规定和要求保持一致;因特殊情形不能保持一致的，应当事先报国资委备案，并陈述相关理由。

第十二条　企业及各级子企业的各项会计政策、会计估计一经确定,不得随意变更;因特殊情形发生较大变更的，应当事先报国资委备案,并陈述相关理由。

第十三条　企业在年度财务决算报告编制中，对报表各项指标的数据填报不得遗漏，报表内项目之间和表式之间各项指标的数据应当相互衔接，保证勾稽关系正确。

第三章　财务决算报表的合并

第十四条　集团型企业应当按照国家财务会计制度有关规定，将各级子企业年度财务决算进行层层合并，逐级编制企业集团年度财务决算合并报表。企业年度财务决算合并报表范围包括：

(一)执行企业会计制度的境内全部子企业；

(二)境外(含香港、澳门、台湾地区)子企业；

(三)所属各类事业单位；

(四)各类基建项目或者基建财务(含技改,下同)；

(五)按照规定执行金融会计制度的子企业；

(六)所属独立核算的其他经济组织。

第十五条　企业编制年度财务决算合并报表，应当将企业及各级子企业之间的内部交易、内部往来进行充分抵销，对涉及资产、负债、所有者权益、收入、成本和费用、利润及利润分配、现金流量等财务决算的相关指标数据均应当按照合并口径进行剔除。

第十六条　各级子企业执行的会计制度与企业总部不一致的，企业总部在编制财务决算合并报表时，应当按照国家统一会计制度的规定和要求将企业总部或者子企业的财务决算的数据进行调整，然后再进行企业财务决算报表的合并工作。

第十七条　企业所属合营子企业应当按照比例合并方式进行企业财务决算报表的合并工作；国有投资各方占等额股份的子企业，应当由委托管理一方按合并会计报表制度进行合并，或者按照股权比例进行企业财务决算报表的合并。

第十八条　企业财务决算报表合并过程中，境外子企业与企业总部会计期间或者会计结账日不一致时，应当以企业总部的会计期间和会计结账日为准进行调整。因特殊情形暂不能进行调整的,企业应当事先报国资委备案，并在报表附注中予以说明。

第十九条　凡年度内涉及产权划转的企业，财务决算报表合并原则上应当以企业年末结账日的产权隶属关系确定。结账日尚未办理产权划转手续的，由原企业合并编制；结账日已办理完产权划转关系的，由接收企业合并编制。

第二十条　按照国家财务会计有关规定，符合下列情形之一的，各级子企业可以不纳入年度财务决算合并报表范围，但企业应当向国资委报备具有法律效力的文件或者经济鉴证证明：

(一)已宣告破产的子企业；

(二)按照破产程序,已宣告被清理整顿的子企业；

(三)已实际关停并转的子企业；

(四)近期准备售出而短期持有其半数以上权益性资本的子企业；

(五)非持续经营的、所有者权益为负数的子企业；

(六)受所在国或地区外汇管制及其他管制，资金调度受到限制的境外子企业。

企业财务决算报表合并范围发生变更，应当于年度结账日之前，将变更范围及原因报国资委备案。

第四章　财务决算信息的披露

第二十一条　为便于理解企业财务决算报表，了解和分析企业资产质量、财务状况,核实企业真实经营成果，企业应当在报表附注和财务情况说明书中，对企业财务决算报表和财务决算合并报表的重要内容进行详尽说明和披露。

企业财务决算报告所披露的信息内容应当真实、全面、详尽，不得隐瞒企业有关重大违规事项。

第二十二条　企业财务决算的报表附注应当重点披露以下内容：

(一)企业报告期内采用的主要会计政策、会计估计和合并财务决算报表的编制方法，报告期内会计政策、会计估计变更的内容、理由、影响数额；

(二)财务决算报表合并的范围及其依据，将未纳入合并财务决算报表范围的子企业资产、负债、销售收入、实现利润、税后利润以及对企业合并财务决算报告的影响分户列示；

(三)企业年内各种税项缴纳的有关情况；

(四)控股子企业及合营企业的情况；

(五)财务决算报表项目注释(企业在财务决算合并报表附注中，除对财务决算合并报表项目注释外，还应当对企业总部财务决算报表的主要项目注释)；

(六)子企业与企业总部会计政策不一致时对财务决算合并报表的影响；

(七)关联方关系及其交易的披露；

(八)或有事项、承诺事项及其资产负债表日后事项；

(九)重大会计差错的调整；

(十)按照规定应当披露的有助于理解和分析报表的其它重要财务会计事项，以及国资委要求披露的其他专门事项。

第二十三条　企业财务情况说明书应当重点说明下列内容：

(一)企业生产经营的基本情况；

(二)企业预算执行情况及实现利润、利润分配和企业盈亏情况；

(三)企业重大投融资及资金变动、周转情况；

(四)企业重大改制、改组情况；

(五)重大产权变动情况；

(六)对企业财务状况、经营成果和现金流量、资本保全等有重大影响的其他事项；

(七)上一会计年度企业经营管理、财务管理中存在的问题及整改情况；

(八)本年度企业经营管理、财务管理中存在的问题，拟采取的整改措施；

(九)其他情况。

第二十四条　企业及各级子企业对外提供的财务决算数据应当与报送国资委的财务决算报告数据及披露的财务信息保持一致。

第五章　财务决算的审计

第二十五条　为保证企业年度财务状况及经营成果的真实性，根据财务监督工作的需要，国资委统一委托会计师事务所对企业年度财务决算进行审计。

第二十六条　国资委统一委托会计师事务所，按照“公开、公平、公正”的原则，采取国资委公开招标或者企业推荐报国资委核准等方式进行。其中，国有控股企业采取企业推荐报国资委核准的方式进行。

第二十七条　国资委暂未委托会计师事务所进行年度财务决算审计工作的企业，应当按照“统一组织、统一标准、统一管理”的原则，经国资委同意，由企业总部依照有关规定采取招标等方式委托会计师事务所对企业及各级子企业的年度财务决算进行审计。

第二十八条　企业年度财务决算审计内容应当包括企业财务决算报表中的资产负债表、利润及利润分配表、现金流量表、所有者权益变动表等相关指标数据和报表附注，以及国资委要求的其他重要财务指标有关数据。编制财务决算合并报表的企业，其财务决算合并报表应当纳入审计范围。

第二十九条　企业及各级子企业应当根据会计师事务所及注册会计师提出的审计意见进行财务决算调整；企业对审计意见存有异议且未进行财务决算调整的，应当在上报财务决算报告时，向国资委提交说明材料。

第三十条　会计师事务所及注册会计师出具的审计报告应当按照有关规定，对企业违反国家财务会计制度规定或者未按注册会计师意见进行调整的重大会计事项进行披露。

第三十一条　企业应当为会计师事务所及注册会计师开展财务决算审计、履行必要的审计程序、取得充分审计证据提供必要的条件和协助，不得干预会计师事务所及注册会计师的审计业务，以保证审计结论的独立、客观、公正。

第三十二条　境外子企业年度财务决算审计工作按照所在国家或地区的规定进行。为适应境外子企业的特殊性，企业应当建立和完善对境外子企业的内审制度，并出具内审报告，保证境外子企业财务决算数据的真实性、完整性。

第三十三条　对于涉及国家安全的特殊子企业，以及国家法律法规未规定须委托会计师事务所进行审计的有关单位，企业应当建立和完善对其年度财务决算内审制度，并出具内审报告，以保证财务决算数据的真实性、完整性。

第六章　财务决算报告的报送

第三十四条　企业应当按财务关系或者产权关系负责各级子企业财务决算报告的组织、收集、审核、汇总、合并等工作，并按规定及时将企业年度财务决算报告报送国资委。

第三十五条　企业向国资委报送的年度财务决算报告应当做到“统一编报口径、统一编报格式、统一编报要求”。

(一)符合国资委规定的报表格式、指标口径要求；

(二)使用统一下发的财务决算报表软件填报各项财务决算数据；

(三)按照要求报送纸质文件和电子文档的财务决算报表、报表附注、财务情况说明书、审计报告及国有资本保值增值说明等资料。

第三十六条　企业财务决算报告的报送级次如下：

(一)企业集团除报送企业合并财务决算报告外，还应当报送企业总部及二级子企业的分户财务决算报告，二级以下子企业财务决算数据应当并入第二级子企业报送；设立境外子企业的企业集团，应当报送境外子企业的分户财务决算报告。

(二)企业总部设立在境外的企业集团，除报送合并财务决算报告外，还应当报送企业总部及所属二级以上子企业的分户财务决算报告。

(三)级次划分特殊的企业集团财务决算报告报送级次由国资委另行规定。

第三十七条　企业财务决算报告具体内容如下：

(一)企业集团(含企业总部设在境外企业集团)应当报送合并财务决算报告(含报表附注、财务情况说明书、国有资本保值增值情况说明等材料)和审计报告的纸质文件及电子文档；

(二)企业集团总部及二级子企业应当报送财务决算报告(含报表附注、财务情况说明书、国有资本保值增值情况说明等材料)和审计报告的电子文档；

(三)企业集团应当附报三级子企业年度财务决算报表的电子文档。

第三十八条　企业应当以正式文函向国资委报送财务决算报告。文函主要包括下列内容：

(一)年度财务决算工作组织情况；

(二)企业年度间主要财务决算数据的变化情况；

(三)纳入企业财务决算合并的范围；

(四)对于被出具非标准无保留意见审计报告的企业，应当对有关情况进行说明；

(五)需要说明的其他有关情况。

第三十九条　企业财务决算报告应当加盖企业公章，并由企业的法定代表人、总会计师或主管会计工作的负责人、会计机构负责人签名并盖章。

企业报送的财务决算报告及附送的各类资料应当按顺序装订成册，材料较多时应当编排目录，注明备查材料页码。

第四十条　企业主要负责人、总会计师或主管会计工作的负责人等应当对企业编制的财务决算报告真实性、完整性负责。承办企业年度财务决算审计业务的会计师事务所及注册会计师对其出具的审计报告真实性、合法性负责。

第四十一条　企业报送财务决算报告后，国资委应当在规定时间内对企业资产质量、财务状况及经营成果进行核批，并依据核批后的财务决算报告进行企业负责人业绩考核、企业绩效评价和企业国有资产保值增值结果确认等工作，有关办法另行制定。

第七章　罚　则

第四十二条　企业报送的财务决算报告内容不完整、信息披露不充分，或者数据差错较大，造成财务决算不实，以及财务决算报告不符合规范要求的，由国资委责令其重新编报，并予以通报批评。

第四十三条　在财务决算编制工作中弄虚作假、提供虚假财务信息，以及严重故意漏报、瞒报，尚不构成犯罪嫌疑的，由国资委责令改正，并依照《中华人民共和国会计法》、《企业国有资产监督管理暂行条例》和《企业财务会计报告条例》等有关法律法规予以处罚；有犯罪嫌疑的，依法移送司法机关处理。

第四十四条　会计师事务所及注册会计师在企业财务决算报告审计工作中参与做假账，或者在审计程序、审计内容、审计方法等方面存在严重问题和缺陷，造成审计结论失实的，国资委应当禁止其今后承办企业财务决算审计业务，并通报或者会同有关部门依法查处；有犯罪嫌疑的，依法移送司法机关处理。

第四十五条　国资委相关工作人员在对企业财务决算信息的收集、汇总、审核和管理过程中徇私舞弊，造成重大工作过失或者泄露国家机密或企业商业秘密的，依法给予行政处分；有犯罪嫌疑的，依法移送司法机关处理。

第八章　附　则

第四十六条　各省、自治区、直辖市国有资产监督管理机构可以参照本办法，制定本地区相关工作规范。

第四十七条　本办法自公布之日起施行。

中央企业负责人经营业绩考核暂行办法

(2003年10月21日国务院国有资产监督管理委员会第8次委主任办公会议审议通过 2006年12月30日国务院国有资产监督管理委员会第46次委主任办公会议修订 2009年12月28日国务院国有资产监督管理委员会第84次委主任办公会议第二次修订)

第一章 总 则

第一条 为切实履行企业国有资产出资人职责，维护所有者权益，落实国有资产保值增值责任,建立有效的激励和约束机制,根据《中华人民共和国企业国有资产法》、《企业国有资产监督管理暂行条例》等有关法律法规,制定本办法。

第二条 本办法考核的中央企业负责人是指经国务院授权由国务院国有资产监督管理委员会(以下简称国资委)履行出资人职责的国家出资企业（以下简称企业)的下列人员：

(一)国有独资企业的总经理(总裁)、副总经理(副总裁)、总会计师；

(二)国有独资公司的董事长、副董事长、董事,列入国资委党委管理的总经理(总裁)、副总经理(副总裁)、总会计师；

(三)国有资本控股公司国有股权代表出任的董事长、副董事长、董事,列入国资委党委管理的总经理(总裁)、副总经理(副总裁)、总会计师。

第三条 企业负责人的经营业绩，实行年度考核与任期考核相结合、结果考核与过程评价相统一、考核结果与奖惩相挂钩的考核制度。

第四条 年度经营业绩考核和任期经营业绩考核采取由国资委主任或者其授权代表与企业负责人签订经营业绩责任书的方式进行。

第五条 企业负责人经营业绩考核工作应当遵循以下原则：

(一)按照国有资产保值增值和股东价值最大化以及可持续发展的要求，依法考核企业负责人经营业绩；

(二)按照企业所处的不同行业、资产经营的不同水平和主营业务等不同特点,实事求是,公开公正,实行科学的分类考核；

(三)按照权责利相统一的要求，建立企业负责人经营业绩同激励约束机制相结合的考核制度,即业绩上、薪酬上,业绩下、薪酬下，并作为职务任免的重要依据。建立健全科学合理、可追溯的资产经营责任制；

(四)按照科学发展观的要求，推动企业提高战略管理、价值创造、自主创新、资源节约、环境保护和安全发展水平,不断增强企业核心竞争能力和可持续发展能力；

(五)按照全面落实责任的要求，推动企业建立健全全员业绩考核体系，增强企业管控力和执行力，确保国有资产保值增值责任层层落实。

第二章 年度经营业绩考核

第六条 年度经营业绩考核以公历年为考核期。

第七条 年度经营业绩责任书包括下列内容：

(一)双方的单位名称、职务和姓名；

(二)考核内容及指标；

(三)考核与奖惩；

(四)责任书的变更、解除和终止；

(五)其他需要规定的事项。

第八条 年度经营业绩考核指标包括基本指标与分类指标。

(一)基本指标包括利润总额和经济增加值指标。

1. 利润总额是指经核定的企业合并报表利润总额。利润总额计算可以加上经核准的当期企业消化以前年度潜亏，并扣除通过变卖企业主业优质资产等取得的非经常性收益。

2. 经济增加值是指经核定的企业税后净营业利润减去资本成本后的余额(考核细则见附件1)。

(二)分类指标由国资委根据企业所处行业特点，针对企业管理"短板",综合考虑企业经营管理水平、技术创新投入及风险控制能力等因素确定，具体指标在责任书中明确。

第九条 确定军工企业和主要承担国家政策性业务等特殊企业的基本指标与分类指标，可优先考虑政策性业务完成情况,具体指标及其权重在责任书中确定。

第十条 确定科研类企业的基本指标与分类指标，突出考虑技术创新投入和产出等情况，具体指标及其权重在责任书中确定。

第十一条　年度经营业绩责任书按照下列程序签订：

(一)报送年度经营业绩考核目标建议值。每年第四季度，企业负责人按照国资委年度经营业绩考核要求和企业发展规划及经营状况，对照同行业国际国内先进水平，提出下一年度拟完成的经营业绩考核目标建议值，并将考核目标建议值和必要的说明材料报送国资委。考核目标建议值原则上不低于上年考核指标实际完成值或者前三年考核指标实际完成值的平均值；

(二)核定年度经营业绩考核目标值。国资委根据"同一行业、同一尺度"原则，结合宏观经济形势、企业所处行业发展周期、企业实际经营状况等，对企业负责人的年度经营业绩考核目标建议值进行审核，并就考核目标值及有关内容同企业沟通后加以确定。凡企业年度利润总额目标值低于上年目标值与实际完成值的平均值的，最终考核结果原则上不得进入A级（处于行业周期性下降阶段但与同行业其他企业相比仍处于领先水平的企业除外）；

(三)由国资委主任或者其授权代表同企业负责人签订年度经营业绩责任书。

第十二条　国资委对年度经营业绩责任书执行情况实施动态监控。

(一)年度经营业绩责任书签订后，企业负责人每半年必须将责任书执行情况报送国资委，同时抄送派驻本企业的监事会。国资委对责任书的执行情况进行动态跟踪；

(二)建立重大生产安全事故、环境污染事故和质量事故，重大经济损失，重大法律纠纷案件，重大投融资和资产重组等重要情况的报告制度。企业发生上述情况时，企业负责人应当立即向国资委报告，同时向派驻本企业监事会报告。

第十三条　年度经营业绩责任书完成情况按照下列程序进行考核：

(一)每年4月底前，企业负责人依据经审计的企业财务决算数据，对上年度经营业绩考核目标的完成情况进行总结分析，并将年度总结分析报告报送国资委，同时抄送派驻本企业的监事会；

(二)国资委依据经审计并经审核的企业财务决算报告和经审查的统计数据，结合企业负责人年度总结分析报告并听取监事会对企业负责人的年度评价意见，对企业负责人年度经营业绩考核目标的完成情况进行考核（计分细则见附件2），形成企业负责人年度经营业绩考核与奖惩意见；

(三)国资委将最终确认的企业负责人年度经营业绩考核与奖惩意见反馈各企业负责人及其所在企业。企业负责人对考核与奖惩意见有异议的，可及时向国资委反映。

第三章　任期经营业绩考核

第十四条　任期经营业绩考核以三年为考核期。

第十五条　任期经营业绩责任书包括下列内容：

(一)双方的单位名称、职务和姓名；

(二)考核内容及指标；

(三)考核与奖惩；

(四)责任书的变更、解除和终止；

(五)其他需要规定的事项。

第十六条　任期经营业绩考核指标包括基本指标和分类指标。

(一)基本指标包括国有资本保值增值率和主营业务收入平均增长率。

1. 国有资本保值增值率是指企业考核期末扣除客观因素（由国资委核定）后的国有资本及权益同考核期初国有资本及权益的比率。计算方法为：任期内各年度国有资本保值增值率的乘积。企业年度国有资本保值增值率以国资委确认的结果为准。

2. 主营业务收入平均增长率是指企业任期内三年主营业务的平均增长情况。计算公式为：

(二)分类指标由国资委根据企业所处行业特点，综合考虑企业技术创新能力、资源节约和环境保护水平、可持续发展能力及核心竞争力等因素确定，具体指标在责任书中确定。

第十七条　确定军工企业和主要承担国家政策性业务等特殊企业的基本指标与分类指标，可优先考虑政策性业务完成情况，具体指标及其权重在责任书中确定。

第十八条　任期经营业绩责任书按照下列程序签订：

(一)报送任期经营业绩考核目标建议值。考核期初，企业负责人按照国资委任期经营业绩考核要求和企业发展规划及经营状况，对照同行业国际国内先进水平，提出任期经营业绩考核目标建议值，并将考核目标建议值和必要的说明材料报送国资委。考核目标建议值原则上不低于前一任期的考核指标实际完成值，或者不低于目标值与实际完成值的平均值；

(二)核定任期经营业绩考核目标值。国资委根据"同一行业、同一尺度"原则，结合宏观经济形势、企业所处行业发展周期及企业实际经营状况等，对企业负责人的任期经营业绩考核目标建议值进行审核，并就考核目标值及有关内容同企业沟通后加以确定；

(三)由国资委主任或者其授

权代表同企业负责人签订任期经营业绩责任书。

第十九条　国资委对任期经营业绩责任书执行情况实施年度跟踪和动态监控。

第二十条　任期经营业绩责任书完成情况按照下列程序进行考核：

（一）考核期末，企业负责人对任期经营业绩考核目标的完成情况进行总结分析，并将总结分析报告报送国资委，同时抄送派驻本企业的监事会；

（二）国资委依据任期内经审计并经审核的企业财务决算报告和经审查的统计数据，结合企业负责人任期经营业绩总结分析报告并听取监事会对企业负责人的任期评价意见，对企业负责人任期经营业绩考核目标的完成情况进行综合考核（计分细则见附件3），形成企业负责人任期经营业绩考核与奖惩意见；

（三）国资委将最终确认的企业负责人任期经营业绩考核与奖惩意见反馈各企业负责人及其所在企业。企业负责人对考核与奖惩意见有异议的，可及时向国资委反映。

第四章　奖　惩

第二十一条　根据企业负责人经营业绩考核得分，年度经营业绩考核和任期经营业绩考核最终结果分为A、B、C、D、E五个级别，完成全部考核目标值（经济增加值指标除外）为C级进级点。

第二十二条　国资委依据年度经营业绩考核结果和任期经营业绩考核结果对企业负责人实施奖惩，并把经营业绩考核结果作为企业负责人任免的重要依据。

第二十三条　对企业负责人的奖励分为年度绩效薪金奖励和任期激励或者中长期激励。

第二十四条　企业负责人年度薪酬分为基薪和绩效薪金两个部分。绩效薪金与年度考核结果挂钩。绩效薪金=绩效薪金基数×绩效薪金倍数。具体计算公式为：

当考核结果为E级时，绩效薪金为0；

当考核结果为D级时，绩效薪金按照“绩效薪金基数×(考核分数–D级起点分数)/(C级起点分数–D级起点分数)”确定，绩效薪金在0~1倍绩效薪金基数之间；

当考核结果为C级时，绩效薪金按照“绩效薪金基数×[1+0.5×(考核分数–C级起点分数)/(B级起点分数–C级起点分数)]”确定，绩效薪金在1倍绩效薪金基数到1.5倍绩效薪金基数之间；

当考核结果为B级时，绩效薪金按照“绩效薪金基数×[1.5+0.5×(考核分数–B级起点分数)/(A级起点分数–B级起点分数)]”确定，绩效薪金在1.5倍绩效薪金基数到2倍绩效薪金基数之间；

当考核结果为A级时，绩效薪金按照“绩效薪金基数×[2+(考核分数–A级起点分数)/(A级封顶分数–A级起点分数)]”确定，绩效薪金在2倍绩效薪金基数到3倍绩效薪金基数之间。

但对于利润总额低于上一年的企业，无论其考核结果处于哪个级别，其绩效薪金倍数应当低于上一年。

第二十五条　被考核人担任企业主要负责人的，其分配系数为1，其余被考核人的系数由企业根据各负责人的业绩考核结果，在0.6~0.9之间确定，报国资委备案后执行。

第二十六条　绩效薪金的60%在年度考核结束后当期兑现；其余40%根据任期考核结果等因素，延期到任期考核结束后兑现。对于离任的法定代表人，还应当根据经济责任审计结果，确定延期绩效薪金兑现方案。

第二十七条　对于任期经营业绩考核结果为A级、B级和C级的企业负责人，按期兑现延期绩效薪金。根据考核结果、经济增加值改善情况等，给予企业负责人相应的任期激励或者中长期激励。

第二十八条　对于任期经营业绩考核结果为D级和E级的企业负责人，根据考核分数扣减延期绩效薪金。

具体扣减绩效薪金的公式为：

扣减延期绩效薪金=任期内积累的延期绩效薪金×(C级起点分数–实得分数)/C级起点分数。

第二十九条　未完成任期经营业绩考核目标或者连续两年未完成年度经营业绩考核目标，且无重大客观原因的，对企业负责人予以调整。

第三十条　对业绩优秀及在自主创新、管理增效、节能减排方面取得突出成绩的，给予任期特别奖（实施细则见附件4）。对承担国家重大结构性调整任务且取得突出成绩的，年度考核给予加分奖励。

第三十一条　实行企业负责人经营业绩考核谈话制度。对于年度考核结果为D级和E级、发生重大生产安全责任事故和重大环境污染责任事故、严重违规经营和存在重大经营风险等情形的企业，经国资委主任办公会议批准，由国资委业绩考核领导小组与企业主要负责人进行谈话，帮助企业分析问题、改进工作。

第三十二条　对于全员业绩考核工作开展不力的企业，扣减经营业绩考核得分（计分细则见附件2）。

第三十三条　企业违反《中华人民共和国会计法》、《企业会计准则》等有关法律法规规章，虚报、瞒报财务状况的，国资委根据具体情节给予降级或者扣分处理，并相应扣发企业法定代表人及相关负责人的绩效薪金、任期激励或者中长期激励；情节严重的，给予纪律处分或者对企业负责人进行调整；涉嫌犯罪的，依法移送司法机关处理。

第三十四条　企业法定代表人及相关负责人违反国家法律法规和规定，导致重大决策失误、重大安全与质量责任事故、重大环境污染责任事故、重大违纪和法律纠纷案件，给企业造成重大不良影响或者造成国有资产流失的，国资委根据具体情节给予降级或者扣分处理，并相应扣发其绩效薪金、任期激励或者中长期激励；情节严重的，给予纪律处分或者对企业负责人进行调整；涉嫌犯罪的，依法移送司法机关处理。

第五章　附　则

第三十五条　对于在考核期内企业发生清产核资、改制重组、主要负责人变动等情况的，国资委可以根据具体情况变更经营业绩责任书的相关内容。

第三十六条　国有独资企业、国有独资公司和国有资本控股公司党委(党组)书记、副书记、常委(党组成员)、纪委书记(纪检组长)的考核及其奖惩依照本办法执行。

第三十七条　国有资本参股公司、被兼并破产企业中由国资委党委管理的企业负责人，其经营业绩考核参照本办法执行。具体经营业绩考核事项在经营业绩责任书中确定。

第三十八条　对符合下列条件的国有独资公司，国资委授权董事会对高级管理人员的经营业绩进行考核：

(一)公司法人治理结构完善；

(二)经营业绩考核制度健全；

(三)外部董事人数超过董事会全体成员半数；

(四)薪酬与考核委员会成员全部由外部董事担任。

国资委依据有关规定和规范性文件，对董事会业绩考核工作进行指导和监督。

第三十九条　各省、自治区、直辖市国有资产监督管理机构，设区的市、自治州级国有资产监督管理机构对国家出资企业负责人的经营业绩考核，可参照本办法执行。

第四十条　本办法由国资委负责解释。

第四十一条　本办法自2010年1月1日起施行。

附件1

经济增加值考核细则

一、经济增加值的定义及计算公式

经济增加值是指企业税后净营业利润减去资本成本后的余额。

计算公式：

经济增加值=税后净营业利润-资本成本=税后净营业利润-调整后资本×平均资本成本率

税后净营业利润=净利润+(利息支出+研究开发费用调整项-非经常性收益调整项×50%)×(1-25%)

调整后资本=平均所有者权益+平均负债合计-平均无息流动负债-平均在建工程

二、会计调整项目说明

(一)利息支出是指企业财务报表中“财务费用”项下的“利息支出”。

(二)研究开发费用调整项是指企业财务报表中“管理费用”项下的“研究与开发费”和当期确认为无形资产的研究开发支出。对于为获取国家战略资源，勘探投入费用较大的企业，经国资委认定后，将其成本费用情况表中的“勘探费用”视同研究开发费用调整项按照一定比例（原则上不超过50%)予以加回。

(三)非经常性收益调整项包括：

1．变卖主业优质资产收益：减持具有实质控制权的所属上市公司股权取得的收益（不包括在二级市场增持后又减持取得的收益)；企业集团(不含投资类企业集团）转让所属主业范围内且资产、收入或者利润占集团总体10%以上的非上市公司资产取得的收益。

2．主业优质资产以外的非流动资产转让收益：企业集团(不含投资类企业集团）转让股权（产权)收益，资产(含土地)转让收益。

3．其他非经常性收益：与主业发展无关的资产置换收益、与经常活动无关的补贴收入等。

(四)无息流动负债是指企业财务报表中“应付票据”、“应付账款”、“预收款项”、“应交税费”、“应付利息”、“其他应付款”和“其他流动负债”；对于因承担国家任务等原因造成“专项应付款”、“特种储备基金”余额较大的，可视同无息流动负债扣除。

(五)在建工程是指企业财务报表中的符合主业规定的“在建工程”。

三、资本成本率的确定

(一)中央企业资本成本率原则上定为5.5%。

(二)承担国家政策性任务较重且资产通用性较差的企业，资本成本率定为4.1%。

(三)资产负债率在75%以上的工业企业和80%以上的非工业企业，资本成本率上浮0.5个百分点。

(四)资本成本率确定后，三年保持不变。

四、其他重大调整事项

发生下列情形之一，对企业经济增加值考核产生重大影响的，国资委酌情予以调整：

（一）重大政策变化；

（二）严重自然灾害等不可抗力因素；

（三）企业重组、上市及会计准则调整等不可比因素；

（四）国资委认可的企业结构调整等其他事项。

附件2

年度经营业绩考核计分细则

一、年度经营业绩考核综合计分

年度经营业绩考核综合得分=(利润总额指标得分+经济增加值指标得分+分类指标得分)×经营难度系数+奖励分－考核扣分

上述年度经营业绩考核指标中，若某项指标（不含经济增加值指标）未达到基本分，则该项指标正常计分，其他指标只得基本分，所有考核指标得分不再乘经营难度系数。

二、年度经营业绩考核各指标计分

（一）利润总额指标计分。

利润总额指标的基本分为30分。企业负责人完成目标值时，得基本分30分。该指标计分以基准值为基础。基准值是指上年实际完成值和前三年实际完成值平均值中的较低值。

1.利润总额考核目标值不低于基准值时，完成值每超过目标值3%，加1分，最多加6分。完成值每低于目标值3%，扣1分，最多扣6分。

2.利润总额考核目标值低于基准值时，该指标按照以下规则计分：

(1)目标值比基准值低20%(含)以内的，完成值每超过目标值3%，加1分，最多加5分。完成值每低于目标值3%，扣1分，最多扣6分。

(2)目标值比基准值低20%–50%的，完成值每超过目标值3%，加1分，最多加4分。完成值每低于目标值3%，扣1分，最多扣6分。

(3)目标值比基准值低50%(含)以上的，完成值每超过目标值3%，加1分，最多加3分。完成值每低于目标值3%，扣1分，最多扣6分。

3.利润总额考核目标值为负数，完成值减亏部分折半计算，盈利部分正常计算；超额完成考核目标，最多加3分；减亏但仍处于亏损状态，考核得分不超过C级最高限；扭亏为盈，考核得分不超过B级最高限。

（二）经济增加值指标计分。

经济增加值指标的基本分为40分。企业负责人完成目标值时，得基本分40分。该指标计分以基准值为基础。基准值是指上年实际完成值和前三年实际完成值平均值中的较低值。

1.经济增加值考核目标值不低于基准值时，完成值每超过目标值(绝对值)2%，加1分，最多加8分。完成值每低于目标值(绝对值)3%，扣1分，最多扣8分。

2.经济增加值考核目标值低于基准值时，完成值每超过目标值(绝对值)3%，加1分，最多加8分。完成值每低于目标值（绝对值)3%，扣1分，最多扣8分。

3.经济增加值考核目标值在零附近的，计分给予特别处理。

（三）分类指标计分。

分类指标应当确定2个。分类指标加分与扣分的上限与下限为该项指标基本分的20%。

（四）考核指标目标值达到行业优秀水平的，企业负责人完成目标值时，该项指标直接加满分。

三、奖惩计分

（一）奖励计分。

承担国家结构性调整任务且取得突出成绩的企业，国资委根据有关规定视任务完成情况加0.5~2分。

（二）考核扣分。

1.企业发生重大资产损失、发生生产安全责任事故、环境污染责任事故等，国资委按照有关规定给予降级、扣分处理。

2.企业发生违规违纪或者存在财务管理混乱等问题，国资委按照有关规定视情节轻重扣0.5~2分。

3.企业全员业绩考核制度不健全，未对集团副职、职能部门负责人、下属企业负责人进行经营业绩考核的，视情况扣减0.1~1分。

4.剔除重组和会计准则调整等客观因素影响，利润总额目标值与完成值差异超过50%以上的，依据差异程度相应扣减0.1~2分。本条款不受其他条款限制。

四、经营难度系数

经营难度系数根据企业资产总额、营业收入、利润总额、净资产收益率、职工平均人数、经济增加值等因素加权计算，分类确定。

附件3

任期经营业绩考核计分细则

一、任期经营业绩考核综合计分

任期经营业绩考核综合得分=(国有资本保值增值率指标得分+主营业务收入平均增长率指标得分+分类指标得分)×经营难度系数+任期内三年的年度经营业绩考核结果指标得分－考核扣分

上述任期经营业绩考核指标中，若某项指标未达到基本分，则该项指标正常计分，其他指标只得基本分，所有考核指标得分不再乘经营难度系数。

二、任期经营业绩考核各指标计分

（一）国有资本保值增值率指标计分。

国有资本保值增值率指标的基本分为40分。企业负责人完成目标值时，得基本分40分。该指标计分以基准值为基础。基准值是指前一任期实际完成值和前一任期考核目标值与实际完成值平均值中的较低值。

1.国有资本保值增值率考核目标值不低于基准值时，完成值每超过目标值0.4个百分点，加1分，最多加8分。完成值低于目标值但大于100%，每低于目标值0.4个百分点，扣0.5分，最多扣4分；完成值低于100%，每低于目标值0.4个百分点，扣1分，最多扣8分。该指标考核目标值达到行业优秀水平的，完成目标值时直接加满分。

2.国有资本保值增值率考核目标值低于基准值时，该指标按照以下规则计分：

(1) 目标值比基准值低30%(含)以内的，完成值每超过目标值0.4个百分点，加1分，最多加7分。完成值低于目标值但高于100%，每低于目标值0.4个百分点，扣0.5分，最多扣4分；完成值低于100%，每低于目标值0.4个百分点，扣1分，最多扣8分。

(2)目标值比基准值低30%~50%的，完成值每超过目标值0.4个百分点，加1分，最多加6分。完成值低于目标值但高于100%，每低于目标值0.4个百分点，扣0.5分，最多扣4分；完成值低于100%，每低于目标值0.4个百分点，扣1分，最多扣8分。

(3) 目标值比基准值低50%(含)以上的，完成值每超过目标值0.4个百分点，加1分，最多加5分。完成值低于目标值但高于100%，每低于目标值0.4个百分点，扣0.5分，最多扣4分；完成值低于100%，每低于目标值0.4个百分点，扣1分，最多扣8分。

(4)目标值低于基准值，但处于行业领先水平的，该指标加分上限可以调整为8分。

3.国有资本保值增值率考核目标值低于100%的，完成值超过目标值，不予加分。完成值低于目标值，每低于0.4个百分点，扣1分，最多扣8分。

（二）主营业务收入平均增长率指标计分。

主营业务收入平均增长率指标基本分为20分。企业负责人完成目标值时，得基本分20分。该指标计分以基准值为基础。基准值是指前一任期实际完成值和前一任期考核目标值与实际完成值平均值中的较低值。

1.主营业务收入平均增长率考核目标值不低于基准值时，完成值每超过目标值1个百分点，加1分，最多加4分。完成值每低于目标值1个百分点，扣1分，最多扣4分。该指标考核目标值达到行业优秀水平的，完成目标值时直接加满分。

2.主营业务收入平均增长率考核目标值低于基准值时，该指标按照以下规则计分：

(1) 目标值比基准值低30%(含)以内的，完成值每超过目标值1个百分点，加1分，最多加3分。完成值每低于目标值1个百分点，扣1分，最多扣4分。

(2)目标值比基准值低30%~50%的，完成值每超过目标值1个百分点，加1分，最多加2分。完成值每低于目标值1个百分点，扣1分，最多扣4分。

(3) 目标值比基准值低50%(含)以上的，完成值每超过目标值1个百分点，加1分，最多加1分。完成值每低于目标值1个百分点，扣1分，最多扣4分。

(4)目标值低于基准值，但处于行业领先水平的，该指标加分上限可以调整为4分。

3.主营业务收入平均增长率考核目标值为负数，完成值超过目标值，不予加分。完成值低于目标值，每低于1个百分点，扣1分，最多扣4分。

（三）分类指标计分。

分类指标应当确定2个。分类指标加分与扣分的上限与下限为该项指标基本分的20%。

分类指标考核目标值达到行业先进水平的，完成目标值时直接加满分。

（四）任期内三年的年度经营业绩考核结果指标计分。

任期内三年的年度经营业绩考核结果指标的基本分为20分。企业负责人三年内的年度经营业绩综合考核结果每得一次A级得8分；每得一次B级得7.335分；每得一次C级得6.667分；每得一次D级及以下得6分。

三、考核扣分

（一）未完成节能减排考核目标的，视情况扣减0.1~2分。

（二）剔除重组、结构调整和会计准则调整等因素的影响后，基本指标考核目标值与实际完成值差异超过8个百分点以上的，依据差异程度相应扣减0.1~2分。本款不受其他条款限制。

四、经营难度系数

经营难度系数根据企业任期内最后一年的资产总额、营业收入、利润总额、净资产收益率、职工平均人数、经济增加值等因素加权计算，分类确定。

附件4

任期特别奖实施细则

一、奖项设立

国资委在任期考核中设立任期特别奖，包括“业绩优秀企业奖”、“科技创新企业奖”、“管理进步企业奖”和“节能减排优秀企业奖”。

二、获奖条件及评定办法

（一）对任期考核结果为A级且在该任期中年度考核获得三个A级或者两个A级、一个B级的企业，授予“业绩优秀企业奖”。

（二）符合以下条件之一的企业，授予“科技创新企业奖”：

1. 任期中获得国家科技进步或者技术发明一等奖以上，且为项目主要承担者的。

2. 在国际标准制订中取得重大突破的。

（三）资产负债率控制在合理范围内（工业企业75%，非工业企业80%），同时符合下列条件之一的企业，授予“管理进步企业奖”，奖励名额根据具体情况确定：

1. 效益大幅度增加。

以任期中企业利润总额增长率排名为评选依据，计算方法为：任期内最后一年利润总额/任期前一年利润总额×100%。按照任期前一年利润总额为5亿元以上和5亿元以下（含）两个类别分别评定。

2. 盈利水平显著提高。

以任期中企业净资产收益率增长幅度排名为评选依据，计算方法为：任期内最后一年末净资产收益率–任期前一年末净资产收益率。按照任期前一年末净资产规模为80亿元以上及80亿元以下（含）两个类别分别评定。

3. 价值创造能力优异。

以任期中企业经济增加值增长率排名为评选依据，计算方法为：任期内最后一年经济增加值/任期前一年经济增加值。按照任期前一年末总资产规模为100亿元以上及100亿元以下（含）两个类别分别评定。

4. 扭亏增效成绩突出。

对于任期前一年经营亏损的企业，以任期中扭亏增效幅度排名为评选依据，计算公式为：任期内最后一年利润总额–任期前一年利润总额。

（四）符合以下条件之一的企业，授予“节能减排优秀企业奖”：

1. 任期末，主要产品单位能耗、污染物排放水平达到国内同行业最好水平，接近或者达到国际同行业先进水平的。

2. 任期内，单位综合能耗降低率、主要污染物排放总量降低率在中央企业居于前列的。

3. 任期内，节能减排投入较大，在节能减排技术创新方面取得重大突破，在推动全行业、全社会节能减排方面做出突出贡献的。

三、奖励方式

每个任期结束时，国资委对上述奖项进行评定，并对获奖企业进行表彰。

第二篇

规模以上工业企业

2012年规模以上工业企业

甲栏分组	代码	企业单位数(个)	亏损企业	工业总产值(当年价格)	工业销售产值(当年价格)	出口交货值
总计		12360	1390	4304865156	4209783326	151198029
采矿业	BBBB	1014	202	446442600	434337101	421512
煤炭开采和洗选业	0600	160	17	149020668	146636636	82712
烟煤和无烟煤开采洗选	0610	160	17	149020668	146636636	82712
石油和天然气开采业	0700	2	—	30030293	29857516	—
石油开采	0710	2	—	30030293	29857516	—
黑色金属矿采选业	0800	757	168	252281385	243346322	332864
铁矿采选	0810	755	167	252186467	243248979	332864
其他黑色金属矿采选	0890	2	1	94918	97343	—
有色金属矿采选业	0900	25	4	5550966	5023481	2
常用有色金属矿采选	0910	11	2	1037995	923924	—
铅锌矿采选	0912	7	1	815049	736284	—
其他常用有色金属矿采选	0919	2	—	161362	151903	—
贵金属矿采选	0920	8	2	1605859	1487242	2
金矿采选	0921	5	1	1216993	1167834	2
银矿采选	0922	3	1	388866	319408	—
稀有稀土金属矿采选	0930	6	—	2907112	2612315	—
钨钼矿采选	0931	6	—	2907112	2612315	—
非金属矿采选业	1000	70	13	9559288	9473146	5934
土砂石开采	1010	46	12	6619841	6625531	5934
石灰石、石膏开采	1011	13	5	1164328	1153389	—
建筑装饰用石开采	1012	2	—	118658	120566	170
耐火土石开采	1013	5	1	168172	131547	—
粘土及其他土砂石开采	1019	26	6	5168683	5220029	5764
采盐	1030	7	1	992843	915143	—
石棉及其他非金属矿采选	1090	16	—	1534478	1507756	—
其他未列明非金属矿采选	1099	15	—	1480059	1454649	—
制造业	CCCC	10983	1107	3574331402	3492010118	150776517
农副食品加工业	1300	640	61	190439515	188366745	6594944
谷物磨制	1310	109	7	28642798	28154823	—
饲料加工	1320	122	9	34765433	34306145	—
植物油加工	1330	76	5	40987314	41539743	884355
食用植物油加工	1331	74	5	40789309	41319404	884355
非食用植物油加工	1332	2	—	198005	220339	—
制糖业	1340	6	1	766384	775585	—
屠宰及肉类加工	1350	142	20	38508308	37793364	1345426
牲畜屠宰	1351	42	6	12221044	11803221	66778
禽类屠宰	1352	37	8	10786878	10636930	144208
肉制品及副产品加工	1353	63	6	15500386	15353213	1134440
水产品加工	1360	20	4	1796634	1652801	1128403
水产品冷冻加工	1361	18	4	1759436	1615603	1128403
水产饲料制造	1363	2	—	37198	37198	—
蔬菜、水果和坚果加工	1370	80	6	12129069	11800938	2283677

主要经济指标(一)

单位:千元

年初存货	产成品	在产品	资产总计	流动资产合计	应收账款
335293288	113597885	37208152	3356717622	1372331264	245263125
23303871	11617534	622785	421030878	178741096	34937610
11226625	4376854	188208	180044284	89194964	16744269
11226625	4376854	188208	180044284	89194964	16744269
751912	319454	1456	67220001	9381412	325501
751912	319454	1456	67220001	9381412	325501
10481988	6421374	397793	162261834	76143570	17177699
10481498	6420889	397793	162176800	76080828	17170799
490	485	—	85034	62742	6900
339650	162192	24751	4277484	1074933	61858
92941	53919	24751	1097967	419998	26827
80785	45743	22386	974979	348104	20672
9772	6681	2072	77984	47209	5545
37077	18683	—	984924	229216	31151
18946	10818	—	650441	122591	12583
18131	7865	—	334483	106625	18568
209632	89590	—	2194593	425719	3880
209632	89590	—	2194593	425719	3880
503696	337660	10577	7227275	2946217	628283
171842	109249	10577	3279092	923863	250898
29212	13454	—	731903	254065	41256
13719	12303	1416	98680	26187	3358
31498	12281	7902	220493	128743	60021
97413	71211	1259	2228016	514868	146263
198160	146931	—	2877434	1645113	319976
33818	9330	—	405342	133382	50269
32620	8299	—	382310	129514	49401
306551764	101543858	36570452	2580269436	1135088306	198206600
11853303	5672248	579586	82160859	44469574	5403754
1575080	454744	94540	8258979	4412817	1109051
949196	294634	56295	7982367	2548293	474938
4828790	2360343	40742	28942727	23094497	1665158
4792007	2357785	40742	28829606	23042191	1660171
36783	2558	—	113121	52306	4987
198678	140722	182	1143301	304924	10980
1581164	938797	107762	14558146	5410507	878122
525620	381010	70338	5990269	1921956	219171
377402	281774	1508	3243301	1452232	282734
678142	276013	35916	5324576	2036319	376217
364816	268299	59194	1216168	853019	180218
352570	267698	51069	1149267	820982	163750
12246	601	8125	66901	32037	16468
907012	505340	22922	6247341	2862378	492000

2012年规模以上工业企业

甲栏分组	代码	企业单位数(个)	亏损企业	工业总产值(当年价格)	工业销售产值(当年价格)	出口交货值
蔬菜加工	1371	40	3	7091409	6916491	1409286
水果和坚果加工	1372	40	3	5037660	4884447	874391
其他农副食品加工	1390	85	9	32843575	32343346	953083
淀粉及淀粉制品制造	1391	65	8	30467411	30121032	932853
豆制品制造	1392	4	1	242526	243184	—
蛋品加工	1393	2	—	732135	713633	—
其他未列明农副食品加工	1399	14	—	1401503	1265497	20230
食品制造业	1400	249	22	69696585	67928043	1843760
焙烤食品制造	1410	29	—	6446309	6487602	28434
糕点、面包制造	1411	6	—	381766	345581	—
饼干及其他焙烤食品制造	1419	23	—	6064543	6142021	28434
糖果、巧克力及蜜饯制造	1420	48	—	8111299	7830785	21033
糖果、巧克力制造	1421	12	—	3327836	3186953	20508
蜜饯制作	1422	36	—	4783463	4643832	525
方便食品制造	1430	32	2	16816065	16189314	45413
米、面制品制造	1431	8	—	1746822	1666264	—
速冻食品制造	1432	9	1	915206	694237	45413
方便面及其他方便食品制造	1439	15	1	14154037	13828813	—
乳制品制造	1440	35	7	19796472	19119820	—
罐头食品制造	1450	26	4	4528635	4454827	769492
蔬菜、水果罐头制造	1453	22	3	3540353	3480466	587639
其他罐头食品制造	1459	3	1	960294	946373	181853
调味品、发酵制品制造	1460	29	2	4678272	4618496	84958
酱油、食醋及类似制品制造	1462	10	1	687325	687422	—
其他调味品、发酵制品制造	1469	19	1	3990947	3931074	84958
其他食品制造	1490	50	7	9319533	9227199	894430
营养食品制造	1491	2	—	262036	261442	—
保健食品制造	1492	3	—	385287	382181	—
冷冻饮品及食用冰制造	1493	6	—	775765	775754	—
食品及饲料添加剂制造	1495	34	6	7004142	6928788	809939
其他未列明食品制造	1499	5	1	892303	879034	84491
酒、饮料和精制茶制造业	1500	150	23	38611836	37445351	311249
酒的制造	1510	93	16	22025816	21165869	1091
酒精制造	1511	4	1	3885835	3878501	—
白酒制造	1512	47	3	10394234	9847607	790
啤酒制造	1513	22	7	4852198	4792132	—
葡萄酒制造	1515	20	5	2893549	2647629	301
饮料制造	1520	56	7	16508324	16201786	310158
碳酸饮料制造	1521	6	1	1162314	1159475	—
瓶(罐)装饮用水制造	1522	4	1	488046	487418	—
果菜汁及果菜汁饮料制造	1523	22	4	4094911	3821267	310158
含乳饮料和植物蛋白饮料制造	1524	22	1	10098378	10073114	—
烟草制品业	1600	3	—	16539770	16468775	—

主要经济指标(一)

单位:千元　　续表

年初存货	产成品	在产品	资产总计	流动资产合计	应收账款
338277	240073	14190	3328583	1343839	236670
568735	265267	8732	2918758	1518539	255330
1448567	709369	197949	13811830	4983139	593287
1172274	516196	193574	11777223	4199952	441672
3449	1794	—	108920	64175	21438
19797	14244	—	319211	43109	3946
253047	177135	4375	1606476	675903	126231
3240654	1168482	147732	35875552	15817077	4210902
404676	173166	6674	4292681	1813420	385214
29009	6516	1205	244859	70287	28017
375667	166650	5469	4047822	1743133	357197
294569	109678	17925	4455322	1381793	209943
127944	49186	940	1304327	448854	73580
166625	60492	16985	3150995	932939	136363
722965	207310	16975	8603903	4166207	1169315
87143	49329	517	322144	134152	6224
50089	42039	2365	475216	283003	106445
585733	115942	14093	7806543	3749052	1056646
566056	216476	8341	8865624	4185382	1728349
470452	124096	24640	2417786	940014	145880
293442	103405	24640	1718683	769968	106911
177010	20691	—	528940	144897	16822
347485	103560	47793	2469877	1048419	227098
70260	23401	24881	490054	152016	46189
277225	80159	22912	1979823	896403	180909
434451	234196	25384	4770359	2281842	345103
48	45	—	24453	6254	516
14578	5484	2619	186681	62108	3170
9626	2672	—	253730	76238	5807
391991	219826	22226	3938265	2043220	315060
18208	6169	539	367230	94022	20550
5505670	2243510	421763	34485049	17553462	2326349
4377493	1699526	333250	22590936	10978043	1383225
224004	140022	6121	1495472	639030	42401
1410872	669433	38712	7924722	4271644	321892
1734059	613982	47604	9219700	3359348	256151
1008558	276089	240813	3951042	2708021	762781
1127037	543595	88513	11815314	6570840	942841
42854	9195	—	457979	124265	34925
14522	1487	1047	425141	135770	47755
355269	182913	64977	3840694	2193947	716551
711276	347052	22489	6975130	4083734	131346
4153837	212304	9990	9532580	6362336	494344

2012年规模以上工业企业

甲栏分组	代码	企业单位数(个)	亏损企业	工业总产值(当年价格)	工业销售产值(当年价格)	出口交货值
卷烟制造	1620	3	—	16539770	16468775	—
纺织业	1700	736	53	143926987	139964114	6711145
棉纺织及印染精加工	1710	476	40	103738203	101395774	2224486
棉纺纱加工	1711	293	29	57306448	55780152	1354690
棉织造加工	1712	153	8	39392574	38702810	710383
棉印染精加工	1713	30	3	7039181	6912812	159413
毛纺织及染整精加工	1720	91	7	15466285	14915913	1069221
毛条和毛纱线加工	1721	72	3	13068493	12566396	940120
毛织造加工	1722	15	3	2048071	2049749	116318
毛染整精加工	1723	4	1	349721	299768	12783
化纤织造及印染精加工	1750	10	—	1288122	1262473	57611
化纤织造加工	1751	10	—	1288122	1262473	57611
针织或钩针编织物及其制品制造	1760	29	3	2752529	2630317	311154
针织或钩针编织物织造	1761	20	2	1686983	1601586	202452
针织或钩针编织物印染精加工	1762	3	—	521995	521995	—
针织或钩针编织品制造	1763	6	1	543551	506736	108702
家用纺织制成品制造	1770	70	—	13173620	12509562	2468864
床上用品制造	1771	23	—	5662027	5365111	1644737
毛巾类制品制造	1772	42	—	7178937	6815587	720274
其他家用纺织制成品制造	1779	5	—	332656	328864	103853
非家用纺织制成品制造	1780	60	3	7508228	7250075	579809
非织造布制造	1781	36	—	5189284	5026513	570227
纺织带和帘子布制造	1783	3	1	179939	156025	—
篷、帆布制造	1784	8	2	288147	273566	5437
其他非家用纺织制成品制造	1789	12	—	1791764	1735404	4145
纺织服装、服饰业	1800	230	14	37332703	35373040	4695210
机织服装制造	1810	190	11	31608477	30009984	4271333
针织或钩针编织服装制造	1820	21	1	1887408	1853716	354583
服饰制造	1830	19	2	3836818	3509340	69294
皮革、毛皮、羽毛及其制品和制鞋业	1900	465	5	96634717	94332721	5646362
皮革鞣制加工	1910	79	—	23944727	23091924	184028
皮革制品制造	1920	201	—	49738617	49104661	2710038
皮革服装制造	1921	81	—	24233828	24201345	2609842
皮箱、包(袋)制造	1922	66	—	6835268	6823789	47501
皮手套及皮装饰制品制造	1923	2	—	76987	76601	52695
其他皮革制品制造	1929	52	—	18592534	18002926	—
毛皮鞣制及制品加工	1930	153	4	18353386	17607539	2698719
毛皮鞣制加工	1931	22	1	2097830	2020112	110382
毛皮服装加工	1932	76	—	12360884	11767392	1556732
其他毛皮制品加工	1939	55	3	3894672	3820035	1031605
羽毛(绒)加工及制品制造	1940	6	—	376993	373144	—
羽毛(绒)加工	1941	3	—	235990	232308	—
羽毛(绒)制品加工	1942	3	—	141003	140836	—

主要经济指标(一)

单位:千元　续表

年初存货	产成品	在产品	资产总计	流动资产合计	应收账款
4153837	212304	9990	9532580	6362336	494344
8254513	3829533	985855	57063344	24786000	4000087
5743906	2806570	619403	41829456	16970487	2230675
3537859	1723258	407322	23770162	9952035	1517464
2062517	1021173	201786	15897597	6354609	605514
143530	62139	10295	2161697	663843	107697
1362461	483847	225257	6772080	4179416	731123
1112505	408904	210488	5796647	3458878	621528
169625	66631	13876	841052	615655	100299
80331	8312	893	134381	104883	9296
30836	11591	5726	274898	133685	18217
30836	11591	5726	274898	133685	18217
156225	43303	34762	1350456	519186	133473
106926	25882	23200	911894	356292	106838
13221	8674	1627	110099	46185	16736
36078	8747	9935	328463	116709	9899
637276	343493	73239	3371587	1857911	539303
324961	166036	35731	1396437	817911	199222
274908	167534	27786	1827471	945678	299821
37407	9923	9722	147679	94322	40260
323809	140729	27468	3464867	1125315	347296
213353	102187	6132	2637330	672406	210247
16411	8781	1506	135460	48978	22298
68806	19681	11007	333678	244509	85615
23479	9218	8823	345279	154942	28156
2188498	1123156	193021	14844721	7871752	1805985
2024572	1061668	187550	13378428	7208184	1672449
115303	46975	4547	611004	368595	90181
48623	14513	924	855289	294973	43355
2420050	1006948	434881	26485103	9218816	1487982
697489	261410	248624	6356596	2147904	475479
309652	228357	12418	12903587	2748776	343455
160136	130515	11090	9740688	1670497	164863
34965	19085	—	780595	451200	111895
57204	42052	—	151632	109538	9004
57347	36705	1328	2230672	517541	57693
1052695	314214	136985	5213855	3384477	524237
97245	47266	4469	595770	250553	40119
639168	190253	47526	3448808	2251105	291302
316282	76695	84990	1169277	882819	192816
41059	36712	1767	208655	133430	47446
34687	31417	1767	152864	94107	27282
6372	5295	—	55791	39323	20164

2012年规模以上工业企业

甲栏分组	代码	企业单位数(个)	亏损企业	工业总产值(当年价格)	工业销售产值(当年价格)	出口交货值
制鞋业	1950	26	1	4220994	4155453	53577
纺织面料鞋制造	1951	8	—	618330	603348	14056
皮鞋制造	1952	5	—	2010959	1971594	4105
塑料鞋制造	1953	6	—	650614	646854	—
橡胶鞋制造	1954	6	1	914948	907673	35416
木材加工和木、竹、藤、棕、草制品业	2000	110	9	18435283	18173289	217449
人造板制造	2020	75	6	15176872	14928330	49886
胶合板制造	2021	33	2	5404133	5330097	49886
纤维板制造	2022	29	1	8048023	7950060	—
刨花板制造	2023	8	3	1473520	1413290	—
其他人造板制造	2029	5	—	251196	234883	—
木制品制造	2030	30	2	2885027	2870308	100769
建筑用木料及木材组件加工	2031	11	—	901383	960553	—
木门窗、楼梯制造	2032	10	—	868524	840659	—
木制容器制造	2034	4	1	309473	311598	660
软木制品及其他木制品制造	2039	5	1	805647	757498	100109
竹、藤、棕、草等制品制造	2040	4	1	305472	306739	66794
草及其他制品制造	2049	3	1	282836	286605	66794
家具制造业	2100	119	8	18836246	18544515	1335707
木质家具制造	2110	59	1	9351131	9140540	154790
金属家具制造	2130	44	5	7782361	7706972	1052235
其他家具制造	2190	14	2	1388222	1386888	36669
造纸和纸制品业	2200	258	16	52248241	51253663	311419
纸浆制造	2210	4	—	543392	549269	—
非木竹浆制造	2212	3	—	290914	297147	—
造纸	2220	136	11	27859666	27291117	85796
机制纸及纸板制造	2221	128	10	27005764	26477720	85796
加工纸制造	2223	7	1	553135	539379	—
纸制品制造	2230	118	5	23845183	23413277	225623
纸和纸板容器制造	2231	69	3	16341174	16042937	—
其他纸制品制造	2239	49	2	7504009	7370340	225623
印刷和记录媒介复制业	2300	120	4	20430107	20287346	8948
印刷	2310	117	4	20148767	20006876	8580
书、报刊印刷	2311	43	—	9745916	9718264	—
本册印制	2312	8	—	556195	561855	—
包装装潢及其他印刷	2319	66	4	9846656	9726757	8580
记录媒介复制	2330	2	—	159485	158615	368
文教、工美、体育和娱乐用品制造业	2400	175	8	18546725	18117709	2588582
文教办公用品制造	2410	17	—	1144218	1143698	49118
文具制造	2411	15	—	1086150	1081963	46443
乐器制造	2420	22	2	2848688	2787062	645995
中乐器制造	2421	6	—	1073768	1065060	12667
西乐器制造	2422	12	—	1620402	1565955	567385

主要经济指标(一)

单位:千元　　续表

年初存货	产成品	在产品	资产总计	流动资产合计	应收账款
319155	166255	35087	1802410	804229	97365
40788	20110	1817	256093	138563	20581
141580	75088	9812	816095	394844	19494
21910	17067	269	224569	62930	14369
114331	53931	23157	498817	204977	42495
1020961	424789	67199	9797227	3471681	674790
767134	370193	44961	7659507	2494946	429387
262801	120223	29827	2459139	1019636	275733
384733	168808	12580	3373748	988548	102925
94110	59954	912	1204022	444787	48121
25490	21208	1642	622598	41975	2608
225503	43591	8004	1800263	855757	218183
116007	20051	—	978741	481446	110078
28935	6720	4019	394391	132319	37336
15347	9248	1223	121371	65660	38137
65214	7572	2762	305760	176332	32632
4736	3995	—	238481	67849	9214
4736	3995	—	232655	64428	7418
935847	400873	124712	11006206	3396455	469156
592712	255475	111740	5097218	1685187	198770
234422	105565	10177	4940555	1343564	207236
105908	39121	2795	874389	347345	60175
2403994	1280682	346427	22558385	8993905	2143851
78916	44093	30076	336886	172253	16064
47721	41108	1866	137091	78374	14016
1757583	944600	279700	14224235	5368415	1170534
1731845	924344	279439	13682260	5219550	1145364
24587	19298	261	434041	109853	24117
567495	291989	36651	7997264	3453237	957253
313076	140440	23073	5201851	2144797	673231
254419	151549	13578	2795413	1308440	284022
1220172	541002	229056	11956466	4446629	1068657
1199636	528683	229056	11777174	4368747	1055217
452826	234338	76007	4599459	1505219	272594
67455	26530	5692	429715	224881	59073
679355	267815	147357	6748000	2638647	723550
17078	12319	—	140768	70424	12416
1078502	503540	164846	7863929	3170321	787821
54228	27730	3599	185446	107617	35488
43895	23182	3599	133850	75802	25441
107841	19400	2872	1235162	271576	57460
44517	5670	278	279906	123992	31776
46007	6817	415	882449	98638	14937

2012年规模以上工业企业

甲栏分组	代码	企业单位数(个)	亏损企业	工业总产值(当年价格)	工业销售产值(当年价格)	出口交货值
其他乐器及零件制造	2429	3	1	119466	119466	29979
工艺美术品制造	2430	81	6	10433317	10101635	1505663
雕塑工艺品制造	2431	28	1	3698221	3658363	211216
金属工艺品制造	2432	15	1	2244845	2093698	60381
天然植物纤维编织工艺品制造	2435	3	—	213446	212550	1358
抽纱刺绣工艺品制造	2436	5	—	1079825	1039338	893066
地毯、挂毯制造	2437	15	4	1855888	1770672	147643
其他工艺美术品制造	2439	13	—	1095725	1092194	191999
体育用品制造	2440	27	—	2141250	2114430	137685
球类制造	2441	2	—	233450	226634	—
体育器材及配件制造	2442	5	—	253513	246547	570
训练健身器材制造	2443	11	—	466492	456460	98522
运动防护用具制造	2444	2	—	774803	771797	36318
其他体育用品制造	2449	7	—	412992	412992	2275
玩具制造	2450	24	—	1582095	1582483	250121
游艺器材及娱乐用品制造	2460	4	—	397157	388401	—
露天游乐场所游乐设备制造	2461	4	—	397157	388401	—
石油加工、炼焦和核燃料加工业	2500	140	37	232004020	227707327	694545
精炼石油产品制造	2510	75	16	135310151	130689360	694545
原油加工及石油制品制造	2511	71	16	134405059	129798006	694545
人造原油制造	2512	4	—	905092	891354	—
炼焦	2520	65	21	96693869	97017967	—
化学原料和化学制品制造业	2600	842	105	206543005	201258617	8422346
基础化学原料制造	2610	311	48	101916307	99326897	4583945
无机酸制造	2611	38	6	9056109	8792601	—
无机碱制造	2612	9	2	15549953	15458257	1365978
无机盐制造	2613	65	10	10805039	10719755	250822
有机化学原料制造	2614	143	24	54055896	52282652	2809913
其他基础化学原料制造	2619	56	6	12449310	12073632	157232
肥料制造	2620	87	12	29452932	28997744	121330
氮肥制造	2621	27	6	17463075	17247212	121330
磷肥制造	2622	5	—	1130666	1115824	—
钾肥制造	2623	2	2	135617	132896	—
复混肥料制造	2624	38	3	8651412	8462472	—
有机肥料及微生物肥料制造	2625	13	—	1600619	1563699	—
其他肥料制造	2629	2	1	471543	475641	—
农药制造	2630	36	3	6274074	6004292	708526
化学农药制造	2631	32	3	5403841	5187898	694778
生物化学农药及微生物农药制造	2632	4	—	870233	816394	13748
涂料、油墨、颜料及类似产品制造	2640	107	15	15997412	15585324	902953
涂料制造	2641	49	9	8327215	8089937	149760
油墨及类似产品制造	2642	6	1	556363	548712	133552
颜料制造	2643	25	3	3872688	3826832	146449

主要经济指标(一)

单位:千元　　续表

年初存货	产成品	在产品	资产总计	流动资产合计	应收账款
17317	6913	2179	43430	29544	8458
537831	333764	67874	4181173	1616157	344171
163337	104272	29175	1567068	676699	175495
46480	18223	10047	488362	171310	58439
23017	11054	—	68529	40381	2983
10891	5030	—	798892	80672	7801
261887	182012	28652	846838	473002	57797
31414	12368	—	343377	169873	39698
172883	40223	8420	825805	400561	118432
6279	3193	1702	53581	16387	2551
11899	4930	2710	120128	86272	22698
41165	18611	1075	197583	150870	55737
14269	6265	—	113295	29767	15434
99271	7224	2933	341218	117265	22012
122486	63205	20035	989661	558250	185411
83233	19218	62046	446682	216160	46859
83233	19218	62046	446682	216160	46859
18846815	6647969	2176336	103115803	52491257	7339058
9212347	2516678	1059944	40322120	20085715	3034756
9157355	2484959	1059611	39987503	19961566	3011724
54992	31719	333	334617	124149	23032
9634468	4131291	1116392	62793683	32405542	4304302
13420763	5657385	958920	155717313	69288096	11784612
5133384	2264640	207670	73382170	29465164	3939163
414898	176282	2660	4018096	1676345	235511
1294285	328376	45087	20453505	6036237	527272
708418	365946	20194	14367208	5851638	480667
2373557	1221833	105631	25445899	12723809	2116406
342226	172203	34098	9097462	3177135	579307
2876088	976829	143068	25631866	12292047	984511
1521213	426146	128257	20387169	9219179	514794
15582	10722	—	278136	85134	6614
85177	78189	—	345389	182090	5920
1192354	427564	14591	3548200	2339767	323278
54102	29001	220	1008345	442851	130985
7660	5207	—	64627	23026	2920
786383	459016	122028	5444033	2715424	534968
760258	444559	122028	5181562	2576863	506578
26125	14457	—	262471	138561	28390
1121074	466890	69390	10939846	6889485	2019716
520465	243687	15125	6155077	4374306	1215125
110717	43378	11622	520153	360672	157011
234880	97061	22929	1667370	766947	229860

2012年规模以上工业企业

甲栏分组	代码	企业单位数(个)	亏损企业	工业总产值(当年价格)	工业销售产值(当年价格)	出口交货值
染料制造	2644	24	2	3142209	3024992	473192
密封用填料及类似品制造	2645	3	—	98937	94851	—
合成材料制造	2650	54	5	9071639	8794128	635
初级形态塑料及合成树脂制造	2651	34	4	6974071	6708560	—
合成橡胶制造	2652	4	—	160038	162990	—
合成纤维单(聚合)体制造	2653	6	1	739241	728053	—
其他合成材料制造	2659	10	—	1198289	1194525	635
专用化学产品制造	2660	195	16	33535673	32609868	1418840
化学试剂和助剂制造	2661	93	7	16458660	16048128	758716
专项化学用品制造	2662	35	1	5729161	5564909	13330
林产化学产品制造	2663	4	—	239444	206183	—
信息化学品制造	2664	23	7	7109983	6857277	646674
环境污染处理专用药剂材料制造	2665	16	—	1164354	1144045	—
动物胶制造	2666	3	—	181021	176045	—
其他专用化学产品制造	2669	21	1	2653050	2613281	120
炸药、火工及焰火产品制造	2670	18	4	1799029	1767697	10563
炸药及火工产品制造	2671	10	4	1151774	1126753	—
焰火、鞭炮产品制造	2672	8	—	647255	640944	10563
日用化学产品制造	2680	34	2	8495939	8172667	675554
肥皂及合成洗涤剂制造	2681	14	—	4857514	4752895	—
香料、香精制造	2684	5	1	1332858	1254568	587788
其他日用化学产品制造	2689	15	1	2305567	2165204	87766
医药制造业	2700	197	25	62956044	58994401	7811145
化学药品原料药制造	2710	54	8	21672018	20367152	4019745
化学药品制剂制造	2720	24	6	17562287	15950449	3327947
中药饮片加工	2730	25	2	3127303	3115325	43441
中成药生产	2740	45	6	12928760	12422942	33362
兽用药品制造	2750	26	—	5115956	4741230	177579
生物药品制造	2760	18	3	2261371	2121769	209071
卫生材料及医药用品制造	2770	5	—	288349	275534	—
化学纤维制造业	2800	49	8	8007766	7883809	270491
纤维素纤维原料及纤维制造	2810	25	4	4325571	4221214	270491
化纤浆粕制造	2811	12	4	1859249	1797503	
人造纤维(纤维素纤维)制造	2812	13	—	2466322	2423711	270491
合成纤维制造	2820	24	4	3682195	3662595	—
锦纶纤维制造	2821	3	1	289064	289064	—
涤纶纤维制造	2822	17	—	3264175	3249802	—
其他合成纤维制造	2829	2	2	83588	77523	—
橡胶和塑料制品业	2900	676	44	100664151	99354280	6527212
橡胶制品业	2910	270	18	37505696	36987761	3524974
轮胎制造	2911	12	2	2310104	2249511	481992
橡胶板、管、带制造	2912	110	6	13899861	13548152	264682
橡胶零件制造	2913	51	2	4851799	4817604	67093

主要经济指标(一)

单位:千元　　续表

年初存货	产成品	在产品	资产总计	流动资产合计	应收账款
253439	82226	19714	2556797	1365648	406579
1573	538	—	40449	21912	11141
778163	302371	79044	10008126	4322007	658967
599113	189787	57848	8852719	3999336	625217
1873	567	—	43326	25194	4108
156489	98686	19044	597844	223632	17773
20688	13331	2152	514237	73845	11869
2363806	1050833	318380	26430187	11765988	3157393
917631	377208	23973	10056710	5942554	1738104
163163	99248	21153	1923495	671882	224525
12555	4318	1000	125604	46299	8788
1209897	529656	271784	13357268	4672373	1033246
19050	10577	448	273925	130605	51894
9229	1444	—	81937	34903	11971
32281	28382	22	611248	267372	88865
153983	54265	7468	1595670	887174	200678
128044	48904	6510	1406934	786638	177263
25939	5361	958	188736	100536	23415
207882	82541	11872	2285415	950807	289216
29349	15314	961	750625	125829	34886
81468	39719	6403	712645	348150	188485
97065	27508	4508	822145	476828	65845
6322321	2743707	842538	74177631	42244274	7077083
2411001	1281081	285716	26565142	14094431	3250997
2047903	819664	432592	25981765	14797892	1930851
129592	47727	7631	1149468	804573	408044
1288981	434286	56045	16151441	10059033	992262
194538	79102	30456	1885561	1069820	323222
241261	75362	29699	2337420	1383928	156980
9045	6485	399	106834	34597	14727
784516	398883	21837	6289907	2806328	284785
648801	370261	24429	4716939	2181817	137440
291923	154528	5500	1359848	724836	49556
356878	215733	18929	3357091	1456981	87884
135715	28622	-2592	1572968	624511	147345
10435	—	—	104860	64997	27639
72489	28422	-2592	1172374	404495	101226
49882	15	—	273021	150993	18099
4752022	2388674	272684	51208028	26248310	9282123
1835490	1089958	95923	20325218	11865121	4896187
129391	73086	-10262	1060709	452552	119033
375556	193360	41365	6284963	3499454	1521766
248170	145030	18309	3073105	1821627	710936

2012年规模以上工业企业

甲栏分组	代码	企业单位数(个)	亏损企业	工业总产值(当年价格)	工业销售产值(当年价格)	出口交货值
再生橡胶制造	2914	21	2	3600704	3496331	—
日用及医用橡胶制品制造	2915	31	3	5836903	5724132	2666557
其他橡胶制品制造	2919	45	3	7006325	7152031	44650
塑料制品业	2920	406	26	63158455	62366519	3002238
塑料薄膜制造	2921	70	3	9962309	9921220	412191
塑料板、管、型材制造	2922	118	6	20865035	20931551	67623
塑料丝、绳及编织品制造	2923	43	3	10453623	10315163	41379
泡沫塑料制造	2924	27	1	3921302	3662509	37
塑料人造革、合成革制造	2925	17	—	2045893	2055640	264553
塑料包装箱及容器制造	2926	31	2	5633740	5579603	—
日用塑料制品制造	2927	34	6	3437648	3337426	1382343
塑料零件制造	2928	23	—	1911229	1870924	—
其他塑料制品制造	2929	43	5	4927676	4692483	834112
非金属矿物制品业	3000	1045	188	179118678	174661917	6536490
水泥、石灰和石膏制造	3010	261	72	65595961	64040123	50879
水泥制造	3011	229	65	61055745	59543318	50879
石灰和石膏制造	3012	32	7	4540216	4496805	—
石膏、水泥制品及类似制品制造	3020	181	25	19057853	18882970	19215
水泥制品制造	3021	133	24	11416298	11307520	—
砼结构构件制造	3022	16	1	1416232	1402999	—
石棉水泥制品制造	3023	3	—	641608	634089	4599
轻质建筑材料制造	3024	19	—	4816954	4771711	14616
其他水泥类似制品制造	3029	10	—	766761	766651	—
砖瓦、石材等建筑材料制造	3030	206	15	28323847	27685252	611374
粘土砖瓦及建筑砌块制造	3031	51	5	6196054	6045430	—
建筑陶瓷制品制造	3032	32	2	5499024	5341219	140
建筑用石加工	3033	28	—	3663669	3572298	178235
防水建筑材料制造	3034	14	1	2872720	2740589	2350
隔热和隔音材料制造	3035	52	3	7741843	7629825	430649
其他建筑材料制造	3039	29	4	2350537	2355891	—
玻璃制造	3040	32	16	9667950	9031958	630925
平板玻璃制造	3041	21	11	8682644	8035111	424988
其他玻璃制造	3049	11	5	985306	996847	205937
玻璃制品制造	3050	88	21	15522688	14613209	1353494
技术玻璃制品制造	3051	24	6	8438433	7976623	750306
玻璃仪器制造	3053	5	1	732277	661704	13412
日用玻璃制品制造	3054	22	7	2438924	2218387	536379
玻璃包装容器制造	3055	29	7	3354468	3214223	53397
其他玻璃制品制造	3059	6	—	502697	488105	—
玻璃纤维和玻璃纤维增强塑料制品制造	3060	63	1	11611567	11485369	120954
玻璃纤维及制品制造	3061	30	—	2768730	2706200	87265
玻璃纤维增强塑料制品制造	3062	33	1	8842837	8779169	33689
陶瓷制品制造	3070	48	19	7538457	7480908	3193286

主要经济指标(一)

单位：千元　　续表

年初存货	产成品	在产品	资产总计	流动资产合计	应收账款
77123	63740	2238	1060767	500097	90046
306407	144330	3311	2155573	1042594	258465
698843	470412	40962	6690101	4548797	2195941
2916532	1298716	176761	30882810	14383189	4385936
238984	96817	29465	4020273	1576277	557843
1400716	725552	54304	11774983	6410030	2130481
208481	85550	27384	3531750	1140185	291295
103424	51802	655	2330443	429235	134243
92331	41496	—	787473	402063	67603
137627	56075	19421	2324099	1047705	283087
272906	113031	18452	2055501	1104745	250838
57409	20995	553	831978	512502	217413
404654	107398	26527	3226310	1760447	453133
15454838	6599620	1599809	182758414	68660949	13966828
6066589	1313195	928535	96382376	28525840	4374592
5907966	1280666	901983	93807847	27306370	3935945
158623	32529	26552	2574529	1219470	438647
906989	395668	76592	13484847	6768164	2924713
724880	325650	64383	9002416	5636428	2696569
43148	3993	5395	632385	356872	104781
2456	2058	—	72254	22586	5459
102153	47240	6814	2967195	485975	57686
34352	16727	—	810597	266303	60218
960461	519995	38880	13199728	4578421	997832
232407	140933	31406	3034275	1110822	223066
351564	197683	2112	2821855	598092	32826
87815	29564	10	890799	401797	90649
37769	12550	213	985441	461860	144030
153905	88897	1372	3356937	1267666	350409
97001	50368	3767	2110421	738184	156852
1725417	1014058	164737	17817470	7446237	457243
1632362	978532	148976	15599879	6101202	332691
93055	35526	15761	2217591	1345035	124552
1534903	807107	109400	13828510	7050846	1065313
629628	208613	35698	5466950	2229323	416568
29318	20190	—	262362	134996	27336
487541	292893	66933	5088461	3317814	290239
344449	251232	4018	2773057	1235425	317043
40915	33955	—	206845	112019	13083
737025	441909	47195	7389607	3218646	1127936
111932	65785	12288	1564681	393697	134224
625093	376124	34907	5824926	2824949	993712
1870610	1163114	121161	8822707	4828010	1017640

2012年规模以上工业企业

甲栏分组	代码	企业单位数(个)	亏损企业	工业总产值(当年价格)	工业销售产值(当年价格)	出口交货值
卫生陶瓷制品制造	3071	17	6	4015665	4061367	1621040
特种陶瓷制品制造	3072	9	3	963546	902731	453334
日用陶瓷制品制造	3073	18	8	2191340	2080348	777622
园林、陈设艺术及其他陶瓷制品制造	3079	4	2	367906	436462	341290
耐火材料制品制造	3080	85	11	8746800	8739445	293523
石棉制品制造	3081	14	2	1105233	1095614	—
云母制品制造	3082	11	—	1929250	1904862	278487
耐火陶瓷制品及其他耐火材料制造	3089	60	9	5712317	5738969	15036
石墨及其他非金属矿物制品制造	3090	81	8	13053555	12702683	262840
石墨及碳素制品制造	3091	40	3	7397371	7160447	47970
其他非金属矿物制品制造	3099	41	5	5656184	5542236	214870
黑色金属冶炼和压延加工业	3100	729	119	1181128941	1156435074	32700533
炼铁	3110	36	10	84956432	83393903	—
炼钢	3120	31	10	196362657	192990018	9891544
黑色金属铸造	3130	314	18	63193205	61101782	10461363
钢压延加工	3140	338	80	834311515	816680964	12339467
铁合金冶炼	3150	10	1	2305132	2268407	8159
有色金属冶炼和压延加工业	3200	195	31	54947341	54252446	890353
常用有色金属冶炼	3210	42	6	15288285	15256091	27405
铜冶炼	3211	13	2	11023114	10867757	—
铅锌冶炼	3212	11	2	1398732	1277630	—
铝冶炼	3216	9	—	1216369	1520398	—
其他常用有色金属冶炼	3219	6	1	1501688	1438615	27405
贵金属冶炼	3220	14	2	2366297	2316951	—
金冶炼	3221	13	1	2305369	2256023	—
稀有稀土金属冶炼	3230	4	—	526361	511586	2424
钨钼冶炼	3231	2	—	307239	307239	—
有色金属合金制造	3240	39	8	14644535	14441554	70380
有色金属压延加工	3260	96	15	22121863	21726264	790144
铜压延加工	3261	34	7	9135705	8985558	65559
铝压延加工	3262	48	6	10734589	10559523	661685
稀有稀土金属压延加工	3264	4	1	364928	358162	—
其他有色金属压延加工	3269	9	1	1706142	1642369	62900
金属制品业	3300	1022	78	205994793	200752164	11289858
结构性金属制品制造	3310	239	23	76713415	74924221	260952
金属结构制造	3311	204	22	70636356	69002405	128105
金属门窗制造	3312	35	1	6077059	5921816	132847
金属工具制造	3320	67	8	7674843	7440525	1416150
切削工具制造	3321	26	3	3799500	3649486	634182
手工具制造	3322	11	1	1184269	1159771	108300
农用及园林用金属工具制造	3323	20	3	1869009	1782546	610229
刀剪及类似日用金属工具制造	3324	2	—	49049	49049	—
其他金属工具制造	3329	8	1	773016	799673	63439

主要经济指标(一)

单位:千元　　续表

年初存货	产成品	在产品	资产总计	流动资产合计	应收账款
799446	405224	25739	4666455	2259336	634549
249221	157858	45951	1287831	843550	306325
694853	489020	48425	2566528	1611896	150109
127090	111012	1046	301893	113228	-73343
769727	423334	30274	5426345	3294070	1423589
16858	9027	625	513712	164499	76635
19649	14415	431	513200	112123	21779
733220	399892	29218	4399433	3017448	1325175
883117	521240	83035	6406824	2950715	577970
497676	285800	70537	2617370	1489142	301617
385441	235440	12498	3789454	1461573	276353
118423330	26404137	7024466	985664171	364702392	23493711
7194242	2055469	798672	79317761	26898442	4505863
28477944	5824382	878935	260201598	78260997	3066912
2067160	1077450	184213	30331856	7781171	1928653
80483520	17376030	5150101	614106383	251029368	13750169
200464	70806	12545	1706573	732414	242114
4328537	1169926	682755	30529540	15403936	3556685
1846507	249927	297965	7112602	4434557	732850
1458347	87842	269839	3627797	3051876	460939
201341	80986	2972	663507	498439	21448
42436	27342	—	382199	224466	89890
133367	50164	24741	2338720	570931	148123
153820	31021	7763	3452895	1194133	182099
151716	30376	7763	3435925	1184102	181458
10743	4212	—	126704	39017	11110
20	18	—	83204	12727	5326
694017	198329	29248	5911399	2621855	773766
1623450	686437	347779	13925940	7114374	1856860
537575	274835	7669	3323083	2599399	829661
760722	308453	294937	8010060	2967296	758090
48755	15020	1474	283591	254764	83027
265351	88129	43699	2025703	1238244	156187
12000492	6156191	1412594	135421946	50228616	11325597
4025663	2027421	514310	31898743	16176445	3454492
3618559	1846859	469934	28548086	14396274	3177073
407104	180562	44376	3350657	1780171	277419
911795	369143	115147	6131817	3197764	903088
686352	262477	98453	4177424	2212943	606545
70630	22700	2286	567392	308502	132270
132670	71680	12900	1011812	549905	125196
874	277	—	10921	10014	4436
21269	12009	1508	364268	116400	34641

2012年规模以上工业企业

甲栏分组	代码	企业单位数(个)	亏损企业	工业总产值(当年价格)	工业销售产值(当年价格)	出口交货值
集装箱及金属包装容器制造	3330	48	10	5937050	5755371	467060
集装箱制造	3331	2	1	57876	57775	—
金属压力容器制造	3332	20	3	2634782	2486536	331308
金属包装容器制造	3333	26	6	3244392	3211060	135752
金属丝绳及其制品制造	3340	216	12	25987572	25242015	3957562
建筑、安全用金属制品制造	3350	254	11	54491872	53350694	3922854
建筑、家具用金属配件制造	3351	15	1	2818587	2796816	103000
建筑装饰及水暖管道零件制造	3352	226	10	49539753	48480109	3819854
安全、消防用金属制品制造	3353	5	—	1496567	1449459	—
其他建筑、安全用金属制品制造	3359	8	—	636965	624310	—
金属表面处理及热处理加工	3360	38	3	14632089	14375782	155304
搪瓷制品制造	3370	6	1	3899506	3872824	—
生产专用搪瓷制品制造	3371	3	—	594239	592574	—
搪瓷卫生洁具制造	3373	2	—	3285731	3260714	—
金属制日用品制造	3380	27	4	2008961	1911393	288685
金属制餐具和器皿制造	3382	11	1	979058	923690	269803
金属制卫生器具制造	3383	2	—	97044	93247	—
其他金属制日用品制造	3389	13	2	906229	867826	18882
其他金属制品制造	3390	127	6	14649485	13879339	821291
锻件及粉末冶金制品制造	3391	30	1	4188620	3646006	95864
交通及公共管理用金属标牌制造	3392	4	—	717328	714902	—
通用设备制造业	3400	737	64	108762847	105161698	5885492
锅炉及原动设备制造	3410	54	8	11099370	10886229	85318
锅炉及辅助设备制造	3411	34	5	4428512	4379963	—
内燃机及配件制造	3412	18	2	6625195	6470730	85318
金属加工机械制造	3420	84	5	10750714	9861774	171889
金属切削机床制造	3421	12	2	1862560	1817519	—
金属成形机床制造	3422	15	—	1178991	1158062	10296
铸造机械制造	3423	17	2	1806506	1727131	51324
金属切割及焊接设备制造	3424	16	—	4387446	3651526	87798
机床附件制造	3425	11	—	1087513	1088044	22471
其他金属加工机械制造	3429	13	1	427698	419492	—
物料搬运设备制造	3430	68	9	17611017	16986304	2667541
轻小型起重设备制造	3431	14	2	8201366	8163883	2322652
起重机制造	3432	17	4	2447734	2445733	135899
生产专用车辆制造	3433	2	1	109215	105676	4450
连续搬运设备制造	3434	26	2	2878498	2787153	13806
电梯、自动扶梯及升降机制造	3435	6	—	3836670	3347347	190734
其他物料搬运设备制造	3439	3	—	137534	136512	—
泵、阀门、压缩机及类似机械制造	3440	147	15	22426534	21567227	853104
泵及真空设备制造	3441	58	3	11509192	11354093	278343
气体压缩机械制造	3442	2	—	197608	200101	—
阀门和旋塞制造	3443	63	5	8577608	7939794	434502

主要经济指标(一)

单位：千元　　续表

年初存货	产成品	在产品	资产总计	流动资产合计	应收账款
878422	223485	213826	4989715	3028019	764301
31548	8047	651	99369	52298	14089
508438	112175	201704	2687675	1611878	299643
338436	103263	11471	2202671	1363843	450569
1398245	554845	136075	11966431	6780798	1799794
2755606	2071822	172317	62043314	12340819	2535407
70571	59628	477	1204744	378038	56598
2585722	1959606	155735	60154317	11648669	2385931
82675	50624	16090	408356	228348	62720
16638	1964	15	275897	85764	30158
930807	339522	82539	8111813	4100460	553554
19821	9905	1514	960796	154782	4084
2633	960	246	71964	34429	2967
11413	8945	1268	868314	114578	1035
194301	84691	23158	1062551	599417	81784
126682	43297	18443	623067	409696	39856
5380	2579	1284	46568	22383	5414
32578	21018	406	314580	97652	24049
885832	475357	153708	8256766	3850112	1229093
285392	148686	16276	1987924	976133	299712
6203	4665	300	340360	227154	57006
10552063	4080173	1919227	70998525	38927836	10970982
1730551	772883	463040	7938597	4750668	1109487
1066602	468357	279051	3146314	2175012	492568
640502	299903	180661	4711194	2520152	603287
1320296	670072	149674	8856956	5335172	1195479
226002	124793	50879	1824015	927525	94444
94146	9613	29990	821866	276920	30635
420501	270204	11271	1592834	1103096	251834
463180	189197	36328	3068028	2412705	584799
30994	17333	9526	1017391	220002	75767
85473	58932	11680	532822	394924	158000
1949306	513804	173659	16161461	9005129	2531400
985089	317903	3447	9772368	4677558	873489
210784	82377	21675	974577	579114	144424
1469	1436	—	94983	55045	20233
378109	79042	121913	2854836	1543782	628137
372028	32524	26098	2340519	2051216	851958
1827	522	526	124178	98414	13159
1826626	892324	260956	12725044	6392055	2139558
603946	277854	90320	5447018	2436281	896720
41730	15770	5883	154278	139341	82171
787023	397627	105518	5279368	2695026	817218

2012年规模以上工业企业

甲栏分组	代码	企业单位数(个)	亏损企业	工业总产值(当年价格)	工业销售产值(当年价格)	出口交货值
液压和气压动力机械及元件制造	3444	24	7	2142126	2073239	140259
轴承、齿轮和传动部件制造	3450	87	5	11061143	10807648	1004925
轴承制造	3451	43	1	4899414	4726082	337005
齿轮及齿轮减、变速箱制造	3452	41	3	5422163	5344849	485492
其他传动部件制造	3459	3	1	739566	736717	182428
烘炉、风机、衡器、包装等设备制造	3460	89	10	10465802	10322473	199210
烘炉、熔炉及电炉制造	3461	11	1	1754631	1798955	16715
风机、风扇制造	3462	12	3	975030	984568	—
气体、液体分离及纯净设备制造	3463	15	2	1983050	1951864	10567
制冷、空调设备制造	3464	12	2	2376933	2295282	136940
风动和电动工具制造	3465	4	—	224480	222100	—
衡器制造	3467	11	1	1698738	1662881	—
包装专用设备制造	3468	23	—	1415888	1371256	34988
文化、办公用机械制造	3470	4	—	551441	550101	—
复印和胶印设备制造	3474	2	—	57733	56393	—
通用零部件制造	3480	183	10	23227123	22679597	901140
金属密封件制造	3481	10	—	1177946	1161529	45276
紧固件制造	3482	70	—	9120438	8940326	563094
弹簧制造	3483	4	—	671249	644581	45652
机械零部件加工	3484	80	8	9913665	9628231	140905
其他通用零部件制造	3489	19	2	2343825	2304930	106213
其他通用设备制造业	3490	21	2	1569703	1500345	2365
专用设备制造业	3500	621	61	118136093	113999604	5638455
采矿、冶金、建筑专用设备制造	3510	294	32	59841840	57321312	1858031
矿山机械制造	3511	106	10	18486680	17341794	246937
石油钻采专用设备制造	3512	55	—	11460958	11247506	776392
建筑工程用机械制造	3513	22	3	6324361	6197900	215836
海洋工程专用设备制造	3514	3	—	96454	95741	—
建筑材料生产专用机械制造	3515	24	5	2967537	2951389	36257
冶金专用设备制造	3516	84	14	20505850	19486982	582609
化工、木材、非金属加工专用设备制造	3520	67	7	10166382	9693338	459440
炼油、化工生产专用设备制造	3521	16	3	4363722	4049340	152619
橡胶加工专用设备制造	3522	3	—	281403	262376	169925
塑料加工专用设备制造	3523	4	—	549058	526408	—
木材加工机械制造	3524	5	—	332764	326363	45252
模具制造	3525	38	4	4606951	4501021	91644
食品、饮料、烟草及饲料生产专用设备制造	3530	23	2	4062498	3914253	181851
食品、酒、饮料及茶生产专用设备制造	3531	6	2	462157	433093	25034
农副食品加工专用设备制造	3532	11	—	2254680	2134329	152088
烟草生产专用设备制造	3533	4	—	1148730	1158884	4729
饲料生产专用设备制造	3534	2	—	196931	187947	—
印刷、制药、日化及日用品生产专用设备制造	3540	32	4	3200612	3143676	93805
制浆和造纸专用设备制造	3541	4	—	176187	172179	9575

主要经济指标(一)

单位：千元　　续表

年初存货	产成品	在产品	资产总计	流动资产合计	应收账款
393927	201073	59235	1844380	1121407	343449
751192	320983	155513	5271020	2235175	648284
233048	119495	42601	1781324	900890	307895
442933	176540	79047	2963805	1172635	278163
75211	24948	33865	525891	161650	62226
1627508	298684	486977	7636174	4961063	1527713
581067	45774	238168	1986856	1595151	322313
98518	70217	12715	789690	365927	110633
299035	121049	4680	1407772	826583	279517
389873	15515	198348	1745024	1225993	441739
28349	5204	9105	192742	135389	108734
41314	10067	12541	516551	126704	47953
179326	20986	11420	980310	674763	210593
28648	8573	4250	528621	284637	77803
5188	3178	—	57775	38459	4875
1148887	531561	200858	10654158	5213993	1511467
15059	7628	57	296662	152588	40952
309403	165776	24619	2757689	1222663	361744
5960	880	107	117310	33614	20167
647551	313945	139718	6005720	3277478	908433
170914	43332	36357	1476777	527650	180171
169049	71289	24300	1226494	749944	229791
14705388	6052345	3610102	104129611	55463137	16925997
9908020	4486015	2179621	53066077	33611922	11121202
2476764	982844	544167	16841272	10562395	3842596
1587492	895846	301613	7854957	5440486	2114303
1829235	1073361	389200	5892628	3644097	992242
1268	813	300	67994	23480	9241
724627	132066	315271	3294612	2182724	522195
3288634	1401085	629070	19114614	11758740	3640625
758432	185243	209581	5438020	3775523	1084493
419643	125300	43938	3205905	2666484	787310
27160	2221	1294	117202	100299	32921
18515	8202	320	117463	53521	16617
25223	2515	—	118977	71927	12383
266697	46734	163539	1860737	871883	226196
476508	156106	147777	3255740	1828128	298693
85194	5307	640	331748	167945	33177
215796	92136	80806	1357999	692827	78013
174463	57753	66331	1546151	960034	183929
1055	910		19842	7322	3574
285680	83739	29187	1671956	873389	200458
7924	3903	1200	141743	54917	11279

2012年规模以上工业企业

甲栏分组	代码	企业单位数(个)	亏损企业	工业总产值(当年价格)	工业销售产值(当年价格)	出口交货值
印刷专用设备制造	3542	23	2	2333994	2285048	84230
其他日用品生产专用设备制造	3549	3	1	56417	60466	—
纺织、服装和皮革加工专用设备制造	3550	21	2	3614002	3558695	258446
纺织专用设备制造	3551	13	2	1998099	1946714	7646
缝制机械制造	3553	8	—	1615903	1611981	250800
电子和电工机械专用设备制造	3560	16	3	2766614	2603309	66555
电工机械专用设备制造	3561	9	1	1042041	1042155	54098
电子工业专用设备制造	3562	7	2	1724573	1561154	12457
农、林、牧、渔专用机械制造	3570	46	3	9839860	9142707	74382
拖拉机制造	3571	4	1	212505	208145	25931
机械化农业及园艺机具制造	3572	21	1	4623458	3939615	—
畜牧机械制造	3574	7	—	840298	818972	—
农林牧渔机械配件制造	3576	10	1	3752961	3688010	1
其他农、林、牧、渔业机械制造	3579	3	—	290450	320348	23746
医疗仪器设备及器械制造	3580	16	2	1667760	1625518	464559
医疗诊断、监护及治疗设备制造	3581	2	1	510941	510941	333424
机械治疗及病房护理设备制造	3585	4	—	319460	298518	89077
其他医疗设备及器械制造	3589	9	1	826983	805195	32080
环保、社会公共服务及其他专用设备制造	3590	106	6	22976525	22996796	2181386
环境保护专用设备制造	3591	62	4	6163417	5996725	2995
地质勘查专用设备制造	3592	3	1	367179	391613	3592
社会公共安全设备及器材制造	3595	7	—	2022210	2038158	82373
交通安全、管制及类似专用设备制造	3596	2	—	177688	163279	—
水资源专用机械制造	3597	7	—	1002449	947376	—
其他专用设备制造	3599	25	1	13243582	13459645	2092426
汽车制造业	3600	402	31	146308886	145373394	9139475
汽车整车制造	3610	5	—	50873260	50973556	6707870
改装汽车制造	3620	30	7	10034037	9622742	326099
汽车车身、挂车制造	3650	21	4	6757427	6479839	87088
汽车零部件及配件制造	3660	345	20	78348362	78003051	2018418
铁路、船舶、航空航天和其他运输设备制造业	3700	129	9	40476668	40056159	4555053
铁路运输设备制造	3710	41	4	22116576	21879542	619546
铁路机车车辆配件制造	3713	13	2	1305497	1192133	—
铁路专用设备及器材、配件制造	3714	27	2	10337409	10213739	202496
船舶及相关装置制造	3730	11	3	4533883	4514923	3150420
金属船舶制造	3731	6	3	4130004	4130004	3150420
船用配套设备制造	3734	4	—	172723	155984	—
航空、航天器及设备制造	3740	2	—	636877	651402	—
飞机制造	3741	2	—	636877	651402	—
摩托车制造	3750	28	—	6276052	6027438	201170
摩托车整车制造	3751	10	—	4398470	4225731	—
摩托车零部件及配件制造	3752	18	—	1877582	1801707	201170
自行车制造	3760	45	2	6706430	6783817	580970

主要经济指标(一)

单位：千元　　续表

年初存货	产成品	在产品	资产总计	流动资产合计	应收账款
224260	61782	14558	1185779	655864	139895
33002	13968	12694	161471	77988	28446
222786	58053	62524	1651486	898372	243736
127203	34688	51310	951864	457714	77274
95583	23365	11214	699622	440658	166462
443805	151178	30526	2942872	1873705	555615
183292	67381	22980	937690	691028	244495
260513	83797	7546	2005182	1182677	311120
507863	248768	96986	3486396	1722096	534425
51744	11799	1233	312436	126987	14777
205127	95098	56578	1485115	759519	196195
18527	14312	2374	284874	94470	21182
42477	5767	3071	625469	142154	38777
135762	82705	25172	350419	323738	96423
240713	89349	90766	1545367	753130	214015
86514	42341	24820	461101	244740	51560
24090	8054	15120	219267	96459	45669
121187	38819	49746	772401	357036	89536
1861581	593894	763134	31071697	10126872	2673360
515292	144502	213303	4443065	2284811	637261
165607	58032	64436	607969	472953	162805
146920	66001	10702	2487764	2026754	360674
15811	—	—	239478	164149	87718
19683	11537	1001	217240	122817	29210
998268	313822	473692	23076181	5055388	1395692
9064003	4526123	1294408	114169871	70644355	14935296
1737761	842355	333924	42714894	30065622	1759048
1475600	515553	230124	8016383	4589215	802084
287628	61545	50549	3283313	1777603	614997
5482289	3071659	679811	59892467	34079758	11750841
13901954	2036400	7161700	44415633	25236411	6417740
9119088	1746006	3448695	26072759	17213176	4897449
191608	121911	29661	840968	493632	148763
3073480	1619794	611438	11577174	7334659	2542128
4141547	2059	3655055	11235107	5270573	750122
4114329	1295	3654228	10672708	5167941	716142
26959	654	742	152399	92642	29180
205484	60298	35819	2509507	940644	342075
205484	60298	35819	2509507	940644	342075
166519	85370	11587	2139779	691340	127495
83750	38044	6145	1134120	317781	52738
82769	47326	5442	1005659	373559	74757
246099	125945	8795	2357261	1057164	272739

2012年规模以上工业企业

甲栏分组	代码	企业单位数(个)	亏损企业	工业总产值(当年价格)	工业销售产值(当年价格)	出口交货值
脚踏自行车及残疾人座车制造	3761	39	1	5694732	5781911	580970
助动自行车制造	3762	6	1	1011698	1001906	—
电气机械和器材制造业	3800	644	47	150869286	144806056	11256457
电机制造	3810	38	8	10912592	9879015	729054
发电机及发电机组制造	3811	21	5	8774936	7760400	271011
电动机制造	3812	15	3	2080095	2061054	458043
微电机及其他电机制造	3819	2	—	57561	57561	—
输配电及控制设备制造	3820	190	17	51704549	49777795	9793559
变压器、整流器和电感器制造	3821	69	3	18351145	18012679	1043021
电容器及其配套设备制造	3822	5	—	1359437	1347592	—
配电开关控制设备制造	3823	54	5	6562565	6363526	21045
电力电子元器件制造	3824	24	—	3907055	3864732	—
光伏设备及元器件制造	3825	16	7	18678021	17352970	8729493
其他输配电及控制设备制造	3829	22	2	2846326	2836296	—
电线、电缆、光缆及电工器材制造	3830	289	12	56656367	55556214	480344
电线、电缆制造	3831	254	10	52359548	51473127	480344
光纤、光缆制造	3832	2	—	173711	173090	—
绝缘制品制造	3833	16	1	1906889	1813820	—
其他电工器材制造	3839	17	1	2216219	2096177	—
电池制造	3840	28	3	12003573	11406190	114449
锂离子电池制造	3841	8	1	581050	581123	—
其他电池制造	3849	20	2	11422523	10825067	114449
家用电力器具制造	3850	32	4	12171972	11098394	—
家用空气调节器制造	3852	4	—	6310327	5532101	—
家用美容、保健电器具制造	3856	2	1	537068	537068	—
家用电力器具专用配件制造	3857	5	2	192349	184130	—
其他家用电力器具制造	3859	19	—	4869438	4586036	—
非电力家用器具制造	3860	20	—	2890027	2868039	107829
燃气、太阳能及类似能源家用器具制造	3861	15	—	2108614	2098411	87838
其他非电力家用器具制造	3869	5	—	781413	769628	19991
照明器具制造	3870	32	1	3163680	2865311	30072
电光源制造	3871	5	—	815599	708741	30072
照明灯具制造	3872	24	1	1510326	1564257	—
灯用电器附件及其他照明器具制造	3879	3	—	837755	592313	—
其他电气机械及器材制造	3890	15	2	1366526	1355098	1150
电气信号设备装置制造	3891	5	1	374234	390430	1150
其他未列明电气机械及器材制造	3899	10	1	992292	964668	—
计算机、通信和其他电子设备制造业	3900	136	23	35630863	34046951	7916897
计算机制造	3910	5	1	821073	806884	279857
计算机零部件制造	3912	4	—	622620	609936	279857
通信设备制造	3920	16	3	10718044	9844922	4431185
通信系统设备制造	3921	10	1	1799230	1683720	—
通信终端设备制造	3922	6	2	8918814	8161202	4431185

主要经济指标(一)

单位:千元　　续表

年初存货	产成品	在产品	资产总计	流动资产合计	应收账款
221286	123123	8123	2224637	970198	239920
24813	2822	672	132624	86966	32819
14163744	6697403	2870458	148024329	77767140	27854715
2251774	740240	234191	12876738	9157689	3488991
1746449	465248	145015	11054856	7909653	3039657
501242	274538	88852	1793879	1230466	436359
4083	454	324	28003	17570	12975
7773952	3793993	1893673	93109395	47357748	16955029
4331805	2327155	1150498	38202431	17203808	5248758
6674	5499	—	266819	43022	18504
632327	217849	111679	4412710	2897541	969989
105507	20065	34412	2092372	1080041	517361
2436622	1148703	534006	46279333	24870494	9643142
261017	74722	63078	1855730	1262842	557275
1838168	944729	147851	22099767	11971629	4967183
1749264	892922	144879	20472029	11335929	4719772
—	—	—	31684	14081	4085
62190	32585	2549	669418	328675	129935
26714	19222	423	926636	292944	113391
1368879	847141	444547	8301698	3210885	820501
49392	18159	1068	789053	304968	102251
1319487	828982	443479	7512645	2905917	718250
279946	66854	67541	6247228	2742844	581014
101313	2362	—	3711706	1888489	403313
14350	6538	—	551191	32424	4949
33406	11893	3274	285890	94057	31680
125814	43993	64267	1590564	709632	127522
297941	130157	59432	2201848	1381931	382551
287954	121792	57846	1940356	1304634	375644
9987	8365	1586	261492	77297	6907
225078	107960	8591	2140600	1293464	361176
66470	33624	—	387925	260440	17210
124468	56856	4822	1458660	813354	300973
34140	17480	3769	294015	219670	42993
128006	66329	14632	1047055	650950	298270
45562	15643	286	381174	283157	140957
82444	50686	14346	665881	367793	157313
3448787	1051937	290242	33013937	15145204	4784021
168080	9723	20535	951279	573627	210641
21873	6580	—	435978	208992	108454
1562757	326692	80981	10890583	5997742	2041436
299055	41626	30600	1940699	1582254	477163
1263702	285066	50381	8949884	4415488	1564273

2012年规模以上工业企业

甲栏分组	代码	企业单位数(个)	亏损企业	工业总产值(当年价格)	工业销售产值(当年价格)	出口交货值
广播电视设备制造	3930	21	2	3984533	3886681	47406
广播电视节目制作及发射设备制造	3931	3	—	113228	113118	203
广播电视接收设备及器材制造	3932	18	2	3871305	3773563	47203
电子器件制造	3960	24	4	6735953	6523832	326251
半导体分立器件制造	3962	4	1	253950	236770	24080
集成电路制造	3963	3	—	878009	844378	—
光电子器件及其他电子器件制造	3969	16	3	4792132	4621796	252413
电子元件制造	3970	57	12	12125924	11786818	2738377
电子元件及组件制造	3971	43	10	5566217	5333394	880454
印制电路板制造	3972	14	2	6559707	6453424	1857923
其他电子设备制造	3990	12	1	1053966	1012184	93821
仪器仪表制造业	4000	64	1	7144472	7090108	517543
通用仪器仪表制造	4010	39	1	4268354	4241629	114474
工业自动控制系统装置制造	4011	16	—	1883422	1861687	91111
电工仪器仪表制造	4012	3	—	145825	145083	—
绘图、计算及测量仪器制造	4013	7	1	734153	717187	9844
试验机制造	4015	3	—	376785	373127	—
供应用仪表及其他通用仪器制造	4019	9	—	1090496	1106821	8397
专用仪器仪表制造	4020	16	—	2252503	2256489	369487
环境监测专用仪器仪表制造	4021	2	—	228511	236919	4285
导航、气象及海洋专用仪器制造	4023	2	—	501409	494602	38204
地质勘探和地震专用仪器制造	4025	4	—	1025433	1056033	324342
电子测量仪器制造	4028	4	—	122195	113056	2656
钟表与计时仪器制造	4030	2	—	92384	92731	—
光学仪器及眼镜制造	4040	4	—	184996	180633	33582
光学仪器制造	4041	3	—	148547	147051	—
其他仪器仪表制造业	4090	3	—	346235	318626	—
其他制造业	4100	37	3	3314227	3313123	348942
日用杂品制造	4110	22	—	1978807	1994342	342819
鬃毛加工、制刷及清扫工具制造	4111	14	—	967474	938775	320572
其他日用杂品制造	4119	8	—	1011333	1055567	22247
废弃资源综合利用业	4200	46	8	7604921	7571818	34997
金属废料和碎屑加工处理	4210	37	7	6845467	6821868	34997
非金属废料和碎屑加工处理	4220	9	1	759454	749950	—
金属制品、机械和设备修理业	4300	17	2	3039685	3035861	75458
通用设备修理	4320	2	1	117825	117407	16110
专用设备修理	4330	2	—	567899	567599	—
铁路、船舶、航空航天等运输设备修理	4340	11	1	2295772	2302438	59348
铁路运输设备修理	4341	3	—	1296559	1366256	59348
船舶修理	4342	7	1	333395	270364	—
电力、热力、燃气及水生产和供应业	DDDD	363	81	284091154	283436107	—
电力、热力生产和供应业	4400	282	68	273248647	272944047	—
电力生产	4410	122	28	81073218	80879058	—

主要经济指标(一)

单位:千元　　续表

年初存货	产成品	在产品	资产总计	流动资产合计	应收账款
192608	28521	273	1783340	674195	153812
14184	190	—	192959	180490	69985
178424	28331	273	1590381	493705	83827
636323	340688	62200	9163436	4180770	1374351
45861	20999	15693	312223	205575	66644
17676	16300	—	508463	289168	104300
266977	135453	46507	4153212	1242293	602147
630910	215690	72339	8120568	3006183	801970
341887	115712	53340	3602273	1516099	475673
289023	99978	18999	4518295	1490084	326297
256986	129500	53914	2059221	701412	199650
966975	300487	216273	7356030	5291194	1998455
414881	193390	56099	3369732	2564453	1185134
223921	110521	5511	1482998	1158569	662165
12791	—	—	112963	84946	17008
12471	5229	5070	98560	36991	16905
11777	7300	—	662316	576676	333360
152214	70044	45042	967009	688888	151356
488432	83562	147064	3562311	2408347	695727
48045	27331	9412	1053148	861720	194426
179443	35268	125024	834259	461117	105802
237065	10848	3358	1180392	890989	336179
19388	10056	9270	188834	122955	36246
29382	6796	10586	50766	34923	3029
13510	12207	31	119255	70424	13580
3109	2037	—	43616	27918	4969
20770	4532	2493	253966	213047	100985
257972	97305	23551	3009941	1094611	299468
146060	55597	4589	1301839	596930	107485
88581	36702	3974	522406	286242	66212
57479	18895	615	779433	310688	41273
234876	88254	6058	2879176	1343571	568367
213759	80728	5949	2528335	1180461	511941
21117	7526	109	350841	163110	56426
646367	39872	481426	3760209	2542681	467399
14130	764	2675	94155	44912	15074
193562	5490	144281	625989	375258	98262
434615	33618	334470	2921111	2084169	346409
172972	33618	78545	1120848	731787	142901
5718	—	—	50930	36336	7098
5437653	436493	14915	355417308	58501862	12118915
4972477	367616	8963	328836564	49825206	10655997
3768168	204679	9000	172391662	28596801	8971109

2012年规模以上工业企业

甲栏分组	代码	企业单位数(个)	亏损企业	工业总产值(当年价格)	工业销售产值(当年价格)	出口交货值
火力发电	4411	63	21	73015942	72956611	—
水力发电	4412	3	1	471990	471990	—
风力发电	4414	47	3	6794120	6681451	—
其他电力生产	4419	9	3	791166	769006	—
电力供应	4420	116	12	186128575	186009225	—
热力生产和供应	4430	44	28	6046854	6055764	—
燃气生产和供应业	4500	49	4	7821235	7508289	—
水的生产和供应业	4600	32	9	3021272	2983771	—
自来水生产和供应	4610	25	7	2628997	2598969	—
污水处理及其再生利用	4620	7	2	392275	384802	—

主要经济指标(一)

单位:千元　　续表

年初存货	产成品	在产品	资产总计	流动资产合计	应收账款
3651912	187850	—	105922648	18814394	6665444
2494	—	—	3655454	174861	40388
51151	97	—	59774670	8681022	1920957
62611	16732	9000	3038890	926524	344320
550273	118226	—	135872108	12640789	1252447
654036	44711	-37	20572794	8587616	432441
256514	55058	5952	15718222	5716240	1005110
208662	13819	—	10862522	2960416	457808
196904	10446	—	8809712	2639986	404881
11758	3373	—	2052810	320430	52927

2012年规模以上工业企业

甲栏分组	代码	存货			固定资产合计
			产成品	在产品	
总计		352407222	123098152	42725862	1556395352
采矿业	BBBB	24530228	12847450	896631	182151262
煤炭开采和洗选业	0600	11212253	4597489	383341	66536036
烟煤和无烟煤开采洗选	0610	11212253	4597489	383341	66536036
石油和天然气开采业	0700	737033	304636	2734	51852722
石油开采	0710	737033	304636	2734	51852722
黑色金属矿采选业	0800	11642316	7384534	467775	57548205
铁矿采选	0810	11612789	7368417	467775	57527343
其他黑色金属矿采选	0890	29527	16117	—	20862
有色金属矿采选业	0900	363196	151492	32347	2912061
常用有色金属矿采选	0910	127492	47294	32347	582984
铅锌矿采选	0912	102450	35301	27138	541980
其他常用有色金属矿采选	0919	18512	7663	4916	21737
贵金属矿采选	0920	50648	19882	—	561892
金矿采选	0921	27197	12941	—	337784
银矿采选	0922	23451	6941	—	224108
稀有稀土金属矿采选	0930	185056	84316	—	1767185
钨钼矿采选	0931	185056	84316	—	1767185
非金属矿采选业	1000	575430	409299	10434	3302238
土砂石开采	1010	188337	128951	10434	1819001
石灰石、石膏开采	1011	29719	13154	1546	228986
建筑装饰用石开采	1012	14112	11107	1025	61825
耐火土石开采	1013	35087	27165	7863	79353
粘土及其他土砂石开采	1019	109419	77525	—	1448837
采盐	1030	234206	179732	—	885827
石棉及其他非金属矿采选	1090	35072	13219	—	249814
其他未列明非金属矿采选	1099	32404	10551	—	238584
制造业	CCCC	322696482	109663752	41732849	1102232383
农副食品加工业	1300	13808109	7017562	723779	30684043
谷物磨制	1310	1560835	486798	150840	3133677
饲料加工	1320	1065835	305547	39405	4743276
植物油加工	1330	5541377	2846518	52673	4322702
食用植物油加工	1331	5523734	2829107	52673	4281466
非食用植物油加工	1332	17643	17411	—	41236
制糖业	1340	246484	47773	181	795984
屠宰及肉类加工	1350	1829338	1181557	103148	7556464
牲畜屠宰	1351	694489	529532	57735	3555886
禽类屠宰	1352	402662	291239	9399	1408208
肉制品及副产品加工	1353	732187	360786	36014	2592370
水产品加工	1360	539889	436942	21982	228684
水产品冷冻加工	1361	530124	436101	14192	196511
水产饲料制造	1363	9765	841	7790	32173

主要经济指标(二)

单位：千元

固定资产原价	累计折旧	本年折旧	在建工程	负债合计	流动负债合计
2125588701	752764301	154546413	233424532	1993946507	1527252542
258911989	108033794	17317914	27499035	240526037	175044001
82470956	37682657	5435260	18838077	121248773	88227253
82470956	37682657	5435260	18838077	121248773	88227253
97711052	47802220	6080356	256033	24953902	5288313
97711052	47802220	6080356	256033	24953902	5288313
71334735	20287315	5200320	7554887	88243198	77793486
71304833	20278275	5196489	7554887	88208384	77758696
29902	9040	3831	—	34814	34790
2840992	759035	201275	688796	2474190	1698564
751610	205748	41807	77679	784469	744453
692171	172258	38890	62623	708941	669925
28028	15790	2251	9499	46136	46136
622166	123948	26903	1440	376073	227639
360125	69943	18002	740	126807	123824
262041	54005	8901	700	249266	103815
1467216	429339	132565	609677	1313648	726472
1467216	429339	132565	609677	1313648	726472
4554254	1502567	400703	161242	3605974	2036385
2489057	772873	241530	57929	1174887	882205
282756	92179	14389	9150	428275	345059
93218	31433	2219	39	50009	11829
87737	29483	5219	17792	173997	167614
2025346	619778	219703	30948	522606	357703
1301210	507511	71878	77786	1970946	756086
296550	76815	28154	—	167119	120972
286427	76815	28154	—	163351	120972
1459709563	477489789	115643835	184362903	1520936849	1226289992
38160239	10335713	2700081	2196503	46780557	35885158
4128842	1215868	249185	227070	2985855	2746979
6597794	2137663	573728	64201	3494218	3038384
5878577	1840303	450585	191691	21706353	18161066
5821619	1824581	441258	191691	21634825	18091758
56958	15722	9327	—	71528	69308
861140	65156	24691	45922	955256	250140
9085118	1944588	512526	226908	8976076	5254778
4247617	888541	253842	77294	3150783	1560609
1615323	315413	109941	86940	2267554	1813957
3222178	740634	148743	62674	3557739	1880212
296901	70736	10366	6043	765982	679059
257674	61205	9614	3566	726820	646507
39227	9531	752	2477	39162	32552

2012 年规模以上工业企业

甲栏分组	代码	存货	产成品	在产品	固定资产合计
蔬菜、水果和坚果加工	1370	1131980	685045	114761	2647844
蔬菜加工	1371	503545	355924	48636	1512202
水果和坚果加工	1372	628435	329121	66125	1135642
其他农副食品加工	1390	1892371	1027382	240789	7255412
淀粉及淀粉制品制造	1391	1535476	768933	230924	6397121
豆制品制造	1392	14062	4129	—	42846
蛋品加工	1393	27016	15160	—	174247
其他未列明农副食品加工	1399	315817	239160	9865	641198
食品制造业	1400	3800655	1737452	242854	15074793
焙烤食品制造	1410	448142	216909	17539	2189400
糕点、面包制造	1411	24831	8940	4832	158297
饼干及其他焙烤食品制造	1419	423311	207969	12707	2031103
糖果、巧克力及蜜饯制造	1420	391575	202482	26123	2233526
糖果、巧克力制造	1421	131938	54642	7755	757720
蜜饯制作	1422	259637	147840	18368	1475806
方便食品制造	1430	741140	305692	27948	2499303
米、面制品制造	1431	61259	40126	393	179338
速冻食品制造	1432	126464	100147	10007	141278
方便面及其他方便食品制造	1439	553417	165419	17548	2178687
乳制品制造	1440	604216	193024	9506	3649113
罐头食品制造	1450	422210	181002	33607	1344778
蔬菜、水果罐头制造	1453	384447	176960	33607	879009
其他罐头食品制造	1459	37762	4041	—	366733
调味品、发酵制品制造	1460	364867	140972	48699	1285776
酱油、食醋及类似制品制造	1462	88253	29806	27761	290127
其他调味品、发酵制品制造	1469	276614	111166	20938	995649
其他食品制造	1490	828505	497371	79432	1872897
营养食品制造	1491	606	591	—	15168
保健食品制造	1492	18416	5760	7805	124573
冷冻饮品及食用冰制造	1493	10728	3705	—	151635
食品及饲料添加剂制造	1495	768031	471216	70296	1455400
其他未列明食品制造	1499	30724	16099	1331	126121
酒、饮料和精制茶制造业	1500	7052938	2407978	474108	11915855
酒的制造	1510	5625978	1809668	385514	8717261
酒精制造	1511	167675	152873	4717	795512
白酒制造	1512	2132536	1021886	47421	2894589
啤酒制造	1513	1946335	366438	52764	4147163
葡萄酒制造	1515	1379432	268471	280612	879997
饮料制造	1520	1425578	597897	88594	3124374
碳酸饮料制造	1521	44862	10539	6	333236
瓶(罐)装饮用水制造	1522	20649	10310	1279	287190
果菜汁及果菜汁饮料制造	1523	533857	228237	61407	1169352

主要经济指标(二)

单位:千元　　续表

固定资产原价	累计折旧	本年折旧	在建工程	负债合计	流动负债合计
3388192	945472	219136	90828	2432609	2041552
1839528	514296	126697	73960	1228420	941937
1548664	431176	92439	16868	1204189	1099615
7923675	2115927	659864	1343840	5464208	3713200
6965382	1960164	621803	1239748	4650602	3095966
48339	7733	1916	—	57398	57398
243885	72138	10280	—	59575	24575
666069	75892	25865	104092	696633	535261
19474211	5352629	1352490	1205339	15023316	13088163
2840578	694592	187743	66580	2054457	1685927
176143	25030	7429	2627	96792	62880
2664435	669562	180314	63953	1957665	1623047
2680077	573838	119840	79428	895359	747787
890705	141257	47617	30011	308317	294578
1789372	432581	72223	49417	587042	453209
3115924	836225	286711	199602	3578617	3462521
272298	127007	25595	11299	124656	105596
153509	30228	5494	13710	229436	227636
2690117	678990	255622	174593	3224525	3129289
5330217	1810478	412189	379721	4341364	4136647
1594003	279193	66360	93195	1143050	1076787
1063788	221165	51434	92667	653346	587083
426930	53779	12650	—	413992	413992
1546116	466358	109721	207317	1177739	720864
325722	92269	16994	50268	373556	138991
1220394	374089	92727	157049	804183	581873
2367296	691945	169926	179496	1832730	1257630
16196	1028	338	—	3483	1051
130005	5697	1921	265	54788	46098
131121	33186	6835	212	68859	62425
1947158	627264	152602	110868	1505257	981102
142816	24770	8230	68151	200343	166954
16835750	6043410	937128	1665067	20137965	17511933
12372064	4448202	731859	1092404	13799825	11538178
1014378	259138	110291	30397	564247	539158
3202796	785059	188369	340818	4731012	3540380
6651997	2721189	317465	489905	6649026	5765238
1502893	682816	115734	231284	1855540	1693402
4378624	1584366	195946	572663	6292351	5973755
374887	51669	18070	1321	142709	123738
302073	124284	16339	111274	143762	141398
1737253	605320	48868	347400	1883312	1678374

2012年规模以上工业企业

甲栏分组	代码	存货	产成品	在产品	固定资产合计
含乳饮料和植物蛋白饮料制造	1524	819391	342554	25902	1251350
烟草制品业	1600	4423366	231248	9237	2981082
卷烟制造	1620	4423366	231248	9237	2981082
纺织业	1700	9575034	4708046	996385	28650136
棉纺织及印染精加工	1710	6542842	3313486	638419	22212681
棉纺纱加工	1711	3872889	1714031	459602	12178662
棉织造加工	1712	2503383	1508808	170257	8624029
棉印染精加工	1713	166570	90647	8560	1409990
毛纺织及染整精加工	1720	1699946	692029	212860	2285852
毛条和毛纱线加工	1721	1398549	561302	192197	2053817
毛织造加工	1722	218269	106949	19738	206911
毛染整精加工	1723	83128	23778	925	25124
化纤织造及印染精加工	1750	27252	14489	6184	135513
化纤织造加工	1751	27252	14489	6184	135513
针织或钩针编织物及其制品制造	1760	192306	84392	18773	768767
针织或钩针编织物织造	1761	120356	47065	5027	501796
针织或钩针编织物印染精加工	1762	12565	8865	1493	63913
针织或钩针编织品制造	1763	59385	28462	12253	203058
家用纺织制成品制造	1770	781889	418079	96145	1093366
床上用品制造	1771	413579	167176	60916	449690
毛巾类制品制造	1772	328707	236777	26902	590917
其他家用纺织制成品制造	1779	39603	14126	8327	52759
非家用纺织制成品制造	1780	330799	185571	24004	2153957
非织造布制造	1781	220674	124911	2685	1822700
纺织带和帘子布制造	1783	12792	6301	771	68774
篷、帆布制造	1784	59300	31530	11158	74524
其他非家用纺织制成品制造	1789	36273	21698	9390	179319
纺织服装、服饰业	1800	2368562	1235232	164295	6117503
机织服装制造	1810	2189494	1150996	146760	5406539
针织或钩针编织服装制造	1820	129444	59611	16696	199997
服饰制造	1830	49624	24625	839	510967
皮革、毛皮、羽毛及其制品和制鞋业	1900	3104700	1399791	457317	9897553
皮革鞣制加工	1910	859622	389115	255852	3047885
皮革制品制造	1920	333844	248722	13349	4668872
皮革服装制造	1921	178386	152774	12103	2670424
皮箱、包(袋)制造	1922	38617	29989	176	325574
皮手套及皮装饰制品制造	1923	58067	13177	—	23657
其他皮革制品制造	1929	58774	52782	1070	1649217
毛皮鞣制及制品加工	1930	1464958	489983	151930	1384055
毛皮鞣制加工	1931	69211	44525	1984	298782
毛皮服装加工	1932	977280	321629	98444	873694
其他毛皮制品加工	1939	418467	123829	51502	211579

主要经济指标(二)

单位：千元　　续表

固定资产原价	累计折旧	本年折旧	在建工程	负债合计	流动负债合计
1835221	757149	95437	112668	4076544	3986221
5266180	2408976	344786	133193	2605973	2575133
5266180	2408976	344786	133193	2605973	2575133
35021052	9479113	2508483	1620717	26527233	21194228
26798980	7190604	1968291	1419662	20301706	15790996
15498983	4001355	964559	368522	11251569	9022672
9263707	2526718	739590	1031261	8023038	5900930
2036290	662531	264142	19879	1027099	867394
2840609	733589	132759	80716	3120765	2888867
2592714	685598	124823	64241	2586515	2374813
215088	40308	6591	12101	453006	432810
32807	7683	1345	4374	81244	81244
188064	58393	11880	—	119221	116498
188064	58393	11880	—	119221	116498
852033	163770	76693	26033	703421	343537
603823	129595	66181	7559	570472	234984
71662	13832	6050	9715	51137	35114
176548	20343	4462	8759	81812	73439
1582087	636591	99322	83709	1489690	1307229
664257	295104	47706	25114	525709	462190
851131	318334	47850	49382	910992	808440
66699	23153	3766	9213	52989	36599
2759279	696166	219538	10597	792430	747101
2312149	542053	184283	3207	416520	391814
122223	53449	7235	1176	74918	65202
97492	36863	4062	6214	196687	192353
217565	62591	22902	—	96959	90386
8001178	2736767	622339	675804	7907095	7051509
7129502	2493422	559857	636611	7173011	6477834
296207	117040	22480	8274	333828	297240
575469	126305	40002	30919	400256	276435
10679318	2078417	539269	41483	8538791	7391777
3078575	817435	171829	1648	2141577	1903083
5086084	660558	241739	16160	3465546	2996438
2833948	282431	79526	—	2594170	2578643
333780	95968	11259	416	409317	14781
59269	35796	2647	184	93543	93483
1859087	246363	148307	15560	368516	309531
1515353	245664	64558	15913	2113090	1837357
316355	37602	6526	—	190483	175146
923828	133729	45754	14597	1204811	980399
275170	74333	12278	1316	717796	681812

2012年规模以上工业企业

甲栏分组	代码	存货	产成品	在产品	固定资产合计
羽毛(绒)加工及制品制造	1940	51331	41964	1732	75224
羽毛(绒)加工	1941	39199	31396	1732	58757
羽毛(绒)制品加工	1942	12132	10568	—	16467
制鞋业	1950	394945	230007	34454	721517
纺织面料鞋制造	1951	64421	31519	168	115005
皮鞋制造	1952	194630	123661	12885	217550
塑料鞋制造	1953	34710	23610	175	155505
橡胶鞋制造	1954	101167	51208	21226	229536
木材加工和木、竹、藤、棕、草制品业	2000	1247667	514032	82806	5289436
人造板制造	2020	947063	454359	54956	4333725
胶合板制造	2021	392397	132778	37109	1411644
纤维板制造	2022	418185	236650	4542	1654494
刨花板制造	2023	113652	71463	6422	691547
其他人造板制造	2029	22829	13468	6883	576040
木制品制造	2030	270656	45229	12367	761999
建筑用木料及木材组件加工	2031	159856	19171	—	443102
木门窗、楼梯制造	2032	35418	12094	4538	187062
木制容器制造	2034	15316	8739	1691	45741
软木制品及其他木制品制造	2039	60066	5225	6138	86094
竹、藤、棕、草等制品制造	2040	8704	7434	1249	160017
草及其他制品制造	2049	7079	5809	1249	157612
家具制造业	2100	1044098	451139	141252	7047464
木质家具制造	2110	686524	309337	126811	3045294
金属家具制造	2130	243189	94757	12797	3505428
其他家具制造	2190	111750	46420	1644	423057
造纸和纸制品业	2200	2722356	1513186	254740	10956012
纸浆制造	2210	76601	25081	512	106821
非木竹浆制造	2212	53447	21923	512	51342
造纸	2220	1767518	945611	226698	7007838
机制纸及纸板制造	2221	1746263	929652	226536	6632983
加工纸制造	2223	19830	14968	162	305933
纸制品制造	2230	878237	542494	27530	3841353
纸和纸板容器制造	2231	424102	293200	9509	2578834
其他纸制品制造	2239	454135	249294	18021	1262519
印刷和记录媒介复制业	2300	1282937	579009	254299	6184508
印刷	2310	1262252	569732	254299	6100221
书、报刊印刷	2311	478628	243295	86537	2623979
本册印制	2312	69819	39242	2427	136631
包装装潢及其他印刷	2319	713805	287195	165335	3339611
记录媒介复制	2330	14973	9277	—	53221
文教、工美、体育和娱乐用品制造业	2400	1280671	620914	184266	3911715
文教办公用品制造	2410	56077	30429	493	74922

主要经济指标(二)

单位:千元　　续表

固定资产原价	累计折旧	本年折旧	在建工程	负债合计	流动负债合计
84588	9364	4264	995	114023	114023
67072	8315	3239	995	72984	72984
17516	1049	1025	—	41039	41039
914718	345396	56879	6767	704555	540876
135774	20827	3340	—	42271	36625
155499	90086	8435	—	226841	164503
255368	99863	22604	—	85490	65947
364051	134515	22487	6767	348311	272159
6567312	1651259	476084	257423	4323846	3132241
5459002	1416100	393123	132360	3324898	2417020
2042577	679926	209206	30785	1021771	661621
1805307	348936	102283	55074	1519845	1166718
1006212	357094	69688	46501	676723	567396
604906	30144	11946	—	106559	21285
887207	204268	61978	121563	792967	659360
486571	56990	18889	37582	495692	375863
165332	42590	16167	64365	87162	82920
59608	15086	7523	—	67616	67616
175696	89602	19399	19616	142497	132961
185810	25793	20883	—	172617	22497
182785	25173	20883	—	169704	19584
9715030	3536483	905377	296585	4482090	2506915
3876280	1565913	346402	243512	1746738	1398073
5219111	1788390	507303	19137	2226301	774457
465306	101532	35662	33936	494321	322420
14298734	4583845	843183	1201491	9873854	7642734
174595	67971	18409	5501	201647	157309
77083	25741	6753	—	81493	78182
9764473	3547901	551416	1067161	5832215	4205353
9369713	3503672	547875	1067161	5645346	4068437
313807	32161	2056	—	117716	105484
4359666	967973	273358	128829	3839992	3280072
2959169	676365	217058	16300	2613805	2167526
1400497	291608	56300	112529	1226187	1112546
9498766	3638780	674604	358078	4941579	3522852
9316763	3554110	665803	358078	4871628	3463108
3983644	1611612	310205	138995	2139690	1028943
232112	98420	10177	2646	217605	206190
5101007	1844078	345421	216437	2514333	2227975
146763	77820	6576	—	51696	41489
5283555	1513756	384869	6628	3260135	2332535
94785	25729	3749	747	76424	70721

2012年规模以上工业企业

甲栏分组	代码	存货	产成品	在产品	固定资产合计
文具制造	2411	42922	24767	9	57126
乐器制造	2420	147112	24906	4628	864374
中乐器制造	2421	72784	6902	3620	155914
西乐器制造	2422	48049	9184	420	688280
其他乐器及零件制造	2429	14583	6301	588	10205
工艺美术品制造	2430	614124	341969	59735	2180395
雕塑工艺品制造	2431	210706	94397	10421	749469
金属工艺品制造	2432	56453	21089	8654	298156
天然植物纤维编织工艺品制造	2435	24214	10005	587	17083
抽纱刺绣工艺品制造	2436	9189	4502	—	607299
地毯、挂毯制造	2437	282777	190580	40073	294740
其他工艺美术品制造	2439	29195	20190	—	159964
体育用品制造	2440	161234	99732	12300	189365
球类制造	2441	4676	2179	2120	13194
体育器材及配件制造	2442	14033	9538	2569	33626
训练健身器材制造	2443	52616	31782	1094	36066
运动防护用具制造	2444	14096	14096	—	80541
其他体育用品制造	2449	75813	42137	6517	25938
玩具制造	2450	223385	88322	66316	413559
游艺器材及娱乐用品制造	2460	78739	35556	40794	189100
露天游乐场所游乐设备制造	2461	78739	35556	40794	189100
石油加工、炼焦和核燃料加工业	2500	17294965	4836578	1943453	46844562
精炼石油产品制造	2510	9849464	2896634	1173987	19205767
原油加工及石油制品制造	2511	9786151	2861312	1173897	19013553
人造原油制造	2512	63313	35322	90	192214
炼焦	2520	7445501	1939944	769466	27638795
化学原料和化学制品制造业	2600	14482550	6005178	1305186	60820833
基础化学原料制造	2610	5450359	2345788	348057	29517038
无机酸制造	2611	422739	223333	1384	1750300
无机碱制造	2612	1261407	330941	49132	9657060
无机盐制造	2613	698710	326401	100563	3514935
有机化学原料制造	2614	2599396	1203108	162679	9396940
其他基础化学原料制造	2619	468107	262005	34299	5197803
肥料制造	2620	3147761	976777	403787	11587520
氮肥制造	2621	1681688	389070	391649	9806231
磷肥制造	2622	14867	10970	—	140705
钾肥制造	2623	96518	72131	—	129883
复混肥料制造	2624	1277830	469279	11970	1054266
有机肥料及微生物肥料制造	2625	70702	31360	168	417523
其他肥料制造	2629	6156	3967	—	38912
农药制造	2630	762288	445467	119652	1653200
化学农药制造	2631	722060	423310	119652	1571205

主要经济指标(二)

单位:千元　　续表

固定资产原价	累计折旧	本年折旧	在建工程	负债合计	流动负债合计
66441	14433	2709	—	46410	40707
1080771	225903	104749	2278	771073	185430
227174	79988	19607	—	83039	51794
814050	126268	82871	1997	619732	68334
16485	6280	1181	—	29145	26145
3119810	1033004	233191	616	1473031	1272892
1010350	267767	20981	56	561261	483517
357613	111677	34937	557	150143	148585
15010	6514	786	—	30535	28981
958974	374327	136262	—	23636	13397
428331	133801	15217	—	473309	454441
270272	111653	25008	3	197142	106966
268495	81804	17636	2987	352000	279314
15903	2709	181	—	33849	4576
39228	5822	1104	—	19993	14643
48561	12495	1463	—	104247	101647
123390	44857	13802	2987	68201	68201
41413	15921	1086	—	125710	90247
492029	84532	21828	—	421098	359511
227665	62784	3716	—	166509	164667
227665	62784	3716	—	166509	164667
68217526	27010922	6378528	7771752	81982843	73986973
29519844	13403422	1654472	4320647	29819754	26697989
29357045	13380011	1646042	4249495	29672210	26605393
162799	23411	8430	71152	147544	92596
38697682	13607500	4724056	3451105	52163089	47288984
83106636	27737675	5972180	11864945	89520171	68972382
40354713	11769702	2821744	6808772	43125290	32369988
2260273	736682	140608	54275	1807623	1630450
13345301	3696307	580763	3105193	13300663	8842834
4904896	1793512	312382	2310383	9001875	6548924
13183752	3986590	1298126	1067664	14231303	11864098
6660491	1556611	489865	271257	4783826	3483682
15813318	6719469	964544	1803082	16136132	12109713
13513713	6037875	844962	1692602	13408385	9690408
175185	34480	8307	—	93804	39724
180632	53886	10351	17331	298520	298520
1456883	515096	80085	6683	2058549	1908043
431066	61205	16872	86466	234820	156839
55839	16927	3967	—	42054	16179
2255387	746427	149059	287997	2882922	2485212
2135835	708870	133597	287997	2745127	2361242

2012年规模以上工业企业

甲栏分组	代码	存货			固定资产合计
			产成品	在产品	
生物化学农药及微生物农药制造	2632	40228	22157	—	81995
涂料、油墨、颜料及类似产品制造	2640	1344519	581264	70646	3008093
涂料制造	2641	678549	260805	20286	1296746
油墨及类似产品制造	2642	88784	21183	10864	154018
颜料制造	2643	267654	145070	16672	622782
染料制造	2644	307671	153305	22824	917385
密封用填料及类似品制造	2645	1861	901	—	17162
合成材料制造	2650	832535	400278	76170	3618531
初级形态塑料及合成树脂制造	2651	635318	269610	58147	3068228
合成橡胶制造	2652	7756	3331	76	17189
合成纤维单(聚合)体制造	2653	159848	111197	13212	335318
其他合成材料制造	2659	29613	16140	4735	197796
专用化学产品制造	2660	2615977	1099146	253230	9679839
化学试剂和助剂制造	2661	1322121	621010	34982	3167675
专项化学用品制造	2662	201314	93777	27694	1108935
林产化学产品制造	2663	15294	5624	3200	70200
信息化学品制造	2664	963967	320971	186169	4899629
环境污染处理专用药剂材料制造	2665	26434	20921	928	103362
动物胶制造	2666	20899	3814	—	47034
其他专用化学产品制造	2669	65948	33029	257	283004
炸药、火工及焰火产品制造	2670	124335	56939	24299	551470
炸药及火工产品制造	2671	95355	44498	8285	467479
焰火、鞭炮产品制造	2672	28980	12441	16014	83991
日用化学产品制造	2680	204776	99519	9345	1205142
肥皂及合成洗涤剂制造	2681	25495	15234	948	607254
香料、香精制造	2684	93036	45827	6173	326402
其他日用化学产品制造	2689	86245	38458	2224	271486
医药制造业	2700	7084778	3531361	888810	23887286
化学药品原料药制造	2710	2819319	1387332	275074	8041714
化学药品制剂制造	2720	2101781	1073450	483640	9798202
中药饮片加工	2730	144193	70174	9324	313957
中成药生产	2740	1413800	768608	54764	4395405
兽用药品制造	2750	195497	101907	8950	609444
生物药品制造	2760	402037	125905	55600	658371
卫生材料及医药用品制造	2770	8151	3985	1458	70193
化学纤维制造业	2800	924925	444601	66233	1959217
纤维素纤维原料及纤维制造	2810	732239	367528	20602	1139537
化纤浆粕制造	2811	296744	161624	2363	446336
人造纤维(纤维素纤维)制造	2812	435495	205904	18239	693201
合成纤维制造	2820	192686	77073	45631	819680
锦纶纤维制造	2821	22873	20001	—	6968
涤纶纤维制造	2822	113785	49063	219	672791

主要经济指标(二)

单位:千元　　续表

固定资产原价	累计折旧	本年折旧	在建工程	负债合计	流动负债合计
119552	37557	15462	—	137795	123970
3947093	1196625	221698	554237	5746447	5087522
1684456	539395	100125	369127	3790429	3348522
172569	34214	10269	3332	289364	274579
877612	306520	41070	49795	767139	696902
1193992	308416	69935	131916	883769	755324
18464	8080	299	67	15746	12195
5691354	2410855	344827	1571317	7422410	5426030
4894213	2128296	303922	1551293	6937672	5083879
27659	11118	1314	626	22722	18539
516423	208671	13955	19059	425647	288511
253059	62770	25636	339	36369	35101
12770350	4244852	1347167	715020	12317941	10028016
4217687	1518253	508494	273413	5204732	4515440
1232063	263161	74332	43998	838777	594997
82163	11963	1029	500	37531	33105
6708836	2323926	726152	395572	5731940	4521608
104269	27991	9038	—	89279	72482
62665	16620	4169	—	29967	29967
362667	82938	23953	1537	385715	260417
811870	326542	49215	75192	777164	595273
686079	275528	42596	73164	707612	542967
125791	51014	6619	2028	69552	52306
1462551	323203	73926	49328	1111865	870628
709770	145034	36468	29856	303233	232689
399038	83138	18898	6211	390638	270787
353743	95031	18560	13261	417994	367152
29366754	11473352	1853226	6359503	39801828	28125288
12694138	5122276	624499	824423	16358888	13234672
10337088	4103138	827818	3637167	17123467	9332085
500233	188334	26740	1890	531807	518854
4457763	1699647	296177	1628391	4515326	3867756
743079	230194	54441	57772	570268	532409
554652	118838	21090	209860	677495	620351
79801	10925	2461	—	24577	19161
3135269	1490027	164464	773118	3176986	2169673
2490295	1376770	126984	607073	2572883	1746605
802626	377464	51385	25498	1206167	1170904
1687669	999306	75599	581575	1366716	575701
644974	113257	37480	166045	604103	423068
8259	1291	521	32895	35808	35808
527778	88668	28844	78868	315823	239504

2012年规模以上工业企业

甲栏分组	代码	存货	产成品	在产品	固定资产合计
其他合成纤维制造	2829	53401	6978	45412	121234
橡胶和塑料制品业	2900	5745625	2818712	347417	20506491
橡胶制品业	2910	2188681	1083729	89918	6809138
轮胎制造	2911	151215	83611	-10112	560419
橡胶板、管、带制造	2912	590391	326010	45854	2564578
橡胶零件制造	2913	281596	127930	16150	944380
再生橡胶制造	2914	82360	70648	1578	516939
日用及医用橡胶制品制造	2915	266138	145575	1112	720587
其他橡胶制品制造	2919	816981	329955	35336	1502235
塑料制品业	2920	3556944	1734983	257499	13697353
塑料薄膜制造	2921	317479	135360	40181	2193259
塑料板、管、型材制造	2922	1631094	871839	54990	4182193
塑料丝、绳及编织品制造	2923	381366	239078	30650	2309775
泡沫塑料制造	2924	127115	72936	5279	1465792
塑料人造革、合成革制造	2925	120674	50275	703	219409
塑料包装箱及容器制造	2926	205235	66559	21096	1095825
日用塑料制品制造	2927	276667	101935	18291	671909
塑料零件制造	2928	80220	36734	1447	291241
其他塑料制品制造	2929	417094	160267	84862	1267950
非金属矿物制品业	3000	16873256	7372913	1713251	91751738
水泥、石灰和石膏制造	3010	6022344	1516886	914262	53042463
水泥制造	3011	5873982	1477794	889868	51952086
石灰和石膏制造	3012	148362	39092	24394	1090377
石膏、水泥制品及类似制品制造	3020	1079655	500651	85573	6045697
水泥制品制造	3021	754890	399163	48323	2785693
砼结构构件制造	3022	144075	29619	5698	237939
石棉水泥制品制造	3023	2534	2153	—	49668
轻质建筑材料制造	3024	129853	44984	31552	2451411
其他水泥类似制品制造	3029	48303	24732	—	520986
砖瓦、石材等建筑材料制造	3030	1195335	646109	64104	7128309
粘土砖瓦及建筑砌块制造	3031	297474	183749	32791	1443414
建筑陶瓷制品制造	3032	344948	197321	2615	1946210
建筑用石加工	3033	147247	47251	7882	307043
防水建筑材料制造	3034	71327	37726	915	399169
隔热和隔音材料制造	3035	228912	127252	17417	1975637
其他建筑材料制造	3039	105427	52810	2484	1056836
玻璃制造	3040	1748727	982390	92026	9453770
平板玻璃制造	3041	1615699	932797	73372	8860712
其他玻璃制造	3049	133028	49593	18654	593058
玻璃制品制造	3050	2131547	1177968	140197	5572511
技术玻璃制品制造	3051	843586	338717	39915	2911880
玻璃仪器制造	3053	37027	25600	—	101130

主要经济指标(二)

单位：千元　　续表

固定资产原价	累计折旧	本年折旧	在建工程	负债合计	流动负债合计
83516	16564	6115	54282	244562	140346
29479243	10012775	2596636	795634	23318416	19847568
9480300	3115069	628870	404419	9260392	8128001
794134	280725	65206	47244	585719	392638
3718661	1316474	243937	24405	1945349	1750548
1326688	450095	80580	52273	1611505	1312515
838977	332258	74828	—	522748	381526
1002887	311059	55684	55457	1266522	1042778
1798953	424458	108635	225040	3328549	3247996
19998943	6897706	1967766	391215	14058024	11719567
3249694	1113155	206296	19534	2082817	1711198
6374224	2401126	803835	275754	4716159	4269957
3893534	1603350	482179	2364	1793935	1101208
1667536	275511	126038	4663	976592	558065
564843	350095	50289	2100	489495	423326
1246897	307656	107853	38493	865777	643135
841227	182260	68674	8360	1084752	1061220
333000	55254	10506	2002	403997	391511
1827988	609299	112096	37945	1644500	1559947
116646344	31898841	9730371	10919425	107516906	77997222
65394365	15609119	5651138	7516134	60739985	38821708
63880661	15154711	5554166	7473450	59615045	37835564
1513704	454408	96972	42684	1124940	986144
7925074	2155741	681091	208856	7016876	6433058
3802485	1269295	374713	185762	5757243	5272639
275566	59109	12591	20917	241432	219456
61373	11705	2817	—	27355	25355
3121589	672538	272602	2117	712313	702002
664061	143094	18368	60	278533	213606
8099448	1733034	587050	298517	4975283	4065880
1599753	413580	187220	131586	1384029	1101967
2206610	355994	114456	64446	1216008	924107
368499	73486	14833	1124	349114	267414
559290	177755	44130	38607	307899	235033
2244936	470842	176052	41948	1004740	954573
1120360	241377	50359	20806	713493	582786
12127942	4001101	959814	1402446	12215517	9727864
11530674	3888787	937799	1141863	11051380	8655596
597268	112314	22015	260583	1164137	1072268
8287140	3033350	749899	594905	8073056	6542597
4382382	1749993	428285	207417	2061705	1842667
181912	80791	11142	18217	189943	160029

2012年规模以上工业企业

甲栏分组	代码	存货	产成品	在产品	固定资产合计
日用玻璃制品制造	3054	656397	412548	91891	1255164
玻璃包装容器制造	3055	521900	344058	6004	1206535
其他玻璃制品制造	3059	69283	56166	—	88637
玻璃纤维和玻璃纤维增强塑料制品制造	3060	824249	302697	103801	3465119
玻璃纤维及制品制造	3061	136282	84534	11866	1119679
玻璃纤维增强塑料制品制造	3062	687967	218163	91935	2345440
陶瓷制品制造	3070	2233089	1358404	171704	2468995
卫生陶瓷制品制造	3071	943805	474069	44154	1367182
特种陶瓷制品制造	3072	319652	176678	73946	287429
日用陶瓷制品制造	3073	820159	576018	52556	656113
园林、陈设艺术及其他陶瓷制品制造	3079	149473	131639	1048	158271
耐火材料制品制造	3080	772056	427961	44494	1651660
石棉制品制造	3081	15394	10521	2053	175316
云母制品制造	3082	33880	23802	3129	347896
耐火陶瓷制品及其他耐火材料制造	3089	722782	393638	39312	1128448
石墨及其他非金属矿物制品制造	3090	866254	459847	97090	2923214
石墨及碳素制品制造	3091	475320	262883	82731	934607
其他非金属矿物制品制造	3099	390934	196964	14359	1988607
黑色金属冶炼和压延加工业	3100	118250245	25899454	10245545	444933064
炼铁	3110	6005462	1522102	819894	34118849
炼钢	3120	29332091	5928654	651306	92921821
黑色金属铸造	3130	2439268	1165203	259874	17140381
钢压延加工	3140	80239707	17218023	8500444	300025280
铁合金冶炼	3150	233717	65472	14027	726733
有色金属冶炼和压延加工业	3200	4303307	1280733	471748	10433963
常用有色金属冶炼	3210	1419927	304235	55764	2144782
铜冶炼	3211	995440	136013	11990	552570
铅锌冶炼	3212	204699	104295	2709	140226
铝冶炼	3216	16030	10030	214	125588
其他常用有色金属冶炼	3219	192941	50382	39303	1314864
贵金属冶炼	3220	217014	41961	33167	1363708
金冶炼	3221	213736	40762	31088	1357641
稀有稀土金属冶炼	3230	10530	6286	1560	41878
钨钼冶炼	3231	988	538	—	29631
有色金属合金制造	3240	668316	203106	53702	1316796
有色金属压延加工	3260	1987520	725145	327555	5566799
铜压延加工	3261	689977	155233	11057	584772
铝压延加工	3262	976424	480096	297608	4329362
稀有稀土金属压延加工	3264	60137	22504	1000	21632
其他有色金属压延加工	3269	251717	67312	17890	510339
金属制品业	3300	13770221	6932388	1428063	77066781
结构性金属制品制造	3310	4652815	2223597	470935	12285964

主要经济指标(二)

单位：千元　　续表

固定资产原价	累计折旧		在建工程	负债合计	流动负债合计
		本年折旧			
1829632	603595	137714	341384	3827326	2706394
1775512	577363	166575	27294	1911648	1758542
108833	20989	5931	593	60914	55711
4815602	1818043	442824	110284	2892154	2050294
1515759	404257	118519	3881	282414	226085
3299843	1413786	324305	106403	2609740	1824209
4166627	1742469	202534	528591	5433975	5095535
2069834	758863	89046	373598	2249686	2090095
694965	344599	39747	125726	772049	681246
1121021	514064	58717	27879	2204771	2136939
280807	124943	15024	1388	207469	187255
2192373	752200	163823	65479	3007920	2724430
197940	32983	7243	190	96099	83797
428598	113375	54108	712	79840	51663
1565835	605842	102472	64577	2831981	2588970
3637773	1053784	292198	194213	3162140	2535856
1418952	542304	95876	43262	1695069	1400694
2218821	511480	196322	150951	1467071	1135162
624952190	229322869	53263802	101518309	653060627	527137328
42659024	16509514	3788782	19225439	49617775	42628626
129624994	45883129	9623498	31373393	170071485	152567498
19400455	5441216	2402510	610831	8848467	7473818
432415659	161291467	37364299	50224369	423691189	323869945
852058	197543	84713	84277	831711	597441
15359355	5109789	895022	2453708	19294133	15768980
2495503	487589	104289	132974	4729386	4143125
599770	157178	28409	107487	2764069	2754569
170518	32047	6942	-9788	415903	414445
233583	115073	12660	7000	245896	239847
1471507	174700	55857	28275	1224746	655492
1978069	733500	114431	220849	2030080	1947858
1969314	730812	113906	220849	2011731	1930109
60181	23023	4825	641	33395	33395
33901	8159	3658	—	5306	5306
1479813	248193	50460	1696783	3184521	3135408
9345789	3617484	621017	402461	9316751	6509194
727931	191744	68563	40778	2435569	1936573
7753400	3088487	501209	188383	4958008	2742548
40036	18612	2612	411	235328	234317
618862	233775	38083	124297	1572182	1480092
92531159	18171086	6578457	2481200	54290098	48245696
15481349	4082973	899410	636230	18715520	16200593

2012年规模以上工业企业

甲栏分组	代码	存货	产成品	在产品	固定资产合计
金属结构制造	3311	4069347	1916347	410243	11007230
金属门窗制造	3312	583468	307250	60692	1278734
金属工具制造	3320	945307	429269	107022	2080699
切削工具制造	3321	674760	270123	83080	1422412
手工具制造	3322	68102	35948	14107	204693
农用及园林用金属工具制造	3323	168108	103370	6466	349121
刀剪及类似日用金属工具制造	3324	2274	254	125	907
其他金属工具制造	3329	32063	19574	3244	103566
集装箱及金属包装容器制造	3330	906281	260095	221613	1684657
集装箱制造	3331	33097	5851	433	38483
金属压力容器制造	3332	582563	165058	202268	981212
金属包装容器制造	3333	290621	89186	18912	664962
金属丝绳及其制品制造	3340	1874346	906386	217225	4246454
建筑、安全用金属制品制造	3350	3276716	2276605	182551	49037010
建筑、家具用金属配件制造	3351	77357	65239	556	810827
建筑装饰及水暖管道零件制造	3352	3071900	2135126	165848	47949133
安全、消防用金属制品制造	3353	108216	69219	16130	172542
其他建筑、安全用金属制品制造	3359	19243	7021	17	104508
金属表面处理及热处理加工	3360	794664	224085	23084	2973540
搪瓷制品制造	3370	19490	15840	2240	755700
生产专用搪瓷制品制造	3371	3350	1901	640	37535
搪瓷卫生洁具制造	3373	10976	8775	1600	703638
金属制日用品制造	3380	260540	117160	30257	349465
金属制餐具和器皿制造	3382	180578	60410	26347	187127
金属制卫生器具制造	3383	5290	4277	818	17545
其他金属制日用品制造	3389	35337	22828	789	137673
其他金属制品制造	3390	1040062	479351	173136	3653292
锻件及粉末冶金制品制造	3391	316161	163665	24396	946452
交通及公共管理用金属标牌制造	3392	54672	15836	600	99797
通用设备制造业	3400	11785414	4600601	2237128	25709724
锅炉及原动设备制造	3410	1862372	945127	340708	2278056
锅炉及辅助设备制造	3411	1048944	560077	182676	727320
内燃机及配件制造	3412	786623	369399	154130	1535740
金属加工机械制造	3420	1416187	662205	128376	2981527
金属切削机床制造	3421	255597	147840	31118	659611
金属成形机床制造	3422	113227	15117	34515	453821
铸造机械制造	3423	467618	272445	7430	475095
金属切割及焊接设备制造	3424	476574	172478	27236	498956
机床附件制造	3425	40698	21794	9461	763745
其他金属加工机械制造	3429	62473	32531	18616	130299
物料搬运设备制造	3430	2185949	576142	332311	5775285
轻小型起重设备制造	3431	1022581	339949	2768	4324236

主要经济指标(二)

单位:千元　　续表

固定资产原价	累计折旧	本年折旧	在建工程	负债合计	流动负债合计
13744819	3431323	815577	460968	16797114	14852695
1736530	651650	83833	175262	1918406	1347898
2936535	1209340	314736	318912	2813778	2362612
2233117	1016855	283447	240521	1801773	1513725
266182	74885	9274	—	249889	226589
314431	75177	16776	78282	655387	532800
2783	1985	101	109	6330	6330
120022	40438	5138	—	100399	83168
2177490	847406	141586	101691	2588255	2399836
16488	2571	1164	24566	84903	84903
1045814	378753	64959	64380	1412341	1385658
1115188	466082	75463	12745	1091011	929275
5500187	1735092	485892	198236	5143743	4560044
55898563	7190375	3764300	715912	14526033	14185345
844872	127571	57732	39534	378919	376034
54720148	6993917	3682559	661755	13828048	13539861
206853	42835	9052	8524	222256	177610
126690	26052	14957	6099	96810	91840
3823500	904529	343170	337003	5659324	4499346
1238344	526941	213368	—	620258	374213
49352	22286	2478	—	15411	11291
1175992	502354	210090	—	592212	350287
441535	131296	23770	11445	631256	572551
263198	82427	10963	6351	440581	413114
22158	5633	930	—	20816	10729
146835	41012	11238	5094	100058	78907
5033656	1543134	392225	161771	3591931	3091156
1234894	407996	83655	72044	941509	826254
120821	27458	8666	—	147250	147250
31916266	9074062	2484378	2460223	36886753	31663471
3332698	1177088	221470	127504	4621167	4346094
1128599	479724	80903	59690	2063406	1993838
2184177	692424	139091	67800	2519301	2317538
3262455	849626	208015	548119	4600860	4272859
448876	133664	32850	479833	1232709	1118958
568580	117629	48225	12093	325759	279117
384292	119449	23540	52050	1168308	1043563
792606	299299	41075	1659	1267938	1253903
911434	147549	58394	69	251401	225623
156667	32036	3931	2415	354745	351695
6296894	1201841	602472	649992	9071940	6862644
4401125	589097	451399	498294	5490020	3761294

2012年规模以上工业企业

甲栏分组	代码	存货	产成品	在产品	固定资产合计
起重机制造	3432	204867	104531	27881	315537
生产专用车辆制造	3433	11040	4708	—	36090
连续搬运设备制造	3434	448145	75081	264466	829859
电梯、自动扶梯及升降机制造	3435	494938	50554	36256	243799
其他物料搬运设备制造	3439	4378	1319	940	25764
泵、阀门、压缩机及类似机械制造	3440	1837022	991852	283721	5663380
泵及真空设备制造	3441	654084	316387	90886	2702927
气体压缩机械制造	3442	32624	10958	2884	9708
阀门和旋塞制造	3443	787320	478500	113083	2356581
液压和气压动力机械及元件制造	3444	362994	186007	76868	594164
轴承、齿轮和传动部件制造	3450	904248	409108	189924	2356577
轴承制造	3451	323807	162931	45674	789894
齿轮及齿轮减、变速箱制造	3452	510635	235955	99544	1205134
其他传动部件制造	3459	69806	10222	44706	361549
烘炉、风机、衡器、包装等设备制造	3460	1938900	357409	674993	2046217
烘炉、熔炉及电炉制造	3461	866116	39631	431079	308388
风机、风扇制造	3462	117078	44809	36636	287955
气体、液体分离及纯净设备制造	3463	320834	161907	3140	444815
制冷、空调设备制造	3464	342671	33958	172628	379313
风动和电动工具制造	3465	18107	2720	9015	37653
衡器制造	3467	46146	19168	12315	333532
包装专用设备制造	3468	224826	52107	10167	247885
文化、办公用机械制造	3470	29191	5641	3105	243506
复印和胶印设备制造	3474	6051	5531	—	18839
通用零部件制造	3480	1387376	567790	264353	3970657
金属密封件制造	3481	25112	16850	120	142924
紧固件制造	3482	402231	184680	32958	1270592
弹簧制造	3483	12157	5079	426	82164
机械零部件加工	3484	780502	303804	180518	1806597
其他通用零部件制造	3489	167374	57377	50331	668380
其他通用设备制造业	3490	224169	85327	19637	394519
专用设备制造业	3500	15638254	6581150	4165235	40021022
采矿、冶金、建筑专用设备制造	3510	9959602	4451686	2379707	14640183
矿山机械制造	3511	2459191	1047184	607058	4826393
石油钻采专用设备制造	3512	1754765	859718	297906	2148693
建筑工程用机械制造	3513	1648038	818561	380496	1489608
海洋工程专用设备制造	3514	823	503	300	13578
建筑材料生产专用机械制造	3515	828477	177170	413853	647919
冶金专用设备制造	3516	3268308	1548550	680094	5513992
化工、木材、非金属加工专用设备制造	3520	810742	284486	244429	1363145
炼油、化工生产专用设备制造	3521	361586	126768	46434	457382
橡胶加工专用设备制造	3522	26296	5329	1374	16813

主要经济指标(二)

单位:千元　　续表

固定资产原价	累计折旧	本年折旧	在建工程	负债合计	流动负债合计
430987	138162	27469	20034	470815	384681
25547	3619	1821	3845	58259	58259
966442	241023	96919	102852	1553243	1175758
437773	217564	22933	21846	1456337	1439386
35020	12376	1931	3121	43266	43266
6957776	1788963	432195	299346	6030966	5382775
3392837	889723	234351	113322	2088816	1895392
18859	9227	1207	75	75324	75324
2807120	647072	138839	137525	2590467	2373959
738960	242941	57798	48424	1276359	1038100
3087215	1024490	311545	260435	2141209	1449134
1078119	393011	87056	109458	745741	505565
1527361	511293	181095	150977	1088750	829469
481735	120186	43394	—	306718	114100
2765943	878556	219073	217370	4621624	4245010
445390	142858	28694	5857	1407473	1406848
389615	111062	59729	59746	408738	329922
648168	239020	30716	13231	1051085	1016928
493530	131089	29796	82681	728448	724670
57396	24150	3080	4406	152447	150445
415381	121556	40392	931	345641	151876
309187	108221	26367	50518	524162	464321
148880	48205	11055	60661	165953	151454
23068	4229	668	—	25371	25371
5520994	1936348	446006	247225	5050872	4374029
155846	32963	8936	9587	119183	116432
1732805	545849	165226	18714	1403591	1298503
154264	79167	15356	815	30468	27589
2407769	846660	190800	196972	3014550	2524978
1070310	431709	65688	21137	483080	406527
543411	168945	32547	49571	582162	579472
48332278	11786581	3189695	3746692	47182558	43135250
18074609	6149304	1282756	3027296	30659060	28054458
4177516	1427182	316491	1721082	7935100	7291997
3129319	1111891	227850	170848	4196329	3782621
1736234	371438	145684	257453	2730016	2413214
15012	1853	1218	—	10658	9544
914424	309280	56706	60709	2088267	1984387
8102104	2927660	534807	817204	13698690	12572695
2080894	778176	132359	16414	2325254	2205587
850041	392883	48057	6678	1264241	1240267
32641	18006	2873	—	65914	63912

2012年规模以上工业企业

甲栏分组	代码	存货	产成品	在产品	固定资产合计
塑料加工专用设备制造	3523	25084	15605	321	48003
木材加工机械制造	3524	47051	19524	9	33358
模具制造	3525	349964	116989	195801	801262
食品、饮料、烟草及饲料生产专用设备制造	3530	658895	268204	153247	981251
食品、酒、饮料及茶生产专用设备制造	3531	100013	33146	5254	103673
农副食品加工专用设备制造	3532	322922	150524	85068	361012
烟草生产专用设备制造	3533	233176	81802	62925	507125
饲料生产专用设备制造	3534	2784	2732	—	9441
印刷、制药、日化及日用品生产专用设备制造	3540	294133	115717	44572	633322
制浆和造纸专用设备制造	3541	10520	3139	869	71355
印刷专用设备制造	3542	255634	100639	34207	428757
其他日用品生产专用设备制造	3549	17992	5855	9496	35633
纺织、服装和皮革加工专用设备制造	3550	285168	84738	66315	641206
纺织专用设备制造	3551	176381	56907	59055	429979
缝制机械制造	3553	108787	27831	7260	211227
电子和电工机械专用设备制造	3560	518366	180054	68677	379566
电工机械专用设备制造	3561	281925	110029	65323	173277
电子工业专用设备制造	3562	236441	70025	3354	206289
农、林、牧、渔专用机械制造	3570	597528	337295	129581	1338607
拖拉机制造	3571	39604	15268	5721	141153
机械化农业及园艺机具制造	3572	305756	152394	84596	534876
畜牧机械制造	3574	35496	21603	5286	86393
农林牧渔机械配件制造	3576	63352	53936	6575	441551
其他农、林、牧、渔业机械制造	3579	108848	63832	21034	22047
医疗仪器设备及器械制造	3580	251815	91197	87772	490072
医疗诊断、监护及治疗设备制造	3581	80756	23135	27101	136657
机械治疗及病房护理设备制造	3585	21981	18861	2987	79106
其他医疗设备及器械制造	3589	143036	49049	56604	254466
环保、社会公共服务及其他专用设备制造	3590	2262005	767773	990935	19553670
环境保护专用设备制造	3591	672450	271330	268101	1874185
地质勘查专用设备制造	3592	216100	93829	76283	35972
社会公共安全设备及器材制造	3595	163510	80925	23172	257772
交通安全、管制及类似专用设备制造	3596	24007	8035	—	13622
水资源专用机械制造	3597	27499	19406	561	88723
其他专用设备制造	3599	1158439	294248	622818	17283396
汽车制造业	3600	11137518	5190048	1800800	31361454
汽车整车制造	3610	1804896	767874	383078	7790531
改装汽车制造	3620	1434216	435293	257749	2451714
汽车车身、挂车制造	3650	369836	154434	2907	1364666
汽车零部件及配件制造	3660	7445836	3795522	1157066	19728425
铁路、船舶、航空航天和其他运输设备制造业	3700	11994513	2212098	6500691	12853567
铁路运输设备制造	3710	8576952	1877926	4065104	7893402

主要经济指标(二)

单位:千元　　续表

固定资产原价	累计折旧	本年折旧	在建工程	负债合计	流动负债合计
47564	12348	2636	—	37960	37883
78168	45526	2787	—	71325	44890
1061717	304477	75242	9236	873549	811346
1220804	380313	69557	94188	1612295	1302619
166616	66523	6858	—	208346	189081
443041	147998	29434	24908	568516	378969
603695	163983	33056	69280	828601	729400
7452	1809	209	—	6832	5169
873195	276220	122303	90203	878259	816537
98939	28839	9110	1255	90935	88055
651142	228114	103041	12014	662296	634694
9168	2898	429	76934	51238	41238
842436	292050	58391	26384	604053	493714
535987	133720	45038	18125	385096	312928
306449	158330	13353	8259	218957	180786
412975	85263	36569	64811	1031193	1030318
176321	53247	23039	60369	548117	547737
236654	32016	13530	4442	483076	482581
1546130	293414	92414	89073	1710080	1439742
149046	27177	2052	5021	128270	107555
630243	111573	40630	3225	806042	759427
72904	11885	5878	3311	102362	98162
507401	90877	39500	76509	105937	60287
59715	37668	1478	1007	300822	235664
552687	160233	33141	113891	816251	678199
167918	33218	9952	63944	132466	128866
52820	29861	2829	47065	116502	116502
308718	93766	19018	2882	507186	372734
22728548	3371608	1362205	224432	7546113	7114076
2186045	439769	146804	76737	2039401	1785088
112764	77982	6379	2685	438765	438765
419590	185248	34788	37461	611308	608770
17514	4615	1426	674	54134	54134
109095	56659	7015	32918	62995	62195
19883540	2607335	1165793	73957	4339510	4165124
42433594	14057214	3469807	4458957	64184048	53011082
10562373	2775750	736751	2224914	21437079	19463448
2810109	670172	151564	482633	4387806	4031598
1611151	539191	213874	244424	1546551	1386494
27330931	9979189	2356094	1506986	36629567	27946497
12882979	3612311	719420	5410411	29581951	23932487
6605957	1810856	336982	1788339	17489051	16562952

2012年规模以上工业企业

甲栏分组	代码	存货	产成品	在产品	固定资产合计
铁路机车车辆配件制造	3713	212620	153315	31472	291092
铁路专用设备及器材、配件制造	3714	3112405	1720310	723334	3332579
船舶及相关装置制造	3730	2702422	18685	2373831	2435013
金属船舶制造	3731	2655849	10324	2372656	2029469
船用配套设备制造	3734	43073	5361	895	37544
航空、航天器及设备制造	3740	184281	38673	30938	455501
飞机制造	3741	184281	38673	30938	455501
摩托车制造	3750	191731	116092	4982	803842
摩托车整车制造	3751	102168	62424	4645	521387
摩托车零部件及配件制造	3752	89563	53668	337	282455
自行车制造	3760	313334	142727	24087	1233646
脚踏自行车及残疾人座车制造	3761	279631	135887	18462	1188672
助动自行车制造	3762	33703	6840	5625	44974
电气机械和器材制造业	3800	16281002	8057680	3308408	55319479
电机制造	3810	2634346	865007	583947	2240780
发电机及发电机组制造	3811	2160491	581423	511016	1865564
电动机制造	3812	471849	283180	72771	364783
微电机及其他电机制造	3819	2006	404	160	10433
输配电及控制设备制造	3820	8010264	3833069	1892622	37336039
变压器、整流器和电感器制造	3821	4535054	2322716	1266338	16861917
电容器及其配套设备制造	3822	9465	6569	—	112779
配电开关控制设备制造	3823	678146	270859	83023	992594
电力电子元器件制造	3824	197083	98841	40164	758907
光伏设备及元器件制造	3825	2316025	1022977	444909	18170800
其他输配电及控制设备制造	3829	274491	111107	58188	439042
电线、电缆、光缆及电工器材制造	3830	2160821	1198558	138476	8267595
电线、电缆制造	3831	2036114	1127693	121717	7455591
光纤、光缆制造	3832	5576	2697	2879	14687
绝缘制品制造	3833	67624	34587	5633	264725
其他电工器材制造	3839	51507	33581	8247	532592
电池制造	3840	1315506	840699	351194	2923852
锂离子电池制造	3841	68113	30099	780	436694
其他电池制造	3849	1247393	810600	350414	2487158
家用电力器具制造	3850	1279456	904016	160587	2967034
家用空气调节器制造	3852	938418	763467	16904	1449754
家用美容、保健电器具制造	3856	15935	9541	—	518767
家用电力器具专用配件制造	3857	38835	13600	2818	136621
其他家用电力器具制造	3859	283061	115627	140865	806773
非电力家用器具制造	3860	404023	148939	145799	660527
燃气、太阳能及类似能源家用器具制造	3861	361604	132585	144722	497863
其他非电力家用器具制造	3869	42419	16354	1077	162664
照明器具制造	3870	342222	188321	9279	573674

主要经济指标(二)

单位：千元　　续表

固定资产原价	累计折旧	本年折旧	在建工程	负债合计	流动负债合计
403623	115610	31582	21231	473335	435795
2774261	863338	141123	1334635	7604465	7167431
2923655	595733	140460	2892996	8635679	4835447
2500900	570482	132046	2892956	8483982	4683750
47755	10251	4064	40	109697	109697
589014	345865	23067	629699	1586017	981320
589014	345865	23067	629699	1586017	981320
946082	272807	34131	15303	581959	542685
529434	127003	16122	11141	321684	295445
416648	145804	18009	4162	260275	247240
1762846	563788	181157	84074	1240303	961141
1687496	532581	174198	83286	1158558	879396
75350	31207	6959	788	81745	81745
55399573	14551228	4041857	12333338	90505773	65476242
2776880	726756	194530	683970	8745530	7905657
2123327	437742	152952	649689	7786380	7041512
641958	287852	40974	34281	944345	849420
11595	1162	604	—	14805	14725
31050295	7171221	2232947	9245391	62131196	40721554
11159264	2298331	615208	8067832	29814729	16024543
133647	49085	8059	—	38932	30086
1345298	389543	88571	51678	2280156	1994472
963832	226527	86385	111321	931530	828667
16692935	3885052	1375225	1004387	28084261	20889984
755319	322683	59499	10173	981588	953802
12144774	4360053	946512	218556	8001414	7190195
11280142	4220859	919710	188417	7398964	6662382
25500	10813	418	2915	13317	13317
272235	67847	10819	4909	297131	237338
566897	60534	15565	22315	292002	277158
3974074	1170673	350575	1892785	4054474	2771236
385557	15059	7057	51136	326262	249713
3588517	1155614	343518	1841649	3728212	2521523
3408327	530103	190864	146400	4734867	4481736
1535176	94750	74787	69305	3438124	3231703
550791	56560	21145	—	17274	17211
180657	47209	8211	1414	183610	171907
1084384	316585	86405	75681	1065812	1032868
859002	241429	44618	26778	1031435	897237
692229	221340	32853	26778	978866	878671
166773	20089	11765	—	52569	18566
771762	229774	53250	96308	1268299	1040318

2012年规模以上工业企业

甲栏分组	代码	存货	产成品	在产品	固定资产合计
电光源制造	3871	58384	29893	80	109596
照明灯具制造	3872	226656	136757	4256	414310
灯用电器附件及其他照明器具制造	3879	57182	21671	4943	49768
其他电气机械及器材制造	3890	134364	79071	26504	349978
电气信号设备装置制造	3891	66010	29746	16063	72252
其他未列明电气机械及器材制造	3899	68354	49325	10441	277726
计算机、通信和其他电子设备制造业	3900	2810739	851889	222481	15162065
计算机制造	3910	112899	8964	22755	363705
计算机零部件制造	3912	33031	7875	—	223754
通信设备制造	3920	908952	208000	52941	4452299
通信系统设备制造	3921	328884	14531	26931	305401
通信终端设备制造	3922	580068	193469	26010	4146898
广播电视设备制造	3930	156239	38211	4536	950249
广播电视节目制作及发射设备制造	3931	28913	130	—	10943
广播电视接收设备及器材制造	3932	127326	38081	4536	939306
电子器件制造	3960	657115	223960	26548	4470714
半导体分立器件制造	3962	60741	18151	4884	92667
集成电路制造	3963	21467	14476	—	218624
光电子器件及其他电子器件制造	3969	289541	105139	21664	2558707
电子元件制造	3970	811091	266866	77734	3875400
电子元件及组件制造	3971	445939	173010	63916	1095015
印制电路板制造	3972	365152	93856	13818	2780385
其他电子设备制造	3990	157580	99025	37967	1015463
仪器仪表制造业	4000	1095305	334085	275239	1298307
通用仪器仪表制造	4010	414852	201902	57578	552883
工业自动控制系统装置制造	4011	208565	106566	16003	254428
电工仪器仪表制造	4012	16249	6592	—	21767
绘图、计算及测量仪器制造	4013	10483	6611	2352	59566
试验机制造	4015	10846	6412	—	24443
供应用仪表及其他通用仪器制造	4019	167189	75450	38789	187022
专用仪器仪表制造	4020	612611	101436	197273	645930
环境监测专用仪器仪表制造	4021	113447	25094	21686	170553
导航、气象及海洋专用仪器制造	4023	214827	32898	161220	104600
地质勘探和地震专用仪器制造	4025	227200	16090	6091	125686
电子测量仪器制造	4028	34270	22376	8276	24199
钟表与计时仪器制造	4030	29241	6099	11142	14634
光学仪器及眼镜制造	4040	30238	22383	6188	48831
光学仪器制造	4041	9025	7358	—	15698
其他仪器仪表制造业	4090	8363	2265	3058	36029
其他制造业	4100	283589	90005	36953	1790613
日用杂品制造	4110	179296	67540	4079	645230
鬃毛加工、制刷及清扫工具制造	4111	91423	26537	3699	221528

主要经济指标(二)

单位:千元　　续表

固定资产原价	累计折旧	本年折旧	在建工程	负债合计	流动负债合计
155115	60887	16774	16370	287646	220172
537188	133469	32793	77890	735892	595385
79459	35418	3683	2048	244761	224761
414459	121219	28561	23150	538558	468309
134368	63985	10029	—	180216	152985
280091	57234	18532	23150	358342	315324
20731974	6774086	1602877	931685	18274515	15633492
589544	229037	55153	4809	579387	579387
388424	167868	33798	3197	139989	139989
5911905	1659438	558683	171681	6316183	6098586
311734	92967	26669	55627	996665	904685
5600171	1566471	532014	116054	5319518	5193901
1211898	317323	56281	28785	432495	367700
15254	4331	1964	—	81675	75974
1196644	312992	54317	28785	350820	291726
6278799	2544645	326947	445285	5598414	4337194
120398	30679	3332	—	98163	78783
282569	148786	23550	—	108721	88940
3320923	954229	248284	17112	2782559	2516315
5140536	1441615	428555	247598	3685699	2909225
1651595	610210	125786	132827	1434760	1232381
3488941	831405	302769	114771	2250939	1676844
1559072	575955	173388	33527	1655214	1334277
1825377	617925	85140	123240	2835336	2730258
736476	232458	36452	39695	1605217	1566870
341113	130475	17596	35326	748748	747137
24845	4601	319	1524	26995	23495
80329	20763	5962	—	23001	22937
36580	14814	2296	2771	483097	474972
242531	56311	9557	—	297297	281250
970375	358724	39495	76917	1001753	953727
173493	18584	3559	3418	129151	112825
269717	165117	10510	48397	383114	383114
263846	138160	17783	6467	335851	335269
45584	21385	2773	—	68318	37500
17152	3691	1580	—	20741	16192
60035	11204	5162	—	51513	37357
18291	2593	1997	—	16144	16144
41339	11848	2451	6628	156112	156112
2148979	443332	139001	3362	1011602	938337
844272	239306	40592	3328	470725	437445
345041	127373	26696	262	146333	139445

2012年规模以上工业企业

甲栏分组	代码	存货	产成品	在产品	固定资产合计
其他日用杂品制造	4119	87873	41003	380	423702
废弃资源综合利用业	4200	316222	173640	21869	897363
金属废料和碎屑加工处理	4210	290323	162068	21370	780582
非金属废料和碎屑加工处理	4220	25899	11572	499	116781
金属制品、机械和设备修理业	4300	912961	35049	769001	904754
通用设备修理	4320	13901	765	1022	44433
专用设备修理	4330	97337	12087	48202	193338
铁路、船舶、航空航天等运输设备修理	4340	797771	22197	719777	612214
铁路运输设备修理	4341	109593	22197	36135	389061
船舶修理	4342	5223	—	687	14081
电力、热力、燃气及水生产和供应业	DDDD	5180512	586950	96382	272011707
电力、热力生产和供应业	4400	4619782	497416	90779	259530133
电力生产	4410	3133405	354494	90779	128643349
火力发电	4411	2875134	234428	72208	79852778
水力发电	4412	12328	12265	—	3455796
风力发电	4414	97112	27440	—	43596726
其他电力生产	4419	148831	80361	18571	1738049
电力供应	4420	983888	129640	—	120873307
热力生产和供应	4430	502489	13282	—	10013477
燃气生产和供应业	4500	293118	68835	5369	5714640
水的生产和供应业	4600	267612	20699	234	6766934
自来水生产和供应	4610	251950	11225	—	5266866
污水处理及其再生利用	4620	15662	9474	234	1500068

主要经济指标(二)

单位：千元　　续表

固定资产原价	累计折旧	本年折旧	在建工程	负债合计	流动负债合计
499231	111933	13896	3066	324392	298000
1112363	256415	92289	27925	1287870	1174780
977031	224295	85888	15220	1168968	1088733
135332	32120	6401	12705	118902	86047
1330379	730151	97992	271165	2822001	2508305
61674	17241	16913	759	38164	38164
384635	191297	14940	35202	362440	300527
767350	459156	61045	234719	2390164	2140024
293130	208021	23578	10436	899022	823226
26888	12875	2855	68	39246	35588
406967149	167240718	21584664	21562594	232483621	125918549
389762016	161336925	20794142	19763189	217137137	113390499
201385670	76634273	9252930	10260436	120579464	47629907
148172118	69788764	6769108	4149170	73598734	31835427
4326774	953287	201501	73891	2450982	300308
47178327	5589199	2246086	5766178	42195602	14016765
1708451	303023	36235	271197	2334146	1477407
173370895	78897918	10822800	7733808	77737250	52958303
15005451	5804734	718412	1768945	18820423	12802289
7142549	2033820	306168	940361	9929287	9269599
10062584	3869973	484354	859044	5417197	3258451
8490814	3353579	400873	412190	4198027	2723839
1571770	516394	83481	446854	1219170	534612

2012年规模以上工业企业

甲栏分组	代码	应付账款	非流动负债合计	所有者权益合计	实收资本
总计		389854385	386809345	1350890682	605783995
采矿业	BBBB	41638049	59917620	179209088	91472261
煤炭开采和洗选业	0600	20489631	32486566	58727016	25058251
烟煤和无烟煤开采洗选	0610	20489631	32486566	58727016	25058251
石油和天然气开采业	0700	4739685	19665589	42266099	22495285
石油开采	0710	4739685	19665589	42266099	22495285
黑色金属矿采选业	0800	15909838	7006988	72980845	41760427
铁矿采选	0810	15897495	7006988	72932821	41715927
其他黑色金属矿采选	0890	12343	—	48024	44500
有色金属矿采选业	0900	86823	599563	1792983	940073
常用有色金属矿采选	0910	38647	2592	313496	175586
铅锌矿采选	0912	23893	2592	266036	139050
其他常用有色金属矿采选	0919	11391	—	31848	30500
贵金属矿采选	0920	1777	9797	598543	196500
金矿采选	0921	632	208	523634	174000
银矿采选	0922	1145	9589	74909	22500
稀有稀土金属矿采选	0930	46399	587174	880944	567987
钨钼矿采选	0931	46399	587174	880944	567987
非金属矿采选业	1000	412072	158914	3442145	1218225
土砂石开采	1010	208900	34237	1926923	546010
石灰石、石膏开采	1011	125301	11249	303629	149207
建筑装饰用石开采	1012	851	—	48671	49000
耐火土石开采	1013	29683	2870	46496	56350
粘土及其他土砂石开采	1019	53065	20118	1528127	291453
采盐	1030	84807	72163	906487	595075
石棉及其他非金属矿采选	1090	37801	36614	236350	68636
其他未列明非金属矿采选	1099	37801	36614	218959	56153
制造业	CCCC	325397283	232224584	1049238243	446333403
农副食品加工业	1300	6838477	7681712	34458283	13104818
谷物磨制	1310	495523	161607	5234040	1854695
饲料加工	1320	1248237	302705	4458997	1980894
植物油加工	1330	2412753	2998837	7135479	2462316
食用植物油加工	1331	2405645	2996617	7093886	2422355
非食用植物油加工	1332	7108	2220	41593	39961
制糖业	1340	76501	702242	188045	88137
屠宰及肉类加工	1350	1410342	1929123	5538936	2992066
牲畜屠宰	1351	358623	544080	2814342	1138655
禽类屠宰	1352	531518	363050	967520	887537
肉制品及副产品加工	1353	520201	1021993	1757074	965874
水产品加工	1360	224732	76337	450184	296311
水产品冷冻加工	1361	211002	76337	422445	281811
水产饲料制造	1363	13730	—	27739	14500

主要经济指标(三)

单位：千元

国家资本	集体资本	法人资本	个人资本	港澳台资本	外商资本
111928097	7326715	274332827	145714529	21566343	44881804
44371558	688746	29210825	16585783	359260	255069
12894456	450624	8578084	3063632	—	71455
12894456	450624	8578084	3063632	—	71455
22495285	—	—	—	—	—
22495285	—	—	—	—	—
8505356	171322	20081054	12705679	262310	34706
8505356	171322	20066554	12675679	262310	34706
—	—	14500	30000	—	—
328000	66400	293170	155553	96950	—
1000	4000	500	73136	96950	—
1000	4000	500	36600	96950	—
—	—	—	30500	—	—
—	—	126000	70500	—	—
—	—	105000	69000	—	—
—	—	21000	1500	—	—
327000	62400	166670	11917	—	—
327000	62400	166670	11917	—	—
148461	400	258517	660919	—	148908
10957	100	123961	261064	—	148908
10000	—	23780	115427	—	—
—	—	46000	3000	—	—
—	100	15100	41150	—	—
957	—	39081	101487	—	148908
137504	300	108819	348452	—	—
—	—	17233	51403	—	—
—	—	4750	51403	—	—
47063231	5321960	206077595	127028587	19691498	41117872
449290	77767	5027924	5919931	340409	1289497
124508	4320	613021	994514	118332	—
3510	15339	586537	1177268	85115	113125
147335	24803	515164	772172	21691	981151
147335	24803	479729	767646	21691	981151
—	—	35435	4526	—	—
—	—	10000	78137	—	—
122249	14553	1582861	1022068	88885	161450
21700	5450	790413	321092	—	—
61585	—	596691	208361	8500	12400
38964	9103	195757	492615	80385	149050
—	3500	64903	211028	—	16880
—	3500	64903	196528	—	16880
—	—	—	14500	—	—

2012年规模以上工业企业

甲栏分组	代码	应付账款	非流动负债合计	所有者权益合计	实收资本
蔬菜、水果和坚果加工	1370	422827	101575	3671089	1337734
蔬菜加工	1371	239703	67781	2041402	904639
水果和坚果加工	1372	183124	33794	1629687	433095
其他农副食品加工	1390	547562	1409286	7781513	2092665
淀粉及淀粉制品制造	1391	445204	1219060	6563605	1706612
豆制品制造	1392	7654	—	51522	36000
蛋品加工	1393	261	35000	259636	71000
其他未列明农副食品加工	1399	94443	155226	906750	279053
食品制造业	1400	3855550	1232728	20548405	9114855
焙烤食品制造	1410	478018	305495	2235067	1044355
糕点、面包制造	1411	5261	4263	146316	71400
饼干及其他焙烤食品制造	1419	472757	301232	2088751	972955
糖果、巧克力及蜜饯制造	1420	187403	129004	3447305	871954
糖果、巧克力制造	1421	118829	2469	996010	412060
蜜饯制作	1422	68574	126535	2451295	459894
方便食品制造	1430	926628	93810	5013020	2276758
米、面制品制造	1431	12314	—	197437	185971
速冻食品制造	1432	69342	574	236567	102296
方便面及其他方便食品制造	1439	844972	93236	4579016	1988491
乳制品制造	1440	1786010	195716	4509254	2604599
罐头食品制造	1450	97443	42184	1266832	684542
蔬菜、水果罐头制造	1453	59208	42184	1057433	455190
其他罐头食品制造	1459	34232	—	114948	130452
调味品、发酵制品制造	1460	105774	262300	1286837	588048
酱油、食醋及类似制品制造	1462	27289	46020	116494	72913
其他调味品、发酵制品制造	1469	78485	216280	1170343	515135
其他食品制造	1490	274274	204219	2790090	1044599
营养食品制造	1491	—	1916	20970	17767
保健食品制造	1492	4262	—	131893	25150
冷冻饮品及食用冰制造	1493	2480	4800	184871	69709
食品及饲料添加剂制造	1495	190879	169066	2285469	858667
其他未列明食品制造	1499	76653	28437	166887	73306
酒、饮料和精制茶制造业	1500	2825425	1562000	14180243	9070225
酒的制造	1510	1710024	1352441	8696170	6214265
酒精制造	1511	135940	6310	931224	120704
白酒制造	1512	480782	849955	3131608	1477278
啤酒制造	1513	703872	334038	2544378	3855350
葡萄酒制造	1515	389430	162138	2088960	760933
饮料制造	1520	1115401	209559	5451063	2853960
碳酸饮料制造	1521	8586	18971	315250	268626
瓶(罐)装饮用水制造	1522	124005	1139	281379	251864
果菜汁及果菜汁饮料制造	1523	293503	106881	1911621	1068512

主要经济指标(三)

单位：千元　　续表

国家资本	集体资本	法人资本	个人资本	港澳台资本	外商资本
36688	—	814538	455467	26386	4655
29230	—	571290	303664	—	455
7458	—	243248	151803	26386	4200
15000	15252	840900	1209277	—	12236
15000	13900	704157	961319	—	12236
—	—	6000	30000	—	—
—	—	15500	55500	—	—
—	1352	115243	162458	—	—
27134	9366	5017189	2261416	1122629	677121
200	8450	155763	204376	675566	—
200	8450	44750	18000	—	—
—	—	111013	186376	675566	—
510	366	406408	339687	72000	52983
—	—	207406	79671	72000	52983
510	366	199002	260016	—	—
—	—	1835021	219934	218205	3598
—	—	178971	7000	—	—
—	—	75374	22174	1150	3598
—	—	1580676	190760	217055	—
25327	—	1984636	357862	60040	176734
—	—	126465	425843	—	132234
—	—	67100	375843	—	12247
—	—	59365	50000	—	21087
1097	210	136149	286838	19482	144272
1097	210	43049	28557	—	—
—	—	93100	258281	19482	144272
—	340	372747	426876	77336	167300
—	—	—	17767	—	—
—	—	24150	1000	—	—
—	—	58809	10900	—	—
—	340	257288	356403	77336	167300
—	—	32500	40806	—	—
572833	71476	3901092	2226718	280428	2017678
493936	71476	2523032	1197413	275028	1653380
6451	—	59810	54443	—	—
238270	30000	430594	778414	—	—
104000	41476	1830861	252549	275028	1351436
145215	—	201767	112007	—	301944
78897	—	1378060	1027305	5400	364298
—	—	198648	69978	—	—
—	—	84000	2292	—	165572
75697	—	752086	53839	5400	181490

2012年规模以上工业企业

甲栏分组	代码	应付账款	非流动负债合计	所有者权益合计	实收资本
含乳饮料和植物蛋白饮料制造	1524	662870	80568	2872467	1246558
烟草制品业	1600	539558	30840	6926607	416408
卷烟制造	1620	539558	30840	6926607	416408
纺织业	1700	3728377	3668570	29795306	12102901
棉纺织及印染精加工	1710	2581511	3218700	20903877	7959236
棉纺纱加工	1711	1483024	1498175	12255581	4848976
棉织造加工	1712	914767	1587259	7513730	2483325
棉印染精加工	1713	183720	133266	1134566	626935
毛纺织及染整精加工	1720	470321	9937	3603411	2267226
毛条和毛纱线加工	1721	377808	8917	3165173	2031306
毛织造加工	1722	92363	1020	385101	195447
毛染整精加工	1723	150	—	53137	40473
化纤织造及印染精加工	1750	10211	755	154938	116973
化纤织造加工	1751	10211	755	154938	116973
针织或钩针编织物及其制品制造	1760	95424	312189	637228	272639
针织或钩针编织物织造	1761	80361	295020	341072	91616
针织或钩针编织物印染精加工	1762	3002	13547	58741	45997
针织或钩针编织品制造	1763	12061	3622	237415	135026
家用纺织制成品制造	1770	351041	101800	1864980	616803
床上用品制造	1771	178691	45113	865639	260529
毛巾类制品制造	1772	159729	52160	904652	287583
其他家用纺织制成品制造	1779	12621	4527	94689	68691
非家用纺织制成品制造	1780	219869	25189	2630872	870024
非织造布制造	1781	107967	8575	2211628	472224
纺织带和帘子布制造	1783	11482	9716	60542	63320
篷、帆布制造	1784	64695	420	124609	101153
其他非家用纺织制成品制造	1789	35725	6478	228319	228627
纺织服装、服饰业	1800	1891322	482836	6772479	3400944
机织服装制造	1810	1719605	418813	6091148	3031616
针织或钩针编织服装制造	1820	124799	18442	253602	161319
服饰制造	1830	46918	45581	427729	208009
皮革、毛皮、羽毛及其制品和制鞋业	1900	719757	330407	17816206	2926566
皮革鞣制加工	1910	273407	79463	4188320	927883
皮革制品制造	1920	22530	17325	9384640	898998
皮革服装制造	1921	5204	3832	7141518	333907
皮箱、包(袋)制造	1922	2813	—	371278	237955
皮手套及皮装饰制品制造	1923	1378	60	58088	44572
其他皮革制品制造	1929	13135	13433	1813756	282564
毛皮鞣制及制品加工	1930	273814	86584	3058229	784059
毛皮鞣制加工	1931	28500	7092	402756	193858
毛皮服装加工	1932	80704	75581	2218146	396215
其他毛皮制品加工	1939	164610	3911	437327	193986

主要经济指标(三)

单位：千元　　续表

国家资本	集体资本	法人资本	个人资本	港澳台资本	外商资本
—	—	343326	885996	—	17236
114560	—	301848	—	—	—
114560	—	301848	—	—	—
493119	126271	3634950	7318172	191558	336830
452119	101900	2143686	4964161	177178	118192
99980	70900	1323169	3122425	125510	104992
347374	31000	686065	1387054	31832	—
4765	—	134452	454682	19836	13200
—	18600	587367	1599242	9800	52216
—	12000	489045	1473800	9800	46660
—	6600	85077	101442	—	2328
—	—	13245	24000	—	3228
—	—	84063	29910	3000	—
—	—	84063	29910	3000	—
—	—	124042	117926	—	30671
—	—	29182	31763	—	30671
—	—	17080	28917	—	—
—	—	77780	57246	—	—
—	1000	232548	328370	1580	53305
—	—	173969	86560	—	—
—	1000	47645	233540	1580	3818
—	—	10934	8270	—	49487
41000	4771	463244	278563	—	82446
—	2371	240426	212888	—	16539
—	—	—	30980	—	32340
41000	400	47818	11935	—	—
—	2000	175000	18060	—	33567
108500	72933	1169243	1928809	17531	73275
108500	65949	1098433	1650549	17531	60001
—	—	66710	94609	—	—
—	6984	4100	183651	—	13274
52850	69190	999200	1610928	74733	119664
—	66500	130770	594853	33770	101990
2850	1690	458909	412294	13944	9311
—	—	82782	239303	7254	4568
2850	390	226215	8500	—	—
—	—	39829	—	—	4743
—	1300	110083	164491	6690	—
—	—	325214	428862	22119	7863
—	—	94324	77415	22119	—
—	—	174902	219236	—	2076
—	—	55988	132211	—	5787

2012年规模以上工业企业

甲栏分组	代码			所有者权益合计	实收资本
		应付账款	非流动负债合计		
羽毛(绒)加工及制品制造	1940	16767	—	94631	19180
羽毛(绒)加工	1941	16767	—	79880	12000
羽毛(绒)制品加工	1942	—	—	14751	7180
制鞋业	1950	133239	147035	1090386	296446
纺织面料鞋制造	1951	1936	5646	213822	67927
皮鞋制造	1952	52948	62337	589254	26339
塑料鞋制造	1953	7949	2900	131610	48598
橡胶鞋制造	1954	69880	76152	150506	151582
木材加工和木、竹、藤、棕、草制品业	2000	412743	667251	5339775	1981849
人造板制造	2020	254396	441696	4203737	1482225
胶合板制造	2021	100021	119689	1401141	386094
纤维板制造	2022	115793	205218	1853900	756640
刨花板制造	2023	20887	31665	434657	280188
其他人造板制造	2029	17695	85124	514039	59303
木制品制造	2030	147434	79217	1004693	465007
建筑用木料及木材组件加工	2031	66374	74597	483048	254523
木门窗、楼梯制造	2032	16548	3860	306508	77992
木制容器制造	2034	33523	—	53754	18700
软木制品及其他木制品制造	2039	30989	760	161383	113792
竹、藤、棕、草等制品制造	2040	10855	146338	65733	28617
草及其他制品制造	2049	10855	146338	62933	28002
家具制造业	2100	605724	615237	6468073	2019217
木质家具制造	2110	254122	325001	3335130	1104034
金属家具制造	2130	295210	182962	2673583	644058
其他家具制造	2190	56392	107274	380046	259525
造纸和纸制品业	2200	1693061	1749401	12427100	6064704
纸浆制造	2210	68241	1250	135239	45922
非木竹浆制造	2212	52207	1250	55598	39600
造纸	2220	879355	1357120	8242521	4379640
机制纸及纸板制造	2221	869735	1319399	7896658	4317798
加工纸制造	2223	3697	—	307882	58032
纸制品制造	2230	745465	391031	4049340	1639142
纸和纸板容器制造	2231	512485	334256	2512628	861218
其他纸制品制造	2239	232980	56775	1536712	777924
印刷和记录媒介复制业	2300	1079080	1067717	6972704	3080109
印刷	2310	1070846	1057510	6869412	3035609
书、报刊印刷	2311	295698	914496	2442638	819836
本册印制	2312	92729	—	212110	137690
包装装潢及其他印刷	2319	682419	143014	4214664	2078083
记录媒介复制	2330	8234	10207	89072	40500
文教、工美、体育和娱乐用品制造业	2400	760755	691612	4576129	1947667
文教办公用品制造	2410	45064	—	109021	53277

主要经济指标(三)

单位:千元　　续表

国家资本	集体资本	法人资本	个人资本	港澳台资本	外商资本
—	—	1000	18180	—	—
—	—	1000	11000	—	—
—	—	—	7180	—	—
50000	1000	83307	156739	4900	500
—	—	38467	29460	—	—
—	—	10339	11100	4900	—
—	—	—	48598	—	—
50000	1000	34501	65581	—	500
—	5000	750672	1037361	13223	175593
—	5000	673397	803828	—	—
—	5000	239564	141530	—	—
—	—	328033	428607	—	—
—	—	105800	174388	—	—
—	—	—	59303	—	—
—	—	59705	222138	7571	175593
—	—	31390	138133		85000
—	—	25915	44506	7571	—
—	—	300	10000	—	8400
—	—	2100	29499	—	82193
—	—	17570	5395	5652	—
—	—	16955	5395	5652	—
13125	156	974576	750740	13313	267307
13125	156	517738	424443	11715	136857
—	—	353185	230845	1598	58430
—	—	103653	83852	—	72020
900088	49443	3055728	1515382	135085	408978
—	—	21000	24922	—	—
—	—	21000	18600	—	—
900088	23043	2179989	907290	30217	339013
900088	23043	2155179	870258	30217	339013
—	—	21000	37032	—	—
—	26400	854739	583170	104868	69965
—	20300	410276	399960	—	30682
—	6100	444463	183210	104868	39283
220608	32220	1799424	831962	47310	148585
195108	32220	1789974	827962	47310	143035
189993	31220	460302	138321	—	—
5115	—	11420	121155	—	—
—	1000	1318252	568486	47310	143035
25500	—	9450	—	—	5550
57850	12688	723462	1116001	6336	31330
—	12135	28240	12902	—	—

2012 年规模以上工业企业

甲栏分组	代码	应付账款	非流动负债合计	所有者权益合计	实收资本
文具制造	2411	35087	—	87440	36142
乐器制造	2420	62971	550025	464089	138405
中乐器制造	2421	1920	—	196867	57381
西乐器制造	2422	52533	547025	262717	56294
其他乐器及零件制造	2429	6033	3000	14285	3980
工艺美术品制造	2430	332355	85976	2680488	1270569
雕塑工艺品制造	2431	163826	—	1001142	780166
金属工艺品制造	2432	54966	1558	337965	114930
天然植物纤维编织工艺品制造	2435	5016	1500	36118	6000
抽纱刺绣工艺品制造	2436	1508	290	766256	26910
地毯、挂毯制造	2437	87486	18868	372529	270802
其他工艺美术品制造	2439	19553	63760	135376	65451
体育用品制造	2440	85827	2699	473801	207905
球类制造	2441	1745	1149	19732	17553
体育器材及配件制造	2442	10135	-709	100135	57820
训练健身器材制造	2443	15415	1695	93333	91470
运动防护用具制造	2444	5597	—	45094	3500
其他体育用品制造	2449	52935	564	215507	37562
玩具制造	2450	210322	51070	568557	129781
游艺器材及娱乐用品制造	2460	24216	1842	280173	147730
露天游乐场所游乐设备制造	2461	24216	1842	280173	147730
石油加工、炼焦和核燃料加工业	2500	15795640	5492672	20990034	16364812
精炼石油产品制造	2510	6044680	1444773	10359731	7655436
原油加工及石油制品制造	2511	6038570	1444773	10172658	7548376
人造原油制造	2512	6110	—	187073	107060
炼焦	2520	9750960	4047899	10630303	8709376
化学原料和化学制品制造业	2600	14466412	17733648	65475292	33470999
基础化学原料制造	2610	7005815	9873611	29774396	13560044
无机酸制造	2611	406614	60111	2098896	703060
无机碱制造	2612	2251504	4327089	7132841	2728170
无机盐制造	2613	1270581	2277196	5360293	3775639
有机化学原料制造	2614	2411935	2115318	10921131	3861279
其他基础化学原料制造	2619	665181	1093897	4261235	2491896
肥料制造	2620	2088808	3874725	9460054	5304756
氮肥制造	2621	1624883	3677826	6969997	4282074
磷肥制造	2622	6263	—	164332	73521
钾肥制造	2623	44999	—	46869	60000
复混肥料制造	2624	351490	114198	1482759	647285
有机肥料及微生物肥料制造	2625	58730	56826	773524	231776
其他肥料制造	2629	2443	25875	22573	10100
农药制造	2630	590010	350755	2546793	1233268
化学农药制造	2631	518761	350755	2422127	1148014

主要经济指标(三)

单位:千元　　续表

国家资本	集体资本	法人资本	个人资本	港澳台资本	外商资本
—	—	23240	12902	—	—
—	—	31820	83768	—	22817
—	—	16520	38794	—	2067
—	—	14300	41994	—	—
—	—	1000	2980	—	—
—	—	361103	905910	—	3556
—	—	105278	672246	—	2642
—	—	33855	81075	—	—
—	—	1098	4902	—	—
—	—	19700	7210	—	—
—	—	177752	93050	—	—
—	—	18310	46227	—	914
—	553	134327	63171	6336	3518
—	—	17553	—	—	—
—	—	47140	10680	—	—
—	200	40854	40680	6336	3400
—	—	3000	500	—	—
—	353	25780	11311	—	118
—	—	78092	50250	—	1439
57850	—	89880	—	—	—
57850	—	89880	—	—	—
5052030	60000	6283621	3632008	760241	576912
5052030	60000	1051400	1460795	8866	22345
5052030	60000	1010965	1394995	8866	21520
—	—	40435	65800	—	825
—	—	5232221	2171213	751375	554567
5738206	278452	12762666	8938333	2991359	2761979
2864817	124083	5011139	2866653	913148	1780204
52800	5120	144175	467865	33100	—
—	—	2593096	135074	—	—
2772117	95310	457165	450155	892	—
39900	16653	1336750	1514776	431254	521946
—	7000	479953	298783	447902	1258258
2302999	6010	1126200	1543168	177514	148865
2267760	5000	743564	1093236	172514	—
500	1010	53629	18382	—	—
—	—	—	60000	—	—
34739	—	230401	228280	5000	148865
—	—	98606	133170	—	—
—	—	—	10100	—	—
20888	52764	404996	721788	2501	30331
20888	52764	342946	702534	2501	26381

2012年规模以上工业企业

甲栏分组	代码		非流动负债合计	所有者权益合计	实收资本
		应付账款			
生物化学农药及微生物农药制造	2632	71249	—	124666	85254
涂料、油墨、颜料及类似产品制造	2640	1413489	168895	5097216	1866263
涂料制造	2641	857963	82357	2293788	1048659
油墨及类似产品制造	2642	138319	14784	228349	157541
颜料制造	2643	207594	15361	878996	304380
染料制造	2644	206630	56393	1672327	341994
密封用填料及类似品制造	2645	2983	—	23756	13689
合成材料制造	2650	1335563	1443081	2575055	2267690
初级形态塑料及合成树脂制造	2651	1213250	1435079	1908240	1981523
合成橡胶制造	2652	968	1832	20604	21354
合成纤维单(聚合)体制造	2653	104410	5027	168543	193665
其他合成材料制造	2659	16935	1143	477668	71148
专用化学产品制造	2660	1852368	1656796	14038601	8512040
化学试剂和助剂制造	2661	708064	405044	4803859	1900189
专项化学用品制造	2662	109367	35076	1084716	460522
林产化学产品制造	2663	17864	4426	86072	18683
信息化学品制造	2664	936915	1209752	7607897	5935806
环境污染处理专用药剂材料制造	2665	16886	623	178557	94218
动物胶制造	2666	—	—	51970	14300
其他专用化学产品制造	2669	63272	1875	225530	88322
炸药、火工及焰火产品制造	2670	114274	177304	818315	274869
炸药及火工产品制造	2671	96215	164638	699321	168457
焰火、鞭炮产品制造	2672	18059	12666	118994	106412
日用化学产品制造	2680	66085	188481	1164862	452069
肥皂及合成洗涤剂制造	2681	10903	39955	439492	149216
香料、香精制造	2684	33606	106026	321706	133630
其他日用化学产品制造	2689	21576	42500	403664	169223
医药制造业	2700	6852309	7994535	34201527	11504145
化学药品原料药制造	2710	3418836	3066142	10186559	4620531
化学药品制剂制造	2720	2366191	4276606	8839762	2477752
中药饮片加工	2730	126554	10374	615163	207098
中成药生产	2740	771957	573895	11517327	3073118
兽用药品制造	2750	125639	15384	1300536	538694
生物药品制造	2760	42706	52134	1659923	545152
卫生材料及医药用品制造	2770	426	—	82257	41800
化学纤维制造业	2800	600225	854390	2830682	1633473
纤维素纤维原料及纤维制造	2810	550463	715008	2027122	1207287
化纤浆粕制造	2811	285347	27015	153681	275190
人造纤维(纤维素纤维)制造	2812	265116	687993	1873441	932097
合成纤维制造	2820	49762	139382	803560	426186
锦纶纤维制造	2821	13825	—	66862	65500
涤纶纤维制造	2822	31609	37666	694436	265886

主要经济指标(三)

单位:千元　　续表

国家资本	集体资本	法人资本	个人资本	港澳台资本	外商资本
—	—	62050	19254	—	3950
6602	32063	622335	860901	98687	245671
6602	4147	191201	538697	69517	238495
—	—	54221	101100	—	2220
—	248	157257	124100	22775	—
—	27668	219156	83815	6395	4956
—	—	500	13189	—	—
507793	—	928923	741746	—	89228
507793	—	716280	696392	—	61058
—	—	—	21354	—	—
—	—	162035	8500	—	23130
—	—	50608	15500	—	5040
10300	48565	4397090	1912866	1675539	467680
10000	48565	530349	1248795	—	62480
300	—	127521	330201	—	2500
—	—	13000	5683	—	—
—	—	3683018	174549	1675539	402700
—	—	25802	68416	—	—
—	—	3900	10400	—	—
—	—	13500	74822	—	—
24807	14967	121453	113642	—	—
24807	8967	83443	51240	—	—
—	6000	38010	62402	—	—
—	—	150530	177569	123970	—
—	—	10000	139216	—	—
—	—	1660	8000	123970	—
—	—	138870	30353	—	—
1544963	348785	3251865	2463804	2552724	1342004
154612	109829	1489923	599599	2240596	25972
1370657	—	302236	273569	206520	324770
3500	—	68230	118010	17358	—
13194	238956	1074294	824855	88250	833569
—	—	113921	359542	—	65231
3000	—	201961	247729	—	92462
—	—	1300	40500	—	—
—	—	660591	948739	—	24143
—	—	493598	713689	—	—
—	—	118048	157142	—	—
—	—	375550	556547	—	—
—	—	166993	235050	—	24143
—	—	27750	37750	—	—
—	—	86893	154850	—	24143

2012年规模以上工业企业

甲栏分组	代码	应付账款	非流动负债合计	所有者权益合计	实收资本
其他合成纤维制造	2829	2343	101216	27459	92000
橡胶和塑料制品业	2900	4278303	1895302	27505763	13640746
橡胶制品业	2910	2150537	241110	10857478	5866866
轮胎制造	2911	77241	7138	450020	264851
橡胶板、管、带制造	2912	459031	54551	4204671	2691711
橡胶零件制造	2913	338476	112736	1447967	608237
再生橡胶制造	2914	117897	2100	516313	141781
日用及医用橡胶制品制造	2915	348799	1071	878217	479406
其他橡胶制品制造	2919	809093	63514	3360290	1680880
塑料制品业	2920	2127766	1654192	16648285	7773880
塑料薄膜制造	2921	205896	231787	1922481	769335
塑料板、管、型材制造	2922	743763	310029	6979054	3843018
塑料丝、绳及编织品制造	2923	199833	435226	1723286	570966
泡沫塑料制造	2924	225973	384929	1340511	358246
塑料人造革、合成革制造	2925	57845	31730	297976	154234
塑料包装箱及容器制造	2926	128872	189742	1448839	527166
日用塑料制品制造	2927	161170	14267	963771	589252
塑料零件制造	2928	114761	2514	426164	226401
其他塑料制品制造	2929	289653	53968	1546203	735262
非金属矿物制品业	3000	17172989	26532482	74663352	39145015
水泥、石灰和石膏制造	3010	9305538	20915055	35497523	16164689
水泥制造	3011	8826922	20790179	34048074	15317763
石灰和石膏制造	3012	478616	124876	1449449	846926
石膏、水泥制品及类似制品制造	3020	1916458	294831	6428257	4354985
水泥制品制造	3021	1687813	227024	3216153	2350167
砼结构构件制造	3022	108845	6954	388689	262503
石棉水泥制品制造	3023	—	—	44899	29624
轻质建筑材料制造	3024	31693	10311	2254881	1356005
其他水泥类似制品制造	3029	88107	50542	523635	356686
砖瓦、石材等建筑材料制造	3030	825626	568439	8178209	4058752
粘土砖瓦及建筑砌块制造	3031	215612	213217	1636423	627420
建筑陶瓷制品制造	3032	150994	181060	1596898	988872
建筑用石加工	3033	105552	17555	527679	117496
防水建筑材料制造	3034	70653	25050	677541	270567
隔热和隔音材料制造	3035	159349	29480	2345965	1574605
其他建筑材料制造	3039	123466	102077	1393703	479792
玻璃制造	3040	1831072	2177809	5589403	4227812
平板玻璃制造	3041	1662468	2099542	4536701	3227036
其他玻璃制造	3049	168604	78267	1052702	1000776
玻璃制品制造	3050	525816	1400459	5555115	3243818
技术玻璃制品制造	3051	267909	203440	3209407	1371599
玻璃仪器制造	3053	21590	29914	68759	83204

主要经济指标(三)

单位:千元　　续表

国家资本	集体资本	法人资本	个人资本	港澳台资本	外商资本
—	—	52350	39650	—	—
480040	45988	4980049	6998567	187404	948698
2554	10799	2022978	3292024	3151	535360
—	—	11200	92715	1800	159136
2554	8399	1104931	1476767	351	98709
—	300	143477	464460	—	—
—	—	37850	103931	—	—
—	—	61021	214840	1000	202545
—	2100	664499	939311	—	74970
477486	35189	2957071	3706543	184253	413338
—	1050	222531	504182	—	41572
472308	25000	1366818	1863876	102021	12995
5178	1000	123033	399818	—	41937
—	—	139742	163495	3152	51857
—	—	76320	77914	—	—
—	—	340375	162116	—	24675
—	5272	296987	228520	2200	56273
—	2867	62884	142550	150	17950
—	—	328381	164072	76730	166079
5833214	2220739	14268909	12770845	1254844	2796464
4753701	1922223	5852064	2861274	—	775427
4747259	1815288	5351784	2628005	—	775427
6442	106935	500280	233269	—	—
226179	80775	1467416	2392464	53438	134713
158193	80775	1070058	963764	53438	23939
—	—	136758	51771	—	73974
—	—	—	29624	—	—
12750	—	30600	1312655	—	—
55236	—	230000	34650	—	36800
151580	62700	1030024	2406720	107079	300649
91780	2100	137234	396156	150	—
—	30000	51450	907422	—	—
—	600	34306	51154	19386	12050
—	—	71645	198922	—	—
59800	—	626699	599507	—	288599
—	30000	108690	253559	87543	—
273080	6077	2819085	559385	322194	247991
273080	—	1869062	524885	322194	237815
—	6077	950023	34500	—	10176
2406	7598	951475	1406062	550605	325672
—	—	207577	832130	6220	325672
—	—	80000	3204	—	—

2012年规模以上工业企业

甲栏分组	代码	应付账款	非流动负债合计	所有者权益合计	实收资本
日用玻璃制品制造	3054	-81524	1111816	1261131	1185909
玻璃包装容器制造	3055	314022	53023	861371	463745
其他玻璃制品制造	3059	2419	—	145133	130761
玻璃纤维和玻璃纤维增强塑料制品制造	3060	507302	143651	4489590	1749473
玻璃纤维及制品制造	3061	76225	14009	1274405	330150
玻璃纤维增强塑料制品制造	3062	431077	129642	3215185	1419323
陶瓷制品制造	3070	904369	320440	3383486	2151945
卫生陶瓷制品制造	3071	382916	159591	2416767	833840
特种陶瓷制品制造	3072	188567	90802	515781	625036
日用陶瓷制品制造	3073	268618	49833	356519	660269
园林、陈设艺术及其他陶瓷制品制造	3079	64268	20214	94419	32800
耐火材料制品制造	3080	894992	227390	2312495	851838
石棉制品制造	3081	33113	12302	417514	125838
云母制品制造	3082	19615	2267	406622	85939
耐火陶瓷制品及其他耐火材料制造	3089	842264	212821	1488359	640061
石墨及其他非金属矿物制品制造	3090	461816	484408	3229274	2341703
石墨及碳素制品制造	3091	147169	214721	918590	604392
其他非金属矿物制品制造	3099	314647	269687	2310684	1737311
黑色金属冶炼和压延加工业	3100	142974724	99362798	330348932	133439404
炼铁	3110	13339304	6664082	29694585	16065986
炼钢	3120	37062859	15662682	90040605	15520927
黑色金属铸造	3130	1642665	371467	20792304	8344246
钢压延加工	3140	90795006	76463943	188984175	93196136
铁合金冶炼	3150	134890	200624	837263	312109
有色金属冶炼和压延加工业	3200	3037227	2147254	11159008	9439617
常用有色金属冶炼	3210	1075301	578754	2336103	1347378
铜冶炼	3211	802814	9500	855219	613438
铅锌冶炼	3212	-2128	—	247604	209884
铝冶炼	3216	9149	—	97699	94300
其他常用有色金属冶炼	3219	265317	569254	1113974	414540
贵金属冶炼	3220	102833	81621	1422814	600150
金冶炼	3221	102701	81621	1424193	594150
稀有稀土金属冶炼	3230	9757	—	93309	46915
钨钼冶炼	3231	632	—	77898	16039
有色金属合金制造	3240	1032274	37696	2713139	1263513
有色金属压延加工	3260	817062	1449183	4593643	6181661
铜压延加工	3261	308820	17904	875969	453525
铝压延加工	3262	359549	1344948	3048053	5425623
稀有稀土金属压延加工	3264	20397	1011	48263	38500
其他有色金属压延加工	3269	116410	85320	453520	248743
金属制品业	3300	10871971	2953205	80322988	21800113
结构性金属制品制造	3310	2950948	1109288	13053908	5591368

主要经济指标(三)

单位:千元　　续表

国家资本	集体资本	法人资本	个人资本	港澳台资本	外商资本
—	—	479955	378571	327383	—
2406	7598	122985	113754	217002	—
—	—	55958	74803	—	—
—	—	589269	1065956	—	94248
—	—	150872	172534	—	6744
—	—	438397	893422	—	87504
178797	57645	563622	402779	140351	808751
2000	39095	187259	212892	110954	281640
—	18550	55076	65000	—	486410
175398	—	318827	116887	29397	19760
1399	—	2460	8000	—	20941
32080	49441	291624	399366	51177	28150
—	—	65962	59876	—	—
—	—	62665	23274	—	—
32080	49441	162997	316216	51177	28150
215391	34280	704330	1276839	30000	80863
32056	30000	159180	383156	—	—
183335	4280	545150	893683	30000	80863
11865546	366138	81314131	29847305	5092104	4954180
—	66500	13497338	2284722	197426	20000
7964045	—	2515890	4836341	171930	32721
3358	8424	3275122	2024224	85575	2947543
3898143	291214	61871072	20544918	4637173	1953616
—	—	154709	157100	—	300
1556624	85211	2638899	1700631	356421	3101830
102880	82681	699823	453612	8381	—
26190	7081	548107	23679	8381	—
—	—	6892	202991	—	—
—	—	2100	92200	—	—
76690	75600	142124	120126	—	—
244124	2250	224000	129776	—	—
244124	2250	218000	129776	—	—
—	—	—	46915	—	—
—	—	—	16039	—	—
—	—	966798	275314	—	21401
1209620	280	748278	795014	348040	3080429
—	280	232000	215466	—	5779
1180060	—	352359	470514	348040	3074650
—	—	30200	8300	—	—
14290	—	133719	100734	—	—
1273274	98569	9680678	8675329	667867	1404396
175500	23160	1849155	3356890	11100	175563

2012年规模以上工业企业

甲栏分组	代码	应付账款	非流动负债合计	所有者权益合计	实收资本
金属结构制造	3311	2519394	631995	11664169	5011940
金属门窗制造	3312	431554	477293	1389739	579428
金属工具制造	3320	429443	291175	3267785	1584556
切削工具制造	3321	250170	221256	2375640	1213957
手工具制造	3322	86007	4033	300747	190290
农用及园林用金属工具制造	3323	67646	60886	322938	124014
刀剪及类似日用金属工具制造	3324	361	—	4591	1500
其他金属工具制造	3329	25259	5000	263869	54795
集装箱及金属包装容器制造	3330	510001	79483	2396312	1375450
集装箱制造	3331	13073	—	14466	12600
金属压力容器制造	3332	212954	12043	1271844	719373
金属包装容器制造	3333	283974	67440	1110002	643477
金属丝绳及其制品制造	3340	839254	255874	6753402	2958804
建筑、安全用金属制品制造	3350	3292960	96346	47022891	6447908
建筑、家具用金属配件制造	3351	135698	1976	811257	186558
建筑装饰及水暖管道零件制造	3352	3017231	49872	45846447	6157894
安全、消防用金属制品制造	3353	104003	44072	186100	63360
其他建筑、安全用金属制品制造	3359	36028	426	179087	40096
金属表面处理及热处理加工	3360	1585262	567099	2436117	1365090
搪瓷制品制造	3370	114176	241925	340538	113398
生产专用搪瓷制品制造	3371	1421	—	56553	66852
搪瓷卫生洁具制造	3373	112755	241925	276102	41546
金属制日用品制造	3380	107598	31086	428054	139832
金属制餐具和器皿制造	3382	45325	27466	182484	58625
金属制卫生器具制造	3383	7479	3320	25752	15379
其他金属制日用品制造	3389	21314	300	211283	55828
其他金属制品制造	3390	1042329	280929	4623981	2223707
锻件及粉末冶金制品制造	3391	200394	91674	1036411	501502
交通及公共管理用金属标牌制造	3392	93903	—	193079	73700
通用设备制造业	3400	8392205	4117082	33473286	14168419
锅炉及原动设备制造	3410	1428272	236191	3226883	1985150
锅炉及辅助设备制造	3411	535394	51007	1072953	793750
内燃机及配件制造	3412	877577	181442	2111301	1151400
金属加工机械制造	3420	1166056	131372	4247630	1520504
金属切削机床制造	3421	562199	24140	584109	388945
金属成形机床制造	3422	96410	4399	496105	206005
铸造机械制造	3423	104500	69440	424524	249594
金属切割及焊接设备制造	3424	168088	14035	1800088	276790
机床附件制造	3425	84218	17216	765990	262244
其他金属加工机械制造	3429	150641	2142	176814	136926
物料搬运设备制造	3430	1209919	2131598	7028224	2183084
轻小型起重设备制造	3431	81624	1720556	4223086	488175

主要经济指标(三)

单位:千元　　续表

国家资本	集体资本	法人资本	个人资本	港澳台资本	外商资本
175500	23160	1626079	3040446	—	146755
—	—	223076	316444	11100	28808
4300	18529	734578	394521	3752	428876
—	17309	540984	229195	—	426469
4300	500	106684	78806	—	—
—	720	34915	82220	3752	2407
—	—	300	1200	—	—
—	—	51695	3100	—	—
—	—	671923	409216	90824	203487
—	—	—	12600	—	—
—	—	474892	140481	—	104000
—	—	197031	256135	90824	99487
740	2835	1396106	1472856	10941	75326
663230	8146	3793163	1631590	201093	150686
—	—	44522	142036	—	—
663230	8146	3711531	1423208	201093	150686
—	—	29810	33550	—	—
—	—	7300	32796	—	—
153000	37200	492807	435836	215933	30314
—	—	62800	50598	—	—
—	—	62800	4052	—	—
—	—	—	41546	—	—
—	2099	73816	56709	1248	5960
—	2099	16053	34763	—	5710
—	—	14379	1000	—	—
—	—	33384	20946	1248	250
276504	6600	606330	867113	132976	334184
66819	—	160313	274370	—	—
—	6600	—	67100	—	—
992396	197312	5507708	5956415	159611	1354977
556142	17792	775669	618922	—	16625
—	17792	285453	473880	—	16625
556142	—	460216	135042	—	—
84800	47849	640050	638957	1000	107848
45450	47495	269000	26000	1000	—
12750	—	30050	163205	—	—
—	354	50000	199240	—	—
—	—	113000	55942	—	107848
—	—	174000	88244	—	—
26600	—	4000	106326	—	—
19730	24050	871614	1069205	8750	189735
—	4050	87017	394900	—	2208

2012年规模以上工业企业

甲栏分组	代码	应付账款	非流动负债合计	所有者权益合计	实收资本
起重机制造	3432	87991	16641	503315	290574
生产专用车辆制造	3433	34370	—	36724	34704
连续搬运设备制造	3434	375316	377451	1301589	977232
电梯、自动扶梯及升降机制造	3435	619432	16950	884182	341019
其他物料搬运设备制造	3439	11186	—	79328	51380
泵、阀门、压缩机及类似机械制造	3440	1375838	324120	6468655	2298000
泵及真空设备制造	3441	617840	25594	3314386	910658
气体压缩机械制造	3442	39527	—	78954	41000
阀门和旋塞制造	3443	438223	151066	2508998	1014461
液压和气压动力机械及元件制造	3444	280248	147460	566317	331881
轴承、齿轮和传动部件制造	3450	404791	485202	2937045	1569171
轴承制造	3451	173020	80690	1012017	517993
齿轮及齿轮减、变速箱制造	3452	184833	212514	1705855	1026648
其他传动部件制造	3459	46938	191998	219173	24530
烘炉、风机、衡器、包装等设备制造	3460	1236786	237926	3007664	1868776
烘炉、熔炉及电炉制造	3461	407614	625	579382	312771
风机、风扇制造	3462	66355	55912	380942	168743
气体、液体分离及纯净设备制造	3463	201009	27779	353134	397159
制冷、空调设备制造	3464	263515	3777	1016575	608240
风动和电动工具制造	3465	91362	—	38225	18990
衡器制造	3467	6397	147486	170510	121297
包装专用设备制造	3468	200534	2347	455297	239576
文化、办公用机械制造	3470	37465	14499	362668	70670
复印和胶印设备制造	3474	298	—	32404	5500
通用零部件制造	3480	1436253	556053	5550597	2289568
金属密封件制造	3481	48599	2751	172593	147748
紧固件制造	3482	497374	51797	1327894	654419
弹簧制造	3483	3634	—	86829	45123
机械零部件加工	3484	769929	440240	2970656	1044065
其他通用零部件制造	3489	116717	61265	992625	398213
其他通用设备制造业	3490	96825	121	643920	383496
专用设备制造业	3500	12862480	2920273	56747789	19967093
采矿、冶金、建筑专用设备制造	3510	8593069	2121339	22317111	12144989
矿山机械制造	3511	2694909	617192	8889896	5095449
石油钻采专用设备制造	3512	1177650	93467	3642761	2040983
建筑工程用机械制造	3513	597580	316062	3158649	1613650
海洋工程专用设备制造	3514	6206	—	50266	47880
建筑材料生产专用机械制造	3515	624866	103698	1179962	676499
冶金专用设备制造	3516	3491858	990920	5395577	2670528
化工、木材、非金属加工专用设备制造	3520	497885	40250	3109453	1072358
炼油、化工生产专用设备制造	3521	215561	6048	1941370	613502
橡胶加工专用设备制造	3522	39274	500	49661	22410

主要经济指标(三)

单位:千元　　续表

国家资本	集体资本	法人资本	个人资本	港澳台资本	外商资本
—	20000	133893	91810	8750	36121
—	—	26000	—	—	8704
—	—	426945	550287	—	—
4430	—	167759	26128	—	142702
15300	—	30000	6080	—	—
23327	42054	955969	1198904	5881	71865
10557	577	373834	513943	3033	8714
—	—	23000	—	—	18000
—	6000	452896	522418	348	32799
12770	35477	106239	162543	2500	12352
16643	16170	273240	569500	19533	674085
16643	—	119100	311193	833	70224
—	—	148294	255793	18700	603861
—	16170	5846	2514	—	—
203720	11580	760297	658750	124447	109982
98000	—	73801	140700	270	—
70000	11580	22987	64176	—	—
21385	—	218115	157659	—	—
—	—	372083	23000	103804	109353
—	—	1100	17890	—	—
14335	—	11019	95943	—	—
—	—	61192	157382	20373	629
—	—	31480	39190	—	—
—	—	5500	—	—	—
88034	37817	1070751	947968	—	144998
—	—	64899	82849	—	—
—	—	186080	468339	—	—
—	—	11988	4000	—	29135
88034	30317	533573	342125	—	50016
—	7500	274211	50655	—	65847
—	—	128638	215019	—	39839
4394844	236578	6696698	5228994	798535	2611444
4156737	135197	3342504	2659282	297338	1553931
2952415	43967	1261571	721742	—	115754
405249	63242	468681	697732	23665	382414
117977	—	153526	272103	245259	824785
—	—	2386	45494	—	
338602	12440	223531	53512	28414	20000
342494	15548	1232809	868699	—	210978
—	25153	458453	296741	5020	286991
—	6479	247048	113175	—	246800
—	—	1000	2691	—	18719

2012年规模以上工业企业

甲栏分组	代码	应付账款	非流动负债合计	所有者权益合计	实收资本
塑料加工专用设备制造	3523	1350	—	79438	14810
木材加工机械制造	3524	8845	—	47652	21633
模具制造	3525	229068	28726	985861	395883
食品、饮料、烟草及饲料生产专用设备制造	3530	313294	257948	1614441	545502
食品、酒、饮料及茶生产专用设备制造	3531	34162	18150	123401	55420
农副食品加工专用设备制造	3532	80431	142198	763483	197189
烟草生产专用设备制造	3533	197678	95991	717550	286465
饲料生产专用设备制造	3534	1023	1609	10007	6428
印刷、制药、日化及日用品生产专用设备制造	3540	195479	39960	775093	379855
制浆和造纸专用设备制造	3541	25975	—	50808	18800
印刷专用设备制造	3542	129873	18720	504879	325795
其他日用品生产专用设备制造	3549	21378	—	110233	27760
纺织、服装和皮革加工专用设备制造	3550	169071	25097	1039640	504502
纺织专用设备制造	3551	94178	20237	559105	172670
缝制机械制造	3553	74893	4860	480535	331832
电子和电工机械专用设备制造	3560	401244	823	1911678	1319064
电工机械专用设备制造	3561	241961	328	389572	190804
电子工业专用设备制造	3562	159283	495	1522106	1128260
农、林、牧、渔专用机械制造	3570	564309	196435	1736755	856265
拖拉机制造	3571	47664	—	181231	111100
机械化农业及园艺机具制造	3572	296178	40463	658362	420178
畜牧机械制造	3574	38784	—	167488	104694
农林牧渔机械配件制造	3576	23449	2972	518641	184638
其他农、林、牧、渔业机械制造	3579	76208	65000	49597	22155
医疗仪器设备及器械制造	3580	79440	123668	729115	683918
医疗诊断、监护及治疗设备制造	3581	2997	—	328635	100387
机械治疗及病房护理设备制造	3585	14336	-84	102764	78080
其他医疗设备及器械制造	3589	61208	123752	265215	460000
环保、社会公共服务及其他专用设备制造	3590	2048689	114753	23514503	2460640
环境保护专用设备制造	3591	462419	10193	2397069	661514
地质勘查专用设备制造	3592	134735	—	169204	105454
社会公共安全设备及器材制造	3595	251580	2538	1876343	455204
交通安全、管制及类似专用设备制造	3596	25918	—	185343	80300
水资源专用机械制造	3597	17519	530	150145	83149
其他专用设备制造	3599	1156518	101492	18736399	1075019
汽车制造业	3600	23591384	9135170	49846187	14479244
汽车整车制造	3610	11258595	1911450	21251318	3877765
改装汽车制造	3620	1084944	344506	3676491	1515197
汽车车身、挂车制造	3650	430467	84624	1731092	427024
汽车零部件及配件制造	3660	10812555	6794590	23107517	8584258
铁路、船舶、航空航天和其他运输设备制造业	3700	9995320	5517379	14811909	6853174
铁路运输设备制造	3710	8654690	876539	8580614	4327934

主要经济指标(三)

单位:千元　　续表

国家资本	集体资本	法人资本	个人资本	港澳台资本	外商资本
—	—	4257	10553	—	—
—	—	1000	6379	900	13354
—	18674	205148	163943	—	8118
8870	—	408840	89792	—	38000
—	—	23420	32000	—	—
8870	—	96527	53792	—	38000
—	—	286465	—	—	—
—	—	2428	4000	—	—
9380	1800	154789	205586	—	8300
—	1800	7000	10000	—	—
—	—	146289	179506	—	—
9380	—	—	10080	—	8300
—	4850	117093	176452	62250	143857
—	4850	23100	82470	62250	—
—	—	93993	93982	—	143857
—	—	766808	188456	363800	—
—	—	114548	74456	1800	—
—	—	652260	114000	362000	—
154360	15428	304435	382042	—	—
—	—	5000	106100	—	—
154350	6000	174986	84842	—	—
—	1000	9094	94600	—	—
10	1138	98200	85290	—	—
—	—	17155	5000	—	—
10000	—	165406	405660	70127	32725
—	—	—	30260	70127	—
—	—	42480	35600	—	—
10000	—	110200	339800	—	—
55497	54150	978370	824983	—	547640
—	300	392478	264347	—	4389
55497	28491	21466		—	—
—	—	62206	54252	—	338746
—	—	2030	78270	—	—
—	22359	33990	26800	—	—
—	3000	466200	401314	—	204505
742560	42755	8019319	1526494	1260763	2887353
—	—	2757759	—	1033180	86826
25900	—	1062060	200180	10396	216661
—	—	100673	191292	—	135059
643535	42755	4098827	1133147	217187	2448807
2314325	36070	3708431	621208	31106	142034
2258000	36070	1555065	354325	—	124474

2012年规模以上工业企业

甲栏分组	代码	应付账款	非流动负债合计	所有者权益合计	实收资本
铁路机车车辆配件制造	3713	226618	29708	367632	128459
铁路专用设备及器材、配件制造	3714	2206440	395306	3969617	1942475
船舶及相关装置制造	3730	580788	3797032	2599427	1063210
金属船舶制造	3731	562743	3797032	2188726	1015210
船用配套设备制造	3734	18045	—	42701	28000
航空、航天器及设备制造	3740	242309	592559	923490	612531
飞机制造	3741	242309	592559	923490	612531
摩托车制造	3750	204593	26386	1556501	379548
摩托车整车制造	3751	128541	25539	812435	299836
摩托车零部件及配件制造	3752	76052	847	744066	79712
自行车制造	3760	300789	224863	1099599	457550
脚踏自行车及残疾人座车制造	3761	280983	224863	1053536	444550
助动自行车制造	3762	19806	—	46063	13000
电气机械和器材制造业	3800	22079095	22893135	56984140	32220823
电机制造	3810	3551680	832742	4130205	3419225
发电机及发电机组制造	3811	3248395	739867	3268474	3002144
电动机制造	3812	293823	92795	848533	404061
微电机及其他电机制造	3819	9462	80	13198	13020
输配电及控制设备制造	3820	11788653	21130002	30809245	15551661
变压器、整流器和电感器制造	3821	4124684	13747432	8376191	3345732
电容器及其配套设备制造	3822	1268	—	227887	78657
配电开关控制设备制造	3823	603660	86772	2045824	1300894
电力电子元器件制造	3824	210827	102068	1114066	418874
光伏设备及元器件制造	3825	6563440	7179530	18195070	9917810
其他输配电及控制设备制造	3829	284774	14200	850207	489694
电线、电缆、光缆及电工器材制造	3830	2029576	235696	13812529	8446062
电线、电缆制造	3831	1873708	235696	12860860	7949365
光纤、光缆制造	3832	6574	—	13338	8500
绝缘制品制造	3833	88633	—	372286	239160
其他电工器材制造	3839	60661	—	566045	249037
电池制造	3840	654941	439596	4232462	2753369
锂离子电池制造	3841	100866	67179	458031	301455
其他电池制造	3849	554075	372417	3774431	2451914
家用电力器具制造	3850	3137302	27293	1505650	541451
家用空气调节器制造	3852	2705446	6421	273582	190000
家用美容、保健电器具制造	3856	17211	—	533917	23310
家用电力器具专用配件制造	3857	14420	10547	95569	85002
其他家用电力器具制造	3859	391569	8325	524752	238639
非电力家用器具制造	3860	360662	69107	1119762	639094
燃气、太阳能及类似能源家用器具制造	3861	355248	53283	910839	473569
其他非电力家用器具制造	3869	5414	15824	208923	165525
照明器具制造	3870	257577	129091	869779	487891

主要经济指标(三)

单位:千元　　续表

国家资本	集体资本	法人资本	个人资本	港澳台资本	外商资本
—	34250	49279	44930	—	—
1000	1820	1505786	309395	—	124474
—	—	1029098	34112	—	—
—	—	1008098	7112	—	—
—	—	1000	27000	—	—
48713	—	563818	—	—	—
48713	—	563818	—	—	—
7612	—	288384	66635	—	16917
—	—	246055	53781	—	—
7612	—	42329	12854	—	16917
—	—	261427	164374	31106	643
—	—	254927	157874	31106	643
—	—	6500	6500	—	—
1862849	724123	14072916	7874334	42000	7644601
119645	—	2664950	294348	—	340282
40000	—	2588250	131947	—	241947
79645	—	76700	149381	—	98335
—	—	—	13020	—	—
111174	226294	5752951	2375752	42000	7043490
53574	48500	2556329	687329	—	—
—	—	33650	45007	—	—
55200	149378	455806	530099	—	110411
—	—	129536	284768	—	4570
—	—	2259238	688063	42000	6928509
2400	28416	318392	140486	—	—
36000	111420	4244193	3924074	—	130375
—	111420	3930496	3777074	—	130375
—	—	8500	—	—	—
36000	—	95260	107900	—	—
—	—	209937	39100	—	—
1486030	369409	381675	439866	—	76389
—	—	45970	254985	—	500
1486030	369409	335705	184881	—	75889
—	—	292802	245339	—	3310
—	—	180000	10000	—	—
—	—	20000	—	—	3310
—	—	69702	15300	—	—
—	—	18600	220039	—	—
—	—	460448	144355	—	34291
—	—	301923	137355	—	34291
—	—	158525	7000	—	—
—	—	129677	341750	—	16464

2012年规模以上工业企业

甲栏分组	代码		非流动负债合计	所有者权益合计	实收资本
		应付账款			
电光源制造	3871	65142	—	100277	18879
照明灯具制造	3872	149825	129091	720249	445512
灯用电器附件及其他照明器具制造	3879	42610	—	49253	23500
其他电气机械及器材制造	3890	298704	29608	504508	382070
电气信号设备装置制造	3891	119481	11608	196972	180370
其他未列明电气机械及器材制造	3899	179223	18000	307536	201700
计算机、通信和其他电子设备制造业	3900	4523070	2451543	14576458	9154455
计算机制造	3910	152833	—	371880	395366
计算机零部件制造	3912	86393	—	295977	216366
通信设备制造	3920	2217630	217597	4467966	2781947
通信系统设备制造	3921	534923	91980	840363	517270
通信终端设备制造	3922	1682707	125617	3627603	2264677
广播电视设备制造	3930	37379	64725	1349633	798353
广播电视节目制作及发射设备制造	3931	7152	5701	111284	132300
广播电视接收设备及器材制造	3932	30227	59024	1238349	666053
电子器件制造	3960	751821	1170306	3565020	2273734
半导体分立器件制造	3962	29524	—	214060	59000
集成电路制造	3963	31492	19781	399741	137935
光电子器件及其他电子器件制造	3969	586830	194710	1370652	1226799
电子元件制造	3970	1275876	695964	4380565	2318480
电子元件及组件制造	3971	520046	121931	2129026	947933
印制电路板制造	3972	755830	574033	2251539	1370547
其他电子设备制造	3990	87531	302951	403007	586075
仪器仪表制造业	4000	1139105	52906	4501568	1805036
通用仪器仪表制造	4010	605423	23213	1759026	731429
工业自动控制系统装置制造	4011	370300	1611	728863	299974
电工仪器仪表制造	4012	6672	—	85869	42640
绘图、计算及测量仪器制造	4013	11932	50	75558	32765
试验机制造	4015	116960	8125	179219	65050
供应用仪表及其他通用仪器制造	4019	90841	12527	669711	284800
专用仪器仪表制造	4020	419745	23505	2548928	920097
环境监测专用仪器仪表制造	4021	52809	16326	920671	166000
导航、气象及海洋专用仪器制造	4023	149412	—	451145	384370
地质勘探和地震专用仪器制造	4025	183201	582	844540	287925
电子测量仪器制造	4028	18016	6297	112213	47502
钟表与计时仪器制造	4030	2583	—	30019	6600
光学仪器及眼镜制造	4040	24048	6188	65742	60270
光学仪器制造	4041	9023	—	25472	20000
其他仪器仪表制造业	4090	87306	—	97853	86640
其他制造业	4100	281078	22107	1992529	561072
日用杂品制造	4110	111519	2033	825306	225715
鬃毛加工、制刷及清扫工具制造	4111	62487	2033	375612	80292

主要经济指标(三)

单位：千元　　**续表**

国家资本	集体资本	法人资本	个人资本	港澳台资本	外商资本
—	—	12327	6552	—	—
—	—	93850	335198	—	16464
—	—	23500	—	—	—
110000	17000	146220	108850	—	—
110000	17000	—	53370	—	—
—	—	146220	55480	—	—
39570	500	3347381	1919945	1217068	2629991
—	—	318686	19860	—	56820
—	—	139686	19860	—	56820
8570	—	344218	173950	—	2255209
8570	—	339328	169372	—	—
—	—	4890	4578	—	2255209
—	—	438538	359815	—	—
—	—	—	132300	—	—
—	—	438538	227515	—	—
—	—	1224130	1009837	2012	37755
—	—	16950	30050	—	12000
—	—	114435	23500	—	—
—	—	1092745	106287	2012	25755
31000	500	452113	339604	1215056	280207
31000	—	385143	247834	77828	206128
—	500	66970	91770	1137228	74079
—	—	569196	16879	—	—
30600	2440	721630	877938	5195	167233
23000	—	219158	443264	—	46007
10000	—	102647	161260	—	26067
—	—	2000	40640	—	—
—	—	8597	24168	—	—
—	—	20000	45050	—	—
13000	—	79714	172146	—	19940
—	—	446772	352999	—	120326
—	—	—	166000	—	—
—	—	384370	—	—	—
—	—	50100	117499	—	120326
—	—	9002	38500	—	—
—	—	2700	3000	—	900
—	—	8000	47075	5195	—
—	—	8000	12000	—	—
7600	2440	45000	31600	—	—
—	—	335512	76572	16156	132832
—	—	115304	66472	—	43939
—	—	12943	23410	—	43939

2012年规模以上工业企业

甲栏分组	代码	应付账款	非流动负债合计	所有者权益合计	实收资本
其他日用杂品制造	4119	49032	—	449694	145423
废弃资源综合利用业	4200	317045	58355	1587295	983854
金属废料和碎屑加工处理	4210	274315	55500	1358357	862769
非金属废料和碎屑加工处理	4220	42730	2855	228938	121085
金属制品、机械和设备修理业	4300	1216872	310037	938194	471646
通用设备修理	4320	11253	—	55991	77113
专用设备修理	4330	101324	61913	263549	66744
铁路、船舶、航空航天等运输设备修理	4340	1092463	246481	530933	279789
铁路运输设备修理	4341	282548	75796	221826	210192
船舶修理	4342	7200	—	11670	6730
电力、热力、燃气及水生产和供应业	DDDD	22819053	94667141	122443351	67978331
电力、热力生产和供应业	4400	18860976	92003734	111217903	59172893
电力生产	4410	12838897	63099574	51382754	42764845
火力发电	4411	8508646	34056000	31994579	26706215
水力发电	4412	166452	2150674	1204471	1064402
风力发电	4414	3878836	26324161	17510652	14378228
其他电力生产	4419	284963	568739	673052	616000
电力供应	4420	3254846	23191492	58082780	13975072
热力生产和供应	4430	2767233	5712668	1752369	2432976
燃气生产和供应业	4500	3641264	554988	5787540	4300065
水的生产和供应业	4600	316813	2108419	5437908	4505373
自来水生产和供应	4610	276805	1430448	4604515	4082975
污水处理及其再生利用	4620	40008	677971	833393	422398

主要经济指标(三)

单位:千元　　续表

国家资本	集体资本	法人资本	个人资本	港澳台资本	外商资本
—	—	102361	43062	—	—
—	2000	463283	438196	55545	24830
—	2000	355783	424611	55545	24830
—	—	107500	13585	—	—
332233	49790	8000	15510	—	66113
—	—	—	11000	—	66113
64744	—	2000	—	—	—
267489	1790	6000	4510	—	—
204622	570	5000	—	—	—
—	1220	1000	4510	—	—
20493308	1316009	39044407	2100159	1515585	3508863
15271692	556409	37520783	1981031	519597	3323381
10484410	516207	26059392	1875858	505597	3323381
4718466	293170	18272598	586948	118750	2716283
10000	—	1054402	—	—	—
5755944	223037	6216392	1188910	386847	607098
—	—	516000	100000	—	—
3106849	38202	10820021	10000	—	—
1680433	2000	641370	95173	14000	—
1318668	759600	1153292	96301	825204	147000
3902948	—	370332	22827	170784	38482
3714703	—	268415	20797	49060	30000
188245	—	101917	2030	121724	8482

2012年规模以上工业企业

甲栏分组	代码	营业收入	主营业务收入	营业成本	主营业务成本
总计		4488768251	4364384240	3889062786	3779697370
采矿业	BBBB	580957177	559626779	466902024	446945674
煤炭开采和洗选业	0600	287281688	270281865	261488016	244503505
烟煤和无烟煤开采洗选	0610	287281688	270281865	261488016	244503505
石油和天然气开采业	0700	31383397	29925190	13841481	12229009
石油开采	0710	31383397	29925190	13841481	12229009
黑色金属矿采选业	0800	247927337	245110914	180192614	178860794
铁矿采选	0810	247828013	245011590	180100077	178768257
其他黑色金属矿采选	0890	99324	99324	92537	92537
有色金属矿采选业	0900	4859838	4824930	3622191	3608804
常用有色金属矿采选	0910	936939	936705	592485	592421
铅锌矿采选	0912	751181	750947	430419	430355
其他常用有色金属矿采选	0919	136169	136169	118101	118101
贵金属矿采选	0920	1453290	1453290	1217978	1217978
金矿采选	0921	1132216	1132216	992856	992856
银矿采选	0922	321074	321074	225122	225122
稀有稀土金属矿采选	0930	2469609	2434935	1811728	1798405
钨钼矿采选	0931	2469609	2434935	1811728	1798405
非金属矿采选业	1000	9504917	9483880	7757722	7743562
土砂石开采	1010	6632848	6632848	5442756	5442756
石灰石、石膏开采	1011	1144211	1144211	942414	942414
建筑装饰用石开采	1012	124282	124282	112947	112947
耐火土石开采	1013	138435	138435	126896	126896
粘土及其他土砂石开采	1019	5225920	5225920	4260499	4260499
采盐	1030	972868	952803	714595	701221
石棉及其他非金属矿采选	1090	1502790	1502790	1292183	1292183
其他未列明非金属矿采选	1099	1449683	1449683	1241413	1241413
制造业	CCCC	3621261565	3521664374	3158156175	3071072358
农副食品加工业	1300	193527651	192945791	172915395	171928521
谷物磨制	1310	28921462	28870314	26258355	25611798
饲料加工	1320	34451874	34435519	31027263	31020302
植物油加工	1330	44177650	43981364	39501338	39379707
食用植物油加工	1331	43957311	43761025	39291962	39170331
非食用植物油加工	1332	220339	220339	209376	209376
制糖业	1340	795056	795056	718499	718499
屠宰及肉类加工	1350	38561569	38428135	34792145	34684871
牲畜屠宰	1351	12033882	12007238	10987205	10969257
禽类屠宰	1352	10843071	10783069	10099307	10062725
肉制品及副产品加工	1353	15684616	15637828	13705633	13652889
水产品加工	1360	1714581	1712748	1572982	1572973
水产品冷冻加工	1361	1596012	1594364	1469187	1469187
水产饲料制造	1363	118569	118384	103795	103786

主要经济指标(四)

单位：千元

营业税金及附加		其他业务收入	其他业务利润	销售费用	管理费用
	主营业务税金及附加				
41730216	41316299	124384011	110052389	66017713	120800662
7283524	7026000	21330398	100015507	5703171	21593708
1445656	1410836	16999823	-80954	3051473	10095885
1445656	1410836	16999823	-80954	3051473	10095885
1592132	1561861	1458207	—	43881	3326683
1592132	1561861	1458207	—	43881	3326683
4109359	3918540	2816423	100093711	2340217	7427411
4109248	3918429	2816423	100093711	2339888	7425171
111	111	—	—	329	2240
46448	45753	34908	170	23123	307679
18556	18556	234	170	3738	101039
17655	17655	234	170	2113	95413
123	123	—	—	1076	3722
9533	9533	—	—	18980	63942
7265	7265	—	—	12162	31663
2268	2268	—	—	6818	32279
18359	17664	34674	—	405	142698
18359	17664	34674	—	405	142698
89929	89010	21037	2580	244477	436050
40548	40548	—	-5	128607	111387
12535	12535	—	—	28119	42421
756	756	—	-5	2492	3678
2127	2127	—	—	3733	7471
25130	25130	—	—	94263	57817
42512	41593	20065	6691	53938	227295
3840	3840	—	-4136	50150	42164
3322	3322	—	-4136	50048	42085
33415535	33290557	99597191	9337776	59723442	93375518
424171	423959	581860	114895	3596401	3062825
53037	52992	51148	3734	567417	459108
79215	79209	16355	-1082	676993	529432
53254	53204	196286	50531	684178	368328
52861	52811	196286	50531	683567	365392
393	393	—	—	611	2936
4246	4246	—	—	17878	72829
72790	72766	133434	26919	583597	605491
14238	14214	26644	7997	165146	172358
28096	28096	60002	15811	201530	198825
30456	30456	46788	3111	216921	234308
136	136	1833	1814	16282	21345
136	136	1648	1638	14552	19264
—	—	185	176	1730	2081

2012年规模以上工业企业

甲栏分组	代码	营业收入	主营业务收入	营业成本	主营业务成本
蔬菜、水果和坚果加工	1370	11548648	11530680	9803767	9774335
蔬菜加工	1371	6820786	6817913	5896316	5886876
水果和坚果加工	1372	4727862	4712767	3907451	3887459
其他农副食品加工	1390	33356811	33191975	29241046	29166036
淀粉及淀粉制品制造	1391	31041909	31000815	27294685	27234678
豆制品制造	1392	246381	246376	225231	225228
蛋品加工	1393	719547	719547	655307	655307
其他未列明农副食品加工	1399	1348974	1225237	1065823	1050823
食品制造业	1400	74168445	72379922	60747798	59041952
焙烤食品制造	1410	9769649	9745112	6776816	6701453
糕点、面包制造	1411	338883	338743	293179	293059
饼干及其他焙烤食品制造	1419	9430766	9406369	6483637	6408394
糖果、巧克力及蜜饯制造	1420	7915100	7902370	6492784	6481290
糖果、巧克力制造	1421	3211597	3200873	2456052	2449635
蜜饯制作	1422	4703503	4701497	4036732	4031655
方便食品制造	1430	16634668	16117480	14957754	14442832
米、面制品制造	1431	1732523	1729302	1576491	1573172
速冻食品制造	1432	625874	625869	535219	535206
方便面及其他方便食品制造	1439	14276271	13762309	12846044	12334454
乳制品制造	1440	21306482	20154509	16777631	15777156
罐头食品制造	1450	4492275	4419798	3871336	3770341
蔬菜、水果罐头制造	1453	3443564	3443564	2967390	2967390
其他罐头食品制造	1459	1020723	948295	873873	772878
调味品、发酵制品制造	1460	4753883	4752360	4117725	4117058
酱油、食醋及类似制品制造	1462	690612	689773	614841	614441
其他调味品、发酵制品制造	1469	4063271	4062587	3502884	3502617
其他食品制造	1490	9296388	9288293	7753752	7751822
营养食品制造	1491	261442	261442	245817	245817
保健食品制造	1492	382181	382181	315190	315190
冷冻饮品及食用冰制造	1493	841267	841265	673396	673396
食品及饲料添加剂制造	1495	6929202	6924764	5905005	5903966
其他未列明食品制造	1499	882296	878641	614344	613453
酒、饮料和精制茶制造业	1500	37490030	37301971	27043805	26955638
酒的制造	1510	21236226	21110512	14833910	14776733
酒精制造	1511	3800171	3794989	2768529	2768529
白酒制造	1512	9999085	9963893	6451049	6422719
啤酒制造	1513	4838706	4755237	3792659	3764501
葡萄酒制造	1515	2598264	2596393	1821673	1820984
饮料制造	1520	16176108	16113763	12139889	12108899
碳酸饮料制造	1521	1154005	1154005	1010904	1010904
瓶(罐)装饮用水制造	1522	473134	460102	395692	384417
果菜汁及果菜汁饮料制造	1523	3826247	3777109	3000132	2980597

主要经济指标(四)

单位：千元　　续表

营业税金及附加		其他业务收入	其他业务利润	销售费用	管理费用
	主营业务税金及附加				
34721	34634	17968	404	240942	240071
19037	19037	2873	319	143405	132817
15684	15597	15095	85	97537	107254
126772	126772	164836	32575	809114	766221
123113	123113	41094	29651	761433	699743
750	750	5	—	2609	9364
1292	1292	—	—	6228	9587
1617	1617	123737	2924	38844	47527
239533	238505	1788523	71093	5210366	1714681
69921	69771	24537	978	1836935	284111
2038	1943	140	20	8774	11145
67883	67828	24397	958	1828161	272966
39326	39326	12730	3020	252318	200322
20469	20469	10724	4307	184777	93403
18857	18857	2006	-1287	67541	106919
44395	43538	517188	29520	492491	295334
5831	5810	3221	269	21673	22028
2693	1873	5	—	11210	15014
35871	35855	513962	29251	459608	258292
44665	44644	1151973	61873	2166698	490491
5872	5872	72477	-27074	93029	121913
4620	4620	—	—	73060	59854
999	999	72428	-27123	19915	59966
14168	14168	1523	4	69022	93432
2509	2509	839	—	11115	24876
11659	11659	684	4	57907	68556
21186	21186	8095	2772	299873	229078
65	65	—	—	1527	1925
387	387	—	—	15244	14749
2258	2258	2	2	18040	16813
17090	17090	4438	5	158061	161505
1386	1386	3655	2765	107001	34086
1986935	1986570	188059	63699	2576712	1280350
1908864	1908843	125714	60026	1420061	981814
224249	224249	5182	5182	144303	58600
957790	957790	35192	33827	980337	494618
388568	388547	83469	20548	218019	319055
338257	338257	1871	469	77402	109541
77879	77535	62345	3673	1156520	298450
553	238	—	—	2702	5282
1442	1442	13032	1758	14551	25876
8572	8543	49138	1919	194953	76415

2012年规模以上工业企业

甲栏分组	代码	营业收入	主营业务收入	营业成本	主营业务成本
含乳饮料和植物蛋白饮料制造	1524	10062210	10062035	7207290	7207110
烟草制品业	1600	19120474	15582720	8740023	5210264
卷烟制造	1620	19120474	15582720	8740023	5210264
纺织业	1700	144655487	144050127	126733883	126368109
棉纺织及印染精加工	1710	105246129	104750060	93108984	92779902
棉纺纱加工	1711	56132883	55750595	49542906	49277409
棉织造加工	1712	42154603	42041853	37369570	37306329
棉印染精加工	1713	6958643	6957612	6196508	6196164
毛纺织及染整精加工	1720	15324220	15296914	12872940	12872224
毛条和毛纱线加工	1721	12994034	12970628	10787338	10787338
毛织造加工	1722	2040435	2036535	1819916	1819200
毛染整精加工	1723	289751	289751	265686	265686
化纤织造及印染精加工	1750	1278651	1278651	1052165	1052165
化纤织造加工	1751	1278651	1278651	1052165	1052165
针织或钩针编织物及其制品制造	1760	2692574	2682741	2236703	2229136
针织或钩针编织物织造	1761	1661109	1659898	1403055	1402187
针织或钩针编织物印染精加工	1762	498447	489825	392239	385540
针织或钩针编织品制造	1763	533018	533018	441409	441409
家用纺织制成品制造	1770	12818473	12746962	10992780	10971305
床上用品制造	1771	5483783	5412272	4622828	4603931
毛巾类制品制造	1772	7005534	7005534	6073503	6070925
其他家用纺织制成品制造	1779	329156	329156	296449	296449
非家用纺织制成品制造	1780	7295440	7294799	6470311	6463377
非织造布制造	1781	4982727	4982498	4424914	4418762
纺织带和帘子布制造	1783	151087	151087	137968	137968
篷、帆布制造	1784	290631	290219	244559	243777
其他非家用纺织制成品制造	1789	1812428	1812428	1613791	1613791
纺织服装、服饰业	1800	36660275	36609278	32539386	32209137
机织服装制造	1810	30900620	30852293	27531540	27500414
针织或钩针编织服装制造	1820	1948766	1948702	1661942	1658819
服饰制造	1830	3810889	3808283	3345904	3049904
皮革、毛皮、羽毛及其制品和制鞋业	1900	95155564	94912442	77946367	77804328
皮革鞣制加工	1910	23337624	23104094	18326367	18186412
皮革制品制造	1920	49142112	49141019	39844889	39844843
皮革服装制造	1921	24231476	24230383	17618462	17618416
皮箱、包(袋)制造	1922	6831868	6831868	6106178	6106178
皮手套及皮装饰制品制造	1923	78089	78089	65499	65499
其他皮革制品制造	1929	18000679	18000679	16054750	16054750
毛皮鞣制及制品加工	1930	17760484	17756192	15637167	15635889
毛皮鞣制加工	1931	2018195	2018114	1717355	1717355
毛皮服装加工	1932	11933788	11930872	10616230	10616152
其他毛皮制品加工	1939	3808501	3807206	3303582	3302382

主要经济指标(四)

单位:千元　　续表

营业税金及附加		其他业务收入	其他业务利润	销售费用	管理费用
	主营业务税金及附加				
66286	66286	175	-4	930968	177328
7394006	7394006	3537754	4560	117735	1131955
7394006	7394006	3537754	4560	117735	1131955
638675	634924	605360	155184	2037546	2572741
450415	447022	496069	66826	1453408	1886061
295193	294893	382288	35039	733155	1018591
125198	122105	112750	33750	616255	739647
30024	30024	1031	-1963	103998	127823
99962	99907	27306	25555	289058	335336
93090	93035	23406	22371	269315	301180
5432	5432	3900	3184	17407	29146
1440	1440	—	—	2336	5010
16209	16209	—	—	20689	20925
16209	16209	—	—	20689	20925
12447	12265	9833	198	36421	57244
1646	1646	1211	198	16036	32134
8690	8508	8622	—	8284	5961
2111	2111	—	—	12101	19149
32628	32509	71511	68574	150448	165516
11654	11654	71511	68574	93018	84397
20103	19984	—	—	50996	74673
871	871	—	—	6434	6446
27014	27012	641	-5969	87522	107659
18626	18624	229	-6022	60597	49717
491	491	—	—	4713	10856
1411	1411	412	53	10071	34049
6308	6308	—	—	10770	11491
143023	142964	50997	16938	658271	694156
130315	130258	48327	16874	542140	593941
3895	3895	64	64	66102	27740
8813	8811	2606	—	50029	72475
417720	417419	243122	3743	2266470	3643340
74451	74451	233530	-1399	851697	1698346
257725	257525	1093	47	1092830	1479948
73390	73190	1093	47	950852	1320923
113481	113481	—	—	34805	42777
29	29	—	—	151	5019
70825	70825	—	—	107022	111229
69925	69824	4292	1648	189999	249015
4807	4807	81	81	54150	73654
38929	38835	2916	2916	110237	134909
26189	26182	1295	-1349	25612	40452

2012年规模以上工业企业

甲栏分组	代码	营业收入	主营业务收入	营业成本	主营业务成本
羽毛(绒)加工及制品制造	1940	370364	370364	327917	327917
羽毛(绒)加工	1941	229528	229528	193910	193910
羽毛(绒)制品加工	1942	140836	140836	134007	134007
制鞋业	1950	4544980	4540773	3810027	3809267
纺织面料鞋制造	1951	601628	601628	517386	517386
皮鞋制造	1952	2335035	2331682	1874457	1873953
塑料鞋制造	1953	646854	646854	554421	554421
橡胶鞋制造	1954	935479	934625	838369	838113
木材加工和木、竹、藤、棕、草制品业	2000	18925393	18881381	16277958	16266215
人造板制造	2020	15554860	15543516	13479202	13475745
胶合板制造	2021	5506414	5503213	4995139	4991682
纤维板制造	2022	8165978	8161791	6876492	6876492
刨花板制造	2023	1644146	1640190	1396290	1396290
其他人造板制造	2029	238322	238322	211281	211281
木制品制造	2030	2969920	2960252	2463468	2455182
建筑用木料及木材组件加工	2031	975186	972830	778552	776480
木门窗、楼梯制造	2032	835262	835262	695008	695008
木制容器制造	2034	370333	370300	340601	340601
软木制品及其他木制品制造	2039	789139	781860	649307	643093
竹、藤、棕、草等制品制造	2040	332701	309701	286515	286515
草及其他制品制造	2049	312562	289562	268247	268247
家具制造业	2100	18379284	18307423	16329104	16284801
木质家具制造	2110	9631767	9625237	8321879	8321658
金属家具制造	2130	7042959	6979061	6459549	6431876
其他家具制造	2190	1389099	1387666	1250209	1233800
造纸和纸制品业	2200	51210128	51002002	44279580	44176717
纸浆制造	2210	506461	506459	460136	460136
非木竹浆制造	2212	290972	290970	269596	269596
造纸	2220	27168855	27099980	23333507	23295343
机制纸及纸板制造	2221	26348229	26279354	22559002	22520838
加工纸制造	2223	525297	525297	504419	504419
纸制品制造	2230	23534812	23395563	20485937	20421238
纸和纸板容器制造	2231	15963211	15854361	13877048	13828331
其他纸制品制造	2239	7571601	7541202	6608889	6592907
印刷和记录媒介复制业	2300	20511297	20320896	17169395	16968549
印刷	2310	20220822	20040520	16920875	16726866
书、报刊印刷	2311	9669713	9604362	8221772	8140082
本册印制	2312	521400	490988	428156	402593
包装装潢及其他印刷	2319	10029709	9945170	8270947	8184191
记录媒介复制	2330	168620	158521	136814	129977
文教、工美、体育和娱乐用品制造业	2400	17676941	17654150	14997415	14986440
文教办公用品制造	2410	781016	781016	679847	679847

主要经济指标(四)

单位:千元　　续表

营业税金及附加	主营业务税金及附加	其他业务收入	其他业务利润	销售费用	管理费用
491	491	—	—	1910	6510
366	366	—	—	1663	1997
125	125	—	—	247	4513
15128	15128	4207	3447	130034	209521
2593	2593	—	—	18455	19195
5288	5288	3353	2849	84026	157771
1264	1264	—	—	15025	7007
5971	5971	854	598	12423	25335
73166	70731	44012	8098	520179	478481
56534	56534	11344	8065	420375	341474
18799	18799	3201	—	91995	95659
30835	30835	4187	4109	294136	168610
5955	5955	3956	3956	30964	74488
945	945	—	—	3280	2717
13503	11068	9668	33	89178	106847
5822	5822	2356	—	12516	48037
3349	3349	—	—	22137	25025
1251	1251	33	33	15122	9645
3081	646	7279	—	39403	24140
3045	3045	23000	—	6751	26281
3018	3018	23000	—	6713	26240
56704	56704	71861	11793	384068	388579
41813	41813	6530	10914	297847	276370
8353	8353	63898	798	64051	68612
5302	5302	1433	81	22082	42908
183997	183831	208126	148798	779413	1020324
1165	1165	2	2	6109	10218
657	657	2	2	4498	8388
109048	108915	68875	57364	451048	722863
108196	108063	68875	57364	448732	715311
683	683	—	—	2004	6085
73784	73751	139249	91432	322256	287243
45885	45852	108850	63051	172097	155493
27899	27899	30399	28381	150159	131750
85767	85404	190401	38764	330305	763535
85124	84761	180302	38504	322961	749951
39880	39858	65351	4289	114900	279093
3392	3392	30412	4847	11510	38330
41852	41511	84539	29368	196551	432528
273	273	10099	260	7020	13259
84455	84440	22791	-22772	464967	365371
2221	2221	—	—	18936	18450

2012年规模以上工业企业

甲栏分组	代码	营业收入	主营业务收入	营业成本	主营业务成本
文具制造	2411	726053	726053	635415	635415
乐器制造	2420	2728796	2728296	2336271	2336271
中乐器制造	2421	1085556	1085556	946799	946799
西乐器制造	2422	1496229	1495729	1258585	1258585
其他乐器及零件制造	2429	119466	119466	105624	105624
工艺美术品制造	2430	10101331	10089486	8556875	8550267
雕塑工艺品制造	2431	3677608	3668319	3081828	3075528
金属工艺品制造	2432	2068314	2068314	1785775	1785775
天然植物纤维编织工艺品制造	2435	211221	211221	188849	188849
抽纱刺绣工艺品制造	2436	1039338	1039338	929578	929578
地毯、挂毯制造	2437	1792321	1789765	1457483	1457175
其他工艺美术品制造	2439	1071121	1071121	884905	884905
体育用品制造	2440	2093914	2093827	1776577	1775158
球类制造	2441	226634	226634	177948	177948
体育器材及配件制造	2442	255353	255353	237424	237424
训练健身器材制造	2443	445946	445859	426036	424617
运动防护用具制造	2444	771791	771791	580361	580361
其他体育用品制造	2449	394190	394190	354808	354808
玩具制造	2450	1582326	1573124	1362421	1360634
游艺器材及娱乐用品制造	2460	389558	388401	285424	284263
露天游乐场所游乐设备制造	2461	389558	388401	285424	284263
石油加工、炼焦和核燃料加工业	2500	233445483	229823491	211137964	208740929
精炼石油产品制造	2510	140245654	138567033	125200275	123616549
原油加工及石油制品制造	2511	139353781	137675679	124368546	122784849
人造原油制造	2512	891873	891354	831729	831700
炼焦	2520	93199829	91256458	85937689	85124380
化学原料和化学制品制造业	2600	204371388	200842722	175071850	172315022
基础化学原料制造	2610	99111085	97059442	85480728	83725804
无机酸制造	2611	8757631	8723132	7328765	7296494
无机碱制造	2612	14223666	13244809	12261197	11325496
无机盐制造	2613	11855722	11395402	10398356	10065568
有机化学原料制造	2614	51947732	51410154	45133947	44695701
其他基础化学原料制造	2619	12326334	12285945	10358463	10342545
肥料制造	2620	29416532	29172591	25813029	25661735
氮肥制造	2621	17220185	16993549	15139085	14991269
磷肥制造	2622	1117863	1115873	969466	969466
钾肥制造	2623	132306	132306	145860	145860
复混肥料制造	2624	8940522	8926784	7918229	7915461
有机肥料及微生物肥料制造	2625	1520490	1519007	1201607	1200897
其他肥料制造	2629	485166	485072	438782	438782
农药制造	2630	6221476	6216059	5258719	5257896
化学农药制造	2631	5409891	5404474	4565034	4564211

主要经济指标(四)

单位:千元　　续表

营业税金及附加		其他业务收入	其他业务利润	销售费用	管理费用
	主营业务税金及附加				
2174	2174	—	—	14299	13789
4813	4813	500	500	101709	76238
2644	2644	—	—	28997	21221
1728	1728	500	500	70428	51171
441	441	—	—	1617	2330
59073	59073	11845	-23611	158318	168707
31139	31139	9289	-25292	43862	45469
10661	10661	—	-867	16245	51818
1269	1269	—	—	2000	7211
2258	2258	—	—	1640	4264
9305	9305	2556	2548	25420	35414
4441	4441	—	—	68255	23863
6310	6310	87	87	103035	33594
837	837	—	—	6100	1673
1352	1352	—	—	3432	4000
512	512	87	87	5547	8291
3076	3076	—	—	83674	11142
533	533	—	—	4282	8488
8498	8483	9202	252	52344	40321
3540	3540	1157	—	30625	28061
3540	3540	1157	—	30625	28061
12347835	12339892	3621992	534257	1467656	3866296
12212188	12204248	1678621	41219	469402	2635601
12211613	12203673	1678102	40729	468837	2621489
575	575	519	490	565	14112
135647	135644	1943371	493038	998254	1230695
708158	678202	3528666	702120	4626808	7159424
307359	284086	2051643	290774	1972461	3214479
35927	35927	34499	19383	213456	299725
69845	54585	978857	4934	439708	879099
35707	29088	460320	144755	201187	580491
117055	115745	537578	105483	827987	1133226
48825	48741	40389	16219	290123	321938
58454	56323	243941	69030	432356	926051
24839	23424	226636	55376	97236	686705
4553	3873	1990	1990	9820	11561
46	46	—	—	2645	8560
21104	21068	13738	10797	282696	175245
7307	7307	1483	773	26818	32752
605	605	94	94	13141	11228
17687	17687	5417	872	181351	285424
11568	11568	5417	872	169527	268274

2012年规模以上工业企业

甲栏分组	代码	营业收入	主营业务收入	营业成本	主营业务成本
生物化学农药及微生物农药制造	2632	811585	811585	693685	693685
涂料、油墨、颜料及类似产品制造	2640	17248558	16906389	14201587	13944874
涂料制造	2641	8515633	8243463	6685407	6453270
油墨及类似产品制造	2642	579946	579935	464401	464401
颜料制造	2643	4517008	4515898	3957594	3957594
染料制造	2644	3541010	3472132	3005434	2980858
密封用填料及类似品制造	2645	94961	94961	88751	88751
合成材料制造	2650	9779292	9195857	8669170	8215925
初级形态塑料及合成树脂制造	2651	7688568	7119063	6796334	6353041
合成橡胶制造	2652	137307	137307	131856	131856
合成纤维单(聚合)体制造	2653	753142	739212	663482	653530
其他合成材料制造	2659	1200275	1200275	1077498	1077498
专用化学产品制造	2660	32602509	32314053	27522242	27388228
化学试剂和助剂制造	2661	15786999	15622689	13108133	13051416
专项化学用品制造	2662	5627631	5627618	4347433	4347433
林产化学产品制造	2663	181331	180926	133084	133084
信息化学品制造	2664	7023888	6906366	6362641	6286409
环境污染处理专用药剂材料制造	2665	1168720	1168720	992515	992515
动物胶制造	2666	170935	170935	153481	153481
其他专用化学产品制造	2669	2643005	2636799	2424955	2423890
炸药、火工及焰火产品制造	2670	1765194	1758853	1228158	1223013
炸药及火工产品制造	2671	1119991	1113650	719513	714368
焰火、鞭炮产品制造	2672	645203	645203	508645	508645
日用化学产品制造	2680	8226742	8219478	6898217	6897547
肥皂及合成洗涤剂制造	2681	4765094	4764941	4095914	4095914
香料、香精制造	2684	1254477	1254477	1039282	1039282
其他日用化学产品制造	2689	2207171	2200060	1763021	1762351
医药制造业	2700	75363169	74480280	61760885	59725823
化学药品原料药制造	2710	25302287	25054557	21530867	21316182
化学药品制剂制造	2720	27005010	26490876	24413962	22727315
中药饮片加工	2730	3193504	3193504	2804767	2804767
中成药生产	2740	12387929	12321370	7158294	7069306
兽用药品制造	2750	4988474	4934071	4051739	4007085
生物药品制造	2760	2213370	2213307	1594304	1594216
卫生材料及医药用品制造	2770	272595	272595	206952	206952
化学纤维制造业	2800	8054651	7994605	7097486	7043414
纤维素纤维原料及纤维制造	2810	4395011	4335029	3918851	3864779
化纤浆粕制造	2811	1836833	1799658	1696642	1662898
人造纤维(纤维素纤维)制造	2812	2558178	2535371	2222209	2201881
合成纤维制造	2820	3659640	3659576	3178635	3178635
锦纶纤维制造	2821	288068	288068	276044	276044
涤纶纤维制造	2822	3248227	3248163	2800111	2800111

主要经济指标(四)

单位:千元　　续表

营业税金及附加		其他业务收入	其他业务利润	销售费用	管理费用
	主营业务税金及附加				
6119	6119	—	—	11824	17150
51051	51051	342169	76028	721223	581903
30359	30359	272170	31524	543223	282141
2328	2328	11	11	20071	40079
7327	7327	1110	896	105095	102528
10838	10838	68878	43597	52534	156622
199	199	—	—	300	533
27353	25082	583435	134420	104311	399864
20806	18535	569505	130442	94977	345970
450	450	—	—	434	1112
528	528	13930	3978	6928	44362
5569	5569	—	—	1972	8420
183342	181212	288456	123752	786268	1201797
87661	87619	164310	101384	395782	417459
43088	43088	13	—	182964	209392
1308	1308	405	—	10942	13066
32064	29976	117522	16303	117686	452124
11253	11253	—	—	45378	38010
2380	2380	—	—	591	813
5588	5588	6206	6065	32925	70933
20283	20232	6341	750	135587	188245
8405	8354	6341	750	112029	167829
11878	11878	—	—	23558	20416
42629	42529	7264	6494	293251	361661
26347	26247	153	53	115288	258783
3483	3483	—	—	13283	30610
12799	12799	7111	6441	164680	72268
325753	325683	882889	85974	5385560	3468918
107034	107034	247730	30886	1285268	1153492
63867	63867	514134	38258	1259742	1073197
20744	20744	—	—	54746	59533
103648	103578	66559	6928	2394597	914012
20073	20073	54403	9839	238557	132762
9907	9907	63	63	144763	117145
480	480	—	—	7887	18777
35190	35190	60046	-18528	105539	260177
24840	24840	59982	5910	69952	210682
11199	11199	37175	3431	29255	70914
13641	13641	22807	2479	40697	139768
10350	10350	64	-24438	35587	49495
85	85	—	—	3436	5936
10190	10190	64	-24438	29404	24771

2012年规模以上工业企业

甲栏分组	代码	营业收入	主营业务收入	营业成本	主营业务成本
其他合成纤维制造	2829	76852	76852	63205	63205
橡胶和塑料制品业	2900	97507311	97046603	83670649	83201859
橡胶制品业	2910	35980131	35927988	30264317	30206901
轮胎制造	2911	2277516	2274897	1905325	1904023
橡胶板、管、带制造	2912	12182470	12178309	10368534	10334189
橡胶零件制造	2913	4850863	4849472	4123589	4123498
再生橡胶制造	2914	3513192	3512072	2997915	2996835
日用及医用橡胶制品制造	2915	6379828	6367154	5538128	5527739
其他橡胶制品制造	2919	6776262	6746084	5330826	5320617
塑料制品业	2920	61527180	61118615	53406332	52994958
塑料薄膜制造	2921	9233231	9181123	7978978	7906107
塑料板、管、型材制造	2922	20773102	20670824	17961276	17826848
塑料丝、绳及编织品制造	2923	10224052	10185321	8912495	8910681
泡沫塑料制造	2924	3995097	3862355	3503076	3373884
塑料人造革、合成革制造	2925	1755480	1752480	1575937	1575937
塑料包装箱及容器制造	2926	5577191	5568846	4887969	4882875
日用塑料制品制造	2927	3302562	3268107	2757619	2727706
塑料零件制造	2928	1965919	1933319	1745160	1717453
其他塑料制品制造	2929	4700546	4696240	4083822	4073467
非金属矿物制品业	3000	173835520	172055032	147162495	146397825
水泥、石灰和石膏制造	3010	62015563	60805498	51219514	50871464
水泥制造	3011	57453358	56446689	47416115	47273859
石灰和石膏制造	3012	4562205	4358809	3803399	3597605
石膏、水泥制品及类似制品制造	3020	18790330	18761359	15691364	15647081
水泥制品制造	3021	11184391	11157221	9172073	9143173
砼结构构件制造	3022	1505710	1504559	1347751	1332368
石棉水泥制品制造	3023	557989	557989	483672	483672
轻质建筑材料制造	3024	4768505	4768306	4106889	4106889
其他水泥类似制品制造	3029	773735	773284	580979	580979
砖瓦、石材等建筑材料制造	3030	27910214	27854696	24415765	24384624
粘土砖瓦及建筑砌块制造	3031	6044712	6025825	5048939	5038599
建筑陶瓷制品制造	3032	5324310	5324141	4661168	4661168
建筑用石加工	3033	3627464	3627464	3424630	3424630
防水建筑材料制造	3034	2795120	2775957	2354730	2350591
隔热和隔音材料制造	3035	7753969	7739190	6852156	6844509
其他建筑材料制造	3039	2364639	2362119	2074142	2065127
玻璃制造	3040	9499644	9467736	8899593	8840326
平板玻璃制造	3041	8420616	8396055	7897537	7854986
其他玻璃制造	3049	1079028	1071681	1002056	985340
玻璃制品制造	3050	13869808	13772798	11889024	11806935
技术玻璃制品制造	3051	7192223	7148958	6130263	6098979
玻璃仪器制造	3053	655996	655819	610659	610480

主要经济指标(四)

单位:千元　　续表

营业税金及附加		其他业务收入	其他业务利润	销售费用	管理费用
	主营业务税金及附加				
50	50	—	—	1421	16706
443323	441854	460708	56452	1707122	2218718
164830	164459	52143	-3005	685805	1009097
7828	7828	2619	1570	48873	108888
81588	81220	4161	-27528	171249	222098
14490	14487	1391	199	109180	172502
13621	13621	1120	740	43687	105810
20615	20615	12674	2285	104770	84706
26688	26688	30178	19729	208046	315093
278493	277395	408565	59457	1021317	1209621
37942	36995	52108	6526	106995	130668
85971	85940	102278	17942	459552	450131
74916	74916	38731	18456	141496	208974
3878	3878	132742	3550	29141	42676
3395	3395	3000	361	20007	31047
23287	23287	8345	2830	54819	83349
18576	18576	34455	4538	111436	82830
13966	13846	32600	5467	15771	39240
16562	16562	4306	-213	82100	140706
986233	981766	1780488	895522	4537771	6997803
334389	333829	1210065	726487	1698290	3541457
310267	309707	1006669	730784	1580989	3441591
24122	24122	203396	-4297	117301	99866
172161	172060	28971	11898	503909	562829
66765	66672	27170	10672	418547	428397
5806	5806	1151	1027	29732	41886
2845	2845	—	—	3541	8391
87255	87255	199	199	14983	45679
9490	9482	451	—	37106	38476
187699	186092	55518	22702	561041	530715
28697	28491	18887	2624	202217	161851
17368	16364	169	169	57999	61775
24120	24120	—	—	15899	28147
25990	25984	19163	15154	69446	62299
26405	26405	14779	2287	172041	168338
65119	64728	2520	2468	43439	48305
38993	38993	31908	2733	153895	393541
36687	36687	24561	2411	130364	361830
2306	2306	7347	322	23531	31711
54385	52899	97010	16943	400511	439833
28515	28515	43265	15422	114674	160561
591	591	177	-3	8206	12552

2012年规模以上工业企业

甲栏分组	代码	营业收入	主营业务收入	营业成本	主营业务成本
日用玻璃制品制造	3054	2264658	2224031	1883162	1844430
玻璃包装容器制造	3055	3210421	3201111	2814781	2803150
其他玻璃制品制造	3059	492993	489479	398628	398540
玻璃纤维和玻璃纤维增强塑料制品制造	3060	11180473	11161579	9548474	9531759
玻璃纤维及制品制造	3061	2771098	2765111	2433342	2427500
玻璃纤维增强塑料制品制造	3062	8409375	8396468	7115132	7104259
陶瓷制品制造	3070	8284717	8212934	6842463	6815957
卫生陶瓷制品制造	3071	4776113	4726206	3752966	3732382
特种陶瓷制品制造	3072	927214	925988	803773	803028
日用陶瓷制品制造	3073	2145666	2125026	1914113	1908948
园林、陈设艺术及其他陶瓷制品制造	3079	435724	435714	371611	371599
耐火材料制品制造	3080	9013332	8967854	7611812	7567508
石棉制品制造	3081	1078616	1075219	989405	986781
云母制品制造	3082	2303415	2303415	1888771	1888771
耐火陶瓷制品及其他耐火材料制造	3089	5631301	5589220	4733636	4691956
石墨及其他非金属矿物制品制造	3090	13271439	13050578	11044486	10932171
石墨及碳素制品制造	3091	7338660	7229432	6069476	5976869
其他非金属矿物制品制造	3099	5932779	5821146	4975010	4955302
黑色金属冶炼和压延加工业	3100	1221407912	1152318198	1115698810	1054421584
炼铁	3110	91611425	88970220	83406980	81610211
炼钢	3120	229194329	193942939	211126914	176988865
黑色金属铸造	3130	61142335	61053999	52158167	52135097
钢压延加工	3140	837192882	806127849	767045336	741737501
铁合金冶炼	3150	2266941	2223191	1961413	1949910
有色金属冶炼和压延加工业	3200	54347001	53529139	45199865	44600202
常用有色金属冶炼	3210	15133123	14782035	12512904	12345071
铜冶炼	3211	10839793	10689658	8625136	8610237
铅锌冶炼	3212	1251842	1249188	1196933	1196933
铝冶炼	3216	1323940	1323940	1200755	1200755
其他常用有色金属冶炼	3219	1516517	1318218	1295665	1142731
贵金属冶炼	3220	2314072	2304971	1196419	1192108
金冶炼	3221	2238013	2228912	1120033	1115722
稀有稀土金属冶炼	3230	527246	527246	458228	458228
钨钼冶炼	3231	316654	316654	256842	256842
有色金属合金制造	3240	14568014	14519583	12439049	12393459
有色金属压延加工	3260	21804546	21395304	18593265	18211336
铜压延加工	3261	8957124	8705137	7411959	7173431
铝压延加工	3262	10685799	10536784	9449920	9314202
稀有稀土金属压延加工	3264	327877	327877	306492	306492
其他有色金属压延加工	3269	1652733	1644559	1358521	1350904
金属制品业	3300	203873819	202591521	175006637	173962672
结构性金属制品制造	3310	76888669	76360635	65047607	64474125

主要经济指标(四)

单位:千元　　续表

营业税金及附加		其他业务收入	其他业务利润	销售费用	管理费用
	主营业务税金及附加				
12818	11332	40627	1741	88691	118776
8993	8993	9310	-3113	170397	131172
3340	3340	3514	2954	18319	16276
49051	48760	18894	1604	241595	283812
16629	16629	5987	—	26371	42703
32422	32131	12907	1604	215224	241109
46968	46923	71783	14148	407672	624852
29858	29813	49907	13421	274902	298588
4540	4540	1226	—	58999	85519
5017	5017	20640	727	68235	201466
7553	7553	10	—	5536	39279
37659	37558	45478	-159	193609	215031
7879	7873	3397	—	4972	8546
5861	5861	—	—	9389	26608
23919	23824	42081	-159	179248	179877
64928	64652	220861	99166	377249	405733
32663	32663	109228	14852	270718	247353
32265	31989	111633	84314	106531	158380
1932393	1900393	69089714	4335967	5000269	20565949
237738	237699	2641205	25993	749946	991979
406754	391885	35251390	2132146	780795	7194870
203913	202362	88336	41833	928109	1277172
1080037	1064496	31065033	2135864	2501158	11038522
3951	3951	43750	131	40261	63406
122068	117312	817862	105325	394811	1164942
13170	13169	351088	54930	38338	142008
3311	3311	150135	6913	8741	50665
1883	1883	2654	2652	1598	10092
3508	3508	—	—	16675	36873
4295	4294	198299	45365	10594	39025
9299	9299	9101	3926	11121	301961
9288	9288	9101	3926	11047	300792
6437	6437	—	—	5843	10190
6099	6099	—	—	4888	7901
50326	50326	48431	848	66665	135932
42836	38081	409242	45621	272844	574851
6168	6156	251987	13459	29005	52283
34141	29406	149015	31616	189578	370959
1026	1026	—	—	1592	5343
1116	1108	8174	546	52669	114681
544028	541150	1282298	253100	3421242	4561373
168058	167424	528034	35358	896159	1034150

2012年规模以上工业企业

甲栏分组	代码	营业收入	主营业务收入	营业成本	主营业务成本
金属结构制造	3311	71111628	70622616	60368078	59853831
金属门窗制造	3312	5777041	5738019	4679529	4620294
金属工具制造	3320	7820754	7725577	6536268	6490026
切削工具制造	3321	3736267	3722169	3071174	3062361
手工具制造	3322	1203645	1161656	988842	988842
农用及园林用金属工具制造	3323	2007450	1968819	1689297	1651868
刀剪及类似日用金属工具制造	3324	48049	48049	43880	43880
其他金属工具制造	3329	825343	824884	743075	743075
集装箱及金属包装容器制造	3330	5936730	5888194	5076092	5032546
集装箱制造	3331	57962	57775	49445	49332
金属压力容器制造	3332	2549533	2531768	2109998	2088000
金属包装容器制造	3333	3329235	3298651	2916649	2895214
金属丝绳及其制品制造	3340	25078559	25025840	21844522	21791935
建筑、安全用金属制品制造	3350	53590390	53372105	46699508	46660739
建筑、家具用金属配件制造	3351	2839997	2839997	2482381	2482261
建筑装饰及水暖管道零件制造	3352	48710969	48492684	42523597	42484948
安全、消防用金属制品制造	3353	1407694	1407694	1146929	1146929
其他建筑、安全用金属制品制造	3359	631730	631730	546601	546601
金属表面处理及热处理加工	3360	14590879	14484834	12411477	12317454
搪瓷制品制造	3370	3860663	3860663	3439833	3439833
生产专用搪瓷制品制造	3371	593957	593957	554184	554184
搪瓷卫生洁具制造	3373	3260714	3260714	2879916	2879916
金属制日用品制造	3380	1855508	1836344	1589796	1575155
金属制餐具和器皿制造	3382	842462	839739	732155	732131
金属制卫生器具制造	3383	92404	92404	85575	85575
其他金属制日用品制造	3389	887050	870609	751562	736945
其他金属制品制造	3390	14251667	14037329	12361534	12180859
锻件及粉末冶金制品制造	3391	4017340	3880933	3375194	3287962
交通及公共管理用金属标牌制造	3392	623663	623663	538893	538893
通用设备制造业	3400	107141047	106097785	89591125	88762159
锅炉及原动设备制造	3410	11251874	11087193	9626178	9531039
锅炉及辅助设备制造	3411	4494558	4418431	3812744	3758071
内燃机及配件制造	3412	6712233	6623689	5775532	5735066
金属加工机械制造	3420	10698565	10648861	8272968	8238680
金属切削机床制造	3421	1835275	1834919	1567862	1567809
金属成形机床制造	3422	1164908	1163102	967616	967191
铸造机械制造	3423	1702436	1690335	1457713	1448039
金属切割及焊接设备制造	3424	4259136	4237441	2752757	2736962
机床附件制造	3425	1181260	1170060	1036804	1032466
其他金属加工机械制造	3429	555550	553004	490216	486213
物料搬运设备制造	3430	17478251	17057938	14211159	13862466
轻小型起重设备制造	3431	8115883	8113106	6676423	6674569

主要经济指标(四)

单位:千元　　续表

营业税金及附加		其他业务收入	其他业务利润	销售费用	管理费用
	主营业务税金及附加				
133240	133039	489012	23360	773100	891017
34818	34385	39022	11998	123059	143133
37123	37123	95177	-2889	196084	310865
20552	20552	14098	3756	130759	218620
4216	4216	41989	1093	15825	27957
4593	4593	38631	-8197	43602	56037
97	97	—	—	98	1039
7665	7665	459	459	5800	7212
27404	27397	48536	8767	169441	291431
148	148	187	75	3280	5369
12033	12026	17765	426	87404	162910
15223	15223	30584	8266	78757	123152
109156	108376	52719	122	650993	647223
119840	119015	218285	103612	1081626	1515959
8360	8360	—	-1182	21281	29427
99790	98965	218285	104794	1016110	1427159
9207	9207	—	—	30963	48744
2483	2483	—	—	13272	10629
15419	15419	106045	75631	95278	175276
12252	12252	—	—	55680	38048
3587	3587	—	—	4069	6142
8665	8665	—	—	51452	31120
14186	14184	19164	2899	39673	69912
1589	1589	2723	1026	13341	32453
885	885	—	—	1632	1516
11420	11418	16441	1873	16620	26923
40590	39960	214338	29600	236308	478509
11650	11650	136407	13475	31903	92450
1038	1038	—	—	5395	14834
490348	484874	1043262	224396	2611271	3890271
50021	49499	164681	49384	218705	441800
27939	27541	76127	1297	78320	183476
21982	21858	88544	48077	139502	248206
46452	42389	49704	10768	221670	436583
8054	8054	356	339	22020	88982
4428	4428	1806	-2227	12571	35660
6331	6015	12101	246	26478	91951
22373	18626	21695	7006	130091	157446
2895	2895	11200	6861	17385	38195
2371	2371	2546	-1457	13125	24349
105955	105764	420313	42858	744283	564004
67239	67239	2777	923	273299	166796

2012年规模以上工业企业

甲栏分组	代码	营业收入	主营业务收入	营业成本	主营业务成本
起重机制造	3432	2439287	2406182	2133978	2129617
生产专用车辆制造	3433	74377	74377	63515	63515
连续搬运设备制造	3434	2838587	2826278	2095767	2094016
电梯、自动扶梯及升降机制造	3435	3880411	3508378	3139096	2798369
其他物料搬运设备制造	3439	129706	129617	102380	102380
泵、阀门、压缩机及类似机械制造	3440	21396584	21246058	17870295	17701725
泵及真空设备制造	3441	11300848	11226077	9275134	9157819
气体压缩机械制造	3442	214545	206943	162976	159124
阀门和旋塞制造	3443	7914992	7898674	6697846	6688112
液压和气压动力机械及元件制造	3444	1966199	1914364	1734339	1696670
轴承、齿轮和传动部件制造	3450	10823041	10751158	9295109	9258585
轴承制造	3451	4686156	4680187	4029306	4029306
齿轮及齿轮减、变速箱制造	3452	5460273	5395212	4673325	4637583
其他传动部件制造	3459	676612	675759	592478	591696
烘炉、风机、衡器、包装等设备制造	3460	10396292	10288195	8662273	8551742
烘炉、熔炉及电炉制造	3461	1846870	1840545	1475570	1416436
风机、风扇制造	3462	959853	958106	854057	853820
气体、液体分离及纯净设备制造	3463	1817044	1812908	1600790	1599641
制冷、空调设备制造	3464	2296542	2257084	1816011	1808884
风动和电动工具制造	3465	233469	191585	204651	168457
衡器制造	3467	1747322	1744500	1443208	1443208
包装专用设备制造	3468	1459625	1447900	1239407	1232717
文化、办公用机械制造	3470	460163	460163	277842	277842
复印和胶印设备制造	3474	56393	56393	43804	43804
通用零部件制造	3480	23066843	22992587	20036312	20019019
金属密封件制造	3481	1175992	1175992	1063502	1063502
紧固件制造	3482	9160734	9158787	7979710	7979455
弹簧制造	3483	644443	644215	548021	548021
机械零部件加工	3484	9703810	9656511	8419707	8405301
其他通用零部件制造	3489	2381864	2357082	2025372	2022740
其他通用设备制造业	3490	1569434	1565632	1338989	1321061
专用设备制造业	3500	117741875	116144856	96575180	95533389
采矿、冶金、建筑专用设备制造	3510	60623853	59367842	50057642	49132094
矿山机械制造	3511	17880718	17491105	14085011	13780932
石油钻采专用设备制造	3512	11584418	11524081	9693914	9672113
建筑工程用机械制造	3513	7085433	6955366	5916505	5842204
海洋工程专用设备制造	3514	95849	95849	88471	88471
建筑材料生产专用机械制造	3515	2922946	2905351	2506516	2483532
冶金专用设备制造	3516	21054489	20396090	17767225	17264842
化工、木材、非金属加工专用设备制造	3520	9506437	9343309	7657773	7627677
炼油、化工生产专用设备制造	3521	3661610	3501325	2695595	2666453
橡胶加工专用设备制造	3522	262398	262376	250272	250272

主要经济指标(四)

单位:千元　　续表

营业税金及附加		其他业务收入	其他业务利润	销售费用	管理费用
	主营业务税金及附加				
6087	6087	33105	6587	47658	50897
114	114	—	—	2338	4355
7389	7198	12309	9393	203317	238535
24057	24057	372033	25866	211551	87494
1069	1069	89	89	6120	15927
102543	102251	150526	14532	475348	743855
61947	61867	74771	57	268015	289329
1443	1443	7602	3750	3891	16887
34998	34786	16318	6985	174084	343656
4155	4155	51835	3740	29358	93983
32103	32082	71883	26174	202293	317239
14602	14593	5969	4400	109829	168078
15723	15711	65061	21774	83705	118331
1778	1778	853	—	8759	30830
47751	47702	108097	53821	274431	490184
10712	10663	6325	1483	61962	125502
2765	2765	1747	1510	11653	38091
4366	4366	4136	1275	37398	67017
12010	12010	39458	38606	47754	116111
2436	2436	41884	5690	6273	5270
9425	9425	2822	2822	56123	66103
6037	6037	11725	2435	52451	69478
7331	7331	—	—	26355	62837
1064	1064	—	—	239	1790
90225	89910	74256	25524	408550	751853
2372	2372	—	—	15070	32141
24973	24658	1947	1649	222586	222200
1888	1888	228	228	3270	26794
52740	52740	47299	12734	132457	414561
8252	8252	24782	10913	35167	56157
7967	7946	3802	1335	39636	81916
562267	559840	1597019	354019	3199595	5192521
330772	329196	1256011	363928	1650438	2818352
204686	204230	389613	25246	646132	1040045
32349	31604	60337	40090	202049	409602
26090	26082	130067	56466	408433	245570
133	133	—	—	122	1153
9432	9432	17595	-3355	65173	160439
58082	57715	658399	245481	328529	961543
47756	47756	163128	17563	155024	316700
11696	11696	160285	16515	74408	179959
36	36	22	21	2718	11240

2012年规模以上工业企业

甲栏分组	代码	营业收入	主营业务收入	营业成本	主营业务成本
塑料加工专用设备制造	3523	509566	509566	450818	450818
木材加工机械制造	3524	330741	330709	294060	294037
模具制造	3525	4714292	4711503	3942250	3941319
食品、饮料、烟草及饲料生产专用设备制造	3530	4479899	4450652	3535137	3514593
食品、酒、饮料及茶生产专用设备制造	3531	495260	488949	443570	443570
农副食品加工专用设备制造	3532	2740445	2738242	2193777	2192150
烟草生产专用设备制造	3533	1060488	1039755	733076	714159
饲料生产专用设备制造	3534	183706	183706	164714	164714
印刷、制药、日化及日用品生产专用设备制造	3540	3123340	3113049	2630541	2623988
制浆和造纸专用设备制造	3541	166352	165966	142483	142483
印刷专用设备制造	3542	2267762	2258182	1950144	1943591
其他日用品生产专用设备制造	3549	64076	64076	53446	53446
纺织、服装和皮革加工专用设备制造	3550	3656714	3640354	3045510	3041983
纺织专用设备制造	3551	2076469	2062819	1690271	1687162
缝制机械制造	3553	1580245	1577535	1355239	1354821
电子和电工机械专用设备制造	3560	2513672	2499812	1943565	1940009
电工机械专用设备制造	3561	918269	910111	760753	760206
电子工业专用设备制造	3562	1595403	1589701	1182812	1179803
农、林、牧、渔专用机械制造	3570	9292117	9258617	7671517	7655730
拖拉机制造	3571	217849	212696	206428	201381
机械化农业及园艺机具制造	3572	3965587	3942770	3312463	3305040
畜牧机械制造	3574	821587	821510	679710	679710
农林牧渔机械配件制造	3576	3767575	3767575	3070341	3070341
其他农、林、牧、渔业机械制造	3579	340893	338912	283736	280733
医疗仪器设备及器械制造	3580	1657286	1651753	1243534	1243534
医疗诊断、监护及治疗设备制造	3581	510453	509961	344628	344628
机械治疗及病房护理设备制造	3585	302661	302661	241489	241489
其他医疗设备及器械制造	3589	816495	811454	646553	646553
环保、社会公共服务及其他专用设备制造	3590	22888557	22819468	18789961	18753781
环境保护专用设备制造	3591	6119809	6117022	5347908	5346515
地质勘查专用设备制造	3592	419820	413565	315798	313122
社会公共安全设备及器材制造	3595	2026726	2022371	1061587	1061265
交通安全、管制及类似专用设备制造	3596	157340	157308	82669	82669
水资源专用机械制造	3597	947488	947343	876479	876479
其他专用设备制造	3599	13217374	13161859	11105520	11073731
汽车制造业	3600	152049594	147952109	126160968	122755845
汽车整车制造	3610	50713259	47934941	41004027	38763275
改装汽车制造	3620	10013491	9788007	8269234	7954871
汽车车身、挂车制造	3650	6641688	6421543	5674556	5502163
汽车零部件及配件制造	3660	84394368	83520830	70951679	70274064
铁路、船舶、航空航天和其他运输设备制造业	3700	40932759	40299494	34713398	34339183
铁路运输设备制造	3710	22031016	21580211	18207601	17915678

主要经济指标(四)

单位:千元　　续表

营业税金及附加	主营业务税金及附加	其他业务收入	其他业务利润	销售费用	管理费用
597	597	—	—	11314	11459
2993	2993	32	10	8127	5948
32331	32331	2789	1017	57386	106806
13968	13967	29247	4594	147739	281507
453	453	6311	98	6425	15925
3896	3895	2203	82	70915	99479
7254	7254	20733	4414	69765	165757
2365	2365	—	—	634	346
11082	11082	10291	3412	67819	113473
1587	1587	386	386	4865	6811
7638	7638	9580	3026	48113	91213
121	121	—	—	5379	4673
32020	32020	16360	13033	47831	119524
27328	27328	13650	10741	28849	84583
4692	4692	2710	2292	18982	34941
8022	8022	13860	10023	53777	233463
4397	4397	8158	7486	29730	74881
3625	3625	5702	2537	24047	158582
29895	29879	33500	-76349	288961	282496
872	862	5153	24	4394	7321
10356	10352	22817	19847	86318	123726
8621	8621	77	77	11323	8101
8826	8826	—	-100000	157321	68329
1064	1062	1981	545	12453	33214
5822	5822	5533	5525	86979	164066
2908	2908	492	494	39468	84949
1293	1293	—	—	18334	23142
1566	1566	5041	5031	26136	49888
82930	82096	69089	12290	701027	862940
18990	18990	2787	464	67977	150569
1516	1516	6255	3578	26882	65838
19030	19030	4355	4032	209925	192159
1611	1611	32	32	19192	21729
345	345	145	145	10322	13085
41438	40604	55515	4039	366729	419560
2031940	2026837	4097485	881604	3205902	5849292
1599246	1599016	2778318	563717	583969	1702672
86325	86042	225484	39026	165786	476985
24902	24902	220145	40555	73280	124525
320864	316274	873538	238306	2376022	3536219
229847	225380	633265	308316	619065	2115230
131214	126892	450805	171988	426610	1455387

2012年规模以上工业企业

甲栏分组	代码	营业收入	主营业务收入	营业成本	主营业务成本
铁路机车车辆配件制造	3713	1314733	1305543	1127032	1119910
铁路专用设备及器材、配件制造	3714	10099090	9745443	8205663	7974072
船舶及相关装置制造	3730	5241223	5151775	4766208	4730532
金属船舶制造	3731	4855876	4766459	4423917	4388241
船用配套设备制造	3734	156412	156381	145491	145491
航空、航天器及设备制造	3740	653908	640485	454918	448513
飞机制造	3741	653908	640485	454918	448513
摩托车制造	3750	6219284	6142280	5235762	5196457
摩托车整车制造	3751	4369583	4334023	3687820	3648515
摩托车零部件及配件制造	3752	1849701	1808257	1547942	1547942
自行车制造	3760	6589981	6587396	5908574	5907668
脚踏自行车及残疾人座车制造	3761	5587345	5584795	4985435	4984529
助动自行车制造	3762	1002636	1002601	923139	923139
电气机械和器材制造业	3800	148316800	146121067	126541672	124774982
电机制造	3810	10424277	9860650	9020520	8506407
发电机及发电机组制造	3811	8253066	7742219	7183077	6709581
电动机制造	3812	2113650	2060870	1791188	1750571
微电机及其他电机制造	3819	57561	57561	46255	46255
输配电及控制设备制造	3820	52765929	51916158	46272531	45205751
变压器、整流器和电感器制造	3821	17497322	17205301	15204846	14963132
电容器及其配套设备制造	3822	1360423	1360423	1143162	1143162
配电开关控制设备制造	3823	6042341	5973089	4941286	4851443
电力电子元器件制造	3824	4038668	4038632	3234666	3004666
光伏设备及元器件制造	3825	20842632	20369889	19176420	18684457
其他输配电及控制设备制造	3829	2984543	2968824	2572151	2558891
电线、电缆、光缆及电工器材制造	3830	55505262	55488877	46782773	46717231
电线、电缆制造	3831	51476174	51470638	43402562	43338461
光纤、光缆制造	3832	187060	187060	155093	155093
绝缘制品制造	3833	1790192	1782893	1506702	1505410
其他电工器材制造	3839	2051836	2048286	1718416	1718267
电池制造	3840	11034921	10943288	9342349	9294404
锂离子电池制造	3841	559381	559324	467680	467680
其他电池制造	3849	10475540	10383964	8874669	8826724
家用电力器具制造	3850	11652687	11014803	9512101	9459406
家用空气调节器制造	3852	6050410	5426303	4672179	4632914
家用美容、保健电器具制造	3856	537568	537568	483113	483113
家用电力器具专用配件制造	3857	147703	144178	120143	118040
其他家用电力器具制造	3859	4656805	4646553	4046498	4035171
非电力家用器具制造	3860	2824873	2814297	2259956	2253595
燃气、太阳能及类似能源家用器具制造	3861	2055245	2044669	1646711	1640350
其他非电力家用器具制造	3869	769628	769628	613245	613245
照明器具制造	3870	2819821	2801454	2311735	2301835

主要经济指标(四)

单位:千元　　续表

营业税金及附加		其他业务收入	其他业务利润	销售费用	管理费用
	主营业务税金及附加				
6596	6509	9190	1853	14609	54326
42639	41249	353647	135377	221937	594639
18359	18359	89448	53772	25962	278246
17442	17442	89417	53741	24924	270267
507	507	31	31	793	7769
2011	2011	13423	2967	24970	134649
2011	2011	13423	2967	24970	134649
58024	57879	77004	77004	56671	129002
50248	50248	35560	35560	26555	66693
7776	7631	41444	41444	30116	62309
16954	16954	2585	2585	79076	106528
15964	15964	2550	2550	77434	102352
990	990	35	35	1642	4176
627353	617355	2195733	188107	3302827	6276938
17311	17267	563627	40044	79271	636032
9678	9634	510847	33784	3037	467021
7568	7568	52780	6260	74012	168160
65	65	—	—	2222	851
229625	221453	849771	56811	1552781	3118470
97683	91148	292021	49133	794336	1400619
2773	2773	—	—	9175	18156
34712	34712	69252	7437	131492	284524
33954	33035	36	—	85771	125609
46896	46338	472743	-15425	454201	1164181
13607	13447	15719	15666	77806	125381
281880	280621	16385	16303	966752	1498536
245778	244704	5536	6907	899557	1399864
42	42	—	—	1275	8458
9597	9423	7299	6006	30544	62380
26463	26452	3550	3390	35376	27834
36115	35986	91633	34794	346246	426879
733	733	57	57	12510	17095
35382	35253	91576	34737	333736	409784
22228	21901	637884	31979	122117	262858
7208	7208	624107	32299	12570	136624
471	471	—	—	554	4062
406	79	3525	434	2111	15016
13946	13946	10252	-754	86662	94477
9596	9596	10576	4215	90644	110747
8681	8681	10576	4215	63063	84655
915	915	—	—	27581	26092
10458	10450	18367	793	92832	122629

2012年规模以上工业企业

甲栏分组	代码	营业收入	主营业务收入	营业成本	主营业务成本
电光源制造	3871	606736	590741	502599	492699
照明灯具制造	3872	1578579	1576207	1267835	1267835
灯用电器附件及其他照明器具制造	3879	634506	634506	541301	541301
其他电气机械及器材制造	3890	1289030	1281540	1039707	1036353
电气信号设备装置制造	3891	368009	366544	305046	304111
其他未列明电气机械及器材制造	3899	921021	914996	734661	732242
计算机、通信和其他电子设备制造业	3900	34346816	33584698	29517486	28932492
计算机制造	3910	808101	793092	789474	732775
计算机零部件制造	3912	598332	598305	515551	515551
通信设备制造	3920	9781222	9454119	9311475	9111556
通信系统设备制造	3921	1588427	1583177	1263789	1261061
通信终端设备制造	3922	8192795	7870942	8047686	7850495
广播电视设备制造	3930	3878182	3871503	3039017	3039017
广播电视节目制作及发射设备制造	3931	115193	115193	101249	101249
广播电视接收设备及器材制造	3932	3762989	3756310	2937768	2937768
电子器件制造	3960	6690035	6471728	5484479	5282440
半导体分立器件制造	3962	248229	247149	194445	194445
集成电路制造	3963	815678	815678	646313	646313
光电子器件及其他电子器件制造	3969	4603976	4535655	4066836	4001671
电子元件制造	3970	11914222	11793189	9698964	9610651
电子元件及组件制造	3971	5444488	5354282	4318206	4229893
印制电路板制造	3972	6469734	6438907	5380758	5380758
其他电子设备制造	3990	1089424	1015437	1046756	1008732
仪器仪表制造业	4000	7099017	7020056	5451437	5403413
通用仪器仪表制造	4010	4284004	4226523	3295075	3254845
工业自动控制系统装置制造	4011	1896320	1861640	1482823	1452723
电工仪器仪表制造	4012	135213	135213	122536	122536
绘图、计算及测量仪器制造	4013	713592	713592	607028	607028
试验机制造	4015	370978	352147	233470	231991
供应用仪表及其他通用仪器制造	4019	1130080	1126110	824524	815873
专用仪器仪表制造	4020	2239289	2218407	1674058	1667417
环境监测专用仪器仪表制造	4021	199875	199875	88999	88999
导航、气象及海洋专用仪器制造	4023	516112	499875	434768	430877
地质勘探和地震专用仪器制造	4025	1056322	1056269	786244	786244
电子测量仪器制造	4028	109839	107379	68491	66995
钟表与计时仪器制造	4030	95349	95349	80898	80898
光学仪器及眼镜制造	4040	183500	183500	148510	147357
光学仪器制造	4041	147051	147051	119285	118132
其他仪器仪表制造业	4090	296875	296277	252896	252896
其他制造业	4100	3455145	3412053	2939941	2901628
日用杂品制造	4110	2009349	1971425	1719669	1685338
鬃毛加工、制刷及清扫工具制造	4111	944038	944038	867061	867061

主要经济指标(四)

单位:千元　　续表

营业税金及附加		其他业务收入	其他业务利润	销售费用	管理费用
	主营业务税金及附加				
2055	2047	15995	—	15411	28434
6545	6545	2372	793	45314	69786
1858	1858	—	—	32107	24409
20140	20081	7490	3168	52184	100787
14802	14745	1465	—	15094	40481
5338	5336	6025	3168	37090	60306
154179	152021	762118	-219820	671562	1735457
902	902	15009	-41717	11161	67202
902	902	27	—	10696	29235
28332	28332	327103	132086	91395	462345
7031	7031	5250	2523	66296	112934
21301	21301	321853	129563	25099	349411
26160	26160	6679	6679	264299	102260
312	312	—	—	3846	4528
25848	25848	6679	6679	260453	97732
35178	33829	218307	15921	77856	412078
7621	6272	1080	1080	5827	19294
1223	1223	—	—	4024	20033
12751	12751	68321	2809	41357	148109
56330	55521	121033	-333085	169539	591359
49823	49014	90206	-363839	95893	254669
6507	6507	30827	30754	73646	336690
4580	4580	73987	296	54902	92939
47658	45618	78961	22814	246590	459365
26391	26390	57481	7977	149635	251093
12413	12413	34680	4568	73826	103654
308	308	—	—	478	2404
4151	4151	—	—	5046	22929
2886	2886	18831	3694	6302	52288
6114	6114	3970	-285	60190	65702
16679	14640	20882	14239	87955	180757
2203	2203	—	—	41887	34542
2383	344	16237	12345	6733	55797
9296	9296	53	53	20232	46760
776	776	2460	964	8415	22853
1484	1484	—	—	—	8869
705	705	—	—	3068	3445
639	639	—	—	1606	1903
2399	2399	598	598	5932	15201
27262	27259	43092	3438	72907	77078
16302	16302	37924	2352	21474	39585
5666	5666	—	—	10668	17033

2012年规模以上工业企业

甲栏分组	代码	营业收入	主营业务收入	营业成本	主营业务成本
其他日用杂品制造	4119	1065311	1027387	852608	818277
废弃资源综合利用业	4200	7411982	7398207	6496454	6485379
金属废料和碎屑加工处理	4210	6656492	6651516	5855456	5850607
非金属废料和碎屑加工处理	4220	755490	746691	640998	634772
金属制品、机械和设备修理业	4300	3079307	3004355	2641764	2573887
通用设备修理	4320	117383	116406	103339	103095
专用设备修理	4330	493656	478115	438181	424830
铁路、船舶、航空航天等运输设备修理	4340	2419851	2361417	2059246	2004964
铁路运输设备修理	4341	1409446	1365857	1262379	1219061
船舶修理	4342	356410	344249	306898	298746
电力、热力、燃气及水生产和供应业	DDDD	286549509	283093087	264004587	261679338
电力、热力生产和供应业	4400	274446250	271763668	254508474	252663933
电力生产	4410	80833391	79527927	66945573	65933236
火力发电	4411	73827751	72617851	63164451	62250558
水力发电	4412	473070	472037	336855	335999
风力发电	4414	5620634	5543292	2627657	2530069
其他电力生产	4419	911936	894747	816610	816610
电力供应	4420	186801088	186100401	180925492	180414451
热力生产和供应	4430	6811771	6135340	6637409	6316246
燃气生产和供应业	4500	8875790	8428065	7149349	6885282
水的生产和供应业	4600	3227469	2901354	2346764	2130123
自来水生产和供应	4610	2837780	2567534	2028328	1849058
污水处理及其再生利用	4620	389689	333820	318436	281065

主要经济指标(四)

单位：千元　　续表

营业税金及附加	主营业务税金及附加	其他业务收入	其他业务利润	销售费用	管理费用
10636	10636	37924	2352	10806	22552
58233	58233	13775	3137	151982	133529
55566	55566	4976	565	147614	111896
2667	2667	8799	2572	4368	21633
13315	12241	74952	6783	52530	265899
260	260	977	733	2357	3477
847	847	15541	2190	767	26300
10661	9587	58434	3860	49406	234108
4878	3804	43589	—	23284	108655
5728	5728	12161	3988	26122	15190
1031157	999742	3456422	699106	591100	5831436
942658	917762	2682582	495446	187935	4585750
419299	414243	1305464	250209	3155	1894879
393266	388375	1209900	203247	1858	1679682
7100	7062	1033	-290	—	252
16455	16361	77342	46116	2	166625
2478	2445	17189	1136	1295	48320
494396	475094	700687	118182	146556	2228359
28963	28425	676431	127055	38224	462512
56895	55297	447725	132746	233286	651348
31604	26683	326115	70914	169879	594338
30563	25642	270246	51570	167379	536981
1041	1041	55869	19344	2500	57357

2012年规模以上工业企业

甲栏分组	代码	税金	差旅费	工会经费	财务费用
总计		6816621	6764213	973887	56274192
采矿业	BBBB	723303	461438	130012	7652520
煤炭开采和洗选业	0600	342296	196263	63922	3466929
烟煤和无烟煤开采洗选	0610	342296	196263	63922	3466929
石油和天然气开采业	0700	29721	60883	6464	589097
石油开采	0710	29721	60883	6464	589097
黑色金属矿采选业	0800	336227	173366	52646	3522657
铁矿采选	0810	335947	173366	52646	3520042
其他黑色金属矿采选	0890	280	—	—	2615
有色金属矿采选业	0900	4328	7599	4161	50274
常用有色金属矿采选	0910	1354	3338	840	21553
铅锌矿采选	0912	1130	3150	795	20923
其他常用有色金属矿采选	0919	217	156	5	582
贵金属矿采选	0920	1828	1664	979	11310
金矿采选	0921	714	1664	979	6035
银矿采选	0922	1114	—	—	5275
稀有稀土金属矿采选	0930	1146	2597	2342	17411
钨钼矿采选	0931	1146	2597	2342	17411
非金属矿采选业	1000	10731	23327	2819	23563
土砂石开采	1010	4074	5370	629	12140
石灰石、石膏开采	1011	1552	439	164	3505
建筑装饰用石开采	1012	232	100	38	107
耐火土石开采	1013	456	67	30	193
粘土及其他土砂石开采	1019	1834	4764	397	8335
采盐	1030	5281	14546	915	3370
石棉及其他非金属矿采选	1090	873	1933	657	5064
其他未列明非金属矿采选	1099	871	1933	657	5046
制造业	CCCC	5841015	6024801	789389	40865194
农副食品加工业	1300	181392	201100	34536	1172530
谷物磨制	1310	18061	16689	2603	87497
饲料加工	1320	42949	38665	3605	105404
植物油加工	1330	34044	25388	5212	303457
食用植物油加工	1331	33987	25356	5212	298405
非食用植物油加工	1332	57	32	—	5052
制糖业	1340	5898	4032	669	5568
屠宰及肉类加工	1350	37898	47890	4581	212806
牲畜屠宰	1351	15004	8306	1688	34474
禽类屠宰	1352	6787	16544	689	71130
肉制品及副产品加工	1353	16107	23040	2204	107202
水产品加工	1360	1116	7245	145	23659
水产品冷冻加工	1361	986	6857	145	21840
水产饲料制造	1363	130	388	—	1819

主要经济指标(五)

单位:千元

利息收入	利息支出	营业利润	资产减值损失	公允价值变动收益	投资收益
4444512	54410560	262186004	2710865	-8844365	-42122356
894414	7929311	69798547	723645	-65195	-1183508
367901	3597082	6479158	607602	-42937	-602564
367901	3597082	6479158	607602	-42937	-602564
332495	921592	12011295	—	—	21172
332495	921592	12011295	—	—	21172
189575	3337077	49634299	110259	-22258	-517870
189575	3334462	49632807	110259	-22258	-517870
—	2615	1492	—	—	—
2357	52559	802323	5552	—	-6910
2357	24042	206539	—	—	2309
2335	23392	191629	—	—	2309
22	604	12565	—	—	—
—	11106	125995	5552	—	—
—	6035	76683	5552	—	—
—	5071	49312	—	—	—
—	17411	469789	—	—	-9219
—	17411	469789	—	—	-9219
2086	21001	871472	232	—	-77336
193	9722	828809	—	—	-68601
69	2939	115217	—	—	—
100	—	4302	—	—	—
-3	11	-1985	—	—	—
27	6772	711275	—	—	-68601
-15	2362	-77809	232	—	-8735
—	4839	105253	—	—	—
—	4826	103633	—	—	—
3370331	38823087	184653052	1644687	-8762750	-41384882
513537	1642330	9662422	-260350	-74552	-2943311
17872	98240	1458662	123	—	-37252
1492	103675	2021940	4076	99	-116
482227	799911	1203138	10367	-74651	-2001815
482227	799885	1201167	10367	-74651	-2001815
—	26	1971	—	—	—
1	5569	30077	-54041	—	—
6001	208854	2226746	-82525	—	-133856
4532	37523	656127	4442	—	107
1380	69368	313556	-58670	—	15663
89	101963	1257063	-28297	—	-149626
541	17939	53100	—	—	-27067
153	16125	43956	—	—	-27067
388	1814	9144	—	—	—

2012年规模以上工业企业

甲栏分组	代码	税金	差旅费	工会经费	财务费用
蔬菜、水果和坚果加工	1370	13185	20036	1775	138724
蔬菜加工	1371	7986	7229	665	85354
水果和坚果加工	1372	5199	12807	1110	53370
其他农副食品加工	1390	28241	41155	15946	295415
淀粉及淀粉制品制造	1391	23741	36883	15324	262308
豆制品制造	1392	764	105	99	913
蛋品加工	1393	1194	186	99	1881
其他未列明农副食品加工	1399	2542	3981	424	30313
食品制造业	1400	88667	200903	18892	366138
焙烤食品制造	1410	15931	57990	1404	48877
糕点、面包制造	1411	1402	829	8	4353
饼干及其他焙烤食品制造	1419	14529	57161	1396	44524
糖果、巧克力及蜜饯制造	1420	7261	15407	5153	28848
糖果、巧克力制造	1421	4227	8572	1970	1981
蜜饯制作	1422	3034	6835	3183	26867
方便食品制造	1430	16172	57413	2835	91300
米、面制品制造	1431	3373	4063	85	7497
速冻食品制造	1432	475	824	222	6075
方便面及其他方便食品制造	1439	12324	52526	2528	77728
乳制品制造	1440	19730	31626	2761	32340
罐头食品制造	1450	6617	25450	616	49281
蔬菜、水果罐头制造	1453	4834	20336	381	32166
其他罐头食品制造	1459	1777	5114	235	17126
调味品、发酵制品制造	1460	9653	5487	713	26132
酱油、食醋及类似制品制造	1462	1579	639	75	7604
其他调味品、发酵制品制造	1469	8074	4848	638	18528
其他食品制造	1490	13303	7530	5410	89360
营养食品制造	1491	172	—	—	418
保健食品制造	1492	522	12	4	1707
冷冻饮品及食用冰制造	1493	630	562	10	3672
食品及饲料添加剂制造	1495	11130	6321	4970	68881
其他未列明食品制造	1499	849	635	426	14682
酒、饮料和精制茶制造业	1500	101091	121566	9445	430327
酒的制造	1510	76326	74783	8060	299764
酒精制造	1511	3911	7144	591	23539
白酒制造	1512	41196	52709	4415	157549
啤酒制造	1513	25980	11448	2269	89440
葡萄酒制造	1515	5239	3482	785	29236
饮料制造	1520	24765	46775	1385	130501
碳酸饮料制造	1521	232	310	32	2735
瓶(罐)装饮用水制造	1522	271	836	300	601
果菜汁及果菜汁饮料制造	1523	8030	7203	131	134830

主要经济指标(五)

单位:千元　　**续表**

		营业利润	资产减值损失	公允价值变动收益	投资收益
利息收入	利息支出				
1894	122953	1033966	-147992	—	-219962
964	78162	527261	-147992	—	-180101
930	44791	506705	—	—	-39861
3509	285189	1634793	9642	—	-523243
2106	251006	1426309	—	—	-523693
39	397	7514	—	—	—
51	1932	45252	—	—	—
1313	31854	155718	9642	—	450
40543	349454	5815314	-74698	-2674	-170881
2546	42823	772562	122	—	20323
128	4305	19272	122	—	—
2418	38518	753290	—	—	20323
1313	29943	871164	—	1678	-32000
1292	3065	454915	—	—	—
21	26878	416249	—	1678	-32000
12179	103985	971269	-30111	-4352	163727
33	7224	100366	—		1363
64	5614	55119	-32408	-4352	-28600
12082	91147	815784	2297	—	190964
14678	36079	1708415	2994	—	-82744
395	46177	341559	9367	—	82
267	29245	305015	1541	—	82
128	16932	41018	7826	—	—
950	19339	427816	5588	—	—
19	3545	29667	—	—	—
931	15794	398149	5588	—	—
8482	71108	722529	-62658	—	-240269
—	418	11690	—	—	—
219	1419	34904	—	—	—
1920	4621	127088	—	—	—
6305	50405	437771	-62379	—	-240269
38	14245	111076	-279	—	—
34006	432005	4158059	-30817	—	-45952
12664	291576	1798881	-35800	—	-30025
—	22819	580951	—	—	—
839	141580	964434	-37600	—	-30908
8508	95222	32416	491	—	650
3317	31955	221080	1309	—	233
21342	140367	2351959	4983	—	-15927
—	2734	131829	—	—	—
61	240	34972	—	—	—
229	125553	394409	930	—	-16006

—

2012年规模以上工业企业

甲栏分组	代码	税金	差旅费	工会经费	财务费用
含乳饮料和植物蛋白饮料制造	1524	15938	27264	731	-8909
烟草制品业	1600	21702	5803	8133	-615
卷烟制造	1620	21702	5803	8133	-615
纺织业	1700	227357	320590	56327	1013663
棉纺织及印染精加工	1710	165782	255240	46342	780294
棉纺纱加工	1711	71571	128691	21650	437504
棉织造加工	1712	82755	112715	23393	318414
棉印染精加工	1713	11456	13834	1299	24376
毛纺织及染整精加工	1720	26201	21151	5001	145184
毛条和毛纱线加工	1721	21273	18759	4828	122946
毛织造加工	1722	4887	2160	168	20739
毛染整精加工	1723	41	232	5	1499
化纤织造及印染精加工	1750	3685	471	383	3788
化纤织造加工	1751	3685	471	383	3788
针织或钩针编织物及其制品制造	1760	2659	7065	488	15034
针织或钩针编织物织造	1761	1852	3877	355	5489
针织或钩针编织物印染精加工	1762	586	2468	23	5613
针织或钩针编织品制造	1763	221	720	110	3932
家用纺织制成品制造	1770	14424	22639	3399	39231
床上用品制造	1771	2715	13772	1680	18311
毛巾类制品制造	1772	9418	8659	1718	18359
其他家用纺织制成品制造	1779	2291	208	1	2561
非家用纺织制成品制造	1780	14606	14024	714	30132
非织造布制造	1781	10551	8896	497	18159
纺织带和帘子布制造	1783	834	1239	8	4096
篷、帆布制造	1784	1271	953	13	2644
其他非家用纺织制成品制造	1789	1795	2936	196	4697
纺织服装、服饰业	1800	40349	57787	15590	161445
机织服装制造	1810	25986	48744	14169	125605
针织或钩针编织服装制造	1820	1549	2382	378	15111
服饰制造	1830	12814	6661	1043	20729
皮革、毛皮、羽毛及其制品和制鞋业	1900	175999	96830	51494	1197088
皮革鞣制加工	1910	64378	11396	25152	251384
皮革制品制造	1920	46461	62157	24160	826785
皮革服装制造	1921	39071	5862	12523	740712
皮箱、包(袋)制造	1922	2347	467	1086	14907
皮手套及皮装饰制品制造	1923	445	649	—	5772
其他皮革制品制造	1929	4598	55179	10551	65394
毛皮鞣制及制品加工	1930	61660	17469	1446	73599
毛皮鞣制加工	1931	19891	1600	86	19269
毛皮服装加工	1932	32748	12396	857	28896
其他毛皮制品加工	1939	9021	3473	503	25434

主要经济指标(五)

单位:千元　　续表

利息收入	利息支出	营业利润	资产减值损失	公允价值变动收益	投资收益
21052	10596	1685273	4053	—	79
738	—	1737370	—	—	—
738	—	1737370	—	—	—
37996	900441	10950042	-22372	25612	-716038
36553	736894	6868785	-32047	357	-671955
23619	397609	3983508	-41582	—	-117088
12707	316365	2412015	9535	357	-554867
227	22920	473262	—	—	—
757	94340	1600467	294	25255	4377
282	80955	1449186	294	25255	3990
475	12139	148182	—	—	387
—	1246	3099	—	—	—
48	3072	164875	—	—	—
48	3072	164875	—	—	—
65	13826	324627	—	—	-8212
65	6203	202664	—	—	60
—	5338	67647	—	—	-8272
—	2285	54316	—	—	—
377	29550	1418657	8412	—	-41046
275	14369	625335	—	—	-44320
91	12670	776927	8412	—	3274
11	2511	16395	—	—	—
196	22759	572631	969	—	798
167	12495	411141	252	—	679
—	4096	-7754	717	—	—
22	1941	-2103	—	—	—
7	3691	165490	—	—	119
22187	145280	2436267	-84072	-69400	-112131
22107	111558	2023449	-84072	-69400	-38034
7	13993	148194	—	—	-25782
73	19729	264624	—	—	-48315
12969	1145989	9373569	193619	857	-17910
153	233246	2037176	—	—	-505
49	800629	5639615	—	-20	-300
8	740200	3527137	—	—	—
—	12186	519400	—	-20	-300
41	5591	1619	—	—	—
—	42652	1591459	—	—	—
12448	71710	1328666	193245	877	-17105
9	18145	146896	2064	—	—
12097	32156	984055	2069	—	-18463
342	21409	197715	189112	877	1358

2012年规模以上工业企业

甲栏分组	代码	税金	差旅费	工会经费	财务费用
羽毛(绒)加工及制品制造	1940	134	1194	65	2597
羽毛(绒)加工	1941	98	505	65	2171
羽毛(绒)制品加工	1942	36	689	—	426
制鞋业	1950	3366	4614	671	42723
纺织面料鞋制造	1951	927	773	20	3076
皮鞋制造	1952	1008	857	602	25342
塑料鞋制造	1953	83	524	34	1663
橡胶鞋制造	1954	1346	2460	15	12638
木材加工和木、竹、藤、棕、草制品业	2000	26433	47056	4453	221595
人造板制造	2020	18653	38854	3682	171551
胶合板制造	2021	9494	9353	238	50906
纤维板制造	2022	6840	24077	285	90578
刨花板制造	2023	2178	5299	3083	29059
其他人造板制造	2029	141	125	76	1008
木制品制造	2030	3024	5425	303	46940
建筑用木料及木材组件加工	2031	2037	2007	20	29057
木门窗、楼梯制造	2032	552	849	268	7062
木制容器制造	2034	39	62	5	378
软木制品及其他木制品制造	2039	396	2507	10	10443
竹、藤、棕、草等制品制造	2040	4548	2713	460	773
草及其他制品制造	2049	4508	2713	459	738
家具制造业	2100	25358	42079	4849	82633
木质家具制造	2110	14832	31502	3495	36518
金属家具制造	2130	8451	8784	1238	28800
其他家具制造	2190	1962	1793	116	17051
造纸和纸制品业	2200	63312	78949	11344	340210
纸浆制造	2210	318	764	152	4123
非木竹浆制造	2212	253	514	69	2808
造纸	2220	38970	46171	5362	230552
机制纸及纸板制造	2221	38655	45748	5289	228216
加工纸制造	2223	315	281	47	1238
纸制品制造	2230	24024	32014	5830	105535
纸和纸板容器制造	2231	11997	14770	2651	64351
其他纸制品制造	2239	12027	17244	3179	41184
印刷和记录媒介复制业	2300	24957	49601	6536	101259
印刷	2310	23364	49371	6373	99868
书、报刊印刷	2311	8050	10625	3400	19637
本册印制	2312	742	1554	151	4793
包装装潢及其他印刷	2319	14572	37192	2822	75438
记录媒介复制	2330	1528	230	163	1276
文教、工美、体育和娱乐用品制造业	2400	22999	47263	3878	86854
文教办公用品制造	2410	631	514	30	781

主要经济指标(五)

单位:千元　　续表

利息收入	利息支出	营业利润	资产减值损失	公允价值变动收益	投资收益
—	2167	30939	—	—	—
—	2167	29421	—	—	—
—	—	1518	—	—	—
319	38237	337173	374	—	—
3	3053	40923	—	—	—
275	21589	187777	374	—	—
1	1628	67474	—	—	—
40	11963	40743	—	—	—
3485	189574	1349659	—	—	-4355
3136	144096	1103071	—	—	17347
3024	47284	271120	—	—	17204
106	66861	705470	—	—	143
6	29061	107390	—	—	—
—	890	19091	—	—	—
334	43212	228222	—	—	-21762
3	26884	101202	—	—	—
215	6116	60919	—	—	-21762
—	58	3336	—	—	—
116	10154	62765	—	—	—
15	-65	9336	—	—	—
15	-100	7606	—	—	—
445	66117	1138660	16354	—	1618
427	31978	648672	6101	—	-2567
10	24191	407413	10253	—	4071
8	9863	66860	—	—	114
16056	313743	3996715	138767	-13451	-458203
10	4133	24875	—	—	165
10	2818	5190	—	—	165
5689	220109	2140978	130355	-15107	-35649
5689	218129	2113501	125255	-15107	-35161
—	882	10380	—	—	-488
10357	89501	1830862	8412	1656	-422719
8016	52072	1242560	8412	1656	-399301
2341	37429	588302	—	—	-23418
7833	107588	2025168	8102	94	-27654
7728	106403	2004526	7951	94	-29454
55	22004	951778	177	—	-42477
202	4493	35330	—	—	318
7471	79906	1017418	7774	94	12705
105	1185	11627	151	—	1800
503	70768	1637688	418	—	-5814
1	779	57466	—	—	-3315

2012年规模以上工业企业

甲栏分组	代码	税金	差旅费	工会经费	财务费用
文具制造	2411	314	237	3	654
乐器制造	2420	6093	8697	117	12289
中乐器制造	2421	3037	7518	17	3885
西乐器制造	2422	1412	1054	85	5964
其他乐器及零件制造	2429	1148	125	15	1579
工艺美术品制造	2430	12128	13864	2669	57647
雕塑工艺品制造	2431	1639	4359	1124	21411
金属工艺品制造	2432	2709	2143	182	4952
天然植物纤维编织工艺品制造	2435	1747	35	3	1003
抽纱刺绣工艺品制造	2436	647	309	—	1344
地毯、挂毯制造	2437	2546	2822	603	11773
其他工艺美术品制造	2439	2685	4048	757	17084
体育用品制造	2440	643	5613	405	11273
球类制造	2441	42	1469	—	95
体育器材及配件制造	2442	129	372	6	402
训练健身器材制造	2443	310	285	17	2518
运动防护用具制造	2444	141	3352	372	8000
其他体育用品制造	2449	21	135	10	258
玩具制造	2450	2227	15444	649	4460
游艺器材及娱乐用品制造	2460	1277	3131	8	404
露天游乐场所游乐设备制造	2461	1277	3131	8	404
石油加工、炼焦和核燃料加工业	2500	167109	63117	15237	2421699
精炼石油产品制造	2510	63588	29975	7693	692966
原油加工及石油制品制造	2511	63236	29723	7536	690214
人造原油制造	2512	352	252	157	2752
炼焦	2520	103521	33142	7544	1728733
化学原料和化学制品制造业	2600	443250	397704	64793	2829997
基础化学原料制造	2610	177020	162234	28710	1341878
无机酸制造	2611	18120	17967	3287	79321
无机碱制造	2612	41175	10606	9131	426248
无机盐制造	2613	32704	20545	4543	173313
有机化学原料制造	2614	73146	63297	9627	514141
其他基础化学原料制造	2619	11875	49819	2122	148855
肥料制造	2620	51590	60501	6784	521216
氮肥制造	2621	39661	16535	5249	413444
磷肥制造	2622	284	222	109	17276
钾肥制造	2623	501	439	102	2925
复混肥料制造	2624	8917	41903	1159	77314
有机肥料及微生物肥料制造	2625	1295	1266	165	7864
其他肥料制造	2629	932	136	—	2393
农药制造	2630	16683	39742	11289	112622
化学农药制造	2631	14200	32125	11289	102798

主要经济指标(五)

单位:千元　　续表

利息收入	利息支出	营业利润	资产减值损失	公允价值变动收益	投资收益
—	654	56407	—	—	-3315
112	5590	197476	—	—	—
28	2278	82010	—	—	—
16	916	108353	—	—	—
68	1606	7875	—	—	—
78	54947	1072353	—	—	20
12	20285	426088	—	—	—
51	4551	198016	—	—	20
—	1003	10889	—	—	—
—	1341	100254	—	—	—
15	10675	253226	—	—	—
—	17014	72573	—	—	—
10	6418	164697	—	—	153
—	20	39981	—	—	—
-1	103	8743	—	—	—
11	1207	4461	—	—	—
—	4880	85538	—	—	—
—	208	25974	—	—	153
251	2590	104610	—	—	-2672
51	444	41086	418	—	—
51	444	41086	418	—	—
130434	2284257	1450061	-2298	-542264	-202906
41826	686959	-931056	1141	—	33470
41826	684213	-973196	1141	—	33470
—	2746	42140	—	—	
88608	1597298	2381117	-3439	-542264	-236376
141295	2652332	13624711	356462	-13686	4526
56445	1241043	6938733	131175	-1002	265443
580	62694	835682	—	—	19712
21125	423439	140762	3093	—	-3714
3065	169317	704262	-964	37	236593
30858	448450	4203613	55830	—	36138
817	137143	1054414	73216	-1039	-23286
37804	504269	1644068	14355	—	-6508
36278	418600	843858	8583	—	-5260
43	15581	105867	—	—	—
—	2925	-27730	—	—	—
770	55778	464445	241	—	-1248
713	8993	238611	5531	—	—
—	2392	19017	—	—	—
11991	98080	361544	-21124	-12039	-13214
11468	88767	288561	-21124	-12039	-13214

2012 年规模以上工业企业

甲栏分组	代码	税金	差旅费	工会经费	财务费用
生物化学农药及微生物农药制造	2632	2483	7617	—	9824
涂料、油墨、颜料及类似产品制造	2640	36465	60624	3996	152108
涂料制造	2641	19119	24156	1726	86697
油墨及类似产品制造	2642	761	3769	247	4834
颜料制造	2643	5459	27772	905	38347
染料制造	2644	11022	4902	1115	21780
密封用填料及类似品制造	2645	104	25	3	450
合成材料制造	2650	22310	11309	1663	147568
初级形态塑料及合成树脂制造	2651	19346	10031	1066	127030
合成橡胶制造	2652	288	11	2	290
合成纤维单(聚合)体制造	2653	2080	395	493	19503
其他合成材料制造	2659	596	872	102	745
专用化学产品制造	2660	78944	40744	7643	448465
化学试剂和助剂制造	2661	23441	24184	3943	221244
专项化学用品制造	2662	18943	8745	871	52388
林产化学产品制造	2663	3671	236	222	4061
信息化学品制造	2664	26270	6131	2300	159032
环境污染处理专用药剂材料制造	2665	2800	505	45	3036
动物胶制造	2666	401	2	—	334
其他专用化学产品制造	2669	3418	941	262	8370
炸药、火工及焰火产品制造	2670	10376	6338	1270	28780
炸药及火工产品制造	2671	2553	5600	1206	22351
焰火、鞭炮产品制造	2672	7823	738	64	6429
日用化学产品制造	2680	49862	16212	3438	77360
肥皂及合成洗涤剂制造	2681	45636	6829	1897	45957
香料、香精制造	2684	1608	1166	—	22202
其他日用化学产品制造	2689	2618	8217	1541	9201
医药制造业	2700	165859	300791	19066	705250
化学药品原料药制造	2710	66851	85827	6687	367168
化学药品制剂制造	2720	52842	57105	6761	296874
中药饮片加工	2730	9735	7077	653	21355
中成药生产	2740	29391	109991	2735	-16550
兽用药品制造	2750	2925	29711	929	17263
生物药品制造	2760	3841	9330	1201	13915
卫生材料及医药用品制造	2770	274	1750	100	5225
化学纤维制造业	2800	12250	11298	1872	88494
纤维素纤维原料及纤维制造	2810	9800	9984	985	57278
化纤浆粕制造	2811	6610	7870	285	42711
人造纤维(纤维素纤维)制造	2812	3190	2114	700	14567
合成纤维制造	2820	2450	1314	887	31216
锦纶纤维制造	2821	85	112	4	1375
涤纶纤维制造	2822	1569	1040	802	7204

主要经济指标(五)

单位:千元　　续表

		营业利润	资产减值损失	公允价值变动收益	投资收益
利息收入	利息支出				
523	9313	72983	—	—	—
10376	146143	1474864	2688	-100	-63828
1452	86624	910875	-310	-100	21904
-141	4093	46780	1453	—	—
136	28053	217131	—	—	-88824
8927	27122	295350	1545	—	3092
2	251	4728	—	—	—
11654	158134	415959	708	—	-14359
11640	138039	346384	708	—	43641
—	291	3165	—	—	—
3	19288	-30741	—	—	-49080
11	516	97151	—	—	-8920
10529	405685	2065676	228459	-545	-169313
4518	206733	1509497	50312	—	-502
345	27976	451044	2754	—	-338568
-1	4062	18870	—	—	—
5545	157944	-106108	175251	-545	169340
67	1316	78528	—	—	—
—	329	13336	—	—	—
55	7325	100509	142	—	417
467	28961	168864	143	—	4867
99	22177	94587	143	—	4867
368	6784	74277	—	—	—
2029	70017	555003	58	—	1438
7	42958	222805	—	—	—
23	17817	145617	—	—	—
1999	9242	186581	58	—	1438
139491	774806	4428924	-124860	28763	556889
3881	331208	1300669	-19745	13763	408902
29976	317891	108010	-125858	—	84784
363	16693	232359	—	—	—
93582	65356	1907710	5612	15000	62674
401	13964	514333	14276	—	529
11267	24507	332569	855	—	—
21	5187	33274	—	—	—
24885	53981	405538	36836	—	-889
3508	45765	189040	36836	—	112468
993	34384	-35491	21603	—	—
2515	11381	224531	15233	—	112468
21377	8216	216498	—	—	-113357
—	—	1192	—	—	—
29	6923	238688	—	—	-113357

2012年规模以上工业企业

甲栏分组	代码	税金	差旅费	工会经费	财务费用
其他合成纤维制造	2829	772	162	81	22038
橡胶和塑料制品业	2900	113114	258493	34571	829648
橡胶制品业	2910	48438	165164	21157	392708
轮胎制造	2911	8971	2917	4196	24299
橡胶板、管、带制造	2912	11235	53751	5018	90684
橡胶零件制造	2913	4647	22940	4364	68700
再生橡胶制造	2914	11177	7570	814	10589
日用及医用橡胶制品制造	2915	4514	36209	189	36311
其他橡胶制品制造	2919	7894	41777	6576	162125
塑料制品业	2920	64676	93329	13414	436940
塑料薄膜制造	2921	7521	8582	2206	51341
塑料板、管、型材制造	2922	24337	49856	3116	182968
塑料丝、绳及编织品制造	2923	15437	16463	4827	37576
泡沫塑料制造	2924	1931	4320	324	12950
塑料人造革、合成革制造	2925	2551	1652	527	24437
塑料包装箱及容器制造	2926	2203	5451	1190	35164
日用塑料制品制造	2927	3198	2746	277	36240
塑料零件制造	2928	1612	367	595	4453
其他塑料制品制造	2929	5886	3892	352	51811
非金属矿物制品业	3000	356653	397645	68856	3561992
水泥、石灰和石膏制造	3010	159160	90101	28489	2374041
水泥制造	3011	151459	87089	27482	2323254
石灰和石膏制造	3012	7701	3012	1007	50787
石膏、水泥制品及类似制品制造	3020	37767	14921	3395	163479
水泥制品制造	3021	31480	12512	3093	142388
砼结构构件制造	3022	2872	510	76	5937
石棉水泥制品制造	3023	938	—	7	3181
轻质建筑材料制造	3024	1329	1456	95	3691
其他水泥类似制品制造	3029	1148	443	124	8282
砖瓦、石材等建筑材料制造	3030	23966	131099	3285	157819
粘土砖瓦及建筑砌块制造	3031	7492	8898	1283	48457
建筑陶瓷制品制造	3032	2047	99182	179	44572
建筑用石加工	3033	1665	1877	109	3355
防水建筑材料制造	3034	1416	5570	1297	11513
隔热和隔音材料制造	3035	7511	12254	331	28080
其他建筑材料制造	3039	3835	3318	86	21842
玻璃制造	3040	28251	13119	3677	307984
平板玻璃制造	3041	25452	9894	3609	281594
其他玻璃制造	3049	2799	3225	68	26390
玻璃制品制造	3050	20002	37649	6166	132125
技术玻璃制品制造	3051	5426	21562	3729	61096
玻璃仪器制造	3053	612	428	304	2702

主要经济指标(五)

单位:千元　　续表

利息收入	利息支出	营业利润	资产减值损失	公允价值变动收益	投资收益
21347	693	-26568	—	—	—
31675	740214	8424501	-2036	-36929	-157923
16416	351317	3434277	17316	-7323	23903
2457	19442	182555	—	—	—
6111	65356	1206635	11599	-7323	6315
134	62430	369980	—	—	7578
299	8813	342270	—	—	—
187	34259	593973	1325	—	—
7228	161017	738864	4392	—	10010
15259	388897	4990224	-19352	-29606	-181826
365	34833	924525	1434	—	-555
9079	172948	1530188	-32703	-31200	-107066
115	36608	829981	-35	-20	-18629
193	7814	405276	—	1285	615
24	18462	100657	—	—	—
396	33437	489418	3800	—	575
1893	32407	292919	8061	329	4790
305	4282	147240	89	—	—
2889	48106	270020	2	—	-61556
121646	3414780	9728368	33011	749	-830770
78327	2373223	2398489	28447	8289	-419746
77799	2334285	2001150	28447	8289	-345275
528	38938	397339	—	—	-74471
3666	147662	1561194	10585	—	-153436
2433	128213	820960	10453	—	-153436
46	5030	74597	—	—	—
—	3181	56359	—	—	—
27	3022	510153	-145	—	—
1160	8216	99125	277	—	—
1327	147633	2035629	-98318	-13100	-107202
563	46076	526125	-57997	-13100	-73252
-194	41556	450028	-42879	—	-74282
-549	2410	131313	—	—	—
248	10366	269786	1476	—	120
1057	26601	547213	278	—	40212
202	20624	111164	804	—	—
9129	232476	-284860	12	—	1068
8488	211266	-286923	12	—	1068
641	21210	2063	—	—	—
5241	117160	919193	33965	-3082	1921
1410	51572	668946	27079	-3082	1758
—	2688	21267	19	—	—

2012年规模以上工业企业

甲栏分组	代码	税金	差旅费	工会经费	财务费用
日用玻璃制品制造	3054	7919	5401	673	38550
玻璃包装容器制造	3055	5584	9070	1430	26523
其他玻璃制品制造	3059	430	1188	30	3085
玻璃纤维和玻璃纤维增强塑料制品制造	3060	16206	39215	3676	111818
玻璃纤维及制品制造	3061	3645	9876	1769	12847
玻璃纤维增强塑料制品制造	3062	12561	29339	1907	98971
陶瓷制品制造	3070	41154	18112	6785	121606
卫生陶瓷制品制造	3071	15100	7446	4719	52046
特种陶瓷制品制造	3072	3972	4216	1107	21170
日用陶瓷制品制造	3073	14949	2794	734	35546
园林、陈设艺术及其他陶瓷制品制造	3079	7133	3656	225	12844
耐火材料制品制造	3080	16993	23167	1781	92420
石棉制品制造	3081	913	837	77	2315
云母制品制造	3082	3625	1714	513	10811
耐火陶瓷制品及其他耐火材料制造	3089	12455	20616	1191	79294
石墨及其他非金属矿物制品制造	3090	13154	30262	11602	100700
石墨及碳素制品制造	3091	6694	20616	5745	68498
其他非金属矿物制品制造	3099	6460	9646	5857	32202
黑色金属冶炼和压延加工业	3100	1879494	1273295	115745	16784029
炼铁	3110	108468	30708	16971	879143
炼钢	3120	779058	101170	36532	3081406
黑色金属铸造	3130	64280	116945	9775	427841
钢压延加工	3140	924107	1021541	52339	12349661
铁合金冶炼	3150	3581	2931	128	45978
有色金属冶炼和压延加工业	3200	65609	28215	6560	576398
常用有色金属冶炼	3210	12037	3331	739	145701
铜冶炼	3211	2662	1598	303	94688
铅锌冶炼	3212	245	125	213	8460
铝冶炼	3216	1253	80	23	5141
其他常用有色金属冶炼	3219	7675	1496	194	36525
贵金属冶炼	3220	3002	4292	3106	45444
金冶炼	3221	2866	4210	3106	44873
稀有稀土金属冶炼	3230	917	160	140	2584
钨钼冶炼	3231	277	117	140	1675
有色金属合金制造	3240	7919	4774	622	93194
有色金属压延加工	3260	41734	15658	1953	289475
铜压延加工	3261	2882	2214	119	80891
铝压延加工	3262	23920	9509	1289	154199
稀有稀土金属压延加工	3264	389	2392	26	9154
其他有色金属压延加工	3269	14272	863	409	39450
金属制品业	3300	302688	272769	46644	1360197
结构性金属制品制造	3310	88557	55164	7203	393475

主要经济指标(五)

单位：千元　　续表

利息收入	利息支出	营业利润	资产减值损失	公允价值变动收益	投资收益
3497	35238	122821	—	—	160
324	24553	51843	6867	—	1
10	2956	53347	—	—	2
5361	101608	933763	—	—	-12110
905	9848	237256	—	—	-1950
4456	91760	696507	—	—	-10160
4045	110033	127204	-56901	-1761	-142695
3202	52948	300978	—	370	-51287
270	18953	-46838	-72094	5	-72150
-733	29950	-125837	15193	-2136	-19258
1306	8182	-1099	—	—	—
973	83754	767452	95359	—	10
39	1096	65499	—	—	—
3	10343	357935	4040	—	—
931	72315	344018	91319	—	10
13577	101231	1270304	19862	10403	1420
1508	61002	650421	—	447	22
12069	40229	619883	19862	9956	1398
1400739	15429655	29942648	451607	-8002766	-23574924
271424	952381	2184918	11434	-885328	436041
290597	2600779	4837809	38638	-1318045	-409262
3790	381391	6081946	439	1	-19805
834788	11451738	16686103	401036	-5799394	-23581898
140	43366	151872	60	—	—
16919	510016	2787103	58937	438	-4041509
10267	140322	460876	7114	-100	-1812910
8234	98737	244552	—	—	-1812700
23	1654	32874	—	—	—
163	4698	53564	7114	-100	-210
1842	34344	130413	—	—	—
1453	47188	727403	22176	—	-249
1454	46633	729542	22176	—	-262
45	1751	43964	—	—	—
—	923	39249	—	—	—
864	88564	973717	24235	—	-783334
4290	232191	581143	5412	538	-1445016
2	32529	418037	8	4	-958777
3719	146783	-4289	4969	534	-486617
7	8899	4377	—	—	107
203	37867	86533	—	—	240
82196	1213459	13454735	-530228	-15096	-6212631
38934	375604	5236984	-229670	-15150	-4489852

2012年规模以上工业企业

甲栏分组	代码	税金	差旅费	工会经费	财务费用
金属结构制造	3311	80145	46801	6319	304039
金属门窗制造	3312	8412	8363	884	89436
金属工具制造	3320	24870	21567	6519	85037
切削工具制造	3321	15721	16966	1742	54992
手工具制造	3322	4257	1757	121	7962
农用及园林用金属工具制造	3323	3781	2437	4445	20241
刀剪及类似日用金属工具制造	3324	25	12	—	449
其他金属工具制造	3329	1086	395	211	1393
集装箱及金属包装容器制造	3330	19290	19667	1743	72885
集装箱制造	3331	372	91	—	942
金属压力容器制造	3332	9771	13903	555	39603
金属包装容器制造	3333	9147	5673	1188	32340
金属丝绳及其制品制造	3340	59344	52261	12008	183215
建筑、安全用金属制品制造	3350	71995	76186	9513	323756
建筑、家具用金属配件制造	3351	940	2787	546	11773
建筑装饰及水暖管道零件制造	3352	65822	70420	8668	284983
安全、消防用金属制品制造	3353	4552	2778	222	21000
其他建筑、安全用金属制品制造	3359	681	201	77	6000
金属表面处理及热处理加工	3360	17573	7426	5658	180776
搪瓷制品制造	3370	933	6772	26	2536
生产专用搪瓷制品制造	3371	227	153	5	226
搪瓷卫生洁具制造	3373	706	6519	21	2250
金属制日用品制造	3380	3741	2253	550	21632
金属制餐具和器皿制造	3382	1474	1331	195	16067
金属制卫生器具制造	3383	267	150	110	1223
其他金属制日用品制造	3389	1855	662	237	3635
其他金属制品制造	3390	16385	31473	3424	96885
锻件及粉末冶金制品制造	3391	4406	5838	1876	26698
交通及公共管理用金属标牌制造	3392	759	5047	—	6975
通用设备制造业	3400	224493	443399	34183	773385
锅炉及原动设备制造	3410	13802	21812	4398	76617
锅炉及辅助设备制造	3411	8253	7654	1796	44038
内燃机及配件制造	3412	5525	13928	2597	30831
金属加工机械制造	3420	17510	25236	5504	61184
金属切削机床制造	3421	2668	3569	51	11455
金属成形机床制造	3422	1220	3792	318	8559
铸造机械制造	3423	2575	3790	847	11840
金属切割及焊接设备制造	3424	4909	8348	2225	22087
机床附件制造	3425	1333	2497	82	5345
其他金属加工机械制造	3429	4805	3240	1981	1898
物料搬运设备制造	3430	62348	119771	2167	231268
轻小型起重设备制造	3431	34643	43044	518	129686

主要经济指标(五)

单位:千元　　续表

利息收入	利息支出	营业利润	资产减值损失	公允价值变动收益	投资收益
37906	294088	4542658	-230362	-15150	-4477851
1028	81516	694326	692	—	-12001
10248	81826	668969	4818	—	27393
8945	54595	265951	4815	—	30596
—	6405	158840	3	—	—
427	18614	181494	—	—	-3203
—	54	2486	—	—	—
876	2158	60198	—	—	—
2583	71259	325059	3177	—	5230
5	915	-1215	—	—	7
157	37280	137431	—	—	-3
2421	33064	188843	3177	—	5226
5714	133003	1632007	3306	54	-5396
5681	285915	3713596	24024	—	-49777
23	6407	224306	—	—	-62469
5639	254259	3289925	19793	—	12692
16	19536	146620	4231	—	—
3	5713	52745	—	—	—
4723	150362	574911	-351966	—	-1538221
20	2477	313005	-5814	—	-5123
2	209	25749	—	—	—
18	2268	287311	—	—	—
185	19787	122250	—	—	1930
182	14333	48787	—	—	1930
—	1223	1573	—	—	—
3	3527	76901	—	—	—
14108	93226	867954	21897	—	-158815
9890	30181	340875	26904	—	-110741
206	7131	21418	-15875	—	-50985
23443	708633	9548581	-43242	-95157	-297105
-3941	69755	763974	-1328	—	-75907
1465	31185	348635	—	—	594
-5424	36916	421006	-1328	—	-76502
-213	49874	1635047	4636	35	-33469
-480	3552	139864	345	—	3307
24	8050	80500	60	—	-52012
-28	10628	107731	395	—	—
-231	21684	1204006	2496	—	16607
61	4366	79317	1319	—	—
441	1594	23629	21	35	-1371
-2038	218783	1530568	28833	-46668	-14802
14	127902	802440	—	—	—

2012年规模以上工业企业

甲栏分组	代码	税金	差旅费	工会经费	财务费用
起重机制造	3432	6177	7475	141	8908
生产专用车辆制造	3433	141	171	46	3727
连续搬运设备制造	3434	15664	57637	434	82364
电梯、自动扶梯及升降机制造	3435	5205	11265	1026	6184
其他物料搬运设备制造	3439	518	179	2	399
泵、阀门、压缩机及类似机械制造	3440	39311	113318	7037	157022
泵及真空设备制造	3441	12975	64096	3430	42837
气体压缩机械制造	3442	241	283	218	656
阀门和旋塞制造	3443	22324	42427	2898	77426
液压和气压动力机械及元件制造	3444	3771	6512	491	36103
轴承、齿轮和传动部件制造	3450	13755	43164	4585	58228
轴承制造	3451	6183	26458	3143	24707
齿轮及齿轮减、变速箱制造	3452	6147	15689	653	28894
其他传动部件制造	3459	1425	1017	789	4627
烘炉、风机、衡器、包装等设备制造	3460	31453	54803	2589	81495
烘炉、熔炉及电炉制造	3461	3282	10269	533	13127
风机、风扇制造	3462	5667	5375	144	6388
气体、液体分离及纯净设备制造	3463	4345	11051	45	31570
制冷、空调设备制造	3464	5932	14281	990	11605
风动和电动工具制造	3465	312	77	89	3499
衡器制造	3467	7103	3208	121	6326
包装专用设备制造	3468	4810	10542	667	8826
文化、办公用机械制造	3470	1572	4646	80	6232
复印和胶印设备制造	3474	645	—	—	1953
通用零部件制造	3480	42448	57268	7335	85956
金属密封件制造	3481	1053	1812	95	4856
紧固件制造	3482	14450	24999	1202	50284
弹簧制造	3483	4147	389	400	2226
机械零部件加工	3484	19095	19101	5014	18659
其他通用零部件制造	3489	3703	10967	624	9931
其他通用设备制造业	3490	2294	3381	488	15383
专用设备制造业	3500	289488	379689	39648	1112189
采矿、冶金、建筑专用设备制造	3510	193530	204905	20518	704929
矿山机械制造	3511	80639	84027	8469	151606
石油钻采专用设备制造	3512	17162	28231	2940	90557
建筑工程用机械制造	3513	20934	25248	1959	60758
海洋工程专用设备制造	3514	1054	56	—	305
建筑材料生产专用机械制造	3515	4209	11240	384	45686
冶金专用设备制造	3516	69532	56103	6766	356017
化工、木材、非金属加工专用设备制造	3520	18783	16162	1869	48991
炼油、化工生产专用设备制造	3521	7759	6172	1171	19679
橡胶加工专用设备制造	3522	168	699	101	708

主要经济指标(五)

单位：千元　　续表

利息收入	利息支出	营业利润	资产减值损失	公允价值变动收益	投资收益
-1494	3664	145125	—	-46668	34
23	3750	415	—	—	87
392	76041	201408	4822	—	-4274
-928	7004	377369	24011	—	-10649
-45	422	3811	—	—	—
4855	139424	2058857	26313	425	-6463
1938	39407	1391486	20232	425	52
—	—	28692	—	—	—
2570	70160	576981	—	—	-6032
347	29857	61698	6081	—	-483
1000	56312	869618	—	264	-48715
596	23524	341449	—	—	1815
379	28491	490627	—	902	-50570
25	4297	37542	—	-638	40
3143	75952	824949	14560	-5369	-51449
584	11817	208076	10767	—	-29
-174	5351	45260	1633	—	—
83	29700	76195	—	—	292
1232	14450	248216	2160	—	-42675
5	2897	11340	—	—	—
6	5305	166137	—	—	—
1407	6294	80927	—	—	201
1381	7548	78822	744	—	—
—	1953	7543	—	—	—
18202	74414	1714023	-125623	-42169	-63778
26	2734	58051	—	—	—
1787	36465	661010	-132602	-42169	-90396
—	484	62472	—	—	—
15162	24263	637789	6979	—	-20918
1227	10468	294701	—	—	47536
1054	16571	72723	8623	-1675	-2522
59137	990935	10118461	111607	1301	-937587
30410	633209	4558156	67468	649	-602259
3978	133549	1751565	40459	—	29943
7113	94453	1131731	2768	52	-21500
6278	52464	480930	1304	597	53560
—	30	5665	—	—	—
1583	43278	131841	8666	—	4810
11458	309435	1056424	14271	—	-669072
5215	40367	1250548	8628	—	-20477
3274	19250	671644	8628	—	—
10	81	-2868	—	—	-292

2012年规模以上工业企业

甲栏分组	代码	税金	差旅费	工会经费	财务费用
塑料加工专用设备制造	3523	213	339	2	1194
木材加工机械制造	3524	1805	181	—	3305
模具制造	3525	8788	8771	595	24101
食品、饮料、烟草及饲料生产专用设备制造	3530	6925	15601	1947	40139
食品、酒、饮料及茶生产专用设备制造	3531	518	261	8	2606
农副食品加工专用设备制造	3532	1942	5826	903	26762
烟草生产专用设备制造	3533	4430	9497	1021	10497
饲料生产专用设备制造	3534	35	17	15	274
印刷、制药、日化及日用品生产专用设备制造	3540	9110	6429	1467	28931
制浆和造纸专用设备制造	3541	868	71	65	1365
印刷专用设备制造	3542	7509	4365	1172	25464
其他日用品生产专用设备制造	3549	428	797	67	1816
纺织、服装和皮革加工专用设备制造	3550	8832	8431	1359	19961
纺织专用设备制造	3551	6483	7896	858	9759
缝制机械制造	3553	2349	535	501	10202
电子和电工机械专用设备制造	3560	5020	13365	647	14650
电工机械专用设备制造	3561	2685	1909	193	12080
电子工业专用设备制造	3562	2335	11456	454	2570
农、林、牧、渔专用机械制造	3570	16445	29418	4300	48731
拖拉机制造	3571	1747	322	3	2925
机械化农业及园艺机具制造	3572	7505	11042	2187	18266
畜牧机械制造	3574	530	3271	1	4282
农林牧渔机械配件制造	3576	4213	9918	1099	8437
其他农、林、牧、渔业机械制造	3579	322	2740	558	3895
医疗仪器设备及器械制造	3580	3667	22587	252	43926
医疗诊断、监护及治疗设备制造	3581	645	17795	22	6188
机械治疗及病房护理设备制造	3585	599	3038	96	2919
其他医疗设备及器械制造	3589	2411	1667	39	29345
环保、社会公共服务及其他专用设备制造	3590	27176	62791	7289	161931
环境保护专用设备制造	3591	6463	17060	640	75231
地质勘查专用设备制造	3592	3198	3731	990	275
社会公共安全设备及器材制造	3595	4609	4994	603	-1905
交通安全、管制及类似专用设备制造	3596	147	2370	70	248
水资源专用机械制造	3597	840	2679	1987	2626
其他专用设备制造	3599	11919	31957	2999	85456
汽车制造业	3600	221433	311134	38335	626503
汽车整车制造	3610	68151	35422	5272	-92586
改装汽车制造	3620	20812	28591	1740	81293
汽车车身、挂车制造	3650	14648	11135	103	32498
汽车零部件及配件制造	3660	117087	234845	31160	605268
铁路、船舶、航空航天和其他运输设备制造业	3700	74867	63817	7343	398879
铁路运输设备制造	3710	46729	39159	2497	189442

主要经济指标(五)

单位:千元　　续表

利息收入	利息支出	营业利润	资产减值损失	公允价值变动收益	投资收益
—	1194	34184	—	—	—
24	2454	16309	—	—	—
1904	17381	530693	—	—	-20185
1225	34582	459472	1180	—	2728
—	105	20068	—	—	—
212	22847	344436	1180	—	—
1013	11457	79595	—	—	2728
—	173	15373	—	—	—
153	23659	242410	3485	—	-23887
1	1370	9241	—	—	—
104	20129	138318	3485	—	-2000
53	1869	-1359	—	—	—
488	19746	369189	9861	—	-13018
263	9642	233711	—	—	-2168
225	10104	135478	9861	—	-10850
1719	19012	251464	7623	—	-981
180	11479	36454	—	—	153
1539	7533	215010	7623	—	-1134
2183	41945	742449	3402	652	-131353
-10	2423	-4416	433	87	21
269	16667	399371	-25	—	-19577
4	1598	109550	—	—	—
146	7670	242355	10	—	-111956
1311	2277	5117	2984	—	—
952	42695	112961	—	—	—
892	6018	32314	—	—	—
40	2599	15484	—	—	—
13	28690	63007	—	—	—
16792	135720	2131812	9960	—	-148340
1606	37373	455520	3248	—	—
145	122	7836	1675	—	—
6460	3267	550139	77	—	4286
222	447	31893	—	—	2
360	1916	44631	—	—	—
7999	92595	1041793	4960	—	-152628
188767	719726	15061420	63642	19071	898667
93403	3788	6692748	44103	10476	810444
8335	70105	989448	-5787	—	-13666
10216	37167	699917	4611	—	847
76813	608636	6670360	20715	8595	101042
55437	451557	2727473	73514	—	-91819
25344	201856	1495794	30822	—	-94146

2012年规模以上工业企业

甲栏分组	代码	税金	差旅费	工会经费	财务费用
铁路机车车辆配件制造	3713	6440	1300	165	8289
铁路专用设备及器材、配件制造	3714	14884	15579	635	145713
船舶及相关装置制造	3730	9780	3916	906	129752
金属船舶制造	3731	9325	3867	899	128940
船用配套设备制造	3734	400	35	7	617
航空、航天器及设备制造	3740	1721	5769	746	20627
飞机制造	3741	1721	5769	746	20627
摩托车制造	3750	4731	8813	680	25569
摩托车整车制造	3751	3895	5804	180	23285
摩托车零部件及配件制造	3752	836	3009	500	2284
自行车制造	3760	11344	6046	2509	31128
脚踏自行车及残疾人座车制造	3761	11193	5939	2497	29135
助动自行车制造	3762	151	107	12	1993
电气机械和器材制造业	3800	359275	393091	45970	3244791
电机制造	3810	23333	32066	4185	146678
发电机及发电机组制造	3811	16559	27660	2422	113152
电动机制造	3812	6738	4344	1748	33470
微电机及其他电机制造	3819	36	62	15	56
输配电及控制设备制造	3820	137339	159017	21726	2386959
变压器、整流器和电感器制造	3821	60866	82849	13491	1323325
电容器及其配套设备制造	3822	1198	979	220	3897
配电开关控制设备制造	3823	9660	15636	2550	41313
电力电子元器件制造	3824	16526	8397	971	13694
光伏设备及元器件制造	3825	36971	45135	3650	972807
其他输配电及控制设备制造	3829	12118	6021	844	31923
电线、电缆、光缆及电工器材制造	3830	129559	111662	13169	427219
电线、电缆制造	3831	120048	101988	10877	408849
光纤、光缆制造	3832	166	25	—	229
绝缘制品制造	3833	5363	6412	407	9063
其他电工器材制造	3839	3982	3237	1885	9078
电池制造	3840	30891	45104	3242	176225
锂离子电池制造	3841	734	882	127	15103
其他电池制造	3849	30157	44222	3115	161122
家用电力器具制造	3850	14652	4935	455	36122
家用空气调节器制造	3852	9822	1931	260	-4042
家用美容、保健电器具制造	3856	1	66	—	142
家用电力器具专用配件制造	3857	1693	235	3	9492
其他家用电力器具制造	3859	2976	2631	138	25461
非电力家用器具制造	3860	9906	9976	2080	32314
燃气、太阳能及类似能源家用器具制造	3861	8710	8238	1593	22058
其他非电力家用器具制造	3869	1196	1738	487	10256
照明器具制造	3870	7661	21695	792	28488

主要经济指标(五)

单位:千元　　续表

利息收入	利息支出	营业利润	资产减值损失	公允价值变动收益	投资收益
2347	10114	103881	—	—	—
5923	140286	787237	10569	—	-90693
28311	176006	-1553	26576	—	2327
28316	175820	-33863	26576	—	2327
-5	—	1235	—	—	—
1238	19683	617	16116	—	—
1238	19683	617	16116	—	—
244	22370	749816	—	—	—
84	20369	550542	—	—	—
160	2001	199274	—	—	—
300	29403	448627	—	—	—
291	27431	377931	—	—	—
9	1972	70696	—	—	—
205360	3127808	5356989	1075252	14033	-2031437
41948	161678	429744	97156	2434	—
35824	122179	382727	94374	—	—
6124	39454	41688	-1	2434	—
—	45	5329	2783	—	—
142579	2341646	-2034952	991413	5599	-307273
83006	1362894	-2485349	797934	28600	-391356
—	3864	183260	—	—	—
598	39898	645205	-79333	—	-90000
259	11805	552330	—	—	6756
57012	903582	-1090520	272812	-23001	170827
1704	19603	160122	—	—	-3500
4594	352012	5196807	-37735	—	-452695
4556	335460	4774326	6207	—	-402696
2	231	21963	—	—	—
13	7831	165849	6058	—	1
23	8490	234669	-50000	—	-50000
2571	167453	598566	13991	—	-94550
121	14780	46260	—	—	—
2450	152673	552306	13991	—	-94550
6378	38784	534898	900	6000	-1177653
6026	270	72674	655	—	-1152542
—	142	49226	—	—	—
95	7634	-18707	—	6000	-25111
253	25669	399837	245	—	—
744	31228	316640	4976	—	—
744	21072	225101	4976	—	—
—	10156	91539	—	—	—
6204	25900	254412	—	—	734

2012年规模以上工业企业

甲栏分组	代码	税金	差旅费	工会经费	财务费用
电光源制造	3871	703	2862	544	4127
照明灯具制造	3872	6713	11076	103	21800
灯用电器附件及其他照明器具制造	3879	245	7757	145	2561
其他电气机械及器材制造	3890	5934	8636	321	10786
电气信号设备装置制造	3891	2274	2156	30	2139
其他未列明电气机械及器材制造	3899	3660	6480	291	8647
计算机、通信和其他电子设备制造业	3900	133084	77776	18643	270973
计算机制造	3910	1932	3487	871	2005
计算机零部件制造	3912	599	3211	730	2139
通信设备制造	3920	27221	13514	2521	70601
通信系统设备制造	3921	2824	5601	2021	8354
通信终端设备制造	3922	24397	7913	500	62247
广播电视设备制造	3930	2959	19890	559	10243
广播电视节目制作及发射设备制造	3931	52	1801	—	3529
广播电视接收设备及器材制造	3932	2907	18089	559	6714
电子器件制造	3960	63979	21489	1657	47275
半导体分立器件制造	3962	1106	151	131	9395
集成电路制造	3963	503	442	43	657
光电子器件及其他电子器件制造	3969	6966	13908	934	35587
电子元件制造	3970	27496	17074	12688	70878
电子元件及组件制造	3971	14818	12698	1962	55265
印制电路板制造	3972	12678	4376	10726	15613
其他电子设备制造	3990	8624	2322	347	69721
仪器仪表制造业	4000	13261	61334	4999	27524
通用仪器仪表制造	4010	8614	40966	754	17381
工业自动控制系统装置制造	4011	3475	10905	215	10067
电工仪器仪表制造	4012	507	10	2	835
绘图、计算及测量仪器制造	4013	369	2599	91	2465
试验机制造	4015	835	17364	126	-293
供应用仪表及其他通用仪器制造	4019	3268	10088	320	3457
专用仪器仪表制造	4020	3222	18072	4203	5291
环境监测专用仪器仪表制造	4021	691	6271	1	1421
导航、气象及海洋专用仪器制造	4023	498	4597	79	7650
地质勘探和地震专用仪器制造	4025	1566	3949	183	-6047
电子测量仪器制造	4028	232	757	96	672
钟表与计时仪器制造	4030	646	130	5	996
光学仪器及眼镜制造	4040	476	598	4	1582
光学仪器制造	4041	335	399	—	954
其他仪器仪表制造业	4090	303	1568	33	2274
其他制造业	4100	6797	8629	590	21097
日用杂品制造	4110	4857	6994	324	6145
鬃毛加工、制刷及清扫工具制造	4111	1392	6212	123	3583

主要经济指标(五)

单位:千元　　续表

利息收入	利息支出	营业利润	资产减值损失	公允价值变动收益	投资收益
—	3945	54843	—	—	734
6104	19305	167299	—	—	—
100	2650	32270	—	—	—
342	9107	60874	4551	—	—
139	272	-10761	1208	—	—
203	8835	71635	3343	—	—
44516	276545	1533507	197323	6247	59752
278	901	1323	-63966	—	—
110	901	39809	—	—	—
31826	92122	-240908	58612	—	630
377	8565	112603	18050	—	630
31449	83557	-353511	40562	—	—
100	8849	432813	3390	—	—
—	3527	1729	—	—	—
100	5322	431084	3390	—	—
2303	30457	624450	780	—	-7939
192	2153	11647	—	—	—
258	910	142576	852	—	—
1853	25794	298594	742	—	—
5284	76959	1065367	2765	6247	67061
4251	52309	401711	-2985	—	60422
1033	24650	663656	5750	6247	6639
4725	67007	-375216	195742	—	—
9525	33832	858373	-14030	6060	-28150
2255	16359	549228	7244	6060	5983
1695	10893	209453	5167	—	1083
—	711	8652	—	—	—
—	491	71973	—	—	—
197	153	76059	266	—	—
363	3267	179242	1811	6060	4900
7143	13148	270915	3876	—	32
791	2088	27498	3325	—	—
361	7965	6643	2721	—	372
5942	817	202007	-2170	—	—
11	667	8632	—	—	—
7	1001	3102	—	—	—
63	1100	16955	—	—	-9015
60	894	13429	—	—	-9015
57	2224	18173	-25150	—	-25150
-223	17863	303745	16631	—	3516
86	4647	209690	—	—	3516
-66	2330	39159	—	—	-868

2012年规模以上工业企业

甲栏分组	代码	税金	差旅费	工会经费	财务费用
其他日用杂品制造	4119	3465	782	201	2562
废弃资源综合利用业	4200	7069	1432	153	50196
金属废料和碎屑加工处理	4210	6516	1047	114	48712
非金属废料和碎屑加工处理	4220	553	385	39	1484
金属制品、机械和设备修理业	4300	5606	11646	704	8826
通用设备修理	4320	296	225	46	1866
专用设备修理	4330	1632	274	195	4557
铁路、船舶、航空航天等运输设备修理	4340	3673	8400	401	2478
铁路运输设备修理	4341	2992	4832	11	3773
船舶修理	4342	653	122	22	526
电力、热力、燃气及水生产和供应业	DDDD	252303	277974	54486	7756478
电力、热力生产和供应业	4400	197276	250810	36799	7585748
电力生产	4410	150306	36086	9650	5495714
火力发电	4411	138150	31691	8570	3685830
水力发电	4412	3	—	—	102085
风力发电	4414	10442	4006	759	1632846
其他电力生产	4419	1711	389	321	74953
电力供应	4420	30166	209972	22155	1779339
热力生产和供应	4430	16804	4752	4994	310695
燃气生产和供应业	4500	20319	21055	7424	59621
水的生产和供应业	4600	34708	6109	10263	111109
自来水生产和供应	4610	27737	5392	10042	68759
污水处理及其再生利用	4620	6971	717	221	42350

主要经济指标(五)

单位：千元　　续表

利息收入	利息支出	营业利润	资产减值损失	公允价值变动收益	投资收益
152	2317	170531	—	—	4384
534	46978	521573	15	—	—
473	45440	437233	15	—	—
61	1538	84340	—	—	—
4257	12421	95408	1593	—	49
3	1880	6084	—	—	—
933	5432	19259	3745	—	—
3252	5115	66132	-2152	—	49
1302	5115	10109	-3590	—	42
36	—	232	1700	—	7
179767	7658162	7734405	342533	-16420	446034
150312	7479556	6724168	340090	-17420	128810
62190	5517948	6255588	193505	—	84783
48649	3707310	5015393	134132	—	50708
616	105090	26778	—	—	—
12592	1648765	1251141	59373	—	33079
333	56783	-37724	—	—	996
39627	1617701	1198781	3327	-17420	-35228
48495	343907	-730201	143258	—	79255
26562	63372	1012993	852	1000	291747
2893	115234	-2756	1591	—	25477
2758	72472	28990	1754	—	25391
135	42762	-31746	-163	—	86

2012年规模以上工业企业

甲栏分组	代码	营业外收入	补贴收入	营业外支出	利润总额
总计		12261661	3862553	18438949	255946760
采矿业	BBBB	2213316	218841	2303943	69707904
煤炭开采和洗选业	0600	1174718	190378	634616	7019260
烟煤和无烟煤开采洗选	0610	1174718	190378	634616	7019260
石油和天然气开采业	0700	245542	—	769171	11487666
石油开采	0710	245542	—	769171	11487666
黑色金属矿采选业	0800	593562	21335	848726	49379119
铁矿采选	0810	593549	21335	848726	49377614
其他黑色金属矿采选	0890	13	—	—	1505
有色金属矿采选业	0900	6946	200	12127	797142
常用有色金属矿采选	0910	5891	—	9756	202674
铅锌矿采选	0912	4885	—	9152	187362
其他常用有色金属矿采选	0919	1000	—	6	13559
贵金属矿采选	0920	855	—	1843	125007
金矿采选	0921	—	—	590	76093
银矿采选	0922	855	—	1253	48914
稀有稀土金属矿采选	0930	200	200	528	469461
钨钼矿采选	0931	200	200	528	469461
非金属矿采选业	1000	192548	6928	39303	1024717
土砂石开采	1010	4492	1836	5938	827363
石灰石、石膏开采	1011	58	—	517	114758
建筑装饰用石开采	1012	46	—	84	4264
耐火土石开采	1013	3	—	252	-2234
粘土及其他土砂石开采	1019	4385	1836	5085	710575
采盐	1030	185725	5092	18333	89583
石棉及其他非金属矿采选	1090	—	—	3504	101749
其他未列明非金属矿采选	1099	—	—	3504	100129
制造业	CCCC	8049320	2874411	15788415	176859083
农副食品加工业	1300	369006	136165	520682	9510674
谷物磨制	1310	38812	4489	47610	1449864
饲料加工	1320	25632	19100	21149	2026423
植物油加工	1330	61442	11057	146478	1118029
食用植物油加工	1331	61442	11057	146455	1116081
非食用植物油加工	1332	—	—	23	1948
制糖业	1340	381	—	300	30158
屠宰及肉类加工	1350	100771	53309	134424	2193093
牲畜屠宰	1351	44737	35352	12160	688704
禽类屠宰	1352	22448	2521	64794	271210
肉制品及副产品加工	1353	33586	15436	57470	1233179
水产品加工	1360	4918	654	1283	56736
水产品冷冻加工	1361	3802	654	1268	46491
水产饲料制造	1363	1116	—	15	10245
蔬菜、水果和坚果加工	1370	18686	11624	4193	1048459

主要经济指标(六)

单位:千元

应交所得税	亏损企业亏损总额	利税总额	应交税金及附加	本年应付职工薪酬	本年应交增值税
32705297	27491392	414267516	197842674	174948539	116590540
8605668	1167402	105808701	45429768	32219016	28817273
1836622	270320	16558382	11718040	20285512	8093466
1836622	270320	16558382	11718040	20285512	8093466
35022	—	16031698	4608775	3611255	2951900
35022	—	16031698	4608775	3611255	2951900
6535613	871936	70502319	27995040	7538882	17013841
6535613	870136	70498242	27992188	7536566	17011380
—	1800	4077	2852	2316	2461
157478	8552	1171375	536039	181104	327785
47887	1101	303606	150173	57718	82376
44824	8	283720	142312	49536	78703
2982	—	15974	5614	6440	2292
15832	7451	195587	88240	55496	61047
5355	4770	116897	46873	34464	33539
10477	2681	78690	41367	21032	27508
93759	—	672182	297626	67890	184362
93759	—	672182	297626	67890	184362
40933	16594	1544927	571874	602263	430281
24906	14816	1123686	325303	132365	255775
559	4087	184651	72004	28306	57358
—	—	10564	6532	8815	5544
939	5254	8655	12284	22917	8762
23408	5475	919816	234483	72327	184111
13912	1778	234902	164512	359637	102807
2013	—	144453	45590	61240	38864
2013	—	141750	44505	59797	38299
22527215	24595858	288799405	140308552	127085283	78524787
847419	439730	12846706	4364843	3605691	2911861
55780	49204	1837267	461244	375229	334366
184233	8067	2571125	771884	556878	465487
103504	84047	1608304	627823	411564	437021
102981	84047	1603691	624578	404648	434749
523	—	4613	3245	6916	2272
-1781	4043	42827	16786	48202	8423
105840	210142	2962086	912731	1220758	696203
44459	46953	781429	152188	300065	78487
8371	112596	533940	277888	434528	234634
53010	50593	1646717	482655	486165	383082
2815	3413	122953	70148	51738	66081
2399	3413	112708	69602	48206	66081
416	—	10245	546	3532	—
39447	8671	1329010	333183	318761	245830

2012年规模以上工业企业

甲栏分组	代码	营业外收入	补贴收入	营业外支出	利润总额
蔬菜加工	1371	9687	6087	553	536395
水果和坚果加工	1372	8999	5537	3640	512064
其他农副食品加工	1390	118364	35932	165245	1587912
淀粉及淀粉制品制造	1391	91981	13177	159205	1359085
豆制品制造	1392	—	—	1	7513
蛋品加工	1393	—	—	—	45252
其他未列明农副食品加工	1399	26383	22755	6039	176062
食品制造业	1400	311942	111201	420796	5703460
焙烤食品制造	1410	10689	—	9711	773540
糕点、面包制造	1411	8405	—	179	27498
饼干及其他焙烤食品制造	1419	2284	—	9532	746042
糖果、巧克力及蜜饯制造	1420	32856	23	19073	884947
糖果、巧克力制造	1421	25258	—	7995	472178
蜜饯制作	1422	7598	23	11078	412769
方便食品制造	1430	116671	22686	100128	987812
米、面制品制造	1431	—	—	2982	97384
速冻食品制造	1432	1346	—	16	56449
方便面及其他方便食品制造	1439	115325	22686	97130	833979
乳制品制造	1440	107624	79808	233275	1579764
罐头食品制造	1450	9005	1034	6842	343722
蔬菜、水果罐头制造	1453	3202	970	1678	306539
其他罐头食品制造	1459	93	64	5162	35949
调味品、发酵制品制造	1460	5166	4474	9104	423878
酱油、食醋及类似制品制造	1462	648	—	554	29761
其他调味品、发酵制品制造	1469	4518	4474	8550	394117
其他食品制造	1490	29931	3176	42663	709797
营养食品制造	1491	—	—	—	11690
保健食品制造	1492	25	—	43	34886
冷冻饮品及食用冰制造	1493	1640	—	100	128628
食品及饲料添加剂制造	1495	27813	2746	39176	426408
其他未列明食品制造	1499	453	430	3344	108185
酒、饮料和精制茶制造业	1500	131011	68511	131296	4157774
酒的制造	1510	108172	65830	25825	1881228
酒精制造	1511	34853	33714	306	615498
白酒制造	1512	17241	3306	15054	966621
啤酒制造	1513	27758	11230	8509	51665
葡萄酒制造	1515	28320	17580	1956	247444
饮料制造	1520	22839	2681	105471	2269327
碳酸饮料制造	1521	—	—	—	131829
瓶(罐)装饮用水制造	1522	3404	801	13814	24562
果菜汁及果菜汁饮料制造	1523	13336	1880	2255	405490
含乳饮料和植物蛋白饮料制造	1524	6099	—	51715	1639657
烟草制品业	1600	5348	133	5402	1737316

主要经济指标(六)

单位：千元　　续表

应交所得税	亏损企业亏损总额	利税总额	应交税金及附加	本年应付职工薪酬	本年应交增值税
22636	6103	628493	122720	132991	73061
16811	2568	700517	210463	185770	172769
357581	72143	2373134	1171044	622561	658450
329269	71797	2114007	1107932	554779	631809
339	346	11615	5205	11391	3352
10954	—	58433	25329	6038	11889
17019	—	189079	32578	50353	11400
676857	288537	7818053	2880117	2788787	1875060
122599	—	1325947	690937	575045	482486
2574	—	34889	11367	28411	5353
120025	—	1291058	679570	546634	477133
123865	—	1182221	428400	390725	257948
72422	—	613413	217884	161224	120766
51443	—	568808	210516	229501	137182
135953	8453	1375667	539980	534067	343460
973	—	133215	40177	53968	30000
1564	2518	63770	9360	37049	4628
133416	5935	1178682	490443	443050	308832
162206	106597	2077304	679476	693644	452875
11245	107620	405799	79939	148080	56205
4620	5570	360989	63904	116875	49830
6625	102050	39564	12017	28207	2616
15229	20240	506502	107506	161812	68456
1799	10569	49273	22890	37547	17003
13430	9671	457229	84616	124265	51453
105760	45627	944613	353879	285414	213630
—	—	13637	2119	1529	1882
10332	—	44092	20060	25085	8819
6921	—	142984	21907	32701	12098
70231	41979	610572	265525	189165	167074
18276	3648	133328	44268	36934	23757
588369	145038	7838266	4369952	1280536	1693557
200090	130846	4817526	3212714	880180	1027434
25238	2639	916085	329736	77963	76338
97783	28033	2373280	1545638	368860	448869
16664	92177	682729	673708	359473	242496
60405	7997	845432	663632	73884	259731
388279	14192	3012510	1156227	395245	665304
4170	210	168846	41419	55015	36464
7657	20	31491	14857	20376	5487
21448	8679	550180	174168	68939	136118
353938	5283	2179161	909380	239926	473218
456116	—	10919237	9659739	978928	1787915

2012年规模以上工业企业

甲栏分组	代码	营业外收入	补贴收入	营业外支出	利润总额
卷烟制造	1620	5348	133	5402	1737316
纺织业	1700	558793	39286	1033824	10475186
棉纺织及印染精加工	1710	494120	20341	246323	7116757
棉纺纱加工	1711	286120	18473	131380	4137458
棉织造加工	1712	200213	1868	103972	2509221
棉印染精加工	1713	7787	—	10971	470078
毛纺织及染整精加工	1720	7110	4917	331970	1275607
毛条和毛纱线加工	1721	5082	4917	311154	1143114
毛织造加工	1722	2028	—	20792	129418
毛染整精加工	1723	—	—	24	3075
化纤织造及印染精加工	1750	138	—	114055	50958
化纤织造加工	1751	138	—	114055	50958
针织或钩针编织物及其制品制造	1760	11695	310	79810	256512
针织或钩针编织物织造	1761	806	310	79810	123660
针织或钩针编织物印染精加工	1762	—	—	—	67647
针织或钩针编织品制造	1763	10889	—	—	65205
家用纺织制成品制造	1770	41849	7404	259920	1200586
床上用品制造	1771	27784	6054	194798	458321
毛巾类制品制造	1772	13943	1350	64993	725877
其他家用纺织制成品制造	1779	122	—	129	16388
非家用纺织制成品制造	1780	3881	6314	1746	574766
非织造布制造	1781	1742	—	197	412686
纺织带和帘子布制造	1783	63	—	1413	-9104
篷、帆布制造	1784	1657	88	136	-582
其他非家用纺织制成品制造	1789	419	6226	—	165909
纺织服装、服饰业	1800	30865	13344	69214	2398216
机织服装制造	1810	20926	12966	22706	2021967
针织或钩针编织服装制造	1820	1068	302	2245	147017
服饰制造	1830	8871	76	44263	229232
皮革、毛皮、羽毛及其制品和制鞋业	1900	17354	1073	119290	9271633
皮革鞣制加工	1910	6039	36	68042	1975173
皮革制品制造	1920	1063	—	3700	5636978
皮革服装制造	1921	321	—	17	3527441
皮箱、包(袋)制造	1922	—	—	—	519400
皮手套及皮装饰制品制造	1923	38	—	160	1497
其他皮革制品制造	1929	704	—	3523	1588640
毛皮鞣制及制品加工	1930	7372	1037	34509	1301529
毛皮鞣制加工	1931	—	—	74	146822
毛皮服装加工	1932	5504	967	19260	970299
其他毛皮制品加工	1939	1868	70	15175	184408
羽毛(绒)加工及制品制造	1940	—	—	—	30939
羽毛(绒)加工	1941	—	—	—	29421
羽毛(绒)制品加工	1942	—	—	—	1518

主要经济指标(六)

单位：千元　　续表

应交所得税	亏损企业亏损总额	利税总额	应交税金及附加	本年应付职工薪酬	本年应交增值税
456116	—	10919237	9659739	978928	1787915
826444	397008	14255878	4834493	5900485	3142017
477843	362307	9879273	3406141	4026446	2312101
218074	264140	5625977	1778164	2371015	1193326
231154	80130	3614040	1418728	1490104	979621
28615	18037	639256	209249	165327	139154
129892	15341	1623019	503505	606310	247450
124989	11255	1421974	425122	537704	185770
4326	1790	196293	76088	59404	61443
577	2296	4752	2295	9202	237
1351	—	79221	33299	39586	12054
1351	—	79221	33299	39586	12054
30790	2051	309711	86648	82012	40752
8692	1513	138061	24945	61421	12755
16611	—	92358	41908	7595	16021
5487	538	79292	19795	12996	11976
146803	—	1675543	636184	903433	442329
59445	—	712970	316809	365147	242995
84731	—	939822	308094	519574	193842
2627	—	22751	11281	18712	5492
39765	17309	689111	168716	242698	87331
29597	—	481465	108927	154290	50153
73	11335	-4134	5877	13631	4479
957	5974	9216	12026	25801	8387
7674	—	194364	37924	44260	22147
197125	72378	3212113	1051371	1627373	670874
164848	68571	2693711	862578	1465570	541429
15114	367	214458	84104	66016	63546
17163	3440	303944	104689	95787	65899
719414	17098	11347362	2971142	4852514	1658009
285700	—	2740462	1115367	1159313	690838
272787	—	6558024	1240294	2902511	663321
23054	—	3963091	497775	2603189	362260
129399	—	689364	301710	108235	56483
250	—	1854	1052	6438	328
120084	—	1903715	439757	184649	244250
105605	7111	1589676	455412	409702	218222
18032	1541	177218	68319	74819	25589
69140	—	1120987	252576	234263	111759
18433	5570	291471	134517	100620	80874
408	—	35759	5362	11274	4329
408	—	33093	4178	4064	3306
—	—	2666	1184	7210	1023

2012年规模以上工业企业

甲栏分组	代码	营业外收入	补贴收入	营业外支出	利润总额
制鞋业	1950	2880	—	13039	327014
纺织面料鞋制造	1951	—	—	—	40923
皮鞋制造	1952	2326	—	12783	177320
塑料鞋制造	1953	—	—	216	67258
橡胶鞋制造	1954	554	—	40	41257
木材加工和木、竹、藤、棕、草制品业	2000	65463	22084	26447	1388615
人造板制造	2020	57443	21864	24453	1136061
胶合板制造	2021	836	2030	5186	266770
纤维板制造	2022	45772	9360	15225	736017
刨花板制造	2023	10835	10474	4042	114183
其他人造板制造	2029	—	—	—	19091
木制品制造	2030	11020	220	972	238210
建筑用木料及木材组件加工	2031	428	220	1	101629
木门窗、楼梯制造	2032	10412	—	122	71209
木制容器制造	2034	40	—	208	3108
软木制品及其他木制品制造	2039	140	—	641	62264
竹、藤、棕、草等制品制造	2040	-3000	—	1022	5314
草及其他制品制造	2049	-3000	—	1022	3584
家具制造业	2100	18810	—	17763	1139707
木质家具制造	2110	17538	—	13987	652223
金属家具制造	2130	557	—	1310	406660
其他家具制造	2190	715	—	2466	65109
造纸和纸制品业	2200	80521	19822	182023	3895213
纸浆制造	2210	—	—	17	24858
非木竹浆制造	2212	—	—	17	5173
造纸	2220	46576	16244	82956	2104598
机制纸及纸板制造	2221	46576	16244	82956	2077121
加工纸制造	2223	—	—	—	10380
纸制品制造	2230	33945	3578	99050	1765757
纸和纸板容器制造	2231	26228	3448	59297	1209491
其他纸制品制造	2239	7717	130	39753	556266
印刷和记录媒介复制业	2300	21612	5275	41902	2004878
印刷	2310	20895	5275	41889	1983532
书、报刊印刷	2311	8556	763	2430	957904
本册印制	2312	532	—	1760	34102
包装装潢及其他印刷	2319	11807	4512	37699	991526
记录媒介复制	2330	717	—	13	12331
文教、工美、体育和娱乐用品制造业	2400	7953	1604	63136	1582505
文教办公用品制造	2410	23	—	2	57487
文具制造	2411	—	—	—	56407
乐器制造	2420	28	—	80	197424
中乐器制造	2421	28	—	—	82038
西乐器制造	2422	—	—	—	108353

主要经济指标(六)

单位:千元　　续表

应交所得税	亏损企业亏损总额	利税总额	应交税金及附加	本年应付职工薪酬	本年应交增值税
54914	9987	423441	154707	369714	81299
710	—	58502	19216	51007	14986
35481	—	222409	81578	188070	39801
13710	—	77080	23615	46444	8558
5013	9987	64986	30088	81178	17758
93188	14833	1809284	540290	595846	347503
74771	11984	1492772	450135	422654	300177
34241	2480	354560	131525	141388	68991
21338	1944	945214	237375	230999	178362
18591	7560	167381	73967	39034	47243
601	—	25617	7268	11233	5581
17289	2599	296947	79050	159412	45234
8552	—	121802	30762	67649	14351
6363	—	93403	29109	31418	18845
446	524	6797	4174	16564	2438
1928	2075	74945	15005	43781	9600
358	250	9611	9203	10805	1252
358	250	7764	9046	9015	1162
103771	13630	1498115	487537	702229	301704
81872	6761	858371	302852	326895	164335
17862	3169	489789	109442	313584	74776
4037	3700	122270	63160	51310	51859
301624	40707	5758422	2228145	1737697	1679212
1848	—	37530	14838	17135	11507
853	—	11950	7883	9763	6120
210072	11053	3163085	1307529	1082127	949439
207993	7176	3125474	1295001	1067237	940157
2079	3877	18476	10490	9878	7413
89704	29654	2557807	905778	638435	718266
53655	11103	1802506	658667	277396	547130
36049	18551	755301	247111	361039	171136
211231	15297	2725344	956654	1072225	634699
211231	15297	2696018	947081	1059812	627362
41026	—	1339750	430922	360637	341966
9119	—	51428	27187	53797	13934
161086	15297	1304840	488972	645378	271462
—	—	18567	7764	9158	5963
197602	25685	2074776	712872	947440	407816
11431	—	91471	46046	31159	31763
11420	—	89113	44440	26669	30532
11079	2407	235593	55341	146218	33356
7510	—	101295	29804	58584	16613
2321	—	123648	19028	73822	13567

2012年规模以上工业企业

甲栏分组	代码	营业外收入	补贴收入	营业外支出	利润总额
其他乐器及零件制造	2429	—	—	—	7875
工艺美术品制造	2430	7440	1604	62041	1017752
雕塑工艺品制造	2431	627	300	17861	408854
金属工艺品制造	2432	21	21	1429	196608
天然植物纤维编织工艺品制造	2435	—	—	1022	9867
抽纱刺绣工艺品制造	2436	—	—	—	100254
地毯、挂毯制造	2437	6792	1283	41729	218289
其他工艺美术品制造	2439	—	—	—	72573
体育用品制造	2440	427	—	209	164915
球类制造	2441	—	—	—	39981
体育器材及配件制造	2442	—	—	42	8701
训练健身器材制造	2443	413	—	167	4707
运动防护用具制造	2444	—	—	—	85538
其他体育用品制造	2449	14	—	—	25988
玩具制造	2450	29	—	1	104638
游艺器材及娱乐用品制造	2460	6	—	803	40289
露天游乐场所游乐设备制造	2461	6	—	803	40289
石油加工、炼焦和核燃料加工业	2500	280791	157392	581392	1149460
精炼石油产品制造	2510	182013	151297	77493	-826536
原油加工及石油制品制造	2511	179991	151297	77493	-870698
人造原油制造	2512	2022	—	—	44162
炼焦	2520	98778	6095	503899	1975996
化学原料和化学制品制造业	2600	1700708	664281	1039682	14286457
基础化学原料制造	2610	1043104	395212	553011	7429546
无机酸制造	2611	12688	4456	3265	845105
无机碱制造	2612	77007	30619	14975	202794
无机盐制造	2613	364766	329474	64103	1004925
有机化学原料制造	2614	581378	30013	451242	4334469
其他基础化学原料制造	2619	7265	650	19426	1042253
肥料制造	2620	271912	177510	67300	1848680
氮肥制造	2621	234315	157103	14990	1063183
磷肥制造	2622	938	908	2114	104691
钾肥制造	2623	3103	—	620	-25247
复混肥料制造	2624	13950	—	46004	432391
有机肥料及微生物肥料制造	2625	19604	19499	3457	254758
其他肥料制造	2629	2	—	115	18904
农药制造	2630	14038	503	8951	366631
化学农药制造	2631	13808	503	8572	293797
生物化学农药及微生物农药制造	2632	230	—	379	72834
涂料、油墨、颜料及类似产品制造	2640	44015	1232	26631	1492248
涂料制造	2641	23280	800	15755	918400
油墨及类似产品制造	2642	1858	—	2812	45826
颜料制造	2643	16580	—	609	233102

主要经济指标(六)

单位:千元　　续表

应交所得税	亏损企业亏损总额	利税总额	应交税金及附加	本年应付职工薪酬	本年应交增值税
1248	1565	11492	6013	8796	3176
131605	23278	1316944	442925	589396	240119
80524	12850	568625	241934	321455	128632
34511	7	262381	102993	75933	55112
220	—	13818	5918	6664	2682
5154	—	121751	27298	34337	19239
2314	10421	246684	33255	95178	19090
8882	—	91345	30339	52529	14331
25781	—	219692	81201	79294	48467
—	—	43603	3664	4143	2785
447	—	11623	3498	7692	1570
995	—	10317	6915	23297	5098
24242	—	122699	61544	20646	34085
97	—	31450	5580	23516	4929
16141	—	158361	72091	70225	45225
1565	—	52715	15268	31148	8886
1565	—	52715	15268	31148	8886
321515	2695285	19214018	18553182	2837314	5716723
246367	2091390	15650221	16786712	1259189	4264569
239843	2091390	15595576	16769353	1253299	4254661
6524	—	54645	17359	5890	9908
75148	603895	3563797	1766470	1578125	1452154
1736300	1535053	18850169	6743262	7099497	3855554
741937	416627	9603493	3092904	3316549	1866588
38722	9770	1137101	348838	252843	256069
62799	8484	467116	368296	1189218	194477
116501	55393	1289471	433751	663304	248839
437987	290977	5318388	1495052	1008900	866864
85928	52003	1391417	446967	202284	300339
266303	118739	2296342	765555	1162570	389208
192290	85872	1298952	467720	886452	210930
14272	—	136074	45939	18951	26830
1461	25247	-22980	4229	8646	2221
41190	5981	573481	191197	175535	119986
9454	—	280156	36147	59148	18091
7636	1639	30659	20323	13838	11150
37062	14269	476018	163132	299717	91700
34533	14269	378508	133444	283431	73143
2529	—	97510	29688	16286	18557
207212	41682	1975301	726730	587008	432002
131942	24271	1211394	444055	315933	262635
7315	788	56997	19247	32330	8843
24268	16210	339017	135642	111189	98588

2012年规模以上工业企业

甲栏分组	代码	营业外收入	补贴收入	营业外支出	利润总额
染料制造	2644	2297	432	7455	290192
密封用填料及类似品制造	2645	—	—	—	4728
合成材料制造	2650	142245	3945	23834	534370
初级形态塑料及合成树脂制造	2651	139525	3945	23386	462523
合成橡胶制造	2652	—	—	—	3165
合成纤维单(聚合)体制造	2653	2720	—	448	-28469
其他合成材料制造	2659	—	—	—	97151
专用化学产品制造	2660	167331	83204	288242	1944765
化学试剂和助剂制造	2661	28072	18954	254520	1283049
专项化学用品制造	2662	19897	17918	5528	465413
林产化学产品制造	2663	—	—	—	18870
信息化学品制造	2664	117998	45110	22980	-11090
环境污染处理专用药剂材料制造	2665	1344	1222	199	79673
动物胶制造	2666	—	—	737	12599
其他专用化学产品制造	2669	20	—	4278	96251
炸药、火工及焰火产品制造	2670	14341	2675	4084	179121
炸药及火工产品制造	2671	13838	2675	4084	104341
焰火、鞭炮产品制造	2672	503	—	—	74780
日用化学产品制造	2680	3722	—	67629	491096
肥皂及合成洗涤剂制造	2681	43	—	10	222838
香料、香精制造	2684	1594	—	2978	144233
其他日用化学产品制造	2689	2085	—	64641	124025
医药制造业	2700	591598	40523	95064	4925458
化学药品原料药制造	2710	100050	—	27431	1373288
化学药品制剂制造	2720	397631	33930	29003	476638
中药饮片加工	2730	1456	913	1176	232639
中成药生产	2740	71788	4024	25993	1953505
兽用药品制造	2750	8883	1656	6610	516606
生物药品制造	2760	11790	—	4789	339570
卫生材料及医药用品制造	2770	—	—	62	33212
化学纤维制造业	2800	43617	43058	29558	416334
纤维素纤维原料及纤维制造	2810	43586	43029	3318	229308
化纤浆粕制造	2811	43319	42946	191	7637
人造纤维(纤维素纤维)制造	2812	267	83	3127	221671
合成纤维制造	2820	31	29	26240	187026
锦纶纤维制造	2821	—	—	—	1192
涤纶纤维制造	2822	—	—	26240	209185
其他合成纤维制造	2829	2	—	—	-26566
橡胶和塑料制品业	2900	76289	34752	406133	8078802
橡胶制品业	2910	13232	6965	231361	3200293
轮胎制造	2911	24030	180	8275	198310
橡胶板、管、带制造	2912	-32934	409	193810	964036
橡胶零件制造	2913	6420	2042	2964	373436

主要经济指标(六)

单位:千元　　**续表**

应交所得税	亏损企业亏损总额	利税总额	应交税金及附加	本年应付职工薪酬	本年应交增值税
41827	413	361499	124156	125454	60469
1860	—	6394	3630	2102	1467
50275	155088	663818	202033	378261	102095
40622	96463	543809	141254	319759	60480
507	—	5409	3039	14121	1794
7486	58625	-15433	22602	25606	12508
1660	—	130033	35138	18775	27313
334528	776066	2840742	1309449	990406	712635
118471	30455	1733938	592801	350620	363228
77013	2097	623840	254383	117971	115339
108	—	31570	16479	4511	11392
123612	661806	189610	350582	463623	168636
8234	—	119795	51156	22713	28869
624	—	18268	6694	1364	3289
6466	81708	123721	37354	29604	21882
46751	12262	301938	179944	149276	102534
28445	12262	198553	125210	122343	85807
18306	—	103385	54734	26933	16727
52232	320	692517	303515	215710	158792
21086	—	329388	173272	110256	80203
4973	11	154308	16656	30065	6592
26173	309	208821	113587	75389	71997
598527	347357	7400981	3239909	3575458	2149770
159891	156650	2007012	860466	1271070	526690
80210	147269	941542	597956	1414913	401037
20807	1846	333401	131304	53623	80018
269369	39572	2987842	1333097	606345	930689
48418	—	684679	219416	156844	148000
19785	2020	407015	91071	64567	57538
47	—	39490	6599	8096	5798
60259	97364	572214	228389	538529	120690
16681	68597	336427	133600	478116	82279
6616	68597	60196	65785	140981	41360
10065	—	276231	67815	337135	40919
43578	28767	235787	94789	60413	38411
—	2102	1739	632	4602	462
43458	—	255478	91320	47389	36103
20	26566	-25654	1704	6174	862
761666	188457	10757159	3553137	2997202	2235034
279125	76699	4371681	1498951	1183180	1006558
20020	15616	275728	106409	116826	69590
104222	9297	1296620	448041	388132	250996
30151	28392	615552	276914	190651	227626

2012年规模以上工业企业

甲栏分组	代码	营业外收入	补贴收入	营业外支出	利润总额
再生橡胶制造	2914	650	550	9394	333526
日用及医用橡胶制品制造	2915	5452	330	6623	592802
其他橡胶制品制造	2919	9614	3454	10295	738183
塑料制品业	2920	63057	27787	174772	4878509
塑料薄膜制造	2921	3929	—	13439	915015
塑料板、管、型材制造	2922	23487	11111	89515	1464160
塑料丝、绳及编织品制造	2923	9814	565	27327	812468
泡沫塑料制造	2924	179	—	201	405254
塑料人造革、合成革制造	2925	34	22	2727	97964
塑料包装箱及容器制造	2926	5855	5074	8952	486321
日用塑料制品制造	2927	8414	2673	22838	278495
塑料零件制造	2928	1934	—	5060	144114
其他塑料制品制造	2929	9411	8342	4713	274718
非金属矿物制品业	3000	1215674	291402	370364	10572672
水泥、石灰和石膏制造	3010	884980	176080	96055	3187414
水泥制造	3011	881113	174538	94270	2787993
石灰和石膏制造	3012	3867	1542	1785	399421
石膏、水泥制品及类似制品制造	3020	60185	33296	37807	1584119
水泥制品制造	3021	53057	33296	31957	842607
砼结构构件制造	3022	6686	—	3929	77354
石棉水泥制品制造	3023	—	—	—	56359
轻质建筑材料制造	3024	21	—	1571	508603
其他水泥类似制品制造	3029	421	—	350	99196
砖瓦、石材等建筑材料制造	3030	45530	3411	28593	2052566
粘土砖瓦及建筑砌块制造	3031	26028	3240	5953	546200
建筑陶瓷制品制造	3032	124	—	6648	443504
建筑用石加工	3033	327	—	202	131438
防水建筑材料制造	3034	3168	—	6366	266588
隔热和隔音材料制造	3035	15599	—	4142	558670
其他建筑材料制造	3039	284	171	5282	106166
玻璃制造	3040	33937	2904	12539	-263462
平板玻璃制造	3041	33356	2904	7977	-261544
其他玻璃制造	3049	581	—	4562	-1918
玻璃制品制造	3050	27966	4748	28721	916885
技术玻璃制品制造	3051	3496	—	2139	668750
玻璃仪器制造	3053	156	—	4570	16853
日用玻璃制品制造	3054	9247	2942	2156	129912
玻璃包装容器制造	3055	14270	1026	15724	50389
其他玻璃制品制造	3059	797	780	4132	50012
玻璃纤维和玻璃纤维增强塑料制品制造	3060	38142	1501	10499	961406
玻璃纤维及制品制造	3061	2510	94	1993	237773
玻璃纤维增强塑料制品制造	3062	35632	1407	8506	723633
陶瓷制品制造	3070	73612	36098	105430	95386

主要经济指标(六)

单位:千元　　续表

应交所得税	亏损企业亏损总额	利税总额	应交税金及附加	本年应付职工薪酬	本年应交增值税
33933	537	431752	143336	114966	84605
3441	8617	807242	222395	133425	193825
87358	14240	944787	301856	239180	179916
482541	111758	6385478	2054186	1814022	1228476
71130	5033	1140902	304538	222772	187945
163536	67761	2014680	738393	569278	464549
96137	3844	1031147	330253	241235	143763
15198	6715	454217	66092	67037	45085
17972	—	124398	46957	57536	23039
39062	3229	713907	268851	176756	204299
17338	8371	327946	69987	164140	30875
21258	—	205204	83960	138408	47124
40910	16805	373077	145155	176860	81797
1549714	2101196	16776691	8110386	8791719	5217786
613833	620362	5559322	3144901	3079831	2037519
551667	604314	5013846	2928979	2919342	1915586
62166	16048	545476	215922	160489	121933
166896	101118	2301400	921944	729192	545120
137220	101095	1272887	598980	439379	363515
4317	23	113612	43447	32141	30452
7749	—	80211	32539	17526	21007
10720	—	704245	207691	197111	108387
6890	—	130445	39287	43035	21759
195728	118719	2778278	945406	811166	538013
67708	18253	751496	280496	199215	176599
997	6805	561152	120692	191973	100280
11199	—	188551	69977	51881	32993
39463	2147	353581	127872	92140	61003
63107	85449	702900	214848	179025	117825
13254	6065	220598	131521	96932	49313
55502	555900	133641	480856	503620	358110
54898	538501	125681	467575	455176	350538
604	17399	7960	13281	48444	7572
143288	284697	1406788	653193	962679	435518
99310	96187	980438	416424	352030	283173
771	24897	24642	9172	43527	7198
9490	15865	195207	82704	311657	52477
32058	147748	138272	125525	230071	78890
1367	—	66680	18465	22769	13328
150447	1409	1374179	579426	361833	363722
5031	—	292243	63146	134312	37841
145416	1409	1081936	516280	227521	325881
68472	336272	408263	422503	1564296	265909

2012年规模以上工业企业

甲栏分组	代码	营业外收入	补贴收入	营业外支出	利润总额
卫生陶瓷制品制造	3071	29340	9480	12944	317374
特种陶瓷制品制造	3072	16976	9430	87145	-117007
日用陶瓷制品制造	3073	27296	17188	5341	-103882
园林、陈设艺术及其他陶瓷制品制造	3079	—	—	—	-1099
耐火材料制品制造	3080	20833	21661	18451	769834
石棉制品制造	3081	1	—	45	65455
云母制品制造	3082	—	9633	—	357935
耐火陶瓷制品及其他耐火材料制造	3089	20832	12028	18406	346444
石墨及其他非金属矿物制品制造	3090	30489	11703	32269	1268524
石墨及碳素制品制造	3091	23581	6021	29888	644114
其他非金属矿物制品制造	3099	6908	5682	2381	624410
黑色金属冶炼和压延加工业	3100	1275	404393	7613738	22330185
炼铁	3110	158358	36716	39286	2303990
炼钢	3120	298337	86610	2160155	2975991
黑色金属铸造	3130	10995	1856	40688	6052253
钢压延加二	3140	-495858	256006	5371410	10818835
铁合金冶炼	3150	29443	23205	2199	179116
有色金属冶炼和压延加工业	3200	41327	60022	159872	2671092
常用有色金属冶炼	3210	7462	899	29187	439151
铜冶炼	3211	5000	—	11231	238321
铅锌冶炼	3212	181	—	17725	15330
铝冶炼	3216	360	—	—	53924
其他常用有色金属冶炼	3219	1071	50	131	131353
贵金属冶炼	3220	11060	46456	44103	694360
金冶炼	3221	11040	46456	44027	696555
稀有稀土金属冶炼	3230	—	—	—	43964
钨钼冶炼	3231	—	—	—	39249
有色金属合金制造	3240	14735	11377	75327	913125
有色金属压延加工	3260	8070	1290	11255	580492
铜压延加工	3261	382	1	2411	416008
铝压延加工	3262	6331	1289	7714	-5672
稀有稀土金属压延加工	3264	—	—	87	4290
其他有色金属压延加工	3269	1207	—	286	89988
金属制品业	3300	213989	36873	1307422	12335395
结构性金属制品制造	3310	43673	25171	954162	4326489
金属结构制造	3311	28683	11155	878450	3692885
金属门窗制造	3312	14990	14016	75712	633604
金属工具制造	3320	27699	417	83766	612902
切削工具制造	3321	15062	100	4039	276974
手工具制造	3322	2	—	15	158827
农用及园林用金属工具制造	3323	10035	317	77400	114129
刀剪及类似日用金属工具制造	3324	—	—	—	2486
其他金属工具制造	3329	2600	—	2312	60486

主要经济指标(六)

单位:千元　　续表

应交所得税	亏损企业亏损总额	利税总额	应交税金及附加	本年应付职工薪酬	本年应交增值税
54814	15050	510314	262854	861576	163082
10731	181718	-96609	35101	116331	15858
1853	134105	-65625	55059	471125	33240
1074	5399	60183	69489	115264	53729
67121	35313	1080910	395190	395655	273417
12030	1256	89556	37044	25208	16222
9331	—	418999	74020	21879	55203
45760	34057	572355	284126	348568	201992
88427	47406	1733910	566967	383447	400458
50599	18749	861575	274754	184644	184798
37828	28657	872335	292213	198803	215660
3233479	7367425	45806591	28589379	35808692	21544013
353917	365393	5388473	3546868	2627282	2846745
394313	465668	7743521	5940901	10118279	4360776
804565	182173	7601899	2418491	2068234	1345733
1668400	6348328	24845735	16619407	20943547	12946863
12284	5863	226963	63712	51350	43896
486381	808722	3827120	1708018	1222015	1033960
28934	20672	722695	324515	169810	270374
14109	3904	433518	211968	76248	191886
560	13745	32919	18394	25908	15706
131	—	89684	37144	12310	32252
13903	2814	164604	54829	51446	28956
146447	13564	704830	159919	296313	1171
146447	11369	706837	159595	295038	994
925	—	64393	22271	7526	13992
256	—	58557	19841	3160	13209
194498	70282	1442532	731824	188483	479081
115577	704204	892670	469489	559883	269342
19917	6830	488731	95522	57548	66555
73480	694552	210031	313103	411482	181562
373	399	15139	11611	6141	9823
2355	2423	101851	28490	57071	10747
1000759	315706	16794115	5762167	6328935	3914692
214627	135341	6152213	2128908	1687531	1657666
150848	134527	5338460	1876568	1395751	1512335
63779	814	813753	252340	291780	145331
45774	24814	858758	316500	488901	208733
30525	15717	384441	153713	297389	86915
10396	1343	206541	62367	65637	43498
2592	6989	171046	63290	96511	52324
406	—	3553	1498	1610	970
1855	765	93177	35632	27754	25026

2012年规模以上工业企业

甲栏分组	代码	营业外收入	补贴收入	营业外支出	利润总额
集装箱及金属包装容器制造	3330	12633	2818	11944	299847
集装箱制造	3331	100	—	2	-1118
金属压力容器制造	3332	5882	1865	335	142978
金属包装容器制造	3333	6651	953	11607	157987
金属丝绳及其制品制造	3340	2160	320	33919	1600248
建筑、安全用金属制品制造	3350	75254	1881	124368	3664482
建筑、家具用金属配件制造	3351	511	500	25	224792
建筑装饰及水暖管道零件制造	3352	74743	1381	118420	3246248
安全、消防用金属制品制造	3353	—	—	5923	140697
其他建筑、安全用金属制品制造	3359	—	—	—	52745
金属表面处理及热处理加工	3360	7840	285	61627	521124
搪瓷制品制造	3370	—	—	—	313005
生产专用搪瓷制品制造	3371	—	—	—	25749
搪瓷卫生洁具制造	3373	—	—	—	287311
金属制日用品制造	3380	2627	—	3227	121650
金属制餐具和器皿制造	3382	462	—	1897	47352
金属制卫生器具制造	3383	—	—	18	1555
其他金属制日用品制造	3389	2165	—	1310	77756
其他金属制品制造	3390	42103	5981	34409	875648
锻件及粉末冶金制品制造	3391	1001	—	9868	332008
交通及公共管理用金属标牌制造	3392	—	—	—	21418
通用设备制造业	3400	280151	56380	148155	9679182
锅炉及原动设备制造	3410	13312	1200	3566	773720
锅炉及辅助设备制造	3411	2092	—	1785	348942
内燃机及配件制造	3412	10638	1200	1781	429863
金属加工机械制造	3420	52678	10642	14165	1672165
金属切削机床制造	3421	8815	5633	8549	140130
金属成形机床制造	3422	6385	150	3083	83802
铸造机械制造	3423	1870	1289	230	109371
金属切割及焊接设备制造	3424	29977	100	496	1233487
机床附件制造	3425	4951	3470	681	83587
其他金属加工机械制造	3429	680	—	1126	21788
物料搬运设备制造	3430	17858	10219	17387	1531039
轻小型起重设备制造	3431	154	—	3794	798800
起重机制造	3432	2860	191	1443	146542
生产专用车辆制造	3433	—	—	—	415
连续搬运设备制造	3434	13544	9786	7128	207824
电梯、自动扶梯及升降机制造	3435	810	242	4803	373376
其他物料搬运设备制造	3439	490	—	219	4082
泵、阀门、压缩机及类似机械制造	3440	85806	22900	43274	2101389
泵及真空设备制造	3441	23904	3532	19921	1395469
气体压缩机械制造	3442	12	12	240	28464
阀门和旋塞制造	3443	40808	4240	16617	601172

主要经济指标(六)

单位:千元　　续表

应交所得税	亏损企业亏损总额	利税总额	应交税金及附加	本年应付职工薪酬	本年应交增值税
42038	30812	497677	259158	283829	170426
—	1237	261	1751	5600	1231
22664	10299	242757	132214	167577	87746
19374	19276	254659	125193	110652	81449
79523 a	27284	2141635	680254	586614	432231
404825	24116	4780598	1592936	2094557	996276
27474	14547	282063	85685	85662	48911
356924	9569	4216319	1392817	1942039	870281
11103	—	210291	85249	50646	60387
9324	—	71925	29185	16210	16697
16497	43266	631248	144194	305286	94705
47771	55	400965	136664	64275	75708
1247	—	49158	24883	18204	19822
46524	—	351748	111667	45863	55772
13156	10319	176111	71358	175517	40275
1187	5093	66555	21864	137053	17614
472	—	3669	2853	3421	1229
11497	213	109911	45507	29186	20735
136548	19699	1154910	432195	642425	238672
69578	1042	437297	179273	159846	93639
636	—	30588	10565	12261	8132
840084	280802	12877732	4263127	4538401	2708202
109540	84260	1021939	371561	517833	198198
31660	24988	463916	154887	185021	87035
77880	54184	561607	215149	324996	109762
116419	6577	1999316	461080	574608	280699
28176	1640	216664	107378	84897	68480
6175	—	98172	21765	43457	9942
17962	4509	168334	79500	127259	52632
47888	—	1378381	197691	216874	122521
12278	—	104806	34830	72820	18324
3940	428	32959	19916	29301	8800
152604	48144	2263626	947539	699024	626632
4045	2285	1172185	412073	316529	306146
17813	7437	223999	101447	86776	71370
185	81	1506	1417	4392	977
50608	38341	298365	156813	125312	83152
79466	—	555905	267200	159360	158472
487	—	11666	8589	6655	6515
114401	50667	2649390	701713	872528	445458
50382	2508	1692313	360201	418667	234897
3212	—	41291	16280	12063	11384
44063	19043	790489	255704	325519	154319

2012年规模以上工业企业

甲栏分组	代码	营业外收入	补贴收入	营业外支出	利润总额
液压和气压动力机械及元件制造	3444	21082	15116	6496	76284
轴承、齿轮和传动部件制造	3450	12006	1728	13017	868607
轴承制造	3451	2469	1498	4177	339741
齿轮及齿轮减、变速箱制造	3452	9114	—	8648	491093
其他传动部件制造	3459	423	230	192	37773
烘炉、风机、衡器、包装等设备制造	3460	13418	5383	16515	821852
烘炉、熔炉及电炉制造	3461	1349	97	4986	204439
风机、风扇制造	3462	2510	2501	538	47232
气体、液体分离及纯净设备制造	3463	1260	—	554	76901
制冷、空调设备制造	3464	2965	1516	5160	246021
风动和电动工具制造	3465	32	—	20	11352
衡器制造	3467	15	—	2789	163363
包装专用设备制造	3468	5287	1269	2468	83746
文化、办公用机械制造	3470	11084	—	27	89879
复印和胶印设备制造	3474	—	—	—	7543
通用零部件制造	3480	37916	4107	26382	1725557
金属密封件制造	3481	—	—	—	58051
紧固件制造	3482	5575	53	5457	661128
弹簧制造	3483	594	—	3188	59878
机械零部件加工	3484	29567	3810	15575	651781
其他通用零部件制造	3489	2180	244	2162	294719
其他通用设备制造业	3490	36073	201	13822	94974
专用设备制造业	3500	615933	148825	319691	10414703
采矿、冶金、建筑专用设备制造	3510	263061	90641	175634	4645583
矿山机械制造	3511	123494	21175	36817	1838242
石油钻采专用设备制造	3512	5332	1259	63716	1073347
建筑工程用机械制造	3513	15777	2598	11110	485597
海洋工程专用设备制造	3514	—	—	—	5665
建筑材料生产专用机械制造	3515	12802	3250	6137	138506
冶金专用设备制造	3516	105656	62359	57854	1104226
化工、木材、非金属加工专用设备制造	3520	30172	1209	41476	1239244
炼油、化工生产专用设备制造	3521	2535	1204	7892	666287
橡胶加工专用设备制造	3522	18163	—	283	15012
塑料加工专用设备制造	3523	761	—	—	34945
木材加工机械制造	3524	202	—	27	16484
模具制造	3525	8511	5	33274	505930
食品、饮料、烟草及饲料生产专用设备制造	3530	29374	1383	5230	483616
食品、酒、饮料及茶生产专用设备制造	3531	1016	—	11	21073
农副食品加工专用设备制造	3532	24564	1131	2062	366938
烟草生产专用设备制造	3533	3794	252	3157	80232
饲料生产专用设备制造	3534	—	—	—	15373
印刷、制药、日化及日用品生产专用设备制造	3540	4710	1782	7056	240064
制浆和造纸专用设备制造	3541	4	—	42	9203

主要经济指标(六)

单位:千元　　续表

应交所得税	亏损企业亏损总额	利税总额	应交税金及附加	本年应付职工薪酬	本年应交增值税
16744	29116	125297	69528	116279	44858
91874	12837	1139660	376682	412484	238950
54847	62	432428	153717	180358	78085
37027	8520	663721	215802	185626	156905
—	4255	43511	7163	46500	3960
93555	45714	1128612	431768	458580	259009
15727	1278	265540	80110	133637	50389
1021	1451	64307	23763	46847	14310
19633	22584	123578	70655	61877	42311
20772	7746	345153	125836	93297	87122
1004	—	16521	6485	8121	2733
19641	1453	200884	64265	50446	28096
15757	—	122934	59755	64230	33151
7549	—	120915	40157	29156	23705
—	—	9815	2917	2617	1208
146061	29127	2416382	879334	872526	600600
7754	—	78312	29068	35348	17889
62239	—	909620	325181	173992	223519
1796	—	76322	22387	14192	14556
52052	26548	976281	395647	543082	271760
22220	2579	375847	107051	105912	72876
8081	3476	137892	53293	101662	34951
1065909	502790	14282880	5223574	6302994	3305910
462747	224468	6613291	2623985	3679427	1636936
178487	48449	2785580	1206464	1335854	742652
131852	—	1373521	449188	492838	267825
32075	13063	674425	241837	321594	162738
273	—	9323	4985	3024	3525
28427	39514	218724	112854	200297	70786
91633	123442	1551718	608657	1325820	389410
118096	18482	1594670	492305	348515	307670
31367	7052	837181	210020	133244	159198
3000	—	17154	5310	18395	2106
529	—	52278	18075	13660	16736
384	—	24783	10488	14920	5306
82816	11430	661728	247402	167618	123467
24464	9544	618041	165814	209845	120457
535	9544	27985	7965	26605	6459
13602	—	427699	76305	116213	56865
10327	—	143642	78167	62775	56156
—	—	18715	3377	4252	977
29130	11932	340084	138260	119509	88938
500	—	14665	6830	7616	3875

2012年规模以上工业企业

甲栏分组	代码	营业外收入	补贴收入	营业外支出	利润总额
印刷专用设备制造	3542	4407	1782	6968	135757
其他日用品生产专用设备制造	3549	187	—	46	–1218
纺织、服装和皮革加工专用设备制造	3550	39317	1440	3180	405326
纺织专用设备制造	3551	39164	1440	3093	269782
缝制机械制造	3553	153	—	87	135544
电子和电工机械专用设备制造	3560	24451	7976	12111	263804
电工机械专用设备制造	3561	5327	700	1089	40692
电子工业专用设备制造	3562	19124	7276	11022	223112
农、林、牧、渔专用机械制造	3570	86645	18734	48482	780612
拖拉机制造	3571	274	—	962	–5104
机械化农业及园艺机具制造	3572	24920	7654	6031	418260
畜牧机械制造	3574	18	—	59	109509
农林牧渔机械配件制造	3576	—	—	—	242355
其他农、林、牧、渔业机械制造	3579	600	600	331	5386
医疗仪器设备及器械制造	3580	11348	8191	6018	118291
医疗诊断、监护及治疗设备制造	3581	8226	8098	479	40061
机械治疗及病房护理设备制造	3585	1279	—	181	16582
其他医疗设备及器械制造	3589	1804	93	5350	59461
环保、社会公共服务及其他专用设备制造	3590	126855	17469	20504	2238163
环境保护专用设备制造	3591	7000	3142	3174	459346
地质勘查专用设备制造	3592	9722	—	125	17433
社会公共安全设备及器材制造	3595	91812	11910	1167	640784
交通安全、管制及类似专用设备制造	3596	1682	—	1199	32376
水资源专用机械制造	3597	—	—	85	44546
其他专用设备制造	3599	16639	2417	14754	1043678
汽车制造业	3600	382237	108460	227772	15211223
汽车整车制造	3610	107582	14280	43371	6756959
改装汽车制造	3620	51909	401	23793	1017564
汽车车身、挂车制造	3650	899	—	4858	695958
汽车零部件及配件制造	3660	221317	93779	155735	6731280
铁路、船舶、航空航天和其他运输设备制造业	3700	235392	53133	137425	2825440
铁路运输设备制造	3710	158908	22435	81884	1572818
铁路机车车辆配件制造	3713	3584	—	39717	67748
铁路专用设备及器材、配件制造	3714	32303	22435	31686	787854
船舶及相关装置制造	3730	30686	25819	1879	27254
金属船舶制造	3731	30639	25819	1872	–5096
船用配套设备制造	3734	47	—	7	1275
航空、航天器及设备制造	3740	33875	3640	4894	29598
飞机制造	3741	33875	3640	4894	29598
摩托车制造	3750	10525	1239	46525	713816
摩托车整车制造	3751	861	852	5193	546210
摩托车零部件及配件制造	3752	9664	387	41332	167606
自行车制造	3760	1268	—	2220	447675

主要经济指标(六)

单位：千元　　续表

应交所得税	亏损企业亏损总额	利税总额	应交税金及附加	本年应付职工薪酬	本年应交增值税
13297	8562	206597	91646	93125	63202
10	1266	174	1830	5007	1271
30923	724	522625	157054	124370	85279
26369	724	337814	100884	66712	40704
4554	—	184811	56170	57658	44575
22964	32702	348479	112659	135861	76653
5837	1221	56707	24537	74570	11618
17127	31481	291772	88122	61291	65035
42953	10975	1031401	310187	311293	220894
514	7290	-2403	4962	11116	1829
34242	1143	500378	123865	149021	71762
1918	—	139280	32219	26680	21150
3893	2542	362934	128685	59679	111753
660	—	16699	12295	47905	10249
9597	36305	158039	53012	115247	33926
3091	2927	49619	13294	50736	6650
2473	—	31658	18148	26495	13783
4033	33378	74341	21324	33499	13314
325035	157658	3056250	1170298	1258927	735157
67390	5471	619408	233915	183913	141072
3147	1455	31421	20333	96301	12472
79295	—	816345	259465	185933	156531
—	—	45440	13211	22540	11453
3160	—	53656	13110	18277	8765
172043	150732	1489980	630264	751963	404864
3891010	257838	21404054	10305274	7555617	4160891
2470037	—	9962744	5743973	2055284	1606539
93863	42258	1305991	403102	394349	202102
72836	38732	869909	261435	136919	149049
1251909	176848	9249541	3887257	4960778	2197397
329418	70197	4540437	2119282	2671875	1485150
180050	1599	2727750	1381711	1602394	1023718
9036	1462	117410	65138	110011	43066
74071	137	1150450	451551	519695	319957
19173	62318	286018	287717	308238	240405
19153	62318	243903	277477	278682	231557
20	—	5730	4875	24606	3948
9412	—	36940	18475	192340	5331
9412	—	36940	18475	192340	5331
47583	—	871103	209601	150950	99263
19467	—	675096	152248	79974	78638
28116	—	196007	57353	70976	20625
69020	6280	579133	211822	411097	114504

2012年规模以上工业企业

甲栏分组	代码	营业外收入	补贴收入	营业外支出	利润总额
脚踏自行车及残疾人座车制造	3761	968	—	2186	376713
助动自行车制造	3762	300	—	34	70962
电气机械和器材制造业	3800	483741	253686	581892	5255492
电机制造	3810	99371	73696	25268	501638
发电机及发电机组制造	3811	82149	59397	23330	439337
电动机制造	3812	17222	14299	1938	56972
微电机及其他电机制造	3819	—	—	—	5329
输配电及控制设备制造	3820	298785	144933	248606	-1985910
变压器、整流器和电感器制造	3821	166290	115564	58291	-2377350
电容器及其配套设备制造	3822	—	—	—	183260
配电开关控制设备制造	3823	14463	711	44772	615896
电力电子元器件制造	3824	10154	1319	51530	510954
光伏设备及元器件制造	3825	98402	24420	77821	-1072076
其他输配电及控制设备制造	3829	9476	2919	16192	153406
电线、电缆、光缆及电工器材制造	3830	10691	1172	240887	4966611
电线、电缆制造	3831	4061	1172	219061	4559326
光纤、光缆制造	3832	2300	—	14560	9703
绝缘制品制造	3833	4328	—	3529	166648
其他电工器材制造	3839	2	—	3737	230934
电池制造	3840	13708	3842	56425	555849
锂离子电池制造	3841	12594	—	311	58543
其他电池制造	3849	1114	3842	56114	497306
家用电力器具制造	3850	26779	25919	842	560835
家用空气调节器制造	3852	6195	5916	—	78869
家用美容、保健电器具制造	3856	—	—	—	49226
家用电力器具专用配件制造	3857	18965	18752	728	-470
其他家用电力器具制造	3859	361	—	113	400085
非电力家用器具制造	3860	21375	—	1601	336414
燃气、太阳能及类似能源家用器具制造	3861	21375	—	1601	244875
其他非电力家用器具制造	3869	—	—	—	91539
照明器具制造	3870	3703	2374	4634	253481
电光源制造	3871	1250	—	3923	52170
照明灯具制造	3872	1557	1478	556	168300
灯用电器附件及其他照明器具制造	3879	896	896	155	33011
其他电气机械及器材制造	3890	9329	1750	3629	66574
电气信号设备装置制造	3891	7521	1750	30	-3270
其他未列明电气机械及器材制造	3899	1808	—	3599	69844
计算机、通信和其他电子设备制造业	3900	158994	42706	116964	1575502
计算机制造	3910	1071	—	2747	-353
计算机零部件制造	3912	268	—	2706	37371
通信设备制造	3920	27752	10283	47874	-261065
通信系统设备制造	3921	9633	7566	250	121951
通信终端设备制造	3922	18119	2717	47624	-383016

主要经济指标(六)

单位:千元　　**续表**

应交所得税	亏损企业亏损总额	利税总额	应交税金及附加	本年应付职工薪酬	本年应交增值税
54708	930	498542	187730	363990	105865
14312	5350	80591	24092	47107	8639
891457	5479515	8502368	4497608	6369821	2619523
63894	219962	733103	318692	524289	214154
48280	199749	610101	235603	367347	161086
13188	20213	116143	79097	154122	51603
2426	—	6859	3992	2820	1465
273514	5138231	-830053	1566710	3041293	926232
84352	3324911	-1764074	758494	1510777	515593
6595	—	250103	74636	30652	64070
66961	7962	779893	240618	252176	129285
29888	—	621784	157244	111267	76876
75638	1779328	-947160	237525	1028689	78020
10080	26030	229401	98193	107732	62388
328355	45935	6013819	1505122	1074173	765328
291521	35207	5499703	1351946	964066	694599
2402	—	10162	3027	4190	417
2172	8933	199846	40733	62945	23601
32260	1795	304108	109416	42972	46711
34292	12847	896766	406100	684625	304802
4972	3238	70707	17870	20460	11431
29320	9609	826059	388230	664165	293371
105078	10913	779278	338173	531849	196215
11672	—	146117	88742	220818	60040
—	184	67489	18264	20392	17792
968	10234	1812	4943	21638	1876
84034	—	521447	208372	266797	107416
38811	—	424023	136326	118360	78013
18820	—	301435	84090	100883	47879
19991	—	122588	52236	17477	30134
33912	3354	357393	145485	292889	93454
7158	—	78276	33967	28992	24051
19669	3354	215479	73561	70769	40634
7085	—	63638	37957	193128	28769
13601	48273	128039	81000	102343	41325
3575	22267	25351	34470	41125	13819
10026	26006	102688	46530	61218	27506
314694	1035114	2401143	1273419	2790820	671462
6569	37724	9955	18809	89571	9406
6569	—	47679	17476	56524	9406
6469	420662	-61438	233317	1376824	171295
11083	1026	165683	57639	117563	36701
-4614	419636	-227121	175678	1259261	134594

2012年规模以上工业企业

甲栏分组	代码	营业外收入	补贴收入	营业外支出	利润总额
广播电视设备制造	3930	71	—	23787	409097
广播电视节目制作及发射设备制造	3931	—	—	—	1729
广播电视接收设备及器材制造	3932	71	—	23787	407368
电子器件制造	3960	88180	3526	3893	708737
半导体分立器件制造	3962	9	—	5	11651
集成电路制造	3963	1070	1070	2	143644
光电子器件及其他电子器件制造	3969	29305	2456	537	327362
电子元件制造	3970	10507	3230	30031	1045843
电子元件及组件制造	3971	6198	230	29610	378299
印制电路板制造	3972	4309	3000	421	667544
其他电子设备制造	3990	31413	25667	8632	-352435
仪器仪表制造业	4000	67284	58172	13913	911744
通用仪器仪表制造	4010	31577	25742	12709	568096
工业自动控制系统装置制造	4011	5932	3935	629	214756
电工仪器仪表制造	4012	—	—	—	8652
绘图、计算及测量仪器制造	4013	—	—	5	71968
试验机制造	4015	4054	12243	32	80081
供应用仪表及其他通用仪器制造	4019	21591	9564	11937	188896
专用仪器仪表制造	4020	35704	32430	1129	305490
环境监测专用仪器仪表制造	4021	23210	21840	90	50618
导航、气象及海洋专用仪器制造	4023	9978	9430	452	16169
地质勘探和地震专用仪器制造	4025	153	—	415	201745
电子测量仪器制造	4028	1101	—	70	9663
钟表与计时仪器制造	4030	—	—	—	3102
光学仪器及眼镜制造	4040	—	—	—	16955
光学仪器制造	4041	—	—	—	13429
其他仪器仪表制造业	4090	3	—	75	18101
其他制造业	4100	3398	1763	4197	302946
日用杂品制造	4110	2017	1663	3844	207863
鬃毛加工、制刷及清扫工具制造	4111	258	142	571	38846
其他日用杂品制造	4119	1759	1521	3273	169017
废弃资源综合利用业	4200	33978	—	920	554631
金属废料和碎屑加工处理	4210	19708	—	188	456753
非金属废料和碎屑加工处理	4220	14270	—	732	97878
金属制品、机械和设备修理业	4300	4266	92	2486	97188
通用设备修理	4320	1072	—	237	6919
专用设备修理	4330	2146	—	672	20733
铁路、船舶、航空航天等运输设备修理	4340	1047	92	577	66602
铁路运输设备修理	4341	691	92	415	10385
船舶修理	4342	109	—	130	211
电力、热力、燃气及水生产和供应业	DDDD	1999025	769301	346591	9379773
电力、热力生产和供应业	4400	1902799	728463	308867	8311051
电力生产	4410	1262857	529713	82057	7436388

主要经济指标(六)

单位：千元　　续表

应交所得税	亏损企业亏损总额	利税总额	应交税金及附加	本年应付职工薪酬	本年应交增值税
9582	2132	475797	79241	97510	40540
516	—	3576	2415	6859	1535
9066	2132	472221	76826	90651	39005
111082	19544	891050	357374	307166	147135
886	503	23868	14209	19581	4596
8189	—	174232	39280	36668	29365
12667	19041	422700	114971	207668	82587
173289	87201	1377133	532075	828033	274960
26016	85599	516248	178783	274467	88126
147273	1602	860885	353292	553566	186834
7703	467851	-320429	48333	88973	27426
170952	1687	1252367	524836	545509	292965
100095	1687	787644	328257	304079	193157
36585	—	320641	145945	207483	93472
477	—	12608	4940	2370	3648
21816	1687	89097	39314	10406	12978
3652	—	105413	29819	16904	22446
37063	—	252072	103507	63532	57062
66375	—	400770	164877	204056	78601
7464	—	76517	34054	25883	23696
3397	—	22684	10410	90094	4132
50965	—	252125	102911	63083	41084
2148	—	15772	8489	10479	5333
343	—	11088	8975	17641	6502
3193	—	24073	10787	17738	6413
3012	—	19790	9708	3578	5722
946	—	28792	11940	1995	8292
23081	22589	397689	124621	241370	67481
18983	—	263581	79558	144781	39416
4663	—	64877	32086	80811	20365
14320	—	198704	47472	63970	19051
29897	17130	847755	330090	117185	234891
26363	17110	722660	298786	86739	210341
3534	20	125095	31304	30446	24550
2953	1690	190366	101737	662579	79863
1797	270	11026	6200	9290	3847
—	—	28490	9389	123759	6910
624	1420	145613	83308	524350	68350
345	—	37337	30289	182269	22074
279	1420	52039	52760	252076	46100
1572414	1728132	19659410	12104354	15644240	9248480
1345847	1510141	18198061	11430133	14096417	8944352
981862	834811	11962915	5658695	3645182	4107228

2012年规模以上工业企业

甲栏分组	代码	营业外收入	补贴收入	营业外支出	利润总额
火力发电	4411	772847	312766	69851	5718389
水力发电	4412	847	—	76	27549
风力发电	4414	456820	206097	10624	1697337
其他电力生产	4419	32343	10850	1506	-6887
电力供应	4420	285587	17789	173403	1303773
热力生产和供应	4430	354355	180961	53407	-429110
燃气生产和供应业	4500	33140	16277	14190	1031926
水的生产和供应业	4600	63086	24561	23534	36796
自来水生产和供应	4610	49294	18581	23110	55174
污水处理及其再生利用	4620	13792	5980	424	-18378

主要经济指标(六)

单位:千元　　续表

应交所得税	亏损企业亏损总额	利税总额	应交税金及附加	本年应付职工薪酬	本年应交增值税
1044307	587585	9848845	5312913	3410642	3737190
3926	5379	110635	87015	17417	75986
-71838	180570	1978096	219363	168712	264304
5467	61277	25339	39404	48411	29748
331210	51010	6619143	5676746	9766829	4820974
32775	624320	-383997	94692	684406	16150
200472	66850	1263400	452265	649761	174579
26095	151141	197949	221956	898062	129549
20793	107425	211131	204487	809960	125394
5302	43716	-13182	17469	88102	4155

2012年规模以上工业企业

甲栏分组	代码	本年进项税额	本年销项税额	土地和固定资产支出
总计		478514456	557207589	235928783
采矿业	BBBB	52944814	78332514	25287367
煤炭开采和洗选业	0600	35647212	41978591	8568414
烟煤和无烟煤开采洗选	0610	35647212	41978591	8568414
石油和天然气开采业	0700	2461744	5443802	10206951
石油开采	0710	2461744	5443802	10206951
黑色金属矿采选业	0800	13860582	29314914	6163407
铁矿采选	0810	13847668	29301770	6163022
其他黑色金属矿采选	0890	12914	13144	385
有色金属矿采选业	0900	242077	498499	95879
常用有色金属矿采选	0910	21699	104666	55645
铅锌矿采选	0912	11694	92200	54360
其他常用有色金属矿采选	0919	9397	11361	1285
贵金属矿采选	0920	4824	14132	234
金矿采选	0921	1607	2637	—
银矿采选	0922	3217	11495	234
稀有稀土金属矿采选	0930	215554	379701	40000
钨钼矿采选	0931	215554	379701	40000
非金属矿采选业	1000	733199	1096708	252716
土砂石开采	1010	632340	883300	154592
石灰石、石膏开采	1011	128726	185373	8316
建筑装饰用石开采	1012	—	1653	5618
耐火土石开采	1013	16933	24971	11913
粘土及其他土砂石开采	1019	486681	671303	128745
采盐	1030	35859	109142	90018
石棉及其他非金属矿采选	1090	37234	47144	—
其他未列明非金属矿采选	1099	37234	47144	—
制造业	CCCC	387954500	439543608	177906548
农副食品加工业	1300	15580594	16785939	3451363
谷物磨制	1310	2737078	2774950	322952
饲料加工	1320	1656611	2085479	227077
植物油加工	1330	3733649	3697486	1537208
食用植物油加工	1331	3724284	3687091	1537208
非食用植物油加工	1332	9365	10395	—
制糖业	1340	163698	112598	1000
屠宰及肉类加工	1350	2789953	3308414	657403
牲畜屠宰	1351	850408	1047294	473258
禽类屠宰	1352	587013	675528	51525
肉制品及副产品加工	1353	1352532	1585592	132620
水产品加工	1360	152378	27062	4761
水产品冷冻加工	1361	152378	27062	4761
水产饲料制造	1363	—	—	—
蔬菜、水果和坚果加工	1370	770393	790354	150259

主要经济指标(七)

单位:千元

土地购置	房屋和建筑物	机器设备	运输工具	其他费用	全部从业人员年平均人数(人)
13105265	59358320	139787403	7366622	16280836	3714496
500325	5187439	12699112	480350	6418970	453309
183591	2096510	4985509	221167	1081637	213745
183591	2096510	4985509	221167	1081637	213745
—	477893	4609775	60005	5059278	49414
—	477893	4609775	60005	5059278	49414
303311	2459584	2946627	177942	274772	169298
303311	2459584	2946302	177882	274772	169188
—	—	325	60	—	110
12036	56154	27408	68	213	4463
—	42749	12615	68	213	1104
—	42749	11330	68	213	881
—	—	1285	—	—	151
—	—	234	—	—	1633
—	—	—	—	—	1045
—	—	234	—	—	588
12036	13405	14559	—	—	1726
12036	13405	14559	—	—	1726
1387	97298	129793	21168	3070	16389
1387	29568	102034	18998	2605	4606
7	1248	3925	3136	—	891
—	930	4688	—	—	218
1380	1535	6619	779	1600	590
—	25855	86802	15083	1005	2907
—	65478	23119	1157	264	9233
—	—	—	—	—	1343
—	—	—	—	—	1283
12431416	51028527	100068341	6409062	7940036	3079798
158768	1165178	1892389	73738	161290	122966
6594	130262	177545	3172	5379	15065
12006	85014	113132	6803	10122	17420
12536	469152	986949	30025	38546	11769
12536	469152	986949	30025	38546	11609
—	—	—	—	—	160
—	400	600	—	—	1122
45396	227888	338210	19448	26461	37948
8435	186852	269796	4989	3186	10288
621	23085	23843	1294	2682	13448
36340	17951	44571	13165	20593	14212
2023	70	321	2315	32	1966
2023	70	321	2315	32	1834
—	—	—	—	—	132
10180	51108	84202	2439	2330	14387

2012年规模以上工业企业

甲栏分组	代码	本年进项税额	本年销项税额	土地和固定资产支出
蔬菜加工	1371	540749	463201	64905
水果和坚果加工	1372	229644	327153	85354
其他农副食品加工	1390	3576834	3989596	550703
淀粉及淀粉制品制造	1391	3387276	3800311	361050
豆制品制造	1392	7229	9557	1124
蛋品加工	1393	86689	93468	—
其他未列明农副食品加工	1399	95640	86260	188529
食品制造业	1400	6859092	8226639	3295457
焙烤食品制造	1410	901911	1246730	686837
糕点、面包制造	1411	11910	15679	48899
饼干及其他焙烤食品制造	1419	890001	1231051	637938
糖果、巧克力及蜜饯制造	1420	602647	836226	186202
糖果、巧克力制造	1421	328211	444809	97534
蜜饯制作	1422	274436	391417	88668
方便食品制造	1430	1508851	1807234	673261
米、面制品制造	1431	82816	98562	3264
速冻食品制造	1432	29176	26319	6766
方便面及其他方便食品制造	1439	1396859	1682353	663231
乳制品制造	1440	2603567	2888223	893674
罐头食品制造	1450	269088	303090	161041
蔬菜、水果罐头制造	1453	129262	172052	63490
其他罐头食品制造	1459	138827	126280	97081
调味品、发酵制品制造	1460	181913	208171	272950
酱油、食醋及类似制品制造	1462	67653	82091	15370
其他调味品、发酵制品制造	1469	114260	126080	257580
其他食品制造	1490	791115	936965	421492
营养食品制造	1491	2630	4349	—
保健食品制造	1492	56133	64922	—
冷冻饮品及食用冰制造	1493	15269	20622	962
食品及饲料添加剂制造	1495	641446	750959	411101
其他未列明食品制造	1499	75637	96113	9429
酒、饮料和精制茶制造业	1500	3305859	4865288	1831725
酒的制造	1510	1833136	2779439	1338714
酒精制造	1511	239261	379738	27408
白酒制造	1512	806668	1185256	369107
啤酒制造	1513	580856	754234	393712
葡萄酒制造	1515	206351	460211	548487
饮料制造	1520	1462421	2074728	493011
碳酸饮料制造	1521	129921	166487	—
瓶(罐)装饮用水制造	1522	75956	72469	144090
果菜汁及果菜汁饮料制造	1523	158260	255429	73444
含乳饮料和植物蛋白饮料制造	1524	1039718	1507760	234541
烟草制品业	1600	1470170	3254392	350723

主要经济指标(七)

单位:千元　　续表

土地购置	房屋和建筑物	机器设备	运输工具	其他费用	全部从业人员年平均人数(人)
160	9276	53778	562	1129	5924
10020	41832	30424	1877	1201	8463
70033	201284	191430	9536	78420	23289
60418	98433	118821	6049	77329	20097
—	—	1124	—	—	462
—	—	—	—	—	287
9615	102851	71485	3487	1091	2443
281743	1014616	1817973	54730	126395	78573
51703	160981	439595	14764	19794	8007
5850	16049	25703	750	547	962
45853	144932	413892	14014	19247	7045
32281	62107	64897	2817	24100	12791
20041	33675	43711	107	—	4780
12240	28432	21186	2710	24100	8011
118259	275380	261109	16170	2343	19735
—	2177	714	334	39	2019
151	98	6320	197	—	1984
118108	273105	254075	15639	2304	15732
10984	210042	636911	8093	27644	16205
17996	47095	91560	1184	3206	7710
17996	25620	16740	349	2785	6483
—	21475	74350	835	421	766
21136	104276	94754	6809	45975	5708
6	3213	9611	10	2530	1507
21130	101063	85143	6799	43445	4201
29384	154735	229147	4893	3333	8417
—	—	—	—	—	171
—	—	—	—	—	620
—	32	150	—	780	970
29384	154703	221732	4585	697	5563
—	—	7265	308	1856	1093
133364	576765	1005093	36679	79824	39096
108601	461836	672129	30456	65692	27329
—	—	20505	—	6903	1897
100331	133631	99802	10484	24859	14084
5327	123013	235232	6023	24117	9495
2943	205192	316590	13949	9813	1853
24763	114929	332964	6223	14132	11477
—	—	—	—	—	1387
1800	8994	132842	—	454	510
1072	22700	45735	556	3381	3336
21891	83235	119537	5167	4711	5907
—	166777	174206	9740	—	6178

2012年规模以上工业企业

甲栏分组	代码	本年进项税额	本年销项税额	土地和固定资产支出
卷烟制造	1620	1470170	3254392	350723
纺织业	1700	12052463	14080107	1468467
棉纺织及印染精加工	1710	9260870	10904178	1329064
棉纺纱加工	1711	4520930	5307833	984528
棉织造加工	1712	4098720	4875877	334841
棉印染精加工	1713	641220	720468	9695
毛纺织及染整精加工	1720	889419	1015164	38601
毛条和毛纱线加工	1721	834626	953471	35529
毛织造加工	1722	52269	59672	2889
毛染整精加工	1723	2524	2021	183
化纤织造及印染精加工	1750	18091	20062	935
化纤织造加工	1751	18091	20062	935
针织或钩针编织物及其制品制造	1760	220248	230137	8500
针织或钩针编织物织造	1761	93411	91693	5251
针织或钩针编织物印染精加工	1762	56149	72188	150
针织或钩针编织品制造	1763	70688	66256	3099
家用纺织制成品制造	1770	1101340	1274435	54794
床上用品制造	1771	473394	500361	33239
毛巾类制品制造	1772	601504	741743	21366
其他家用纺织制成品制造	1779	26442	32331	189
非家用纺织制成品制造	1780	562495	636131	36573
非织造布制造	1781	443648	481133	28757
纺织带和帘子布制造	1783	12620	17890	—
篷、帆布制造	1784	40928	49049	4659
其他非家用纺织制成品制造	1789	58236	78831	3157
纺织服装、服饰业	1800	3096871	3159286	513480
机织服装制造	1810	2578606	2558336	465763
针织或钩针编织服装制造	1820	198912	229079	9227
服饰制造	1830	319353	371871	38490
皮革、毛皮、羽毛及其制品和制鞋业	1900	5150801	5490282	159418
皮革鞣制加工	1910	520832	607213	24078
皮革制品制造	1920	3560747	3835067	23046
皮革服装制造	1921	78401	90794	7591
皮箱、包(袋)制造	1922	1100415	1145822	7936
皮手套及皮装饰制品制造	1923	3735	3064	977
其他皮革制品制造	1929	2378196	2595387	6542
毛皮鞣制及制品加工	1930	681453	678200	83080
毛皮鞣制加工	1931	68878	67650	7821
毛皮服装加工	1932	356555	355977	67771
其他毛皮制品加工	1939	256020	254573	7488
羽毛(绒)加工及制品制造	1940	42112	46112	16115
羽毛(绒)加工	1941	35531	38837	6251
羽毛(绒)制品加工	1942	6581	7275	9864

主要经济指标(七)

单位:千元　　续表

土地购置	房屋和建筑物	机器设备	运输工具	其他费用	全部从业人员年平均人数(人)
—	166777	174206	9740	—	6178
138570	276314	936348	12947	124827	213980
111770	252645	851354	10524	123310	152938
39183	231229	589070	6183	118863	90457
67387	20981	258593	4103	4316	56521
5200	435	3691	238	131	5960
16854	707	20995	45	—	22991
16854	707	17923	45	—	20340
—	—	2889	—	—	2245
—	—	183	—	—	406
—	—	915	—	20	1730
—	—	915	—	20	1730
2575	—	5528	247	150	3855
—	—	5004	247	—	2701
—	—	—	—	150	388
2575	—	524	—	—	766
371	10270	41960	1931	262	22947
371	—	32725	143	—	10459
—	10270	9150	1696	250	11796
—	—	85	92	12	692
7000	12692	15596	200	1085	9519
7000	8906	11781	200	870	4857
—	—	—	—	—	410
—	3786	873	—	—	1558
—	—	2942	—	215	2564
2241	230844	267348	9078	3969	68036
2241	218033	234638	8725	2126	60046
—	386	8463	1	377	3551
—	12425	24247	352	1466	4439
15038	69503	63515	4930	6432	184196
—	500	22859	685	34	35870
—	1520	19449	889	1188	122692
—	—	7520	35	36	104028
—	1520	5409	832	175	6055
—	—	—	—	977	264
—	—	6520	22	—	12345
15038	52376	10522	1406	3738	15176
—	3200	4621	—	—	2551
13208	49160	3353	1406	644	8420
1830	16	2548	—	3094	4205
—	9937	6178	—	—	451
—	2341	3910	—	—	194
—	7596	2268	—	—	257

2012年规模以上工业企业

甲栏分组	代码	本年进项税额	本年销项税额	土地和固定资产支出
制鞋业	1950	345657	323690	13099
纺织面料鞋制造	1951	59231	56241	1200
皮鞋制造	1952	149036	111802	9515
塑料鞋制造	1953	69224	77782	1512
橡胶鞋制造	1954	64047	73550	872
木材加工和木、竹、藤、棕、草制品业	2000	1254157	1385673	156627
人造板制造	2020	1085894	1193938	48563
胶合板制造	2021	495596	521967	8250
纤维板制造	2022	354606	423979	25334
刨花板制造	2023	227314	237710	14934
其他人造板制造	2029	8378	10282	45
木制品制造	2030	155991	180190	103519
建筑用木料及木材组件加工	2031	18007	21222	88374
木门窗、楼梯制造	2032	83317	101649	7837
木制容器制造	2034	33625	39634	4799
软木制品及其他木制品制造	2039	21042	17685	2509
竹、藤、棕、草等制品制造	2040	1567	—	4545
草及其他制品制造	2049	1567	—	4545
家具制造业	2100	1658120	1845311	187152
木质家具制造	2110	899889	1018652	129599
金属家具制造	2130	653145	694148	20655
其他家具制造	2190	77751	96651	36898
造纸和纸制品业	2200	4666696	5967982	2484526
纸浆制造	2210	53043	63663	1093
非木竹浆制造	2212	22397	27630	—
造纸	2220	2533561	3350445	2208448
机制纸及纸板制造	2221	2494886	3304549	2193258
加工纸制造	2223	38675	45896	15190
纸制品制造	2230	2080092	2553874	274985
纸和纸板容器制造	2231	1483696	1874303	189566
其他纸制品制造	2239	596396	679571	85419
印刷和记录媒介复制业	2300	2021747	2610916	872919
印刷	2310	2012595	2589070	872441
书、报刊印刷	2311	853719	1160219	145364
本册印制	2312	34134	47800	612
包装装潢及其他印刷	2319	1124742	1381051	726465
记录媒介复制	2330	9152	21846	478
文教、工美、体育和娱乐用品制造业	2400	1537534	1856591	337253
文教办公用品制造	2410	46860	76614	8084
文具制造	2411	42818	72106	7875
乐器制造	2420	74014	90859	26042
中乐器制造	2421	33504	39199	21496
西乐器制造	2422	28824	37897	4546

主要经济指标(七)

单位:千元　　续表

土地购置	房屋和建筑物	机器设备	运输工具	其他费用	全部从业人员年平均人数(人)
—	5170	4507	1950	1472	10007
—	—	900	300	—	2087
—	5377	2314	1394	430	4468
—	—	1256	256	—	1095
—	-207	37	—	1042	2239
25022	54751	64552	9611	2691	19594
2000	6676	36555	3147	185	13788
2000	762	5088	400	—	5255
—	—	25163	171	—	6819
—	5914	6259	2576	185	1319
—	—	45	—	—	395
22650	46482	26027	6176	2184	5291
22650	39622	19759	5263	1080	2332
—	2061	5766	10	—	1355
—	4799	—	—	—	351
—	—	502	903	1104	1253
372	1593	1970	288	322	405
372	1593	1970	288	322	344
34699	54522	87160	4500	6271	24607
6393	45782	69898	2888	4638	13136
11933	1904	6308	414	96	9200
16373	6836	10954	1198	1537	2113
33469	567164	1726248	51299	106346	45798
—	—	1093	—	—	825
—	—	—	—	—	388
9191	503013	1558753	36468	101023	25829
9191	503013	1543563	36468	101023	25034
—	—	15190	—	—	529
24278	64151	166402	14831	5323	19144
21762	57115	98126	9352	3211	10452
2516	7036	68276	5479	2112	8692
57164	266124	536079	7893	5659	25618
57164	266115	535610	7893	5659	25236
974	48524	93575	2071	220	11323
—	—	439	70	103	1132
56190	217591	441596	5752	5336	12781
—	9	469	—	—	324
61342	89539	124062	54355	7955	31939
—	—	8058	26	—	1614
—	—	7849	26	—	1417
309	21262	4184	86	201	5681
—	20026	1470	—	—	1604
309	1236	2714	86	201	3290

2012年规模以上工业企业

甲栏分组	代码	本年进项税额	本年销项税额	土地和固定资产支出
其他乐器及零件制造	2429	11686	13763	—
工艺美术品制造	2430	1065650	1265219	279463
雕塑工艺品制造	2431	441680	568331	11548
金属工艺品制造	2432	246913	301828	18280
天然植物纤维编织工艺品制造	2435	25450	23056	—
抽纱刺绣工艺品制造	2436	17732	21531	212739
地毯、挂毯制造	2437	237988	251698	5591
其他工艺美术品制造	2439	95887	98775	19150
体育用品制造	2440	180062	215427	1714
球类制造	2441	21732	22542	—
体育器材及配件制造	2442	13732	14805	—
训练健身器材制造	2443	46853	44239	1714
运动防护用具制造	2444	85020	119105	—
其他体育用品制造	2449	12725	14736	—
玩具制造	2450	123955	152593	20752
游艺器材及娱乐用品制造	2460	46993	55879	1198
露天游乐场所游乐设备制造	2461	46993	55879	1198
石油加工、炼焦和核燃料加工业	2500	27960726	31903665	6864823
精炼石油产品制造	2510	18552154	21334018	1964145
原油加工及石油制品制造	2511	18407314	21187708	1945314
人造原油制造	2512	144840	146310	18831
炼焦	2520	9408572	10569647	4900678
化学原料和化学制品制造业	2600	19917185	22006290	20935755
基础化学原料制造	2610	10327398	11290311	16143767
无机酸制造	2611	787469	991639	235863
无机碱制造	2612	2516102	2479650	13245675
无机盐制造	2613	1559119	1629476	846095
有机化学原料制造	2614	4173781	4608618	961949
其他基础化学原料制造	2619	1290927	1580928	854185
肥料制造	2620	2044727	2097405	2023245
氮肥制造	2621	1358696	1257600	1904939
磷肥制造	2622	78960	105075	50
钾肥制造	2623	18740	24470	677
复混肥料制造	2624	399038	500824	89602
有机肥料及微生物肥料制造	2625	128233	137226	27977
其他肥料制造	2629	61060	72210	—
农药制造	2630	619557	650440	78197
化学农药制造	2631	591684	619876	63506
生物化学农药及微生物农药制造	2632	27873	30564	14691
涂料、油墨、颜料及类似产品制造	2640	1643019	2011981	582884
涂料制造	2641	856467	1131801	122343
油墨及类似产品制造	2642	63018	69318	36316
颜料制造	2643	340154	415384	40158

主要经济指标(七)

单位:千元　　续表

土地购置	房屋和建筑物	机器设备	运输工具	其他费用	全部从业人员年平均人数(人)
—	—	—	—	—	523
61033	65630	93375	53604	5821	18406
9263	1048	349	832	56	8407
—	—	18073	205	2	2009
—	—	—	—	—	327
50560	55200	52450	50000	4529	1398
—	562	2758	1287	984	3988
1210	8820	8240	630	250	2158
—	812	881	—	21	2762
—	—	—	—	—	140
—	—	—	—	—	219
—	812	881	—	21	821
—	—	—	—	—	291
—	—	—	—	—	1291
—	1773	17073	—	1906	2755
—	62	491	639	6	721
—	62	491	639	6	721
674269	2020150	3470275	207127	493002	64306
384097	108519	982622	8842	480065	18771
384097	101247	973468	8842	477660	18510
—	7272	9154	—	2405	261
290172	1911631	2487653	198285	12937	45535
1173352	6901129	11936035	315432	573736	180265
1008174	5660090	9122932	274522	78049	77302
24936	14095	183392	5017	8423	7453
845482	5043610	7097726	230798	28059	17940
3033	199426	618248	15205	10183	15015
110910	198442	600661	21775	30161	30075
23813	204517	622905	1727	1223	6819
41046	410464	1544122	19382	8231	29209
15161	368922	1501982	14407	4467	20769
—	—	50	—	—	787
677	—	—	—	—	350
25208	29244	28241	4409	2500	4680
—	12298	13849	566	1264	2274
—	—	—	—	—	349
—	13455	34319	1069	29354	8757
—	10329	22933	965	29279	8027
—	3126	11386	104	75	730
6477	159913	350066	3421	26936	15761
245	10062	87561	2515	21960	6886
—	—	36316	—	—	738
—	—	3512	181	394	3923

2012年规模以上工业企业

甲栏分组	代码	本年进项税额	本年销项税额	土地和固定资产支出
染料制造	2644	372316	383461	384067
密封用填料及类似品制造	2645	11064	12017	—
合成材料制造	2650	1077253	1170099	1342776
初级形态塑料及合成树脂制造	2651	898820	942255	1335719
合成橡胶制造	2652	19383	20990	—
合成纤维单(聚合)体制造	2653	100278	110736	5904
其他合成材料制造	2659	58772	96118	1153
专用化学产品制造	2660	3165177	3359125	627773
化学试剂和助剂制造	2661	1343928	1588825	254084
专项化学用品制造	2662	470468	542833	35625
林产化学产品制造	2663	10068	20554	6500
信息化学品制造	2664	953868	788591	258152
环境污染处理专用药剂材料制造	2665	123653	139033	—
动物胶制造	2666	10025	13314	—
其他专用化学产品制造	2669	253167	265975	73412
炸药、火工及焰火产品制造	2670	165625	478612	68161
炸药及火工产品制造	2671	95529	389585	62466
焰火、鞭炮产品制造	2672	70096	89027	5695
日用化学产品制造	2680	874429	948317	68952
肥皂及合成洗涤剂制造	2681	528104	585332	17246
香料、香精制造	2684	72311	24613	14123
其他日用化学产品制造	2689	274014	338372	37583
医药制造业	2700	8134352	9346936	2662660
化学药品原料药制造	2710	2609174	2681070	1712339
化学药品制剂制造	2720	3790222	4016547	392311
中药饮片加工	2730	245216	284804	18392
中成药生产	2740	724470	1432282	461509
兽用药品制造	2750	506276	638447	26951
生物药品制造	2760	235735	264729	51158
卫生材料及医药用品制造	2770	23259	29057	—
化学纤维制造业	2800	749967	759996	94967
纤维素纤维原料及纤维制造	2810	467959	459112	29992
化纤浆粕制造	2811	172616	199418	21303
人造纤维(纤维素纤维)制造	2812	295343	259694	8689
合成纤维制造	2820	282008	300884	64975
锦纶纤维制造	2821	36946	37355	30
涤纶纤维制造	2822	215313	250077	50201
其他合成纤维制造	2829	22831	5550	14744
橡胶和塑料制品业	2900	7884562	9252284	1768025
橡胶制品业	2910	2473507	3139208	715693
轮胎制造	2911	216388	265798	56529
橡胶板、管、带制造	2912	917140	1118145	182068
橡胶零件制造	2913	371408	582348	131839

主要经济指标(七)

单位:千元　　续表

土地购置	房屋和建筑物	机器设备	运输工具	其他费用	全部从业人员年平均人数(人)
6232	149851	222677	725	4582	4124
—	—	—	—	—	90
3471	465290	524336	50	349629	12061
2711	463022	520674	—	349312	9140
—	—	—	—	—	327
540	2088	3142	—	134	1846
220	180	520	50	183	748
112164	125063	306501	10460	73585	23561
7696	50627	185593	4537	5631	10243
9363	8159	11251	3560	3292	4702
6500	—	—	—	—	184
88605	51198	108348	1556	8445	6009
—	—	—	—	—	978
—	—	—	—	—	186
—	15079	1309	807	56217	1259
2020	36758	17170	5434	6779	5262
—	34758	16343	4586	6779	3897
2020	2000	827	848	—	1365
—	30096	36589	1094	1173	8352
—	3200	13052	493	501	4602
—	—	14123	—	—	837
—	26896	9414	601	672	2913
217416	748193	1490135	7037	199879	86184
112054	553310	1013963	3609	29403	33575
—	34829	242874	632	113976	26347
200	13708	4347	127	10	2009
102897	136117	166324	1798	54373	16736
—	2707	22542	719	983	4722
2265	7522	40085	152	1134	2280
—	—	—	—	—	515
8333	23425	59432	886	2891	15574
1823	11425	13325	672	2747	11902
1823	11425	6894	273	888	4016
—	—	6431	399	1859	7886
6510	12000	46107	214	144	3672
—	—	—	30	—	211
6510	12000	31511	180	—	3033
—	—	14596	4	144	317
274478	455396	927371	52045	58735	98904
85425	198556	390524	24635	16553	43738
85	10837	38998	1443	5166	3132
32557	45621	96499	2089	5302	14727
9351	49124	53986	19102	276	8035

2012年规模以上工业企业

甲栏分组	代码	本年进项税额	本年销项税额	土地和固定资产支出
再生橡胶制造	2914	255707	334778	43630
日用及医用橡胶制品制造	2915	110260	107050	137571
其他橡胶制品制造	2919	602604	731089	164056
塑料制品业	2920	5411055	6113076	1052332
塑料薄膜制造	2921	527209	607468	103900
塑料板、管、型材制造	2922	2161042	2530345	299757
塑料丝、绳及编织品制造	2923	1012403	1097800	120828
泡沫塑料制造	2924	199861	240300	185148
塑料人造革、合成革制造	2925	224901	199078	29545
塑料包装箱及容器制造	2926	528546	687851	60690
日用塑料制品制造	2927	244305	188725	131685
塑料零件制造	2928	111555	151375	16614
其他塑料制品制造	2929	401233	410134	104165
非金属矿物制品业	3000	14934707	18792832	34970259
水泥、石灰和石膏制造	3010	5531300	7333441	31398941
水泥制造	3011	4988607	6670710	31345032
石灰和石膏制造	3012	542693	662731	53909
石膏、水泥制品及类似制品制造	3020	1513239	1940199	539403
水泥制品制造	3021	705404	994209	458073
砼结构构件制造	3022	96766	99240	13208
石棉水泥制品制造	3023	61854	82861	—
轻质建筑材料制造	3024	617827	712399	3585
其他水泥类似制品制造	3029	31388	51490	64537
砖瓦、石材等建筑材料制造	3030	1711066	2081709	628680
粘土砖瓦及建筑砌块制造	3031	341207	430747	258254
建筑陶瓷制品制造	3032	199556	278198	32513
建筑用石加工	3033	96302	124246	24621
防水建筑材料制造	3034	208708	255427	67990
隔热和隔音材料制造	3035	601435	700483	218277
其他建筑材料制造	3039	263858	292608	27025
玻璃制造	3040	975856	1270563	262626
平板玻璃制造	3041	826902	1146020	233683
其他玻璃制造	3049	148954	124543	28943
玻璃制品制造	3050	1421532	1754027	658415
技术玻璃制品制造	3051	728553	978499	209700
玻璃仪器制造	3053	44575	52236	—
日用玻璃制品制造	3054	229260	225202	213483
玻璃包装容器制造	3055	367906	433412	235232
其他玻璃制品制造	3059	43544	56532	—
玻璃纤维和玻璃纤维增强塑料制品制造	3060	740865	957561	613726
玻璃纤维及制品制造	3061	139681	151904	9486
玻璃纤维增强塑料制品制造	3062	601184	805657	604240
陶瓷制品制造	3070	1189391	1211677	354935

主要经济指标(七)

单位:千元　　**续表**

土地购置	房屋和建筑物	机器设备	运输工具	其他费用	全部从业人员年平均人数(人)
1200	8301	29457	500	4172	3212
30550	42244	63354	1423	—	7570
11682	42429	108230	78	1637	7062
189053	256840	536847	27410	42182	55166
15517	17474	69655	1163	91	6390
34345	84652	158966 a	14978	6816	15802
38824	13838	65795	1699	672	8207
44275	73247	43868	3133	20625	2878
4000	4750	17967	2173	655	1935
12761	7873	39415	138	503	4232
23000	23439	78496	347	6403	5829
—	—	12902	839	2873	3859
16331	31567	49783	2940	3544	6034
2135759	11941820	19477386	1080891	334403	244404
1733199	10961106	17578230	956281	170125	73370
1731579	10956087	17551473	935791	170102	68772
1620	5019	26757	20490	23	4598
11835	150605	289561	77075	10327	20590
11835	111876	262939	67102	4321	13579
—	594	3853	8601	160	1186
—	—	—	—	—	597
—	—	3585	—	—	4132
—	38135	19184	1372	5846	1096
91212	152585	247720	24512	112651	29404
85930	81288	58832	10243	21961	6754
—	8962	22699	852	—	9713
657	5929	12597	375	5063	2257
165	17895	43535	4738	1657	2049
—	30972	96943	7378	82984	5847
4460	7539	13114	926	986	2784
10027	88506	161776	2065	252	18588
10027	78838	142586	1980	252	17095
—	9668	19190	85	—	1493
24109	279413	317417	8015	29461	28587
3057	77817	96303	3933	28590	7646
—	—	—	—	—	1051
—	91776	117450	3399	858	11667
21052	109820	103664	683	13	7392
—	—	—	—	—	700
151941	45247	409150	383	7005	11886
1000	3485	4917	84	—	4431
150941	41762	404233	299	7005	7455
42530	142509	162785	4502	2609	37231

2012年规模以上工业企业

甲栏分组	代码	本年进项税额	本年销项税额	土地和固定资产支出
卫生陶瓷制品制造	3071	787841	808563	282961
特种陶瓷制品制造	3072	84888	68086	41003
日用陶瓷制品制造	3073	281020	300539	3790
园林、陈设艺术及其他陶瓷制品制造	3079	35642	34489	27181
耐火材料制品制造	3080	705851	887568	64320
石棉制品制造	3081	103223	115996	9038
云母制品制造	3082	22393	28586	—
耐火陶瓷制品及其他耐火材料制造	3089	580235	742986	55282
石墨及其他非金属矿物制品制造	3090	1145607	1356087	449213
石墨及碳素制品制造	3091	591490	637521	76982
其他非金属矿物制品制造	3099	554117	718566	372231
黑色金属冶炼和压延加工业	3100	157912275	175309885	69224708
炼铁	3110	12637828	14808717	2708941
炼钢	3120	29285133	34047004	20433633
黑色金属铸造	3130	5470339	6890791	1261188
钢压延加工	3140	110245857	119253016	44679437
铁合金冶炼	3150	273118	310357	141509
有色金属冶炼和压延加工业	3200	6636133	7058957	792602
常用有色金属冶炼	3210	2233978	2418415	328811
铜冶炼	3211	1549766	1693318	9476
铅锌冶炼	3212	416959	408216	17193
铝冶炼	3216	49367	48481	39180
其他常用有色金属冶炼	3219	185185	234311	262962
贵金属冶炼	3220	13189	13105	134252
金冶炼	3221	—	175	132780
稀有稀土金属冶炼	3230	30621	43431	4951
钨钼冶炼	3231	30249	42896	—
有色金属合金制造	3240	1951230	2054563	202962
有色金属压延加工	3260	2407115	2529443	121626
铜压延加工	3261	897461	954737	15875
铝压延加工	3262	1241746	1302996	66937
稀有稀土金属压延加工	3264	12248	14482	594
其他有色金属压延加工	3269	255559	256472	38220
金属制品业	3300	20506187	23207750	4009565
结构性金属制品制造	3310	6861195	8157062	1648129
金属结构制造	3311	6333053	7529782	1433808
金属门窗制造	3312	528142	627280	214321
金属工具制造	3320	730903	768442	296485
切削工具制造	3321	387274	371806	222273
手工具制造	3322	92011	121646	2590
农用及园林用金属工具制造	3323	185409	190626	62678
刀剪及类似日用金属工具制造	3324	2431	2591	—
其他金属工具制造	3329	63778	81773	8944

主要经济指标(七)

单位:千元　　续表

土地购置	房屋和建筑物	机器设备	运输工具	其他费用	全部从业人员年平均人数(人)
—	133538	144726	3550	1147	19031
16392	8733	14223	685	970	2894
—	30	3001	267	492	12169
26138	208	835	—	—	3137
27021	2834	31403	1982	1080	12049
—	32	8800	206	—	1206
—	—	—	—	—	994
27021	2802	22603	1776	1080	9849
43885	119015	279344	6076	893	12699
22465	15514	35326	3115	562	6610
21420	103501	244018	2961	331	6089
4000271	15416593	42301739	3774876	3730297	611065
309885	177840	539966	21841	1659409	45578
2559445	7902074	8281600	1182727	507787	138086
119896	336943	648814	44409	110194	59024
913934	6964476	32823773	2525040	1452214	366518
97111	35260	7586	859	693	1859
78398	352965	261917	9578	89744	32524
60481	249550	18106	674	—	4998
—	—	9476	—	—	1973
14546	—	2457	190	—	1136
39180	—	—	—	—	475
6755	249550	6173	484	—	1268
137	40505	13670	479	79461	7077
—	39344	13497	478	79461	7047
450	1800	2250	113	338	341
—	—	—	—	—	186
15230	40818	137968	5582	3364	5317
2100	20292	89923	2730	6581	14791
2100	1064	10786	1080	845	2433
—	1715	62900	1456	866	9737
—	—	406	—	188	238
—	17513	15831	194	4682	1832
657909	1098344	1987899	157980	107433	162673
264530	537488	727607	47513	70991	42166
200981	415149	704129	46517	67032	35557
63549	122339	23478	996	3959	6609
92774	41514	147994	8035	6168	14917
42300	38007	128979	6967	6020	7965
—	—	2590	—	—	2438
50456	3462	7656	997	107	3514
—	—	—	—	—	90
18	45	8769	71	41	910

2012年规模以上工业企业

甲栏分组	代码	本年进项税额	本年销项税额	土地和固定资产支出
集装箱及金属包装容器制造	3330	632256	749712	172114
集装箱制造	3331	4098	5328	3942
金属压力容器制造	3332	273332	344452	115584
金属包装容器制造	3333	354826	399932	52588
金属丝绳及其制品制造	3340	2153674	2133702	261201
建筑、安全用金属制品制造	3350	6780348	7726620	1136505
建筑、家具用金属配件制造	3351	234356	265169	384790
建筑装饰及水暖管道零件制造	3352	6309126	7159737	744695
安全、消防用金属制品制造	3353	168219	217068	—
其他建筑、安全用金属制品制造	3359	68647	84646	7020
金属表面处理及热处理加工	3360	1265326	1361192	244302
搪瓷制品制造	3370	425130	494125	13877
生产专用搪瓷制品制造	3371	37013	56835	12741
搪瓷卫生洁具制造	3373	388117	437290	1136
金属制日用品制造	3380	169280	189089	32602
金属制餐具和器皿制造	3382	76365	83486	7964
金属制卫生器具制造	3383	14480	15709	—
其他金属制日用品制造	3389	74268	84983	23892
其他金属制品制造	3390	1488075	1627806	204350
锻件及粉末冶金制品制造	3391	409563	483861	13170
交通及公共管理用金属标牌制造	3392	22535	25935	15300
通用设备制造业	3400	9324046	11114034	2761413
锅炉及原动设备制造	3410	1192189	1330308	733332
锅炉及辅助设备制造	3411	384998	454140	38715
内燃机及配件制造	3412	802594	870288	690819
金属加工机械制造	3420	1056836	1276018	376487
金属切削机床制造	3421	153719	221578	45461
金属成形机床制造	3422	93674	104077	26508
铸造机械制造	3423	190357	239502	70147
金属切割及焊接设备制造	3424	404891	470964	101001
机床附件制造	3425	165371	183445	110482
其他金属加工机械制造	3429	48824	56452	22888
物料搬运设备制造	3430	1541295	1893374	502880
轻小型起重设备制造	3431	656589	959491	266661
起重机制造	3432	296233	249795	4462
生产专用车辆制造	3433	8651	9628	—
连续搬运设备制造	3434	396391	489713	209595
电梯、自动扶梯及升降机制造	3435	172436	167337	19041
其他物料搬运设备制造	3439	10995	17410	3121
泵、阀门、压缩机及类似机械制造	3440	1614398	1892637	369583
泵及真空设备制造	3441	695483	814518	226261
气体压缩机械制造	3442	15199	26580	—
阀门和旋塞制造	3443	692673	813044	83958

主要经济指标(七)

单位:千元　　续表

土地购置	房屋和建筑物	机器设备	运输工具	其他费用	全部从业人员年平均人数(人)
3081	44367	121480	1599	1587	7602
—	3678	121	—	143	154
1766	35383	77021	1207	207	4496
1315	5306	44338	392	1237	2952
119710	58159	77404	3117	2811	22662
106494	337554	591557	88670	12230	40255
80000	169533	80000	55257	—	2651
25394	165936	508452	33143	11770	35160
—	—	—	—	—	1909
1100	2085	3105	270	460	535
45960	36161	158941	2180	1060	7092
—	4260	8636	500	481	1826
—	4260	7500	500	481	447
—	—	1136	—	—	1289
—	168	25206	792	6436	6201
—	168	7030	766	—	4807
—	—	—	—	—	180
—	—	18166	26	5700	1072
25360	38673	129074	5574	5669	19952
—	6988	4360	1325	497	5351
15300	—	—	—	—	469
627149	585723	1352754	52872	142915	137550
285390	101360	338178	-343	8747	16179
2700	25586	11082	-1112	459	7141
282690	72877	326314	673	8265	8885
76676	41190	244435	1877	12309	15332
24445	1689	19247	80	—	3047
13313	7055	6070	33	37	1685
118	8250	58741	177	2861	4301
—	6320	89292	749	4640	3582
38800	17876	48197	838	4771	1692
—	—	22888	—	—	1025
180647	117723	172592	22633	9285	19129
5408	98291	143841	14534	4587	8934
—	1882	1784	524	272	2427
—	—	—	—	—	114
172437	15957	15993	5093	115	4221
2802	1593	7853	2482	4311	2766
—	—	3121	—	—	667
24665	118898	149851	8754	67415	29697
4120	63063	96235	5991	56852	11766
—	—	—	—	—	220
17445	41052	22362	2294	805	13665

2012年规模以上工业企业

甲栏分组	代码	本年进项税额	本年销项税额	土地和固定资产支出
液压和气压动力机械及元件制造	3444	211043	238495	59364
轴承、齿轮和传动部件制造	3450	982989	1153479	238597
轴承制造	3451	520481	563630	33901
齿轮及齿轮减、变速箱制造	3452	442309	581744	156671
其他传动部件制造	3459	20199	8105	48025
烘炉、风机、衡器、包装等设备制造	3460	881108	1063599	106247
烘炉、熔炉及电炉制造	3461	133643	176118	27691
风机、风扇制造	3462	55056	63652	3911
气体、液体分离及纯净设备制造	3463	185933	230414	9589
制冷、空调设备制造	3464	212764	248804	42966
风动和电动工具制造	3465	16738	15551	3562
衡器制造	3467	118720	142060	3858
包装专用设备制造	3468	158254	187000	14670
文化、办公用机械制造	3470	37510	45208	—
复印和胶印设备制造	3474	2925	3558	—
通用零部件制造	3480	1853593	2260980	345149
金属密封件制造	3481	147849	164549	5560
紧固件制造	3482	547514	703537	14082
弹簧制造	3483	50111	61525	—
机械零部件加工	3484	939833	1102761	112815
其他通用零部件制造	3489	168286	228608	212692
其他通用设备制造业	3490	164128	198431	89138
专用设备制造业	3500	12291970	14577700	3392810
采矿、冶金、建筑专用设备制造	3510	6512720	7819185	1879560
矿山机械制造	3511	1905294	2566713	386108
石油钻采专用设备制造	3512	1417669	1569412	348776
建筑工程用机械制造	3513	602823	738183	489774
海洋工程专用设备制造	3514	11700	14152	—
建筑材料生产专用机械制造	3515	323363	377842	348109
冶金专用设备制造	3516	2251871	2552883	306793
化工、木材、非金属加工专用设备制造	3520	1049546	1081984	88437
炼油、化工生产专用设备制造	3521	345765	395285	56259
橡胶加工专用设备制造	3522	153811	32262	—
塑料加工专用设备制造	3523	3629	3550	—
木材加工机械制造	3524	13203	16131	13
模具制造	3525	531669	632430	32165
食品、饮料、烟草及饲料生产专用设备制造	3530	333523	417050	189085
食品、酒、饮料及茶生产专用设备制造	3531	16243	17649	49997
农副食品加工专用设备制造	3532	187883	217754	73685
烟草生产专用设备制造	3533	115154	166500	65403
饲料生产专用设备制造	3534	14243	15147	—
印刷、制药、日化及日用品生产专用设备制造	3540	250267	323365	107778
制浆和造纸专用设备制造	3541	12152	15080	255

主要经济指标(七)

单位:千元　　续表

土地购置	房屋和建筑物	机器设备	运输工具	其他费用	全部从业人员年平均人数(人)
3100	14783	31254	469	9758	4046
13382	22831	175986	3658	22740	14200
10270	5876	16923	737	95	7067
3112	16955	112768	2311	21525	5535
—	—	46295	610	1120	1598
5003	57168	30655	8979	4442	13071
69	14311	6808	4006	2497	2575
—	—	3657	167	87	1854
2252	—	6996	225	116	2614
—	34735	6517	299	1415	2064
—	3268	294	—	—	331
342	1312	1698	251	255	1601
2340	3542	4685	4031	72	2008
—	—	—	—	—	1011
—	—	—	—	—	101
16601	114877	192599	5114	15958	26146
1300	1500	2760	—	—	1128
167	3531	9183	1126	75	6276
—	—	—	—	—	391
10809	12634	70980	3209	15183	15138
4325	97212	109676	779	700	3213
24785	11676	48458	2200	2019	2785
428841	1331860	1430486	108491	131942	138736
107932	660579	989094	65239	56716	73906
55286	177916	109410	27703	15793	25444
6459	125233	193286	13177	10621	8557
36230	229353	191935	12053	20203	7416
—	—	—	—	—	112
5165	95994	237404	3489	6057	5281
4792	32083	257059	8817	4042	27096
3910	42837	36723	2843	2124	10287
3910	42737	8346	385	881	3182
—	—	—	—	—	483
—	—	—	—	—	549
—	—	—	—	13	374
—	100	28377	2458	1230	5669
19724	115579	22379	9056	22347	5807
—	20310	11467	3600	14620	913
19474	36330	8442	4626	4813	3250
250	58939	2470	830	2914	1414
—	—	—	—	—	230
28492	30720	45925	168	2473	4244
—	—	255	—	—	267

2012年规模以上工业企业

甲栏分组	代码	本年进项税额	本年销项税额	土地和固定资产支出
印刷专用设备制造	3542	147147	198027	25438
其他日用品生产专用设备制造	3549	11216	9915	42398
纺织、服装和皮革加工专用设备制造	3550	318865	370735	22774
纺织专用设备制造	3551	149664	188436	15475
缝制机械制造	3553	169201	182299	7299
电子和电工机械专用设备制造	3560	160212	176607	161844
电工机械专用设备制造	3561	90181	84046	17685
电子工业专用设备制造	3562	70031	92561	144159
农、林、牧、渔专用机械制造	3570	762330	880629	256343
拖拉机制造	3571	10161	11814	157
机械化农业及园艺机具制造	3572	397765	402927	106094
畜牧机械制造	3574	48285	69425	—
农林牧渔机械配件制造	3576	278416	361950	10
其他农、林、牧、渔业机械制造	3579	8822	11815	—
医疗仪器设备及器械制造	3580	117595	128284	53979
医疗诊断、监护及治疗设备制造	3581	46946	36854	22985
机械治疗及病房护理设备制造	3585	26140	39336	—
其他医疗设备及器械制造	3589	43684	51956	30994
环保、社会公共服务及其他专用设备制造	3590	2786912	3379861	633010
环境保护专用设备制造	3591	631237	753037	137383
地质勘查专用设备制造	3592	56302	68318	25390
社会公共安全设备及器材制造	3595	167089	311329	39582
交通安全、管制及类似专用设备制造	3596	—	—	842
水资源专用机械制造	3597	62203	71108	2040
其他专用设备制造	3599	1870081	2176069	427773
汽车制造业	3600	17926825	19673222	6195045
汽车整车制造	3610	6959067	7454526	1908480
改装汽车制造	3620	1078170	1141519	402716
汽车车身、挂车制造	3650	619585	766085	140566
汽车零部件及配件制造	3660	9270003	10311092	3743283
铁路、船舶、航空航天和其他运输设备制造业	3700	4035440	4752750	1667977
铁路运输设备制造	3710	2271697	3283245	1037982
铁路机车车辆配件制造	3713	124228	161226	40645
铁路专用设备及器材、配件制造	3714	1022820	1337756	594254
船舶及相关装置制造	3730	489452	191405	55177
金属船舶制造	3731	475111	169990	54423
船用配套设备制造	3734	10041	13915	584
航空、航天器及设备制造	3740	34288	35014	458132
飞机制造	3741	34288	35014	458132
摩托车制造	3750	706860	632794	22299
摩托车整车制造	3751	508090	425179	21942
摩托车零部件及配件制造	3752	198770	207615	357
自行车制造	3760	532596	608280	94387

主要经济指标(七)

单位:千元　　续表

土地购置	房屋和建筑物	机器设备	运输工具	其他费用	全部从业人员年平均人数(人)
15857	7836	1705	40	—	3260
12635	11854	15308	128	2473	290
543	12268	8266	1341	356	3140
543	9100	4427	1049	356	1637
—	3168	3839	292	—	1503
76418	53788	21925	6845	2868	3243
287	1146	15350	155	747	1490
76131	52642	6575	6690	2121	1753
107793	96541	81338	8278	1203	9427
—	—	87	70	—	437
68046	24987	7551	4312	1198	4344
—	—	—	—	—	657
—	—	35010	3805	5	1730
—	—	—	—	—	1494
2824	36905	12342	1689	219	3891
—	18191	4395	286	113	1409
—	—	—	—	—	1064
2824	18714	7947	1403	106	1242
81205	282643	212494	13032	43636	24791
39250	30967	48401	301	18464	7794
19815	—	4884	595	96	1617
—	7184	11491	169	20738	3088
—	—	426	127	289	470
—	—	1928	—	112	844
22140	244492	145364	11840	3937	10978
683644	1960186	3102716	94714	353785	143076
312192	510610	960240	913	124525	31708
36972	274137	66290	5863	19454	11090
225	1499	138842	—	—	4270
334255	1173940	1937344	87938	209806	95417
34870	804302	619471	100934	56888	50422
13090	548717	385040	74072	17063	24937
10476	19026	4211	2480	4452	3136
2614	310955	208938	68627	3120	12193
42	15297	22288	14102	3448	4212
—	15239	21695	14102	3387	3477
—	—	523	—	61	529
—	183007	179867	10119	33627	3291
—	183007	179867	10119	33627	3291
—	10180	7819	1633	2667	4600
—	10180	7462	1633	2667	2384
—	—	357	—	—	2216
21738	47101	24457	1008	83	12706

2012年规模以上工业企业

甲栏分组	代码	本年进项税额	本年销项税额	土地和固定资产支出
脚踏自行车及残疾人座车制造	3761	394587	462221	92587
助动自行车制造	3762	138009	146059	1800
电气机械和器材制造业	3800	16463645	16797121	5254659
电机制造	3810	1184970	1213587	283129
发电机及发电机组制造	3811	908580	900679	262307
电动机制造	3812	270015	305068	20822
微电机及其他电机制造	3819	6375	7840	—
输配电及控制设备制造	3820	6420763	5996996	2434291
变压器、整流器和电感器制造	3821	2987179	3035443	859286
电容器及其配套设备制造	3822	139795	203097	4000
配电开关控制设备制造	3823	494355	573217	255214
电力电子元器件制造	3824	416346	480485	107233
光伏设备及元器件制造	3825	2235714	1523801	1164689
其他输配电及控制设备制造	3829	147374	180953	43869
电线、电缆、光缆及电工器材制造	3830	5555396	6049098	506258
电线、电缆制造	3831	5191506	5628032	279136
光纤、光缆制造	3832	4246	4663	842
绝缘制品制造	3833	200367	220856	24897
其他电工器材制造	3839	159277	195547	201383
电池制造	3840	1347512	1265900	680528
锂离子电池制造	3841	18654	31464	283311
其他电池制造	3849	1328858	1234436	397217
家用电力器具制造	3850	1371415	1528098	1148920
家用空气调节器制造	3852	710027	771725	1074049
家用美容、保健电器具制造	3856	32819	50560	26691
家用电力器具专用配件制造	3857	36399	17618	15386
其他家用电力器具制造	3859	560459	647393	32794
非电力家用器具制造	3860	267410	329094	99010
燃气、太阳能及类似能源家用器具制造	3861	184338	215736	54010
其他非电力家用器具制造	3869	83072	113358	45000
照明器具制造	3870	248062	319832	35631
电光源制造	3871	13621	19316	—
照明灯具制造	3872	152538	189843	35631
灯用电器附件及其他照明器具制造	3879	81903	110673	—
其他电气机械及器材制造	3890	68117	94516	66892
电气信号设备装置制造	3891	7983	8511	60633
其他未列明电气机械及器材制造	3899	60134	86005	6259
计算机、通信和其他电子设备制造业	3900	2677476	3040885	1500863
计算机制造	3910	28930	43271	53342
计算机零部件制造	3912	7034	7610	45489
通信设备制造	3920	685208	842177	212075
通信系统设备制造	3921	181493	211054	69723
通信终端设备制造	3922	503715	631123	142352

主要经济指标(七)

单位：千元　　续表

土地购置	房屋和建筑物	机器设备	运输工具	其他费用	全部从业人员年平均人数(人)
21738	45301	24457	1008	83	11295
—	1800	—	—	—	1411
327994	2202175	1788560	95963	839967	141337
—	127794	143376	2240	9719	11198
—	127571	132069	526	2141	6357
—	223	11307	1714	7578	4691
—	—	—	—	—	150
134661	1096633	389337	17174	796486	50226
36817	20951	17206	1231	783081	12623
486	3500	—	—	14	1118
55523	120972	71103	1572	6044	6790
20041	53745	31385	1547	515	3624
20178	873733	257832	10630	2316	22787
1616	23732	11811	2194	4516	3284
68767	94473	287829	52743	2446	35827
18767	30265	227364	1677	1063	31923
—	—	842	—	—	84
—	14208	9623	1066	—	1893
50000	50000	50000	50000	1383	1927
76400	169170	416279	9392	9287	14654
20000	56255	203815	3241	—	970
56400	112915	212464	6151	9287	13684
13345	673995	457052	4284	244	15810
—	662625	407545	3635	244	5964
13345	5626	7720	—	—	1000
—	5070	9667	649	—	800
—	674	32120	—	—	7854
18714	19958	47330	2433	10575	3099
18714	4958	27330	2433	575	2516
—	15000	20000	—	10000	583
7129	—	23385	3442	1675	7653
—	—	—	—	—	1571
7129	—	23385	3442	1675	2756
—	—	—	—	—	3326
8978	20152	23972	4255	9535	2870
8978	18137	20179	4244	9095	774
—	2015	3793	11	440	2096
127132	469424	881143	8458	14706	70260
—	2604	47085	—	3653	2393
—	368	41468	—	3653	1790
1000	207543	3462	70	—	35384
1000	65191	3462	70	—	1966
—	142352	—	—	—	33418

2012年规模以上工业企业

甲栏分组	代码	本年进项税额	本年销项税额	土地和固定资产支出
广播电视设备制造	3930	257756	267977	1326
广播电视节目制作及发射设备制造	3931	9275	7740	—
广播电视接收设备及器材制造	3932	248481	260237	1326
电子器件制造	3960	516373	654626	149854
半导体分立器件制造	3962	37874	34797	1059
集成电路制造	3963	37658	67023	123
光电子器件及其他电子器件制造	3969	372707	433542	108680
电子元件制造	3970	1092188	1161831	1059899
电子元件及组件制造	3971	347297	405251	63422
印制电路板制造	3972	744891	756580	996477
其他电子设备制造	3990	97021	71003	24367
仪器仪表制造业	4000	733125	960871	253958
通用仪器仪表制造	4010	464556	650939	25887
工业自动控制系统装置制造	4011	178362	270351	2820
电工仪器仪表制造	4012	13929	12024	—
绘图、计算及测量仪器制造	4013	100136	113032	15
试验机制造	4015	36707	59154	19403
供应用仪表及其他通用仪器制造	4019	133312	190821	3285
专用仪器仪表制造	4020	208976	236157	214907
环境监测专用仪器仪表制造	4021	9575	33249	116318
导航、气象及海洋专用仪器制造	4023	50094	46597	24546
地质勘探和地震专用仪器制造	4025	120814	121168	65715
电子测量仪器制造	4028	5889	9403	1897
钟表与计时仪器制造	4030	6187	12689	34
光学仪器及眼镜制造	4040	19683	21388	2776
光学仪器制造	4041	15494	21156	2776
其他仪器仪表制造业	4090	33723	39698	10354
其他制造业	4100	360380	386828	176856
日用杂品制造	4110	223660	234761	7841
鬃毛加工、制刷及清扫工具制造	4111	85860	77896	3271
其他日用杂品制造	4119	137800	156865	4570
废弃资源综合利用业	4200	670839	867549	116662
金属废料和碎屑加工处理	4210	616221	804808	108664
非金属废料和碎屑加工处理	4220	54618	62741	7998
金属制品、机械和设备修理业	4300	180556	205647	153831
通用设备修理	4320	14028	17151	2226
专用设备修理	4330	22881	29791	2974
铁路、船舶、航空航天等运输设备修理	4340	142541	158355	148631
铁路运输设备修理	4341	135239	111772	125555
船舶修理	4342	6210	45954	136
电力、热力、燃气及水生产和供应业	DDDD	37615142	39331467	32734868
电力、热力生产和供应业	4400	36851512	38343664	31610042
电力生产	4410	7646464	10579201	12640012

主要经济指标(七)

单位:千元　　续表

土地购置	房屋和建筑物	机器设备	运输工具	其他费用	全部从业人员年平均人数(人)
—	1240	86	—	—	3395
—	—	—	—	—	289
—	1240	86	—	—	3106
30000	15932	102424	896	602	8547
—	—	1059	—	—	562
—	—	123	—	—	458
—	15932	91250	896	602	5341
96132	228361	719464	6747	9195	18253
—	10983	44622	352	7465	9146
96132	217378	674842	6395	1730	9107
—	13744	8622	745	1256	2183
31221	139448	66102	5192	11995	14658
6253	-3509	17940	4395	808	8411
—	—	375	2066	379	5440
—	—	—	—	—	146
—	—	—	—	15	601
6253	—	12357	793	—	513
—	-3509	5164	1216	414	1589
24968	141363	36748	797	11031	4599
—	109486	6593	239	—	506
1018	12277	2545	—	8706	1243
22750	18000	23545	170	1250	1935
—	—	1765	—	132	424
—	—	34	—	—	649
—	—	2620	—	156	729
—	—	2620	—	156	139
—	1594	8760	—	—	270
800	5056	23213	2961	144826	8465
800	3137	2700	230	974	5960
—	877	2335	59	—	2947
800	2260	365	171	974	3013
8160	39865	46918	610	21109	4100
8160	38288	41825	610	19781	3299
—	1577	5093	—	1328	801
—	376	149816	3515	124	14714
—	47	2117	—	62	225
—	267	1253	1454	—	2380
—	62	146446	2061	62	11465
—	—	125555	—	—	3789
—	62	12	—	62	5758
173524	3142354	27019950	477210	1921830	181389
152729	2942434	26733681	407209	1373989	150773
134955	1156137	10745862	57322	545736	37207

2012年规模以上工业企业

甲栏分组	代码	本年进项税额	本年销项税额	土地和固定资产支出
火力发电	4411	7098348	9979170	5855660
水力发电	4412	7453	84177	–11580
风力发电	4414	477099	437482	6791126
其他电力生产	4419	63564	78372	4806
电力供应	4420	28522168	27151686	17870292
热力生产和供应	4430	682880	612777	1099738
燃气生产和供应业	4500	718402	856904	790872
水的生产和供应业	4600	45228	130899	333954
自来水生产和供应	4610	37251	118767	305739
污水处理及其再生利用	4620	7977	12132	28215

主要经济指标(七)

单位：千元　　续表

土地购置	房屋和建筑物	机器设备	运输工具	其他费用	全部从业人员年平均人数(人)
—	1068718	4368918	38879	379145	33673
—	-118959	107309	70	—	348
134955	206378	6264908	18373	166512	1679
—	—	4727	—	79	1507
11774	1748946	15261842	341036	506694	100695
6000	37351	725977	8851	321559	12871
18424	101049	139592	58763	473044	12487
2371	98871	146677	11238	74797	18129
2371	89611	128054	10906	74797	16149
—	9260	18623	332	—	1980

第三篇

国有控股工业企业

2012年国有控股工业企业

甲栏分组	代码	企业单位数(个)	亏损企业	工业总产值(当年价格)	工业销售产值(当年价格)	出口交货值
总　计	01	709	166	1083019910	1069478819	30690804
一、按登记注册类型分组	—	—	—	—	—	—
内资企业	02	664	161	1035956119	1023297530	28129892
国有企业	03	316	77	362330595	355782747	7265292
中央企业	04	77	13	186895976	185828980	1304881
地方企业	05	239	64	175434619	169953767	5960411
联营企业	08	5	2	2278971	2241277	303295
国有联营企业	09	5	2	1509020	1571639	303295
有限责任公司	13	296	73	490220416	486249295	18784247
国有独资公司	14	55	14	71552662	71071108	3311526
其他有限责任公司	15	241	59	418667754	415178187	15472721
股份有限公司	16	43	7	180383204	178267907	1777058
其他企业	22	2	0	742933	756304	0
港、澳、台商投资企业	23	13	1	23154431	23092231	1600865
合资经营企业(港或澳、台资)	24	13	1	23154431	23092231	1600865
外商投资企业	29	31	6	23909360	23089058	960047
中外合资经营企业	30	31	6	20998846	20178544	960047
二、按经济组织类型分组	—	—	—	—	—	—
独资企业	35	316	77	362330595	355782747	7265292
国有企业	36	316	77	362330595	355782747	7265292
合作、合伙企业	41	7	2	3021904	2997581	303295
国有联营企业	43	5	2	1509020	1571639	303295
其他企业(内资)	50	2	0	742933	756304	0
股份有限公司	53	43	7	183293718	181178421	1777058
股份有限公司(内资)	54	43	7	180383204	178267907	1777058
有限责任公司	58	340	80	534373693	529520070	21345159
国有独资公司	59	55	14	71552662	71071108	3311526
合资经营企业(港或澳、台资)	61	13	1	23154431	23092231	1600865
中外合资经营企业	62	31	6	20998846	20178544	960047
其他有限责任公司	63	241	59	418667754	415178187	15472721
三、在总计中:亏损企业	64	168	168	190892648	188514989	7315115
在总计中:国有控股企业	65	709	168	1083019910	1069478819	30690804
在总计中:轻工业	67	113	35	62783830	60872677	5837680
重工业	68	596	133	1020236080	1008606142	24853124
在总计中:大型企业	69	135	19	876378034	867088845	27030572
中型企业	70	293	72	154340039	151558921	2774224
小型企业	71	255	72	50623624	49375038	886008
微型企业	72	26	5	1678213	1456015	0
四、按行业分组	—	—	—	—	—	—
煤炭开采和洗选业	0600	21	6	113869807	111992458	82712
石油和天然气开采业	0700	2	0	30030293	29857516	0
黑色金属矿采选业	0800	27	7	17931741	17428386	0
有色金属矿采选业	0900	5	0	357609	276355	0

主要经济指标(一)

单位：千元

年初存货	产成品	在产品	资产总计	流动资产合计	应收账款
135412865	36794302	18355480	1463822324	483172376	74031113
—	—	—	—	—	—
128002236	32780899	18026628	1405306291	458769472	68357699
29757625	7166722	3001291	397633459	115194998	16490479
12824337	2564597	2266564	187571954	39848143	7270501
16933288	4602125	734727	210061505	75346855	9219978
284773	189005	1100	2213493	1488984	55935
243682	185488	1100	1794523	1306807	50474
74394540	18296734	9278227	753949387	256758916	36958826
12080737	2769096	392475	119298609	34137461	4432539
62313803	15527638	8885752	634650778	222621455	32526287
23494308	7072754	5739299	251287192	85198999	14825687
70990	55684	6711	222760	127575	26772
3916021	2048184	216288	32730620	15310446	3429555
3916021	2048184	216288	32730620	15310446	3429555
3494608	1965219	112564	25785413	9092458	2243859
3494608	1965219	112564	23642949	8998598	2243859
—	—	—	—	—	—
29757625	7166722	3001291	397633459	115194998	16490479
29757625	7166722	3001291	397633459	115194998	16490479
355763	244689	7811	2436253	1616559	82707
243682	185488	1100	1794523	1306807	50474
70990	55684	6711	222760	127575	26772
23494308	7072754	5739299	253429656	85292859	14825687
23494308	7072754	5739299	251287192	85198999	14825687
81805169	22310137	9607079	810322956	281067960	42632240
12080737	2769096	392475	119298609	34137461	4432539
3916021	2048184	216288	32730620	15310446	3429555
3494608	1965219	112564	23642949	8998598	2243859
62313803	15527638	8885752	634650778	222621455	32526287
34273354	8768921	2897773	286452486	95487482	14463476
135412865	36794302	18355480	1463822324	483172376	74031113
13410552	4806192	1579498	77092314	39400258	4063007
122002313	31988110	16775982	1386730010	443772118	69968106
113109665	27665769	15609121	1181392150	392232934	52972624
16510140	7308271	2202661	175879202	64666514	13167192
5551609	1816989	543698	94249139	24733501	7554163
241451	3273	0	12301833	1539427	337134
—	—	—	—	—	—
9474628	3601638	130367	166308258	78939344	13529235
751912	319454	1456	67220001	9381412	325501
2456909	1325266	183112	44478170	16811591	3668016
127609	14075	0	1418928	281065	3880

2012年国有控股工业企业

甲栏分组	代码	企业单位数(个)	亏损企业	工业总产值（当年价格）	工业销售产值（当年价格）	出口交货值
非金属矿采选业	1000	7	0	993398	917566	0
农副食品加工业	1300	17	7	3787245	3670071	164860
食品制造业	1400	3	2	353656	345224	0
酒、饮料和精制茶制造业	1500	8	3	3282652	3174511	303295
烟草制品业	1600	3	0	16539770	16468775	0
纺织业	1700	10	4	4159063	4170283	361909
纺织服装、服饰业	1800	7	3	2444849	2426964	199990
皮革、毛皮、羽毛及其制品和制鞋业	1900	2	1	779509	775459	4105
家具制造业	2100	2	0	809000	812509	0
造纸和纸制品业	2200	2	0	2026923	2083938	0
印刷和记录媒介复制业	2300	12	0	2450545	2421396	368
石油加工、炼焦和核燃料加工业	2500	11	5	113549075	111875865	0
化学原料和化学制品制造业	2600	33	7	28341294	27796155	2198846
医药制造业	2700	9	2	13332529	12229053	3607526
化学纤维制造业	2800	3	1	1391111	1331153	270491
橡胶和塑料制品业	2900	7	0	2362371	2623566	538000
非金属矿物制品业	3000	56	20	29534932	28797684	280922
黑色金属冶炼和压延加工业	3100	24	3	303557731	301603509	15683301
有色金属冶炼和压延加工业	3200	14	5	16643985	16230651	2674
金属制品业	3300	16	2	9789354	8798713	267870
通用设备制造业	3400	26	6	5138146	5010918	241502
专用设备制造业	3500	41	10	15281511	14306104	1013771
汽车制造业	3600	16	5	22654153	22383433	181360
铁路、船舶、航空航天和其他运输设备制造业	3700	8	1	19385840	19388491	3759850
电气机械和器材制造业	3800	24	10	22678233	21520259	1147239
计算机、通信和其他电子设备制造业	3900	13	2	5686747	5410508	247664
仪器仪表制造业	4000	7	0	1143825	1127981	38204
废弃资源综合利用业	4200	3	1	169520	186727	34997
金属制品、机械和设备修理业	4300	3	0	2353505	2423202	59348
电力、热力生产和供应业	4400	227	45	263980025	263715814	0
燃气生产和供应业	4500	16	2	3142336	2833671	0
水的生产和供应业	4600	22	8	2644515	2627813	0

主要经济指标(一)

单位：千元　　续表

年初存货	产成品	在产品	资产总计	流动资产合计	应收账款
195134	141922	2002	2621503	1650330	304540
401442	199194	1382	2095890	904554	157719
10924	2688	0	540782	163551	51510
1140077	532945	83707	3448100	1944558	48999
4153837	212304	9990	9532580	6362336	494344
1384093	754999	132487	7752145	3945038	181472
602043	302040	92738	3174172	1977084	115510
221521	114394	32744	762892	492571	31810
68861	49272	0	1030070	130612	34575
413125	176146	121490	2124245	840634	0
516318	221216	157329	3343213	1234130	123841
10168005	3138623	1162783	36456249	16663974	2021979
3019750	1014236	391066	53391205	19172897	1575848
1823454	741011	429223	23008163	13185589	1390636
472746	244746	23885	3301595	1565104	70286
396573	169726	40058	2313708	1452333	512590
4504712	1170423	798069	64594416	18495174	3081900
52966017	9949425	2382551	471672952	139800535	8166776
1395010	96319	49205	9247920	4480363	990821
2503183	1848532	209073	9775559	6442666	1440676
1956148	769430	713026	9415593	5717117	1372983
4850255	2027738	1337460	24632627	14808279	5441009
3338157	2110531	449122	28064173	17051778	4115491
12670608	1434979	6992688	34001793	20291628	4551332
7092068	3426890	1680239	52196402	26321777	8628264
494799	167879	69872	5510446	2560794	962805
240519	36573	128739	1309077	912679	365062
12311	9387	0	207634	42017	12304
621690	39104	478751	3440449	2372460	408476
4530755	344078	9000	300436121	42606142	9346630
98268	20729	0	4762030	1575898	136381
196295	3719	0	9511348	2375574	325959

2012年国有控股工业企业

甲栏分组	代码	存货	产成品	在产品	固定资产合计
总　计	01	136458476	36619295	19892566	729090498
一、按登记注册类型分组	—	—	—	—	—
内资企业	02	128733388	32670918	19450065	700423967
国有企业	03	29129586	7600370	3858082	243793225
中央企业	04	13851186	2426747	3009086	136148996
地方企业	05	15278400	5173623	848996	107644229
联营企业	08	248108	202253	1009	499299
国有联营企业	09	202708	160390	1009	266224
有限责任公司	13	76318727	16907954	9251461	317129772
国有独资公司	14	14157789	4396910	870543	44807971
其他有限责任公司	15	62160938	12511044	8380918	272321801
股份有限公司	16	22973090	7911634	6335768	138924041
其他企业	22	63877	48707	3745	77630
港、澳、台商投资企业	23	4345380	1948044	343254	13281755
合资经营企业(港或澳、台资)	24	4345380	1948044	343254	13281755
外商投资企业	29	3379708	2000333	99247	15384776
中外合资经营企业	30	3305204	2000333	99247	13336172
二、按经济组织类型分组	—	—	—	—	—
独资企业	35	29129586	7600370	3858082	243793225
国有企业	36	29129586	7600370	3858082	243793225
合作、合伙企业	41	311985	250960	4754	576929
国有联营企业	43	202708	160390	1009	266224
其他企业(内资)	50	63877	48707	3745	77630
股份有限公司	53	23047594	7911634	6335768	140972645
股份有限公司(内资)	54	22973090	7911634	6335768	138924041
有限责任公司	58	83969311	20856331	9693962	343747699
国有独资公司	59	14157789	4396910	870543	44807971
合资经营企业(港或澳、台资)	61	4345380	1948044	343254	13281755
中外合资经营企业	62	3305204	2000333	99247	13336172
其他有限责任公司	63	62160938	12511044	8380918	272321801
三、在总计中:亏损企业	64	34617238	10521268	3332927	124349489
在总计中:国有控股企业	65	136458476	36619295	19892566	729090498
在总计中:轻工业	67	14284075	5636587	1610183	30008292
重工业	68	122174401	30982708	18282383	699082206
在总计中:大型企业	69	115172820	28077842	16945645	568347198
中型企业	70	16276470	6583204	2341918	93223578
小型企业	71	4804490	1885031	604319	58937155
微型企业	72	204696	73218	684	8582567
四、按行业分组	—	—	—	—	—
煤炭开采和洗选业	0600	9326550	3667839	332255	64063859
石油和天然气开采业	0700	737033	304636	2734	51852722
黑色金属矿采选业	0800	1953732	936124	198932	11824943

主要经济指标(二)

单位:千元

固定资产原价	累计折旧	本年折旧	在建工程	负债合计	流动负债合计
1004650821	381922308	60724362	161113833	945619213	652027864
—	—	—	—	—	—
956429179	360621422	57978987	158485151	910101440	627228336
318362065	120578751	20145399	41186628	253738596	154598781
185956243	78996231	10581183	15200443	114399690	73845849
132405822	41582520	9564216	25986185	139338906	80752932
1038837	586007	59502	33555	883778	650037
523068	303103	15969	31608	617691	520250
428588952	148430501	24500804	101275477	511897890	397089319
66928116	30084121	3738500	15512373	77462373	63163333
361660836	118346380	20762304	85763104	434435517	333925986
208269575	90924670	13264945	15989491	143370017	74679040
169750	101493	8337	0	211159	211159
21541691	9085637	1077612	1283237	21052224	13829493
21541691	9085637	1077612	1283237	21052224	13829493
26679951	12215249	1667763	1345445	14465549	10970035
21262649	8435698	1516247	882428	15354328	10929251
—	—	—	—	—	—
318362065	120578751	20145399	41186628	253738596	154598781
318362065	120578751	20145399	41186628	253738596	154598781
1208587	687500	67839	33555	1094937	861196
523068	303103	15969	31608	617691	520250
169750	101493	8337	0	211159	211159
213686877	94704221	13416461	16452508	142481238	74719824
208269575	90924670	13264945	15989491	143370017	74679040
471393292	165951836	27094663	103441142	548304442	421848063
66928116	30084121	3738500	15512373	77462373	63163333
21541691	9085637	1077612	1283237	21052224	13829493
21262649	8435698	1516247	882428	15354328	10929251
361660836	118346380	20762304	85763104	434435517	333925986
161182830	54123274	8180672	44551332	209949282	140410095
1004650821	381922308	60724362	161113833	945619213	652027864
41825052	17783411	2487499	8547711	42413455	29517228
962825769	364138897	58236863	152566122	903205758	622510636
778369484	307074412	48681328	139415037	754652670	538950137
145497646	57484394	7523075	12039237	116901261	76998374
72383076	16198928	4071116	7139459	64568179	32310912
8400615	1164574	448843	2520100	9497103	3768441
—	—	—	—	—	—
78775265	36333859	5150826	18733205	112347648	79991615
97711052	47802220	6080356	256033	24953902	5288313
15982763	4598698	821500	4189520	24466910	19853741

2012年国有控股工业企业

甲栏分组	代码	存货	产成品	在产品	固定资产合计
有色金属矿采选业	0900	133433	60759	2611	1108580
非金属矿采选业	1000	234082	177732	1963	895347
农副食品加工业	1300	416733	209337	10014	1091471
食品制造业	1400	20348	11593	0	348334
酒、饮料和精制茶制造业	1500	1399341	749364	95066	1145502
烟草制品业	1600	4423366	231248	9237	2981082
纺织业	1700	1514668	1042740	119743	3391615
纺织服装、服饰业	1800	489955	290838	64362	933865
皮革、毛皮、羽毛及其制品和制鞋业	1900	254136	149709	33598	201392
家具制造业	2100	73236	49393	0	899443
造纸和纸制品业	2200	419317	124581	142109	475957
印刷和记录媒介复制业	2300	571428	252029	177847	1839387
石油加工、炼焦和核燃料加工业	2500	9045317	1927164	1052067	19261111
化学原料和化学制品制造业	2600	3187230	1003112	672555	20185831
医药制造业	2700	1909957	1015636	486377	8650553
化学纤维制造业	2800	537794	240625	19799	569959
橡胶和塑料制品业	2900	456532	174874	29458	719408
非金属矿物制品业	3000	4250015	1352900	797982	35362995
黑色金属冶炼和压延加工业	3100	55734412	10289278	2487467	197778172
有色金属冶炼和压延加工业	3200	1198144	131207	68670	2382761
金属制品业	3300	2559859	1654772	211555	2576594
通用设备制造业	3400	2077236	749205	890205	2762432
专用设备制造业	3500	4803306	2052428	1434627	6675429
汽车制造业	3600	4464412	2319164	1018529	7219990
铁路、船舶、航空航天和其他运输设备制造业	3700	10631190	1506301	6348701	8733024
电气机械和器材制造业	3800	7432724	3366546	2088583	19153775
计算机、通信和其他电子设备制造业	3900	576599	98847	42772	2747055
仪器仪表制造业	4000	258523	34052	172046	126215
废弃资源综合利用业	4200	8025	5259	0	165617
金属制品、机械和设备修理业	4300	879049	24256	767292	786381
电力、热力生产和供应业	4400	4022036	351885	72657	240774887
燃气生产和供应业	4500	101130	13855	0	2711215
水的生产和供应业	4600	249485	3724	0	6231838

主要经济指标(二)

单位:千元　　续表

固定资产原价	累计折旧		在建工程	负债合计	
		本年折旧			流动负债合计
467192	77221	11346	637584	941817	382479
1280726	477934	68244	78172	2024979	821707
1309397	294440	98995	74209	1579659	1245692
395076	52473	8912	8528	394081	391908
1479780	425607	39695	132331	2307032	2053194
5266180	2408976	344786	133193	2605973	2575133
3591478	1234440	165613	784368	4887468	3875270
833323	356527	43340	489409	2191015	1958991
250540	134559	10869	6767	407456	270301
932085	431943	52574	15	152992	117392
1646703	1170747	65853	451078	265539	265539
3470929	1799271	208206	249086	889902	829707
28863876	12209684	1633097	3431125	27047872	24783464
28549900	10380245	1334642	7378088	32017745	20773650
9010702	3731043	670449	3415779	15630342	8105700
1742184	1186149	63076	588081	1720070	1030348
1295858	593182	56938	16326	1261100	1238173
45327354	10499764	4162432	3847655	42064150	25118633
240936688	67661510	15712184	75475261	314150643	244785781
4006884	1908276	187351	1961280	6425583	6341587
3876424	1349073	193575	393884	6336601	6064480
3108677	1012958	181926	715351	6784851	5586118
7528166	2850023	368808	2302531	14751624	13767705
9777150	3803364	803529	949767	20036420	15072475
7808252	2237809	372613	5135541	24623487	19396473
14750722	3603266	957180	10376661	39992767	24498022
3620689	1146617	282825	9620	3685660	3295207
302285	175982	12519	48397	768192	768192
223181	57656	41632	0	68872	68872
1064099	581670	65257	269853	2675376	2366981
366074397	154643158	19806959	17471305	197267496	103534356
3645923	1073019	169955	247193	2595330	2166167
9192706	3528487	442821	850599	4661462	2708012

2012年国有控股工业企业

甲栏分组	代码	应付账款	非流动负债合计	所有者权益合计	实收资本
总　计	01	156060446	276760707	517378207	265441306
一、按登记注册类型分组	—	—	—	—	—
内资企业	02	147837497	266042463	494659436	247969336
国有企业	03	32325277	85509018	144029461	85828611
中央企业	04	10305949	33685601	73331990	28805237
地方企业	05	22019328	51823417	70697471	57023374
联营企业	08	201858	161133	1329714	242646
国有联营企业	09	177344	24833	1176832	187964
有限责任公司	13	90057333	113827089	241372740	118812243
国有独资公司	14	9441462	13883791	41171485	10736159
其他有限责任公司	15	80615871	99943298	200201255	108076084
股份有限公司	16	25222221	66545223	107915921	43076094
其他企业	22	30808	0	11600	9742
港、澳、台商投资企业	23	5098506	7222730	11678393	7723483
合资经营企业(港或澳、台资)	24	5098506	7222730	11678393	7723483
外商投资企业	29	3124443	3495514	11040378	9748487
中外合资经营企业	30	2591306	4425077	8009134	7442369
二、按经济组织类型分组		—	—	—	—
独资企业	35	32325277	85509018	144029461	85828611
国有企业	36	32325277	85509018	144029461	85828611
合作、合伙企业	41	232666	161133	1341314	252388
国有联营企业	43	177344	24833	1176832	187964
其他企业(内资)	50	30808	0	11600	9742
股份有限公司	53	25755358	65615660	110947165	45382212
股份有限公司(内资)	54	25222221	66545223	107915921	43076094
有限责任公司	58	97747145	125474896	261060267	133978095
国有独资公司	59	9441462	13883791	41171485	10736159
合资经营企业(港或澳、台资)	61	5098506	7222730	11678393	7723483
中外合资经营企业	62	2591306	4425077	8009134	7442369
其他有限责任公司	63	80615871	99943298	200201255	108076084
三、在总计中:亏损企业	64	31009873	69223139	76007746	65669662
在总计中:国有控股企业	65	156060446	276760707	517378207	265441306
在总计中:轻工业	67	6213388	8522467	34664571	14246067
重工业	68	149847058	268238240	482713636	251195239
在总计中:大型企业	69	127027818	209803657	426562114	198108997
中型企业	70	18618478	31115420	58854088	41628229
小型企业	71	9546045	31772756	29157280	23115858
微型企业	72	868105	4068874	2804725	2588222
四、按行业分组	—	—	—	—	—
煤炭开采和洗选业	0600	19130304	32201605	53932486	23297672
石油和天然气开采业	0700	4739685	19665589	42266099	22495285
黑色金属矿采选业	0800	2760028	4531271	20010535	9978152

主要经济指标(三)

单位：千元

国家资本	集体资本	法人资本	个人资本	港澳台资本	外商资本
110246606	1159989	144461187	4830809	1476498	3266217
—	—	—	—	—	—
104819207	952552	136857797	4830809	14000	494971
29916648	38502	55215018	477643	0	180800
9725485	0	18518439	436313	0	125000
20191163	38502	36696579	41330	0	55800
136054	0	82983	23609	0	0
136054	0	33290	18620	0	0
43229151	757360	72748871	1879482	14000	183379
6382047	0	4316302	37810	0	0
36847104	757360	68432569	1841672	14000	183379
31533854	156690	8808083	2446675	0	130792
3500	0	2842	3400	0	0
3468162	207437	2251958	0	1462498	333428
3468162	207437	2251958	0	1462498	333428
1959237	0	5351432	0	0	2437818
1959237	0	3045314	0	0	2437818
—	—	—			—
29916648	38502	55215018	477643	0	180800
29916648	38502	55215018	477643	0	180800
139554	0	85825	27009	0	0
136054	0	33290	18620	0	0
3500	0	2842	3400	0	0
31533854	156690	11114201	2446675	0	130792
31533854	156690	8808083	2446675	0	130792
48656550	964797	78046143	1879482	1476498	2954625
6382047	0	4316302	37810	0	0
3468162	207437	2251958	0	1462498	333428
1959237	0	3045314	0	0	2437818
36847104	757360	68432569	1841672	14000	183379
20840623	56073	44229978	192978	161000	189010
110246606	1159989	144461187	4830809	1476498	3266217
9651533	158690	3490400	829961	29397	86086
100595073	1001299	140970787	4000848	1447101	3180131
79961742	590529	111837060	4122134	685000	912532
19568620	214873	19954080	270005	271901	1348750
9001984	287877	11932898	386678	519597	986824
1714260	66710	737149	51992	0	18111
—	—	—	—	—	—
12894456	433839	8000397	1897525	0	71455
22495285	0	0	0	0	0
8475356	46000	1280288	176508	0	0

2012年国有控股工业企业

甲栏分组	代码	应付账款	非流动负债合计	所有者权益合计	实收资本
有色金属矿采选业	0900	40257	559337	466802	401400
非金属矿采选业	1000	96404	79483	596524	259780
农副食品加工业	1300	243898	325592	517408	346599
食品制造业	1400	82227	2173	146701	240000
酒、饮料和精制茶制造业	1500	320007	181230	1140762	869785
烟草制品业	1600	539558	30840	6926607	416408
纺织业	1700	481534	1008282	2864676	1061348
纺织服装、服饰业	1800	286914	232024	979271	355398
皮革、毛皮、羽毛及其制品和制鞋业	1900	85866	137154	355436	57339
家具制造业	2100	35126	35600	877078	70305
造纸和纸制品业	2200	117705	0	1855706	900588
印刷和记录媒介复制业	2300	194293	60194	2453310	1032818
石油加工、炼焦和核燃料加工业	2500	6507760	2264408	9408376	9533975
化学原料和化学制品制造业	2600	4521937	11093844	21372119	12551742
医药制造业	2700	2092600	4059924	7377822	1595807
化学纤维制造业	2800	491384	687722	1581525	844546
橡胶和塑料制品业	2900	114453	257	1052608	731738
非金属矿物制品业	3000	6376566	16676565	22529426	9248605
黑色金属冶炼和压延加工业	3100	56065444	69364862	157522307	80503779
有色金属冶炼和压延加工业	3200	1374366	83996	2822334	2498793
金属制品业	3300	1473852	254900	3161832	2433932
通用设备制造业	3400	1977403	1088911	2623543	1748494
专用设备制造业	3500	4366503	980985	9880996	6160968
汽车制造业	3600	5247991	4901765	8027749	2972036
铁路、船舶、航空航天和其他运输设备制造业	3700	8550859	5214846	9378305	4930972
电气机械和器材制造业	3800	7710187	14697572	12202382	7765339
计算机、通信和其他电子设备制造业	3900	1109721	309642	1721114	1339127
仪器仪表制造业	4000	417798	0	540883	427810
废弃资源综合利用业	4200	43730	0	138761	95000
金属制品、机械和设备修理业	4300	1175319	308394	765073	332233
电力、热力生产和供应业	4400	16590852	83367954	102787618	51895466
燃气生产和供应业	4500	411575	429156	2166696	1836505
水的生产和供应业	4600	261650	1923919	4842619	4053712

主要经济指标(三)

单位：千元　　续表

国家资本	集体资本	法人资本	个人资本	港澳台资本	外商资本
328000	62400	6000	5000	0	0
148461	300	105919	5100	0	0
231915	0	83750	30000	0	934
24980	0	163500	5020	0	46500
562975	0	306810	0	0	0
114560	0	301848	0	0	0
491259	2000	192842	375247	0	0
108500	0	246898	0	0	0
50000	0	7339	0	0	0
13000	0	26153	0	0	31152
900088	0	500	0	0	0
215493	0	817325	0	0	0
5052030	0	4199445	0	0	282500
5572520	102490	6323984	504067	0	48681
1490977	0	98843	5987	0	0
0	0	449128	395418	0	0
477486	25000	228930	322	0	0
5394352	0	3535565	113615	29397	175676
11852087	0	66741232	963925	500000	446535
1250084	7081	1234472	7156	0	0
1261534	0	659518	30	332000	180850
985209	0	598855	12462	95504	56464
4385337	0	1505168	109593	0	160870
611340	0	2315847	42368	0	2481
2306713	0	2623235	0	0	1024
1857606	201490	5549287	13634	0	143322
39570	0	1270138	29419	0	0
30600	2440	394770	0	0	0
0	0	95000	0	0	0
332233	0	0	0	0	0
15139294	276949	34278420	63433	519597	1617773
1192508	0	577306	66691	0	0
3902948	0	142475	8289	0	0

2012年国有控股工业企业

甲栏分组	代码	营业收入	主营业务收入	营业成本	主营业务成本
总 计	01	1266765599	1191952444	1122400343	1049446558
一、按登记注册类型分组	—	—	—	—	—
内资企业	02	1210403356	1139828025	1073569428	1004565910
国有企业	03	408933441	387073483	373589678	351520643
中央企业	04	190000025	185449668	169031679	164633198
地方企业	05	218933416	201623815	204557999	186887445
联营企业	08	2264598	2237053	1778202	1766551
国有联营企业	09	1590916	1576983	1143780	1132138
有限责任公司	13	616332443	570851994	557275854	513405011
国有独资公司	14	92624411	71844714	87092514	66553527
其他有限责任公司	15	523708032	499007280	470183340	446851484
股份有限公司	16	182185592	178978753	140274895	137222906
其他企业	22	687282	686742	650799	650799
港、澳、台商投资企业	23	32782254	28737186	28120834	24324600
合资经营企业(港或澳、台资)	24	32782254	28737186	28120834	24324600
外商投资企业	29	23579989	23387233	20710081	20556048
中外合资经营企业	30	20656982	20476719	17932105	17784360
二、按经济组织类型分组	—	—	—	—	—
独资企业	35	408933441	387073483	373589678	351520643
国有企业	36	408933441	387073483	373589678	351520643
合作、合伙企业	41	2951880	2923795	2429001	2417350
国有联营企业	43	1590916	1576983	1143780	1132138
其他企业(内资)	50	687282	686742	650799	650799
股份有限公司	53	185108599	181889267	143052871	139994594
股份有限公司(内资)	54	182185592	178978753	140274895	137222906
有限责任公司	58	669771679	620065899	603328793	555513971
国有独资公司	59	92624411	71844714	87092514	66553527
合资经营企业(港或澳、台资)	61	32782254	28737186	28120834	24324600
中外合资经营企业	62	20656982	20476719	17932105	17784360
其他有限责任公司	63	523708032	499007280	470183340	446851484
三、在总计中:亏损企业	64	213678056	190058484	199070537	176248425
在总计中:国有控股企业	65	1266765599	1191952444	1122400343	1049446558
在总计中:轻工业	67	78119861	73536320	60445724	54903951
重工业	68	1188645738	1118416124	1061954619	994542607
在总计中:大型企业	69	1056996268	986504316	941647181	871639117
中型企业	70	156948904	153775469	136781816	134724655
小型企业	71	51652730	50519865	43337778	42449932
微型企业	72	1167697	1152794	633568	632854
四、按行业分组	—	—	—	—	—
煤炭开采和洗选业	0600	251521133	234583787	229798714	212846220
石油和天然气开采业	0700	31383397	29925190	13841481	12229009
黑色金属矿采选业	0800	18887971	18529290	12736289	12466270

主要经济指标(四)

单位:千元

营业税金及附加		其他业务收入	其他业务利润	销售费用	管理费用
	主营业务税金及附加				
25362764	25184429	74813155	2546194	12513788	49351198
—	—	—	—	—	—
25187359	25014563	70575331	2188096	10972476	47459717
12026277	11998580	21859958	686332	2926964	13096664
10318375	10303550	4550357	160594	836008	4163286
1707902	1695030	17309601	525738	2090956	8933378
28294	28245	27545	13608	46453	138054
25868	25819	13933	6	44046	109498
3744017	3654445	45480449	1231453	5284033	23598462
253381	225105	20779697	203468	418109	3341972
3490636	3429340	24700752	1027985	4865924	20256490
9386743	9331265	3206839	256703	2701681	10615638
2028	2028	540	0	13345	10899
93758	88556	4045068	323575	1254778	1282763
93758	88556	4045068	323575	1254778	1282763
81647	81310	192756	34523	286534	608718
62737	62400	180263	28317	286534	608718
—	—	—	—	—	—
12026277	11998580	21859958	686332	2926964	13096664
12026277	11998580	21859958	686332	2926964	13096664
30322	30273	28085	13608	59798	148953
25868	25819	13933	6	44046	109498
2028	2028	540	0	13345	10899
9405653	9350175	3219332	262909	2701681	10615638
9386743	9331265	3206839	256703	2701681	10615638
3900512	3805401	49705780	1583345	6825345	25489943
253381	225105	20779697	203468	418109	3341972
93758	88556	4045068	323575	1254778	1282763
62737	62400	180263	28317	286534	608718
3490636	3429340	24700752	1027985	4865924	20256490
10817073	10767356	23619572	706802	1836293	7964182
25362764	25184429	74813155	2546194	12513788	49351198
7829067	7820967	4583541	172688	2096107	4542663
17533697	17363462	70229614	2373506	10417681	44808535
24270126	24116479	70491952	1766244	10174364	40432430
656080	633973	3173435	493541	1644372	7149830
430306	427819	1132865	284099	689200	1685905
6252	6158	14903	2310	5852	83033
—	—	—	—	—	—
1354693	1319913	16937346	-86120	2471274	9669754
1592132	1561861	1458207	0	43881	3326683
276556	276305	358681	2074	296516	1876741

2012年国有控股工业企业

甲栏分组	代码	营业收入	主营业务收入	营业成本	主营业务成本
有色金属矿采选业	0900	196527	196527	141125	141125
非金属矿采选业	1000	941431	921430	672666	659292
农副食品加工业	1300	4061306	4046297	3713262	3711356
食品制造业	1400	380111	333950	361681	316297
酒、饮料和精制茶制造业	1500	3079540	3075638	2065113	2062600
烟草制品业	1600	19120474	15582720	8740023	5210264
纺织业	1700	7020323	6954121	6659861	6617779
纺织服装、服饰业	1800	2474268	2444785	2101391	2074175
皮革、毛皮、羽毛及其制品和制鞋业	1900	1166750	1162543	1048385	1047625
家具制造业	2100	1211039	1210869	1091401	1091401
造纸和纸制品业	2200	2079320	2058581	1453391	1441909
印刷和记录媒介复制业	2300	2542962	2463617	1757084	1687473
石油加工、炼焦和核燃料加工业	2500	110045654	109763468	97191157	96912306
化学原料和化学制品制造业	2600	27279539	26093546	23273489	22455901
医药制造业	2700	22611920	22262640	21345256	19824684
化学纤维制造业	2800	1548412	1490401	1453863	1399791
橡胶和塑料制品业	2900	2672357	2670171	2035981	2005365
非金属矿物制品业	3000	26090781	25930649	20442347	20330339
黑色金属冶炼和压延加工业	3100	332553373	288698680	312806775	269752044
有色金属冶炼和压延加工业	3200	16353147	15863542	12312035	11989570
金属制品业	3300	9128513	8954177	7510037	7445102
通用设备制造业	3400	5159654	5031530	4128542	4045607
专用设备制造业	3500	16729319	16145031	13901271	13423746
汽车制造业	3600	27998159	27530796	23596431	23272090
铁路、船舶、航空航天和其他运输设备制造业	3700	19788723	19463548	16628959	16398460
电气机械和器材制造业	3800	21290035	20397051	18986280	18217861
计算机、通信和其他电子设备制造业	3900	5248112	5173569	4526947	4458294
仪器仪表制造业	4000	1149496	1130547	1009536	1004278
废弃资源综合利用业	4200	191229	182430	162374	156148
金属制品、机械和设备修理业	4300	2384482	2322668	2034133	1974652
电力、热力生产和供应业	4400	265773434	263387317	247538047	245904206
燃气生产和供应业	4500	3457816	3053718	2915772	2671031
水的生产和供应业	4600	2801557	2475442	2067802	1852007

主要经济指标(四)

单位：千元　　续表

营业税金及附加	主营业务税金及附加	其他业务收入	其他业务利润	销售费用	管理费用
4321	4313	0	0	23	26348
47142	46223	20001	6627	58100	235937
14942	14942	15009	13506	86828	69547
305	305	46161	0	20715	21824
255367	255364	3902	1033	457705	162407
7394006	7394006	3537754	4560	117735	1131955
24184	21113	66202	2314	102747	247527
4012	4012	29483	–572	64282	156915
302	302	4207	3447	19139	42857
3472	3472	170	170	18635	23959
14966	14966	20739	9225	12739	287531
15788	15671	79345	7279	34848	384608
12161120	12157432	282186	1733	118153	1686983
115353	87726	1185993	303591	591509	2242830
42772	42772	349280	38914	605553	828390
1841	1841	58011	3939	27481	151074
9602	9602	2186	13	171973	82149
139384	139274	160132	36573	1143462	2697634
470174	445048	43854693	858553	1994153	10561186
24105	19430	489605	37882	29464	306209
24015	23524	174336	107970	208983	570899
22264	21879	128124	45419	198098	556170
63712	63453	584288	103164	587523	1418153
126088	124894	467363	166040	1422852	1552467
121797	117562	325175	90625	307142	1531626
77017	70106	892984	109558	763872	1850297
16715	16711	74543	5593	64313	182938
6250	4211	18949	13679	23147	82574
1207	1207	8799	2572	13665	11858
3887	2813	61814	2062	22722	240909
892776	868087	2386117	461497	169365	4256576
12390	10792	404098	122360	83077	306000
27049	22239	326115	70914	155575	552480

2012年国有控股工业企业

甲栏分组	代码	税金	差旅费	工会经费	财务费用
总　　计	01	2044050	1236954	289578	25682478
一、按登记注册类型分组	—	—	—	—	—
内资企业	02	1939543	1153859	280352	24618320
国有企业	03	421051	434790	98653	5917112
中央企业	04	166170	206598	19650	2996368
地方企业	05	254881	228192	79003	2920744
联营企业	08	5540	4826	794	41714
国有联营企业	09	3434	4401	656	19144
有限责任公司	13	1215830	436475	132569	13814792
国有独资公司	14	172463	66598	18062	1706882
其他有限责任公司	15	1043367	369877	114507	12107910
股份有限公司	16	296552	277440	48336	4836304
其他企业	22	570	328	0	8398
港、澳、台商投资企业	23	57938	61447	5796	533774
合资经营企业(港或澳、台资)	24	57938	61447	5796	533774
外商投资企业	29	46569	21648	3430	530384
中外合资经营企业	30	46569	16669	3430	530404
二、按经济组织类型分组	—	—	—	—	—
独资企业	35	421051	434790	98653	5917112
国有企业	36	421051	434790	98653	5917112
合作、合伙企业	41	6110	5154	794	50112
国有联营企业	43	3434	4401	656	19144
其他企业(内资)	50	570	328	0	8398
股份有限公司	53	296552	282419	48336	4836284
股份有限公司(内资)	54	296552	277440	48336	4836304
有限责任公司	58	1320337	514591	141795	14878970
国有独资公司	59	172463	66598	18062	1706882
合资经营企业(港或澳、台资)	61	57938	61447	5796	533774
中外合资经营企业	62	46569	16669	3430	530404
其他有限责任公司	63	1043367	369877	114507	12107910
三、在总计中:亏损企业	64	404757	144184	40325	5947392
在总计中:国有控股企业	65	2044050	1236954	289578	25682478
在总计中:轻工业	67	218119	129514	34587	722229
重工业	68	1825931	1107440	254991	24960249
在总计中:大型企业	69	1625244	963898	217259	19499854
中型企业	70	311778	231830	59728	3538670
小型企业	71	105099	39792	12267	2363220
微型企业	72	1929	1434	324	280734
四、按行业分组	—	—	—	—	—
煤炭开采和洗选业	0600	315748	153183	61407	3087057
石油和天然气开采业	0700	29721	60883	6464	589097
黑色金属矿采选业	0800	40929	30080	15077	1040243

主要经济指标(五)

单位：千元

		营业利润	资产减值损失	公允价值变动收益	投资收益
利息收入	利息支出				
1977380	26070847	29949145	2316285	23711	460300
—	—	—	—	—	—
1914834	24995405	27123825	2240722	23711	418389
358956	5865946	1729144	238191	1035	541410
133307	2932591	2907774	187609	-545	431994
225649	2933355	-1178630	50582	1580	109416
975	38107	231541	358	0	18
821	18453	248440	140	0	0
708670	13462443	11236058	1173610	-13996	-469868
77526	1669575	-122053	211424	-11340	316849
631144	11792868	11358111	962186	-2656	-786717
846226	5620602	13925269	828563	36672	346829
7	8307	1813	0	0	0
66638	555728	1505321	32937	0	41911
66638	555728	1505321	32937	0	41911
-4092	519714	1319999	42626	0	0
-4112	519714	1193858	42626	0	0
—	—	—	—	—	—
358956	5865946	1729144	238191	1035	541410
358956	5865946	1729144	238191	1035	541410
982	46414	233354	358	0	18
821	18453	248440	140	0	0
7	8307	1813	0	0	0
846246	5620602	14051410	828563	36672	346829
846226	5620602	13925269	828563	36672	346829
771196	14537885	13935237	1249173	-13996	-427957
77526	1669575	-122053	211424	-11340	316849
66638	555728	1505321	32937	0	41911
-4112	519714	1193858	42626	0	0
631144	11792868	11358111	962186	-2656	-786717
208813	5883527	-12773903	1144163	18669	312263
1977380	26070847	29949145	2316285	23711	460300
72939	754926	2694470	21090	6486	225526
1904441	25315921	27254675	2295195	17225	234774
1771864	19855065	22045963	2053787	15802	2851131
155446	3580864	5499224	123750	1738	-1529587
48473	2352245	2287662	96786	6171	-861244
1597	282673	116296	41962	0	0
—	—	—	—	—	—
355476	3256615	4667163	606400	-8667	142589
332495	921592	12011295	0	0	21172
46440	1030235	2734212	38776	0	111362

2012年国有控股工业企业

甲栏分组	代码	税金	差旅费	工会经费	财务费用
有色金属矿采选业	0900	264	569	0	1383
非金属矿采选业	1000	5083	12531	892	3109
农副食品加工业	1300	6087	2010	593	47129
食品制造业	1400	2446	167	158	4941
酒、饮料和精制茶制造业	1500	4694	12076	2117	39386
烟草制品业	1600	21702	5803	8133	-615
纺织业	1700	38352	8303	971	159183
纺织服装、服饰业	1800	2173	5892	1036	-8155
皮革、毛皮、羽毛及其制品和制鞋业	1900	1607	2126	592	9026
家具制造业	2100	1696	1593	272	2983
造纸和纸制品业	2200	6629	3251	876	-3490
印刷和记录媒介复制业	2300	10535	5942	2908	-949
石油加工、炼焦和核燃料加工业	2500	68415	12661	6566	770124
化学原料和化学制品制造业	2600	111704	28497	15950	883738
医药制造业	2700	44390	33620	3394	200675
化学纤维制造业	2800	5491	2744	639	27045
橡胶和塑料制品业	2900	7057	7811	541	41591
非金属矿物制品业	3000	100128	43871	20397	1562451
黑色金属冶炼和压延加工业	3100	662525	143673	44526	7355121
有色金属冶炼和压延加工业	3200	15005	5985	3088	178961
金属制品业	3300	22466	14430	2448	126219
通用设备制造业	3400	18305	38080	4909	64488
专用设备制造业	3500	80471	60585	8763	247000
汽车制造业	3600	51408	95744	10700	297481
铁路、船舶、航空航天和其他运输设备制造业	3700	42959	39139	3653	262092
电气机械和器材制造业	3800	95216	126579	7896	1549303
计算机、通信和其他电子设备制造业	3900	6893	7026	2752	42514
仪器仪表制造业	4000	1013	6914	59	9087
废弃资源综合利用业	4200	532	312	91	120
金属制品、机械和设备修理业	4300	4580	8475	563	6373
电力、热力生产和供应业	4400	173730	241588	35456	6927519
燃气生产和供应业	4500	10339	7888	5546	28600
水的生产和供应业	4600	32153	4607	10145	84142

主要经济指标(五)

单位：千元　　续表

		营业利润	资产减值损失	公允价值变动收益	投资收益
利息收入	利息支出				
0	1383	27989	0	0	0
8	2134	-68320	232	0	7435
-404	45789	129570	6	0	-24
58	4926	-29383	28	0	0
384	38095	92472	3675	0	-3415
738	0	1737370	0	0	0
7623	163209	-177789	-43260	157	-48029
20372	11613	161809	2235	0	8221
310	4982	46667	374	0	0
0	2865	70589	0	0	0
3530	0	375783	15	0	61615
3360	5110	366629	208	0	15253
7549	773448	-1846437	-2298	0	33147
55554	917159	544380	81134	-545	453439
28096	223434	-225817	-10893	0	174016
3498	18341	-37260	36836	0	112468
2663	42957	312633	18583	329	-174
67001	1596339	386937	37310	7915	305749
611778	7127360	1065118	66754	-11658	1777566
9583	135268	895897	36796	0	-2569680
29903	136943	673256	17989	0	2886
14864	82014	183659	7242	0	809
10947	238257	417371	58507	0	-38384
58522	331477	1045520	12895	0	58135
52048	327483	864626	73285	0	804
103708	1575692	-3158709	908622	34600	-347951
2470	36904	394264	20421	0	0
735	9736	16731	2543	0	372
41	325	1990	15	0	0
4111	10431	76607	-107	0	42
141343	6841908	6080346	339761	1580	112242
-177	27886	155414	29	0	43468
2682	87649	-62606	1754	0	25167

2012年国有控股工业企业

甲栏分组	代码	补贴收入	营业外收入	营业外支出	利润总额
总　计	01	2240488	7005340	2861790	34083479
一、按登记注册类型分组	—	—	—	—	—
内资企业	02	2114962	6656943	2730739	31040753
国有企业	03	706448	2442948	621006	3541666
中央企业	04	127640	826725	166101	3559293
地方企业	05	578808	1616223	454905	-17627
联营企业	08	30	412	2594	229359
国有联营企业	09	0	271	2167	246544
有限责任公司	13	1129094	2684020	1045429	12874793
国有独资公司	14	41366	338576	61591	154933
其他有限责任公司	15	1087728	2345444	983838	12719860
股份有限公司	16	279390	1529553	1061710	14393112
其他企业	22	0	10	0	1823
港、澳、台商投资企业	23	68552	168141	99906	1573556
合资经营企业(港或澳、台资)	24	68552	168141	99906	1573556
外商投资企业	29	56974	180256	31145	1469170
中外合资经营企业	30	56974	178402	28255	1344065
二、按经济组织类型分组	—	—	—	—	—
独资企业	35	706448	2442948	621006	3541666
国有企业	36	706448	2442948	621006	3541666
合作、合伙企业	41	30	422	2594	231182
国有联营企业	43	0	271	2167	246544
其他企业(内资)	50	0	10	0	1823
股份有限公司	53	279390	1531407	1064600	14518217
股份有限公司(内资)	54	279390	1529553	1061710	14393112
有限责任公司	58	1254620	3030563	1173590	15792414
国有独资公司	59	41366	338576	61591	154933
合资经营企业(港或澳、台资)	61	68552	168141	99906	1573556
中外合资经营企业	62	56974	178402	28255	1344065
其他有限责任公司	63	1087728	2345444	983838	12719860
三、在总计中:亏损企业	64	614553	1059048	288554	-12005415
在总计中:国有控股企业	65	2240488	7005340	2861790	34083479
在总计中:轻工业	67	135224	703312	155576	3242205
重工业	68	2105264	6302028	2706214	30841274
在总计中:大型企业	69	1206253	4665510	2436722	24267856
中型企业	70	712075	1637375	333857	6800218
小型企业	71	315109	676064	85282	2878587
微型企业	72	7051	26391	5929	136818
四、按行业分组	—	—	—	—	—
煤炭开采和洗选业	0600	187552	1168522	480919	5354766
石油和天然气开采业	0700	0	245542	769171	11487666
黑色金属矿采选业	0800	1809	41314	66523	2709003
有色金属矿采选业	0900	0	5516	5924	27581

主要经济指标(六)

单位：千元

应交所得税	亏损企业亏损总额	利税总额	应交税金及附加	本年应付职工薪酬	本年应交增值税
6529149	12005415	100524063	75013783	77887206	41077820
—	—	—	—	—	—
6216341	11921651	95658267	72773398	74982688	39430155
2193799	6250871	26814806	25887990	23443959	11246863
1177516	1730898	19476501	17260894	9217740	5598833
1016283	4519973	7338305	8627096	14226219	5648030
6986	20503	426681	209848	222943	169028
7810	3318	421085	185785	181462	148673
2658457	1624538	34895110	25894604	37675767	18276300
137372	563004	1896018	2050920	4530795	1487704
2521085	1061534	32999092	23843684	33144972	16788596
1356653	4025739	33492906	20752999	13620036	9713051
446	0	28764	27957	19983	24913
181669	40537	2590189	1256240	1847223	922875
181669	40537	2590189	1256240	1847223	922875
131139	43227	2275607	984145	1057295	724790
131139	43227	1974322	807965	774355	567520
—	—	—	—	—	—
2193799	6250871	26814806	25887990	23443959	11246863
2193799	6250871	26814806	25887990	23443959	11246863
7432	20503	455445	237805	242926	193941
7810	3318	421085	185785	181462	148673
446	0	28764	27957	19983	24913
1356653	4025739	33794191	20929179	13902976	9870321
1356653	4025739	33492906	20752999	13620036	9713051
2971265	1708302	39459621	27958809	40297345	19766695
137372	563004	1896018	2050920	4530795	1487704
181669	40537	2590189	1256240	1847223	922875
131139	43227	1974322	807965	774355	567520
2521085	1061534	32999092	23843684	33144972	16788596
117289	12005415	2773326	15300787	10224705	3961668
6529149	12005415	100524063	75013783	77887206	41077820
815761	555802	14175197	11966872	6527769	3103925
5713388	11449613	86348866	63046911	71359437	37973895
5083952	9541247	81950321	64391661	64206481	33412339
1225393	1457926	13406833	8143786	11549480	5950535
235235	940069	4969299	2431046	2042417	1660406
-15431	66173	197610	47290	88828	54540
—	—	—	—	—	—
1658070	233157	14033019	10652071	19978639	7323560
35022	0	16031698	4608775	3611255	2951900
726192	46155	4626646	2684764	2070218	1641087
5154	0	42403	20240	57278	10501

2012年国有控股工业企业

甲栏分组	代码	补贴收入	营业外收入	营业外支出	利润总额
非金属矿采选业	1000	5092	187633	19525	99788
农副食品加工业	1300	979	5892	4005	131457
食品制造业	1400	8876	9067	3612	-23928
酒、饮料和精制茶制造业	1500	1177	2169	627	94014
烟草制品业	1600	133	5348	5402	1737316
纺织业	1700	8847	153201	38381	-62970
纺织服装、服饰业	1800	12021	14928	3866	172871
皮革、毛皮、羽毛及其制品和制鞋业	1900	0	2851	52	49466
家具制造业	2100	0	0	0	70589
造纸和纸制品业	2200	0	799	1688	374894
印刷和记录媒介复制业	2300	663	8978	5286	370321
石油加工、炼焦和核燃料加工业	2500	150470	188460	95226	-1753203
化学原料和化学制品制造业	2600	412139	693684	91776	1146288
医药制造业	2700	0	355341	17771	111753
化学纤维制造业	2800	43029	43581	327	5994
橡胶和塑料制品业	2900	3273	5049	7743	309939
非金属矿物制品业	3000	194544	800433	60442	1126928
黑色金属冶炼和压延加工业	3100	237773	496093	564315	996896
有色金属冶炼和压延加工业	3200	12335	14635	46058	864474
金属制品业	3300	5000	40286	34614	678928
通用设备制造业	3400	32600	59419	9912	233166
专用设备制造业	3500	60187	165313	15419	567265
汽车制造业	3600	95258	149241	82167	1112594
铁路、船舶、航空航天和其他运输设备制造业	3700	51688	210537	16781	1058382
电气机械和器材制造业	3800	187231	268387	85477	-2977948
计算机、通信和其他电子设备制造业	3900	3661	27580	603	421241
仪器仪表制造业	4000	15202	15662	521	31872
废弃资源综合利用业	4200	0	57	0	2047
金属制品、机械和设备修理业	4300	92	3084	1089	78602
电力、热力生产和供应业	4400	474169	1545129	298585	7319841
燃气生产和供应业	4500	10127	25046	8074	172369
水的生产和供应业	4600	24561	46549	19058	-35115

主要经济指标(六)

单位:千元　　续表

应交所得税	亏损企业亏损总额	利税总额	应交税金及附加	本年应付职工薪酬	本年应交增值税
17682	0	247464	170441	357770	100534
16031	31755	263863	154524	203874	117464
15	27673	-22367	4022	16007	1256
41565	66960	559730	511975	144093	210349
456116	0	10919237	9659739	978928	1787915
-8851	82896	82522	174993	655758	121308
33497	33755	194673	57472	283301	17790
14288	9987	50848	17277	90594	1080
17647	0	121844	70598	22194	47783
54867	0	511122	197724	403350	121262
92386	0	504226	236826	369713	118117
110780	2054496	14266907	16199305	1279339	3858990
204788	151985	1675999	846203	2562314	414358
30409	32504	332963	296009	1263377	178438
9608	40736	20362	29467	360619	12527
34591	0	402362	134071	160408	82821
396016	262608	2491129	1860345	2280083	1224817
497317	3443082	9469327	9632273	15253987	8002257
107484	66336	1195289	453304	369007	306710
29102	45219	887301	259941	644710	184358
37266	84584	398866	221271	639697	143436
100784	136151	1116716	730706	1763035	485739
206126	58750	2246092	1391032	2272340	1007410
155871	114	2189432	1329880	1764407	1009253
115237	3605276	-2347904	840497	2188459	553027
21433	21250	549470	156555	293236	111514
6163	0	70800	46104	167774	32678
436	1050	14413	13334	18734	11159
0	0	105867	31845	374931	23378
1247994	1272790	16833175	10935058	13710337	8620558
45395	64380	284633	167998	373212	99874
11647	131766	110962	189877	865958	119028

2012年国有控股工业企业

甲栏分组	代码	本年进项税额	本年销项税额	土地和固定资产支出
总　计	01	167388456	192954665	157676462
一、按登记注册类型分组	—	—	—	—
内资企业	02	160560363	185415443	155664817
国有企业	03	52446100	56426273	58803851
中央企业	04	28190042	27790546	21534985
地方企业	05	24256058	28635727	37268866
联营企业	08	133323	225551	24482
国有联营企业	09	68341	170786	24363
有限责任公司	13	83959931	97497896	54075132
国有独资公司	14	10696425	11031138	6470309
其他有限责任公司	15	73263506	86466758	47604823
股份有限公司	16	23960492	31179207	42761133
其他企业	22	60517	86516	219
港、澳、台商投资企业	23	3733610	3807210	1327326
合资经营企业(港或澳、台资)	24	3733610	3807210	1327326
外商投资企业	29	3094483	3732012	684319
中外合资经营企业	30	2752464	3232723	684319
二、按经济组织类型分组	—	—	—	—
独资企业	35	52446100	56426273	58803851
国有企业	36	52446100	56426273	58803851
合作、合伙企业	41	193840	312067	24701
国有联营企业	43	68341	170786	24363
其他企业(内资)	50	60517	86516	219
股份有限公司	53	24302511	31678496	42761133
股份有限公司(内资)	54	23960492	31179207	42761133
有限责任公司	58	90446005	104537829	56086777
国有独资公司	59	10696425	11031138	6470309
合资经营企业(港或澳、台资)	61	3733610	3807210	1327326
中外合资经营企业	62	2752464	3232723	684319
其他有限责任公司	63	73263506	86466758	47604823
三、在总计中:亏损企业	64	30046872	31555584	38781998
在总计中:国有控股企业	65	167388456	192954665	157676462
在总计中:轻工业	67	9014040	11086968	4836817
重工业	68	158374416	181867697	152839645
在总计中:大型企业	69	146725677	167567590	137331838
中型企业	70	15614866	19203768	14185364
小型企业	71	4986891	6109820	5968310
微型企业	72	61022	73487	190950
四、按行业分组	—	—	—	—
煤炭开采和洗选业	0600	31377611	37142562	8477599
石油和天然气开采业	0700	2461744	5443802	10206951
黑色金属矿采选业	0800	2772095	4358251	1600585
有色金属矿采选业	0900	5903	10521	234

主要经济指标(七)

单位：千元

土地购置	房屋和建筑物	机器设备	运输工具	其他费用	全部从业人员年平均人数(人)
6509038	36224253	96871753	5292677	12727229	942609
—	—	—	—	—	—
6483745	35795344	95351295	5271996	12710925	916604
492609	6831221	46177920	2484695	2817406	308466
182496	2342167	18494810	339218	176294	83774
310113	4489054	27683110	2145477	2641112	224692
0	2500	12234	4272	5476	3375
0	2500	12234	4272	5357	2186
4277088	17432915	27164238	1758454	3390925	431298
41370	1598031	4615156	109116	106636	66414
4235718	15834884	22549082	1649338	3284289	364884
1714048	11528708	21996684	1024575	6497118	172334
0	0	219	0	0	1131
15553	247469	1046888	11416	6000	11271
15553	247469	1046888	11416	6000	11271
9740	181440	473570	9265	10304	14734
9740	181440	473570	9265	10304	12155
—	—	—	—	—	—
492609	6831221	46177920	2484695	2817406	308466
492609	6831221	46177920	2484695	2817406	308466
0	2500	12453	4272	5476	4506
0	2500	12234	4272	5357	2186
0	0	219	0	0	1131
1714048	11528708	21996684	1024575	6497118	174913
1714048	11528708	21996684	1024575	6497118	172334
4302381	17861824	28684696	1779135	3407229	454724
41370	1598031	4615156	109116	106636	66414
15553	247469	1046888	11416	6000	11271
9740	181440	473570	9265	10304	12155
4235718	15834884	22549082	1649338	3284289	364884
563870	3467610	33117090	188990	1444438	141145
6509038	36224253	96871753	5292677	12727229	942609
137056	1394914	2962631	67513	274703	121821
6371982	34829339	93909122	5225164	12452526	820788
5691319	31909661	82621321	5072255	11985770	694896
651723	4032383	8879655	148779	472824	208962
63622	279046	5290127	70687	264828	37031
102374	3163	80650	956	3807	1720
—	—	—	—	—	—
173630	2069614	4952215	208182	1073958	199988
0	477893	4609775	60005	5059278	49414
81937	796431	655175	29101	37941	32340
0	0	234	0	0	1398

2012年国有控股工业企业

甲栏分组	代码	本年进项税额	本年销项税额	土地和固定资产支出
非金属矿采选业	1000	44543	117053	91493
农副食品加工业	1300	274812	379838	36181
食品制造业	1400	76149	48875	265826
酒、饮料和精制茶制造业	1500	375063	508113	112207
烟草制品业	1600	1470170	3254392	350723
纺织业	1700	813171	866338	449573
纺织服装、服饰业	1800	266053	216675	417636
皮革、毛皮、羽毛及其制品和制鞋业	1900	157321	120141	10387
家具制造业	2100	158518	205340	0
造纸和纸制品业	2200	230880	352141	1647835
印刷和记录媒介复制业	2300	282566	394198	539159
石油加工、炼焦和核燃料加工业	2500	14402644	17071760	1498519
化学原料和化学制品制造业	2600	4388809	4369413	16974610
医药制造业	2700	3395221	3378964	417138
化学纤维制造业	2800	270649	212187	18817
橡胶和塑料制品业	2900	329692	348900	82932
非金属矿物制品业	3000	2716242	3859233	29860737
黑色金属冶炼和压延加工业	3100	49164228	55297864	47763572
有色金属冶炼和压延加工业	3200	1732743	1621693	172454
金属制品业	3300	1166416	1427550	327688
通用设备制造业	3400	470868	586167	564210
专用设备制造业	3500	2213340	2587721	827851
汽车制造业	3600	3005376	3551631	2030331
铁路、船舶、航空航天和其他运输设备制造业	3700	2160320	2608168	1330582
电气机械和器材制造业	3800	4048252	3932364	1450205
计算机、通信和其他电子设备制造业	3900	372495	465846	108877
仪器仪表制造业	4000	129795	152477	24898
废弃资源综合利用业	4200	21393	32510	92626
金属制品、机械和设备修理业	4300	151988	129186	151342
电力、热力生产和供应业	4400	36117934	37349806	29035345
燃气生产和供应业	4500	285975	373631	397412
水的生产和供应业	4600	38546	116839	323992

主要经济指标(七)

单位:千元　　续表

土地购置	房屋和建筑物	机器设备	运输工具	其他费用	全部从业人员年平均人数(人)
980	65478	23932	839	264	9259
0	6271	24315	1798	3797	5530
9683	83170	167038	619	5316	687
0	29422	76838	1158	4789	4613
0	166777	174206	9740	0	6178
58322	35174	286313	112	69652	21966
57	199054	211849	6676	0	9434
0	5170	2351	1394	1472	2101
0	0	0	0	0	798
1132	439365	1083664	24406	99268	2804
0	115268	417122	4349	2420	5823
0	196188	818278	11817	472236	12972
925854	6030493	9372696	247874	397693	41211
0	201541	213959	164	1474	21782
0	8744	6808	672	2593	8127
0	5353	76279	1236	64	2912
1553331	10608630	16651985	893268	153523	42605
2935958	9592133	29339641	3152742	2743098	142832
0	47489	118592	1565	4808	7997
0	33191	281422	8856	4219	11244
321490	89601	128631	1659	22829	14425
41388	330443	421661	17334	17025	30667
146072	757406	979021	51239	96593	26359
0	635492	507768	86325	49485	22533
117405	245120	277863	10497	799320	21066
0	13065	94403	896	513	5783
1018	12277	2897	0	8706	3154
0	31232	41420	202	19772	325
0	267	147560	3515	0	7505
120340	2740911	24439599	395933	1338562	142084
18204	63928	104746	48178	162356	6974
2237	91662	145868	10026	74199	16998

第四篇

企业社会责任

编制企业社会责任报告要回答的基本问题

企业社会责任报告是为了综合反映企业对社会所承担的责任，因此，需要回答以下五个基本问题：一是企业社会责任的内容，即企业对社会承担哪些责任(WHAT)；二是企业履行社会责任的动力，即企业为什么应该而且愿意对社会承担责任(WHY)；三是企业履行社会责任的方式，即企业以何种方式和过程落实责任(HOW)；四是企业履行社会责任的业绩，即企业运营对经济、社会和环境造成影响的行为、过程和结果符合企业履行社会责任的职责、标准和目标的程度(PERFORMANCE)；五是企业社会责任的未来计划，即企业在原有业绩的基础上，为更好地实现履行社会责任的愿景而制定的未来目标和行动方案(PLAN)。

一、企业社会责任的内容(WHAT)

企业社会责任报告对企业社会责任内容的披露通常包括三类：

一是从角色定位出发确定的责任或义务。企业在经济社会乃至全球发展中扮演的角色和可能发挥的作用，决定了企业应该和必须担负的使命和责任。譬如，通用公司认为，由于公司在商业领域和全社会都扮演着极为重要的角色，因此公司有责任发挥极少数公司才拥有的强大影响力，改进人们的生活和工作方式；法电集团认为，由于法电在法国经济社会发展中扮演着十分重要的角色，是法国国家竞争力的重要组成部分，肩负着重要而广泛的社会责任，因此必须考虑国家的整体利益，满足经济社会发展和人民生活需要，促进可持续发展。

二是对利益相关方的具体责任。报告一般要分别披露对股东、用户、雇员、供应商、社区等利益相关方所担负的具体责任。如国家电网公司提出企业应对用户承担优质服务责任、对雇员承担雇员发展责任、对伙伴承担合作共赢责任等。

三是按不同性质划分的具体责任，如经济责任、法律责任、道德责任等。如GE认为，作为全球社会的优秀企业公民，必须做到履行好经济责任，持续保持优秀的业绩水平；必须履行好法律责任，严格遵守会计准则和依法经营；努力履行好道德和慈善责任，做到超越遵纪守法，实践高尚的商业道德行为。

二、履行社会责任的动力(WHY)

企业履行社会责任，既是政府和社会对企业的期望、要求与约束，也是企业提升核心竞争力、实现持续健康发展的内在需要。企业社会责任报告一般会从企业价值观和追求企业成功的角度对企业积极履行社会责任的动力作出回答。

一是企业的价值取向的推动。比如，法电集团(EDF)认为，积极履行社会责任是法电集团的根本使命。EDF认为，电力和能源是重要的生存资源，是经济和社会发展的基本条件。发电、输电、配电和经营电力需要有高度的责任感并切实落实到涵盖该领域活动的所有企业和全体雇员。EDF的价值观注重全面履行社会责任，强调尊重人、尊重环境、平衡绩效、团结、正直。

二是企业成功的客观需要。比如，拜耳可持续发展报告提出，拜耳对成功的定义是实现商业效益、生态效率与社会责任的和谐。拜耳坚信唯有以可持续发展方式运营的公司才能取得成功，企业有责任利用技术与业务专长为人类谋福利，信守社会责任承诺，为实现环境的可持续发展做出长期积极的贡献。国家电网公司提出，企业认真了解利益相关各方的期望和要求的过程，就是对企业定位和使命的认识不断深化、丰富和完善的过程；全面关注企业运营对社会和环境的影响与作用的过程，就是企业分析发展环境，把握机遇，应对挑战，明确战略发展方向的过程；积极回应利益相关方需求、充分考虑对社会和环境影响的过程，就是推动企业不断学习创新，持续提高管理能力和服务水平，改进绩效，培养核心竞争优势的过程。

三、履行社会责任的方式(HOW)

履行社会责任要求企业在战略上和日常运营中要认真了解和回应利益相关各方的期望，充分考虑企业发展对社会和环境的影响，统筹兼顾社会可接受性与可持续发展要求，实现经济、社会和环境价值的综合平衡。履行社会责任的方式，是企业社会责任报告信息披露的最重要内容，一般包括企业价值观与企业文化的保障、企业战略保障、企业治理机制、利益相关方参与机制、企业社会责任指标和业绩考核等。比如，EDF履行社会责任的方式包括公开承诺、建设利益相关方对话和参与机制、健全公司治理机制、强化社会责任全员培训、系统开发和应用社会责任管理工具等。国家电网公司认为要更好地履行社会责任必须努力做到坚持科学发展、实施卓越管理、推进自主创新、坚持共同发展、加强沟通交流、树立全球视野。

四、履行社会责任的绩效(PERFORMANCE)

企业社会责任绩效，反映企业实现社会责任目标和履行社会责任职责的程度，既反映了企业履行社会责任的结果的有效性，也反映了企业履行社会责任的行为、过程的有效性，是利益相关方考核企业社会责任工作成效的重要依据。企业社会责任业绩有助于形成有效的履行社会责任的激励和约束机制，调动全员履行社会责任的积极性，推动企业社会责任工作融入企业的日常管理和经营中，实现企业社会责任绩效的持续改进，促进员工行为与公司责任目标相一致，促进公司责任目标符合利益相关方的期望与要求。

通常情况下，企业履行社会责任的业绩表现在经济、社会和环境三个方面，既可以定性描述，也可以定量描述，但业绩的披露要有利于利益相关方对企业履行社会责任的情况进行纵向和横向的对比，即报告期间的业绩与企业过去表现的可比性，报告企业的业绩与其他企业或行业标杆的可比性。

五、履行社会责任的未来计划(PLAN)

企业社会责任报告除了要披露报告期间的企业履行社会责任的行动、过程和结果外，还要在此基础上，提出未来的行动目标和方案。

一个带有中长期企业社会责任发展计划，并配之以可测性目标的企业社会责任年度计划以及实施情况的报告，能较好地体现企业履行社会责任程度。它能较综合地反映出企业将社会责任融入其战略、组织、绩效管理及日常运营的水平和程度。在这一点上，许多日本企业的报告显示出独到的特色。

大部分的日本企业社会责任报告都较好地列出了企业社会责任年度工作计划和可检测的目标，一方面将上一年的计划完成情况根据完成的程度进行报告，与此同时，又将下一年的目标列出。如日本东芝公司发布的含有中国情况说明的《2007年CSR报告书》，在其目标和业绩的栏目中，从管理、社会效益报告、环境报告、交流四大方面，从12个具体方面分别报告2006年度目标及实施完成情况，同时又指出2007年的奋斗目标。

有的日本公司的报告还列出公司中长期社会责任计划和目标。并根据中长期的目标来确定相应年度的具体目标。如日立集团在其《2007年CSR报告书》中，公司首先确立了2006年至2010年第2期环境战略计划，并从环境意识和全球化环境经营、提供新时代的产品和服务、高水平的环保型工厂和办公室、与利益相关人共同的环境活动四个大的方面，18个具体方面设定了2010年要达到的目标 (将其在报告中列出)，据此来确定第2期各年份要达到的目标。

综上所述，企业社会责任报告首先必须是全面的。它既要充分反映企业的社会责任理念，又要全面总结企业的社会责任实践；既要反映企业社会责任实践良好的一面，也要反映企业运营对社会和环境的消极影响及企业社会责任实践不足的一面；既要体现企业的经济价值，又要体现企业的社会价值和环境价值，是从责任角度对企业与社会关系的全面反映。

其次，企业社会责任报告必须是系统的。它要系统梳理企业在经济社会发展中的角色及承担的责任；要运用生命周期理论系统梳理企业运营对社会和环境所造成的积极和消极的影响；要系统梳理企业与每一利益相关方的互动关系；要从企业价值观、公司治理、企业战略、企业运营、企业文化等各个方面系统阐述企业对社会责任理念和要求的充分落实。

最后，企业社会责任报告必须是持续创新的。它提供了由外而内地全面理解企业角色和使命的崭新视角，从利益相关方的期望和参与的角度，体现企业的价值，寻找企业存在的问题、改进的方向与动力。它并不以报告的发布为终点，而是将报告的编制视为一个持续改进的过程，在编制的过程中不断完善与改进。

企业社会责任报告的由来与作用

企业社会责任报告是如何诞生的

随着经济发展、社会进步和企业规模的扩大，人们越来越关注企业对社会的影响。消费者、雇员、投资者、商业伙伴、政府、非政府组织、媒体以及所在社区等利益相关方对企业的社会角色的期望日益提高，对企业增强履行社会责任的透明度和问责制有着普遍要求。同时，企业加强与利益相关方和社会沟通的愿望与动力日趋提升，企业或行业组织制定的行为守则迅速发展。据经济与合作组织（OECD）统计，到 2000 年为止，全球共有 246 个生产守则，制订者来自跨国公司、行业协会和贸易协会、非政府组织和国际组织。利益关系各方期望对企业负责任的行为作出评估，加强对企业履行社会责任的监督；企业希望采取行动对所作出的努力进行披露，争取外部的更多理解与支持，因此就有了企业社会责任报告的产生。

企业社会责任报告经历了一个较长的萌芽、兴起、发展和趋于成熟的发展过程，经历了所关注议题的不断变化，形成了从单项社会责任报告（雇员报告、环境报告、环境健康安全报告）向综合社会责任报告的演变过程。随着可持续发展概念逐渐深入人心，发达国家的政府对企业全面披露社会责任信息的期望和要求越来越高，社会公众对企业社会责任议题的全面关注促进了综合企业社会责任报告的出现。

企业社会责任报告如何定义及分类

全球报告倡议组织（GRI）在其《可持续发展报告指南》（G3 版）中指出："可持续发展报告是以可持续发展为目标，衡量及披露机构绩效，对内外部利益相关方负责任的实践。"简言之，企业社会责任报告是企业就其经济活动对社会特定利益群体及整体产生的经济、社会和环境影响进行沟通的过程，是企业履行社会责任的综合反映。

以反映程度是否全面为标准，可以划分为广义的企业社会责任报告和狭义的社会责任报告两类。广义的企业社会责任报告，包括以正式形式反映企业对社会承担的某一方面或几方面责任的所有报告类型，即单项社会责任报告，如环境报告、环境健康安全报告、社会报告及其他综合性报告等。狭义的企业社会责任报告，一般特指以正式形式全面反映企业对社会承担的所有责任的报告，即综合社会责任报告。由于对企业社会责任的理解以及报告关注重点的差异，企业社会责任报告有着多种不同的名称、类型和特点，如目前的企业社会责任报告、可持续发展报告、企业公民报告、企业社会与环境报告等。本书所指的社会责任报告，都是指狭义的社会责任报告，即综合社会责任报告。

企业社会责任报告有哪些作用

企业社会责任报告的演变，不仅表现在报告议题、名称和水平等方面的发展，也是报告作用的不断认识与创新。20 世纪 70 年代通过雇员报告来提高雇员的忠诚度，成为企业吸引人才的重要工具；20 世纪 90 年代通过环境报告来回应公众的期望和压力，成为企业风险控制的重要手段；进入 21 世纪，社会责任报告扩展至更广泛的社会议题，向利益相关方展示企业对全面社会责任的承担，使发布报告成为企业获取"经营许可"的公关手段。最新趋势表明，一些具有前瞻意识的公司开始将社会责任报告的发布，作为企业核心商业价值与战略的一个重要组成部分，以创造企业责任竞争力，提升企业的商业价值。

具体而言，发布企业可持续发展报告，对企业具有如下作用：

第一，可以对以往业绩和未来预测的业绩进行衡量和报告，而且这已成为一个关键的管理工具；

第二，可以作为建设、维持和不断完善利益相关方参与的重要工具；

第三，从更高的层次上帮助组织传递与经济、环境和社会机遇和挑战相关的信息；

第四，有助于加强公司与外部各利益相关方（消费者、投资者、社区）关系，建立信任；

第五，以更具战略意义的方式将财务、营销和研究开发等公司职能部门联系起来，建立内部对话机制；

第六，制定可持续发展报告

的过程也是建立预警机制的过程，即针对供应链、社区、监管机构以及声誉和商标管理过程中存在的问题以及未曾预测的机遇提供警示。总体而言，发布可持续发展报告有助于管理层防患于未然，在可能产生危害的事件发展成负面的突发事件之前就对其进行评估；

第七，可持续发展报告有助于提高管理层的评估能力，评估组织对自然、人文和社会资本所做的贡献，从而更加完整地反映了组织的发展远景；

第八，可持续发展报告可以减少上市公司股价的波动和不确定性，也可以减少资金成本，更全面和定期的信息披露，包括披露分析临时从管理层获取的许多信息，可以避免不及时披露或突然披露所引起的投资者行为的重大转变，从而增加公司财务状况的稳定性。

就对企业的总体作用而言，编制社会责任报告可以增强企业的战略管理能力，使企业由外而内地深入审视企业与社会的互动关系，促进企业对战略环境的分析更加全面；可以提升企业的日常管理与服务水平，有利于企业从思想上、制度上，依靠内外部约束推动现行管理制度、程序与绩效的突破，全面提升企业服务能力和水平；可以提升企业的品牌形象和价值。

全球企业社会责任报告的现状

近年来，随着企业社会责任报告数量的日益增加，成为学术机构、非政府组织和一些国际咨询机构的重要研究议题，这些研究从不同角度描绘了企业社会责任报告发布的现状和趋势。本期主要介绍全球企业社会责任报告的现状。

1.报告数量

从全球范围看，企业社会责任报告发布的数量逐年在增长，在一些发达国家中，发布报告已逐渐成为一种普遍现象。

从报告发布的总体数量来看，根据世界上最著名的企业非财务报告的在线目录网站 CorporateRegister.com 上的统计数据，目前已收集全球范围内来自 96 个不同国家的 4013 家企业所发布的社会责任报告，共计 15342 份(截至 2007 年 10 月 23 日)。该机构所收集的报告 1992 年度共有 26 份，1994 年度发布的报告数突破 100 份，2001 年度发布的报告数突破 1000 份，2006 年则达到 2387 份，2007 年的报告数量截至 9 月 25 日数据更新时，已达 1364 份。

2.报告种类

企业所发布的所有非财务报告统称为企业社会责任报告，但具体而言，非财务报告可以依据不同的方法划分为不同的类型。依据 CorporateRegister.com 上的统计方法，所有报告被划分为：环境报告、环境健康安全报告、环境健康安全与社会/社区报告、企业责任报告、可持续发展报告、环境社会报告、慈善报告、社会/社区报告以及其他共九个类型。但一般来说，可以将非财务报告划分为综合性报告或单项报告，其中综合性报告主要包括可持续发展报告、企业公民报告、企业社会责任报告、环境健康安全报告等，而单项报告中最为重要的是企业环境报告。

3.地区分布

自从 20 世纪 70 年代企业社会责任运动开始在欧美兴起后，北欧、西欧以及北美地区一直是企业社会责任报告发布的先锋地区。根据 CorporateRegister.com 公司与 ACCA 于 2004 年联合发布的一份报告，就地区分布而言，欧洲和北美在企业社会责任报告发布方面是最为活跃的地区；而在加勒比和大部分拉丁美洲国家中，社会责任报告实际还鲜为人知；在亚洲和澳洲，除日本和澳大利亚之外，发布社会责任报告的企业仍占少数；在非洲和中东地区，南非有着较为突出的表现。

4.国别分布

企业社会责任运动起源于发达国家，因此，目前社会责任报告的发布者也主要是来自发达国家的企业。

在 N100 指标样本中，2005 年度发布社会责任报告企业所占比例最大的前 6 个国家依次是日本、英国、加拿大、法国、德国、美国，其中日本发布报告的企业高达总数的 80%，而英国也高居 71%。

1992—2006 年期间发布报告数量排名前 20 的国家依次为：英国、美国、日本、德国、澳大利亚、加拿大、意大利、荷兰、瑞典、法国、瑞士、西班牙、芬兰、挪威、丹麦、南非、比利时、巴西、奥地利和新西兰。其中，截至 2006 年度，英国发布的社会责任报告已经超过 2000 份，美国和日本约 1500 份，德国、澳大利亚约 1000 份。可见，英国、日本一直是发布企业社会责任报告最多的国家。

5.行业分布

根据毕马威 2005 年的调查，在 N100 指标样本中，公用事业、化学/合成化工、石油/天然气、采矿、森林/纸浆和造纸这几大行业中，超过一半以上的企业发布社会责任报告；在 G250 指标样本中，化学/合成化工、建筑和建材、森林/纸浆和造纸、制药行业中，发布社会责任报告的企业所占的比例高达 100%。

此外，根据 CorporateRegister.com 的统计数据，发布报告最多的行业主要分布在化学、电力、石油天然气、交通、采矿、银行、建筑与建材、电子与设备等。

6.报告内容

从现有发布的报告来看，大部分报告内容基本由三个部分组成。第一部分是企业基本情况简介，包括企业的概况、主要财务指标、业务指标、价值观、社会责任的主题和目标等；第二部分是管理体系介绍，描述企业如何通过企业内部的管理体系和具体实践，实现企业既定的目标；第三部分是绩效指标披露，通过这些指标来评价企业在履行社会责任方面的成绩与不足。

7.报告动力

根据毕马威公司 2005 年的

调查，近3/4的公司发布报告是出于经济考虑，约一半的公司是基于伦理理念与价值驱动、创新和学习的动机、雇员关系管理(通常是为了改善劳资关系)以及风险控制；此外，还包括其他的商业动力，如获得好的品牌和声誉、占有并维持市场地位、获得金融市场的信任并提高股东价值、在提供新产品和服务方面具有开拓能力并创造新市场。

8.报告审验

企业社会责任报告所追求的目标是为使用者提供准确的、可比的以及可核实的信息。而由于社会责任报告是由企业自行编制的，因此，其可信度往往容易遭到怀疑。为此，利益相关方希望能通过审验提高报告的可信度。随着近年来商业丑闻的不断曝光，经过审验的社会责任报告越来越多。根据毕马威2005年的调查，在G250样本中，经过外部审验的报告比例为30%，共有48份；在N100样本中，该比例为33%，共171份。就国别比较，意大利企业发布的报告72%经过外部审验，其他比例较高的还包括英国、法国、西班牙，而美国则是16个国家中比例最低的。从行业来看，无论是N100或G250样本，公用事业、采掘业、石油与天然气部门的报告中经过审验的比例最高，基本在50%左右，这可能是由于这些行业对环境和社会有着较大的影响，并且公众对这些行业都较为关注。

调查显示，外部审验提供者，大型会计公司在审验市场上占据主流(58%)。从审验所依据的标准来看，全球250强企业报告审验依次参照国际审计标准、AA1000标准和国家相关标准；各国100强报告审验则依次参照国家相关标准、国际审计标准和AA1000标准。可见，跨国经营的特点使全球250强更倾向于遵从国际标准，各国百强企业则更重视国家相关标准。

9.报告使用

社会责任报告发布的重要目的是为了能让利益相关方在阅读报告后，做出有利于他们切身利益的决定。因此，公司要明确报告的使用者群体，从而披露对他们而言具有真正意义和重要价值的内容，而不是仅仅披露公司所能报告的内容。虽然许多公司在报告中都宣称报告的目标使用者包括雇员、客户、供应商、股东、管理者、非政府组织等，但实际上，股东和投资者是社会责任报告最重要的使用群体。

冀中能源股份有限公司 2012 年社会责任报告

报告声明

冀中能源股份有限公司（在本报告中简称“冀中能源”，也用“公司”或“我们”表示。英文名“JIZHONG ENERGY RESOURCES CO., LTD.”）自 2008 年建立社会责任报告发布机制以来，已经连续发布四期年度社会责任报告。秉承我们前四期社会责任报告的宗旨，2012 年社会责任报告依旧定位于我们与各利益相关者进行沟通与交流的重要渠道和载体。本报告旨在加强社会各界对公司的了解和监督，广泛接纳社会各界的意见和建议，促进我们的不断进步和长期发展。本报告依据《深圳证券交易所主板上市公司规范运作指引》中对上市公司履行社会责任的要求及参照全球报告倡议组织（GRI）的可持续发展报告指引（GRI3.1）等编制。本报告所涉及的事项期间主要为 2012 年，但基于对年报的连续性和可比性的考虑，有些事项的说明也适当作了前后年度的延伸。本报告涉及的范围以“冀中能源股份有限公司”为主体，报告内容涉及的信息主要取自以公司《信息披露管理制度》为审查依据的公司年报、内部文件、实际履责情况的专项报告及统计。本报告延续 2011 年社会责任报告的结构，在报告内容、指标和各种数据的统计方法上与 2011 年报告相同。我们真诚地希望这份报告能够引起您对诸如公司治理、经济责任、科技创新、环境保护、安全生产、能源节约、诚信经营、社会公益等社会责任相关问题的更大关注。您的反馈将促进冀中能源可持续性发展事业的提升。我们欢迎社会各界见证并与我们一起为经济社会的繁荣与进步作出更大的贡献。

公司年度社会责任报告于次年 4 月以简体中文对社会各界发布。您可以登录公司网站 http://www.jnny.com.cn 对报告进行网上浏览或下载电子文本。

董事长致辞

2012年，冀中能源秉承“以人为本”的理念和“为社会服务，让股东满意”的宗旨，面对复杂的经济形势和低迷的市场环境，不断强化发展意识，积极应对各种挑战，在极度困难的条件下，较好地完成了各项生产经营任务，切实维护了全体股东的利益。与此同时，密切关注相关方利益，积极履行社会责任，实现了经济效益和社会价值的双重企业目标。一年来，面对市场下行压力和煤企激烈竞争的局面，冀中能源仍全力履行社会责任。公司治理方面，严格执行授权制度，持续规范运作程序，准确、及时地披露了公司的重大事项，为广大投资者提供了投资依据。经营管理方面，煤炭产量稳步提升，经济总量不断扩大，在煤价大幅降低的情况下保持了高水平盈利，企业综合竞争力进一步增强。安全方面，不断加大安全投入，持续推进质量标准化建设，改善了员工作业环境，百万吨工亡率控制在0.10以下，达到了行业先进水平，较好地保证了国家利益和员工的生命财产安全。科技方面，充填开采、井下排矸、6.5米高架综采等一大批技术成果实现了产业化应用，引领了煤炭工业安全、高效、绿色发展。环保方面，大力推动低碳运行生态矿山建设，邢台矿在省内率先消灭了矸石山，东庞矿、邢东矿入选国土资源部“国家级绿色矿山试点单位”。社会方面，关注员工切身利益，构建员工与公司管理层的沟通机制，维护了员工的权益，员工收入保持了稳步增长；积极参与社区建设，推动棚户区和沉陷区治理改造，参与、组织了多次社区活动。组织广大员工开展一日捐等活动，持续开展捐资助学和扶贫帮困送温暖活动，支持社会事业。公司在履行企业社会责任方面持续而有效的努力，得到了社会各界的高度评价和广泛认可。近年来，“冀中能源”先后荣获了“煤炭工业节能减排先进企业”、“中国十佳最重分红上市公司”、“中国上市公司市场投资者满意十佳品牌”、“中国最具影响力企业”等荣誉称号。这些成绩的取得离不开社会各界的关心与帮助。在此，我谨代表公司董事会，衷心感谢广大股东、客户及各界朋友对我公司的信任与支持，感谢全体员工为公司的发展所付出的辛勤努力，同时郑重承诺：随着事业的发展，冀中能源将更多地回馈社会。

董事长 王社平

二〇一三年四月二十四日

冀中能源股份有限公司理念与文化

公司的理想、目标与责任

发展理想	•建设令人尊敬和向往的现代化大型能源企业
公司责任	•绿色发展 创造幸福
发展战略	•瞄准内外资源 全力做强主业
公司品格	•科学严谨 雷厉风行
核心价值观	•不断创造历史
平安观	•以人为本 安康至上

公司文化

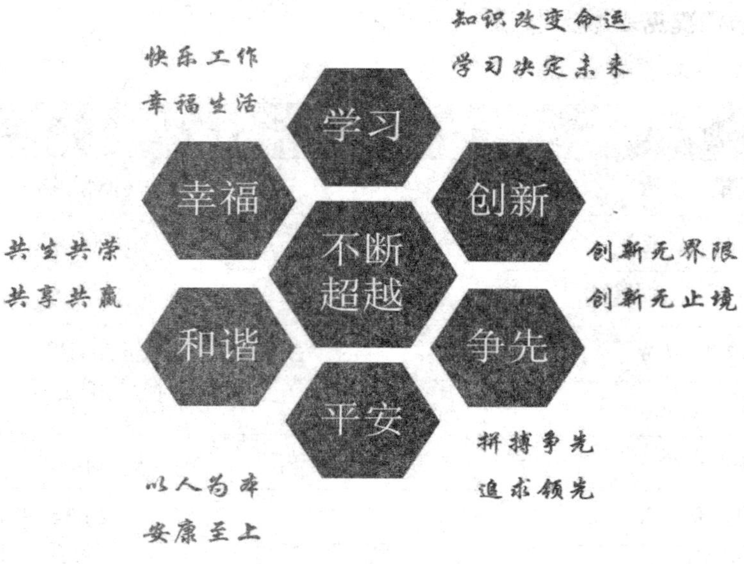

1.公司概况

冀中能源股份有限公司原名河北金牛能源股份有限公司，于2010年1月12日正式变更为现名称，公司证券简称"冀中能源"，证券代码000937。公司总部位于河北省邢台市，主营业务为煤炭开采、洗选、发电、玻纤、水泥和化工等。公司于1999年9月9日在深圳证券交易所（以下简称"深交所"）上市。历经"十一五"的跨越式发展，冀中能源通过对省内外煤炭资源的整合和企业重组，实现了原煤产量两次翻番，煤炭业务的整体上市；以此为基础分阶段完成了：山西寿阳段王煤业集团有限公司的组建；冀中能源峰峰集团有限公司（以下简称"峰峰集团"）、冀中能源邯郸矿业集团有限公司（以下简称"邯矿集团"）、冀中能源张家口矿业集团有限公司（以下简称"张矿集团"）的资产重组；以及全资子公司冀中能源内蒙古有限公司的设立和增资。

1.1 主要产品

冀中能源的煤炭主业纵贯河北、横跨晋冀、北延内蒙古，下辖河北邢台矿区、河北峰峰矿区、河北邯郸矿区、河北张家口矿区、山西寿阳矿区及内蒙古矿区。公司产品包括四大板块，请参见表1–1：

表1–1

板块名称	说　明
煤炭板块[注1]	煤炭：1/3焦煤、无烟煤、焦煤、气肥煤、贫瘦煤 商品煤：1/3焦精煤、主焦精煤、筛混煤、洗混煤、无烟精煤
煤化工及化工板块	化工原料、煤焦化、甲醇
电力板块	总装机容量188000千瓦
建材板块（玻纤、水泥）	直接纱、SMC纱、毡用纱、喷射纱、无捻粗纱布、短切原丝毡、短切纤维、多轴向织物、缝编毡等9大类产品80多个品种
	"咏宁"牌水泥

注1：其中1/3焦煤，为华北地区局部稀缺煤种，是重要的炼焦配煤。

通过与华北、华东地区的大钢厂、焦化厂、电厂建立稳定的长期客户关系，公司的煤炭销量保持着逐年稳步上升的良好态势。公司精煤主要客户以河北钢铁集团、安阳钢铁等国有重点企业及大型民营企业为主。动力煤市场以河北省电厂为主，涵盖上海、山东等其他地区部分电厂及少量市场用户。

1.2 主要经济指标完成情况见表1–2

表1–2

指标	2012年
原煤产量（万吨）	3642.48
精煤产量（万吨）	1908.45
精煤销量（万吨）	1897.61
在册员工（人）	51180
总资产（亿元）	401.75
营业收入（亿元）	300.72
净利润（亿元）	23.15

（数据来源于公司年报）

1.3 股权结构

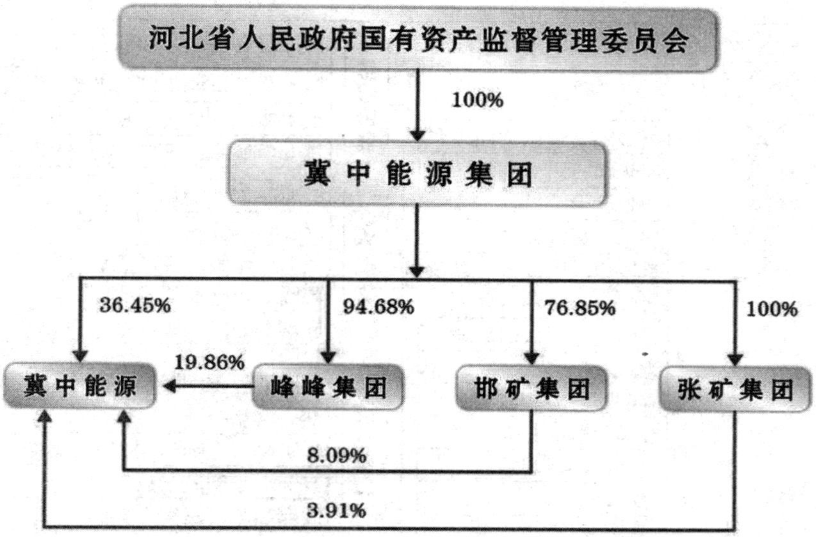

图 1–1

公司与控股股东和实际控制人之间的产权及控制关系如图 1–1 所示(数据来源于公司年报)。

截至 2012 年 12 月 31 日,公司的股权结构见表 1–3:

表 1–3

股权类型	股东	股数(万股)	比例(%)
国有法人持股前 5 名公司	冀中能源集团有限责任公司	84313.46	36.45
	冀中能源峰峰集团有限公司	45934.07	19.86
	冀中能源邯郸矿业集团有限公司	18711.70	8.09
	冀中能源张家口矿业集团有限公司	9052.14	3.91
	中国信达资产管理股份有限公司	6526.60	2.82
社会公众股	社会公众	66750.45	28.87
股份总数		231288.42	100.00

(数据来源于公司年报)

1.4 运营架构

2012 年公司主要运营架构如图 1–2(数据来源于公司年报)：

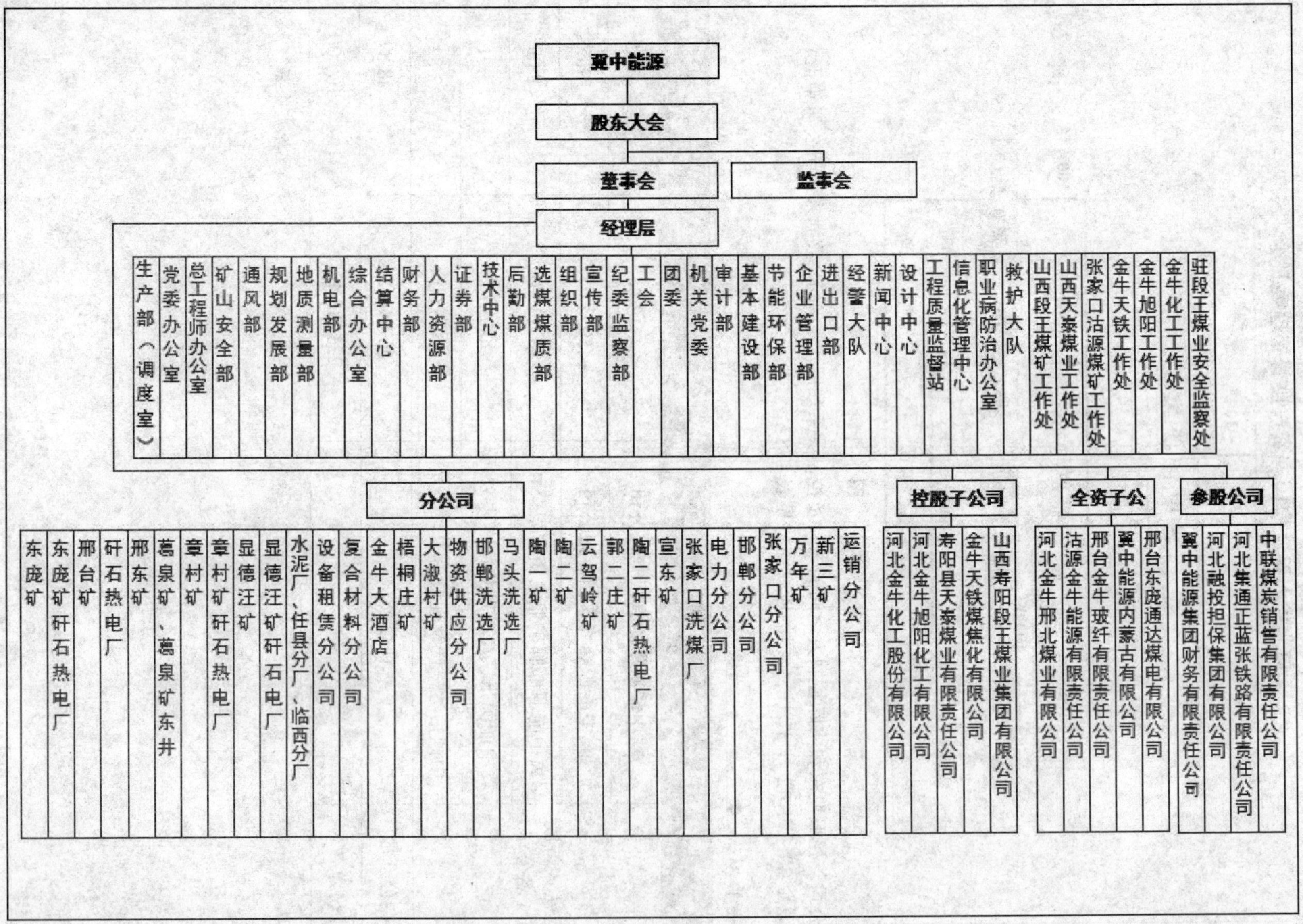

图 1–2

1.5 控股子公司业务概况见表 1–4。

表 1–4

名称	持股比例(%)	业务性质	注册资本（万元）
冀中能源内蒙古有限公司	100.00	建材、化工及焦炭	220927.18
邢台东庞通达煤电有限公司	100.00	煤炭	7725.00
邢台金牛玻纤有限责任公司	100.00	建材	39500.00
沽源金牛能源有限责任公司	100.00	煤炭	21310.00
河北金牛邢北煤业有限公司	100.00	煤炭	3022.22
寿阳县天泰煤业有限责任公司	80.00	煤炭	857.00
寿阳县段王煤化有限责任公司	72.00	煤炭	10000.00
河北金牛化工股份有限公司	56.82	化工	68032.00
金牛天铁煤焦化有限公司	50.00	化工	66000.00
河北金牛旭阳化工有限公司	50.00	化工	15000.00

（数据来源于公司年报）

2. 公司利益相关者见表 2–1。

表 2–1

利益相关者	目标及关注点	实施的主要措施	关键业绩指标	在本报告中的位置
政府	国家能源安全	提高采区回采率； 延长矿井寿命； 提升科技创新能力。	采区回采率 煤矸石综合利用率 矿井水综合利用率	7.2
	生产安全	推进安全生产基础建设； 提升质量标准化水平； 加强先进技术装备支撑； 加强隐患排查治理力度； 推进职业危害防治工作； 强化员工教育培训； 深入安全文化建设； 切实做好地测基础工作，落实制度，规范管理。	百万吨工亡率 矿建施工万米进尺死亡率 较大及以上事故、瓦斯煤尘事故和危化品事故（次）	8.2
政府（续）	环境保护	实施节能减排项目； 推进能源信息管理； 强化环保设施运行管理； 落实建设项目环评和“三同时”制度； 加强放射源和危险废物管理； 持续开展清洁生产审核和污染减排对标； 加大环保宣传与培训力度； 落实环保专项资金项目绩效评价工作。	节能量 化学需氧减排量 二氧化硫减排量 烟粉尘减排量	7.2
	劳动就业机会	加强人才队伍建设。	在册员工人数 员工各年龄段、性别、工种比例	10.2
	财政收入	积极上缴税费。	年度支付的各项税费总额	11.1

续表

利益相关者	目标及关注点	实施的主要措施	关键业绩指标	在本报告中的位置
股东	长期利益最大化	保持公司持续发展； 提高公司股票价值； 增加股东回报。	股票市值 市盈率 净资产收益率 派息政策	5.2
		完善公司治理机构； 提升各专项委员会、监管机构的监管力度。	独立董事在董事会的比例 监事会中员工监事比例 反腐倡廉成果数	4.2
		维护投资者关系； 完善投资者沟通机制。	中小股东网络投票率	4.2
		加强信息披露管理。	深交所年度信息披露排名	5.2
债权人	公司偿债能力	加强全面预算和资金管理； 集中管理，保障效益； 加强财务风险集中控制。	资产负债率 流动比率 信用级别	5.2
员工	权益保护、职业发展、价值实现	强化人力资源管理； 改善员工工作环境； 扎实开展员工技能培训； 提升员工福利； 完善职代会制度； 创新民主管理形式； 落实厂务公开制度； 搞好群众工作室创建。	员工福利投入 各种培训期数及人数	10.2

续表

利益相关者	目标及关注点	实施的主要措施	关键业绩指标	在本报告中的位置
客户	产品质量、问题响应	建立快速市场反应机制，保持价格优势； 强化市场营销工作，稳定销售，实现产销平衡； 强化货款回收工作，控制货款风险，保证公司资金需求； 采用灵活定价机制应对市场多变形势； 推进增收节支活动； 健全物资采购权力运行监督制约机制； 积极开展物资供应制度建设，建立科学管理的长效机制； 规范采购过程，提升三个门槛，降低采购成本。	客户满意率 客户投诉人次	9.2
供应商	长期合作、互利互惠	执行供应商质量管理制度； 严格选取合格供货商，努力创造公平的竞争环境，落实“阳光采购”； 与性价比较高服务好的大型企业集团建立战略合作，保持互惠互利，稳定供需关系； 借助效能监察，治理商业贿赂； 设立信息沟通渠道，确保客户和供应商利益。	招标比价率	9.2
社区	和谐、安全、健康	开展驻村帮扶活动； 提倡员工援助与社会捐赠； 积极参与社会公益活动； 努力改善矿区生态环境。	主要公益项目支出 棚户区、沉陷区改造项目受益户数（人数）	11.2

3. 社会责任规划

冀中能源坚定不移地秉承“绿色矿井，以人为本，安全为天”的可持续发展理念，高度推崇“科学发展化，发展品牌化，资本市场化”的经营模式，充分认可并承诺在经济、环境和社会方面的企业责任。公司致力于不断满足各利益相关方的需求，旨在公司治理、经济责任、环境保护、安全生产、员工权益、科技创新、社会公益等方面持续改进，为最终成为企业社会责任的优秀践行者而不懈努力。我们的社会责任规划：见表 3-1。

表 3-1

责任类别	关键目标	风险	措施
经济责任	股票市值、 净资产收益率、 市盈率、 收入利润率	资源储量随矿井开采年限的增加而减少，需要获取后备资源。	通过重大资产重组、外部资源整合等方式提升后备资源储备； 通过产业结构多元化、资源配置优化、发展科学化增强可持续发展能力。
环境责任	采区回采率、 煤矿原煤入洗（选）率、 煤矸石综合利用率、 矿井水排放达标率、 矿井水利用率	矸石山自燃造成的环境污染和资源浪费； 煤泥水外排，污染环境。	通过科技创新发展煤炭洗选、建下采煤、煤矸石发电循环经济； 进一步拓宽中水利用渠道、提高利用率； 通过积极推广放顶煤开采工艺，加大“三下”采煤力度，实施极薄煤层开采、矸石回填、保水开采等绿色开采技术，构建低碳生态环保的矿山生产系统； 提倡清洁生产，加强矿区环境保护和生态环境建设，发展新型生态工业园区。
社会责任	纳税总额、 给社会提供的就业机会、 社会公益投入、 员工收入增长率、 百万吨工亡率	因日趋困难、复杂的生产地质条件而导致的潜在安全风险制约着公司盈利能力的提升。	提高公司经济效益； 动态跟踪检测矿井生产环境； 改造通风排水设备、加强矿井安全质量标准化建设； 建立完善的企业社会责任治理结构和科学全面的社会责任指标体系； 将社会责任管理体系与企业风险管理体系相融合，降低企业经营的社会责任风险； 高度重视和主动承担煤炭资源节约开采利用的社会责任，为构建和谐社会提供持久能源支撑； 承担安全生产的社会责任，为构建和谐社会营造安定的社会环境； 承担员工权益保障的社会责任，为构建和谐社会提供人力支持。

4.公司治理

4.1 概况

经过“十一五”期间的快速发展，冀中能源不仅创造了每年以两位数增长的发展速度，而且走出了一条安全高效、资源节约、低碳运行、绿色生态的发展道路，被中国煤炭工业协会、中国煤炭加工利用协会授予“煤炭工业节能减排先进企业”的光荣称号，成为煤炭工业发展的典范。

作为上市公司，冀中能源不断完善法人治理结构，优化内部控制，规范信息披露，依法经营，诚信管理，在资本市场树立了“冀中能源”良好的品牌形象，得到了广大投资者、监管机构和行业的充分认可。公司先后荣获中国上市公司纳税百强企业、中国最具价值上市公司50强企业、全国纳税500强企业等多项荣誉称号，公司连续多年入选“深证成指”、“深证100”及“巨潮100”指数，被多家知名银行一致评为AAA级信用企业。见表4-1。

4.2 成效

股东大会

公司股东大会是公司的最高权力机构，旨在充分保障股东的各项权益。2012年，公司依据股东大会议事规则，召开2次股东大会，审议各类权益事项。为确保所有股东，特别是中小股东对重大关联交易等事项享有平等参与权，公司制定了网络投票机制。在未来的工作中，公司将不断鼓励中小股东的投票参与率，继续加强与中小股东等投资者的相互沟通，广泛接纳各方意见和建议。

董事会及下属委员会

公司董事会成员15人，董事长1人，董事长不兼任公司总经理等行政职务，以保障独立非执行董事开展业务的条件及中小股东的各项权益。公司独立董事5人，占董事会人数的1/3，其中1人为女性。2012年公司共组织召开10次董事会。

表4-1

奖项名称或内容	获奖单位/个人	颁发部门
优秀董事会奖	冀中能源	董事会杂志社
2011年度金牛上市公司百强	冀中能源	中国证券报
2011年度信息披露考核优秀	冀中能源	深圳证券交易所
2011中国主板上市公司价值百强	冀中能源	证券时报
中国上市公司百佳董秘	冀中能源董秘	证券时报
最具创新力董秘	冀中能源董秘	董事会杂志社
金牌董秘	冀中能源董秘	新财富杂志社

为提高公司董事会决策效率和科学性，董事会下设4个专门委员会，其中独立董事占委员比例近2/3。专门委员会设立信息如表4-2：

表4-2

专门委员会	主任	成员	主要职责
战略委员会	王社平	郭周克 杨化彭	负责对公司长期发展战略和重大投资决策进行研究并提出建议。
审计委员会	赵保卿	史际春 刘尚林	负责公司内、外部审计的沟通、监督和检查。
提名委员会	宋淑艾（女）	王纪新 王社平	负责研究董事、经理人员的选择标准和程序并提出建议； 广泛搜寻合格的董事和总经理的人选； 对董事候选人和总经理人选进行审查并提出建议。
薪酬与考核委员会	史际春	宋淑艾（女） 董传彤	负责研究制定公司董事及总经理人员考核的标准，进行考核并提出建议； 研究和审查董事及高级管理人员的薪酬政策与方案。

监事会

公司监事会成员7人，监事会主席1人，不兼任公司总经理等行政职务，以确保其履行对全体股东负责、接受员工监督的监督职责。职工监事3人，占监事会成员比例的43%。2012年公司共召开6次监事会会议，分别对公司董事、高级管理人员的履职情况、公司财务状况、定期报告和日常关联交易等事项进行了监督及效果后评估。

反腐倡廉

2012年，公司各级领导人员未发生违法、违纪、违规事件。公司“四维”基层重要事务规范化管理模式，在全省党务公开和基层重要事务规范化管理工作会议上，作为唯一的企业代表做典型发言，在全省推广；被命名为“河北省廉政文化建设示范点”，蝉联“省国资源系统效能监察工作先进单位”、冀中能源集团“党风廉政建设先进单位”等荣誉称号。主要成果：见表4-3。

表4-3

指标	2012年
监督检查和效能监察（项）	290
检查单位（家/次）	18/239
查出各类问题（个）	1234
提出整改建议（条）	1907
下发监察建议书（份）	556
促进建立完善规章制度（项）	800
避免和挽回经济损失（万元）	5679.76
组织廉政课（场）	705

4.3 措施

进一步完善全面风险管理体系建设。

自2010年公司制定全面风险管理体系机制以来，根据国家国资委、省国资委下发的全面风险管理相关指导性文件，公司逐年完善全面风险管理的具体实施意见、建设规范及考核办法。公司各单位贯彻落实上级指导精神并逐步配合具体工作部署，结合企业实际情况积极探索，在实践中持续改进，不断完善具有自身特色的基层风险防范与管控体系，通过构建管理机构、理顺管理体制、强化理念学习、增强风险意识、整体推进、重点突破，取得了良好的全面风险管理体系建设效果。

加强内部控制体系建设与实施

公司作为河北省财政厅实施《企业内部控制规范》的试点单位，严格执行《公司法》、《证券法》、《股票上市规则》和《公司章程》等各项法规制度，积极利用股东会、董事会、监事会的“三会”资源，发挥其在子公司管理、关联交易、对外担保、募集资金使用、重大投资和信息披露等方面的监督管控作用。

质量/环境/职业健康安全管理体系认证

2012年，公司再次顺利通过中质协质量保证中心的“三体系”贯标认证年度审核，并得到认证。见表4-4。

表4-4

奖项	获奖单位	颁发部门
环境管理体系认证证书	冀中能源	中质协质量保证中心
质量管理体系认证证书	冀中能源	中质协质量保证中心
职业健康安全管理体系认证证书	冀中能源	中质协质量保证中心

2012年公司新增设了"职业危害防治管理部",旨在全面提升公司职业健康安全管理水平。本着"生命高于一切"的理念,结合公司生产实际,该管理部积极推广职业病相关培训,对职业病危害因素及防治知识、劳动防护用品使用、应急救援措施、危害事故典型案例等进行系统性讲解,力求全面提高员工的综合防治水平,对职业病发病进行前期预防及后期控制。

加强投资者关系管理

本着"股东至上"的原则,公司严格按照《公司法》、《证券法》、《深圳证券交易所股票上市规则》、《深圳证券交易所上市公司投资者关系管理指引》等法律法规,及时披露各类公告,确保股东及投资者及时掌握公司的临时动态信息。截止至2012年末,公司连续7年在深交所年度信息披露工作评比中获得优秀,并在"深圳证券交易所上市公司信息披露直通车试点业务"中获得了"信息披露直通车"试点单位的资格。公司主动披露投资者关系的其他相关信息,热情、客观、谨慎地接待投资者的来电、来函和个人、机构投资者的调研咨询,以加强与投资者的沟通,促进投资者对公司的了解和认同。

提升反腐倡廉建设保障

公司采取全程督察、重点巡查、专项检查等措施,对公司重大决策部署的落实情况进行监督检查和效能监察。2012年,公司共完成监察项目290个,避免和挽回损失近5680万元。通过深入开展廉洁从业和党性党风党纪教育,各级党员干部拒腐防变意识得到了进一步增强;通过贯彻实施"七步推进法",开展三级联争联创等活动,公司的"六位一体"廉洁文化建设得到了显著提升;通过开展基层重要事务规范化管理工作,公司形成了"四维"管理的创新管理模式,并得到省委常委、省纪委书记臧胜业的好评。

2012年公司反腐倡廉工作获奖情况:见表4-5。

表4-5

奖项	获奖单位	颁发部门	获奖等级
效能监察工作先进单位	冀中能源	河北省国资委	省级
《非生产用电管理》项目效能监察优秀成果奖	冀中能源东庞矿	河北省国资委	省级
《矿井防治水工程管理》项目效能监察优秀成果奖	冀中能源葛泉矿	河北省国资委	省级
《物质材料供应及使用管理》项目效能监察优秀成果奖	冀中能源显德汪矿	河北省国资委	省级
《生态矿山建设管理》项目效能监察十佳优秀成果奖	冀中能源章村矿	河北省国资委	省级
《原燃材料进厂质量管控》项目效能监察优秀成果奖	冀中能源水泥厂	河北省国资委	省级
河北省廉政文化建设示范点	冀中能源	中共河北省直机关纪工委	省级

5.经济责任

5.1 概况

2012年，冀中能源紧紧围绕“十二五”产业发展规划整体目标，以“安全、发展、质量”为主线，通过转方式、调结构、促升级、增效益、多元化齐发展的策略积极应对全球经济持续低迷的挑战。公司是河北省唯一一家蝉联2011及2012年度“中国最具影响力企业”殊荣的企业。公司总经理祁泽民更是因成功引领公司成为多元化发展的特大型现代化能源企业而被评为“2012年度中国企业十大人物”。

5.2 成效

2012年，公司的主要经济绩效如表5-1：

表5-1

指标	2011年12月31日	2012年12月31日
股票市值(亿元)	389.95	319.87
市盈率	12.79	14.21
净资产收益率（%）	22.96	15.27
资产负债率（%）	57.25	54.56
流动比率（%）	116.40	116.18
发行债券的信用级别	AAA	AAA

(数据来源于公司近两年年报)

公司始终坚持“股东至上”的经营宗旨，积极维护广大投资者的切身利益，致力于保持分红政策的稳定性和连续性。2000年以来公司分红情况如表5-2：

表5-2

年度	现金分红数额（万元）	年度利润分配政策
2000	5312.50	每10股派1.25元
2001	10625.00	每10股派2.50元
2002	23375.00	中期每10股派1.50元、年度每10股派4元
2003	5312.50	每10股派1.25元
2004	22533.77	每10股派5元并每10股公积金转增6股
2005	19589.36	每10股派2.50元
2006	19697.51	每10股派2.50元
2007	15759.05	每10股派2元
2008	11819.29	每10股派1.50元
2009	57822.11	每10股派5元
2010	57822.11	每10股送6股，派现金红利5元，转增4股
2011	57822.11	每10股派2.50元
2012	57822.11	每10股派2.50元
合计	365312.42	—

(数据来源于公司历年年报)

2012 年，公司在管理创新方面获得的各行业协会和监管机构颁发的主要奖项有 30 项，其中部分主要奖项举例如表 5-3：

表 5-3

奖项	获奖单位	颁发部门
河北省企业管理创新优胜企业	冀中能源	河北省企业管理现代化创新成果审定委员会
河北省质量效益型先进企业	冀中能源	河北省质量奖评审委员会 河北省质量技术监督局
河北省政府质量奖	冀中能源	河北省人民政府
全国煤炭经济研究先进单位	冀中能源	中国煤炭经济研究会
河北省优秀政研会	冀中能源	河北省政研会
省思想政治工作优秀研究成果一等奖	冀中能源	河北省政研会
河北省企业文化建设示范单位	冀中能源	河北省委宣传部
2012 年度企业文化建设十大典范案例	冀中能源	中国企业文化研究会
2012 年度企业文化建设优秀单位	冀中能源	中国企业文化研究会
中国企业文化管理创新十佳单位	冀中能源	中国企业文化管理学会
基于品牌建设的现代全面质量管理	冀中能源 邯郸洗选厂	河北省企业管理现代化创新成果委员会
班组安全“1+1”管理体系的构建与实施	冀中能源 新三矿	河北省企业管理现代化创新成果委员会
亲情化管理体系的构建与实施	冀中能源 大淑村矿	河北省企业管理现代化创新成果委员会
杠杆联动三级督查管理机制	冀中能源 大淑村矿	河北省企业管理现代化创新成果委员会
“三项联考”管理成果创新	冀中能源 陶二矸石热电厂	河北省企业联合会
河北省厂务公开民主管理先进单位	冀中能源 云驾岭矿	河北省总工会
全国企业文化人才工作先进集体	冀中能源 云驾岭矿	中国文化管理学会

5.3 措施

集中管理，保障效益

2012 年，公司积极推进“三集中”管理，力求经营风险逐步降低，企业运营愈加平稳高效。依据“三集中”管理的统一决策部署，公司扎实推进“财务集中、销售集中、物供集中”的运作模式，强化日常经营管控，降成本、提效益。

加强财务管理工作

公司通过加强资金治理、规范资金运作等措施提高资金使用效率；通过加强银企沟通、畅通融资通道等策略与财务公司达成贴现协议，力争低贴高存，降低融资成本，通过提前偿还高息贷款、新增续贷低利率贷款和下调高利率贷款利率等方式共节约了财务费用 3,169.90 万元；通过重新修订《资金管理办法》、《机关资金审批流程》、《差旅费管理办法》、《备用金管理办法》等财务制度，加强资金集中管理，理顺资金拨付程序，保证公司各项资金支出，提高资金运行效益，充分发挥了公司资本运营能力。

积极应对企业风险,为公司的发展保驾护航

公司完善了"四级风险防控体系",聘请专业机构协助公司进行了风险源辨识、风险分析和风险评价等相关工作,并对公司各部室人员进行了培训,形成了包括风险事件库、综合风险图谱等重要工作成果。

5.4 展望

冀中能源以"安全、发展、质量"为主线,推动企业改革,强化内部管控,力争到"十二五"末,全面实现"81111",即,煤炭产量实现8000万吨以上,销售收入达到1000亿元以上,利税100亿元以上,百万吨工亡率稳定控制在0.10以下,企业人均年收入达到10万元以上的发展目标,把公司建设成为竞争力强、成长性好、行业知名、令人尊敬和向往的大型现代化综合能源企业,为股东提供持久回报。

5.5 案例

公司财务部扎实推进全面预算管理

按照公司内控体系建设的统一决策部署,依据《全面预算管理办法》,结合各职能部室的意见,2012年,财务部对公司整体业务流程进行了全方位梳理,完善了相关制度,确保了全面预算管控信息系统在公司所属各部室,各原煤、洗煤及电力等单位全部成功上线。

管控关口前移、成本管控工作逐步细化到工作头面

通过不断摸索,财务部采用管控关口前移的管理策略来加强对运营风险的前期预防,逐步减少或规避运营风险的中后期发生率,即,经济运行的成本由单一的事后统计归集,逐步转移到事前预测估算、事中预警监控的和事后分析考核的动态化的综合管控。

计划性阶段式推进

截止至2012年末,在公司原煤单位全面预算管理体系成功开发并运行的基础上,公司全面预算管理体系的原煤、洗煤和电力预算管理体系已完成二次开发,并顺利对接和成功试运行。

明确未来完善目标

公司全面预算管理体系计划在2013年上半年完成在金牛化工、玻纤、水泥厂、大酒店等非煤单位的试点推行;同年10月正式上线运行,确保公司所属各子、分公司全部上线运行;以实现数据集中、资源共享,建立决策支持体系,通过对数据进行多维分析、控制预警、风险管理,为各级目标的实现提供系统保障,杜绝预算的体外循环。

在未来的工作中,财务部计划将对资金运用的控制和监督工作逐步落实到费用发生的最基层。例如,目前,移动原煤修理费已经可以跟踪到单台设备,待实际领用时予以确认;将来,每台设备的维修费都会被细化到工作头面和车间。

6.科技创新

6.1 概况

公司坚持提升自主创新能力、加强关键技术研发、推广成熟技术应用、依靠科技进步转变发展方式，持续保障经济社会发展的能源需求。2012 年，公司投入科技创新资金 17740 万元，通过不断开展技术攻关，在急倾斜煤层综采、沿空留巷、下组煤开采、建下矸石充填采煤等方面取得显著成果，突破多项业内“禁区”，填补国内技术空白，达到世界先进水平见表 6–1。

表 6–1

指标	2011年	2012年
科技创新资金投入（万元）	13900.6	17740
项目立项数（项）	53	197
专利申请数（项）	2	7
专利授权数（项）	1	5
通过鉴定科研成果（项）	27	26
获得科技进步奖（项）	20	50
获得国家安全科技成果奖（项）	4	4
参与研讨等科技活动（次）	22	56

6.2 成效

经过不懈的努力和持续的科研投入，公司形成了以技术中心为核心的科研体系，拥有多项科研成果并获得多项专利。2012 年公司的科技创新工作受到国家能源局、中国煤炭工业协会、河北省科学技术厅、国家安全生产监督管理总局的多次表彰。

2012 年公司在科技创新方面取得的部分成绩及奖项如表 6–2：

表 6–2

项目	授奖部门	获奖等级
煤矿井下跳汰高效排矸工艺系统及设备研究与开发	国家能源局	国家二等奖
承压开采工作面长度对底板破坏深度及底板突水风险影响研究	国家能源局	国家三等奖
	河北省科学技术厅	省三等奖
大倾角综采面液压支架故障诊断及顶板控制研究	河北省科学技术厅	省三等奖
隐患排查信息管理与决策支持系统	国家安全生产监督管理总局	省部级二等奖
永久损失煤柱安全回收与承压水威胁远景储量开采技术研究	国家安全生产监督管理总局	省部级三等奖
千米采深大地压大采高综采过陷落柱高效开采技术	国家安全生产监督管理总局	省部级三等奖
东庞矿本质安全型矿井模式研究	国家安全生产监督管理总局	省部级三等奖
章村矿二四采区薄煤层高效开采综合技术研究	中国煤炭工业协会	行业二等奖
章村矿急俯斜煤层综合机械化开采技术研究	中国煤炭工业协会	行业三等奖
基于小构造预测段王煤矿瓦斯地质规律和回采巷道支护技术研究	中国煤炭工业协会	行业三等奖

2012 年公司获得专利情况如表 6–3：

表 6–3

专利	专利号	专利类型
膏体充填支护一体化液压支架的前架	ZL201010188399.2	发明专利
膏体充填支护一体化液压支架的前架	ZL201020210993.2	实用新型专利

2012 年公司完成并通过省部级技术鉴定的创新成果主要有见表 6–4：

表 6–4

项目	主要内容/成果	意义
煤矿井下跳汰高效排矸工艺系统及设备研究与开发	建立井下煤矸分离系统并将分离出的矸石直接在井下转运到空区进行充填。	解决了矿井运煤能源利用率低和环境污染的问题，创立了我国井下选煤技术比较完整的研究体系，建立了国际一流的跳汰排矸过程强化技术平台。
承压开采工作面长度对底板破坏深度及底板突水风险影响研究	工作面长度增加了 20%，单面储量增加了 18%，区段煤柱损失率减少了 15.3%。	提高了矿井的资源回收率，降低了万吨掘进率，改善了矿井的接替关系，并对类似地质条件下煤炭资源的安全及高效开采具有重要的借鉴意义。
大倾角综采面液压支架故障诊断及顶板控制研究	使支架故障实现及时发现、及时维修。	促进端面顶板冒漏的有效控制，降低煤炭资源损失，改善生产条件，延长综采支架使用年限，实现支架—围岩系统管理的科学化和标准化，提高综采面安全水平和生产效率。
瓦斯综合治理体系建设	提出并实践“行政管理和技术措施共同推进”这一协同方略，从组织架构，到工作内容与方法，层层推进瓦斯综合治理。	对我国煤炭行业今后的瓦斯治理和安全生产工作，具有重要的借鉴和指导作用。
大角度起伏厚煤层立体开采关键技术研究及应用	在复杂地质条件下发挥重型综采设备效能、大幅度提高煤炭产量。	全面提高了矿井经济技术水平，为安全、高效、低成本开采三水平夹矸煤探索出了一条新路子，也使地质条件复杂的大矿实现一井一面集约高效生产成为可能。
邢东矿深井超高水材料充填高架综采工艺技术研究	有效控制了地表移动变形，从而使得充填工作面开采对地表建筑物的影响处于《建筑物、水体、铁路及主要井巷煤柱留设与压煤开采规程》中规定的 Ⅰ 级破坏范围内。	降低了煤层开采对地面建筑物的不良影响，节省了巨额拆迁费用，减小了对环境的污染。

续表

项目	主要内容/成果	意义
综合机械化超高水充填开采分体式液压支架技术研究	实现了回采支架走三个步距进行一次充填或者采煤与充填同时进行作业，满足了充填和采煤两种工艺的高度协调作业。	提高了工作效率，为充填工作面综合机械化高效开采技术与工艺的实现提供了装备保障，实现了充填开采工作面单产水平跨越式发展。
井下局部通风机应急电源装置研究	装置将为煤矿井下局部通风机的供电系统提供更加可靠的保障，能够有效防止煤矿断电停风导致瓦斯爆炸。	提高了煤矿安全生产的科技水平，为煤矿的安全生产提供了进一步保障。
近距煤层下层极软煤复合顶板沿空掘巷围岩控制技术研究	通过对近距煤层遗留煤柱影响的底板应力传递规律、极软煤复合顶板沿空掘巷围岩变形破坏和锚杆支护机理、合理窄煤柱宽度设计进行深入研究，提出显德汪矿2#煤层综采工作面回采巷道围岩控制技术和合理的窄煤柱宽度，为该矿 2#煤层综采工作面回采巷道支护设计和合理的窄煤柱宽度设计提供理论依据。	为矿井安全生产创造了有利条件，具有重要的推广应用价值。

6.3 展望

在未来的发展中，我们将坚持自主创新和借鉴吸收齐步走，加强关键技术研发，推广成熟技术应用，依靠人才优势和技术优势启动国家级重点实验室建设，优先安排建设安全型矿井、延长矿井寿命、提高资源利用价值、推进绿色矿山建设的科技创新项目。到 2015 年，公司的重要指标要全部达到国家级企业技术中心要求。到“十二五”末，实现科技投入达到主营销售收入的 3%以上，获得一批具备自主知识产权的技术成果和若干有特色、高价值的核心竞争力专利技术，科技成果应用效果明显，形成较强的科技创新能力和科技推动力，并组建一支层次合理、结构完善的科技队伍，使企业员工的科技素质得到明显提升，最终建成省级和国家级创新型企业。

6.4 案例

冀中能源东庞矿：绿色科技构建和谐发展

冀中能源东庞矿因庭院错落有致、树木参天成排而有着“花园矿区”的美誉。绿色科技的应用，不但为东庞矿增加了经济效益，还为矿区带来了和谐美好的生活。

东庞矿北井全煤系统首家风源热泵项目，利用矿井回风温差作能源，通过热交换器提取热量带动压缩机做功，取缔燃煤锅炉，实现机组冬季采暖夏季制冷、产煤不烧煤的成果。仅一个采暖季可节约运行费用 50 多万元，减排二氧化碳 5000 多吨。经专家鉴定，该项技术已达国际领先水平。

在低碳运行中，东庞矿将废气减排作为重头戏。该矿投资 1600 万元建成的矸石电厂脱硫工程，采用国外先进的湿式氧化镁法脱硫工艺，配置四套先进的监测系统，可连续监测烟气中的二氧化硫浓度、烟尘压力，实现对脱硫系统的远程控制。脱硫系统投用后，二氧化硫排放量由 509.28 吨/年降至 50.9 吨/年，使东庞矿周边环境大气质量明显改善。同时，年可回收脱硫复产物硫酸镁 5114 吨，依 600 元/吨硫酸镁的单价计算，企业每年可增效 306.8 万元。

为全面提高资源的综合利用水平，东庞矿将科技创新充分应用于生产实践。6.5 米高架及全套电液阀控制、2290 千瓦大功率采煤机、300 型岩巷掘进机的使用再次引领行业装备领域发展方向，确保了宝贵资源颗粒归仓，也让公司东庞矿迎来了更高水平的绿色发展。

7.环境保护

7.1 概况

本着关爱生命、保护环境的理念。2012 年公司将节能减排作为实现产业结构调整、转型发展的工作重点。我们坚持"节能与减排同步、开发与利用并举",大力发展以"绿色、环保、节能、减排"为核心的低碳经济运行模式,努力实现能源与环境的友好共存。

7.2 成效

2012 年公司共实施重点节能减排项目 46 项,累计投入资金近 4751 余万元,全面超额完成各项节能减排目标,各项污染物指标显著降低,重大环保事故零发生。作为河北省最大的煤炭上市公司,我们用实际行动兑现着我们节能减排的承诺。

2012 年节能、减排成果见表 7-1:

表 7-1

2012年	指标	目标	完成情况
节能	原煤生产综合能耗(千克标准煤/吨)	8.40	8.20
	万元工业增加值能耗(吨标准煤/万元)	2.80	2.76
	节能量目标(吨标准煤)	15500	15532
减排	化学需氧量削减(吨)	0	35.62
	二氧化硫削减(吨)	98.91	662.11
	烟粉尘削减(吨)	20.00	47.31

其他指标完成情况见表 7-2:

表 7-2

指标	行业标准	2011年	2012年
煤矸石综合利用率(%)	75.00	80.80	85.45
矿井水排放达标率(%)	100.00	100.00	100.00
矿井水利用率(%)	70.00	77.30	77.30
采区回采率(%)	75.00	93.40	93.70

节能环保获取奖项情况见表 7-3:

表 7-3

奖项	获奖单位	颁发部门
《以推进能效对标为核心的大型煤炭企业节能管理》成果--煤炭企业管理(行业级)现代化创新成果二等奖	冀中能源	中国煤炭工业协会
《全方位实施与推进低碳生态矿山建设》成果--煤炭企业管理(行业级)现代化创新成果三等奖	冀中能源	中国煤炭工业协会
邢台市大气综合整治模范集体	冀中能源	邢台市委、市政府
邢台市水生态保护与修复先进单位	冀中能源	邢台市委、市政府
《全过程实施与推进污染减排对标》成果--河北省煤炭行业企业管理现代化创新成果一等奖	冀中能源	河北省煤炭工业行业协会

续表

奖项	获奖单位	颁发部门
中华环境友好选煤厂	冀中能源 邯郸洗选厂	中华环保联合会 中国煤炭加工利用协会
中华环境友好选煤厂	冀中能源 马头洗选厂	中华环保联合会 中国煤炭加工利用协会
河北省节能减排行锋号	冀中能源 陶一矿	河北省总工会

7.3 措施

实施节能减排项目。

2012 年主要节能技术改造项目见表 7–4：

表 7–4

工程名称	项目总投资(万元)	预计节能量 (吨标准煤/年)
邢台矿中央抽风机及电机换型改造	560	90
邢台矿西风井通风机改造	500	60
邢台矿采煤机变频改造	142	10
邢台矿风机变频自动调速装置	102	30
东庞矿多级泵更新	20	75
东庞矿新办公楼中水利用	30	15
东庞矿井下排水系统自动化改造	95	20
东庞矿井下主运皮带集控系统	22	30
葛泉矿本部主扇改造	100	210
葛泉矿本部副井、东井主井提升系统电控系统改造	120	80
葛泉矿变频调速电机车	48	10
章村矿矸石山绞车改造	32	10
章村矿循环泵变频	24	90
章村矿井下架空电机车调速改造	12	10
章村矿 35 千伏线路改造	200	120
章村矿电动机更新改造	100	70
章村矿三井空压机系统改造	190	50
章村矿螺旋滚筒排矸试验研究	500	1,050
显德汪矿主排水泵房远程监控系统	220	120
显德汪矿通风机自动调速装置推广	90	40
显德汪矿架线机车改造	37	30
显德汪矿多级泵	30	150
显德汪矿换热器	28	400
水泥厂厂区照明灯改造	30	10
水泥厂矿渣超细粉生产线电机变频改造	80	25

2012 年主要减排技术改造项目：

表 7-5

工程名称	工程简介	总投资（万元）	日处理污水能力（m3）	COD减排量（吨）	二氧化硫减排量（吨）
葛泉矿东井矿井水处理工程	将东井矿井水处理系统进行改造，设计处理能力5500吨/天	620.00	5500	35.62	不适用
章村矿储煤场防风抑尘工程	对储煤场四周实行了全封闭防尘措施,有效防治了储煤场粉尘无组织排放	364.50	不适用	不适用	不适用
东庞矿储煤场防风抑尘工程	对储煤场四周实行了全封闭防尘措施,有效防治了储煤场粉尘无组织排放	165.60	不适用	不适用	不适用
葛泉矿 3×6吨/时锅炉脱硫除尘一体化改造	将工人村3台6吨/时蒸汽锅炉进行脱硫除尘改造,拆除原有 3 套多管除尘器,建设 3 套 CTS 型湿法高效脱硫除尘器，以及配套建设筛滤池、反应沉淀池、泵前池等相关设施	99.00	不适用	不适用	11.62
东庞矿矸石热电厂 1号机组脱硫/拆旁路工程	拆除原有旁路烟道挡板门，将旁路烟道隔断,两侧烟道利用带法兰盲板进行密封，用玻璃鳞片进行防腐	90.00	不适用	不适用	507.00
公司矸石热电厂 3 号机组脱硫/拆旁路工程	拆除对应锅炉原有旁路烟道挡板门及执行器,将旁路烟道彻底隔断,之后两侧烟道焊接盲板进行密封	80.00	不适用	不适用	129.38
玻纤公司 3 台10吨燃煤锅炉淘汰项目	将3台10吨燃煤锅炉拆除，全部更换为天然气锅炉	20.00	不适用	不适用	14.11

完善节能减排管理体系

公司在年初制定、下发了《2012 年节能减排工作计划》作为年度节能减排重点项目的统一指引,并明确了相关责任。结合公司实际以及近年来节能环保考核情况,公司进一步完善了《环境保护管理考核办法及考核标准》,细化了能耗指标分析和设施运行管理的考核要求,加强了制度的可操作性。通过抓管理、重考核,公司各单位节能环保工作得到了全面推动。

推进能源信息管理

公司积极开发能源信息管理系统,从能源基础管理入手,逐步实现能源统计、数据分析、主要能耗设备管理、设备及工序能效分析等计算机网络科学管理功能。目前,已完成项目需求调研,程序开发,公司信息中心、各生产矿井有关专家及能源管理人员的审查、确认。

强化环保设施运行管理

为提高污水处理和脱硫除尘设施的稳定运行效率,确保主要污染物达标排放,除加强在建工程的调度之外,公司将强化现有污染治理设施稳定运行作为 2012 年工作重点。

(1) 依据季度节能环保考核标准及《污水处理与脱硫除尘设施运行管理办法》,认真考核、落实奖惩；

(2) 不定期到现场进行设施运行情况抽查,督导、协调解决实际问题。严格执行建设项目环评和“三同时”制度 公司一直坚持建设项目环保“三同时”管理,有效控制与减少污染物排放。

2012 年通过环保、污染治理及环评验收的主要项目：

表 7-6

工程名称	评审类型
冀中能源东庞通达煤电西庞洗煤厂技改项目	环保验收
冀中能源邢台矿洗煤厂压滤煤泥洁净利用工程	环保验收
冀中能源章村防风抑尘项目	环保验收
冀中能源东庞矿防风抑尘项目	环保验收
冀中能源矸石热电厂 3#、4#机组和东庞矿矸石热电厂 1#、2#机组烟气脱硫旁路拆除工作	环保验收
冀中能源葛泉矿防风抑尘及脱硫除尘一体化改造项目	环保验收
冀中能源葛泉矿东井矿井水处理工程	环保验收
冀中能源东庞通达煤电西庞井技术改造项目	环评
冀中能源水泥厂电收尘改造工程项目	环评
冀中能源邢台矿西井下组煤试采项目	环评

加强放射源和危险废物管理

年初，公司与各单位签订了 2012 年《辐射安全责任书》，同时修订、下发了放射源和危废管理文件，进一步规范和细化了放射源环境和危险废物管理办法，完善了各单位危废统计台账，为章村矿、显德汪矿、东庞矿 7 枚放射源废源办理了省废源库贮存手续。

持续开展清洁生产审核和污染减排对标

2012 年年初，公司安排各单位结合自身实际，持续开展清洁生产审核工作，进行合理化建议的征集，共筛选出 22 项无(低)费方案和 7 项中(高)费方案。通过方案的实施，使得污染物排放和能耗指标得到有效控制。通过污染减排对标，找差距、树标杆，与先进水平对标，实现了降能耗、少排放，不断提高了经济和环境效益。

加大环保宣传与培训力度

公司积极参与邢台市的“六五”世界环境日宣传活动，制作 6 块大型宣传展板，发放宣传单，现场宣传环保知识。

为进一步加强公司各污水处理厂运行管理，提高管理与操作人员素质，公司节能环保部采取“走出去、请进来”的方法，多次组织各单位环保人员外出参加省、市环保部门组织的专业培训班，并聘请环保专家、教授来公司进行专业讲课。2012 年 5 月，公司聘请河北工程大学李清雪教授进行了污水处理专题讲课，从污水处理基础知识入手，系统讲解了矿井水处理、生活污水处理的运行控制、管理，以及试验室水质分析等知识。

认真落实环保专项资金项目绩效评价工作

按照邢台市环保局要求，公司对“东庞矿北井矿井回风源热泵系统及配套技术研究”、“显德汪矿矿井水处理及利用工程”、“章村矿厂区污水及矿井废水利用工程”、“东庞矿电厂烟气脱硫工程” 等 2011 年申请环保资金的 4 个项目进行了绩效评价、审核，并上报《财政支出项目绩效评价自评报告》。

公司对 2010 年和 2011 年申请补助资金的 10 个项目的运行情况及补助资金的利用情况进行了自查，编写上报了自评报告；对 “葛泉矿矿井水处理及利用工程”、“水泥厂新型干法水泥熟料电收尘改造工程”、“邢东热电厂烟气脱硫工程”等 3 个项目进行了环保补助资金申请，预计可申请到补助资金 1199 万元。

7.4 展望

2013 年，我们将继续坚持业务发展与环境保护同步规划、同步实施、同步发展的方针，秉承 2012 年阶段性成果，通过加大环保投入、激励科技创新及优化环境管理流程等措施，重点强化节约能源、综合利用资源、污染物防治及生态建设，继续推进环境保护与节能减排工作。

7.5 案例

搬走黑色标志，换来碧水蓝天

——公司邢台矿矸石山彻底消失

2012 年国庆前夕，河北省邢台市七里河畔存在了 44 年的矸石山，经过 14 个月的搬运和 4 个月的基础整理，换成了 100 多亩空旷的平地，冀中股份邢台矿也由此而成为河北省"十二五"期间第一个彻底消灭矸石山的煤炭企业。

为消灭矸石山，减少有害气体、金属元素和化学成分对大气、水源、土壤等自然环境的污染，邢台矿逐步建起矸石砖厂、发电厂，对矸石进行开发利用。2011 年，邢汾高速公路开始筹划建设，单位领导在第一时间主动找到高速公路筹建指挥部，承诺将无偿提供矸石作为其铺路的基础材料，并积极协助其取样化验、实验。在矸石的各项指标顺利过关得到高速公路设计部门认可后，邢台矿立即在邢台市委、市政府及公司的大力支持下，投入大量的人力、物力开始搬山。邢台矿矿长李风凯说："每天投入的搬运大卡车达 60 辆，24 小时不间断搬运，速度最快时曾达到日搬运 385 车。"2012 年 5 月，累积达 220 万立方米的两座矸石山，在滚滚车轮的辗压下，全部铺在了正在修建的高速路上，造福于社会。金秋 9 月，经过大量的后期整理工作，矸石山所占的 100 多亩土地终于恢复了原貌。

8.安全生产

8.1 概况

2012年,冀中能源认真贯彻"安全第一,预防为主,综合治理"方针,狠抓重大事故与零星事故防范,严格落实逐级安全责任,杜绝了较大及以上安全事故,保持了安全生产形势持续稳定。公司全年生产原煤3642万吨,达到了原煤生产百万吨工亡率0.10以下预控目标。段王集团、邢东矿、显德汪矿分别创出了安全生产7周年、6周年和5周年的佳绩。质量标准化建设实现年初规划目标,东庞矿等9个矿井达到安全质量标准化一级标准。

8.2 成效

(1) 落实各种行之有效的安全管理制度和方法,积极引进先进技术、装备,不断推进"一通三防"工作,努力完善通风系统,杜绝重大安全事故。公司全年维修巷道61000多米,减少通风阻力,确保通风系统稳定;

(2) 建立瓦斯抽采达标评价体系,提升瓦斯防治能力,瓦斯超限责任事故零发生;

(3) 不断健全防灭火注浆系统,提高采空区密闭质量,实施采后注浆及巷道喷涂防漏风,建立人工普查与束管监测系统,杜绝矿井自燃事故;

(4) 提升综合防尘、降尘能力;

(5) 杜绝水患事故,全年完成综合钻孔5400多个,钻探进尺近42万米,注浆2.59万吨,探放老空水80000多立方米。东庞矿、邢东矿、葛泉东井等水患防治重点矿在全面提升排水能力的同时,严格落实超前预测预报、钻探注浆加固等措施;

(6) 加强机电保障能力,按照国家规定,完成了第三批设备淘汰工作,共淘汰各种不符合要求的设备289台,过滤式自救器1.73万台。大力开展"矿井提升系统安全运行考核"、"机房硐室季度达标"活动,落实日周月检制度,各矿主要机房、硐室标准化甲级率保持在95%以上。强力推进大型固定设备技术改造和更新换代,全年完成重点技改工程17项,重点采掘装备研制及应用9项,为矿井安全生产提供了装备保障;

(7) 有效监控地面危险源,加大对子公司金化、旭阳、天铁危化品存储、运输等各个环节的管理力度,重点环节重点管控,现场问题现场治理,落实各项监控措施;

(8) 玻纤公司坚持"三测、三控、三查"管理,确保窑炉的安全运行;

(9) 水泥厂实施班组"三二一"安全工作法,加强现场隐患排查治理工作;

(10) 冀中能源内蒙古公司实行雨雪季巡检制度,有效避免滑坡事故发生。

2012年公司安全生产投入总计达到9.62亿元,主要安全生产指标完成情况如表8-1:

表8-1

指标	2011年	2012年
原煤生产百万吨工亡率	0.106	0.027
矿建施工万米进尺死亡率	0	0
较大及以上事故、瓦斯煤尘事故和危化品事故(次)	0	0
采煤机械化率(综采)(%)	100	100

2012年公司获得的主要安全管理奖项如表8-2:

8.3 措施

推进安全生产基础建设

突出"基础"和"基层"两个着力点,努力推进放心区队建设;进一步完善创建标准,强化区队管理制度和规程措施落实,加强区队生产现场管理,及时消除现场隐患,全年共建成63个安全放心区队,占公司区队总数的60%以上。

稳步提升质量标准化水平

公司坚持定期组织专业人员,统一安全检查标准,统一考核办法,对各单位标准化建设情况进行检查,实现了逐季标准化检查全覆盖,提升了各单位提升标准化工作的积极性。

表 8-2

奖项	获奖单位	颁发部门	获奖等级
隐患排查信息管理与决策支持系统	冀中能源	国家安全生产监督管理总局	省部级
永久损失煤柱安全回收与承压水威胁远景储量开采技术研究	冀中能源	国家安全生产监督管理总局	省部级
千米采深大地压大采高综采过陷落柱高效开采技术	冀中能源	国家安全生产监督管理总局	省部级
东庞矿本质安全型矿井模式研究	冀中能源	国家安全生产监督管理总局	省部级
基于小构造预测段王煤矿瓦斯地质规律和回采巷道支护技术研究	冀中能源	中国煤炭工业协会	行业级
安全红旗单位	冀中能源	冀中集团	集团级
安全质量标准化煤矿	冀中能源郭二庄矿	国家安全生产监督管理总局	省部级
国家级安全质量标准化矿井	冀中能源新三矿	国家煤矿安全监察局	省部级
国家级瓦斯治理示范矿	冀中能源大淑村矿	河北煤管局	省部级
全国安康杯优胜企业	冀中能源云驾岭矿	国家安全生产监督管理总局	省部级
		中华全国总工会	行业级
全国安康杯竞赛优胜单位	冀中能源万年矿	国家安全生产监督管理总局	省部级
		中华全国总工会	行业级
全国煤炭工业行业安全高效矿井	冀中能源大淑村矿	中国煤炭协会	行业级
行业一级安全高效矿井	冀中能源郭二庄矿	中国煤炭工业协会	行业级
全国煤炭工业行业级安全高效矿井	冀中能源云驾岭矿	中国煤炭工业协会	行业级
职业健康安全管理体系认证证书	冀中能源新三矿	联合信诚认证（北京）中心	行业级
班组安全“1+1”管理体系的构建与实施	冀中能源新三矿	河北省企业管理现代化创新成果委员会	行业级

各矿着眼于消除影响安全生产的较大隐患，大力开展巷道整修工作，完成了邢台矿-450西大巷整修、葛泉矿-180回风巷扩修、邢东矿下水平回风巷扩修，东庞矿、邢台矿、葛泉矿井底车场美化、亮化等一批质量标准化基础工程建设工作，提升了矿井质量标准化水平。

全面提升矿井瓦斯防治能力

2012年，公司认真落实“先抽后采、以风定产、监测监控”的瓦斯治理方针，积极构建“通风可靠、抽采达标、监控有效、管理到位”的煤矿瓦斯综合治理工作体系，建立了煤矿瓦斯抽采达标评价工作体系，通过了河北省煤管局组织的企业瓦斯防治能力评估，东庞矿先后通过河北省煤管局组织的瓦斯抽采达标验收和瓦斯治理工作体系示范矿井评审验收，全年实现了瓦斯零超限。

不断更新先进技术装备

通过不断引进先进技术、更新生产设备促进安全生产。东庞矿的6.5米高架综采技术为极复杂地质条件下实现一井一面安全高效生产开辟了新路。邢东矿、章村矿湿式喷浆技术有效降低了喷料回弹率和粉尘浓度，改善了员工作业环境。章村矿采用单轨吊车运输，保障了后路运输安全。邢台矿通风机改造，提高了矿井通风系统的可靠性。

不断强化员工教育培训

建立新的特种作业人员考试平台，实现员工培训信息化。通过设立网络教育培训课堂，邢台矿、章村矿率先拓展了培训平台。2012年，公司组织培训班37期，培训区队长和特种作业人员近3000人次，选送1200名班组长到中澳煤矿安全培训示范中心参加专门培训。积极开展员工技能大赛，提升员工操作能力和理论水平。邢东矿对“三违”人员进行“过四关”测试，以提高培训实效性。

不断加强隐患排查治理力度

通过两级防控两级点检、重点项目分级管理等管理策略，加强安全生产。2012年公司完成重点安全管理项目69项，对76个关键部位定期巡查点检，确保了重点部位、关键环节的安全。严格执行安全准入制度，对60个投产及拆除工作面提前进行检查验收。

持续推进职业危害防治工作

建立健全了职业危害防治机构，制定职业危害防治制度、计划及实施方案，明确防治责任。各单位积极完善职业危害防护设施，不断强化危害因素日常监测工作，按期组织员工体检并建立了监护档案，夯实了职业危害防治基础。

不断深入安全文化建设

积极完善“13658”安全文化体系，深入推进安全文化建设，充分利用“街道、广场、公园、井口走廊、井下大巷”五大文化阵地，多方位多层次多角度宣传安全文化理念，实现了安全文化的全覆盖；创新安全教育宣传形式，大力开展安全八法教育，组织“三化”知识竞赛、员工现身说法、安全文艺演出等安全宣传活动，营造了浓厚的安全氛围；全面推行岗位安全风险预想预控和员工思想情绪动态管理，开展思想隐患、行为隐患“双排查”活动，员工安全防范意识和能力逐步增强。严格落实公司专项安全规定，切实加强督导检查力度，保证了矿井的安全稳定。

落实制度，规范管理，切实做好地测基础工作

进一步规范地测防治水工作各项管理制度，完成了对“地测防治水工作管理办法”、“矿井地质及水文地质钻探管理办法”、“矿井防治水工作暂行规定”及“关于加强矿井资源回收管理的规定”的初步修订。严格进行“三预报”管理，严抓水情水害预报、测量贯通预报、地质变化预报工作。

排除隐患，认真做好防探水工作

大力抓好重大水害安全隐患的排查、治理工作，杜绝重大水害事故发生。2012年共完成防治水重点管理项目19项。

认真落实两级防控、两级点检制度，全年按计划对各矿31个重点防探水地区进行了360次点检，查出潜在问题1051条，及时采取整改、停头处理、罚款等处理措施。各矿按规定要求认真做好地面勘探、井下掘进超前物、钻探工作及采前综合物探查工作，针对物探异常进行了钻探验证，确保了安全生产。东庞矿北井、葛泉矿东井、章村矿三井、显德汪矿、西庞井等对下组煤开采地区均采取了积极地探放水及底板注浆加固措施，各矿针对不同水患，对重点防探水地区采用物钻探综合探测手段，进行了有效地防探水工作，保证了矿井的生产安全。

安全技术改造主要项目

如表8–3、表8–4、表8–5。

8.4 展望

2013年安全工作重点：

(1) 继续提升瓦斯治理理念，深化瓦斯防治；

(2) 严格落实措施，抓好水害防治；

(3) 多措并举严防各类事故；

(4) 提升科技保安水平，破解安全生产难题；

(5) 强化岗位现场管理精细化；

(6) 确保矿井质量标准化上台阶；

(7) 推进地面单位质量标准化达标升级；

矿井防治水：

表 8–3

项目名称	功效
冀中能源东庞矿北井地面注浆站改造	提高了矿井的注浆堵水能力。
冀中能源东庞矿北井奥灰顶部注浆改造试验探查钻孔工程	提高 9 煤底板隔水层厚度，提高开采 9 号煤的安全性。
冀中能源东庞矿西北边界地区三维地震勘探工程（2.26平方千米）	探明了构造及煤层情况，提高了勘探程度，为设计提供了依据。
冀中能源东庞矿 S2704、21217 工作面地面瞬变电磁探测（1.5平方千米）	查明了含水低阻异常区，为防治水工作提供了依据。
冀中能源东庞矿地面补勘工程（共完成 7 个补勘孔施工）	探明了断层及煤层情况，提高了勘探精度，为设计提供了依据。
冀中能源东庞矿工作面综合物探（共完成 5 个工作面）	查明了工作面内的隐伏构造及含水异常，为矿井防治水工作提供了依据，确保了工作面安全回采。
冀中能源邢台矿西井防水闸门建设（完成 1 道防水闸门建设）	提高了矿井防水抗灾能力。

矿井通风系统改造：

表 8–4

工程名称	功效
冀中能源葛泉矿本部主扇更换	矿井风量增加 600 立方米/分矿井的通风能力和安全保障水平进一步提升。
冀中能源邢台矿主扇更换	矿井主扇效率和安全保障水平进一步提升。
冀中能源东庞矿-480 井底充电硐室工程	为全面淘汰井下架线电机车，提升矿井安全程度创造条件。
冀中能源章村矿 26 采区通风系统调整	实现分区通风，提升通风安全保障能力。

矿井瓦斯治理：

表 8–5

项目名称	功效
冀中能源东庞矿东风井地面永久瓦斯抽采系统	投入运行后，矿井瓦斯抽采能力增加 1100m^3/min 以上，从而实现“三位一体”瓦斯抽采格局，矿井瓦斯抽采能力进一步提升，为有效防范瓦斯事故提供保障。
冀中能源东庞矿矿井专用回风巷改造	矿井通风系统符合《煤矿安全规程》要求，矿井防灾抗灾能力全面提升。
冀中能源东庞矿推广高位钻场瓦斯抽放工艺	矿井瓦斯抽采效果明显提升，为高瓦斯矿井综采工作面实现稳产高产奠定基础。
冀中能源东庞矿改进本煤层瓦斯抽放钻孔封孔工艺	瓦斯抽放钻孔孔口负压保持在 13千帕以上，杜绝了钻孔漏气现象，提高了抽放效果。

2012 年采掘装备的技术投入：

表 8-6

项目	功效
冀中能源陶一矿充填开采技术研究与应用	研究超高水材料、矸石充填技术，优化充填工艺和参数，提高充填率，建立地面充填制浆系统和充填能力； 提高回收率，解决三下压煤，延长矿井寿命。
冀中能源郭二庄矿薄煤层自动化开采技术与准备研究	安装自动化工作面，研究工作面装备，实现无人值守工作面； 实现安全高效回采，达到减人提效目的。
冀中能源郭二庄矿巨厚坚硬顶板下承压水上充填开采技术研究	研究在复杂地质条件下，利用矸石充填技术，安全回采煤炭资源，研究特殊充填支架，提高充填率等技术； 特殊地质条件下的充填技术应用，提高煤炭回收率，提高矿井经济效益和延长矿井服务年限。

(8) 细化隐患排查治理；

(9) 强化班组现场管理职能；

(10) 创新安全工资奖金激励办法；

(11) 切实抓好员工教育培训；

(12) 加快建设和完善矿井安全避险六大系统建设；

(13) 加强应急处理能力建设；

(14) 加强对异地矿井的安全管理；

(15) 加强制度落实与考核,严肃安全事故责任追究；

(16) 提高认识,加强职业危害防治工作；

(17) 积极开展各项安全活动。

8.5 案例

探寻通往第一的路径

——冀中能源东庞矿 2612 工作面安全生产启示录

公司东庞矿于 1983 年年底建成投产,经过近 30 年的发展建设,尤其在王社平董事长 2006 年提出的打造“河北综合实力第一大矿”战略目标的引领下,兼并重组,跨越发展,形成了“一矿四井”、两个洗煤厂、两座电厂的生产经营格局。通过结合生产实际针对性地采取一系列强有力的攻关举措,东庞矿在 2612 工作面成功应用 6.5 米高架综采配套设备。

2612 工作面可采储量 220 万吨,其地质条件极为复杂,倾斜长 222.4 米,推进长度 1450 米,煤层最大厚度 6.5 米,矸石夹层最大厚度 2.5 米,断层多、老巷多、瓦斯量大、且有水害威胁。为最大限度回收该矿资源、为他矿开采积累经验,矿领导决定在 2612 工作面采用 6.5 米高架综采工艺一次采全高。

2612 高架综采工作面从安装、初采直至正常回采,历经两年多的艰苦摸索,于 2012 年完成。通过全面构建工作面安全保障体系,该矿累积了大采高、大倾角、大角度俯采、大角度仰采、过断层等难点的安全生产管理经验。总结如下：

(1) 严格落实岗位责任制,坚持正规循环作业；

(2) 及时制定并落实各项现场管理措施；

(3) 不断学习新理论技术,掌握新设备操作要领,实现人与设备的有机结合；

(4) 加强现场监督管理,狠抓隐患排查治理,深化质量标准化建设,构建严密的安全防护网络；

(5) 高度重视班组建设,提升队伍综合素质,打造安全放心区队。

9.合作共赢

9.1 概况

2012 年，公司秉承“质量第一，用户至上”的原则，加强业务人员水平，提高服务意识及质量，增强产品市场竞争能力，不断深化内部管理机制，坚持体制创新和管理创新，有计划的推行物资供应和销售的集中管理，优化购销渠道。

销售方面，2012 年以来，特别是自 2 月份煤炭市场进入下行通道以来，运销分公司按照公司部署，准确把握市场行情，强化市场营销工作，坚持“保市场、保生产、保回款”的销售原则，统筹考虑“市场、货款、价格”三者之间的关系，在极度困难的市场形势下，确保了矿井正常生产和经营活动。

物资供应方面，物资供应分公司紧紧围绕“方便基层、降低成本、规范管理、堵塞漏洞”的总目标，不断深化、细化分公司物资管理制度，通过理顺流程、明晰职责、加强沟通、深化基础建设，建立绩效考核机制，打造高效团队，着力三个提升，创建高效服务、规范运作、管理增效型公司。

9.2 成效

2012 年，各矿自产商品煤、精煤和原煤产量同比都有较大幅度提高，自产精煤产量同比增加 98.2 万吨，其中主力矿井东庞矿自产精煤同比增加 48.3 万吨，邢台矿同比增加 14.9 万吨，为实现全年各项指标争取了主动。

运销分公司时刻关注产品质量，树立顾客至上、诚信经营的服务理念，实现 2012 年全年顾客零投诉。

公司物资供应分公司全年供应物资 45.16 亿元，其中设备 16.05 亿元，通过代储代销方式供应 15.99 亿元。见表 9-1。

表 9-1

奖项	获奖单位	颁发部门
河北省质量效益型先进企业	冀中能源	河北省质量奖评审委员会 河北省质量技术监督局
河北省政府质量奖	冀中能源	河北省人民政府
2012 年河北省诚信企业	冀中能源	河北省诚信企业评选委员会办公室
基于品牌建设的现代全面质量管理	冀中能源邯郸洗选厂	河北省企业管理现代化创新成果委员会

9.3 措施

建立快速市场反应机制，保持价格优势

面对困难多变的市场形势，公司及时反应，进退有序，通过采用市场调研、综合分析用户、行业、宏观信息等科学决策办法，力争价格调整适度合理，避免盲目跟风降价，确保市场份额稳定、货款回收安全。主导煤炭产品价格全年整体处于行业同质煤炭高位水平。

强化市场营销工作，稳定销售，实现产销平衡

通过冷静客观地分析外部市场形势及内部质量、品牌、区域、服务等方面的优劣势，明确销售去向，努力提高重点用户接货量；执行重点用户高层领导定期互访、业务层面日常联系的运营机制；坚持合作共赢的营销理念，考虑用户需求浮动，利用公司产品质量稳定、信誉良好等优势，提高用户对产品的忠诚度和刚性需求，稳定用户群。

强化货款回收工作，控制货款风险，保证公司资金需求

2012 年，受市场影响，煤炭下游企业亏损严重，付款能力减弱，公司外欠款趋大幅上升态势，货款回收工作日趋困难。运销分公司着力推进货款回收，控制货款风险，抑制外欠货款增幅，保证公司资金需求，避免坏账。

采用灵活定价机制应对市场多变形势

公司在坚持“集中销售、统一价格管理，追求企业整体效益最大化”的原则上，全面掌握市场信息，准确研判市场变化，积极推行紧跟市场变化节奏，参照兄弟企业价格水平，力争市场份额、销售量稳定的原则，针对不同区域不同用户适时适度快速灵活调整价格的定价机制。每次调价，运销分公司组织专题会议研究，确定调价方案，统一组织与用户谈判，统一确定调价时间，并及时向公司高层进行专题汇报，充分发挥了集中销售的优势。

全力推进增收节支活动

面对市场变化给营销工作带来的困难和压力，按照公司管理层下半年工作安排中对营销工作的要求，以应对市场变化、做好营销工作为中心，全力推进增收节支活动。

健全物资采购权力运行监督制约机制

确保物资采购环节的“渠道、价格、质量”三个门槛，强化质量管理和验收工作，不断健全验收组织机构，增加外网、验收器具等硬件配置投入，细化验收内容、验收记录，优化验收程序，增强物资验收时效性、准确性，对首次进货物资进行质量跟踪，发现问题及时反馈、现场处理。

积极进行物资供应制度建设，建立科学管理的长效机制

物资分公司计划科制定《计划管理考核办法》及《储备管理考核办法》，避免无效采购，通过到货领用情况、临时计划比例对供应站计划准确性、预见性考核，对计划科计划订货率考核，对采购科合同到货率考核。

综合管理科重新修订《指定采购管理办法》，限定指定采购范围，规范指定采购审批流程，落实指定采购责任制，加强公司纪委监督，组织谈判小组，实行集体议价谈判，确定采购价格。采购科新增《预付款管理办法》及《订单管理办法》，降低管理风险，填补管理漏洞。

根据实际工作中出现的新情况、新问题，及时修订《站采物资管理办法》、《价格管理补充规定》、《设备合同管理办法》、《财务处理补充规定》、《库存物资调剂管理办法》、《仓库及验收管理办法》、《杜绝无效采购措施及统计要求》、《对钢材采购各环节的具体要求》等规章制度。

规范采购过程，提升三个门槛，降低采购成本

(1) 严格采购方式审核，积极推行招标比价采购，实现阳光采购；

(2) 提升价格管理门槛；

(3) 开展季度同兄弟单位价格对比，及时调整部分物资采购价格；

(4) 建立价格的联动机制；

(5) 集中批量，降低采购成本；

(6) 强化质量管理和验收工作；

(7) 加强供应商管理，对供应商资质和服务情况进行定期评估。

9.4 展望

不断加强对未来市场变化的应对工作，继续强化市场营销，保持公司盈利能力，着力降低外欠货款，努力保持和提高煤炭价格水平，以精细化管理为依托，全面预算管理为手段，完善增收节支长效机制，加强外埠矿区销售集中管控能力，推进和提升整体营销工作管理水平。

9.5 案例

开展重点用户满意度调查活动

2012 年 7 月 1 日至 8 月 10 日，公司运销分公司对重点用户以调查问卷的方式对产品质量、产品数量、工作效率、服务质量四项内容进行综合调查。

调查结果

(1) 调查共取样本 11 个，发放调查问卷 11 份，问卷全部回收，填写内容有效；

(2) 综合满意度为 95.3%，个别分项有提升空间；

(3) 产品数量及工作效率满意度为 94.5%，产品质量满意度为 95.8%，待加强；

(4) 服务质量满意度为 96.4%，公司的信息交流、异议处理受到顾客较高认可。

未来提升措施

结合调查分析及客户建议，针对存在的问题，各相关部室制定整改措施并反馈给相关用户：

(1) 选煤煤质部负责严格落实煤质考核办法，以重点客户反馈信息为考核各矿产品质量的重要依据，同时加强内部管理，对产品质量进行不定期抽查，严格落实相关奖罚制度；

(2) 对于煤质质量不稳定的矿厂，选煤煤质部负责组织现场指导工作，找出导致质量不稳定的因素，制

定行之有效的措施;

(3) 运销分公司安排专门销售业务人员负责与用户沟通煤质问题,及时反馈发现问题,避免人为延误、拖延解决问题时间;

(4) 运销分公司负责与铁路、用户沟通,按照用户需求及时组织协调发运,统筹安排路运和地销,努力提高合同兑现,保证发运均衡、及时,应对市场低迷;保持煤炭外运顺畅,不断提高运输保证能力;

(5) 进一步加强对营销业务人员的培训,树立窗口形象,把用户放在第一位,在发运、交付、结算、接待、异议处理方面加强沟通,为顾客创造方便、解决困难。

综述,重点客户对公司 2012 年的各项工作认可度较高,为公司在未来工作中继续保持企业核心竞争力,稳定和提高产品质量和服务质量,积极应对煤炭市场的变化打下了坚实基础。

10.员工权益

10.1 概况

2012 年，公司进一步落实《冀中能源股份有限公司中长期人才发展规划纲要(2011—2020 年)》，树立科学的人才观，进一步解放思想、转变观念，不断创新进取，不断完善人事、用工、薪酬 3 项制度，加强管理人才、科技人才和技能人才 3 支队伍建设。

10.2 成效

2012 年 12 月 31 日，公司共有员工 51,180 人，员工结构如表 10–1：

表 10–1

指标	2012年
销售人员	1872
工程技术人员	3100
财务人员	685
生产人员	37201
其他人员	8322
合计	51180

(数据来源于公司年报)

公司主要岗位用工不存在年龄歧视，员工年龄分布如表 10–2：

表 10–2

指标	2012年（人）	比例（%）
35 岁以下	17654	34.49%
35~40 岁	9117	17.81%
41~45 岁	9101	17.78%
46~50 岁	9150	17.89%
51~55 岁（含 55 岁以上男员工）	6158	12.03%
合计	51180	100%

(数据来源于公司年报)

公司不存在性别就业歧视，员工性别分布如表 10–3：

表 10–3

指标	男员工（人）	女员工（人）
管理人员	5537	1269
一线人员	37455	6919
合计（性别）	42992	8188
合计（公司）	51180	

(数据来源于公司年报)

2012 年公司在维护员工权益方面获得的主要奖项如表 10–4：

表 10–4

奖项	获奖单位	颁发部门
煤炭行业人力资源工作先进单位	冀中能源	中国煤炭工业协会
煤炭行业人力资源工作先进个人	冀中能源	中国煤炭工业协会
先进协管会	冀中能源	中国能源化学工会
全国煤炭系统职工技协先进集体	冀中能源	中国能源化学工会
全国“安康杯”竞赛优胜单位	冀中能源	中华全国总工会
河北省五一劳动奖状	冀中能源	河北省总工会
模范劳动关系和谐企业	冀中能源	河北省总工会
河北省企业职工文化建设先进单位	冀中能源	河北省总工会
党工共建创先争优先进基层工会组织	冀中能源	邢台市总工会
全民健身活动先进单位	冀中能源	中国煤矿体育协会
全煤系统全民健身先进站点	冀中能源 陶二矿	全国总工会
全国职工教育优秀示范点	冀中能源 陶二矿	全国总工会
劳动关系 AAA 和谐企业	冀中能源 陶一矿	河北省总工会
省级职工书屋	冀中能源 陶二矿	河北省总工会
河北省厂务公开民主管理先进单位	冀中能源 云驾岭矿	河北省总工会
劳动关系和谐单位	冀中能源 马头洗选厂	河北省总工会

公司严格执行《劳动法》和《劳动合同法》，在劳动用工、工作时间等方面认真执行各项相关规定。2012 年无违背劳动法的事件。

10.3 措施

强化人力资源管理

通过规范劳动合同管理、召开人才工作会、加速人才引进、深化“订单式”培养模式、强化专业技术人员考核和评审、合理配置人力资源、加强外派人员管理、发挥薪酬激励作用等手段完善人才队伍建设。倡导德才兼备、任人唯贤，提高选人用人公信度，避免让长期埋头实干在艰苦岗位的员工吃亏的现象。

扎实开展员工培训

(1) 深化矿、区队、班组“三级联合”培训模式，加强岗位危险源、岗位案例以及高技能人才教育培训，每季度会同职能部门考核验收，并与绩效挂钩；

(2) 加强职业技能鉴定工作，突出优秀人才。2012 年公司对采煤工、掘砌工、机组司机等 18 个工种 1,467 人进行职业技能鉴定；

(3) 依托各单位职教科，完善“三功两素”实训站等基层培训基地，定期组织员工特种作业、新上岗员工、职业卫生、职工安全、职业技能鉴定、职工技术比武等方面的培训，确保企业正常安全高效发展。公司全年组织各种培训 200 余期，培训员工 50000 余人次；

(4) 加强对组工干部业务培训，提升业务素质。全年公司先后举办了正科级干部任免前沟通备案、组织发展、党费收缴、职称管理、党内统计等五期专题培训班，培训组工干部 151 人次；

(5) 重视员工精神文明建设，引导正确的思想道德方向，提倡“互助互帮、牺牲小我”的奉献精神。2012

年，赵海芬、田权、黑宝军成功入围“同煤杯·第二届感动中国的矿工”百人名单，东庞矿员工赵海芬更是荣获“同煤杯·第二届感动中国的矿工”十大杰出人物的称号，充分展示了冀中能源的员工风采。

提升员工福利

(1) 按照“党政所期、员工所求、工会所能”的要求，公司各层进一步落实低保救助、大病医疗互助、金秋助学、副科级以上干部“一助一”结对子等爱心举措；

(2) 落实帮困救助“送温暖”，提升素质“送培训”，情系员工“送服务”，丰富生活“送文化”，人文关怀“送健康”等送温暖工程，把温暖送到员工心坎上；

(3) 力争重点慰问、平时慰问和节日慰问相结合，避免形式主义。

改善员工工作环境

(1) 从员工日常工作和生活着手，旨在为创造良好的工作环境而不懈努力；

(2) 在井下和地面单位粉尘严重的岗位，安装净化水幕、除尘风机等防粉尘装置，减少粉尘污染，实现生产岗位环境达标；

(3) 在劳动强度大的岗位，进行设备自动化改造，减少员工劳动强度；

(4) 征求员工意见，按标准及时为员工发放劳动防护用品、提供上下班班车；

(5) 定期组织员工体检，为员工修建高标准的澡堂、食堂和宿舍，增加营养餐饭菜品种。

落实和完善职代会制度，提升民主管理水平

公司不断完善民主管理制度，着力推行星级职代会认证制度，结合实际情况重新修订完善了《星级职代会创建活动的实施意见》、《集体合同监督检查实施细则》、《进一步深化和规范“厂务公开、民主监督”制度》，完成了员工代表培训，做好了员工提案的落实工作，严格履行了民主制度，维护了员工合法权益。2012 年，公司依据相关规定召开了职代会和三次主席团会议，审议通过了《关于整合重组武安市贺庄煤矿、金铭煤矿方案》、《关于武安小区住宅安置方案》、《基本医疗保险纳入属地医保机构统一管理实施方案》等员工关心的重大问题。

公司坚定不移地将做好劳动争议预防调解工作作为构建和谐劳动关系、维护矿区稳定的重要手段，创新建立了“三三二”工作机制，筑牢了劳动争议调解防线，推动了企业劳动关系健康和谐发展。2012 年 6 月 20 日，省总工会在陶二矿召开全省工会劳动争议预防调解现场经验交流会，公司工会、陶二矿和云驾岭矿分别作了先进经验介绍。本年度公司进一步完善了联系员工制度，建立了群众工作室、员工服务热线、网络对话三大员工维权平台，每月按时举办矿长(经理)接待日活动，切实协调解决员工及家属在安全生产、劳动保护、民主管理、困难救助、女工权益等方面的维权诉求 1235 件。陶二矿新建了音乐茶座，为员工提供了更加温馨、便捷、规范、高效的服务。全年各单位共接待员工来访 660 余人次，解决反映问题 590 余条。郭二庄矿工会荣获“全国模范职工之家”荣誉称号。

落实厂务公开制度

在实施厂务公开工作中，坚持将企业重大决策、生产经营管理和涉及员工切身利益的重大问题，通过职代会、局域网等媒介及时全面向员工公开。社区管理中心坚持将员工营养餐食堂的原材料采购价格、数量等在局域网公示，增强了食品采购的透明度。云驾岭矿荣获省级民主管理厂务公开先进单位，公司工会入选省厂务公开民主管理示范单位典型库。

10.4 展望

2013 年公司将继续全面落实《冀中能源股份有限公司中长期人才发展规划纲要(2011—2020 年)》，为公司改革、可持续发展提供坚实的人力支撑。完善以职代会为切入点的员工民主管理制度，落实员工民主管理的各项权利，确保厂务公开的真实性、有效性。

(1) 继续开展星级职代会认证工作，提高职代会规范化水平，维护员工合法权益，将与员工切身利益密切相关的问题作为职代会审议重点，保证职代会职权行使到位；

(2) 关注厂务公开民主管理工作的深化、细化，不断总结工作经验，力争打造省级工作品牌；

(3) 通过推行员工代表培训、巡视制度，提高员工代表素质，发动员工参与厂务公开的实施，促进由员工个体诉求向生产经营建言献策的转变；

(4) 以群众工作室为平台，抓创新、抓延伸，着力解决员工最关心、最直接、最现实的问题；

(5) 完善“三三二”劳动争议预防调解机制，推动企业劳动关系健康和谐发展，力争“生产安全、管理有序、队伍稳定、和谐共建”的良好局面；

(6) 着力改善矿区生产生活环境，进一步提升“两堂一舍”服务质量，加快新整合单位基础设施建设，加强矿区美化、亮化，积极改善井下工作条件，努力营造温馨、舒适的工作、生活环境；

(7) 调整新建小区管理思路，推进服务质量提档升级，力争跨入市级文明小区行列；

(8) 加强医疗卫生管理，争取政策支持，盘活医疗资源，提高医疗水平，抓好职工医疗保险移交工作，实现规范运行；

(9) 努力提高居民幸福指数，坚持以人为本，积极为员工群众办实事、办好事、解难事，在企业效益增长的基础上，稳步提高员工收入；

(10) 拓宽就业渠道，多种方式安排员工子女就业；

(11) 积极维护矿区和谐稳定，开展信访稳定风险评估，落实各级信访责任，坚持源头预防，加强隐患排查，把矛盾解决在萌芽状态，畅通利益诉求渠道，深入开展领导接访、纠纷调处活动，杜绝越级上访和群体事件发生；

(12) 妥善处理工农关系，强化社会治安和综合治理。

10.5 案例

2012 年度邢台矿区员工福利提升亮点举例

(1) 公司健全了困难员工日常救助、困难员工子女就学、员工大病医疗互助等帮扶机制；

(2) 建立了“3524”低保管理模式，实现了困难员工微机动态管理，为 537 户困难员工申请到城镇低保；

(3) 公司全年累计发放低保金 129.6 万元，公司工会向困难员工发放救济款 126.5 万元，科级以上干部为贫困员工送款捐物价值达 13 万余元，慰问救济困难员工 3668 户；

(4) 全年组织了 11 期 982 员工赴威海疗养，组织 100 余名公司劳模到三亚、南昌、张家界及台湾地区等地疗养；

(5) 继续开展金秋助学活动，公司工会拨款 19.15 万元对 41 名困难员工子女进行资助，各单位也拿出部分资金给予救助，创新实施了“金秋助学”两级救助制度；

(6) 加强社会保险工作，按时足额缴纳社保费用，合计缴纳养老保险、工伤保险、失业保险近 64810 万元；

(7) 完成了 2011 年度员工养老保险个人账户结算和工伤保险缴费费率调整及调差工作；完成了邢台矿区 24 个单位及 13 个代管单位的各项业务；

(8) 做好离退休员工管理工作，办理退休、病退手续 753 人，为 10660 名离退休人员调整了养老金；办理养老保险账户转移手续 70 人，新增养老保险个人账户 916 人；社会化发放养老金 2.53 亿元，结算非社会化发放费用 4474.42 万元；

(9) 结算工伤职工医药费、伤残补助金等 1692.83 万元，为 321 名离退休病亡人员争取一次性丧葬抚恤金 1306.72 万元。

11.社会公益

11.1 概况

2012 年,我们一如既往的高度关注企业社会责任,努力回报社会、造福百姓。我们坚持公司与员工思想道德齐建设的管理模式,树立模范品牌,倡导文明新风,营造奉献氛围。在促进地方经济发展的同时,我们与政府协作力争做好项目征地拆迁和移民安置工作;我们倡导并热心参与慈善捐助社会公益事业,关心支持居民教育、文化等公共福利事业。

作为地区纳税大户,在生产经营活动中,我们如实进行财务核算,真实反映公司各项生产经营情况,坚持依法纳税,全年上缴税费总额达 53.83 亿元,为国家和地方经济发展做出了积极贡献。

11.2 成效

2012 年, 公司社会公益事业共涉及资金 7170.67 万元, 其中: 迁村费 5755.19 万元, 其他用途资金 1415.48 万元。除迁村费外,其他用途资金主要用于表 11–1 方面:

表 11–1

资金用途	冀中能源合计(万元)		
	单位捐赠(万元)	员工捐款(万元)	捐款合计(万元)
慰问困难员工	625.07	8.74	633.81
地方建设	358.57	4.81	363.38
文化体育捐赠	164.20	0	164.20
金秋助学	23.75	51.80	75.55
员工互助捐款	0	65.66	65.66
帮扶村爱心捐款	60.23	0	60.23
希望小学	0.99	30.00	30.99
红十字会农村医疗救助	10.00	0	10.00
雪灾	0	6.06	6.06
向地震灾区捐助	0	5.60	5.60
合计	1242.81	172.67	1415.48

11.3 措施

扎实开展驻村帮扶活动 按照省委统一部署,我们紧紧围绕"六项任务"和"十项重点"帮扶项目,及时制定、实施了村庄建设规划及卫生整治规划,多角度开展帮扶工作:

(1) 加强村庄交通、电力、农田水利及通讯设施等基础设施,改善驻村群众生产生活条件;

(2) 协助开发一村一品的产业优势,发展农村经济;

(3) 集中开展整治活动,美化生活环境;

(4) 新建卫生室,开展义诊、助医扶贫活动,改善农村医疗卫生条件,解决村民看病难的问题;

(5) 新建文化广场,协助建设农家书屋,加强技能培训,开展文化系列活动,加强农村文化建设,全面提高农民整体素质。

持续进行员工援助与社会捐赠

2012 年公司各单位累计发放困难员工救助金 633.81 万元。

2012 年公司保持着金秋助学活动的优良传统,并加大金秋助学活动的力度,提高资助金额,发放助学金 75.55 万元。 2012 年公司按照冀中能源集团安排,积极响应邢台市科协、团市委和教育局号召,组织团员青年向邢台市中小学生开展捐款捐书活动。公司荣获邢台市《学生安全预防与自救》捐赠"爱心单位"荣誉称号,有效彰显了公司作为国有大型企业的社会责任。

2012年11月底，公司员工参加“员工互助一日捐”活动，向患重大疾病、遭遇重大意外事故等原因至困的特困员工及其家属提供65.66万元捐助金。

积极参与、倡导社会公益活动

2012年3月12日，章村矿工会组织20余名基层工会主席、女工委员开展义务植树活动，植树312棵，以实际行动为居民区再添一抹新绿。

2012年12月31日，公司机关63余人参加了邢台市组织的献血活动，共献血12,800毫升。2012年邢台矿员工谢峰组织公益助学行8次，走进西部山区8所学校，帮助山区儿童近1000人，每次帮扶钱数都在5000元以上。

2012年葛泉矿340名员工开展青年员工服务一条街活动，为员工和家属提供修家电、修手机、义务理发等服务，为残疾人家庭开设的小店铺设暖气。

改善矿区生态环境

公司东庞矿、邢东矿荣获国家能源局与中国能源报社联合举办评比的“中国最美矿山”称号。

评委们充分肯定和高度赞扬了东庞矿、邢东矿在依法办矿、规范管理、综合利用、技术创新、节能减排、环境保护、安全管理、矿区和谐、民生改善、企业文化和社会责任等10个方面的拼搏奋进、开拓创新、团结融洽的精神风貌。

公司坚持“绿色开采”的发展理念，依靠科技进步，转变发展方式，推动转型升级，摸索出具有冀中特色的绿色生态矿山建设新模式。全国政协常委、中国煤炭工业协会会长王显政评价说：“这是煤炭企业转变发展方式的成功范例，引领了煤炭工业的发展方向。”

棚户区改造与沉陷区综合治理

棚户区改造、沉陷区治理项目是国家保障性住房的一部分，是党和国家为解决煤矿员工住房问题的德政工程，责任重大。公司上下一心，全力以赴，始终带着责任和感情推进棚户区改造、沉陷区治理这项德政工程。公司通过积极协调地方政府与各项目部供水、供电、供气、供暖等配套设施建设外部关系，为各项目部创造了良好的施工环境，加快了各棚改项目工作节奏，提高了工作效率。

本着棚户区改造工程是民心工程、惠民工程的理念，公司将工程质量放在首位，力求让老百姓住的放心、睡得安心。各项目部采取多种措施，强化质量管理，抓好源头质量控制，针对行业特点专门制定了《棚户区改造、沉陷区治理项目施工安全生产规章制度》，明确了建设、施工、监理等单位的职责，细化了安全检查及相关奖惩规定见表11–2。

表11–2

矿区	项目	2012年实际投资（万元）	安置户数（户）
峰峰矿区	棚户区改造	89858.50	352
	沉陷区治理	43378.15	—
邯郸矿区	棚户区改造	12875.75	1650
	沉陷区治理	7603.00	2927
邢台矿区	棚户区改造	24166.00	1494
	沉陷区治理	1285.11	—

续表

矿区	项目	2012年实际投资（万元）	安置户数（户）
单项合计	棚户区改造	126900.25	3496
	沉陷区治理	52266.26	2927
合计	棚户区与沉陷区综合治理	179166.51	6423

11.4 案例

采煤沉陷区综合治理项目邢台矿区李石岗村庄搬迁工程圆满竣工验收

李石岗搬迁是经河北省政府批准的省重点工程建设项目，自2004年启动以来，在当地政府和公司各级领导的大力支持下，各方积极协商、密切合作，克服重重困难，历经八年时间，落实投资1.56亿元。2012年年末，终于在新址370亩土地上建成了一个文明和谐的社会主义新农村。该搬迁工程为显德汪矿解放煤炭资源500余万吨，延长了矿井服务年限，对显德汪矿可持续发展、保障冀南电网电煤供应、促进地方经济发展和建设社会主义新农村做出了巨大贡献。

冀中能源股份有限公司

二〇一三年四月二十四日

第五篇

企业改革发展

·河北钢铁集团有限公司·

2012年以来，河北钢铁集团面对严峻形势，深入贯彻省国资委的工作部署，创新推进“深化整合、精细管理、科技创新”三大任务。以降本增效为主线，广泛开展“居危思危、居危思进”大讨论，统一思想、凝聚共识，不断激发广大职工的创新活力，创新发展“邯钢经验”，大力提升成本控制能力和产品创效能力，在应对危机中迈出了转型升级、提质增效的坚实步伐。

集团全年生产生铁4050万吨，粗钢4284万吨，钢材4188万吨；实现营业收入2400亿元，在新增增支减利因素117亿元的条件下，实现利税35亿元，其中利润2亿元。

虽然集团利润大幅度下滑，钢铁主业出现亏损，但是在异常艰难的条件下，广大职工经受住了激烈市场竞争的重大考验，管理水平全面改善，许多工作实现突破性进展，创造了行业领先优势。

一是成本控制能力显著增强，铁前成本达到行业领先水平；

二是引领钢铁行业绿色发展，能源管理成为行业标杆，能源成本、自发电比例、吨钢耗新水等指标达到行业一流水平；

三是资金集中管控成效显著，在全行业财务费用增长1/4的情况下，融资总量、财务费用同比基本持平；

四是国际化经营迈出重大步伐，出口量同比增长1/4，国际影响力、海外贸易与融资创效能力大幅提升；

五是境内外资源占有与开发取得重大突破，国内资源掌控量和铁精粉自产量位居行业前列；

六是集团综合实力和行业影响力稳步提升，连续4年进入世界企业500强，排名由上年的279位前移至269位。

一年来，集团主要做了以下几个方面的工作。

（一）全面深化精细化管理，优化运行方式，大力降本增效。

以“战危机、保生存、求发展”为主题，以降本增效为主线，部署开展了“居危思危、居危思进”大讨论活动，进一步增强广大职工的危机意识、忧患意识、责任意识。各单位以大讨论为契机，认真查找、深刻剖析工作中存在的主要差距和不足，创新发展“邯钢经验”，总结推广精细化管理的成功经验，积极调整与市场形势不相适应的工作思路、经营策略和运行模式。不断自我加压，多次调整挖潜增效目标，制定了1000多项重点攻关措施。与2011年同口径相比，集团硬碰硬挖潜增效75亿元。

（二）适应市场、完善体制，集团“大营销”体系进一步优化。

集团加强价格统一管理，理顺业务管理关系，规范现货市场和新产品直销制度，提高周边市场和中高端市场占有率，周边市场销售量同比增长28%，区域市场占有率稳步提高。优化整合营销渠道和客户资源，加强与中高端重点用户战略合作，大力开拓重点项目和品种钢直销市场，集团板材直供直销比例提高到56.7%，石钢直销比达到77%。

（三）积极开展国际化经营创效，国际竞争力、影响力进一步增强。

通过加强与国际一流企业在市场、资金、技术等方面的深度合作，提升质量控制水平和综合竞争力，拓展国际市场份额。集团全年签约出口合同333万吨，同比增长25.7%，累计创效3.8亿元。其中，唐钢出口冷轧产品117万吨，保持国内最大单体冷轧产品出口生产企业地位，并开创出口产品低息融资先河；邯钢出口汽车板等高端深加工产品73万吨；

舞钢火电钢、水电钢等高附加值产品批量打入国际高端市场；衡板出口同比增加1.5倍。

(四)大力推进科技创新，促进了产品结构优化和品质增效。

稳步提高了产品研发实力。全面推动产品结构向中高端品种为主转变，品种钢对效益的贡献率大幅度提升；集团大量高品质钢材应用于港珠澳大桥等各地重大标志性建筑，打入核电站、高铁桥梁、西气东输、南水北调等国家重大项目。其中，邯钢汽车板通过了欧洲菲亚特和中国一汽、长城等公司认证，管线钢大批量中标西气东输工程；宣钢耐低温铁塔角钢、焊丝钢创效显著；承钢高强抗震钢筋占到长材总量的61.91%，粉剂五氧化二钒生产新工艺取得重大突破，产量达到国内生产总量的85%；舞钢海洋工程用高强度钢板产品标准获得国家正式立项，锅炉与压力容器用钢获得全国特优质量奖；石钢“三高”产品比例超过57%，通过日产、沃尔沃等知名企业认证。

(五)全面加强资金集中管控，资金成本和财务风险得到有效控制。

充分发挥资金统一管控优势，在资金十分紧张、钢协会员企业银行借款同比增长6.58%、财务费用同比上升24.38%的情况下，集团保持了现金流稳定，融资总量、财务费用同比基本持平，确保了资金链安全。充分利用海外融资平台，广泛开展贸易融资，内外联动，取得资金运作效益5.28亿元。集团财务公司9月揭牌开业，核心业务系统上线运行，进一步完善了集团资金管控平台，为深入挖掘内部资金效益奠定了坚实基础。

(六)立足国内国外两种资源，强化资源保障能力实现重大进展。

加快矿山开采步伐。全年自产铁精粉722万吨，同比增长2.11%。争取财政补贴及税费减免5.8亿元。通过提升产量、压减库存、控制外委、资源再回收，有效控制了自产矿成本。

积极掌控、开发国内资源。2012年规划的6个矿山项目中有5个全面开工，完成项目投资33.42亿元，集团自矿山整合以来已累计完成投资141.6亿元。涞源有色资源整合工作基本完成，灾后重建及开发建设全面展开。集团已经掌控50多亿吨的铁矿资源，数百万吨的铜、锌、钼、金等有色资源。

(七)推进多元产业发展，培育新的发展战略支撑点。

积极发展壮大金融板块。集团入股河北银行，参与发起设立了河北财产保险公司。曹妃甸和黄骅港两个综合物流园区先后开工建设；河北钢铁交易中心上线试运行，已吸纳会员160家。宣工西山工业园区铸造一期成功热试，南厂区改造基本完成，高驱动推土机荣获国家重点新产品证书。

·邯郸钢铁集团有限责任公司·

【概况】

河北钢铁集团邯郸钢铁集团有限责任公司（简称邯钢），于1958年建厂，现有职工2.4万人，具备了年产1300万吨优质钢的综合生产能力，是国家重要的优质板材和优质型棒线材生产基地，河北钢铁集团的核心企业。

邯钢产品涵盖汽车、家电、建筑、造船、航天、机械、石化等国民经济各个领域，远销欧美等国家和地区。邯钢先后荣获国家创新型企业、全国质量奖、全国先进基层党组织、全国文明单位、全国绿化模范单位、全国“十一五”时期节能先进集体等荣誉称号。

【主要指标】

2012年，邯钢总资产890亿元，全年产铁1108万吨、钢1226万吨、钢材1164万吨；实现销售收入671亿元。

【企业管理】

创新发展“邯钢经验”，深入实施卓越绩效管理模式，扎实推进6S精益管理工程，提升了运营质量和运行效率。进一步加强绩效评价管理，构建了责任明确的KPI指标体系。加强管理体系标准化建设，形成包括275项管理制度、覆盖19个专业类别的一体化管理体系。邯钢荣获“全国实施卓越绩效模式先进企业特别奖”全国实施卓越绩效模式先进企业等荣誉。

加强信息化建设，提升专业管理水平。成功上线三炼钢—CSP—冷轧MES系统，实现全部钢轧系统产销一体化。钢材现货销售系统于9月1日上线运行，实现钢材现货及废旧物资等网上销售。深化精益物流，降低运输成本1.72亿元。设备故障时间、停机率分别降低13%和11%。优化销售区域，现货销售243万吨，周边市场销售率达到71.8%。大力压减库存，原燃料库存降低141万吨，压缩坯材库存7.5万吨，减少资金占用16亿元。落实安全三大规程，加强隐患排查整改，建成了“四层级、六步骤”的安全确认制管理模式，实现了安全生产。深化全门禁管理，实施人员二次打卡确认、电子门证和机动车智能化系统，基础管理工作不断加强。

【资本运作】

加强资金预算管理，规避货币政策形成的资金风险，优化负债结构，调整融资品种，减少财务费用支出2298万元。通过与银行等金融机构沟通合作，不断开拓融资渠道，开发了融资租赁、结构型理财、票据理财等新融资品种，资金需求得到有效保障，降低财务费用1519万元。加强存货资金占用分析与考核，提高存货资金周转效率，大力压减库存资金占用，降低财务费用6000万元。

【重点项目】

完善邯钢“十二五”发展规划，制定了《邯钢创新型绿色化转型发展规划》，邯钢工业区项目被列为河北省2012年重点建设项目前期计划。邯钢被列为河北省首批循环经济示范企业。

加快重点项目建设进度。大型生产线于6月28日全线贯通。1号饱和蒸汽发电项目于3月3日投运。邯宝热轧2号横切线9月16日投产。5号高炉煤气除尘湿改干项目于8月24日投运。中板3000毫米轧机改造于11月6日完工。焦化煤场、第一原料场升级改造等项目建成。邯宝冷轧工程被评为“国家优质工程银质奖”。

【挖潜增效】

深化“铁前系统挖潜、钢后品质增效”经营战略，从“铁前降本、钢后增效、能源利用、物流优化”等方面动态优化47项重点措施。铁前系统通过调整大宗原燃料采购价格，优化焦化配煤结构、高炉配料结构等，实现挖潜16.1亿元；钢后系统通过对各产线品种钢成份、加热制度、工艺路线等进行优化，挖潜增效17.7亿元；能源利用和物流优化创效10.1亿元。全年累计挖潜增效46亿元，可比生产成本降低率达到4.95%。

深入推进精益生产，技术经济指标得到持续改善。71项技经指标有23项进入行业前三名，11项指标居行业第一。邯宝炼铁厂燃料比和人均劳效在全国同类型高炉中排名第一，2号高炉获得全国高耗能设备节能减排对标竞赛“优胜炉”称号。邯宝炼钢厂转炉工序能耗达到-30kgce/t，居行业同类型转炉第一，被工信部确定为全国200吨及以上转炉标杆。

【科技创新】

深化SBU研发机制，加强与国内外先进企业及科研院所的技术合作，全年开发新产品22个，新产品产量272万吨，同比增长28万吨；生产品种钢676万吨，深加工产品365万吨，其中汽车板等高端深加工产品出口73万吨。邯宝热轧厂成功开发21.4毫米国内最厚规格X80管线钢。邯宝冷轧厂成功生产宽度1840毫米、厚度2.0毫米的超宽超厚规格汽车板和0.3毫米超薄规格冷基镀锌板。冷轧厂成功试制4毫米极限规格和600克超厚锌层热基镀锌板。大型轧钢厂成功开发60千克重轨。

加大高端产品市场开拓力度，汽车板一次性通过一汽集团高端汽车板试模认证；镀锌O5面板通过长城汽车试模认证；5个系列33个牌号汽车板通过欧洲菲亚特公司认证。汽车板销量进入长城汽车采购量前三甲。X70、X80管线钢大批量中标国家西气东输二线、三线工程；邯钢成为中石油高强度管线钢X90、X100国产化重点科研项目7家参研钢企之一。家电板实现向海尔、格力、美的等国内知名家电企业批量供货；占美的(邯郸)总采购量50%以上。积极开拓优质型棒线材市场，冷镦钢22A、SAE1008-M等品种占领邢台、永年标准件市场份额90%；齿轮钢打入国内规模最大的重庆摩托车配件市场；帘线钢72A打入中国索具行业“第一品牌”巨力索具。

【节能减排】

加快节能减排项目建设。435平方米烧结机余热发电项目6月29日并网发电。400平方米、435平方米烧结机烟气脱硫项目7月30日建成。全年累计节能16.7万吨标煤；吨钢综合能耗降至570.7kgce，同比降低13.6kgce。全部烧结机实现脱硫，吨钢二氧化硫、COD、烟粉尘排放分别下降28.2%、39.3%和9.7%。全面完成河北省“双三十”企业节能减排承诺目标。

以低碳运行、绿色发展为目标，大力推行清洁生产。建设了国内首家跨度达146米的全封闭机械化原料场和48个储煤(焦)罐，实现“用煤不见煤、用矿不见矿、运料不见料”，散装料的贮存、运输做到全封闭、零污染。

二次能源综合利用水平迈上新台阶。全年利用二次能源自发电33.7亿度，同比增加3.6亿度。吨钢耗新水降至2.67立方米，同比降低0.36立方米。高炉煤气、焦炉煤气、氧气基本实现零放散。强化热送热装组织，热装率达到65.1%，同比提高4.1个百分点。转炉煤气回收吨钢达到141立方米，炼钢余热蒸汽回收吨钢93.3千克，达到行业领先水平。

【非钢增效】

将非钢创效作为应对市场的有效手段。成立气体副产品、焦化化产品、含铁含碳副产资源三个SBU小组，气体副产品销量83235吨，同比增长5.2%，实现利润3870万元。焦化化产品实现收入7.15亿元。加强含铁含碳资源回收利用攻关，吨铁回收利用量88.1千克。水渣实现销售收入1.5亿元、钢渣实现销售收入5800万元。

【党建工作】

发挥国有企业党组织政治优势，深入开展了争当河北钢铁航母“先锋号”、全员素质提升、“3+X”构建和谐工作关系活动，打造创先争优特色品牌。建立了党建工作科学化考评体系，推动创先争优活动岗位化、常态化、长效化。邯钢党委荣获“全省创先争优先进基层党组织”荣誉称号。

创新企业文化建设，大力推进《邯钢企业文化创新推进规划纲要》，组织开展了“善行河北，文明钢城”主题道德实践活动、“道德讲堂”活动和“岗位学雷锋，争做好职工”活动，加强社会公德、职业道德、家庭美德、个人品德建设。邯钢荣获“河北省企业文化建设示范单位”称号。

【人才工作】

深入实施人才强企战略，加强经营管理、专业技术、操作技能三支人才队伍建设。举办各级各类培训班593个，培训职工35366人(次)。在河北省职业技能大赛取得团体第一名，6人分别摘得三个工种的冠亚军。表彰科技工作先进集体、先进个人和科技成果等1833项，兑现奖励536万元。脱子林创新工作室被国家人力资源和社会保障部、国家财政部确定为“国家级技能大师工作室”。2名同志获评2012年度河北省有突出贡献中青年专家，4名同志被聘为中国博士后科学基金评审专家。

【和谐发展】

坚持全心全意依靠职工办企业的方针，深入开展厂区环境综合整治，推行精益可视化四级责任系统和干部走动式管理，职工生产生活条件显著改善。厂区新增绿化面积20.8万平方米，绿化覆盖率达到42%，实现了向“厂在林中、路在绿中、人在景中”的绿色生态型工厂转变。档案楼、技术中心实验楼启用，医院病房楼封顶。生活区危旧楼改造一期工程竣工入住。4个服务区被评为邯郸市食品安全A级单位。投入1780多万元完善职工生活设施、开展休疗养和送温暖活动。为全体职工办理了邯郸市职工大病医疗互助保险。邯钢继续保持“全国模范劳动关系和谐企业”称号。

·河北钢铁集团唐钢公司·

【概况】

唐山钢铁集团有限责任公司(以下简称唐钢)是我国特大型钢铁联合企业，河北钢铁集团的骨干企业，系我国侧吹碱性转炉炼钢的发祥地。到2012年底，唐钢共有在岗职工3.7万人。唐钢分为钢铁主业、非钢产业两大板块，下辖唐钢本部、不锈钢公司、中厚板公司、唐银公司、非钢事业部五大事业部。唐钢钢铁主业具有1800万吨/年的铁、钢、轧配套生产能力，主要装备均达到国内或国际先进水平，实现了现代化、大型化，工艺技术达到行业较高水平，是我国重要的精品板材和精品建材生产基地，主要产品为板、棒、线、型四大类，包括热轧薄板、冷轧薄板、镀锌板、彩涂板、中厚板、不锈钢、棒材、线材、型材等140多个品种、1000多种规格，精品板材占产品总量的60%。唐钢非钢产业涉及装备制造、机械加工、钢铁生产废弃物回收利用、房地产开发等多个领域，具有较强的综合竞争能力。唐钢通过了质量、环境、职业健康安全管理体系“三合一”整合认证。

【生产经营情况】

2012年，唐钢累计产铁1560万吨，同比减少90万吨；产钢1500万吨，同比减少101万吨；产钢材1470万吨，同比减少62万吨。截至2012年底，唐钢资产总额为1052.18亿元，营业收入为623.45亿元，主营业务成本为506.61亿元，实现利税15亿元。

2012年，在河北钢铁集团的正确领导下，唐钢紧密结合企业发展实际，在转变生产组织模式、提升成本控制力，推进产品和市场开发、提升产品创效能力等方面，取得令人瞩目的新成绩，企业综合竞争力显著增强。其中，唐钢2012年挖潜增效成效更为显著，实现挖潜总额50.6亿元，吨材增效344元。一是全面学习借鉴浦项经验，以全新视角重新审视成本管理。铁前系统实施以“经济料”替代“精料”的生产方针，持续优化配煤、配料和配矿结构，迅速在焦化和炼铁工序建立起与低价原料相适应的生产组织方式和工艺操作标准，以强有力的技术和管理为支撑，在保证生产顺行前提下，实现了铁前系统成本控制力的大幅提升，全年铁成本完成2535元/吨，达到行业领先水平；钢轧系统在不断优化辅料结构、降低结构成本的同时，努力通过技术创新、工艺装备改造和强化技术质量管理降低成本，取得显著效果。二是将成本管理向优化生产经营运行体系延伸，取得了显著成绩。努力压减原料和产成品库存，规避跌价风险，降低财务费用，加快资金周转。截至年末，唐钢库存资金占用60亿元，比年初降低32亿元；存货周转率9.49次，进入行业领先水平。

【企业管理】

环境质量和现场管理水平得到巩固提升。着力抓好以“三园一带”(钢铁花园、水系生态园、文化广场和防护林带)为重点的绿化美化工程，全年新增绿地面积10万多平方米；以实现“更加干净的工作环境、更加安全的工厂环境、更加有规则意识的职工团队、更加有效率的生产经营秩序”为目标，拓展5S管理内涵，全面推行以“工厂全面改善”为主要内容的TPM管理，不断增强职工的规则、系统和细节意识，进一步提升了企业基础管理水平。

财务资金管理效果显著。加强预算管理，严格控制要素费用，有效降低了企业财务风险；加强融资管理，扩展融资渠道，改善融资结构，努力降低融资成本，确保了资金链安全。

设备管理水平不断提高。根据企业现状科学制定设备检修模式，合理确定检修时间和内容，提高检修效能。充分利用内部检修力量开展大型联合检修，维修费用实现大幅降低。加大设备采购管控力度，严格落实设备采购计划“五查四落实”制度，积极推进利旧利库及物料替代，实现了新采购物资“零”库存。

信息化建设积极推进。完成信息化四期项目建设，实现了主干网升级、网络区域化管理、生产过程和结果可视化。正式启动信息化五期工程，为加强供产销衔接、提高市场反应速度和提升全过程质量跟踪、物流管理系统功能搭建平台。

人力资源管理进一步加强。引进高层次、重点专业人才力度不断加大，进一步提高了人才队伍档次；修订专业技术人员管理办法，打破职称聘任终身制，充分调动了专业技术人员的积极性；发挥见习副作业长制度等人才培养使用平台，积极为各类人才成才成长创造条件。

【自主创新】

产品开发和应用

2012 年，唐钢新产品开发取得突破，成功开发 600MPa 级镀锌双相钢、捆带用冷硬钢带 TKZ、结构级彩涂板 TS280GD +Z、TS320GD+Z、TS350GD+Z 系列、深冲退火板 DC04、高强结构级镀锌板 G450、G550、深冲用搪瓷用深冲钢板 TTC1 等新产品，新品种钢全年销售 36 万吨。

科技成果

1.唐钢二钢轧厂《转炉负能炼钢综合技术的研究与应用》课题获得河北冶金（钢铁）科学技术奖。

2.唐钢《降低转炉炼钢石灰消耗》获全国优秀质量管理小组成果奖。

3.唐钢《以理念创新为导向引领钢铁企业转型发展》被中国钢铁工业协会评选为冶金企业管理现代化创新成果一等奖。

4.唐钢《持续推进全过程质量管理 降低非计划产品质量损失》被评为 2012 年度河北省一等企业管理现代化创新成果。

5.唐钢《应用信息技术实现全过程质量管理精细化》被评为 2012 年度河北省一等企业管理现代化创新成果。

6.唐钢《构建战略绩效管理体系，助推非钢产业跨越式发展》被评为 2012 年度河北省一等企业管理现代化创新成果。

7. 唐钢热轧酸洗钢带和石油天然气输送管用热轧宽钢带两产品被中国质量协会冶金工业分会评为“冶金行业品质卓越产品”。

8. 唐钢热轧酸洗钢带和石油天然气输送管用热轧宽钢带两产品被中国钢铁工业协会授予 2012 年度冶金产品实物质量认定“金杯奖”。

9.《在线全流程质量管控平台的研究和开发》获 2012 年河北冶金（钢铁）科学技术一等奖。

10.唐钢《钢铁物流、能源流界面技术集成与创新》课题获全国冶金科学技术奖二等奖，河北冶金科学技术奖一等奖。

【节能减排】

2012 年，唐钢通过推进节能减排项目建设、引进开发先进能源利用技术和管理方式，不断提高能源、资源利用效率，保持了行业领先水平。全年本部自发电量达 25 亿度，吨钢发电 320 度；自发电比例达 75%，同比提高 5 个百分点。唐钢重新梳理三大子公司的能源管理系统，健全网络，完善制度，明确责任，着力挖掘新项目发电潜力，取得显著成效。中厚板公司吨钢能源成本降低 102 元；自发电量达 5.5 亿度，同比提高 2.8 亿度；自发电比例达 50%，同比提高 28 个百分点。不锈钢公司吨钢能源成本降低 106 元；自发电量达 4.9 亿度，同比提高 2.2 亿度；自发电比例达 43%，同比提高 17 个百分点。

【社会责任】

2012 年，唐钢在推进企业发展的同时，追求经济效益和社会效益的统一，积极承担和履行社会责任，实现了社企共融、和谐发展。一是坚持开展扶贫工作。投资 20 万元用于帮扶张北县贫困村建设。二是热心社会慈善事业。投资 15.2 万元用于唐山市古冶区慈善协会和唐山市开平燕赵残疾人联合艺术团。三是积极开展志愿者服务活动。制定了青年志愿服务活动联系点制度，逐一落实责任单位和责任人，实现了志愿服务长期化、制度化。唐钢青年志愿者服务总站目前拥有服务分站 30 个，服务队 235 支，注册青年志愿者 2000 余人。

·首钢京唐钢铁联合有限责任公司·

【概况】

首钢京唐钢铁联合有限责任公司 2005 年 10 月 9 日成立，是首钢搬迁的承载主体，具有 21 世纪国际先进水平的钢铁联合企业。党中央国务院高度重视首钢京唐钢铁基地建设，中央领导指示：要坚持高起点、高标准、高要求；要把首钢京唐钢铁厂建设成为“产品一流、管理一流、环境一流、效益一流”的现代化大型企业，成为具有国际先进水平的精品板材生产基地和自主创新的示范工厂，成为节能减排、发展循环经济的标志性工厂；要实现低成本生产高附加值产品。以中国工程院、重点科研单位和院校的院士专家为主体，主要依托京唐公司开发的“新一代可循环钢铁流程工艺技术”，是国家“十一五”科技支撑计划的重大项目。

京唐公司位于河北省唐山市曹妃甸工业区。2005 年 2 月国务院批准首钢搬迁及京唐钢铁厂项目立项，开始围海造地，2006 年 3 月该项目列入国家“十一五”发展规划纲要;2007年2月,围海造地形成陆域面积21.05平方千米;2007年3月12日正式开工建设钢铁厂。2009年5月21日,项目一期一步工程竣工投产;2010年6月26日,一期二步工程竣工投产,形成年产生铁898万吨、钢坯970万吨、钢材913万吨的综合生产能力。

2012年,京唐公司深入推进达产达标达效,生产水平稳步提高;加大产品结构调整力度,产品开发认证取得新进展;深入开展增收节支活动,降本增效取得新成绩;持续推进技术攻关,工艺稳定水平逐步提高;全面强化基础工作,精细化管理迈上新台阶;加强企业文化建设,构建和谐企业;加强党建和人才工作,职工队伍整体素质进一步提高。

【领导视察】

7月22日,全国政协原副主席杨汝岱到京唐公司参观考察。河北省政协副主席刘永瑞、唐山市委书记王雪峰等陪同考察。

9月3日,中共中央政治局委员、中央政法委副书记王乐泉到京唐公司视察。河北省委书记张庆黎、唐山市委书记王雪峰,市委副书记、市长陈国鹰等陪同考察。

8月10日,北京市人大常委会主任杜德印等全国人大北京团代表一行40人,就科技创新、加快转变经济发展方式、调整产业结构到京唐公司进行专题调研。

【重要会议】

2月27日,受河北省发改委委托,河北省工程咨询研究院在北京国宏宾馆召开首钢京唐二期工程产品和工装配置方案评审会。河北省副省长张杰辉,省发改委主任刘学库、副主任陈永久、产业协调处处长高俊钊,省工信厅总工程师杨志伟,中国钢协名誉会长吴溪淳,中国工程院殷瑞钰、王国栋院士,中咨公司冶金建材发展部副主任陈子奇,中国钢协科技环保部主任黄导,中国金属学会专家委员会教授级高工苏天森,北京科技大学冶金工程研究院院长唐荻,冶金工业规划院副院长王丽娟,河北省冶金协会秘书长王大勇,河北钢铁技术研究院副院长史东日,宝钢股份冷轧分厂高工钱洪卫,武钢广西钢铁计划投资部部长刘振清,河北省工程咨询研究院院长苗文昌、副院长袁太平,唐山市委书记王雪峰,市委副书记、曹妃甸新区管委会主任陈学军,副市长辛志纯,首钢及京唐公司领导王青海、王毅、杨春政、李杨、吴峥,首钢副总工金永春,规划发展部副部长赵红,首钢国际工程公司董事长何巍,京唐公司有关部门负责人出席会议。

7月4—6日,由中国金属学会、德国钢铁学会主办,京唐公司协办的中德双边环保论坛在曹妃甸举行。中国金属学会专家委员会主任仲增墉主持论坛,京唐公司领导、德国钢铁学会领导致辞。德国钢铁学会环保高级代表、中国重点钢铁企业、科研院所的环保专家,首钢、京唐公司等有关方面负责人出席论坛。德国环保专家、宝钢、唐钢和京唐公司代表介绍了节能环保工作情况;与会代表就钢铁厂的水渣、钢渣、废水、废气、余热、余压等节能环保问题进行了广泛交流。

9月28日,科学技术部在京召开"十一五"国家科技支撑计划"新一代可循环钢铁流程工艺技术"重大项目验收会。科技部党组成员、科技日报社社长王志学,项目组织部门中国钢铁工业协会会长王青海、副会长王晓齐,相关钢铁企业、高校、科研院所的领导和专家出席会议。项目验收专家组由15位专家组成。第十届全国政协副主席、中国工程院主席团名誉主席徐匡迪院士任专家组组长。会议指出,该项目是"十一五"初期在材料领域部署实施的重大科技项目。在中国钢协组织协调下,通过组建产业技术创新战略联盟,形成了以企业为主体、产学研紧密结合的开发机制。项目以首钢京唐为主要依托,通过系统集成技术创新,构建了新一代可循环钢铁工艺流程,在低成本高效化洁净钢生产、钢铁流程资源高效利用及清洁生产、钢铁流程能源转换等方面攻克了一批共性关键技术,建成了大型钢铁联合企业,对我国钢铁工业具有重要的技术引领和里程碑作用。验收专家组认真听取了项目验收报告,审查了相关文件,经讨论和质询,一致同意该项目通过验收。

【生产经营】

2012年是京唐公司投产后钢材市场形势最严峻的一年。面对多重压力和挑战,公司干部职工顽强拼搏,破解难题,生产经营取得了新成绩。

主要产品产量同比大幅增长。年产生铁889.88万吨,同比增产188.23万吨;钢坯853.6万吨,同比增产165.27万吨;热轧卷825.72万吨,同比增产155.03万吨;酸洗冷轧卷377.06万吨,同比增产85.25万吨;连退卷171.55万吨,同比增产30.56万吨;镀锌卷140.48万吨,同比增产18.89万吨;罩退卷29.1万吨,同比增产21.9万吨;按高炉生产需要,生产焦炭368.8万吨,同比减产10万吨。自发电54.41亿千瓦时,同比增加6.86亿千瓦时。

主要技术经济指标稳定提高。年销售收入319.99亿元,同比增加31.81亿元。高炉燃料比486.65千克/吨,同比降低47.29千克/吨;入炉焦比305.19千克/吨,同比降低82.18千克/吨;喷煤比152.29千克/吨,同比提高42.93千克/吨。在品种钢和薄规格比例大幅增长的情况下,主要指标进一步优化。炼钢工序钢铁料消耗 1095.70 千克/吨，同比降低 17.89 千克/吨；1 号脱磷炉炉龄突破 10000 炉大关，达到日本“全三脱”炼钢的炉龄水平。热轧、酸轧、连退、镀锌、罩退的成材率，分别为 97.58%、96.62%、98.84%、98.39%和 96.69%，均优于上年水平。吨钢综合能耗 640 千克，同比降低 62 千克；吨钢耗新水 3.61 吨，同比降低 0.21 吨；吨钢耗电 610.84 千瓦时，同比降低 90.5 千瓦时；自供电率 92.21%，同比提高 2.1 个百分点。

生产纪录不断刷新。其中，烧结创日产纪录 1 次；炼铁创日产纪录 3 次、月产纪录 1 次；炼钢创日冶炼炉数纪录 5 次、日产纪录 4 次，1 号脱磷炉创日冶炼炉数纪录 1 次，RH 精炼炉创日处理钢水炉数纪录 2 次，4 号连铸机创日浇钢炉数、铸坯产量纪录各 1 次；热轧创日产、月产纪录各 1 次。

安全生产经受了恶劣气候的考验。8 月 3 日至 4 日受“苏拉”、“达维”双台风影响，京唐公司经历了建厂后最大暴风雨，全面启动应急预案，各级领导亲临一线，靠前指挥，职工迅速行动，主动出击，克服恶劣天气造成的困难，保证了生产安全稳定。

【增收节支降成本】

京唐公司通过协同配合、系统攻关，以调结构降低原燃料成本、练内功降低工序成本、缩差距提高产品售价，吨钢降成本 369.4 元，总成本比上年降低 31.53 亿元。

增收节支取得明显成效。发动职工提出合理化建议 861 条，采纳见效 515 条。落实 3 批 115 项增收节支措施，取得效益 13.3 亿元，其中优化原燃料结构降成本 3.03 亿元，调整原燃料品种增效 3.16 亿元。特别是炼铁焦比、炼钢钢铁料消耗等指标大幅度降低，为降成本提供了重要支撑；多渠道创收。3 月，2×300 兆瓦自备电厂发电上网统购统销，外销富余电量；8 月自有码头运营，发运水渣和磨细粉；焦化部型煤综合利用设施建成投产，将焦油渣、焦化污泥等作为粘结剂，与原煤混合后，加工成型煤，用作炼焦原料，年效益 170 万元。

工序费用大幅降低。铁水冶炼费 995.9 元/吨，同比降低 281.4 元/吨；钢坯加工费 740.3 元/吨，同比降低 166.9 元/吨；热轧卷加工费 253.7 元/吨，同比降低 54.1 元/吨；冷硬卷加工费 262.6 元/吨，同比降低 53 元/吨；连退卷加工费 349.1 元/吨，同比降低 16.7 元/吨；罩退卷加工费 490.3 元/吨，同比降低 384.2 元/吨；吨钢能源成本 793 元，同比降低 170.6 元。

【优化产品结构】

开发了 90 项新产品，可接正式订单的牌号新增 77 个，可生产的钢种牌号达到 158 个。高强度、高表面质量、超宽、超厚、超薄等品种规格的接单和制造能力大幅提升。

汽车板。开发出表面最高级别 FD 级的高强外板，实现了 2010 毫米以下规格宽幅 IF 钢批量供货和 590 兆帕以下强度级别全覆盖，向上海大众、北汽有限等车企供货；高强板、镀锌板出口，用于意大利菲亚特、德国大众帕萨特、途观等车型，向德国斯塔洛出口的连退产品获得用户高度评价。年产汽车板 31 万吨，产量同比翻两番；完成了 16 家车企 26 个牌号 352 个零件认证。

家电板。向国内各大家电企业全面供货，产量翻番，达到 159.2 万吨；成功开发出耐指纹和全无铬钝化产品；完成了海尔、美的、格力等 24 家重点用户 50 个品种的认证。国内市场占有率 22%，排名第一位。

管线钢。在国内率先开发出厚度 21.4 毫米 X80 管线钢，填补国内空白，实现了 X80 低成本大批量稳定生产；开发出 X65 抗酸管线钢；完成了 X90、X100 试制。管线钢产量翻番，达到 39.6 万吨。

高强钢。SQ700MC 实现了 3.0~14 毫米规格全覆盖，15.8 毫米小批量供货；开发出低碳贝氏体钢 DB785、低成本差异化产品 SFB700、厚度 2.0~4.0 毫米高强车厢板 SH700 和 SH800。市场占有率 14.43%，排名第 4 位。

车轮钢。开发出 590 兆帕高强车轮钢、超细晶 SCX400、高扩孔和高疲劳强度等产品。市场占有率 16.2%，排名第 2 位。

集装箱用钢。实现 1.6 毫米薄规格集装箱用钢 SPA-H 的稳定生产、低 Ni 集装箱用钢 SPA-H 的批量生产，开发出高强集装箱用钢 SQ700J。市场占有率 13.3%，排名第 5 位。

质量创优取得突破。京唐生产的结构用热连轧钢带、汽车结构用热连轧钢带、连续热镀锌钢带、冷轧低碳钢带、集装箱用热连轧钢板和钢带 5 项产品被评为 2012 年度冶金产品实物质量“金杯奖”，其中，集装箱用热连轧钢板和钢带获得行业“特优质量奖”。

【技术攻关】

两项重大科技成果通过验收。一是以京唐为主要依托，完成了国家“十一五”重大科技支撑项目“新一代可循环钢铁流程工艺技术”。通过系统集成技术创新，构建新一代可循环钢铁工艺流程，在低成本高效化洁净钢生产、钢铁流程资源高效利用及清洁生产、钢铁流程能源转换等方面攻克一批共性关键技术，对我国钢铁工业具有重要的技术引领和里程碑意义。二是与中国钢研冶金自动化院、东北大学、中科院沈阳自动化所、合肥工业大学共同承担国家“863”计划“流程工业能效分析与运行优化系统开发与应用”的重点项目“大型联合企业先进能源管理系统开发与应用”，通过了科技部高技术中心组织西安交通大学等专家的验收。该课题针对流程工业能耗高、资源利用率低的问题，开展大型钢铁联合企业先进能源管理系统的开发与应用研究，攻克流程工业能源介质和主要能效设备的在线监测、能源负荷预测、能源供需平衡分析、能源结构和调度优化等关键技术，开发了具有自主知识产权的能源在线监测装置、能效分析平台、企业级能源优化系统软件，通过示范应用，取得显著的经济效益，为流程工业能效分析与运行优化系统的产品化奠定了基础，为实现国家"十一五"规划的工业节能减排目标提供了支持。

提高焦化水循环利用水平。投资4580万元建设焦化废水深度处理项目，设计能力100立方米/小时，产水率70%。2011年12月动工，2012年5月31日投入运行。10月，经唐山润泽检测，产水COD指标9.0毫克/升，油类0.05毫克/升，氨氮0.13毫克/升，均达到国标及设计要求。在国内首次采用"一级电催化氧化+二级电催化氧化+电絮凝+电气浮+除铁锰系统+陶瓷膜超滤+反渗透"水处理工艺，使原水的有机污染物降解、分解，降低COD、氨氮浓度，纯水回用于循环水，浓盐水用于烧结混料、炼钢焖渣，实现焦化废水的"零"排放，COD减排79.2吨，氨氮减排11.88吨，为焦化行业水资源全部回用、节能减排提供了示范。

加强与国内外一流企业的技术交流。按照双方的协议，2月8日，韩国浦项制铁所所长赵奉来一行到京唐公司考察交流，参观了5500立方米高炉主控室、1号高炉出铁场、炼钢主控室、焦炉及干熄焦、原料场等，双方分供应、焦化、炼铁、炼钢组，就炼焦煤资源及配比、成本控制，高炉装料、送风制度，炉温、炉渣、喷煤，炉料结构、烧结矿性能，炼钢脱磷、脱碳、连铸、低磷钢、除尘等技术问题对口交流。8月20日至26日，杨春政带领京唐炼铁、炼钢、热轧、冷轧、能源、制造部及首秦技术人员16人，赴韩国浦项制铁所光阳厂、现代制铁所唐津厂考察学习，参观部分生产现场，就钢铁业的形势、新品种开发、新工艺发展趋势等进行交流；炼铁、炼钢、热轧、冷轧、能源组进行指标、质量、技术、环保等进行对标。年内，意大利达涅利执行副总裁卡波尼、大中华区首席代表柯安东，日本黑崎播磨社长濱本康男，韩国现代中国区总裁沈原辅，山东钢铁集团董事长邹仲琛等分别到京唐公司参观考察。

【企业管理】

纵向到底的专业管理体系基本贯通，管理业务延伸到班组岗位。修订完善制度14类67项，提高了管理规范化、制度化水平。公司QEOHS(ISO 9001、ISO/TS 16949、ISO 14001、OHSAS 18001四标合一)管理体系通过了德国莱茵认证现场审核，完善了质量、环境和职业安全管理体系。能源、测量管理体系建设按计划推进。一期项目通过了唐山市公安消防支队验收；一期焦化、制氧、燃气危化项目通过了国家安监总局验收；2×300兆瓦自备电站通过了安全设施竣工验收；一期工程通过了安全总体验收。海关监管料场通过验收；一期配套码头通过验收，获得《港口经营许可证》。

推进成本费用精细管理。完善以班组为基本单元、纵向到底的投料管理信息化体系，做到了各项消耗"班清日结"，数据完整，成本分析更加定量化、可评价。实现了对产品分用途、分品种、分规格组距进行单利统计核算，形成产品效益最大化生产组织的基础。加强月度成本计划编制、预测和分析，强化费用支出管理，月结从每月5日提前到2日，提高了管理效率。

完善一贯制质量管理体系。推进质量培训、设备功能和精度管理、制造过程控制和质量异议处理。11个部门61个岗位全面实行SOP标准作业程序。开展"追求产品卓越、建设质量强企"质量月活动。实施高炉炉料筛分、厚规格X80卷取温度控制、罩退粘接缺陷治理、炼钢火焰清理等质量攻关。实施《铁水质量损失返摊和带出品考核管理办法》，促进精细管理、精准操作，质量改进效果明显，质量异议大幅降低。

推进设备管理创新。建立了与维检单位专业管理、业务建设、思想文化融合等方面的深度沟通交流机制。着眼于维检单位的长远发展，推进维检修复基地建设。优化点检定修模型，利用信息化手段强化点检维护，提升设备检修水平。对528项设备功能精度项目实行公司、作业部、分厂三级管理，开展设备功能精度与产品缺陷对应关系的攻关，连铸机、热轧机、冷轧机维检"三个精细化"初见成效。

完善计量信息化管控系统。自有及外协车辆统一办理了厂内车辆号牌及门禁物流卡，8月23日实现了汽车衡刷卡计量功能，物资无人值守远程计量管理系统与门禁物流卡的车辆信息无缝对接，计量效率提高60%，防范了廉政风险。

实施管理创新51项。其中，设备检修工程造价体系、检修工程预算精细化动态管理、应用信息系统提升仓储配送管理水平、健全产线管理系统提供盈利分析数据支撑、投料管理系统提高成本管控水平等24个项目，获得公司的表彰奖励。

【工程建设】

推进二期工程前期工作。受河北省发改委委托，河北省工程咨询研究院召开评审会，对京唐二期项目的产品和工艺装备配置方案进行评估论证。京唐公司根据专家意见，委托冶金工业规划院完成《京唐二期工程项目申请报告》，省发改委将《关于首钢京唐二期工程项目开展前期工作的请示》及该报告上报国家发改委。

7月4日，热轧带钢40万吨剪切线竣工投产。推进三冷轧项目建设，年末开始设备安装。推进冷轧薄板搬迁项目，进入结构施工阶段。

【获奖项目】

2012年，京唐公司在技术创新、管理创新方面获得以下奖项。

"水资源优化利用技术研究"获得冶金科技二等奖；

"轧钢生产执行系统自主研发与应用"获得冶金科技三等奖；

"300吨转炉煤气干法除尘关键技术研究与应用"获得北京市科技二等奖；

京唐公司获得"中国钢铁工业科技工作先进单位"称号，王毅获得"中国钢铁工业优秀科技工作者"称号，罗伯钢获得"中国钢铁工业优秀科技管理工作者"称号。

京唐公司获中国设备管理、河北省设备管理"卓越贡献企业"、"资产管理先进单位"称号；能环部设备工程处精密点检班组、设备部技术处润滑管理组、自动化处、冷轧部设备工程室被评为"节能创新先进班组"；热轧部1580毫米轧线设备管理维修班、设备工程室2250毫米轧线点检作业区、部创新工作室被评为"设备维修先进班组"；高志平、赵永胜分获河北省工业设备管理"杰出人物"、"创新人物"称号；

京唐公司"系统精益管理在新一代全三脱炼钢流程中的应用"获2012年冶金企业管理现代化创新成果二等奖；

京唐公司获得2011年度唐山市消防工作先进单位称号；

京唐公司获得2012年度全国企业文化建设优秀单位称号。

·唐山国丰钢铁有限公司·

【概况】

唐山国丰钢铁有限公司成立于1993年，是由港中旅集团控股，集烧结、炼铁、炼钢、轧钢于一体的大型钢铁联合企业，现具备年产铁、钢、材各850万吨及200万吨冷轧生产能力，拥有员工13500人，是中国最大的SPHC热轧卷板生产商和供应商。2012年公司名列全国民营企业500强第52位、制造业500强第36位。

国丰公司秉承"规模适度、突出专精、适应市场、绿色和谐"的发展战略以及"精品立企、诚信兴业"的经营理念，通过了ISO 9001—2008质量体系认证、ISO 14001环境管理体系认证、GB/T 23331-2009能源管理体系认证和GB/T 28001-2011职业健康安全管理体系认证。主营产品热轧卷板、热轧带钢、热轧带肋钢筋、冷硬卷、退火板和镀锌板，规格齐全、质量可靠，SPHC、SPHD、SPA-H钢种荣获中国冶金产品实物质量"金杯奖"。"国丰"牌商标已在亚洲、欧洲、南美洲、大洋洲等十多个国家和地区成功注册，被评为河北省著名商标，公司先后获得"中国最诚信企业"、"中国企业信誉AAA级单位"等荣誉称号。

国丰公司在自身发展的同时，积极回报社会，主动承担社会责任。近年来累计向贫困山区、革命老区、受灾地区捐款5000多万元，荣获"河北省慈善企业金质奖"、"中华慈善事业突出贡献奖"。

【2012年发展业绩】

2012年以来，面对钢铁市场持续低迷、经济效益大幅下滑的严峻形势，国丰钢铁坚持"低成本、差异化"竞争战略，大力推进机制创新、技术创新和管理创新，多措并举应对市场挑战，保持了生产经营平稳运行。全年生产铁水817万吨，钢坯798万吨，热轧卷板775万吨，冷硬板17.5万吨、镀锌板4.8万吨。实现销售收入264亿元，利税9.35亿元，其中利润1.59亿元。采取的主要工作措施：

（一）坚持机制创新，为应对市场挑战提供了组织保障。面对低迷的市场形势，从创新机制入手，集合优势技术和管理资源，全力推进"采购与炼铁消耗，炼钢、轧钢与产品研发和市场拓展，生产厂与部门协同合作"三个一体化组织模式建设，相应成立了铁前、钢轧小组，建立了厂、部协同工作机制，并将技术与生产管理职能合二为一。同时，实施机构改革，推进专业化分工，合并调整了部分科级单位职责，有力促进了降本增效、结构调整、管理提升等工作的开展，为战胜市场挑战，实现扭亏为盈提供了组织保障。其中铁前小组通过抢抓外矿采购时机，科学经济配矿，降低铁前成本1.72亿元，成效尤为显著。

（二）坚持对标挖潜，经济技术指标持续优化。一是深化对标管理。制定了对标方案，明确了标杆企业和路径，成立了对标领导机构和工作小组。各单位主动出击，与20多家不同所有制钢铁企业开展对标学习，并同唐山地区主要钢企建立了点对点、常态化对标交流机制，有力促进了降本增效工作的开展。二是优化关键指标。采取取消加价焦炭、优化原料结构、合理配煤、工艺技术攻关等措施，关键消耗指标持续降低，四季度吨铁综合焦比、铁水成本分别完成514千克和2209元，均创历史最好水平，在唐山市同行业中位居前列。三是大力开展大节约活动。各单位通过严格控制管理和制造费用，节约支出3488万元。四是加强费用控制。吨钢三项费完成85元，比预算低24元，低于行业平均水平166元。五是加大考核力度。在坚持年初预算、全成本考核的基础上，考核重心向铁前小组、单炉单线和年度降本目标转移。通过以上举措，圆满完成了全年降本的既定目标。

（三）坚持创新驱动，结构调整与技术管理取得新进步。继续深化产学研合作，加速科技成果转化，先后实施了1780立方米高炉专家系统、经济洁净钢平台建设、炼铁原燃料技术经济指标评价体系等25个项目；完成了家电面板开发并实现批量生产，整体质量处于行业领先水平；优化了集装箱板，SPHC罩退产品以及高强度螺纹钢生产工艺；620毫米带钢线、80吨转炉1号铸机相继投产，并成功租赁经营丰南冷轧镀锌，为品种钢研发提供了平台和保证。累计生产品种钢24万吨，与普通产品相比，增效1250万元。同时，颁布实施《技术创新奖励管理办法》，广泛开展技能比武和合理化建议活动，激发了全员创新活力。共申报专利8件，其中实用新型专利6件，发明专利2件，SPHC、SPA-H钢种荣获中国冶金产品实物质量金杯奖，《弹簧扁钢工艺研究及产品开发》被唐山市列为重大科研支持项目，与东北大学合作开发的《高炉炉缸侵蚀诊断与结构安全预警》项目成果达到国际先进水平。

（四）坚持市场导向，营销渠道建设不断加强。一是创新采购模式。积极开发战略合作客户，提高采购物资直供比例，备件长协客户由5家提高到12家，主要原燃料采购价格均低于唐山地区主要钢铁企业。电子交易中心正式投入运行，实现了阳光采购，年内节约采购成本340万元，为全部采购业务上线探索了路径、积累了经验。同时，通过清理中间商，原料条件显著改善，为高炉指标持续优化奠定了基础。二是创新销售模式。根据市场变化，优化客户结构，灵活调整销售策略，推行区域化营销模式，强化常规品种销售，带钢直销率由40%提高到51%。在巩固带钢、卷板传统市场的同时，加大新产品销售力度，逐步减少贸易型和低端加工客户比例，使协议户结构逐渐向终端产业链用户转移。积极开拓国际市场，出口产品4.8万吨，创汇2844万美元，比国内销售多创效1030万元。三是创新服务模式。实行售前、售中、售后一站式服务，由技术部门牵头成立了联合服务小组，配备了客户服务专用车，提高了质量异议处置反应和技术服务能力。此外，公司领导定期深入客户开展走访活动，听取客户意见和建议，掌握一手信息和资料，巩固了与客户的合作关系，在市场持续低迷的形势下，继续实现了产销率和货款回收率100%。

（五）坚持精细化管理，企业管理水平进一步提升。一是精益六西格玛管理深入开展。四期43个项目实现财务收益7094万元。二是信息化项目稳步推进。EAS、能源管控（EMS）、考勤系统、无人值守计量系统一期项目等相继投入运行，管控能力实现质的提升。三是优化定员成效显著。通过机构优化、合并岗位职责等举措，优化定员543人，年节约人工成本3720万元，人均产钢量达到611吨，比行业平均水平高159吨。四是员工培训力度空前。先后完成16个不同管理层次能力培训，参训人数达18000多人（次），员工队伍整体素质明显提升。

（六）坚持以项目为依托，环境保护和循环经济建设迈上新台阶。50兆瓦煤气发电、烧结余热发电、230平方米烧结机脱硫、能源管控中心等节能环保项目建成投运，自发电率由17%提高到38%；一批设备节能改造项目全部完工，《电机变频和能量系统优化技改项目》获国家财政和区级专项奖励1370万元，通过节电项目改造节约电费5422万元。新增绿化面积3.8万平方米，厂区绿化总面积达到14.5万平方米；二次扬尘得到有效治理，主要污染物实现达标排放，成为全市第一批环保达标建设示范创建单位。循环经济累计创效4.92亿元，同比增加2亿元。

（七）坚持干部队伍与和谐企业建设同步，企业凝聚力进一步增强。大力推进岗位竞聘和干部轮换工作，组织了3个部级干部、21个科级干部和92个关键岗位竞聘，一批年轻有为的员工脱颖而出，走上干部和管理岗位；首批10名科级干部轮换工作正式启动。以人为本加强和谐企业建设，安全生产继续实现五项重大事故为零，轻伤率、千人负伤率完成年度既定目标；投资6000多万元建设的东西功能区、停车场全面投运；恢复北区职工餐厅，采用“基地+食堂”的食材采购模式，为职工健康用餐提供了坚实保障。同时，发放职工用餐补贴1680万元，为职工配备了洗浴用品，分别在公司办公楼和职工宿舍建设了乒乓球活动室，进一步丰富了职工业余文化生活。

·河北前进钢铁集团有限公司·

河北前进钢铁集团有限公司（以下简称前钢集团）创建于1986年，坐落于历史文化名镇、钢木玻璃家具产业基地——河北省霸州市胜芳镇，现有员工4000余人。经过十余年经营，公司已发展成为集冶金科技、矿业开发、钢铁冶炼、钢材加工、产品研发、国际贸易为一体的民营联合企业，成为河北省重点钢铁企业之一，在冶金业享有较高的声誉。现为中国冶金商会副会长、中国认证认可协会常务理事、中国钢铁工业协会会员、河北省冶金行业协会副会长、河北省冶金学会副会长、河北省节能协会副会长、河北省环保产业协会副会长、河北省钢管协会常务副会长、廊坊市钢铁工业协会会长单位。

前钢集团已经成为中国科学院过程工程研究所钢铁中试基地。第一批加入了河北省与中国钢铁科技集团的政产学研联盟,公司质检处检测中心经过了权威验证,检测能力已经达到国际标准。集团公司以中高档家具用钢为核心产品,年产能400万吨,在2010年全球钢铁企业产量排名中位列第84名。先后荣获全国节能先进典型、海关AA(双A)类管理企业、安全生产标准化二级企业、河北省诚信企业、河北省对标示范企业等荣誉称号,产品获得河北省名牌证书。

前钢集团延承“秉宽厚仁心,谋前进方略,事袍泽福祉,图辉煌伟业”的企业宗旨,谨守“尊重资源,精炼价值”的企业使命,恪守“规则成方圆,创新生力量,厚实铸长远”的核心价值观,坚持求实创新、诚信经营。公司每天的产品报价已经成为下游市场相关产品定价的重要依据,这是客户对前钢集团多年以来信守“以顾客为中心”的经营思想的充分认可和鼓励。

现代化的管理是成为卓越企业的保障,公司先后通过了《质量管理体系标准》、《环境管理体系要求及使用指南》、《职业健康安全管理体系规划》、《能源管理体系》、《测量管理体系》等体系认证,全面建立了质量、环境、职业健康体系、测量管理体系,夯实了企业标准化基础管理工作。在精细化管理思想的指引下,通过推行全面预算管理、6S现场管理和自主管理等多种管理方法,形成了现代化管理体系。

在科学发展观指导下,前钢集团坚持循环经济理念,深挖内潜、节能降耗,以打造和谐环境为己任,充分挖掘企业能源资源潜力。公司以“废弃物是一种错位资源”观念,拓宽思路、创新工作,对工业废气、废渣、粉尘等经处理后进行二次能源利用,既有效地保护了生态环境,提高了资源利用率,又有效地降低了生产成本,提升了企业的核心竞争力,取得了令人瞩目的经济效益和社会效益,连续多年跻身中国制造业500强、位列黑色冶金及压延加工业第84名及河北百强企业,拥有两项实用新型国家专利。2006年被国家统计局认定为中国大型工业企业。

前钢集团做为区域性支柱企业,在为社会创造大量经济效益的同时,本着高度的社会责任投入大量精力,以科学技术为依托不断强化产污工艺技改以及污染物治理设施的建设。“十一五”期间在建厂初期环保设施投资8000万的基础上,实现环保设施技术改造13项,形成了总投资2.36亿元,由34台除尘器、两座脱硫塔、5座斜板沉淀池、及化学除油器,十多套消音设备构成的污染物治理体系,贯穿生产工艺的始末,保障达标排放,减少环境污染。

为持续推进节能减排工作,前钢集团不断挖掘自身潜力,针对所处地域地下水资源面临的巨大压力,先后投入2亿多元新建节水设施、修建蓄水池,建设完成了中水回用系统,将当地污水处理厂产生的中水利用反渗透技术进行净化后作为工业用水,基本满足公司生产全部用水负荷,节约大量的地下水资源。

经过不懈努力,前钢集团在余热、能源、资源的高效循环利用和变频节电技术上做了大量的工作,取得了成绩、得到了社会的广泛赞誉。

前钢集团热心社会公益事业,始终把回报社会、奉献社会作为使命和责任,多年来已累计为社会捐赠近3000万元。良好的企业形象,优质的产品质量,高度的社会责任感赢得了社会各界的好评。董事长马西波先生荣获全国劳动模范称号,以及国家人力资源和社会保障部、中国钢铁工业协会颁发的全国钢铁工业劳动模范证书。集团公司先后被授予全国五一劳动奖状、全国冶金行业先进集体、全国模范劳动关系和谐企业、中国优秀民营科技企业、2008年度“中华慈善奖”、“中华慈善突出贡献单位”、河北省五一劳动奖状、河北省文明单位等殊荣。

前钢集团把“关心、关爱”员工生活、为员工创造温馨生活环境做为管理工作的首要任务,先后投入巨资兴建员工宿舍、食堂、大型活动礼堂、党员活动室、工会活动室,以及篮球场、乒乓和羽毛球活动场,在职工生活区设立上网和台球活动实施。每年春节,集团公司工会组织开展迎新春联欢会,每个季度组织丰富多彩的文体娱乐活动。

同时,前钢集团还建立网站、自办了刊物《前进钢铁》报,刊登员工作品、安全生产法律法规知识等,极大丰富了员工业余文化生活,增强了凝聚力、团结力,促进了企业的和谐发展。

·河北钢铁集团金鼎重工股份有限公司·

【概况】

河北钢铁集团金鼎重工股份有限公司,(以下简称金鼎重工)始建于1995年,是一家集烧结、炼铁、炼钢、轧钢、精密铸造、国际贸易于一体的综合性企业，坐落于河北钢铁重镇邯郸市——武安市崇义工业园区，地理位置优越，交通便利。企业固定资产达48.6亿元。公司前身为河北来宝集团制钢有限公司，于2010年4月，经平等协商，并购重组了金鼎铸业有限公司和鼎瀛铸造有限公司，同年12月加入河北钢铁集团，更名为河北钢铁集团金鼎重工股份有限公司。

公司在生产经营过程中，逐步形成了完整的质量管理体系，并通过了ISO 9001质量管理体系认证，是中国民营500强企业，全国铸造生铁生产企业，中国铸造行业千家重点骨干企业，中国物流与采购联合会会员单位，中国钢铁工业协会会员单位，是河北省百强企业，河北省明星企业、河北省企业联合会副会长单位，河北省冶金行业协会理事单位。

18年以来，金鼎重工不断发展和完善全产业链发展模式，逐步形成了“球磨铸铁、钢铁轧材、国际贸易”于一体的完整产业链条。2012年公司总资产达到48.6亿元，年产值191亿元，利税6.5亿元，职工人均收入34800元，利税年均增长13%。目前，集团公司从业人员5000余人，各类中、高、初级技术人员及管理人员1000多人，其中大专以上学历人员占45%，有技术职称和持证上岗人员占80%以上。

【公司装备及产品产能】

公司主要装备有：1080立方米高炉两座，228立方米铸造高炉两座(工信部认定为生产铸造生铁企业)。120吨转炉两座，120吨精炼炉一座，五机五流方矩圆连铸机两台，1500×200板坯连铸机一台，2500毫米中板轧机生产线一条，100万吨优特特钢线材生产线两条，15000立方米制氧机和20000立方米制氧机各一台，200平方米烧结机两台，15兆瓦和30兆瓦煤气发电机组各一台。

铸造设备：30吨/小时、20吨/小时、10吨/小时的混砂机各一台，中频变频感应电炉10吨、5吨各两台，主体装备实现了大型化、现代化。

2010年公司已实现年生产生铁300万吨、钢坯300万吨、中厚板100万吨、高速线材200万吨、球墨铸铁60万吨、精密铸件5万吨的生产能力。

金鼎重工生产的“JD”球磨铸铁，成分稳定、耐低温、易加工、享誉华夏，被中国铸造协会确定为“全国铸造生铁生产企业”。近年来，公司采用树脂造塑工艺，利用感应电炉熔炼等技术，在生产风电、核电铸件、大断面铸铁件、有低温冲击韧度和疲劳性能要求的球磨铸件及灰铸铁件等领域，领先业界。生产产品材质囊括灰口铸铁、球磨铸铁、耐热铸铁、耐磨铸铁和特殊合金铸铁等，部分铸件出口美国、英国、德国、日本等国家，是国内设备最完善、发展最迅速的专业铸造生产企业之一。

公司主要产品有普碳钢、低合金钢、SS400、20MnK、Q345B、20号、35号、45号钢坯，同时生产锅炉钢板、桥梁钢板、造船用钢板、压力容器板等高强度建设用钢。精密铸件主要产品有汽车模具铸件、机床铸件、风力发电机铸件、高速列车铸件等，属于高技术含量铸造产品，采用国际上先进的生产工艺，生产产品国内、外需求量大，销售市场前景非常广阔。

金鼎重工国际经济贸易公司总部设在北京，并在天津、青岛、日照、宁波、香港特区及新加坡等地设立办事处。具备铁矿石进口资质及煤炭进口资质，每年向国内提供铁矿石达2000万吨及煤炭1000万吨。在生铁、球团、焦炭、钢坯、钢材及建材等进出口贸易中，与印度、澳大利亚、巴西、南非、印度尼西亚等国的矿石供应商建立起长期稳定的战略伙伴关系。同时，与山西、山东、河南、江苏等地的民营钢铁企业，建立起互利共赢的供销平台，现已成为晋冀鲁豫铁矿粉进出口的龙头企业。与世界500强企业“中字头”的大公司中远物流、中铁物产等，建立起长期稳定的战略伙伴关系，从海运到船运，形成了“海陆仓”一条龙配送链。

【党建工作、企业文化及安全工作】

近年来，钢铁行业日子非常艰难，处在微利甚至亏损的边缘。钢铁产能释放较快，库存高，市场需求相对较弱，钢材市场处于供大于求的状况，钢铁企业面临的经营形势依然严峻。金鼎重工做足了“过冬”的准备，公司党委提出，越是困难，越要坚定信心，越要坚持，还有三个必须坚持的客观因素，一是资金链；二是市场占有率；三是社会稳定，特别是社会稳定，企业有责任配合政府维护社会稳定，担当社会责任。

虽然在生产经营上面临诸多困难，但在安全环保方面公司仍不惜投入重金。专门成立安全环保部门，从源头上把好安全生产关，切实加强新进厂工人、转岗工人、关键岗位和危险岗位人员的安全意识、安全常识和安全技能培训，认真组织应急救援方面的培训和演练，提高企业负责人、管理人员的安全管理能力和职工自我保护、自我防范的意识和技能。环保方面我公司按照循序渐进的方法，先后投资1.65亿元，分别对高炉、炼铁、炼钢、烧结机、竖炉的污染严重部位进行了治理，当前，又投资1500万元，新增除尘设备两套，进一步加强环保生态治理工作。

近年来，公司紧紧围绕“打造一个和谐企业，为当地经济发展和社会进步做出积极贡献”为核心，向社会、对职工庄严承诺，践行企业使命，努力回报社会，不断改善职工的生活质量，丰富职工的文化体育活动，提高职工福祉，促进社会和谐。

公司新建了宽敞明亮的办公大楼，创造了良好的办公环境和现代办公设备，局域网办公，建立了图书室，台球室，医疗室，健身场所等设施。为职工缴纳了养老、医疗、工伤、失业等国家规定的所有保险。每年为职工进行一次健康体检，一年一次组织职工分批公费旅游。每逢节日，公司都要进行慰问，发放慰问金、慰问品并组织活动。公司与职工签订劳动合同，用法律的形势保障职工的合法权益。

中共河北钢铁集团金鼎重工党委紧紧围绕“生产经营抓党建，抓好党建促发展”为核心目标，将党建工作深化到各支部，扎实推进到各车间，取得了明显的工作成效。公司党委下设五个支部，分别是行政党支部、炼铁厂党支部、炼钢厂党支部、轧钢厂党支部、铸造厂党支部。党建工作的开展为公司在日常生产经营中节能降耗、降本增效等重点性工作的开展和管理提供了政治保障。党委组织党员学习党性教育，组织开展各种活动，并和企业文化有机结合，为搭建新形势下的企业文化，营造积极主动的工作氛围打好组织基础。

【发展战略和项目规划】

我们要把企业做大做强、贡献社会、服务民生作为企业最大的价值。针对当前国内、国际市场竞争日益激烈，民营企业只有加快产品创新，加速转型升级，拥有自己的核心产品和核心技术，才能在市场竞争中占据一席之地。为此，我们制定了企业发展战略和项目规划。

1. 稳钢铁 使钢铁产能稳定在300万吨，在延伸产业链，开发下游产品，加快产品升级，提高产品质量上下功夫。

公司准备投资21亿元，新上年产100万吨耐腐耐候高性能焊管项目，前期市场调研工作已完成并备案，视资金、土地情况推进工作。

另外，为对接优质线材深加工项目，投资15亿元新上技术含量更高，国家产业政策支持的帘线钢项目。帘线钢属于线材深加工的最尖端的产品，也是发展速度最快、利润最高的产品，其主要用途是汽车的子午线轮胎，现需求较大，这和世界汽车工业的蓬勃发展是紧密相连的，该项目已新建厂房27000平方米，前期工程已全面展开。

2. 强铸造 引进外资倾力打造铸造产业。精密铸造是我公司发展优势，产品长期出口美国哈斯集团和捷克飞马特公司，依靠过硬的产品质量，优质的售后服务，赢得国外客户一致赞誉。目前，已和捷克飞马特公司签订了合作协议，双方在武安建立机床生产基地，工程分两期总投资60亿元，其中外商投入51%，一期外商投资1000万欧元折合人民币8200万元，工程现已完成厂房建设，设备正在安装之中。

3. 抓资源 国外矿山资源是我公司进行国际贸易的基础产业。

我公司先后在印尼、马来西亚、菲律宾国家投资1600万美元进行铁矿资源开发，并取得了境外铁矿石进口资质。公司的国际贸易总部设在北京，并在天津、青岛、宁波香港地区等地设有办事机构。

4. 促节能 在抓减排项目的同时积极策划节能工作，搞好环境治理，为公司增加新的效益增长点。

2012年我们在煤气发电、BPRT等节能设备的基础上，认真落实了以下几个项目：①采取合同能源管理(EMC)模式同主要从事节能、节电产品研发、生产的相关公司合作，进行高压电机变频项目改造；②炼钢轧钢联合蒸汽的余热发电项目；③高炉冲渣水的余热利用项目；④投资7000万元建立能源管理中心，现该项目已完成项目审批，建成投产后，预计每年可节约标煤2.76万吨，产生经济效益4140万元。⑤钢渣综合利用项目等。

【产业报国，造福桑梓】

作为一个负责任的大型企业，金鼎重工在发展壮大的同时，主动承担起带动地方经济的社会责任。诚信经营，依法纳税，遵守社会公德，在加快自己发展的同时，从不忘记回报社会。公司积极投身社会公益事业，2012年1月向共青团中央捐款200万元，支持重点青少年群体帮扶工作。2012年8月，向武安市第七中学捐款10万元，支援贫困山区的教育事业。公司还积极和周边农村开展村企共建，大力支持新农村建设，无偿提供资金、树苗、人力、铲车、钩机等折合人民币近1500多万元；公司广泛开展扶贫济困活动，为困难员工救助资金累计达20多万元，为周边的村民提供就业岗位2000多个。企业在发展的同时，为新农村建设做出了突出的贡献。

我们要积极参与教育实践活动，以高度负责的态度，开拓创新的精神，真抓实干的作风，不断加大科研开发投入，持之以恒地进行产品、技术、工艺开发创新，积极打造和持续提升自身产品和技术的市场竞争力。努力推动企业经济发展新跨越，为实现魅力河北、实力河北贡献力量！

·开滦集团·

2012年,是近10年来开滦集团公司经济发展最为困难的一年。煤炭市场发生急剧变化,煤炭销售难度加大、煤价持续下滑、企业盈利空间大幅收窄,集团公司经济受到很大冲击。面对繁重艰巨的生产经营和转型发展任务,集团公司上下统一思想,坚定信心,同舟共济,共担压力,积极应对市场变化,苦练内功,强化管理,持续加大增收节支和扭亏增盈工作力度,拓市场、保总量、调结构、提质量、控成本、增效益,深度挖掘内源增长潜力,努力提高经济运行质量,集团公司经济实现平稳健康发展。

一、深入开展增收节支和扭亏增盈活动,企业经营目标的全面完成

面对煤炭市场的急剧变化,不断加强经济运行调控,抓住制约完成全年目标的主要矛盾,制定和实施超常规措施,强化调控措施的落实,保证了经济的平稳运行。一是充分发挥销售龙头作用,实现销售利润最大化。加强对销售工作的组织领导,明确了保市场份额、保产销平衡、保货款回收的销售工作方针。及时研判市场走势,增强销售策略的针对性和灵活性,巩固老用户,开发新市场,积极调整市场结构和产品结构,增加宝钢、河钢、首钢、本钢等战略合作用户的供应量,积极开发唐山区域精煤客户,精心培育民营战略合作用户,拓展高灰精煤市场空间,确保了产销平衡和增销增效。全年商品煤销量完成2976万吨,较预算增加88万吨。二是按照市场需求组织原煤和精煤生产,实现效益最大化。加大资源挖潜和技术改造力度,挖掘生产潜力,提高了生产效率。全年原煤产量达到8353万吨,同比提高1295万吨。加大对煤炭质量的调度督导力度,优化煤层配采,强化煤炭质量管控。充分发挥洗煤技改潜能,加强洗煤生产技术管理,洗选效率、精煤产率同比分别提高0.5和0.6个百分点,增产增收7000万元。适时组织跨矿和外购煤入洗170万吨,增加精煤产量76.5万吨,增收8.7亿元。三是加大扭亏增盈工作力度,提高扭亏增盈效果。紧紧抓住亏损大户和盈利大户,先后召开10场次扭亏增盈现场办公会及调度会议,加大动态调度督导力度,出台专项考核政策,加大考核力度。集团公司7个生产经营亏损单位实现同比减亏1.21亿元,有26个二三级单位实现增盈3.6亿元。其中,东方电厂、林南仓矿、荆各庄矿等单位扭亏增盈工作主动性强、工作力度大、扭亏效果显著。东方电厂同比减亏3046万元。销售公司、物资公司、范各庄矿、吕家坨矿等单位增盈幅度较大。四是加大增收节支和成本控制力度,挖掘增效潜力。针对煤炭价格连续五轮下调的实际,加强经济运行调控力度,连续出台了优化内外部投资、紧缩开支、微调纠偏、开展群众性降本增效活动、压缩劳务费用和工程费用等五项措施,成立了16个“增收节支、扭亏增盈”专业督导组,充分发挥集团公司和基层单位两个积极性,有效遏制了经济效益下滑的局面,较好地达到了预期调控效果。2012年原煤制造成本225元/吨,同比降低29元/吨;原煤综合成本323元/吨,同比降低32元/吨。五是加大节能减排工作力度。2012年吨原煤生产综合能耗完成6.88千克标煤/吨,比承诺值6.98降低1.43%;炼焦工序单位能耗完成141.30千克标煤/吨,比承诺值146降低3.22%;实现节能量45342.30吨标煤,完成“十二五”累计节能量进度的93.03%。二氧化硫减排量336.00吨,氮氧化物减排量318.00

吨,化学需氧量减排量150.00吨,集团公司连续荣获全国煤炭行业节能减排先进企业、节能中国十大贡献单位称号。

二、按照"两主一新"产业发展新格局,积极推进产业结构调整

贯彻"存量调优、增量调强"的方针,加大产业结构调整力度。加快非煤产业发展速度,推进产业内在结构提升优化和提质增效,提高产业层次和产业竞争力。坚持有保有压、突出重点、效益为先的原则,在调整中建设,在建设中调整,经济转型的重大支撑项目进展加快,增强了企业发展后劲。一是现代服务业加快发展。抢抓现代物流产业发展机遇,加快结构调整,巩固煤炭专业物流,拓展焦炭、钢铁、矿石等非煤物流,加快"两港"储配煤基地建设。集团公司成为第二批国家煤炭应急承储企业,曹妃甸公司成为第二批国家煤炭应急储备点。2012年物流产业收入完成1101亿元,同比增长29%。加快文化旅游产业发展步伐,开滦国家矿山公园井下探秘游项目成功进入商业运作;老唐山风情小镇部分主体工程完工。开滦集团中国矿业文化旅游开发产业园入选河北省"十大文化产业集聚区",矿山公园通过省级风景名胜区终审论证。发挥财务公司资金集中管理优势,拓展金融服务产业规模效益,盘活存量资金,开展信贷业务,推进产融结合。全年预计,金融产业营业收入完成1.3亿元,实现利润6688万元。二是煤化工产业逆势发展。充分发挥区位、煤钢联合、产业链等优势,推动煤化工产业提升优化,降低焦炭和化工产品的成本,开拓市场,实现了增量增收。加大技术研发力度,中阳公司成为河北省甲醇燃料技术开发及生产销售定点企业,甲醇车用燃料示范车投入运行。全年预计,煤化工产业收入完成213亿元,同比增长33%。三是战略性新兴产业稳步推进。加快推进装备制造产业内部资源重组和对外战略合作,加大技术研发力度,引进高层次技术创新团队,开展高端产品研发。电子信息产业发展规划通过专家评审。矿山物联网项目获省政府国资委批准。炭黑、蒽油、尼龙66、改性聚甲醛、苯酐等新能源、新材料项目进入调研论证、可研编制等前期准备工作。

三、大力推进改革创新,增强企业发展活力和竞争力

适应企业加快转型发展需要,积极推进体制机制等重点领域和重点环节的改革,深化技术创新和管理创新,着力破解企业发展的体制障碍和技术瓶颈,夯实管理基础工作,提高企业规范管理、科学管理水平。一是加快改革步伐,推进集团战略重组。在省政府、省政府国资委的指导帮助下,加强与各股东沟通,加快集团资产证券化进程,积极推进重大资产重组。加快装备制造产业整合重组步伐,完成了装备制造公司组建的各项准备工作。二是深化管理体制改革,提高集团管控水平。健全完善现代企业制度,理顺母子公司管理体制,优化组织结构,提升集团控制力。推进物资采购"四集中"和销售"五统一"管理,加大代储代销和集团采购力度,物资储备资金降到了5000万元以下。推进设备集中管控,设备使用率达到91.86%,同比提高0.27个百分点,减少新购设备支出1.46亿元。深化后勤体制改革,推进社会职能与经营职能分开管理,探索实施生活小区准物业化管理。三是强化资本运作,提高资本运营水平。大力推进整体上市工作,完成了信达公司、华融公司重大股权重组等基础工作。创新融资模式,降低融资成本。加强银企合作,扩大信贷授信规模,整体授信额度达到408亿元。四是加大技术创新、管理创新力度,促进产业优化升级。煤炭产业充填开采、深部开采、薄煤层和大倾角开采取得新进展。加大煤化工产业新能源、新材料技术研发力度,推动产业链向高端发展。与北京化工大学联合成立工程塑料改性研究中心,建成全国首批省级醇醚燃料应用技术检测中心,开滦煤化工研发中心荣获省"巨人计划"首批创新创业团队称号。物流信息商务智能系统正式投入运行。全年集团公司有52项技术成果荣获市级以上奖励,19项技术成果被国家知识产权局授予专利权。积极推进管理创新,启动了卓越绩效和精细化对标管理,优化绩效评价体系,在全国国有大型企业中率先实施机关个性指标绩效评价机制。狠抓劳动定额定员管理,减人提效和工资调控取得明显效果,被评为"2012中国定额管理十大创新企业"。全面加强节能环保工作,开滦集团公司连续5年荣获全国煤炭行业节能减排先进企业、河北省"双三十"节能减排目标考核优秀单位等荣誉。在全国首创水资源绿色管控体系。2012年,开滦集团首创的《煤炭企业水资源绿色循环系统建设》荣获第十九届国家级管理创新成果二等奖。全面加强风险防控工作,构建了全面风险管理体系,2012年开滦集团的《风险防范与管控调研总结报告》获省国资委调研报告一等奖。2012年,获得中国煤炭工业协会管理创新成果16项,省级管理创新成果64项,省煤炭行业管理创新成果71项。

四、强化安全管理和民生建设,营造和谐稳定发展环境

一是加强和改进安全管理,努力构建本质安全型企业。牢固树立"安全第一"的思想,强化安全生产责任制的逐级落实。加强重大事故防范,全年排查整改各类隐患4565件,有效预防了重大事故发生。推进安全管理创新,深化准军事化职业行为训练、“三按”管理和安全文化建设,提升了安全管理水平。建立健全安全风险预控体系,完成安全避险“六大系统”建设,提高安全保障能力。加强员工安全教育培训,开滦安全技术培训中心被国家安监总局、国家煤矿安全监察局命名为全国煤矿安全培训示范基地。夯实安全基础,强化班组安全管理,完善“四位一体”的安全质量标准化验收体系。加大外埠矿井和托管煤矿的安全管理力度,严格落实“六个到位”。深入开展“打非治违”专项行动,确保依法依规安全生产。深化安全职业健康保障体系建设,加强职业危害防治,提高员工健康指数。

二是坚持员工与企业共同发展,持续推进和谐企业建设。坚持调结构惠民生,保证员工共享发展成果。调整优化分配结构,员工收入稳步增长。大力推进三年棚改攻坚战,棚改工程全面开工建设,已累计竣工 129.3 万平方米,完成了省政府国资委下达的责任目标。持续落实困难员工子女就业、金秋助学、员工重大疾病防控、弱势群体帮扶、生活小区环境改造等实事工程,不断提高员工幸福指数。

·冀中能源股份有限公司·

【概况】

冀中能源股份有限公司(法定英文名称 Jizhong Energy Resources Co.,Ltd.)是冀中能源集团有限责任公司的核心子公司。前身为河北金牛能源股份有限公司,于 1999 年 8 月 26 日正式成立,同年 9 月 9 日在深交所上市,股票代码“000937”,是河北省首家煤炭上市企业,中国第一批完成股权分置改革的企业。2010 年 1 月 12 日,公司正式更名为冀中能源股份有限公司,股票简称“冀中能源”。截至 2012 年底,公司总资产 401 亿元,员工 5.1 万人,煤炭生产能力 3700 万吨以上,拥有邢台、峰峰、邯郸、张家口、山西、内蒙古 6 个矿区 22 座矿井,同时还有 7 万吨玻璃纤维、300 万吨水泥、150 万吨焦炭、20 万吨甲醇产能和一家五星级标准的大酒店,并控股金牛化工,参股厦门航空和财务公司,是一家以煤炭为主业,建材、化工、电力、物流等产业多元发展的特大型现代企业。

公司连续多年荣获中国煤炭工业“科技进步十佳企业”、“中华环境友好企业”、“煤炭工业节能减排先进企业”、“中国纳税 500 强企业”、“河北省明星企业”、“河北省诚信企业”称号,并先后荣获“中国十佳最重分红上市公司”、“中国上市公司市场投资者满意十佳品牌单位”、“CCTV 中国最具价值上市公司 50 强企业”、“中国最具影响力企业”等多项称号。

【主要指标】

2012 年,公司以“安全、发展、质量”为主线,在极度困难的形势下,圆满完成各项生产经营任务。全年完成原煤产量 3642 万吨,同比增长 6.67%;精煤产量 1908 万吨,焦炭 67 万吨,甲醇 21 万吨,水泥 298 万吨,熟料 177 万吨,玻纤制品 5.93 万吨。实现营业收入 300 亿元,利润总额 31.8 亿元。全年杜绝了重大及以上安全事故,百万吨工亡率 0.1 以下,继续保持同行业先进水平。

【重点项目】

圆满完成金牛化工非公开发行,公司注资 16 亿元,提高了控股比例。张家口沽源榆树沟项目获得国家发改委正式核准。邢台矿下组煤开发项目拿到了省环保厅的正式批文。

【节能减排】

投入资金 4751 万元,实施重点节能减排项目 46 项,各项污染物指标显著降低。全年原煤生产综合能耗 8.2 千克标准煤/吨,节能 15532 吨标准煤,削减 COD 35.62 吨、二氧化硫 662.11 吨。邢台矿在省内率先消灭了矸石山,东庞矿、邢东矿入选国土资源部“国家级绿色矿山试点单位”。公司获“邢台市水生态保护与修复先进单位”、“邢台市大气污染综合整治工作模范集体”称号。

【科技创新】

坚持提升自主创新能力、加强关键技术研发、推广成熟技术应用,2012 年,投入科技创新资金 17740 万元,通过鉴定的科研成果 26 项,申报国家专利 7 项,获得授权专利 5 项,获得科技进步奖 50 项。其中,邢东矿井下排矸、章村矿薄煤综采项目分获国家能源局、中国煤炭工业协会科技进步二等奖。“膏体充填支护一体化液压支架的前架”获发明专利和实用新型专利。东庞矿 6.5 米高架综采月产达到 35.2 万吨,使地质条件复杂的大矿实现一井一面集约高效生产成为可能。邢台矿煤泥干燥项目变低价值煤泥为高附加值中煤,全年净增利润 700 万元。邢东矿高水充填月产达到 3.5 万吨、邢台矿充填开采月产达 8.3 万吨,居国内最高水平。

【企业管理】

深入开展精细化管理和增收节支活动,多次召开现场会,全面推广各单位挖潜增效、节支降耗的新理念、好做法,以领导推动为主导的增收节支活动向以制度、职工、岗位推动为主导的成本控制活动转变,初步塑造了以“岗位增值、职工增收、企业增效”为核心的精细管理文化。企业文化建设与管理创新有机融合,“六步并进”的做法被评为“全国企业文化科研成果一等奖”和“全国企业文化十大典范案例”。

不断推进管理创新,60 项成果获得河北省煤炭工业协会企业管理现代化创新成果奖，其中，理论研究成果一等奖1项，应用成果34项(一等奖22项，二等奖30项，三等奖7项)。4项成果获中国煤炭工业协会奖励，其中，一等奖1项，二等奖1项，三等奖2项。

【党群工作】

以“七大攻坚战”(即“党群工作强基”、“职工安全教育”、“企业宣传上台阶”、“企业文化推进”、“人才培养”、“文艺繁荣”、“企业稳定和谐”七大攻坚战)为抓手，充分调动各方力量，为完成全年各项任务提供了坚实保障。公司党委被中组部授予“全国创先争优先进基层党组织”称号。

党建思想政治工作创新特色鲜明。党支部“五好”目标管理被国务院国资委列为重点研究课题，党员“一带二”活动被评为河北省组织系统特色工作，《以促进企业发展为中心的党组织绩效管理》经验被评为国家级企业现代化管理创新成果二等奖，是全国唯一获奖的党务类管理创新成果。

工团组织发挥优势成绩突出。公司先后荣获全国“安康杯”竞赛优胜企业、全民健身活动先进单位、河北省模范劳动关系和谐企业等荣誉称号。共青团先后荣获全煤首届青年文明号、河北省青年志愿服务优秀组织、河北省青年文明号、河北省安全生产示范岗等荣誉称号。

·河北省磁县申家庄煤矿·

河北省磁县申家庄煤矿系全资国有企业，国家安全高效一级矿井，全国煤炭百强矿，河北省百强企业，邯郸市纳税前十强，企业总资产13亿元，在册职工2378人。

现矿井核定生产能力85万吨，地面建有大型洗煤厂、矸石发电厂以及资源综合利用项目——年产4500万块标砖的粉煤灰砖厂，在磁县煤化工园区合资兴建130万吨煤焦炭和10万吨苯加氢项目，主打产品“冀申”牌精煤以低灰、低硫、高磷、高粘结指数、高发热量等特性享誉国内市场。自2008年以来，累计上缴利税30亿元，全国百强矿排名中由2008年的第100位，跃升至第81位，其中社会贡献率、净资产收益率、销售净利率、销售息税前利润率、总资产报酬率等5项经济指标跃居同行业第一，开创了建矿以来历史性突破。

多年来，申家庄煤矿始终秉持创新发展的理念，将“创新”做为不断推动企业向前跨越的原动力，瞄准前沿求突破，锐意进取谋发展。科技创新，管理创新，经营创新，如三股不竭的源泉，强势推动矿山持续、健康、快速发展。在科技研发上，引进综采一次采全高成套生产工艺，采掘机械化水平达到100%，巷道支护全部过度到“锚、网、索、喷”和轻型液压支护。近年来，由该矿自主完成的两项高产高效课题研究，分别被评定为河北省煤炭行业科学技术成果一、二等奖，建成了国内领先水平的“综合调度指挥中心”，新调度指挥中心在整合原有子系统的基础上，扩大了视频监视区域，提高并丰富了有害气体在线监测的精度和种类，实现了井上下手机无线通讯和语音扩播指挥，通过数字模拟平台对排水系统、供风系统、压风系统进行远程自动化控制，极大提升了日常调度管理和应急救援指挥的能力，奠定下全面打造安全高效矿井的坚实基础；在管理体制上，积极推进绩效考核工作机制和6S管理，引入ISO:EQHMS管理体系，将产品质量、节能减排、职业卫生纳入全过程、规范化管控之中，同时着力实施网络信息化建设，借助OA无纸化协同办公系统，全面打造现代化企业管理平台；在经营理念上，秉持“强基固本、循环发展、内引外联、以精博大”的战略运营导向，做大做强关联产业，将精煤洗选产业支撑平台，以裕隆煤焦化为龙头，递次延伸下游产业链条，打造规模以上级循环经济产业圈，着力构建建设具有申煤特色、多元化、可持续发展的现代企业集团。

创新彰显大气魄，科技推动大发展。在不断的创新发展中，申家庄煤矿先后被能源部评为“特级质量标准化矿井”，被全国总工会授予“模范职工之家”，被全总及国家安监总局授予“全国‘安康杯’竞赛优胜企业”，被中国煤协授予“全国煤炭工业先进煤矿”，被省文明办授予“诚信企业”等殊荣，矿长李军代表企业先后荣获“全国五一劳动奖章”、“全国煤炭工业优秀矿长”、“全国敬业奉献道德模范”三项国家级称号。一家集原煤开采、精煤洗选、矸石发电、粉煤灰制砖、煤焦化为一体的现代化、集团化、规模化新型绿色矿山正巍然崛起于冀南煤海！

·河北钢铁集团矿业有限公司·

【概况】

河北钢铁集团矿业有限公司是河北钢铁集团的全资子公司，总部位于河北省唐山市。2008年9月组建成立，是以铁矿石采选加工为主业，辅以有色金属、矿建、矿机、火工品制造、现代物流等产业的国有大型冶金矿山企业。主导产品有：铁精粉、钼精粉、白云石粉、火工品、铁合金等。现有在册职工12561人，其中专业技术人员910余人。直属公司、矿山23个，分布在全省6个城市及内蒙古自治区。

【生产经营】

4年生产铁精粉2500多万吨，产品成本降低率分别达29.3%、9.78%、6.5%、6.0%。2010年、2011年、2012年连续3年成为河北钢铁集团第一利润大户。截止2012年底，公司总资产由39亿元增加到238亿元，增长510%；所有者权益由26.5亿元提高到101亿元，增长279%，高水平实现了国有资产的保值增值。

【资源掌控】

依靠省政府政策支持，依托集团整合优势，加大跑办落实力度，使铁矿石资源掌控量由8.89亿吨猛增到50亿吨，增长462%。储量达10亿吨以上的司家营、马城等大型整装资源相继获得国土资源部批复。华北地区最大的有色资源基地涞源，数百万吨金属量的铜、钼、铅锌等有色资源被整合掌控。

【项目建设】

公司“十二五”发展规划通过专家评审，3500万吨发展目标形成共识。列入国务院《钢铁产业振兴发展规划》的司家营二期采选工程一、二系列建成投产，承德黑山铁矿露天转井下、石人沟铁矿采选工程形成能力，中关铁矿、司家营南区采选工程获得国家发改委核准立项并加快建设；设计精矿产能2000多万吨的马城、大贾庄铁矿获准开展前期工作。

【科学发展】

高扬“以矿报国、开矿兴钢”旗帜，紧紧围绕转变资源利用方式和矿山开发方式，大胆突破束缚科学发展的思维定势、路径依赖、体制机制和管理模式，大力推进“六个转变”，公司发展步入了采矿与造地并举，节能与环保并行，经济效益与社会效益并重的科学发展的轨道。由大量占地为节地造地。在司家营铁矿建设中，一改露天矿既要建设排土场又要建设尾矿库的传统做法，实施采矿与造地并举，实现了大量尾砂和剥离岩土对耕地资源的零占用。在全国首创利用采煤沉陷区建设尾矿库，使面积达1.76平方公里的尾矿库将变成2640亩良田。与铁路部门和地方政府合作，控股司曹铁路专用线，组建成立造地公司，将矿山剥离岩土通过司曹铁路直接运往曹妃甸用于填海造地，未来15年将有近10多亿吨采矿剥离岩土全部用于曹妃甸310平方千米的填海造地计划，可减少耕地占用两万亩，避免搬迁村民4500户，实现年综合经济效益1亿多元。由高耗超排为节能减排。司家营铁矿在矿山设计中统筹考虑尾矿回水、露天采坑排水和井采疏干水的综合利用，实现了生产废水的零排放，矿山选矿废水重复利用率达到94.6%，被评为河北省节约用水先进单位。包括低品位铁矿开发利用、边帮矿石回收开采及钒钛低铁矿选钛、选磷等内容的资源循环利用工程被国土资源部、财政部列为全国首批资源综合利用示范基地，获得专项支持资金3.78亿元。到“十二五”末，将盘活基地内资源近7亿吨，创造经济价值71亿元。司家营铁矿荣获2011年国土资源部矿产资源节约与综合利用特等奖，喜获2000万元奖励资金。中关铁矿为解决大水矿山的开发难题，投资近3亿元实施帷幕注浆工程，地下堵水帷墙长度达3300多米，为亚洲之最，有效地保护了地下水资源和生态环境。由设备小型化为装备大型化。占冀东铁矿石资源总储量达40%以上的司家营铁矿是目前国内少有的特大整装矿体，地质储量达23.23亿吨。年产精矿255万吨的司家营铁矿全面达产达效，二、三期工程建成后，将形成年产铁矿石3700万吨、铁精粉1250万吨的产能，成为亚洲最大的铁矿山。正在筹建的马城铁矿，规划采矿产能2500万吨，将成为国内规模最大、装备最先进的地下矿山。矿业公司大胆选用国内外大型化现代化装备武装新型矿山，司家营铁矿在国内冶金矿山中首家选用20立方米液压铲、220吨电动轮矿车，南区工程选用10立方米铲运机、40吨电机车和10立方米侧卸式矿车等国际先进技术装备。由传统工艺为现代工艺。司家营铁矿成功研发的高泥氧化矿高浓度反浮选技术，提高了浮选药剂利用率和金属回收率，开创了国内先河；在同类矿山率先试验引进常温浮选药剂，年节能60万吉焦，年综合效益达4000多万元。实施再磨再选降低浮选尾矿品位工艺每年可从尾矿中回收精粉近6万吨，填补了国内冶金矿山浮选尾矿再利用的空白。石人沟采用充填法开采地下矿，在不设排土场和尾矿库的情况下，将剥离岩土和尾矿与水泥搅拌回填至井下，使矿山废料得以循环利用，成为全省冶金矿山第一家。自动化控制、ERP管理、GPS定位系统等先进工艺和现代化管理手段正在被广泛采用和推广。由经验管理为精细管理。司家营铁矿以“规范起步，精细提升，创新超越”为理念，以“六大模块”管理为内容，以“五型”精品班组为载体，推进生产管理标准化、设备管理全员化、成本管理精益化、职工管理军事化，精细化管理发挥了重要的引擎和驱动作用，该矿被省国资委和省旅游局联合授予首批“河北省工业旅游示范点”，荣获第四届全国冶金矿山“十佳厂矿”荣誉称号。矿业公司创新性地将邯钢经验与现代矿山管理实际相结合，创立实施了基于精益成本的“三元”递进管理体系，荣获全国和省管理创新一等奖、中国管理科学奖。公司还荣获2012年河北省五一劳动奖状。由粗放发展为科学发展。以打造"绿色矿山、和谐矿山、精锐矿山"为目标,以"管理一流、队伍一流、产品一流、环境一流"为标准,努力实现人与矿山、社会、自然的和谐发展。基于"绿色发展,和谐共赢"的环保理念,开展"绿色矿山"创建活动,司家营铁矿、承德黑山铁矿和柏泉铁矿荣获河北省首届"十佳绿色矿山"称号。司家营铁矿获河北省"园林式单位"称号,与庙沟铁矿同被评为"国家级绿色矿山试点单位"。探索开展了以"支持新农村建设、振兴地方经济、构建企地和谐"为核心的"企地共建新农村"活动,为搬迁村民建成省内最大的现代化居民新村,成为河北省新农村示范区。开展"和谐矿山"创建活动,成功举办首届职工运动会、首届矿山文化节,提炼出十大专业理念,构建起企业文化整体框架。面积达4.56万平方米的棚户区改造工程全面实施,承德黑山铁矿棚户区改造获省保障性安居工程示范项目称号。

·五矿邯邢矿业有限公司·

【概况】

五矿邯邢矿业有限公司是中国五矿集团公司的全资子公司,是目前国内最大的国有独资大型黑色冶金矿山企业。公司总部位于邯郸,业务分布在河北、山东、安徽、辽宁、山西及非洲毛里塔尼亚等地。截至2012年末,资产总额115亿元,员工11000余人,其中各类专业技术人员2500多人,享受国家政府特殊津贴专家30人。

五矿邯邢矿业有限公司前身为邯邢冶金矿山管理局,于1951年7月建矿,先后隶属冶金工业部、国家冶金工业局、中央企业工委、国务院国资委。2004年6月,经国务院和国务院国资委批准,与中国五矿集团公司重组。2010年12月24日改制为五矿邯邢矿业有限公司。

公司秉承开拓、创新、拼搏、自强的精神,以铁矿石采选业务为核心,集地质勘查、工程设计、井巷工程、建筑施工、矿山机械设备制造与安装、物资贸易、物流等专业配套的矿业公司。

公司现有下属22个单位,13座铁矿山,铁矿资源控制量9亿多吨,其中安徽开发矿业是目前国内最大规模的地下矿山。目前,公司每年能够生产铁矿石1100万吨、铁精矿420万吨,生产规模处在全国地下铁矿山前列,河北省首位。

技术装备水平处于国内同行业领先地位,连续承担国家"十一五"和"十二五"科研攻关课题。2007年,通过ISO国际质量管理体系认证。主产品被评为中国铁矿石产业"十大用户满意产品"和"十大著名品牌"。2005—2009年连续5年获得中国工业行业排头兵企业称号;多次荣获河北省"重合同守信用企业"、"纳税先进企业"等称号;多次入围"全国大型工业企业"、"中国纳税五百强"排行榜。先后荣获邯郸市五一劳动奖状和"河北省AAA级劳动关系和谐单位"、"全国模范职工之家"、"四五普法全国法制宣传教育先进单位"、"全国创先争优先进党组织"等荣誉称号,2013年荣获全国五一劳动奖状。

【企业发展】

2004年与中国五矿集团公司重组以来,邯邢矿业坚持科学发展,聚焦核心主业,以做强做大做优矿业为己任,牢牢把握市场机遇,强力实施企业发展战略,实现了较好的经营业绩:资源控制量由2004年的不足1亿吨增至目前的9亿吨;总资产由2004年的20.51亿元增至2012年的115亿元;资产负债率持续稳定在50%左右;2004年至2012年,主产品铁精矿累计生产2639万吨;累计实现利润71.56亿元,年均7.95亿元;税费累计实现66.54亿元,年均7.39亿元;安全环保基本保持平稳运行态势;技术装备水平总体处于国内同行业领先地位;企业内部和谐稳定;综合实力、社会影响力逐年提升。

2012年是公司大发展、大建设、大跨越的一年。公司主要产品产量实现历史性增长,铁矿石突破1080万吨、铁精矿突破410万吨,分别较上年增加300万吨和110万吨。销售铁精矿突破400万吨,比上年增长100万吨以上,货款回收47.7亿元。实现利润7.35亿元、税费10.46亿元,资本保值增值率达110%以上。安全环保保持平稳运行态势,公司全年工亡事故为零,环境污染事故为零,连续3年保持零工亡,连续5年保持事故起数和伤亡人数下降。技术装备水平继续处于国内同行业领先地位,连续承担国家"十一五"和"十二五"科研攻关课题,大规模嗣后充填采矿工艺技术、镜铁矿选矿工艺技术、控制爆破减震技术、尾砂固结排放和无尾排放技术等方面取得突破。引进吸收现代手段,管理水平明显提高,ERP项目在22家单位全面上线,为规范管理和快速决策提供了更充分的条件;精益生产试点初见成果,为生产集约化、管理精细化、效益最大化提供了支撑。发展成果与职工共享,棚户区改造项目快速推进,将为5050户职工解决后顾之忧。

·承德兴隆矿业有限责任公司·

【概况】

承德兴隆矿业有限责任公司

的前身是兴隆矿务局，始建于1956年。2008年7月17日，在河北省会石家庄签订了开滦集团托管兴隆矿务局的协议。2009年8月27日，兴隆矿务局成立重组改制工作领导小组。2009年11月10日，河北省国资委在承德市白楼宾馆举行兴隆矿务局与开滦集团有限责任公司联合重组仪式。从此，兴隆矿务局正式融入开滦集团公司这个大家庭。

2011年5月30日，兴隆矿务局完成了新公司工商登记注册工作，并颁发了新公司营业执照，新公司名称为承德兴隆矿业有限责任公司。新公司为河北省国资委出资组建的国有独资开滦集团公司托管的公司，注册资本金81156.76万元，主要经营原煤、石灰石、热电、化工等。

2011年9月1日，举行兴隆矿务局改制为承德兴隆矿业有限责任公司揭牌仪式，至此新公司正式开始运营。

【2012年主要情况】

(一)主要产品产量情况

2012年兴隆矿业公司原煤产量643434吨，比计划提高18.25%；托管煤矿原煤产量7236927吨，比计划提高1.38%；开拓进尺6357米(其中托管煤矿3380米)；准备及其他进尺20654米(其中托管煤矿8477米)；发电量6598万度，比计划提高8.88%；水泥145840吨，完成计划的70.12%；乳化剂、复合油相103.29吨，完成计划的39.73%；矿灯32000盏，比计划提高14.29%；蓄电池22500块，比计划提高60.71%。

(二)主要经济效益情况

(1)2012年公司本部实现营业收入84317万元，超预算8251万元，同比增长10%。

(2)2012年公司实现利润201万元，超预算101万元，同比增长50%。

(3)2012年公司原煤综合成本完成320.78元/吨，比预算下降114.46元/吨。

(4)2012年公司员工年平均工资34262元，同比增长3262元。

(5)2012年全公司总资产171777万元，净资产104685万元，与上年比较分别增加31619万元和608万元。

(6)管理费用支出7197万元，比上年增加92万元。

(7)年末应收账款余额5056万元。

(8)全年实现利税3081万元。

(三)国有资本保值增值情况

2012年国有资本所有者权益扣除客观因素后实际增加939.36万元，保值增值率101.17%。

【企业管理、企业文化建设】

一、企业管理现状及发展趋势

(一)组织机构

1.承德兴隆矿业有限责任公司党组织机构

中共承德兴隆矿业有限责任公司委员会直属4个基层党委、6个党总支、10个党支部、4个部委。

2.承德兴隆矿业有限责任公司行政组织机构

承德兴隆矿业有限责任公司下设14个子公司、3个分公司、5个直属单位、2个参股公司、18个行政部室。

(二)经营管理

1.财务管理

(1)机构设置。兴隆矿业公司财务部下设财务会计科、综合管理科、筹融资科、结算中心4个科室，公司所属各二级单位设有财务部或综合办公室管理本单位财务工作，全公司财务系统共有工作人员65人。

(2)财务制度建设。制定出台了《财务风险防范责任单位定期报告制度》、《财务风险管理办法》、《闲置资产盘活利用处置方案》、《应收款项年度管理考核暂行办法》、《扭亏增盈、增收节支工作专项考核办法》。根据开滦集团公司“全面成本管理工作指导意见”，修订了《兴隆矿业公司全面成本管理实施办法》、《兴隆矿业公司生产成本管理制度》、《全面成本管理专项考核办法》。

(3)筹融资工作。2012年度兴隆矿业公司共取得筹融资款项29494万元。分别为：财政亏损补助资金3781万元；棚户区改造资金8470万元；廉租房建设资金500万元；集团公司委托贷款12827万元；煤矿安全改造国债资金3916万元。

(4)增收节支和扭亏增盈活动。2012年开滦集团公司扭亏增盈工作会议之后，按照集团公司的安排部署和工作要求，成立了兴隆公司扭亏增盈工作领导小组，制定完善了《兴隆公司“十二五”扭亏增盈工作规划》、《兴隆公司2012年扭亏增盈工作专项考核办法》、《兴隆公司2012年扭亏增盈工作实施方案》、《兴隆公司2012年至2015年扭亏增盈工作实施方案》。督促和指导二级单位确定2012年增收节支、扭亏增盈目标，制订增收节支、扭亏增盈工作实施方案，并应用“三个标准”推进体系，对各单位扭亏增盈和增收节支工作进行督导、调度、协调和指导。

2.物资供应管理

2011年12月，兴隆矿业公司环通物流分公司更名为承德环通物流有限责任公司，正式注册为兴隆矿业公司所属独资分公司。公司下设办公室、设备科、支护科、材料科、储运科、物流科、管理科、财务科、井口超市等9个科室部门。公司所属8个主要经营单位设有供应部或材料部，负责本单位物资供应事务，全公司物资供应系统共有工作人员163人。

3.煤炭销售与管理

2011年12月10日，兴隆矿业公司运销分公司正式注册成立，更名为销售分公司，为兴隆矿业公司所属独资分公司。公司下设计划科、经营科、煤质科、管理科、财务科、调度室等6个科室。兴隆矿业公司所属3个煤炭生产单位设有销售部，全公司共有工作人员42人。

4.人力资源管理

兴隆矿业公司设有人力资源部，下设信息科、工资科、劳动培训科、管技人员管理科4个科室，公司所属16个二级单位中，有4个单位设有人力资源部，其他12个单位由办公室或综合部兼管人力资源事务。2012年，全公司人力资源系统共有专、兼职工作人员38人。

（三）安全质量管理

1.安全管理机构。2012年，承德兴隆矿业公司设安全管理部、通风部、职业危害防治处，又成立了兴隆矿业公司应急管理委员会。应急管理委员会下设应急管理办公室，负责公司日常应急管理工作，办公地点设在公司安全管理部。应急管理委员会下设4个应急处置小组，即煤矿安全应急处置小组、防汛应急处置小组、消防应急处置小组、突发公共事件应急处置小组。公司各单位成立了相应的应急管理组织机构。

2.安全管理工作。在生产矿井进行采煤和支护改革，实施质量标准化管理，利用安全改造国债资金建立矿井安全六大系统，提高了矿井安全系数，截至2012年底，公司实现了连续30个月安全生产。加强安全培训、安全文化、安全理念和安全制度建设，深入开展多种形式的隐患排查治理、安全检查和打非治违专项活动。节能减排工作按照省“双三十”要求，先后淘汰上百台高耗能电机设备，投资上千万元对电厂锅炉烟气脱硫进行改造，取暖锅炉全部更换为脱硫除尘器，按照环保要求拆除了水泥立窑生产线和旋窑生产线，淘汰落后产能30万吨，对距离居民生活区较近的蓄电池车间实施停产搬迁，对16个排污口进行规范化治理，达标排放。全年公司吨煤综合能耗完成10.77千克标煤；2012年兴隆矿业公司被评为河北省“双三十”节能减排优秀企业。

（四）重点项目管理

2012年，兴隆公司把重点项目建设作为脱贫解困、转型发展的主要途径和重要手段，按照主管领导包办、责任单位承办、工作小组督办、筹建机构跑办“四位一体”的项目工作机制和“五个一”的工作要求，积极推动项目建设工作。对照兴隆公司总体发展战略和产业规划，确定了煤炭、非煤、民生三大类、16个大项目、31个子项目。

（五）生活后勤管理

兴隆矿业公司后勤服务中心、兴隆矿业公司马圈子社保后勤管理处、兴隆矿业公司汪庄社保后勤管理处、兴隆矿业公司后勤管理部和兴隆矿业公司棚户区改造办公室，管理公司后勤房地产生活福利等工作。

（六）兴隆矿业公司规划发展目标

到“十二五”末，煤炭产量500万吨，精煤产量200万吨，发电30万千瓦时，供热150万平方米，供气40万吨，物资供应物流20亿元，煤炭物流18亿元，房地产0.5亿元，建筑安装0.6亿元，建材4.2亿元，机械制修0.63亿元，矿灯电池0.5亿元，总收入100亿元，利润2亿元，职工平均收入比2010年翻一番。

二、加强企业文化建设

兴隆矿业公司在学习优强企业先进管理经验的基础上，结合自身实际，总结提炼出了具有本公司特色的企业精神——艰苦奋斗，自强不息；安全文化理念涵盖了个性鲜明的安全愿景、安全宗旨、安全目标、企业安全观、安全核心理念、安全责任理念、安全行为意识、安全誓词以及安全格言警句等等，使之入耳、入脑、入心，将安全文化理念进一步转化为员工的实际行动。全公司各单位充分利用电子显示屏、板报、橱窗、标语、条幅、文化广场、文化长廊、文化阵地、文化巷道、会议室、办公室、员工驻地、施工现场等广泛学习宣传企业各种文化。充分发挥《兴隆矿工》、《开滦日报》、兴隆矿业数字电视、兴隆矿业公司、集团公司、省国资网站等宣传媒介作用。努力在全公司形成艰苦奋斗、自强不息的共同理念，实现以和谐首善、传统与现实交融、兼收并蓄、与时俱进为主要特征的企业文化理念。

强化三个引领：一是强化思想教育的引领作用。把解放思想、转变观念摆在突出位置，作为适应新形势、应对新挑战的根本保证。通过多种途径和方式，引导教育干部员工树立新观念，以新思路、新举措谋划工作。二是强化领导班子的引领作用。①坚持党委中心组学习制度。②认真开展“两建一做”活动。③加强民主集中制建设，把民主生活会作为提高领导干部思想水平和党性修养的有效途径。④加强干部作风建设。通过签订《承诺书》，增强进取意识，服务意识和发展意识。坚持深入基层调研、下井带班等制度，解决生产经营中的难题。三是强化党员队伍的引领作用。①坚持党支部书记培训制度。②发挥党组织和党员的三个作用。③开展形式多样的“四创”主题实践活动。

健全一个机制，即建立健全

企业文化、思想政治工作机制。为适应企业战略发展的需求，加强企业精神文明建设，兴隆矿业公司党委结合工作实际，重新修订印发了《承德兴隆矿业有限责任公司企业文化建设规划》和《中共承德兴隆矿业有限责任公司委员会关于“十二五”时期加强企业精神文明建设的实施意见》，建立了“一岗双责”的领导机制，形成党委统一领导，党政共同负责，党政工团齐抓共管，职工群众广泛参与的“大政工”企业文化和精神文明建设格局。

开展两项活动，即创先争优和学习型党组织建设活动。公司党委坚持党建工作与助力企业中心工作、保障经济平稳运行相结合；与破解企业难题、推动企业发展相结合；与强化扭亏增盈工作、加快脱贫解困相结合；与推动重点项目建设、促进转型发展相结合，深入开展创先争优和学习型党组织建设活动，不断创新活动载体，丰富活动内容。相继开展了“对标先进，承诺践诺”、“我为扭亏增盈做贡献”、“领导干部点评”、“党员先锋岗创建”、“服务群众”、“技术比武”等活动。后勤单位开展了双十(即增收10%，节支10%)活动，增强党组织和广大党员的创先争优意识。

【企业社会责任】

(一)为企业员工谋福祉

企业员工平均工资连续5年保持增长，每年增幅在20%以上，2012年平均工资达到34262元，同时提高员工取暖费补贴标准和住房公积金缴纳比例，多方筹集资金近亿元，补发了历史拖欠工资，为部分老工伤人员发放了一次性伤残补助金，为符合条件的集体工、家属工补缴了养老保险。近两年先后安排员工子女330人就业。公司定期为员工体检，为特殊工种人员查体，井口建立了保健站。2010年至2012年公司通过党员干部与困难员工结对子、工会会员重大疾病互助、会员一日捐、金秋助学、重大节日走访慰问等形式，救济大病员工70人、90万元，救助困难员工1200余人120万元，帮扶53名困难员工子女圆了大学梦。

(二)改善矿山环境

在生产矿井进行采煤和支护改革，实施质量标准化管理，利用安全改造国债资金建立矿井安全六大系统，提高了矿井安全系数，截至2012年底，公司实现了连续30个月安全生产。为节能减排，先后淘汰上百台高耗能电机设备，投资上千万元对电厂锅炉烟气脱硫进行改造，取暖锅炉全部更换为脱硫除尘器，按照环保要求拆除了水泥立窑生产线和旋窑生产线，淘汰落后产能30万吨，对距离居民生活区较近的蓄电池车间实施停产搬迁，对16个排污口进行规范化治理，达标排放。在所辖营子、汪庄、马圈社区实施硬化、亮化、美化工程，3年完成地面硬化4998平方米，绿化16000平方米，建花坛面积8200平方米。

(三)履尽社会责任

2010年以来，每年出资3000多万元用于企业办社会费用补贴，完成了营子南街改造治理，公司电厂对矿区实施集中供热，对怡达公司实施余热送气。2012年公司上缴税金2880万元，完成土地治理面积750亩。完成了兴隆县水泉沟村3年扶贫任务。2012年帮扶兴隆县大杖子乡姜家庄村资金、物资共计204万元，为灾区捐款118330元。矿山救护消防中队多次参加地方事故救援任务。2012年兴隆矿业公司被评为河北省“双三十”节能减排优秀企业、河北省明星企业、河北省诚信企业、河北省企业管理创新三等奖、河北省煤炭系统企业管理创新一等奖。

·河北铸合集团公司·

河北铸合集团成立于2008年，是由范连柱先生与杨广合先生共同创建的。集团公司以矿山产业为主导产业，是集房地产产业、物流产业、化工产业、旅游产业为一体的跨地域、跨行业的大型企业集团之一。

集团公司总资产30多亿元，拥有员工2000多人。其中，拥有大中专毕业生70多人，中高级管理人员100多人。集团下属企业遍布河北、内蒙古、陕西、新疆等地区。

集团公司下辖企业十几家，其中以矿产开发为主的企业有8家：承德阔达矿业有限公司、承德恒达矿业有限公司、承德广源矿业有限公司、承德红凯矿业有限公司、平泉神龙矿业有限公司、兴隆鑫地矿业有限公司、兴隆县矿业有限公司、遵化双城矿业有限公司；以房地产开发为主的有2家：承德盛合房地产开发有限公司、河北铸合集团遵化房地产开发有限公司；以物流开发为主的企业有1家：承德华北物流有限公司；以化工产品开发为主的企业：新疆沙湾化工产品有限公司；以旅游开发为主的企业天津夏都度假休闲旅游公司。

河北铸合集团将一如既往地秉承“团结务实，开拓创新”的企业理念，不断锐意进取，努力朝着朝阳化、国际化、综合型的企业集团模式稳步迈进。

·大唐河北发电有限公司·

【概况】

大唐河北发电有限公司是中国大唐集团公司出资设立的全资子公司，主要从事电力、热力生产供应及相关专业技术服务。

2012年，是不确定因素频增、经营形势复杂多变的一年，也是大唐河北发电有限公司积极应对挑战，全面落实措施，各项工作取得明显成效的一年。一年来，在全体干部职工的共同努力下，实现了整体盈利，创造了大唐河北发电有限公司组建以来的最好盈利水平，实现了公司发展史上的重大转折。

一、“一保一降”取得优异成绩

通过在电量置换、资本运作、向政策要效益等方面开展的大量艰苦而细致的工作，2012年，大唐河北发电有限公司利润总额完成1.69亿元；资产负债率完成92.49%，比年度计划降低2.51%，同比降低0.79%。超额完成“一保一降”任务，为企业可持续发展奠定了基础。

通过盘活存量资产，保定灰场取得土地处置收入1.7亿元。通过向政策要效益，取得国有资本经营预算资本金、节能减排资金、购煤流动资金贷款贴息以及供热企业居民供热购煤补贴、增值税减免等，共计2.62亿元；通过争取热价调整，保定华源热价调增7元/吉焦，取得热价调整收益679万元/年。

通过优化电量结构，开展节能诊断及小指标在线纠偏，供电煤耗得到控制。2012年，供电煤耗完成328.51克/千瓦时，比年度计划降低4.2克/千瓦时，同比降低2.55克/千瓦时。通过拓宽进煤渠道，整合供煤资源，引进了神华煤，确保了煤炭供应，控制了标煤单价。综合标煤单价完成749.9元/吨，同比降低44.14元/吨，低于河北南网五大发电集团平均值。

二、企业发展实现新突破

2012年，大唐河北发电有限公司的风电和太阳能项目得到有序推进。张北三期风电项目、首个太阳能项目——内蒙古五原20兆瓦太阳能光伏发电项目获得核准；突泉二期、张北四期风电项目列入国家2012年风电核准计划；承德机械林场一期、兴安盟白音一期2个风电项目以及乌拉特后旗、河北易县、邢台3个太阳能光伏发电项目取得“路条”。

三、在建工程实现年内投产

积极协调、解决制约工程建设的铁路、送出等外部条件，定期组织专家对安全、质量、造价等工作进行检查，限期整改，保持了“安全文明施工样板工地”良好态势，实现了安全、质量“零”事故目标。清苑热电公司、武安发电公司4台机组分别于2012年11月、12月通过168小时满负荷试运，正式投产发电。保定供热公司顺利完成保定南郊集中供热管网建设，发展供热面积约300万平方米，为圆满完成城市冬季供暖打下良好基础。

四、安全生产保持平稳态势

依托作业行为管理系统，建立“两落实”督查机制，严厉查处无票作业；通过开展“打非治违”专项行动、隐患排查治理工作，实现了安全生产，为抢发电量奠定了基础。马头热电分公司两台300兆瓦机组以及8号机组利用小时在河北南网同类型机组中排名第一，乌拉特风场、张北二期风场利用小时实现同区域“保二争一”目标。

五、管理提升活动扎实推进

按照集团公司统一部署，制定了管理提升活动方案以及专项提升方案，认真查找管理短板和瓶颈问题，边查边改。同时，进一步完善“两个四化”、目标管理体系，在系统各单位全面推行“两全”管理，实现了业绩考核结果与员工薪酬直接挂钩的尝试。

六、党建和精神文明建设成果显著

以“务实型”思想工作为先导，以创先争优、基层组织建设年为抓手，全力推进企业党建和精神文明建设，成效明显。2012年，省公司获得河北省文明单位荣誉称号；《“两个四化”管理机制》等8项成果获得集团公司2012年度创先争优成果；“俭”文化建设获得全国电力企业文化优秀成果，马头热电分公司“行动学习”等4项成果获得集团公司精神文明建设优秀成果；王快水电厂绕厂“小长城”被集团公司授予“大唐文化景观”称号。

·中国华电集团公司河北分公司·

中国华电集团公司河北分公司成立于2007年12月26日，是中国华电集团公司在河北省的派出机构，负责华电集团和华电国际在河北省的项目发展、市场营销、燃料管理以及对区域所属企业的责任制考核、经营管理、人力资源管理和安全生产管理工作。

中国华电集团在冀企业共有11家，涉及热电联产、风电、水电、集中供热、装备制造、码头货运、污水处理等多个行业。截至2012年底，华电在河北控股装机容量达到219.2万千瓦，集中供热面积6700万平米，热用户约1600个，年供热量超过2600万吉焦，承担石家庄市主城区70%民用采暖负荷。2012年，华电河北分公司认真贯彻落实省委省政府和华电集团公司要求，较好地完成了各项任务，严格落实节能减排要求，致力于发展清洁能源。发电量完成105.48亿千瓦时，同比增长44.03%。售热量完成2623万吉焦，同比增加0.63%。实现利润24542万元，税金19717万元。

2012年主要工作进展情况

(一)安全生产持续向好

区域无重、特大设备事故，无人为误操作事故，无人身轻伤事件，无中断安全生产天数事件，安全生产形势持续向好，圆满完成了“十八大”、“两会”等重大活动期间以及迎峰度夏、迎峰度汛等发电任务和供热任务。干部员工队伍保持稳定，没有发生进京上访事件和群体性聚集事件。

(二)勇于承担社会责任

在居民采暖价格不到位、供热严重亏损、长期超低温极端恶劣天气等不利形势下，以“服务社会，温暖万家”为宗旨，坚持内部挖潜，提高设备健康水平，提升供热能力，圆满完成冬季供热任务。2012年11月30日，石家庄西郊供热有限公司锅炉故障，造成大范围、长时间停热，社会影响巨大。华电临危受命，仅用10天实现向西郊供热区域240万平方米居民供暖，得到了省市政府的高度肯定和社会各界的高度评价。

(三)环保力度不断加强

新投产的鹿华公司机组采用中水、脱硫、脱硝、除尘、粉煤灰全部综合利用等高效环保模式，顺利通过国家环保部竣工现场验收，取得脱硫电价和河北省首批脱硝电价。进一步完善污染物排放在线监控系统，提高环保设施的可靠性和投运率，所有机组安装了污染物在线监测装置，同环保部门和电网公司联网，实现了环境污染事故为零、环境信访投诉事件为零的目标，为省会改善大气环境质量、满足城市供热需求做出积极的贡献。

(四)节能降耗成绩显著

华电河北分公司积极实施重大节能项目改造工作，落实2012年的技改项目实施计划及费用计划，总结探索节能重大项目管理新模式，石热21号机组改造后高压阀门内漏率下降81.66%，纯凝工况下汽轮机热耗下降106.88千焦/千瓦时；鹿华公司实施变频改造，引风机耗电率下降0.31%，脱硫风机耗电率下降约0.18%，厂用电率下降1.1个百分点，综合供电煤耗降低10克/千瓦时。

(五)发展质量全面提升

华电大力发展清洁能源，2012年相继投产康保风电一期5万千瓦、蔚州风电10万千瓦、沽源风电二期10万千瓦、三期5万千瓦。康保风电二期5万千瓦列入国家能源局“十二五”第二批风电核准计划，商都一期5万千瓦取得内蒙古自治区能源局批复“路条”，其他一批风资源品质较好的项目也正在积极推进中。曹妃甸综合能源项目集群取得重要进展，煤码头三期项目核准，20万千瓦海上风电项目列入河北省海上风电场工程规划。石热九期燃气机组项目正在积极推进当中。

·河北建投任丘热电有限责任公司·

河北建投任丘热电有限责任公司成立于2005年5月21日，是河北建设投资集团有限责任公司下属企业，由河北建投能源投资股份有限公司、河北华峰投资有限公司等共同出资组建，公司主营业务包括电力、热力生产及销售。公司现装机容量700兆瓦，占地56.6公顷，地址位于河北省任丘市工业东道69号，距“华北明珠”白洋淀15千米。

任丘热电工程规划4台30万千瓦等级热电联产机组，分两期建设。一期工程2台30万千瓦等级超临界燃煤供热机组于2009年12月28日通过国家优选核准，为河北省“十一五”重点项目。一期工程于2010年6月30日正式开工建设，主机选用了东方电气公司汽轮发电机组、北京巴威公司锅炉，采用“烟塔合一”技术，同步建设烟气脱硫、脱硝设施，利用城市中水，具有“循环经济”的优势，符合国家环保政策。2013年1月29日、6月5日，1号、2号机组分别通过168小时满负荷试运行，相继移交生产。机组投运后，预计年发电量38.5亿度，可供任丘市城区采暖面积1480万平方米，可为华北石化技改工程及周边区域工业用户每年提供生产用汽425万吉焦，对改善区域环境质量、提高百姓生活品质、美化城市形象、促进区域经济社会发展将发挥积极作用。

任丘热电公司实行董事会领导下的总经理负责制，组织机构为直线职能模式，现有员工近400人。任丘热电厂址毗邻华北石化基地，工业热负荷较大，预期经济效益较好，具有较强的市场竞争力。随着任丘百万吨乙烯工程项目不断推进，将为任丘热电二期工程启动创造有利条件，给公司发展带来更加广阔的前景。

·河北白沙烟草有限责任公司·

河北白沙烟草有限责任公司系中国烟草总公司所属、河北省重点骨干企业。多年来,在行业和地方各级政府的正确领导下,企业牢固树立科学发展观,认真贯彻上级各项决策部署,科学组织生产,加强内部管理,积极深化改革,坚持抓规范、促效率,抓班子,带队伍,实现了持续、稳定、协调、健康发展。

一、完成整体搬迁,谋求持续发展新路径

河北白沙公司前身是1948年建厂的石家庄卷烟厂,早在西柏坡时期,就曾以为党中央、毛主席生产卷烟而闻名,在烟草企业中具有独特的革命历史。进入21世纪以后,企业抢抓机遇、开拓创新,积极开展组织结构调整,走出了一条"联优而自优,联强而自强,借势而发展"的改革之路。2005年,按照烟草行业"深化改革、推动重组、走向联合"的总体要求,石家庄卷烟厂与长沙卷烟厂开展资产合作,共同组建了河北白沙烟草有限责任公司,实现了资源共享和优势互补。2008年,河北白沙立足于全省"三年大变样"的大局,积极落实市政府关于企业"退二进三"的要求,并着眼于企业长远发展,经过3年建设,完成易地技改整体搬迁,企业从此突破发展瓶颈,跃升上一个更高的发展平台。新厂区占地520亩,建筑面积21.5万平米,总投资10.5亿元,年生产能力60万箱,拥有高速卷接包设备19台套,8000千克制丝线一条。主要生产"钻石"、"白沙"两大系列卷烟。

自2008年企业完成整体技改搬迁以来这5年,是河北白沙发展速度最快,发展质量最好的5年,在明晰的政策指引和良好的发展环境下,抢抓机遇,乘势而上,产品结构不断提高,产量计划年年增长,效益水平快速提升。2012年和搬迁前的2007年比较:产量由61.5万箱增加到76.5万箱,增长15万箱;利税由24.8亿元增加到59亿元,年均增长19.5%;利润由5.3亿元增加到10.91亿元,增长超过一倍。

二、夯实基础管理,搭建科学发展新平台

公司搬迁伊始,面临的是全新的局面。没有成熟的理论可以遵循,没有现成的经验可以参考,一切都要从零开始。正所谓"合抱之木,生于毫末;九层之台,起于垒土;千里之行,始于足下。"企业基础是发展的前提和必要准备。只有基础夯实了、打牢了,发展才会持续稳定。河北白沙敏锐地认识到了苦练内功、厚积薄发的关键意义,一系列有力的举措相继推出,构建了企业科学发展的新平台。

——优化资源配置,生产能力快速提高。搬迁后,企业突破了产能限制,生产能力迅速提升。我们以提高效率、降低成本为目标,严格按照计划指标组织排产,不断增强生产对市场的应变能力,使有限的生产计划发挥最大效益;实施灵活多变的生产运行模式,在促进节能降耗的同时,制造力和柔性化加工水平显著提升。信息化建设以打造数字化卷烟工厂为目标,以"搭建三层框架结构、打造一个集成平台、实现五个数字化"为主线,逐步形成上层ERP系统、中间层MES系统、底层物流自动化系统和中控系统的三层构架体系,内外融合、上下贯通,高效保障了生产运行。

——强化内部控制,运行水平持续提升。多年来,河北白沙始终坚持"严、细、实"的作风,求真务实,严格管理,脚踏实地做好各项工作,追求实实在在的效果。在基础管理方面,积累了宝贵的经验,这是企业核心竞争力之所在。内部控制坚持从"人、财、物、事、权"5个要素入手,构建了按制度办事、按制度管人、按规定理财的内控机制。搬迁后,企业成立了成本费用控制、规章制度建设、科技创新等6个委员会，由企业班子成员牵头，采用课题制的形式开展工作，有效促进了企业基础管理水平的全面提升。

坚持“支支一流、条条名优”的质量方针，以稳质、降耗、提效为重点，积极开展工艺质量管理。不断健全工艺监督和质量改进机制，完善多点生产质量保障体系和质量内控标准，产品质量稳步提高，历年市场抽检中，卷烟合格率均为100%。高度重视产品质量安全，制定了《产品质量安全管理实施细则》，从采购、储运、使用等环节加强管理；前移控制关口，强化辅材源头管理，同供应商签署《辅材品质保障协议》，提出明确的安全控制标准，每季度开展辅材物理和卫生安全指标检测，及时消除隐患。加强设备管理，发挥设备潜能，提高了设备保障产品质量和工艺技术要求的能力。加强现场管理，以6S为抓手，实现了定置定位，美化了工作环境，增强了职业素养，提高了工作绩效。

——倡导技术创新，科技实力稳步增强。科技创新是增强企业核心竞争力的主要途径，是实现可持续发展的重要举措。我们围绕“卷烟生产上水平”的主要任务，大力实施管理创新，以课题制为依托，以突破管理瓶颈为目标，以“管理改进跟踪活动”为载体，深入推进“管理创一流”活动。活动开展以来共有4个课题(《基于重量的储柜信息状态判断》、《一种能够降低烟丝头尾损耗的薄板烘丝机》、《RCC-HXD燃(油)气管道烘丝系统》、《巷道堆垛机钢丝绳检测装置》)获得国家实用新型专利，管理改进取得明显实效。

另一方面，加大技术技能型人才培养，快速提升职工综合素质和创新能力。为充分发挥示范引领作用，先后成立了以卜建立、张进鸿、田伟亮3位同志名字命名的创新工作室，有效带动和激发了职工的工作热情，吸引了越来越多人加入到科技创新行列，其中2个工作室还被市总工会评为市级优秀创新工作室。截至2012年底，3个创新工作室累计完成创新课题24项，创造经济效益980余万元。

此外，以质量、安全管理、节能降耗、成本控制等为突破口，大力开展QC活动。通过多渠道收集行业内外优秀成果，瞄准先进标准、拉高坐标，全面加强组织管理和活动指导，相当一批课题成果成为推进企业管理和技术创新的源动力。5年来，QC小组共完成成果135个，可计算经济效益1460.55万元。

三、坚持以人为本，营造和谐发展大环境

企业发展离不开和谐的内部环境，河北白沙抓班子，带队伍，以企业文化建设为抓手，全面提高职工素质，营造出安全团结、人心思进的良好氛围。

——注重领导班子建设。河北白沙领导班子是一个政治坚定、廉洁奉公、团结进取、职工拥护的好班子。班子成员身体力行，坚持中心组学习制度，认真贯彻落实科学发展观和党的各项路线、方针、政策，积极提高思想政治理论水平和领导决策能力；坚持民主集中制的原则，班子成员分工明确，责任明晰，重大事情都经过充分的酝酿，由集体讨论作出决策；在群众中发扬民主，认真听取职工的意见，自觉接受群众的监督；在工作上以身作则、吃苦在前，得到了职工的广泛拥护。

——深化人才队伍建设。严格干部选拔任用程序，强化监督，营造出风清气正的选人用人环境，提高了企业选人用人的公信度和群众满意度。坚持“民主推荐、民主监督”的原则，建立健全岗位竞争机制，一批批年富力强的工作骨干在竞争中脱颖而出，在企业各领域发挥着重要作用。公司与北京交通大学联合开办MBA研修班，学员都成为了企业管理的中坚力量；创立了“河北白沙网络学院”，解决了时间和场地的限制，满足了不同层面的培训需求。实行人才分类管理办法，建立专业技术人才、专业技能人才和专业管理人才的“三条通道”，为人才成长拓展维度。多年来，培养了一支敢打硬仗，不畏艰难，任劳任怨，勇于奉献的干部队伍；造就了一支干事创业、积极进取、奋发有为、争先创优的职工队伍，这成为企业生存和发展的基石。

——加强思想政治工作。坚持把“以人为本”作为思想政治工作的出发点和落脚点，不断创新形式与载体，在思想政治工作的体验性和实效性上实现突破，为企业发展提供精神动力和智力支持。以富有特色的群众性活动为载体，激发职工整体活力，增强职工认同感，提高企业凝聚力。大力宣贯“同道酬成”核心文化理念，实施企业文化“融入思想、融入行为、融入管理、融入形象”工程，推进企业文化建设上水平，为促进企业持续健康发展奠定了坚实的文化基础。

桃李不言，下自成蹊。河北白沙优异的成绩得到了社会各界的认可。公司连续获得全国烟草行业先进集体、河北省明星企业、河北省诚信企业、河北省AAA劳动关系和谐企业、石家庄市优秀企业等多个荣誉称号。有7名同志分别当选为全国、河北省和石家庄市劳动模范。企业的生产经营实现了行业、地方政府、合作伙伴、职工四个满意。

发展是硬道理。只有不断发展，才能增强竞争实力；只有不断发展，才能在全国烟草行业占有一席之地。在科学发展观的指引下，河北白沙从发展中走来，抓住了机遇，强壮了自身，为赢得未来奠定了坚实基础。在今后的发展征途上，河北白沙将继续抢抓机遇、昂扬奋进，努力实现更好、更快发展，力争为建设经济强省、和谐河北做出更加积极的贡献。

·张家口卷烟厂·

近年来，面对严峻的国内外发展环境和日益激烈的市场竞争，张烟公司坚持走开拓创新、科学发展的强企之路，积极转变发展方式和经营管理模式，形成了独特的发展思路，实现了持续健康快速发展，产销规模不断扩大，企业管理日臻完善，创新能力显著提高，发展质量持续增强，和谐氛围深入人心，经济效益连年攀升，综合实力全面提升，焕发出一个现代化企业的无限生机与活力。

腾飞中的张家口卷烟厂有限责任公司

张烟公司始建于1939年，是北方规模最大的单体卷烟生产企业之一，全国纳税百强企业，中国制造企业500强，连续多年被列入全国500家最大工业企业，2006年改制为有限责任公司。公司占地总面积35.6万平方米，现有员工4300余名，拥有专业机械设备1000多台套，当前产销规模达87万箱，在产卷烟主要有“钻石”和“北戴河”两大品牌，其中钻石品牌为中国驰名商标，河北烟草工业系统唯一骨干品牌。

2012年以来，面对宏观经济下行压力加大和外部环境复杂多变的形势，在张家口市委、市政府和河北中烟工业有限责任公司的正确领导下，张烟公司牢牢把握“加快发展、跨越赶超”工作主题，坚持以市场为导向，以品牌为中心，以调整结构为重点，认真落实钻石品牌发展思路，强化重点规格培育，不断提高一二类烟销售比重，促进了钻石品牌结构整体提升；加快品牌升级换代，增强品牌结构调整的内生动力，提高了钻石品牌重点规格质量水平；深入开展工商协同营销，持续加强品牌市场培育、市场服务和市场营销，不断提升钻石品牌的品质、品位和形象，钻石品牌规模稳步扩大，结构明显提升，竞争力和影响力全面增强。2012年，企业累计全年生产卷烟89万箱，销售卷烟89.17万箱，结构烟比例达到50.08%，同比提高21.93个百分点，其中钻石品牌销售67.45万箱，同比增长13.13%，实现税利50.12亿元，取得了可喜成绩。

坚持科学发展，企业综合实力显著增强

近年来，在烟草行业改革发展不断深化、市场竞争日趋激烈的形势下，张烟公司依托我市“实现绿色崛起，打造强市名城”发展战略和河北中烟打造“强势企业，强势品牌”发展目标，秉承“精造烟中佳品、诚报家国天下”的企业使命，以“国家利益至上、消费者利益至上”行业共同价值观为引领，紧紧围绕“卷烟生产上水平”的中心任务，坚持科学发展，不断开拓创新，实施了符合行业改革和企业实际的发展思路，在抓管理、提效率、增效益上下功夫、做文章，推动了企业的发展与进步。

紧扣发展主题，共谋发展大计。五年来，张烟公司全面贯彻执行烟草行业发展思路，明确发展定位，找准发展方向，实施了符合行业改革和张烟实际的发展战略，实现了持续快速健康发展。2006年，公司提出了“品牌是龙头、管理是基础、创新是源泉、改革是动力、思想观念和员工队伍是根本”的企业发展思路。2007年，确立了“创新机制、整合资源、优化管理、提升实力”的发展任务。2008年，全面落实“立足自身增实力，加强合作促发展”的发展方针。2009年，深入落实科学发展观，全面建设“精细六合”管理体系，着力提升管理水平和运营效率。2010年，明确提出了“1121”管理理念。可以说，五年来，发展是贯穿张烟公司生产经营工作的一条主线，企业的快速发展从根本上正是得益于他们紧紧扭住了发展这一主题。“十一五”期间，企业累计产销卷烟387.05万箱，实现税利126.51亿元，同“十五”相比分别增长23.28%和138.34%；产销卷烟年均增长4.63%，销售收入年均增长15.33%，税利年均增长18.94%，实现了科学发展，出色地完成了为国家创造效益、为社会增加财富的使命。

围绕效益优先，注重发展质量。如何摆正规模和效益、速度与质量的关系，是每个企业决策者、管理者必须思考和面对的问题。没有速度规模，企业无法在竞争中占有优势；没有质量效益，企业就谈不上发展后劲。五年来的发展事实告诉我们，张烟公司按照“速度与质量并重，规模与效益并重”的总体思路，坚持效益优先原则，认真遵循发展规律，积极转变发展思路，顺应时代发展要求，深化企业战略转型，加快结构调整力度，切实改变了企业过去的粗放型增长方式，确保了企业稳健发展，生产规模和产品结构调整迈出实质性步伐，企业综合实力和市场竞争力不断增强。同2005年相比，张烟公司规模从67万箱增至87万箱，结构烟比例由1.95%增至28.67%，固定资产投资由2.09亿元增至3.78亿元，固定资产原值由14.17亿元增至23.42亿元，资产总额由21.35亿元增至31.55亿元，净资产由6.64亿元增至18.53亿元，资产贡献率从70.69%增至126.4%，资产负债率由68.87%降至41.26%，正在向着打造质量效益型的现代化企业方向迈进。

深化企业改革，凝聚发展动力。只有不断深化改革，才能为企业科学发展提供良好的机制保证。张烟公司扎实稳妥推进企业体制改革和机制创新。2006年12月，张烟公司正式挂牌，实现了企业成功改制。2007年，适应河北中烟工业有限责任公司实体化进程，配合"四个中心"建立，调整职能定位，实现生产经营到生产管理的转型。2008年至2009年，实施了公司内部机构职能改革，整合成立了相关职能部门，调整了生产车间布局。2009年以来，企业开展了以定岗、定员、定责、定薪为主要内容的劳动用工和收入分配制度改革，畅通员工成长通道，实现了员工由身份管理向岗位管理的转变。五年来，张烟公司实现了企业从工厂制向公司制、生产模式从自主生产向按订单组织生产、企业运营从生产经营向生产管理的"三个转型"，为企业管理水平提升和持续快速发展注入了新的动力。

坚持品牌创新，企业核心竞争力大幅提升

品牌是企业的生命，有品牌才有竞争力。张烟公司充分认识到品牌对于企业发展的重要性，大力实施品牌创新，坚持求新、求变、求特色的品牌发展方针，走差异化、高品质、低焦油、低危害的道路，钻石品牌成为张家口市首个荣获中国驰名商标的品牌。

打造全国强势品牌。钻石品牌自2001年改造上市以来，凭借其优秀的内在质量和精美的外部装潢受到广大消费者青睐，保持了快速成长势头。10年来，通过加强品类构建，推进品牌建设，提高工艺水平，提升品牌价值，钻石品牌由小到大，由弱到强，产销规模快速增长，品质品位日益彰显，市场布局更加完善，规格梯次趋于丰富，产品结构稳步提高，目前产品市场覆盖全国33个省区、305个市级地区。2008年，钻石品牌荣膺中国驰名商标。2009年获"河北省最具影响力十大品牌"称号，成为河北烟草工业系统的唯一骨干品牌，被国家烟草专卖局列为"532"品牌考核。2011年钻石品牌成为全国卷烟市场产销规模增速最快的品牌之一，品牌市场影响力和竞争力大幅提升。如今，钻石家族又新添多个规格，均为一、二类高档烟，进一步丰富了产品系列，进一步彰显了钻石品牌风格，品牌形象不断提升，为张烟公司快速发展奠定了坚实的品牌基础。

加强工艺质量管理。张烟公司以"钻石品牌上水平"为目标，以质量为导向，在提升品牌品质、满足消费者需求上下功夫，创新质量管理模式，建立完善的质量考核体系，倡导课题制、团队型质量改进模式。严格执行工艺技术标准，加强制丝等工艺研究和改进，广泛应用6σ管理、CPK过程能力指数分析、SPC统计过程控制等工具，强化过程控制能力，完善检测仪器管理，加强生产过程监控，推进质量文化建设，提高全员质量意识和素养，为钻石品牌发展提供了根本的工艺质量保障。

强化工商协同营销。张烟公司全面落实品牌发展思路，在提升品牌形象、维护终端市场上做文章，在提升品牌形象、积极开拓新市场上下功夫，不断增强品牌的竞争力。坚持"五同"理念，建立钻石品牌共建机制，加强产销衔接，强化渠道维护，密切工商联系，深化互动合作，优化市场布局，精心培育钻石品牌，共谋钻石品牌发展。开展品牌文化宣传，强化终端服务，加大市场走访力度，运用多种形式、多种渠道，宣传"精细、胜出、和谐"的钻石品牌文化，积极拓展销售渠道，持续提升品牌的市场影响力和竞争力，切实将钻石品牌培育成产地市场的主导品牌、骨干品牌、优质品牌，实现了钻石品牌规模与结构的双提升。

张烟公司的发展，得益于钻石品牌的健康成长。"十一五"期间钻石销量、税利同"十五"期间相比分别增长329.88%和337.14%。可以说没有钻石品牌的发展，就没有张烟生产规模和企业经济效益的持续提升。

坚持管理创新，企业管理水平全面提升

管理是企业的一项永恒课题。一流的管理诞生一流的企业，没有科学严谨的管理，就不可能生产出一流的产品，实现一流的效益。张烟公司在创新发展之路上，审时度势，致力于管理创新，在创新中寻求突破，积极探索适合企业自身特点的管理理念、管理制度、管理程序和管理方法，进一步夯实了企业管理基础，持续提升了企业综合竞争能力。

打造"精细六合"管理品牌。张烟公司在继承企业严格管理的优良传统的基础上，以创建优秀卷烟工厂为目标，以"体系目标化、管理流程化、流程信息化、基础规范化、改进持续化"为重点，不断引入依法、科学、民主、实效的管理理念，卓有成效地实施了全面预算管理、精细化管理、6S管理、项目管理、六西格玛管理、TnPM管理等，基础管理工作水平持续提升。以精细化管理为主线，针对生产组织、工艺质量、成本控制、现场管理、员工队伍、安全环保等方面，全方位建立起"管理、流程、标准、指标、制度、考核"六大体系，形成“六横”、“六纵”的管理模式，在推动企业管理上水平的同时，逐步摸索出适合企业科学发展，具有张烟特色的“精细六合”管理品牌。通过扎实推进“精细六合”管理体系建设工作，不断取得生产组织、工艺质量、成本控制和现场管理的新突破，加强了柔性生产加工能力，有效降低了成本费用，提高了安全生产运行效率，产品质量得到切实保障和不断提高。推进“绿色工厂”、“清洁工厂”建设，持续优化节能减排各项指标，资源节约型、环境友好型企业建设取得实质性进展，企业管理制度化、标准化、精细化和信息化建设向前迈了一大步，为全面建设全国一流的卷烟生产企业奠定了坚实的管理基础。

对标助力企业管理持续提升。对标是转变增长方式、提高发展水平、提升竞争实力的重要途径。2009年全面启动对标工作以来，张烟公司按照“标杆引领、课题推进、考评结合、持续改进”的工作思路，看齐一流目标，努力对标、达标、创标，不断拓展对标的广度和深度，持续完善卷烟工厂内控指标体系，切实促进企业加快发展、跨越赶超。瞄准一流，高标定位，以指标为基础，实施分类管理，稳保优势指标、提升潜力指标、攻关薄弱指标，不断确立新的标杆，始终保持标杆的先进。课题攻关，重点突破，建立健全《创新项目管理办法》《创新项目评价办法》，构建创新与活力评价模型，更加科学、客观地量化项目成果，对标项目管理。2011年至今，累计开展课题项目108项，结题56项，创造直接经济效益380余万元，申报技术专利36项，胶缸定位装置等3项获国家专利证书。2012年4月26日，在张烟公司召开的张家口市工业企业对标行动暨加强企业管理活动现场会上，企业进行了对标工作经验交流展示。张烟公司通过梳理总结管理创新成果，进一步激发了管理创新出亮点、出品牌，促发展转型、促效益增长的信心和决心。

同时，张烟公司以严格规范为基础，以开展“管理创一流”活动为载体，推进“优秀工厂”建设，积极转化应用先进管理理念和成果，实施TnPM管理、6σ管理等，实现贯标常态化、对标岗位化、创优基层化。推进“规范工厂”建设，深化办事公开民主管理，坚持“三重一大”等决策制度，实施全面预算管理，开展全面审计工作，规范国有资产管理。大力实施课题制管理，在充分调查研究、科学分析的基础上，遵循PDCA方法，强化目标引领，注重过程控制，质量导向型管理模式建设、特色班组建设、钻石文化落地及传播、安全标准化建设等8个课题扎实推进，促进了企业管理水平的不断提升。

坚持科技创新，推动企业持续发展

创新是企业发展的灵魂。今天的张烟，紧跟当今烟草技术进步主流趋势，始终不渝地走科技兴企之路，依靠科技进步改善生产环境、提高生存能力、拓展发展空间，实现了超常规、跨越式发展。

大力实施技改工程，不断加大技术改造力度。打造全国一流的卷烟生产企业，先进的技术、一流的设备是基础和前提。2005年3月，张烟公司启动了建厂以来规模最大、投入最多、科技含量最高的技改工程。经过四年的建设，一座占地面积达13万平方米、满足年产百万箱卷烟的现代化联合生产工房拔地而起。作为企业进一步优化资源配置、提高工艺质量管理水平、提升产品结构、实施品牌战略的一项基础性工程，公司立足于长远发展，采用先进技术，引进一流设备，使其产能达到国内先进水平，大大提高了企业的技术装备实力、工艺加工水平，实现了产品生产的系统化设计、精细化加工、智能化控制，有效保持了企业设备工艺的先进性，带动了张烟技术装备赶超行业先进水平，使企业的整体竞争实力得到全面增强。同时，相继实施了办公楼改造、厂区绿化、员工车库建设等工程项目，全面改善员工工作环境，彰显了现代烟草企业的良好形象，为企业发展奠定了坚实的装备基础，也为钻石品牌产销量的扩大和产品质量的提升创造了有利条件。

坚持中式卷烟发展方向，打造领先技术和特色工艺。张烟公司把技术创新作为企业发展的重要基础和不竭动力，通过开展科技攻关，加强技术改造，加大研发力度，应用先进技术等措施，取得了一大批科技成果，促进了企业快速发展。研发了具有自主知识产权的超长中空异型滤嘴香烟“国嘴120”，积极探索微波松散、分组加工等国际先进的工艺技术，有效提升了企业的装备实力和工艺加工水平。仅2011年，公司就申报技术专利13项，3项获得专利证书，企业的特色工艺水平、柔性化加工水平、信息化管理水平切实增强。大力实施QC活动，引导群众性创新、基层性创新，推动高水平、高层次技术成果转化力度。在2011年荣获“国优QC小组”称号的基础上，2012年又有3个QC成果获得全省烟草行业一等奖，9月份公司QC小组及课题《核子秤逻辑衡算监控系统的研发》获2012年度中国质量协会“国优QC小组”称号，并获成果发表优胜奖。

推进“数字工厂”建设，加快信息化和工业化融合步伐。以生产制造执行系统为纽带，全面推进信息化和工业化融合。随着数采及MES系统的投入使用，公司逐步加强在线相关数据及检测数据的实时采集，及时发现生产过程中的工艺质量问题，实现了工艺标准的自动化判定，为工艺质量统计分析提供了有效的检验数据。另外，借助IBM公司的数据管控及统计分析工具，实现了信息技术和统计技术的有机结合，进一步提高了质量统计分析能力。新设备、新技术和新加工模式的应用，进一步提高了企业生产制造中的系统化设计、智能化控制和精细化加工水平，为公司精准生产、精益加工、全力推进“卷烟生产上水平”提供了有力的技术保障。

坚持以人为本，企业稳定和谐发展

人是企业发展的第一资源。张烟公司立足长远发展，坚持技能导向，以创建学习型企业和培养知识型员工为抓手，以提升员工职业化能力和水平为目标，全面加强人才队伍建设，为企业的持续快速健康发展提供有力的人才支撑。

优化人才队伍结构。近年来，张烟公司全面落实“人才强企”战略，有效整合人力资源配置，积极引进各类人才，切实加强优势集成，人才队伍结构不断优化。目前，公司拥有高级工1677人，中级工327人，初级工45人；持证高级技师4人，技师88人；高技能人员占生产操作类员工的82.62%，拥有专业技术人才470人；在岗员工中具有高级职称的7人，中级职称的187人，初级职称的362人；具有及在读大专以上学历的1402人，具有学士、硕士学位的人员282人，企业人才结构更趋合理。

深入推进素质工程。坚持企业和员工利益同向、发展同步，高度重视员工的全面发展，高度关注员工的成长与激励。深化用工分配制度改革，畅通“五类人才”岗位成长的“四条跑道”，加强职称申报和评审工作，强化职业技能鉴定，扎实推进高技术、高技能人才聘任工作，构建机会均等、有序成长机制，促进员工的成长成才。针对“五类人才”梯次建设，公司以专业化人才培养为重点，着力打造“4333”人才工程，建立起全员职业生涯全过程的职业化教育培训体系，切实提高全员整体素质，管理、技术、操作三支人才队伍建设齐头并进，一批高素质人才迅速成长。通过激发员工活力，充分调动广大员工参与决策、参与管理、参与监督的积极性和主动性，为企业发展提供了智力支持。

全面构建和谐企业。公司坚持依靠员工办企业的理念，从构建和谐企业出发，关注员工的思想，尊重员工的权益，坚持“两手抓、两手都要硬”的方针，牢牢把握推动企业科学发展、促进企业和谐、服务员工群众、加强基层组织的中心任务，以党员先进性教育、深入学习实践科学发展观、创先争优等主题教育活动为抓手，完善党建工作机制，推进党建工作创新，不断提高党建工作科学化水平，努力把党的政治优势、组织优势、群众工作优势转化为企业的创新优势、竞争优势和发展优势，确保了企业发展稳定和员工思想稳定，推动了企业的科学发展。深入开展“235”、“两个至上在岗位”、“三讲三爱三珍惜”系列主题实践活动，切实增强思想政治工作的针对性、实效性、吸引力和感染力，始终把保障员工利益、提升员工待遇、降低劳动强度、改善工作条件、促进职业健康作为企业工作重点，把握思想动态，关注热点难点、化解矛盾困难，营造健康向上、心齐气顺、人心思进的良好氛围，巩固了企业和谐发展的大局。

坚持文化领航，构筑张烟百年基业

文化是企业永续发展的不竭动力。张烟公司立足于夯实百年基业，扎实有效推进企业文化建设，企业软实力明显增强。

张烟公司以先进的文化为导向，基于现代企业管理先进理念、总体价值取向，深度发掘并具体深化“国家利益至上、消费者利益至上”的行业共同价值观，以努力追求企业发展和员工发展高度统一为根本，总结提炼自身文化精华和文化特色，吸收借鉴行业内外优秀文化的精髓，经过深入调研，反复论证，认真归纳、总结、提炼，大胆创新，确立了以“至诚、超越”为企业精神，以“诚信、科学、创新、进步”为企业价值观等一系列企业文化理念。

“诚”文化是企业长期形成优秀文化积淀的概括、升华和延伸，是张烟的企业之魂。张烟公司始终注重知行合一，以先进的文化塑造人、培养人、引导人和鼓舞人，用文化推进改革、促进发展、提升活力，提高文化自觉，增强文化自信，推进文化管理，提升文化素养，促进企业文化“落地生根”，成为引领企业改革发展的强大精神动力。公司寓“诚”文化理念于各项工作之中，渗透到生产管理的各个环节和全过程，贯穿于全员的学习培训，融入到企业的多彩生活和员工的行为准则，切实做到内化于心、固化于制、外化于形，员工精神面貌焕然一新。同时，突出文化引领作用，不断增强文化融合与有效对接，以“诚”文化落地为目标，以宣贯“钻石文化”为核心，大力推进河北中烟钻石文化宣贯推行工作，打造安全文化、质量文化、感恩文化、廉政文化等特色子文化体系，为公司可持续发展提供有力的思想保障和文化支撑。

在企业文化的引领下，张烟公司坚持共同发展理念，以富民强市为己任，响应市委、市政府的号召，主动履行企业所应承担的社会责任。2008以来，累计出资1000余万元，积极参加政府倡导的、有益于广大人民群众的重大社会公益活动，努力成为社会主义精神文明的典范。坚持对口扶贫、抗震救灾、捐资助学、救助贫困儿童等公益事业处处都可以见到张烟公司的身影。积极参与地方经济社会建设，为地方建设尽义务、办实事，连续多年做好对口扶贫、文明生态村和新民居建设支援等工作，创建安居乐业、文明和谐、持续发展的新农村，促进地企和谐，惠及地方百姓，与社会共享发展成果。组织开展爱心捐助活动，在社会救援、举办滑雪节、元宵焰火晚会、建立交响乐团等重大活动中不计得失，甘于奉献，为全市企业树立了良好的学习榜样。

潮起海天阔，扬帆正当时。展望企业的未来发展前景，作为全市的重点骨干企业之一，张烟公司将继续围绕张家口市“实现绿色崛起，打造强市名城”发展战略和河北中烟打造“强势企业，强势品牌”发展目标，进一步明确新定位，确立新目标，调整新思路，采取新措施，转方式、提结构、拓市场、上水平，全面建设全国一流的现代卷烟生产企业，努力谱写张烟公司“加快发展、跨越赶超”的新篇章，为促进地方经济社会建设做出新的更大贡献。

·承德避暑山庄企业集团有限责任公司·

承德避暑山庄企业集团有限责任公司始建1949年,现有总资产10亿元,员工1500人,主要产品有山庄牌系列白酒、启健牌酒精、避暑山庄牌DDGS蛋白饲料、液态二氧化碳和玉米油。山庄牌系列白酒是中国地理标志产品、中国白酒工业十大创新品牌、国家非物质文化遗产、中华老字号、全国用户满意产品。"山庄、启健、八珍、避暑山庄、皇家窖藏"商标是河北省著名商标,"山庄"、"避暑山庄"商标为中国驰名商标。山庄牌系列白酒、八珍御酒、启健牌酒精、避暑山庄牌蛋白饲料是河北省名牌产品。集团是平泉县支柱企业,承德工业20强、河北百强、中国白酒行业30强企业之一,是河北省最大的酒精生产厂家,全国酒精10强企业,全国文明单位,国家级农业产业化重点龙头企业,全国实施卓越绩效管理模式先进企业、全国用户满意企业,河北省质量管理奖企业、省循环经济示范企业、河北省质量技术奖企业,省级守合同重信用企业,是ISO 22000食品安全体系认证企业、ISO 9001和ISO 14001国际质量环境管理体系认证企业。

一、优势巩固、强势突出,山庄老酒市场影响力迅速提升

品牌建设成果显著。山庄老酒被国务院评为国家级非物质文化遗产、中国白酒工业十大创新品牌、河北省食品安全诚信单位、河北省第八届消费者信得过产品、河北省消费者信得过单位(第九届)、2007年度守合同重信用企业等诸多殊荣,"山庄"、"避暑山庄"商标是中国驰名商标、企业总裁尤文武获得2011年度河北省企业诚信建设优秀工作者。这些荣誉,对于提高产品的附加值、知名度和市场竞争力,促进"山庄"品牌的提升,进而扩大山庄老酒的市场,必将产生深远的影响,山庄集团也将以此为契机,深化企业改革,提高产品附加值,延伸产业链条,积极回报社会,以获得更大的进步,更多的荣誉。

山庄老酒已形成畅销河北,享誉京津,辐射辽蒙的良好态势。山庄企业集团抢抓市场机遇,强化成本意识,积极参与市场竞争,努力拓展市场份额,在各级领导和社会各界的大力支持下,取得了较好的发展。

二、质量管理全面突破,企业管理再上新台阶

集团进一步强化落实了卓越绩效管理模式,继通过了ISO 9001:2000质量管理体系认证、ISO 14001:2005环境管理体系认证、HACCP食品安全体系认证,摘取河北省质量管理奖、河北省实施卓越绩效管理模式先进企业之后,又获得全国实施卓越绩效管理模式先进企业称号,同时,通过进一步完善循环经济发展链条,大力推进农业产业发展,被国家八部委确认为国家级农业产业化重点龙头企业,晋升为全国用户满意企业。

三、酒精、饲料生产技术升级,达到行业领先水平

集团利用国家产业政策,大力突破经济危机影响下的市场制约,按10万吨规模生产,并利用减量的机会,加强员工培训,提高员工素质、解决生产存在的系统问题,取得了技术水平提升、员工队伍稳定、客户资源维系的成效,通过向行业高端和强势企业积极对标学习,广泛交流,查找差距,取得了实实在在的进步,提升了企业整体竞争力。

四、人才队伍建设日渐完善,素质工程建设取得新进展

集团通过各种渠道的人才招聘会,招聘了130余名大中专毕业生,使集团人才结构优化,后备力量增强,知识结构更加合理。利用"山庄大学"、"清华大学远程教育网络”开展培训工作，并先后举办各种岗位技能培训、专业技术培训。通过对人力资源发展战略的构思和不断改进，一定程度上捋顺了人力资源的发展脉络，形成了岗位分析、招聘、培训、绩效、薪酬、员工关系、劳资管理等七大人力资源管理模块。为今后人力资源工作的开展打下了基础。

五、6S推行工作取得实效，节能减排继续深入

6S工程已经实现了从治理赃、乱、差向环境美化转变，聘请山东资深咨询师对企业环境进行诊断，在全集团全力推行6S管理，做到“地物明朗化、行为规范化”，提高企业执行力，铸就卓越团队。实施了厂区美化、绿化、硬化、亮化工程，厂区面貌更加靓丽。

六、企业文化建设成效显著，价值理念深入人心

深化树立了“创新、服务、奉献、诚信，凡事追求尽善尽美”的企业文化核心价值理念。进一步整合了社会资源，中国皇家酒文化研究院、清史研究会、山庄老酒文化研究会、社会文化名人对山庄老酒的文化研究都倾注了很大的力量。着力推进了集团的整体宣传。在注重大的稿件宣传的基础上，没有忽视新闻宣传，实现了新闻与通讯的同步提升。有力的提升了企业形象，配合了市场开拓。通过有效的制度约束和内部刊物《山庄周末》的重点宣传，文化理念已深入人心，山庄老酒跻身中国酒界文化百强行列。

七、扶危济困走前列，社会公益事业做表率

集团各项工作取得较快发展的同时，始终不忘回馈社会，报恩家乡，积极参加社会公益活动。向地震灾区捐款150余万元，并投资支援贫困村建设。在支援救灾、捐资助学、村村通公路、安置下岗职工、扶危济困等方面做了突出贡献，得到群众百姓、县里领导、企业职工各方面的好评，树立了良好的企业形象，起了模范带头作用，并积极号召其他企事业单位投身到社会福利事业中来，勇于社会责任的担当，实现企业效益与社会效益的双丰收，提升了品牌形象，扩大了影响力。截至到2012年，集团公益性支出共7200余万元。

山庄企业集团将沿着“酒精饲料生产、白酒营销、卓越绩效”三条主线，重点实施“项目、市场、人才、企业文化”四大战略，力争至“十二五”末，实现产值50亿元，白酒30亿元，利税5亿元，山庄老酒挺进中国白酒20强，将企业建成集生产、观光旅游、文化体验为一体的文化产业园区。

·河北赵王集团有限公司·

河北赵王集团有限公司成立于1986年，是一家集白酒产销、铁矿石贸易、房地产开发、钢铁物流、餐饮服务、金融服务、文化传媒、石油销售、服装产销九大产业为一体的复合多元化企业。公司位于邯郸市南环路中段，固定资产几亿元，现有员工1500余人，平均年龄26岁，高学历、专业化、高技能的员工占总数的30%以上，形成了高效的生产、营销、服务、管理团队，销售网络遍布全国，是河北省先进知名民营企业集团。

一年来，赵王集团坚持以科学发展观统领全局，全面落实以人为本的管理理念，大力加强企业文化建设，深入挖掘邯郸历史文化底蕴，弘扬赵国古都文明，传承中华传统文化，通过塑造“强企之魂”、构筑“强企之基”、凝聚“强企之力”、涵养“强企之心”和践行“善行河北”，形成了具有“赵王”特色的企业文化，成为了企业发展壮大的“源动力”，推动了企业飞速发展，促进了企业经济腾飞。公司荣获了“中国诚信企业”、“中国产品质量放心企业”、“全国模范职工之家”、“河北省文明单位”、“河北省著名商标企业”、“河北省先进企业”、“河北省商标管理和重合同守信用企业”、“河北省消费者信得过产品”等称号，同时被中华酒文化研究会授予“中国酒行业明星企业”、“中国历史文化名酒”等称号，当选为河北省企业联合会副会长单位、河北省人大交流促进会副会长单位、邯郸市国际商会副会长单位。

一、挖掘古赵文化底蕴，打造特色企业文化，塑造“强企之魂”

赵王集团深入挖掘、研究古赵历史文化底蕴，弘扬赵国古都文明，继承、发扬赵武灵王“胡服骑射”的改革图强、勇于创新精神，打造特色企业文化，塑造“强企之魂”。

公司提出了“奋斗不息，追求卓越”的企业精神、“为客户创造价值，为员工增加福利，为社会创造财富”的企业使命、“诚信、合作、分享、共赢”的经营理念、“安全第一，质量为本，信誉至上”的生产理念和“让100%客户满意，让客户100%满意”的服务理念，形成了“诚实守信、求实创新、开拓拼搏”的企业文化，并把企业文化的内涵贯穿于生产、经营、销售、管理之中，成为了企业发展壮大的强大精神动力。

二、加强硬件设施建设，展现企业文化魅力，构筑“强企之基”

赵王集团将企业文化融入企业硬件设施建设中，通过独具匠心的建筑风格，展现企业文化的魅力，构筑“强企之基”。

赵王集团不断加强企业硬件设施建设，新建了赵国美食城、穆斯林饭庄和3个赵王酒旗舰店；开通了赵王酒网上购物平台；扩建了调味品厂的生产面积；扩大了企业的生产规模和经营范围；提升了产品生产效率，增强了企业的品牌影响力和综合实力。在这些硬件建设中，企业着力突显“赵王”特色文化，展现古赵文化内涵。例如，在建设赵国美食城时，把古赵文化与其紧密相连。无论是从赵国美食城的总体设计风格，还是到每一个细节的装饰，都展示着邯郸三千年的古老文化。赵国美食城风格古朴、典雅，走廊上、墙壁上，或挂着铁画银钩的草书、或挂着清秀隽逸的小楷、或挂着雍容富贵的牡丹、或挂着高风亮节的翠竹……美食城的每一个包间都用一个邯郸成语典故命名，譬如毛遂自荐、价值连城、黄粱美梦、胡服骑射、邯郸学步等。当人们在享用美食的时候，可以一边品尝赵王美酒，一边畅谈赵国传奇，确是“邯郸成语扬天下，赵王美酒醉佳人”的绝好享受。凭借着这些独有的优势与文化，赵国美食城的宾客越来越多，在邯郸的影响也越来越深。

三、实施科技兴企战略，构建创新型企业文化，凝聚“强企之力”

赵王集团大力实施科技兴企战略，构建创新型企业文化，勇于探索校企合作发展新模式和低碳、环保、可持续发展模式，改进生产工艺，提升生产效率，促进企业提档升级，增强企业核心竞争力，凝聚“强企之力”。

一是与湖北工业大学工程技术学院进行合作，签订校企合作协议，成立“湖工大工程技术学院教学实验基地”及“河北赵王酒业有限公司科技研发中心”，开展技术协作、“工学交替”、互派专业技术人员和管理人员交流等方面合作，建立全方位、多层次的合作关系，加快企业产业升级，增加企业技术创新能力和核心竞争力。二是投资建立1200立方米的沼气池，充分利用公司生产后的废弃原料，通过加工制造出沼气，供马庄社区及周边居民生活用气和赵王集团生产经营用气。公司还利用生产废水经过污水处理成为中水，中水又作为生产冷却用水重复使用，产生的沼液作为绿色肥料，灌溉农田，不仅节约了能源，实现了资源利用最大化，还减少了环境污染。三是对酒厂原有的三座6吨燃煤蒸汽锅炉进行技术改造，设计出太阳能辅助锅炉加热系统，每年节省原煤3000吨，单价1000元/吨，合计300万元，减少二氧化碳排放量38655.16吨，节约排碳税费26万元。通过农业技术改造每年增加收益326万元，有效的促进了集团的绿色发展和可持续发展。

四、开展形式多样的文体活动，丰富企业文化内容，涵养“强企之心”

赵王集团在企业文化建设中，积极开展形式多样、丰富多彩的文化、艺术、体育等活动，大力支持文化产业发展，传承、弘扬中华传统文化，丰富员工的精神文化生活，提高员工的文化艺术修养和综合素质，增加企业的凝聚力和向心力，涵养“强企之心”。

公司配备了图书室和健身房，购买了户外健身器材，为员工增长知识、开阔眼界和加强体育锻炼、增强身体素质提供了良好的条件，营造了良好的氛围；组织了全体员工每年五一前后去泰山、九顶塔、西柏坡、连云港等地旅游、学习、培训；开展了“道德讲堂”、传统文化论坛等学习活动；举办了员工篮球比赛、趣味运动会、元旦联欢会等文体活动，增强了员工的综合素质，提高了广大员工的凝聚力、向心力和团队合作精神，拉近了企业与员工的距离，增进了企业与员工的感情，调动了员工的工作积极性。

企业在内部开展各种文体活动的同时，还大力支持全市文化产业的发展。公司连续多年支持《邯郸文化》、《花信封》、《中原画报》、《诚信邯郸》等刊物的出版及邯郸电视台“艺园春”栏目的播出。公司投资赞助的戏曲电视剧《罗敷女》拍摄成功，并在央视黄金时间播出。公司承办了“百花回报沃土——赵王酒业杯”邯郸市书法展、“赵王酒业杯”邯郸市第一届行书大展，促进了书法推陈出新，书法家们用饱蘸激情的笔墨抒发了对祖国的热爱之情。公司投资拍摄了大型档案纪录片《永远的红军》、新京剧电影《鸟尊记》，并在中央电视台七套和央视戏曲频道播出。公司赞助了《嘻哈包袱铺》现代相声团体来邯专场演出，举办了《梨园春》大型综艺晚会、迎八一书画笔会和迎重阳《戏曲大舞台》演出。通过支持文化产业的繁荣与复兴，弘扬了中华传统文化的继承和发展。

五、奉献回馈社会，提升企业文化内涵，践行“善行河北”

企业在发展壮大的同时，倡导感恩奉献的企业文化，提升企业文化内涵。企业始终热心公益事业，奉献回馈社会，践行“善行河北”。

公司在抗击洪涝灾害、雨雪冰灾、四川地震等自然灾害中积极向灾区捐款、捐物，并发动全体员工向灾区捐款、捐物。长期为教育事业、慈善事业捐款、捐物。赞助社会爱心团体“邯郸水上义务救援队”举办活动；承办“点亮星空——蓝色行动”活动，为自闭症儿童募捐；开展“送温暖、献爱心”活动，为贫困小学生送去羽绒服和学习用品；八一前夕，开展“军民一家亲”活动，为消防指战员送去慰问品等，为教育、扶贫、救灾、特殊人群等累计捐款、捐物千万余元，彰显了企业大爱无私的崇高品质。公司董事长李书田也因此当选为“善行河北 温暖邯郸”——“感恩邯郸人”50佳，受到了邯郸市文明办的肯定与表彰。

赵王集团通过多年来着力建设企业文化，增强了企业发展的向心力和凝聚力，促进了企业的生产、经营和管理，引领了企业转型升级，促进了企业与外部社会环境和谐共生。今后，公司将深入学习贯彻党的十八大精神，进一步研究和探索新形势下企业文化建设工作的新思路和新途径，解放思想、改革开放、创新驱动、科学发展，为“建设宜居宜业宜游的富强邯郸、美丽邯郸”做出更多的贡献。

·河北板城酒业公司·

河北板城酒业公司重建于1956年，前身是有着几百年历史的承德下板城“庆元亨”烧酒作坊。公司历经半个多世纪的发展，目前拥有在职员工1100多人，市场销售人员1200多人。占地面积600多亩，拥有3000多平米的地下酒库，13000多平米的发酵车间，4000多平米的展示区。公司年产优质浓香白酒近2万吨，销售额达到11亿元，年利税2亿多元，跻身全国白酒品牌50强。

企业快速发展的同时，赢得了社会的广泛赞誉。“板城烧锅酒”先后被评定为“中国驰名商标”、“中华老字号”、“中华文化名酒”、“中国非物质文化遗产”，并入选了新“中国名酒”；板城烧酒是北派浓香型白酒代表，旗下有“龙印”、“和顺”、“盛世普宁”、“老字号”、“酒篓原浆”等系列产品，以优质高粱和小麦为主要原料，采用传统老五甑工艺和现代微生物技术相结合，经固态泥池双轮发酵，以中温大曲为糖化发酵剂，人工窖泥、双轮发酵，量质摘酒，分级储存，自然老熟，精心勾兑而成。具有酒体纯正、酒液清亮如晶、窖香浓郁、落喉爽净、回味悠长、饮后口不干、不上头的特点，产品畅销省内，远销全国十几个省市、自治区市场。

成为联想酒业旗下企业后，公司将一如既往的坚持酿酒品质，同时推动品牌升级，优化产品结构，使“板城烧锅酒”这一有着浓郁地方特色和深厚文化底蕴的品牌从燕赵大地快速走向全国。

石油、化工

·唐山三友集团有限公司·

唐山三友集团有限公司（以下简称三友集团）位于唐山市南堡经济开发区，是全国纯碱和化纤行业的排头兵，省属国有重点骨干企业。下辖13个公司，资产总额200亿元，年销售收入200亿元，员工万余名，主要产品八大类100多个品种。拥有纯碱、化纤两大中国名牌，三友商标是“中国驰名商标”。产量、质量、出口创汇等5项指标连续多年居同行业首位，产品远销亚、非、欧、美、澳五大洲90多个国家和地区。集团先后获得全国优秀企业、全国质量管理先进企业、全国创建和谐劳动关系模范企业等多项荣誉称号。

多年来，在连续四届全国人大代表，全国劳动模范获，全国五一劳动奖章获得者董事长、党委书记么志义同志为核心的领导班子的带领下，三友集团牢固树立和落实科学发展观，坚持做人、做事、做文化，充分发扬“创业守成，事在人为”的企业精神，在国内首创了“两碱一化”循环经济发展模式，2012年荣获全国循环经济工作先进单位，河北省唯一一家企业。

三友集团在国家级博士后科研工作站、特邀院士工作站、国家级技术中心三大平台基础上，建立了以市场为导向、产学研相结合的科技研发和自主创新体系。开发了低盐纯碱等70多个新品种，104项技术获得了国家专利，57项获得省部级科技进步奖，29项新产品填补国内、省内空白。先后参与6项国家标准、5项行业标准的制定。特别是通过消化吸收再创新，成功研制了国内首套化纤核心设备，拥有完全的自主知识产权，已对外销售。集团荣获中国化工行业技术创新示范企业、省“两化融合”示范企业、省十大发明创造单位等称号，连续6年获得中国信息化500强。化纤公司被命名为“纤维素纤维新产品研发基地”，行业唯一。

·中国石油华北石化公司·

华北石化公司始建于1987年，前身是华北石油管理局化学药剂厂。1997年更名为华北石油管理局第一炼油厂。1999年重组为中国石油华北油田公司第一炼油厂，2000年再次重组为中国石油华北石化公司，隶属于中国石油天然气股份有限公司。

公司从年加工能力15万吨小型炼油厂起步，经过一期、二期技改，配套加工能力达到500万吨/年的规模，包括常减压、催化裂化、连续重整、加氢精制、聚丙烯、苯乙烯等15套主要生产装置，目前公司占地面积2565亩(其中在建千万吨项目占地1497.62亩)。其主要生产各种牌号汽油、柴油、聚丙烯、苯乙烯和液化气、溶剂油、燃料油等，汽油产品全部达到国Ⅳ标准，部分达到京Ⅴ标准，柴油全部达到国Ⅲ标准，部分达到国Ⅳ标准。

公司不断推进企业改革和管理创新，通过从严管理、负激励、扁平化、信息化等管理手段，激活了内部机制高效运行，员工总数1986人，组织机构从30个减到16个，实现了增规模不增人目标。依靠先进文化理念，激发了员工自强不息的精神，保证公司年年完成各项任务，截至2013年固定资产61亿元，2010年以来，连续3年上缴利税名列河北省第一。

1.产品质量不断升级。打破国外技术垄断，在催化占总加工量56%的高比例、装置全部使用国产技术的条件下，创造性规划加工路线，优化工艺装置配置，2008年在中石油率先生产出京Ⅳ汽柴油，满足了北京奥运用油；2012年率先生产出92#、95#和98#京Ⅴ

汽油，2013年10月生产出国Ⅴ汽油，为北京市场油品升级换代做出了贡献；随着120万吨/年S-Zorb催化汽油吸附脱硫装置的投产，公司将具备全部生产国Ⅴ标准车用汽油的能力，进一步提高市场竞争力。目前，公司计划投资2.4亿元开展催化烟气脱硫等项目，实施氮氧化物、挥发性有机物的治理削减工程，用以改善京津冀地区环境空气质量。

2. 管理机制日臻完善。按照"增规模不增人、建设国际一流炼化企业"的要求，努力转变发展方式，通过推行负激励、扁平化、信息化等一系列科学的管理手段，实现了"员工能进能出，干部能上能下，收入能高能低"的目标。尤其是坚持推行扁平化管理，变"分块承包、各自为政"的车间模式，为"横向平行、政策统一"的专业化管理，大大节省了人力物力，员工总数控制在2000人以内，基本实现与国际先进水平接轨。

3. 实现"两化"有机融合。2005年以来，华北石化公司积极探索将现代信息技术与"三基"管理、HSE管理理念有机结合的管理模式。按照"线下怎么做，线上就怎么做"的原则，将日常基础工作按照"定量、提醒、考核、归纳、共享"的思路，定量定标、设计流程、建立程序，做到工作流程化、目标定量化、考核自动化。公司创造性开发了39套信息系统，涵盖了生产、设备、安全、人事、行政、党群等各个方面，每年节省684490工时，节省人工666个，工作效率整体提升5倍以上，实现了增规模不增人的目标。将定量、公平、公正理念植入信息系统，企业管理也实现了从"定性"到"定量"，从"人治"到"数治"，从传统管理到现代化管理的转变，使企业跳出了"人多、官多、制度多、效率低"的管理怪圈，促进了管理提升，推动了科学发展，信息化产生经济效益2亿多元。

4.生产经营情况。自2010年以来，公司积极开展管理提升活动，完善了管控模式，强化了风险控制。

油9超过板块平均水平，处于板块较先进水平运用油，占到中石油北公司累计完成原油加工量1396.37万吨，超计划26.37万吨，轻质油收率、综合商品率逐年提高。通过采用柴油液相加氢等低能耗优化工艺措施节能减排效果显著，炼油综合能耗下降，完成预定标煤。公司通过技术改造，提高京Ⅴ汽柴油、MTBE高附加值产量等一系列措施，创造了良好的经济效益，高品质产品(如京Ⅳ、京Ⅴ油)一直处于板块领先水平，2010—2012年实现销售收入807.69亿元，人均销售收入突破1600万元，利润-25.99亿元，上缴国税133.35亿元，为地方经济社会发展做出贡献。

5. 炼油质量升级与安全环保技术改造工程。该项目2006年9月7日正式立项，2009年2月19日被国务院第51次常务会议列入《石化产业调整和振兴规划》。是中国石油在河北省建设的第一个大型炼油项目，也是中国石油调整炼化业务布局、优化原油资源配置的重点战略工程。该项目投资100.6亿元，采用环境友好的全加氢燃料型流程，新建6套装置、改造3套装置和系统工程，以实现产品质量升级、消除安全环保隐患、节能减排、符合循环经济发展要求的目的。届时，公司年原油加工配套能力由500万吨增加到1000万吨，汽柴油全部达到京Ⅳ标准，部分达到欧Ⅴ标准，经济技术指标和安全环保水平将处于国内领先地位。

目前项目进展顺利，中石油已下达投资268451万元，累计完成投资23.07亿元（包括S-Zorb汽油吸附脱硫装置1.84亿元）。计划2016年底建成投产，届时公司竞争能力和盈利能力将进一步提升，将为京津冀地区经济社会发展做出更大的贡献。

·中国石油天然气股份有限公司河北销售分公司·

【概况】

中国石油天然气股份有限公司河北销售分公司（以下简称分公司）成立于2000年5月，主要承担中国石油在河北省的成品油销售和加油站网络建设等工作。成立以来，始终秉承"奉献能源、创造和谐"的企业宗旨，发扬"爱国、创业、求实、奉献"的企业精神，坚决履行经济、政治、社会"三大责任"，整体实力不断增强，发展规模不断扩大，经济效益不断提升，无论从网络规模、销售能力、市场分额都取得了长足的进步和发展。目前，公司机关设14个处室，下辖26个地市分公司及股权企业，现有员工10000余人，成品油年销售能力450万吨。

2012年是近年来市场环境最为复杂，发展形势最为严峻的一年。面对经济下行明显、市场需求减缓、油价大起大落"四涨四跌"、盈利空间大幅收窄的严峻形势，公司牢牢把握"稳中求进"的总基调，冷静研判市场，沉着应对变化，围绕效率效益，积极增销增效，成功应对特大洪涝灾害，各项工作稳步推进。

【市场营销】

组建客户经理人队伍，全面铺开直销业务；着力抓好零售尤其是纯枪销售，纯枪比例创历史新高，同比提升2个百分点；积极开展汽油促销，汽油销量攀升至新的峰值，销售质量有效改善。利用ERP系统开展差异化营销，组织开展“五进发卡、竞赛提量”，全年卡销比同比提升3个百分点。成立市场营销决策小组，组建信息监测队伍，全面发挥客户经理人队伍优势，累计开发新客户较年初增加242家，为公司营销业务拓展注入了新的动力。

【物流运行】

灵活资源保障方式，加大油库布局与品号结构研究，调整仓储品种布局，合理搭配火运、地付、串换、外采等方式，提高资源利用效率，资源保障优势进一步显现。优化储运环节管理，建立资源跟踪和库存预警机制，全面推广加油站补货制；坚持运距最小化原则，强化二次物流系统、车辆GPS系统应用，努力延伸地付辐射半径，全年承担公路运费比例同比大幅下降。持续理顺物流运行机制，成立调度指挥中心和仓储分公司，完成全资油库管理权交接，为全面形成资源集约、高效顺畅、反应迅速、保障有力的物流运行体系奠定了基础，公司先后3次荣获股份公司物流优化流动红旗、年度“物流优化先进单位”。

【网络建设】

深入推进低销加油站治理，分3批累计治理日销量3吨以下加油站208座，单站日销量提升4.2%；加强停业站恢复营业，停业站数量较年初减少35座，终端运行效率进一步提升。持续加大高效站开发，累计开发加油站31座；加快省内城市新区站点开发，北戴河新区、渤海新区合资项目取得较大进展，公司荣获股份公司年度“网络开发先进单位”。有序组织油库项目建设，沧州、承德油库项目按期推进。全面抓好投资成本控制，抓好项目评价审核，累计审核项目造价444个，推行清单招标，努力杜绝“三超”，进一步规范了投资成本控制。

【安全生产】

积极开展罩棚隐患、“打非治违”等专项检查，加强问题整改，落实直线责任；持续加强应急管理，积极应对我省北部、东部地区的台风、暴雨等自然灾害，有序组织现场救灾，未发生人员伤亡事故，全年实现一般A级及以上责任事故为零。坚持开展损耗分析，强化公路配送铅封管理和联合稽查，严格落实运输损耗纠纷处理规定，不断加强加油机防作弊管理，全年公路运输损耗率、油品管理损耗率分别同比降低1‰和2‰。质量管理体系通过第三方认证机构审核；建成中心化验室，初步具备抽检化验能力；把好油品验收环节，国家和股份公司质量抽检合格率均保持100%，“三条红线”责任得到有效落实。

【企业管理】

优化劳动组织方面，精干管理人员编制，规范库站人员配备；建立全员绩效管理机制，绩效薪酬与考核指标挂钩，人均销量、人均纯枪销量分别同比提升32吨和26吨；在邯郸一站试点加油效率提升，取得明显效果。建成资金管理平台，开展专项稽查，保证了资金风险可控；完善资产管理体系，资产创效能力不断增强；深化费用定额管理，强化租赁费用控制；推进信息化建设，公司储运销整体运行效率大幅提升；推进数据中心建设，初步实现经营数据共享；微波网络通过销售公司科技项目验收，并获得国家专利，公司荣获集团公司年度“信息化工作先进单位”；组建物采中心，规范采购流程，开展专项测试、制度梳理、印章清理，内控风险得到有效控制。

【三大责任履行】

公司主动融入河北省政治、经济和社会生活，加大与省委、省政府相关部门的沟通，全力支持地方经济及社会建设，组织开展义务植树，举办“志愿服务活动月”，同时，响应省直工委号召，组织开展“献爱心、送温暖”捐献活动，向困难群众捐助棉被100条，向我省医疗行业捐赠“母亲健康快车”10辆，支持偏远地区卫生事业发展；开展扶贫帮困送温暖活动，先后慰问困难人员200名，发放慰问金98.3万元；认真落实首都“护城河”企业维稳责任，组织开展不稳定因素排查，圆满完成了党的十八大安保维稳任务，受到集团公司电报嘉奖。

·河北云山化工集团有限公司·

河北云山化工集团有限公司是国家工业和信息化部民爆器材定点生产企业，河北省民爆行业骨干企业。集团公司下设邢台、峰峰、磁县、邯邢和柬埔寨国公省等生产厂点。主要生产和经营工业炸药、工业导爆索、工业电雷管、导爆管雷管等产品。几年来，民爆产品畅销省内外市场，并出口东南亚、非洲等地。公司通过ISO 9001:2008国际质量管理体系认证，连续22年被评为“省级重合同、守信用企业”，先后获得“省级先进企业”、“省级文明单位”、“省著名商标企业”、“省高新技术企业”、“省诚信企业”、“省最具成长性企业”、“省模范劳动关系和谐企业”、“全国厂务公开、民主管理先进单位”和“全国模范职工之家”等称号。

几年来，企业坚持抓好技术创新，不断开发新产品、引进新技术，使民爆产品生产线均达到国内或国际先进技术水平。积极实施“四加一”发展战略，先后成立“河北云山民爆物品销售有限公司”、“河北云山集团工程爆破公司”，实现了科研、生产、销售、爆破服务一体化。坚持实施跨国经营战略，在東埔寨建设民爆器材生产基地，发展前景广阔。为顺应民爆行业的发展趋势，积极进行跨区域整合重组，实现资源优化配置，努力建设成为具有国际竞争力的大型跨国民爆器材企业集团。

·龙星化工股份有限公司·

龙星化工股份有限公司创建于1994年，是一家专业从事橡胶用炭黑生产的上市公司。公司是国内第三大炭黑生产企业，母公司年产炭黑30万吨，发电51兆瓦；控股子公司焦作龙星化工有限责任公司年产炭黑将达到16万吨，发电12兆瓦；全资子公司沙河市龙星精细化工有限公司年产炭黑油48万吨及工业萘产品；全资子公司沙河市龙星辅业有限公司提供炭黑塑编产品和仓储服务等。

公司是国家火炬计划重点高新技术企业，现拥有12条具有国际先进水平的新工艺湿法造粒炭黑生产线，可为顾客提供6大系列20多个品种的优质炭黑产品。公司实验中心是“国家认可实验室”。公司先后通过了ISO 9001质量管理体系、ISO/TS 16949质量管理体系、ISO 14001环境管理体系和OHSAS 18001职业健康安全管理体系认证。公司坚持推进清洁生产和节能减排，努力建设美丽龙星，被授予河北省“环境友好企业”和“十一五”节能工作先进企业。

公司是目前行业内唯一通过REACH法规注册的企业，“龙星”商标是中国驰名商标。“龙星”炭黑是中国橡胶协会指定的“协会推荐品牌”，获得中国橡胶协会的质量授信。公司与国内外优秀轮胎企业建立了良好的合作关系，产品畅销京津、东北、华北、华南、长三角、珠三角等16个省、市、自治区，并出口到欧洲、北美和东南亚市场。

公司在做强做大的同时立足主业，择业发展，2011年进军白炭黑领域，2013年分期投资建设氟化工项目，不断开拓新的利润增长点。在未来发展中，龙星化工将不断推进技术进步、创新管理机制、优化管理体系，打造企业核心竞争力，以优异的业绩回报社会、回报广大投资者、回报全体员工！

·沧州大化股份有限公司聚海分公司·

沧州大化股份有限公司聚海分公司隶属沧州大化集团。是沧州大化集团倾力打造的中国北方异氰酸酯产业基地。沧州大化集团有限责任公司是以化肥、TDI为主导产品的大型综合性化工企业集团，其前身为河北省沧州化肥厂，始建于1974年，1996年改为公司制，2006年10月与中国化工重组合作，属国有独资企业。集团下属6家子公司（含1家上市公司），主要拥有年产35万吨合成氨、55万吨尿素、30万吨大颗粒尿素、15万吨TDI、16万吨烧碱、3.5万吨液氯、3万吨浓硝酸、5万吨硝铵。

近年来，沧州大化深入贯彻党的十八大精神，全面落实科学发展观，按照省、市发展规划、产业政策及要求，狠抓发展这个第一要务，以优化产品结构为动力，以节能减排为抓手，以自主创新为后盾，推进产业转型升级，逐步形成了速度质量效益相协调、投入与产出相协调、发展与环境相协调的新格局，呈现出强劲发展势头。企业连年进入中国化工企业500强、中国化工企业经济效益500强、河北省百强企业，被省政府确定为河北省化学原料及化学制品制造业排头兵企业，2012年在中国化工500强排序中位列第95位。先后荣获全国五一劳动奖状、全国先进基层党组织、全国质量效益型先进企业、全国用户满意企业、全国化工环保先进单位、中国优秀企业、河北省明星企业、河北省重合同守信用企业、河北省AAA级劳动关系和谐企业、河北省先进基层党组织等荣誉称号。

聚海分公司2009年挂牌成立，总资产32亿元，员工760人，占地1200亩。主要产品TDI（甲苯二异氰酸酯），为精细有机化工产品，主要用于生产聚氨酯泡沫塑料、弹性体、涂料、粘合剂等，广泛应用于家具、运输、建筑、家电、节能等领域，市场前景广阔。公司现有年产5万吨TDI、10万吨一期7万吨TDI装置、15万吨DNT装置及现已成功投产的16万吨烧碱装置。

在生产运营方面方面：聚海分公司年产5万吨TDI装置，主要生产技术引进瑞典国际化工。总投资14亿，占地1000亩，年设计生产能力5万吨TDI。该装置于2006年4月破土动工建设，2009年8月建成投产。2009年完成6万吨DNT扩产改造，12年5月完成9万吨技术改造，形成年设计生产能力15万吨DNT。该装置已两次连续运行超百天，创造国际TDI装置最佳运行记录。

年产10万吨甲苯二异氰酸酯（简称TDI）项目是河北省扶持的重点项目之一，总投资19.71亿元分两期建设。当前建成投产的一期年产7万TDI项目，投资金额约12亿元，坐落于聚海分公司原5万吨TDI厂区东侧，在原有1000亩地的基础上新征用地190亩，部分装置利用原5万吨资源，主要生产装置从瑞典国际化工公司全套引进，为目前国内最大的单套TDI生产装置。该项目于2012年4月1日转入试开车阶段，历时46天，于2012年5月16日实现一次开车成功，生产出合格的TDI产品，目前装置负荷100%。

年产16万吨离子膜烧碱项目，为TDI配套装置，概算投资4.6亿元，建设周期一年两个月，该项目2013年9月1日转入试开车阶段，于2013年11月19日实现一次开车成功，生产出合格的烧碱产品。

在安全环保节能减排方面：安全关乎企业兴衰，环保决定企业存亡。公司从项目设计阶段就非常注重安全环保设施建设，项目环保设施投入超过了项目概算投资的8%。在工艺路线选择上，采用先进的技术路线，减少三废产生量。对产生的三废物，项目均针对性建设处理设施，装置产生的废水、废弃、废渣、噪声等都得到了有效的处理或回收利用，消除了对周围环境的影响。同时为满足企业应急救援的需要，公司配备了大型消防车、救护车1辆以及脉冲水枪、重型防化服、空气呼吸器、移动式消防水炮等先进的应急器材。除满足本公司应急救援工作的需要，同时也能够服务于周边企业和生活区。

综合实力方面：5万吨TDI装置技术是目前国内引进国际产能最大、技术最先进的单套装置技术，不仅自身具有较强的盈利能力，为企业创造较好的经济效益。还打破了长期依赖产品进口的压力。几年来，企业研发出涂料级TDI产品，并在引进、吸收、转化国际先进技术的过程中，积累了丰富的经验，在关键核心技术方面取得了新突破，拥有了自己的技术产权。年产7万吨TDI项目的建成投产，使沧州大化TDI设计产能达到了15万吨/年，在国内TDI行业中处于靠前位置。目前，沧州大化集团TDI年产量达到15万吨，占全国TDI产能的19.3%，占国内企业TDI产能的56%，预计年产值约35亿元，年利税总额5亿元，成为国内最大的异氰酸酯产业基地，及世界四大TDI经销商。在抗击跨国公司和国外TDI竞争中，保证了国内异氰酸酯市场的稳定，极大增强了国内异氰酸酯产业发展的信心，促进我国聚氨酯工业的健康发展。

发展规划方面：15万吨硝酸项目、5万吨TDI5扩8产能升级项目已经开始启动。计划2015年内完成建设投产任务。

·河北阳煤正元化工集团有限公司·

2012年是正元集团成立20周年。20年来，正元从一个名不见经传的小厂发展成为总资产50亿元，员工4000人，成为河北省最大的氮肥生产企业和国内煤化工行业知名度较高的重型装备制造基地。

为鼓励正元为国家和社会所做的贡献，原十届人大常委会副委员长顾秀莲，全国政协委员、原化工部副部长李士忠，国务院国资委国有重点大型企业监事会原主席、国家石油和化学工业局原副局长谢钟毓分别为正元发来题词、贺信及撰文。这无疑是对正元干部员工极大的鼓舞和鞭策。

回顾一年来的工作，我公司干部员工面对煤电价格上涨、产能过剩、市场疲软等诸多不利因素。在省市政府部门和阳煤集团及化工局的坚强领导下，紧紧围绕"安全、效益、发展"三大主题，以投资拉动为核心，以强化考核为突破口。把"安全为先、工艺指标为天、基础工作为本"作为生产管理的核心理念；把落实"预实细考"四字工作方针作为衡量各级干部实际工作能力的主要指标。在生产经营管理、项目建设、安全标准化建设、物资管理、宿舍搬迁（卫生防护距离不达标）等方面依然取得了令人鼓舞的成绩。河北省省长张庆伟，省委常委、省纪委书记臧胜业，石家庄市长姜德国在视察正元时，对正元的发展和为河北经济做出的突出贡献给予充分肯定。现将2012年度的工作简要总结如下：

一、主要经济指标逆势增长

2012年完成总氨产量67.1万吨，比上年同期的58.35万吨提高8.75万吨，生产尿素60.32万吨，比上年同期的57.81万吨提高2.51万吨；实现销售收入46.53亿元，比上年同期的18.42亿元增长152.61%，实现利润1.22亿元，比上年同期的1.03亿元增长18.45%。

二、项目建设进展顺利，效益初步显现

1.正元化肥24–40项目。总投资8.65亿元，由我公司自行设计并投运成功，项目自正式动工至竣工结束历时两年左右。其中DN2400氨合成全套静止设备、尿素四大件及低压不锈钢设备均为我公司自行设计、制造。项目于2010年初开始设计，10月份正式动工，至2011年12月中旬一期工程投运成功，2012年8月中旬二期工程投运，2012年12月底三期工程即尿素部分投运成功。目前合成氨系统运行正常，生产稳定，日产总氨达700吨，总氨电耗1565千瓦时/吨，较系统投运前总氨电耗下降200千瓦时/吨；尿素系统于2012年12月底开始投料，现在装置仍在调整中，目前新系统尿素日产已达到1000吨左右，氨耗0.56吨NH_3/tUr，预计3个月左右装置能力可实现达产达标，日产尿素可达到1200吨以上。

2.柏坡正元年产10万吨双氧水工程。总投资1.25亿元，几经周拆和系统试压、调试、消缺，终于2012年12月份投运成功，生产出合格产品。

3.沧州项目进展情况：

(1)现场施工进度：已完成场地地质详勘；完成桩基试桩；完成施工用电建设及送电；完成场地9条道路（3500米，63920平方米）施工，从而保证了各工序安装施工的交通通畅；7月份完成工程监理招标及合同签订；9月份完成了气化工序桩基招标及合同签订，10月1日桩基进点施工，标志项目大规模施工将开始进行。

(2)设备采购订货情况：①2011年4月完成两台粉煤气化炉专利专有设备合同签订，合同总额为27550万元；专利许可合同额2870万元。②2012年5月完成尿素10台包装机6台码垛机合同签订、完成1台尿素耙料机合同签订、完成1台尿素刮料机合同签订、完成4台尿素回转筛合同签订，合同总额3327万元。③2012年6月完成5台压缩机、4台尿素高压泵合同签订，合同总额18530万元（其中：美元1132.253万元）。④2012年7月完成3台260吨/小时流化床锅炉合同签订、完成尿素4台高压设备合同签订、完成1套液氮洗装置合同签订，签订合同总额20134万元。⑤2012年8月完成低温甲醇洗绕管换热器合同签订、完成低温甲醇洗塔内件合同签订、完成1台火车翻车机合同、完成1台高压喷射器合同签订、完成尿素真空系统合同签订、完成尿素1套造粒塔喷头合同签订、完成监理合同签订，签订合同总额5955.6万元。⑥2012年9月完成硫磺回收装置工艺包合同签订、完成气化3套中速磨合同签订、完成煤粉分离系统合同签订，签订合同总额2346万元。⑦以上设备采购均采用公开招标，共完成60台套设备订货，其中液氮洗为整套装置，甲醇洗8台塔的内件。另气化技术专利专有设备224台套。

3.新技术应用情况：中冀正元等温变换项目，由我公司自行设计，采用正元塔器开发的冷壁管束式CO等温变换器，2012年11月24日等温变换系统一次开车成功，目前等温变换炉变换率已达到了设计要求，系统阻力降低0.1兆帕，变换工段总氨副产蒸汽2.5兆帕580千克，1.3兆帕678千克，操作更简单，运行更平稳。

三、新上装置运行平稳

1.正元化肥：1号造气系统。造气炉夹套自动上水设计不合理，致使自动上水不能顺利投运；造气气柜容积小，出现问题时缓冲能力差。输煤系统：振动筛落差大，不仅煤块易破碎还造成煤粉飞扬，振动筛应配备除尘器；7号输煤皮带不能正常输面（面带不上去）。6M50压缩机：1号-5号6M50压缩机一段二段十字头间隙小，冬季气温低十字头与十字头体升温不一致，十字头易烧坏。油站上油路没有保温，造成油温低。

2.柏坡正元：二甲醚装置夏季粗醚冷凝器和醚塔冷凝器温度高，系统压力高，不能满负荷生产，同时各项消耗偏高。故决定增设蒸发冷，保证二甲醚达标运行，现正在施工；尿素粉尘回收装置投运后达不到设计指标，经与厂家分析研究对收水器进行改造，现运行良好，每天能回收尿素1000公斤左右；2号变换就年度大修机会进行全低变改造，开车后各项指标运行稳定，蒸汽消耗降低，吨氨节约蒸汽100公斤。

3.中冀正元：新上35吨锅炉运行平稳，投运后产汽量可达33-37t/h。2012年11月份等温变换试车投运，采用全低变等温变换炉，设备和工艺技术全部为集团自行研制和开发，目前运行良好，副产2.5兆帕蒸汽并入中压蒸汽管网，系统压差由原来中低低的0.12兆帕降低到0.05兆帕，2012年12月13日中国氮肥工业协会专家对此技术给予高度评价。2012年11月份Φ1400氨合成试车投运，投运后将淘汰现有老装置，彻底解决装置老、设备能力小、漏点多的缺陷。项目投运后，运行压力由原来的26.0兆帕降低到19.0兆帕，延长压缩机运行周期。合理调整生产负荷，可根据市场情况合理调整醇氨比，实现效益的最大化。

四、造气攻关取得阶段性成果

针对三家子公司造气单炉产气量小，蒸汽和白煤消耗高等问题，召开造气攻关专题会议，并明确规定各炉上行温度控制在230℃，下行温度控制在235℃。单炉产醇氨50吨/日。会后三家化肥企业积极组织造气技术攻关，中冀正元造气单炉产量突破50吨，风机风挡开启度较大；柏坡正元造气上下行温度控制较好，单炉产氨提高；正元化肥造气各项指标较以前有了很大的提高。目前3家化肥企业整个系统炉温达到了预期目的，风机风挡的开启度有了新的突破，蒸汽消耗有所下降，单炉产氨量有所提高。会议还对造气攻关提出了奖励意见。但我们应该看到与先进企业的差距，下一阶段要迎头赶上。

五、安全、环保工作继续保持稳中趋好的态势

在环保管理方面，继2006年正元在煤化工行业率先实现合成氨生产用水零排放后，近几年又先后投入资金6000万元，完善了全公司燃煤锅炉的烟气脱硫；投资1500万元，对所有废渣实现了回收利用，基本上实现了废水、废渣零排放，废气得到了有效治理，全部合格达标。

在安全管理方面，我们重点围绕安全标准化落实工作，实行了全员签订安全责任状和安全风险抵押金制度。中层以上领导拿出工资总额的30%、员工10%,每月扣发进行抵押。发生安全责任事故,员工全部扣罚,干部加罚1倍；不发生安全责任事故,3倍返还个人,员工半年兑现一次,干部年底兑现一次，这项工作开展两年来，安全责任事故率下降了90%以上。按照安全标准化的要求,近三年,安全生产累计投入资金3.5亿元。一是实现了全公司不防爆电机、电器的更换。到目前为止共更换2300余台套,基本上杜绝了不防爆电机、电器的在线运行,减少了安全隐患。二是现场操作室实现了集中控制。三年来共淘汰不符合安全标准操作室50余座，改造为8个集中控制并符合安全标准的操作室，保证员工的安全。三是搬迁卫生防护距离不达标的周边居民、商铺300余家,其中住宅户中冀正元176户,正元化肥64户,达到了安全标准的要求。截至12月底,集团公司重伤事故为零；无较大爆炸、机械、设备事故;有害有毒物质泄漏或突发性急性3人以上中毒事件为零；放射性等环境污染事故为零;安全设施检验、检测、安全标识、安全周知卡设置规范率达到100%；全员培训持证上岗率100%;有毒、有害岗位职工体检,作业场所危害因素检测合格率100%;无“三违”,隐患整改完成率达100%;同时完善了安全生产记录,建立健全了检查、教育、事故管理、特种设备(特种人员)、安全会议、安全设施、劳防用品等管理台帐,完善了档案管理。3个化肥公司轻伤人数均小于5‰的目标。

六、人力资源管理有序开展

1.招聘工作。截至到12月5日,我公司先后参加了河北工大、河北科技大学、石家庄经济学院等院校的就业双选会及省市人才招聘会40余次。全年计划招聘617人,实际招聘593人,其中硕士研究生学历6人，本科学历60人,大专学历187人,中专中技人员340人。基本满足了各子公司生产技改项目的人员需求。

2.培训工作。2012年全培班共招生338人,其中短训班5个,共202人（正元化肥3个班105人,柏坡正元2个班97人);长期班4个共136人；高中班60人(正元化肥15人、柏坡正元20人、中冀正元25人)；中技班21人（柏坡正元13人、中冀正元8人)；初中班51人（正元化肥8人、柏坡正元18人、中冀正元25人);截止到今年7月份,短训班202人已全部上岗进入实训期。

与此同时,还制定了“员工素质提升实施方案”、“职工培训量分标准”,并坚持每月由科级以上领导对车间操作工进行包保培训。举办技能短训班一期(正元塔器在鹿泉职教中心举办焊工、车工培训班，其中焊工14人参加、车工4人参加),我们还按照《阳煤集团员工素质提升工程实施方案》的要求,鼓励在册员工参加学历教育,2012年共有95人报名参加2012年全国成人高考,过分数线人数94人。

七、物资管理跃上新台阶

2012年，赵石平董事长曾两次在集团公司大会上对我公司的物资管理提出表扬，并安排新闻中心记者到正元做专题采访报道,这对我们既是压力也是动力。为进一步提高物资管理水平,盘活库存占用资金。张立军副董事长在党政联席会议上明确提出,到今年年底前将年初库存资金3480万元，降至2500万元以内。会后，总部物管组和各子公司积极响应,迅速行动。一是先后两次组织各子公司经营副总、物资主管到东光化肥厂学习借鉴物资管理的经验,取长补短。二是总部物管组制定出台了《物资调拨奖惩办法》,并认真实施。三是强化物资跟踪管理。四是充分利用ERP系统对物资数据信息进行控制。通过采取四项措施，使库存占用资金由年初的3480万元,截至12月底已降到2380万元,压缩库存资金1100万元。

八、后勤保障持续改善

1.食堂管理。一年来,通过完善食堂管理的基础工作，落实员工对食堂经营情况的监督，使5个职工食堂管理有了明显提高，基本达到员工满意。同时为降低外出招待费用，在总部职工食堂设立高标准雅间，使招待费用明显降低。

2.员工宿舍管理。为进一步加强员工宿舍管理，更好地为员工提供良好的住宿条件，综合部组织各子公司到金源化肥，敬业集团,鹿泉职中,石市化工二厂等单位参观学习,并更换电扇180台,修善房屋200间，新购窗帘186个，使宿舍管理较前有了明显的改观。

九、“三重一大”事项集体研究决策

为进一步规范决策行为,提高决策水平,防范决策风险。我公司按照阳煤化工〔2011〕82号文件要求,凡属企业重大决策、重要人事任免、重大项目安排和大额度资金运作(简称“三重一大”)事项必须由领导班子集体作出决定的要求,结合我公司的实际,制订了“三重一大”决策制度。自2012年2月份开始,每周二由各部门提出党政联席会议议题，周三晨会后在总部三楼视频会议室召开“党政联席会议”,对“三重一大”事宜实行集体研究决策，并做到了有会议记录、有会议纪要、有与会领导签字。

在党风廉政建设方面，认真落实上级对重点部位、重点环节权力运行的监督，认真履行一岗双责，积极主动地接受党内外监督，集团公司高层领导和中层干部分别向公司纪委、监事会作出廉洁自律7项承诺。经查全年未发生干部违反党风廉政建设的行为。

回顾一年来的工作，虽然取得了一定成绩，但公司的原料、燃料、电力消耗水平与国内先进企业相比还有一定差距。主要表现：一是主要生产装置有待进一步改进；二是生产管理波动较大，消耗高；三是现场管理工作还不够扎实；四是安全生产形势依然严峻，不容忽视。为此，广大干部员工仍需要进一步解放思想，转变观念，增强责任感、紧迫感和危机感，牢固树立“安全、效益、发展”战略意识，坚持以生产为中心，扎实抓好新上项目的“达产、达标、达效”工作，保持企业的可持续发展态势，为开创转型跨越发展新局面、实现“百年正元、百亿正元、一流正元、和谐正元”的战略目标而努力奋斗！

·中石化工建设有限公司·

一、概况

中石化工建设有限公司原系成立于1962年的中国化学工程第十二建设公司，于2008年底完成整体改制。公司总部设在河北省石家庄市。公司现有员工4900多人，其中各类工程技术人员和专业管理人员1200多人，公司总资产7.2亿元。本公司下设安装、电气仪表、非标设备制作、防腐保温、筑炉、机械化施工、建筑施工等若干个工程公司、驻外分公司及化工机械厂、焊接技术中心、无损检测处、理化试验中心。

公司具有独立法人资格和化工石油工程施工总承包一级、房屋建筑工程施工总承包一级、机电安装工程施工总承包一级、市政公用工程施工总承包一级、防腐保温工程专业承包一级、管道工程专业承包一级、化工石油设备管道安装工程专业承包一级、电力设施承装、承修二级、承试四级、普通机械设备维修；钢结构工程专业承包、消防设施工程专业承包、土基与基础工程专业承包叁级；土石方工程专业承包。已通过ISO 9001质量管理、ISO 14001环境管理、GB/T 28001职业健康安全管理体系认证。

50多年来，公司承建的各类化肥、化工、石油化工、煤化工炼油等大型联合生产装置及医药、能源、电力、环保、煤气、天然气、轻工、市政等工程项目多次获国家级、部省级鲁班奖、优质工程、优秀施工项目等多项质量、安全管理奖项。公司屡获全国建筑业AAA级信用企业、全国优秀施工企业、全国化工工程建设优秀企业、河北省建筑业先进企业、河北省建筑业诚信企业、河北省诚信企业、石家庄市建筑业先进企业、石家庄市建筑业诚信企业、石家庄市劳动关系和谐企业、安全生产先进单位、石家庄市先进基层党组织等称号。

二、经营管理情况

坚持以科学发展观为指导，制定了企业中长期发展规划、技术创新发展规划等，明确企业发展战略目标和经营方针，年年制定工作实施计划，抓实方针目标的深入展开和具体落实，使企业经营理念随市场变不断提升，管理不断迈上新台阶。主要经济指标都有较大幅度的提高（已在主要经营管理指标统计表中体现），在本地区居于先进水平。

坚持科学治企，严谨做事，基础管理工作扎实深入，形成了一整套符合现代企业制定要求的规范管理标准、规章制度。通过董事会、股东会制定、完善经营管理办法，形成了绩效考核的有效机制；推行公司信用等级管理办法，强化了服务意识和争创品牌意识，增强了赢利能力；改革用人、用工、分配制度，建立了考核竞争机制和比较和谐稳定的劳动关系；质量、环境和职业健康安全管理体系健全，程序文件与管理标准相结合，修订编制管理标准84项，涵盖了公司各项管理工作要求，顺利通过了国家的监督审核，保证了三个体系管理的全面贯彻实施与有效运行。加强了公司网站建设与管理，基本实现了机关和基层单位办公自动化，生产经营工作纳入网络信息化管理，做到了快捷、便利、准确，在巩固和开拓市场上都有新的发展。

三、企业文化建设

坚持两个文明一起抓，积极探索加强基层党的建设的有效途径和办法，开展“创先争优”活动，充分发挥战斗堡垒和先锋模范作用。以人为本，推进企业文化建设，开展帮贫扶困送温暖活动，每年拨专款对困难职工、劳动模范、军转干部等特殊群体进行帮扶救助、走访慰问。公司时刻不忘履行社会责任，多次组织员工为灾区捐款捐物。汇集编写的《企业文化手册》，集中体现了企业精神、经营理念、企业价值观、企业发展目标等，已成为全体员工的共识和行动；坚持开展讲理想、比贡献和合理化建议活动，开展形式多样的文体活动，组织各种技能竞赛、讲座等，企业凝聚力不断增强，保持了企业稳定和谐的发展环境。党组织、工会组织连续受到上级的表彰与奖励。

四、职工生活水平

公司实施整体改制，平稳成

功地解决了老国有企业长期存在的诸如职工医疗费、养老保险、住房公积金等历史遗留问题和诸多困难，实现工资和各项保险无拖欠，员工的精神面貌发生了很大变化，企业的凝聚力、向心力得到提升，生产经营蒸蒸日上，企业的诚信度和社会信誉大幅提升，三年来公司经济效益不断攀升，职工收入逐年提高，股东年年有收益。

五、技术创新与应用情况

坚持建设创新型企业，有健全的技术进步与创新组织和管理体系，坚持开展技术创新活动，在课题研讨和革新推广等方面成果不断涌现，受到各级政府和业主好评。在技术创新和管理新机制上实现了科技创新的重点突破，有近10项技术创新成果获得过国家、省部级、集团公司等表彰奖励。主要在大型、重型设备整体吊装、焊接技术及对新工法的开发与应用、尿素造粒塔施工中创新技术成功改进工艺，创造无井架挑平台滑模施工工法、技术创新与技术发展课题研讨、QC新成果发布、新技术在施工中广泛应用等方面取得了良好成绩。先后荣获化工施工行业工法、化工施工行业优秀QC成果、中国化学工程集团公司工法、全国优秀焊接工程、化工行业优秀焊接工程等。

六、工程质量和安全生产情况

公司坚持落实科学发展观，把认真贯彻执行党的路线、方针、政策，遵守国家的法律法规和法令作为企业生存发展的根本和指南；把诚信建设与创新发展作为企业生存的根基，把创精品工程、服务社会作为企业发展的理念，重实践行拓展企业的可持续发展空间；以科学化管理，提升企业的综合素质；以坚定的信心和勇气，实施整体改制，公司在建立现代企业制度、技术进步与创新、创全优工程、提高经济效益和职工收入、保持企业安全生产和和谐稳定发展等方面做出了突出成绩。

坚持依法治企，重合同、守信用，质量、安全重于泰山，完善各级安全组织机构和标准规范、坚持各类人员的素资培训率达到了100%；建立完善了施工现场质量、安全生产监督管理机制，加强了施工生产活动的运行控制，把质量安全教育和质量安全检查贯穿始终，保证了施工生产无较大质量事故和无较大安全(伤亡)事故的发生，工程合格率100%，工程优良率在90%以上，竣工交付使用的工程项目(产品)、在建工程项目(产品)以及质量保证期内的工程项目(产品)回访满意度均达到100%。

·石家庄工大化工设备有限公司·

石家庄工大化工设备有限公司成立于1997年4月，厂址位于石家庄高邑县千秋路339号，注册资金10080万元，是一家拥有自主知识产权，以干燥、蒸发、结晶、过滤、气(汽)液分离技术为核心，化工单元工艺工程及设备为载体，为客户提供技术服务及成套装备的高科技企业。

公司于2008年8月被认定为国家级高新技术企业，2008年11月被河北省发展和改革委员会、河北省财政厅、河北省国家税务局、河北省地方税务局、石家庄海关认定为河北省企业技术中心。公司拥有河北省蒸发结晶及干燥工程技术研究中心和石家庄市干燥装备工程技术研究中心。公司于2010年被认定为石家庄市创新型企业，2012年被认定为河北省创新型企业和中国化工行业技术创新示范企业，2013年被认定为河北省技术创新示范企业，“工大”商标2009年4月被国家工商行政管理总局认定为“中国驰名商标”。公司具备A2级压力容器设计、制造资质和B级压力管道设计、安装资质。公司2011年通过了美国ASME生产制造体系认证。

截至2012年底，公司资产总额3.67亿元，资产负债率61.6%。2012年完成销售收入2.13亿元，完成利税5909万元。

石家庄工大化工设备有限公司是中国化学工程设计技术中心站副主任单位，中国通用设备协会常务理事单位。目前拥有几十项完全自主知识产权的化学化工过程技术和装备的专利和专有技术，可以自主研制生产蒸发、干燥、精馏、过滤、结晶、固液分离等多种设备，并能实现功能的整合，生产产品的多样性和系统性处于全国领先地位。

在蒸发及结晶设备行业领域，公司是中国化工学会化学工程专委会蒸发专业学组组长单位，中国石油和化学工业联合会蒸发及结晶技术专业组组长单位，第一届全国蒸发及结晶技术大会协办单位。工业废水蒸发工艺及专用设备，拥有4项专利技术，成功解决了原有技术中热效率和结垢等问题，在硫酸铵、氯化铵、硫酸钠、硫酸镁废水或副产溶液等化工行业中得到广泛应用，先后在电力、冶金等行业的氨法脱硫、镁法脱硫及钙法脱硫技术中进行配套。目前已在全国各地建成多个示范工程，一直处于领先地位。在热敏性易结晶物料的蒸发结晶领域有多项专利技术，在横店集团、石药集团、联邦制药等十几家企业的医药中间体蒸发结晶过程中，大大提高了产品收率，同时使能耗降低了近2/3，产品质量及外观有较大提高，产生了巨大经济及社会效益，增强了企业竞争力。在与重庆三峡英力股份有限公司的合作中首次解决了以天然气为原料氢氰酸法生产甘氨酸的蒸发及结晶技术及设备难题，形成了年产5万吨甘氨酸的能力，各项指标国内领先，目前已在国内推广近10家单位。在与重庆紫光化工公司的合作中，成功解决了蛋氨酸的结晶及蒸发问题，彻底打破了法国普朗克公司在此领域的垄断地位，解决了年产5万吨蛋氨酸的关键技术难题，首次实现了蛋氨酸生产关键技术及设备的国产化。

在干燥设备行业领域，公司是中国通用设备协会干燥设备分会副理事长单位，中国化工学会化学工程专委会干燥专业学组副组长单位，中国石油和化学工业联合会干燥技术专业组副组长单位，全国干燥行业优秀企业，第十一届全国干燥会议承办单位。在干燥企业中拥有唯一的中国驰名商标。主要的干燥设备产品为盘式连续干燥器，在全国化工、医药等行业中均具有相当高的知名度，其销售量占全国总销量的80%以上；以盘式干燥器为核心开发出的“聚甲醛单元脱除包”其主要技术指标超过德国克劳斯-马菲公司产品，处于处于国际先进水平，成功地将其产品挤出国内市场，目前已在云天化、中海油等大型公司应用十几台套。给贵州红星、昊华辛集化工集团等提供的2000旋转闪蒸干燥机为国内最早的大型同类干燥机，成功替代了传统的回转窑，大大节约了能源消耗、提高了产品质量，改善了操作环境，引起了钡、锶盐生产的一次革命。在干燥器总体市场中，公司销售额每年稳居全国前三位，在干燥器生产上具有规模优势。

在过滤分离行业领域，公司是中国通用设备协会分离设备分会副理事长单位，中国石油和化学工业联合会过滤分离技术专业组副组长单位，全国分离机械标准化委会员会委员单位。真空转鼓过滤机、真空胶带过滤机、罐式三合一、铸铁板框过滤机是国内的主要供应商，市场占有率遥遥领先于其他企业。拥有“一种用于真空过滤机的错气装置”、“气液分离罐”两项专利，是搅拌罐式过滤机标准的起草单位，水平带式真空过滤机标准起草单位，参与起草国家标准——《过滤与分离名词术语》。广泛应用于医药、轻工、化工、矿山冶金、脱硫环保、尾矿处理等领域。

在精馏行业领域，立体传质塔是世界上最先进的精馏塔之一，我们一直处于研发的最前沿，技术遥遥领先与其他竞争者，市场占有率逐年急剧上升。其创始人杜佩衡先生是中华塔器专家联谊会会长、全国塔器技术专家委员会副主任委员、国家有突出贡献的化学工程专家、河北省省管优秀专家、中国石油化工勘察设计协会化学工程设计专业委员会副主任委员、全国化工化学工程设计技术中心站《化学工程》期刊编委会副主任委员、河北工业大学教授、河北工业大学塔器技术研究所所长。

石家庄工大化工设备有限公司自上而下高度重视科技工作，始终坚持科技兴企、创新为发展力的战略方针，以科技创新和管理创新为企业发展的内在动力，在企业不断发展壮大的同时，着力提高企业的发展质量。公司以北京化工大学、天津大学、天津科技大学、河北工业大学、石家庄铁道大学、河北化工医药职业技术学院、河北省科学院等高等院校和科研院所作为坚强的科研后盾，并依靠自身雄厚的科研实力，本着高科技产品生产一代、储存一代、研制一代的产品创新策略，不断推出高科技含量、高质量、高附加值的产品，公司技术中心参照国际化工装备发展前沿，根据国内外化工装备领域的发展趋势和国家新型化工装备技术发展需求，结合公司现有的基础和优势，加强干燥、蒸发、结晶、过滤等化工单元装备的研究创新并实现产业化。通过近几年的不断的创新发展，公司已先后申请国家发明专利15项、实用新型专利25项，授权发明专利4项，实用新型专利22项。获得国家科技部创新基金支持3项，中国石油和化学工业联合会技术发明奖1项，中国石油和化学工业联合会科技进步奖1项，河北省科技进步奖3项，石家庄市科技特别奖2项，石家庄市科技进步奖8项，科技成果鉴定5项。石家庄工大化工设备有限公司在不断地创新实践中取得了丰厚的成果。

石家庄工大化工设备有限公司在发展和实践中制订了紧跟时代潮流的创新发展战略，始终坚持创新是企业发展的根本动力。石家庄工大化工设备有限公司的发展来自自身的创新机制的发展和完善，公司始终坚持着力于创新，多渠道、多形式开展创新意识培训，管理层坚持重实效、充满活力的培训。同时，公司加大创新投入力度，高度重视技术开发机构建设，大力培养引进科技人才，努力增强企业自主创新能力。

目前，在保持干燥、蒸发结晶、过滤、精馏单元设备的绝对优势的基础之上，公司加大对成套装备，系统工程的研发力度，与相关科研院所联合拓展新的研发领域，主要在煤制天然气、煤制乙二醇、粉煤灰制铝、海水淡化、核承压装备等领域形成具有自主知识产权的工艺包，以此建立工程总包平台，带动装备制造业务的拓展及技术质量的提高。

·河北华旭化工有限公司·

河北华旭化工有限公司为在医药中间体方面从事科研开发和生产经营的民营有限责任公司。公司位于河北省藁城市市府东路216号,注册资本为3375万元,占地110亩,现有总资产22000万元,在册员工450人,其中高级职称15人,大专以上80人,研究生8人。另外,河北华旭化工有限公司还控股河北朗旭医药科技有限公司,河北金旭药业有限公司,河北汇特塑业有限公司。2001年参股河北常山生物制药有限公司(现已上市)。

本公司主要生产"华一"牌医药专用、农药专用的多种中间体。产品销往华药、石药、哈药、鲁抗、新华制药、联邦制药和同领药业等国内20多家制药企业及江苏、江西、辽宁、安徽、河北等地的农药企业,还出口到印度、越南、埃及和菲律宾等国家,在东南亚市场上赢得了良好的信誉。目前,我公司特戊酸和特戊酰氯在国内同行业生产规模最大。

华旭经营理念:诚待往来客商,互保效益质量,平等互利双赢,共同开拓市场。

华旭文化核心:"忠诚信实,厚德载物","以人为本,和谐共生"。

华旭企业精神:克服困难、自强不息的艰苦奋斗精神;团结友爱、互助互敬的团队合作精神;爱厂如家、爱岗敬业的奉献精神。

管理认证:ISO 9001:2000国际质量体系认证注册号为00602Q10324R0S,ISO 9001:2008国际质量体系认证注册号为00608Q20719R2M,进出口企业代码为:13007007021X。

·北方凌云工业集团有限公司·

2012年是凌云集团重组成立后的第一个完整年，也是公司改革、发展，推进“十二五”战略目标的关键一年。凌云集团在兵器工业集团公司的领导下，积极贯彻落实董事会各项决策，紧紧围绕“提升核心能力、推动科学发展、实现五年翻番、打造百亿凌云”的战略目标，坚持“结构调整、技术创新、精益生产和精细管理”工作主线，积极探索军民融合发展道路，大力推进市场运作、基础管理、文化建设和子集团深度融合，不断提升市场开拓能力、资源整合能力和集团化管控能力，成功收购世界上最大的车锁公司后，凌云事业又迈上了一个新台阶。2012年公司荣获国资委“中央企业思想政治工作先进单位”称号，“六个满意”文化作为和谐文化代表荣获全国企业文化十大典范案例，被兵器集团公司评为“民品经营工作先进单位”，在中国机械500强排名上升至第137位。

2012年工作经营目标及重点任务完成情况：

1. 经营规模保持稳步增长。2012年，在国际、国内经济复杂多变，汽车行业增速放缓的大环境下，凌云集团广大干部职工攻坚克难，狠抓市场、苦练内功，取得了较好的经营成绩，经营规模实现平稳发展。2012年不含德国凯毅德公司实现主营业务收入55.6亿元，同比增长8.8%，完成全年目标的101.0%；其中军品均按时间节点完成了供货任务，全年销售收入5.2亿元，完成年度目标的108.7%。民品经营克服原材料上涨、行业整体形势下滑等不利因素，在确保市场份额的前提下保持了销售收入稳步增长，实现销售收入50.4亿元，同比增长10.1%，完成年度目标的96.9%。累计实现利润总额2.9亿元，全员劳动生产率达11.99万元/人·年，全年累计经营性现金净流量为4.9亿元，净资产收益率为8.8%，国有资产保值增值率108.5%，民品出口交货值8312万元。合并德国凯毅德公司后，公司累计实现主营业务收入66.1亿元，利润总额3.4亿元。

2.子集团融合进一步深化。全年公司围绕核心使命和发展战略，坚持“三统一，一融合”原则，持续推进子集团深度融合工作。一是进一步完善了子集团“十二五”规划及各子公司分规划，建立统一的战略框架体系，强化了子集团的战略引领；二是根据经营和管理实际调整管理架构，建立了4个子公司、7个业务板块的管理模式；三是对凌云集团及子公司组织机构进行了重新调整，创

各业务板块主营业务收入情况：　　单位：万元

公司名称	销售收入	上年销售收入	同比增减(%)
凌云集团汇总(含KKT)	794539	630307	26.06
凌云集团合并(含KKT)	661163	510809	29.43
其中：凌云集团本部	—	2357	—
凌云股份管理板块	226473	196601	15.19
亚大集团管理板块	250143	222598	12.37
凌云驱动轴管理板块	35323	31862	10.86
凌云太行公司	56222	70128	-19.83
凌云燕兴公司	17932	15464	15.96
凌云长城光电公司	4820	4769	1.07
凌云凯毅德公司	105604	—	—

新了凌云子集团与凌云股份公司职能部门设置，子集团管理更加“精简、高效”；四是在兵器集团公司核心价值理念的指导下，充分吸收各业务板块的优秀文化传统，初步建立了以“和合共赢，多元共生”为核心的新的凌云子集团文化理念体系。

3.重点工程、项目稳步推进：2012年，公司完成固定资产投资5.52亿元，新增厂房面积7.05万平方米，在上海、定州、涿州新购置土地149亩。全年实施项目建设25项，年内竣工投入使用12项，在建项目2项，完成立项批复2项，待批复项目5项，前期筹备项目7项。其中，凌云股份公司涿州汽车零部件（热成型部分）建设项目、盐城新厂房建设项目、仪征厂房和办公楼建设项目、定州新厂房建设项目、哈尔滨综合科技楼建设项目，河北亚大汽车管路公司涿州开发区生产基地建设项目、十堰厂房和办公楼建设项目，上海亚大管件公司库房建设项目、长春亚大二期厂房建设项目、上海亚大海宁分公司建设项目、凌云胶管公司钢丝编织管建设项目、凌云太行整体搬迁项目顺利完工。这些项目的建成投产为公司进一步提升能力，开拓市场打下了坚实的基础。

4.资本运作成果丰硕。一是9月12日顺利完成德国凯毅德公司股权收购。此次收购为凌云发展增添了重重一笔，标志着公司在汽车门锁制造方面拥有了国际领先的核心技术、优质产品、高端客户以及成熟的研发体系，为公司的持续发展搭建了国际化市场平台，也使我们提前3年实现“百亿凌云”战略目标。同时，凯毅德持续盈利能力超出我们的预期，成为兵器集团公司海外并购的典型案例。二是完成197厂职工股权收购以及凌云集团增资工作，增资后凌云太行公司、凌云燕兴公司和凌云长城光电公司股东变更为凌云集团，凌云集团注册资本由1.70亿元增为2.19亿元。三是投资清理整合工作顺利推进。完成保定华美塑料工业有限公司、保定欧贝尔电梯有限公司、山西风雷钻具有限公司、北京北方新利特科技发展有限公司、南京分公司的清理工作。四是成功收购哈飞开亿钣金公司，为汽车金属零部件产品结构进一步优化，实现汽车零部件模块化供货奠定了基础。

5.技术创新能力进一步提升。2012年，公司共申报专利67项，同比增长17%，获得授权52项，其中发明专利18项；军品共完成了5项新产品的设计定型工作。凌云股份公司顺利通过了高新技术企业复审，研发中心省级汽车安全件工程技术中心申报通过河北省科技厅、财政厅、发改委可行性论证，级进模自主设计、制造技术已应用于新产品；完成了汽车金属零部件热成型、在线激光+缝焊复合焊工艺和汽车橡胶管路的高压钢丝编织等技术的引进与开发；凌云驱动轴公司研发试验室通过了国家级试验室审核；亚大集团作为第一起草单位完成GB15558.1《燃气输送用聚乙烯管道系统》中“管材”的修订工作，上报国家标准委员会。

6.产品结构、市场结构进一步优化。面对低速增长的汽车市场，公司积极开发新产品，取得显著效果。2012年凌云集团新产品实现产值11.14亿元，新产品贡献率19.68%。其中，军品某型号单兵武器、路航武器产研项目成效显著，部分项目已实现量产，装甲车辆禁锢密封管路项目取得较大进展。汽车金属结构件部分产品进入了本田全球采购系统；成功进入广汽丰田市场及东风日产尼桑品牌配套体系；对乌兹别克斯坦出口份额进一步扩大；为上海通用新车型配套金额预计到2022年将达到31.3亿元；为长安福特新车型配套金额预计到2018年将达到10.3亿元。汽车塑料管路产品成功拓展德国考泰斯业务；顺利进入北美福特燃油管产品供应体系；取得了通用全球管路供货项目。等速万向节前驱动轴产品获得欧洲大众和墨西哥大众出口项目，全面打入中高端市场，通用、大众配套比重加大。市政工程管道产品继续实施大客户战略，加大与港华、华润等集团型客户的合作；参与了香港中华煤气港华投资华衍水务大口径管道项目、苏北沿海地区引江供水工程和宁波化工园区污水排海工程。环保炉灶燃烧器成功应用于“辽宁舰”。

7.集团化管控能力进一步提升。一是建立了以EVA价值创造为导向的全面预算管控模式，强化以预算为引导的资金管理体系和考核评价体系，落实工作责任，完善工作流程，明确质量目标，有效的控制了财务风险。二是积极推进大宗物资集中采购和进口材料国产化等工作，全年直接节省成本约1710万元。凌云股份公司开展与宝钢的完全配送业务，累计减少资金占用1.4亿元。三是全面实施以兵器财务公司为平台的资金集中管理制度，提高资金整体运作能力和水平，有效降低资金成本。2012年，公司通过资金集中管理，内部委贷28笔，实现资金内部调剂4.1亿元，节省财务费用1541万元；四是持续强化人力资源管控，加强干部考查考核，通过述职、谈话、民主测评等方式，强化队伍建设和管控。五是进一步强化公司内部审计，全年共对39家分子公司开展了内部控制审计活动，完成了7名分子公司总经理的离任审计,3个建设项目的后评价及8项专项监察工作,开展了8个建设项目的结算、决算审计。通过内部审计,指出集团各公司内部控制中的298个风险点,已经整改关闭284项,创造管理效益近3000万元。六是全面加强风险管理工作,建立了风险信息报送工作机制,组织开展风险信息报送,有效防范各类经营风险;围绕生产经营中心任务,对逾期应收账款和呆滞存货进行风险评估,开展“两金”占用专项检查,督促逐项整改落实,“两金”占用得到明显改善。

8.积极开展“三化”活动,成效显著。围绕“两提高、两降低、两优化”目标,全面深入开展精益化生产、精细化管理和合理化建议活动。成立了精益管理办公室,建立了覆盖子集团和各分子公司的精益生产领导、推进和实施三级机构,编制了《精益知识手册》,制作了“凌云精益之路”宣传片;凌云股份公司、凌云驱动轴公司、凌云太行公司3个示范区主要工序工装更换时间平均降低了40%。将合理化建议活动开展情况纳入总经理办公会例行议题,加大报纸、网站、电视、橱窗、简报等的宣传力度,强化周评审、月汇总及考核激励制度,开展抽奖、表彰和典型案例巡展,及时兑现奖励,增强员工参与积极性,营造全员参与管理、积极献计献策的良好氛围。精益生产公司精益生产工作以兵器集团公司第2名的成绩顺利通过点检。全年合理化建议员工参与率为97.59%,提案率301.7%,采纳率68.34%,实施率80.16%,节创价值达到2805万元。

9.基础管理水平持续提升。一是财务基础管理工作进一步加强。NC供应链项目实现凌云股份公司28家分子公司整体上线,统一了操作平台,打通了财务业务之间的信息壁垒,梳理并固化了业务流程,大幅提升财务工作效率。二是持续开展安全质量标准化达标工作,全年共对7家驻外分公司进行了安全生产标准化的培训和咨询工作,并对已达标单位抽查、复审;顺利通过了兵器集团公司安全质量标准化检查组复评工作,保持了安标一级企业资质。三是以兵器集团公司法律风险达标工作为契机,大力加强法律风险防控体系建设,形成了凌云集团、各业务板块、所属分子公司三级法律风险管理网络体系,制定法律风险防控管理制度,完善法律风险管理制度体系;引入法律审查环节,充分发挥法律审核在各项工作流程中的作用,重大事项决策、规章制度、合同的法律审查率100%。法律风险标准化工作以486的高分顺利通过兵器法律风险管理标准化规范工作达标验收,被认定为法律风险防范一级企业。四是人力资源队伍建设不断加强,各类人员结构不断优化,获得全国技术能手1人,兵器集团公司技能竞赛取得历史突破,分别获得了数控铣工第3名、精益生产班组第5名的好成绩。五是档案、密码等工作也得到进一步完善和提升,亚大汽车研发中心项目、凌云胶管公司钢丝编织管项目通过了兵器集团公司档案验收,密码工作通过国家安监局检查,获得较高评价。

10.文化建设有效推进,品牌影响力持续提升。一是积极推进文化建设,促进子集团文化融合。按照兵器集团要求,统一视觉形象识别系统,制订凌云集团网络运维规范,并对凌云门户网站进行设计改版,制作凌云宣传册、宣传片,树立统一的集团形象;在凌云股份公司继续开展“六个满意”文化测评,督促整改落实;结合重组实际,积极开展企业文化调研,充分吸收各子公司优秀文化元素,形成了以原凌云文化为统领的,新的企业价值理念体系和规范解释,制订下发凌云集团企业文化建设管理办法和考核评价办法,凌云文化系统性进一步加强。二是注重品牌建设,提升品牌价值。组织公司汽车零部件产品到重庆长安汽车集团、长安铃木、长安福特进行技术交流和产品展示,参加2012年北京国际汽车展览会,借助德国凯毅德公司平台,作为首家中国汽车零部件企业,参加德国国际汽车零部件供应商展览会;组织PE管道产品参加中国(太原)国际能源产业博览会,把凌云文化传播到社会和市场前沿,多角度、全方位提升了凌云的品牌魅力和市场影响力。

11.存在的主要问题。2012年,凌云集团实现了稳定快速发展,但面对依然严峻的市场环境,对照公司“十二五”发展规划的战略部署,凌云集团要实现在国内行业中有影响力、在市场中有话语权,在兵器集团有地位的军民结合型百亿级企业集团的战略目标,任重道远,如经营质量有待进一步提高,集团化战略管控能力和资源整合力度有待加强,科技研发和市场开拓能力还不够强,支撑企业发展的高端人才不足等,这些都是发展中的问题,我们要积极采取措施,进一步学习贯彻党的十八大精神,落实兵器集团公司年度工作会议要求,全力以赴实现凌云集团健康和谐发展。

·际华三五零二职业装有限公司·

际华三五零二职业装有限公司1928年始建于天津,1949年更名为中国人民解放军四零二工厂,1955年迁至河北省井陉县,1965年更名为中国人民解放军第三五零二工厂,2001 年整体移交新兴际华集团有限公司,2006 年改制为际华三五零二职业装有限公司。公司占地 227 万平方米,注册资金 10188 万元,拥有资产 9.3 亿元,公司拥有员工 5000 余名,年产各类服装 1500 万套件,防护系列产品 100 万套件顶,衬布 5000 万米,年销售收入 40 亿元。

1. 公司是军队和国家规定着装单位服装供应支柱企业,是中国最大的军需品研发、生产、服务基地。

公司是军服和行业服装的定点生产企业,多年来一直独家生产驻港、驻澳部队军服和国庆阅兵服,长期为习近平、胡锦涛、江泽民等党和国家领导人及军委首长量身定制服装。在举世瞩目的“07 新式军服”换装中,公司承担了中央军委、总部机关、北京地区各直属单位、两团一队、驻外武官和驻港、澳部队军服生产任务,研发、设计、生产了“神九”搜救服,“神十”防静电、防微波、防辐射系列工作服,“辽宁号”航母系列工作服等特殊紧急生产保障任务。公司是最高检察院、最高法院、国家工商总局、国家税务总局、劳动保护服及职业服装检验规则的标准参与制定企业,是最高法院、最高检察院、公安部、安全部、税务总局、工商总局等批准的服装定点生产企业。公司先后获得“守合同重信用企业、劳动关系和谐企业、12315 国际质量 AAA 信誉企业、全国重质量守信誉诚信联盟单位”等荣誉。公司“3502”商标为中国驰名商标,2010 年公司被认定为国家级高新技术企业。

2. 公司还是目前国内最大的职业装研发、生产、服务基地。

际华三五零二职业装有限公司凭借宏大的规模和雄厚的综合技术实力始终占有国内行业服装的龙头地位。公司拥有强大的科技研发机构——职业装研究院,是河北省职业装设计工艺工程技术研究中心,目前拥有近百人的科技研发队伍,多项科技研发项目获得了国家级、省级科技成果。2008 年公司作为第一起草单位对《劳动防护服号型》(GB/T13640-2008)标准进行修订并通过国家审定,由中华人民共和国国家质量佳度检验检疫总局和中国国家标准化管理委员会于 2008 年 10 月 30 日发布;2008 年公司参与了《职业服装检验规则》(GB/T 22701-2008)国家标准的修订;公司在职业服装材料研究、设计工艺研究等方面积累了大量的经验,为我国服装行业技术的发展做出了贡献。

“一流企业做标准、二流企业做品牌、三流企业做产品”,“十二五”期间,三五零二公司将运用好标准化战略,沿着“技术专利化、专利标准化、标准行业化、全国化、全球化”的路径,努力提升产品技术含量,制定企业标准,进而实现企业标准向协会标准、行业标准、国家标准的过度。2011 年公司被认定为“国家级企业技术中心”,进一步掌握职业装市场的主动权和话语权,实现从行业标准制定的参与者到制定者身份转变,提升了公司的科技研发竞争力。

3. 公司是持续创新的现代企业,积极开拓防护系列产品等市场。

近年来,通过设备技改、科技创新进行产品结构调整和产业升级,公司的加工生产能力、生产工艺水平、产品质量等综合实力不断增强,2009 年,公司《职业装研发服务基地建设》荣获第十五届全国企业管理现代化创新成果二等奖;2012 年公司《职业装企业“双模化”公司管理创新体系建设》荣获第十九届全国企业管理现代化创新成果二等奖。

公司专注于产品更注重生命安全,作为军需后勤保障核心骨干企业,公司以提高战士生命防护能力为目标,研发、设计、生产涉及帐篷系列、假目标系列、防护系列、携行具系列、功能性服装系列、生活保障系列、单兵科技装备系列,提高野外生存保障能力,进一步增强公司市场竞争能力。

4.公司积极承担社会责任,履行央企义务。

公司作为央企,积极承担各项社会责任。2003 年“非典”期间,公司用 3 天生产了 15 个品种、14 万套件“生物防护服”,紧急运往北京小汤山等“非典”医院;2008 年,汶川发生大地震,公司投入 30 余个班组、2000 多名职工紧急生产15 万套迷彩服,6.9 万顶迷彩帽、5000 余顶帐篷、13 万床棉被送往灾区,为保障灾区人民生活、确保社会稳定做出了积极贡献,全国总工会授予公司“抗震救灾、重建家园‘工人先锋号’”荣誉称号;2009 年冬季,石家庄雪灾,公司组织了全公司上下对重灾区——井陉县捐款捐物活动;2011 年,积极为资助开展石家庄市关爱农民工志愿服务活动捐款等。

“十二五”期间,三五零二公司坚持在学习中成长、在创新中发展的企业精神,继续坚持“‘针’情真意、打造精品”的企业宗旨,矢志不渝为客户提供优良满意的服务,充分展现各行业敬业、靓丽的职业风范。

·保定铸石集团有限公司·

保定铸石集团有限公司保定铸石厂是中国铸石产品主要生产厂家之一。地处京、津、石三大城市中心历史文化名城——保定城西。省道保涞线从门前通过,距 107 国道及张石高速均不到 2 千米,铁路火车站 1 千米,交通十分便利。

保定铸石厂成立于1972年，企业注册资金1650万元，占地面积6万平方米，固定资产总额3000万元。企业拥有职工500余人，其中工程技术人员68人，建厂40年来，摸索出一套较完整、系统的铸石生产经验，掌握了操作工艺，具备大批专业生产队伍。拥有中频煨管机、卷板机、坡口机、剪板机等铸石专用设备25台(套)。具有年产15000吨铸石制品的能力。年产值3000万元，利税300万元。主导产品为辉绿岩、玄武岩夹套铸石管、预应力复合铸石管、离心填充复合铸石管、普通异型铸石板、微晶铸石板、铸石粉和铸石骨料等“燕赵”牌铸石系列产品。

铸石是一种精选几种天然岩石，经配料、熔融、浇注、热处理等工序制成的晶体排列规整、质地坚硬、细腻的非金属工业材料。其硬度仅次于金钢石和钢玉，铸石管以金属材料无法比拟的耐磨性和耐腐性，取代了进口及国产无缝钢管，成为工业设备的必备品。我厂生产的“燕赵”牌铸石系列产品，被广泛应用于冶金、电力、矿山、煤炭、化工和建筑等国家重点工矿企业设备中的易磨损、易腐蚀部位，设备寿命明显延长，既提高了生产效率，又极大的增加了经济效率。现在，我厂是全国近2000家铸石产品用户的供货厂家。

近几年来，企业不断加大了科技投入，开发新产品，适应市场需求，科技优势不断扩大，产品多次获奖。我厂研制生产的预应力铸石管，在中国火炬计划成果及高科技产品展交会上被授予最佳火炬计划产品奖。预应力复合铸石管被国家科委、中国工商银行、国家劳动部、国家外国专家局、国家技术监督局评为国家级新产品。铸石管材系列产品还荣获第七届全国发明博览会名、优、特、新、高产品最佳奖。2008年、2009年技术再创新高，最新研制出微晶铸石产品。微晶铸石就是采用铸石的生产工艺，其配方在铸石和压延微晶的基础上经过优选改进使其更加优良；其主要工艺是经过受控成核晶化，因此形成结晶均匀致密、强度高的微晶铸石板材。微晶铸石耐磨、耐腐蚀、重量轻、安装使用方便，并克服了铸石板黏贴不牢易脱落的一大难题。

多年来，企业坚持以市场为向导，靠滚动求发展，以优质产品质量赢得了较高信誉，企业多次被评为重合同守信用单位、信用优等企业。企业通过ISO 9001：2000国际质量体系认证，荣获省级“先进企业”称号，计量达国家二级计量标准。

防腐工程公司是本企业所拥有的一支技术过硬的施工队伍，承揽各种防腐耐磨工程施工，为您提供铸石制品优质的售后服务。

发扬“勿饰务实，敬业兢业，永不停息，争创一流”的企业精神，坚持“以质量推动企业发展”的理念，我们会不断创新，为全国新老客户提供质优价廉的铸石产品和超值服务。

·格力电器石家庄家电产业园·

格力电器石家庄家电产业园位于石家庄国家级高新技术产业开发区珠江大道与环城水系的交叉口，是由目前全球最大的集研发、生产、销售、服务于一体的国有控股专业化空调企业珠海格力电器股份有限公司独资兴建的家电产业园。目前已经完成一期小家电项目和二期空调项目的建设。

一期石家庄格力电器小家电有限公司于2011年5月成立，公司占地面积近500亩。经过近两年的不断发展壮大，资产总额已达7亿元，职工900余人，建有总装、注塑等4个生产车间，共9条总装生产线，主要产品包括电暖器、电风扇、电磁炉、电饭煲、电水壶等70余种型号的小家电，现已具备日均产能2万台的生产能力，产品销售网络已遍及全国30多个省市自治区。

二期格力电器空调项目于2011年5月底开工建设，2012年3月正式试产，为内销空调机型生产基地，项目占地800亩，建筑面积近70万平方米，建有总装分厂、注塑分厂、两器管路分厂、钣金喷塑分厂、控制器分厂、物资库及成品库等，初期规划年产空调300万台套，是华北地区最大的专业化空调生产基地。目前已经完成6条总装生产线以及相关配套车间设备的投入，当前日产家用空调已经超过1.1万套/天，产品的规格已达20个品种，可以生产柜机、分体机、变频机，已经逐步引进总部的高端产品。石家庄格力空调项目现有员工超过4200余人，其中本科及以上学历300余人。

实干赢取未来，创新成就梦想。作为石家庄一号工程、河北省重点项目，格力电器石家庄产业园将按照总部的战略部署，求真务实，开拓创新，以“缔造全球领先的空调企业，成就格力百年的世界品牌”为目标，为“中国梦”贡献更多的力量！

·邯郸市金赛博板业有限公司·

邯郸市金赛博板业有限公司，位于河北省曲周县现代新型产业园区(北区)，成立于2003年6月，总投资2.3亿元，注册资金6218万元，占地200亩，职工400人。主要生产经营环保型秸秆刨花板、贴面板系列产品，产品畅销上海、重庆、天津、广东等地，并远销韩国、日本、欧盟、美国等国际市场。早在2002年，公司在北京人民大会堂举办了绿色板材发展战略研讨会，首次倡导生产绿色板材，受到业界人士的普遍赞誉和广大民众的广泛关注。

——公司作为刨花板行业领军企业，拥有自主知识产权，通过ISO 9001国际质量体系认证，积多年来生产经验，形成了国内外领先的刨花板生产技术。

——公司是中华人民共和国《刨花板》标准起草单位、中华人民共和国《抗菌防霉功能木质装饰板》标准起草单位。

——公司防潮刨花板研发及工业化生产技术，荣获“国家科技进步二等奖”（刨花板行业唯一最高荣誉）、“省科技进步一等奖”；高强度刨花板专利企业标准已经河北省质检局认定，上升为河北省地方标准。

——公司先后荣获联合国工业组织蓝天奖、全国科学技术进步奖（精锐住宅奖）、中国驰名商标（刨花板行业第一、唯一企业）、中国生态建材创新模式奖、河北省著名商标等多项荣誉。

——公司是美国CARB认证企业、日本交通大臣JISA认证企业、零甲醛生态板发明专利企业。是国家级高新技术企业、河北省林果产业化重点龙头企业、河北省百家重点扶持民营企业、河北省优势培育企业。

——公司是北京奥运会办公家具E0F★★★级环保板材独家供应商、上海世博会E0F★★★★阻燃刨花板供应商，瑞典宜家家居（IKEA）E0板材供应商，日本通世泰、三菱电器E0F★★★★星级板材供应商。

依托曲周县校合作优势，公司先后与西南林业大学、中国建材学会、东北林业大学等多家高校院所建立合作关系，引进高科技人才，建立了邯郸市金赛博板业有限公司技术研发中心，在此基础上，正在积极申报省级生物质秸秆环保刨花板工程技术研究中心，形成了秸秆环保系列胶粘剂、功能刨花板研制开发和生产能力。尤其是与国家建材科学研究总院合作的防电磁辐射刨花板系列，通过国家建材科学院已被列入国家“十二五”计划，得到解放军总装备部的青睐。

近年来，通过对设备改造、生产工艺进行升级，生产原料由利用速生林小径材、间伐材、枝桠材、木材加工剩余物变为农作物秸秆加工生产刨花板，是利用秸秆生产人造板的新突破。公司利用曲周及周边县棉花等农作物秸秆资源优势，开辟了棉杆利用的新渠道，成为木材的替代品，年可节约木材20万，折合成片林达227亩，大大减少木材的砍伐量，维护生态平衡，对发展农业循环经济、增加农民收入（人均增收200元）、保护林木资源具有重大的环境效益和经济效益，为解决日趋紧张的木材原料，保护森林资源和生态环境做出了卓越贡献。2012年实现产值35790万元、销售收入37290万元，利税1100万元。

·河北荣森电气有限公司·

河北荣森电气有限公司建于河北省肃宁县工业聚集区，是肃宁县重点扶持的企业，具备京、津、石高速公路直达的交通优势，工业区基础设施建设完善，交通运输便利。公司成立于2010年，是集研发、生产输变电线路用6k千伏—1000千伏复合绝缘子系列、直流±80万伏级超高压复合绝缘子系列、交流27.5千伏电气化铁路接触网复合绝缘子系列的综合性制造企业，运用先进的风力应力实验分析和机械性能衰变的可靠性研究提高产品整体的技术水平，生产采用先进的一次性整体注射和分段式密封压接技术，提高产品的安全性能，对硅橡胶配方进行二次优化，提高产品积污特性，适应沿海高海拔等地区不同环境要求，公司已组织15人的研发队伍正在进行研发，针对国内超高压绝缘子生产企业的竞争，在产品的研制上突出西北地区环境、沿海地区环境以及东北严寒地区的环境对绝缘子进行一系列的研究，包括胶料配方、风力载荷、抗污闪等，采用国内先进的一次性整体注射节能设备和上海交大研制的全自动数控压接设备及山东产72小时全时在线监测拉力检测设备，提高产品的性能和质量，达到年生产20万支的规模。

公司承担的年产150万支电气化铁路接触网用复合绝缘子列入了河北省重点项目，项目目前正在建设中，随着国家“十二五”特高压电网建设的出台，超高压电网作为特高压的辅助网也在规划布局中，其中：北电西送，西电东输将投入巨资进行建设，华北、西北、东北等国家电网公司所属电网公司都在谋划超高压电网的建设、升级及改造，超高压电网作为主网输电，其前景广阔，为了与国家“十二五”电网建设同步规划，扩大企业的销售市场，项目产品主要销售客户为全国各电网公司。项目完工后将大大增强企业在电力、铁路两大市场的竞争力，增加企业效益，带动本地机械制造、化工、铸造等相关行业的发展、增加就业、促进当地经济发展。

随着国家加大能源、交通基础设施建设，为复合绝缘子的发展创造了无限商机。公司抓住行业大发展的有利时机，建立了高质量、高标准、具有较大规模的生产基地，充分利用好国家各项优惠政策，争取国家政策的大力扶持。加强自有品牌建设，开拓进取、扎实工作、与时俱进、立足本厂、放眼全球，推出该项目的自有品牌。以市场为导向，以资本为纽带，奋力拼搏，追求卓越，力争用最短的时间形成投资多元化，产品规模化把我们的企业做“大”、做“强”。公司要注重引进人才，不断创新、进取，加大自主研发力度，以技术作为企业发展的依托，用现代化的企业运行机制不断的推动企业的健康发展。

组织人员参加国家级知识产权保护的培训，并对形成的知识产权重新进行梳理、认定、积极地申请知识产权的保护。2012 年度就申请了 9 项发明专利、16 项实用新型专利，转化为各类创新产品 282 种，累计申请专利 90 项，截至目前，已有 13 项实用新型专利及 21 项软外观专利已授权，对取得的知识产权纳入依法管理和保护的范畴，为公司今后参与市场竞争保驾护航打下了基础。同时公司积极参与有关知识产权的竞赛，使员工对知识产权的保护增强了认识。新产品已在北京铁路局、太原铁路局试挂，用户反映非常良好。目前耿卫斌同志正积极筹备产品鉴定会资料，为高速电气化铁路、国家输变电电网建设、城市轨道交通提供优质产品打基础。

为了打造河北荣森品牌，在未来的发展中公司提出了以下发展战略和布局：

一是继续依托厂校合作，推动公司技术中心建设，形成多项自主品牌，使新产品、新技术达到国际先进水平，并在一个相对稳定的竞争周期内保持领先水平。在超、特高压领域要迈入超、特高压输电网在中国“十二五”规划要投资 5000 亿元进行建设这是难得的又一次机遇，公司已经掌握特高压和超高压绝缘子产品制造技术并达到了国际先进水平，技术的储备为市场参与竞争打下了基础。750 千伏分节用复合绝缘子、电气化铁路接触网用间隔棒、高速电气化铁路专用复合绝缘子等科研项目取得初步成果。逐步完善项目立项审批、财务管理，研发奖惩、售后服务管理、产学研技术合同管理、研发投入核算、专家访问、科研成果验收；逐步完善公司信息化管理：实行金蝶 ERP 财务成本核算以及 PPM 产品质量过程控制管理系统等一系列信息化制度。使各部门在实际工作中通过信息化系统流程管理，减少不必要的繁冗环节，加快项目进度，达到产品生产研发的快速和质量可控。

二是铁路市场是公司的根基，除不断研发新产品外，按照现在的铁路市场布局，发挥公司市场占有份额的优势在今后铁路的改造行业维修上拓市场，并积极参与新铁路建设的竞争。同时研发接触网附属产品寻找合作伙伴，用市场拓产品，以新产品来引领市场，继续研发新型憎水性脂环族环氧树脂化合物材料复合绝缘子系列产品，用市场需求拓展产品，以新产品来引领未来市场。

三是按照国务院的“十二五”综合交通运输体系规划，2009 年年末，在保增长的浓重氛围下，地铁建设规划集中批复了 22 个城市的地铁建设规划，总投资达 8820.03 亿元，要求 2015 年底要建成一批重大铁路项目。“十二五”期间各城市地铁、轻轨规划线路建设里程将达到 2600 千米，建设投资规划额将达 1.27 万亿元，地铁市场潜力巨大。为此公司根据市场需求，提出对城市轨道交通复合绝缘子技术进行改进，研发新型材料城市轨道交通接触网用复合绝缘子产品，通过采用新工艺，新材料推新产品，拓展轨道交通复合绝缘子市场。

四是积极开拓国际市场，以自身的技术、工艺和研发水平与国际公司对接，合作研发国外需求的产品。调整发展思路，构建公司文化，以公司的文化引领公司发展。

总之，公司通过全面推行 ISO 9001 质量体系管理逐步完善生产和工作制度，以厂校合作为支撑、科技创新为基础、项目建设和品牌创建为引导、提高企业效益为目标、建立了独特的企业文化，走出了一条适合企业自身发展的可持续发展之路，实现了“创新发展、市场共赢”。公司秉承“以我谨诚精神，致力电力电气化铁路事业”的企业精神，以“精益求精、打造品牌、质量永恒、服务无限”的宗旨，为国家电力事业和电气化铁路事业的发展奉献优质的产品。

·河北欣意电缆有限公司·

2012 年 3 月，河北欣意电缆有限公司在石家庄高新技术产业开发区成立。注册资本 1 亿元人民币。

安徽欣意电缆有限公司董事长林泽民先生兼任河北欣意董事长、法人代表。于贵良先生任副董事长兼总裁；秦伟先生任董事。

河北欣意的主要产品，是拥有完全自主知识产权的欣意牌稀土高铁铝合金电力电缆。

河北欣意稀土高铁铝合金电力电缆项目位于石家庄高新技术产业开发区，是石家庄市政府重大招商引资项目，也是安徽欣意迄今投资最大的产业基地。

本项目总占地 2000 亩，分三期建设。一期工程总投资 25 亿元，用地700亩。其中600亩用于生产厂房及相关附属设施建设，100亩用于办公和研发。一期工程的设计产能为每年100亿元。二期、三期工程用地1300亩，用于扩大再生产和研发基地、院士工作站建设。项目全部建成后将形成每年1000亿元产值的生产能力。届时，石家庄将成为我国北方最大的以铝代铜电缆研发、生产基地，并将形成“以铝代铜”高端产业群。

项目于2012年2月29日奠基。河北省委常委、石家庄市委书记孙瑞彬，市委常委、常务副市长王大虎，市委常委、市委秘书长胡儒钗，安徽欣意电缆有限公司董事长兼河北欣意电缆有限公司董事长林泽民等出席了奠基仪式。孙瑞彬书记多次指出，欣意电缆落户石家庄，必将有力推进全市工业经济的转型升级，进而推动全市经济社会的全面发展。

4月5日，项目正式开工建设，一期工程10月28日建成投产。建设过程中，省委常委、常务副省长杨崇勇，省委常委、石家庄市委书记孙瑞彬，石家庄市人大常委会主任王增明和市人大常委会全体班子成员，市长姜德果，市政协主席王华清，市委常委、常务副市长王大虎，市委常委、市委秘书长胡儒钗等省市领导同志，都曾亲临工程现场视察、调研、指导。市委、市政府领导主持协调会、现场办公会数十次，帮助解决工程建设过程中遇到的各种问题。由于省市领导的大力支持和亲切关怀，从正式动工到建成投产仅用了半年时间，创造了重大项目建设的石家庄速度。

电缆被喻为国民经济的“血管”和“神经”。我国电缆年产值已突破一万亿，成为电工电器行业中仅次于汽车整车制造业的第二产业，其中97%的电缆是铜芯电缆，用铜量约占全国用铜量的50%。而铜作为我国仅次于石油的第二大战略物资，近年来消费量高速递增，目前进口依存度高达60%。据中国有色金属工业协会统计，截至2009年，中国铜矿资源的储量约3000万吨，约占世界总储量的5%。目前，国内每年铜用量约700万吨，如不进口，我国的铜资源仅可使用几年时间。因此，如何寻求战略物资替代，解决铜原料安全和可持续供应，已经成为涉及国家发展与安全的重大战略课题。

在上述背景下，安徽欣意电缆有限公司经过多年消化吸收国内外先进技术工艺，研制成功了具有完全自主知识产权的稀土高铁铝合金电力电缆，实现了中国电缆行业的“以铝代铜”，被称之为“一场有色金属的材料革命”。

安徽欣意电缆公司已真正掌握稀土高铁铝合金电力电缆的核心技术，拥有行业科技制高点，牢牢把握住了发展战略主动权。在国内大力推广稀土高铁铝合金电力电缆，有助于实现中国电缆产业结构优化和全面升级，加速企业参与国际化分工进程，扩大出口创汇，促进民族品牌做大做强，为实现由“中国制造”向“中国创造”的转变做出更大的贡献。

面对我国铜资源几近枯竭的严峻形势，欣意牌稀土高铁铝合金电力电缆的发明，意义大到难以估量。大力推广、应用稀土高铁铝合金电力电缆，成为一项事关我国国防建设、社会经济协调发展，造福子孙后代的伟大工程。

西方国家以铝合金电缆代替铜电缆已有40年历史，产品普及率超过80%。ALCAN、SOUTHWIRE、NEXANS三家铝合金电缆国际巨头长期垄断着市场和技术。欣意牌稀土高铁铝合金电力电缆的问世打破了这种垄断，安徽欣意由此成为全世界四大铝合金电力电缆专业制造商中唯一的中资企业。欣意公司已向美国、日本等20多个国家申请了产权保护。

与国外同类产品相比，欣意牌稀土高铁铝合金电力电缆的性价比更具竞争力。产品连续7年出口美国23个州，无一例质量事故。目前，欣意公司已申报80余项专利，并分别通过了美国UL、加拿大CUL、澳大利亚SAI GLOBAL、马来西亚SIRIM认证。

欣意牌稀土高铁铝合金电力电缆可广泛应用于电力、汽车、交通、矿产、船舶、化工、军事等领域，在复杂恶劣的工程环境下使用，其优势更为明显。产品2009年进入中国国内市场，已成功应用到上千个工程项目，获得了国家住房和城乡建设部、国家消防总局、国家电网、南方电网、中国铁路、中国石化、大唐集团等权威认证和推广使用。欣意公司主导编制的产品国家标准即将颁行。

稀土高铁铝合金电力电缆是在铝中增加铁、稀土等元素，经过退火处理后形成的合金材料制成的电力电缆，属于先进的、成熟的技术。

与铜电缆相比较，欣意牌稀土高铁铝合金电力电缆在资源、环保、安全、性能、价格等方面均具有明显优势：

资源优势。我国是一个铝矿资源和稀土资源储量丰富的国家，其中铝矿探明储量为30亿吨，占世界总量的12%。由于普通铝芯电缆的机械性能和抗腐蚀性能较差，所以铝芯电缆占中国电缆总量仅为3%。作为宝贵的战略性矿产资源，中国稀土初级产品产量和供应量近年来占到世界市场90%以上的份额。在现有的产业格局下，中国依然只是在充当廉价原材料供应商，稀土高利润的应用环节是中国所欠缺的。稀土高铁铝合金电力电缆应运而生，极具资源优势。

节能，节材，环保。铝的熔点660℃，远低于铜的1083.4℃。铝及其合金材料的工艺冶炼环节大大降低了煤、电等高耗能资源用量，减少了温室气体排放，十分有利于社会经济与生态环境的和谐发展。

高科技专利材料降低了火灾风险。据统计，我国每年发生的火灾15%以上是由电缆短路引发的。欣意公司采用自主研制的阻燃硅烷交联聚乙烯材料，加上其独特的自锁型铠装结构，当电缆外火温度达到近千度时，可实现不延燃、不滴落，低烟无卤，从而大大降低了火灾风险和人身安全隐患，被称为“救命技术”。

各项性能指标优越。稀土高铁铝合金电力电缆采用30多项专利技术，通过添加微量稀土元素、铁元素以及特殊的工艺处理，使产品在导电性、柔韧性、延伸性、抗蠕变性、抗腐蚀性等方面均优于铜电缆。

——欣意公司自主研制的硅烷交联聚乙烯电缆绝缘材料具有良好的抗氧化、耐腐蚀性。根据美国材料学会公布的数据，欣意公司产品的使用寿命高出铜电缆10年以上。

——导体的柔韧性比铜电缆提高了30%；抗蠕变性比铜电缆小40%；延伸性比铜电缆提高了50%。

——外层采用先进的金属连锁铠装技术，具有优异的抗压、抗冲击、抗弯曲、防虫鼠咬等特性。

——为弥补铝合金导电性比铜弱的不足，欣意公司采取增大导体截面和线芯紧压技术，满足或者优于铜的载流量、电阻及电压损失。成品外径略高于铜电缆，但不会增加工程造价。

巨大的价格优势。铝合金电缆的主材是铝。铝的价格、比重远远低于铜，加上施工时可免去桥架安装，用工少，综合成本比铜电缆可降低30%以上。在我国城镇建设和城乡电网改造中，使用这种新型电缆可帮政府和企业节省大量投资成本，对创建节约型、可持续发展型社会产生不可估量的影响。

安徽欣意电缆有限公司总部位于素有科技城之称的中国合肥。公司拥有从铝锭到铝杆生产线，十三模智能化高速拉丝机，630框式绞丝机，150挤塑机，3150大型成缆机等生产设备。以及QJ57型电桥拉力机，热老化试验箱等检测设备，并引进了国际先进的诺基亚110千伏交联电缆生产线，西克拉在线式电缆偏心测量仪和西门子200千伏局部放电试验装置。

目前，安徽欣意拥有合肥、巢湖两个产业基地。除河北基地外，广东清远和安徽绩溪两个产业基地也正在建设中。

·明达线缆集团·

明达集团创建于1989年，占地面积12.9万平方米，建筑面积7.6万平方米，注册资金2.3618亿元，员工800余人，年生产能力20亿元。现辖九大专业生产公司，100多个协作厂家，并在全国设300多家销售公司和特约经销处，形成了从原材料生产到成品销售一条龙的大型企业集团。

一、坚持科学发展，不断加大技改力度，产品质量有了很大提升，并获得多项殊荣

1.实施人才战略。董事长雷国玺认为“任何一个企业，如若在竞争激烈的市场中站稳脚跟和发展，人才是最宝贵的。企业的竞争，归根结底就是人才的竞争。”他先后从全国各地聘请高端技术人才20多名，其中3名属行业内的顶尖人才，另外高管20多名，集团内部还培育了一线技术骨干60多名。知情人都知道，明达是一个人才聚集地。

2. 建立研发中心和产品检测中心。有了人才，集团内组建了产品研发中心和检测中心，以市场需求为导向，以科技研发为依托，与上海、北京电线电缆研究所，西安交大、哈尔滨理工大学等全国多所电工类院校、研究所进行技术研究研发合作，相继开发出了多项国家专利技术，如改型耐用采煤机电缆、高压零泄漏耐寒(-40℃)矿用电缆、风力发电机专用耐低温电缆铜、深海石油潜油泵电缆，并依据美国UL标准，美加CSA标准转化研发了一系列高强高导铝合金电缆等。新产品的开发，为抢占市场先机创造了有利条件。检测中心的建立，为保证产品零缺陷出厂打下了坚实的基础，目前，明达集团拥有检测设备百余台。

3.加大技改力度，不断引进国内国际先进设备，使产品质量有了很大提升。从建厂伊始，董事长雷国玺就立下豪言壮语：放远长久，大投入上规模，着力提升产品质量，打造自己的品牌，坚决不贴牌，靠科技创新引领产品质量从优质到卓越，立足国内，面向世界，创造世界一流的产品。他认为：“产品质量是企业的生命线，是立企之本。”

科技创新。20年的实践，明达人深深认识到，产品质量很大程度上关键是要靠设备更新，只有设备先进，才能生产出高质量的产品。1989年建厂时，只有橡套一个车间，一条家庭作坊式的生产线，生产工艺落后，产品质量低下。早在1996年，明达人在本地区率先引进了第一条连续硫化生产线，生产高低压橡套电缆(矿用电缆),投产后,生产效率大幅度提高,产品质量大幅提升,目前,已引进9条该生产线。2005年,明达线缆集团引进了国内最先进的生产线,生产高压电力电缆,使产品电压等级由1千伏提升到了35千伏,大大改变了产品结构,增强了企业竞争力。2012年,集团投资3000万元,购进国内先进专业设备30多台(套),迅速实现了企业规模、生产技术和产品质量“三升级”。目前,集团全部使用了国内国际最先进的生产设备。

4.优质的产品,使明达集团获得多项认证与荣誉。

2011年度明达牌系列产品,被国家工商行政管理总局商标局,认定为中国驰名商标。2008年被中国电器工业协会电线电缆分会企业实力综合排名25位。2009—2010年度,经国家法定部门及中国行业信息发布中心,评估认定为全国线缆行业百强企业,矿用橡套电缆十强企业。还被评为中国优质电线电缆产品、河北省著名商标、河北省优质产品。2012年度被中国工商行政管理总局认定“重合同 守信用”企业,2012年被中国电网认定为入围企业。

明达集团率先获得ISO 9001国际质量管理体系认证、ISO 14025环境标志国际标准标识使用许可证、国际标准产品标志证书及有关证书,2013年通过国家PCCC认证等。

二、明达集团已是远近闻名的电线电缆行业领跑者。明达集团无论从企业规模、产品质量、企业的美化、亮化、硬化,还是从品牌知名度美誉度等方面,都已冲在了前头,占到了领军地位

1.企业规模领先,并发展势头强劲。明达集团现辖九大专业生产分公司:橡缆分公司、铝合金分公司、交联分公司、力缆分公司、铜业分公司、架空导线分公司、轧胶分公司、高分子材料分公司、铝业分公司。主要产品有:地铁轻轨专用电缆、航天特种控制电缆、节能环保高强高导铝合金电缆、硅橡胶氟塑料耐高温特种电缆、石油探测潜油泵专用电缆、橡套软电缆、各种高低压矿用电缆、高压无泄漏(零泄漏)矿用电缆、改型耐用采煤机电缆、电焊机电缆、风力发电机专用耐低温(-40℃)电缆、高压交联电力电缆、架空绝缘电缆、特种电缆及各种阻燃、耐火电线电缆、塑力电缆、预制分支电缆、控制电缆、架空导线、计算机电缆、布电线和各种专用屏蔽电缆、镀锡铜丝和各种型号的光铜线,还有轧胶、拉铜、拉铝及高分子材料等系列产品,电线电缆共19大类上千种规格型号。

明达人才、技术、资金力量雄厚,又新征地100亩,新上连铸连轧、木材熏蒸等项目,积极响应县委县政府号召,争取为宁晋的两个翻番目标做出新贡献。

2. 明达集团已是花园式一流企业。一座座高耸如新的厂房,雄伟的办公楼,气派的职工宿舍楼、营销中心大楼,宽阔整洁的道路,绿草茵茵,树叶婆娑,百花斗艳的绿化场景,让人耳目一新,显示出花园式现代化工厂的气派。专家公寓楼内设有卫生间,电视、电脑、现代家具、中央空调等设施高档舒适;就是一般职工宿舍楼内,卫生间、洗漱间、沐浴室、开水室、中央空调等一应俱全,俨然星级宾馆。所有员工的生活工作环境都是一流的。

3.明达品牌已响誉全国,走向世界。明达品牌不但得到专业部门的认可,而且深受高端客户的青睐。明达产品用于上海世博园、广州亚运会、深圳大运会等国家大型重点工程,广泛应用于国防、电力、交通、钢铁、石油、化工、矿山、造纸、机械、水泥、建筑等各个行业,畅销全国30多个省市自治区,并部分出口到俄罗斯、朝鲜、埃塞俄比亚及东南亚、中东等地,特别是铝合金电缆出口美国、加拿大后,订单不断,已供不应求。

另外,全国各地假冒明达牌电缆情况,时有发生,从反面折射出明达品牌的影响力。

三、工业报国,回馈社会

明达集团企业的价值观就是“工业报国,回馈社会”,所以,支持公益事业,帮助弱势群体是企业不懈的追求。

1.慷慨解囊,热心支持公益事业。20多年来,雷国玺坚持以回报社会为企业宗旨,把回报社会作为企业的终极目标,在灾害救助,扶贫救济、新农村建设、助学助教等方面累计捐款500多万元。2011年本村小学建校时,一次捐款65万元,2010年本村道路硬化时,一次捐款40多万元,在汶川、玉树地震时捐款10多万元……

2.关注弱势群体,为群众排忧解难。企业先后安置下岗职工200多人,退伍军人30多人,贫困子女60多人。雷国玺董事长还制定了招工五优先:困难家庭优先,下岗职工优先,退伍军人优先,大学毕业生优先,模范人物优先。雷国玺在当地是一个成功人士,是一个明星企业家,是一个身价数亿元的大老板,但在乡亲们眼中他是一个救世主,是一个有求必应特别热心肠的人。比如,乡亲们孩子结婚用车,都愿借雷国玺的好车一用,图个气派吉利。只要说话,雷国玺保证满口应允,几辆也行,即使自己借车出差,也要满足乡亲们的意愿。他常说:“我工作忙,无时间给乡亲们帮忙,用车用钱我都满足他们。”

四、健全党组织,保安全促和谐,积极开展企业文化建设,保障职工合法权益,全面落实安全生产制度

1.企业有健全的党组织,努力发挥党员的模范带头作用。创建了党员活动室,定时召开会议,提高党员素质,每当关键时候,都是党员冲锋在前,如2012年7月1日下大雨,车间内都进了水,是党员们下水疏通水道,清扫车间积水,直到排险完成,已是深夜11:00点多他们才回家。在明达,凡是党员,要么是优秀管理人员,要么是技术骨干。

2.重视企业文化建设,开展丰富多彩的企业文化活动。建立健全了各种规章制度,从车间到院落到处都精心设计了宣传牌及名言警句,开办了工作简报,对模范人物、工作动态、行业信息等及时报道。定时举办各种娱乐活动:节目表演,体育比赛等。

3. 千方百计保障职工合法权益,创造劳动关系和谐企业,建立了工会组织。坚持每月15日前发工资,从不拖欠,中秋节、春节发奖品奖金,车间发劳保用品,暑期给职工发西瓜、解暑药物。集团还设立了意见箱,广开言路,关心职工心声。工会组织定期召开会议,听取职工意见、见议。

4."以人为本",全面落实安全生产制度。2012年利用多半年的时间,按照安全生产标准化的各项要求,认真整改,生产设备不达标的进行更换,防护设施不完备的购买配齐,从点滴做起,一丝不苟,顺利通过省安监局二级达标企业验收,消除了安全隐患,锻炼培养了规范的操作技能和思想意识,使我厂的安全生产工作整体上了一个新台阶,2012年以来,用于安全生产的投入达到40万元。由于思想重视,多年来,我厂从未发生过重特大事故。

5.讲诚信,重环保。明达集团把"诚信"做为企业之本,2013年3月被中国工商管理总局授予"重合同 守信用"企业,河北省中行"AAA"级信用企业,国家质量监督总局质量诚信"AA"级企业。重视节能减排和环境保护,开发新产品,增添先进设备,做到了无废气 无废水排放。

熔入的是智慧,铸就的是辉煌。回首廿五载创业路,虽不乏坎坷,但没有大的曲折,在董事长雷国玺带领下,按着他绘就的蓝图,三年一大变,五年一巨变,始终在快车道上奋勇奔驰,势不可挡。究其原因无非不外乎三点:一是得益于雷国玺本身的过人之处,他大智大勇,目光远大,为人慈善,乐于奉献,有强烈的社会责任感和事业心,深得民心党心。二是善于用人,能够招揽天下有志之士到明达一起创业,发挥他人的智慧和才能。他常说,明达是一个集体,是明达人,而不是某一个人。明达人深深感受到,在明达工作是幸福的,生活在明达是温馨的,为明达发展奉献是快乐的。常言说:"女为爱己者容,士为知己者用",天下谁人不识君呢!三是党的政策好,给了雷国玺这样的企业家发挥才能的机会。他非常感恩,感激党和政府。毋庸置疑,在新一届县委县政府领导下,明达的明天会更辉煌。

·河北新华高压电器有限公司·

河北新华高压电器有限公司,15年来一直秉承"以我谨诚精神,致力于电力电气化铁路事业"的理念,通过不断研发新产品,牢牢把握主动权,为客户提供优质的产品。公司主要研制、开发、生产的10千伏-1000千伏高压线路用有机复合绝缘子、27.5千伏电气化铁路用复合绝缘子、3千伏—220千伏有机复合外套氧化锌避雷器、220千伏—500千伏柔性相间合成绝缘间隔棒、铁路电气化器材、接触网零部件、线路金具、光缆、JRTV涂料(硅橡胶)、有机硅橡胶密封胶、有机硅粘接胶、高压穿墙套管的综合性制造企业,广泛应用于国家铁路、电网,填补多项国内外空白,尤其是电气化铁路接触网用交流25千伏合成绝缘子技术,荣获2011年中华工商联合会科技进步一等奖。

公司位于河北省任丘市,毗邻京津保,属环渤海经济圈的黄金地带。2012年总资产2.28亿元,员工120名,其中拥有高级技术职称的技术人员15名。公司研发各类产品282种,我公司共申请了32项专利,其中发明专利10项,实用新型22项;并获得6项软件著作权及授权10项专利。拥有世界先进的全自动整体注射成型生产设备,引进国外的压接机及其配套的美国声波在线监测系统,以及装备齐全的理化和电气性能试验设备。公司具有雄厚的技术力量和丰富的研制经验,与中国电力科学研究院、武汉高压研究院、清华大学、甘肃电力设计院等科研机构一直保持着长期的合作关系,为公司的发展奠定了雄厚的基础。多年来,公司锐意改革,不断创新,自主研发的系列产品填补了我国多项空白。公司也依托其自主创新的技术和产品成为了国内同行业领跑者。

随着我国经济的快速发展,我国的电网发展进入了特高压、大容量、远距离、高自动化阶段。河北新华高压有限公司积极应对国家电网发展的需要,进一步加快特高压设备的研制。从2006年4月份开始,公司共投入研发资金2000多万元,与清华大学、中国电力科学院联合,建立了由16位专家、教授组成的课题研发组,共同开发了1000千伏特高压复合绝缘子产品。1000千伏特高压复合绝缘子项目的顺利实施使公司实现了从超高压领域到特高压领域的跨越，大大提升了企业的自主创新能力，形成企业强大的核心竞争力。

一流的研发装备和科研队伍为企业发展注入了活力和发展后劲，也吸引了国内多位知名专家到这里进行实验研究，公司已成为清华大学电气工程领域工程硕士研究生专业实践基地。同时,企业也拥有了一批自主知识产权成果，所生产的绝缘子产品广泛应用于全国电网改造和电气化铁路建设中，电气化铁路复合绝缘子的市场占有率高达 65%。在近几年的国家重点工程高铁建设中，新华高压电器有限公司作为行业中的佼佼者更是独领风骚，北京—天津、郑州—西安两条时速 350 千米/时高速铁路正线用复合绝缘子均由其独家中标，在武汉—广州高速客运专线上，公司的相关产品使用率达 97%，目前开通的京沪线上，公司的产品使用量占到了 70%以上。

目前，铁路市场风云变幻，竞争激烈。为了打造河北新华百年基业，公司以研发促发展，提出了如下发展战略和布局：一是按照现有的铁路市场布局，发挥公司市场占有份额的优势，在今后铁路的改造行业维修上拓市场，并积极参与新铁路建设的竞争。同时研发接触网附属产品寻找合作伙伴，用市场拓产品，以新产品来引领市场。二是根据城市轨道交通技术的改进，研发城市轨道交通用绝缘产品，采用新工艺，新材料推新产品，拓展轨道交通市场。三是在超、特高压领域同中国“十二五”规划接轨，瞄准 5000 亿网线建设这一难得的机遇，充分运用企业已经掌握的特高压和超高压绝缘子产品制造技术，为参与市场竞争做好准备。

·河北新钻钻机有限公司·

河北新钻钻机有限公司，系中国桩工机械骨干企业之一，河北省桩工机械工程技术研究中心。始 1971 年。主导产品为系列桩工机械，40 多年来，累计向国内外岩土工程界提供近万台“新钻牌”钻机。企业占地面积 6 万平方米，建筑面积 3 万平方米，主要生产设备 200 台(套)，具有年产 400 台各类桩工机械产品的能力。现有职工 200 人，工程技术人员占职工总数的 30%，其中教授级高工 1 人，高级工程师 8 人，中级职称 41 人，初级职称 50 人。2009 年河北省科技厅、发展和改革委员会、财政厅批准在新钻公司建立“河北省桩工机械工程技术研究中心”。

公司坚持科研、生产、施工“三位一体”的发展战略，创立了具有自身特色适合企业创新发展的运行机制，拥有科研主体—河北省岩土施工技术研究所；制造主体—河北新钻钻机有限公司；施工主体—河北省第三基础工程公司。

公司研究所负责新产品、新工法开发研究，与国内十几家科研院所建立了长期友好协作关系，每年可研发 2~3 种新产品。公司按销售额提取 5%的技术开发费，专门用于研究所的产品开发、工法试验。

公司制造厂负责产品制造和销售，具有完善的质保体系，保证向用户提供高质量的产品和周到的售后服务。

公司施工公司负责新产品、新工法结合工程的试验考核并及时向研究所反馈信息，具备省机施二级的资质，可以独立承接各类基础工程的施工，排降水工程。

公司研制生产的系列桩工机械共有 10 大系列 30 个品种，主要有具有国际先进水平的系列旋挖钻机，KQ 系列潜水工程钻机、KLB 液压步履式长螺旋钻机、DZB 多功能钻机、地下连续墙成槽机、回转斗式钻机、CFG 系列桩机等产品。产品广泛应用于土木工程、市政工程和建筑安装工程的基础施工，可满足公路铁路桥梁、工业与民用建筑、海港码头堤坝防渗等基础施工的需要。具有效率高、无振动、能耗低、噪音小、成孔垂直度高等技术特性，成孔直径 300~3000 毫米，成孔深度 12~100 米。产品销至印度和国内 30 个省、市、自治区，先后完成郑州黄河公路大桥，广深准高速铁路、苏通大桥、杭州湾跨海大桥、2008 北京奥运场馆基础等国内高标准重点工程上千项，亦曾参与尼泊尔、斯里兰卡、毛里塔尼亚等国的工程建设。

自 20 世纪 70 年代研制成功我国第一台潜水工程钻机以来，开发研制的各类产品先后荣获全国科学大会奖、国家金龙奖、国优银牌奖、振兴河北经济奖、河北省名牌产品，有 4 种产品被列为国家级重点新产品。“XZ”钻机商标评为河北省著名商标和邢台市知名商标，被收入中国著名商标图谱。

公司被河北省政府认定为河北省文明单位、河北省明星企业、河北省科技型企业、河北省诚信企业，原国家机械局“管理基础规范企业”。连续 20 年被省工商局评为“重合同守信用”企业。

公司坚持“恪守诚信、锐意创新、科学发展、追求卓越”的发展理念，秉承“市场的需要，就是我们服务的内容；用户的利益高于一切”的经营理念；弘扬“创业、敬业、精业、勤业、乐业”的企业精神；坚持“固本天下基业，增值人类幸福”的企业使命，坚持为公司员工创造终身学习的氛围；坚持“技术创新是企业的灵魂”的发展思路；恪守“以德治企、诚实守信”的道德信条，始终坚持用技术创新的最新成果回报用户。

公司座落在新河县城，青银高速公路、308国道穿城而过，交通十分便利，在建的邯黄铁路、邢衡高速过境新河。

·石家庄工业泵厂有限公司·

石家庄工业泵厂有限公司是国内大型渣浆泵专业制造企业，1947年建厂，现为国有独资企业，隶属于世界500强冀中能源集团，是集研发、设计、制造、生产、营销、服务于一体的国内渣浆泵领军企业。公司占地面积18.5万平方米，现有职工1400多人，主要产品为渣浆泵、脱硫泵、挖泥泵、化工泵、矿用高强度圆环链，规格型号达百余种，年产量10000台套以上，广泛应用于电力、煤炭、冶金、化工及江河疏浚等行业，用户遍及全国30个省、市（自治区），用户量达到5000多家，并出口亚、非、美洲等国家和地区。2010—2012年连续3年被评为中国工业行业排头兵企业；2011年，公司被评为石家庄市“两化融合”对标示范企业；公司“SGB”商标被评为河北省著名商标，产品获得河北省名牌产品、河北省优质产品称号；2012年再次获中国煤炭工业十佳选煤设备制造厂称号，被认定为国家级高新技术企业；公司还荣获河北省质量效益型先进企业、河北省诚信企业、河北省企业管理创新优胜企业、河北省明星企业、河北省两化融合重点企业等荣誉称号。

石家庄工业泵厂有限公司把打造强基固本工程，全面提升企业管理水平作为全年工作的重要任务，并以集团公司“管理提升年”活动为契机，在各方面管理不断完善基础上，着力加强管理水平的提升，抓基础、练内功，向管理创新要效益，不断提升企业精细化管理水平。在持续低迷的市场经济形势下，抢抓机遇、注重实效，2012年全年实现营业收入5.3亿元，利润530万元，工业泵产量8400台套，2013年上半年实现营业收入2.4亿，利润245万元，工业泵产量3524台套。

抢抓机遇，市场开发实现新突破

面对复杂的国内外经济形势，公司紧紧抓住了国家大力整治环境污染，许多高耗能、高污染行业都在进行脱硫改造项目这一机遇，专门成立市场开发部，主攻脱硫及其他新兴市场，取得了明显成效，2013年上半年脱硫市场份额占总订货的39.26%，较上年同比提高17.32%，订货实现1.37亿元，较上年同比提高119.63%。船用泵和国外用泵市场也成为一个新的增长点，上半年船用泵订货额较上年同比提高278.23%，出口泵件订货70余万元。新兴市场的成功开发使企业在困境中有了新的转机，打破了过去主要依赖煤炭市场的局限性。

创新驱动，产品研发实现新进展

公司始终坚持以市场为先导，夯实技术基础，在产品研发、升级换代、优化设计、降本增效等多方面取得了突出成绩。根据用户需求，先后完成了矿用潜水多级泵、立式煤矿排水泵、耐磨双吸泵、重型多级泵和轴流泵等多种新产品的开发设计。以消失模工艺改进为基础，成功生产了多种型号叶轮、蜗壳消失模样件及成品，制作出上百件合格毛坯，为后续批量生产打下了基础。同时，在脱硫泵原有设计的基础上，进一步优化升级，对部分泵型的蜗壳、护板铸造工装进行设计改造，降低了脱硫泵制造成本。此外，公司致力于研发高、中、低多元化材料的试验，其中高耐磨材料GLH-81号成为公司目前耐磨性能最好的材料，其他材料也在继续攻关试验中。

狠抓落实，企业管理水平再上新台阶

——安全生产水平不断加强

安全生产始终是企业遵循的基本原则。按照“安全第一，预防为主，综合治理”的安全方针和“以人为本、安全发展”的安全理念，公司一方面积极做好上级安全活动要求，另一方面在内部从实际出发，高度重视安全问题，设置专职、兼职安全员，全力落实安全生产责任制。通过积极开展安全教育培训、完善安全规章制度、开展各类安全检查活动等工作，促进了安全形势的持续稳定，连续多年实现了安全生产，保证了职工安全和企业正常生产经营，为实现本质安全型企业奠定了基础。

有了扎实的安全工作保驾护航，生产工作才更加顺畅。通过应用ERP，生产周期大大缩短，生产效率和计划的准确性大大提高，在此过程中不断调整ERP应用方式，开发新功能，生产组织方式得到不断优化。近两年来，市场形势愈发严峻，公司生产指挥部门审时度势，超前谋划，充分发挥协调指挥职能，合理安排各分厂任务。各生产单位围绕生产任务，根据自身情况，积极想方设法，努力改革创新，力保合同兑现率和发货率，同时积极配合公司技改扩建项目实施以及新产品、新工艺的开发试制，实现了生产与营销、技术、项目改造之间的紧密衔接，确保了公司经营高效顺畅。在各部门的共同努力下，生产能力逐步增强，反应速度不断加快，泵年生产能力突破一万台套，合同履约率达85%以上。

——成本管控力度不断加大

为使成本管控真正起到提高效益、强基固本的作用,公司采取了一系列得力举措。一是根据企业自身情况，创立了公司内部的成本管理标准化体系，设立成本管理办公室，健全成本管理组织机构,并通过召开分析例会,组织培训,制定管理手册等工作,完善成本管理模式，使成本管理工作更加成熟。二是实行全面预算,经过反复质询、修订,编制下发程序文件，对所有部门的预算管理人员进行培训，为后续全面预算工作的开展起到了指导作用。三是加强了对配套产品市场销售和采购成本控制的管理，通过降低配套产品采购价格，提高了产品利润空间,提升了中标率,也为控制其他项目成本积累了经验，办法实行以来,累计创造经济效益200余万元。四是利用信息化技术,对常用泵型成本价格进行核算,初步构建起产品价格体系，为后续确立产品价格底线、完善销售价格体系提供了依据。

——信息化建设进程不断加快

为进一步推进企业现代化管理水平，实现信息化和工业化的深度融合，石工泵公司在ERP成功运行的基础上，进一步发掘其新的应用价值，实现了让业务员利用计算机选型和合同模板远程录入,极大地提高了反应速度,减少了人为周转合同产生的弊端。为解决公司应收账款ERP管理问题,公司通过理清需求、统一业务规范、开发数据报表等,制定了应收账款ERP管理唯一化的规范制度。此外,公司应用PLM实现了图纸、工艺等电子数据的集中统一管理。经过近两年的不懈努力，PLM系统已经全面上线运行,达到了预期效果，成为技术人员不可缺少的工作平台。信息化建设的不断加强使企业管理水平不断提升，也为企业高效快速发展增添了强劲动力，公司被河北省工信厅评为“河北省两化融合重点企业”。

——体系建设不断完善

公司在不断提高企业装备制造能力的同时，严格执行先进的技术标准和质量管理，先后通过了质量、环境、职业健康安全、测量四大管理体系认证，并逐年通过监督审核。公司通过了河北省安全质量标准化达标审核验收，成为二级安全质量标准化企业。在此基础上，建立了内部成本管理体系和5S管理体系，其中5S管理通过两年来的推行，工作环境整洁、明亮，企业形象大有改观;物品摆放整齐、有序,工作效率大大提升；职工思想由“要我5S”变成“我要5S”,素养水平显著提高。5S管理工作已纳入到例行体系检查中，形成了常态化运行模式。

·石家庄市铁骑重工有限公司·

石家庄市铁骑重工有限公司位于石家庄高新技术产业开发区,公司成立于1993年,是一家专业制造冶金设备和非标准设备的机械制造公司，公司拥有一支理论和实践经验丰富的设计团队和具有丰富经验的制造团队和服务团队,技术力量雄厚,于研制冶金设备和非标准设备有独到之处。公司设计制作的步进式冷床以重量轻、价格低、服务好的优势,得到轧钢行业及专家的认可。目前,产品已销往国内外300多个厂家。

公司目前主要生产轧钢精整设备:各种棒材、型材轧钢机、各种规格的步进式冷床、轧机、平托装置、输出辊道、精整台、齐头机、打包机、升降台、平行移钢机、出钢机、成套自动化控制、高压穿水装置等。其中步进式冷床、平行移钢机、高压穿水装置已获得国家专利。已通过ISO 9001质量体系认证。

公司售后服务体系完善,可为客户提供及时高效的服务,如设备出现问题，公司维修人员保证在24小时内到达现场,设备在一年保修期内免收各种费用。石家庄市铁骑重工有限公司讲信用、重质量、价格合理。公司坚持秉着“质量第一,顾客至上,精益求精,持续改进的宗旨,坚持“顾客至上,品质第一”的信念。打造冶金设备和非标准设备的领军品牌。以先进的技术和热忱的态度,为客户提供高品质的服务!

·唐山市海丰线缆有限公司·

【概况】

唐山市海丰线缆有限公司原属中国人民解放军总后勤部军工企业，始建于1976年,2001年改制为民营企业。公司现占地面积71000平方米,建筑面积32000平方米。自有资产2.5亿元,年生产能力8亿元。现有员工340人,其中技术人员92人,8名具有中级或高级工程师职称。

【企业主导产品和主营业务】

公司拥有先进的电线电缆生产线45条,检测设备齐全,技术力量雄厚,管理水平先进。

主要产品有:35千伏及以下电力电缆、控制电缆、船用电缆、矿用电缆、钢芯铝绞线、架空(集束)导线、计算机电缆、风能电缆、橡套电缆、通信电缆、耐高温电缆、补偿导线、阻燃耐火电缆、低烟低卤/无卤电缆、布电线等20多个系列。公司目前拥有12项自主专利电线电缆产品，广泛应用于电力、冶金、石油、化工、交通、建筑等行业及国家重点工程项目，公司以良好的产品质量和服务品质，博得了用户的一致好评和高度信任。

【企业资质及荣誉】

公司在2001年通过ISO 9001:2008质量管理体系认证,2003年通过3C国家强制性认证;先后通过ISO 14001环境管理体系认证和GB/T 28001职业健康安全管理体系认证;2010年通过GJB 9001B-2009军用产品质量管理体系认证;2011年获得PCCC电能产品认证证书。

公司连年被省、市评为“重合同守信用”先进单位,自2008年连年被唐山市委、市政府评为“文明单位”,2009年获得了“河北省名牌产品”和“河北省著名商标”称号,2012年被评为“国家级高新技术企业”,获得了“河北省诚信企业”、“河北省和谐企业”、“先进基层党组织”等多项殊荣。

·中煤邯郸煤机公司·

中煤邯郸煤矿机械有限责任公司的前身是1968年建厂的国有企业——峰峰金属支架厂,2006年6月6日正式改制为中煤邯郸煤矿机械有限责任公司,股东为中国煤矿机械装备有限责任公司。公司总部位于河北省邯郸市中华北大街751号,公司的峰峰厂区位于峰峰矿区义井镇。

公司的主要产品为轻型液压支架、液压缸、单体液压支柱、金属顶梁。产品的注册商标是“双峰”和“FF”。1989年“双峰”商标获河北省著名商标称号。2004年通过ISO 9001:2000质量体系认证,曾荣获省部级质量管理奖,金属摩擦支柱获得国家银质奖,单体液压支柱和金属顶梁多次获得省部级优质产品称号,2007年液压支架获得河北省技术监督局和质量奖审定委员会颁发的优质产品证书。“双峰”和“FF”商标在广大煤矿用户中一直享有很高的声誉。

近年来,共有13项技术创新成果取得了国家专利(发明专利5项,实用新型专利8项),2011年,公司被认定为省级企业技术中心,2012年,被邯郸市科技局授予“邯郸市知识产权优势培育单位”。

2012年重点工作

1. 国债项目顺利通过集团公司的竣工验收。2012年2月,邯煤机公司的国债项目“轻型液压支架及液压缸配套技术改造项目”顺利通过了中煤集团公司的竣工验收。该项目投入7115万元,实际完成建筑面积13788平方米,新增关键设备55台(套),完成投资额(不含流动资金)5770.05万元,节约投资109.95万元。

2. 顺利完成立交桥建设拆迁工作。邯郸市北环立交桥建设涉及邯郸煤机公司邯郸厂区10千伏变电所、职工单身宿舍、仓库、抛丸喷漆生产线、热力站(含职工澡堂)等建筑和设备的搬迁。公司通过精心组织,按照市政府的要求如期完成了25个项目的迁建工作,在为邯郸市北环立交桥建设做出贡献的同时,也将因此对企业生产经营、职工生活的影响降到了最低。

3. 产品开发和工艺创新取得新进展。根据云南麒麟区煤矿地质条件创新设计了柔性支架,为该地区小煤矿进行机械化改造探索出了一条新路;为山西明鑫煤矿设计开发了先导控制液压支架并签订了供货合同;完成了一批高强板支架顶梁结构件协作任务,实现了高强板焊接技术的突破。

完成了整体密封液压缸产品开发工作,制定出了整体密封应用方案,在国家矿用支护产品检测中心增压缸再制造过程中首次应用,使用寿命达到了11万次的国际先进水平。

4. 搬迁改造项目的前期准备工作基本就绪。参照邯郸市政府《关于加快主城区旧厂改造退城进郊产业升级的意见》(邯政〔2009〕13号)文件的有关规定,邯煤机通过中煤集团、装备公司与市政府多层面的沟通,市政府主要领导已批示同意邯煤机公司实施退城进郊并享受相关优惠政策,永年县政府、县市环保局,已同意邯煤机公司在永年厂区增设电镀工序,目前退城进郊项目中的关键项目《邯煤机公司搬迁改造项目》已完成可研报告的编制,并通过了中煤集团组织的专家论证。

5.加强创新型企业建设,提高企业核心竞争力。为了激励职工积极参与创新,形成“鼓励创新,宽容失败”的创新文化氛围,从2009年开始,公司开展了“产品创新,管理优化”项目和以“小发明、小创造、小革新、小设计、小建议”为主要内容的项目申报、奖励活动。该活动每半年举办一次,已形成常态化。2012年,共完成“产品创新,管理优化”项目17个,奖励金额24.6万元;“五小”项目100个,奖励金额2.8万元,创造直接经济效益近百万元。

6.扎实开展管理提升活动,不断夯实企业管理基础。为全面提升企业管理水平,按照《装备公司关于开展管理提升活动的指导意见》和《装备公司管理提升活动工作方案》的具体要求,邯煤机公司精心组织开展了管理提升活动。通过查找短板,制定目标措施、开展降本增效活动、到先进企业参观学习等多种形式,不断夯实企业管理基础。

7.针对性地组织职工培训,提升职工素质。为强化生产组织、缩短液压缸生产周期,由总经理亲自授课,对管理处室、生产单位有关人员进行了项目管理软件培训,并以该软件为工具和统一平台,组织液压缸生产、确定关键工序、解决瓶颈工序问题,在确保液压缸工期方面取得了良好效果;邀请专家进行了三次煤机装备专业技术知识、市场需求及发展趋势、液压缸标准及质量控制等专业知识培训,提高了产品与市场的结合度、提升产品质量管控能力,全年累计培训职工人数达到1122人次。

·金音乐器集团·

金音集团始创于1989年，民营企业，是我国管弦乐器生产最大厂家之一，现直辖8家子公司，建筑面积12万平方米，固定资产15000万元，在职职工2100名。在过去的20年中，金音借中国改革开放的春风，秉承"团结 拼搏 敬业 创新"的企业精神，从小到大，从大到强，迅速发展成为中国乐器产业中的佼佼者。集团主要生产木管、铜管、提琴、吉他四大系列200多个品种400多种配件的西洋乐器；从乐器制造种类方面，基本涵盖了管弦类乐器的所有品种，2012年乐器年产量超过90万支，乐器箱包类年产量超过100万件。在规模、技术、质量及效益等方面多年来均列为全国同行业首位。

金音集团2002年跻身全球灯光音响乐器225强，为全国同行业第一家，2012年度晋升为第98名。具有自营进出口权，85%以上产品出口到世界50多个国家和地区，在美国、日本和欧盟都建立了庞大的销售网络，金音正在以一个世界级乐器企业的形象出现在国际市场上。金音集团目前在国内销售代理商已超过360家，遍及中国大部分省市和地区，并建立了方便快捷的维修服务体系。

金音集团2001年通过了ISO 9000国际质量管理体系认证，2002年引进ERP网络模式，持续实行管理程序化、规范化、网络化。2002年在美国纽约与布鲁克林大学合作共同创办乐器研究所，每年都有大量研究新成果为我所用，利用我公司省级认定的技术中心为平台，每年都有30几种新产品问世，现有专利42项，其中发明专利6项。是中国吉他学会研发基地，是萨克斯、长笛、单簧管、双簧管、小号、圆号等12项西管乐器中国轻工行业标准的主要起草单位。金音产品现为"河北省名牌产品"；"JY"商标现为"河北省著名商标"；已连续11年被评为"中国乐器行业强势企业"、被评为"中国轻工行业50强"、"全国诚信守法乡镇企业"、"全国诚信示范单位"；2009年、2011年、2013年连续被商务部、文化部等部门评为"国家文化出口重点企业"，2010年被文化部评为"国家文化产业示范基地"，现为中国乐器协会副理事长单位、中国西管乐器专业委员会会长单位。

金音集团正在加大投入深入开展文化科技创新，调整产品结构，提升产业升级，开展对标活动，实行标准化管理，依靠技术中心加强企业的研发实力，加快产品更新速度，逐步实现生产、销售、物流一体化，朝着现代化、规范化、国际化的大型乐器制造集团方向而迈进。

·河北蓝鸟家具股份有限公司·

河北蓝鸟家具股份有限公司始建于1953年，是一家以产为主，工商并进的集团化企业，生产实木家具、板式家具、软体家具并开办大型家居卖场，是中国家具行业优秀企业、河北省家具行业领军企业，连续22年保持了"河北轻工行业排头兵企业"。蓝鸟家具是"中国驰名商标"、"河北重点名牌家具"，荣获"国家银质奖"、"国家优质产品"等几十项大奖。产品畅销22个省市，进入了钓鱼台、中南海、人民大会堂、首都机场、驻华使馆、上海环球金融中心等高级寓所，远销亚、欧等国际市场。江泽民、李鹏、宋平、迟浩田等党和国家领导人以及省、市领导先后参观了蓝鸟家具，并给予了高度评价和赞扬。

蓝鸟公司围绕"创百年基业，做传世品牌"的发展理念，坚持以人为本，不断创新，坚持深化改革与开放，用现代企业制度规范和管理企业，引入国内外先进企业管理方式和人才，运用ERP信息化、数字化系统全流程管理，全面推行5S精细化管理，使企业管理走上了科学化的发展轨道。蓝鸟公司新建占地260亩的实木生产园区将在2013年上半年投入规模生产，占地150亩的软体家具生产基地计划2013年建成投产，新建园区生产线工装设备由德国、瑞士、意大利等国原装高精尖设备组成，以一流全新的工艺生产高质量的家具。近年来，公司根据国内外形势变化，集中发挥自身优势技术，适时整合建立紧跟市场的研发机构，建立面向国内外的设计渠道；同时与国内著名家具研究设计院、林业大学等科研单位进一步深度合作，联合开发高技术含量、高附加值的新型产品，走品牌化、差异化、专业化竞争，形成"专、精、新、特"、市场欢迎的蓝鸟流派家具。通过这些战略举措，达到转方式调结构，实现企业转型升级，夯实制造主业，提升产品品质，向先进强势家具制造企业迈进。

2010年12月，蓝鸟公司在天交所成功上市，建立起长期在股市融资的渠道；以此推动企业深化改革，优化产业结构，促使企业与国际化接轨，进一步提升品牌影响力。2010年建设现代化大型蓝鸟家居家生活广场，吸收加盟商，引进国内一线品牌100多个，进一步提升了蓝鸟品牌效应。2014年，公司将建设面积达6万平方米的家居、建材大型商业中心，提升邢台乃至河北的家居影响力，推动公司的多元化发展战略。

新时期，蓝鸟公司将向着新的战略目标奋勇前进，公司有信心、有决心、有雄心把企业进一步做大、做强、做好，做成百年企业，要做中国名牌，打造全球性品牌，努力为人类家居发展做出更大贡献。

·石家庄天工科技开发有限公司·

2002年2月石家庄天工科技开发有限公司由王林、郭为民共同设立。公司地址在：石家庄高新区长江大道26号3单元202室。

公司注册资本400万元，其中王林出资320万元，占80%，郭为民出资80万元，占20%。经过十几年的艰苦奋斗，公司为适应社会主义市场经济的要求，发展生产力，依据《中华人民共和国公司法》及其他相关法律、行政法规的规定，2013年10月17日召开股东会决议，增加注册资金1600万元，变更后注册资本金变更为2000万元。

新增注册资本由王林认缴1480万元，闫德胜认缴120万元，资本变更后股东为王林、闫德胜。原股东郭为民将持有的原公司股份（20%）转让给闫德胜后退出公司。变更后王林出资1800万元，占变更后注册资本的90%，闫德胜出资200万元，占变更后注册资本的10%。

（一）组织机构

股东会是该公司的权力机构，决策公司的重大事项，由王林担任董事长兼法定代表人。公司下设生产技术部、质检部、财务部、供应部、市场部、办公室及工程部。

（二）经营情况及企业竞争优势

天工科技开发有限公司主要从事非标设备制造，模具开发、设计、制造，设备先进且技术水平较高，客户稳定，不存在市场竞争，所生产的模具精度国内领先，在非标设备研发制造，及成套设备的安装及施工；耐磨钢材的研制和生产，也获得甲方的好评。公司与河南安玻、上海永新、内蒙古第一机械制造集团有限公司、石家庄宝石东旭集团等国内机械制造厂家建立了长期合作关系。

（三）企业荣誉

公司成立以来，坚持实践科学发展观，履行社会责任，坚持以人为本，开拓创新，向人民负责、向社会负责、向自己负责，赢得了省、市、县、区领导的认可，获得了新老客户的信赖和好评。2006年12月荣获石家庄市总工会、共青团石家庄市委员会、市妇联、市劳动局、市教委联合评定的“创业明星”称号；2007年荣获长安区经济建设做贡献特别奖；2007年经县市省级金融、税务、工商、财政、质量和技术监督、安全生产监督、环保、统计、劳动和社会保险、公安、法院及中小企业主管部门逐级审查，认定为“河北省省级信用优良企业”；政协长安区第六届委员会特别贡献奖；2008年荣获石家庄市第十二届优秀企业家奖、企业改革纪念奖、长安区政协爱心贡献奖、市级先进基层工会组织，2008年成为河北省企业联合会副会长单位，获本年度“河北省明星企业”称号，评为2008年度石家庄第十二届优秀企业。2010年、2012年分别两年荣获石家庄最具社会责任企业。

（四）公司法定代表人简介

公司法定代表人王林，1970年9月1日出生，现任石家庄天工科技开发有限公司（集团）董事长。企业坚持以人为本，向社会负责、向人民负责、向自己负责的理念，锐意进取，不断开拓，2008年度荣获“河北省明星企业家”，石家庄市长安区第六届政协委员；第七届政协常委；河北省第四届足协副主席。2010年获“石家庄最具社会责任企业家”。多次被评为优秀企业家，创业明星。石家庄企业改革三十年纪念奖和创业企业家称号。

（五）公司远期规划

公司紧紧围绕“以人为本，向社会负责、向人民负责、向自己负责”这一中心，以诚信为本、信誉第一、服务至上、质量优良的宗旨履行社会责任，提高企业适应市场不断变化的能力；提高员工队伍坚持学习不断创新的能力；骨干员工相互协调不断开拓的能力。在基础管理上严格执行规范标准、文明有序、规章至尊、依法治企的安全保障体系、建立健全职责清晰、相互制衡、层次分明、科学严谨的组织保障体系；调整完善纵横交叉、环环相扣、奖惩严明、责任落实的制度考核体系；坚持构筑信息畅通、反应敏捷、处理得当、文明优质的服务保证体系，逐步实现以全过程事事有标准、事事有考核、事事有人管为主要要求的内部管理目标、实现以全方位覆盖客户服务、管网信息、计量管理、调度指标及办公自动化为主要系统的科技创新目标。

由于业务的不断发展，公司又新购买了美国惠特尼公司TEAMMATE型1台，济南MJ-50CNC型1台。数控双主轴仿形铣（1台）：日本米田公司YD-815DS型，三轴连动。高精密三坐标测量机2台（日本东京精密产PF800A-62WE型1台，北京产1102型1台）、精密数控电火花机床2台、数控线切割机床5台、真空热处理炉1台、氩弧焊机1台等。

先进的加工及检测设备，大大的提高了产品加工精度及生产效率，多品种、多类型的加工设备可充分满足加工各种复杂异型模具和零部件的技术要求。可承担各种玻壳模具、汽车覆盖件等冷冲压模具、注塑类塑料模具、挤出类塑料模具、压铸模具、橡胶模具、陶瓷模具、刃具模具、冷弯型材用轧辊等设计和制造，高精密零部件的测量和制造，以及各种军品、民品等非标设备的制造。

(六)努力促进就业

为了解决大学生就业难的问题减轻国家负担，投资300多万元创办了“e速购电子商城”和“大学生扶助创业园”,目前已培训就业大学生1000多名。

·河北顺天电极有限公司·

河北顺天电极有限公司成立于1987年,位于河北涞水经济开发区（东区·义安镇)，厂区面积38.6万平方米,员工600多人,总资产4.16亿元,固定资产2.85亿元。公司以生产矿热炉用电极为主业,是国家高新技术企业、河北省技术开发先进企业。公司在董事长王金铎同志的带领下，始终坚持自主创新的发展之路，始终专注于炭素制品技术的研究和生产，始终以最佳的产品质量和一流的服务满足客户需求为企业的奋斗目标。依靠持续的科技、管理与文化创新，实现了跨越式大发展。自2004年至今,公司硅专用电极产销量连续九年位居世界第一，成为世界最大硅专用电极生产基地。“涞水电极”已成为中国炭素行业硅专用电极第一品牌,ccdj商标已成为河北省著名商标。

从1989年7月研制成功我国第一台卧式振动成型机开始，公司紧随时代进步与发展,20几年间，先后建设成功具有国际先进水平的3台抽真空振动成型机、2条自动化数控机加工生产线、3台环式焙烧炉。依靠先进的生产设备和管理理念，公司先后研发生产出金属硅用炭电极、石墨电极,太阳能级硅用炭电极、石墨电极,镍铁用石墨电极、黄磷用石墨电极等六大系列、60多个规格的一大批拥有自主知识产权的新产品,共填补6项国家空白、13项省内空白，获18项国家专利。2012年底，公司研发成功的直径1320毫米大规格石墨电极，经国内行业专家和科技部门鉴定,成为世界最大规格石墨电极。同年12月，公司自主研发生产的直径960毫米碳纤维增强型复合电极经国内行业专家和河北省科技厅鉴定,在一次填补国内外空白,成为世界首创。一大批具有高科技量、环保节能的新产品在不断填补国内空白同时，实现了客户高产低耗的效果，为中国炭素行业产品升级换代起到了积极推动作用。2012年6月,公司被批准为国家高新技术企业。

目前，公司一米以上大规格电极产品已经占领了全国工业硅冶炼用电极70%的市场份额,并出口到美国、澳大利亚、巴西、泰国、乌兹别克斯坦、加拿大等国家。预计今年实现工业产值6亿元,上缴上缴3000万元。

·河北晨阳工贸集团有限公司·

河北晨阳工贸集团有限公司成立于1998年，总资产数十亿元,有上千名员工,主要产品有：水性工业漆、水性建筑漆、水性木器漆、水性柳编漆、水性树脂五大系列上百个品种。晨阳集团是2008北京奥运工程涂料供应商、河北省“三年大变样”重点工程推广示范单位、内蒙古自治区政府“既有建筑节能改造”工程示范单位、内蒙古建筑节能协会常务理事单位、中国涂料工业协会理事会理事单位，中国涂料工业协会AA级企业信用等级单位、国家优质工程百佳品牌材料供应商、河北省企业技术中心、河北省知识产权优势培育单位、河北省质量效益型先进企业。

由于高度契合国家的产业政策,晨阳集团引起了国家、省市的高度重视,2013年7月20日的中央电视台新闻联播节目着重报道了保定市以晨阳集团为代表的企业发展绿色产业，建设低碳城市的环保理念，给予了晨阳集团高度评价。2013年5月20日,以中共中央政治局委员、天津市委书记孙春兰为团长，天津市委副书记、市长黄兴国为副团长的天津市党政代表团来公司考察，省委书记周本顺,省委副书记、省长张庆伟陪同。保定市委书记聂瑞平，市长马誉峰多次来企业视察指导,并给予大力支持。

晨阳集团主要是以“健康、低碳、环保”为理念,以“引导中国涂装行业、优化地球生态环境、保护人类身心健康”为宗旨,以技术创新为手段，努力打造全国最大的全水性涂料生产基地，主要从以下几个方面做起：

一、高度重视技术研发

晨阳集团技术中心始建于2001年，现为河北省企业技术中心、河北省水性涂料工程技术研究中心，成立了水性涂料院士工作站，是我公司技术创新活动的核心。该中心拥有国内一流的各项水性漆试验研发仪器设备,具有先进的检测能力和强大的科研实力，为企业及社会培养了大批尖端技术人才。晨阳集团技术中心拥有科研人员66名,其中博士3名,并设立技术委员会作为中心的决策、督导、顾问、管理机构。中心包括创新决策、创新管理、创新研发及创新支撑四大体系。

技术中心现有建筑面积2000平方米,投资1500余万元,公司设有专门的检测中心，拥有检测全系列水性漆产品所需的各种仪器设备。除可独立检测粘度、硬度、耐盐雾性等20余项水性漆常规指标外，还可检测产品中各种有害重金属(铅、镉、铬、汞等)和有机物(苯类、醛类等)的含量等指标。

至今，技术中心共研发完成科技项目30余项，承担省部级以上项目8项，市级科研任务4项，其中“新型水性节能建筑漆项目”列为河北省重点产业振兴和技术改造项目。

二、强化对外合作

1.校企合作，提升公司研发实力，与河北大学、北京大学等多家科研院校合作，晨阳集团与中科院研究所在徐水签署战略合作协议，主要内容是建立“纳米功能材料联合实验室”及新产品研发。

2.银企合作，为公司发展提供资金保障，与河北银行签订战略合作协议，并与河北融投公司、工商银行、建设银行、保定银行、信用联社等银行机构有良好的合作经历，为公司的大踏步发展提供了雄厚的资金保障。

3.与央企、名企合作，提升公司管理水平，与中石油、中石化等多家大型央企合作，与国电物资集团有限公司在北京西苑饭店签署了战略合作框架协议，开展了在风电塔架及电厂油漆领域的水性化革命。与河北建设集团签署战略合作协议，联手推进建筑工程“绿色”施工进程。通过与大型央企的不断深入合作，并与其不断交流管理经验，公司的管理水平有了很大提升，管理水平不断规范化。

三、坚持以人为本，加强职工队伍建设和企业文化建设

1.文化聚人。晨阳集团的全体领导以“全心全意为员工着想，一心一意为员工谋福利”为执行理念，并把这项理念深入落实到实际管理工作中去，使得公司得到了来自五湖四海人才的高度评价，公司聚集了大量的专业人才。

2.管理育人。晨阳集团战略性承担社会责任，发展环保产业，助力大气治理，除了企业领导层的共同意愿，还需要团结整个企业的员工才能形成合力。在晨阳看来，将企业发展与个人命运相捆绑，形成了有助于企业发展的原生动力。“只要进入晨阳，我们要影响他，关注他的成长。就要像兄弟姐妹一样对待他们，不离不弃。”在董事长看来，“企业不仅仅只是生产和营销产品，一个具有社会责任感的企业，才算得上是优秀企业。”通过一系列管理手段，公司培育了大量人才。

3.待遇留人。晨阳集团致力于为员工提高优厚的福利待遇，每月公司为每位员工给予50元的话费补助和100元的交通补助，为员工缴纳养老保险等社会保险，并免费为员工提供食宿，午饭更是达到了五菜两汤的标准。通过为员工提高优厚的福利待遇，10年来，公司员工的主动离职率不足1%。

四、做到质量第一

晨阳集团一成立，就把为用户提供环保产品作为公司发展的主旋律，生产的产品在1998年通过了中国环境标志产品认证，是河北省第一家通过该项认证的涂料企业。

公司通过与德国巴斯夫、美国陶氏、美国希必斯、德国毕克化学、衡水星光、烟台保利加等大型国内外公司合作，保证为公司提供合格的原材料。在生产工艺上，采用研磨等一系列物理变化，以水为稀释剂，生产出低碳环保的产品。产成品不属于危险化学品，能直接通过汽车运输，与保运集团合作，提高公司的物流运输水平。

五、加强宣传手段

《中国经济报》、《河北日报》、《保定日报》等一系列大型纸面媒体高度关注我公司行文，同时晨阳集团合作单位中央电视台CCTV2《经济信息联播》每晚8点42分播出晨阳水漆“让家人放心”广告，河北卫视天气预报由晨阳水漆特约播出，新华网、新浪网等网络媒体对我公司相关动态进行系列报道。

六、强化营销手段

晨阳集团筹划成立市场管理中心，力争在市场管理、品牌策划、市场服务、网络推广、网络销售及线上线下招商等方面布好局、列好阵，统一规划、科学管理，以打造“全国市场大格局”助推集团战略目标早日实现。

市场管理中心的工作重心深入强化“统一管理”的思想，真正实现“流动性现场办公”以达到资源的有效整合，力争摸索出一套成功的可迅速复制的销售模式。用人模式上，就地招聘在行业内有成熟渠道的销售人员，公司统一管理。伴随公司全国大格局的形成，各区域统帅不断强化领地意识，发挥狼性精神，以气吞山河的气势将自己的区域做大做强，在积极贯彻公司决策的基础上，敏锐捕捉市场商机，积极开拓管辖领域，个人成长助推公司发展，公司兴盛成就个人辉煌！

·河北金润矿山设备集团有限公司·

河北金润矿山设备集团有限公司始建于1985年，前身为正定县生民机械厂，2005年组建集团。系中国煤炭工业协会选煤分会首批会员单位、常务理事单位。

历经20余年的艰苦奋斗、滚动发展，公司从最初的单一“家庭作坊式”的小型机械加工厂，现已发展成为集选煤与煤焦化工程总体设计、成套设备制造、工程建筑总揽为一体的大型现代化、专业化企业集团。拥有煤炭工业石家庄设计研究院选煤分院（具有甲级设计资质）、河北正定矿山设备有限公司、河北金润电气自动化成套设备有限公司、河北金润工程安装有限公司、石家庄大唐泵业有限公司等5个全资控股子公司，占地面积10.3万平方米。其中：

公司工艺设计中心：煤炭工业石家庄设计研究院选煤分院，具有甲级设计资质，由有多年选煤经验的行业专家、高级工程师和一批具有本科以上学历的中青年专业技术人员组成，主要从事选煤、焦化技术的研究与产品设计。本着"工艺先进，投资省、见效快，一切为了用户着想"的设计理念，先后设计完成阳泉矿务局东坪矿120万吨选煤厂等多个优质"样板工程"。

公司产品研发中心作为"石家庄市选煤装备工程技术研究中心"依托单位，现有科技研发人员31人，建筑面积500平方米，固定资产总额356万元，并聘有中国矿业大学教授欧泽深等5名业内资深专家为学术委员会委员，与中国矿业大学、河北科技大学、煤炭工业石家庄设计研究院等高校院所、科研单位保持良好的合作关系。中心以"高效装配式选煤厂和动力煤洗选设备的研发和工艺优化"为主要研究方向。其研制的"ADI材质渣浆泵"，首次将"等温淬火球墨铸铁(Austempered ductile iron，简称ADI)"这一"材料领域的高科技"引入渣浆泵行业领域，填补了国内空白，极大地降低了渣浆泵的生产成本，缓解了对铬、镍等部分贵重金属的紧张需求，对我国泵业及相关产业的发展具有十分重要的战略意义，具有巨大的经济价值和社会价值。公司最新研发的"集成式重介质旋流器"项目，通过改变旋流器与渣浆泵的传统链接方式，可节约选煤建设运行能耗1/3左右，更是对我国选煤装备的一大重要突破，对我国选煤装备行业及其相关产业的发展具有重要推动作用。

公司中心实验室作为河北省唯一一家"机械工业理化检验人员考核培训基地"，拥有各类检验检测设备、仪器45台，可对设备制造过程中的各种物理、化学性能作出最严格的检测试验，并承担每年两次的全省理化人员的培训、考核工作和对外服务任务，受到社会各界的广泛赞誉。

随着企业规模的不断扩大，公司积极探索现代企业制度，完善法人治理结构，企业改革取得明显成效。公司董事会、监事会、经理层分工明确，政令畅通，劳资关系和谐，并多次参与社会公益活动，先后为灾区和社会公益事业捐款捐物累计达100多万元，连续多年受到省市县等各级政府的表彰。

公司主导产品：重介质旋流器、跳汰机、浮选机、浓缩机、破碎机、振动筛等选煤成套设备及选煤行业压滤机专用供料泵、挖泥泵等配套产品，畅销山西、河北、河南、内蒙古、新疆、贵州等全国十几个煤炭主产区，并出口越南、马来西亚等国家和地区，先后承建国内各种类型的洗煤厂780余家，深受用户信赖和好评。公司研发的"ST：筛下空气室跳汰机"曾获国家六部委颁发的国家级新产品证书，被评为河北省名牌产品，长期作为我国选煤行业主导产品，为我国选煤事业的发展做出了应有的贡献。

随着国家宏观产业政策调整和市场竞争力度的日益加大，近年来，公司紧紧围绕"打造国内一流品牌，构建两大支柱产业，实施三大战略性调整，全面提升四个方面的综合实力"的发展目标与发展思路，通过稳步推进企业组织机构、管控体系和激励机制建设、科研体系建设、转型升级和产品结构调整以及环境治理和企业文化建设等5项重点工作，坚持以科技为先导，以产品创新求效益，在选煤装备的大型化、智能化、节能环保等方面加大投入、狠下力量，取得了一系列重大突破。其中：公司自主研发的"STL数字控制节能新型跳汰机"、"链式移动筛板跳汰机"、"选煤行业压滤机专用泵"等具有国内领先水平的新一代选煤设备，具有结构新颖、设计合理、分选效率高、操作维修简单、节能降耗效果明显等显著特点，并逐渐成为目前市场上的更新换代产品，深受用户信赖和好评。先后获得2项国家发明专利和11项国家和实用新型专利。2012年被确立为河北省"高新技术企业"，连续3年荣获全国选煤行业"十佳选煤设备制造厂"荣誉称号，企业整体实力和产品科技含量始终名列全国同行业前茅，高品质日益成为金润集团的一个重要标志。

公司先后被评聘为河北科技大学理工学院实践教育基地、正定县中小企业创业辅导基地。并荣获河北省产业集群龙头企业、石家庄市"守合同重信用企业"、中国工商银行"AAA信用企业"等荣誉称号。

今后，公司将以国产大型数控节能新型跳汰机、大型高效振动筛等洗选装备的研发及洗煤厂的自动化控制为主攻方向，在高效装配式选煤厂的模块化、标准化设计，动力煤洗选工艺和选煤技术理论研究等多个领域寻求突破，着力解决我国现有国产选煤设备单机处理能力小、分选效率差、故障率高，噪音大，不便在线调节、结构复杂，运行成本高等共性问题，以实现我国大型选煤装备的国产化、智能化、节能环保。

力争到“十二五”末，实现企业各项经济技术指标与国际先进水平的全面接轨，成为我国选煤机械装备行业的引导者、排头兵，为我国选煤与节能环保事业的发展作出新的更大的贡献！

·唐山今实达科贸有限公司·

【概况】

唐山今实达科贸有限公司成立于2004年，是具有法人资格的民营股份制企业。公司历经10年艰苦创业，现已是河北省科学技术厅授予的“河北省科技型企业”、全国球团技术协调组成员、中国石灰协会会员。公司通过了ISO 9001-2008质量体系认证，并与多家设计院所、高等院校合作，拥有多项专利技术。

公司集科研、开发、设计、生产、施工、技术服务于一体，拥有多项独有专利技术及产品，公司主要开发和经营的项目——TGS气烧活性石灰窑、节能环保活性石灰焙烧竖窑、矩形球团竖炉、TCS酸性氧化球团焙烧竖炉（圆型）、脱硫除尘器、新型氧枪防粘剂等。其中TGS气烧活性石灰窑、节能环保活性石灰焙烧竖窑、TCS酸性氧化球团焙烧竖炉(圆型)是公司总经理刘树钢(专利权人)集国内外熔融还原、直接还原、流化床、竖炉热交换、氧化球团、顶燃式热风炉、石灰窑、水泥立窑的研究成果并经过多年实验室、工业试验研究而发明的个人专利技术，获中华人民共和国知识产权局授予的《实用新型专利证书》，专利号分别为：ZL 002 60319.5、ZL2003 2 112063.3和ZL2003 2 0125 614.X。公司产品被全国节能监测中心收录到“中国节能工程建设信息库”，授予“节能产品(技术)”称号，并予以推广应用。

公司现有开发设计人员80多人，下设具有6000平方米厂房的机械加工制造厂，技术工人100多人，能独立完成配套产品的制作和安装。公司的专利技术已相继在国内的河北、内蒙古、辽宁、江苏、河南、四川、山西、山东、陕西、浙江、云南、新疆、安徽等省市和越南实施应用，受到了用户的好评。

企业文化

今实达宗旨：

今天实在合作，明天实达双赢；技术创新，勇做行业领头人今实达精神：

抓住今天，实干实达，修身互助，双赢共荣

今实达理念：

诚信经营，品质服务，客户满意

【公司产品】

TCS球团竖炉突破了竖炉大型化这一国际难题，成功地利用自身余热将助燃风温度预热到200℃以上。经河北省科学技术厅组织的国内球团专家委员会进行技术成果签定，确定为国内先进水平，取得了投资省、占地省、能耗低、成本低、质量高的实际生产效果，属于钢铁企业高炉精料的“短平快”技改项目。TCS球团竖炉的技术开发已走向系列化、大型化，单炉年产6.6万吨、10万吨、30万吨、50万吨、60万吨、70万吨、80万吨、100万吨已经实施应用。公司“TCS球团竖炉”已发展到第六代技术，其中节能型TCS球团竖炉直接利用生产过程产生的600℃~800℃冷却风作助燃风，充分利用余热，减少了热量损失，节约了能源。

在学习消化国内外白灰先进技术的基础上，将我公司独自开发的圆环形TCS球团竖炉专利技术引入石灰窑，研究开发了TGS节能环保活性石灰窑。整个系统采用大型中心风冷复合式烧嘴、分级入炉技术、炉顶助燃风预热器、日本国井式侧向石灰窑烧嘴、特种耐火材料、哑铃形炉型等多项已成熟的实用技术，同时还采用机械上料，分级入炉，计算机系统检测等先进技术，极大地提高了竖窑白灰产量和质量。

通过几年的努力，目前TGS气烧石灰窑已形成系列化，单窑日产量200~500吨均已投入市场，单窑日产量600吨已设计完成。

TGS气烧石灰窑特点

●大型中心风冷复合式烧嘴为TGS石灰窑提供了充足的中心火焰。解决了石灰窑中心气流不足，温度分布不均，中心生烧和边沿过烧的问题，有利于石灰窑的大型化，同时提高了TGS石灰窑的产量和质量。

●采用余热回收，预热空气(助燃风)。炉顶设计有助燃风预热器，可将助燃风预热至220℃~300℃，大大提高了石灰窑的热效率，同时保护了炉顶设备。还可根据用户的节能要求增设煤气预热器，实现双预热。

●采用日本国井式侧向石灰窑烧嘴，并使用了特种耐火材料，燃烧稳定可靠，寿命长且不易回火。

●适用多种燃料：高炉煤气(热值≥3.35兆焦/立方米)、转炉煤气、焦炉煤气、混合煤气、电石气，也可掺烧无烟煤、焦丁等其它燃料。

●检测系统、设备运转以及窑的运行是通过可编程逻辑控制器、可视系统和计算机系统来进行控制和监控的，提高了机械化、自动化程度。具有较好的判断炉内气流分布、温度分布是否均匀的功能（类似于高炉炉喉十字测温和料面红外摄像系统的功能）；同时还具有判断和提示每次操作效果是否达到要求的功能。

●采用哑铃形炉型，能延长预热和冷却时间，适应石灰导热系数低的特点，减少了炉内气流阻力,有利于石灰窑的大型化。

●TGS180~TGS350 炉窑的排料设备拥有排料自动均衡补偿器,TGS420、TGS480 石灰窑排料系统采用液压多点出料，实现了炉墙边沿炉料与中心炉料均匀下料，提高了石灰质量和产量。此外，在炉窑底部采用双道液压密闭出灰阀，排料时有效的起到密封作用，减少了炉窑底部粉尘污染,改善了劳动环境。

TGS 石灰窑工艺特点

●采用了布袋除尘系统,各扬尘点废气均得到了处理，大大改善了生产过程的环境。

● 推荐使用原料分级入炉技术，使入炉石灰石的粒度均匀性大大提高，石灰窑的料柱透气性增高，可进一步改善石灰质量和增大石灰窑产量。另外也提高了矿山的矿石利用率。

●在有条件的企业，推荐使用原料水洗技术，可去除石灰表面杂物，从而降低原料的二氧化硅含量，改善石灰窑的料柱透气性,提高产品质量,还可改善上料系统的环境。

●推广采用优质石灰石为原料煅烧活性石灰，有效提高了冶金石灰的性能，可以降低吨钢灰耗 10 千克以上。

●利用一套计算机系统检测多座石灰窑,既提高了检测精度,又节省了投资。

●利用窑顶废气余热可将入窑煤气换热到 150℃~200℃,大大降低了煤气耗量。

●工艺布置合理紧凑，与同规模其他类型的石灰窑生产线相比,工业建筑占地总面积节省 1/4 左右。

TGS 石灰窑自动化

公司在工业炉窑控制设计中,采用了微机网络控制系统。吸取了仪表控制系统、电气控制系统和普通计算机控制系统的长处，实现了工业炉窑生产从原料投入到产出全过程自动化作业，不但提高了产量和质量，而且降低了工人的劳动强度，改善了工作环境。主要特点如下：

●检测系统、设备运转以及窑的运行是通过可编程逻辑控制器、可视系统和计算机系统来进行控制和监控的。

●专门为公司窑炉配套而开发设计的炉况偏行检测软件包，具有及时准确的判断炉内气流分布、温度分布是否均匀的功能(类似于高炉炉喉十字测温和料面红外摄像系统的功能)

●公司开发设计的操作效果提示判断软件包，具有判断和提示每次操作效果是否达到要求的功能，为操作人员及时准确判断炉况提供依据，大大提高了操作精度。

●专门为公司窑炉配套而开发设计的燃烧控制软件包，具有及时准确的自动控制燃烧焦点温度的功能。在煤气流量波动的条件下仍然可以保证单位石灰热耗的稳定,大大降低了生过烧率。

公司发展

唐山助纲炉料有限公司是在 2009 年 12 月注册的股份制公司，是唐山今实达科贸有限公司的生产、试验、研发基地。座落于乐亭临港产业聚集区,共计占地 80000 平方米(120 亩)。唐山助纲炉料有限公司主业是,根据用户的需要,承揽白灰竖窑、圆形竖炉、矩形竖炉的研发、工厂设计及规划,并按用户要求可采取各种合作方式，提供多项技术服务。

唐山助纲炉料有限公司主要产品有：

1.与北京科技大学联合,计划实施六条冶金辅料生产线，产量 48 万吨/年；

2.与河北联合大学联合,计划实施三条新型高效微电池污水处理剂生产线,产量 33 万吨。

这两个项目每年为钢铁企业处理高炉灰、精炼废渣等冶金废弃物 63 万吨，属于节能环保项目,效益可观。

展望未来，我们将不断加强公司自身建设,进一步发扬“今实达”精神,与广大客户同心协力,同舟共济,共同迎来更美好的明天。

·石家庄金刚内燃机零部件集团有限公司·

石家庄金刚内燃机零部件集团有限公司系生产经营内燃机零部件的专业化公司，河北省著名商标企业,国家一级计量单位,中国内燃机工业协会常务理事单位,中国内燃机工业协会缸套、活塞环分会理事长单位，中国机械 500 强,中国百佳汽车零部件供应商，国家汽车零部件出口基地企业,国家高新技术企业。

公司主要生产的“金刚”牌缸套、活塞、活塞环、活塞销、进排气门、轴瓦六大系列 500 多种产品，是汽车、农机、工程机械、船舶的内燃机关键基础件。产品多为一汽、东风、潍柴、重汽、杭发、川柴、一汽锡柴、大柴、东风朝柴、东风商用车、东风康明斯、重庆康明斯、西安康明斯、北京康明斯、重庆菲亚特、玉柴、上柴、一拖、北汽福田、云内、华柴、东安、华晨、海马、华泰、长城、比亚迪等汽车和发动机大集团大公司配套。同时供应国内各省、自治区、直辖市维修配件。产品出口欧美、东南亚、中东、非洲等国家和地区。多年来，公司是国内唯一能同时配套生产缸套、活塞、活塞环、活塞销——发动机摩擦副零部件的企业。

公司前身是石家庄内燃机配件总厂，始建于 1958 年 3 月，1997 年进行公司制改革。2006 年搬迁至石家庄市经济技术开发区金刚科技工业园。公司占地面积28.9万平方米，建筑面积12.4万平方米，现有员工2000余人。

石家庄金刚集团公司重视品牌建设，肩负“让更多用户受益于金刚产品”的使命，坚持科学发展观，不断改进创新，导入全新的管理理念，率先在国内行业采用国际汽车链的ISO/TS 16949技术规范。2003年公司成为国内汽车行业首家通过ISO/TS 16949:2002国际汽车标准认证的企业，同时获得ISO 9001:2000标准认证及IQNET多个国家互认证书。近两年，公司运用信息化加快企业现代化建设，启动了ERP项目，对企业运营链成功进行了改造和优化，有效提升了企业的经营管理水平。

公司以“尊重，诚信，共赢”为核心理念，实施差异化战略，围绕汽车、发动机等主机产品的安全、节能、环保的发展要求，发挥所拥有的省级技术开发研究中心和长期以来引进、消化、吸收国际先进技术以及生产经营多品种零部件的优势，坚持高起点、高标准、高水平进行技术改造，大幅度地提高园区内零部件的制造能力和水平。活塞销热处理新增一条奥地利爱协林推盘式渗碳淬火自动线，实现渗碳、淬火、清洗、回火连续完成。此技术居国内同行业第一。缸套增加了电炉溶化能力；购置了先进的数控车床，提高了缸套生产能力和水平。活塞环新上了磷化、电镀等设备。活塞铸造进行了大面积的改造，采用燃气竖式溶铝炉和变频炉、中频炉双联溶化，效率提高了40%~50%。气门新上了精锻线，在电墩工序使用了机器人。升级后的技术中心，新增了德国蔡司金相显微镜、泰勒-265圆柱度仪、德国霍梅尔轮廓度仪、三坐标、德国OBFL光谱分析仪等，提升了检测水平。对缸套、活塞、活塞销等主导产品分别进行设备更新和专机的设计和制造，包括活塞数控车床、活塞闭式软水冷却机、缸套无心磨床、缸套中频炉和变频炉、活塞销清洗加热设备、铸造炉前光谱仪数据远程传输、活塞销无连皮挤压模具设计等。借助计算机模拟和分析的现代设计方法，开发具有自主知识产权的新产品，并根据用户提出的发动机性能指标参数要求，研发各种发动机零部件，形成了具有独立开发能力的研究中心，实施技术创新工程，以每年研发五六十种高新技术产品，持续改善技术和营销服务质量，不断满足和挖掘用户需求。公司已有26项技术获得国家专利。2012年公司申报了20多项国家专利，其中14项为发明专利。

公司大力实施出口优先战略，出口由售后市场向全球采购OEM市场转变，先后加入克莱斯勒、福特、道依茨、康明斯、DANA、TECHNIMA、INTERNATIONAL、MAN等公司采购系列。国内主机市场进一步优化，重型商用车产品规模稳步提高，轻微型产品形成批量，轿车市场实现了重大突破。国内售后市场拓展了公交、船机、工程机械、油田发电机组等市场领域。

石家庄金刚集团公司以新工业园区建设为契机，不断推进企业改革改制，已有多家全资子公司独立运营。2011年集团公司积极运作主业重组，通过资产运营和资本运营，吸引战略合资合作伙伴，构建全新的发展平台，推动企业多元态发展。这两年，石家庄金刚集团公司在企业内部进一步解放思想、深化机制改革，模拟股份制改造，严格按照管理方式、风险责任、指标设置等市场化原则，运行新的经营模式，进一步激发了企业的活力。

伴随着我国内燃机工业和汽车工业的飞速发展，石家庄金刚内燃机零部件集团有限公司作为行业排头兵企业，积极承担国家能源安全和节能减排的重大责任。在多年来致力于内燃机运动件、摩擦副研究，从模仿类比到正向研发，从材料、结构、成型到表面工程技术，积累了大量经验和数据，并进行了大量技术储备的基础上，公司从战略高度与多所高校、研究院所和多家主机企业进行合作，已为多家主机企业提供了同步研发产品和配套，正向运动件、摩擦副系统化、模块化方案提供商发展。公司在积极参与国内外主机企业战略研发的同时，针对发动机后市场广大客户的需求，本着发动机绿色环保、降低摩擦损耗、提高功率、缩短初期磨合、提高润滑性能、降低机油燃油消耗、延长发动机使用寿命的准则，参考国外欧Ⅳ、欧Ⅴ等先进发动机基础件的设计理念，采用美国UG设计软件，利用价值工程学原理，运用最新的材料、结构、表面工程等技术，向后市场推出了“超越原装”四配套(活塞、活塞环、活塞销、缸套)及其他零部件。经过与知名大学和研究机构合作，进行了应力场和温度场分析、强度校核，实施了发动机性能试验、可靠性试验和样机路试，产品的可靠性、经济性得到了充分验证。综合实验证明，金刚“超越”系列四配套使发动机有效功率提高7千瓦~11千瓦，节省燃油8%~10%。目前，公司根据售后市场的需求，融合各品种顶尖技术，正向全国、全系列发动机包括工程机、船用机、农机等进行推广，以造福千万用户，造福国家，贡献人类！

2012年石家庄金刚内燃机零部件集团有限公司顶住外部经济下行压力，完成工业总产值32781

万元,实现销售收入 32031 万元。

以振兴民族内燃机工业和汽车工业为己任的石家庄金刚内燃机零部件集团有限公司，按照业已确立的“基业长青,员工幸福”的发展愿景和“民族品牌,世界金刚”的总体发展目标，正一如既往,勇于创新,开创公司更加美好的未来!

·石家庄中煤装备制造股份有限公司·

一、基本情况

石家庄中煤装备制造股份有限公司，位于石家庄国家高新技术产业开发区,是集研发、制造、销售及服务于一体的高新技术企业,主营支护机具、安全钻机、掘进机械和运输机械等煤炭机械装备，是国内煤炭装备制造业的专业供应商与服务商之一。公司通过了 ISO 9001 国际质量体系认证，多种产品通过了欧洲共同体 CE 认证和国际电工委员会防爆电气产品认证(IECEX);公司是国家级制造业信息化科技工程应用示范企业、国家级国际科技合作基地、全国企事业知识产权试点单位、国家级创新型试点企业、国家级守合同重信用企业、全国煤炭行业 AAA 级信用企业、全国煤炭工业先进集体；是中国煤炭工业协会煤矿支护专业委员会副主任单位、煤炭工业煤矿专用设备标准化技术委员会井巷设备分会委员单位、中国岩石力学与工程学会软岩工程与深部灾害控制分会常务理事单位、河北省煤炭工业行业协会副会长单位、河北省煤炭学会副理事长单位、河北省著名商标企业、河北省企业技术中心、石家庄市煤矿机械工程技术研究中心、河北省工业和信息化工作先进集体;是多家金融机构的优质客户,先后两年获得“渣打银行中国最具成长性新锐企业奖”。

二、2012 年度工作总结

2012 年是公司实现跨越发展的重要一年。2012 年 7 月公司正式在深圳证交所挂牌上市，为可持续发展注入了新的动力，提升了公司的综合竞争力；公司承担并完成了多个省部级以上的科技项目，并有多个产品分别获得了国家重点新产品等荣誉；公司完善了管理制度和信息化管理系统(全信息化精益智能管理系统),使公司研发、采购、生产等部门的运行效率得到了进一步的提高。层出不穷的新技术和逐步完善管理模式大大提升了新产品的数量和质量，提高了产品的市场竞争力。2012 年度公司与多个大型煤炭企业达成了合作，销售订单纷沓而至,销售收入达到了 3.6 亿多元,同比增长了 22%。以下是公司 2012 年度技术创新和运营管理方面取得的主要成果。

(一)技术创新成果

2012 年，公司坚持以市场为导向原则,按照“生产一代、改进一代、研制一代、预测一代”的产品梯次开发模式,新产品、新技术层出不穷。主要完成了国家级科技项目 2 项目，省级科技项目 1 项;共获得国家专利 21 项,其中发明专利 2 项。公司自主研发的产品分别获了多项殊荣,其中“高强度高耐磨性刮板输送机整铸中部槽”被科技局评为了国家重点新产品;“ZQJ-300/6 架柱支撑式安全钻机”被评为了石家庄市科技进步三等奖。

公司在加强自主创新的同时，也积极开展了多项国内外技术交流工作。参加了俄罗斯国际矿业展、乌克兰国际矿业展等矿业展览会;参加了 2012 年中国煤炭工业协会交流年会；联合中国煤炭工业协会煤矿支护专业委员会和《煤矿支护》杂志编辑部共同举办了第四届“石家庄中煤杯”优秀论文评选。通过开展以上工作,促进了与同行业之间的交流,及时掌握了行业发展的方向。

公司在科技创新方面所取得的成果得到了各部门的高度评价。在科技部组织的创新型企业评选中被评为了“国家级创新型试点企业”;同时在河北省发改委等省级部门组织的省级企业技术中心评比中被评为了河北省优秀企业技术中心。

(二)运营管理成果

近年来，公司在同行业异军突起，得益于全面创新的管理模式。公司的管理模式采用的是其母公司冀凯集团自主研发的全信息化精益智能管理系统（简称 WIMS 系统)。WIMS 系统是在借鉴了日本丰田精益生产方式和阿米巴组织模式，吸收了欧美企业的科学管理、ABC 作业成本法、平衡积分卡、全面预算管理和业务流程再造等先进管理理念的基础上，根植中国企业自身的文化土壤,将管理理念、方法和工具(信息化手段）不断融合并应用到企业实践中，逐步发展出来的适合制造企业的管理一体化、管理和软件一体化、软件一体化的一套普遍适用于中国制造企业的管理体系，可以说它是企业独特管理思想及模式与信息化的结合体。2012 年公司的管理模式在上新台阶，公司通过完善实施全信息化精益智能管理模式取得了“生产车间图纸无纸化”、“设计成本随设计完成而同步完成”、“质量检验自动检测,自动判定”等成果。主要内容如下：

1.实现了图纸无纸化,提高了效率,有效防止了图纸外泄。

通过采用数字显示终端代替原有纸质图纸,遇有图纸变更,技术人员只需在系统后台瞬间操作，就完成了所有使用终端图纸的更改过程。除此之外，数字显示终端还提供了多种人性化浏览功能，操作者可以浏览到各种加工参数、可以实现二维和三维立体图形的转换以及图形缩放、旋转等功能，数字显示终端只提供浏览功能，不提供下载功能，不仅加深了操作人员对加工对象的理解，同时也有效防止了图纸外泄。

2. 实现了产品成本随设计完成而同步计算完成的转变，保证了企业盈利。

通过一体化的信息管理系统，产品成本可以随着设计的完成而同步完成，新研发产品达不到企业要求的利润水平就不能进入投产，研发人员必须进一步优化产品设计，不断创新，直到满足企业的利润水平。

3. 实现了质量检测的自动化和质量责任的明确化，做到了质量的有效管理。

在质检环节，对每一个受检零部件都打上激光编码作为该产品的“身份证号”，该身份证号伴随产品的整个生命周期。如果产品出现质量问题，通过该身份证号可以将责任落实的每一个人的头上，实现了奖罚分明。同时，该套系统配合自动化检测设备实现了产品的自动测量、自动判定，不仅提高了质量检测的精度和效率，而且避免了人为原因左右产品质量的因素，做到了产品质量的有效管理。另外，企业自身加工的零部件凭此身份证号和质检合格单可自动计提各种辅助费用，外协加工的零部件可凭此身份证号和质检合格单自动计入供货商的应付款。

4.系统的异常停止功能，保证了生产现场问题的及时发现和解决。

在系统中，我们设置了异常停止功能，当生产现场出现问题时，我们规定了不同级别的领导解决不同问题的时间，当异常停止启动时，系统就开始记录时间，如果在规定的时间问题得不到解决，系统将会使问题自动升级至上一级，直至企业的最高领导，问题解决情况同时对应着考核，这样生产现场存在的问题得到了最大限度的暴露和有效解决，工作效率大大提高。

5.系统的实时结账功能，为及时准确决策提供依据。

企业打造的一体化管理平台，使数据采集实现了“一次录入，共享使用”，避免了重复劳动，不仅差错率大大下降，而且效率大幅提高，报表报出时间由原来的10天缩短到现在可以实时结账。将财务的事后监督职能变成事前和事中监督，为管理者及时准确决策提供依据。

6. 精细核算功能使企业真正做到了按劳分配、多劳多得，实现了员工的自我管理、自我约束。

工人通过指纹系统，在工序完成后进行完工汇报，系统自动计算，当天就可以看到自己的收入情况，如果出现扣罚，也能及时找出原因，避免不知情的情况下重复犯错。

通过对每个人创造的价值进行精细核算，按照多劳多得的原则进行公平分配，从而对每个人价值创造进行有效激励，并配合多种考核指标，每个员工可以实现自我管理和自我约束，使管理变得简单、有效。

7.所有流程固化到系统中，实现了企业从人治到法治的根本性转变。

在以前，遇到一些特殊情况，经领导批示后就可以绕开制度来执行。结果，一些科学完善的管理制度最后弄得千疮百孔无法执行。目前，在公司所有的经济行为都有相对应的工作流程，工作流程“固化”到系统中，不能随意改动，任何流程要改变，要先经过评审，要么比原来的流程更优，要么效率更高，要么成本更低，否则就不能更改。这样企业的管理制度得到了有效执行，提高了执行力，最终实现了企业管理从人治到法治的跨越。

·巨力集团有限公司·

中国巨力集团现已形成索具、新能源、刘伶醉酒、影视文化、地产商贸、金融投资6个产业，所有产业由集团集中管控，使每个产业管理，更加科学、严谨。巨力集团目前拥有职工近8000人，2012年实现销售收入70亿元，实际纳税2.07亿元。

巨力集团是国家高新技术企业，河北省吊索具工程技术研究中心“J&L”商标被认定为“中国驰名商标”，同时巨力索具被列入“河北省重点产业支撑项目”。

巨力索具股份有限公司始建于1985年，28年专注于索具研发制造，是目前中国规模最大、品种最齐全、制造最专业的索具制造公司，占据中国索具行业“第一品牌”的主导地位。2010年1月26日巨力索具在深交所成功上市。

巨力新能源股份有限公司致力于晶体硅料、硅片、电池、组件和光伏系统的研发、制造与销售。重点是对光伏电站的投资、建设与运营。

刘伶醉酿酒股份有限公司拥有始创于公元1126年金元时期的刘伶醉烧锅遗址，是中国最早的蒸馏酒发源地之一，为全国重点文物保护单位，现已形成5万吨酿造自动智能生产线，灌装环境卫生标准全国行业一流，刘伶醉成为中国最具规模原生态酿酒基地。

巨力影视传媒有限公司专注于电影投资、电视剧投资、制片中心、网络及新媒体运营、艺人经纪，拥有自己的影视基地和后期制片中心,形成最具特色的中国巨力影视制作完整产业链。

巨力金融、地产产业主要是建设当地，美化当地的锦上添花产业，是巨力集团的当地区域性产品。

6个产业多元并举，共同发展,巨力在市场、经营、管理上走出了一条独特之路。我们要在中国创造世界的巨力，在世界创造中国的巨力!

·河北四方通信设备有限公司·

一、公司简介

河北四方通信设备有限公司(以下简称四方通信或公司)始建于1998年4月,地处石家庄国家经济技术开发区阿里山大街18号,是中国光纤网络系统集团有限公司(香港上市公司,以下简称中国光纤)的全资子公司。公司注册资本金5.28亿元人民币,总占地面积23万平方米。经过15年的艰苦创业和开拓创新,公司已发展成为省内首家以光纤活动连接器为主导产品的创新型光通信产品制造企业和省级高新技术企业,专注于光纤活动连接器及其相关光无源设备的研发、生产和全球销售。

公司能够为国内外通信运营商和专业通信传输机构提供100多种符合UPC、PC型要求的各种线径的软光缆光纤活动连接器和铠装光纤活动连接器。凭借产品的卓越品质和专业化的优质服务,四方通信已成为中国电信、中国移动、中国联通三大电信网络运营商、广电网络运营商以及国防通信、铁路通信等其他专业通信网络的主要供应商,产品被广泛应用于航天通信、高速公路、高速铁路专网、智能大厦系统以及矿山、油田通信等诸多领域。

二、院校合作

公司组建以来,始终坚持“靠质量生存、靠科技兴企、靠创新发展、靠诚信立业、靠管理增效”的经营管理原则,以科技创新引领企业发展,走“产、学、研”联姻和“科、教、企”结合之路,使企业步入了健康、快速、可持续发展轨道。15年来,公司先后与国防科技大学、天津大学、武汉邮科院、南京邮电学院、上海交通大学等高等院校共同建立了以课题为载体的联合研发机构,不断研发推出高科技含量的光通信新产品,先后获得国家专利48项,其中有6项专利和发明填补了国内空白,公司成为国内唯一拥有铠装光纤活动连接器专利的企业。

2013年7月18日,公司承办了由石家庄市人民政府和上海交通大学主办的“促进政校银企结合,驱动光纤产业发展”战略合作签约仪式,在上海绿地万豪酒店举行,在仪式上公司于上海交通大学共签署了三项战略合作协议,达成一致共识,联合共建河北光纤产业集群联合实验室并建设全光网络技术国家工程研究中心,此举标志着由我省光纤产业领军企业“四方通信”穿针引线并作为龙头企业带动投资、上海交大提供技术支撑、金融机构提供资金支持、省市县政府总体规划协调,联手打造河北现代光纤产业集群工程正式启动。

三、行业地位

一流企业定标准。自2009年企业成为中国通信标准化协会全权会员以来,公司先后参与了“通信设备用射频连接器技术要求与试验方法”、“通信用多模光纤第4部分A4类多模光纤特性”(即塑料光纤)国家标准、“柔性钢管铠装光缆”行标、“铠装光纤连接器”行标等13项国标或行业标准的制定。公司通过参与国家、行业标准制定、修订,进一步掌握了标准制定、修订的话语权,奠定了企业在行业中技术领先的地位,进而在市场竞争中取得了有利地位。

2013年6月25—27日,公司成功承办了中国通信标准化协会传送网与接入网技术工作委员会第42次会议，并参与了“光纤活动连接器插针技术”、“集成相干光接收器技术”、“塑料光纤活动连接器SC型”和“40Gbps相位调制光收发合一模块技术”等多项行业标准的制定。

公司自主研发的FC/PC型光纤活动连接器，其主要光学技术指标居于国内领先地位，与国际先进水平同步。该项产品2003年被列为国家火炬计划高新技术产品，2004年被国家发改委批准为国家信息产业企业技术进步与升级专项扶持项目，2010年被评定为中国国际专利与名牌博览会金奖产品与河北省名牌产品。

四、市场分布及规划

公司成立以来，坚持以河北为根据地，北拓、南延、东开、西进，构建了覆盖全国的市场营销网络，形成了渠道管理的产品销售格局。目前，公司已在中国电信、中国移动、中国联通和中国广电四大网络运营商系统建立多个稳固的目标市场。同时，还先后开发建立了爱尔兰、新西兰、加拿大等海外市场，使公司产品走出了国门。

四方通信用15年时间把一个名不见经传的小型商贸公司发展成为在国内外业界具有一定影响力的现代化企业，足以说明电子信息产业是全球独树一帜的、充满生机和活力的朝阳产业，印证了国家制定并推行的产业政策是符合科学发展观的，各级党委、政府扶持企业发展的各项工作举措是卓有成效的。

四方通信能够取得今天这样的辉煌成就，蕴含了各级党委、政府的关心、关注和关爱，体现了各级政府相关部门的热诚关心、悉心指导和有力扶持，反映了社会各界对企业发展给予的厚爱与支持。公司在经营发展过程中取得的每一个业绩或进步，都得到了各级政府和社会各界的认同与肯定，并给予了许多荣誉。

五、公司荣誉

2002年以来，公司连续9年被表彰为省、市信息产业与信息化工作先进集体或先进单位；2004年以来，公司先后被省、市政府或相关社会团体组织授予河北省先进企业、河北省明星企业、河北省诚信企业、河北省最具社会责任感企业和河北省光通信杰出企业等多项荣誉称号；2008年以来，公司主导产品相继荣获了“中国通信光纤光缆行业用户满意十大竞争力品牌”、“中国光纤配线管理系统质量500强”、“中国配线架行业10强企业”、“中国通信产业用户满意企业”、“中国通信产业光纤活动连接器最佳产业推动奖”、“2010–2012年度数据中心优秀产品奖”、“中国通信设备供应商50强”、“中国移动承载网优秀合作伙伴”和“中国光纤光缆行业最具影响力品牌”等多项殊荣和奖项。

2011年7月14日，四方通信母公司——中国光纤在香港证券交易所主板上市，成功进入国际资本市场。

2011年12月，中国光纤在香港最具权威性的《经济一周》举办的第八届香港“杰出企业巡礼”中，从港交所近3000家上市公司中脱颖而出，荣膺“2011年度香港杰出企业”殊荣。

2012年1月，中国光纤荣登福布斯“2012年中国最具潜力上市公司榜”，在入选的100家上市公司中位列第15名。

2012年，河北省发改委为公司颁发了“省级无源光通信连接技术工程实验室”、“省级企业技术中心”资质证书。

2013年，公司荣膺“中国数据中心行业最具发展潜力企业”“河北省质量效益型先进企业”“石家庄市最具社会责任企业”“纳税贡献先进企业”称号。目前，公司顺利通过了ROHS认证，为经营产品出口海外打下了良好基础。

2013年9月，公司再次获得中国通信设备供应商50强荣誉称号，这是公司连续第五次获得此项荣誉，与此同时公司还获得中国光通信最具竞争力企业殊荣。进一步显示了公司在行业内的核心地位及发展潜力。

·河北航天信息技术有限公司·

河北航天信息技术有限公司（以下简称河北航天信息或公司），隶属于中国航天科工集团公司，是航天信息股份有限公司的全资子公司。航天信息股份有限公司是由中国航天科工集团公司控股、以信息安全为核心技术的IT行业高新技术国有上市公司，总部设在北京。

河北航天信息技术有限公司成立于2013年1月，其前身为河北航天信息有限公司，注册地址石家庄市高新区新石北路368号，注册资本5000万元人民币，为河北省政府重点扶持高新技术企业，是国家大型信息化工程和电子政务领域的重要参与者，下设11家分公司，2家销售子公司，1所培训学校。

公司业务范围包括：国家重点项目“金税工程”、“金盾工程”以及“金卡工程”的推广与服务；物联网项目、金融支付项目、产业化培训、软件研发、企业管理软件、电子商务及系统集成等领域的“产品+应用+服务”一体化解决方案。公司具备软件研发CMMI三级资质、计算机系统集成三级资质，通过了ISO 9001国际质量管理体系认证和ISO 14001环境管理体系认证。

河北航天信息员工队伍中聚集了众多具备计算机软硬件工程管理经验的优秀技术人才，其中具备硕士及本科学历以上的高水平研发人员200余人，客户服务工程师300余人，专业呼叫服务人员100余人。素质高、能力强的团队,为河北航天信息的持续、稳步发展奠定了坚实的人才基础。

公司以强大的研发体系为后盾，自主研发、经营的软件产品中,已有28项获得国家版权局计算机软件著作权登记证书，6项获得河北省工业和信息化厅颁发的软件产品登记证书,包括：分布式指纹考勤系统V2.0、增值税进销数据分析监控系统V2.0、普通发票管理系统V1.0、数据备份之星软件V2.0、税控发票综合管理平台V2.0、冀航信人员信息网络采集终端软件V1.0、开票数据管理软件V2.0、冀航信发票数据管理软件V1.0、冀航信税控收款机系统软件、冀航信办公OA管理系统V6.0、冀航信商务管理软件V2.0、冀航信防伪税控网上认证系统V1.0、绩效考核管理系统V 1.0、冀航信费用预算管理系统V 1.0、学员培训考试管理系统V 1.0、主机共享开票信息安全管理系统V 1.0、防伪税控开票信息安全管理系统V 1.0、冀航信石油行业卡机联动开票系统V 1.0、安置残疾人企业信息采集系统、棉花加工企业生产信息分析系统、石油石化行业储值联动开票系统、税务实训仿真教学系统、航信网销平台系统、冀航信保安服装管理信息系统、冀航信公安厅巡逻查辑能手系统、冀航信货物和劳务税辅助管理系统、冀航信企业认证抄报综合数据采集系统V2.0等。

公司成立以来，被国家人力资源和社会保障部、国务院国有资产管理委员会授予“中央企业先进集体”荣誉称号,被评为2013年“河北省百强优势企业”,连续多年荣获“优秀高新技术企业”、“河北省服务业50强企业”、“河北省最具成长型企业”、“全国防伪税控推广服务先进单位”、“河北省电子信息产业优秀品牌”、“河北省工业和信息化先进集体”等众多荣誉奖项。

未来几年，河北航天信息将在加大研发投入、加快技术创新的同时，充分整合航天科工集团及航天信息总公司的技术、人才等优势资源，引进核心技术及投资项目,为我省创效益;有效推进“大公司”战略,打造具有竞争力的本土信息产业品牌，服务于我省经济发展及信息化建设事业。

·河北百富勤智能工程公司·

河北百富勤智能工程有限公司成立于1997年,是一家按照现代企业制度组建的从事建筑智能化工程、消防工程、安防工程、环保净化工程、机电设备安装工程及建筑装饰装修工程的高科技企业。

公司地处河北省省会石家庄市,注册资金2110万元,自有写字楼建筑面积1000余平方米,现有员工100余人,中、高级职称技术人员50余人,国家注册建造师15人，中高级项目经理10人,高素质创新型专业技术人员为企业的发展提供了强大的动力。

公司下设:行政中心、市场策划中心、项目运营中心、智能自动化设计研究室。下辖:机电安装、环保净化、消防工程3个专业承包分公司。

自公司成立以来，以雄厚的技术实力、稳定的产品质量、完善的服务体系，已成功的将高性价比的行业解决方案广泛应用于公安、检察、法院、医院、文化、教育、电力等政府及企事业部门。

公司作为智能化系统设备生产及系统解决方案集成服务商，针对不同客户的实际需求对每一件设备、每一个解决方案都进行了功能及使用上的有效整合,先后为河北省公检法系统信息化、医院数字化建设提供了一整套完整的解决方案，受到了客户的一致好评。

公司在稳步发展中始终坚持不懈地广泛吸纳国内外先进的管理理念和经营模式，成功导入并运行ISO 9001质量管理体系,公司的生产及服务通过了ISO 9001:2000认证。目前荣获：

★建筑智能化工程壹级资质

★安防工程壹级资质

★消防工程壹级资质

★机电设备安装壹级资质

★环保净化工程壹级资质

★建筑装饰装修工程贰级资质

★环境净化工程设计甲级资质

★建筑智能化专项工程设计甲级

★医疗器械经营许可证

★ISO 9001:2000认证证书

等多项资质，先后被政府有关部门授予“守合同重信用单位”、“河北省建筑业诚信企业”等荣誉称号。

质量第一、客户至上是我们的服务目标,诚实守信、共同发展是我们的经营宗旨!

让我们携手合作,一起努力,共享发展!

·河北华通创新科技有限公司·

河北华通创新科技有限公司成立于2005年4月,具有独立法人资格,现注册资本1510万元。公司经营范围主要为两部分:其一,主要从事专业节能技术开发与节能产品销售并按国际合同能源管理模式(简称EMC)提供节能服务,脱硫脱硝、余热发电及综合开发利用。其二,从事专业的建筑智能化系统的设计及安装、安全防范系统、专业会议系统设计安装、基础数据网建设、通信工程、智能系统软件开发、灯光音响控制系统,大屏幕显示系统等。

近几年,随着我国经济的快速发展,节能减排日渐成为中国发展的突出矛盾,原来粗放型的经济发展模式带来能源的巨大消耗,能源消耗又对生态与环境产生巨大压力,因此我国正面临着日益严峻的能源与环境挑战。公司敏锐的抓住国家大力提倡节能减排的有利时机,依托于公司原有的核心技术,积极借鉴国外的先进技术,在节能减排领域进行深入的技术开发,公司研发的余热发电、空调模糊控制、电梯专用节能回馈单元、脱硫脱硝等获得了国家级专利,公司运用这些技术成功的对一些大中型工业企业和民用建筑进行了节能减排改造,工业企业如:冀中能源集团、河北钢铁集团、常山纺织集团、石药集团、沧州大化、河北敬业集团、唐山建龙钢铁、内蒙古乌海君正实业、山西阳煤集团、武钢鄂州钢铁,民用项目如:河北省机关事务管理局、河北省教育厅、河北省劳动厅、河北省卫生厅、河北省工信厅、河北省发改委、河北省卫生局、河北省农业厅、河北联通业务综合楼、山西机关事务管理局、天津武警医院等。到目前为止,公司通过一系列节能工程的实施,共计节省用电约 1.8 亿 KW,折合节约标准煤近 80000 吨,减少二氧化硫、二氧化碳等废气排放约 5000 吨,这不仅减少了能源消耗和对生态环境产生的压力,而且促进经济的可持续发展,取得了良好的经济效益、社会效益和环境效益。

由于公司在节能减排行业成绩突出,公司第一批通过了国家发改委、财政部及工信部认证备案的节能服务公司,是国内目前为数很少的几家,同时入选了国家机关事务管理局节能推荐名录,并被国家建设部、发改委、环保部门评为“2008 年度节能减排典范企业”、“全国节能减排突出贡献单位”,同时公司还被评为“中国节能服务产业知名品牌”、“中国节能服务产业十佳企业”、“全国十佳低碳经济示范单位”、“河北省诚信企业”等称号,并通过了 ISO 9001 质量体系认证、形成了完备的质量管理体系。

公司董事长蔡志强于 1998 年毕业于河北经贸大学,毕业后,先后到美国霍尼韦尔(中国)公司和西门子自控(中国)公司工作学习,系统学习了世界 500 强公司先进的技术和管理经验。后到中国人民大学华商学院参加了 EMBA 学习,系统学习了管理学、经济学、国学等领域的相关知识。

2005 年回石家庄创办了河北华通创新科技有限公司,公司实行军队+学校+家庭的企业文化,即军队一样的执行力,学校一样的学习力,家庭一样的关爱员工。通过多年发展,不但业务得到较大的发展,而且公司还掌握了行业内核心技术,培养了公司的核心团队,这为公司下一步发展奠定了基础。

2012 年,蔡志强代表省市主管部门参加了中日韩绿色低碳产业联盟论坛和北京国际节能展览会,参加了全国公共机构节能研讨会并参与制定了公共机构节能的标准和技术。由于贡献突出,被评为全国绿色低碳管理创新杰出人物,同时还担任河北省企业家协会副会长、河北省节能协会副会长、河北省建设厅绿建委常务理事、河北省青联委员、石家庄市青联委员,并于 2013 年成功当选石家庄第十二届政协常委。

公司目前员工近 120 名,年销售额近 1.2 亿元,实现利税 800 多万元。公司提倡感恩文化,发展不忘回报社会,在国家发生大的灾难时多次捐款,并向行唐贫困小学捐助电脑等教学物资,积极参与了青联组织的河北师大民族学校、石家庄市支农路小学捐助慰问活动,到目前累计捐助近 20 万元。

公司致力于节能减排和生态文明建设,努力建设成中国一流的节能减排服务平台,为了子孙后代的蓝天白云,为建设节能、环保、绿色、低碳中国贡献力量!

·河北省健海生物芯片技术有限责任公司·

河北省健海生物芯片技术有限责任公司成立于 2009 年 10 月,位于河北省石家庄市国家高新技术产业园区。公司总投资 3 亿元,是一家以国际领先的检测技术与高标准制作要求为基础,集生产与研发为一体、致力于实现生物芯片产业化的高新技术企业。公司现拥有 4 个国际领先的生物芯片检测技术服务平台,三大系列、数十项产品与服务,主营业务涉及生物芯片测试分析、基因健康检测与管理、医用诊断产品研发与生产、免疫细胞治疗等领域,具有 7 项国家发明专利及多项生物芯片检测技术类科研成果。

2012 年初,随着公司在高新区建设用地的落实,正式启动了健海生物在生物芯片领域的大规模产业化进程。同年 9 月,免疫细胞治疗项目与实验中心规划建设的启动,标志着健海生物正式进军细胞治疗领域。这都仅仅是健海生物的第一步,未来,健海会建设成集基因检测、生物芯片研发与生产及干细胞治疗为一体的高端医疗诊断产业园。

健海生物自创立以来，已参与科技部、公安部等多个国家级科研项目的检测分析服务，公司现拥有河北省唯一一个生物芯片领域省级重点实验室，实验中心设有成熟完善的生物芯片技术公共服务平台，依托国家生物产业基地发展生物农业、生物医药、生物资源产业和生态农业的需求，为广大用户提供全面的生物芯片测试分析和专业技术服务，拓展生物芯片技术在生命科学领域的应用。公司凭借过硬的技术与高端的人才，已承揽多项国家、省市级项目，2010年承揽国家科技型中小企业创新基金项目——肿瘤标志物芯片筛查芯片；2010年承揽省发改委《石家庄国家生物产业基地基因芯片公共实验中心》建设项目；2011年，省发改委《河北省生物芯片工程实验室》建设项目；2012年，石家庄市科技孵化计划——院内感染病原体检测试剂盒的研发；2013年承揽省科技厅——等温扩增与分子信标技术研究开发人乳头瘤病毒(HPV)DNA分型检测芯片项目。

人才作为公司可持续发展的关键因素，一直是健海生物最为看重的建设对象。公司自成立以来一直注重人才的引进和培养，已形成一支年龄、学历、知识和学缘结构相对合理，富于创新的工作团队。公司技术人员28人，包括研发、中试到产业化实施各方面的人员，其中90%以上为硕士以上学历，博士6人。公司技术带头人均为相关领域专家学者，具有多年的研究与实践经验，聘请河北大学生命科学学院教授，天津医科大学名誉教授，美国卫生科学西部大学(Western University of Health Science)兼职教授任职公司技术副总裁，掌控公司科研及产品研发生产方向；聘请中国科学院北京基因组研究所“百人计划”研究员方向东博士任健海生物技术总监，指导公司基因产品研发与生产；聘请郝京生博士为健海生物技术总监，负责细胞部研发与生产。公司技术团队，在这些领军人的带领下，不但具有国内领先的研究水平，而且具有快速将研究成果产业化的能力。

加强人才建设的同时，公司亦不断投入资金保证设备上的先进性。依托“石家庄国家生物产业基地基因芯片公共实验中心”和“生物芯片河北省工程实验室”，健海生物购置安装了国际先进的生物芯片设备进行研发及生产，其中主要包括illumina微珠芯片检测系统-iScan、BeadXpress微码数字芯片系统、luminex 200多功能检测系统、Nano-Plotter NP2.1生物芯片点样系统和生物芯片扫描系统-GenePix4000B。这几大系统贯穿生物芯片的研发与生产工作，包括基因芯片、蛋白芯片、组织和细胞芯片，液相芯片和固相芯片，涉及到生物芯片的各个领域。不仅极大的节省了人力和时间，实现了一定程度的自动化，并最大程度的保证了研发数据的准确性，减少人为操作带来的误差，这为研发进行及产品改进提供了准确的数据基础和分析依据。

健海生物拥有基因芯片研发平台、蛋白质芯片研发平台、组织和细胞芯片研发平台和生物信息网络平台四个平台，研制开发可用于重大疾病(如恶性肿瘤、高血压、糖尿病等)早期预警的致病基因检测芯片，重要传染病病原体基因分型、毒性和耐药性鉴定芯片，可用于新药筛选、药效评估和毒理检验的药物代谢学基因芯片，可用于检测环境微生物污染的微生物基因检测芯片和某些重要农作物遗传育种的农作物基因检测芯片；可用于自身免疫性疾病早期预防和诊断的自身抗体检测芯片，反向蛋白检测芯片(RP-PA)，可用于肿瘤早期预警的肿瘤相关蛋白普查芯片，可用于肿瘤早期诊断和预后判断的肿瘤标志物检测芯片，以及其它重大疾病(如糖尿病，高血压，心血管病，老年性痴呆等)的特异性蛋白检测芯片；利用芯片技术检测活体肿瘤细胞中的特异蛋白，利用抗体芯片技术检测组织切片中的肿瘤细胞、各种肿瘤芯片、病理组织芯片和干细胞芯片等；并建立了与上述相关的信息处理、服务与储存平台。

同时公司在立足于自身努力发展的同时，积极的加强与国内外行业内高校及科研机构的合作，在几年的发展中，与美国西南医学中心、西部健康大学，国内中科院、上海交通大学、河北大学、河北经贸大学等科研单位及专家建立了良好的合作关系，开展国际和国内合作与交流，吸引国内外优秀科技人才进行项目研究开发和试验，以上工作有力的提升了企业项目研发的技术水平。

·保定市供水总公司·

保定市供水总公司始建于1956年，担负着保定市区工商企业和居民的生产生活供水任务，经过50多年的发展建设，已发展成为拥有2个分公司、3个子公司、1个合作公司、1200名员工、总资产6.2亿元、1000余公里输配水管网，供水服务面积近110平方公里，用水人口110余万人，集供水生产、经营服务、工程施工、科研设计、多元经济为一体的国有大型供水企业。

近年来，保定市供水总公司在保定市委、市政府和上级主管部门的正确指导下，秉承"安全供水、优质服务"的企业宗旨，坚持改革创新、精细管理、统筹兼顾、科学发展的管理理念，不断规范内部管理，强化机制制度建设，努力提高供水能力，全面增强服务功能，企业综合实力日益雄厚，先后荣获"全国工人先锋号"、"全国安全文化建设示范企业"、"全国模范职工之家"、"全国巾帼文明岗"、"全国青年文明号"、"河北省明星企业"等多项荣誉称号。

一、强化水质安全，保证安全供水

供水总公司一直秉承"安全供水、优质服务"的企业宗旨，将水质安全作为第一要务。主动牵头召开供水四方协调会，义务投资购置渠首预加氯设备，对水库上游加强巡视。投巨资购置大型化验设备，水质检测能力达120余项，在满足国家《生活饮用水卫生标准》的同时，部分深度处理指标达到欧盟标准，水质综合合格率多年保持100%，检验水平一直保持在全省甚至全国同级城市的前列。

2012年成功建立起水库、水厂、管网和管网末梢四级水质监测保障系统和在线实时预警机制，实现了城市供水从源头到龙头的全方位、全过程、全要素、全天候的监测控制。同时，介入二次供水管理，制定了二次供水设施管理制度，与卫生监督所联合检查二次供水、自备井及直饮水水质。成功引入安全生产PDCA循环管理系统，全面启动安全生产标准化创建工作，修订、完善水质事故处理应急预案，提高了各类供水安全事故的应急处理能力和防范能力。

保定供水总公司于2012年荣获"国家安全文化建设示范企业"荣誉称号，成为全国安全文化建设示范企业之一，是全国供水行业唯一获此殊荣的企业。

二、搞好创新服务，规范内部管理

"手握手的承诺，心贴心的服务"是供水人不懈的追求。在请进来、走出去与用户零距离沟通、构建一站式服务平台解民忧等多项便民、利民服务措施的基础上，2012年在省内率先推行"客户代表"制度，变单一查表员为集查表收费、答疑解惑、宣讲政策以及协调沟通用户各项用水需求为一身的供水"客户代表"，为市民用户提供全方位、深层次的管家级服务。在省内率先推行新版水费通知单，对水价构成和代收费进行了详细说明，让市民清清楚楚用水、明明白白消费；积极探索水费收取新模式，设置了24小时水费查询和自助缴费机，并与银行、邮政、超市等单位成功合作，开通了"网上银行"、"电话银行"、手机代收水费系统和超市水费收费点等多项便民服务措施，满足并力争超越用户需求；2013年创新服务举措，推行6S星级客户服务，提出客服人员星级管理理念，将客服人员按工作能力划分为五个等级，定期考核，动态管理，有效提高服务水平。

服务的健全需要全系统的背

后保障。供水总公司下大力气充实了“管理规范化、行动军事化、工作标准化”的管网维护抢修队伍;引进应用GPS全球定位系统,实施网格精细化管理,每一米管道和设施有责任人、有资料登记、有抢修计划,对供水管线及附属设施进行实地标识,实现了从上到下、由内至外的保护,确定了“无缺失、无死角、无隐患”的“三有三无”标准,建立了一条完整的供水设施安全责任链。严格兑现公开承诺时限,全天候待命随时拉动,应急抢险能力在省、市及市政系统各类拉动演练中成绩优异,抢修及时率保持100%。

2013年,保定供水总公司被中华全国总工会授予“工人先锋号”称号,成为全省供水行业唯一获此殊荣的单位。

三、人才兴科技兴,助力企业发展

供水总公司通过举办岗位技能竞赛、各工种专项业务培训,提高职工技术素质;在全司范围开展全员“优化组合、双向选择”,通过职工竞聘、单位选拔和领导小组研究确定岗位定员,实现了员工选岗位、单位选员工的目标,优化了人才配置;完善专业技术人才激励机制,制订了专业技术人员评聘考核管理办法,给予注册执业人员相应津贴,调动了广大专业技术人员的工作积极性;建立和完善人才梯次培养机制,为筹建第二地表水厂储备技术骨干,开展了每期一年,共分3期的选派人员赴第一地表水厂轮岗培训工作。同时,建立外部专家人才电子信息数据库,为公司决策提供信息保障。

科技领先,助力供水。通过一系列人才激励政策,自主研发的《企业智能化调度监控系统》荣获了河北省建设行业科技进步一等奖,并申请注册了国家专利。该系统包括供水调度系统、水质在线监测系统和供水调度移动监控指挥系统,实现了供水调度的“可视化、智能化、便捷化”,通过应用先进科学技术,实行市区供水的统一管理和调配,对切实提高城市供水管理水平、有效保障市区安全稳定供水发挥着重要作用,在全国同行业打造出了创新规划、自主研发、率先运行的,具有保定供水特色的数字化管理调度中枢。

良性的人才机制中,职工的个人潜能被充分调动起来,钻研创造,连年涌现出了“余氯比色计色谱”、“自制挖掘机缓冲震垫”、“树脂井圈井盖技术更新”等近100项技改工作成果,在有力提高生产效率的同时,有效降低了生产能耗,节约了成本。

四、整合组织机构,强化监督机制

供水总公司着力从源头上预防腐败,结合企业自身权力运行特点,组织开展了企业权力运行监控机制建设工作。建立科学民主的决策机制,引入经营顾问、法律顾问,推行经营项目事前分析论证、经营合同由法律顾问审核把关制度,实行重大事项决策和重要权力行使会审会签制度,提高决策科学及法制水平;推行规范透明的执行机制,规范公司权力执行流程,完善公示制度,实现权力监督的动态公开;强化防控有效的监督机制,整合机构,成立招标委员会、审计中心等机构,完善绩效考核及责任追究制度,加大对重点领域和关键环节的监管力度,充分发挥公司监督机构、职工民主监督和社会公众监督的作用,形成监督合力,提高监督效果。

通过建立健全权力运行的决策、执行、监督机制,降低了企业运行成本,提升了工作效益和服务质量。供水总公司被市委、市政府授予“推进权力运行监控机制建设先进单位”称号。

供水人一步步脚踏实地,精细管理夯基础,改革创新谋发展,公司各项工作取得长足进步,供水产销差率、水费回收率、单位劳动贡献率等经济指标多年保持全省同行业先进水平。水是生命之源、发展之本,供水人必将以辛勤耕耘走向灿烂明天,为构建人水和谐、蓬勃向上的古城注入生机和活力。

·石家庄高新区供水排水公司·

石家庄高新区供水排水公司是1994年4月创立的特殊性质的全民企业,实行独立核算,自主经营,自负盈亏,独立承担民事责任。公司在林自强总经理的带领下,白手起家,自力更生,自强不息,艰苦创业,用近20年时间打造了一个拥有400多名员工,5亿多元固定资产,包括一座供水厂,一座污水处理厂及工程公司、饮用水中心、规划设计处、园林处等附属配套及多种经营企业和部门在内的现代水务企业。与此同时,在长期的艰苦创业实践过程中,公司坚持企业文化建设,铸造企业之“魂”,建设、积淀、形成了一套强劲的独具个性的企业文化体系,积累了较丰富的企业文化产品,为企业的健康、稳定、和谐发展起到了积极的保障和推动作用。公司连年被中国城镇供水排水协会评为“全国水务行业企业文化先进单位”,被河北省委宣传部、省总工会、省企业家协会评为“河北省企业文化示范单位”。

一、以共产主义信念为基石,打造企业核心价值观

总经理林自强在供水排水公司创建之初就坚定地认为,人是要有一点精神的,企业也是要有一点精神的,这种精神就是共产主义远大理想，就是“为人民服务”。提出了“企业兴旺发达,个人心情舒畅,家庭幸福美满”的企业价值观(发展目标)及“铸好企业生存的锅,捏好自己吃饭的碗”的创业观，将共产主义远大理想具体化，大张旗鼓地在全员中进行“共产主义远大理想就在身边”的理想信念教育。同时,坚持“三个不动摇”:即坚持共产主义信仰不动摇；坚持党的组织建设和党的教育不动摇；坚持发挥党组织的战斗堡垒作用和党员的先锋模范作用不动摇。

公司从成立以来，始终做到了党的组织健全,各项制度落实,党的活动经常，党组织的核心领导作用和党员的先锋模范作用发挥充分。公司投资数十万元建设了“党团活动中心”和“文化展示厅”，从公司创建之初就创办了《源泉》报,为党建和党的教育搭建了良好的平台。党组织除认真落实“一课三会”等正常党建制度和党的教育外，还适时开展各种形式的思想教育活动，使共产主义信念的根牢牢扎在员工的心中。为把企业价值观变为员工自己的价值观，公司还提出了“信念、激情、收获、包容”的员工个人价值观，教育员工坚定共产主义信念,保持旺盛的工作激情,自觉为公司做贡献，陶冶情操拓展胸襟,促进团结与和谐。

企业的价值观只有得到全员的普遍认同才能成为企业文化。

“共产主义是人类最美好的社会，社会主义是普遍幸福主义”。公司用这种对共产主义最朴素的认识观将共产主义远大理想具体化，教育全员扎扎实实做好眼前工作，共同为企业兴旺发达而奋斗。只有企业的兴旺发达,才能求得个人和家庭的幸福。同时,通过各种教育形式，把这些看似浅显而并非人人都能做到的道理,渗透到了每位员工的心中,变为员工追求的理想和目标，转化成了一种强大的凝聚力。使企业的事业变成了个人的事业，个人的力量变成为团队精神。使坚定的信念变成高度的责任感，转化成为社会，为企业贡献力量的自觉行动。同时,公司提出了“坚定信念,加强纪律,留住朴素,找回激情”的管理思想,巩固了企业的核心价值观在企业发展中的“灵魂”作用,保证了企业的健康、稳定发展。

二、立足本地实际,科学确定发展战略

石家庄高新区供水排水公司是承担区内供水和污水处理设施建设及自来水经营服务和污水处理管理的特殊性质的国有企业。由于高新区的发展实际及企业的特殊性质，供水排水公司在近20年的创业过程中,立足本地实际,注重科学发展，走出了一条独立自主的科学发展之路，保持了稳定健康发展的态势。其战略方针为:立足主业 ,配套经营 ,科学发展 ,开拓创新 ,和谐共赢 ,稳步前进 。

立足主业。即立足供水、污水处理这两个主业，发挥供排水的专业职能作用，确保用户安全用水,确保污水稳定达标排放。

配套经营。即坚持“一业为主,多种经营”的方针,在大力发展供、排水事业的同时,建设和发展与之相配套的中水回用、污水及垃圾衍生再利用、雨水回收开发、饮用水产销、供排水工程规划设计与施工、园林绿化等业务,形成集供水、排水等水务产业与城市建设与绿化等工程于一体的现代水务企业。

科学发展。即坚持“超前思惟,科学发展”的方针,注重相关课题的科研与论坛，促进技术进步;引进先进技术、设备与管理,促进劳动生产率及经济效益的提高。

开拓创新。即抓住行政区域扩大的机遇,强力拓展供、排水管网覆盖面及提高供水能力，拓展业务范围。与此同时,坚持改革创新的工作思路，不断改革与创新管理理念、管理体制和管理方法,保证整体运行良好，经济效益稳步提高。

和谐共赢。即坚持“和为贵”的传统思想和“内求团结,外求和谐”的原则,与上级各有关部门及领导,与友邻单位和相关企业,与全社会一切友好单位和人士,和谐共处,携手并肩,互利互惠,共同发展。

稳步前进。即坚持“稳扎稳打,步步为营”的原则,认清形势,把握时局,审时度势,提高应变能力和应对一切风险的能力，提高市场竞争实力,促进企业健康、稳定、快速发展。

企业战略布局为:“三足鼎立”“两保一提”。即:供水、污水处理、工程公司三个方面一齐抓,齐头并进。保证供水能力及安全供水;保证污水稳定达标排放;提升工程公司的业务能力。

企业战略重点为:“十二五”期间保证四大工作重点：争取完成供水厂二期工程建设，提高供水能力；污水厂完成深度处理改造项目,中水回用见效益;供、排水管网建设覆盖全区，争取向边延地区拓展;工程公司向“高、专、大”方向发展。即高资质,专业化,培养能够承揽大工程的队伍和能力。

企业的战略目标为:到“十二五”末,实现“两个确保”和“1155”的目标,即:确保安全供水,确保污水稳定达标排放;供水能力番1番,经济效益番1番,中水回用量达5万/日吨,人均工资提高5成。

三、以改革开放为契机,转变和创新企业管理理念

供水排水公司创建时，正处

于我国经济体制改革的关键时期，在石家庄高新技术产业开发区的起步阶段。因此，林自强将创办供水排水公司的过程，作为了转变管理理念和创新管理体制的过程，经十多年的探索，形成了自己独特的管理理念。概括起来有以下 9 个方面：

1.效益中心理念。完全摆脱了计划经济时国企那种依赖思想，牢固树立了“独立核算，自主经营，自负盈亏，独立承担民事责任”自己养活自己的思想，在坚持经济伦理建设的基础上，把追求利润最大化作为企业发展的中心，企业的各种经营行为都围绕这个中心进行。

2.均衡互动理念。注重员工队伍的思想教育，要求全体员工都要逐步确立以“结果论成败”的思想，养成自动自发工作的良好作风。注意调动两方面的积极性，一方面，管理者要提高管理水平，讲究领导艺术，进行科学管理；另一方面，注意发挥员工的主观能动性，对各项工作提出具体要求后，不再过多地过问工作过程，着重看办事能力和效果，进行绩效管理。

3.融合优化理念。就是不搞全面否定，不随波逐流，不赶风潮，哪种管理模式，哪种管理方法适合自己的情况，最易操作、最有效就拿来为我所用。并着重进行企业管理与部队管理，企业文化与军队文化的融合优化，在供水排水公司能看到部队的作风，能体味到毛泽东时代的一些可贵精神，还会处处感受到现代企业的时代特色。

4.科学发展理念。公司始终贯彻“超前思维，科学发展”的发展观，不仅供水排水实现自动化控制，车辆管理，办公都实现了自动化，这种水平在全国同行业属领先地位。

5.刚性制度理念。公司在制度面前一视同仁，“王子犯法与庶民同罪”，公司制定编印有《员工手册》和各种制度汇编，并专门设有行政督察处，保证了各种规章制度的落实。

6.责任制衡理念。公司采取责任制衡法，各岗位各职务只管尽职尽责地完成本职任务，无需考虑他岗位他职务的事情，各岗位、各职务间的交叉事宜由总经理调控，大大提高了工作效率，减少了内耗，增进了团结。

7.质量服务理念。公司不论是对用户的服务，还是生产和产品质量，都始终信守这种理念，施工质量要优质，用户服务要优质，产品要优质，各项工作也要优质，因此，赢得了很好的社会信誉。

8.人本管理理念。凡事都以人为本，尊重和保障职工的各种权益，营造家庭式的工作环境和氛围。

9.自我超越理念。公司始终树立了一种忧患意识，居安思危，把握工作的前瞻性；凡事预则立，审时度势，敢于自我否定。在激烈的市场竞争中，在复杂的社会纷争中始终保持胜者地位。

四、以创业实践为平台，锤炼企业精神

1993 年春，石家庄高新区酝酿成立供水排水公司时，区领导给出的条件是：区里只下发一个成立供水排水公司的批文，不拨付开办经费，独立核算，自主经营，自负盈亏，独立承担民事责任。在一定时间内把供排水系统搞起来，并要求建设一个新型的国有企业。

在一个高新技术产业开发区白手起家创建一个公用事业企业，面临的困难和问题是不言而喻的。林自强和他的创业者们要完成历史赋予他们的神圣使命，就必须有一种超常的勇气和精神。第一需要自强。一个只租用两间破民房，只有一辆吉普车，靠人拉肩扛，“吃面条”起步的公司，在改革开放最前卫、大款如云的高新区，面临的是扑面而来的各种鄙视、嘲讽等，所以，他们必须要自强，只有自强才能敢于面对现实，才能挺起腰杆儿，才能立足。第二需要团结。面对来自方方面面的重重困难，只有团结，只有发挥团队的力量才能闯过难关，迎难而上。起初跟林自强一起创业的 8 名同志，共同在“生命状”上摁下了红手印，决心放弃各自原来的身份，从零开始，与公司共荣辱，共存亡，共发展，摽起膀子干一番事业。没有钱，他们自己掏腰包集资，没有收益宁肯不拿工资……。第三需要创新。公司首先在用人制度上进行了大胆创新：没有到人才市场招聘，没有请求上级解决，而是聘了两名老同事作帮手，请了几名水务行业的退休老技师当师傅，招了几个复员兵，组建了创业队伍。没有经费购置设备，贷款 30 万元买了最好的打井机，其他配件自己制造，几十千克重的大钻头，老师傅们用 20 多天时间，用掉 200 千克焊条造了出来。第一眼井就这样开凿了。第四需要拼搏。盛夏酷暑，在广袤的原野上，冒着 40 多度的高温，忍着蚊叮虫咬，三班活两班干，通宵达旦，昼夜不停，一身工装，满身泥水，分不出经理还是工人。风餐露宿，没有地方办公，就在吉普车上看图纸、搞规划、写报告；没有地方休息，就在田间、地头、井架下、帐篷里坐一会；夏季烈日当头，高新区旷野里没遮没掩，中午只能在老乡的院墙外、门洞里找个阴凉处打个盹儿。1995 年冬，全员出动，两个月的工期 20 天拿下了污水提升泵站的建设任务。1996 年冬，不分男女老少，每人一天平均装填搬运百余个土袋子，泡在刺骨的冰水里，完成了石津渠输水管线的围堰工程。第五需要奉献。在极其艰苦的条件下，没有奉献精神是不可能创业的，只要工作需要，只要一声令下，大家都积极响应。经常加班加点，大家随叫随到，不会讲价钱；资金紧张公司一个通知，大家踊跃集资。十多年来，公司经常遇到资金周转困难的问题，但没有向国家伸过一次手，要过一分钱，申请过一次补贴，再大的困难都是靠发动群众自己克服。第六需要求实。白手起家创建公司，没有铺张、摆谱的资本，只能一切从实际出发，根据公司的条件办事，扎扎实实，一步一个脚印地前进。

在各种艰难困苦中挤压出来的"自强、团队、创新、拼搏、奉献、求实"成为了供水排水公司的企业精神。正是有了这种精神，在以后的发展过程中，使公司始终保持了一往无前，战无不胜的地位。

五、以教育培训为先导，推进管理进步

首先是抓经常性的思想教育。根据企业员工的思想状况，适时进行形式多样的教育活动。如：2004年，公司在创建10周年之际，在全员中深入开展了学习《甲申三百年祭》活动，几百名员工人人都撰写了体会文章，公司汇集出版了《甲申年随想》员工文集，有效地解决了在部分员工中出现的骄傲自满、不思进取的思想。2005年，公司根据员工思想动态，在全员中开展了学习美哈伯特《自动自发地工作》和《没有任何借口》两本书的活动，有效地提高了全员的执行力。2008年，公司针对员工贪图安逸，创业激情淡化等实际，开展了"留住朴素，找回激情"的教育和征文活动。2005年后，公司年年都利用"母亲节"开展各种尊老爱幼、爱岗敬业活动，并发放了《二十四孝图》、《三字经》等书籍，让员工学会感恩，通过爱自己的亲人，进而树立爱国、爱党、爱社会、爱集体、爱同志的思想。

其次是抓员工培训。为探寻员工培训工作的长效机制，2003年公司根据自身实际，确立了"基本素质、专业技能、社会实践"三位一体的员工培训机制，并成立了职工培训中心，从高校返聘了老教育工作者抓教学，并建立健全了一整套教学制度，所有员工都要进行上述3项内容的培训，使员工培训工作走上的正规化、制度化轨道。

1.基本素质训练。主要对员工进行身体素质、文化素质、政治素质、思想道德素质等的培训。训练方法主要有三种：一是军训。根据员工队伍的年龄、身体、职业等情况，聘请部队士官任教，对员工进行分期分批的，一定时间的，以队列训练为主的作风养成训练。通过军训，提高全员的身体素质、服从意识、组织纪律观念、团队精神、吃苦耐劳精神等。二是政治思想教育。开设马克思主义基本理论、政治经济学基本知识、法律基本知识以及道德情操、社会伦理、个人素养和道德情操等方面的普及性和灌输性教育，以此提高全员的政治思想素质。三是文化素质培训。编印了《员工综合素质提升训练手册》、《工作日志》作为天天读天天写内容，克服浮躁心理，丰富知识，规范管理，提高员工的文化素养和执行力。四是开展丰富多彩的教育活动。利用各种重大节日、纪念日等机会，采取举办专题讲座、收看影视作品、外出参观学习、举办专题教育活动、组织文娱活动等形式，寓教于乐，活跃气氛，提高教育效果。

2.专业技能培训。公司根据员工队伍的业务素质状况，采取自培和外培相结合的方法，有计划有步骤地对员工进行工程预决算、混凝土、维修电工、城市供水管道、电子技术、供水工艺、污水处理工艺、园林工艺等各种专业技能培训。同时，建立健全了各岗位各工种的岗位技能标准和考核机制，将考核结果作为员工晋升、晋级、调资、奖励等的重要依据，并建立个人技能档案，奖勤罚懒，奖能罚庸，优胜劣汰，优化组合，推动员工队伍整体素质的提升。

3.社会实践。为使每位员工都能尝试市场经济的滋味，学习最基本的市场经济知识，适应千变万化的市场形势，使员工都能与公司同兴衰，共存亡，共存共荣，提高全员的团队精神和战斗力。公司将工程公司和"玄武牌"纯净水销售处作为员工培训的社会实践场地，新进员工都要在工程公司或销售处进行一定时间的社会实践性工作，并按照相应的考核办法进行考核后再上岗。

六、以民主和人本管理，促进企业和谐

首先，坚持民主管理。公司自创建之初就健全了工会组织，并充分发挥工会在企业中的民主管理和监督作用，工人的"主人翁"地位得到了应有的体现。一是建立健全了以职代会制度为主的民主管理制度。公司与公司工会组成人数对等的集体协商委员会，凡涉及职工切身利益的工资福利、劳动合同等重大问题都要听取工会意见，经职代会讨论通过。凡提交职代会讨论通过的重大问题，都事先由公司集体协商委员会进行充分协商，在协商一致的基础上提交职代会讨论。公司先后被评为省、市级"星级职代会企业"。二是落实了劳动合同制度。公司从1996年开始实行劳动合同制度，定期与工会签订集体合同，与职工签订个人劳动合同，劳动合同签订率为100%。2006年，在签订集体合同的同时，还签订了工资集体协商、劳动安全卫生、女职工特殊权益保护等专项合同，全面维护了职工的合法权益。此项工作被作为中国人权工作典范，选入了2006年11月国家在北京民族文化宫举办的“中国人权展”，受到世界瞩目。三是坚持厂务公开制度。公司成立有以总经理为组长的厂务公开小组和以工会主席为组长的民主监督小组，在3个主要办公区建有电子大屏幕和设有厂务公开栏及民主监督箱。凡职工关心的重大问题、热点问题都进行公布和公开。四是坚持问责制。公司每年都对承包单位、安全工作、计划生育等工作签订责任状，年底进行认真考核，兑现奖惩。2007年以来，进一步完善了问责制度，对中层以上管理人员普遍签订岗位责任状。并在签订责任状仪式上由各中层以上管理人员承诺问责条件。年底进行严格考核，完不成岗位目标的该降则降，该撤则撤。

其次，坚持民主监督。2006年，公司在总经理的提议下，经职代会讨论通过了《民主评议监督领导干部实施办法》，办法规定由职工代表无记名投票决定对总经理的信任度。信任度低于80%，职代会即可要求罢免总经理，并可启动民主选举程序，民主选举新的总经理。使企业民主管理成为刚性的、长效的管理机制。此举，市总工会在此召开了现场会，省总工会授予了“民主管理创新奖”。

与此同时，公司始终把职工的利益放在首位，坚持人本管理理念。

一是，不让一名员工没饭吃。如1998年，公司实行减员增效措施，但总原则是不让一名员工没饭吃。公司集资200多万元，新建了纯净水厂，安置了全部转岗人员。2004年，公司对工程公司进行管理体制改革，其中一条硬性要求是工资水平不能低于国家规定的最低工资标准。公司还做了一条刚性规定，不管资金多么紧张，也要按时足额为员工发工资。2005年以来，因资金暂时周转困难，公司高管人员先后多次自己拿钱为员工发工资。2008年下半年以来，面临日益严重的世界金融危机的影响，公司向全体员工承诺不裁员、不降薪。公司污水处理厂实行自动化管理后，将有近一半员工面临待岗，为此，公司决定采取集中培训的办法，把裁员变为“蓄势”，对待岗人员进行为期一年的基本素质和专业技能培训，并采取轮训的办法，提升全员的整体素质，提高企业的竞争实力。

二是，分配基本公平。十多年来，随着公司经济效益的逐步提高，公司曾进行过多次工资改革。在历次的工资制度改革和工资调整中，公司都掌握了“保证公开、保障公正、基本公平”的原则，最低工资没有低于过国家规定的标准，高管人员与普通员工的工资差别也比较适度。为体恤和奖励为公司创业做出贡献的老员工，2005年，公司实行了本企业工龄工资，给在极其艰苦条件下为公司创业做出贡献的老员工一定的经济补偿。各种社会保险都按国家规定的上限按时上缴；各种福利、劳保不分新老员工一律平等发放。

三是，关心职工生活。公司特别重视员工的劳动保护和福利待遇，十分注意关心员工的生活疾苦。各种劳保福利应有尽有，冬天有冬装，夏天有夏装，工作有工装，节假日有礼服。考虑到公司大部分员工野外作业的实际，公司还为员工订做了羔皮背心，棉皮手套等。为保障职工的身体健康，公司每年为职工体检，定期为职工注射抗病毒疫苗，对在生产岗位上的怀孕女职工实行满6个月休孕休假的制度。对在污水处理厂和供水厂工作的员工给予一定的污染补助和职业补贴。公司还坚持“三必访”制度，员工患病住院、婚丧嫁娶、天灾人祸，领导班子成员没有特殊情况都要前去看望、慰问或助兴。

除此之外，为建设特色文化，丰富职工的文娱活动，公司专门成了有60多人组成的管乐团和20多人组成舞蹈队。公司管乐团在“中华杯”2012上海之春国际音乐节管乐艺术节暨中国第六届非职业优秀(交响)管乐团队展演活动中荣获银奖。在2012中国武强音乐节暨河北省第二届非职业优秀管乐团队展演中荣获“金奖”及“特殊贡献奖”。成为公司文化建设的一块亮丽招牌。

此外，公司从2004年起，将企业文化与军营文化相融合，不但为国防建设承担了一份社会责任，而且完善和促进了企业管理进步，公司侦察二连被北京军区政治部评为“2010—2012年创先争优先进基层党组织”；被河北陆军预备役步兵师评为“先进预备役基层单位”。

经近20年的努力，公司的企业文化建设取得了显著的成果：投资建设了包括公司发展史展览室、瞻仰室、荣誉室、资料室在内的“党团活动中心”一个，“文化展示厅”一个；《河北日报》、《中国妇女报》、《河北工人报》、《河北法制报》等采写刊发反映公司创业史、企业管理、企业文化的长篇通讯20多篇20余万字；编辑出版了公司《源泉》报合订本；撰写并编辑出版了反映总经理林自强创业实践和管理理念的文集《林自强的管理理念与实践——赢在精神》；撰写并编辑出版了反映总经理林自强管理思想的随笔文集《漫谈管理——贵在调遣》；编辑出版了员工文集《甲申年随想》；编辑出版了反映公司创业史、员工培训、抗震救灾等大型画册《相约春天》、《风雨彩虹》、《砺·炼》、《淬·炼》等4部；摄制反映公司创业史和企业文化的电视专题片《源泉》、《从头越》、《铸魂》等3部；编印员工综合素质提升训练手册《集腋成裘》、《聚沙成塔》、《积土成山》、《万涓成海》1套；刻录反映员工业余文娱活动的光盘十余种……

企业文化是企业的灵魂；经济效益是企业的命脉。公司的经济效益连年稳步增长，员工工资始终高于当地平均工资水平，是国内同行业唯一一家没享受过财政补贴的供水企业。公司自成立以来，年年被上级评为先进单位，先进基层党组织。曾荣获"石家庄市百强企业"、"河北省劳动关系和谐企业"、"河北省五一劳动奖状"、"全国模范劳动关系和谐企业"、"全国厂务公开民主管理先进单位"、"全国'安康杯'竞赛活动优胜单位"等荣誉。

·兴隆县兴隆热力有限责任公司·

1.供暖工作及热源建设。随着热是商品的意识逐年增强，供暖质量的高低，服务质量的好坏，直接关系到供热事业的生存与发展。只有抓好供暖质量和服务质量，才能赢得热用户的满意和信赖，才能使供暖工作顺利进行。一年来，我们上下一心，携手联动，积极探索，高效运作，完善各项运行规程，有力推动了企业的改革发展，全面提升了企业的综合实力。

为提升供暖质量，我们在锅炉检修上狠下功夫，在整个运行期中，对锅炉运行中存在的问题有突出有重点的进行研究，供暖期结束后，立即组织人员对锅炉车间1号、2号、3号、4号锅炉及其附属设备、汽轮机、发电机进行全面、细致、专业性的检修，确保设备高效率的运行，电气车间完成了厂内10千伏变电站的各项试验。2012年取暖时间，4台锅炉平稳运行，厂内10千伏变电站顺利投入使用，2号汽轮机发电机组于2013年3月20日正式完成了新机组的24小时调试。

为改善各车间运行条件，在资金相对困难的情况下，2013年9月份，完成了业务办公房、化验室及维修车间建设任务，10月份工开工建设600平方米保温管车间，为明年夏季保温管制作创造良好条件。公司热源厂院内车间、厂房都已初具规模，厂区道路延伸到化水车间，现在我们能用我们已基本成熟的供热技术，保证县城供热区域内千家万户有正常采暖，这是我们公司全体员工共同努力的结果。

2.工程设计、外网安装改造。由于县城供暖区域的不断增加，对管道的设计要求也不断提升，公司根据县城供暖实际情况，由技术科按供热规划完成管网设计，合理安排热网扩展，在资金极其紧张的情况下，完成了一次管网改造、换热站建站及民用零散户的接网工作，2012年技术科完成20万平方米的入网设计及600万元的工程造价，为公司节约设计费24万元，节约造价费26万元，共完成主管网设计DN600管网1800米，二次管网4000米，完成美峰站、秀兰站设计及南土门站改造。

公司以节能减排和环境保护为目标，以科技进步为支撑，以降低既有建筑采暖能耗为重点，逐步推进既有居住分户计量改造和外墙保温规划，分阶段、分批次有序推进，目前已完成既有居住旧楼管网改造20栋，对没有外墙保温的新增入网建筑一律不允许接网，以达到节能减排，降低运行成本的目的。

一次网完成三小到黄酒馆DN600扩能工程40%的工程量，总造价610万元，完成东大桥DN500管道折装任务，美峰站、秀兰站、鹏鸣二期，龙湾一期等DN300以下管道，完成美峰站、秀兰站新建站任务，南土门站高、低区改造任务，使供热面积新增29万平方米，一次主管道增加、改造5千米，二次管道增加4千米。企业的规模逐年增加，适应了市场经济的要求，实现了快速发展，提高了企业效益，满足县城居民需求的同时壮大了企业实力。

3.工程质量、设备验收。公司专门成立了质量检验部，对进厂设备及供暖工程进行检验。做到对于检验不合格的供暖设备及配件不予接入供热网，一方面保证了设备运行的安全性、高效性，另一方面也维护了小区业主的权利，减少了热用户与热力公司间的供暖纠纷，确保了供热质量。

4.销售情况。收费工作是每一年冬季运行前一个重要且繁重的工作，任务量大，工作细，时间紧，为提高工作效率，减少错误率，在2012年取暖期运行结束后，财务部进行了收费软件会计电算化的实施，安装财务收费软件，经过一个月原始数据初始化整理录入，并对全体收费会计进行培训，已全面掌握了收费软件的应用与操作，使收费项目明了化，解决了收费期间热用户长时间排队等候的现象，提高了服务质量。

截至2012年11月入网面积达到190万平方米，热用户达到1.5万户。核实新增入网面积29万平方米，收缴管网锁闭阀、分户改造费240万元，取暖费4400万元，热水桶45万元，热损及断网维修费150万元，滞纳金3.9万元，总计7408.9万元，到3月底收费率达到95%以上。

5.财务经营。资金是一个企业生存的命脉,每一年度,管网建设施工、管道维修、厂区设备更新,运行期支付煤炭货款,偿还贷款,工程款,工资,电费运行费用,这些,造成资金需求日益增加,我们通过办理垡,个人垡,收取电费,入网费,取暖费等渠道,确保公司资金盍,截至 2013 年 3 月份,资金到位 2.06 亿元;其中:承德银行 2300 万元,信用联社 1600 万元,小额贷款公司 140 万元,各项主营收入 1.02 亿元,财政计量改造资金 2.04 亿元,其中:煤款 6808 万元,电费 196 万元,工资 502 万元,工程款 1214 万元,设备款 532 万元,材料款 1211 万元,还个人借款 5300 万元,支付养老保险等 5 险 200 万元,按时偿还到期银行贷款 4400 万元,未出现逾期还贷等不良记录。

2012 年公司财务经营情况如下:

产品销售收入 8512 万元(不含税)

减:产品销售成本 7789 万元

产品销售税金及附加 112 万元

管理费用 694 万元

财务费用 1417 万元

营业外支出 140 万元

加:营业外收入 6 万元

补贴收入 411 万元

2012 年度利润总额-1520 万元(以上财务数据截至 2013 年度 3 月末),2011 年利润总额-1572 万元,2012 年减少亏损 52 万元。

针对企业运行亏损情况及管理中存在的问题,我们在今后的运行过程中,加强对新技术的研究,达到节能降耗,加强内部管理,实行绩效工资等具体措施来降低成本,真正做到保本微利运行。

6.遵循各项制度,确保运行安全。安全生产是企业的重中之重,是每年开会都要强调的重点。在生产过程中,我们要严格按照操作规程执行,当设备出现异常后,我们要保持冷静,不能慌乱,对巡检时发现的问题及设备隐患及时解决,不得懈怠,避免事故的发生。

7.各科室相互协调,为冬季供暖做好后勤保障。在公司稳定运行的同时,公司各部门做好配合,材料部为保障煤炭的供应,不怕寒冷,夜间加班检质、检斤;办公室对人事、档案管理工作认真细致,及时缴纳各项保险,做好工伤、各项保险的报批工作及日常招待工作。行政保卫科在安保公司违约的情况下,及时调整人员,确保公司安全保卫工作的有序进行,稽查队对外网认真进行清查,走家串户,认真查处私拉乱接现象。各项成绩的取得,是与公司各个部门的密切配合、精诚合作分不开的。为了公司的发展,各部门的工作中应该一如既往的配合,取长补短,互相学习,共同进步!

·河北港口集团有限公司·

★吞吐量完成3.49亿吨，营业总收入首次突破百亿元大关，达到107.26亿元，实现利润总额14.16亿元，总收入和利润均创历史最高纪录

★杂货吞吐量首次实现超亿吨，黄骅港综合港区集装箱吞吐量突破10万标箱

★物流业务收入完成30.55亿元，煤炭交易市场实现交易额259亿元

★承揽外部市场工程项目突破亿元大关

这是一份令人瞩目的成绩单，也是河北港口集团1.7万名职工牢记嘱托、不辱使命、团结一心、奋勇拼搏，闯出来的一条独具特色的科学发展、创新发展、和谐发展之路。

逆势增长——港口主业发展快中求强，实现双突破

营业总收入突破百亿元大关、杂货吞吐量首次超亿吨，他们在逆势中奋力前行，彰显出强劲增长活力。

河北港口集团有限公司（简称河北港口集团）现有生产泊位64个，年设计通过能力3.09亿吨。2012年是河北港口集团实施战略转型的重要一年。作为我国第一个省级港口集团，世界最大能源输出和散货运输企业，面对国际经济复苏乏力，国内经济转型升级、稳步增长的复杂形势，他们抓住河北沿海发展规划上升为国家战略的重要机遇，调结构、转方式，做好港口经营、物流、投资等主要业务，完成港口吞吐量3.49亿吨，营业收入和利润总额同比分别增长60.83%和10.71%。

人们不禁要问：他们是如何顶住经济下行压力加大、周边港口竞争加剧以及特大暴雨、台风、冰雪、大雾等自然灾害和恶劣天气影响，实现逆势突围的呢？

河北港口集团董事长邢录珍自豪地说："靠管理。我们向管理要效益，坚持外抓市场，内抓管理，以协调联动促协作，以精细管理提效率，以特色服务争客户，以市场开拓增腹地，使港口实际运行能力大幅提高"。

河北港口集团总经理李敏介绍了他们在生产管理中采取的措施："我们一是扩大与大客户战略合作。通过开辟山煤、神华等用户专用场地，开通江苏利港电厂、上海申能两条准班轮航线，促进了船货有序衔接。二是强化对外协调联动。通过深化港口、铁路、海事联合生产调度模式，促进了矿路港航电密切协作、无缝衔接。三是着力推进精细化管理。集团领导亲自跟班作业，调研整个运输生产流程，提出在生产中采取重载交接班、提前堆垛取料、实施港前待泊、在锚地进行水尺公估等有效措施，努力压缩辅助作业时间，大幅减少船舶等靠时间，大大提高了生产效率。同时加大设备的管用养修力度，为生产提供了坚实保障。四是千方百计开拓新兴市场。2012年，我们在承德、张家口等货源腹地召开市场推介会，并在内蒙古、宁夏、山东和河北等省重要物流节点城市建立无水港和办事处，巩固战略合作关系，扩大市场影响力，延伸市场腹地"。

通过采取一系列有效措施，河北港口集团货源结构发生显著变化，杂货作业量占总吞吐量比重首次达到29.6%，创历史最好水平，扭转了集团吞吐量"一煤独大"的局面。

异军突起——物流产业稳中求进，助推转型升级

综观世界港口发展趋势，港口间的竞争逐步由规模化的竞争转向以物流体系、服务功能为核心的竞争。先进的生产方式和完善的产业结构以及对核心战略资源的掌控，成为衡量港口企业现代化与科学发展的标准。

国家能源格局的变化，对于

世界最大的煤炭输出和干散货港口，在能源运输方面具有强大优势的河北港口集团无疑提出了严峻挑战。

河北港口集团董事长邢录珍认为："对企业来说战略的导向作用决定着未来的发展。2012年，我们坚持走科学发展、转型发展之路，研究确定了主导集团未来十年发展的战略规划，核心内容归纳起来就是'12358'。'1'，即坚持'以港为基、跨区经营、开放多元、转型升级'的一条发展主线；'2'，即着力打造资本和信息服务两个平台；'3'，即大力发展港口经营、建设及配套服务，港口物流，其他水上运输辅助服务三大主业；'5'，即努力构建港口经营、物流服务、地产开发、投资金融和综合服务五大板块；'8'，即积极开展港口主业、港口物流、港口建设、港机制造、港口地产、港口服务、资源开发和资本运作八项业务。"

2012年，集团以战略为指导，逐步优化调整集团旗下各港区业务和货类结构，充分发挥秦唐沧三地港口优势，打破"一煤独大"格局，开创三大港区各有侧重、各货类平衡发展的良好局面。在巩固秦皇岛港煤炭运输主枢纽港地位的基础上，加快发展集装箱和杂货运输业务，促使其向着立足能源服务，集杂货、油品、集装箱等综合运输为一体的现代化港口转变；在曹妃甸港区，集团凭借矿石码头一期工程和二期工程深水大港的优势，大力发展矿石等杂货运输业务，完成吞吐量6622万吨，使其成为国内重要的矿石中转港；在黄骅港综合港区，8个作业泊位实现良好运营，并有2个多用途泊位开通集装箱航线，当年完成10.2万标箱，向着现代化综合性大港迈出了关键一步。

随着经济全球化迅猛发展，港口作为稀缺物流节点的作用日益重要。该集团总经理李敏对集团港口物流业发展有着清晰的思路。他认为做大做强港口物流业务，实现由港口装卸服务商向供应链服务商的战略升级，是推进集团转型发展的重要举措。

2012年，港口集团充分利用秦皇岛能源大港的优势，依托秦皇岛海运煤炭交易市场影响力，以煤炭物流为突破口，通过加强临港和陆港物流园区以及铁路、公路、海运等综合交通运输体系建设，搭建现代化电子交易和信息服务平台为支撑，为客户提供集成化、全程式物流服务方案，拓展了港口综合仓储、配送、交易、加工、商贸等服务功能，成为企业新的业务。一年来，该集团通过组建物流事业部，统筹下属物流企业，研发和管理物流业务，促进了秦唐沧三港物流业务统筹发展，优势互补。通过扩大海运煤炭交易市场环渤海动力煤价格指数影响力，建设煤炭现货交易、产运需衔接、网络融资和海运煤炭运价指数四大服务平台，实现全年交易量4016万吨，交易额达到259亿元。通过开展煤炭贸易、货物代理、仓储、运输、配送、流通加工、煤炭产品定制、标准煤产品、港口物流服务等全过程煤炭供应链上的增值服务，当年就实现收入30.55亿元，初尝到煤炭物流产业链整合建设与创新发展的成果。此外，该集团还通过开发邯郸国际陆港物流园区项目、加快推进曹妃甸煤炭二期5000万吨煤炭码头施工等，为打造现代港口物流体系、促进企业转型升级奠定了坚实基础。

碧海蓝天——在转型发展中建设绿色港口

碧波荡漾的港池，绿荫环绕的厂区，百花争艳的道路，随处可见的喷淋装置，高耸如屏的防尘铁网……

这是河北港口集团重视和加强环保工作的一个缩影、一个代名词，它不仅向世人展示了建设绿色港口的决心和魄力，更彰显了这个企业对社会、对人民负责任的能力和水平。

2012年，河北港口集团在调结构、转方式、促发展过程中，高度重视抓好节能环保工作。他们在全集团牢固树立起"构筑绿色枢纽、共享碧海蓝天"的环保理念，在谋划港口发展过程中，注重节约使用岸线资源，保护沿海生态环境；在港口建设过程中，高度重视环境保护，严格执行国家各项环境保护要求；在工程设计、建设、验收时，把环保作为首要项目，同步进行；在港口生产过程中，坚持综合治理，确保污染物达标排放，努力改善港区生态环境，实现企业与自然环境和谐发展。在工作实践中，该集团大力推进"蓝天"、"碧水"、"绿地"和"节能减排"四大工程(蓝天工程主要是指对煤尘、矿粉的治理；碧水工程是指把渤海湾保护好，打捞漂浮物，治理机舱、船舱里面的污水，不准随便排放；绿地工程是把港口绿化、美化；节能减排工程是指依靠科技进步实现节能增加效益)，不断健全环境保护管理体系，推行"一把手"负责制，强化现场环境监督管理，加大资金投入力度，依靠科技进步实现绿色生产，有效落实"冲、洗、盖、喷、堵"("冲"是指即时冲洗码头、道路，保持港区整洁；"洗"是指建设洗车池，让进出港口的车辆洗干净车轮子再走；"盖"是指给煤垛、矿石垛进行篷布苫盖或喷洒结壳剂；"喷"是指采用洒水喷淋尘；"堵"是指在煤炭作业现场建设亚洲最大的防风网，堵住飘向城市的煤尘，做到运煤不见尘，装矿不见矿粉)等措施，促使集团三大港区环境质量获得显著提升。据了解,2012年,河北港口集团万元收入单耗仅为0.1130吨标煤/万元,同比下降11.5%;大气环境指标达到国家(地方考核)标准,一级天数同比增加12.4%;海域海水水质各项指标达到国家二类标准以上,二氧化硫和粉尘减排等指标均优于目标值,实现了"十二五"节能减排的完美开局。

在采访中,河北港口集团董事长邢录珍坚定地表示:"2012年,河北港口集团取得了超出想象的好成绩,得益于党和政府的坚强领导,得益于'发展提升年'的强力推动,得益于货主用户的真诚信赖与支持,得益于集团上下牢固树立机遇意识、竞争意识、风险意识和忧患意识,齐心协力,攻坚克难,奋勇拼搏,为河北港口集团助力经济强省建设增添了新动力"。

奋力前行——提高发展质量效益,锐意进取谋新篇

党的十八大报告指出:要适应国内外经济形势新变化,加快形成新的经济发展方式,把推动发展的立足点转到提高质量和效益上来。

河北港口集团着眼于实现企业永续发展之需要,立足于加快转变发展方式、提高发展质量和效益,明确提出"着力深化改革、结构调整、创新驱动和管理提升,推动各项工作取得新突破"的思路。主要亮点汇集于突出发展三大主业、加快重点项目建设、全面提升企业管理科学化等方面,河北港口集团以谋大事、创大业的胸怀,向着实现工作大突破、大跨越目标阔步前行。

突出发展三大主业,筑牢集团发展基础。在港口生产方面,河北港口集团将充分发挥秦唐沧三大港区协调联动的布局优势,加大市场开拓力度,依靠方便、快捷、经济的服务赢得市场信赖,力争使秦皇岛港集装箱吞吐量达到45万标箱,实现曹妃甸煤炭二期工程按计划投产,开通黄骅综合港区集装箱外贸航线和内贸直航航线;在物流产业发展上,该集团将借助发展煤炭、矿石、集装箱等专业物流项目,建设区域性环渤海煤炭交易中心,建立临港产业园区、综合保税物流园区和区域内陆港网络,强化资本运作功能,培育企业经济增长的新亮点,助力加快转型升级步伐;在水上运输辅助服务方面,该集团将进一步增强港口工程、港口机械、港口地产和后勤服务等业务的盈利能力,提升服务功能,使其成为助推集团发展的新动力。

加快重点项目建设,增强集团发展后劲。河北港口集团将有包括黄骅综合港区20万吨级矿石码头、曹妃甸港区5000万吨煤炭码头、秦皇岛港西港搬迁改造、环渤海煤炭交易中心等一批重点项目投产或开工建设。抓好这些项目的推进落实,不仅会增强集团发展后劲,有利于促进集团发展战略的实施,更会直接带动区域经济大发展,是利港、利市、利民、利国的大事。

全面加强企业管理,提升科学发展水平。河北港口集团将组织开展"安全生产年"活动,进一步优化企业安全生产环境;通过采取加强财务会计管理、资产管理、风险管理、社会保险管理、信息化和科技创新,以及节能减排和环境保护工作等措施,推动集团实现科学发展、可持续发展。

盛德大业,惠世报国——建设"四商合一"卓越港口集团

河北港口集团既是当今世界最大的干散货港口运输企业,也是我国重要的综合性、现代化港口企业。作为沿海经济发展的核心战略资源,港口未来发展始终是社会各界关注的热门话题。

采访中,河北港口集团董事长、党委书记邢录珍向记者详细介绍了集团发展战略:"随着国家产业政策、产业结构的调整,港口企业迫切需要转型升级,实现科学发展、可持续发展。作为我国第一家省域港口集团,面对内外形势的变化,我们紧紧抓住科学发展主题和加快转变经济发展方式主线,按照'以港为基、跨区经营、开放多元、转型升级'的思路,积极实施'走出去'和'引进来'的开放战略,着力打造资本和信息服务两个平台,大力发展港口经营、建设及配套服务,港口物流,其他水上运输辅助服务三大主业,努力构建港口经营、物流服务、地产开发、投资金融和综合服务五大板块,积极开展港口主业、港口物流、港口建设、港机制造、港口地产、港口服务、资源开发和资本运作八项业务,实现集团由世界最大散货港口运输企业向码头运营商、资源开发商、资本运营商和综合物流服务商于一体的大型综合性卓越集团公司转变。"十二五"末,集团总资产达到600亿元,年营业收入300亿元,年利润总额20亿元,吞吐量达到5亿吨"。

面对新的形势,河北港口集团将坚持以科学发展为主题,以转变发展方式为主线,以实现国际化发展为方向,以更加开放的姿态,在经济全球化的格局中加快升级发展,努力建成世界一流的大型综合性卓越港口集团,为省域经济和国民经济的发展做出更大贡献。

盛德大业,惠世报国。

·神华黄骅港务公司·

【概况】

2012年神华黄骅港务公司按照"脚踏实地、精益求精、止于至善、追求完美"的十六字要求,抢抓机遇，攻坚克难，实现了“一高、两好、三提升”的优异成绩，谱写了企业建设发展的新篇章。

“一高”，就是经营业绩创新高。公司全年完成吞吐量10525万吨，同比增长4.6%；其中煤炭装船实现过亿吨目标，达到10201万吨，同比增长6.1%。全年实现营业收入24.4亿元，同比增长6.1%；利润6.2亿元，同比增长30%；经济增加值1.96亿元；公司各项经营指标均超额完成年度计划，并创历史最好水平。

“两好”，一是企业安全形势好。在基建、生产压力巨大的情况下，全港安全形势保持平稳，各项安全指标全部受控。公司连续5年通过NOSA四星级评审，连续7年通过ISO 9000三体系认证，连续9年获全国“安康杯”竞赛优胜单位荣誉称号。二是重点工程建设好。全年累计完成基建投资31亿元，为开港以来的最高水平。其中，三期工程提前完工并重载试车，当年完成煤炭装船71万吨；双向重载航道全面建成投运；国家煤炭储备基地、维修基地等项目按计划推进。各项工程的安全、质量、投资、进度均全面受控。

“三提升”，一是基础管理明显提升。一体化、专业化矩阵式改革全面落地；五大精细化管理体系初步建成并显现成效；一流港口对标体系初步确立，首轮单机、单船对标正式启动；数字化港口框架搭建成型；风险、内控、职位、薪酬、绩效等体系全面优化。二是环境面貌明显提升。清洁生产活动深入开展并形成常态，全港环境面貌发生深刻变化。全港新增绿化面积26.5万平方米。万吨吞吐量综合能耗达到3.34吨标准煤，同比下降2.3%，比神华集团要求下降8%，绿色港口、和谐港口建设取得显著成效。三是人才素质明显提升，2名职工获得河北省能工巧匠荣誉称号，1人获中央企业青年岗位能手称号，生产二部团支部被评为中央企业青年文明号。一年来，公司本科以上学历及中高级职称的职工达到总数的70.5%和21.5%，同比提高10.9%和2.1%。

【生产运营】

2012年，剧烈的市场波动给神华黄骅港务公司的生产组织带来了前所未有的压力。在困难面前，该公司依靠挖潜增效，提高生产组织水平，不仅实现了煤炭下水过亿吨的目标，而且创下了单日装船40.6万吨，单日卸车86列，单月装船1002万吨等多项生产新纪录。

加大生产组织配合力度，发挥上下游一体化运行优势，确保各环节的顺畅运行。完成三台翻车机的改造，着力抓好新车型接卸，新型C80日均接卸量达到25列；合理优化场存结构，协调将港内煤种由年初日均32个调降至17个，有效提升了堆场利用率；建立港口场存预警机制，与上下游准确衔接，全年73%以上的时间场存处于绿色区间；增加大型船舶到港比例，全年单船平均载重达到3.43万吨，较2011年提高了4.6%。

以设备的高可靠性保证生产，港内主要设备全部实现分类分级管理，2288个A类部位均建立起了标准化的检查周期和维修标准。努力提高计划性维修在总体维修项目中所占比例，减少紧急抢修对生产造成的影响，设备故障紧急抢修比例由年初的1.61%下降至1.18%，并首次实现了翻车机全月无2小时以上故障停机。加大设备技改和创新力度，全年完成翻车机自动作业等技改项目39项，单列接卸时间缩短约10分钟，设备性能及可靠性明显提升。一年来，全港核心设备完好率达到98.5%，装船机有效利用率为58.6%，翻车机为50.1%，均为历年最好水平。

努力做好挖潜增效，充分利用三期泊位待泊，全年增加船舶靠泊166艘次，泊位利用率由年初的83%提升至86.5%；千方百计落实双向航道通航，协调海事、引航等部门组织双向试航4次，明确了双向通航尺度，制定了具体的管理办法；主动适应船舶大型化发展趋势，完善安全保障措施，成功实现10万吨级船舶的顺利进出；将管控一体化研究成果全面应用于一、二、三期工程，优化和规范了业务流程，提高了生产组织的效率和精度。

积极拓展非煤业务，主动应对市场下滑和外部竞争带来的压力，加大货源组织力度，在矿石上岸量减产近7成的不利情况下，重点抓好块煤、玉米等小货类的货源组织力度，全年完成散杂货吞吐量324万吨。在此基础上，黄骅港务公司加大与合作方的沟通力度，积极推进油品码头的投运，并实现了油品作业的常态化，累计完成油品接卸17艘，47万吨，成为了公司非煤业务的有力补充。

【经营管理】

在管理提升过程中，神华黄骅港务公司始终把握“四个坚持”，即：坚持战略定向，明确管理提升的总体目标和方向。编制完成了建设3亿吨大港的总体规划和路网、房建、人力资源、绿化等十个子规划。瞄准公司战略目标，明确了支撑战略实施的6项核心能力和7大实现手段，用以指导公司经营管理的具体实践。坚持对标定位，明确管理提升的主要目标和任务。全面推行“单机、单船、单货种”核算，对全港109台(艘)大型机械和拖轮进行生产效率、耗能、维修成本、人工成本单机单船核算，以三单核算为基础全面启动内部对标工作，翻车机、堆料机、取料机、装船机和拖轮对标已经拉开帷幕。研究和编制了黄骅港对标管理体系和创世界一流港口评价体系，为开展国内外对标奠定体系、制度和流程保证。坚持诊断定距，明确管理提升的主要着力点。发动全体员工深入开展“找差距”活动，共梳理出工程管理、生产与设备管理等8个方面共34类158项问题，使干部员工较为清晰地认识到了自身存在的不足，明确了下步工作的着力点。坚持边查边改，突出管理提升的针对性和实效性。完成包括管理、职能、技术、操作四大序列和365个职位的职位体系编制和标准定员设计；完善“五型企业”建设和考核办法，实施了内部绩效考核体系优化；编制《流程手册》及《流程管理办法》，形成18个二级流程和331个三级流程，强化了重点领域的布控；完成风险与内控体系建设，梳理风险164项、内控点283个，优化制度182项，组织并完成各类审计16项。

加强精细化管理，持续推进降本增效工作。积极构建五大精细化管理体系，通过分类分级管理和计划性维修，加强设备精细化管理，全年设备完好率达到98.5%的最好水平，并有效控制了紧急抢修带来的成本激增；通过管控一体化，加强生产精细化管理，使生产计划、流程安排、组织调度更加高效，全年港内列车辅助作业时间所占比例下降30.7%，船舶在港停时下降8.8%；通过开展单机、单船、单货种核算，加强财务精细化管理，建立了主要设备的标准成本核算体系，为内部对标体系的建立和对标工作的开展奠定了基础。通过规范土方计量、疏浚测量、设计变更等措施，加强工程精细化管理，明确责任界面划分。按照“人员数量降低、吨煤费用降低、人员素质提高、劳动效率提高、人均收入提高”的要求，通过规范标准定员，加强外委劳务队伍的精细化管理，增强了外委关键岗位的管控能力。

【重点项目建设】

2012年，神华黄骅港务公司累计完成基建投资31亿元，是建港以来任务最重的一年。经过努力，三期工程于12月12日实现重载试车，并完成装船71万吨；双向航道全面建成投运，疏浚合资公司组建完成。各重点项目安全、质量、投资、进度均做到全面受控。为确保各项工程的顺利推进，该公司严把设计关，首次引入设计监理、造价咨询和过程审计机制，从源头掌控工程建设；严把招标关，完善招投标管理办法，建立评标专家库，形成了8类工程的招标范本；严把现场关，强化文明施工和标准化工地建设，严格落实监理旁站、施工夜查、安全隐患排查销号等制度。同时，黄骅港务公司还对重点项目进度实施网络计划的滚动优化和动态管控，严格规范土方计量、疏浚测量和设计变更，有效提高了工程管理的精细化水平。

在全面推进各项工程建设的同时，黄骅港务公司将四期工程前期工作紧锣密鼓地提上日程。公司成立了专门班子负责项目前期手续的跑办，并编制了网络计划，逐项向前推进；积极与地方政府协调，圆满解决了项目用地及港池吹填纳泥等关键性问题。经过近一年的努力，目前四期工程环评报告已上报国家环保部，项目申请文件也上报至国家发改委。

【安全生产】

2012年，面对前所未有的生产和基建压力，全港上下牢固树立“港口生产无伤害，无控隐患是事故”的安全理念，深入扎实地开展“本安体系提升年”活动，实现了各项安全指标的全面受控。

做好本安体系运行的动态完善。结合一体化、专业化管控模式的要求，对《管理手册》、《程序文件》进行修订，使体系文件更具实用性和指导性；完善本安考评标准，形成了包括5大部分，98个要素，659项条款的评价体系；研究制定了包括煤炭装卸、设备维修等7项安全作业标准，使作业过程中的各类不安全因素得到有效控制；对公司27项安全管理制度文件进行修订，进一步提升了制度的时效性和操作性。

加大本安体系运行督导力度。开展专家安全会诊工作，邀请12位业内专家对港区供电、机械、船舶等方面存在的风险和隐患进行诊断，提出了整改意见71项，年底前已完成整改50项。结合油品码头投运、三期工程试车以及双向航道通航三大重点，制定各类应急预案15项，组织各类应急演习及演练30余次。加强本安体系检查和内审工作，组织季度联查4次、月度督察12次、专项检查25次，隐患整改完成率达到97%。同时，认真开展年度风险再评估工作，涉及岗位162个，形成岗位安全管控标准和管理措施416项。

【科技创新与信息化建设】

大力推进数字化港口建设。黄骅港务公司在神华集团内先期实施了ERP系统建设，并率先启动了PM模块的开发，实现了物资与财务的紧密集成；组织一、二期控制系统改造和三期管控一体化建设，实现了生产数据的自动化采集和调度指令的实时传递；大力实施设备集中控制和自动化改造，减少现场作业人员约20名；建立和完善了生产场景3D展示系统和地下管网系统，实现了整个港区的无缝管理。通过一年的努力，黄骅港务公司的数字化港口的框架已经基本成型，并在保证安全、提升效率、减员增效取得了较好效果。

一年来，公司共实施科技创新项目9项，完成技术改造70余项，向集团提交申请专利共计87项，取得授权专利20项，并首获“国家计算机软件著作权登记证书”。管控模式的优化和完善，使全港作业效率明显提升，使全港卸车效率提高4%，装船效率提高2.7%，装船机的有效利用率提高了3个百分点。

【环保与节能减排】

2012年，黄骅港务公司深入开展节能减排工作，编制完成公司“十二五”节能减排规划，完善节能减排管理组织体系，并着力加强能耗与排污监控、检测及统计；加大节能降耗新技术的研发和应用力度，组织开展能源审计；继续推进岸电上船等节能项目，完成201泊位岸电改造技术规格书的编制并加快项目实施。一年来，神华黄骅港务公司绿色大港建设成效显著，工业污水全部处理并回收利用，全年COD排放量11.2吨，远低于55吨的管控目标。

工作中，该公司始终把清洁生产活动作为管理提升的重要抓手，围绕煤污治理，组织实施了皮带跑偏治理等8项技术改造和177项专项维修，使煤尘洒落问题得到明显改观；同时大力实施绿化及环境整治工程，整个港区面貌显著改善。

·唐山曹妃甸港口有限公司·

渤海潮涌、风大浪高，而唐山港曹妃甸港区的发展奇迹正是万潮澎湃间那朵最美的浪花。2012年，曹妃甸港区在跌宕起伏的经济大潮中加速凸起，2012年，港口货物吞吐量更是一举突破2亿吨大关，同比增长11.14%，谱写了港口发展史上的华美乐章。

港口事业的跨越发展，有效带动了港口物流发展、基础设施建设、人口聚集等全方位发展，港口已然成为区域经济发展的强大驱动力，而唐山曹妃甸港口有限公司作为整个港区港口事业发展的领头羊，港口人始终以创大业、办大事的凌云之志、迎难而上、努力拼搏的精神意气改写着曹妃甸这个传奇小岛的历史轨迹，2012年全年完成港口建设投资23.7亿元，新增生产性泊位6个，新增通过能力4135万吨。公司所属码头完成货物吞吐量5665万吨，同比增长58%。公司合并报表实现收入14.28亿元，同比增长24.71%，实现利润2.62亿元。全年实现亡人及重大等级以上安全生产零事故。

市场开拓与货源组织齐头并进，货物吞吐量大幅攀升

公司坚持以业务市场为导向，以货源组织为基础，主体货源稳重求进，新货源开源增量，实现全港货物吞吐量实现大幅攀升。其中，矿石运量3262万吨，同比增长63%，钢材运量1273万吨，同比增长27.3%，其中接卸外贸钢材70万吨，打破了周边港口对唐钢外贸钢材的垄断。焦煤增势明显，完成运量248.6万吨，原盐、铝矾土分别完成运量110万吨、105万吨，首开了面向日本的煤炭国际中转业务。着力开发集装箱业务，完成10.13万标准箱，同比增长37.5%，场站拆装箱量高达18861标准箱。此外，依托港口装卸主业，班轮运输、保税仓储、矿石筛分等业务都在按照公司战略规划顺利加速推进，为公司跨越式发展铺就了康庄大道。

打响生产管控与潜能释放双响炮，综合服务水平大提升

公司始终加强生产流程管控，持续激发港口产能释放，大力推动技术创新，港口运营生产能力、作业速率和服务水平实现了全方位提升，综合保障能力持续走强。特别是，弘毅码头运营逐步进入稳定状态，接卸大宗散货1740万吨，成为公司重点效益源；大型矿石专业码头实现重载试车，全年成功接卸大型矿船71条，接卸量1084万吨，逐步成为港口公司的盈利“大户”；联想码头由建设期向运营期过渡实现临时投产，二港池运营实现零的突破。突出调度集中指挥，协同作战的生产中枢作用，11月份实施开展了“提效率、增运量”生产攻坚战，全年安全装卸船舶2664艘次，同比增长10.7%，靠离泊计划兑现率达70%以上。技术创新助推作业速率大提速，被总工会命名的“守成节能提效法”把门座式起重机单循环速率由3分钟缩短至2分28秒，屡次创造渤海湾港口企业同类货物的装卸记录，2012年公司CAP型船舶作业时间基本达到了56小时以内的对标水平，钢材、水渣、带装货的单船装卸速率同比分别提增了29%、54.7%、52.1%，基本达到北方港口的平均水平。

项目加速推进，合作渠道不断拓宽，港口规模持续壮大

公司积极寻求战略合作，培树曹妃甸的港口品牌，推动港口的科学发展和健康发展，先后与唐山报春电子、河北中冶美隆、中化集团、天津物产、河钢集团等企业加强战略合作并取得了实质性突破。工程项目建设及报批、投用进度进一步加快，矿石三期工程成功实现重载试车，联想件杂货码头实现了临时投产，多用途泊位工程已满足靠船条件，散货泊位二期工程破土动工，沉箱安装、回填工程紧锣密鼓，液体化工码头工程进入尾声。一个个项目的加速推进，使得港口规模不断扩大，为“十二五”期间公司主营业务在河北港口群中做到数一数二的宏伟目标夯实了物质基础。

加强财务管理，投融资及公司经济运行实现了健康稳定

资本是一个企业发展的血脉，公司始终将财务管控作为企业管理的重中之重。2012年，公司更是不断强化财务管理制度，加强财务管理，以时不我待的决心和气魄拓宽融资渠道，实现了全年新增融资21亿元，其中银行项目贷款18.36亿元，融资租赁款2.64亿元。财务管理进一步强化，相继建立并完善了工程项目核算、运营核算、实物资产核算三大体系，合理安排大额资金调度和支付审批流程，支付各类款项3800余笔、49亿元，无一差错。用足用好国家利好政策，累计申请各类财政资金13.74亿元，其中本年度到账1.39亿元，并累计实现所得税减免1.73亿元，本年度到账0.37亿元，实现了公司经济运行整体平稳。

完善管理和运行机制，企业整体素质和精神文明协调发展

为推进企业精细化管理，实现战略框架构建，公司设立企业战略规划部，并编制了公司《总体战略规划报告》和《支撑战略规划报告》两大理论成果，为公司的可持续发展奠定了良好基础。调优机构和人员配置，薪酬、绩效激励机制进一步健全。持续完善管控体系，港口安全生产和质量、环保工作皆取得积极成效，并成为我省首家港口类省级服务标准化示范单位，各作业公司空气粉尘浓度均达到环保部门认定标准。加强对外投资管理，全年完成股权投资3760万元。

在抓好物质文明建设的同时，公司以党建为引领，实现了精神文明和谐共进，先后开展了“解放思想、创先争优”活动和纪念建党91周年活动，并以创建“标准化党支部”、“党员先锋岗”为抓手，进一步夯实党建工作基础，加强廉政教育和纪检监察，推进和谐企业建设，开展劳动竞赛20多次、文艺活动7次，承办了唐山市第14届职工职业大赛（门机）实作比赛，极大满足职工的精神文化需求。公司更是被授予“河北省创先争优先进基层党组织”称号，并作为获奖单位代表在省表彰大会上做典型发言。

在新的历史时期，公司正在建设曹妃甸国际能源、工业原材料集疏与贸易大港的组织者、建设者和运营者，打造一流港口集团，着力推动曹妃甸港建成东北亚生产性物流中心，发挥好港口在全区经济社会发展中的引擎作用。

·河北机场管理集团有限公司·

【概况】

河北机场管理集团有限公司是河北省人民政府直属的国有独资大型航空运输保障企业，成立于2004年1月，注册资本10亿元。现有6个分公司，7个全资及控股子公司，下辖石家庄正定国际机场和秦皇岛山海关机场。石家庄正定国际机场是省会干线机场，是国内唯一一个航空大众化试点机场，首都机场的主要备降机场和分流机场。

2012年机场集团完成旅客吞吐量500.75万人次、货邮吞吐量4.03万吨，分别同比增长18.9%和19.9%。9年间河北机场集团所辖石家庄机场客流量年均增长超过40%，位列全国机场前列。其中，2009—2011年石家庄机场旅客吞吐量三年翻两番，创造了民航业内独有的“石家庄机场发展模式”。近年来，河北机场集团航线通达能力显著增强，初步形成了“沟通南北、通达东西、延伸海外”的航空网络。

2012年河北机场集团顺应全省社会经济发展需要，紧紧把握河北民航发展新机遇，深入学习实践科学发展观，以“创先争优”和基层建设年活动为契机，按照省委、省政府的战略部署，开拓创新，奋力拼搏，不断优化航线网络布局，增强航空覆盖能力，降低公众出行成本，提升航空安全服务质量，推动河北机场安全发展、跨越发展和科学发展，助力民航强国和经济强省、和谐河北建设，较好地完成了全年工作目标，实现了河北民航发展又一里程碑。

【安全保障水平得到新提升】

2012年河北机场集团共保障飞机起降5.7万架次，保证了飞行安全、航空地面安全和空防安全，实现了河北机场集团第9个安全年和我省民航机场28年持续安全运行。机场集团全面落实安全责任，与省政府首次签订了年度安全生产目标责任书，并层层分解到各部门、各岗位，开展了全员安全生产承诺，不断强化安全主体责任、领导责任和岗位责任。严格落实党的十八大航空安保工作，努力消除不稳定不和谐因素，做到了十八大期间“零差错、零事故”。进一步深化机场与驻场单位齐抓共管的良性工作机制，与驻场单位签订了《机场运行安全协议》。石家庄国际机场不断提高软硬件保障能力，顺利通过了民航华北局机场机务维修单位SMS运行审定，成为河北省首家通过局方审定的单位。完成了石家庄国际机场15号跑道新增DME设备、10千伏电站改造等重点项目建设。组织开展了安全大检查、打非治违和“安全生产月”等安全生产专项工作，进行了反劫机反炸机等专项演练，机场应急管理水平得到明显提升。

【客货运输发展再上新台阶】

2012年河北机场集团完成旅

客吞吐量500.75万人次、同比增长18.9%，其中石家庄国际机场完成485.21万人次、同比增长20.7%；完成货邮吞吐量40266.5吨、同比增长19.9%，其中石家庄国际机场完成39660.9吨、同比增长19.4%。航线网络更趋完善，石家庄国际机场每周往返航班最高达到1100班，航线数量达到了81条，运营航空公司达到了24家，通航城市52个，分别同比增长20.9%、22.7%、4.3%、18.2%。建成一小时航空圈，新增和加密了至包头、烟台、鄂尔多斯等地短程航线，完善了石家庄至秦皇岛、唐山等省内支线机场航线结构，进一步发挥石家庄国际机场作为省内航空网络枢纽的作用。石家庄国际机场不断丰富航空产品，加大市场开发力度，推出了“华东游”、“海滨游”、“草原游”等丰富多样的航空旅游产品。整合周边地市旅游资源，大力拓展周边和返程客源市场。航空货运稳步推进，在确保独联体包机和欧洲货运包机稳定运营的基础上，2012年10月23日，石家庄国际机场开通了我省至哈萨克斯坦的首条货运航线。

2012年机场集团积极推进石家庄机场空铁联运项目实施，12月26日正式推出“石家庄机场空铁快线产品”。运行至今，创造了良好的社会效益，引起了广泛的社会关注。我省保定、邢台、邯郸等地市县，以及周边北京、太原、阳泉、郑州等地的旅客享受到了石家庄机场便捷、廉价的“空铁联运”服务，使石家庄机场具备了进京第二通道的有利条件，使更多的旅客和航空公司选择石家庄机场作为进出北京的有效途径，在提升机场辐射能力，稳固和扩大航空市场的同时，实现经济效益和社会效益的双赢，大幅降低综合运输成本，提高全社会经济运行效率。

【航空惠民再创新成就】

根据国际机场协会和中国民航局研究分析，2012年石家庄机场和秦皇岛机场实现的客流量和货运量，为我省创造社会效益138.62亿元，相关就业岗位4.06万个，有力推动了全省经济社会发展。机场集团积极推进航空大众化试点工作，精心打造低成本航空枢纽，加快我省民航从高端性消费向满足大众经济型消费转变。在航空大众化试点的推动下，石家庄机场积极吸引国内、国际低成本航空公司入驻，打造“价格洼地”，并在多条航线上推出“惠民航班”、“体验飞”等特色航空产品，大幅降低了社会成本。2012年，石家庄机场票价同比下降30%，节约社会成本4.6亿元，直接惠及500万旅客，使民航发展成果更多地服务大众，服务社会。

2012年，机场集团不断推进石家庄国际机场集疏运体系建设。先后新增了定州、衡水和白沟3座“城市候机楼”，石家庄国际机场“城市候机楼”已达6座。旅客直通车覆盖我省中南部7个城市，其中保定旅客班车增加到了每天8班，邢台、邯郸、衡水、定州、白沟旅客班车增加到了每天5班、沧州旅客班车达到了每天3班，极大方便了我省旅客乘机出行。

机场集团以企业文化落地实施为契机，践行“感动服务”理念，不断完善“从家飞”服务品牌内容和标准，促进了服务水平全面提升。综合全年服务质量调查结果，航空旅客、机组对石家庄国际机场的整体满意度有了较大提升，分别达到了94%和99%。

【经营管理实现新突破】

进一步规范和完善了绩效考核制度，机场集团与各二级单位签订了经营绩效合约书，全面量化绩效指标，并与绩效工资直接挂勾兑现奖惩。将能源消耗指标纳入机场集团绩效考核体系，各二级单位不断完善能源消耗管理制度。落实全面预算和“收支两条线”管理，研究制定了《预算执行审批权限和核准制度规定》，进一步规范了预算审批程序。积极落实石家庄国际机场建设发展专项资金，积极多渠道筹措资金，并协调省有关部门出台了专项资金使用管理办法。严格职务消费管理，按上级部门相关规定，制定了《企业负责人职务消费管理规定》。组织开展了新候机楼招商，推进污水处理厂、机场职工公寓物业服务等业务外包，规范机场商业发展。大力加强人才培养，加强全员培训工作，组织选拔了机场集团第一批助理培训师。进一步落实和维护职工利益，调动员工工作积极性，制订了《劳动保护用品管理暂行规定》和《员工年休假实施办法》。

2012年，机场集团充分发挥在机场建设、安全管理、技术人才、航线网络等方面的综合优势，选派优秀管理团队、专业技术骨干进驻张家口，实现了张家口机场委托管理。张家口机场已于2013年6月顺利开航。已与承德市政府签署合作战略协议，正在与秦皇岛市洽谈北戴河新机场合作模式，积极协助承德、秦皇岛新机场建设。推进全省机场专业化管理，将实现省内机场优势资源共享，促进以干带支、以支促干、干支联动的全省机场协同发展格局的形成，提升省内各机场的社会经济效益和市场竞争力。

【党建和文化建设得到新加强】

机场集团党委深入开展“创先争优”，结合“基层建设年”活动，积极开展了“深入一线、服务基层”活动，机场集团领导和各职能部门深入一线单位调研，解决实际问题，有效推动了各项工作的顺利开展。掀起学习贯彻党的十八大精神热潮，结合实际，制定了机场集团学习宣传贯彻党的十八大精神的具体举措。认真落实党风廉政建设责任制，集团公司与各二级党委、总支签订了党风廉政建设责任书。深入推进权力运行监控机制建设，实施了工程建设项目廉洁承诺责任书制度。积极实施"文化强企"战略，加快推进企业文化落地实施，成立企业文化建设委员会，编制了《企业文化核心理念手册》，选拔组建了企业文化宣导师队伍，使企业文化成为激励员工、凝聚员工的精神支柱和动力来源，提升企业核心竞争力。深入开展工会和共青团工作，成立了职工体育协会和河北民航青年联合会。机场集团荣获2012年河北省"文明单位"荣誉称号，旅客服务公司贵宾室被评为河北省"青年文明号标杆"。

·中国联合航空有限公司河北分公司·

一、安全运行持续平稳

2012年，中国联合航空有限公司河北分公司（以下简称中联航河北分公司）认真贯彻落实东航及中联航有关安全要求，始终坚持"安全第一、预防为主、综合治理"的工作方针，不断强化安全管理体系建设，科学统筹安全发展。在安全管理上，加强了安全的组织领导，全面落实安全责任。健全安全管理制度，加强安全风险防控，深入开展安全整顿，提升安全管控能力，实现了安全运行管理的系统性和长效性。扎实开展教育培训，狠抓飞行技术和维修能力，严格专业人员资质排查，确保了安全品质。充分发挥安全文化的引导作用，将"安康杯"、"创二无"、"安全生产月"等活动，与安全管理和安全教育结合起来，全面提高了运行人员的安全意识，促进各项安全工作落到实处。注重航空安全保卫质量控制，适时组织各项危机处置演习、应急演练，提升了特情应急处置能力，确保了空防安全。2012年共安全飞行36197.95小时，起降16270班次，确保了飞行安全、空防安全和航空地面安全。2012年7月9日实现了分公司安全飞行35周年。

二、科学统筹安排生产

2012年，面临整体市场需求放缓、石家庄机场"价格洼地"的挑战，分公司科学统筹10架波音737–700型飞机，结合市场情况适时优化航线结构，采取灵活的销售手段，提高航班收益。分公司积极开辟新市场新航线，在原有航线基础上，新开了青岛–石家庄–兰州、石家庄–西安–贵阳、石家庄–昆明、杭州–石家庄、南昌–石家庄、合肥–石家庄、石家庄–南苑–海拉尔等航线。通过发挥河北省内六地商务代表的作用，充分与代理人、旅行社的沟通合作，积极与共飞公司进行运价协调，落实销售渠道的管控，有效地把握了市场脉搏，提高网络销售能力和航线收益品质。强化直销能力，注重东航产品的宣传、推广、销售和集团客户的开发。全年共完成运输总周转量2.06亿吨公里，旅客运输量186.25万人次，货邮运输量14297.3吨。

三、服务水平稳步提高

2012年分公司秉持中联航"快捷、温馨"的服务理念，切实以客为尊、倾心服务，以精准、精致、精细的服务不断为旅客创造精彩旅行体验。分公司以服务管理提升为抓手，持续改进了服务弱项；扎实开展服务技能培训，提高服务人员的业务素质；强化服务基础，不断提升空地全流程服务保障能力，确保了服务品质。从旅客维度出发，开展特色服务创新。空中服务突出"凌燕"品牌服务效应，结合中国传统节日开展了一系列主题特色航班活动；地面服务推出了"全天候值机"等特色服务项目，受到各界好评，提升了品牌形象。

·北京铁路局石家庄供电段·

【综述】

石家庄供电段成立于1979年7月1日，1980年9月9日正式开通运营。当时主要负责我国第一条复线电气化铁路石太线石家庄–赛鱼间117千米牵引供电、自闭、照明、动力设备的运营管理、维修和大修改造任务。

2004年11月15日，第一次站段生产力布局调整中，原石家庄水电段大部分、衡水水电段和石家庄供电段组建了新的石家庄供电段。

2006年3月17日，第二次站段生产力布局调整中，石家庄供电段与原邯郸供电段(2004年11月15日由石家庄水电段部分设备人员及邯郸水电段、保定供电段与邯郸供电段合并)，组建了新的石家庄供电段。

2012年11月19日，根据《石家庄供电段生产布局调整实施方案》(京铁劳〔2012〕650号)文件精神，对石家庄供电段的管理跨度和规模进行调整，将京九、石德、津霸联络线以及衡水枢纽地区的供电、供水任务及相关人员、资产划归衡水供电段管理，进一步优化了生产布局，提升了安全风险管控能力。

【机构及人员】

石家庄供电段机关行政机构设办公室、高速接触网技术科、电力给水技术科、变电技术科、设备管理科、安全科、人事科、劳动工资科、职工教育科、计划财务科、材料科、信息技术科、经营开发科13个行政职能科室，供电调度室、计量室和接触网动态检测室3个辅助性生产机构。党群组织设党委、纪委、工会、团委，下辖党群工作办公室。下设18个车间，分别为石家庄、石家庄南、保定、邢台、邯郸、阳泉、阳泉北、井陉、定州、磁山供电车间，邯郸、石家庄、保定高铁车间，石家庄、邯郸检修车间及大修、动力设备、供电工程车间，生产班组111个。年末全段职工总数3447人，其中干部533人，女职工285人；高、中、初级专业技术职务人员分别为34人、300人、404人；工人技师664人，高、中级技工分别为1100人、276人。

【设备管辖及担当任务】

石家庄供电段现主要担负京广高铁、石太客运专线、京广线、石德线、石太线、邯长线、沙午线、马磁线等线部分区段的供水、供电及所属设备的维修、更新改造任务。设备及人员分布在北京、河北、河南、山东4省市，管辖区域涉及北京、石家庄、保定、邯郸、邢台、阳泉、安阳、太原、长治9个地区。

设备管辖具体里程为：京广高铁76.069千米至509.886千米、石太客运专线0.000千米至222.400千米、京广线64.100千米至485.800千米、石德线0.000千米至5.800千米、石太线0.000千米至117.000千米电气化铁路供电和生产生活供水、供电任务，以及邯长线0.000千米至215.500千米、沙午线0.000千米至69.000千米、马磁线0.000千米至46.225千米的供水、供电及设备更新、改造、大修、维修养护任务。共计1667正线千米，其中电气化运营里程1240.518千米。

主要接触网3855.514条千米，牵引变电所26个、分区亭27个、AT所23个、开闭所7个；电力线路9844.152线条千米，变(配)电室38个，无人变、箱变558个；给水管路7319千米，给水所168个；汽车155辆，接触网作业车75辆。固定资产原值43.58亿元。

【生产与经营指标完成情况】

年内，石家庄供电段运输总支出208488.93万元；供水电劳动生产率0.19人/千米；其他业务利润50.34万元。牵引供电量159143.25万千瓦时，损失率3.34%；电力供电量12127万千瓦时，损失率13.15%；供水量618.1195万吨，损失率14.84%。综合检修任务完成率100%。截至12月31日，连续安全生产251天。

【京广高铁开通运营】

12月26日，京广高铁京郑段开通运营。石家庄供电段担负京广高铁76.069千米至509.886千米供电、供水任务，成为全局承担高铁运营管理任务最多的供电段。管内京广高铁共有接触网线路1164.048条千米，电力线路3684.349条千米，沿线设有9个牵引变电所、10个分区所、17个AT所、2个开闭所、9个变配电所、188个箱式配电所、9个给水所。

【获得荣誉】

石家庄供电段荣获北京铁路局“2012年度综治先进单位”，“2012年度爱国卫生先进单位”，“2012年度食品卫生安全先进单位”，“2012年度节能管理先进单位”，“2012年度合理化建议先进组织单位”，“2012年度人事（干部)工作先进单位”，“2012年度劳资管理优秀单位”，“2012年科技进步先进单位”，“2012年计量管理先进单位”；“河北省2012年质量管理小组活动优秀单位”；荣获2012年铁道部管理创新成果二等奖，第十四届北京铁路局企业管理现代化创新成果二等成果。

·沧州市骋宇铁路有限责任公司·

【概述】

2012年，是公司实施的管理效益年。公司领导班子坚持以邓小平理论和“三个代表”重要思想为指导，深入贯彻科学发展观，紧紧把握稳增长的工作总基调，解放思想、创新机制、加大投入、加快发展，全年完成货运量1036万吨，较上年增长53.2%；完成货物周转量70123万吨公里，较上年增长43.7%；主营业务收入19717万元，较上年增长29.3%。运输生产连续4年实现跨越式稳定增长，企业管理水平和经济效益再上新台阶。

【生产经营】

创新机制增强企业竞争力 在煤炭市场持续低迷的宏观环境下，坚持一切以市场为导向，创新经营机制，转换经营观念，通过加强与客户的沟通协作、优质服务、运价从量优惠等多种策略增强市场竞争力，在市场激烈竞争的形势下实现了运量稳定增长。

积极培育新的经济增长点 抓住黄骅港临港产业聚集大批项目落地和物流业快速发展的历史机遇，与有关各方加强合作，开工建设了中铁物总黄骅港物流园铁路专用线、海通物流铁路专用线、中盐坨地矿石货场专用线等一批基础设施，培育新的经济增长点，为企业长远发展提供了后劲。

朔黄煤炭经由地铁转入沧州站倒装南下。5月份，我们通过积极协调神华集团和北京铁路局，实现了部分朔黄煤炭通过京海联络线下线后经由地铁转入国铁沧州站，在沧州站倒装后通过京沪线南下，开辟了朔黄煤炭南下运输的又一条新通道。

利用朔黄空车装运铁矿石反向运输顺利启动。9月19日，第一列满载铁矿粉的朔黄返程运输专列从沙胡同坨地专用线顺利开出。此举不仅开创了朔黄铁路投入运营以来反向运输的先河，而且通过彼此间的合作使各方获得了共赢。

实施成本目标管理强化绩效考核。为学习借鉴同行业兄弟单位的先进管理经验,年初伊始,我们就派出有关人员先后到河北建投铁路、沙蔚铁路、秦皇岛地方铁路等单位考察学习，制订和完善了绩效考核制度。在企业日常经营中实施成本目标控制，加强资金管理,提高资金使用效率,不断提高企业经济效益。

加强内控管理强化监督职能。重点加强对工程项目和物资采购的管理，对所有的工程项目和大宗物资采购一律实行公开招标和招标采购,做到公开、透明、阳光操作。

【安全生产】

健全安全管理机构和规章 调整了公司安委会组成人员,建立健全各级安全生产管理网络，制定出台了《安全生产管理制度》、《安全生产奖惩办法》、《现场安全检查办法》等一系列安全规章,落实安全责任,健全安全生产保障机制。

开展了标准化车站和标准化道口创建活动。按照河北省铁路管理局的统一部署，开展了标准化车站和标准化道口创建活动。12月5—7日,全省铁路运输安全管理暨标准化车站、标准化道口建设座谈会在沧州召开。会议期间代表们实地参观了我们的标准化车站和标准化道口，对我们的创建活动给予了充分肯定。

加强道口监护工作。对全线19处重点国省道道口实施设人监护,对32处县级以上公路道口安装了道口预警装置,从硬件设施上为列车安全运行提供了有效保证。

【基础设施投入】

在地方铁路行业率先使用GPS行车系统和调度指挥系统 投资300多万元新上了GPS行车系统和调度指挥系统，对主要车站、机车和部分重要道口实现了24小时实时监控,实现了调度、车站、机车之间的点对点通话,对保证行车安全，提高运输效率发挥了重要作用。

实施线路扩能改造 总投资2.85亿元的线路扩能改造项目已完成沧州市发改委备案，开始全面实施。其中:皂坡站、京海站、岭庄站、唐洼站、沙胡同站5个车站的扩能改造工程都已开工，新建京海东站和杨庄东站工程已通过竣工验收,2013年初即可投入运营。届时京海站将具备接卸朔黄铁路万吨大列的能力。30千米的线路扩能技改工程也已全面铺开,截至年底完成换轨10千米和部分路基工程。

提高机车车辆装备水平 在去年购入5台东风4D型内燃机车的基础上,2012年又投资1000余万元购入了3台东风4D型内燃机车和1台重型轨道车，技术装备水平明显提高。

【员工培训】

开展了各类教育培训活动 今年以来公司加大教育培训力度,先后组织机务、工电班组长以上人员到石家庄建投铁路参观学习；组织运输段站长以上人员到国铁唐官屯车站实地参观；请朔黄铁路检车工种的同志到公司进行业务交流；派出业务骨干到湖南、吉林铁路职业技术学院进行业务培训。

实施了员工岗位技能考核鉴定 按照年度员工教育培训计划,实施了员工岗位技能考核鉴定活动,188名员工参加了技能考核,公司按规定兑现了相关待遇,调动了员工学技能、钻业务的积极性。

【企业文化】

中国地方铁路协会会长佟永钊一行到公司调研考察。6月12—13日，中国地方铁路协会会长佟永钊，副会长赵静达、奚志强，秘书长徐大坤等一行到公司调研考察。考察期间佟永钊会长就地方铁路企业的经营与发展做了重要讲话。

【企业荣誉】

2012年，骋宇铁路公司在沧州市综合服务类50强企业排名中位列第36位,被中国地方铁路协会评为“全国地方铁路先进单位”，被河北省铁路管理局评为“省铁路系统先进单位”，被沧州市委市政府评为沧州市“文明单位”,被沧州渤海新区授予“特殊贡献奖”,公司党委被沧州市委评为“创先争优先进基层党组织”,被沧州市国资委评为“先进基层党组织”。

·秦皇岛地方铁路有限责任公司·

2012年是我公司谋求稳定快速发展的关键一年。一年来,公司在省铁路管理局和市交通运输局的正确领导下，努力践行科学发展观,超额完成运输生产任务,全年无一起路内责任事故。

一年内，经公司全体职工的共同努力，公司各项主要经济指标不仅完成了同期计划，而且较2011年同期均有不同程度的提高,超额完成全年运输生产任务：全年完成货运量499万吨，完成了计划的110.9%；较上年同期增加50.1万吨,同比增长11.2%。货物周转量完成9627万吨公里,完成了计划的109.4%；较上年同期增加829.8万吨公里，同比增长9.4%。货运量和货物周转量分别提前37天和32天完成。

一、2012年工作情况

1.提升管理水平。公司采取以变应变、以变制变的运输组织模式，加速车辆周转，提高运输效率。严格落实领导责任制和目标责任制，以逐级层层连带的形式进行监督管理，不但增强了每个管理人员的责任感，更形成了层层把关、互相监督的有效局面。

2.增强安全意识。一方面及时宣传安全工作的新动向、新举措；另一方面丰富培训形式，以安全培训为主，辅以业务培训、和重点时节培训，如冬季安全培训、防火防爆培训等。通过宣传和培训，让职工真正树立起“安全第一、预防为主、防治结合”的安全意识和“苗头就是隐患，隐患就是事故”的观念。

3.消除安全隐患。全年维修正线33千米，站线12千米；补充道砟562立方米；更换岔枕11根，混凝土枕244根；更换钢轨2240.91米；翻修平交道口428米。汛期内，为处理掩埋线路，共清理塌方500立方米；为解决海阳车站水淹问题，挖掘排水沟180米；为进一步监控沉陷地段，设立观测桩记录沉陷数据。及时消除了线路安全隐患。

4.标准化管理力度加大。8月初编辑出版了《企业管理制度汇编》、《企业工作标准汇编》、《企业安全制度汇编》，作为标准化管理的依据；按照《企业工作标准汇编》中各部门日常性工作标准进行标准化自查、互查工作，共查出不标准作业220余项，均进行了整改。并按照省局要求，紧密结合“两个环境”建设工作，开展标准化车站、道口建设活动，杜庄车站、海阳车站被评为标准化车站，建设大街道口、燕山大街道口被评为标准化道口。

5.提高运输能力。每月定时对机车进行联合大检查，做到大活及时报，小活及时修，不让“带病”的机车出库运行；4月和10月分别两次对机车进行辅修，保证了机车正常运行；同时按规定对机车进行保养，如每半年更换一次软化水等。

6.新增货主货源。近几年，我公司三大主要货主中的浅野公司和首秦公司的生产情况均有不同程度的下滑，不能仅仅依靠主要货主支撑运量。所以公司积极需求新的货主及货源，使原来一度丢失的货主重新回到公司，如新增的香海粮油、幸达特种玻璃两公司共运送货物83车，总计5692吨。

7.增加其他收入。积极利用工务段、机务段技术优势，一方面修旧利废，修理捣固机14台次、液压起拨道器11台次、焊接报废轨距杆45根，并自制警冲标；另一方面承接外单位维修工程，完成浅野公司厂区线路换轨工程和42辆浅野货车的段修、辅修工程，同时完成外单位管线穿越铁路正线加固工程6处，共计收入150余万元。

8.技术创新、设备更新。为快速提升机车水温、油温，节约运输成本，减少机车损伤，我公司自主研制了机车自动加热装置，并试运行正常。完成199机车的远程监控改造工作，实现了对199机车运行状态的无线监控。

二、获得的主要荣誉

2012年公司被河北省地方铁路管理局评为“2012年度河北省铁路运输系统安全生产先进单位”、“年度铁路运输计划、统计工作先进单位”、“年度河北省铁路系统新闻宣传先进单位”、“年度安全生产目标管理优秀单位”，被河北省交通企业协会评为“2012年度河北省交通运输行业优秀企业”、“年度河北省交通运输行业优秀企业”，被河北省质量协会评为“2012年度河北省实施卓越绩效模式先进企业”，被河北省服务质量促进会评为“2012年度河北省诚信建设先进单位”，被河北省诚信企业评选委员会办公室评为“河北省诚信企业”，被河北省企业联合会评为“2012年度河北省明星企业”，被河北省中小企业协会评为“2012年度河北省诚信中小企业”，“全面精细化设备管理的建立与实施”项目被评为河北省企业管理现代化创新成果二等奖。总经理张华胜被评为河北省物流创新人物、秦皇岛市质量管理小组活动卓越领导者。

·唐港铁路有限责任公司·

唐港铁路有限责任公司是在原唐山滦港铁路有限责任公司的基础上，通过“增资扩股、变更登记”的方式，组建新的合资铁路公司。由太原铁路局、唐山港口实业集团公司、国投交通公司、唐山曹妃甸实业港务有限公司、大唐国际发电股份有限公司、河北建设交通有限责任公司、华润电力(唐山曹妃甸）有限公司7家企业共同出资组建。公司于2005年8月19日正式挂牌成立，注册资本23.4226亿元。公司现共设运营车站11个，线路营业里程232千米，正线延展里程393.513千米。主营业务是煤炭、焦炭、钢材、矿粉等货物。

1.安全生产持续稳定。一是不断深化安全风险控制。根据路局215条安全风险控制措施，明确了公司各个系统安全风险控制项点118个，对每一个项点制定了针对性的防控措施，实现了安全生产从问题研判、责任落实、破解难题、联控联防、检查督导的全方位、全过程控制。二是强化现场检查。全年公司干部深入现场检查4120人次，发现解决安全问题3218件，签发《安全问题通知书》698张，消除了安全隐患；三是不断推进安全立项攻关活动，全年公司9个部门完成安全立项攻关62项，集中地解决了一批在安全生产、经营管理工作中的重点、难点问题。截至12月31日公司连续安全生产2007天，实现了公司连续第五个安全年。

2. 运输任务再创新高。2012年，受煤炭价格下滑的影响，市场需求量变化较大，煤炭滞港较为严重，京唐港、曹妃甸港场存大幅增加，对后续煤炭到达造成较大影响。为此，公司采取了协调港口采取非常措施进行垛位扩能整合、曹西港利用二期新建场地进行倒垛堆存、京唐港租用外围场地进行汽车倒运、加强京唐港站作业组织等措施，使在港周转效率大幅提高。通过各部门的通力协作，公司全年累计完成货运量15808万吨，完成计划指标的105.39%。其中全年累计发送货物247.58万吨，到达货物13794.79万吨，剥岩土运量1508.6万吨。提前15天完成了年度1.5亿吨的运量目标，创唐港公司运量历史新高。

3.经营收入持续攀升。一是加强预算管理。全面做好财务核算工作，使公司领导及时准确掌握各项经济运行情况；二是加强堵漏保收工作。全年补收运费及货车延时费收入1876万元。清算2011年违流运费收入920.4万元；三是加强运费退款的管理。全年退还多收运费款24034万元；四是加强资金管理。合理调度资金，全年偿还贷款23000万元，通过提前还贷，节省利息支出411万元。加强协定存款管理，全年协定存款收益388万元；五是定期开展经济运行分析活动。每个季度组织召开经济运行分析会议，研究解决生产经营中存在的问题，实现了公司经营管理工作的规范化。2012年，完成运输收入321795万元，同比增33.44%；成本、费用支出190565万元，同比增长14.2%；完成利润131230万元，同比增长76.7%，公司各项经营目标均超额完成。

4.设备设施质量稳步提高。一是强化安全设备投入。科学加大设备补强，合理改善基础设备设施。2012年公司投入资金13053万元，对设备设施、机具进行更新补充；二是强化薄弱环节整修力度。充分利用春秋两次集中修时机，对管内的设备设施进行整修整治。完成大机捣固203.6千米延长/568千米遍、放散及焊联45.012千米、大机打磨255.71千米/1468千米遍、成段更换曲磨轨及钢轨焊联8.231千米；电务CTC/TDCS软件升级累计完成22站、工电联整累计完成21组、电源屏升级改造累计完成6站；供电接触网平推检修381.882条公里、变电所检修试验9所；隔离开关改造57处、接触网正馈线增加27.5千米避雷器98组；更换硅橡胶绝缘子10377串。通过强化行车设备整治，有效提升了设备质量，为运输安全提供了坚实的保障。

5.重点建设项目稳步推进。曹妃甸西站改扩建工程、东港站站改工程是路局“短、平、快”重点建设项目，工期紧、要求高。自2011年5月20日开工后，公司领导、各相关部门严格按照工程建设标准，严密组织，稳步推进。经过施工单位、监理单位及工务、电务、供电等专业人员3个多月的协同作战，投资21848万元的曹妃甸西站站场改扩建工程工程于8月15日圆满完工，达到了开通使用条件，有效增加了运能。

6.阶段重点任务圆满完成。一是全力做好防洪抢险工作。做到汛前准备到位、汛期控制到位、汛后复旧到位。汛前投入防洪资金185万元，完成防洪预抢工程边坡护砌5700平方米，触网支柱及电力杆防护砌筑片石630平方米，保证了在汛前形成有效抗洪能力。在防洪期间，严格落实防洪预案和气象预警制度，紧盯重点部位和关键环节。特别是2011年8月管内遭遇到了50年一遇的洪涝灾害，沿线多处发生路基滑坡、涵洞积水、设施被淹灾情，公司积极组织相关站段进行灾后复救工作，投资1135万元，修复水害处所30余处，确保了汛期运输安全。二是高标准完成冬季清偏工作。结合实际，完善施工组织预案，加强作业过程检查控制，公司各部门通力协作，分工包保，确保了冬季冻煤清偏工作有序推进。

2012年公司干部职工真抓实干，合力攻坚，各项工作成绩斐然。公司被授予“2012年度全国‘安康杯’竞赛优胜单位”、“全国厂务公开民主管理先进单位”、“振兴唐山先进单位”、“海港开发区目标管理先进单位”等荣誉称号。实现了铁路科学发展和服务地方经济的双赢目标。

·万合集团股份有限公司·

万合集团股份有限公司是由邯郸交通运输集团有限公司整体更名而来。其前身最早为刘邓大军的辎重队，1945年抗日烽火中诞生的太行运输公司，是全国第一家人民运输企业，有“红色运输第一家”的美誉。2002年，企业实施改制，并着手开展企业文化建设工作以来，以企业文化建设引领企业转型升级，逐步驶入了健康发展的快车道。目前已成为集现代物流、道路客运、汽贸服务、房地产开发等四大业务板块为主体，多业并举的综合型服务企业。现有总资产28亿元，年营业额近40亿元。下辖3个子集团，42个分、子公司，在册员工11000余人，各类营运车辆9600余部。企业经济效益和综合实力在河北省道路运输业位居第一。万合集团先后被评为全国企业文化建设先进单位、河北省企业文化示范单位、全国服务质量万里行公众满意单位等多项荣誉称号，2011年万合集团进入全省服务业50强，全国服务业500强。2012年荣获全国企业管理创新成果一等奖。

一、万合文化创建背景

20世纪90年代中后期，国内运输市场发生了深刻的变化，人们对出行有了更高层次的需求，道路客运经营主体“多、小、散、弱”的状况，高成本、低效率的格局不能适应市场需求的变化。万合集团的前身—邯运集团和多数传统运输企业一样，由于疏于企业转型升级，产业结构不合理，经营方式陈旧，体制机制落后，缺乏市场竞争力，抵御风险能力较弱，企业连年亏损；经营方面，班线短、班次少、覆盖面不广，服务水平不高，不能满足城乡居民日益增长的出行需求，“乘车难”的问题严重制约了经济社会发展。

同时，我国加入WTO后，境外资金在交通运输领域主要进入客货运输、运输设备制造以及物流行业等，传统运输企业面临着严峻的挑战，如何实现转型升级，使道路运输企业经过转型升级，更加具有市场竞争力，更符合市场经济要求和人民生活需要，更好地为区域经济服务，已经摆在了所有运输企业的面前，转型升级已经成为传统运输行业发展趋势的必然要求。

二、万合文化建设的主要做法

1.要注重形式，更要注重实效

企业文化建设不是盲目跟从，而是要把无形变为有形。加强企业文化建设，就是利用企业文化凝聚职工思想，就是要解决企业生存发展过程中的潜存的意识形态问题。万合集团结合当时公司连年亏损、人心涣散、凝聚力差的实际情况，员工市场意识、竞争意识淡薄、守旧思想与慢节奏作风的严峻问题，着眼解决好“企业该向何处去、员工应该怎么干、当前最迫切需要解决的问题是什么”等课题，并在全司开展了“解放思想，更新观念，加快发展”大讨论活动，实施了“凝聚工程”；增强企业文化建设的实效性，重塑价值观，树立新的经营理念，并付诸与改制转型和经营发展的实践。坚定发展信心，树立“两年扭亏，三年发展”的战略规划目标，不断开拓新的经济增长点的多元经营观，探索在市场中求生存、图发展的新路子。实践表明，企业文化建设只有扎根于经营管理活动，企业文化才有生机和活力，才能在企业的发展中发挥导向作用。

2.要领导带头，更要全员参与

员工是企业文化建设的主体，只有员工遵循践行的文化才是企业文化。万合集团遵循“从员工中来到员工中去”的原则，深入开展企业文化建设普及活动。2013年，万合集团编辑印发了《员工成长指导手册》供全体员工借鉴学习。该手册融合了中外优秀成长案例，以及十多年来企业发展进程中涌现出来的先进典型事迹。各级领导干部的身体力行、大力倡导，自觉践行万合文化，充分起到领导的率先垂范与带头作用。万合集团积极开展“万合功臣”评选活动，在全司上下起到了较好的模范带头作用。2010年，万合集团先后组织了多场次“万合功臣”巡回演讲报告会。总结分析凝聚在“万合功臣”的特点与精神风格，全面深入的宣传“万合功臣”在积极践行集团文化理念，带领员工务实进取，创新发展取得的骄人成绩与非凡成就。万合集团以发生在员工周边的典型案例，引导员工行为规范，树立端正的价值取向，形成了争创一流业绩、践行文化理念的大好氛围。

3.要广泛借鉴，更要特色鲜明

企业文化建设具有相通性，在文化建设过程中，可以广泛借鉴其他企业的优秀成果。但企业文化一定要有自身的特色。万合集团从2010年开始利用3年时间从作风建设、能力建设、职业精神建设3个递进的层面有效的开展了核心团队建设活动，积极营造氛围，组织员工广泛参与，将核心价值观念有效的渗透了企业的战略、组织目标，员工培训、制度建设、领导能力等方面。2012年万合集团更进一步开展了打造一流员工队伍建设活动。经过多方面试点，将全面启动员工晋升通道建设工作等一系列活动。将有机的实现员工的发展需求同企业发展的协调发展，为全面促进万合集团企业核心价值体系构建工作奠定了良好的群体基础。

4.要积淀传承，更要创新发展

企业文化不是瞬间就能“文化”起来的，是企业在长期的生产实践中与员工的共同作用下形成的。万合文化在传承“红色运输”时代老一辈们艰苦奋斗的优良作风的基础上，进一步构建了“客户是天，员工是地”的核心价值体系，涵盖了“心正、情深、有才、敬业、守纪、上进”的万合人标准。实现了核心价值观与用人标准的有机结合。保障了员工的核心地位，员工串联了企业客户与企业目标的有机融合。才能让价值观念在员工心中扎根，与集团的发展步调一致，为企业的发展贡献才智。

5. 要全力灌输，更要循序渐进

企业文化体系需要长期，全力的灌输，要持之以恒，按步骤，有重点逐步实施，切忌操之过急。十年来，万合集团有重点，分阶段的推进企业文化建设工作，按照找准定位，适时切入；搭建框架，形成体系；大力宣传，营造氛围；全员学习，提升品位等四个阶段历经10年时间，通过一系列活动的开展以及相应制度的修订与完善，构建了优越的万合文化体系。2013年，万合集团实施了企业文化体系再造工程，通过发放调查问卷，交流座谈、广泛征集各级员工意见，开展专题培训学习、赴外地先进企业考察交流等多种形式，不断探讨企业文化体系，为核心价值体系的构建奠定了坚实的文化与群众基础。使之不断趋同于集团经营发展实践，趋同于现代企业发展理念，趋同于当代社会发展需求，逐步形成了独具万合特色的文化体系。

三、万合文化取得的成效

1.实现了企业的体制改革与转型升级

在万合集团困难时期，万合集团依托企业文化，建立了现代企业制度的法人治理结构，实现了根本性转变。万合集团朝着自主经营、自负盈亏、自我发展、自我约束的法人实体和市场竞争主体的方向迈进。并实施完成了两个战略规划目标。加强企业文化建设，就是要努力使企业形成与改革实践相适应的“文化定势”，引导广大职工确立市场主体意识，逐步确立市场观念、效益观念、开放观念等新观念。从而促使职工把实现企业的改革目标变为自觉行动，冲破旧的文化观念的束缚，推动企业的改革发展。

2.维护了大局，促进了稳定的凝聚作用

万合集团的成功改制，需要全体员工强烈的向心力和凝聚力。万合文化唤起了员工的主人意识，把企业的追求视为自己的追求，自觉来实施管理。主动地迎接市场经济的挑战和考验，把企业改革发展不断推向前进。

3.重塑了企业形象，实现了行业领先地位

通过十多年的企业文化建设实践，重新树立了万合集团崭新的形象。知名度与美誉度不断提高，省市领导多次到万合集团考察调研，先后有几十家国内同行、兄弟公司到万合集团参观学习。通过开展企业文化建设，走文化强企之路，万合集团实现了从扭亏到利润破亿元的跨越，实现了从单一经营到多元相关综合发展的转型，实现了从濒临破产到行业领先的提升。

万合集团先后被评为全国企业文化建设先进单位、全国企业文化十大优秀案例企业、河北省文明单位、河北省先进集体等多项荣誉称号。2011年，万合集团主创的《传统运输企业转型与升级管理》荣获了“第十九届全国企业管理创新成果一等奖”。

·河北省邮政公司·

【概况】

2012年是“十二五”规划的第二年，面对全球经济下行风险加剧，国内经济增长放缓的局面，河北省邮政公司党组以科学发展观为指导，认真学习贯彻党的十八大会议精神，按照集团公司的工作部署，在省委、省政府的关怀指导下，牢牢把握“稳定队伍、稳步发展”的工作思路，积极转变方式、调整结构、提升能力、强化基础，全省邮政实现了持续稳定、健康发展。2012年全省实现邮政总体业务收入较去年增长18.63%，邮务类业务实现收入增长12.12%，邮政储蓄银行实现收入增长30.91%，速递物流实现业务收入10.79%，其中邮务类函件专业业务收入增长12.63%，报刊发行业务收入增长12.19%，集邮专业业务收入增长33.02%，电子商务业务收入增长33.35%，分销业务收入增长10.95%，代理金融业务收入增长4.56 %，全员劳动生产率比上年提高12.11%。“稳中有升”的良好发展态势，提升了邮政企业员工信心，坚定了加快改革发展的决心，促进了邮政转型发展、加快发展的顺利进行。

规划引领加快发展　深化机制体制改革。2012年，省公司党组结合河北邮政实际，在经过大量调查研究和反复论证的基础上，制定了《河北省邮政公司2013—2015年发展规划纲要》。纲要提出，在坚持履行国家普遍服务的基础上，着力建成以快速、高效、专业、开放的网络运营服务平台为支撑、由遍布城乡的服务网点和自助服务设备组成的、河北最大的便民公共服务平台，显著提升核心竞争力，到2015年实现业务收入比2010年翻一番，平均年增速保持在14%以上，实现员工收益与企业经济发展相协调，构建创新引领、管理科学、人才汇聚、队伍稳定的和谐企业。

同时，河北邮政持续深化改革创新，不断破除制约企业发展的体制性、机制性障碍。完善分配激励机制，根据“兼顾效率和公平”的原则，通过按规模效益分类和按贡献大小计酬，对全省市县局进行了重新定级分类。通过在部分岗位推行计件工资，以及在投递岗位实施星级员工管理，积极推进了收入分配改革，有效调动了市县局和一线员工的积极性。同时，流程优化工作进一步推进。加强普邮网与速递物流网资源共享和相互协作，全面推行邮件前置处理和集中分拣到段。积极对省会网络资源进行整合，实现省会进口邮件的大平面作业，减少了中间作业环节，提高了邮车的准点率和邮件处理能力。

加大管理创新力度，增强科学管理效能。2012年，河北邮政构建了以利润为导向的财务管控体系，加大对高效、新型、有发展潜力业务的成本配置和资金投入，促进了企业发展方式的转变，实现了发展质量的不断提升。充分利用信息化手段，加强对成本费用的有效控制，管理性成本同比下降了1.49个百分点，有效收入不断提高，业务边际收益显著提升。不断加强内控制度建设，针对企业管理薄弱环节，明确控制关键点，规范了经营管理流程，增强了企业风险防范能力。不断加大资金资产集中管理力度，通过开展固定资产清查，掌握了企业资产现状，为优化资产结构、提升资产效能奠定了基础。

突出强化了各级领导班子和干部队伍建设，成功举办全省三级正职干部培训班，为创新干部培训方式积累了经验。一批优秀中青年干部充实到三级副职领导岗位，进一步优化了干部队伍结构。通过落实“四个严格控制”、推广先进生产组织方法等措施，进一步优化了人力资源配置，初步缓解了从业人员的结构性矛盾，较好地支撑了重点业务和高效业务发展。紧紧围绕员工职业成长需要，开展了形式多样的教育培训和技能竞赛活动。全年共举办各类培训班89期，累计培训5900

人次，全员集中培训和远程培训率位居全国前列，在集团公司举办的网上学习竞赛活动中获全国第一。扎实推进职业技能鉴定工作，广泛深入开展储汇业务员岗位练兵活动，在全国邮政通信特有职业技能竞赛中，河北邮政代表队获得“团体优胜奖”第一名。

同时，扎实开展了不规范经营治理活动和金融资金安全防范活动，增强了金融从业人员合规经营意识和风险防控意识。认真抓好资金、邮件、车辆和消防安全管理工作，开展金融资金安全教育，配备专职金融业务检查人员，构建了邮政代理金融业务检查管理体系。修订完善各专业质量管理岗、监控岗的考评标准和内容，进一步规范了邮政业务视检操作标准和流程，委托第三方机构对服务质量进行测评，促进了服务问题的及时发现和有效解决。全年未发生重大金融资金案件、重大安全生产和通信质量事故。强化内控监督机制的落实，积极开展财务收支、经济效益、经济责任审计和各类专项审计调查，综合审减率达到28.59%。严格执行“三重一大”制度，以工程项目建设、招投标管理、资金安全管理等为重点，积极开展了效能监察。

加大基础设施投入，提升支撑服务能力。2012年，河北邮政开展了“两提升、两拓展”建设工程，投入大量资金，用于基础设施、渠道建设和网络能力建设，为企业可持续发展夯实了基础。2012年，河北邮政完成了210个网点的装修改造工作，增配了180台ATM和1195台助农取款设备，提升了终端服务能力。加快了低效网点转化，全省储额3000万以上的网点增加了36个。全力推广“农邮乐”渠道标准化建设，改造直营店650处、加盟店4291处。加快推进邮政便民服务站拓展，全省建成便民服务站2.7万处，其中加载邮政传统业务和商品销售的A类便民服务站687处。

进一步增强了网络支撑能力，修订了全省三级邮区中心局KPI评价指标，提升了网运生产质量管理监控和精细化管理水平。对邮件封装容器和运输方式进行改革，积极尝试在县以上邮路集装化、县以下邮路散装化运邮模式。强化作业计划监控管理，全省网运作业计划合格率和执行率达到100%。通过加大投递部集中管理力度，积极推进社区服务店建设，加强投递系统管理应用，提高了投递质量，投递信息反馈率和上网率分别达到98.83%和96.15%，满足了电商小包等新业务的发展要求。组建了商务投递队伍，为个性化和竞争性业务发展提供了支撑。加强名址库建设维护管理，名址维护各项指标在全国排名第一。同时，扎实开展了信息网运维竞赛，确保了信息网及各应用系统安全稳定高效运行。开展了邮政营业信息系统、助农取款终端布放等11项工程建设工作。自主开发了IC卡代收费业务、保险单证与电销保单业务管理系统等21个软件项目，有力支撑了业务发展。

切实转变工作作风，打造健康和谐企业。以开展机关作风建设年为契机，进一步转变干部队伍的思想作风、领导作风和工作作风，在全省上下激发了不甘人后的斗志、弘扬了求真务实的精神，形成了加快发展的良好氛围。以“为民服务创先争优”活动为载体，狠抓制度建设和组织体系建设，切实增强了各级党组织的凝聚力和战斗力。开展了多种形式的学习贯彻落实党的十八大精神活动，通过学习，统一了思想，坚定了信心，明确了目标，凝聚了力量，为全省邮政科学发展奠定了坚实的思想基础。不断加大民主管理和局务公开力度，促进了企业管理水平不断提高。组织开展服务规范管理和营投双十佳评选活动，服务质量和服务水平得到有效提升。秦皇岛局投递员赵红同志光荣出席了党的十八大。全省邮政新增省级文明单位20个，5个市局、30个县局职代会被评为“河北省星级职代会”。省公司在省委省政府组织的民主评议行风活动中连续十年获得“优秀”，树立了企业良好社会形象。

【河北公司出台五项措施加强投递质量管理】

为进一步提升平常函件的投递质量，确保妥投到位，2012年4月，河北公司出台五项措施，加强对平常函件投递质量管理工作。

1. 加强法律法规和职业道德教育。要求各局立即开展专题宣传教育活动，组织员工认真学习邮政法律法规、职业道德和“投递服务五条禁令”。加强对投递质量标准的宣贯，落实投递时限、深度和投交手续规定，提高员工的法律意识、职业道德水平和服务质量意识。组织答题测试，确保对员工的教育培训率达100%。

2. 加强对平常函件投递质量的日常检查工作。明确对平常函件投递质量的检查内容、频次、数量要求。一是投递部门开展自查，重点检查住宅楼房、城乡结合部、租赁房屋及用户投诉较多道段的投递质量。县及县以上城市投递部每周检查频次不少于两次，每次现场随机抽查不同地址的平常函件不少于10件。二是市、县局检查，每周对投递部平常函件外部投递检查记录表进行审核。县局每月现场检查不少于两个投递支局，每年对全部投递支局至少检查1遍。设立并公布对外服务监督电话，有专人值守，及时汇总用户反映的质量问题，并采取暗查暗访和突击检查方式进行核查，对存在的问题认真落实整改。

3.加强对单位收发室、村邮站等重点部位的检查和指导。要求投递人员查看投交收发室的平常函件的领取情况，发现7天以上未领取的，及时与收发人员沟通，采取措施，敦促收件人尽快领取。各单位每季度组织一次针对邮件妥投情况及单位收发室、物业、村邮站等邮件收发情况的专项检查，对无法投递和逾期未领函件及时按规定予以清退，防止出现邮件积压。

4. 加强对住宅信报箱邮件领取情况的检查。发现邮件长期无人领取的，应请物业部门协助联系或采取上门贴通知便条等方式，通知收件人及时开箱领取，防止邮件丢失、损毁。

5. 落实重大服务问题报告制度。发生重大服务问题，各级邮政企业务必严格按照规定，在第一时间逐级上报，并积极采取补救措施，做好善后工作。

【河北公司组织机构库准确率、名址建设应用均位居全国榜首】

2012年年初，在中国邮政集团公司下发的组织机构库正确率抽查情况通报中，河北公司组织机构正确率为97.63%，名列全国第一，高出全国平均值4个百分点。在1—4月集团公司下发的全国名址库建设维护与应用情况通报，河北公司总分97.3分，居全国首位。

【河北省机要通信局被评为全国邮政机要通信先进单位】

6月26日，国家邮政局、中国邮政集团公司召开的“纪念邮政机要通信事业55周年暨先进单位表彰会”在北京举行，河北省机要通信局被授予“全国机要通信保密安全和服务质量用户评价先进单位”光荣称号。

长期以来，河北省邮政机要通信工作者始终坚持“通信质量第一、政治服务第一、社会效益第一”的指导思想，忠于职守、默默无闻，为保证党和国家秘密载体安全、可靠传递，做了大量卓有成效的工作，为维护国家的安全和利益做出了突出贡献。机要通信局将继续保持崇高的责任意识、严肃的质量安全意识和始终如一的优质服务意识，进一步加强机要通信的能力建设、队伍建设、制度建设，不断强化管理，坚决完成好各项特殊服务任务。

【“红色足迹”特种邮票首发仪式在西柏坡隆重举行】

6月30日上午，由河北省邮政公司、中共石家庄市委、市政府主办，省邮资票品局、石家庄市邮政局承办，中共平山县委、县政府、西柏坡纪念馆协办的《红色足迹》特种邮票首发仪式在西柏坡七届二中全会旧址前隆重举行。集团公司邮票发行部副总经理高山、集邮总公司总经理刘燕明、河北公司总经理邓慧国及中共石家庄市委常委、宣传部长孙万勇、市委常委、市政府副市长刘晓军，中共平山县委、西柏坡纪念馆等部门领导和省会各界人士、集邮爱好者、广大游客、邮政职工近千人参加了首发式。

集团公司邮票发行处审核部马洪科经理宣读了《红色足迹》邮票发行公告，河北公司邓慧国总经理致欢迎辞，中共石家庄市委宣传部孙万勇部长发表讲话，集团公司邮票发行部高山副总经理、石家庄市委常委、市政府刘晓军副市长和集邮总公司刘燕明总经理、平山县委副书记王强分别为《红色足迹》特种邮票图稿、《红色足迹—西柏坡》邮册揭幕。

这套《红色足迹》特种邮票共6枚，图名分别为井冈山、瑞金、遵义、会宁、延安和西柏坡共6处对中国革命具有重要意义的纪念地，6个地点同时出现在一套邮票上，尚属首次。除《红色足迹》特种邮票外，100多种红色题材邮品和热销邮品受到了热烈欢迎，特别是本次活动的原地封、原地片、西柏坡纪念册和总公司开发的首日封、“喜迎党的十八大红色文化年”雕刻纪念封、连体明信片、《红色足迹》邮册和《红色种子》邮册套装更成为现场抢手产品，并可通过现场临时邮局进行纪念戳加盖章、实寄。同时在石家庄长安邮电局设立了邮品销售活动现场，为前来购买邮品和加盖纪念戳的广大邮迷和市民提供服务。

【城乡居民社会养老保险制度全覆盖宣传活动启动，纪念邮票同步发行】

2012年7月1日，由人力资源和社会保障部、财政部、省政府、中国邮政集团公司共同主办的城乡居民社会养老保险制度全覆盖宣传活动启动暨纪念邮票发行仪式在革命圣地——平山县西柏坡举行，全国城乡居民社会养老保险制度全覆盖工作正式启帷。

中组部副部长、人力资源和社会保障部部长尹蔚民出席活动并讲话，省委副书记、省长张庆伟，人社部副部长胡晓义，财政部副部长王保安，中国邮政集团公司总经理李国华，省委常委、石家庄市市委书记孙瑞彬，副省长宋恩华，省长助理、省政府秘书长尹亚力出席会议。

仪式上，尹蔚民、张庆伟等领导同志为20位平山县60周岁以上城乡居民代表发放养老金存折，并在“城乡居民社会养老保险制度全覆盖”纪念邮票首日封上签名留念。随后，尹蔚民、张庆伟、王保安、李国华共同为城乡居民社会养老保险全覆盖纪念邮票揭幕。集邮公司多渠道组织了60多种相关题材和热点题材的邮品在活动现场展销，并刻制了2枚纪念邮戳免费加盖。

尹蔚民在讲话中充分赞扬了邮政在改善民生中发挥的重要作用，指出中国邮政充分发挥网络、服务、品牌等优势，积极参与，主动作为，邮储银行承担了全国约1/3试点地区的金融服务职能。中国邮政在去年发行“新农保”纪念封的基础上，又专门为两项制度全覆盖发行了纪念邮票和首日封，具有重要意义。

【河北邮政渠道产品引进会取得圆满成功】

8月8日，首届河北邮政渠道产品引进会在保定徐水巨力集团隆重举行。河北省邮政公司邓慧国总经理、李陕川副总经理，保定市政府杨宝东副市长、陈业鹏副秘书长，中国巨力集团杨建忠董事长、姚军战总裁、刘冠军常务副总裁以及徐水县委常委、常务副县长崔铁成等相关领导莅临活动现场，各地市局主管局长、经营部主任、财务部主任、分销业务局局长、电子商务局局长以及135位县(市)局长和176名厂家代表共计700余人参加了此次引进会。

邓慧国总经理、杨宝东副市长、杨建忠董事长、崔铁成常务副县长为河北邮政渠道产品引进会开幕式剪彩，李陕川副总经理代表河北邮政公司与巨力集团刘伶醉酿酒股份有限公司签署战略合作协议。开幕式上，保定市邮政局、中国巨力集团领导分别代表承办方致辞。

此次引进会是按照中国邮政集团李国华总经理“关于打造中国服务面最广、服务功能最全的便民服务平台”要求，落实河北公司邓慧国总经理“关于河北邮政要不断提升在河北的经济地位和政治地位的总体设想”，经过大胆创新，反复科学论证而举办的，是河北邮政与河北实体企业在产品销售方面进行的第一次零距离对话，也是河北邮政在商业服务模式方面采取的创新举措。

河北邮政以2100余个邮政局所和近万处“三农服务站”组成的邮政网络优势和独一无二的物流、信息流、资金流“三流合一”的服务优势，帮助实体企业特别是中小企业解决在商品销售中存在的现实问题，利用邮政网络渠道与邮政连锁销售的实体商业模式和网上销售的虚拟商业模式，实现为中小企业在市场拓展、产品流通及金融服务等方面提供多层次的服务，实现河北邮政与全省实体企业的共赢，让政府满意、让社会满意，让广大人民群众满意。

【河北邮政公司召开党组中心组(扩大)学习会推进党的十八大精神的贯彻落实】

为深入学习、贯彻落实党的十八大会议精神，全面领会、准确把握会议精神实质，11月14日，河北省邮政公司召开党组中心组(扩大)学习会议，专题学习领会工作报告精神。省公司党组成员、省公司机关各部门及直属单位负责人参加了会议。会议对胡锦涛同志的党的十八大报告进行了认真的学习；对党的十八大报告中的新思想、新观点、新部署、新提法进行了引领辅导学习。围绕报告精神，大家进行了热烈讨论，纷纷结合自身工作实际谈感想、谈体会。

与会同志一致认为：党的十八大报告是沿着中国特色社会主义道路奋勇前进的政治宣言，是全面建成小康社会的行动纲领，是推动各项事业持续健康发展的工作指南，是凝聚人心，催人奋进的动员令。河北邮政未来的发展，要围绕党的十八大精神，认真贯彻落实科学发展观，按照省公司的3年发展规划，创新经营发展、创新服务管理。大家表示要在各自的工作领域以良好的精神状态，提高创新水平，寻找发展机遇，提升管理能力，挖掘各方潜力，用实际行动促进河北邮政又好又快发展。

最后，党组书记、总经理邓慧国同志就贯彻落实党的十八大精神，提出三点要求：一是要把学习贯彻十八大精神作为当前和今后一个时期的重要工作任务，各级各部门领导要带领大家认真学，反复学。要站在党的事业的高度研读党的十八大描绘的蓝图，明确我们党所确立的道路、提出的理论、坚持的信念，真正达到读懂弄通，在思想上与党保持高度一致。二是要把贯彻落实党的十八大精神和推动河北邮政事业发展结合起来，立足河北邮政3年发展规划，做到科学发展，快速发展。三是要进一步解放思想，坚定信念，凝聚合力，攻坚克难，切实把学习党的十八大精神贯彻到实际工作中去，确保全年各项工作任务的完成，全面推动河北邮政3年规划真正落到实处。

·中国电信河北分公司·

中国电信河北分公司于2002年12月挂牌运营，下辖11个市级分公司，149个县级分公司，44个区营销中心。经过11年来的不懈努力，河北电信网络能力、产品体系、服务能力、管理水平都实现了长足发展。

中国电信构建天地空一体化通信网络，拥有以光缆、3G移动网络为主、卫星和数据微波为辅的全方位、大容量、多手段、高速率、安全可靠的立体通信传输网络

现已建成覆盖全省的宽带网络和CDMA 3G网络。随着“宽带中国·光网城市”项目的快速推进，全省宽带网络覆盖已达1000万户，FTTX覆盖区域已超过

70%，全省94%的电信宽带用户带宽达到4兆以上，“电信光宽带”做到了有口皆碑。

移动通信基站达1万多个，3G信号现已覆盖全部的县以上城市及乡镇，行政村覆盖比例达90%以上，高速公路、高速铁路覆盖率接近100%。

拥有覆盖全省城乡的电信网络和“天翼”、“商务领航”、“我的e家”、“号码百事通”等知名品牌，具备电信全业务、多产品融合的服务能力和渠道体系。

面向客户感知，建成了便捷、高效的客户服务体系。全省自办营业厅400余处，社会代理店面8000多家，村级缴费站近3万处。同时全面推广10000号受理和网厅、掌厅、自助营业厅等电子化服务模式。对公众客户深化落实“五个一”服务承诺，对行业客户、重点客户通过组建专属支撑团队，推行“一站式”服务，促进了服务水平的提升。

以此为基础，天翼品牌统领的各项业务得到了广大客户认可，丰富的行业应用解决方案更是为政府部门、企事业单位的管理运营插上了信息化的翅膀。信息服务领域已覆盖政府机关、军警法司、金融证券、能源矿山、教育医疗以及大型企业和专业市场。此外，河北电信还与省工信厅合作，针对全省中小企业开展了数字企业建设活动，已建设数字企业近500家。

在履行社会责任方面，全力以赴做好奥运通信保障、“412抚宁山火”、“721”涞源洪灾抢险救灾应急通信、“村通”工程、节能减排、通信设施共建共享等工作，得到了各级地方政府的好评。全省已有9个市级分公司被评为市级以上文明单位，其中张家口、邯郸分公司被评为省级文明单位。

今后，河北电信将继续秉承“用户至上，用心服务”的服务理念，以品质高、速率快、安全性强的现代通信网络和完善的业务产品、服务支撑体系为基础，努力向“智能管道的主导者、综合平台的提供者、内容和应用的参与者”迈进，为繁荣我省通信事业，推动经济社会发展，做出更大的贡献。

·国家开发银行股份有限公司河北省分行·

【概况】

国家开发银行河北省分行成立于1999年，现有正式员工169人，其中局级干部6人，处级干部52人(正处21人，副处31人)，处级以下111人。在职党员138人，占比81.7%。

2012年，国家开发银行河北省分行紧紧围绕省委省政府重大发展战略，充分发挥开发性金融引领作用，积极争取总行政策倾斜，在全力保障重点项目建设同时，加大对沿海地区、环首都扶贫以及民生领域的融资支持力度，为建设经济强省、和谐河北积极提供金融服务。截至2012年末，省开发银行管理资产余额突破2100亿元，达到2185.84亿元，全年对河北省融资支持总量达669亿元；非个人中长期贷款余额达1384.75亿元，居省内第一；外汇贷款余额22.85亿美元，居省内第一；缴纳各类地方税金5.27亿元。

【发挥中长期主力银行作用，保障重点建设项目资金需求】

国家开发银行河北省分行充分发挥开发性金融引领、示范作用，将贷款规模最大限度地用于支持国家、省重点项目，2012年实现融资总量达669亿元，发挥资源的最大效能和撬动作用。一是在投向上，优先保障重点领域重点项目需求。向京港澳扩建、西柏坡、邢衡、张石等省内全部新建续建高速项目，以及京石客运专线、京沪高速铁路、唐山市南湖采煤塌陷区治理、廊坊干渠、首钢京唐钢铁等重点建设项目发放贷款179.57亿元，占全年发放量的58%；牵头筹组石家庄轨道交通项目银团贷款，为丰宁抽水蓄能电站项目贷款承诺75.69亿元等。二是在区域分布上，紧紧围绕河北省曹妃甸新区、渤海新区两个“增长极”，向秦唐沧地区发放贷款98.9亿元，占全部发放贷款22%。三是在贷款期限上，体现中长期投融资银行专业优势，为河北省经济社会建设提供大额长期稳定的资金支持。新发放贷款中，非个人中长期贷款占比69%。

【坚持“雪中送炭”，帮助政府破解融资难题】

国家开发银行河北省分行主动围绕河北省政府热点、难点“雪中送炭”，支持政府急需发展的重点领域和薄弱环节。一是配合省委省政府打好扶贫攻坚战，帮助破解融资难题，积极推进“幸福乡村”建设。分行行长率队深入县乡调研，创新并建立起“一个前提、两个平衡、四个落实”的融资模式，首批以丰宁等三县为试点，通过向龙头企业京北缘天然农牧公司授信3亿元，形成可复制、可持续的有效机制。当年实现发放0.58亿元，将间接带动万人参与生产经营，有效推动当地产业化扶贫工作。二是全力协助政府做好灾后恢复重建工作，主动融资支持地市政府应对突发事件，发放应急贷款2.4亿元，支持应对承德干旱以及保定、张家口“7.21”特大洪灾。

【积极承担社会责任，促进民生富民事业发展】

一是作为河北省支持保障性住房建设主力银行，国家开发银行河北省分行积极落实与河北省签订的《保障性住房建设金融合作协议》要求，创新建立“省带市”融资模式，累计发放贷款142.53亿元，其中2012年新发放44.53亿元，有力地支持了石家庄、保定、沧州、邯郸、廊坊、邢台等地保障性住房及棚户区改造项目建设。二是在坚持批发式融资模式的基础上，国家开发银行河北省分行积极加强与小额贷款公司、担保公司等的创新合作，有效的提升了对中小企业的融资服务效能。累计发放中小企业贷款40.66亿元，支持超过2000家小企业和个体工商户。三是累计发放高校助学贷款7765.71万元,资助贫困大学生16434人次，占全省高校助学贷款市场份额的100%。四是加快推进河北省水利基础设施建设。完成南水北调配套工程180亿元项目入库，承诺丰宁抽水蓄能电站项目75.69亿元,向崇礼补水、丰南沙河治理、廊坊干渠、邢清干渠等水利项目发放7.4亿元。

【推动重点企业“走出去”,助力开拓国际市场】

一是向河北钢铁、冀中能源、开滦集团、三友集团、英利（中国)、新奥集团、德龙钢铁、三河汇福粮油等优势企业发放贷款13.34亿美元。二是国家开发银行河北省分行圆满完成了玻利维亚国家规划咨询工作，主办的玻政府代表团访华成功，增强了玻方对我国改革发展理念、经验、模式及“规划先行”理念的认同,为规划成果落地打下坚实基础。积极服务国家战略，向玻利维亚卫星项目发放贷款0.61亿美元、中铝秘鲁特罗莫多铜矿概算外项目0.83亿美元。2012年末,分行外汇贷款余额达22.85亿美元。

【进一步完善综合金融功能，高谋略、多方位服务经济社会发展】

一是坚持规划先行，推动建立起覆盖全省的规划合作机制。为河北省沿海地区建设编制系统性融资规划,并通过专家论证。向保定、沧州、廊坊、邯郸、邢台、唐山等市提交《融资研究报告》,设计融资模式,提出发展建议;针对曹妃甸发展、产业基金设立、央企入冀、环首都扶贫攻坚战以及融资平台模式等重大事项，提出支持策略方案供省领导参阅，发挥开行外脑作用。二是“投贷债租证”综合金融服务格局逐渐成熟，全年为河北省企业债券承销、银行承兑汇票、信用证、融资租赁、夹层投资、保理等贷款以外融资额度达251.26亿元。三是积极为政府融资平台的可持续发展建言献策,推动平台市场化运作,加强融资模式创新，探索新银政合作模式。四是加强同业合作,引导资金流向,牵头组建西柏坡电厂、润泽国际信息云聚核港、邢衡高速、荣乌高速等9个项目银团，金额共计232.68亿元。

【获奖情况】

在分行党委的带领和全体员工的努力下，分行工作取得了丰硕成果，被河北省政府授予2011年度和2012年度“金融贡献奖”,被团省委授予省“五四红旗团委”、省级“青年文明号”荣誉称号，荣获国家开发银行总行创先争优“三个一”示范单位。

·中国建设银行股份有限公司河北省分行·

【概况】

2012年，建行河北省分行认真贯彻落实总行各项工作部署，大力支持和服务实体经济，强化资产带动,夯实客户基础,深化改革创新,加强内控管理,确保了安全稳定的运营局面，较好地完成了各项工作任务。至年末,全口径存款新增490.25亿元，居系统第十、同业第二;其中,一般性存款新增481.31亿元,居系统第十、同业第二。各项贷款新增337.94亿元,居系统第七、同业第二。实现中间业务收入34.37亿元,居系统第九、同业第一;实现税前利润81亿元,创历史最好水平。资产质量显著提升。全年未发生案件和重大责任事故。

【立足竞争发展,主营业务稳中求进】

资产业务实力增强。深入贯彻为实体经济服务的要求，认真落实总行和省政府签订的战略合作协议,将重要基础设施建设、特色优势产业、环首都经济圈、新农村建设、战略性新兴行业等作为重点业务拓展领域，认真做好项目储备，促进贷款有序投放。年末，人民币对公贷款新增166亿元,居同业第二。继续打造“民本通达”服务品牌,教育、卫生行业贷款继续以绝对优势领先同业。推进小企业批量化发展，加快小企业零售化转型，小企业非贴现贷款累计投放270.6亿元。积极开展社区金融服务个人贷款客户营销、房改金融及住房保障服务营销,加快消费经营类贷款发展,个贷新增居系统第四、同业第二。严格执行银监会“七不准”和“四原则”,建立常态化定价机制,持续优化信贷审批流程，严格落实贷款条件,确保了信贷安全,提高了产品覆盖度和信贷经营能力。负债业务稳步提升。探索建立存款增长的长效机制，加强本外币联动,加大费用资源配置力度。积极抢抓大型项目建设专项资金、大型企业注册资金、保险公司等大额存款来源，强力营销资金结算量大、沉淀资金较多的大型商贸流通企业专项资金,大力拓展省、市级财政社保下拨资金承接单位,营销保障性住房、农田水利、社会事业、节能环保等重点领域和项目的落地资金，年末对公存款新增171.1亿元，市场占比41%,居同业第一。试点发展社区金融，狠抓代发工资业务营销拓展与维护,做大银行卡业务规模,促进存款和理财业务协调发展,个人存款新增占一般性存款新增的64%。积极营销城商行、信用社、财务公司等客户资金,拓展省外客户,同业存款新增8.95亿元。中间业务规范发展。规范与发展并重，组织开展不规范经营自查整改,规范收费行为,确保质价相符；及时制定出台中间业务发展指导意见，制定产品创新激励办法，研究中间业务发展长效机制；坚持业务转型和收入结构优化的方向不动摇，不断挖掘产品和客户潜力，拓展中间业务收入渠道和客户群体。大力推进审价咨询、国内保理、百易安等信贷相关类中间业务产品合理规范发展，进一步加快 CTS、国际结算等非信贷类中间业务产品发展，努力提升市场份额。全年实现中间业务收入 34.37 亿元，居同业第一。战略业务取得突破。拓展电子银行应用，强化售后服务支持，实现了电子银行渠道分流、业务联动、案例推广三项重点突破。加快金融 IC 卡推广，着力推动私人银行经营转型，加快推进安居、消费、账单和龙卡商城等分期业务顺利开展。相继推出跨境结汇通、换币转通知+远期信用证买方付息贴现等系列产品，统筹推进跨境人民币业务有效开展。大力发展新型财务顾问、资产收益权、票据收益权、融资租赁等投行产品，创新推出中小企业集合票据项目。年末，电子银行"短信通"业务收入首超亿元，客户规模、产品覆盖度均居系统第二。个人网银高级客户、个人手机银行客户和企业网银高级客户新增均居系统第四、同业第一。完成跨境人民币实收实付结算量 48.52 亿元，市场份额 27.5%；信用卡消费交易额 369 亿元、贷款余额 68.3 亿元，均居同业第一；分期业务交易额达 23.24 亿元，实现中间业务收入 2.24 亿元，同比增长 192%，其中，购车分期业务交易额突破 20 亿。

【立足长远，业务发展质量提升】

一行一策成效显现。从财务资源配置和绩效考核、信贷政策和授权、机构管理、人力和培训等方面加大对中心城市行的支持和激励力度，强化分类指导，中心城市行价值贡献度进一步提升。组织召开全省建设银行县域支行"一行一策"交流推动会，通过典型带动，促进县域支行"抓特色、出亮点、上台阶"，争当目标市场和目标客户的首选和唯一银行。根据辖属分支机构的区域和经营特色，对不同二级分行制定差别化政策，并不断进行探索完善和动态调整，为"一行一策"真正落到实处提供了保障。结构调整推向纵深。坚持以信贷结构调整为重点，在客户结构、渠道结构、产品结构、区域结构等方面多管齐下，进一步夯实了业务发展基础。加大增量客户营销力度，一方面毫不放松地抓好"三大一高"客户，另一方面依托大行业、大系统优质核心企业，积极拓展上下游、左右邻等中小型客户，沉下去抓好小微企业和无贷户，进一步改善了客户基础。按照"三三三"原则做好信贷结构调整，主动压缩退出受控行业客户、发展前景暗淡、竞争力较弱的客户，继续加快发展小企业贷款、个人消费助业贷款、贸易融资等资本占用低、风险低、收益高的产品。加快网点建设，加强对客户经理的统一考核管理，推动电子渠道跨越式发展，加大自助设备投入，积极推进自助设备集中专业化管理，提升运行效率，延伸对外服务能力。年末，电子渠道账务性交易量比 55.7%，电子银行账务性交易量已超过柜面账务性交易量。体制机制增添活力。按照综合性、多功能、集约化发展要求，深入推进事业部制改革，并深入开展各项制度、流程的整合与优化，为事业部制改革在全行稳步推进奠定了基础。加快零售业务和批发业务发展方式的转变，加强两大板块之间和各个板块内部的联动，充分整合资源，实现信息共享，提高服务效率。加快网点"三综合"建设，分类确定转型网点、转型内容和转型重点，通过推动单功能网点转型，整合功能区域，推行综合柜员制，加强综合营销队伍建设，优化网点劳动组合等措施，提高了网点资源利用效率和市场综合拓展能力。共有 26 个纯对私网点转型为综合性网点，45 个纯对公柜台转型办理综合性业务，76 个柜员由单纯经办对公或对私业务转型为综合柜员。继续深化前后台分离，健全集中处理点业务处理及风险防控机制，后台业务平均处理时间缩短至 133 秒，其中立等和加急类业务平均耗时 42 秒，多项业务指标在全国已上线分行中处于领先地位。持续推进 COS_T 系统优化、新产品测试、上线工作，扩大集中处理业务品种范围，进一步减轻前台柜员的手工交易数量，降低了劳动强度，释放了前台营销服务能力。基础管理持续夯实。强化资产质量管控，建立完善信贷资产风险事项快速反应机制，加强对存量贷款，尤其是钢贸、光伏、房地产、平台等行业贷款的监测检查和预警提示，对关注类客户以及监测发现的风险隐患客户进行重点管控，逐户制定风险化解方案，并根据风险状况对客户名单进行动态调整。实施资产质量计划管理，继续实行不良还原考核，加大不良贷款清收、转化与处置力度，全年共处置不良资产 6.9 亿元，现金回收 4.2 亿元。加强全面风险管理，建立健全案防和安全运营全员责任制，完善优化操作风险管控机制；改进稽核监测作业手段，定期召开风险分析例会；切实抓好案件防控措施的落实，持续加大案件和违规问题查处，增强廉洁合规从业意识，强化员工从业行为管理，有效提高案件专项治理效果。积极配合审计工作，建立整改评价机制，确保审计整改落实到位。

积极创建平安建行，以维护稳定、保障安全，迎接党的十八大胜利召开为主线，加大对重大活动和节假日期间的巡查力度，加快技防设施建设，完善应急处理机制；强化24小时值班和行领导带班制度，深入排查化解各类信访矛盾和信访积案，积极配合地方做好维稳工作；强化声誉风险管理，加大舆情监测和引导力度，确保了重要时段的舆情平稳。妥善处理客户投诉，维护建行良好社会形象。有效防范IT风险，持续完善安全防护体系，信息系统保持平稳运行。和谐氛围日益浓厚。以迎接党的十八大为主题，深入开展创先争优活动，探索建立创先争优长效机制，推进各级党组织建设，更好地发挥了基层党组织的战斗堡垒和党员队伍的先锋模范作用。进一步强化各级领导班子思想、作风和组织建设，加大干部管理、选拔、交流力度，加强二级分行领导班子综合经营竞争力监测，有效提升了领导干部的综合素质、管理能力和领导水平。抓好反腐倡廉建设。切实改进工作作风。关爱员工，组织召开二届二次职代会，做好职工代表提案、质询、建议的答复落实；深化行务公开，加强民主管理，畅通参与渠道；制定关爱员工20条措施，签订女职工权益保护专项集体合同；全覆盖、多角度开展员工培训，广泛开展特困劳模、特困党员、特困员工优抚慰问活动，认真落实离退休人员两个待遇，和谐发展氛围更加浓厚。

·中国农业银行股份有限公司河北省分行·

【概况】

农业银行河北省分行牢固树立科学发展观，紧紧围绕全省建设“经济强省、和谐河北”战略目标，充分发挥横跨城乡、网点网络、客户资金、品牌形象等优势，大力支持全省经济建设，努力提升金融服务水平，业务经营成效显著，为河北省经济社会发展做出了贡献，连续三年被河北省政府授予“金融贡献奖”。同时，该行积极推进经营转型，强化基础管理，各项工作取得全面进步。2012年末，全行各项贷款余额2046.06亿元，较上年末增加231亿元；各项存款余额5077.24亿元，较上年末增加608.54亿元，总量增量居四大行首位；全行平安运行，未发生经济案件、刑事案件和重大责任事故。

【大力支持重点区域和重点项目建设】

深入落实河北省“十二五”规划和重点区域发展战略，切实加大对实体经济的贷款投放力度。以政府提出的重点区域、重点项目为导向，全面满足信用需求。紧跟沿海地区、冀中南地区、环首都经济圈等重点区域和111家央企进河北建设项目，重点围绕唐山重工业基地、曹妃甸工业区、秦皇岛港口区、沧州渤海新区、廊坊信息产业基地、保定“中国电谷”、石家庄石化及生物产业基地等重点领域，支持了一大批国家级、省级重点项目和民生工程。并对重点客户、重点项目实行名单制管理，缩短信贷审批流程，提升了服务效率。全年累计投放贷款1704.7亿元，年末法人客户实体贷款余额1517.49亿元，比上年末增加155.78亿元。

【全力推进“三农”和县域经济发展】

坚持面向“三农”的市场定位，做好深化县域“三农”金融服务的各项工作，累计投放县域及三农领域贷款608.9亿元，“三农”贷款余额比年初增加135亿元，增速高于全行贷款增速4.5个百分点。深化服务“三农”改革，逐级建立健全“三农”金融事业部组织机构和金融服务团队，实行以“六个单独”为核心内容的运行机制。大力支持县域经济快速发展。加强分类指导，结合当地经济特点和资源禀赋，实行“一行一策”特色发展。以农业产业化龙头企业为重点，以县域商品流通市场贷款特色产品为抓手，并加大对县域中小企业的支持力度，着力解决担保难问题。同时，努力做好农户金融服务工作。积极推进金穗“惠农通”工程，为广大农户提供足不出村、方便快捷的金融服务。累计发放惠农卡586万张，全省农户覆盖率达到21.8%；农户贷款余额55.4亿元。累计代理新农保项目46个、代理新农合项目36个。建立助农取款服务点15967个，乡镇覆盖率88.9%。坚持对惠农卡实行“三免一减半”政策，累计向农民让利超过3亿元。

【积极助推中小企业发展】

持续深化“六项机制”建设，不断强化“四单”管理，依托小企业金融服务中心，全面推广“一站式审批”模式，实行评级、授信、用信一次审批，有效缩短决策链条。进一步加大中小企业贷款的政策倾斜力度，单列信贷计划。强化政策创新和产品创新，实现了中小企业贷款持续、稳定增长，全行共支持中小企业1586户，贷款余额683亿元，同比多增91亿元；贷款增速31.42 %，高于全行贷款平均增速18.7个百分点，达到了“两个不低于”的监管要求。

【着力提升金融服务水平】

完善客户服务功能，建立了私人银行、财富中心、理财中心、理财区“四位一体”的立体式客户服务模式，为个人客户提供高品质、综合性服务。加大网点改建力度，完成了全辖83%的营业网点改造，服务能力大幅改善。努力提升电子化服务水平，积极推进电子交易渠道体系，全行布放ATM机2919台、转账电话22.5万台、POS机1.58万台；累计发放借记卡2649万张、贷记卡152万张，为社会公众提供了更加便捷、安全的金融服务。加强产品和服务创新,构建了“五金”产品体系,加大产品品牌推广力度，积极开展本地产品研发，加强产品组合销售，有效满足了社会大众对金融产品的多元化需求。构建全省最大的农村金融服务网络。深入构建广覆盖、一体化的三农金融服务网络，对全省县级行政区实现100%全覆盖,使“三农”客户充分享受到现代金融服务。按照银监会要求，做好不规范经营整治工作,切实维护了客户利益。

【积极履行社会责任】

深入推进“绿色信贷”,坚决贯彻河北省着力改善生态环境要求,服务全省产业结构调整,严控“两高一剩”行业贷款,年末全行节能环保贷款余额达到152.8亿元，支持技术改造升级贷款余额达到10.2亿元。着眼民生工程,加大商品住房贷款投放力度，大力支持保障性安居工程，支持下岗失业人员自谋职业、自主创业。热心参与公益事业，充分运用金融资源和渠道，积极组织各类献爱心捐助、扶贫救助活动。大力支持河北“7.21”特大洪涝灾害灾后建设,开办捐款汇款专用窗口,在受灾区设立金融服务点。大力支持贫困地区教育事业，积极协助农总行捐资531万元在国定贫困县阜平捐建了农行大道小学。按照河北省委部署，积极开展驻村帮扶工作,得到了各级政府部门肯定。

【努力打造平安和谐农行】

深入开展“基础管理提升年”活动,全力推进运营体系建设。全面加强风险管理，全行风险管理水平实现新提升。坚持从严治行，保持了对案件和违规行为的高压态势。加强队伍建设,抓好党风廉政建设和干部作风建设工作,在全行形成了风清气正的良好局面。坚持以人为本,加强企业文化建设,努力构建和谐农行。

·交通银行河北省分行·

2012年,在省委、省政府和总行党委的正确领导下，在监管部门的监督支持下，在各级干部员工的顽强拼搏下，我行业务发展稳中有进,经营业绩平稳提升,取得较好的成绩。

截至2012年末,全行资产总额达到886亿元,增长8%;人民币各项存款余额818亿元，增长8%，其中：人民币储蓄存款余额253亿元,增长14%;人民币各项贷款余额597亿元,增长12%;实现中间业务净收入36604万元,增长5%；实现经营利润16.9亿元，增长4%；实现拨备后利润17.8亿元,增长10%。不良贷款余额和占比实现双降。

以稳固负债业务为先导,持续发展能力增强

对公存款实施重点突破 积极开展高位营销，着力提高财政保障类存款和大中型集团客户的数量和质量，成功拓展新奥集团等大型企业39户,中型客户94户,各级财政存款余额达78亿元,增加13亿元。储蓄存款以“冀龙腾飞”系列个金业务竞赛为着力点，加大对储蓄存款的持续营销拓展。代发工资客户储蓄、家易通布放、私人银行、沃德财富、交银理财等品牌客户的资产提升取得突破,到2012年末,人民币储蓄存款日均余额增量28亿元。

以提升转型业务为抓手,转型发展步伐加快

以零贷业务、银行卡、交叉销售为三大核心工作,做大、做强、做优零售板块。到2012年末，AUM较年初增长46亿元,较上年末提升8位。快速推进烟草跨行支付、金融社保IC卡拓展、“织网补链”、“自助医院”等一批重点项目,赢得后发优势;稳步推进投行业务,集团协同业务、托管、企业年金等项业务实现较快增长;强化板块和海内外联动，国际业务快速发展,在国内信用证、跨境人民币业务、本外币结构性理财、进口保付业务等方面实现突破,国际结算累计实现76.8亿美元,跨境人民币结算14.6亿元，实现国际中间业务净收入1.2亿元。

以增强盈利能力为重点,经营效益稳步提高。持续加强定价管理，全年新发放贷款平均利率维持较高水平。强化RAROC’应用,贷款在派生存款、客户、利润等方面的综合收益水平进一步提升。严格控制费用管理 优化财务资源配置，将有限资源集中于业务营销,最大限度创造效益,全年成本收入比上年下降1.2个百分点。

以严格风险管控为保障,信贷业务稳健发展。科学把握信贷投向,深化推进信贷结构调整,落实支持实体经济发展要求，全面开展动态排查，有效落实抵押担保,积极化解存量潜在风险,陆续退出潜在风险和低收益贷款5.8亿元。 多维度、多渠道、全方位的开展风险控制管理,对重点行业、重点领域、重点客户的风险排查,建立重大风险防控责任制，保证了资产质量的真实稳定。加强内控管理,积极推进案防专项行动,继续深化员工合规教育,监控操作风险,实现零案件、零损失的目标。

以改善客户体验为宗旨,服务品牌形象得到提升。筹建了邢台、张家口2家省辖分行,迁西、任丘、涿州3家县域支行,新增离行自助银行13个、离行单机点12个，服务网络覆盖面积进一步扩大；建立服务办，制定各类人员服务规范标准，加强对服务质量全方位管控；开展网点“亮化”工程，网点保洁外包、绿植美化配送，网点环境整体提升。

以强党建与弘扬交行文化为支撑，和谐发展氛围愈发浓厚。深化创先争优活动，大力宣扬学习先进典型，唐山分行丰润支行党支部被总行党委表彰为创先争优先进基层党组织。倾力履行社会责任 向沧州肃宁驻村联系点、保定水灾地区累计捐款76.3万元，省行驻村帮扶组获评“全省开展加强基层建设年活动优秀驻村工作组”荣誉称号。开展员工关爱活动 完善工会基层组织建设，推进民主管理，组织员工广泛地参加各种积极向上的文体活动，大力开展送温暖、送关怀活动，团结和谐氛围进一步形成。

·中国邮政储蓄银行河北省分行·

【概况】

2012年，中国邮政储蓄银行河北省分行立足于“服务城乡、支持‘三农’、服务中小企业”，坚持科学发展、精细管理、合规运营，强化转型升级，狠抓风险防控，持续推进能力建设和基础管理，各项工作都取得了新的成绩，为促进全省经济社会发展及满足百姓金融需求做出了积极的贡献。全行总资产达到2265.88亿元，较上年末增长20.25%。其中，贷款余额达到297.39亿元，存款余额达到2216.2亿元。

【邮政金融业务实现持续健康发展】

该行强化市场营销力度，积极调整业务结构，促进了业务规模和发展质量的同步提高，实现了各项金融业务的持续健康快速发展。截至2012年底，全行对公存款余额达到452.3亿元，列全国第3位。公司外汇业务走在了全国的前列，成功开办了全国首笔美元保证金开证业务和直接投资业务，办理了全国金额最大的信用证业务及保函业务。持续开展产品创新，在全国率先试点开办小企业经营性车辆按揭贷款，在全省推进连锁贷、小企业存贷质押贷款、保理等多项新产品试点工作，有效增强信贷业务可持续发展能力。全年累计发放各类零售贷款260亿元，同比增长29.35%，结余266.98亿元；逾期率0.44%，资产质量优良。在总行组织的“第二届十佳理财经理大赛”中，沧州青县支行张宇被总行授予“十佳理财经理”称号。

【综合竞争实力进一步增强】

该行围绕提升网点效益、服务能力和品牌形象，加快渠道、营销体系建设，深化规范化服务，推进信息科技建设工作，服务能力和综合实力显著增强。积极推进网点建设改造工作，提升了邮储银行的对外形象。加大自助设备布放力度，全年新布放ATM 282台、POS1298台。不断提升金融服务水平，在总行组织的“神秘人检查活动”中，被总行授予“全国规范化服务优秀组织单位奖”。全面推进营销工作开展，目前全行设置专职客户经理1443人，荣获总行“金雁奖”评选活动“优秀组织奖”。全年完成14个业务系统的开发上线工作，其中代发养老金、公务卡还款和开元汽贸资金归集等系统率先在全国成功上线。加大信息系统维护力度，全年累计升级96次，较好地完成了系统的运行维护工作，全年无重大安全运行故障。完成了反洗钱、月末初大额存取款异常交易等6项主题数据分析，为经营发展和风险防范提供了有力的数据支撑。

【风险防控成效明显】

坚持风险防控优先不动摇，发挥业务、风险、审计“三道防线”的作用，扎实推进全面风险管控。积极开展各类风险的识别、评价、预警和报告，认真做好信用风险监测、1+1合规示范行建设，组织开展合规管理规范运行大讨论活动，营造合规氛围。在总行组织的“学监管规定，做规范业务”合规知识竞赛复赛中，取得中部赛区第1名的好成绩。通过健全内控管理机构、实行案防审计监督项目负责制、建立案防工作例会制度等措施，不断提升审计工作精细化水平。建立重大风险隐患档案，制定消除重大风险隐患考核办法，促进问题发现与问题整改。组织开展了营业网点安防设施达标、安保制度建设、应急预案演练、安防培训等活动，不断提升安保工作水平。在集团公司组织的邮政金融资金安全专项整治活动网上学习考试中，全省通过率达到100%。全年整改物防、技防隐患124处，顺利完成了全省295个网点视频集中监控上线工作。

【精神文明建设取得新成效】

员工队伍建设和党风廉政建设进一步加强，企业的凝聚力、向心力有了新的提升。逐级签订廉政建设责任书，开展支行高管人员防范合规风险履职监察及员工行为排查，进一步健全权力运行监督约束机制。全行以“为民服务创先争优”和“基层组织建设年”活动为抓手，通过组织开展向“7.21”洪涝重灾区捐款、“我与邮储共成长”主题征文比赛活动、党的十八大精神系列学习活动等，营造了团结拼搏、开拓进取的良好氛围。省分行获得了“省直文明单位”称号，邢台市分行获得了“省级文明单位”称号。顺利完成了省分行和市分行工会的组建工作，组织开展了首届书法、绘画、剪纸等各种文体活动，丰富了员工业余文化生活，进一步激发了员工的工作热情。

·河北省农村信用社联合社·

【概况】

2012年，全省农村信用社(含农村合作银行、农村商业银行，以下简称农信社)面对复杂的国内外经济金融形势，逆势而上，积极作为，呈现出发展质量和经营效益同步提升的可喜局面。同时，股份制改革取得突破性进展，对地方经济社会发展的支持力度进一步增强。截至2012年末，全省农信社各项存款余额6629.9亿元，比年初增加951.9亿元，增长16.8%。各项贷款余额4081.2亿元，比年初增加461.3亿元，增长12.7%。存、贷款余额均居省内银行业金融机构之首。实现拨备前利润149.4亿元，同比增长9.4%；扣除拨备后实现利润总额75.9亿元，同比增长26.5%。154家县级行社全部保持盈余。同时，各项监管指标全辖统算全部完成银监会年度达标目标。

【服务“三农”再创新业绩】

全省农信社始终把支农作为经营工作的重中之重，不断优化信贷投向，新增贷款81.1亿元支持地方特色农业、支柱产业和主导产品，深入推进农业结构战略性调整；新增贷款53.2亿元支持公司化现代农业示范基地；新增贷款55.4亿元支持农业产业化经营；新增贷款151.5亿元支持县域经济发展；新增贷款55亿元支持幸福乡村建设；坚持发展、支农、扶贫“三位一体”支农策略，新增贷款63.4亿元支持扶贫开发工作，新增贷款22.9亿元支持环首都9县扶贫攻坚工作，发放23.3亿元贷款做好灾区恢复重建工作；发放65.37亿元贷款加大对渤海新区、曹妃甸新区和北戴河新区建设的支持力度。加快金融产品创新，全面启动征信系统建设工作，推广怀来县联社“小额信贷中心”管理模式，启动“农贷宝”研发和推广工作，创新银行卡业务，全力推广网银业务，拓展96369电话银行功能，新增跨行支付网点189个，不断提升便民水平。截至2012年末，全省农信社涉农贷款余额3549.2亿元，比年初增加484亿元；小微企业贷款余额2323.4亿元，比年初增加473.1亿元。涉农贷款和小微企业贷款全部实现“两个不低于”目标，并超额29.6亿元完成430亿元的支农和扶贫贷款目标。2012年，省联社支农工作荣获省政府颁发的“金融贡献奖”荣誉称号，受到省委、省政府领导同志的多次表扬；省残联和省扶贫办授予省联社“农村残疾人扶贫开发工作先进集体”荣誉称号；同时，还荣获全国“农信通自助金融服务业务运行管理先进单位”和“银联卡推广突出贡献奖”。

【改制、清收和案防三大攻坚战效果显著】

一是“双改”取得突破性进展。省联社持续加强对改制机构的指导，制定股份公司组建和农商行公司治理指引等意见。积极向省政府汇报争取支持，加大与相关市政府协调力度，较好地化解了信托产品风险，有效解决了影响改制的突出问题。截至2012年末，全省共有28家县级机构启动了农商行改制工作，其中2家已经挂牌开业，8家获得开业批复；共有35家县级联社启动了股份公司改制工作，其中已开业4家，已批准开业5家，批筹10家。全省农信社投资股占比实现100%，提前3年完成了监管要求。二是清收工作成效显现。制定实施贷款五项新规，信贷管理得到全面加强。深入推进全员清收、领导包收、责任清收、市场化清收和呆账核销工作，认真落实不良贷款清收考核机制。持续开展“三项整治”回头看，加大对假冒名贷款的整治。积极争取地方政府有关部门的支持，有效利用行政和司法手段开展不良贷款清收工作。加强对不良贷款清收真实性检查，切实做到责任认定及责任追究同步落实。一年来全省农信社累计清收不良贷款136.2亿元，其中现金清收58.9亿元。三是案防工作稳步推进。着力量化稽核检查考评工作，推行首查责任制和复查问责制，建立审计要情通报机制。加强内控机制和流程建设，着手启动流程银行试点工作。开展风险防控年“回头看”，全面进行风险排查和员工行为排查，推进“精确打击”行动，狠抓纠风治乱、案件查处和责任追究。积极处置高风险社风险，出资4.1亿元风险互助金加大对困难社的扶持力度。实施安保精细化管理，安防设施达标率达到99.9%，成功堵截了两起歹徒持械抢劫信用社案件。依法规范开展信访工作和负面舆情事件，确保了党的十八大期间全系统进京零信访和零案件的目标。

【科技、管理、企业文化和员工培训等“四项工程”扎实推进】

一是不断提升科技水平。狠抓科技基础管理，制定信息化建设中长期规划，建立全省农信社科技人才库。建立覆盖全省的统一运维服务体系，完成统一项目管理平台建设。强化科技项目建设和科技风险防控，健全信息科技风险管理体系。2012年省联社共实施信息化项目33个，已完成基础建设类项目6个、管理类项目3个、应用类项目11个。其中同城灾备中心建设项目达到了国内农信系统先进水平，统一运维服务平台项目获得了ISO 20000信息技术服务管理体系认证证书，成为全国第二个获得该证书的省级联社。二是稳步推进管理机制创新。公开竞聘省联社机关中层干部，积极探索和推进市场化选聘改制机构高管人员。完善绩效考核指标体系，修订绩效考核办法，启动了绩效考核系统的软件开发工作，加快推进职位与薪酬体系改革。加强利率差别化管理。完善基本统计制度，推动统计工作信息化、标准化建设。强化省联社行业审计职能，循序渐进推动区域审计中心试点工作。三是加强企业文化建设。有4169个网点完成形象标准化建设，覆盖面达到88.08%。制定了改制机构的形象标识，全面开展“营业网点上星”活动。改版优化省联社内、外网站。大力开展文体活动和先进评选活动，制定救助困难职工互助活动管理暂行办法，捐款500余万元支持保定等洪涝重灾区抗洪救灾。加强与新闻媒体的合作，加大对政务信息的采编力度，首次荣获省委办公厅“上报中办信息工作优胜奖”。四是分级实施万名员工培训。坚持三级联动培训制度，组织推动了各级高管集训、骨干培训、业务轮训工作。不断创新培训方式，积极倡导开展“每天读书一小时”活动。充分发挥省联社系统党校作用，加强对高管人员的党建理论和高管人员素质能力培训。筹建省联社培训学院，启动建设河北农信自己的培训基地。

【系统党建、反腐倡廉、作风建设等工作全面加强】

全面总结两年来的创先争优活动成效，认真评选和表彰创先争优先进集体和优秀个人。修订完善县级联社备用高管公开竞聘指导意见，圆满完成全省县级机构换届工作。完成系统工会组建工作，扎实做好基层建设年驻村帮扶和定点扶贫工作，其中省联社及衡水市联社、承德办事处驻村工作组被省委、省政府授予“全省开展加强基层建设年活动优秀驻村工作组”荣誉称号，并有多名个人被授予先进个人荣誉称号。认真落实党风廉政建设责任制，深入开展廉政文化教育活动，规范农信社各级工程建设、招投标工作，落实廉洁承诺责任书制度。强化党委监督工作，完成了对10家办事处、市联社和15家县级机构的巡视工作。进一步加大对各类违规违纪行为的查处力度和责任追究力度，进一步转变干部作风，积极深入基层开展调研活动，增强推进发展环境建设的自觉性和坚定性。在2012年的行风民主测评中，省联社在22家单位中荣获第6名，位次明显提升，树立了良好的河北农信新形象。

·兴业银行股份有限公司石家庄分行·

【概况】

2012年，兴业银行石家庄分行积极贯彻总行政策和金融监管要求，积极推动经营模式转型，不断夯实业务发展基础，各项业务有序发展，质量效益稳步提升，取得较为显著的经营成果。

【资产负债迅速上规模，业务基础进一步夯实】

截至2012年末，分行资产总量折计人民币819.86亿元，较年初增加362.67亿元；本外币各项存款余额374.81亿元，较年初增加87.31亿元；本外币各项贷款余额211.94亿元，较年初增加51.01亿元；年末实现账面盈利8.78亿元，账面实现中间业务收入1.09亿元。分行经营计划完成情况良好，主要经营指标均超额完成总行任务计划。

全年实现营业净收入14.36亿元，同比增加6.9亿元。其中，利息净收入13.4亿元，同比增加6.33亿元；中间业务收入10908万元，同比增加6544万元；全年累计实现税前利润8.78亿元，同比增加5.36亿元，盈利水平显著提升。

2012年，兴业银行石家庄沧州分行、谈固支行、裕东支行正式开业，邢台分行筹建工作全面推进，全年先后投产自助银行和自助网点21家、自助设备50台；截至年底，全辖共开业3家异地机构，10家同城支行，成立1家异地分行筹建组，布设45家自助银行和自助网点、119台单点自助设备，初步构建起覆盖广泛、布局合理、功能多元的物理服务网点体系；此外，网上银行、电话银行、手机银行等电子银行交易笔数、交易金额大幅增长，电子银行柜面交易替代率快速提升，银银平台合作互通金融机构不断取得突破，分行服务网络进一步健全。

【各业务条线齐头并进，各项指标完成情况优异】

企业金融条线：2012年末本外币对公存款余额274.95亿元(含系统内调增存款)，比年初增加66.79亿元。本外币对公存款日均228.51亿元，比年初增加106.97亿元。公司类贷款余额173.94亿元，较年初增加38.47亿元。小企业贷款余额18.90亿元，较年初增加7.24亿元。实现供应链金融业务量共计317.86亿元；绿色金融融资余额达到36.48亿元；机构理财销售额累计241.62亿元；实现债务工具承销规模35亿元；结构化融资规模达到45.5亿元。除机构日均存款指标完成总行任务92.20%外，其他各项指标超额完成总行计划任务。

零售业务条线：储蓄存款余额达到73.17亿元(不含个人保证存款，含调增结构性存款)，较年初新增26.03亿元，日均储蓄存款余额47.13亿元，当年新增22.74

亿元；个人贷款余额37.99亿元，当年新增12.54亿元，其中个人经营贷款余额15.88亿元，当年新增5.37亿元；贵金属开户新增2457户，交易总金额15.84亿元；零售理财产品销售104亿元，代理基金销售4979万元。

市场金融业务条线：同业存款余额和日均余额分别达到392.2亿和320亿元；票据转贴现业务量达到1200亿元，全行累计办理票据直贴业务24亿元，人行再贴1亿元；以总分联动或分行自行创设等模式创设理财产品135亿元，结构性存款14亿元，同业代付业务累计发生额27亿元；信托受益权买入返售业务本年累计发生额8.5亿元；全年完成同业客户理财产品销售85.78亿元；各环节共计实现中间业务收入926.88万元，全年同业条线累计实现盈利3.2亿元。银银平台柜面互通累计签约3家，上线1家，理财门户签约3家，中小银行科技输出3家，代理接入村镇银行现代化支付系统8家，村镇银行柜面互通及理财门户上线5家，银银平台品牌推广完成7家。

【客户群体迅速扩大，客户基础进一步夯实】

2012年，围绕总行沙盘建设的客户开发策略，借力总行特色业务，发挥"两翼"优势，通过强化产品拉动效益和客户的系统性、集群式开发，分行客户群体迅速扩大，质量不断提升。对公客户方面，年末公司客户数达7009户，比年初增加3673户，其中，有效基础客户1021户，比年初增加415户；贸易融资核心客户15户；现金管理客户56户，芝麻开花客户34户，分别较年初增加5户、43户、23户；小企业客户方面，小企业客户5558户，较年初增加3230户；有效基础以上客户数为435户，较年初增加220户；零售客户方面，零售核心客户达到41402户，比年初新增26123户；三方存管有效客户3440户，比年初新增1443户，其中核心客户新增1223户；兴业通收单商户5848户，其中核心客户4472户，核心客户占比76.4%；信用卡客户12.14万户，比年初新增4.4万户；同业客户方面，与银行同业、信托公司、证券公司等同业机构业务合作逐步深入，通过银银平台业务，建立多元化支付结算渠道；依托银证合作，促进第三方存管业务的开展；通过与多家信托公司的业务合作，拓宽了利润来源和中间业务收入渠道。

【基础管理工作进一步加强，运营管理水平进一步提升】

风险内控管理全面加强。一是严格按照规定对分行制度进行法律与合规性审查，确保分行规章制度办法、操作流程符合法律、法规和本行规章要求。二是以有效合理的授信方案，推动业务的健康发展。贯彻落实总、分行政策，务求授信审查的合法合规与风险可控。三是严格放款审核，把好信贷资产发放的最后关口。认真审核放款资料，做到先落实授信条件后放款。四是结合专项现场检查，注重工作实效，严控风险重点，先后组织开展了企业金融信用业务存续期管理检查、贸易融资业务专项检查、大中型民营授信客户现场检查等专项检查活动，有效的清除了授信业务存在的风险隐患。五是充分把控风险动态，分版块、有重点的进行非现场贷后管理工作，提高了非现场贷后管理质量。

后台基础工作不断夯实。支付结算工作以"坚持结算制度管理、加强内部风险控制、防范各类操作风险、强化柜面服务、提升会计结算人员业务水平"为主要指导思想，紧紧围绕分行企业金融部和零售事业部条线改革要求，进一步提升二线为一线、后台为中台、中台为前台的服务理念，以案件风险防范为主题，以加强管理、完善运营机制为手段，不断提升风险控制水平和业务支持力度。

信息科技在保障运营系统稳定高效运转的同时，快速提高技术创新能力，提供灵活、多样、有体系的技术服务平台；不断加大系统性客户软件系统的投入，为分行业务产品创新和业绩提升提供强有力的支持保障。

【加强员工人文关怀，履行企业社会责任】

分行文化建设工作重点是体现人文关怀，以提高员工身体素质，解除员工后顾之忧为主旨。为全行员工进行了健康体检、为女员工发放三八节礼物，为员工家属准备六一节礼物，进行"喜、丧、病、困、灾"慰问员工及家属；聘请专业教练每周教授瑜伽课程，坚持职工之家乒乓球、健身等业余活动；成立分行羽毛球俱乐部；使员工切身感觉到了分行的关心和温暖，进一步弘扬了兴业的家园文化，激发了员工的主人翁责任感。

分行履行企业社会责任坚持注重实效，组织进行了"职工互助一日捐"；对社会上的病困人员和二级分行病困员工家属进行了捐款救助累计十余万元；为保定地区百年一遇的洪灾捐款50万元，分行履行企业社会义务的原则是注重实际效果，力求把关心和帮助直接送到最需要的群众手中，不以社会影响和名誉为目的，充分体现了分行务实和真诚。

【加强基础管理，为业务发展保驾护航】

在队伍建设上。兴业银行石家庄分行积极加强外部优秀人员引进和员工业务培训，规范员工晋升和流动机制，完善企业文化建设，稳步增加员工收入，提高员工工作积极性和归属感，加强队伍的稳定性和人才吸引力，建立岗位轮换机制，充分发挥燕赵大讲堂的培训职能，打造了一支业务过硬、作风顽强、团结一心的队伍。

在业务推动上。兴业银行石家庄分行在强化中台业务支持部门专业分工和精细化管理的基础上，强调联动营销，公司、零售、同业相互渗透支持，满足客户多元化业务需求，提高客户绑定稳固度；构建中台业务支持部门和经营单位的矩阵式构架，提升关系营销和产品支持的时效性。

在风险控制上。兴业银行石家庄分行审查独立和审查前移并行，会计合规和业务支持并重，建立风险控制和业务营销人员沟通交流和流程改造的常态机制。

在后台支持上。兴业银行石家庄分行进一步加强案件防范和运营保障维护，为分行正常运转保驾护航；同时，充分发挥科技提升效率的作用，开发优化分行各类运营软件；全力增加系统性客户对接软件投入，夯实分行客户基础；推动会计一线化进程，加强技能培训，灌输前台人员营销意识和服务意识，推动前台整体服务水平上台阶。

·招商银行股份有限公司石家庄分行·

招商银行石家庄分行于2010年12月7日落户燕赵石门，是招商银行在全国范围内设立的第36家省级分行。两年来，在河北省委、省政府和石家庄市委、市政府的关怀下、在广大客户和社会各界的支持下，坚持以支持地方经济发展为己任，按照立足石家庄、辐射全河北的发展策略，秉承“因您而变”的经营理念，锐意创新，拼搏奋进，积极履行社会责任，努力为全省的企业和居民提供优质的金融服务，为河北省的加快发展做出积极贡献。

【坚持早谋划、早部署，各项业务增势迅猛】

按照分行总的指导思想，执行“本外币同步、存贷协调、批零并重、公私联动”的发展思路，认真研究制定各项业务发展目标及工作措施。经营计划围绕做大业务规模、提高盈利能力、提升风险资产使用效率及促进系统内争先进位等核心任务展开，有效推动了各项业务的发展。2012年12月末，折人民币自营存款增幅94%，在全国36家分行中排名第一位。折人民币自营贷款增幅34%，在全国36家分行中排名第二位。“两小企业”贷款实现突破，小企业贷款比年初新增5.1亿元；零售小微企业贷款比年初新增1.32亿元；“两小”企业贷款月末余额占贷款总额的11.44%，比年初提升10.22个百分点。借记卡客群总量2.25万户，比年初新增1.32万户。

【以集团客户为基础，以小企业为重点，强力推进对公业务快速发展】

一是加大省内优质客户的营销力度。逐步建立起与河北省内集团客户的业务合作关系，并确立了围绕该类客户开展1+N链式融资、投行类业务来快速带动分行业务规模和实现中间业务收入的目标。二是积极开展各类营销活动，发挥产品优势，多项业务零突破。组织召开“千鹰展翼”、“离岸业务”产品推介会，参会企业达120余户，通过两次推介会，增进了分行与客户的了解与沟通，宣传了分行“小企业金融”及“跨境金融”的优势品牌，从分行层面搭建集中营销平台，推动业务发展。积极运用各项外汇业务产品，发展国际业务，成功叙做了2笔共计3亿元人民币的内保外贷业务、3笔共计70余万美元福费廷业务、2笔共计6800万元人民币跨境人民币外债业务，人民币跨境业务实现零的突破。大力开展金融租赁、信托代销、三方托管等财务顾问类业务，通过与PE、VC等机构的密切联系，积极寻求业务合作机会。在总行“2012年度龙腾新绿批发银行业务创新营销竞赛”中，分行批发条线荣获“FPA营销竞赛突出贡献奖、招银租赁联动综合营销竞赛最佳进取奖、香港分行批发联动营销综合大奖”3项奖项。三是全面贯彻落实总行二次战略转型要求，大力推动小企业业务发展。分行将石家庄市区内及周边县市的小企业客户作为重点目标客户，通过多种渠道，筛选有融资需求并符合分行授信条件的该类客户名单，分团队进行区域营销，取得明显成效。2012年11月份分行正式成立小企业金融部，积极开展小企业内部流程及制度建设，基本达到“五岗分离”作业模式要求。截至2012年末，小企业客户数达29户，比年初增加28户，贷款余额4.8亿元，比年初增加4.6亿元，贷款新增占比达38.43%，并持续保持了较高的增长态势。

【快速启动小微企业金融服务，努力创建用卡环境，全面提升零售业务市场拓展力】

一是把发展小微贷作为2012年分行战略重点。通过“定结构、定产品、定考核”，确定小微企业发展方向，以抵押贷、配套贷、AUM贷、POS贷、小额信用贷和供销流量贷6大标准产品为主导，以生意一卡通为小微客户业务载体，开展形式多样的营销活动。在业务流程上，采用总行标准化的作业流程，使小微客户全新体验招行业务速度，有力推动小微贷款业务的发展。二是大力发展代发业务。开发了“代发一卡通”专项产品，并启动上门激活业务，工作流程优化顺畅，促进代发业务的拓展。三是大力推广出国金融业务。分行成立了工作领导小组，设置推动专岗，加强与当地知名留学、移民以及旅游等机构的业务联系，增强分行的获客能力和宣传通道，自2月份开始一直保持总行外汇业务超越进取奖获奖资格。四是不断优化用卡环境建设。拓展特惠商户，在当地形成初步的商户网络体系，持续开展“刷卡有礼”活动，2012年分行客户活跃度达到32.9%，位列系统内榜首。借记卡POS中间业务收入完成29.1万元、任务完成率145.4%，较好的促进了客户用卡及中间业务收入，荣获总行“2012年度零售银行运营管理进步分行”称号。

【细化管理，规范制度，保障业务健康发展】

工作中，注重建立健全各项管理制度，确保各项工作有序、高效运转，2012年累计完善各项内控制度56项。组织推动全行开展不规范经营专项整治工作，制定了整治实施方案，按要求有序开展了自查自纠、“七不准、四公开”、金融服务收费价目册的公示工作等。强化内控审计工作，开展了票据业务专项核查、商业按揭贷款专项核查、离任审计等审计项目，按时完成鹰眼系统非现场审计任务，对异常交易进行核查。强化党风廉政建设和安全保卫工作，提高技防、人防能力。先后组织了4次员工异常行为排查工作、1次基本行为评价，进一步加强了员工行为管理。招商银行石家庄分行被人民银行评为“2012年度河北省房地产金融工作委员会先进单位”，被河北银监局评为“2012年度无案件机构和无案件辖区”，分行营业部被石家庄市公安局授予“平安支行示范单位”称号。

【进一步强化服务提升，以“服务”金字招牌吸引客户，占领市场】

进一步完善“两个准备、五个环节”的服务流程，强化客户接待的话语和动作的规范性。在全行深入开展“为民服务创先争优”活动，以“服务‘心’体验、满意百分百”为主题，为客户提供全面的优质服务体验，打造同业中的优秀品牌。在2012年河北新闻网举办的“河北网民最信赖的银行品牌大调查”中，招商银行石家庄分行被评为“河北网民最信赖的银行品牌”。7月份分行营业部顺利通过河北省银行业协会服务百佳网点的验收，以总分第一的优异成绩被授予“2012年度河北省银行业文明规范服务百佳示范单位”荣誉，在11月份河北省银行业协会“河北省首届最美银行大堂经理”评选活动中，分行大堂主管被评为“河北省银行业优秀大堂经理”。

【加强企业文化建设，不断提升全员的凝聚力和战斗力】

为弘扬招商银行石家庄分行文化，提升文化的软实力，加强与省会文化的交流，动员全行力量参与文化建设，成立招商银行石家庄分行金葵花俱乐部，实行会员管理，由员工和符合条件的金葵花客户自愿报名参加，已吸纳会员98人，并组织3次会员活动。积极参加石家庄市金融办举办的第六届金融理财文化推广节，收获了广大市民的支持和赞誉。响应总行号召，全行员工积极涌跃的参与了为永仁县捐款捐物献爱心活动，共捐资1.7万元。同时积极参与省委省政府组织的赈灾义演活动，为张家口等受灾地区捐款30万元，进一步营造了员工团结互助的良好氛围，增强了全行干部员工创建和谐银行的责任感和使命感。

·中国人寿保险股份有限公司河北省分公司·

2012年，中国人寿保险股份有限公司河北省分公司（以下简称中国人寿河北省分公司）紧紧围绕省委、省政府的决策部署，坚决贯彻执行监管机关以及上级公司的战略决策和各项政策措施，按照总公司的要求，认真贯彻落实“攻坚克难，稳中求进，奋力拓展”的总基调，在高平台、高份额的基础上，实现新业务价值和经营效益的提升，队伍基础和管理基础进一步夯实，风险防范有效加强，各项工作都取得了新的成绩和进步。

一、业务发展“高位求进”，为推进河北省保险业发展做出了应有贡献

1.总体业务规模和市场份额保持了基本稳定。全年实现总保费217.11亿元，负增长0.85%，与上年基本持平，并快于全行业（河北省寿险业2012年负增长1.19%）。公司的总体市场份额为43.28%，同比提升了0.12百分点。其中，首年期交市场份额同比提升了2.66个百分点，10年期以上首年期交市场份额同比提升了3.21个百分点，个险首年期交市场份额同比提升了2.1个百分点。总体来看，保持了河北区域寿险市场的绝对领先地位。

2.主要业务指标保持了系统先进位次。总保费仍排在全国系统第3位，长期险首年保费排全国系统第3位；长期险首年期交保费排全国系统第4位，同比提升了1位；10年期以上首年期交保费排全国系统第3位，同比提升了1位；标准保费排全国系统第4位，同比提升了1位。

3.期交业务保持了较快发展的势头，新业务价值实现了较快增长。全年首年期交同比正增长8.03%，占长期险新单保费的比重为32.17%，同比提高了7.03个百分点。10年期以上首年期交同比正增长9.66%，占首年期交保费的比重为47.15%，同比提高了0.74个百分点。长期险首年标保同比正增37.37%。

4.互动业务成效显著。代理财产险业务完成总公司下达计划118.66%。代理企业年金新增中标管理基金完成总公司下达计划120.06%，并提前2个月完成总公司下达的任务计划。

二、积极探索服务和谐社会建设的新途径，在建设和谐河北中发挥了更大作用

1.积极发挥保险保障功能。2012年，河北国寿各类给付支出共52.28亿元，较上年同期增长9.65%。其中赔款12.45亿元，同比增长27.42%，保险保障功能进一步突显。

2.积极推进年金类业务发展。河北国寿充分发挥公司机构网络、人才队伍、专业技术等方面的优势，大力拓展企业年金市场，重点推动中小企业集合计划业务的发展。全年实现新增签约基金总规模3.57亿元，签约客户124家，为10.88万名企业职工提供企业年金受托、账户管理和投资管理服务。

3.加大服务“三农”力度。2012年，河北国寿通过业务拓展、服务延伸，不断提高农民保险保障水平，让保险服务千家万户，帮助各级政府分忧解难，为促进社会稳定、建设新农村、打造和谐社会做出了积极贡献。

一是农村小额保险稳健推进，实现广覆盖多保障。2012年是河北开展农村小额保险试点工作的第四个年度。这一年，河北国寿在以往试点基础上，进一步细化工作、优化服务、加快发展，有效扩大覆盖，向“让每一个农民都拥有保险保障”的目标积极迈进。这一险种保费低廉、保障适度，且主要保障意外风险，与新型农村合作医疗互为补充，受到了广大农民的充分肯定和热烈欢迎，试点工作获上级公司表彰。截至12月底，全省农村小额保险承保客户75.33万人。其中，农村小额意外伤害保险承保客户51.32万人，农村小额团体意外伤害保险承保客户7.39万人，小额贷款借款人意外伤害保险承保客户16.29万人。截至12月底，全省共向农村小额保险出险客户提供保险保障3349.28万元，有效缓解了农民群众因意外返贫的风险。

二是保险先进村深入展开，创建标准显著提高。保险先进村创建工作，即通过派驻驻村服务员，统筹行政村区划内的保险资源，为广大村民提供全方位保险服务，通过选聘义务监督员，借助行政公信力，加强对保险服务质量、效率的监督，促进当地保险保障水平的提升。2012年，河北国寿持续开展保险先进村的建设，并继续进行一定的投入，增加保险先进村的数量，对保险先进村实行分级管理，实现数量和质量的双增长。提高保险先进村创建标准，有效巩固保险先进村创建成果，对已经建成的保险先进村，注重服务、加大宣传、扩大影响、深挖产能，引导二级保险先进村向一级保险先进村发展，引导一级保险先进村向五有保险示范村发展，打造精品保险先进村，不断扩大保险先进村创建成果，加大保险先进村创建力度，加快创建进程。促使村民保险保障水平得到不断提高。截至12月31日，全省建成保险先进村5110个，同比增长1.85%，占全省行政村总数的10.59%。其中二级保险先进村4907个，一级保险先进村186个，“五有”保险示范村17个。

三是农村营销网点大发展，为农民提供全面保险服务。农村营销服务部是公司植根在两乡的战斗堡垒，是公司品牌的宣传阵地，是公司优质服务的承载平台。2012年，河北国寿致力加强农村网点建设，扎实农村业务发展基础，进一步强化农村网点星级建设，提高网点辐射周边、带动业务发展的能力。

截至12月底，河北国寿共有农村营销服务部1194个，均在保险监管部门备案，乡镇覆盖率达63.3%，基本能够实现对全部市场的整体覆盖。全省共有20155名农村营销员服务、工作在农村一线市场，为广大农民客户提供着完备的保险服务。通过不断强化营销服务部星级创建水平，截至2012年底，全省星级网点总体增加158个。其中，五星级同比增加2个、四星级同比增加14个、三星级同比增加13个、二星级同比增加15个、一星级同比增加77个、准星级同比增加37个。星级网点建设较以往年度有显著提升，公司服务农村客户的能力得到进一步增强。

(四)积极提升服务质量。柜面服务方面，2012年，河北国寿保全统一作业平台成功上线，柜面保全业务实行“免填单”，客户柜面等待时长显著降低，保单借款等业务3分钟内完成，处理时效提高50%以上。全面开展柜面服务升级达标活动，推广业务综合柜员模式。截至12月底，河北国寿临柜客户平均等待时间为9分18秒，平均办理时间为4分49秒，较年初分别提升了44个百分点与24个百分点，临柜客户满意度提升5.5个百分点。开展全省系统业管条线创新技能大赛，积极探索优化服务新模式。客户服务方面，河北国寿全力提升95519电话中心服务能力，2012年，河北95519电话服务中心受理申请人工服务电话783922通，同比增幅10.65%，人工接通率达到93.07%。河北国寿加强新单回访管理，全力保障消费者权益。全年电话回访成功新单822735件，其中个险渠道电话回访成功率达到98.53%，银保渠道新单电话回访成功率达到90.31%。开展了客户信息收集专项活动，有效提升了客户信息质量。河北国寿还扎实开展客户投诉和消费者权益保护工作，投诉案件均做到了一个工作日内响应，处理过程中保持与客户联系，及时向客户答复处理意见。

(五)积极参与社会管理。2012年，河北国寿继续大力发展与国家基本医疗保险服务相衔接的补充医疗类保险业务。2012年，全省补充医疗类业务规模达到了4.6亿元。其中，石家庄、沧州、邢台、保定、邯郸5个市本级，60个县(区)以及北京铁路局石家庄站段的职工补充医疗业务，承保人数达316万人。全省共有保定、张家口、邢台、衡水5个市本级，34个县(区)的城镇居民补充医疗业务，承保人数达151.24万人。承保了唐山唐海新农合补充医疗业务，承保人数12万人。此外，河北国寿还积极参与全省巡警特警保险项目，并成功中标。目前，承保工作正在有序进行。

(六)积极吸纳社会人才。河北国寿广泛吸纳社会人才，为缓解社会就业压力发挥了应有的作用。2012年，共招聘大学生村官207人，校园招聘大学生140人。此外，公司还投入65万元用于“大学生村官”综合保险计划，为全省1.6万名大学生村官提供包括疾病身故、意外身故、重大疾病等多方面的保险保障。

·中国出口信用保险公司河北分公司·

【概况】

中国出口信用保险公司（简称“中国信保”）是由国家出资设

立、支持中国对外经济贸易发展与合作、具有独立法人地位的国有政策性保险公司，于2001年12月18日成立，目前已形成覆盖全国的服务网络。公司的经营宗旨是："通过为对外贸易和对外投资合作提供保险等服务，促进对外经济贸易发展，重点支持货物、技术和服务等出口，特别是高科技、附加值大的机电产品等资本性货物出口，促进经济增长、就业与国际收支平衡"。公司成立以来，出口信用保险对我国外经贸的支持作用日益显现。截至2013年9月30日，中国信保累计支持的国内外贸易和投资的规模逾12860亿美元，为数万家出口企业提供了出口信用保险服务，为数百个中长期项目提供了保险支持，包括高科技出口项目、大型机电产品和成套设备出口项目、大型对外工程承包项目等，累计向企业支付赔款52.1亿美元。同时，中国信保还累计带动160余家银行为出口企业融资逾1.5万亿元人民币。

中国信保2004年开始进入河北，2009年12月28日正式成立中国信保河北分公司。自2009年至2013年9月30日，出口信用保险累计支持我省外贸出口规模已达232.33亿美元，承保额占我省外贸出口额的19.35%，占我省一般贸易出口额的23.65%，高于全国平均水平。累计支持我省企业获得银行融资180.43亿元人民币，受理报损金额2.06亿美元，帮助我省出口企业追回欠款1.14亿美元，支付赔款3943.57万美元。为促进我省外经贸稳定快速发展发挥了重要作用。

【业务范围】

中国信保的业务范围包括：中长期出口信用保险业务；海外投资保险业务；短期出口信用保险业务；国内信用保险业务；与出口信用保险相关的信用担保业务和再保险业务；应收账款管理、商账追收等出口信用保险服务及信息咨询业务；进口信用保险业务；保险资金运用业务；经批准的其他业务。

中国信保还向市场推出了具有多重服务功能的"信保通"电子商务平台和中小微企业投保平台，使广大客户享受到更加快捷高效的网上服务。

【大事记】

●2012年10月，分公司主要负责人应邀出席河北省廊坊霸州市钢木家具出口基地揭牌仪式，与中国轻工工艺品进出口商会会长王忠奇、河北省商务厅厅长王志欣、霸州市市长邳振一共同为基地揭牌。

●2012年10月，河北省人民政府办公厅印发了《关于促进外贸稳定增长的实施意见》，提出的16条实施意见中有5条涉及出口信用保险。

●2012年11月，分公司主要负责人与省商务厅党组副书记、副厅长仲继安一同拜访省国资委主任周杰，三方就如何更好地运用出口信用保险推动河北省国有企业"走出去"、帮助国有出口企业构建全面风险管理机制进行了深入交流。

●2012年11月，分公司主要负责人应邀出席由中国国际贸易促进委员会、河北省人民政府等主办的第十二届中国·安平国际丝网博览会开幕式，并陪同全国人大常委、外事委员会主任委员李肇星，河北省商务厅厅长王志欣等领导视察了分公司展位，介绍了出口信用保险服务河北的情况。

●2012年11月，分公司与河北省商务厅联合下发了《关于发挥出口信用保险作用促进全省对外贸易稳定增长的通知》。

●2012年12月，分公司主要负责人参加中共河北省委、河北省人民政府组织召开的全省经济工作会议。

·泰康人寿保险股份有限公司河北分公司·

求实创新，稳健进取，专业规范，亲和诚信，铸造团队，成就自我，分享成功，奉献社会——这是泰康人寿的司训，也是泰康企业文化的精华。"铸造团队，成就自我"体现了保险员工的"人本文化"，"分享成功，奉献社会"诠释了保险行业的社会意义；"专业规范，亲和诚信"彰显了泰康的经营和服务，而"求实创新，稳健进取"则是泰康人寿17年发展的真实写照。而泰康人寿河北分公司(简称河北泰康)11年的奋斗历程，恰恰是对司训32个字的完美演绎。

十年诚信经营，百万客户信赖

泰康人寿董事长陈东升曾说，一个企业，三年决定生死，五年打下基础，八年站稳脚跟，十年小有品牌，二十年才能成长为参天大树。泰康人寿河北分公司成立于2002年4月12日，经过10年的飞速发展，已成为河北保险市场实力雄厚、诚信专业的寿险公司之一，位列泰康人寿系统内战略性大型机构。

从2002年白手起家、艰苦创业，到2005年的完美升级，从石家庄一家分公司，到如今服务部遍布全省各地，从第一年的8000多万元，到如今的23亿元，河北泰康以"勇于探索，敢为人先"的精神，创造了一个又一个让业内瞩目的奇迹。

10年来，河北泰康伴随中国加入WTO新一轮的改革开放浪潮，坚决贯彻"三线决胜"战略，进军县域市场，高举"零点精神"的伟大旗帜，将"新生活三大件"的理念播撒到千家万户。截至目前，全省拥有10家中心支公司，一家营销管理本部、80家支公司和

124家营销服务部，构建了一支上千人的员工队伍和近万名思想过硬、作风优良、团结奋进、专业高效的销售精英团队，遍及全省城乡县域，形成了以个人保险、银行保险、续期收展、电话行销四大业务体系。特别是，2007年河北分公司组建电话行销团队，成为系统内首家建立电话行销中心的分公司，为公司创新事业的发展开辟了渠道，至今一直牢牢占据河北电销市场的龙头地位。2010年5月20日，唐山中支业务经理高水玲的“财富人生”1000万大单顺利承保，震惊中外保险业。2012年，河北泰康实现规模保费近23亿元，为全省102万客户提供保险服务，被行业内外公认为河北省内实力突出、成长迅速的专业寿险公司之一。

2002年，“爱家之约”大型路演活动点燃燕赵将士的奋斗激情，2013年，新十年，河北泰康人会继续“国泰民康”的追梦历程。

科学快速理赔，生命彰显尊严

11年来，在监管部门和社会各界的指导下，河北泰康坚持科学发展观，深入推进河北保险业“三大工程”，以建设“业务好、财务好、服务好”的“三好公司”为目标，践行“以人为本、客户至上”的理念，大力推行e站到家、电子化投保、3G理赔等创新服务模式，竭力为客户提供实惠、便捷、全面、高效的金融保险服务。

2002年，泰康创新推出“一张保单保全家”，这种以“家庭”为中心提供的综合性产品和服务，是泰康在国内的首家创新；2003年，泰康提出了“买房、买车、买保险，现代生活新三件”，这是中国保险行业恢复经营24年来，第一次有企业站在全行业的高度提出——保险是现代家庭实现幸福生活的必需品和消费品；还有“国泰民康，真情爱家”、“从摇篮到天堂，呵护一生”等等，都是以“家文化”为依托。河北泰康总经理刘永军诠释，泰康的经营理念可以精简为六个字，那就是“一辈子，一家子”：一辈子就是从摇篮到天堂，一家子就是一张保单保全家。

“早一分送达理赔，早一分抚慰伤痛”，服务是寿险的生命，是寿险企业诚信的最佳体现。客户出险后能否及时、顺利地得到理赔，是保险公司专业化服务的本质体现。2010年9月12日，一辆来自内蒙古镶黄旗的旅游巴士途经张家口市康保县20号地时，与一辆运菜四轮车相撞，侧翻至路基下，事故共造成车上37名乘客不同程度受伤，次日河北泰康理赔员远赴千里慰问受伤客户，提前给付理赔款被客户称为“救命钱”。2011年10月7日，滨保高速天津界内一辆大客车发生侧翻事故，造成35人死亡，20人受伤，泰康人寿事发4小时内迅速开启理赔绿色通道，10月9日，河北泰康理赔人员第一时间将8万元理赔预付款和2000元慰问金送到了客户手中，此时距离滨保高速重特大交通事故发生仅仅42个小时……截至到2012年12月底，泰康人寿河北分公司成立近11年来，累计赔付5.5万件，赔付金额近2.5亿元，受益客户近5万人。其中，2012年累计赔付1.2万件（含团险），赔付金额6000万元，受益客户超过1万人，客户满意度逐年提升，为河北省的社会和谐稳定与保险行业快速发展做出了应有的贡献。

面向未来，河北泰康将坚持以价值为核心，坚持专业化经营，深耕寿险产业链，为客户提供“从摇篮到天堂”卓越的保险金融产品和服务，让保险更便捷、更实惠，让泰康成为人们生活的一部分。

培养优秀员工，铸就一流服务

泰康人寿董事长陈东升经常说这样一句话，“客户是外勤伙伴的衣食父母，外勤伙伴就是我们的衣食父母”。因此，河北泰康的企业文化建设精髓就是“尊重员工”，帮助员工成功，并为他们的成功祝贺。

十年树木，百年树人，让每一位员工都有成就感，这是河北泰康孜孜追求的永恒目标。为了达到这一目标，河北泰康针对外勤伙伴的特点，以“荣誉”为主线，建立了一套激励体制。比如对于新加入的伙伴有新秀峰会、雏鹰论坛，对于绩优伙伴有高峰会、明星沙龙，此外对于长期表现优秀的伙伴还有百万精英俱乐部、星光会等等，公司会不定期组织大家到全国各地旅游考察，聘请各个行业的精英来讲课交流。

对于内勤伙伴，河北泰康充分发挥党委、团委、工会各种组织的功能，每个月都会为内勤员工举办生日早会，有专人策划主持，为他们购买生日蛋糕和礼物；每年至少会有一次团康活动，组织大家出去旅游或拓展；每年都会有一次大型联欢会，节目以员工自编自演为主；公司的员工运动会已经连续举办了六届，出版了刊物《河北泰康·家园》，系统内第一家筹建了文化广场等等，另外还会不定期举办青年论坛、摄影、征文、演讲等比赛活动，从而尽量保证每一位员工都有机会展示自己的才华和风采，获得成就感和满足感。

10年来，千名敬业员工，万名专业销售精英，用保险的大爱诠释了泰康人的信仰：“保险，让生命更有尊严！”

扎根燕赵大地，传达保险“正能量”

泰康人寿以“分享成功，奉献社会”作为企业的司训，积极助力于公益事业。2009年，泰康人寿代表中国保险业独家向20万首都国庆60周年群众游行队伍捐赠200亿元保险；2010年4月19日，公司向青海玉树灾区捐赠现金200万元；2010年8月18日，向舟曲灾区捐款152万余元。同时，泰康人寿致力于扶植教育文化事业，为北京大学等8所高校千余名学生发放奖学金，发起“丘成桐中学数学奖”“中国经济理论创新奖”等极具影响力学术奖励。泰康人寿成立16年以来，累计用于公益的款项已超过1.8亿元。

河北泰康发扬“服务公众，回馈社会”的理念，积极投身于河北的公益事业。成立10年来，先后援建“县域图书馆”13家，捐赠图书3000多册，举办各类理财、健康讲座7000多场；2010年，与河北省少工委联合举办了以“低碳环保”为主题的少儿书画大赛，覆盖全省700多所中小学，近30万人参与，取得了良好社会效果。2010年4月27日，泰康人寿河北分公司自发向玉树地震灾区捐款61303.6元；2010年6月1日，为承德县六沟镇、头沟镇共6所小学的贫困孩子送上了价值2万元的爱心援助；2011年6月1日，泰康人寿承德中支代表河北分公司赞助承德25家中心小学小黄帽1万顶、文具1000多件，物品价值4.5万元；2011年6月25日，泰康人寿张家口中支代表河北分公司为“重走张库大道”大型新闻采访活动赞助800万的人身意外险；2012年8月3日，为帮助因暴雨受灾的群众共渡难关，河北泰康员工自发捐款2万余元，直接送到保定涞水“好心夫妇”手中，帮助其重建家园；2013年4月，为雅安灾区募捐近8万元；2013年10月，为罹患癌症的30岁青年捐款8万多元……不论是支援灾区，还是助学扶贫，河北泰康人都会率先响应国家号召，伸出自己的慈善之手，献血，捐资，赠物，身体力行，充分体现了保险公司为社会国家保驾护航的拳拳大爱。

“用我的专业服务客户，用我的激情带动团队，用我的业绩感恩公司，用我的行动回馈社会！”河北泰康销售精英高水玲的誓言说出了所有泰康人的心声：新十年，新起点，河北泰康定会以建设“业务好、财务好、服务好”的“三好公司”为航标，为河北的经济发展与社会稳定保驾护航，为泰康人寿百年基业谱写精彩华章！

·永安财产保险股份有限公司河北分公司·

截止2012年12月31日，全年河北分公司完成保费收入50145.53万元，较上年同期的49181.46万元，增加964.07万元，同比增长1.96%。实现利润总额282.45万元。

重大活动

1.2012年初，河北分公司三名同志被河北省行业协会授予“保险明星”荣誉称号。河北省保险行业协会共授予195名同志“保险明星”称号，并颁发了荣誉证书和奖杯。石家庄中心支公司、保定中心支公司、唐山中心支公司韩金龙、马永超、蒋毅威三名同志分别获得了“保险明星”荣誉称号。

2.2012年2月16日，总公司纪委书记何吉文、总会计师李俊等一行三人莅临河北分公司考核领导班子及调研指导工作。沿途视察了河北分公司保定中心支公司，在会议室何书记看到了张贴在墙上的“保定中支后援部门服务承诺”，并对公司这一做法表示了肯定。他指出：“只有搞好服务工作，才能把业务做大做强，公司才能长足发展”。2月17日，在河北分公司召开了考核领导班子及工作调研座谈会，分别听取了河北分公司班子述职报告。何书记指出：首先，向河北分公司取得的优异成绩表示肯定。第二，需要大家在实践中逐步探讨，建立健全公司考核办法。第三，希望大家在新的一年，发挥过去优势，总结经验，再接再厉，按照总公司“十二五”规划及三步走战略方针完成全年计划。

3.2012年2月23日，永安保险公司总裁助理郭东风、稽核部总经理刘超前、副总经理郑瑞娟等一行莅临河北分公司、第四稽核分部检查调研工作。针对河北分公司诉讼案件占比较高的问题听取了分公司副总经理李姚军同志以及分公司法务人员的专题汇报，并深入机构看望慰问了三级机构的一线员工。通过调研，郭东风对河北司法环境有了充分的了解，并对河北分公司的法务工作给予了肯定。同时作出重要批示：对于诉讼案件，尽量通过调解的形式进行解决，避免判决带来经济损失和声誉损失。

4.2012年3月，永安保险河北分公司以“3·15河北保险人在行动”为宣传口号，以“切实保护消费者权益”为主题，开展了为期一个月的全省范围的保险服务宣传月活动。主要内容有：加强客户回访工作，处理积压案件；认真做好信访投诉处理工作，有效化解各类矛盾纠纷；做好消费者教育与宣传工作；走访大客户，促进公司业务发展。

5.2012年3月31日，永安保险河北分公司在衡水深州召开了2012年度工作会议。全省200余人参加了会议，以及总公司财产险管理部总经理段浩同志，衡水市保险行业协会秘书长赵晓奇同志、副秘书长史会民同志出席了本次会议，并对河北永安在近几年发展中取得的成绩给予了高度的肯定。

6.2012年4月1日，永安保险河北分公司举行了永安保险河北分公司三年大变样之《发展篇》、《管理篇》和《光荣篇》三本书的发行仪式。河北分公司于2010年底正式启动并着手编撰“三本书”,截止2011年12月先后完成了初稿编撰、复稿审核、出版印刷等工作。“三本书”是对河北永安过去三年发展的总结，是全体员工智慧的结晶，是河北永安创业史的见证。它的出版标志着河北永安的文化建设又上了一个新台阶。

7.2012年5月18—23日,公司副总裁黄勇军、总裁助理张建军、信息技术中心总经理赵国奇、车险部副总经理苏俊合、产品精算部副总经理彭从友、理赔部总监张耀忠一行莅临河北分公司并深入保定中心支公司对业务发展、经营管理、员工队伍建设及条线管理、理赔管理等方面进行了调研，并对河北分公司下一步业务发展方向、产品精算管理、未决管控、理赔管理重点等提出了指导意见。

8.2012年6月9—14日,总公司总裁助理郭东风、银保及代理业务部总经理助理马涛、风险合规部总监王京平等一行4人到河北分公司对第三次数据真实性检查工作进行督导，并对河北分公司自查工作的组织和落实情况进行了详细了解，郭东风一行首先听取了河北分公司第三次数据真实性自查工作报告及风险合规部的反洗钱工作报告。之后对分公司本部、沧州、唐山等机构的数据自查情况、保监会18号监管函落实情况、反洗钱自查情况及本次自查处理整改情况进行了专项督察。

9.2012年7月中旬，河北分公司组织全辖机构开展了2012年度年中反洗钱培训及2012年度第一次反洗钱知识测试。培训内容主要涵盖了国家反洗钱法律法规、保监会反洗钱制度、公司反洗钱制度、办法等。分公司统一对培训内容进行了测试。本次培训、测试覆盖范围广、参加人员多,必将提升各级管理人员的反洗钱意识，营造反洗钱知识学习的良好氛围，使得该项工作的意义得以进一步延伸。

10.2012年7月18—19日，河北分公司组织召开四级机构暨大型团队上半年业务推动会,为进一步加快公司业务发展，加强四级机构及大型团队规范化、标准化管理,充分发挥四级机构“桥头堡”的作用。这次会议标志着拉响了分公司对四级机构及大型团队加强管理,提升、帮助、支持的序幕。

11.2012年8月16—17日，公司副总裁叶秩、财产险管理部总经理段浩、人身险管理部总经理冉德龙等领导一行三人莅临河北分公司调研指导非车险业务发展工作。调研内容主要涉及非车险业务发展情况、主要指标执行情况、全年任务指标预测、目前经营过程中存在的困难和问题、当地非车市场情况以及对总公司非车管理的建议等。

12.2012年10月17—19日，公司党委书记、董事长张东武在公司总裁专业助理、河北分公司总经理王新的陪同下，深入河北分公司三、四级机构检查指导工作。他指出,总公司领导非常关注河北分公司的发展，也非常关注三、四级机构的发展,希望保定中支深刻领会总公司发展战略,进一步加强团队和渠道建设，着力于做强做大。希望2013年按照“一心一亿”(一心为永安,突破一个亿）的发展目标，实现快速发展。对石家庄中心支公司的发展提出了三点要求和希望：要加速保费规模增长;是要引进团队;加强公司的渠道建设。

重大承保

1.2012年3月，永安财产保险股份有限公司石家庄中心支公司承保了中国石油天然气股份有限公司管道分公司及其下属单位的财产一切险,保额达1482188.2万元。

2.2012年9月，永安财产保险股份有限公司衡水中心支公司承保了中国人民财产保险股份有限公司张家口市宣化区支公司的财产一切险,保额达10631951万元。

3.2012年9月，永安财险保险股份有限公司沧州中心支公司承保了中国人民财产保险股份有限公司秦皇岛市分公司的财产一切险,保额达605327.53万元。

重大赔案

1.2012年9月27日永安保险衡水中支赔付被保险人许志勇450000元(2012年8月1日10:00左右许志勇驾驶奔驰性标的车在山东省德州市新湖佳苑小区行驶时,由于积水,导致水淹车,造成标的车严重受损)。

2.2012年11月08日永安保险石家庄中支赔付 三者死者家属410977.95元(2012年6月19日张书义驾驶冀A46368欧曼型标的车，在河北省石家庄良村热电厂倒车时,观察不周撞到行人,造成三者一人死亡)。

3.2012年6月27日,永安保险石家庄中心支公司赔付中国石油天然气股份有限管道分公司387250.16元。(2010年7月8日下午16时—9日2时,位于湖北省长阳县榔坪镇境内发生了一次强降雨，中石油华中输气分公司的忠武线管道，由于当地连续降雨，管道经过的榔坪沟于7月9日发生山洪，造成管道沿线大面积多处受损，其中位于K292 242_K312 644管线沿途挡土墙坍塌、管线裸露,受损比较严重;与此同时,湖南省岳阳市于2010年7月9发生了大暴雨,岳阳站造成了较大的损失)。

·中英人寿保险有限公司河北分公司·

2012年，对于中英人寿保险有限公司河北分公司（简称中英人寿河北分公司)来说，是具有里程碑意义的一年。该公司全体员工以不同的方式共庆中英人寿河北分公司成立五周年。

2007年7月10日中英人寿河北分公司在河北省会石家庄正式开业，成为进入河北的首家外资寿险公司。开业以来，该公司发展迅速，市场份额迅速提升，目前已开设石家庄、保定、唐山、承德、邯郸五家分支机构，业务已拓展至全省。

中英人寿河北分公司自开业以来坚持推行“多元化营销渠道”策略，个险、经代、银保、团险、电销五大渠道齐头并进，同时积极创新寿险产品的销售模式，以全新、专业的形象立足河北保险市场。5年来，在全体中英人的共同努力下，公司发展取得了可喜可贺的业绩：保费收入快速增长，公司资产不断扩大。开业至今，公司累计总保费收入达到16.97亿元，总资产达到7069.26万元，为10万多名客户提供了优质的保险服务。

在公司文化方面，河北分公司秉承中英人寿“I_C.A.R.E”文化精髓，以关怀社会、服务大众为已任，致力于将国际专业化的寿险服务传遍燕赵大地，为省内不同类别的客户，以及其不同层面的需求提供最优质、最完善的寿险服务和全面的财务保障。

在风险与合规方面，中英人寿河北分公司严格落实监管机构的各项政策与制度，坚持依法、合规的经营路线，不断提升风险管控能力，促进了公司的平稳健康发展。

在客户服务方面，中英人寿河北分公司始终秉承中英人寿“I_C.A.R.E”文化，通过SOS国际救援服务、CARE会积分换礼、健康天使探视、VIP俱乐部尊享等差异化服务为省内不同类别的客户提供最优质、最完善的寿险服务和全面的财务保障。例如：我公司开展的健康天使服务，旨在扭转社会上“理赔难”的看法，向客户提供专业的保险服务以及保险理赔和医学健康方面的帮助信息。同时分公司开展“总经理沟通日”活动，总经理每月在固定时间接听客户投诉电话，接待来访客户，通过活动接听和收集来自客户第一手信息和意见，从而更好的改善公司的客户服务。

除此之外，河北中英人还不忘播撒爱心、回报社会。在四川、玉树地震、西南干旱等自然灾害面前纷纷伸出了自己的爱心之手。积极响应“地球24小时”、“环保、低碳”等公益活动，并且投身于“星星点灯——关爱留守儿童”的活动中去，承担社会责任，表现出优秀的企业公民形象，受到了社会各界的广泛赞誉。

5年时间，只是漫漫的历史长河中的短短一瞬。但对河北中英人来说，却是一部充满机遇与挑战、拼搏与奉献的创业华章。五周年司庆之际，是一个里程碑，也是一个发展的新起点。正如中英人寿司歌中所写：“我们用一种单纯的爱，伴你左右，筹划未来”。感怀岁月，同声歌唱。未来，河北中英人将致力于以更饱满的心绪，用更有力的实际行动为广大客户提供更专业、更优质的服务。

·渤海财产保险股份有限公司河北分公司·

渤海财产保险股份有限公司河北分公司（简称渤海保险河北分公司），2006年6月18日开业，公司位于石家庄市友谊南大街122号振头大厦11层。目前，渤海保险河北分公司在全省各地市拥有11家三级机构、34家县级机构，在总公司框架下形成了全国性销售服务网络。

渤海财产保险股份有限公司是首家总部设在天津的全国性财产保险公司。2012年渤海保险成功引入大洋洲最大的非寿险公司澳大利亚保险集团（简称IAG)作为战略投资者。渤海保险始终秉承积极、稳健、专业的经营理念，以科学发展观为指引，成立以来在机构建设、业务发展、产品创新、人才引进与培养、资金汇集与运用等方面取得显著成果。

渤海保险河北分公司能够为广大客户提供交通工具保险、财产保险、工程保险、运输保险、责任保险、保证保险、意外伤害保险、短期健康保险等16大类保险产品，与慕尼黑再保险、瑞士再保险等国际知名再保险公司建立长期稳定的合作关系，具备雄厚的承保能力。

渤海保险河北分公司坚持“以客户为中心”的服务理念，不断加强服务能力建设，提升服务水平，致力于为客户提供专业、高效的风险管理方案，用精湛的技术帮助被保险人防范、化解身边的风险，用温馨的服务抚慰受伤的心灵，让人文关怀在服务的每个环节焕发光彩。积极承担社会责任，参与建设希望小学、设立助学基金等社会公益活动，以积极、健康的企业形象赢得社会各界的广泛赞誉。

·诚安达保险销售服务有限公司·

诚安达保险销售服务有限公司是经中国保险监督管理委员会批准，于2006年1月正式成立的一家总部设在河北保定的全国性专业保险中介机构。公司注册资本金5000万元，综合经营人寿保险、财产保险等销售服务业务，迄今在全国范围内已有30多家分支机构。公司于2013年逐步搭建完成集团架构，并开设三家子公司，分别为：投资公司、公估公司、劳务派遣公司。

全国牌照　品牌升级

2010年11月，诚安达保险销售服务有限公司获准在全国范围内开展保险代理业务，企业形象和核心竞争力全面升级，标志着公司的发展迈入了一个崭新的篇章。新的企业标志以红、蓝、灰为主要元素组合而成，预示公司、合作方和客户之间诚信合作、和谐共赢的美好愿景。

员工制度　家园文化

公司以“诚达四海、德泽五洲、平安六合、惠益八方”为核心理念，以“家园文化”为企业文化，以打造“百年老店”为最终诉求。为了顺应保险业产销分离的趋势，诚安达更是顺势而为，在行业内部率先开创并推行了新的劳动关系——员工制，将保险营销员正式纳入到社会保障体系，使保险营销员真正成为有家的人。

适度进取　拓展全国

公司以适度进取、拓展全国的业务发展策略，在全国范围内陆续设立分支机构，并将“诚信、服务、专业、创新”的经营理念带给全国消费者。

·信达财产保险股份有限公司河北分公司·

信达财产保险股份有限公司(以下简称信达财险)于2009年8月经中国保险监督管理委员会批准成立，注册地北京。2012年底，信达财险完成增资，注册资本金达到30亿元。其中，中国信达资产管理股份有限公司拥有51%的股份。截至2012年底，信达财险已在全国设立各级分支机构100余家。

信达财险的经营范围：财产损失保险、责任保险、信用保险、保证保险、短期健康保险和意外伤害保险及上述业务的再保险业务。

信达财险河北分公司于2011年1月24日经保监会批准筹建，同年7月15日正式开业。截至2012年底，信达财险已设立唐山、沧州、邢台等3家三级机构。

自开业以来，河北分公司秉承信达财险“以规范求生存、以创新求发展”的经营宗旨，坚持“对客户负责、对股东负责、对员工负责、对社会负责”的经营理念，不断提升服务水平和盈利能力，取得了又好又快的发展，保费规模和服务质量在公司系统和河北省内均名列前茅。在2011年度河北省保险公司服务质量评价中，河北分公司位列全省财险类公司第一。2013年8月，信达财险荣登“冀商至爱”燕赵都市报中赢财富杯河北首届金融风云榜榜单，获得“冀商最喜爱的财产保险公司”称号。

·中宏人寿保险有限公司河北分公司·

中宏人寿保险有限公司是国内首家中外合资人寿保险公司，由加拿大宏利金融旗下的宏利人寿保险(国际)有限公司和中国中化集团公司核心成员——中化集团财务有限责任公司合资组建。中宏保险成立于1996年11月，现已拥有15100多名员工和代理人，为超过76万客户提供专业的金融保险服务。目前，中宏保险在上海、北京、广东、浙江、江苏、四川、山东、福建、重庆、辽宁、天津、湖北、河北和湖南等地的国内50多个城市稳步发展，不断迈向全国。中宏保险在中国保险市场深耕经营超过16年，致力于为公众提供稳健可靠、深受信赖和具有远见的保险产品和服务。

中宏人寿保险有限公司河北分公司于2012年12月12日正式成立，致力于为河北公众提供稳健可靠、深受信赖和具有远见的保险产品和服务。

·合众人寿河北分公司·

合众人寿保险股份有限公司河北分公司（以下简称河北分公司）于2006年4月25日正式屹立于燕赵大地。经过近8年的不断打拼，公司已在省内成功开设30家分支机构，把“合众保险，理赔不难”的保险理念传播到千家万户，并赢得了河北保险市场的广泛赞誉。

成立7年来，公司保费逐年递增，2006年总保费收入3025万元，2007年总保费收入2.6亿元，2008年总保费收入3.4亿元，2009年总保费收入3.9亿元，10年总保费收入3.6亿元，11年总保费收入4.4亿元，12年公司累计实现规模总保费收入4.9亿元，同比增长12.92%。个人业务保费收入27481.64万元，占总保费收入的55.67%，较11年同期增长35.98%，其中，续期保费收入为18502.59万元，较11年同期上升49.86%，在河北市场的规模及影响力不断提升。

公司一直以“规模与效益并进，品质与速度同行”为经营思路，2012年累计13个月保费继续率90.5%，位居合众全系统前列，年累计25个月复合继续率持续攀升，已经突破88.26%。在快速发展的同时，公司积极践行“理赔不难”的服务承诺：截至2012年底，全省累计理赔案件1919件，总计赔付金额达1658.1万元，当日结案率71.95%，3日结案率93.27%，

10 日结案率 97.2%,3 日结案率同比大幅度提高。

公司自从成立之日起，就逐步建立了一套完善、规范的治理结构和决策机制，为公司高速发展,高效成长、科学民主决策奠定了良好的基础。并建立了系统的经营会议制度和沟通体系。通过良好的企业文化和完善的管理制度,公司逐渐形成了"民主、和谐、通畅、平等、开放、包容"的良好局面。

公司坚持"投资于人"的管理理念,通过明晰的企业战略、明确的发展目标、宽松和谐的工作氛围、奖惩分明的工作制度,全面激发员工的最大潜能，为员工提供具有竞争优势的薪酬福利待遇与学习培训机会，努力营造良好的人才成长环境，将员工视为公司最重要的资源和最宝贵的财富，使公司成为引才、纳才、聚才、留才之地,实现了个人与公司事业的共同进步。

公司始终坚持以诚信为本的原则，始终以服务行业的道德标准严格要求自己，始终把优质的服务提供给客户作为公司的重要任务,认真实施"六大服务举措",人性化的产品、优质化的服务,使合众人寿在河北市寿险市场上树立了诚信、求实的企业形象。并且公司全体内外勤员工思想统一，坚持"服务至上、诚信做人、礼貌服务"的行为准则,体现了公司一直以来贯彻的诚信经营、品质为先的经营理念,真正实现了"合众保险,理赔不难"的服务举措。

公司作为企业公民，在践行企业公民职责上一直不懈努力，在以金 9 蓄公司秉承 "和合各方利益,实现多赢共好"的企业价值理念，积极参加各种灾害捐助活动和公益活动,关注社会,奉献爱心，获得了广泛的公众认同和社会荣誉。

自开业以来,公司启动了"合众助学行"大型公益活动,2012 年共举办助学行活动 25 场，捐助 822 人，捐助总金额 29.54 万元。在全省范围取得了不错反响,并且随着"合众助学行"的社会影响力的不断加强，越来越多的爱心人士加入到合众爱心队伍，将爱心不断的传递下去。

2012 年公司推出 "全程呵护关爱延伸"客户服务活动,以"真诚沟通,微笑服务"的理念传达着"服务无小事"的宗旨,将合众的诚信经营和优质服务展示给广大客户。从接到报案并及时上门慰问并协助客户准备理赔材料,到最后的理赔受理、赔款支付,公司通过一次次快速、便捷、人性化的理赔服务，不断践行着 "合众人寿,理赔不难"的服务承诺,为一个个支离破碎的家庭送去了温暖。

随着业务品质和保费规模的不断攀升，公司逐步获得越来越多消费者的支持和信赖。在未来的经营过程中，公司将继续秉承"向规律要方向，向管理要效益，向经营要资源,向规范要后劲"的发展思路,本着"合规、创新、增长、高效"的经营宗旨,积极落实监管单位提出的 "抓服务、严监管、防风险、促发展"的十二字方针，发挥完善的产品优势和服务优势,紧跟总公司步伐,在社会各界及总公司的帮助和指导下,在全体员工的努力下，全面实现各项经营目标。

面对未来,公司将顺应挑战,不断突破自我,完善服务举措,提高服务意识,提升品牌形象,用更好的产品、更好的服务来回馈广大消费者对公司的支持与厚爱。

·天安人寿河北分公司·

天安人寿河北分公司于 2012 年 4 月 20 日正式成立,后经河北保监局批准开始在邢台、保定、沧州筹建分支机构。天安人寿河北分公司深入贯彻党的十八大、全保会、总公司计划工作会议精神的总体要求,以河北保监局"保险三项工程"为依托,提出符合寿险发展规律的三大绿色工程，深入推进"绩效型、学习型、节约型"三型组织建设,秉承"天人合一,共享品质生活"的企业使命,为客户提供最优质的金融保险服务。

天安人寿河北分公司 "三大绿色工程"

绿色营销是公司实现基业长青的前提。

绿色营销就是规范营销员销售行为。要坚决贯彻落实中国保监会"抓服务、严监管、防风险、保增长"的总体要求,坚决杜绝销售误导，通过培训和实践树立大家诚信营销的长期经营理念，从根本上解决销售误导的问题，建设一支诚信、合规、专业、健康的销售队伍,从根本上改变组织基因，实现公司未来的可持续发展。

绿色服务是公司实现可持续发展的动力。

绿色服务就是实现服务标准化。在客户回访、保单递送服务、保全服务、理赔服务、重大信息告知等环节建立标准化服务流程，建立客户服务标准化评价体系及相应的管理办法。每个季度举办一次绿色主题活动，每年举办一届盛大的客户感恩节活动，打造公司绿色服务的品牌，最终实现"服务立司"的宗旨。

绿色管理是公司实现战略目标的保障。

绿色管理的核心就是解放生产力。实现合规、高效、节能等优点的信息化管理，让每一个有发展意愿的员工都能够有良好的职业生涯规划及专业水平快速提升的路径。经常举办各类活动为员工提供交流学习的机会和平台，弥补制度管理的缺陷。在日常工作中强化成本节约、能源节约,提倡无纸化办公，通过现代科技手段，建立一个传播公司正能量的平台,打造公司的核心竞争力。

·生命人寿河北分公司·

【概况】

2012年，生命人寿河北分公司按照"强化管理、做实2012"的工作部署，以"精细化管理、专业化经营、标准化运作"为要求，积极应对，奋勇拼搏，在复杂多变的行业调整初级阶段，有效控制了发展中的风险，公司整体平稳有序，并最终实现了正增长。

2012年，公司发展呈现出渠道多元化格局，并且发展各有侧重。个险和银保渠道继续保持了核心渠道的地位，个险着力于提高团队营销和绩优产能，银保着力于调整产品结构和发展规模；团险与经代重在推动代理市场的专业化水平和法人业务的规模化发展。在传统渠道外，又开创了电销渠道，使得专业中介、电销、交叉销售等新型营销模式迎来了新的发展契机。目前，公司已经形成业务体系丰富、发展方式多样、能满足不同寿险客户差异化消费方式的崭新局面。

2012年，公司加大各项制度建设，通过对督察管理、预算管理、证照管理、业务品质管理、内勤员工细化岗位职责、职场管理等一系列制度的建立和完善，提高了精细化管理水平和各层级员工的服务能力，推进了公司执行力文化的建设。

随着2012年监管机关不断加大对保险销售误导和理赔难的治理力度，生命人寿河北分公司通过前置风险预警、延伸销售流程、强化当事人责任，很大程度上消化了存量风险，控制了增量风险，公司整体风险防范能力有所提高。在2012年的经营过程中，公司把风险多发环节的上游指标作为合规经营的重点防范区域，通过加强对业务品质指标的密集分析与回访，掌握了实情，拉长了预警防范期间，为及时调节、处理业务品质隐患创造了时机；通过强化风险与责任的关联度，提高了快速反应能力，加速了风险隐患的转化效率。

衡量业务品质的继续率指标总体优良，2012年，生命人寿河北分公司续期保费实现3.79亿元，同比增长99.99%，增长势头迅猛。个险13月继续率达87.7%；个险25月继续率达96.9%；银行险13月继续率达93.2%；银行险25月继续率达95.5%；经代13月继续率达51.8%；经代25月继续率达92.2%，不仅领先于生命系统，在河北市场上也属于优质水平，公司主体业务经营呈健康稳健发展态势。

【业务发展】

2012年生命人寿河北分公司保费收入及各主要业务渠道保费情况见表1。

生命人寿河北分公司全年实现总规模保费14.1亿元，同比增长22.7%，市场占有率由2.35%上升至2.48%；新单保费实现10.3亿元，市场新单规保排名稳居第7位。

2012年，各渠道业务平稳发展，系统排名总体靠前，其中，个险实现规保1.41亿元，在生命34家分公司中排名第6位，在河北市场28家寿险公司中排名第9位，年度任务达成率53.38%；银保趸交实现规保7.89亿元，系统排名第15位，市场排名第4位，年度任务达成率52.6%；团险短险实现2211万元，系统排名第9位，市场排名第6位，年度任务达成率73.7%；经代实现规保2615万元，系统排名第2位，市场排名第2位，年度任务达成率105%。

在团队建设方面，公司通过新增运作及严格基本法管理，2012年期末人力达4787人，较2011年8418人减少3631人，负增长43.13%。生命人寿河北分公司坚持以提升规模人力质量、提高有效人力占比为目标，以点带面拉动员工组织发展，逐步建立一支高绩效、高产能团队，严格执行基本法管理、差勤管理、早夕会管理，同时关注新增人力，做到平衡发展。

【赔款与给付】

2012年生命人寿河北分公司赔付情况见表2。

截至2012年底，该公司累计赔款支出905.35万元，同比增长9.35%。累计给付支出3562.05万元，其中累计满期及年金给付

表1

类别	名称	保费收入(万元)		增加额(万元)	增长(%)	占比(%)
		2011年	2012年			
险种	人寿保险	111305	136219	24914	22.38	96.6
	健康保险	1583	2745	1162	7.34	1.95
	意外保险	2022	2036	14	0.7	1.45
渠道	个人代理	23518	32134.69	8616.69	36.64	22.8
	银行代理	81771	81900.86	129.86	0.16	58.08
	团险渠道（标保）	1925	2536.94	611.94	31.79	1.79
	经代渠道	7730	7447.16	–282.84	–3.7	5.3
	电销及其他	—	16980.35	16980.35	—	12.03
总保费		114910	141000	26090	22.7	—

表 2

名称		金额(万元)		增加额	增长(%)
		2011 年	2012 年		
赔款		468	905.35	437.35	9.35
给付	满期及年金	2848	2516.77	-331.23	-11.63
	死伤医疗	497	1045.28	548.28	110.32
赔付合计		3813	4467.4	654.4	17.16

2516.77 万元,同比下降-11.63%,累计死伤医疗给付 1045.28 万元,同比增长 110.32%,全年赔付合计金额为 4467.4 万元,同比增长 17.16%,公司在获得高业务增长的同时成本也随之增加,在综合成本走高的形势下,始终把客户的利益放在第一位,把更大的利润回馈于社会。同时,公司在高速发展中良好把握了业务增速与成本增速的动态平衡,获得了社会效益与经济效益的双赢。

【客服工作】

一是开展"1234"特色关爱理赔服务。即"简易案件 1 日内快速理赔、住院医疗 2 日内 100%探视、一般案件 3 日内给付理赔款、特殊案件 4 日内预付理赔款",并针对广大客户最为关注的"住院客户 2 日内 100%探视",印发《关于规范生命人寿住院客户探视流程的通知》,明确规范探视的流程和注意事项等。

二是理赔报案回访和客户满意度回访。分公司印发《关于规范各机构理赔报案和 5 日内未结案及已结案满意度回访工作的通知》,针对所有理赔的客户进行电话回访。

三是开通理赔绿色通道。凡是理赔资料齐全、赔付金额在 2000 元以下的案件,均启动理赔绿色通道服务,从受理到结案付款 0.5 个工作日完成。

四是开展"客服节"活动。在今年客服节期间,开展了"生命同行"档案征集、"生命之星"少儿书画大赛、"生命之福"摄影作品收集、"品质监督员"等一系列的活动,宣传了生命人寿的发展理念,提高了客户对保险的全面了解,以及风险防范和维权意识。通过有生命特色的系统性附加服务,营造信赖、愉悦、激情、丰盈的服务体系,从而进一步了解客户的相关需求,听取客户的相关建议,较好地发挥了保险业"经济助推器"和"社会稳定器"的作用。

五是建立完善了保险消费者权益保护制度制定了《生命人寿河北分公司综合治理销售误导实施细则(试行)》、《河北分公司客户投诉管理实施细则》、《2012 年非正常退保投诉处理流程》、《关于规范各机构理赔报案和 5 日内未结案及已结案满意度回访工作的通知》、《生命人寿河北分公司客户满意度调查操作细则》等,实行了业务品质月度分析和预警制度,为切实维护保险消费者合法利益提供了制度保障。进一步完善了《退保应急预案》,充实了应急工作队伍,印发了《关于对个险离职业务员保单进行回访的通知》和《关于对银行险客户经理离职前期缴保单客户进行回访的通知》等专项制度,有效避免了因"孤儿单"引起的退保事件的发生。

2012 年,生命人寿河北分公司邢台中支和衡水市支荣获"河北省保险业服务质量达标先进单位"荣誉称号,受到了监管部门的高度认可。

·信泰人寿保险股份有限公司河北分公司·

信泰人寿保险股份有限公司是经中国保险监督管理委员会批准,于 2007 年 5 月 18 日注册登记的全国性保险公司。公司总部设于浙江杭州,注册资本 14.91 亿元,可经营各类人身保险业务,目前已开设浙江、江苏、北京、河北、福建、河南、山东、黑龙江、辽宁、上海、湖北、江西、宁波、广东、厦门、青岛、深圳、大连 18 家分公司。

信泰保险股东包括国有特大型企业、国内知名民营企业及世界 500 强外资企业等,公司法人治理结构合理、规范,符合现代企业制度的要求。

信泰保险以"做稳健于世的百年金融控股蓝筹"为愿景,秉承"恒信、稳健、厚德、致远"的企业精神,以"为员工创造人生价值,为客户创造人生保障,为股东创造资本回报,为社会创造和谐安定"为使命,奉行"一朝结缘,一生守信"的品牌主张,致力于成为行业公认的践行保险营销理念的榜样,成为大众公认的能为其量身定做保险保障计划的保险人,成为市场公认的颇具升值潜力的上市保险企业。

经过几年的潜心经营,信泰保险在业务发展和经营管理等各方面都取得了突出的成绩,成为中国保险市场上不可或缺的重要力量,广受社会各界的好评,公司先后荣获 2009 年、2010 年度"浙江省金融机构金融改革创新奖"、"2011 年度杭州市服务业企业 100 强"、"2011、2012 年度浙江优秀金融企业"等多项荣誉。2011 年 6 月,信泰保险成为第八届全国残疾人运动会高级赞助商和指定保险赞助商。

信泰保险河北分公司是于2008年3月7日开业，目前共辖唐山、秦皇岛、邯郸、衡水、沧州、邢台、保定7家三级机构和平山、正定等9家四级机构。

开业以来，在河北保监局、保险行业协会的领导和支持下，河北分公司按照既定的目标和思路，坚持科学发展，合规经营，强化服务创新，实行限时承诺、首问负责制、空腹体检客户享受免费早餐、理赔住院客户慰问、一杯水服务等举措，倡导“一站式服务”，真正实现专业、高效、贴心、便捷的服务。

面对未来，河北分公司将更加注重业务品质和效益，保证公司的稳健运作和持续发展，不断为客户提供符合自身需求的保险理财服务，为代理人提供具有良好发展空间的工作机会，为河北经济社会的发展贡献更大的力量。

·中国平安人寿保险股份有限公司河北分公司·

中国平安人寿保险股份有限公司河北分公司是中国平安人寿保险股份有限公司设在河北的二级机构，成立于1993年3月16日。

20年的发展历程，公司由小到大、由弱到强，已经形成以河北分公司本部为中心，下设唐山、邯郸、邢台、保定、张家口、廊坊、沧州、秦皇岛、承德、衡水10个中心支公司，拥有内外勤员工23000余人的一个体制新、活力强、效率高、干部队伍年轻化，多险种服务的新型保险公司。

无论从保费规模，还是市场占有率，均居河北省前列。

公司以“专业创造价值”为企业文化的核心理念，倡导以价值最大化为导向，以追求卓越为过程，做品德高尚和有价值的人，形成了“诚实、信任、进取、成就”的个人价值观，和“团结、活力、学习、创新”的团队价值观。公司贯彻“竞争、激励、淘汰”三大机制，执行“差异、专业、领先、长远”的经营理念，依靠现代化的管理方式保证企业管理的决策正确、执行高效、监督有力。

20年来，公司先后获得河北省政府颁发的“金融贡献奖”、“金融稳定奖”，多次被中国保险监督管理委员会河北监管局评为分类监管A类机构，被河北省保险行业协会评为“服务质量达标先进单位”，被河北省消费者协会授予“优秀企业”称号。

在为广大客户提供保险保障的同时，公司始终致力于将“简单便捷，友善安心”的客户体验带给客户，努力以良好的服务塑造品牌。

目前，公司依托平安集团先进的综合金融服务平台积极为全省近265万客户提供包含保单在内的各种附加价值服务。公司推出的一账通网络平台，为客户提供“一个账户、多个产品、一站式服务”，客户足不出户即可办理保单查询、信息变更、红利领取、投资转换等30多项寿险保单服务。

公司注重以科技创新为客户带来全新的金融服务体验，目前已陆续开发出银行转账、95511电话交费、网上交费、手机交费、APP客户端交费、二维码扫描交费等交费方式，客户可以随时随地根据自身情况选择最方便的方式，让续交保费不再成为烦心事，让客户充分享受中国平安综合金融优势。

为了让客户理赔更便捷，公司推出“标准案件，资料齐全，两天赔付”的服务升级举措。公司承诺，对于标准案件，在客户理赔材料提供齐全后，2个工作日内完成案件审批，对于未达成时效的超期案件，除支付保险金外，将从第2个工作日的次日起，按超期天数支付客户超期利息，利率按照中国人民银行公布的金融机构人民币活期存款年基准利率再加1个百分点。

百年善业，责任为先。平安人寿始终怀抱感恩之心反哺社会，一直把企业社会责任作为推动公司可持续发展的动力，聚焦“慈善”文化，弘扬“大爱与责任”，通过开展教育、环境、红十字、灾难救助等公益事业，专注创造美好明天。

截至2013年，公司已出资55万元在石家庄赞皇、邯郸涉县援建了2所平安希望小学；在河北承德启动“万亩平安林”项目，号召企业员工、客户以及社会公众共同参与，营造绿色生态环境；连续5年开展“专注 为明天”平安希望小学支教行动，为身处乡村的孩子开阔眼界，启发他们的心智；连续两年在河北高校开展中国平安励志计划，针对大学生就业难的问题，重磅推出励志创业大赛，通过树立青年楷模的形式，激发学生内在潜能，全面打造大学生核心竞争力；多次组织员工无偿献血，热心红十字公益活动，积极参与儿童福利关爱活动与贫困地区扶贫活动。在四川汶川大地震、青海玉树大地震、河北暴雨灾害中，公司上下众志成城，踊跃捐款，谱写了一曲曲血浓于水的赞歌。

投资、证券、事务所

·河北建设投资集团有限责任公司·

【主要指标】

截至2012年底，集团合并资产总额961.6亿元，同比增加187.8亿元；净资产372.1亿元，同比增加66亿元；合并营业收入204.6亿元，同比增加53.6亿元；实现利润总额13.81亿元，同比增加3.8亿元；净利润13.56亿元，较上年增加5.29亿元；净资产收益率2.91%，同比增加0.95个百分点；经济增加值2.38亿元，同比增加6.15亿元；总资产报酬率4.07%，同比增加0.4个百分点；完成国有资本保值增值率105.49%；全年上缴各种税金13亿元，同比增加4.3亿元。

【企业发展】

集团理清发展思路，转变发展理念，科学理性谋划发展模式，提出“一个坚持、七个注重”发展思路（即：坚持市场化、制度化、标准化原则，注重规范运作、理念创新，注重企业文化建设、团队协作，注重人才培养、储备和使用，注重风险防范和内控审计，注重科学理性决策，注重产业与资本的有效结合，注重充分授权），明确逐步将集团打造成为“与国际接轨的特大型投资控股集团”发展目标，并对企业法人治理结构、发展战略、管控体系、考评机制、风险防控、企业文化、业务板块、重点项目等方面进行了全面系统梳理，为集团实现科学、良性发展，全面迈向国际化、金融化、专业化打下了坚实基础。

【投资业务】

集团按照增量调结构，存量强实力的发展理念，合理安排投资，优先发展重点行业、企业，推进重点支撑项目建设，全年完成投资90.92亿元，助推我省经济社会快速发展。

能源方面，加快推进冀蒙煤电、沙河发电、任丘热电等大容量、高参数燃煤机组和热电联产机组建设，推进能源结构优化升级；大力提升风电、燃气等绿色能源比重，全国布局，积极开拓省外风电市场；发挥产业协同优势，积极培育合同能源管理和分布式能源发展，提高企业综合能效。

旅游地产方面，落实我省大力发展旅游产业和现代服务业的战略部署，河北旅游投资集团挂牌成立，对整合我省优质旅游资源，做大做强旅游产业，打造环京津旅游产业投资平台具有重要的战略意义。在此基础上，加快推进燕郊高新技术创业园区、崇礼翠云山国际旅游度假区、固安农业科技产业园等现有项目建设，推动产业结构调整优化升级。

交通方面，加大筹融资力度，积极培育交通产业核心竞争力。积极落实铁路建设费等政策资金，推进京石、京沪、邯黄、国投曹妃甸续建等重点项目建设，并抓住铁道部投资策略调整的有力时机，积极运作，争取到了实现控股邯黄铁路项目的重大突破。

水务方面，加快推进现有项目建设，并按照一站式供水服务和一体化污水处理的发展理念，大力推进水务技术支持体系建设，打造水务板块核心竞争力，培育壮大水务资产。

“走出去”方面，积极拓展省外、境外资源开发。加快冀蒙煤电一体化项目建设进程，察哈素煤矿已于年底前投产；充分发挥香港燕山公司的窗口作用，加大招商引资工作力度，圆满完成了我省香港招商会等工作，为企业发展营造良好的外部环境；老挝矿产资源勘探项目稳步推进，阿文地区金矿勘探取得突破性进展。

【资本运营】

集团加大资本运营工作力度，盘活存量资产，完成了汉华酒店股权转让、天山股份减持、欣港药业退出等工作，提供了现金和利润支持，实现了国有资产的保值增值。加大吸引战略投资者，促进产业与资本的有效对接，与凯雷投资集团、国开金融公司等知名企业开展合作，参与基金设立，借助外脑实现共同发展。沿海产业基金筹备工作顺利进行，已与多家投资机构达成合作意向。

【经营管理】

进一步加强对标管理工作。

以技术进步促效益提升，通过开展对标管理、技改改造、燃煤掺烧、成本分析与控制等手段，提升运营企业专业化、精细化管理水平，努力提高企业核心竞争力和经济效益。

大力推进信息化建设。完成集团综合信息接入系统建设，加大数据采集量，为管理决策提供有效的数据分析和技术支持，并积极借鉴同行业企业经验，并启动了财务信息化建设工作，以科技进步实现降本增效。

创新企业文化建设。集团提出了紧紧围绕“一个坚持、七个注重”发展思路和“理性建投、固正出新”的企业文化理念，把转变理念、转变作风作为工作的重中之重，贯穿到今后工作的方方面面，努力营造“公开、公正、开放、文明、和谐、向上”的良好氛围。

加大安全生产和节能减排工作力度。安全生产方面，贯彻“安全第一，预防为主，综合治理”的安全工作方针，全面加强安全生产责任制、隐患排查治理工作长效机制、应急体系工作机制“三项建设”，保持了安全稳定局面。集团被授予2012年度“河北省安全生产管理先进单位”荣誉称号。节能减排方面，全年完成万元增加值综合能耗19468.92千克/万元，二氧化硫排放1.61万吨，减少排放0.27万吨，氮氧化物排放6.48万吨，减少排放0.24万吨，工业固体废物综合利用率或处理率达95%以上。

【党建工作】

公司系统总结创先争优活动，做好检查验收工作，集团党委被中共中央组织部授予“全国创先争优先进基层党组织”荣誉称号，集团系统多个党组织和先进个人受到上级党委的表彰。根据省委关于深化基层建设年活动要求，集团公司丰宁驻村工作组克服困难，迅速开展帮扶工作，受到省委基层组织建设年办公室高度重视，做法和经验通过省委专报进行推广。

·河北省国有资产控股运营有限公司·

2012年，河北省国有资产控股运营有限公司在省国资委的正确领导下，积极应对复杂局面，勇于战胜各种困难挑战，全面、高质量地完成了全年任务指标。根据财务快报统计，截至2012年12月底，资产总额172.98亿元，同比增长39.41%；净资产111.75亿元，同比增长22%。全年实现营业收入144.65亿元，同比增长65.54%；实现利税3.75亿元，同比增长20.88%。

2012年，公司先后荣获了省政府“河北省就业先进企业”、省安委会“安全管理先进单位”、省财政厅“财务工作突出单位”，省国资委“创先争优先进基层党组织”、“财务工作先进单位”等荣誉称号。驻村工作组被评为了“省委加强基层建设年活动优秀驻村工作组”。所属企业中，国控矿业公司荣获了省国土厅“河北省矿产资源利用现状调查优胜单位二等奖”，撰写的23个矿区的核查报告，18个获得了“优秀成果奖”；寿王坟铜矿被省委省政府授予了“河北省文明单位”；煤业工贸公司被中国招投标协会授予了“诚信创优3A单位”，监理的羊东风井井筒工程被中国煤炭建设协会授予了“优质工程”和“太阳杯”工程奖；友爱医院荣获了“石家庄市护理专业技能训练和竞赛活动先进单位”奖。

一、开拓进取，发展质量和效益再上新台阶

2012年，面对经济效益下滑的压力，公司领导班子带队，积极跑市场、盯客户、抓回款，攻坚克难，拓展经营，成效良好。一是调整结构，多元经营。着力增加高附加值和市场需求大的产品的经营规模，有效化解了市场波动风险。矿业板块打造了探矿、采矿、评价、物流一体化的全产业链。民爆板块形成了雷管、水枪弹等五种产品规模化、系列化生产。物流板块经营品种由原来的10多个增加到了20多个，经营的内在稳定性进一步增强。二是放大优势，扩量增效。放大食品安全监测优势，全年共完成检测6600多批次，增长65%。发挥纺织原料经营优势，化纤、棉花销售分别增长36.09%和326%。在中央储备库多数闲置的情况下，新增国储糖1.55万吨。招标代理、工程监理“以量补价”，营业收入增长188.89%。三是创新经营，抢占先机。积极创新经营理念和模式，通过开展关系营销、发展“海进江”业务、实施供应链联合运作等，赢得了市场，培育了一批短平快业务，保持了经营的平稳增长。四是精耕细作，提质增效。坚持眼睛向内，深挖潜力，合理组织生产，严控各项开支，全年费用增长率低于营业收入增长率46.55个百分点，降本降耗成效明显。五是盘活资产，增强活力。通过将闲置房产长租短临，提高了资产的利用率，促进了效益增长。六是技术创新，助推发展。2012年，全系统共实施9个技术创新项目、4个技术改造项目，其中滤芯粘合剂、爆炸灰等项目增效作用正在显现，特别是水枪弹、爆炸灰、数码电子雷管等高端产品及进口美国的高强度导爆管雷管生产线等，推动民爆业务迈向了价值链的高端和产业链的前端。

二、狠抓落实，重点项目建设取得新进展

全年完成投资13.87亿元，同比增长280%。一是全方位开展战略合作。战略合作坚持立足省内、拓展省外、探索国外,内外联动、协同发展。与普洱市政府签署了矿产勘查合作协议,取得了5个采矿权、12个探矿权。截至2012年底,共掌控矿权44个,矿产资源潜在价值1000多亿元。与承德市政府签署战略合作协议,确定了承德有色金属基地、兴安化工园等6个项目,项目建成后,对促进地企发展具有重要意义。与印尼客商、蒙古国合作方签署了雷管出口协议和合作生产意向书,"走出去"步伐不断加快。二是项目建设快速推进。南李庄铁矿帷幕注浆完成了总工程量的48%。闫庄铁矿完成了采选工程设计、380亩土地征占等。207基础雷管生产线已开始加药运行调试;爆炸灰二期扩建主体工程已完工;228生产线技改通过了验收;进口美国的高强度导爆管雷管生产设备正在安装;高科技数码电子雷管已开始小批量地面组网起爆试验。占地1400亩的承德兴安化工园区建设稳步推进。新合作大厦正在进行基坑处理和桩基试验。河北饭店主楼装修完成了工程量的47%,副楼改扩建已获政府同意。丽景园商业楼主体已封顶。丰收路40号开发项目已取得准入资格。特别是,与高校合作研发的爆炸灰已顺利投产,与山西煤销集团、行唐县政府共同合作的煤炭物流基地已开始运营,海景花园酒店、珍园宾馆升级改造和华联商务酒店、孔家庄煤场、省食糖新建库等项目完工后运行良好,成为了新的效益增长点。三是谋划了一批后续项目。调研了国内外多个有色金属矿。洽谈了井陉煤炭物流园和栾城机电产品物流园项目。谋划了整合省内中小型煤炭经营企业、冷链物流和股权投资基金等一批优质项目。

三、积极推进,整合重组工作实现新突破

一是改制重组取得积极成效。投资1.1亿元,重组了寿王坟和小寺沟铜矿,增加资产近7亿元,年增销售收入10亿多元。协议重组21家煤矿,其中,邯郸第三煤矿已注册了新公司。国控化工集团组建工作已准备就绪,与省国资委所属民爆企业近期签署联合重组协议。完成了友爱医院增资扩股,构建了企业健康发展的长效机制。完成了金山公司、卫星厂改制,并设立了新公司。华联商厦和河北饭店的股权设置方案已进入审核阶段。卫星厂、华联商厦和河北饭店三家企业改制共增加资产8亿多元。二是培育了新的效益增长点。注册设立了新乐超细材料公司、国控矿业供销公司、阳泉金石丰贸易公司、云南金博公司,新增爆破作业许可证、煤炭经营资格证、防静电和阻燃工作服生产许可证、工程招标代理资质、煤炭进口权等,增强了发展后劲。三是完成了股权划转和置换。省冶金研究院划入公司。根据省国资委安排,通过与委属其他企业股权置换,理顺了北京河北大厦产权关系,公司增加资产8.77亿元。四是完成了省轻工联社的调查摸底、情况梳理、政策分析等工作,为推进改制改革创造了条件。

四、锐意创新,基础管理得到新加强

1. 决策体系和运行机制进一步完善。设立项目评审委员会、投资审查委员会,构建了以董事会为主体、以总裁办公会为补充、以"两委"为支持的决策体系。对生产经营、项目建设、资金管理等定期调度,及时协调解决问题,实现了部署、落实、跟踪、检查、反馈"五同步"。特别是对重点项目,实行人员包项目、下基层、蹲点联合办公,缩短了流程,提高了效率,较好地推动了落实,科学发展的长效机制得到了进一步完善。

2.基础管理进一步提升。一是完善了制度体系。制定了投资、项目建设管理办法,修改了薪酬管理等制度,全系统内控体系进一步完善。二是加强了投资管理。建立了督办机制,强化了对项目的统计分析、跟踪督办,规范了项目报审程序、内容、模板,防范了投资风险。三是强化了财务管理。探索建立"资金池"管理模式,强化资金收支管理,提高了资金的使用效率。规范企业借款和对外担保,加强资金动态跟踪和监督检查,确保了资金安全。加大了对债权的跟踪、清查力度,对企业债权,特别是逾期债权逐一梳理,摸清底数,加大催收,防范了潜在的呆坏账风险。四是加强了监察审计。针对项目投资、工程承包、物资采购、工程结算等重点领域和关键环节,及时开展审计监察,对发现的问题,严格整改堵漏,规范管理。五是加强了人才队伍建设。通过公开招聘,增加了新生力量;开展全员培训,全系统共培训1000多人次,特别是邀请业务主管部门有关领导授课,提高了培训的针对性和有效性。六是加强了法律事务管理。开展了法制工作3年目标检查验收和法律知识宣传教育活动,严格审核合同、协议等法律文本,妥善解决了丰收路40号土地过户、天津珍园宾馆回收等事项,较好地维护了国有资产安全。

3.安全生产管理进一步加强。严格履行安全生产主体责任,科学周密安排工作,组织开展了安全生产年、应急演练、安全知识培训、打非治违等活动,夯实基础,控制源头,保持了全年生产经营工作的安全平稳。全系统共进行隐患排查130多次，整改安全隐患400多项，较好地巩固了安全生产的好态势。

五、拓宽渠道，多元融资迈出新步伐

一是创造了良好的融资环境。依托公司整体融资优势，积极跑办政府部门及银行、信托等机构，宣传公司，推介项目，得到了广泛认可，进一步畅通了融资的渠道和途径。二是融资规模进一步扩大。去年共获授信额度45亿元，授信银行由9家增为11家，募集资金16.47亿元。其中，获得5亿元流动资金信用贷款；发行了5亿元中期票据；获得了兴业银行4亿元、2年期结构化融资；注册了3年期10亿元非公开定向融资工具，首期5亿元已到位。三是企业融资实现新的突破。2012年，各企业共获得银行综合授信7.2亿元。另外，还获得财政支持资金4000多万元。融资品种增多、融资规模增大，特别是中期票据、非公开直接融资工具的发行，标志着公司打通了资本市场直接融资的通道，解决了制约发展的资金瓶颈。

六、创先争优，企业党建为科学发展注入新动力

一是深入学习贯彻党的十八大精神和创先争优活动为重点，开展了“惠从何来、惠在何处”、“七权七责”、创先争优评选表彰等主题活动，深入学习党的十八大精神，唱响“建促迎”主旋律，营造了团结和谐、昂扬向上的浓厚氛围。二是严格落实党风廉政建设责任制，深入开展反腐倡廉警示教育活动和建设领域突出问题专项治理，对生产经营、物资采购等14个项目实施效能监察，实现了党风廉政建设与经营工作的同部署、同落实。三是宣传文化工作取得新成绩。中央、省、市三级媒体及省国资委网站共宣传全系统280多次，宣传次数大幅增长。企业文化建设深入推进，企业之歌唱出了凝聚力、向心力和战斗力。四是驻村工作取得积极成效。争取帮扶资金196万元，解决了村民吃水、浇地、用电等一些迫切需要解决的现实问题，得到了省市县乡及村民的一致好评。五是全系统信访稳定工作为发展营造了良好的环境。

·河北科技投资集团有限公司·

河北科技投资集团有限公司（原河北科技风险投资有限公司，以下简称科投集团）是经河北省委、省政府批准建立的具有政府导向职能的科技投资机构。主要以股权投资方式对我省高科技项目产业化及科技型中小企业给予支持，并以此吸引更多的社会和民间资本进入科技风险投资领域，推动河北省科技经济发展。

【简介】

科投集团于2001年2月15日注册成立，注册资本金5.4亿元，由河北省科技投资中心、河北建设投资集团有限责任公司和国富投资公司3家股东组成，资产总额17.1亿元。

科投集团自成立以来，通过“风险投资”、“引导基金”和“孵化器建设”三种方式，引领和聚集了众多社会资金，有力地支持了科技型中小企业的创业发展。目前为止，累计投资了87个高新技术产业化项目，其中集团直接投资56个项目，引导基金投资31个项目。风险投资21亿元，吸引其他投资52.1亿元。项目涉及装备制造业、医药化工、新材料、电子信息、孵化器等多个领域。在投企业总资产186亿元，2012年销售收入182.6亿元，利税超过15亿元，从业人员超过3万人。

【业务发展】

（一）通过风险投资方式，加大对高新技术产业项目投资和培植力度

一是培育了一批带动性强的区域支柱企业。在科投集团的扶持下，一批科技型中小企业在同行业中的地位不断攀升，逐渐形成小而专、小而精、小而强的独特优势。如曲周晨光生物公司天然色素产销量居全国之首；安平鹤煌网业聚酯造纸网销量位居全国前三；旭辉公司在国网华北、华东在内的几次重大招标中拨得头筹，消弧线圈市场排名进入前两名。还有些企业，逐渐成了当地带动性极强的特色产业龙头，纳税额均位居当地前列，为区域经济发展增添了活力。

二是推进企业科技创新和技术升级。所投资的企业近三年获得专利259项，国家重点新产品17个，42个项目获得科技进步奖项。这些企业的技术创新优势，产生了明显的示范效应，带动周边更多的同类企业加入技术创新队伍中，从而对区域内的经济发展产生积极影响。

三是探索多种退出方式，实现了风险投资良性循环、滚动发展。为实现省政府关于“阶段持股、滚动发展”的要求，科投集团不断探索资本退出渠道。在保值增值的前提下，先后尝试了企业管理层回购、社会化竞争转让、柜台交易、上市退出等多种方式。目前，2家企业在国内和香港创业板上市，已有近30个项目成功实施退出。

在12年的投资历程中，科投集团探索并总结出一整套独具特色的项目运作模式。坚持投资参股不控股的原则，借助自身项目

运作、管理方面的优势，为被投资企业提供包括多渠道、多方式融资的增值服务，投资企业的创新能力、融资能力、竞争能力等得到多重提升。

（二）引导基金资本聚集效应显著，为建立我省创业投资体系奠定了基础

创业投资引导基金（以下简称引导基金）作为政府支持创业投资事业进而促进高技术产业发展最为有效的工具，近年来得到国家的重视和鼓励。引导基金主要以“母基金”方式，通过设立子基金和项目跟进投资，承担着引导社会资金投向、提高财政资金使用效率、扶持科技型中小企业发展等重要职能。引导基金的设立运行可形成政府与市场的优势互补，使政府的投入放大10倍以上。2009年，科投集团出资参与设立了初始规模为1亿元的我省首支“河北省科技型中小企业创业投资引导基金”(以下简称省引导基金)，目前母基金规模已达3.5亿元，已设立和正在筹建的子基金共12支，子基金规模17亿元，累计投资项目31个。

（三）首创“风险投资+孵化器”模式，培植中小微企业

孵化器是科技人员创办科技企业的摇篮。科投集团已投资建设了6家孵化器，探索和总结出被国家主管机构评价为国内首创的“风险投资+孵化器”的运作模式。这种模式，使一些小微企业在享受孵化服务的同时，又能得到创业中最为宝贵的资金支持，创业成功率和发展速度都明显提高。这方面的成功案例很多，如德赛化工、瑞诺生物等一些小微企业，正是受益于这种模式一步一步成长起来的，它们有的年销售收入数千万元、有的甚至上亿元。截至目前，科投集团孵化器已孵化企业300余家。

·河北信息产业投资集团有限公司·

【主要指标】

截至2012年底，集团公司总资产41亿元，较上年同期增加1.5亿元，同比增长3.79%；实现营业收入13.15亿元，较上年同期增加4.45亿元，同比增长51.13%；实现利润总额12604万元，较上年同期增加442万元，同比增长3.63%；完成项目投资额119200万元。

【业务经营】

高新技术产业板块运营平稳。久乐公司受国内汽车市场整体下滑，特别是自主品牌汽车销售量骤降的不利形势，全力以赴做好企业经营管理、市场开拓、新产品研发，投资4000万元建设电点火具项目和与韩国DBI公司合资的高端汽车安全带生产厂，千方百计克服和降低汽车市场需求萎缩的不利影响。河北昌黎越千年葡萄酿酒有限公司的完成产权重组，进一步理顺股东关系，优化股权结构，为公司下一步的经营和发展奠定基础。越千年品牌红酒销售渠道不断完善，市场份额进一步提升，公司经济效益有所好转。信创达物联网公司成立后，按照“新公司、新机制、新形象，大突破”的要求，迅速对河北省医疗行业、旅游行业等多个行业内物联网应用进行了调研，完成了唐钢仓储管理项目。

高科技产业园区板块进展顺利。秦皇岛北戴河信息产业园一期工程40栋研发楼已竣工验收，招商工作圆满收官，签约入驻企业48家。廊坊信和软件服务外包基地位于廊坊经济技术开发区一期1~11号研发楼已竣工验收，转让面积2462平方米，租赁面积10111平方米，入驻率50%。二期总部大厦正在建设中，目前正在加大招商引资力度，寻求共建合作方，园区北部地块正与东方翰翔培训学习商谈合作开发事宜。秦皇岛数据产业研发中心项目招商工作效果明显，成功吸引秦皇岛三馨投资公司合作建设秦皇岛开发区数据产业研发中心项目。沧州电子商务园项目进展顺利，与香港燕庆投资发展有限公司签署了《合作协议书》，并成立了沧州项目筹备组，负责跑办项目规划及土地指标等事宜。

金融创新板块增长势头良好。信投担保公司广泛搜集项目信息，高效、稳健进行项目调研，全年为39个企业提供了担保，通过董事会项目金额近19055万元，完成放款共计13950万元。信融典当公司创新运营思路，探索新业务。邯郸分公司通过走访邯郸13家典当行，对邯郸典当行业务结构、业务模式等有了初步了解。全年完成典当业务623笔，累计发放当金3.7亿元。

高端服务业板块销售规模快速增长。容基物流在已有铁精粉等业务的基础之上，不断拓展新业务，经积极努力取得了煤炭经营许可证，目前正积极调研煤炭经营业务，全年实现营业收入8.06亿元。

【企业管理】

加强风险防范。为适应公司发展的需要，成立了审计与风险控制部，初步建立了风险管理体系，将风险控制由事后控制逐步向事前和事中控制转移。在完善制度和流程的同时，新制定了《股权投资项目调查模板》，进一步规范和细化了公司股权投资项目的调研流程和内容，避免了在调研过程中缺项漏项，有效防范了投资决策风险。制定了《公司债权投资项目调研及办理流程》、《控股公司债权投资项目审核及办理流

程》,有效防范了债权项目风险。

强化法务工作。一是加大债权清收力度,债权清收成效显著。2012年,完成了邯郸金米兰、河北中侨商贸等公司的债权清收,维护了公司利益。二是做细做实合同审查,进一步规范了制式合同条款,快速解决疑难问题,提出有效解决方案,有力的维护了公司各项权益。三是密切关注国家政策法规,积极研究国家新出台的相关政策法规,相继出台了关于《做好国家新型工业化产业示范基地创建工作》等内部参考,为公司领导及各部门、控股公司决策提供重要依据。

组建集团公司。根据公司自身发展壮大需要,完成了集团组建工作,形成了母子公司体制的现代企业管理构架,推进管理水平进一步提升。

加强基础管理。不断推动公司科学管理、高效管理、精细管理,促进公司管理上水平。一是提升信息化管理水平,完成了办公自动化系统,提高了工作效率。二是进一步完善了制度体系建设,新制定了《固定资产管理办法》、《对外担保管理办法》等六项制度。三是加强人才队伍建设,完善了《岗位薪酬体系管理办法》,明晰了双通道晋升理念、构成、方案及使用原则,通过内部竞岗与外部引进相结合的措施,逐步形成了竞争择优的用人机制。四是结合公司发展实际,做好员工培训及后续教育工作。

加大财务管理和融资力度。紧紧围绕集团公司"十二五"发展规划,开拓思路,努力探索集团财务集中管控新思路,在创新融资、纳税筹划、财务监督和管理等方面取得积极成效。一是成功发行2亿元短期融资券,保障了公司现金流和项目投资。二是依托集团公司的良好信用,支持控参股公司直接申请银行授信和贷款。三是在保证集团公司投资项目资金需求和本金安全的前提下,高效、高收益理财,盘活资金,增加收益。四是加强集团系统财务管控,重点加大了集团系统现金流管理,有效防范了资金风险,保证了集团经营目标的实现。

【资本运作】

面对今年国内外严峻的经济形势,积极探索资本运作新途径,创效增收,取得了良好的经济效益。一是本着"风险可控、结构合理、提高收益"的原则,加大债权投资项目调研力度,科学使用企业债资金,在防范风险的前提下实现了较好收益。二是针对目前国内资本市场低迷的情况,高度关注三板市场的发展,选择了与天津股权交易所合作推动我省资本市场的发展,通过了天津股权交易所的做市商、保荐机构资格审核。三是针对控股公司在发展中出现的问题,及时提出解决方案,为支持控股公司发展,全年累计提供资金4.91亿元。

【重点项目】

2012年,完成投资额127700万元,累计债权投资107845万元,拉动社会投资11450万元。一是与具有自主知识产权的河北国威特种纸有限公司达成初步合作意向,支持我省高新技术企业快速发展。二是沧州滨海电子商务中心项目进入实质性进展阶段,与沧州市政府签订战略合作协议,基本确定了项目规划方案。三是投资组建了河北信创达物联网公司。四是加大有色金属矿业项目调研和考察力度,并制定了多个矿业项目的运营方案。

【党建工作】

全面开展创先争优活动,有效促进了公司发展。公司党委先后荣获省委"全省创先争优先进基层党组织"、省国资委党委"创先争优先进单位"和"红旗党委"荣誉称号。将企业文化建设与公司发展战略、经营管理相结合,在不断完善制度、强化管理、培养人才、开展活动过程中,逐步编制成以"商道文化"、"创新文化"、"诚信文化"、"快乐文化"为核心的具有信产投特色的企业文化大纲。

·河北航空投资集团有限公司·

【概况】

河北航空投资集团有限公司(以下简称河北航空集团)成立于2010年6月29日,是经河北省人民政府批准,由冀中能源集团出资组建,以航空运输业务为核心,集航空运输、机场建设、特色旅游、酒店餐饮、房地产开发、文化传媒等产业于一身的大型现代服务型集团企业。截至2012年底,河北航空集团注册资本25亿元,资产总额120亿元,员工总数2100人,下辖河北航空公司、石家庄世贸广场酒店、天鹅国际旅行社、同业国际旅行社、文化传媒公司、房地产开发公司、旅游投资公司、酒店管理公司、乐贤商贸公司等9个子公司。河北航空集团运营两年多来,按照省政府批复的《组建方案》,优先培育壮大航空运输产业,稳步推动航空关联产业与临空经济发展,初步形成"一主多元"的产业发展格局,为实现"十二五"乃至更长远发展目标奠定坚实基础。

【主要指标】

2012年,河北航空集团实现营业收入7.5亿元,先后开通32条航线,通达37个大中城市,全年安全飞行16422小时、7776架次,运输旅客64.7万人次,货邮7111吨,总周转量8891.5万吨公里,平均客座率82.00%。世贸广场酒店全年总收入1.2亿元。天鹅国际旅行社全年总接待人数70105人次，营业收入7523万元。

【生产经营】

根据集团公司"十二五"发展规划目标和"区域型航空公司"的发展定位，统筹安排运力引进工作，顺利完成了2架E190和2架B737飞机引进任务，自有机队规模达到8架。另外，根据人才规划与发展需求，有计划地组织开展飞行、机务、航务、签派、乘务、市场营销等专业人员引进工作，已拥有各类专业人员600余人，重点解决了核心技术岗位人员短缺问题。多种举措提升营销水平，按照"以市场为导向、以效益为中心、以服务为手段"的营销理念和工作思路，持续优化航线网络，2012年在全国旅客吞吐量排名前15位的机场中通航13个。不断拓宽销售渠道，积极发展核心销售代理，大力推进电子商务系统建设，积极开展网络营销合作。以提高航班正常率为切入点，加强与空管、机场等协作单位的协调沟通，不断规范运行标准，优化航班计划和运行保障流程。大力推进服务品牌建设，制定服务品牌建设中长期规划，创建"冀鹰示范乘务组"，以提升客舱服务水平为重点，积极培育河北航空良好服务形象。

【关联产业】

旅游业方面，重组了同业国旅公司，专注同业旅游批发市场，使河北航空集团航空+旅游协同发展机制进一步完善；天鹅国旅则由旅游经营商转变为旅游零售商，专心拓展直客市场，利用河北航空航线网络、企业品牌等资源优势，开发系列组合产品，同时成功拓展赴台旅游业务，成为河北省第五家具有赴台旅游资质的旅行社，业务范围和影响力进一步扩大。餐饮酒店业方面，世贸广场酒店努力提升经营管理水平，改善更新硬件设施条件，完成星级复评工作。房地产业方面，房地产开发公司重点开展了航空大酒店、飞行员公寓和商业住宅等项目的前期准备工作。文化传媒方面，文化传媒公司精心策划，组织河北航空公司参加在珠海举办的第九届中国国际航空航天博览会，赢得了社会各界及媒体的高度关注。通用航空方面，出资5.25亿元与中国航空科技工业公司、中航通用飞机有限责任公司共同组建中航通飞华北飞机工业有限公司，在推进通用航空产业项目上迈出了重要一步，同时积极谋划跑办三河公务机场项目，开展了大量前期工作，全力争取进驻首都二机场，拓展航空主业发展平台。

【企业管理】

2012年8月，结合集团组建方案及业务开展状况，集团公司进一步健全了组织机构，制定出台61项管理制度，企业经营管理等各项工作步入规范化、制度化轨道。投资管理方面，严格执行省国资委、冀中能源集团的有关规章制度，对重大投资项目，严格履行备案、审批程序，对重大投资项目严格按照"三重一大"决策程序执行，出台和制定了多项投资管理制度，投资管理体系初步形成；生产经营管理方面，每月召开生产经营计划会和安全生产经营调度会，对各子公司的生产经营状况和安全生产工作实现动态把控；财务管理方面，进一步加强预算管理，优化产权结构，多手段拓展融资途径，大力完善内控体系，历时半年完成首次集团全面风险管理调研；人力资源管理方面，基本完善了薪酬管理和绩效考核管理等管理制度，组织员工进行多次主题培训，并进一步加强核心人才引进和培养工作。安全管理方面，成立安全管理部门，多方面强化安全监督，确保各项安全措施落实。

【重点项目】

河北航空城基地项目是河北省重点建设项目，2010年9月18日开工奠基，主要包括河北航空大厦、河北航空大酒店、飞行员公寓(含飞行员培训中心)等，累计完成投资14.5亿元，航空大厦主楼及东西配楼主体工程完工。石家庄国际机场改扩建工程是河北省"十二五"期间重点建设的公共基础设施项目，项目占地面积约2831亩，总投资约40亿元，主要包括航站区、飞行区、生产辅助配套及市政配套四类工程。项目建成后将新增机位27个，可满足年旅客吞吐量1350万人次、年货邮达到16万吨。已累计完成投资35亿元，工程已进入收尾阶段，预计2013年完工。河北航空公司基地项目占地面积约19公顷，总建筑面积约54600平米，主要包括维修机库、航材库、大件库、特车库、配餐楼、综合办公楼、体育活动中心、公寓楼、维修机坪及配套设施。累计完成投资3.7亿元，预计2013年上半年建成交付使用。

【信息化建设】

集团公司围绕"加快转变发展方式，全面提升发展质量"的中心任务，推进信息化深度应用。河北航空公司电子商务系统发展为拥有电话订票、B2C官方网站购票、淘宝旗舰店购票、手机客户端购票以及代理人B2B平台购票的销售格局，初步实现了用信息技术支撑营销手段和服务内容的创新，持续完善官网的全渠道服务能力，开通主要城市的网上值机功能和航班动态实时查询的服务功能。世贸酒店开通了网上订房系统，实现了酒店前台管理系统和酒店中央预订管理系统与旅游分销商预订系统的双向无缝直连。增加信息系统软、硬件配置，新上了《劳动用工备案管理信息系统》、“企业版保险之星”、《中国共产党党费管理系统》等多款软件，同时对NC财务办公系统多次升级，大大提高了工作效率。

【安全生产】

牢固树立“安全第一”的思想，视航空安全为企业命脉，全面系统地推进航空公司安全管理体系与安全保障能力建设，形成完备的安全运行工作保障方案和应急预案。以确保新机安全运行为核心，突出抓好飞行、机务、运控、客舱（空保）等专业技术队伍建设，顺利完成了退租转型任务，形成了以波音737系列和E190系列为主要机型的自有运力和保障体系。严把关键岗位人员的准入关、能力关，加强风险管控，实现了平稳运行和安全发展的良好态势。2012年5月，河北航空公司被局方评定为121部一类航空运输企业，实现了由二类企业向一类企业的晋档升级。重点项目建设严格执行安全规章标准、操作规程和安全管理手册，加强过程监督检查，把安全责任从上到下落实到每个环节、每个岗位，确保工程建设协调有序快速安全推进。对旅游、酒店等行业大力开展安全主题培训，坚持例行安全隐患排查工作，制订了安保措施和反恐应急救援预案，积极落实安全隐患的整改工作，始终保持安全前提下的稳定经营局面。

【党建工作】

逐步完善组织体系和工作机制，组建成立机关党委及各基层党支部，相继制定出台四十余部规章制度，实现党建工作有章可循，规范有序。健全完善权力运行监控机制，建立了集团公司、子公司、核算点在内的三级内部审计机构及“一岗双责”、“三重一大”责任体系，进一步完善和加强内部监督约束体系。加强学习型党组织建设，深入推进多项创先争优活动，与“郭娜陆地航空班”开展互帮共建，认真开展“星级服务窗口竞赛”、“五型机关创建”和党建课题研究等活动，配合企业生产经营工作，积极发挥示范引领和带动作用。推进企业文化建设，制定颁发了《企业品牌建设规划（2012—2015）》，广泛开展“企业之歌”和企业理念征集活动，在传承冀中能源优秀文化基础上，通过召开企业服务文化体系建设座谈会等形式，加强河北航空的人文、安全、服务、质量、营销、效益等文化体系建设，充分发挥文化在促进企业发展中的重要作用。

·河北华鼎投资集团有限公司·

河北华鼎投资集团有限公司（华鼎集团），是一家蓬勃发展的跨行业、跨地区的多元投资控股企业集团。成立以来，始终秉承“融通世界，德达天下”的企业宗旨，做政府所想、为市场所需，通过产业经营与资本经营并举发展，已形成目前“房地产为主业，酒店业、金融等相关产业并举发展”的产业布局。集团业务覆盖北京、河北、山东、海南等各大城市。

下属企业有华鼎国际集团（香港）有限公司、河北金孔雀房地产开发有限公司、山东阳信美达房地产开发有限公司、山东阳信华鼎房地产开发有限公司、金孔雀国际集团（香港）有限公司、金孔雀（北京）酒店管理有限公司等数十家企业。

集团已先后在石家庄、滨州斥巨资开发建设了孔雀城、观澜国际等生态园林宜居小区。通过合作运营，地产储备项目已经覆盖到河北石家庄、唐山、张家口、邢台、沧州，山东省滨州、乐陵，海南省海口、三亚等十余地。金孔雀连锁酒店项目已覆盖北京、河北，即将辐射上海、深圳、三亚等地。

集团下属的山东阳信美达房地产开发有限公司开发建设的“华鼎·观澜国际”项目，位于山东省滨州市阳信县城区核心位置，是华鼎集团在阳信打造现代人居样板的开山之作。项目总占地120余亩，总建筑面积约25万平方米。

项目设计为纯正法兰西高尚社区，阳信首席双湖美宅，是纯粹法兰西新古典主义作品。项目定位为综合性、高品质的中高端住宅小区，专为层峰阶层量身定制了200~270平方米的跃层墅质大宅。小区还专门针对高端客户，精心配置了综合会所、运动中心、欧陆风情商业中心、棋牌室、老年活动中心、儿童游乐场、羽毛球场、篮球场等成熟周到的配套服务设施。

河北金孔雀房地产开发有限公司正在操作的“华鼎·孔雀城”项目，占地面积约73万平方米（约1100亩），总建筑面积将近220万平方米，位于河北省石家庄市东南部，是集团响应省、市政府“三年上水平”及城镇化布局的政策号召所投资建设的项目。

项目设计为低密度高尚居住社区，定位为“住宅地产+主题公园”的中高端城市综合体。项目后期将继续进行组团开发，共设计为七大板块，分别为高尔夫地产板块、文化创意板块、体育地产板块、风情商业中心、游乐城、科技产业地产、开心农场。项目建成后，必将提升城市形象，提高城市品味，推动区域经济发展。

东经纬项目位于河北省石家庄市东南环城水系，占地约160亩，预计投资数十亿建设高档宜居人文小区。东经纬项目是一项极具战略眼光的理性投资，是在当前国家宏观经济“稳中求进”，力促产业经济“调结构，促转型”

的时代背景下所做出的一项战略抉择。集团将会充分利用现有的产业基础和发展平台，进一步汇人聚财，铸就城市梦想。

沧州项目位于河北省沧州市海兴县西南部，坐落于海安路北、兴达街西。项目处于海兴县西南外环交通要道，周边配套齐全，交通便利，是海兴县政府重点规划发展区域。海兴县距离黄骅港20公里，居民消费水平在沧州地区中等偏上，中国华电集团在海兴县小山地区将修建核电站，对当地经济会起到进一步的拉动效果。项目将充分依托海兴地利优势，建设当地高标准、高品质的宜居生活社区，为海兴县房地产市场注入耀眼的亮色。

金孔雀（北京）酒店管理有限公司是一家隶属于华鼎集团，以投资精品连锁酒店为主要业务发展方向的集团公司。目前，公司正以积极、稳健的态势介入国内酒店业市场，以"投资发展国内中高端精品连锁酒店、打造中国连锁酒店业创新型品牌"作为集团公司未来3年的重大发展战略目标。拥有多年商业运作成功经验的金孔雀（北京）酒店管理有限公司正充分调用自身资源，在资源筹措、行业研究、人才储备、资金运作等方面全力支持公司内地市场的快速发展。

公司总体市场目标是在3年内以百家自主品牌连锁酒店覆盖包括全国100余个大中城市在内的国内市场，并最终以完全自主的核心业务品牌择机上市。

公司扩张发展策略是立足于更广阔、更长远、更务实的品牌化经营与发展，着眼于大行业、大市场优势协作下的大视野，率先引进更具国际化意识的战略同盟发展模式，以旗舰店带动直营店稳固前期核心市场，树立金孔雀品牌形象，中后期以投资加盟、品牌输出、委托管理形式复制成熟商业模式，扩大市场份额，形成规模效益。

公司产品服务目标是以酒店管理国际化、服务标准星级化、空间设计人性化、产品设计智能化的品牌整体优势将充分满足目标消费者的深层次需求，传递"智能服务，科技领先"的品牌理念。

公司品牌战略目标是以高端的品质设计、国际化的产品服务与形象包装、成熟的管理模式创建中国连锁酒店业最具实力的品牌之一。

上善若水，厚德载物。

始终坚信企业是社会公器的华鼎集团，2011年，被石家庄市工商联授予"优秀会员企业"荣誉称号，2012年，被河北省企业联合会授予"副会长单位"荣誉称号。2003—2011年，企业先后荣获"重合同守信用单位"、"AAA级信用客户"等多项荣誉。

集团发展规划是在未来5年内，努力打造成标准化、规范化、国际化的资本运营公司，完成集团上市。

未来5~10年内，继续展开自主发展和合作运营等多种模式，丰富产业形态，形成健康、和谐、共赢的企业生态环境，以践行社会责任，倾情回馈社会。

·廊坊市国土土地开发建设投资有限公司·

每个人的梦想都与国家民族兴衰紧密相连。中国梦犹如一个巨大的拼图，它的完成要靠每一个致力于实现梦想的个人和集体拼凑而成，地建投就是其中的一员。

廊坊市国土土地开发建设投资有限公司（简称"地建投"）于2009年3月经市政府批准组建，2009年9月正式挂牌，注册资金4亿元。公司大专以上学历人员达到90%，硕士、博士占总员工数的16%。

地建投拥有9家子（分）公司及控（参）股公司，分别是一家上市公司：廊坊发展股份有限公司；一家房地产公司：廊坊市凯创房地产开发有限公司；四家园区运营公司：国开兴安投资有限公司、国开万庄新城开发建设投资有限公司、凯创九通投资有限公司、凯创嘉华投资有限公司。另外还分别拥有一家物业公司和两家参股公司。

公司成立4年来，累计完成投资逾100亿元，涉及拆迁改造面积近300万平方米，建设面积200万平方米，成为全市同行业中承担城市改造区域最大、回迁建设面积最多的企业。截至2013年6月，公司资产总额突破50亿元大关，较成立时的4亿元增长了12倍；净资产总额11亿元，较成立时增长率达171%，国有资产增值率达到269%，国有资本积累率达到171%；2009年至今累计实现利税4.5亿元，成为廊坊市第一大国有企业。公司先后被授予"河北省城市建设先进单位"、"廊坊市先进集体单位"、"市直文明单位"等荣誉称号，并荣获"全国企业文化建设优秀单位"、"中国区域发展十大管理创新示范企业"、"中国城市建设杰出贡献地产企业"、"中国旧城改造领域公众满意十大质量品牌"、"激励中国·优秀管理创新企业"等奖项。

自2009年成立以来，地建投在助力廊坊新型城镇化建设、提升城市品质、加大保障房建设力度、改善居民居住环境、承担政府民生项目等方面都作出了突出贡献。地建投目前承担了河北廊坊新兴产业示范区、万庄生态新城、广阳现代服务业园区、广阳高新科技成果孵化园、光明片区改造、商业中心区改造、廉政教育基地、梦廊坊文化产业园、富士康公租房、新农村建设、阳光高第、廊坊发展大厦、帝景天城等十三大项目建设任务。

(一)新城镇开发建设及运营

1.河北廊坊新兴产业示范区。河北廊坊新兴产业示范区是经省政府批准建设的省重点园区,规划总面积72.96平方千米,地建投控股75%,安次区城建投占25%。目前,示范区基础设施建设范围为30平方千米,起步区10平方公里。园区自2010年下半年开始,在两年半的时间里累计完成投资20亿元,目前已基本达到九通一平,具备了超大型项目综合承载能力。总投资360亿元的5个入园项目已全面开工建设,JM集团高科技管材项目已实现部分投产,年度内即可缴纳税收,另有6家企业正在推进开工前筹备工作。示范区在谈亿元以上项目30余个,总投资超过1000亿元。

2.万庄生态新城。万庄新城地处北京新机场空港区,总面积约80平方公里,起步区10平方公里。万庄生态新城是市区向西、南扩展,建设生态、休闲、智能新城的核心地域,是廊坊市城市规划"四点"组团的一点,地建投控股60%。自从首都第二国际机场确定建设以后,万庄新城的重要地位越发凸显、价值空间越发巨大、发展前景越发美好,对廊坊市未来经济社会发展的意义更为重大。

目前,万庄新城洽商合作项目几十个,已成功引进了华北油田石油总部基地项目和北京中医药大学项目。

3.广阳现代服务业园区。广阳现代服务业园区规划总面积25平方千米,起步区10平方千米,由广阳区政府、地建投、华夏集团共同建设,地建投与华夏集团合资成立凯创九通公司,地建投控股51%。

4.广阳高新科技成果孵化园。广阳高新科技成果孵化园总面积15平方千米,由地建投、宏泰集团共同建设,地建投与宏泰集团合资成立凯创嘉华公司,地建投控股51%。

地建投公司在市委、市政府的直接领导下,取得了以上4个地处廊坊周边、环绕京津的大型园区开发建设运营权,近200平方千米的园区土地,通过地建投的运作牢牢掌握在了政府手中,使政府取得了开发建设的主导权。经专家初步测算,仅新兴产业示范区和万庄新城未来就可为廊坊带来超过一千亿元的收益,有望成为廊坊市经济发展新的增长极。

近期国家宏观政策的变化,使得这几个园区将不仅仅只是单纯的产业新区,更重要的是,它们将成为未来我市新型城镇化建设的主要承载区。示范区可作为承接京津外溢产业的重要一点,万庄则可成为空港的核心辐射区。因此,这"两园两点"即可推动北京世界城市建设,也可作为首都经济圈规划的起步区和京津冀区域一体化的纽带,最终实现"廊坊崛起"的目标。因此,对于示范区、万庄这两个有望成为未来廊坊市经济发展新动力的区域,地建投没有只限于建设一个园区,而是致力于建设产城共融的新城,把"两园"变成廊坊市新型城镇化建设的主战场。

(二)旧城棚户区改造项目

1.光明片区改造项目。光明片区改造项目改造土地面积约2200亩,涉及地上建筑物拆迁约140万平方米,回迁安置面积约115万平方米,是廊坊城建史上拆迁安置第一大工程。预计总投资额约100亿元。

公司先后实施了光明西道道路景观提升、金光道道路西延工程拆迁、北昌三个村街回迁小区拆迁和棚户区改造拆迁等四项工程。为光明片区改造配建的北昌回迁安置项目占地面积423亩,提供回迁房5594套,目前一期已竣工并交付使用。光明商务岛目前4个招商项目已经落地施工,后续企业的引进正在加紧洽谈。

2.商业中心区改造项目。廊坊市商业中心区改造项目是落实城镇面貌三年大变样的重点工程,于2010年4月启动,总占地面积约469亩,涉及拆迁建筑面积约35万平方米,分两期实施改造。

商业中心区(一期)占地204亩,拆迁建筑面积约15万平方米,改造总投资额约45亿元。商业中心区(二期)占地265亩,拆迁建筑面积约为20万平方米,改造总投资额约70亿元。项目建成后,将成为廊坊市最核心的高品质城市新中心。

光明片区、商业中心区一期、二期等几个旧城棚户区改造工程,是廊坊市城市面貌三年大变样、三年上水平的缩影,是改善民生、提高城市整体形象的重大工程,是利市利民、造福社会的民心工程。这三个项目规模大、投资高、改造周期长、社会影响深远,实现了经济效益和社会效益的高度统一:一是完善了廊坊市城市功能,为廊坊市创造了一个个高品质、高品位的城市新中心。二是起到了强烈的经济聚集吸纳效应和经济辐射扩散效应。由地建投牵头谈判引入的万达广场项目于2011年11月入驻开业,这在廊坊市的城建发展史上写下厚重的一笔,在吸引后续项目进驻、带动关联产业及增加地方税收等多个方面做出重要贡献;三是带动了地区就业,同时为地方财政创造巨额税收;四是促进了廊坊商业层次的提档升级,带动了第三产业的发展,进一步完善了产业结构;五是全方位满足并提升了群众的消费需求,引导市民消费观念,改善生活品质,使廊坊市民的消费观念进入体验消费时代;六是将有限的城市中心土地资源集约节约利用,科学规划利用廊坊市每一寸土地,整合城市交通枢纽、商业设施、开放空间等城市要素,提升了基础设施质量,形成地下地上一体化、复合化的新兴城市公共空间,并有助于积累廊坊立体空间开发方面的先进经验。

这三个旧城改造项目的实施,对廊坊城市商业的发展和城市社会系统的变迁产生了复杂而深刻的影响,改变了我市城市商业的格局和城市发展空间布局,对促进我市商业发展,加速城市现代化进程都起到了举足轻重的作用。

三、上市公司运营

1.上市公司基本情况。为了缓解我市城建资金压力,实现多元化多渠道融资目标,公司在上市工作领导小组的带领下,于2011年6月顺利收购了一家在上海证券交易所上市的公司,并将其更名为“廊坊发展股份有限公司”。经过近两年的努力,廊坊发展已顺利完成了迁址、解除退市风险警示和其他特别处理(摘“星”去“st”)、优化公司治理等一系列工作,成为廊坊市第一个也是唯一一个国有控股的上市融资平台,我市也因此具备了利用国有上市公司从资本市场开展股权融资的基本条件。

充分利用国有上市公司融资平台,我市可以顺利打通从证券市场融资的广阔通道,实现从资本市场持续融入股权性资金的目标,很大程度地解决城建资金不足问题,带动我市“小四点”和“大四点”的开发建设以及旧城改造等工作,促进我市国有资本和城市经济的快速发展。同时也有利于增强国有经济实力,促进国有资本快速增值;有利于科学引领城市发展方向,提升城市品牌价值;有利于我市直接引导各类资本的战略投向,增强市政府对土地资源的掌控力,加快推进招商引资,促进形成符合廊坊市发展要求的产业集群,提升城市品牌价值与影响力。

未来,地建投公司将以新城镇开发、建设及运营为中心,服务于新型城镇化建设,营造优良的园区投资环境和宜居的生活环境,为建设“智慧城市、绿色城市、生态城市”做贡献,为美好的“中国梦”蓝图添砖加瓦。

·唐山曹妃甸发展投资集团有限公司·

唐山曹妃甸发展投资集团有限公司成立于2007年7月,是曹妃甸工业区国资办出资成立的国有独资公司,主要肩负着曹妃甸工业区基础设施建设投融资及城市运营职能。目前,集团注册资本39.2927亿元,总资产893.285亿元。在各级政府及领导的大力关心和支持下,曾先后获得全国五一劳动奖状、“全国工人先锋号”、”河北省青年文明号”、“唐山市安全生产管理先进单位”、“唐山市银行业最守信用贷款企业”、唐山市“文明建设先进单位”及”曹妃甸工业区社会治安综合治理目标管理先进单位”等多项荣誉称号。

现集团总部下设7个职能部室、一个工程建设管理中心,拥有员工168人,其中硕士及以上学历16人,本科101人,中高级职称53人。集团旗下共有31家子公司。其中全资子公司16家、控股子公司5家、参股子公司10家,行业涉及房地产、旅游酒店、物流、铁路、建筑、供气、供水、供热、污水处理、石油化工、疏浚造地、电动汽车研发、海水淡化循环利用、三网融合、再生资源、新能源等多个领域。

集团承载着730万唐山人民的蓝色梦想,是开发建设曹妃甸这块“黄金宝地”的主力军。目前共计完成造地180.27平方千米,路网建设353.78千米,形成河道57.7千米,绿化总面积279.42万平方米,建成标准厂房总建筑面积为57.66万平方米,建成商住总建筑面积为137.71万平方米,供热面积已达到400万平方米。其中67平方千米的土地已经基本达到项目入驻条件。已建成和在建的工业区标志性重点项目包括“希望之舟”大桥、1号路跨纳潮河大桥、甸头立交桥、置业大厦、四海公寓、曹妃岛酒店、金岛大厦、文晟酒店、港航大厦、装备制造区标准厂房、装备制造大厦、科技大厦、物流园区、钢铁电力服务基站、高新区标准厂房、污水处理厂等,这些项目的建设已为驻区企业和人员的生产生活提供了极大便利。

在项目推进中集团始终以科学发展观为指引,不断创新、积极探索,努力把循环经济理念融入到各工程项目中。集团已投资建设的污水处理厂项目、太阳能项目、供热项目、海水淡化项目等都是工业区循环经济产业链中的优良典范。

集团坚持以人为本,倾力打造优秀工作团队。为加强内部规范管理,集团聘请专业的咨询公司制定和完善各项管理制度,梳理所有工作流程,并开展多项培训提升员工素养及执行力。目前集团不仅已完全实行无纸化办公,而且各项管理工作均有章可循,实现了岗位职责明确、工作流程清晰、管理科学高效。

承担社会责任是企业的使命,集团从成立之初就以回报社会、构建和谐社会为己任。被共青团唐山市委列为唐山市青年科学发展实践基地及四大高校社会实践基地,为大学生创业、就业提供了新的平台。每年定期开展“博爱一日捐”和“慈善一日捐”等慈善活动,积极为汶川、玉树、舟曲、雅安等灾区捐款捐物，主动承担社会责任。

未来集团将继续依靠上级党委、政府的正确领导,秉承“敢于承担、敢于超越、倾尽全力、锲而不舍”的企业精神,立足曹妃甸工业区，以工业区基础设施建设为纽带,以资本运作为手段,以城市运营为目的，由单一的城市建设商向城市投资商、城市运营商及能源供应商转变，最终建立完备的资产管理体系，创建自主的利润生成中心和长久的利润增长点，成为具有核心竞争力的国际化投资集团。

·鑫瑞恒投资集团有限公司·

鑫瑞恒投资集团有限公司是集投资、融资、法律、担保、实体经营、酒店物业管理等功能为一体的综合型集团公司,涉及新能源、金融、物流、房地产、高新技术等众多领域。

【风雨兼程　步伐稳健】

鑫瑞恒的前身是石家庄瑞恒投资咨询有限公司，成立于2009年。在2010年,公司决定战略转型,向产融投一体化企业发展,先与青岛福元运通合作，实现了强强联合，然后又相继成立了盈华律师事务所、邢商担保公司。

在2012年,公司先与河北省企业融资服务协会合作成立了北京大学汇丰商学院“私募股权投资(PE)与企业上市的河北教学中心”,又入股成立河北冀商股权投资基金管理公司,同年,又成立了石家庄桥东分公司和邢台分公司。

在发展投融资业务的同时，公司贯彻中央精神，转而支持实体经济。更把目光投向了酒店物业管理,抓住时机,成立了四家酒店(中美格林豪泰酒店肃宁店、北京密云佳远酒店、邢台鑫海大酒店、汇景酒店）和两家物业管理(如家酒店正定定福大厦店、莫泰酒店西三庄店)。为帮助具发展潜力的企业，又成立了河北富地创业投资有限公司。

历经几年的试炼与发展,公司已经由一个单一的投资咨询公司成功转型为法律+投资+担保+基金+酒店物业管理一条龙的产融结合的的集团化运作模式的企业。这样的运作模式更有利于为中小企业服务。这是鑫瑞恒人不畏险阻,勇于开拓的结果,更是集团领导人的正确引领所造就的,相信在不久的将来，公司会发展的越来越成熟，会为更多信赖我们的客户带来福音。

【旗下企业　多元发展】

石家庄瑞恒投资咨询有限公司

石家庄瑞恒投资咨询有限公司，是鑫瑞恒旗下从事民间投资与理财的金融中介专业机构。公司主要从事民间借贷、投资理财、银行贷款、股权投资、企业融资策划、房产中介、中小企业上市培育等咨询业务。经过不断发展,在2010年成立新华分公司,2012年又相继成立了桥东分公司、邢台分公司。

几年来，瑞恒公司凭借着标准规范的服务和专业的律师风险控制力在河北省民间借贷中介机构中脱颖而出。公司全面融入各种担保抵押方式的投融资、个人理财产品,为借贷双方牵线搭桥,使有闲钱的客户资金得到升值,也解决了缺少运营资金企业的燃眉之急。

对于急需融资的客户，瑞恒公司依托自己强大的融资专业集群,根据客户的条件、资产状况、借款用途制定合理有效的融资规划方案，为其匹配资本机构和贷款产品，并为其提供一条龙的服务。对于持有闲散资金,希望资产持续增值的客户，公司根据客户不同的理财需求、风险偏好、预期收益等，为客户制定系统的投资理财策略及方案，直接为客户匹配理财产品,保证客户投资灵活、资金安全、获得稳健可观的收益,实现企业及个人的价值提升。

公司现有业务主要分理财与借贷两部分，其中借贷业务又分为两种:一种是民间借款,一种是银行借款。公司特有的一条龙的金融超市为中小企业融资提供了保障。对于有发展前景,有市场潜力的种子公司，鑫瑞恒集团旗下的富地创业投资公司可以进行风险投资，帮助企业走出开业之初的困境。到了起步阶段,公司可以通过联系融资租赁公司，进行设备租赁。这就很大程度避免了企业因购买设备花费了大量资金，致使后期流动资金不足的问题。到了企业成长阶段，公司可以通过民间资本和银行资本两方面进行融资。经过几年的完善与发展,公司现在民间贷款业务包括了房产抵押、担保、汽车质押、大宗货物监管、过桥垫资、短期拆借、金融租赁在内的十余种产品，可以根据企业的实际情况量身打造融资方案。而在银行贷款方面,我们也有了长足的发展，到现在可以为企业进行不动产抵押、联保、担保、订单融资、动产监管等各方面的融资。通过从民间或银行两方面引入资金，可以帮助企业在发展的道路上顺风前行。企业发展成熟后，公司也可以协助企业进行上市运作。不但能很大程度上提升企业的形象，也为企业融资拓展了一个新渠道。

成立4年来，公司凭借雄厚的资本实力、先进的理念与管理优势，不断加强创新及优化企业竞争力，在投资理财方面积累了成熟经验,取得令人瞩目的业绩,被业内外所认可和推崇。2013年至今，我公司已成功为中小企业融资22.8亿元,其中民间资本8.3亿元,银行资本14.5亿元。当然我们前进的脚步不会就此停止。我们将以合法、专业、快捷、阳光的服务模式引领河北省的民间借贷服务行业，力争成为河北省最具美誉和信誉度的民间金融服务第三方高端服务品牌、引领河北省民间金融服务行业的健康、正规发展。

河北盈华律师事务所

河北盈华律师事务所是鑫瑞恒旗下又一支撑性产业。2003年2月经河北省司法厅批准注册成立，是一家综合性合伙制律师事务所，致力于为广大中小企业提供企业、全面、及时、优质、高效的法律服务。

盈华的主要业务领域：公司法律事务、金融与资本市场、房地产与建筑工程、知识产权、争议解决。作为一家致力于提供全面的商业法律服务的律师事务所,在多年的执业过程中，盈华为众多客户提供了各个专业领域的法律服务。为保证法律服务的高质量和适应法律服务专业化的需求，盈华的每位律师通常专注并专长于某一两个业务领域。当客户有涉及不同领域的综合法律服务需求时，各业务领域的律师可随时提供支持和紧密协作。

2005年，河北盈华律师事务所被评为河北省AAA级律师事务所，并连续多年被评为石家庄市“先进律师事务所”“优秀律师事务所”。盈华律师事务所紧跟市场发展和法律服务特点，组建了知识结构优化、专业方向明确、符合社会需求的专业法律服务部门。律师事务所下设公司商业事务部、金融资本市场部、知识产权部、诉讼仲裁部等专业化部门,为中小企业提供专业化、品牌化、规范化的法律服务。

现在盈华律所已与多家会计师事务所、咨询管理公司、投资公司、金融机构等专业性服务企业和公司的独立专业服务组织建立了长期稳定的的信息交换渠道和业务合作平台，有效地满足了广大客户多元化、多层次的需求。

鑫瑞恒集团以投资为基础，以房地产开发、现代科学技术与现代金融资本为龙头；集风险投资、担保行业、房地产、新能源、及酒店物业管理为一体的多元化、产业链条化、集约化企业,现在拥有独资、合资、合作经营企业20余家。集团凭借雄厚的经济实力，采取产业经营与资本运营有机结合的经营方式,以人为本、以资产为纽带、以效益为中心,不断超越自我昂首前进。

【团队精神　协作竞争】

在发展业务的同时，公司也致力于企业的团队建设。集团总经理马延军曾说过:“团队建设是现代企业管理的一个基础，是一个平台，也是构建公司的一个基本出发点。没有最优秀的个人,只有最优秀的团队。”

经过多年来的辛勤耕耘和不懈努力,鑫瑞恒不断发展壮大。鑫瑞恒集团的创业者克服了难以克服的困难，干成了难以干成的事业，造就一支吃苦耐劳、身体力行、脚踏实地、团结协作的团队，这是集团最大的财富。集团奉行"牵手瑞恒、财源亨通”的理念,秉承“交流、促进、合作、多赢”的企业理念,坚持"人才优先于资本"的发展理念云集了一批学识渊博、经验丰富、业绩优良的高级管理人员,形成了企业明显的竞争优势。

【企业文化　企业灵魂】

企业文化是一个公司的灵魂。一个公司有了灵魂才能有长久的发展，否则必定会在历史的长河中被淹没。而鑫瑞恒经过不断地发展也有了自己的企业文化。

品牌价值:鑫瑞恒　新未来

企业理念：交流 促进 合作 多赢 诚信 责任 感恩 卓越

企业使命：放大财富价值 助力小微企业

品牌目标：牵手瑞恒 财源亨通

管理理念：凭专业安全增值 借经验解难小微

靠团队凝聚力量 以创新追求卓越

运营模式：中国民间资本对接服务商

专业服务小微企业的平台

回首过去,我们感慨万千。展望未来，鑫瑞恒集团将会在公司领导的带领下，抓住党的十八届三中全会带来的新机遇，不断创新经营管理理念，坚持资本运营与产业经营相结合，股权经营与实业投资相结合,力争在新能源、金融服务、房地产、物流、酒店物业管理等投资领域成为河北省的主力军，把鑫瑞恒集团建设成为具有较强品牌优势、资产实力和资本运营能力一流的集团公司。

·瑞华会计师事务所河北分所·

我们一直致力于建设一种烙有自己个性的企业文化,一个“先做人,后做事”的原则,一条“共建、共享、共赢”的道路,一个“让公众信赖,让客户满意,让员工快乐”的事务所——对得起我们的员工,对得起我们的客户,对得起使用我们报告的社会公众，对得起我们“生于斯、养于斯、赖于斯”的社会。

瑞华会计师事务所（特殊普通合伙）是由原中瑞岳华和原国富浩华在平等协商基础上于2013年4月联合成立的一家专业化、规模化、国际化的大型会计师事务所，是我国第一批被授予 A+ H 股企业审计资格、第一批完成特殊普通合伙转制的民族品牌专业服务机构，系美国 PCAOB（公众公司会计监督委员会）登记机构，业务涉及股票发行与上市、公司改制、企业重组、资本运作、财务咨询、管理咨询、税务咨询等领域。

瑞华所总部设在中国北京，执业网络遍及全国，具有雄厚的专业技术力量，凝聚了一大批具备深厚专业素养、丰富实践经验、良好沟通能力及团队精神的行业精英。事务所现有从业人员 9000 多名、注册会计师 2600 名、合伙人 320 名、全国会计领军人才 23 名，多人担任财政部、证监会、国资委、中国注册会计师协会等机构的专家委员。

瑞华所拥有丰富的战略伙伴资源，包括国家电网、航天科工、中远集团、东风汽车、国旅集团、国家核电等 40 多家国务院国资委直属中央企业，中船重工、华谊兄弟、海信电器等 340 余家上市公司，鞍钢股份、大唐国际、中新药业、哈动力、东北电气等多家 A+H 股、A+S 股企业，客户遍布制造、采掘、电力、水利、交通、航运、房地产、建筑、农林、教育、医药、信息、新闻出版、文化娱乐、银行保险等行业，具有丰富的执业经验。

瑞华所秉持"诚信、专业、责任、创新"的精神，以高起点谋划全局、高标准开展工作、高水平推动发展、高要求砥砺精神，专业报国、服务社会、成就员工，推进制度创新，拓展多元业务，培育高端人才，强化风险管控，深化信息建设，倡导技术引领，构建合伙文化，擦亮专业品牌，为中国注册会计师行业提供专业领跑的力量。

瑞华会计师事务所（特殊普通合伙）河北分所设立于 2012 年 4 月，是瑞华会计师事务所在河北的唯一分支机构，以原国富浩华会计师事务所河北分所与中瑞岳华会计师事务所河北分所团队为基础组建，能够承办全国性审计、验资、咨询等法定中介服务业务和证券、期货相关的审计、评估业务。

1996 年，我所前身河北华益德会计师事务所成立；1999 年，事务所与原主管部门脱钩；2003 年，现任年轻的领导班子组建；2005 年，与北京中企华资产评估公司合并，变更为中企华君诚会计师事务所河北分所；2008 年，变更为中兴华会计师事务所河北分所；2012 年，设立国富浩华会计师事务所（特殊普通合伙）河北分所，专业团队整体转入。2013 年，与中瑞岳华河北分所合并，更名为瑞华会计师事务所河北分所。

我所内部设置审计部、评估部、管理咨询部、税务咨询部、工程造价咨询部、业务监管部和综合部。同时，还设有"执业质量及风险控制委员会"和"人力资源考核评价委员会"两个非常设机构。

经过 10 余年的发展，目前河北分所拥有员工 130 余人，全部具有大学专科以上学历，其中研究生学历 3 人，中共党员 22 人。员工平均年龄 32 岁。

公司具有以下从业资质：

□审计资格

□证券期货相关业务审计资格

□大型金融企业审计资格

□国有特大型企业审计资格

□中国证监会风险处置中介机构

□河北省国资委所出资企业财务审计 16 家 A 类会计师事务所之一

□河北省高新技术企业认证资质事务所

□资产评估资格

□证券期货相关业务评估资格

□探矿权采矿权评估资格

□土地评估中介机构

□房地产估价中介机构

□河北省国资委选定资产评估机构

□工程造价咨询甲级资质

公司业务以审计、评估为主，同时开展了管理咨询、税务咨询、会计服务、工程造价咨询等相关业务，在相关服务领域有丰富的执业经验；在煤炭、钢铁、港口、电力、通讯、医药、制造业、金融、房地产、贸易、农林、教育等行业具有丰富的案例积累，可以为各类客户提供综合性专业服务。

审计业务：公司改制及上市（IPO）审计、盈利预测审核；上市公司年度财务报表审计；公司内部控制审计；国有企业年度会计报表审计、清产核资、债券发行审计；金融保险企业年度会计报表审计、会计报表审阅；企业收购、兼并重组、清算审计；企业领导人任期经济责任审计；基本建设项目竣工决算财务审计；企业注册资本、实收资本验证业务；财务调查、商定程序审计及其他与审计相关的业务。

资产评估：企业改制资产评估；上市、重组资产评估；企业价值评估；单项资产价值评估；企业破产资产评估。

管理咨询：公司并购及 IPO 财务顾问；公司内部控制评价与设计；公司发展战略规划；组织机构整合；业务流程重组（BPR）；绩效考核体系设计；长期激励计划设计；企业文化咨询；全面预算管理；集团财务管理；商业计划书；收购兼并策略与实施；投资/融资财务顾问。

税务咨询：税务咨询及常年税务顾问；企业所得税汇算清缴审核；纳税筹划；税务代理；国家税务总局规定的其他业务。

工程造价咨询：工程造价审核；工程预算编制；工程跟踪审

计;投资项目后评价;工程造价信息咨询。

公司管理先进、质量保证措施完善,质量控制严格。

公司自成立起就十分重视制度建设。在行业主管部门的指导下,经过几年来的实践和摸索,公司逐步形成了完善的管理框架和业务风险控制体系。在质量控制体系方面,具有严格的项目负责制和三级复核制度。执业质量和服务水平得到主管部门和客户的一致认可。

我们的服务客户涉及各行各业,遍布省内外。十几年来,我们先后为农业银行、国家电网公司、中国网通、中国联通、华能集团、华电集团、中石油、中国人保、河北钢铁集团、开滦集团、冀中能源集团、黑龙江龙煤集团、河南永煤集团、内蒙古海拉尔大雁煤矿、四环药业股份有限公司、河北建新化工股份有限公司、宁夏华亿镁业股份有限公司、石家庄汇金机电有限公司等大型企业集团、上市公司、IPO 提供专业审计、评估、咨询服务。

河北省国资委直属监管企业 28 户,资产总额 5896 亿元,其中河北钢铁、冀中能源、开滦集团、河北港口、河北建投等五大集团资产比例近 80%。经过几年的努力,我们已成为以五大集团为代表的河北省支柱型骨干集团的主要中介服务机构,在省属国有企业审计市场中占有率名列前茅。

在刚刚起步的民营经济资本市场,我们亦进行着艰苦而卓有成效的跋涉。截至 2011 年 6 月底,常年民营企业 IPO 审计客户 4 家,咨询客户 5 家。其中,历经 3 年艰苦努力,帮助沧州建新化工股份有限公司于 2010 年 9 月在创业板成功上市。

内部管理方面,我们自主研发构建了玉壶冰信息系统,使项目管理全过程信息化,大大优化了项目管理。同时,由其延伸的行政办公等内部事务管理信息化,使事务所内部管理得到进一步提升。

目前,该系统已成为我们的内部管理平台、信息沟通平台和网上技术文库。

随着网络通信技术的提高,我们将"项目云计算"列入下一步的发展规划,即通过建设大规模、高配置的服务器集群,结合高质量的网络通信技术,拉近项目现场、被服务单位、行业专家之间的距离,通过权限配置、职责分工等在服务器上实现实时办公、异地办公。

我们对企业文化建设非常重视,经过多年积累,逐步形成了以"先做人,后做事"为核心文化的企业文化体系:

愿景:开拓创新,竭诚服务,成为河北省内最优秀的财务公司:公司收益最高,员工收入和满意度最高,服务竞争力最强,企业文化最先进,最受社会尊重。

使命:为客户规范管理和科学决策提供高品质的专业服务,为中国经济健康发展、社会不断进步而奋斗。

核心价值观:让公众信赖、员工快乐、客户满意

道路:共建、共享、共赢

工作氛围:阳光、简单、快乐

经过十余年的努力,业绩不断提升。2007—2010 年,河北省注册资产评估师协会公布的河北省资产评估公司收入排名中,我们的排名由第 17 位跃居到第 1 位。2005—2010 年,河北省注册会计师协会公布的河北省会计师事务所收入排名中,我们的排名由第 11 位跃居到第 5 位。在客户、国资部门、政府有关部门及行业主管部门中均获得好评,享有盛誉。

·河北建工集团·

河北建工集团的前身是河北省建筑工程局，成立于1952年。1997年9月经河北省政府批准，改组改制为河北建工集团，是河北省国资委履行出资人职责企业和国有资产授权经营机构。集团现有房屋建筑工程施工总承包特级资质1项，市政、冶炼、化工石油、装饰装修等施工资质60项，年生产能力300亿元。形成了水处理施工、水泥生产线施工、冶炼和焦化设备安装以及地下空间施工等一批拳头产品与核心施工技术，是中国企业500强和中国承包商企业60强。先后荣获全国五一劳动奖状、全国建筑业先进企业和中国建筑业标杆企业等诸多国家级荣誉称号。集团现已发展成为建筑施工、工业与民用设备安装、房地产开发、物流、对外工程承包、进出口贸易等综合国有大型企业集团，年带动社会劳动力就业20余万人，为国民经济发展做出了一定贡献。集团现有职工14410人，拥有各类专业技术人员3928人，正高级职称165人，享受国务院特殊津贴的专家6人。所属子公司11家，其中全资子公司5家，控股公司5家，参股公司1家。

一、实施转型发展，实现企业的平稳增长

2013年国内经济环境不稳定因素致使诸多行业经济增速放缓或后退，建筑业的寒冬已初步显现。为此，集团领导班子审时度势，积极转变发展方式，依托施工主业、房地产第二主业，加大了物流、海外、设计、科技引领、投资板块业务，逐渐形成了“两大主业、五大板块”战略格局，集团主要经济指标平稳增长，2012年底企业经营规模达246亿元，同比增长16.5%。

二、调整产品结构，实现建筑主业挺进高端市场

高层施工领域，先后承建了120米高的成都解放北路商住楼、149.4米高的沈阳富邦浑南综合体、150米高的昆明金恒财富广场和211.75米高的洛阳正大国际广场等工程，实现了超高层建设的连续突破。地下空间领域，继北京奥林匹克公园地下空间工程后，又承接了北京奥体文化商务园工程，巩固了承建地下空间工程的优势。环保工程领域，开发了光大国际山东寿光垃圾发电厂、安徽含山生物质发电、鲁能康保风电等环保工程。去年承接的青岛高新区污水处理厂弥补了集团地下污水处理工程施工的空白。轨道交通工程领域，承建了天津地铁1号、2号线，获“海河杯”和天津市五一劳动奖状，目前正在建设大连地铁项目。大型群体工程领域，阜阳市农民集中安置区(造价7.5亿元)等项目的承接，进一步拓宽了经营领域。随着高端施工能力不断加强，集团先后为社会创建了以太行国宾馆、沧州招商大厦为代表的鲁班奖工程26项(次)，是省内获鲁班奖工程最多的企业，保持了连续13年每年至少1项的记录。

三、扩展市场结构，实现国内外市场共发展

经过不断的完善和发展，集团市场覆盖全国30个省市区。市场结构的进一步优化，为化解投资放缓、减轻所受冲击、保持企业平稳发展奠定了基础。同时，集团加快“走出去”步伐，积极拓展海外市场，并与中国港湾公司达成了联合开发沙特市场的协议。目前在建的海外项目有喀麦隆大使馆、尼日利亚和坦桑尼亚6000吨/日熟料水泥生产线3个项目。

四、打造第二主业，实现建工地产品牌塑造

建筑企业从事房地产业具有天然的优势。集团2009年开发的石家庄建瓴嘉苑已成为桥西高端小区，目前在建的有沧州凤凰城、山东莱州、庆云祥云国际城等200多万平方米的房地产项目。近期，集团与石家庄周边县政府洽谈的市民公园开发项目取得较好进展，集团作为投资商修建公园，政府提供土地用于房地产开发，不仅有利于带动当地经济发展，提升县级城区面貌和人民生活品质，也将有力促进集团产业链向投资、设计、建设、运营管理一体化的工程总承包转移。

五、板块布局成型，实现各专业公司稳定发展

自2012年以来，为实现从施工总承包向工程总承包战略转型，延伸施工产业链，集团先后成立并运营了物流、钢结构、园林绿化、建筑设计、科技开发等实体单位，初步形成了多元发展的格局。建筑设计院取得了乙级设计资质并实现了稳步发展，正向晋升甲级设计冲刺。物流公司开展了钢材、木材、橡胶、五金设备等业务，预计全年可达15亿元以上。计划两三年内逐渐拓展到第三方物流。钢结构公司累计完成产值近6000万元，实现了业务的不断拓展和高端产品设计与制作能力的不断提升。园林绿化公司初步完成了业绩积累，正向一级资质迈进。科技开发公司于2013年9月成立，其发展方向为依托集团国家级技术中心的优势和相关专利技术，开展与建筑业有关的建筑施工智能化装备、建筑工业化及实用新技术的研发与生产。

六、重视科技进步，实现集团核心竞争力不断提高

集团继2012年成功晋级国家技术中心后，申报的《新型干法水泥生产线综合施工技术研究》，5项科研成果(其中3项科研成果达到国内领先水平，2项科研成果达到国内先进水平）和1项新技术应用示范工程（渤海航运服务中心新技术应用示范工程达到国内领先水平)，全部顺利通过了省住建厅组织的专家鉴定和验收。申报专利11项（其中发明专利1项)，截至目前，共获批专利74项(其中发明专利10项)。17项工程被列为河北省建筑业新技术应用示范工程计划项目。16项QC成果被推荐到中建协、中施协等单位参评省级以上优秀QC成果奖。

七、强化基础管理，实现集团发展基石稳固可靠

一是始终坚持“三、六、五、四”的安全管理理念，确保了集团安全生产无事故。“三零”理念，即零隐患、零违章、零事故。“六个常态化”，即安全教育常态化、安全检查常态化、隐患排查常态化、专项治理常态化、安全投入常态化和样板观摩常态化。“五提升”，即提升企业本质安全管理水平、提升企业专项治理水平、提升企业隐患排查水平、提升企业技术保障水平、提升企业安全文化建设水平。“四转变”，即从被动防范向源头治理转变、从集中整治向自觉规范管理转变、从事后救火向事前夯实基础转变、从防范死亡事故为主向打造安全文化转变。二是始终坚持项目管控，有效防范了经营风险。对以往存有风险的项目进行大力度的消缺，及时消除风险，保证项目利润。同时，高度关注新跟踪项目，加大对项目的评审力度，确保项目承接零风险。三是始终坚持制度创新，持续改进了企业管理。完善规章发布了《企业标准(2013版)》，包括现行的制度、办法107项，顺利通过“三合一”管理体系审核。四是始终坚持落实责任目标，确保了国有资产保值增值。与各子公司、各分公司签订经营目标责任书，将经营目标分解到位，为顺利实现年度目标提供了保证。

八、重视党建工作，实现集团创先争优有声有色

一是开展党建十大工程，积极发挥党委政治核心作用。集团党委《围绕转变发展方式，发挥国有企业党组织政治核心作用问题研究》荣获省委组织部党建研究一等奖，母子公司四家同获河北省文明单位。二是认真开展创先争优和解放思想大讨论活动，被省委授予河北省创先争优先进基层党组织。三是探索开展项目党建示范点创建活动，以点带面促进集团基层党建工作上水平、出成效。四是广泛开展企业文化建设，积极融合母子公司文化，被省委宣传部等五部门评为河北省企业文化建设示范单位。

·河北路桥集团有限公司·

【概况】

河北路桥集团有限公司成立于1950年，前身为河北省交通厅公路工程局，上级主管单位为河北省国资委。注册资金3.1亿元，总资产32亿元，是国有大型公路工程专业施工企业。具有公路工程施工总承包特级，市政公用工程总承包壹级、公路路基、路面、桥梁、隧道专业承包一级，公路工程监理甲级、公路养护工程施工一类、二类(甲级)、房建工程施工总承包贰级等共12项资质，同时还有国外工程承包资格，并可承建铁路土建工程的施工。

集团共有在职职工2774人，拥有生产用机械设备1471台(套)，其中大型设备317台(套)，特别是路面施工设备大多为进口先进设备，设备装备水平在全国同行业处于领先水平。每年可完成高速公路路面250千米，大型桥梁14000延米,房建工程5万平方米,交通安全设施200千米。

集团实行董事会领导下的总经理负责制经营管理模式，董事会下设战略与规划、预算与审计、提名考核与薪酬、人力资源与创新、工程管理等5个委员会。集团内部职能部门12个,控股子公司12个,3个分公司。

集团是河北省建筑行业重点扶持的10家大型企业集团之一,是河北省唯一一家公路施工总承包特级资质企业。2012年集团在建项目履约情况良好，多数项目获得了荣誉称号。其中:邢衡1标项目部获得“先进施工单位”荣誉称号；邯大9标在业主组织的年终评比中荣获第1名；承秦LM4合同在交工验收综合评比中获得第1名;郴宁高速公路第33合同段被授予“A级合同段”荣誉称号,并多次受到业主全线通报表彰,被郴宁高速业主推荐为湖南省重点劳动竞赛先进集体；承赤项目部在年终评比中被授予“优胜单位”称号;内蒙古双通项目获得土建工程施工综合评比一等奖;音江项目获得施工单位综合评比第1名,将集团向内蒙古交通厅推荐为AA级单位;邯郸BT项目获得邯郸市干线公路综合检查第1名;漳永高速A10标段获业主“第四季度标准化典型示范优胜标段”,以上荣誉彰显了河北路桥核心竞争力和实力优势,做强了品牌。

【主要指标】

2012年，集团以市场开发为“龙头”,以工程管理为保障,以经济效益为中心，分析经济运行形势,掌握经济运行特点,确保经济运行质量,不断扩大整体规模,不断增加整体效益。从主要指标完成情况分析,其主要特点是:稳中求增与稳中有增。

2012年，集团在建主要项目33个,实际累计完成工作量31.38亿元,同比增加5.32亿元,完成年计划的102.48%,净资产收益率实际完成4.06%，高于指标1.03个百分点;经济增加值EVA实际完成4377.54万元，高于指标391.3万元；万元增加值综合能耗实际完成802.91千克标煤/万元,比指标节约96.76千克标煤/万元再创集团最高纪录。集团所承揽项目中间交验一次通过率90%以上,交验工程质量合格率达100%,竣工工程优良品率达85%以上,在业主、监理组织的质量评比中,始终保持在85分以上,没有发生等级质量事故，圆满完成了年度质量工作目标。

【生产经营】

2012年，集团落实驼梁会议精神,立足于找问题、挖潜力、练内功、强管理,践行核心理念,注重发挥核心价值理念在施工生产中的积极作用,努力打造“学校文化”和“军队文化”双模块文化建设,倡导员工立足岗位,树立“强烈的目标意识、契而不舍的精神、咬定目标不放松的工作作风”,发扬“争创精品、勇夺第一;吃苦耐劳、甘于奉献;知难而进、讲求科学;百折不挠、永不言败”的河北路桥精神，为施工生产顺利进行提供了强有力的政治保证。

信息化建设工作是衡量企业管理水平的重要标志。集团投入资金，健全综合项目管理信息系统，利用先进的软件和网络技术对项目进度、成本、资金、合同、物资、劳务、设备、质量、安全等功能进行不断完善，促进了集团工作效率和管理水平的提升。

【企业管理】

战略就是方向,就是目标。按照“打造河北领军、全国一流的综合性公路建设集团”的企业愿景,集团适时修订和完善了“十二五”规划,确定了“十二五”末营业收入达到120亿元、总资产达到60亿、利润总额达到3亿的发展目标。在总体战略规划的指导下,集团制订了人力资源、工程管理等单元中长期战略规划。各子公司结合实际均制定了各自发展战略规划,确定了战略板块目标。通过完善“十二五”规划,让员工看到了企业愿景,明确了目标,增强了信心，也使集团整体规划得到更有效的落实。

集团不断拓宽投标思路,重在省内,着眼省外,谋划海外,重在亚洲,充分利用各种资源,不断建立共赢战略伙伴关系，争取了更多的市场份额。目前,结合市场情况,成立了天津、贵州、新疆、深圳、内蒙古5个驻外分公司。

集团积极谋划资质战略,把资质申报工作做为大事来抓,旨在扩大整体规模，奠定企业做大做强基础。集团上下完成了技术中心和实验室验收、信息录入、申请专利、上报工法、发布行业标准等一系列工作，取得了总承包特级资质证书。

第七公司通过公路总承包资质“三升二”报批;集团公路总承包一级资质申报工作正在有序进行。一年来,集团提高了在市政、隧道和桥梁钢构施工方面的经营业绩。

【资本运作】

面对集团规模不断扩大的发展趋势，资金紧缺已经是制约集团发展的一大课题。为此,集团成立了投融资中心，积极拓宽融资渠道,在提高综合授信额度、提升银行信用等级、不断拓宽融资渠道方面做了大量工作，分别在建行、中行、中信、民生、华夏、河北银行等6家银行进行了年度评级、授信,总计授信额度21.13亿元。

集团为满足生产经营、办理投标保函的资金需求，积极探索融资方式。在开展设备售后回租和委托贷款的融资渠道后，通过工会信托融资方式续融资金9707.82万元；通过新开辟国内信用证、银承贴现和保理融资16800万元，保障了企业经济正常运行。

【重点项目】

集团将BT项目做为市场调查、论证、参与开发的重点。调动全体员工的积极性，不断拓展融资渠道，积极寻找和跟踪BT项目，保持信息渠道的畅通，在BT项目上取得了突破。邯郸“三路一场”BT项目得到了邯郸市政府的高度重视和多次表彰，业主单位高度肯定了集团的优秀项目管理水平。该项目为河北路桥赢得了荣誉并积累了一定的成功经验。

【对标挖潜】

积极探索项目部管理的新体制和新机制，建立项目经理承诺制度。以对标管理为切入点，严格“标后预算”管理，强化过程控制和监督机制，规范材料采购、设备租赁和劳务分包等程序，实施重要事项重点管控，对省内14个项目开展了项目过程控制检查，通报了检查情况，提出了整改措施，进行了综合评比，对杜绝项目亏损、不断提高整体经营效益起到了推动作用。

【科技创新】

坚持科技兴企战略，不断建立和完善技术、管理创新体系，依靠科技进步提高集团核心竞争力，为集团持续发展提供有力的技术支撑。在科技创新方面，建立组织，明确课题，形成产、学、研相结合的技术创新体系。优化企业科技资源配置，提升企业的自主创新能力，不断推进科技进步和产业升级。

2012年集团召开首届创新大会，系统总结了2011年“创新年”成绩，表彰了有贡献的单位和个人，制定出台了《关于建立长效创新机制的决定》和《创新工作长效机制实施方案》。2012年，集团完成管理创新22项；科技创新项目11项，其中：科技成果3项，获得省部级工法8部；由国家商务部批准颁布两项机械行业标准；获得省科技成果1项；2012年，国家知识产权局授权集团实用新型专利9项；湖南郴宁项目路面掺加玄武岩纤维的SMA改性沥青混凝土表面层施工工艺取得突破，得到了湖南省路面专家吴善州教授的高度赞扬。

【海外发展】

集团在菲律宾第一次以河北路桥的名义参加了菲律宾二期国家道路改造和治理工程项目，该项目是菲律宾国道改造和治理工程项目Malalag – Malita – J.Abad Santos公路改造项中的Malita–Don Marcelino 32千米路段，合同价1600万美元。该项目已经进入履约阶段，目前施工顺利进行。

【节能减排】

节能减排工作取得新效果。注重加强工程管理，注重环境保护，减少资源浪费，始终使节能减排贯穿于公路施工过程，走资源节约、绿色施工的路子。在第16届中国国际生态建筑建材及城市建设博览会上，集团被授予优秀企业奖。

【安全生产】

集团坚持“安全第一，预防为主，综合治理”的方针，落实安全生产“三项制度”，认真开展安全目标考核，召开安全生产专题会议，开展“安全在我心中”、创建“平安工地”活动，强化施工现场管理，狠抓各项安全措施的落实，认真开展隐患排查专项治理，开展安全宣誓活动，确保了生产的安全进行，圆满完成了年度安全生产目标。

【党建工作】

集团深入开展“解放思想、改革开放、创新驱动、科学发展”大讨论活动，学习了周本顺书记、张庆伟省长的讲话精神；为确保大讨论活动顺利推进，集团及各单位均成立了大讨论活动领导小组、活动办公室及其办事机构。领导班子成员进行了责任分工，明确了活动内容，全程督导大讨论活动的开展。集团确立了“准确把握省委、省国资委会议精神，紧密围绕河北路桥工作实际，全面深入推进大讨论活动，助推河北路桥转型升级和跨越发展”为这次活动的主题。为确保此次活动取得实效，集团先后召开党委中心组会议、党委扩大会议、大讨论活动再动员大会、大讨论活动推进会。集团各级领导班子确立了调研课题，包干分片深入施工一线进行调研，广泛征求一线员工的意见建议，针对自身存在的问题，制定了切实可行的改进措施。

集团全面贯彻“员工至上、业主至上；追求绩效、做强品牌；忠诚敬业、创新求变”的企业核心理念，努力提高员工的综合素质，不断提高企业凝聚力，凭借优秀的人才队伍、先进的企业文化、严格的管理、精良的装备、过硬的技术，使经营地域不断拓展，获得了良好的市场信誉，市场份额不断扩大，经济效益稳步提高，生存竞争力持续增强。

·中国二十二冶集团有限公司·

中国二十二冶集团有限公司（以下简称公司），为原冶金工业部直属企业，于1978年2月在唐山正式组建，其前身为冶金工业部第二冶金建设公司唐山抗震救灾指挥部。1993年1月经冶金工业部批准，更名为中国第二十二冶金建设公司。随着国家机关体制改革和政企分开，1998年中国二十二冶成为中国冶金建设集团成员单位。2006年11月下旬，根据中冶集团总体部署实施主业改制，以分立的方式成立了中冶京唐建设有限公司，中国第二十二冶金建设公司存续；2007年5月按照中冶集团安排，存续公司改制为法人独资一人有限公司，企业名称变更为中国第二十二冶金建设有限公司；2010年1月中国第二十二冶金建设有限公司吸收合并中冶京唐建设有限公司，中国二十二冶集团有限公司揭牌成立。

公司通过战略转型，业务范围逐步由单一冶金建设工程发展成为工程承包、房地产开发、装备制造、资源开发四大主业结构。公司具有房屋建筑工程、冶炼工程、市政公用工程施工总承包壹级资质和钢结构、机电设备安装、炉窑、地基与基础、管道工程专业承包壹级资质；房屋建筑设计甲级资质，测绘甲级资质，房地产开发二级资质；经国家对外贸易合作部批准，公司拥有独立对外经营权。公司1998年通过中质协质量管理体系认证，2002年通过环境和职业健康安全管理体系认证。公司现有18个职能部门、1个事业部、10个分公司、6个全资子公司、2个控股子公司、1个参股子公司及若干项目经理部，形成了集团化的管理架构；注册资本金163840万元人民币，资产总额212亿元，净资产36亿元，员工总人数8931人。

公司先后承建或参建了大批国家和地方的钢铁建设项目、房屋建筑、公共建筑、市政、电力、交通等工业与民用工程项目；有11项工程获得鲁班奖、14项国家优质工程(2项金奖)，在祖国长城内外、大江南北铸就了座座丰碑，为国家冶金工业和现代化建设做出了贡献。

公司连续多年被国家工商总局命名为"守合同重信用"企业，多次荣获"全国优秀施工企业"、"全国建筑工程名牌企业"、国家AAA级信用等级企业、全国五一劳动奖状、部级科学技术进步奖、国家重大技术装备成果奖、国家技能人才培育突出贡献奖等荣誉。曾被国务院国资委党委授予先进基层党组织荣誉称号；被国务院国资委、人力资源和社会保障部评为"中央企业先进集体"；荣获"全国企业文化建设优秀单位"、"全国精神文明建设工作先进单位"等荣誉称号。

2012年是公司推进转型升级和科学发展的关键一年。一年来，公司上下以科学发展观为指导，深入开展管理提升活动，积极应对外部宏观经济形势的变化带来的严峻挑战，努力克服经营困难和消除不利因素，狠抓市场，创新管理，严控风险，稳健经营，全年完成营业收入141亿元，实现利润5.58亿元，新签合同总金额266.5亿元，公司继续保持了平稳运行的良好态势。

公司继续加快发展方式转变，推进主业结构调整优化，在巩固原有市场的基础上，进一步拓展市场开发空间。2012年，公司国家住宅产业化基地成功挂牌，标志着公司住宅产业化取得阶段性成果。积极稳妥实施"走出去"战略，公司签订了马来西亚纸浆厂EPC项目，合同总金额约14.6亿美元，该项目的成功中标将有力推动公司进一步开拓海外市场。国内第一条40MN多向模锻压机生产线在公司热试成功，进入试生产阶段，同时在40MN多向模锻压机上开展了大量工艺和设备研究，为多向模锻项目的尽快达产达效奠定了坚实基础。

公司始终坚持"科技兴企"战略和品牌战略，大力推进企业技术创新，做优做强工程建设品牌。2012年公司荣获创鲁班奖25周年突出贡献单位银奖；吉林建龙钢铁工程荣获国家级优质工程银奖；久居雅园住宅小区工程等15项工程荣获省部级优质工程奖，河北旭阳焦化三期等6项工程荣获中冶集团及市级优质工程奖。另外凤凰传媒工程荣获中国钢结构金奖；鄂尔多斯国泰商务广场工程荣获全国优秀焊接工程奖。航宇大厦工程荣获全国建筑工程装饰奖，该奖项是全国装饰装修行业最高荣誉，被称为建筑装饰领域的"奥斯卡"，填补了公司在装饰装修领域的空白，是公司开拓民建市场的又一个里程碑。公司申请专利受理72件，其中发明专利38件；授权专利74件，其中发明专利11件，实用新型专利63件。有7篇工法获批为冶金行业部级工法。组织中冶集团科技成果鉴定四项，其中三项达到国内领先水平，一项达到国际先进水平。

雄关漫道真如铁，而今迈步从头越。中国二十二冶集团将以"创新提升、做强做优、科学发展、长富久安"为发展总战略，一如既往地践行"敬业、忠诚、团结、进取"企业精神和"奉献社会、回报股东、发展企业、造福员工"的企业价值观，以"一天也不耽误、一天也不懈怠"的工作状态，着力推进公司从规模效益型向质量效益和价值创造型企业的转变，奋力谱写公司做优做强、科学发展的新篇章！

·中太建设集团股份有限公司·

【概况】

中太建设集团股份有限公司是1985年由中国人民解放军基建工程兵352团集体转业到廊坊的建筑施工企业，2004年由国有企业成功改制股份制企业。公司是国家住房和城乡建设部核准的房屋建筑工程施工总承包特级资质、国家对外承包工程资格及17项专业施工资质的综合性大型企业集团。

目前，公司在全国31个省、自治区和直辖市及利比亚、尼泊尔、科威特、埃塞俄比亚等海外国家设有14个工程局、近200个分支机构。国内省级市场覆盖率达到100%，地市级市场覆盖率达到70%。员工队伍12万人，各类专业技术人员7000余人；拥有河北省认定企业技术中心及多项发明专利、国家级工法，编写了多部国家行业标准、地方规程。2012年承接工程任务近600亿元。

公司是河北省"百强"企业及重点支持的十大建筑企业与重点行业排头兵企业，连续6年被省委、省政府评为"省级文明单位"，是"中国承包商60强"和"中国企业500强"单位。

【经营管理】

作为河北建筑业领军企业，中太建设集团紧紧围绕董事局提出的"打中太牌、走全国路、谋海外财"、"三个跨越、四个一体化"的战略方针，瞄准珠三角城市群、长三角城市群、京津冀环渤海湾城市群和中国区域格局出现的"第四极"，即：以成都、重庆为核心的经济区；以武汉、长株潭、南昌为支点的中三角区域；以郑州、洛阳为核心的小中原经济区和郑州、太原、西安为支点的大中原经济区；以大连沈阳为核心的沈大经济带以及新疆、西藏等国家鼓励投资的等经济热点地区，科学整合资质资源和地域资源，全力打造发展平台、劳务平台和资金平台。集团公司重点提升专业资质工程项目、BT项目和海外项目的承接任务比例，拓宽市场发展空间。强化三级管理，发挥办事处、区域公司、分公司的各级管理职能，延伸管理半径。近年来，业务拓展步伐遍布全国，并逐步延伸至海外，全力打造中国建筑业的高端品牌。

【技术创新】

集团公司始终把科技创新、科技推广应用摆在企业发展的重要议事日程，制定实施新的《科研管理制度》，实行项目负责人制和重点项目骨干科研人员奖励办法，充分调动广大科技人员工作的积极性，加强工法、专利研发和申报工作。近年来，先后获得国家专利14项，其中发明专利5项，实用新型专利9项；累计获得QC成果27项，其中国家级QC成果奖3项；获得国家级工法4项，省级工法34项；推广应用"四新"技术83项；创新23项施工新工艺，其中11项达到国内领先水平，8项达到了国内先进水平；主编国家行业标准1项，主编地方行业标准1项，参编4项；获得省级科技进步奖17项；河北省"建设科技示范工程"1项；河北省"新技术应用示范工程"2项；连续12年获得河北省工程建设质量管理小组优秀奖。

【文明施工】

按照ISO 9001:2000质量管理体系认证、EMS环境管理体系认证和OSHMS职工安全健康管理体系标准和省市文明工地的安全健康标准，先后出台《安全生产岗位责任制》、《安全生产文明施工检查汇报制度》、《安全生产逐级检查及事故隐患排查、整改制度》等40多项施工生产管理类制度规定，并定期对所建项目工地进行督导检查，提高工地管理水平。根据建设部《绿色施工导则》中提出的绿色施工框架，集团公司制定企业"绿色施工标准"，结合文明施工、环境管理手册，编制绿色施工管理体系，从施工管理、环境保护、节材与材料资源利用、节水与水资源利用、节能与能源利用、节地与施工用地保护等方面，制订详尽的技术和管理措施，绿色施工水平稳步提高。同时，将省内在施工程分区域进行分组管理，每名高管负责一个区域，亲赴一线工地监督指导，缩减中间环节，有效提高了监管效率。近年来，集团公司先后创省、市级文明及样板工地达80多个。

【品牌文化】

集团公司秉承具有中太特色"军人文化、部队文化、大家庭文化"和"打造铁军、重塑军魂"的文化理念，形成企业强大的凝聚力和向心力，不仅使中太的文化建设得以扎实开展，而且也将中太品牌推向全国。近年来，集团公司先后荣获河北省"十大精品工程"、"安济杯"、"黄鹤杯"、"天府杯"、"龙江杯"、"国家优质工程"、"总参优质工程"、"用户满意工程"、"文明工地"等400多个奖项，有1200多个工程被评为优质优良工程。连续多年被评为国家、省、市"重合同守信用"单位、"AAA"级资信、"纳税信用等级企业A级"单位，连续多年被评为省、市质量、安全管理先进单位，河北省先进集体，河北省"AAA劳动关系和谐的企业"、"河北省文明单位"。集团公司先后荣获"全国重合同守信用单位"、"全国用户满意施工企业"、"全国就业和社会保障先进民营企业"、"全国先进施工企业"、"全国重合同守信用单位"、"全国企业文化建设优秀单位"，被中华全国总工会授予"全国抗震救灾重建家园工人先锋号"和中共中央、国务院、中央军委联合授予"全国抗震救灾英雄集体"等500多项荣誉称号。

【社会公益】

2008年5月12日，四川汶川发生里氏8级强烈地震，中太建设集团在踊跃为地震灾区捐款捐物的同时，在河北省建设厅的统一部署下，组建了以党员为主的9人抢险救援小分队，奔赴四川绵竹汉旺镇执行抢险救援任务；5月23日，集团公司放弃在成都8亿工程的施工任务，按照省建设厅和过渡安置房指挥部的要求，第一时间进驻四川崇州进行过渡安置房援建工作；5月25日，时任中共中央总书记、国家主席、中央军委主席胡锦涛视察中太建设集团，为即将奔赴四川执行过渡安置房援建任务的突击队员壮行，极大鼓舞了全体人员的士气。全体援建队员克服重重困难，圆满完成了四川绵竹、崇州、平武的抢险救援、过渡安置房援建任务，兑现了胡锦涛总书记下达的“军令状”。

几年来，集团公司先后为南方雪灾、洪涝灾害、捐资助学以及用于“阳光工程”员工和农民工培训、安置农村劳动力和职工就业、关爱老年、孤儿事业等共捐助投资5000多万元；先后安置应届大学毕业生和安排社会青年及农民工就业10万余人，为维护社会稳定作出了重大贡献，被人力资源和社会保障部、中华全国总工会、全国工商联联合授予“全国就业与社会保障先进民营企业”荣誉称号。

【集团党建】

集团公司先后制定了《党委中心组理论学习计划》、《党员学习教育安排》、《员工学习教育安排》等文件，制定实施“党风廉政建设责任制”、“三重一大”决策、党务公开、制度廉洁性评估等制度，组织各级领导人员认真学习《党员领导干部廉洁从政若干准则》等制度。近年来，先后隆重表彰和奖励年度先进党支部、优秀共产党员、优秀党务工作者、优秀党小组长；组织“一先三优”人员和中太“十大最美劳动者”及新党员到北京卢沟桥（中国人民抗日战争纪念馆）参观学习；组织发展的新党员，举行入党宣誓仪式活动；开展“我为河北繁荣发展，我为廊坊绿色崛起，我为中太创新发展建一言”活动；聘请党校教授对广大党员、员工进行“打造铁军、重塑军魂、立足岗位、争当金牌员工”的理想信念讲座；举办“集聚正能量、共圆中太梦”主题有奖征文及演讲活动。

在集团公司开展的“理想信念教育实践活动”中，紧紧围绕公司董事局提出的“七个结合”(与完成好当年各项指标紧密联系；与集团公司的全面建设紧密联系；与公司提出的“集聚正能量、共圆中太梦”紧密联系；与公司整顿整合紧密联系；与社会创造价值紧密联系；与中太和谐发展、完善现代企业制度紧密联系；与打造中太品牌文化紧密联系，最终实现中太快速、健康、和谐发展的目标。)活动宗旨，激发了全体员工内在动力，树立了员工与企业共发展的信心，焕发了企业的勃勃生机，获得社会各界的广泛认可。省、市各级领导先后莅临集团公司视察调研，并将中太建设集团的活动成果作为省市先进典型推广，先后有八家企业到集团公司学习考察。

几年来，中太建设集团没有党员违法违规、党员违法犯罪现象及重大治安案件。

·中铁山桥集团有限公司·

中铁山桥集团，前身为山海关桥梁厂，始建于1894年，是我国成立最早的民族工业企业之一。隶属于世界500强的中国中铁股份有限公司。建厂120年来，为中国钢梁钢结构、铁路道岔和大型工程机械产品的生产制造做出了突出贡献。

中铁山桥被誉为中国钢桥的摇篮。从建厂之初架设的中国第一座钢桥——滦河大桥到万里长江第一桥——武汉长江大桥；从国内最大跨度斜拉桥苏通长江大桥到举世瞩目的港珠澳大桥，中铁山桥始终伴随和见证着中国民族工业的崛起，在中国钢桥制造企业中始终占据着行业领先地位，实现了29跨长江、17跨黄河、8跨海湾的壮举，参建的工程多次获得国家科技进步特等奖、全国科学大会奖、国家科技进步一等奖、鲁班奖、詹天佑奖、国家级新产品奖、国家优质工程金奖。多项工程获得全国优秀焊接工程一等奖。

跨越了3个世纪的中铁山桥在“自强不息、百折不挠”百年山桥文化和“敢想敢干敢争先、求真求实求发展”企业精神的引领下，以中华民族的伟大复兴和实现中国梦为己任，在中国交通建设的历史画卷上留下了永不磨灭的印记。代表着中国钢桥制造技术进步的各类结构形式的钢桥相继在中铁山桥诞生。中国公铁两用大桥的五座里程碑——武汉长江大桥、南京长江大桥、九江长江大桥、芜湖长江大桥、武汉天兴洲长江大桥以及南京大胜关长江大桥、湖南矮寨特大悬索桥均出自中铁山桥之手。

中铁山桥拥有高寒地区低温焊接及架设桥梁的施工经验，哈尔滨松浦大桥、辽河特大桥以及哈尔滨20余座市政桥梁为代表性工程。

公司拥有建筑行业总承包二级资质，形成了完整的大跨度钢桁梁、钢箱梁、钢拱桥的架设施工技术，具备了各类钢桥的制造、架设、桥梁加固一体化能力。

中铁山桥被誉为铁路道岔的故乡。自1912年生产出中国第一组道岔以来，始终占据着中国铁路道岔较大的市场份额，并保持着行业领先地位。中国第一批时速160千米至350千米的准高速和高速道岔由中铁山桥率先研制成功，有力的保证了中国铁路六次大提速的实施。时速350千米42号、62号大号码高速道岔的成功生产，标志着中国高速铁路道岔的制造技术进入世界先进行列。

公司致力于打造世界级高锰钢辙叉加工中心。高锰钢与普通钢轨焊接技术、高致密度高锰钢辙叉生产技术和锰叉表面爆炸硬化三大核心技术的广泛应用，大大提高了高锰钢辙叉的使用寿命，平均通过运量超过2亿吨。

公司先后开发、生产了大型机械产品。2000吨龙门吊、900吨轮胎式搬运梁机、铁路救援起重机、铁路集装箱门式起重机、各种桥式和门式起重机，在公路、铁路建设和运输中发挥着重要作用。

中铁山桥拥有完备的质量、环境、健康、安全体系。被列为国家认定的企业技术中心，中国铁道器材研究发展基地，省高新技术企业，拥有钢结构工程专业承包一级资质和钢结构制造企业特级资质。建有博士后科研工作站。

公司拥有各类经营、管理和专业技术人员1350余名。230余名具有高级以上专业技术职称，460名具有中级专业技术职称。技师、高级技师和高级工等高技能人才2000余名。公司拥有8名享受国务院政府特殊津贴专家，12名教授级高工，12名国家、省、部级科技专家，还聘任4名专家级工程师。2名博士后进站工作。

中铁山桥装备实力雄厚。数控精密切割机床、U肋坡口数控加工机床、板单元自动组装定位和焊接机器人系统的广泛采用，为打造世界一流、国际水准的世界级精品工程奠定了基础。数控水下等离子切钻机组、数控悬臂焊接中心、三轴数控龙门钻床、2000吨龙门吊、自行式全液压平车，52米尖轨数控铣床、高精度组装试铺平台、高锰钢辙叉数控加工中心、铸造V法真空造型和脂硬化造型生产线、高锰钢与钢轨闪光焊机、6000吨压力机等主要技术装备达到了当今国际先进水平。

公司建有装备先进、手段齐备的理化检验、计量检测机构，理化中心具备CMA计量认证资质，是国家实验室认可委员会CNAS认可的实验室。应用在高锰钢辙叉、厚钢板焊接接头等无损检测上的直线电子加速器，具有国际领先水平，钢板检测厚度可达250毫米。

“十二五”以来，按照“集团化”的发展思路，中铁山桥除本部外，还相继在山海关开发区、江苏如皋、广东中山、武汉麻城、内蒙古呼和建成五大生产制造基地，拥有两处出海码头，产业布局更趋合理，生产能力逐年递增，年产钢结构可达30万吨、道岔2万余组。

围绕“现代化”的发展方向，中铁山桥不断提升数字化、自动化、信息化、智能化管理水平，开发了ERP管理系统，引进了世界上最先进的钢结构制造和检测设备，智能化焊接机器人的率先应用推动了钢桥制造行业的技术进步。

面向“国际化”的发展目标，中铁山桥积极开发海外市场，取得美国、德国、英国、加拿大等9项覆盖主要产品的国际资质认证。生产制造的美国韦拉扎诺大桥、阿拉斯加铁路桥、德国双线铁路桥、塞尔维亚萨瓦桥、挪威尼德开启公路桥以及中国香港昂船洲大桥、中朝鸭绿江界河公路大桥为公司钢桥产品进入更为广泛的国际市场奠定了基础。

公司曾先后荣获全国五一劳动奖状、全国先进施工企业、中国施工行业十大品牌、中央企业先进集体、全国和谐劳动关系优秀企业、中国十大桥梁英雄团队、火车头奖杯、全国用户满意企业、河北省先进基层党组织、“河北省政府质量奖”。

历经两个甲子、跨越三个世纪的中铁山桥集团，已进入一个新的历史发展时期。打造一个新的百年是中铁山桥的中国梦、也是全体山桥人的梦，在建设集团化、现代化、国际化崭新山桥的宏伟事业中，我们期待与社会各界携手并进，共同发展、共创辉煌。

·正阳房地产集团有限公司·

正阳房地产集团有限公司是2011年4月19日，在河北正阳房地产开发有限公司的基础上整合资源并升级重组而成立的。正阳房地产集团有限公司注册资金1.3亿元，是以房地产开发为主兼营商业、物业、安装等多个行业的大型集团公司。开发二级资质。正阳集团是河北冀商文化研究会副会长单位、河北省企业联合会副会长单位、河北省商业联合会副会长单位。集团公司下设：办公室、开发部、前期部、工程部、预算采购部、财务部、营销部、商业管理部。子公司有：阳泰房地产开发有限公司、紫光都房地产开发有限公司、紫光都商场、骏达物业公司等，总资产20亿元人民币。

集团公司开发经营项目有：定州市寒晖广场项目、定州“风味饮食城”商业区项目定州“阳光公寓”小区项目、定州“紫光都”超市项目、定州“阳光2008”小区二期项目、石家庄东明苑和新世纪钻石商务广场项目（石家庄紫光都商场）、正定北关村和教场庄“城中村”改造项目等多个项目。

正阳集团秉承“诚信为本、奋发图强、追求博大、奉献社会”的企业理念，着力打造企业品牌，树立正阳形象。正阳集团是一个蓬勃发展的企业，是一个非常有实力的企业，是一个具有“诚信、奋发、博大、奉献”精神的企业。我们正在用“我是正阳人，我与正阳共命运，正阳发展我进步正阳辉煌我光荣”的口号凝聚打造团队。正阳全体职工，秉承正阳的理念，坚持正阳的宗旨，打造正阳的品牌，铸就自己的事业，为国家、为社会做出更大的贡献。

2012年以来，正阳房地产集团有限公司(以下简称我集团)深入学习贯彻可持续发展观，全面落实董事会各项部署，积极推进大力发展生产经营，全面加强企业管理，开拓进取，扎实工作，较好地完成了各项工作任务，实现了企业又快又好的发展。

一、经济效益持续增长

2012年以来，公司实现经营同比增长，取得良好的社会效益和经济效益。

二、加强企业管理

我集团高度重视企业管理，多次召开董事会及集团、子公司中层管理人员会议进行研究部署，把加强企业管理作为一项重要任务来抓，2012年全年主要完成以下工作。

1. 进一步加强集团办公室工作职能，具有多年办公室工作经验的人员担任办公室主任，招聘相关专业人员，制定人员管理制度、车辆管理制度等，使我集团工作按时、按步骤、有制度的进行。

2. 认真抓好干部职工队伍建设，努力实现“内强素质，外树形象”的思路，打造全新的“正阳品牌”，进一步完善我集团企划部门的重组和建设，加强企划部门的职能，逐步创建企业文化，提高广大员工的整体素养。加强基础建设投入、网站维护、企业文化宣传，参与社会团体协会等外部交流活动。

3.加强员工学习，我集团始终注重及时传达、认真组织员工学习有关文件、政策、法规。

三、进一步加强市场发展

我集团新注册河北正海房地产开发有限公司等多个子公司，其中旭荣实业有限公司工业园有限公司开工建设。旭荣实业有限公司工业园注册资本1亿元人民币，选址在定州市高蓬镇西牛村，总占地面积1000亩，总投资35.2亿人民币，分两期建设，一期占地500亩，总投资15亿元。其中，工业厂房面积20万平方米，房顶全部采用光伏一体化，总投资为3亿元；综合办公楼建筑面积2.53万平方米，其中包括豪华产品展厅建筑面积300平方米，年产值100亿元，可创税收2.4亿元。旭荣工业园采用光伏发电、雨水回收、废水再利用、地源水制冷制热等高科技技术，将工业园建设成为现代化、创新化、低碳环保型绿色建材工业园。

在石家庄市石洽会举行的重点项目签约仪式中，我集团签约桥东区的彭村城中村改造项目。

截止目前，我集团拥有12个项目、16个子公司共有1600多名员工，249名专业技术人才，涉及地产、金融、商贸、工业、服务等领域，使正阳集团以多样化、稳健地形式快速发展。

四、狠抓安全生产

1.加强安全生产教育和宣传，提高全体员工安全工作的意识。

2. 认真组织开展安全生产活动，开展“自查”“自纠”行动，将监督检查与落实预防措施相结合，到目前为止，我集团在建项目无一事故发生。

五、引入招投标竞争机制

各项采购电线电缆、外墙涂料、绿化景观、热力、锅炉、消防给水，包括阳光09工程的地暖、打井等十余项的招标活动，仅电力招标一项从原来的1650万元降到了940万元，大幅度减少了我集团成本开支。

·遵化市舒春房地产开发有限公司·

遵化市舒春房地产开发有限公司是河北省建设厅核准的叁级资质民营开发企业，公司成立于2006年4月，现有员工600多人，总注册资金4000万元，是一家以房地产开发与商业经营并举的民营公司。

公司的前身是由舒春家俱有限公司，成立于1985年，现集房地产开发、商场、超市、家俬、等综合经营实体—舒春集团。

公司自成立以来，不断的积累经验，锐意改革，勇于创新，积极学习现代管理制度，不断的提升企业的整体素质，公司始终坚持“以人为本、以质取胜”的战略方针，秉承“诚实守信、自主创业、服务为民、奉献社会”的宗旨。

公司已成功地开发了遵化市舒春小区，玉田县幸福小区，遵化市富力城小区，取得了较好的经济和社会效益，赢得广大业主的认可。

目前公司正在建设的富力城小区，总体规划100万平方米，其中一期工程14.8万平方米，该工程为河北省2009年重点工程，并以争创“安济杯”工程为目标，全面开工建设，2010年年底竣工交付业主使用。

公司员工队伍组织机构健全，整体素质高，本科以上学历15人，专科以上50人，具有专业地产经验和资格的领导，积累了一定的开发经验。公司目前具有固定资产3.8亿元。具有雄厚的经济实力。拥有一支专业齐全、业务熟练、技术精湛、充满活力的管理队伍。

专业的开发、专业的管理，高效而多元化的服务，竭诚为新老客户提供优质和完美的服务，我们将全力以赴，为遵化的中等城市建设和发展继续谱写新的篇章。

·鹿泉金隅鼎鑫水泥有限公司·

【概况】

鹿泉金隅鼎鑫水泥有限公司隶属于北京金隅股份有限公司。公司坐落于河北省石家庄市鹿泉境内，是年产熟料750万吨，水泥、熟料销量达1000万吨的大型现代化水泥生产企业。公司现有职工2200余人，总资产35亿元，下设4个生产分公司和一个子公司。一分公司拥有两条2500 T/D新型干法熟料水泥生产线，二分公司拥有两条5000 T/D新型干法熟料水泥生产线，三分公司拥有一条5000 T/D二档短窑的第一条国家级节能示范生产线，采用了代表当今中国水泥最高水平的天津水泥工业设计研究院自主研发的先进技术与装备。公司五条生产线装备精良，全部采用DCS大型计算机中央控制系统，工艺技术先进，代表了国内的先进水平，是目前中国北方单企规模最大的现代化水泥生产企业。矿山公司石灰石储量大、品位高，采用台阶式开采、中深孔微差爆破、机械化采装作业等国内最先进的石灰石露天开采工艺技术，获得了四级安全标准化证书。金隅鼎鑫全资子公司——沧州临港金隅水泥有限公司位于河北省沧州市临港产业园区，是年产200万吨的水泥粉磨站。2007年，鼎鑫水泥作为河北省唯一一家区域性规模企业，入选国家发改委、国土资源部、中国人民银行联合扶持的“国家重点支持60家水泥工业结构调整大型企业名单”。

公司始终坚持“以人为本，品质领先”的经营理念，把产品质量作为市场经济条件下企业生存发展的生命之源。积极采用国内最新研究成果和多项国家专利技术，对质量层层严格把关，使“鼎鑫”牌水泥系列产品质量达到同行业先进水平。

公司先后获得了“河北省名牌产品”、“河北省著名商标”等多项殊荣，并通过了ISO 9001、ISO 14001、OHSAS 18001及产品认证、能源管理和测量管理“六位一体”管理体系认证，位列河北省百强企业和石家庄市工业企业50强前列。鼎鑫水泥以优质的产品和优良的服务被指定供应南水北调、京沪高铁、京石客运专线、石武铁路、准朔铁路、石家庄3年大变样、石家庄机场等国家和省、市重点工程项目建设，为支持国家基础设施建设做出了突出的贡献。

【经营情况】

2012年，公司经受住了市场寒冬的严峻考验，在行业全面亏损的大环境下，走过了困难重重但却很不平凡的一年。公司经受住了严峻的考验，实现了持续发展。

（一）加大市场开拓，着力协同提价

在行业严冬中，公司调整观念，转变思路，以用户需求为驱动，倒逼营销、采购体系和生产体系的协同，倒逼产品成本的竞争力，倒逼技术创新的市场适应性。面对加激烈的市场竞争，公司不等不靠，主动出击，产销密切协同，确保销售出库。

一是要根据日生产计划和库存情况，排定公司各品种产品日销售计划，并围绕如何确保完成日计划严格执行销售小时过问制，确保了出库有保障，计划不落空。

二是要深入开展全员营销活动，充分调动公司一切资源，利用所有渠道，全力协助经贸公司抓客户、跑市场、促销售，最大限度提升销售出库量。

三是充分发挥了临港金隅“蓄水池”作用，销售淡季，临港金隅对本部熟料的消纳存储和调剂的力度有目共睹，临港金隅生产经营的高效为公司整体生产组织的有序高效提供了有力的支撑。

四是积极发挥区域龙头企业的带动作用，公司在详细进行市场调研，准确研判市场需求的前提下，通过统一价格、统一销售、相互监督的方式积极加强与冀东、曲寨水泥等大企业的市场协同。

（二）提高产品质量，全员助力销售

公司一方面从各个工序做起，持续强化质量过程管控，另一方面通过水泥板块质量抽检和质量管控模块实时上传数据，开展对标，查找改进，确保质量控制的高标准、精细化。

公司进一步提升主体责任意识，将销售工作作为重点龙头下大力气，在持续推进微笑服务、提高装车、发运效率提升物流速度等助力销售工作的基础上，更加注重开展个性化销售服务。一是建立高层互访与客户座谈会制度。与部分战略客户和重点客户进行高层互访，通过沟通交流，不断促进与客户的合作。二是开展客户满意度调查活动。包括产品质量、包装运输、销售服务、异议处理、检斤计量、合同履行、结算方式等等；通过调查发现问题并积极整改提高。三是对终端客户提供技术指导，帮助客户规范加工工艺，提高客户对产品质量的满意度。四是分区域、分品种选派代表深入到客户一线，了解客户生产工艺、加工方法，掌握产品的不足之处并研究改进。五是克服困难，持续加大对销售工作的投入。通过组织客户联谊及外出等活动，深化双方合作，巩固重点客户。

（三）全力控降成本，实现精细化管理

公司将降本增效工作列为公司2012年度生产经营的重中之重和提升企业核心竞争力的基础保障，不断提升内部精细化管理和成本控降的水平，增强费用支出压缩管控的能力，使金隅鼎鑫产品在市场竞争中的比较优势逐步凸显，进一步增强了公司低成本的核心竞争力。

同时，公司一方面加强资金预算管理，严格按照集团规定，控制资本性支出，确保资金运转正常。在销售回款率低，承兑占比大情况下，合理安排资金支出，控降了资金定向使用指标。另一方面，公司按照《内部控制配套指引》的要求及集团各板块试点单位的《内部控制手册》标准，完成了《内部控制手册》的编制工作，成为集团2012年首个完成内控手册编制的二级企业。

（四）深化现场管理，推动专项管理达标向纵深发展

2012年，公司专项管理达标工作继续围绕“四个阶段、八条主线”开展工作，进一步细化、优化现场管理水平向纵深发展。公司除宿舍受实际条件限制外，其他考核项目均被集团评为“示范型”标准。

公司全面推广了三分公司现场管理、临港金隅设备“本色管理”等专项管理达标工作的先进经验，充分发挥先进典型引领示范作用，取得了新成效。特别是三分公司探索形成的现场专项达标管理体系，在行业内外产生了广泛的影响。受到了集团、行业协会领导以及当地各级党委政府领导的褒奖和肯定。同时，在公司推进对标管理中，各单位以全国一流企业为标杆，寻找差距，制定对策，学习先进，赶超先进，营造了浓厚的比、学、赶、帮、超的氛围。

（五）储备优质资源，提升可持续发展能力

2012年，随着公司矿山资源综合利用率不断提高及朝着矿山“零废弃物”目标的持续迈进，公司的资源潜能将得到极大释放，整体实力将进一步提升。同时，公司按照省市政府建设西柏坡高速公路沿线绿色长廊的总体要求，以西柏坡高速公路沿线可视范围为治理重点，按照建设和谐矿山、绿色矿山、生态矿山、示范矿山四步走的发展规划，持续推行石灰石矿山生态综合治理和绿化工作，并成功获批了国家级“生态绿色矿山”称号。

（六）大力落实环保项目，推动企业绿色转型

按照集团“努力实现制造业企业向环境友好型、资源节约型、技术先进型、城市服务型发展转变”的总体要求，2012年，公司充分利用获评省级企业技术研发中心优势，积极推进绿色环保项目研发和实施工作。

（七）通过安全标准化建设，安全形势进一步好转

2012年，面临着越来越复杂的安全生产条件和越来越高的安全标准，公司坚持高标准、强执行、夯基础、建长效的工作思路和严管理、细检查、除隐患、重班组的工作原则，认真落实安全措施、资金、人员、时间、预案“五落实”的管理方针，强化车间班组安全职责，年内未发生因工伤亡等重大责任事故。

一是通过开展水泥安全标准化贯标培训、体系策划、规章制度修订、现场对标检查及标准化自评、外评等工作，于2012年1月份顺利取得水泥生产线安全标准化二级证书。

二是组织公司全体员工针对本职岗位职责逐级签订了《安全生产责任书》、《消防安全责任书》、《交通安全责任书》，逐级落实安全责任制。同时，组织开展了安全综合检查、专项检查、节前检查及党的十八大期间的专项检查。

三是在党的十八大等敏感时期，一方面加强对危险源点、重点要害部位、重点人员等薄弱还点的管理和控制，开展了专项安全检查，实现不稳定因素早发现、早控制、早解决。一方面做好员工教育，进一步强化维稳管理，确实做到了零事故、零信访。同时，公司加大遗留诉讼案件的处理力度，做好经营风险管控，诉讼案件呈现出逐年减少的良好态势。

四是通过加大治安管理工作的力度，有效打击了违法分子的嚣张气焰，保护了公司人员、财产安全，同时踊跃出一批敢于同坏人坏事作斗争的优秀员工。

（八）推行“人才强企”战略，强化人力资源管理

2012年，公司继续大力推行“人才强企”战略，着力培养和造就各方面优秀人才，有效地推动了管理和技术创新。公司依托金隅科技学校、北京职工大学和当地高校的优质教学资源，持续开展了以中层干部管理能力培训、一线职工岗位操作技能培训为主体，学历、职称教育，安全、外语及文明礼仪等专业培训为补充的职工教育培训活动。

·河北保龙仓家乐福商业有限公司·

家乐福（Carrefour）成立于1959年，是大卖场业态的首创者，是欧洲第一大零售商，世界第二大国际化零售连锁集团。自1969年开始进入国际市场，目前在世界上31个国家和地区拥有15000多家销售网点，每年有超过20亿人次的顾客光临家乐福，涉及的零售业态包括大卖场、超级市场、折扣店、便利店、仓储式商店与电子商务。2012年，家乐福在《财富》杂志编排的全球500强企业中排名第39位。家乐福1995年进入中国，在北京开设了当时中国最大的购物广场——北京创益佳店，如今在中国68个城市开设了220家大卖场的家乐福，被公认为“最本土化的外资超市”，成为了各地居民的好邻居。

2010年7月，家乐福与保龙仓成功合作成立河北保龙仓家乐福商业有限公司，家乐福首次进入河北市场。

新合资公司的成立，是家乐福与保龙仓的战略性合作，强强联手将最大化地实现双方优势互补，提高企业的综合实力和市场竞争力。家乐福保龙仓商业有限公司始终坚持“开心购物家乐福”、“一站式购物”及“福到家”的企业价值观，并立足于“一切以顾客为中心”的服务特点，以超市自我调整、坚持自己的特色为基础，勤奋务实、不断进取，在实际工作中强化注重质量、低价、现代化管理及充满活力的公司形象，通过与公众的沟通交流来切实改善卖场环境与服务质量，让顾客满意，并超出顾客的期望值。

自合并以来，家乐福保龙仓采取了一系列创新改革的措施，加强标准化建设与经营的力度，为当地行业树立标准化超市的榜样，在价格、商品种类、质量、服务及便利性等方面满足消费者的需求，通过努力成为当地社区最好的购物场所，为消费者带来更多的实惠和便利。同时，借助家乐福的直采优势，推进农超对接、农产品直采直购项目，让每种生鲜产品都可追溯到原产地，保证了食品安全，减少了中间环节，使农民和消费者能够分享到更多的利益，为促进当地农民经济发展、平抑生活必需品价格起到一定作用，承担了一个企业应尽的社会责任，同时加强标准化运营，力求打造成为零售业的标杆企业。这一合作模式有助于推动国际零售企业的本土化发展和文化融合，同时也为本土企业提供资本的支持、国际先进的理念及管理技术，并增强自身的营运能力和发展速度，最终实现双方共赢。

河北保龙仓家乐福商业有限公司。

地址：石家庄市育才街287号

·承德市瑞源商贸有限公司·

一、概况

承德市瑞源商贸有限公司温州小商品综合批发市场始建于2002年3月份，2004年6月16日开业，是承德及周边地区惟一的一座大型专业批发市场，被承德市委、市政府，双桥区委、区政府列为重点流通企业。该批发市场占地面积11988平方米，整体建筑结构地上4层（每层使用面积4300平方米），总体建筑面积近25000平方米，并设有3000平方米的停车场。市场内部有直升货运电梯一部，步行梯7部；有先进的程控系统，超前的消防报警装置，现代化的监视系统和中央空调设施。主要经营批发的商品有：服装鞋帽、皮具箱包、家电灯具、自行车、工艺礼品、化妆品、文化体育办公用品、小针织品、日用百货、儿童玩具、布艺窗帘、床上用品、烟机灶具、副食品等。

市场现有驻场经营商户476户（摊位负一层198个、1层253个、2层267个、3层268个），安排就业人员平均1500人左右，平时日客流量近万人。

市场对商户实行统一管理。即：按年度收取租金。具体的日常费用支出，如水电、空调、卫生费等全部由公司承担。

该市场投入3800万元建成，无贷款；每天货物吞量近200万元；租金由第一年的收入400万元增至今2000多万元；年营业额10个亿元左右。

批发市场现有员工37名。其中：办公室人员6名，工程科3人，含兼职消防人员3名(已经省消防总队培训)，保洁工14名，经济护卫人员11名。

二、为商户提供优质服务

遵照国、地税部门的委托，对市场经营商户的增值税、营业税、城建税、教育附加费、地方教育费附加以及商户的个人所得税等由公司代收后统一向税务部门交纳。

2012年6月与中国工商银行承德太平桥支行合作安装了柜员机，方便顾客、商户存取款业务。

2013年5月投资8000多元为市场商户购进自动饮水机，方便商户和消费者日常饮水问题。

2013年6月与中国移动公司合作安装电话缴费机，方便顾客和商户随时交纳移动电话费。

为了市场安全，安排保安人员多次巡视检查保证市场及商户的人身安全。市场开业以来，没有发生重大火灾事故和人身财产的安全事件。

三、为社会积极做贡献

1.为响应市委、市政府“创建国际旅游城”的号召，在强化对经营户“文明经商”教育的同时，公司对场外的硬件设施进行了改造，即：拓展了店外场地，设置了停车场，硬化了地面。目前，该市场不仅是一座购物场所，而且还成为了周边地区居民晨练和晚间娱乐的休闲中心，据初步测算，每天早、晚在市场外广场打太极拳、跳舞、扭秧歌的市民达800余人次。

2. 随着居民和流动人员不断聚集增加，给市场也带来了一些难以解决的问题，比如：遍地垃圾一片狼籍，倚角旮旯到处可见是便溺，臭气熏天，严重地影响着市场容貌。据此，公司将市场二楼的内部50平方米的卫生间进行改造，作为来广场休闲、娱乐人员的公共厕所，24小时全天候无偿使用，并由市场保洁人员负责打扫卫生。

3. 为了解决来市场购物人员的私家车停放难的问题，经请示市规划局、市城管局、市交警支队批准，于2009年10月投资360万元，兴建了市场外停车场1700多平方米，可容纳120多辆轿车停放。

4. 随着市场知名度的不断提高，每天市场内的客流量的增加，来往市场的非机动车辆摆放凌乱，挤占人行通道现象严重。经与城管局协商后，于今年投资10万元在市场西面停车场空地上建一个约240平方米的两层自行车棚，解决了市场商户及购物顾客的自行车、电动车的停放，杜绝非机动车乱停乱放的现象。使市场周边外观整齐、环境整洁，保障了交通秩序的通畅。

四、参政议政，为政府提供服务

公司董事长项光清作为承德温州商会会长和双桥区政协委员，通过以提案形式参政议政，向有关部门提出建议，受到当地党委和政府有关部门的赞赏。例如：社会团体的党建工作。2010年承德当时有社团组织650多家，其中涉及到市工商联(总商会)直属商会的协会(商会)有25家。在这些直属协会(商会)中，仅温州商会成立了隶属市委统战部党总支的“中共承德市工商联温州商会支部委员会”，而其他24家协会(商会)均为中共党组织的空白点。他经过调查了解得知党组织在社团中覆盖面匮乏的原因主要有：一是领导关系不理顺。市工商联现为党组建制，没有党委，仅为市委市政府机关党工委下的一个机关党支部，无法接纳直属协会(商会)的基层党组织；二是部分社团组织负责人在认识上有思想障碍。认为组建协会(商会)的目的就是为了同行业、同地域齐心协力，联合起来搞好经商就行了，无需建立党组织；三是在协会(商会)开展活动中，当地党委、政府部门领导很少到场讲党建工作在社团组织中的重要性，把其作为一项重要任务来抓。针对上述问题，他建议：第一，理顺管理体制。抓紧建立市工商联(总商会)党总支，以吸收有3名正式党员以上的直属协会(商会)组建党支部，并做到“协会(商会)成熟一个，党组织建立一个”。第二，强化党建工作。在办理协会(商会)注册登记中，主管业务部门和登记机关应加大党建工作的宣传力度，本着“先建协会(商会)，后建党支部，然后协会(商会)、支部同步建设”的原则，要求有3名正式党员的社会团体必须建立党组织。第三，整合“口袋党员”。对不足3名党员的协会(商会)社团组织，由市工商联(总商会)负责牵头加入到相邻的协会(商会)党组织过组织生活，以加强对“口袋党员”的管理，或根据业务活动范围，整合组建临时党支部，待日后本协会

(商会)党员发展超过3人时及时组建党支部。此提案得到了市委有关部门的认可，经过承德市委组织部汇同市委统战部、市工商联进行研究，成立了工商联党总支负责所辖各直属商会(协会)的党建工作，现已有多家社团组织都成立或正在筹建党组织。

再如，对承德老城区旱河南岸草市至通济桥地段的开发。2007年7月8日，横穿我市市区的承钢铁路专线被拆除后,5年间，市区两级政府部门曾对此地段进行过临时改造。但对本市双桥区黄金地段——清坝至通济桥区域,有的个体商户堆放杂物,有的当作临时停车场，还有的个别市民开荒种地，特别是草市至通济桥处杂草丛生,垃圾遍地,这些现状都有损于我们这座旅游名城的形象。因而他建议:双桥区城乡规划分局应尽快把清坝（原市卫生局北侧）至通济桥这段区域纳入到建设规划之中，及早开发出利用价值。该提案得到承德市城乡规划局双桥区分局领导重视，对此议案进行研究并于2013年8月1日做出答复：尽快按照《规划》进行实施。

五、扶危济贫献爱心

1.2008年5月，向四川省汶川县地震受灾人员捐款11463元。

2.2009年10月,承德温州商会成立伊始，新当选的会长项光清代表商会向市政协副主席、市工商联主席段晓岩递交人民币10万元作为光彩事业的捐款。

3.2010年4月16日，向四川省玉树县地震受灾人员捐款1万元。

4.今年初,市财政局综合科科长王嘉惠和市公安局指挥中心主任石树俭在滦平县张百湾镇兰旗村下乡期间得知，本村正在河北旅游职业学院在读学生王欣明的父亲身患类风湿,不能外出打工；母亲有严重的腰间盘突出症,不能从事重体力劳动，膝下有一弟弟正在读初中。家庭生活十分拮据，可她一边挑起家务重担下地种田，一边勤奋学习，并于2011年9月以优异成绩考入河北旅游职业学院会计系专业。入学以来她成绩优秀，并担任班里的学习委员。王嘉惠科长和石树俭主任向商会反映，项光清董事长得知此事后，非常同情，于2013年5月13日对王欣明同学资助了助学金。

·承德商厦·

承德商厦是本市有着20多年经营历史的较大型的综合零售商业企业之一，改制更名为承德商厦有限公司，为有限责任民营企业。现有营业面积15000平方米,从业人员近600人,设4个职能部门,2个综合经营商场。主要经营食品百货、金银饰品、服装鞋帽、针棉织品等3万余种商品,年销售额在8000万以上。连续多年获得“消费者信得过单位”、“消防先进单位”、“优秀企业”、“文明先进单位”等多项荣誉称号。董事长兼总经理刘宪华先生也多次被省、市等有关单位评为“企业诚信建设优秀工作者”、“优秀创业企业家”、“优秀企业家”、“优秀共产党员”、“消防先进工作者”等荣誉称号。

坚信管理是永恒的主题。企业管理至关重要，是企业发展的动力和源泉。为此,把加强领导班子建设和管理队伍的建设放在重要位置,坚持以邓小平理论和“三个代表”重要思想为指导,坚持科学发展观，把创先争优活动与企业科学发展中心任务相结合,在企业经营管理工作中，担任党支部书记、董事长、总经理的刘宪华同志带头以身作则，认真学习时事政治，不断提高自身的业务素质和管理水平。定期召开会议,围绕当前工作进行出题讨论，组织外出考察,吸取先进经验。号召广大党员坚持创先争优，坚持先进性,发挥其模范带头作用。在实际工作中，企业管理人员和党员都能以身作则，团结协作，真抓实干,在商场基础设施改造、品牌调整装修施工过程中都能冲在第一线,加班加点,不计报酬,不叫苦和累。结合职责、岗位实际开展“认责承诺”活动,着力解决影响企业发展的思想观念、工作思路等方面的问题。切实改变工作作风，强化服务意识，树立爱岗敬业,求真务实创新精神,为企业的发展奠定了基础。

抓职工队伍建设，从抓基础管理入手,建章立制,制定与实际工作相配套的“精神文明建设”、“企业文化建设”、“员工精神”、“工作人员行为准则”、“奖惩办法”等,使其有法可依,有章可循,激励广大员工不断提高遵纪守法的自觉性，不断提高服务意识和水平。以人为本,注重对员工的培训,新招录的职工必须经过培训,合格上岗，对不同岗位有针对性的培训,淡季对广大员工进行“礼仪礼节、销售技能、技巧”、“售后服务”、“消防知识”、“商品知识”等的集中培训，使员工素质不断提高,为企业发展提供正能量。树典型,以点带面,商场涌现出大批的优秀店长、销售状元、服务明星和优秀库管等。

坚信发展才是硬道理。为了使品牌不断升级改造，在商品经营上搞名牌战略，想法设法引进国内外知名品牌。屈臣氏是中国目前最具规模的保健及美容产品零售连锁店进驻承德首店—承德商厦屈臣氏店。她的进入为承德消费者提供时尚、多元化的健美护理之选，点亮承德时尚魅力舞台。承德商厦在承德市民中树立了良好的社会形象，为屈臣氏搭建了良好的销售平台，和屈臣氏的联合，携手引领承德时尚健美新风尚，为建设国际旅游城市增添亮点。

经双方多次协商，又与塞北春饭店联营扩大经营面积4000多平方米，新增70多人就业，引进以艾登堡、诺奇为名牌的男装和以太平鸟、水云间为名牌的女装等名牌时尚服装店20多家，为广大消费者提供更多的选择空间。

不断对商场硬件更新改造，原空调设备已不适应商场环境的需求，为有一个舒适的购物环境和工作环境，投巨资对空调设备进行更新改造，新的中央空调已正式投入使用。

坚信诚信是兴企立足之本。承德商厦以诚信经营、服务大众、回报社会为经营理念，秉持对国家(社会)、对消费者、对客户、对银行等负责的精神，经营如做人，承诺践诺，对往来客商重合同守信誉，从无经济纠纷。强化诚信经营、诚信于民，搞诚信战略，打造诚信无风险商场。组织广大员工和厂商认真学习和贯彻《消费者权益保护法》、《产品质量法》、《价格法》、《反不正当竞争法》等法律法规，建立诚信管理体系，向社会和广大消费者郑重承诺："商品保真，不出售假冒伪劣商品、三无商品和过期失效商品，实行'三仓制'，和售后服务。价格保实，明码标价，不搞模糊概念，不搞虚假打折，不搞虚假广告宣传，不搞价格欺骗，在商场购物零风险，退货无障碍"，正确对待和解决顾客的投诉，顾客的满意度达到百分之百，自开展活动以来，一直被树为"名城百店无假货示范店"，被评为"价格'收费'诚信单位"。

秉持以人为本，维护职工利益。全员订立劳动合同，工资实行集体协商，每年提高职工工资并按时支付，按时足额缴纳职工社会保险费用，按法律规定支付职工加班费，大幅提高取暖、降温等费用，按时发放劳保用品，重大节日发放福利生活用品，及时安排职工休假，工作需要不能休假的，按规定支付费用，劳动关系和谐稳定。

秉持承担社会责任、回馈社会和广大消费者。企业在经营活动中，诚实守信，遵纪守法，合法经营，依法纳税，积极开展扶贫、支教、助学、捐款捐物等公益活动。自2008年始与大庙镇中心校小三岔口小学牵手开展"送爱心捐资助教助学"活动至今，投资金设立"爱心奖励基金"，组织开展夏令营活动等。倡导消费者到商厦购物，开展以"出国游"等活动为载体，以回报消费者为目的一系列酬宾活动，深受各界同仁的关注和广大消费者的喜爱。

承德商厦在工作实践中，能认真贯彻执行党和国家的方针政策，实践科学发展观，在创新中取得了成效，注重精神文明、企业文化建设，重视节能减排环保工作，重视安全，经营形式稳定，因基础工作扎实，规章制度健全，管理到位，企业无刑事案件、无责任事故，无人参与封建迷信活动和邪教组织，无群体事件发生，治安状况良好，有良好的社会信誉。

·河北保百集团·

具有2300多年历史的古城保定，物华天宝，人杰地灵，是中国历史文化名城。这里地处北京、天津、石家庄三角地带，素有"京畿重地"、"首都南大门"之称。河北保百集团便坐落在这座有"历史文化名城"和"对外开放城市"之称的城市，并在这个古老的城市以势如破竹的气势的走过了20个春夏秋冬。在集团董事长崔炜带领下，"保百"人脚踏实地，改革创新，以"追求卓越、勇于创新"的事业理念，使"保百"发展成为拥有保定百货大楼、保百购物广场、保百购物家园三大卖场的现代化大型商业集团，同时拥有保百连锁超市，总面积达17万平方米，经营品种41万余种，各项经济效益指标连年稳步增长，成为河北省商业龙头企业。

"在保百买东西放心、舒心！"提起河北保百集团，消费者无一不竖起大拇指。这个根植于保定人心中20年来的消费信念，至今仍然牢不可破。如今，已拥有20年发展史的河北保百集团依然充满着动感清新的活力，散发着与众不同的魅力！

顾客至上 信誉第一

诚信是企业生存之根本，保百集团视企业信誉为生命。"保百"人数年如一日，始终坚持"顾客至上，信誉第一"的宗旨，恪守"诚信为本、质量取胜"的经营理念，一切为顾客着想，一切对顾客负责，一切让顾客满意，赢得了广大消费者和合作厂商的广泛赞誉。

在全面改善购物环境的同时，河北保百集团更致力于抓好软环境的建设，以诚信经营求信誉，以良好信誉促发展，在企业上下形成了"诚信经营、文明服务"的良好氛围，这一切不仅得到了广大顾客的认可，还深得其他业界同行的赞赏。为夯实"顾客至上，信誉第一"的服务宗旨，强化企业商品质量管理，集团建立健全了各项规章制度，实行商品质量先行负责制，严格执行"三员把三关"，真正做到采购员把好商品采购关，库管员把好入库关，导购员把好上柜关，确保消费者购物无风险，并建立了商品保质期临近报警制度和商品营销全程控制档案，对进货渠道严格审核，有检查,有落实,从根源上杜绝了假冒伪劣、质次价高商品的出现。此外还成立了专门的检查机构,坚决不以假乱真,以次充好,掺杂使假,不经销“三无”产品和假冒伪劣产品,全方位的保障消费者权益。

不断规范、完善质量管理制度,不仅使保百集团赢得了广大消费者的赞誉,同时也促进了销售额的增长,实现了企业经济效益与社会效益的双增长,进一步增强了企业的市场竞争力。保百的服务质量得到了社会各界人士的广泛认可,“信誉至上”已成为保百集团发展事业、服务大众的基准点。“保百”也成为高品质服务和现代消费文化的象征。

完美服务　至情至真

河北保百集团顺应未来百货市场细分的趋势,按照消费品种类对环境与氛围的要求,打造商场销售专业业态,使保百的每一个业态都具有专业特色,以适合消费者日趋理性化、个性化、时尚化的要求。

1995年,河北保百集团在同行业中第一个明确提出购物“不满意就退换”的口号,并实施“百项便民服务系统工程”,当时的《中国商报》也刊发了相关消息,影响遍及全国。1998年,河北保百集团又推出了引起全国反响的“超值服务系统工程”,让顾客享受到超过商品本身价值和顾客期望值的超值服务,大力实行“三个享受、六个服务、二十六项新举措”的消费新理念,实行了商品先行负责制、设立了保护消费者权益基金,并与工商部门在全市商业系统内联合成立了首家12315消费者投诉服务联络站。此后在每一年的“3·15”,河北保百集团都在为满足消费者需求的基础上,不断推出新的服务举措、服务承诺,实现了“让顾客满意”的服务宗旨,为提升保百品牌形象奠定了坚实的基础。

良好的经营业绩与完美的服务体系离不开健全的售后服务系统。在售后服务方面,对售出商品,保百遵守商业职业道德准则,认真执行国家“新三包”规定,建立了完善的售后服务档案,依照集团《售后服务程序规范》中的售后处理权限、处理程序等有关规定,本着“向消费者倾斜”的原则,“可退可不退的以退为主、可换可不换的以换为主,责任分不清的以保百为主”,并设立了专项消费者权益保证金,督促落实好售后服务工作。集团三大卖场联合推出“联退联换”承诺,使消费者在保百购物更加方便,以实实在在的行动为消费者提供优质的服务。

品牌经营　引导时尚

品牌即品质,是企业竞争力的表现。在品牌建设上,河北保百集团三大卖场根据不同的经营定位,为真正树立名牌商品特色,不断引进适合卖场定位的品牌。旗下的保百购物广场现已打造为保定市高端精品品牌店,为提升古城市民生活品质、引领消费时尚、倡导文明消费作出了积极的贡献。根据市场形势发展,河北保百集团不断完善经营环境,紧跟时代潮流,打造了豪华典雅的品牌专厅、现代化的营业设施、明亮整洁的卫生环境和员工统一着装、规范严整的经营现场形象,彰显出保百集团品牌殿堂的独特魅力。

品牌不仅需要树立,更需要经营。在品牌经营上,面对国际金融形势,面对产业升级、产品升级对品牌的诉求,河北保百集团在商品质量管理中,针对保定市场的消费特点,确立了经营中高档商品的市场定位和“名品进名店”的战略思想,突出“保百”特色,“以引名牌、增新品”为主攻方向,大力拓展“名牌路”。20年来,河北保百集团稳健前行,用自己独特的理念诠释了商业购物新概念,保百人沿着自己的品牌之旅走出了一条具有王者风范的品牌之路,影响了保定商界乃至河北商界,奏响了时尚、绚烂、品牌的最强音。

科学管理　勇于创新

科学、先进的管理手段,是企业长盛不衰的有力保障。河北保百集团根据新时期发展特点,引入现代化管理手段,逐渐建立起一系列科学合理的管理制度和考核体系。三大卖场实行营销、人事、财务、形象、服务“五统一”管理,从商品的购进、销售一直到结算全部纳入微机化动态管理体系,建立了高效快捷的采购管理中心及结算中心,并于2009年对超市业态系统软件全面升级,建立起快捷的物流配送中心,实现了超市业态经营的统一、快捷、高效运转;全方位导入CIS系统,广泛拓展营销领域;建立了企业局域网和外联网,并与互联网相连接,方便、快捷的实现了集团化管理,实现了网络信息技术与企业管理的深度融合,全面提高了整体管理水平;大力开拓国际市场,积极开展国际贸易,以现代化企业管理模式与国际经济接轨。

科学化管理手段来自于优秀的管理团队。企业人才建设工作的好与坏直接影响一个企业的发展速度。保百集团坚持“两个原则”选人用人:①坚持人尽其才,打造科学的绩效考核和报酬激励体系,把整个人才队伍盘活、每一个人才个体激活,使其能量最大限度地释放出来。②坚持扬长避短,以绩效为导向。要能者上、平者让、庸者下。为打造优秀管理团队、优化员工队伍,保百集团定期对员工进行强化培训,学习相应的专业知识,提高职工素质。与分配制度、劳动制度、精神文明建设等配套进行,逐步使保百形成了外有压力、内有动力和充满生机活力的企业特点。提升了员工素质，增强了解决问题的能力和思想认识水平，培养出一支高素质、高技能、高水准的员工队伍。创造出保百独具特色的人才优势和企业优势，充分激发、调动了职工对待工作的热情与积极性，企业上下迸发出旺盛的生命力。

以人为本　和谐企业

河北保百集团坚持“以人为本”。大力实施“温馨大家庭”活动，员工婚礼送鲜花、生孩子送宝宝装、生病探望、生日送蛋糕、丧事送花篮、每年一次妇女病普查等等。根据企业资金状况，坚持为职工办更多的实事、好事，进一步提高职工的福利待遇，完善职工保障制度，增设职工休息、就餐、文体娱乐场所，解决职工的后顾之忧，为职工营造一个整洁、便利、安全温馨的工作和生活环境。此外，为丰富员工业余文化生活，保百集团积极开展员工读书、技术练兵比赛、员工运动会、知识竞赛、演讲比赛、书画比赛、才艺展示等文体活动，改造员工活动室：购买了大量书籍，增设了跑步机等健身器械，有效激发了员工热爱运动、热爱生活的热情，使员工时时处处都感受到企业的关怀和温暖。保百集团以开展的活动为契机，充分利用业余时间，学习专业知识及生活常识，员工们在竞赛与活动的欢悦中不仅放松调节了身心，丰富了业余文化生活，还强化了员工的业务知识，增强了团队合作意识。

保百集团注重构建“以管理服人，以真情感人”的优秀企业文化，为员工创造舒适的工作环境，营造了浓郁的和谐氛围，这一切都体现了保百集团以人为本的企业文化，有利于加强员工间的沟通协作和增加企业的凝聚力、向心力，使员工与企业同舟共济，积极为企业发展作贡献。河北保百集团连续多年被评为“河北省模范员工之家”。

奉献爱心　回报社会

河北保百集团在不断的发展壮大过程中，在和谐社会的大背景下，一直热衷参与公益事业，真情回馈社会，把“感恩社会、服务社会、回报社会、奉献社会”作为企业发展的重要理念，积极为创建和谐社会贡献企业的力量。保百集团在为社会提供就业机会、创造价值的同时，坚持开展“送温暖、献爱心”活动：积极参与捐资助学、捐资修缮小学、扶贫助困、慰问武警官兵、慰问孤寡老人和残疾儿童、捐资赈灾等多种公益活动。2008 年 5 月汶川地震，集团捐款 160 余万元，用实际行动诠释着人间最真诚、最无私的关爱，为帮助灾区重建家园贡献一份力量，这种大爱之举受到了很高的社会赞誉。20 年辛勤耕耘，20 年倾情奉献，在 20 年的漫漫长路上，河北保百集团用爱与诚挚的心，回报社会，感恩社会……

透过保百 20 年的成功路程，我们看到的是保百 20 年的风雨坚韧、20 年的从容积聚。如今的保百，已经成为保定风尚的领跑者，保定诚信的代言人，保定的城市名片。金色的企业，闪耀金色的光芒，未来的河北保百集团也将继往开来，向着争创百年品牌老店的宏伟蓝图迈进！

·衡水市杰旺工贸物资有限公司·

衡水市杰旺工贸物资有限公司位于市育才北大街 475 号（钢材市场院内）。是大广、石德、邯衡高速连接处；是京九、石德、邯黄铁路交汇处，交通非常便利；是商贸物流行业最佳创业选择地。公司创建以来，在协会和相关领导大力支持下，在社会各界人士的关心协助下，经过公司全体员工无私奉献顽强拼搏，现已发展成全市规模最大、质量最优、品种最全的大型钢贸流通企业。

公司经营产品：中厚板、卷板、螺纹钢、盘条、角钢、槽钢、工字钢、无缝管、焊管及镀锌焊管、螺旋管、圆钢、碳结钢、道轨、扁铁等各种钢材，库存长期保持上万吨，年销售钢材几十万吨，是敬业集团、文丰钢厂、普阳钢厂直销商和一级代理商；是国家重点工程及本市大型企业集团钢材定点采购单位。2000 年被市委市政府命名为“四星级‘明星企业’”，2004 年被河北省中小企业局授予“优秀信用企业”，2007 年成为“河北省金属材料流通协会”副会长单位，2010 年被评为“世界杰出华商协会理事单位”，被中国民营企业家协会授予“十佳诚信企业”和“中国诚信民营企业”，2012 年成为“河北省企业联合会”副会长单位。

公司将立足本市辐射全国，一如既往的坚持“质优价廉、诚信为本、用户至上”的经营理念与新老客户携手共勉，叙旧知结新友，寻友洽谈合作，共同打造长盛不衰的百年企业。

·石家庄润德市场·

石家庄润德市场位于河北省石家庄市胜利南大街与仓丰路交叉口南行，紧邻新火车站，市场建筑面积近 16 万平方米，现有商家 2000 余户，经营涵盖齐全的各色五金机电、陶瓷卫浴、家装建材、灯饰灯具、日用劳保类产品，辐射范围至辽宁、新疆、山东、山西、陕西、内蒙古、甘肃、河南、河北等多个省市。自 2009 年，石家庄市原胜利路五金市场、青年街劳保市场、槐中路陶瓷市场、金门灯饰城向润德市场实现完整平移，润德市场形成了由四大专业市场构筑的完整市场集群，现已成为中国北方最大的五金机电、陶瓷卫浴、灯饰家装、劳保用品一站式采购平台！

一、坚持科学定位

市场定位是决定市场成败的基础，为使润德市场经营管理更加规范有序，为不断改进工作方法提高商户经营水平，润德市场每年都要开展多次市场调研活动，通过向全国各专业市场、生产基地考察调研，把握市场发展脉搏、掌握生产企业经营动态。

二、坚持诚信立市

润德市场多年来把诚信作为企业的生命。建立了一整套市场信用体系，以诚引商、以德兴市、以心暖商、以情助商，坚持从四个方面全力打造诚信市场：一是商品质量创诚信、二是健全制度得诚信、三是优质服务树诚信、四是营销策划促诚信。

2010年7月润德市场被中国诚信万里行委员会评为“诚信建设示范单位”。2011年润德市场被石家庄市商业信用中心评为“商业职业道德教育基地”。2012年12月，被河北省省会精神文明建设委员会、石家庄市财贸工会、石家庄市商业联合会、石家庄市商业信用中心评为“讲道德 守信用十佳市场”。2013年被河北省商业联合会、省零售企业商会、省供货商商会评为“河北省流通产业AAAA级信用企业”。

三、坚持品牌兴市

润德市场始终坚持品牌发展、注重品牌管理、形成一套完整的品牌战略体系。几年来一直坚持统一思想认识，锻造诚信品牌的观念；明确内容标准，铸造诚信品牌的模式；搞好内外协调，创造诚信品牌的环境；挖掘市场文化，塑造诚信品牌的形象。

2010年5月，中国商业联合会品牌市场评审专家组到润德市场考察调研并授予润德市场华北首家“中国四星级品牌市场”荣誉称号。同年8月被中国商业联合会评为全国十大“优秀品牌市场”。2012年被中国商业联合会评为“中国品牌市场先进管理机构”。

四、坚持营销强市

润德市场始终将营销推广作为市场发展繁荣的一把利剑，坚持有点用点早策划、创点造点细策划、找点借点巧策划、抢点占点硬策划的营销战略。在经过大量有效的宣传推广工作后，润德市场得到了诸多媒体的广泛关注！

润德市场实施品牌营销的一项重要举措就是举办全国性的大型会展。2010年以来润德市场分别成功举办三次“中国·北方五金机电、陶瓷卫浴产品展销会”及“中国·石家庄第十届观赏石博览会”，均取得很好的收益。

五、坚持服务旺市

市场是经营出来的，经营的重点是服务。自开市以来，润德市场始终坚持“为商户服务，为消费者服务；先服务后管理，在服务中管理；在管理中服务”的理念。

在为商户的经营服务方面，润德市场多次组织邀请品牌生产企业进入市场考察，帮助商户不断提高经营档次；引进品牌产品；提升商品质量与代理级别。为了更好的帮助商户创新经营模式、拓宽经营渠道，润德市场建立了河北首个五金行业门户网站——河北五金网，为广大商户提供网上商城、电子商务及网络营销等技术支持。为解决商户金融业务需求，在润德市场建立了“建行润德自助银行”；与工商银行积极协调，成立“工银商友俱乐部”，为商户提供优质金融配套服务。

在为商户的生活服务方面，润德市场为了保证商户财产安全，市场配备了全套监控设备，并实行夜班值班制度，在炎热夏季无偿为商户熬制冰镇绿豆汤，为商户降温消暑，开办了幼儿园及美食广场，有效的解决了商户的实际困难，得到了商户的赞扬。

在为商户的管理服务方面，润德市场率先在全国批发市场成立“商户管理委员会”。委员会的成立标志着市场管理将转变为“从被管理者到管理者，从参与者到决策者”的角色转换，更有助于规范服务和提高商户的自律意识。

在为采购商的服务方面，润德市场在周边设置多处路引并为采购商提供免费停车服务。在市场设置引导台提供导购服务，实行“首问负责制”，市场的所有员工都要为采购商的问询负责到底。

润德市场的发展得到了各级政府、协会领导悉心关怀，为润德市场提供了良好的发展环境，对润德市场培育政策、现代物流建设、经营管理过程中取得的一系列成绩进行了充分的肯定。

润德市场作为新火车站首个核心经济商圈，独享新火车站人流、车流、物流、信息流、资金流等巨大资源。作为石家庄市商贸服务业重点项目、河北省重点工程，随着2012年新火车站建成使用，润德市场正在创造新的财富奇迹！

·河北省农业生产资料有限公司·

河北省农业生产资料有限公司是以农资商品流通、生产、房地产开发、物业管理、煤炭运销和广告传媒业务为主的综合性集团公司，享有自营进出口经营权。注册资金9000万元，主要股东为河北省供销合作总社、中国农业生产资料集团公司及自然人等。年经营化肥190余万吨，农药5000多吨，销售收入48亿元。

公司目前拥有4个全资子公司,5个参、控股公司。作为河北省农资流通领域的龙头企业，公司拥有雄厚的经营设施、优秀的经营团队、健全的营销网络、深厚的市场基础,是商务部“万村千乡市场工程”建设优秀企业,河北省人民政府确定的“二十”家商贸龙头企业之一。

公司始终以服务“三农”为己任,坚持“农民利益至上,企业信誉第一”的经营理念,遵循“让员工满意、让客户满意、让社会满意”的企业宗旨。目前与150多家化肥、农药生产企业建立了长期、稳固的合作伙伴关系。在省内多个交通枢纽及大的农业市场、县建有完善的仓储设施，自建及租赁仓储面积100余万平方米。近年来,公司大力推进现代流通方式,积极发展农资连锁经营，在省内外建立了18个全资分公司,20家区域配送中心,156家县级分销管理中心,5000多家乡、村加盟店,营销网络覆盖全省及周边省份,形成了以“河北农资”为统一品牌的上下贯通、流通有序的农资经营服务体系，优质化肥市场占有率达80%，始终保持着在全省农资流通领域中的主导地位。

公司以集团化运作、网络化营销、规范化管理、规模化发展为总体发展战略,立足农资,优化结构,已形成一业为主,多元发展的格局。在做好农资业务的同时,积极拓展了房地产开发、复合肥生产、煤炭运销和广告传媒等业务。旗下河北冀兴房地产开发有限公司先后在石家庄、邯郸、沧州、廊坊等地成功开发了近100万平方米商业和住宅。随着石家庄在华北地区重要商埠地位日益突出，又与中国供销集团所属中合置业公司合作在石家庄黄金位置南三条小商品市场开发冀兴商城,项目已展现出良好的市场前景。与美国和中国香港公司合作开发的农村网络传媒业务，依托河北农资广泛的流通网络优势，有效的宣传国家惠农政策、农技知识和涉农商品的展示，填补了农村传媒市场的空白。公司紧紧把握宏观经济走向和热点，抓住近年来能源类商品需求旺盛的有利时机,开发的煤炭经营业务,已呈现出良好的发展势头。

公司先后被授予全国创建文明行业工作先进单位、中国服务业500强、中国农资十大最具价值品牌、中国农资流通诚信建设十佳示范企业、河北省文明单位、河北省百强企业等荣誉称号。

·廊坊市蔬源蔬菜市场服务有限公司·

经市、区政府批准,廊坊市蔬源蔬菜批发市场于2012年8月底正式营业,市场占地203亩,商户1580户，建筑面积80725平方米,总投资1.4亿元。

廊坊市蔬源蔬菜批发市场作为廊坊市中心区最大的蔬菜龙头批发市场，已成为廊坊市蔬菜产业化发展平台的支柱力量，在促进行业间交流沟通、规范行业发展、平抑物价、协调蔬菜种植、加工、运输、销售各个环节方面做出了巨大贡献。一年多来,被廊坊市评为农业产业化重点龙头企业,廊坊市广阳区残疾人集中就业基地。被河北省评为省A级标准化农产品批发市场，晋选为河北省企业联合会副会长单位。

蔬源蔬菜批发市场是在原王寨批发市场的基础上提升建立的,由于原市场受地理、交通、环境的影响,拥堵严重,配套设施落后,经市、区政府批准,报请国土、规划等相关部门的核定,经乡镇、街道和村街具体协调考察，将该市场选址在爱民东道李桑园村北侧，蔬源蔬菜市场是廊坊市唯一的一个具有鲜明特色和具备蔬菜批发、零售、储运于一体的大型集散市场，市场设15个交易区:蔬菜批发区、配菜及零散交易区、鲜肉及冻货区、水产区、豆制品区、副食调料区、日用百货区、粮油区、烟酒区、土产日杂区、鲜蛋区、水果、小吃区、清真区(牛羊肉)及蔬菜精品区，市场内建有80725平方米专业蔬菜批发大厅，和三个6615平方米的水产、肉食和豆制品大厅。市场年蔬菜储运量达3000万千克,成交量2400万千克。

市场机构设置五部一室,即办公室、财务部、经营部、质检部、综合部、治安部,市场现有管理及工作人员125人,2012年市场安排残疾人就业12人,2013年新增2人,为廊坊市安排残疾人就业数量最高的企业之一。

市场经营理念:保质扶弱、优质优先、打击市霸、公平交易。

市场经营模式:标检准入、归行划市、系统经营、争创一流。

市场经营宗旨：让商户和我们一起参与市场管理，让市民享受到更好的服务，得到更多的实惠。让我们共同携手,创造一个好的市场环境,更好的为市民服务。

为了积极发挥市场的集散、吞吐、活跃购销、传递信息和引导生产功能，市场以严格的管理和优质的服务树立了良好的市场形象。市场管理人员在对市场交易秩序、交易纠纷、治安、消防等方面进行24小时全天候巡查的同时做好“三个竭诚服务”即:政策法规咨询服务、传递行情信息服务、牵线搭桥购销服务,从而使市场较好地发挥了经济效益和社会效益,促进了廊坊市蔬菜增产、农户增收,商户增利。

廊坊市蔬菜批发市场以原王寨蔬菜批发市场为平台，通过多渠道、采用多方式先后与外省、市、县的730多个经营单位建立了购销联系，以巨大的市场效益增强吸引力，同时扩大市场的辐射面积，形成了以蔬菜批发市场为龙头、市区为中心、下县为骨干、乡镇为补充，批发与零售相配套、外销与内销相结合的蔬菜经营网络，为保证市民用菜安全，市场监测中心对每批菜品进行逐一检测，确保市民吃上放心菜。

廊坊市蔬源蔬菜批发市场目前正与白家务、九州、万庄3个乡镇、办事处筹备农业产业园区和基地建设，协调菜农“产、供、销一条龙”方案，准备以购销合同的方式，引导农民进入市场，组织产销衔接，搞活蔬菜流通，使农民既增产又增收，提高了农民种菜的积极性。同时以市场为导向，形成了生产、科研、加工、销售、运输“一条龙”的发展格局。不仅促进了廊坊蔬菜种植和加工业的发展，也带动了为市场配套服务的装卸业、运输业、保鲜业、餐饮业、等第三产业的发展和人员的就业。预计市场今年销售额可达23亿元。

廊坊市蔬源蔬菜批发市场受廊坊市广阳区果树花卉协会委托，正在办理各项果品产业项目有关事务。并在蔬源蔬菜批发市场内专门设立“广阳区特色”果品专销区，统一注册“苹果、梨、李子等产品”品牌商标。以农超对接、组织货源出口为主，拓宽销售渠道。将通过举办产需见面会、供需对接会等形式，创立“广阳特色”品牌体系，立足京津廊，打造廊坊市特有广阳果品品牌，提升廊坊市广阳区果品在全国的竞争力。

2013年，廊坊市蔬菜产业正蓬勃发展，周边县、乡出现了许多规模较大、科学种植蔬菜大户，从而吸引了北京、天津及东北等地的蔬菜批发商，成为北京、天津以及外省市大中城市的主要蔬菜供应地。同时打造出了自己的品牌，丰富了廊坊市民的菜篮子，达到了更大的经济效益和社会效益，廊坊市蔬源蔬菜市场以批发市场为发起资格主体，在业务主管单位廊坊市工业经济联合会和市区产业办的大力支持以及各业务单位的协调下，吸纳致力于蔬菜种植、加工、储运并有一定规模的企业、和在市场依法领取营业执照的经济组织的法人代表为廊坊蔬菜协会会员。

廊坊蔬菜协会成立以来“遵守宪法、法律、法规和国家政策，遵守社会道德风尚的前提下，规范廊坊蔬菜市场经营秩序，整合廊坊蔬菜产业资源，实惠廊坊百姓”为宗旨。积极将新品种、新技术、新项目引进廊坊蔬菜市场；以蔬菜批发市场为平台，协调蔬菜生产、加工、保鲜、流通、销售五个环节之间的合作关系；整合蔬菜产业资源，达到资源配置最优化，进一步发挥各大蔬菜批发市场的集散、吞吐功能，活跃购销，引导生产；组织廊坊名、特、优、新蔬菜产品的品牌攻关活动，打造廊坊蔬菜品牌，提升廊坊蔬菜产品竞争力；提供信息咨询服务，打造廊坊蔬菜产业的权威信息交互中心。

廊坊蔬菜协会充分发挥着桥梁纽带作用，促进生产、储运、销售各环节联合，不断提升廊坊蔬菜产业化水平。规范会员行为，维护会员权益，促进公平竞争，诚信经营。同时联合我市相关行业同仁，加强蔬菜行业界的交流，搞活蔬菜流通。以市场为导向，促进廊坊蔬菜种植和加工业的发展，带动为市场配套服务的装卸业、运输业、保鲜业、餐饮业等第三产业的发展。标志着廊坊市蔬菜产业发展进入了一个崭新的时期，提升了廊坊市及周边蔬菜批发产业规模化，畅通市场信息，拓宽市场经营渠道，规避市场风险，为蔬菜批发产业健康持续发展搭建产销平台，提高廊坊市民生活质量、促进经济发展，为创建和谐社会做贡献。

·河北骐进汽车贸易有限公司·

骐进汽车成立于2008年8月，是一家以汽车销售服务为主的大型汽车营销企业。骐进以“诚实守信、用心服务”为宗旨，以“专心、专注、专业”的工作态度为己任，遵循“客户第一、信誉至上”的经营方针，真诚地为每一位客户提供最优质的服务。

一、雄厚的发展基础

骐进汽车成立至今，业务发展迅速，现遍及京津冀、山西、内蒙、河南、山东7个省市，364个县市，与562家汽贸公司建立了业务消贷关系，已成为河北汽车消贷行业的知名企业。

公司建立制定了一整套车贷风险防控体系，并专门设立了风险管理部，保证将投资风险降至最低。投巨资安装了GPS全球卫星定位系统，为每辆贷款车安装GPS终端设备，做到一车一装；并成立GPS全天监控中心，以随时掌控贷款车辆的动向，做到随查随定。组建庞大的清收人员队伍，通过定位系统对欠款车辆进行全程跟踪、现场核查、与欠款客户进行直接协商，促其还款，保障贷款资金回拢，保障信用社利益，降低公司风险。公司由专门的法务人员对公司事务进行全面的法律指导，维护公司利益、规范合同、运用法律手段化解风险。公司引进了销贷管理系统软件。缩短审批、打款周期，提高工作效率，增强监管力度，提升各环节严密性，降低各项风险。

骐进旗下的各个分公司根据代理区域的市场需求和“以人为本”的服务理念，制定了多种形式的经营方案，为客户提供全方位的优质服务，并设建业务洽谈室、休息娱乐区等，为客户谈车、购车提供清新怡人的舒适环境。

二、完善的人才发展体系

公司建立完善的人才发展体系。现有员工193人，大专学历占70%，本科生、研究生占10%，平均年龄27.6岁，是一支年轻化、高素质的团队。骐进拥有一批优秀的管理人员，他们拥有多年的汽车营销经验。公司并着重人才的培养，为公司所有员工设立与之相符的人员培训体系，为公司高速发展奠定了坚实基础。

公司实行短期轮岗制以及跨区域人才输送与交流体系，建立平台化人力资源优势。“能者上，庸者下”，通过不断的竞聘、选拔、培训和晋升来培养卓越的管理及服务人才。秉承追求卓越科学发展的精神，践行以人为本、客户至上的理念，树立行业标杆，担负社会责任，实现企业协调发展。

公司为了增强员工间沟通，丰富员工业余生活，提高工作效率，提供员工沟通交流平台，使用了办公自动化软件。

三、强大的营销、服务网络

骐进以“顾问式”的管理模式，突出“大公司、细服务”的思想，不断地走入市场、培育市场、开发市场，目前已建立了以河北为核心，辐射北京、天津、山西、河南、陕西、内蒙、山东等10余城市的紧密销售网络。

以“顾客至上、质量第一”为服务原则，不断完善综合功能服务建设。以会员制形式向广大汽车用户提供独具个性化的全方位、综合性、深层次的服务，将“友情协助与人文服务”链接，为每一位购车用户提供全天候的优质服务。

公司还提供车辆保险、挂牌、续保、年检等一系列的配套服务，免费为每一位客户提供售前咨询、售中指导、售后服务等相关汽车信息的业务。

四、可靠的商业信誉和崭新的企业形象

骐进经营发展战略中，以其雄厚的经营实力、良好的商业信誉、较强的融资能力，赢得了各行业部门的青睐。与政府部门、金融机构、各大企事业单位建立了良好的合作伙伴关系，并与省内外多家金融机构签署战略合作协议。

短短几年间，企业从小到大，由弱变强，走出了一条跨越式发展的不平凡道路，赢得了广大消费者和社会各界的广泛赞誉和认可，多次受到国家省市县和行业协会的表彰，连续多年被金融机构评为“AAA级信用企业”，树立起了“骐进汽车、真诚可靠”的淳朴亲和形象。

一个锐意创新、乐于奉献的核心管理团队，一支积极向上、勇往直前的员工队伍，一套灵活的人才机制和科学务实的管理体制，将使骐进汽车在市场经济大潮中稳步前进。

·张家口新合作元丰商贸连锁有限公司·

张家口新合作元丰商贸连锁有限公司位于河北省涿鹿县，注册资金4200万元，由北京新合作超市连锁有限公司注资2950万元，4名自然人(管理者)股东参股1100万元，涿鹿县供销合作社联合社参股150万元共同组建的股份制企业。现有6家子公司，包括：涿鹿新合作农产品公司（全资）、涿鹿新合作货物配送公司（全资）、涿鹿新合作电器公司（全资）、涿鹿新合作天合农资公司(控股)、张家口新合作再生资源有限公司(参股)、怀安新合作商贸连锁有限公司(参股)；有14家直营店，一个配送中心；公司现有员工330人。公司于2003年9月通过了中国方圆委ISO 9001:2000质量管理体系认证，2008年被评为张家口市二十强市场建设和流通企业。2009年被评为农业产业化市重点龙头企业和省级监测重点龙头企业，2011年，被全国总社确定农业产业化重点龙头企业，2012年，被河北省人民政府确定农业产业化重点龙头企业。

张家口公司按照“发展新合作，走向新农村”的宗旨，坚持“走向农村，贴进农民，服务农民，帮助农民”的方向，建立、形成城乡结合、上下贯通、合纵连横的“新合作”连锁经营网络。通过共同采购，实行统一配送，把质优价廉的日用消费品、农业生产资产送下乡，把优质、特色的农副产品带进城，为“三农”提供综合服务，促进农民增收，农业增效。

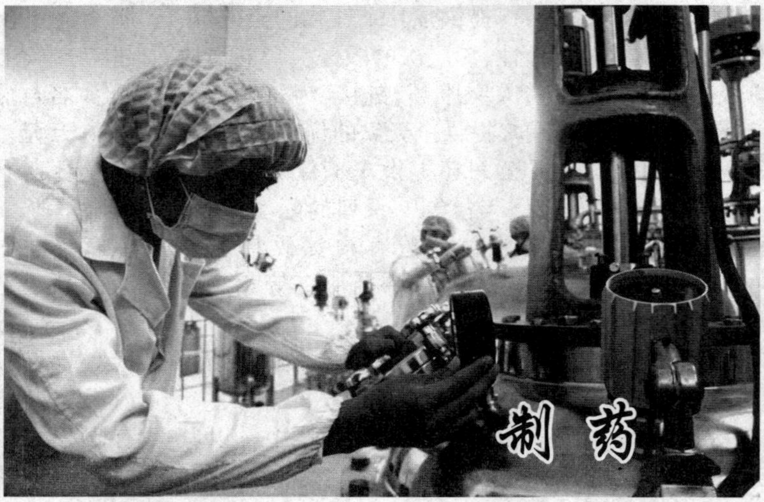

·河北常山生化药业股份有限公司·

一、概况

河北常山生化药业股份有限公司创建于2000年，是集研发、生产、销售、进出口贸易为一体的生化制药企业，是国内少数拥有完整多糖类药物系列产品产业链的国家高新技术企业，为国家创投试点的首批企业、河北省创新型试点企业、石家庄市首批创新型企业。拥有石家庄市多糖类药物工程技术研究中心、河北省多糖类药物工程技术研究中心，国家多糖类药物生产工艺技术国家地方联合工程实验室。公司于2011年在深圳证券交易所成功上市，为公司的高速发展提供了新的机遇。2012年12月，公司和美国ConjuChemLLC公司签订了技术合作协议，共同出资成立"常山凯捷健生物药物研发(河北)有限公司"，研究开发生物制药领域新产品。

公司现有职工429人，大专以上学历科技人员291人，其中博士2人，硕士33人，高中级以上工程师37人。注册资本18841.87万元，2012年销售收入57556万元，净利润9909万元，缴税5731万元，出口创汇1985万美元。较上年全年销售收入增长了37.52%，利润增长了45.42%，利税增长了47.70%。

公司重技术、严管理，关注质量认证，近年来公司通过了国家食品药品管理局的GMP认证，2008年、2010年取得了欧盟COS证书，2009年、2012年取得了法国GMP证书，2013年取得了美国FDA认证书，产品在德国、法国、意大利、西班牙、俄罗斯、美国等欧美国际市场有良好的商业信誉。凭借高质量的产品，万脉舒牌低分子肝素钙注射液创立了远高于国家标准和行业标准的YBH 03832006生产企业标准，享受国家发改委的单独定价，该产品年销售额位居全国同行业第一。

二、常山药业生物产业园建设

在省、市、县各级政府的扶持下，公司将以生物制药产业为依托，整合国内外技术和资源，占地1000亩，投资35亿元打造常山药业生物产业园，将常山药业发展成行业领先、国际一流的高科技生化制药企业。

肝素系列产品产业化项目是常山药业生物产业园率先实施的项目。该项目一期工程已于2010年7月3日奠基，现已实现投资5亿元。现正在进行设备安装和内部装修，计划2014年4月底投产。常山药业生物产业园涉及的领域包括心血管用药、糖尿病用药、抗癌药品等。产品包括肝素系列产品、透明质酸钠、艾塞那肽白蛋白偶合物、长效胰岛素(一类糖尿病新药)及抗癌生物制药。

(一)打造肝素系列产品的生产基地

肝素生产的产业链包括粗品生产、精品肝素生产、低分子肝素原料药生产、肝素制剂生产、低分子肝素制剂生产。肝素粗品是肝素产业链的源头，故常山药业工业园拟高水准建设一个占地200亩，总投资6亿元。年加工猪小肠4500万条、生产半成品肠衣75000桶、肝素钠粗品25000亿国际单位、饲料用猪肠粘膜蛋白5000吨的现代化加工基地，使产品具有追溯性。形成肝素系列原料药的生产基地，项目全部实现投产后可新增年销售收入96500万元，新增年利税23900万元新增年出口创汇9200万美元。

(二)透明质酸钠

公司的透明质酸钠经过科研人员技术攻关，已超越了世界各国要求的透明质酸钠顶级注射级标准，并取得较好的收率指标，拟建一个年产20吨的透明质酸钠原料车间，可实现销售额10亿元。

(三)制剂车间的修建

我公司低分子肝素钙注射液年销售额位居全国同行业第一，市场不断扩大，销售额还在增长。高水准建一个符合FDA要求的制剂车间，年产肝素注射剂、低分子肝素注射剂、透明质酸注射剂、艾塞那肽白蛋白偶合物注射剂25000万支，可实现销售额150亿元。

(四)研发试验中心

新技术新产品是企业的未来。公司研发试验中心共计9640平方米，将具备药物创新研究、生物制药研究、化学制药研究、天然药物研究、新型制剂技术及工程化研究、药品质量及分析测试研究、医药信息研究等功能。配备国际先进的核磁共振色谱仪、质谱仪等大型及精密仪器设施。引进高端的技术人才，形成国际一流的研发体系。

中试车间，即新技术新产品的孵化平台。①能够迅速把研发试验中心的试验成果进行中试放大、验证、小批量生产的过程，将科技转化为生产力。②我公司与美国ConjuChemLLC公司(中文名称:凯捷健有限责任公司)签订了中美技术研发合作协议，利用中试车间的平台，可以将美国新技术、新成果、新药物拿来中试放大、小批量生产，目前已经有一些项目在酝酿实施中。

建设规模:年生产规模:原料药高分子40吨，低分子原料药9吨，制剂2亿支。

公司投资35亿元建设常山药业生物产业园，全部建成后将实现销售额200亿元，利税30亿元。随着常山药业生物产业园的壮大及与美国ConjuChemLLC公司合作的深入，将陆续增加新项目，公司将发展成为国际一流的大型生物制药企业。

·华北制药河北华民药业有限责任公司·

华北制药河北华民药业有限责任公司(以下简称华民公司)位于石家庄良村开发区，是2009年冀中能源集团重组华药后在新园区投资建设的第一个重点项目，也是集团公司为实施产品转型升级、产品链整合的战略目标而建设的新园区样板工程，总投资20亿元，建筑面积22万多平方米，是我国生产规模最大、产品质量最优、产业链条最为完整，工艺设备最为先进的新型头孢制药企业之一。截至2013年底，华民公司已拥有新头孢、倍达、莱欣、奥奇德4个工厂，占地面积44.24万平方米，总资产46亿元，职工3600余人。

丰富的产品集群。华民公司产品涵盖了包括凯福隆、头孢曲松、头孢呋辛酯、头孢西丁等在内的头孢一至四代全部主导品种，共78个品规，是国内最大的头孢拉定、7-ACA、7-ADCA生产企业之一，也是为数不多的同时拥有7-ACA、7-ADCA两大抗生素母核的头孢制药基地，年生产头孢类无菌粉针制剂10亿支、口服固体制剂45亿粒/片/袋、无菌及非无菌原料药2000吨。

一流的生产设备。华民公司公司主要生产设备均由包括德国BOSH、德国UHLMANN、意大利IMA在内的世界顶级公司制造，工艺路线、生产布局全部按照欧美现行版、中国新版GMP标准设计实施，构建了具有国际领先水准的现代化制药生产平台。

广阔的销售市场。完整的头孢产业链及丰富的头孢产品群，为华药头孢系列产品持续创新，和华药产品迅速占有市场奠定了基础，2013年实现销售收入32亿元，2014年实现销售收入40亿元。在立足国内的基础上，华民公司大力开拓国际市场，陆续完成在俄罗斯、韩国、印度、秘鲁、菲律宾和我国的台湾、香港等地的产品注册，无菌粉针车间、口服制剂车间相继通过WHO等国际知名组织的现场核查。

严谨的质量体系。华民公司高度重视产品质量工作。2011年，其口服固体制剂车间在河北省范围内率先获得国家新版GMP证书，截至目前，公司共通过现场检查7次，获得新版GMP证书7张，是河北省首家同时拥有无菌原料药、粉针制剂、口服固体制剂新版GMP证书的制药公司，也是全国首家从无菌原料药到制剂在整个产业链均拥有新版GMP证书的头孢菌素类药品生产企业。

展望未来，华民公司作为世界500强企业成员，必将在冀中能源、华北制药的正确引领下，遵循“人类健康至上，质量永远第一”的企业宗旨，致力于人类的健康事业，为建设国内领先、世界一流的现代制药强企做出更大、更多的贡献。

·石家庄以岭药业股份有限公司·

石家庄以岭药业股份有限公司(002603)由中国工程院吴以岭院士创建，在他的领导下，以岭药业始终坚持以科技为先导，以市场为龙头的科技创新发展战略，创立“理论—临床—科研—产业—教学”五位一体的独特运营模式，以络病理论创新带动中医药产业化，建立以中医络病理论创新为指导的新药研发技术体系，先后承担和完成了国家973、863、国家自然科学基金、国家“十五”攻关、“十一五”支撑、“十二五”重大新药创制等国家级重大项目30余项，荣获五项国家科技大奖，研发专利新药10余个，取得国内外发明专利150余项。

以岭药业构建现代化生产基地与质量保障体系，在石家庄、北京建立占地1100亩的国际标准生产基地，通过了美国FDA和欧盟认证。国际化的管理、生产，外籍专家领导的质检团队，形成了贯穿原材料、生产过程、产品放行、市场反馈多环节控制的三级质量保障体系。以岭药业坚持中药材绿色环保，源头控制，在太行山脉建立十万亩野生、种植中药材基地。打造放心药、高效药，以岭药业赢得了国际国内消费者的信赖。

以岭药业为中国医药上市公司50强、中国制药工业企业百强，国家技术创新示范企业、国家重点高新技术企业。

·河北圣雪大成制药有限责任公司·

河北圣雪大成制药有限责任公司(以下简称公司)成立于1997年，是由中核金原铀业公司和浙江升华拜克生物股份有限公司共同持股的现代化制药企业，总部位于石家庄市栾城县生物医药基地。2006年，公司收购原冀东制药厂部分资产，组建全资子公司——圣雪大成唐山公司。经过多年发展，目前公司占地42251.3平方米，总资产达5亿多元。

公司主导产品为土霉素、盐酸土霉素、硫酸链霉素、硫酸粘菌素，生产规模居同行业前列，是目前全球最大的硫酸粘菌素生产商、国内最大的硫酸链霉素供应商，所有产品均已通过国家GMP认证及欧盟CEP认证，土霉素、盐酸土霉素产品已通过美国FDA认证。产品畅销全国各地及欧洲、东南亚、中东、南美等数十个国家和地区。

公司拥有一支年富力强、结构合理的员工队伍，现有员工1100余人，其中大专以上学历500余人，具有中高级职称员工100余人。公司以扎实的管理和优良的业绩多次受到省、市、县的表彰和奖励，现为“河北医药工业十强企业”、“河北省高新技术企业”、“石家庄工业五十强”。

公司整体安全生产形势平稳，维持了2006年以来未出现一起重大安全生产事故的记录。公司对现有污水处理硬件设施进行升级改造，完善污水厌氧处理设施，对污水处理产生的废气进行收集处理，组织开展废渣处理技术攻关，最大限度的降低环保问题带来的经营风险。

公司进一步完善客户分级管理体系，开展产品差异化服务工作，以此稳定现有客户关系。同时与欧洲、美国等医药企业达成长期合作意向。

为避开与国内企业的价格竞争，走高端差异化竞争道路，公司不断完善质量管理体系，通过多项国际高标准认证。土霉素产品和土盐产品于获得美国FDA的cGMP符合性确认函；无菌原料药硫酸链霉素获得西班牙政府颁发的GMP证书；土霉素、盐酸土霉素通过德国EU-GMP现场审计。

公司在发展过程中始终坚持以“创新微生物科技，改善民众生活品质，促进人类生命健康”为己任，以项目建设为龙头，做大做强，争取到“十二五”末实现销售收入超10亿元，利润超1亿元的经营目标，成为“以现代微生物技术为核心，以特色化学药品为主，国内领先、国际知名企业”，争取为社会和地方经济发展做出更大的贡献。

·河北洁神新能源科技有限公司·

一、概况

河北洁神新能源科技有限公司位于河北省涉县井店循环经济园区，占地面积600亩，公司注册资金6000万元，法定代表人吴惠文，总经理李书华，公司现有员工280人。公司创建于2010年11月，主要从事研发、生产、销售锂离子动力和储能电池、正极材料、纯电动汽车和电动总成。目前生产的主要产品为氧化锂铁磷动力和储能电池，产品主要应用于电动汽车以及电动工具、电气通讯和储能电站等领域。

2011年6月，本公司拥有自主知识产权的氧化锂铁磷电池通过了国家级产品质量检验。2012年4月公司通过ISO／TS16949：2009国际质量体系认证，建立起质量工序与品质程序。目前，本公司氧化锂铁磷动力和储能电池项目已列入河北省《节能与新能源汽车产业发展规划》和2013年省100项重大项目计划。公司开发生产的氧化锂铁磷动力电池已成功应用到四川汽车工业股份有限公司野马牌纯电动乘用车和常州黄海纯电动城市客车，受到市场客户的青睐。

2012年10月18日，总投资131亿元、总规划面积4000亩的河北洁神新能源汽车产业园开工建设。该产业园中长期项目包括年产5000辆纯电动城市客车、年产12亿安时动力及储能电池、年产2万吨氧化锂铁磷正极材料、年产5万辆电动乘用车和6万台套电动车动力总成等系列项目。其中年产2万吨氧化锂铁磷正极材料，为本公司与我国台湾长园科技实业股份有限公司合资共建。项目建成后，将成为国内具有较大影响力的新能源汽车产业集群。

二、氧化锂铁磷电池项目概况

2010年11月，本公司年产4亿Ah动力和储能电池生产线项目开始投资建设。2012年，着眼于未来锂离子电池的市场前景，本公司又相继谋化了年产12亿安时氧化锂铁磷动力和储能电池生产线项目。该项目投资44亿元，占地450亩，为100条电池生产线，预计年销售收入95.76亿元。目前，一期工程30条生产线正在建设中。已建设安装4条生产线，年内可达8条生产线。新建12条生产线的厂房已竣工待投入使用。建筑面积8000平方米的3号、4号电池车间和电池质量技术检测中心基建工程已开工建设。

本公司自主研制的氧化锂铁磷电池具有容量大、寿命长、耐高低温、成本低等显著特点。电池主要性能、参数如下：

1.比容量及能量密度：电池实际比容量135毫安时/克，质量能量密度110瓦时/千克，体积能量密度220瓦时/升，功率密度350瓦/千克。电动大巴一次充电续驶里程最高可达500千米以上。

2.循环寿命：循环充放电2000次以上(1C放电)。

3.工作温度：−20℃~60℃。充电：0℃~45℃；放电：−20℃~60℃；贮存：−10℃~45℃。

4.工作电压：3.2伏。

5.充电时间：慢充4~6时，快充(1C)1~2时。

6.自放电率：月自放电率<2%。

7.安全性：经国家权威机构检验，在针刺和挤压实验中，本公司动力电池不起火，不爆炸。在过充实验中，将电池过充到4.5伏，过放至0伏，电池循环100次，外观无任何异常，容量保持率达到84%。

8.无记忆和漏电现象。

9.没有环境污染，为“绿色电池”。

10.成本低。由于采用新型材料和溶剂替代原化学材料胶粘剂聚偏氟乙烯(PVDF)T和溶剂甲基比咯烷酮(NMP),从而使电池制造成本大大降低。与同类磷酸铁锂电池相比成本较低。

本公司电池采用的正极材料为台湾长园科技实业有限公司生产的氧化锂铁磷正极材料。负极材料、电解液、隔膜等目前选用国产优质产品。产品规格,从20安时到500安时均可生产。电池形状为方形叠片式,外壳为6系铝合金材料。

三、纯电动汽车项目概况

本公司将自主研发制造的氧化锂铁磷电池及电动驱动技术用于研发纯电动汽车。经过几年的试验,取得了纯电动汽车组装技术经验。2012年,本公司先后与四川汽车工业股份有限公司、常州黄海客车、山东沂达电动车有限公司等专业汽车厂家配套,组装了几十辆样车,车型有5大类:12米纯电动城市公交客车、12米纯电动旅游大巴、纯电动中巴、纯电动小型乘用车、纯电动城市SUV等。目前,本公司与川汽配套的氧化锂铁磷锂离子动力电池“野马牌”车型“SQJ6452BEV”纯电动乘用车,2012年已获得国家工信部〔2012第54号〕《节能与新能源汽车示范推广应用工程推荐车型目录(第39批)》。本公司配套的首批20辆野马纯电动出租车,已在成都市运营。

为使本公司纯电动汽车技术研发成果尽快实现产业化,在涉县县委和政府的大力支持下,本公司开始谋化建设新能源汽车产业园项目。该产业园包括纯电动城市客车和电动乘用车改装制造、动力电池及电动总成等纯电驱动零部件生产、电池设备制造、充换电设施制造等系列项目,总投资100亿元,总占地面积4000亩。一期工程投资20亿元,年产5000辆纯电动城市客车。2012年10月18日,涉县县委、县政府在我公司新能源汽车产业园现场隆重举行了秋季集中开工仪式。2012年10月27日,涉县政府在邯郸市举办了“河北洁神新能源汽车推介展示暨体验行活动”,在社会上引起了极大反响。目前,新能源汽车产业园道路、水、电等基础设施已基本完成,厂房建设工程正在进行中,拟于2014年年底竣工,具备投产条件。

(一)纯电动城市客车的技术性能

纯电动城市客车最高车速为80千米/小时以上,百公里耗电80度,车载动力电池总容量85000安时,单次充电续驶里程360~500千米,最大爬坡度16%以上,最小转弯半径25米,制动距离(初速30千米/小时,满载)10米。

电池组总电压576伏,整车容量240千瓦时,充电倍率2C,充电时间4~6小时,输入电压AC380伏,输出电压DC650伏,驱动电机额定功率120千瓦,转速2800转/分,转矩1500米,最大扭距2800,驱动形式为电机直接驱动。

纯电动城市客车外形尺寸长×宽×高:11980×2500×3300/3385(空调);轴距6000毫米,前轮距2101毫米,后轮距1860毫米,前悬2620毫米,后悬3360毫米,乘客门一级踏步板离地高280毫米,车厢内高(前/后)2550/2000,乘车门净宽800≥1100毫米,乘车门净高2020毫米,车厢内通道宽度450毫米。最大载客43+26人,整备质量13400千克。

(二)洁神纯电动城市客车的主要特点

1.高效大容量节能电源。本项目纯电动城市客车产品使用的水溶剂氧化锂铁磷动力电池由我公司原创发明和制造,已通过国家技术鉴定,所有技术指标全部超过国家技术指标的要求,电动大巴一次充电续驶里程可达360~500千米,在国际、国内处于领先水平。该电池比能量110瓦时/千克,充电时间是常规电池的1/3,产品无记忆现象和漏电现象;电池耐寒和耐热力极佳,-20℃~60℃条件下电池仍正常工作;使用寿命长,1C充放电循环次数可达2000次以上,装车正常运行50万千米。

2.低成本运行。洁神纯电动公交车百公里行驶耗电80度,依照0.8元的电价算,百公里使用成本64元。而其原形车汽油车百km耗油35升,按目前7元的油价,成本是245元。相比之下,电动客车的使用成本为传统汽油汽车的1/4。

3.环保方面:纯电动城市客车在使用过程中零污染。

四、公司技术研发及发展方向

(一)技术创新目标

不断进行技术创新是我公司持续快速发展的动力源泉。未来几年内,我公司将继续加大技术创新力度,同科研院所和高等院校建立产学研平台,增大技术研发经费投入,瞄准锂离子电池的国际先进水平,进行锂离子电池技术创新。我们的技术创新目标是:

1.提升电池的性能,通过改进电池正极材料,提升电导率和比表面积,使能量密度在现有的110安时/千克基础上提高到150~180安时/千克;功率密度在现有的350瓦/千克基础上提高到600瓦/千克以上。

2.通过改进电解液和电池材料性能,扩大电池的使用环境温度范围,争取在目前-20℃~60℃的范围基础上,扩大至-40℃~75℃。

3.缩短充电时间,通过采用新型正负极材料,增加电池的电导率和比表面积,在不改变能量密度的前提下，力争使充电时间缩短到20~30分。

4.研究碳纤维等新材料、新工艺，使电池的重量在现有基础上减轻10%~20%，成本在现有基础上降低10%~30%。

(二)产业发展目标

新能源汽车产业是我国为应对未来传统能源危机和全球气候变化调整确定的七大战略新兴产业之一，未来10年是新能源汽车产业快速发展的关键时期。我省、市、县政府已将河北洁神新能源汽车产业园列入全省战略性新兴产业发展项目。项目产业链包括纯电动城市客车和电动乘用车改装制造、动力电池及电动总成等纯电驱动零部件生产、正极材料、充换电设施制造等系列项目，总投资131亿元，总规划面积4000亩。项目全部建成后，预计年总销售收入可达398.68亿元，并可带动上百个中小企业与之配套。该产业园的开发，标志着邯郸由传统产业向新兴产业的跨跃式发展。

该项目建设按项目进度划分，大体分为三个峰段：

第一峰段（2013—2016年）：总投资36.2亿元，占地面积715亩，分别建设年产5千辆纯电动城市客车生产线项目（部分投资）、年产4亿安时氧化锂铁磷动力和储能电池生产线(30条线)项目(部分投资)和年产2万吨氧化锂铁磷正极材料项目。

第二峰段(2016—2020年)：总投资51.21亿元，占地面积2000亩，分别建设年产5万辆电动乘用车生产线项目、6万台套电动车动力总成项目和完成年产5千辆纯电动城市客车生产线项目余下投资。

第三峰段（2018—2022年）：总投资44亿元，占地450亩，建设年产12亿安时氧化锂铁磷动力和储能电池生产线（100条线）项目。

诚挚邀请各位嘉宾前来投资考察，共同开发建设新能源汽车产业园，我们的宗旨是“协同发展，合作共赢”。

·河北国控企业管理咨询有限公司·

一、概况

河北国控企业管理咨询有限公司(以下简称国控管理公司)是河北省国有资产控股运营有限公司(以下简称省国控公司)在企业改制改革过程中创造性设立的企业管理型公司，是省国控公司国有劣势企业的管理平台。公司注册资本520万元，注册地址为石家庄市建设南大街21号，办公地址为青园街275号，法定代表人杨明来，现有工作人员13人，设置3个工作部门：综合办公室、人力资源部、财务监督部。

公司的主要工作任务是根据省国控公司《关于委托河北国控企业管理咨询有限公司管理部分企业及人员的暂行管理办法》(冀国控字〔2007〕19号)托管部分省直国有劣势企业和人员。主要工作职责是：依据省国控公司委托权限，对省直劣势和破产企业及这些企业的离休干部、军转干部、退休人员、留守人员、内退人员进行管理；组织托管企业进行债权清收、债务清偿及有效国有资产处置变现，避免国有资产流失；按照相关规定，落实各类托管人员政策待遇，做好各类托管人员的管理和服务工作；妥善处理托管企业遗留问题和涉诉案件；扎实做好信访工作，维护托管企业和人员整体稳定。

目前，公司托管原分别隶属于原省直13个厅、局、办的国有劣势企业31家，其中：省交通厅4家，省建材局5家，省医药局1家，省纺织局2家，省机电厅2家，省轻工厅1家，省经贸委1家，省国资委2家，省商业厅7家，省化工厅3家，省经协办1家，省冶金厅1家，央企—中国有色金属进出口河北公司1家。托管各类人员438人，管理托管企业印章157枚，各类证照101本，档案549卷。

二、工作情况

托管企业和人员来自不同行业和原不同的省直厅局，情况复杂，历史遗留问题多，操作政策性强，国控管理公司坚持以政策为基准，以对国有资产负责为宗旨，以稳定为中心，规范管理，有情操作，真诚服务，确保稳定。主要工作情况如下：

(一)托管企业交接

受省国控公司委托，在接收每家托管企业时，都先后组织相关人员召开见面会、座谈会，详细了解接收企业的资产、债务、人员等状况。在掌握托管企业情况和统一托管人员思想的基础上，组织有关人员按照移交清册对托管企业的资产、人员、证照、印章和各种档案材料进行交接，并登记造册，双方签字，确保企业资料交接完整，准确无误，为下一步托管工作打下一个良好基础。所有托管企业均在愉快的氛围中和谐交接，没有因交接产生矛盾而引起上访。

(二)根据有关规定，积极落实各类托管人员政策待遇

1.真诚服务，认真做好离休干部工作。

积极落实离休干部政治生活待遇。2007年接收托管离休干部后，发现部分老党员交党费找不到党组织，没有正常的组织生活，针对这一问题，公司成立了离休干部党支部，定期组织离休干部学习党和国家的重要文件和会议精神，使老干部们思想常新，离岗不离党。认真做好离休干部药费报销、节日慰问、住院探视等工作。重要节日组织召开离休干部茶话会、座谈会，汇报工作，交流思想。工作中做到政治上尊重老干部，思想上关心老干部，生活上照顾老干部，精神上温暖老干部，把党组织的关怀和温暖送到老干部们的心坎上。

2.认真做好军转干部解困和维稳工作。

按照省军转干部解困政策和省国控公司要求，及时为托管军转干部申请、发放解困资金，按时为托管在岗军转干部缴纳社会保险费。切实解决涉及军转干部切

身利益的重大问题，维护军转干部稳定。

3.尽职尽责,做好退休人员工作

按照有关政策规定，认真做好历次托管退休人员养老金调整工作；为患病托管退休人员做好慢性病、特种病申报审批和药费报销工作；在岗托管人员办理正式退休手续后，及时为他们申请发放独生子女奖励金，办理支取住房公积金手续；按时为部分托管退休人员申请、交纳大病医保统筹费；为病逝退休人员办理医保社保注销手续，协助其家属办理丧葬费和一次性遗属抚恤金的领取手续；完成了托管退休人员社会保障卡基本信息采集、发放工作。

(三)加强托管企业资产管理，防止国有资产流失

托管企业移交后，一是根据资产清册及时组织、督促留守人员对实物资产进行盘点、清查,经评估和省国控公司审批后处置变现；二是组织人员下大力清收托管企业债权，如经过两年多的努力,清收托管企业欠款152万元；三是通过法院诉讼手段防止国有资产流失，如协助省国控公司法律事务部对原省商业建筑设计院房产进行了确权。

(四)倾心致力,妥善解决托管企业遗留问题

托管企业历史遗留问题多种多样，有些是遗留多年且十分复杂棘手的问题。在充分了解、掌握托管企业有关情况的基础上,对存在的问题进行仔细分析、梳理,将共性问题和个性问题区别开来，具体问题具体分析，一企一策,按照先易后难的原则,逐步加以解决。对于托管企业内部无法解决的困难,必须另辟蹊径,创新工作思路和方法，创造性地提出解决问题意见,及时向领导汇报，凝聚共识,自上而下强力推动,使问题尽快得到解决。国控管理公司多年来,发扬“钉子”精神,锲而不舍，为托管企业先后妥善解决遗留问题80多个,使劣势国有企业平稳退出市场,为省国资委、省国控公司企业改制、产业结构调整升级做出了积极贡献。

(五)妥善安置留守人员

根据托管企业工作进展情况，适时提出解除留守人员劳动合同意见,报省国控公司审批后,解除劳动合同，兑现一次性经济补偿金或安置费。每当解除留守人员劳动合同，公司领导班子成员与其进行谈话，讲清政策和安置费计算方法,做好思想工作,让留守人员愉快地领取补偿金,实现平稳过度。公司先后妥善安置留守人员25人(其中法定代表人10人)。

(六)扎实做好信访工作,确保托管企业和人员整体稳定

公司托管企业遗留的涉及职工个人切身利益的问题多，不稳定因素多,稳定是改革、发展的基础和前提。公司领导班子高度重视信访稳定工作，始终把信访工作摆上重要工作日程，定期分析信访工作形势，研究信访工作措施,不断创新信访工作方法,对容易引发矛盾纠纷的倾向性、苗头性、潜在性问题做到早发现、早介入、早处理。对于政策范围内的问题马上解决,而且办好;对于合乎情理,但没有政策支持的问题,根据实际情况,妥善解决;对于不合乎情理,又没有政策支持的问题,做好教育和疏导工作。在工作中热情接访来访人员，重视上访人员诉求,视上访人员为亲人,把上访人员的事当作自己的事，用热心、诚心、爱心,千方百计为他们解决实际困难和问题，最大限度增加和谐因素。通过几年的努力,把托管企业大量的矛盾纠纷解决在了国控管理公司，为省国控公司的快速发展创造了和谐稳定的环境。

(七)做好托管企业后续的日常管理工作

托管企业原职工虽然与单位解除了劳动合同，但他们经常到公司办理房改房上市交易手续、廉租房保障房收入证明和子女入党、留学、参军等证明材料。我们做到热情接待，按规定为其办理有关事项,尽力为他们提供方便,维护托管企业大局稳定。

(八)圆满完成省国控公司交办的临时工作任务

几年来，在完成工作计划的同时，多次圆满地完成了省国控公司领导交办的临时工作任务，为省国控公司加快企业改制、维护稳定局面做出了重要贡献。2009年，公司抽调两名熟悉国企改制政策的业务骨干帮助省化肥供销公司按时完成了企业改制工作。2010年,完成了省粮油集团、金谷大厦破产后的35户供货商的债权兑现工作。2011年,圆满完成了省装饰材料公司上访人员一次性困难补助款的兑现工作。2012年，圆满解决了省食糖储备库一名中层干部劳动争议问题。

三、获奖情况

在省国控公司党委的正确领导下，国控管理公司充分发挥了国有劣势企业托管平台效能,起到了省国控公司“防火墙”、“消防队”的作用,多次受到上级党委表彰。2009年6月,公司党总支被评为省国资委系统先进基层党组织；公司党总支3次荣获省国控公司系统先进基层党组织;2011年2月,公司荣获“省国资委系统信访稳定工作先进集体”荣誉称号;公司党总支书记、董事长、总经理杨明来荣获省国资委系统“信访稳定工作先进个人”3次，“老干部工作先进个人”2次,“优秀政研工作者1次；省国控公司系统“优秀党务工作者”2次,“优秀党支部书记”2次。

·三河汇福粮油集团·

一、汇福为打赢“四大攻坚战”,挖掘出的三大优势

首先,把我们在“解放思想、改革开放、创新驱动、科学发展”大讨论中挖掘出的汇福粮油集团三大优势,跟大家做一下沟通,因为这一点很重要,否则大家很难领会汇福转型升级、发展高端化产业的特点。

4月22日,河北省委书记周本顺同志到汇福视察时说,“食品工业是一个大产业,河北省是农业大省,发展食品工业前景很好”。他还说,“汇福粮油集团是个好企业,汇福粮油集团项目是个好项目,一定要把这些项目做好。”

围绕周书记视察指示精神,汇福粮油集团展开了解放思想大讨论,大家觉得,作为河北省大型粮油加工企业,在河北省“四大攻坚战”中责任重大,使命光荣。我们要脚踏河北大地,立足河北,用世界的眼光,国际化的思维,来重新研究自己的发展定位、产业布局,带动农业、农村、农民增产增收,发挥好农业产业化龙头企业的带动作用。

深入学习周书记的视察讲话精神,我们挖掘出汇福粮油集团自身的三大优势,开创出汇福粮油集团新的发展前景,也为打赢“四大攻坚战”奠定了坚实的基础。

第一个优势是“全产业链”优势。实行全产业链战略,是胡锦涛总书记2010年1月1日视察汇福粮油集团后开始实行的。胡锦涛总书记在视察后嘱托汇福“一定要把汇福企业做好做大做强”。我们放眼全球,分析了一下,看到,凡是世界粮油强企,都有一个强全的产业链,他们有一个从种植农场、贸易公司、港口、船队、加工厂、期货市场等覆盖“全产业链”的商业体系,保证了自己的利润来源。而我们这个粮油加工企业要在世界粮油行业的经济战中取得强势,必须实施“做好做大做强”的全产业链战略。

粮油加工最重要的是大豆原材料采购,否则尽管我们有世界最先进的粮油加工工艺装备,也只能是有限生产。为解决大豆原材料采购问题,我们对世界三大大豆生产国和出口国的美国、巴西、阿根廷的农场调研考察,到当地政府洽谈,选择了有发展空间的农产品,成立了投资控股公司,建立了紧密的合作关系,从源头上组建起自己的采购系统。

解决了大豆原材料采购,还急需港口物流。我们成功收购了巴西南圣弗朗西斯科粮食专用码头项目40%的股权,年大豆运转量600万吨,初步突破了港口物流瓶颈。就此,汇福粮油集团成为国内首家参与海外港口仓储建设的粮油加工企业。

有港口物流还需远洋运输,汇福成立了荣思克远洋运输公司,购置了17艘远洋货轮,总吨位146万吨。

同时,我们还建成了全国最大的汇福现代粮食物流,仓储能力100万吨,年中转能力1200万吨。

在粮油加工的下游,我们建成世界最大、工艺最先进的年60万吨食用油分装车间。

通过实行“全产业链”战略,使汇福粮油集团形成以粮油加工为龙头,上下游企业跟进的发展新格局。并且形成了汇福粮油集团独特的、辐射能力强的“全产业链”优势。

第二个优势是科技创新优势。我们把科技创新优势作为企业的支撑,成立了研发中心,为研发中心配置了5000多平方米的研发大楼,组建了127人的研发队伍,每年划拨研发经费3000多万元,建立了博士后工作站,与中国农业大学、国家粮食局科学研究院、江南大学、南昌大学、河南工业大学、东北农业大学等大专院校和科研单位实行“产、学、研”结合,取得丰硕成果。磷脂技术已获得国家两项发明专利、一项实用型专利授权,产品的产量、质量、研发的水平在国内居于领先地位。皂脚综合利用无“三废”生产天然植物皂粉为独有技术,居于国际领先水平。大豆乳清蛋白综合利用分离乳清蛋白、低聚糖、异黄酮、皂甙项目已获一项发明专利授权,居于国内领先水平。油脂加工过程中《食用油生物精炼》为国家863项目成果,《食用植物油加工关键技术研究与示范》为国家“十二五”科技支撑计划项目。《10000吨/年食品级磷脂产品开发》被列入国家星火计划及国家农业成果转化基金项目,并已顺利通过验收。《磷脂深加工技术集成示范》入选“十二五”国家科技计划农村领域首批预备项目,以汇福粮油集团牵头,联合六家国内顶尖的磷脂科研院所,目前项目已经启动,为科技部“十二五”期间国内唯一的磷脂项目。微生物油脂、蛋白具有生长周期短、产油高、占地少等特点,将会对于油脂行业产生革命性的影响。

第三个是融资优势。汇福以“诚信为本”的思想与银行合作,目前已与国内40家银行建立了合作关系,被多家银行授予“AAA级信用企业”,授信金额达200亿元人民币,被中国银行协会授予“最佳环境创建奖”荣誉称号。

二、汇福为打赢“四大攻坚战”的总体部署

依据这些发展优势,汇福粮油集团解放思想、创新驱动,坚持走资源节约型、环境友好型、循环经济型、综合效益型的发展之路,用金融思维做产业,逐步实现从国内到国际的产业布局,从传统到高端的产业跨越,从粮油加工到油脂化工、生物工程的转型升级,打造集群化、规模化、标准化、示范性的产业基地。主要通过自建、合作或者并购的方式,在国内到国际进行产业布局,建设仓储、物流或加工基地,以基地建设为中心,辐射相应区域,带动农民增产,促进农民增收。关于在省外布局,这里就不做具体汇报了。主要汇报一下,我们要在河北本土干些什么。

我们在燕郊总部基地兴建大豆深加工项目,主要从大豆加工过程中的油脚、皂脚、脱臭馏出物、大豆糖蜜等下脚料中,提取低聚糖、异黄酮、皂甙、天然维生素E、磷脂、植物甾醇等数十种人体需要的营养物质保健成分。目前这些自主研发产品都已经过中试,我们需要的土地腾出后就可批量生产,生产后,其产出价值可提升7倍多。

三、汇福攻坚项目的主要特点

第一个主要特点是我们汇福对这些项目拥有自主知识产权。自主知识产权,是检验创新效果的重要标准。我国知识产权专家、中南财经政法大学校长吴汉东说过:“在知识经济时代,知识就是财富。但知识要成为财富是有条件的,这个条件就是要有自主知识产权。”汇福实行大豆延伸产品深加工,并不取决于拥有知识多少,而取决于我们掌握了自主研发成果的知识产权,并将自主研发成果尽快形成生产能力,造福于人类,为人类健康保驾护航。

第二个主要特点是拥有广泛的市场。现在人们预防心脑血管病、健脑、健胃、预防乳腺癌等越来越离不开这些大豆生物活性物质,汇福大豆延伸产品站在致力人类健康的立场上,一切为了人类健康,打造高端大豆生物产品,为人类健康提供动力。

大豆延伸产品是一个关系到国计民生的关键产业,专业性的提取生产技术是产业成功的必备条件。在大豆延伸产品的发展过程中,专业性的发展意味着完善的生产体系和科学的营销体系完美结合。汇福决心以品质为底线,严格遵守自身发展的原则,赢得社会各界的尊重。

第三个是拥有变废为宝的大量资源。原料资源是深层次系列产品开发的物质基础。发展高端化产业,开发大豆延伸产品,汇福有着十分丰富的原料资源。每1万吨大豆在榨出毛油精炼的过程中可以产生4吨脱臭馏出物,可以提取0.4吨维生素E、0.8吨大豆甾醇;可产生70吨油脚,可以提取大豆磷脂30吨;可产生40吨皂角,可以提取硬脂酸17吨、生物柴油18吨、皂粉7吨。1万吨大豆精炼后可出粕6300吨,从粕中产生100%糖蜜1474吨,可以提取低聚糖500吨、异黄酮40吨、皂甙100吨。汇福年加工大豆能力300万吨,所有这些数据均乘以300万,就可看出,汇福高端化产品的资源是极其丰富的。依据这些资源,汇福做出向基地化、规模化、高端化发展规划,实行集约经营,形成产业化,走出一条符合中国国情的大豆生物活性物质生产发展之路。

·石家庄君乐宝乳业有限公司·

君乐宝:打造安全乳品,带动社会发展

石家庄君乐宝乳业有限公司成立于1995年,目前拥有10家生产工厂,是河北省最大的乳制品企业、农业产业化国家重点龙头企业、国家级高新技术企业。作为华北乳业第一品牌,君乐宝乳业在18年的发展过程中,不断发展壮大、深化改造,企业以创新模式驱动产业发展,用诚信品质探索品牌路径,正是凭借着责任和感恩,君乐宝始终占据乳品行业领军位置,助力社会可持续发展。先后被评为“农业产业化国家重点龙头企业”、“国家高新技术企业”、“国家乳品研发技术分中心”,君乐宝商标是中国驰名商标。

企业成长助力产业腾飞

经过18年不断经营发展，君乐宝乳业目前已发展成为集乳品加工、奶源建设、科研开发、供应销售于一体的现代化乳业企业。君乐宝目前在石家庄、保定等地建有十个生产工厂，员工5800人，完成建立包括博士、硕士等高级专业技术人员在内的研发团队，形成以系列酸牛奶产品为核心、涵盖系列花色奶、纯牛奶以及乳饮料等50多个品项的产业化产品格局。产品主销售到河北、北京、天津、山东、山西、河南、江苏等13个省市。

2012年企业完成销售收入26亿元，上缴税收1.7亿元。据国际权威调查机构2012年上半年统计数据，君乐宝乳业系列酸牛奶、乳酸菌饮料市场占有率居全国第四位。

未来5年，君乐宝还将增加高端产品比例，增强企业盈利能力。加强品牌建设，打造营养健康的专业乳品品牌形象。强化奶源深度管理，确保原奶品质安全，保持全国低温发酵乳行业领先地位，到2018年销售收入达到150亿元，成为全国低温发酵乳行业第一位，把君乐宝打造成为“中国营养健康乳制品领先者”。

科技创新驱动企业升级

2012年，君乐宝乳业技术中心开展《高生存性乳酸菌的筛选及其在发酵乳中的应用研究》和《LB21低脂发酵乳的开发》两个项目顺利通过了鉴定。包括中国农科院农产品加工研究所研究员吕加平博士、中国农业大学教授罗永康博士、河北科技大学教授李艳、河北省疾控中心徐颖主任医师、河北经贸大学教授鞠国泉、河北科技大学副教授李兴峰、河北经贸大学李树立副教授等一致认为《高生存性乳酸菌的筛选及其在发酵乳中的应用研究》和《LB21低脂发酵乳的开发》两个课题达到了国内领先水平。这些成果的获得不仅为君乐宝树立科技形象起到了积极的推动作用，更主要的是初步搭建了功能产品开发模式的必备要素，为君乐宝乳业未来进行功能性产品的开发和推广奠定了坚实的基础。

2012年11月30日，国家知识产权局针对君乐宝申报专利《干酪乳杆菌N1115、其免疫调节作用及应用》授予发明专利权通知书，君乐宝自主开发的益生菌菌株干酪乳杆菌N1115，这标志着君乐宝N1115正式获得了国家发明专利的授权，成为具有法律保障的具有自主知识产权的益生菌菌株，为下一步与高校、科研院所开展更深入合作研究，以及开展国外菌粉代工等工作，奠定了坚实的基础，也为君乐宝高品质酸奶新品提供了更良好保障。

企业发展带动产业发展

作为国家级、省级农业产业化重点龙头企业，君乐宝不仅追求企业自身发展，更注重与上下游产业协调发展。2012—2013年，君乐宝进一步带动奶牛养殖、饲草饲料、交通运输、包装装潢等10多个相关产业的发展，使农牧养殖业形成良性循环，超过十万农民增收致富，产生了显著的经济效益和社会效益。

君乐宝已经与广大奶农建立起更为长期、稳定合作关系。君乐宝目前合作已达300余家牧场和养殖小区，规模化养殖比例、机械化挤奶比例均达100%，使生鲜乳质量得到可靠保障，更加成功推动省内奶农群体牧业养殖产业健康与系统化建设。

2012年7月5日，君乐宝乳业与中国银行合作签约发布会举行。通过与中国银行业合作签约，后期符合条件的君乐宝合作奶农将可从中国银行河北分行获得个人最高100万元的贷款，总贷款额度达1亿元，从而有效促进奶农在规模化养殖、规范生产方面的建设，提升奶源质量，保证乳制品的质量安全。

企业文化深化公司内涵

君乐宝乳业以社会主义核心价值体系为指引，以全面提高员工道德素质为根本，以打造员工物质、精神幸福为使命，以增强整体文化实力和竞争力为目标，不断积累、沉淀、发展，逐渐形成了企业自身特有的文化内涵体系，这种文化亦已成为推动君乐宝持续发展的核心竞争力。

君乐宝乳业目前已经完成完善工会组织，建立了横向到边、纵向到底全覆盖的工会组织网络，把对员工诚信、关爱、幸福感作为活动主题，通过定期召开座谈会等多种形式收集基层员工的意见、建议和心声，近年来协调解决员工班车、宿舍、伙食、劳保福利等100多项涉及员工切身利益的问题。

为能切实减轻员工在生活中因意外伤害、重大疾病所造成的家庭经济负担，君乐宝乳业通过创建企业“爱心互助基金”，在2011年成立至2013年间已经累计支出40万余元，先后对50多人次困难职工进行实质帮助。此外，君乐宝“爱心互助基金”还不定期开展困难职工慰问活动，为困难职工送去米面油等生活必需品及慰问金，先后慰问困难职工近60名。

据国内权威调查机构显示，君乐宝乳业员工整体满意度达90%。2012年，君乐宝乳业获得太和顾问和FESCO共同颁发的2012年度员工最满意企业综合奖。一系列奖项体现出了君乐宝企业文化得到了社会广泛认同。

注重公益打造责任品质

君乐宝作为乳品行业十大乳制品企业之一，深知在创造利润的同时，更要将企业的社会责任放在首位,为消费者负责,为行业负责。企业只有成为社会的企业，才能被社会所接受。

近两年，君乐宝工业旅游活动先后荣获“河北省工业旅游示范点”等荣誉。相较于传统单一的工业旅游活动来讲，君乐宝乳业在工业旅游活动中积极融入青少年健康教育、中老年群体爱心关爱活动,通过六一爱心工业旅游、重阳节老年人工业旅游专项活动，为社会群体再次献上了企业务实的公益举措。

·河北同和生物制品有限公司·

河北同和生物制品有限公司是河北省农业产业化经营重点龙头企业、省级扶贫龙头企业,河北省企业联合会副会长、河北省畜牧业协会副会长、河北省农业企业联合会副会长、邯郸国际商会副会长单位。公司成立于2006年2月,注册资本5500万元,位于河北省邯郸市309国道广平段南侧(金吉宝禽蛋产业园),占地105亩,主营蛋鸡养殖、鲜蛋购销,禽蛋制品的精深加工及进出口业务。

公司多次被评为“先进民营企业”、“河北省消费者信得过企业”、“守合同重信用企业”、“河北省信用优良企业”等,公司“金吉宝”牌鸡蛋粉、鸡蛋液及清洁蛋系列产品,被评为“河北省中小企业名牌产品”和“河北省中小企业质量信得过产品”等荣誉称号。

目前,公司鸡蛋粉年产能达7000吨,是国内较大的蛋品精深加工企业,生产线整套引自世界上最先进的法国ACTINI公司,填补了河北省在蛋品加工领域产品及技术工艺方面的空白。同时,引进的日本鲜蛋清洁分级分选设备,年可生产清洁鲜蛋2亿枚,开创了邯郸生产、销售清洁鲜蛋的新时代。公司蛋品加工生产线每天加工处理鸡蛋能力可达130吨,需500万只蛋鸡提供蛋源,带动广平县及邻近县200余个村庄,从事养鸡户1500余户;从事运输、购销及相关服务业300余户;从事有机饲料粮种植4000余户,直接带动农业增效和农民增收达1亿元以上,间接促进农业增效和农民增收产值达5亿元以上。

公司现有职工124人,其中本、专科生87人,专业研发技术人员10人,引进高职技术人才3人,高工吕学栋个人拥有专利26项。公司管理制度规范,顺利获得了ISO 9001质量管理体系、ISO 22000食品安全管理体系和ISO 14001环境管理体系认证。公司申报了“一种面粉专用生物钙营养补充剂”、“一种高凝胶性抗冻鸡蛋蛋白粉的制备方法”2项国家发明专利,并获《发明专利申请初步审查合格通知书》。目前,国家知识产权局正在履行相关的审查手续。

公司财务管理规范,会计核算完整。2012年企业资产总额17048.36万元,净资产11577.33万元,企业主营业务收入:21763.01万元,上缴税金350万元,实现利润4457.37万元。

公司正在建设的鸡蛋粉(二期)项目,是在一期的基础上再投资1.5亿元,增上年产7000吨鸡蛋粉生产线一条,通过扩能升级,最终实现年产鸡蛋粉1.3万吨的生产规模,遥遥领先于国内其他蛋制品生产企业,成为全球最大的蛋制品生产企业。项目建成后,公司将实现新增销售收入3.5亿元,新增年利润5000万元,新增税收1000万元,新增就业120余人。届时将实现年销售收入7亿元,税金2000万元,年利润9000万元。

公司早在创立之初就树立了做全球蛋品加工标杆企业的发展目标。公司联合广平县高效农业合作社、广平县金吉宝养鸡专业合作社,与广平县农业银行、广平县邮政储蓄银行等金融部门合作,以“公司+合作社+基地+农户+银行”、产供销一条链生产方式,在全县积极创建无公害蛋鸡养殖基地,推行“十统一”健康养鸡模式。该模式的推广降低了养鸡户的市场风险,有效保证了养鸡户的收益。

全产业链是产业发展的重中之重,只有实施全产业链开发,上下游产业才能形成配套、形成聚集,才能带动产业附加值最大提升,实现效益最大化。我公司采取有机养殖、链条式发展模式,从种鸡育成、小鸡孵化到饲料配制、蛋品加工、终端市场销售等逐步形成全产业链条，以食品加工企业为龙头，依托产业优势，做好产业规划，建立具有完整产业链条特点的禽蛋产业园区，促进关联产业前延后拓链条式开发。

公司随着多种新产品的不断开发，效益也逐步增长。根据区域内产业的发展现状和人才、技术、资金等情况，因势利导，着眼于如何提升产业集群的技术层次和科技价值含量，不断完善产业链，提高产业集群在区域经济发展中的地位。公司选准蛋品加工及品牌蛋品销售作为主导产业，通过“十统一”健康养鸡模式，依托逐步壮大的销售网络，始终使整个产业链条环环相扣，稳步推进养鸡产业，做到全方位了解和把握市场，打造养鸡业发展的宽松环境，逐步形成集“蛋品研发—蛋鸡养殖—蛋品、蛋食品加工—饲料加工—有机肥料生产—无公害设施农业”等为一体的完整生态产业链。

由公司牵头建设的“禽蛋产业链系列项目”，包括310万只蛋鸡养殖、年产50万吨饲料及鸡粪处理、年产1.3万吨鸡蛋粉及蛋食品生产等项目，位于邯郸市广平县309国道沿线（金吉宝禽蛋产业园）内。金吉宝禽蛋产业园系列项目被列入《邯郸市东部振兴规划纲要》，同时被列入市、县“十二五”发展规划。

金吉宝禽蛋产业园共谋划了23个产业关联项目发展建设禽蛋产业园，总投资将超过60亿元，其中7个产业主导项目都是国内最大的项目。目前；正在建设中的项目有鸡蛋粉（二期）项目、中法蛋品科技研发中心、200万只蛋鸡集约化养殖示范园区、年产2万吨航空快餐休闲食品加工、年产50万吨蛋鸡配合饲料、年产5万吨有机肥项目。

金吉宝禽蛋产业园作为河北省的禽蛋产业基地，与伊势（香港）集团和天津渤海商品交易所合资合作后，在未来三到五年内将实现在养殖板块（蛋鸡养殖，育雏育成）、饲料及有机肥加工板块（饲料加工，有机肥加工）、养殖装备配套板块（成套自动化养殖装备，禽蛋专用包装物）、蛋品加工板块（清洁蛋生产加工，蛋粉、蛋液生产加工）、蛋食品加工板块（蛋食品、蛋饮品、蛋保健品的研发、生产与加工）以及配套服务板块（邯郸禽蛋交易中心、蛋品科技研发中心）六大板块的发展规划目标。

禽蛋产业园是禽蛋生产加工及相关产业为一体的现代化农业产业聚集区，作为目前世界一流、国内最大、河北唯一的蛋品精深加工企业，立足当地传统优势与现代化的养殖技术和全球顶尖级的科技研发技术成果相结合，我们有信心把我们的企业建设成为国家级农业产业化龙头企业，将广平县309国道沿线建设成为国家级的禽蛋产业基地，把禽蛋产业园打造成为具有完整全产业链条的世界级的禽蛋产业园区，使之成为全球禽蛋行业的风向标！

·河北省嘉海拍卖有限公司·

河北省嘉海拍卖有限公司是省人民政府批准设立的省级综合性拍卖机构,1996年1月成立,注册资金1000万元,办公地址在省会迎宾大道—裕华东路55号,是我省成立最早的拍卖机构之一,也是我省唯一具有国家拍卖最高资质--“中国拍卖行业AAA企业”的拍卖公司,其前身是经省编办列编、省商务厅直属的“河北省拍卖中心”。公司现为中国拍卖行业协会常务理事单位,河北省商业联合会副会长单位,河北省拍卖行业协会第一副会长单位。

公司坚持以“诚实、信用、规范、高效,为社会各界提供资产变现的绿色通道”为宗旨,以振兴河北拍卖市场为己任,努力打造资产产权拍卖交易、文物艺术品拍卖交易、大众消费品拍卖交易三大拍卖交易平台,为社会各界提供专业化服务。公司拥有由社会各界权威人士组成的专家顾问班子和由国家注册拍卖师、估价师、鉴定师组成的拍卖专业人员队伍,在省内各市及部分县设有分公司或办事机构,建立了完善的业务规则、工作流程规范及内部管理制度,有包括拍卖厅、展示厅、办公室在内2000平方米办公楼,有配套齐全的现代办公设备,有包括业务管理系统、财务管理系统、拍卖会管理系统在内的计算机管理系统和专业网站,为优质高效地开展拍卖业务奠定了坚实的基础。

公司开业以来先后成功策划组织了包括“河北省首届邮品拍卖会”、“世纪之交河北知名报纸广告发布权拍卖会”、“河北省首届省内艺术家书画作品拍卖会”、“河北省首届邮品拍卖会”在内的在省内外产生广泛影响的大型拍卖活动;首创了周末拍卖会、社区拍卖会等面向广大消费者的系列拍卖活动;多次承担法院、金融系统和国企破产财产等大型资产拍卖标的的运作,包括:与长城资产管理公司合作组织了某汽修厂债权拍卖会,开创河北省债权拍卖之先河;与信达资产管理公司合作首创了“密封竞价式”债权专场拍卖会,受到中国拍卖行业协会的肯定并向全国推广;担任三鹿集团破产财产拍卖的主拍单位,先后举办了三轮七场拍卖会,成交额8.7051亿元,圆满完成拍卖任务,受到包括中央电视台、新华社在内的全国众多新闻媒体的广泛报道和社会各界的高度评价。公司先后被评为中国拍卖百强企业,国家AAA级拍卖企业、河北省贸易系统先进单位、河北省商贸名牌企业、河北省守合同重信用企业、石家庄市纳税先进单位。

近年来,公司围绕拍卖主业向上下游延伸业务链,进入投融资、典当、艺术品、传媒等行业,逐渐形成资产拍卖、投融资、文化传媒三大业务板块,向多元化、集团化、规模化方向发展,保持了欣欣向荣的成长势头。

公司董事长袁国良先生是我省拍卖行业从业时间最长的资深人士之一,具有深厚的拍卖理论功底和实践经验,现任中国拍卖行业协会常务理事、河北省拍卖行业协会副会长、河北省商业联合会副会长、河北省企业联合会副会长、河北省经济学会副会长。从1993年开始在省商业厅从事拍卖行业恢复和发展调查研究工作,为理顺全省拍卖行业管理做出重要贡献;1995年受命组建河北省拍卖中心;1997年首批通过国内贸易部和国家人事部联合组织的国家注册拍卖师执业资格考试,获得国家注册拍卖师资格。曾策划组织并主持过包括 “世纪之交河北知名报纸广告发布权拍卖会”、“密封竞价式”金融债权拍卖会、“三鹿集团破产财产拍卖会”等在国内外产生广泛影响的大型拍卖活动, 一些经验在全国范围推广。近年来,袁国良先后被中国拍卖行业协会聘为拍卖行业培训讲师、国家注册拍卖师执业资格考试考官、全国拍卖师大赛评委、国家拍卖行业标准评审专家,被中央财经大学拍卖研究中心聘为特约研究员, 被中国拍卖行业协会授予 “中国拍卖业恢复和发展20 年贡献奖”,被评为“纪念改革开放三十年河北省商贸流通服务业改革发展领军人物”、“河北省商贸系统劳动模范”。

·邯郸市中道实业有限公司·

邯郸市中道实业有限公司创建于1998年，是一个拥有中道房地产开发、富民新农村建设、中道牧业、中道物业、中道典当行、北方建筑装饰材料城、峰峰梦园家居市场、方远钢构板材加工、北京中道商贸等多家分公司的综合性民营企业，拥有资产20多亿元，为社会提供5000多个就业岗位。

公司董事长王孟堂，1957年生，大专文化，中共党员，河北省曲周县人。现任河北省第十一届人大代表、河北省企业联合会副会长、河北省私营企业协会副会长、河北省招投标协会副会长、河北省太极协会副会长、河北省改革战略研究会常务理事、河北省工商联执委常委、邯郸市企业联合会会长、邯郸市工商联副主席、邯郸市对外交流协会副会长、邯郸市建筑装饰协会副会长、曲周县白寨村党支部书记。

【科学发展】

公司坚持科学发展观，秉承“持续发展，造福社会”的发展理念，本着“经济做大，实力做强，功能做优，环境做美”的整体思路，投资兴建了总占地20万平方米、建筑面积10万平方米的两处建材市场和方远钢构板材加工厂。兴建的北方装饰城先后荣获“邯郸市十佳市场”、“邯郸市二十强市场”、省市“消费者信得过单位”、省“AAA级商贸信用市场”、省“三星级诚信市场”。公司实施了占地23万平方米、建筑面积32万平方米的涉县革命老区“更乐镇小城镇示范改造项目”。占地1.3万平方米的“北京邯郸商务会馆项目”在北京大兴正在兴建。

公司投资40亿元，携手中国家居业第一品牌红星美凯龙和世界零售业第一品牌沃尔玛，打造80万㎡商业地产综合体——“中道国际广场”。目前红星美凯龙和沃尔玛购物广场已投入运营。公司讲责任，讲担当，讲奉献，积极推进“村企合作共建新农村”，大胆探索使农民由无产者变为有产者的创新之路，投资建设的“白寨生态中心村新民居项目”被列入省新民居建设示范村之一；投资建设的20万头“中法现代复合优良环保养猪示范项目”，被列为邯郸市一号富农工程和农业产业化系统工程示范项目；董事长王孟堂也因此被授予“法国农业成就骑士勋章”。

【文化兴企】

公司取名中道，意为遵循社会和科学发展的正确规律，“做事循天道，经商走诚道，兴业走和道，为人走正道，办事讲公道，在家讲孝道，待友讲厚道，为民尽人道，为国尽忠道”。公司确立了“树中道企业文化，促事业全面发展”的治企理念、“人为本，德为先，诚为基，法为准”的企业文化核心和“企校家三位一体，暖加严真情奉献”的治企方针。公司在民营企业中率先成立了党组织、工会、民主管委会。创办了《中道网站》及内部刊物《中道商情》、《中道家居广场》，经常举办政治、经济、技术讲座，输送骨干到清华、北大学习深造，全力打造学习型企业。公司实施了“三个一”凝聚力工程，即员工及其父母、爱人生日，董事长送蛋糕、贺卡及鲜花，员工婚丧嫁娶生病住院送礼品慰问看望。公司摒弃家族式管理，用人靠招聘，全面推行竞争上岗、优胜劣汰的激励机制，全方位为员工打造发挥才华的平台。富民化政策，亲情化管理，法制化治企，赢得了员工的真情奉献，全公司上下一致，人和气顺，求实、拼搏、创新、高效已蔚成风气。

【奉献社会】

是党的好政策，是社会各界的鼎力支持成就了中道公司，中道当以涌泉相报，于是“服务人民，奉献社会”便成了企业的宗旨。公司积极承担社会责任，捐资500万元，设立了邯郸市和武安市“中道高考精英奖”、“中道扶困助学金”和“中道实验班”。公司在20年内，每年都对邯郸市高考文理科前两名每人捐助5000元，直至大学毕业；公司在10年内，每年都对武安市12名高考精英人均捐助4000元；公司在12年内，每年都对10名高考贫困生每人捐助1000元，直至大学毕业；公司在10年内，每年都对中道实验班优秀师生捐助12万元。公司自2005年以来，每年捐资5万多元组织离退休老干部娱乐旅游、交流沟通。公司先后捐资为白寨村民吃水和农民合作医疗全部买单，为农民送文化套餐(联户订一套报纸)，捐资修路，建幼儿园和村民文化活动中心等。截止目前，已先后为助学、助困、赈灾等各项公益事业捐款1000多万元。公司先后被命名为市“重合同守信用企业”、省市“消费者信得过单位”、省“AA”级银行信用企业、“全国诚信维权单位”。

·隆基泰和集团·

隆基泰和集团成立于1995年，是一家致力于中国城镇化建设、商业运营、高新技术及金融产业投资发展的大型产融集团。历经近20年的发展，集团拥有30余家分、子公司，持有运营商业150余万平米，总资产376亿元，2012年实现营业收入493亿元，上缴税金24亿元，员工2万余人，间接创造就业岗位近百万个。

集团使命：成为中国城镇化建设的重要推动力量，助推中国商贸流通业、高新技术产业和金融产业发展，为中国扩大内需和经济结构转型做出贡献。

集团战略目标：2015年营业收入过1000亿元，2020年营业收入过2100亿元，成为跻身世界500强的大型产融集团。

2012年10月13日，河北省委书记张庆黎同志莅临集团白沟和道国际商贸城项目视察指导工作并做出了重要指示，针对公司提出了：“生意兴‘隆’，‘基’础稳固，国‘泰’民安，社会‘和’谐”、“依法经营，照章纳税，不断强大，回报社会 ”的32字方针。

隆基泰和排名“2012中国企业500强”第243位，“2011年度河北省百强民营企业”第2位，“2012河北省百强企业”第9位。先后荣获“全国和谐商业企业”，“全国商业服务业先进企业”，“企业信用评价AAA级信用企业”，“河北省诚信企业”，“重质量守信誉单位”，“区域零售业航母”等多项荣誉称号，旗下的承德隆基泰和广场、保定未来石、邯郸隆基泰和广场获得“2011中国·河北·改变城市十大综合体”称号。

集团致力于成为中国城镇化建设的开拓者和领导者，推动中国城镇化建设与升级，建立城镇化建设、商业运营、高新技术产业、金融产业四大业务单元，坚持产融结合方向，实体产业和金融产业互相促进，协同发展，实施相关多元化拓展。通过整合商业资源和高新技术产业资源，借势金融资源，开创建设集约、智能、绿色、低碳新型城镇的创新全产业链模式，以“产品专业化、营销品牌化、运营创意化、理念人性化”来升级城镇功能，带动产业升级与经济结构转型，促进社会经济发展与城镇繁荣，加速中国城镇化进程，进而实现企业与社会、自然环境与人类文明的和谐与可持续发展。

集团10年间在白沟建设了10座专业商城，面积达上百万平米，实现了白沟现代化专业市场综合条件的整体升级，经营环境和购物环境得到了根本性改观，形成了以产业带动商户发展的经济模式，延伸了地方产业链，促进了白沟箱包产业和当地经济的发展，使白沟成为中国城镇化建设的典范。

2012年，集团巨资兴建规模500万平方米的全球商品交易博览中心——白沟和道国际商贸城，建成后集产品研发、生产、交易、展示、信息交流、电子商务、仓储物流、金融结算、人才流通、休闲购物等多功能于一体，并形成规模大型化、品种多样化、档次高端化、经营现代化、空间国际化、环境规范化的商品交易和流通平台，使白沟形成世界商品交易博览中心，真正实现“南义乌，北白沟”的商业格局。和道国际商贸城的建设，将拉动7~8万家商户转产入城经营，带动周边近万平方公里相关产业发展，解决农村剩余劳动力近百万人，也必将拉动城市和产业全面升级，做到整合行业资源，带动区域经济进一步发展。

集团通过10年的积累与沉淀，掌握了上万家商户和上下游产业的合作伙伴，创造了隆基泰和独有的商业运作新模式，可支持企业在更广阔的范围和领域内同时扩张，整体复制，真正形成隆基泰和城市商业服务领域的独有竞争力。

集团在衡水大营打造240万平方米的国际裘皮新城，将成为北方最大的裘皮专业市场集群，新城包括皮草期货交易、裘皮博览、裘皮原料城、主力客户交易四大中心；同时也在安国建设中药新城，规范现有中药贸易，建设集研发、会展、商贸、仓储、物流、电子商务“六位一体”的中药新城，标志着集团在产地型专业市场的异地扩张方面已经迈出了重要一步。

隆基泰和在自身发展中不断学习和创新，在多产业经营过程中积累了丰富的融资、资金管理经验，年投融资能力超100亿元，这为集团从产业经营向资本运营、从雇佣制向股份制的转变奠定了坚实的基础。凭借雄厚的实力和良好的信誉，隆基泰和与国有四大银行、信托、基金等金融机构建立了密切的战略合作伙伴关系，现已分别成为“总行级重点客户”、“省行级重点客户”，2012年9月，中国银行对隆基泰和集团授信100亿元，为企业发展提供强有力的资金支持。经过长期的产业基础沉淀，依托集团雄厚的产业基础和丰富的产业资源，隆基泰和入股商业银行，并开始设立自己的金融运营机构，先后成立了小额贷款公司、基金管理公司和担保公司，为不同的客户群体提供周到的信贷服务和资金融通服务。

为积极响应国家战略，配合城镇化建设，集团打造大型产业园区品牌——和谷工业创意园，从承接京津外溢产业资源、拓展战略性新兴产业资源、嫁接自有产业资源3方面开发工业园区，建设“宜业城镇”。集团工业地产业务已布局京石沿线，土地储备规模达20000余亩，有力的推进了城镇化建设，丰富了新城镇内涵，带动了当地经济发展。

隆基泰和恪守“和世界，筑未来”的文化理念，形成了独具特色的“和文化”格局。在发展的过程中，企业不忘践行社会责任，以爱与责任回馈社会，累计捐助物资上千万元。并于2010年成立河北省首家企业慈善基金——河北省隆基泰和慈善基金会(简称“和基金”)，以和的名义，承担责任、分享关怀、传递温暖。

·河北武君实业集团公司·

河北武君实业集团公司成立于2009年，总部位于邯郸市高开区世纪大街2号。是一家集路桥建设、交安设施及铁路工矿配件的生产、销售、房地产建设、投资、文化传播、农贸市场开发经营为一体的综合性集团公司。集团拥有一支稳定、强大的技术团队。现有员工600余人，其中具有各级各类工程技术管理人员30余人。国家一级、二级工程师、建筑师、技工技师等20余人。

集团下属公司河北康丰文化传播有限公司、河北中兆农业科技有限公司、邯郸市中融房地产开发有限公司、邯郸市天丰投资有限公司、邯郸市筑丰建筑工程有限公司、永年县君临交通设施有限公司、永年县创盛工矿铁路配件有限公司、永年县宏泰农贸市场有限公司。并具有房屋建筑工程总承包二级资质、交通设施工程建设三级资质，是河北省企业家协会副理事长单位、邯郸企业家俱乐部副理事单位，高新技术企业，中国交通实施产品著名企业。

集团总注册资本为1.8亿元，拥有3个生产加工基地，制造生产的高速公路护栏连接螺栓、拼接螺栓、柱帽、支架、防阻块等交通设施配件，均已通过交通部检测部门检测合格，年生产护栏拼接螺栓5100万套，铁塔螺栓、防盗螺栓、电气化铁路专用螺栓、抱箍、横担、耐张、线夹板等电力金具配件广泛用于国家电网改造和高铁电网建设;由于质量稳定、交货及时，在全国交通设施行业建立了良好的口碑。

宏泰农贸市场一期占地50亩，二期占地200亩，地理位置优越;距离市区近、绿色蔬菜月交易量达60万斤，为市区全国各地的绿色蔬菜提供保障。

·承德金龙集团·

实施人才开发战略与实现企业发展战略

进入21世纪后，企业对物的管理已转向对人的管理，把人做为一种特殊的资源开发挖掘，这是管理领域一个划时代的进步，科学管理是当代先进的管理思想、管理方法的重要体现。这充分说明人在企业管理领域位置的重要。我们要想快速发展，只有搞好人才开发，才能实现企业大业。

一、金龙集团“十二五”规划的宏伟目标

“十二五”期间要用5年的时间，使金龙事业再迈向新的台阶，向更广阔的经济领域进军和冲刺，企业净资产要达到60亿元，年销售额要达到50亿元，利润要达到5亿元，这就需要用我们的聪明智慧和勤劳双手去描绘金龙科学发展全面进步的宏伟蓝图，努力实现跨跃前进的伟大目标。因此，发展战略总目标是:

1.做强黄金产业，开展节能降耗，提高科技含量，低成本，高效益，建设绿色环保、安全高效的现代化矿山。

2.做大旅游产业，以大型高品位铂金五星级酒店和国际会议中心为龙头，以山庄文化为依托，优质高效服务，打造高品质皇家餐饮特色，开辟有代表承德旅游意义和旅游高价值的艺术品，填补承德旅游特色产业的空白。

3.做优文化产业，打造满族文化和皇家艺术品牌，像杭州打造宋城千古情那样，打造清代皇家宫廷文化。

4.做好金龙皇家广场的文化旅游、商贸产业，品牌国际化，流通全球化。

5.做优建材家具产业，提升市场品位，推行绿色环保家装，打造市场品牌。

“十二五”期间发展的方针大计已定，要义无返顾、齐心协力朝着发展的目标阔步前进。两个创新是事业起步的基础，五个战略开发是实现发展的核心，五个追求是最终目的，四个落实是可靠保障。要牢记“服务社会，造福人民”的企业宗旨，把人力资源开发战略放在首位，为其他四个战略开发提供有力保障和促其早日实现。因此要充分认识人力资源开发在推动社会进步、企业发展中的巨大作用和重大意义。

二、企业经营者、管理者应具备的素质。

改革开放以来，以经济建设

为中心的新的历史时期，企业经营者、管理者就是企业的人才，他们应具备哪些素质？

（一）必须具备先进的政治思想觉悟

当前社会已进入经济快速发展阶段，世界各国都以科技治国为本，走经济强国、强军的道路，我们搞企业就不能以企业论经济，要把企业发展和国家兴盛、社会进步紧密联系起来，要把实业富国、工业富民放到第一位。企业离不开国家和社会的支持，国家财政收入、人民就业离不开企业的发展，一个优秀的合格的企业家不能只顾追求经济效益，时刻都要考虑社会效益，以民族工业振兴为己任，这就是说一个企业家必须先做一名合格的政治家。经济建设为上层建筑服务，上层建筑领域需要经济领域的支持，这就是马克思主义政治经济学的基础和基本观点。所以一个企业的经营者和管理者必须具备较高的政治素质，较好的政治理论水平和社会政治经验。要爱国家、爱社会、爱人民、爱企业、爱岗位。以强国、富民、兴企为己任，认真学习马列主义毛泽东思想、邓小平理论和科学发展观。有进步思想觉悟，有坚定的政治信仰，有远大的理想追求，有卓越的政治远见和非凡的经济头脑，才是一个政治合格的企业经营者和管理者。

（二）必须富于拼搏奋进、百折不挠的艰苦创业精神

现代企业的竞争，是人才的竞争，人才的竞争就是精神状态和精神力量的竞争，只守旧摊子，守地盘、守资产、守名牌，不去致力于新的开发，不求有功，但求无过，不思进取，不去创新，不会成为合格的企业家和管理者。不可能创造成功的业绩。企业的经营者和管理者能力之一就是寻求市场出现的不平衡现象，善于从市场、从生产实践和工作实践中发现发展机会，及时抢抓机遇作出正确的决策。

一个企业的经营者、管理者必须有敢为天下先的思想信念和吃苦耐劳、艰苦创业、为成功而奋斗的坚强信心和决心。

要想别人不敢想和别人想不到的事，要干别人干不了的事，要走前人没有走过的路，要创前人没有创过的业。要当能人奇才，要善于思考敢想、勇于奋斗敢干、靠自己的坚强毅力和坚韧不拔、不折不挠的精神实现自己的远大理想和目标。

（三）必须敢于改革旧弊和改变旧的管理体制、勇于创新

在市场经济的新形势下，企业的经营者、管理者要全力推进企业内部改革，采取有效途径，盘活资本，实行新的运行机制，做到人尽其力，物尽其用，提高企业的经济实力和竞争能力。在政治经济体制转换过程中没有强烈的改革意识和自主自立意识是不行的，在组织管理、经营过程中体现本企业、本单位特色，创出自己的经营管理思想和战略，不断创新和改变经营管理方式来适应企业发展需要。

（四）必须综观全局，有全面管理能力和运筹唯握的头脑。

改革和创新的宗旨就是在于把经济体制变化带来的有利发展机遇和各种有利条件被企业所利用，被企业经营者、管理者所掌握才会见成效，企业才会快速发展进步。他们必须有超前的把握外部环境变化和预测指挥能力，要面向市场和消费者，服从价值规律，遵循平等竞争，按客观规律办事。

要努力学习现代企业的经营管理知识，适应新的管理体制和工作环境，熟悉现代企业的管理运作原理，学习建立社会主义市场经济知识，特别是金龙建材公司，要掌握新的工作要领，包括市场建设、市场管理、市场巩固、市场发展壮大，做到欲善其事，必先利其器。这样才能掌握市场变化的主动权，才会使自己工作和奋斗的事业立于不败之地。

（五）必须学会用人之道，研究治人之法

在市场激烈竞争形势下，人力资源开发和人才合理流动与使用，是推动企业进步的重要途径。在经济建设中第一项任务就是解放生产力，人又是第一生产力，能否善于管人对工作好坏，企业成败具有决定性作用。因此，调动人的积极因素，开发人才的潜力，是企业经营、管理者的首要任务。

企业是各种生产资源的组合整体，其中人才资源又具有主观能动性，如何发现和使用人才，是企业管理和企业发展的一个重要因素。把握用人原则和用人标准，辨别有用之才，用人之长，避人之短，知人善任，是企业经营、管理者必备素质。如果用人不当再好的生产条件和工作环境，任务也无法完成，再正确的战略方针也无法贯彻。用人恰当，识才用人，要任人为贤，不搞任人为亲。求贤如饥似渴，惜才如金如命，识才如伯乐广识千里马，用才如萧何月下追韩信。

（六）必须有求知似渴的学习精神和勤奋务实的工作作风

社会主义市场经济下的企业经营者和管理者，在新旧体制变革和公司制度转换的交替阶段，养成一种良好的学风。要学会原来不懂的东西，通过学习，努力改造自己的主观世界，一个人的提高，主要途径，一是通过书本学习，丰富自己理论知识；二是通过社会实践增长才干，一定要理论与实践相结合，从不懂到懂，从不认识到认识，从理论到实践，从实践到提高。必须坚持以下两方面的学习：

1.努力学习社会科学，提高理论水平和政治思想觉悟。

(1)学习马克思主义哲学基本原理和马克思主义政治经济学，学习毛泽东的矛盾论、实践论。

(2)学习哲学、学会辩证法，用哲学观点和辩证唯物主义观察社会，探讨工作思路和工作方法。

(3)学习邓小平理论，认真领会党的现阶段的基本路线，掌握党和国家方针政策，用足用好国家政策，发展企业

(4)学习毛主席《反对自由主义》、《改造我们的学习》、《为人民服务》、《纪念白求恩》、《将革命进行到底》、《愚公移山》等著作，确立自己的人生观，加强思想道德修养，要立做人之德，修做人之道，努力创造和实现自己的人生价值。

2.学习自然科学。自然科学，主要是文化知识和专业知识，生产技术。管理科学，要按照自己从事工作、事业对口学习，不断提高自己的管理能力和专业水平，真正做到又红又专，学习市场开发、市场管理，掌握市场销售和产品知识。

3. 有正确的学习态度和学习观念。要虚心好学，学书本，学别人工作方式方法。通过学习，探讨和研究新的东西。学习必须虚心，不能满足，要刹下心，钻进去，直到弄懂弄通为止，做到学以致用，学用结合。人，只有通过不断学习并在生产斗争、经济建设、科学实验三大领域去锻炼、改造自己，才能自我改变，自我完善。

科学文化知识、专业技术知识、管理知识是企业经营者和管理者不可缺少的精神食粮。一是靠自学，必须有耐力，有恒心，认认真真，不能敷衍了事，要养成象吃饭那样的学习习惯。二是培训，要定期组织专门培训，定期考试，定期考核。学习态度、学习热情、考试成绩与工资奖金挂钩。把善于学习、爱好学习做为今后公司选人、用人的第一条标准。

(七)必须具备六大能力

(1)具备全面组织领导能力和先进工作方法和高超领导艺术。

(2)要有谋正事、干大事的决心和勇于探索、不断创新的精神。

(3)有卓越的管理能力和科学的管理水平。

(4)有清晰的工作思路和快速灵敏的思维判断能力。

(5)有遇难不惧、遇险不惊、灵活果断的应变和决策能力。

(6)有脚踏实地、扎扎实实的工作作风。

我们需要这样的人才，更要致力于发现、培养、选拔和使用这样的人才。经过我们共同努力，建设一个精明强干、富有远见的领导班子；选拔任用一批拼搏敬业，管理水平高的中层管理干部；培养一支纪律严明，基本素质好的员工队伍；建立一套严格的切实可行的管理制度和考核体系；制定一个切合实际的公司长远发展规划；创造一个好的、宽松的、有利于发展的外部环境。只要我们提高觉悟，坚定信心，凝聚力量，所定的计划一定能实现，从事的事业一定能成功。

三.严格人事管理，为领导当好参谋

人事处，是董事会选拔任用干部和管理人员的参谋部，也是年终目标考核、落实奖罚的实施部门，要负责各公司的干部管理人员调查摸底，日常工作考评和业绩考核。

1. 要建好干部员工工作考核档案，要把人事选拔、任用、考评纳入正规的档案管理，通过了解—面试—培训—考试—试用—录用，按正式招工程序办理。

2. 干部管理人员严格考评制度，分四个方面进行：

(1)素质结构：①法制性。②事业性。③责任性。④进取心。⑤自知之明。

(2)智力结构：①自学能力。②思维能力。③综合分析能力。

(3)能力结构：①目标定向力。②决策力。③创造力。④用人授权能力。⑤组织能力。⑥协调能力。⑦专业能力。⑥处事果断能力。⑨应变能力。⑩交涉能力。⑪敢冒可估风险能力。⑫人际关系能力。

(4)绩效结构：①工作效率。②经济效益。

承德金龙集团党委积极创建服务型党组织

承德金龙集团是双桥区管辖的民营企业，集团下设矿业、建材家居、皇家购物广场等6个公司，总资产50亿元。集团公司党委下设2个总支、6个支部，党员114人。集团党委书记、董事长吕宝勤是一位老党员，坚持党的领导已深深融入他的血脉。党委成立之初他就提出：党委是领导和支撑企业发展的灵魂，全心全意为人民服务，是新党章对党员的最高要求，金龙一定要走出一条有特色的党建之路。近年来，公司党委按照“围绕发展抓党建、抓好党建促发展”思路，转变服务观念、完善服务制度、创新服务载体、提高服务质量，探索一条建服务型党组织，助推企业发展之路。做法是：

一、搭建四平台，强化四服务

1.搭建便民平台，实行一站式服务。集团公司投入4亿元，把建材家居广场建成面积8万平米、打造成京北最大、品种最全、质量最优的“一站式”家居广场。只要进了这个广场，从装修材料到家居摆设、从橱具到洁具、从床上用品到窗帘布艺，甚至装修设计到装修公司一应俱全，极大方便了顾客，尽管同行企业不断涌现，金龙建材家居市场客流仍然络绎不绝。顾客说：“进了建材城任你遨游，住新居要家装啥都不用愁”。

2.搭建监督平台，实行诚信服务。金龙皇家购物广场和建材家居广场都是窗口单位，一是“首问

责任制”,要求每位员工必须熟悉商场业务,要求顾客问到任何一位员工,都能准确回答提出的问题,不让顾客绕圈子、走冤枉路。二是“先行赔付”,这是保护消费者权益的一种做法,顾客遇到商品质量问题,首先由公司在商家预交的保证金中先行赔付。党员维权岗,是专门为消费者维权的监督机构。一次某客户与商家因预定的餐桌被使用发生争执,预备党员王强立刻找出双方签定的“不准把用过的货物出售”合同,当场批评了商家,并做出先行赔付的决定,商家自觉理亏,连连认错,又取出一款新餐桌给了顾客,这一举动感动了客户,他认为在这里买货心理踏实,服务到位,不但在这家又买了许多货物,又称赞党员维权岗是“消费者的保护神”。

3.搭建网络平台,完善信息服务。建立两个网站即金龙皇家购物广场网站和金龙建材家居广场网,把商家商品分布图发在网上,把商家通信方式和促销活动通过网络告知顾客,深受顾客欢迎额客说:“这里的服务真便捷,足不出户就可以逛商场、买东西”。

4.搭建爱心平台,参予社会服务。集团党委在生产和工作实践中提炼了“服务社会,造福人民”的企业宗旨,以此不断激励党员的社会服务意识。每年“八一”建军节都要带上慰问金和文艺节目,慰向荣军疗养院的老战士,慰问消防官兵;为即将离世又坚持捐献眼角膜的癌症患者金力勇送去救助善款,并安排他父亲到金龙工作以解困扶危;去年底,为围场县扶贫村送去15万元扶贫款,又为五户贫困户送去慰问金;每年为妇联出资15万元救助贫病母亲和儿童;每年出资10万元为家乡70岁以上老人发放养老金;出资60万元资助承德国际旅游节、彩色周末、全市戏曲大赛等公益活动,累计650万元,并为万余人解决了就业问题。

二、实施四机制,完善四激励

1.长效学习机制,提高政治素质。在金龙集团,每周一晚是铁打不动的学习时间,经常利用三会一课等时间重点学习马克思《资本论》,毛泽东《为人民服务》、《纪念白求恩》、《矛盾论》、《实践论》,邓小平社会主义初级阶段理论,江泽民“三个代表”重要思想,胡锦涛的科学发展观和党的十八大精神,让人们深入了解邓小平理论的由来,深刻理解和贯彻党的十八大精神。还组识观看《长征》、《红色摇蓝》、《红顶商人胡雪岩》等影视片,以此激励党员和干部不断提高政治素质和思想文化水平,坚定党员为人民服务的信念。

2.长效用人机制,把好“三关”。

①把好招工关。招工时除技术考核外,重点把握“三个优先”,即中共党员优先,在精神文明和社会公德方面受过表彰的优先,孝敬父母的优先。因此,在金龙集团政治空气浓,要求进步的人多,每年获七一和年终表彰的面广。②把好入党关。在入党积极分子培训和预备党员转正中,注重“全心全意为人民服务”意识的养成。具体做法是:四公示、七把关、双票决。原建材城市场部经理田莉娜,在收租金时,发现一商家女老板丈夫患了绝症,为巨额医疗费已耗尽所有积蓄,生活上遇到了极大困难,她立即向董事会做了汇报,经研究,免去全年租金,让她安心做生意。这件事令商家感动,为建材城送来“诚信爱民”的牌匾。田莉娜也被吸收为中共党员。③把好用人关。明确了提拔选用干部时,以为人民群众服务,把群众利益放在首位为标准,通过“基层推荐、党委考核”的形式优先使用,激励党员的服务意识,严守党员为民服务的职责。

3.长效挂牌服务机制,亮明身份。集团党委结合创先争优、基层建设年活动,扎实开展“全面争创树典型,争当为民服务的先锋”等活动。大力培树了情操高尚、品德优良、勤劳敬业、扎实奉献的先进人物。培树了乐于奉献的“服务标兵”、严把质量关的“铁面包公”、秉公维权的“保护神”、“诚信商家”等“三旗五星”,建“党员服务台”、“党员先锋岗”27个,党员诚信示范商户16户,良好的示范作用,激励党员把服务商家、服务顾客的信念根植心田。

4.长效奖励机制,鼓励先进。每年“七.一”党的生日,党委都要对创服务型党组织中的先进集体和个人给予重奖。连读十几年的总结表彰,让所有党员和员工学有榜样、赶有标兵。近两年,就有14人入党,28人和7个部门受到集团表彰奖励,5人次受到区和市里表彰。新老典型不断涌现,企业充满浩然正气和青春活力。

近年来,集团先后荣获“承德市基层组织建设先进单位”、“共青团青年创业基地”和连续十年获“承德市优秀企业”称号。卓有成效的建服务型党组织,为企业生产经营提供了严密的服务体系和坚强的思想保障。也为金龙腾飞插上了强劲的双翅,企业产值利润连创新高。矿业取得长足发展,年产黄金12000两,产值超亿元,年上缴税金3000万元。家居广场兴旺发达,年利税300万元。皇家广场再创辉煌,投资14亿元新建的面积为17万平方米的集皇家文化、旅游休闲、步饮娱乐于一体的精品工程已开业运营,500家实力企业入驻,预计年营业额可达10亿元,该项目必将成为城市新地标和承德旅游新名片。